舍我其誰：胡適

第四部：國師策士（1932-1962）

江勇振　著

獻給　麗豐

徜徉知識花園，樂在其中

目次

照片目次

保守哲學，冷戰鬥士

我們中國這六、七十年的歷史所以一事無成。一切工作都成虛擲，都不能有永久性者。依我看來，都只因為我們把六、七十年的光陰，拋擲在尋求建立一個社會重心而終不可得。

——胡適，〈慘痛的回憶與反省〉

今日的出路：努力造成一個重心：國民黨若能瞭解他的使命，努力做到這一點，我們祝他成功。

——胡適，1932 年 12 月 5 日日記

前言

　　我的《舍我其誰：胡適》系列出版以後，偶爾會看到一些讀者評論說：「太用力了！」我一直不太懂這個所謂的「太用力了！」的意思是什麼。是因為胡適彷如天人，不該被以凡人視之？還是因為胡適清澈如水，完全可以透視，根本就沒有帶著潛水鏡潛進去作近距離觀察的必要？還是因為胡適是一個大師、君子，不應該以凡夫、小人之心度之？還是因為胡適的其人其事已經眾所周知，他還有什麼新鮮事是人所不知的？還是因為胡適畢竟也是凡人，何必吹毛求疵、太苛責他？還是因為胡適是歷史上的人物，應該用他所處的歷史脈絡來評判他？還是因為胡適已經被研究得夠透徹的了，何必擠進去這個領域吹縐一池春水？還是因為胡適的思想事蹟早就已經有了定論，何必進來攪局？還是因為研究胡適應該是各做各的，大家相安無事，應該像《老子》裡所說的：「鄰國相望，雞犬之聲相聞，民至老死，不相往來」，何必要質疑問難，弄得像劍拔弩張式的？

　　我想我對以上提出來的自問，應該是捕捉到了這個所謂的「太用力了！」的籠統的心理反應裡的諸多面向。在我所假設的這些自問裡，有些我希望《舍我其誰》的系列已經作了回答。至於我的分析是否言之成理，就有待研究者的檢驗與剖析了。

　　如果說我「太用力了！」的反應裡，確實有我所假設的：「胡適是歷史上的人物，應該用他所處的歷史脈絡來評判他」這一項，則這是一個嚴肅的歷史研究的問題。這是一個嚴肅的歷史研究的問題，因為歷史研究入門第一個戒條，就是不犯「時代錯誤」（anachronism）的謬誤。這「時代錯誤」的謬誤，用一些最簡單的例子來說，就是例如演一個宋朝的人，穿西裝、用刀叉吃飯、

出入開汽車。從不犯「時代錯誤」的謬誤這個初級的戒條，進一步就是不犯「以今套古」（presentism）的謬誤。不要犯「以今套古」的謬誤的意思，一言以蔽之，就是不要把今天的價值觀念、行為準則、思想學說強加諸古人身上。

「太用力了！」的另外一個意思，就是說我對胡適太過吹毛求疵、太過苛責了，且不論這也包括我對歷來研究胡適的人太過吹毛求疵、太過苛責了的意思。在這個意義之下，「太用力了！」用比較學術的語言來說，就是沒用「同情的瞭解」的態度來研究胡適。

問題是，「同情的瞭解」在中文世界裡，其實是一個濫用、誤用的名詞。「同情的瞭解」這個名詞是從英文翻過來的，原文是 "empathy"。這個字在英文裡本身就沒有一個人所公認的定義。它不但沒有一個大家都能接受的嚴格的定義，而且隨著時代、社會需要的變遷，其定義也跟著改變。中文裡約定俗成的翻譯其實是不恰當的，因為它讓人容易望文生義，把它與「同情」（sympathy）混淆了。比較切當的翻譯是：「體己之心」。為什麼我說 "empathy" 翻成「同情的瞭解」是不恰當的呢？這個字的翻譯並不是在後面加上「瞭解」兩個字就能夠幫忙釐清的。「同情的瞭解」，望文生義的結果，是由「同情」進而「瞭解」。

「體己之心」與「同情」之不同，可以用一個最簡單的例子來說明。我們在理論上也許可以試圖以「體己之心」來理解希特勒、納粹黨、美國白人至上主義的「三Ｋ黨」、日本軍閥；然而，任何一個正常人都不可能同情希特勒、納粹黨、「三Ｋ黨」、日本軍閥。

事實上，希特勒、納粹黨、「三Ｋ黨」、日本軍閥這幾個例子，就充分地說明了即使「體己之心」也有其限度。這是因為我們如何能用「體己之心」去研究這些人魔呢！用「體己之心」去研究人魔，這不但在道德上令人作嘔，而且根本就是一個自相矛盾之詞（contradiction in terms）。我不知道一個有良知、良能的人如何能有辦法以「體己之心」去瞭解人魔。然而，從理論上來說，一個能夠忍受著道德上令人作嘔的感覺，而願意去研究希特勒、納粹黨、「三Ｋ黨」、日本軍閥的歷史研究者，就必須要硬起心腸準備以「體己之心」作為從事研究的先決條件。

「體己之心」不但是研究歷史所必須具有的態度，而且也是生活在多元文化、種族、性別、階級的社會裡的人都必須具有的現代公民的素養。然而，

「體己之心」說起來容易，做起來難。我們只要看今天世界裡所充斥著的各種文化、宗教、種族、地域、性別、階級、職業上的歧視，就可以領會到有多少人連「體己之心」這個作為現代公民所必須具有的基本素養都還作不到。

我們生活在當下，身邊環繞著的，是深入骨髓的歧視，以及許多可以讓人為之血脈僨張的文化、政治、宗教、種族、性別、階級認同上的分歧與對抗。所有這些，因為我們耳濡目染，習以為常，以至於往往忘卻了我們都有對當代、社會上、以至於這個世界上所有的人都必須要有「體己之心」的必要。值得令人省思的是，在對待歷史人物的時候，由於時間與空間的距離，讓許多人自以為能夠站在一個旁觀、超然、不偏不倚的立場。於是乎，「體己之心」就可以琅琅上口了。

然而，「體己之心」在歷史研究上也同樣是說起來容易、做起來難。首先，歷史人物跟我們一樣。他們所處的時代、社會，也有各種歧視、成見、分歧、與對抗。其性質、程度、範圍雖然可能與今天不同，但歧視、成見、分歧、與對抗，不是今天才有，古也有之。就正因為有「體己之心」，歷史研究者並不見得能自外於研究對象所捲入的歧視、成見、分歧、與對抗裡。換句話說，歷史研究者在自覺與不自覺中，不但選擇了其英雄，而且也選了邊站。

研究歷史如此，研究胡適亦然。胡適也是他的時代的產物。他有朋友，也有敵人；他有識見，也有成見；他說超然，仍然選邊；他要自由，可又妥協；他講開放，卻弄門戶；他說容忍，又要打倒。胡適在思想行動上有他的一致性，但也有他的矛盾。胡適有走在時代前端的面相，但也有時代所給予他的局限。在政治上，他選擇了跟蔣介石的國民黨妥協，從1930年代開始作蔣介石的國師策士。到了晚年，他對蔣介石至死不渝，跟他志同道合地宣揚反共的理念以及反攻大陸的夢想。

如果時間與空間的距離，都不足以保證研究古人的歷史研究者可以保持旁觀、超然、不偏不倚的立場，更遑論像胡適這樣一個到今天為止，仍然是許多未完未了的政治、文化、思想論爭裡的標靶人物。換句話說，我們到今天仍然活在胡適所處的時代的政治、社會、文化、思想鬥爭的遺緒與陰影之下。當有人說研究胡適要有「體己之心」──我是否該說「同情的瞭解」？──的時候，我們所該反問的是：我們是否能先有自覺，自審自己所「同情瞭解」的，

是屬於哪一國？哪一黨？哪一派？哪一個個人？不先有這個自覺、自審、與自律，則所有所謂的「同情的瞭解」都只是黨派之見的護身符。

胡適不是超然的。研究胡適的人，在遵守了「體己之心」這個先決條件以後，就必須冷眼剖析、解構胡適所謂的「超然」。換句話說，「體己之心」只是一個態度。接下去的剖析、解構才是真正研究工作的開始。

其實，胡適一定會是第一個支持剖析、解構胡適的人。胡適在〈《國學季刊》發刊宣言〉裡，套用段玉裁「教經之法」的話說：「研究國故，必須以漢還漢、以魏晉還魏晉、以唐還唐、以宋還宋、以明還明、以清還清；以古文還古文家、以今文還今文家；以程朱還程朱、以陸王還陸王⋯⋯各還他一個本來面目，然後評判各代、各家的義理是非。」

胡適上面這段話，不少學者徵引過。然而，大家所忽略的，是胡適接下去所說的更重要的話：「不還他們的本來面目，則多誣古人；不評判他們的是非，則多誤今人。但不先弄明白了他們的本來面目，我們決不配評判他們的是非。」[1]

這段話說得再精采也不過了：「不還他們的本來面目，則多誣古人；不評判他們的是非，則多誤今人。」套用我在此處的話來說，不用「體己之心」來研究他本來的面目，則多誣胡適；不評判胡適的是非，則多誤今人。這個道理是非常簡單的。我們不懂得把古人放在他們所生活的時代脈絡之下來研究，犯的就是「時代錯誤」以及「以今套古」的謬誤。然而，這只是一個最基本的研究態度。接下去的評判才是研究的開始。我們研究歷史，是為活在今天的我們所作的。歷史研究既然是為活在今天的我們所作的，我們用的自然是今天的話語以及今天的評判的標準。歷史研究是現在與過去的交會。過去給予現在以素材；現在的視角與眼光，則賦予過去的素材以新的意義。這被賦予了新的意義的過去，又回過來賦予與其交會了的現在以意義。

在這種過去與現在交會的意義之下，今天研究胡適最確切的態度，就是要適切地在歷史與當代的脈絡之間取其均衡點，並以之來評判胡適。

我這個《舍我其誰：胡適》系列現在已經到了胡適亮麗的一生的完結篇

1　胡適，〈《國學季刊》發刊宣言〉，《胡適全集》，2.8。

了。1930年代的胡適，集新文化運動的領袖、新思想的導師、學術祭酒、公共知識分子的龍頭於一身。功成名就的他，會在1937年中日戰爭爆發以後，肩負蔣介石的秘密任務到美國去。接著，在次年成為中國駐美大使。於是，新思想導師、學術祭酒、公共知識分子的胡適，也跟他的幾個朋友以及當時許多學者一樣，從政去了。胡適喜歡說當密使與大使不是從政，他只是被徵召。然而，這種區別，只是一種字面上的遊戲而已。

事實上，胡適自己很清楚，他當大使就是從政。最清楚的證據就是他1938年8月26日從瑞士蘇黎世寫給「太平洋學會」（Institute of Pacific Relations）秘書長卡特（Edward Carter）的一封信。當時，胡適已經答應出任駐美大使。只是事情的發展似乎有點蹉跎，他還在等確定任命的消息。8月20日，當時「太平洋學會總會」（Pacific Council）主席達佛（J. W. Dafoe）打給胡適一個電報，通知胡適「太平洋學會總會」要在次年1月召開會議。卡特在8月19日給胡適的信裡，除了也附了這個電報以外，也詳細解釋了達佛打那個電報的來龍去脈。胡適在回信裡說：

> 我收到了達佛8月20日的電報。我想我應該有辦法出席「太平洋學會總會」委員會的會議；我已經請劉馭萬把〔中國〕研究委員會的所有文件與資料寄給陳翰笙〔注：當時在「太平洋學會」紐約辦公室工作〕。
>
> 我很有可能會「被取消資格」（disqualified）擔任「中國太平洋學會執行委員會」的委員長（Chairman）以及「太平洋學會總會」委員。**但請務必暫時保守這個秘密**。我會再寫信給你。[2]

胡適說他當了駐美大使以後，他就會被取消資格擔任「中國太平洋學會執行委員會」的委員長，以及「太平洋學會總會」的委員。這是因為「太平洋學會」為了保持非官方的立場，規定會員必須是以私人的身分參加。他的會「被取消資格」之說，在在地說明了他很清楚：不管他再怎麼一而再、再而三對洋

---

[2]　Hu Shih to Edward Carter, August 26, 1938, Institute of Pacific Relations Papers, Box 13, "China Council-Hu Shih, Liu Yu-wan" Folder，藏於「哥倫比亞大學檔案館」。

人表示他是多麼不情願地被徵召，在他當了大使以後，他就已經失去了他所謂的「超然」、「自由」、「獨立」的地位。卡特不可能陪他玩他在中文世界裡玩的文字遊戲。從卡特以及所有洋人的眼光來看，他既然出任大使，他就是「從政」去了。

胡適一輩子最喜歡自詡他的政治立場是超然的。然而，作為大使，他是國民政府派駐美國的代表，是蔣介石派駐美國為他從事外交折衝的重臣。胡適說他當大使不算是從政，只是自欺欺人之談而已。一個一輩子說自己超然的人，也同時愛說他在野是在為國家、政府做面子，替它說話，支持它。問題是，這又是一個文字遊戲。一個在年輕的時候堅持「政府」不等於「國家」的人，到了中、晚年與蔣介石妥協以至於志同道合以後，會故意混淆「國家」與「政府」的分際，用他最喜歡說的「偷關漏稅」的方法，把「政府」與「國家」並聯，彷彿幫「政府」說話、做面子，就是愛「國家」、支持「國家」一樣。這其實已經不是玩文字遊戲，而是利用他的名聲、地位，以「超然」作為護符，而行效忠一獨夫之實。

當「超然」變成胡適的口號，當「超然」成為胡適選邊站的政治立場的掩護，他所仍然繼續呢喃的「自由」、「獨立」，已經彷如海市蜃樓，純然只是幻象而已。

在研究胡適的英文著作裡，賈祖麟（Jerome Grieder）所著的《胡適與中國的文藝復興，1917-1937》（*Hu Shih and the Chinese Renaissance: Liberalism in the Chinese Revolution, 1917-1937*）是一部文字優美、分析細膩的佳作。然而，賈祖麟差一點就失之交臂，不選擇胡適作他的博士論文。他在〈自序〉裡回憶他1950年代在哈佛大學當研究生的時候，初次聽胡適演講。他聽完演講以後，對胡適的印象奇差，連想要多瞭解一點胡適所領導的新文化運動的念頭都沒有：

> 我第一次見到胡適是在1955年春天。他當時來哈佛大學為「東亞區域研究部」（East Asian Regional Studies Program）作演講。他的題目是：〈近代中國的思想革命〉（The Intellectual Revolution in Modern China）。我當時雖然只是一個羽毛初成的研究生，但我已經有了足夠的知識，知道這

個題目的重要性以及胡博士在他所要講的這段歷史裡的特殊地位。同時，我也已經有了足夠的知識在聽完演講以後，知道他並沒有公平地處理他所講的題目。在那一個鐘頭的演講裡，他差不多全是在往自己臉上貼金，而把所有政治、思想上的錯誤都歸罪他人。那個晚上，我雖然感受到了演講者的儒雅可親，但對這樣一個忘形吹捧自我（self-indulgent）的人所領導的思想改革運動，我並沒有什麼想要去進一步瞭解的慾望。[3]

賈祖麟後來會改變。當時正是中國共產黨批胡運動的巔峰。批胡運動使賈祖麟好奇而回過頭去看胡適的思想與著作。等賈祖麟後來到台灣去作研究以後，他逐漸地修正了他先前對胡適的觀感。他對胡適在中國新文化、新思想運動裡所作的貢獻的理解，終於使他寫出了《胡適與中國的文藝復興，1917-1937》這本佳作。

賈祖麟後來雖然改變了他對胡適的歷史評價，但他並沒有改變他對胡適個人的評價。他所改變的，是用「體己之心」來還胡適「本來的面目」，然後再去評判他的「義理是非」。然而，這並不影響他對胡適仍然保持著負面的觀感。他認為晚年的胡適不但是一個極為失意落魄的人（a profoundly disappointed man），而且也是一個令人失望的（disappointing）人物，老是虛榮地炫耀他風華不再的過去[4]。

其實，虎落平陽的胡適不只是活在過去。他是活在像春蠶吐絲把自己捲進去的蠶繭裡一樣，是活在自己所編織出來的過去的世界裡，孤芳自賞著。在這個蠶繭裡，與他相濡以沫的，是他所吐出來的蠶絲。這些蠶絲，雖然千絲萬縷，但千篇一律，都只是在訴說他所領導的曠古未有的中國文藝復興運動，後來不幸被政黨挾持、操縱而變了質的故事。

□　　□　　□　　□　　□

3　Jerome Grieder, *Hu Shih and the Chinese Renaissance: Liberalism in the Chinese Revolution, 1917-1937* (Harvard, 1970), ix.

4　Jerome Grieder, *Hu Shih and the Chinese Renaissance*, x.

　　我在2009年開始寫《舍我其誰：胡適》這一系列的時候，我的構想是一個兩百五十萬字的五部曲。在寫完第二部以後，我把這個五部曲的計畫縮小成為三部曲。結果，沒想到這個三部曲，最後變成了四部曲，跟我原先五部曲的計畫只差了一部，在預計的總字數上只少了20萬字。第四部《國師策士，1932-1962》就是《舍我其誰》這個四部曲的完結篇。我之所以能在2016-2017學年度休假期間順利寫成第三、第四兩部，完全是因為我得到了許多幫助的結果。首先，我要感謝我任教的德堡大學（DePauw University）多年來的資助。第三部前三章的寫作，得益於敝校提供三年的「教授研究獎助金」（Faculty Fellowship）。今年休假的一年，也得到敝校的資助。此外，我還要誠心感謝台北的陳宏正先生，在慷慨資助我寫完《璞玉成璧》、《日正當中》的寫作以後，繼續慷慨資助，讓我得以順利地完成了整套《舍我其誰》的研究、寫作計畫。

　　《舍我其誰》這一系列的研究與寫作，「胡適紀念館」的團隊給我的助力最大：鄭鳳凰小姐、陳丞丕先生、莊茹蘭小姐、蘇育琇小姐、王國泰先生，以及李朝順先生的專業、服務精神都是我這十年來研究胡適幫助最大的資源。北京社科院近代史研究所的茹靜女士及其前任張顯菊女士多年來熱心的幫助，更是讓我能夠開始以檔案作為基礎來研究胡適的開始。我任教的德堡大學古典系（Classical Studies）的劉津瑜教授，多年來幫我上資料庫下載我需要、但在此地得不到的資料，特此致謝。北京大學圖書館北京大學文庫的鄒新明先生、我在中研院近史所電腦室所認識的趙席夐小姐，每次在收到我告急求援的電郵，都熱誠迅速地幫我查找資料、掃描，不勝感激。在全書已經付梓才趕寫這第四部「序幕」的時候，我發現我當年沒印出唐德剛作胡適口述自傳時所擬的大綱。這個最關鍵的資料，承蒙哥倫比亞大學東亞圖書館中文部主任王成志先生撥冗緊急救援，到哥大總圖書館的「特藏室」拍照寄來。真是感激不盡。最要感謝的，是我的妻子麗豐，謹獻上此書。

序幕

胡博士不是那種會把自己的才華深藏不露的人。他有什麼，就披露什麼。他所知道的，他就全都表露出來——在他的書裡、在他的言談之中、在他的一舉一動裡。他不相信人應該隱藏任何東西。他沒有祕密（mystery）：在他身上只有陽光，沒有陰影。他的心靈就像一個一望無垠、晶瑩剔透的湖泊。它沒有羅曼蒂克的深淵，也沒有來自其他世界的回音。對這樣一個湖泊，我們所關注的，不是在其湖底，而是在其映照了一切的湖面。它的力量，在於給予了我們這個宇宙整齊、清亮、井然的圖像。在這些圖像裡，陰影（nuance）、靈魂、宗教都沒有其存在的位置。[1]

這是北大英語系教授溫源寧1934年在英文《中國評論》（*The China Critic*）上所發表的一篇〈哲人：胡適博士〉（Dr. Hu Shih, A Philosophe）裡的一段話。

作為形容胡適是一個透明、有什麼話就說什麼話、不躲躲藏藏的人，這段話再典型、再透徹不過了。只是，胡適真的是這麼樣的一個人嗎？胡適很可能從來就不是這樣一個人。他會給人這樣透明的印象，就是他高明的所在。換句話說，他隱藏得高明，一點都不露痕跡。當然，也有可能，在胡適年輕的時候，他曾經是這樣透明的一個人。只是，隨著年齡的增長，隨著他在黑暗、渾濁的社會，特別是政治圈裡，見識到政壇上的輝煌騰達彷如朝花夕露，處處是

---

1   "Unedited Biographies: Dr. Hu Shih, A Philosophe," *The China Critic*, VII. 9（March 1, 1934）, pp. 207-208.

爾虞我詐以後；在他自己躲過了一些暗箭、受過傷、以至於中箭下馬以後，他完全變了一個人。從此，他就再也不是一個透明、有什麼話就說什麼話、不躲躲藏藏的人了。不管胡適是生性本來就不透明，還是歷練使他如此，這所說明的事實是：胡適之的朋友口中的胡適，不見得是真正的胡適。

　　到了1930年代大步邁向保守、與蔣介石妥協的胡適，早就已經不是一個透明、有什麼話就說什麼話的人了。1946年從美國回到中國出任北京大學校長的他，更已經是一個極其不透明、躲躲藏藏的人了。到了1949年流亡美國以後，他就完全已經成了一個三緘其口的金人、密不透風。那已經不再晶瑩剔透的湖泊雖然失去了其映照的能力，至少陽光還能入水幾分。一個三緘其口的金人，不要說是陽光了，它可是連刀槍都不入。胡適是一個三緘其口的金人的真相，就在《口述自傳》的訪問過程中原形畢露。

　　唐德剛1958年在紐約幫胡適所作的《口述自傳》，用唐德剛自己的話來說，「它的內容根本沒有什麼新鮮的材料。」[2]唐德剛說，胡適當初作《口述自傳》的時候，他所想像的「將來的讀者」是美國治漢學的研究生。這就決定了這個《口述自傳》的章目結構及其材料的取捨。更讓人心嚮往之、恨不得有記錄留下來的，是「在那十餘萬言原稿的背後，還有胡老師與筆者千百萬言的中文討論和對話。如果這本書的讀者，忽然從碧眼黃鬚的美國學生，轉變成黑髮無鬚的中國學生，那這些錄音背後的討論和對話，就可能比錄音稿上的正文更為有趣而『實用』了。」[3]

　　唐德剛所沒有告訴我們的，是為什麼胡適這本《口述自傳》「根本沒有什麼新鮮的材料」真正的理由。唐德剛沒告訴我們，有可能是要為賢者諱、為胡老師隱。所以他才會曲筆地說《胡適口述自傳》的章目結構及其材料的取捨，是取決於胡適當初所想像的「將來的讀者」——美國治漢學的研究生。事實上，口述訪問的大綱是唐德剛跟哥倫比亞大學口述史計畫已經擬好的，只是胡適因為顧忌太多，不願意遵照而已。

　　當然，唐德剛沒信筆直書還有另外一個可能。唐德剛把胡適的《口述自

2　唐德剛，〈胡適口述自傳：寫在書前的譯後感〉，《胡適全集》，18.135。

3　唐德剛，〈胡適口述自傳：寫在書前的譯後感〉，《胡適全集》，18.141。

傳》翻譯成中文的時候，已經是這個「口述自傳」的工作完成二十年以後的事情了。訪問過程中的細節他可能早就已經忘卻了。幸好哥倫比亞大學留下了「中國口述史計畫」（The Chinese Oral History Project）之下的「胡適口述自傳」的報告以及來往信件。這些資料就把胡適這個「口述自傳」為什麼根本沒有什麼新鮮的材料的真正的原因暴露無遺了。

這個「中國口述史計畫」的主持人是哥大的兩位教授：中國史教授韋慕庭（Martin Wilbur）與經濟系教授何廉。韋慕庭和何廉在1958年2月間，可能是透過唐德剛，聽說胡適願意接受「中國口述史計畫」的訪問作口述史。他們立刻與胡適約在2月25日午餐談這件事[4]。等細節商定以後，唐德剛就在3月21日第一次帶錄音機跟胡適試作錄音。4月2日，胡適啟程到台北去出任中央研究院的院長並主持第三次院士會議，訪問的工作於是暫停。一直到胡適在6月21日回到紐約以後，唐德剛才能開始安排訪問的工作。

韋慕庭很體貼地為口述訪問作了妥善的安排。訪問的地點在哥大。他請胡適搭計程車到哥大。計程車的費用由哥大每兩個星期根據胡適報銷的收據付給胡適。如果胡適能夠在一天當中在上午與下午各作一次的訪問錄音，就請唐德剛帶胡適到哥大的「教授俱樂部」午餐[5]。

根據唐德剛的報告，胡適「口述自傳」在1958年7月18日正式開始。到了9月27日，一共作了16次的訪問錄音。每次平均四小時。錄音訪問的總時數是64個鐘頭。這16次、64個鐘頭的訪問錄音，在唐德剛整理以後，打出來的打字稿有332頁。一共分三個部分，28個子題（其實是29個子題，詳下文）。這基本上就是我們現在所看到的《胡適口述自傳》的初稿[6]。這個初稿只是「中國口述史計畫」原先策畫好的口述自傳的三分之一而已。

哥倫比亞大學這個「中國口述史計畫」作得極為認真與嚴謹。就像現任哥

4　Martin Wilbur to Hu Shih, February 13, 1958，「胡適紀念館」，HS-US01-027-004。

5　Martin Wilbur to Hu Shih, July 21, 1958，「胡適紀念館」，HS-US01-088-010。

6　Te-kong Tong, "Report on Introductory Interviews with Dr. Hu Shih," [penciled in on the title page] April 16, 1958, "Chinese Oral History Collection Office Files and Related Papers, Hu Shih," Box 16 "Hu Shih—material, Early interviews, appendixes, Hu's notes, West. Lang. biblio Folder," 哥倫比亞大學圖書館特藏室。

大東亞圖書館中文部主任王成志先生所說的：從事訪問工作的人幾乎全為正規中國史專業科班出身的學者。「採訪者從相對有限的採訪中獲取盡可能多的、有用的歷史信息，並查對史實，糾正錯誤；將錄音轉錄、整理成傳記文稿；將文稿翻譯成英文；文稿正式出版時，又負責編輯、校對等。」[7] 換句話說，哥大這個口述史計畫不是讓受訪者信口開河的。所有訪問者都必須在訪問之前作好基本的研究與準備。接著，訪問者還必須在口述訪問的基礎上，從事查證、與受訪者再核對，以及補充的工作。最後，在整理、增補、校對以後，打出最後的訪問稿。

　　同樣是這個「中國口述史計畫」下的成果，顧維鈞的口述史長達10,436頁；何廉的口述史也有用小號字體打出來的450頁。胡適這個口述自傳的332頁，為了方便胡適增訂起見，是用大號字體打出來的。而且，這個口述自傳只完成了原計畫的三分之一（其實不到三分之一，請參見下文「修訂暫定大綱」），實在是令人失望。

　　這個只完成了原擬計畫三分之一的口述自傳的三個部分，確實「根本沒有什麼新鮮的材料」。用唐德剛自己在結案報告裡的話來說，第一個部分：家庭與幼年生涯。胡適說關於他的家庭的故事，他已經在中文裡寫過很多了，將來只要把它們翻成英文就可以了。他說得比較多的，是他完全沒有記憶的父親。對他最親愛的母親，則一句話也沒有。胡適解釋說，有關他母親的事蹟，他都已經在《四十自述》裡說過了，沒有重複的必要。第二部分：留美生涯。基本上是他《留學日記》的濃縮版。唐德剛為胡適辯護說，雖然沒有新資料，但作為他晚年對他自己留美初期教育的回顧，還算是有意義。第三部分：中國的文藝復興。這個部分也是胡適以前所寫過的東西的濃縮版。唐德剛略帶嘲諷地說，那些作品：「胡博士曾經自誇說有一千萬的中國人讀過。那些舊作裡的幾個主旨，博士到今天仍然拿出來說教。」[8]

7　王成志，〈歷史寶藏：哥倫比亞大學中國口述歷史研究資源〉，《圖書資訊學刊》，第5卷第1/2期（96.06/96.12），頁91-105。

8　Te-kong Tong, "A Concluding Report on Our Work with Dr. Hu Shih," October 20, 1958, "Hu Shih, 1958-1962 Folder."

　　胡適在1958年10月30日又離開紐約回台灣，繼續去擔任中央研究院院長的職位。他什麼時候會有時間再回紐約，甚至是否有時間繼續「口述自傳」的工作，都已經不是任何人所能預料的了。唐德剛於是就在10月20日把這個「口述自傳」的初稿呈交「中國口述史計畫」，作為結案報告。

　　這個初稿自然還是很粗糙。韋慕庭把它交給安・曼羅（Ann Munro）潤飾。1959年6月19日，韋慕庭在給安・曼羅的信裡，謝謝她細心的潤飾。他感謝她讓原稿增色不少。他說：「我完全理解妳說原稿讀起來很吃力的意思！」[9]

　　初稿經過安・曼羅潤飾以後，再交還給唐德剛審定。然後，再重新打字。接著，再由韋慕庭審定。1959年8月初，胡適從台北到夏威夷開完會再到紐約以後，韋慕庭把這個審定稿交給胡適審閱[10]。

　　我們今天在這個打字稿上所看到的用筆所作的修改，就是胡適的筆跡。值得指出的是，所有讀胡適這個英文版的「口述自傳」讀者都會發現這個版本上的頁碼不是用打字機打進去的，而是手寫的。原來這也是韋慕庭體貼為胡適設想的。他在一年前，亦即，1958年11月5日給胡適的信上，就向胡適解釋他不打上頁碼的理由：「我的想法是打字稿上不打上頁碼。這樣你就可以隨心所欲的增訂。」[11]

　　無論如何，韋慕庭在1959年8月10日的信上懇請胡適能夠抽空在紐約繼續接受訪問。這時候，韋慕庭已經體會到「中國口述史計畫」可能必須幫胡適出旅費，讓他回到紐約繼續接受訪問。然而，他也同時堅持說，如果他們真的幫胡適出旅費，胡適就必須先同意他願意接受訪問的次數[12]。

　　韋慕庭在這個手寫的備忘錄裡所提出來的條件──胡適必須先同意他願意接受訪問的次數，就點出了問題的癥結。原來，胡適覺得「中國口述史計畫」所擬定的訪問大綱「牽涉到太多政治問題了」（too political）。

　　這「牽涉到太多政治問題了」的顧慮，胡適從一開始作口述訪問就說了。

9　Martin Wilbur to Ann Munro, June 19, 1959, "Hu Shih, 1958-1962 Folder."

10　Martin Wilbur to Hu Shih, August 10, 1959, "Hu Shih, 1958-1962 Folder."

11　Martin Wilbur to Hu Shih, November 5, 1958,「胡適紀念館」，HS-US03-001-004。

12　Handwritten note, presumably by Martin Wilbur, Aug 26, 1959, "Hu Shih, 1958-1962 Folder."

1958年3月21日，唐德剛作第一次非正式的口述訪問的時候是帶著錄音機去的。他先給胡適看哥倫比亞大學整個口述史計畫已經作好了的美國人的口述自傳的目錄。他說在目錄上有些口述自傳註明在傳主死後十或十五年之間「不開放」。胡適看到這些說明暫不開放的附註，不禁莞爾。唐德剛說他馬上就作機會教育，告訴胡適，說這表示哥大作口述史非常謹慎，絕對會遵守傳主的意思，保守秘密。他說他當然沒有鼓勵胡適也作出他的口述自傳何時才能開放的限定，他只是要胡適放心，讓他在作口述訪問的時候能夠暢所欲言。

根據唐德剛在1958年4月16日所提交的初步報告，胡適在看了訪問大綱以後，就批評說這個大綱「牽涉到太多政治問題了」、「太詳細了」！唐德剛描述了胡適的反應：

> 胡博士展顏一笑說：「你知道，並不是穆罕默德去拜山，而是山來拜他。」他說他從來就沒有從政的慾望。遺憾的是，他就是躲不掉。接著，他就開始告訴我許多非常有興味的故事。當時我真的覺得我是在跟「歷史」說話。他談到中國政治的許多方面，比如說1930年代的法西斯運動（我自己就曾經好幾次被迫跟我「藍衣社」的年輕朋友到南京去遊行）。那時，我建議打開錄音機錄音。胡適笑著回答說，我們只是聊聊，他希望不要用錄音機。

胡適的《口述自傳》到第三部分，亦即，中國的文藝復興以後，就倏然終止，一點都不奇怪。唐德剛說胡適在3月21日第一次非正式的訪問裡，就指出訪問大綱的第四、第五、第六部分都「牽涉到太多政治問題了」。他又再次強調說他實際上跟現代政治沒有什麼瓜葛，雖然他沒有辦法避開。他只是在情況所逼之下，才對現代中國政治上的危機發表一些他的看法[13]。

胡適說：「訪問大綱的第四、第五、第六部分都『牽涉到太多政治問題了』。」可惜胡適在1958年3月21日第一次非正式訪問裡所看到的訪問大綱今

13　Te-kong Tong, "Report on Introductory Interviews with Dr. Hu Shih," [penciled in on the title page] April 16, 1958.

天已經不存。我們今天能在哥大的「中國口述史計畫」檔案裡所看到的，是3月28日的「修訂暫定大綱」（A Revised List of Tentative Topics）。然而，即使是從這個「修訂暫定大綱」，我們也仍然可以管窺胡適抱怨「牽涉到太多政治問題了」的所在。這個「修訂暫定大綱」一共有十二個部分，五十個題目。由於第十二部分所牽涉的是訪問結束的善後整理工作，可以不計。實際訪問的題目其實只有47個：

    I. 家庭背景與早年生活（到1910年）

      1，胡博士已經出版的家庭以及早年生活資料以外的補充

   II. 在美國的大學生活（1910-1917）

      2，校園生活以及在康乃爾大學初期的科學訓練

      3，早期對中國政治改革的看法

      4，胡適方法論的演進及其對中國經典研究的貢獻

      5，胡適、杜威、與實驗主義——哥大生涯

      6，文學革命的奠定

  III. 中國文藝復興的締造（1917-1919）

      7，胡適、陳獨秀、《新青年》、與近代中國文學革命的爆發

      8，在其他學術領域的復興運動

      9，新文化論爭

      10，五四運動——文藝復興運動的第一次中挫

  IV. 中國文藝復興的推展——進展與反動（1919-1927）

      11，杜威訪華與實驗主義的推展

      12，胡適把其方法論擴展到白話文學的研究

      13，五四運動直接的結果——政治運動取代了文化運動

      14，出版《努力週報》、歐遊

   V. 胡適與文化運動裡的新反動

      15，批判性地回顧當年的「新文化」運動及所謂的「革命文學」的發展

      16，批判性地回顧新保守主義運動

      17，出版《新月》

　　1958年3月21日的訪問大綱，胡適抱怨說：「第四、第五、第六部分都『牽涉到太多政治問題了』。」由於那個大綱現已不存，我們不知道其第四、第五、第六部分，是相當於3月28日的「修訂暫定大綱」裡的哪些部分。然而，如果我們就以這個「修訂暫定大綱」為例，我們可以想見從第五到第十部分，對他而言，都會是「牽涉到太多政治問題了。」

　　唐德剛在〈回憶胡適之先生與口述歷史〉一文裡說：

　　二十年前適之先生與筆者一起工作之時，我們底工作語言，原是英漢雙語並用。而且底稿的擬訂，多半也是先漢後英。只因為那時哥大當局對中文稿毫無興趣，而對英文稿則責功甚急。筆者受聘執筆，為爭取時間才把中文稿統統刪掉。今日思之雖覺可惜，然當時也是格於規章，出諸不得已……

　　如今胡先生已長眠地下，〔《傳記文學》發行人劉〕紹唐兄要我獨力再

---

14 "A Revised List of Tentative Topics for Biographic Interviews with Dr. Hu Shih," "Appendix C," Box 16 "Hu Shih—material, Early interviews, appendixes, Hu's notes, West. Lang. biblio Folder"。在此要特別向哥倫比亞大學東亞圖書館中文部主任王成志先生致謝。承蒙他在百忙之中幫我去檔案館調出這件檔案拍照寄給我。特此致謝。

由英文稿譯回中文。承命之餘，二十年前舊事，重湧心頭。真是感慨萬千。我生為炎黃子孫，把原稿回譯以饗國人，我自覺是有道義上責任的。再者我試翻手頭殘箋，發現哥大所公布的稿子與胡先生當初和我所合擬的計畫也不無出入。讀者如將影印於膠片上的英文稿和筆者所保存的胡氏手書自述大綱兩相比較，一覽便知。[15]

唐德剛這一段回憶裡有兩個重點。第一，當初作口述自傳訪問的時候，其計畫與大綱是胡適與唐德剛共同擬定；第二，哥大後來所公布的胡適口述自傳的大綱與胡適手擬的大綱有所出入。

有意味的是，唐德剛這個回憶跟他自己當日給哥大「中國口述史計畫」的報告也是不無出入的。根據上引唐德剛在1958年4月16日所提交的初步報告，胡適在看了訪問大綱以後，批評說：「訪問大綱的第四、第五、第六部分都『牽涉到太多政治問題了』。」如果真如唐德剛所說，當初作口述自傳訪問的時候，其計畫與大綱是胡適與他共同擬定的，則胡適在初次非正式訪問的時候抱怨：「牽涉到太多政治問題了」的批評，就未免有點出爾反爾了。

口述自傳大綱初稿的擬定由胡適與唐德剛共同擬定，這是完全合理的。畢竟傳主是最瞭解自己的生平大事的人，也是最有資格擬定訪問大綱初稿的人。然而，設計周密、執行嚴謹如「中國口述史計畫」，是絕對不可能讓傳主牽著鼻子走的。主持計畫的韋慕庭與何廉一定是會積極參與制定、並批准最後的訪問大綱的。我在上文所徵引的「修訂暫定大綱」，文後註明："TKT 3/28/58, East Asian Institute, Columbia University"，亦即，「唐德剛，1958年3月28日，於哥倫比亞大學東亞研究所」。換句話說，這是一個正式的文件。署名的人雖然是唐德剛，但其所反映的是「中國口述史計畫」所批准的。

然而，「中國口述史計畫」所批准的這個「修訂暫定大綱」，顯然胡適並沒有完全遵循。我們比較這個「修訂暫定大綱」與哥大後來所發表的《胡適口述自傳》稿本，就可以清楚地看出其完成的部分，並不是完全依照「修訂暫定

---

15 唐德剛，〈回憶胡適之先生與口述歷史〉，《胡適雜憶》（台北：傳記文學出版社，1979），頁1-2。

大綱」的。然而，在那個還沒牽涉到太多政治問題的早年到留美階段，胡適在大體上還是遵循了。

唐德剛的〈回憶胡適之先生與口述歷史〉一文有兩個一般人容易忽略的重點。第一，他說：「胡適的自傳與一般名人的自傳在性質上頗有差別。其他名人傳記多半以敘事和說故事為主；而胡傳則重在論學，尤其是討論中國的古典著作，是一部學術性的自傳（intellectual autobiography）。」我認為胡適的自傳「重在論學」是有意的。那是胡適以四兩撥千斤的訣竅，把「牽涉到太多政治問題了」的訪問，不落痕跡地轉移成為「尤其是討論中國的古典著作」的一部學術性的自傳。

胡適這個四兩撥千斤的絕招，就引出了唐德剛那篇回憶文章的第二個重點，亦即，他所說的：「筆者所保存的胡氏手書自述大綱。」這個胡適手書的自述大綱，《胡適雜憶》裡把日期植為「1957年夏」是錯誤的，應該是1958年夏。這個胡適手書的自述大綱，今天也可以在「胡適紀念館」的資料庫裡找到。

我們比較胡適手擬的口述自傳大綱，再比較哥大最後所發表的《胡適口述自傳》，就可以看出他四兩撥千斤的高明所在。儘管哥大孜孜不倦地制定、修訂其訪問大綱，胡適其實是不落痕跡地按照他自己手擬的大綱作口述。表序.1比較《口述自傳》大綱與胡適手擬大綱在訪問「家庭與早年生活」的綱目：

表序.1 《口述自傳》大綱與胡適手擬大綱（1958）的異同：家庭與早年生活

《口述自傳》[16]	胡適手擬大綱（1958）[17]
I. 家庭與早年生活	I. 家庭與早年生活
1，徽州人	1，父親
2，我的家庭——績溪上莊胡族	2，母親
3，我的父親	3，家塾
	4，上海歲月

---

16 "Dr. Hu Shih's Personal Reminiscences: Table of Contents," i.

17 胡適手擬英文口述自傳大綱殘稿，無日期〔1958年夏天〕，「胡適紀念館」，HS-NK05-204-001。

　　從表序.1，我們可以看出來兩者在基本上是相同的。胡適手擬的大綱多了母親、家塾、與上海歲月這三個子目。然而，胡適雖然沒照他手擬的大綱講，但其損失可能也不大。這是因為我們可以想像胡適如果在口述訪問裡講這幾個子目，其內容大概不外乎是他《四十自述》的濃縮版。

　　表序.2留美生涯一段，兩者的差異較大。然而，雖然《口述自傳》的子目較多，但內容上則大同小異。我們不能單就子目來作比較。比如說，《口述自傳》裡的第16個子目討論的就是胡適手擬大綱裡的第8個子目。最可惜的是胡適手擬大綱裡的第7個子目：「從黑格爾的唯心論到杜威的實驗主義」。如果胡適講了這個子目，我們就可以聽他「夫子自道」地講他在康乃爾大學學習唯心論的經驗及其與杜威實驗主義的異同。

　　表序.3顯示出《口述自傳》與胡適手擬大綱在基本上也是雷同的。胡適手擬大綱所多出來的，有北京大學、他所作的「實驗主義」演講、杜威訪華及其演講、《努力週報》，以及1926-1927歐遊這幾個子目。然而，這也就是胡適高明的所在。他的作法除了要避免談到政治方面的問題以外，就是在他的口述自傳裡重述他從前已經發表過的文章裡的主旨。比如說，他在《口述自傳》裡所討論的文學革命的爆發及其成就，是他在《四十自述》裡都已經說過的。「文藝復興」的意義，他在〈新思潮的意義〉裡也已經說明過。「問題與主義」的論戰，所有看過他與李大釗、藍公武等人的辯論的人，都不陌生。他的白話小說的研究，更老早已經在《白話文學史》上卷裡發表過了。

　　即使他在手擬大綱裡所增加的子目，除了杜威訪華及其演講以外，大都了無新意。他的〈實驗主義〉的七篇演講，《胡適文存》第一集裡就有了。《努力週報》裡的言論，《胡適文存》第二集收得最多。我們可以想見他還再老生常談他好人政府的理念。至於他「重遊西方（1926-27）：對西方文明的態度」的子目，我們可以想見他又要重複他在〈我們對西方文明的態度〉一文裡的論點。

　　胡適喜歡老生常談的原因當然有可能像是寫《胡適與中國的文藝復興，1917-1937》的賈祖麟（Jerome Grieder）所說的。我在本部〈前言〉裡所徵引了賈祖麟的說法。他說晚年的胡適就是老愛虛榮地炫耀他風華不再的過去。然而，更重要的是，這是胡適為自己在歷史上定位的表述。從他的歷史眼光的角

表序.2　《口述自傳》大綱與胡適手擬大綱（1958）的異同：留美生涯

《口述自傳》	胡適手擬大綱（1958）
II. 留美學生生活（1910-1917）	II. 留美生涯（1910-1917）
4，與不同信仰的種族的來往：我在康乃爾大學初期的生活	5，康乃爾大學與世界主義
5，我對美國政治的興趣	6，從農學轉到哲學
6，從農學轉到哲學的幾個原因	7，從黑格爾的唯心論到杜威的實驗主義
7，我成為一個訓練有素的公開演講家	8，研究方法的演進（〈「言」字解〉、〈爾汝篇〉、〈吾我篇〉）及博士論文《先秦名學史》
8，議會程序的訓練	9，文學革命的開始
9，世界主義、和平主義，以及國際主義：一個年輕學生的政治信仰	
10，修正的不抵抗主義的哲學	
11，我皈依了一種新的和平主義	
12，世界和平的論文得獎	
13，哥倫比亞大學（1915-1917）	
14，杜威與實驗主義	
15，實驗主義的思維術	
16，胡適方法學的演進	
17，思索中國的語言改革	
18，引導了革命的幾個事件	
19，孤獨的文學實驗及一個革命的宣言	

度來看，新文化運動、白話文學運動都是他所締造的。他在這些運動裡所說的話、所發表的文字，都是其歷史的見證。

　　表序.4最淋漓盡致地流露出胡適用四兩撥千斤的方法，來決定口述訪問的方向與性質的高招。「國民政府」這一部分是《口述自傳》裡所沒有的，因為

表序.3　《口述自傳》大綱與胡適手擬大綱（1958）的異同：締造文藝復興

《口述自傳》	胡適手擬大綱（1958）
III. 締造中國的文藝復興	III. 締造中國的文藝復興
20，文學革命的爆發及其成就	10，北京大學與蔡元培
21，文學革命的幾個特點	11，《新青年》與陳獨秀
22，中國文藝復興及其四重意義	13，〔注：胡適漏掉了12〕、文學革命
23，政治的介入：五四運動	14，「文藝復興」
24，「科學」與「民主」的正確詮釋	15，整理國故運動
25，「具體的問題與抽象的主義」：我與馬克思主義者的第一戰	16，《中國哲學史》（1918年完成第一卷，1919年初出版）
26，整理國故	17，政治的介入（intervention）：「五四運動」（1919）
27，「中國思想史」及其後的研究，特別是禪宗研究	18，「問題與主義」：與馬克思主義主義者的第一戰（1919）
28，白話小說的歷史研究（1922-1933）	19，「實驗主義」演講（1919）
29，有關中國文藝復興運動的進程及其中挫的幾點省思	20，杜威的演講
	21，陳獨秀離開南京暨中國共產黨的成立（1920）
	22，白話小說的歷史研究（1920-1933）
	23，主編《努力週報》（1922-1923）
	24，重遊西方（1926-1927）：對西方文明的態度

在說完「締造中國的文藝復興」以後，《胡適口述自傳》就倏然終止了。在他手擬的大綱裡，為了不「牽涉到太多政治問題」，胡適把口述訪問的終結點定在「戰時大使（1938-1942）」，完全避過了國共內戰以及從流亡美國從事反攻大陸的宣傳事業的階段。更有意味的是，他跟國民黨的關係，不但只有一節，

表序.4　《口述自傳》大綱與胡適手擬大綱（1958）的異同：國民政府

《口述自傳》	胡適手擬大綱（1958）
無	IV. 國民政府
無	25，國民黨的「善意批評家」（friendly critic）（《人權論集》）
無	26，《白話文學史》
無	27，《中國中古思想史》（未完成）
無	28，再造北京大學：蔣夢麟與傅斯年（1931）
無	29，日本侵占東北（1931年9月）與華北的蠶食鯨吞（encroachment）（1932-1937）
無	30，《獨立評論》（1932-1937） A, 和還是戰？ B, 獨裁還是民主？ C,「信心與反省」
無	31，學術論文舉例（1933-1936） A,〈說儒〉 B, 考據老子的年代 C, 醒世姻緣考證 D, 顏李學派與程廷祚
無	32，芝加哥大學的「中國文藝復興」演講（1933）
無	33，「太平洋學會」會議（1931上海；1933加拿大班府（Banff）；1936加州優勝美地（Yosemite））
無	34，1937中日戰爭爆發
無	35，戰時大使（1938-1942）

而且名之為：「國民黨的『善意批評家』（friendly critic）（《人權論集》）」。胡適在這個手擬大綱裡高明的所在，在於把他從留美歸國到中日戰爭正式爆發之間二十年漫長的階段，轉移到不「牽涉到太多政治問題」的學術研究工作：從《中國哲學史》、整理國故、《中國中古思想史》、〈說儒〉、考據老子的年代、醒世姻緣考證、到顏李學派與程廷祚。套用唐德剛批評《胡適口述自傳》的話

來說:「它的內容根本沒有什麼新鮮的材料。」即使胡適按照他這個手擬的大綱繼續作第四部分,其結果仍然會是:「它的內容根本沒有什麼新鮮的材料。」這是因為他所想做的,基本上就是重述他已經發表過了、大家都早已耳熟能詳的論點:《獨立評論》裡的和還是戰?獨裁還是民主?「信心與反省」,以及他在芝加哥大學所講的「中國文藝復興」。

這時候的胡適是一個「聞要他談政治則色變」的驚弓之鳥。如果他的心靈曾經像是一個「晶瑩剔透的湖泊」,他現在已經是一個陽光不透、刀槍不入的三緘其口的金人。

1959年8月胡適從台北回到紐約的時候,韋慕庭寫信給胡適,為胡適口述自傳的進度表示遺憾。他希望能找出一個方法,繼續口述訪問的計畫[18]。然而,我們有理由推測不是沒有方法,而是胡適不願意繼續接受訪問。「中國口述史計畫」檔案裡有一份沒有註明日期的手寫的備忘錄,應該就是該年8、9月間胡適在紐約的時候的問答摘要記錄:

問胡博士的問題:
一、閣下是否願意把《四十自述》以及《留學日記》的某些部分翻成英文,當作這個口述自傳的附錄?
回答〔紅色鉛筆〕:可以,會告訴德剛。
二、我們將會編輯〔口述自傳〕現有的稿子。閣下是否想在打字以前先看一下現有的版本?
回答〔紅色鉛筆〕:讓我們自己決定。
三、我們是否可以預期閣下下次訪美的時候繼續作口述訪問?現在才作了閣下一生的三分之一。
回答〔紅色鉛筆〕:願意繼續。只是對政治方面的問題感覺有所顧忌(inhibition)。[19]

---

18 Martin Wilbur to Hu Shih, December 6, 1959, "Hu Shih, 1958-1962 Folder."
19 "Undated handwritten memo," "Hu Shih, 1958-1962 Folder."

由於胡適對政治方面的問題有顧忌，他的「口述自傳」就一直無限期的停擺下去。到了1961年2月13日，韋慕庭實在忍不住了。他終於在當天寫了一封信，用美國式的有話直說的方式跟胡適攤牌：

何廉教授啟程到夏威夷擔任「東西文化中心」（the East-West Center）（到七月為止）的顧問之前，他要我寫信問閣下是否願意繼續作口述訪問，並作明確的安排。我們認為讓這個自傳就這樣沒完成丟在那裡，是一個不智之舉。

這牽涉到好幾個問題。我們希望閣下能夠作出決定。以下，我就用美國式的有話直說的方式提出來。

第一個問題是：閣下是否願意繼續這個已經有了一個很好的開始的計畫？在哥大的我們非常急切地希望能夠繼續。我們認為這個自傳，現在應該是到了要跨越過「文學革命」以及閣下的學術研究（這些是閣下一生事業裡，記錄保存得最好的部分）這些題目的時候了。接下去的還有：閣下在1920、1930年代從事輿論事業的編輯工作，閣下在學術事業以及政治上所扮演的角色，閣下在中日戰爭期間在美國擔任大使的經歷。我相信作為歷史家的閣下，一定能夠瞭解我們希望能知道閣下在所有這些經歷裡的看法以及內幕消息。

第二個問題是：如果閣下同意繼續作這個自傳或者我們所建議的題目，閣下什麼時候可以排開一段時間來作這些口述訪問呢？如果能夠有助於閣下作安排，我們可以負擔閣下到紐約的交通費用。條件是我們須要確知閣下能夠騰出我們彼此同意的天數來作口述訪問，就像閣下在1959年〔注：應該是1958年〕夏天所作的，那成效極大。我們最近就用「疲勞轟炸」（saturation）的方式訪問了一位人物：連續十一天，每天五小時，整理出了將近四百頁的稿子。然而，比較悠哉的速率，比如說一個星期訪問三次，可能比較有助於反思。無論我們是決定用哪一種方式，我們希望知道閣下是否願意而且什麼時候會有時間。

最後，我們不知道閣下是否願意讓我們把閣下剩下來的日記作成微捲，存放在哥大的圖書館。何時可以開放？條件如何？完全由閣下決定。對於

如何處理所有到明定時日以前「不開放」的私人文件的問題，敝校圖書館的「特藏室」完全可以處理得得心應手。[20]

我們注意到韋慕庭在1961年2月13日這封信裡，只說他希望胡適的口述訪問能夠繼續作到胡適擔任駐美大使的階段，亦即，「修訂暫定大綱」的第八部分。他在這封信裡完全沒提到國共內戰以及胡適流亡的歲月。這有可能是韋慕庭在這封信裡只是舉例說明懇請胡適繼續他的口述自傳。然而，也有可能韋慕庭為了尊重胡適「牽涉到太多政治問題了」的顧忌，而主動把口述訪問的下限定在胡適手擬大綱所定的下限：「35，戰時大使（1938-1942）。」

然而，即使胡適願意，已經是不我予了。胡適接到韋慕庭這封信的時候，已經因為心臟病復發而在2月25日住進了台大醫院。胡適一直要到56天以後，也就是4月22日才出院。此後，胡適身體的狀況就每下愈況。11月26日，他又因為心臟病再度住進台大醫院。等到胡適再次出院，已經是1962年1月10日了。2月24日，胡適在參加中央研究院第五次院士會議的歡迎酒會上心臟病發作逝世。

如果1961年初胡適接到韋慕庭這封信的時候，他的身體健康，他是否會接受韋慕庭的建議，按照唐德剛所擬好的大綱完成口述訪問？答案我認為一定會是否定的。晚年胡適的榜樣，是孔子入周太廟時所看到的那個教人慎言是「福之根也」、口舌是「禍之門也」的三緘其口的金人。

---

20 Martin Wilbur to Hu Shih, February 13, 1961, "Hu Shih, 1958-1962 Folder."

第一章

輿論界牛耳，保守政論家

二十世紀前半葉中國的公共知識分子，胡適無疑地是第一人，而且樂在其中。1941年11月13日，他應邀在美國「記者協會」（the Sigma Delta Chi）在路易斯安那州所舉行的年會上作了一個演講：〈在現代中國辦報、編雜誌的快樂〉（Thrills and Adventures of Pamphleterring Journalism in Modern China）。他在這篇演講裡說：

> 現代中國是「報章、雜誌」的產物。幾乎所有中國這五十年來在社會、思想、教育、與政治上的改革，都是報章雜誌鼓吹出來的結果。這些辦報、編報的人不為賺錢、不要權力、一心只在於宣揚他們的理念。

毫不意外地，胡適用來作為例證的報章雜誌，就是《新民叢報》、《民報》、《新青年》，以及他在1930年代主編的《獨立評論》。同時，胡適特意表彰這些辦報、編報的人「不為賺錢、不要權力」的特質。他以《獨立評論》是由同仁認捐而辦起來的事實作為例證，證明他們不是在維護既得利益，而永遠是為他們的獨立與自由而奮鬥[1]。

胡適在這篇演講裡的盲點當然很多。首先，「現代中國是『報章、雜誌』

1　Hu Shih, "Thrills and Adventures of Pamphleterring Journalism in Modern China,"《胡適全集》，38.394-399。

的產物。」這句話就似是而非。只有在特定的意義下，這句話才有其意義。然而，其所在在顯示出來的，是胡適的菁英主義，以及他以「文」概全的傾向。其次，「不為賺錢、不要權力」，並不就表示他們是獨立和超然的。只要是人，就會有立場、有意識形態。胡適所自詡「獨立」的《獨立評論》亦然。蔣廷黻在1934年12月28日給胡適的一封信，就一語道破了這個事實：

> 你對我的政治偏右不贊成，對我的經濟偏左也不贊成嗎？《獨立》的政治主張已經夠灰色了，經濟簡直沒有主張。投經濟稿子的人似乎更帶書氣，更不敢有所主張。我們因此喪失一個很好指導輿論的機會。[2]

蔣廷黻承認他自己的政治立場偏右、經濟立場偏左。他批評《獨立評論》有「沒有主張」──這當然是不可能的──的立場，更有投稿的人有「不敢有所主張」的立場。他所期許的，是《獨立評論》應該要有「指導輿論」的抱負。這就在在地說明了《獨立評論》不是超然的，而是有它所希望的「立場」出現的「立場」。事實上，騙子不可怕，鄉愿才可怕，面善心惡的人更可怕。同樣地，一個人有立場不可怕，說他沒有立場的人才可怕，說自己立場超然的更可怕。

《獨立評論》是研究胡適在1930年代言論最重要的資料。研究這些資料的論文著作已經是多到了汗牛充棟的地步。然而，胡適在1930年代的言論卻仍然是一個亟待釐清的領域。造成這個矛盾的現象的最主要原因有三個。第一、受到先入為主的觀念所誤導。於是錯把這先入為主的觀念作為前提，從而去尋找符合這個先入為主的觀念的資料來證明這個前提。第二、沒有把胡適的觀念放在他整個思想脈絡之下來審視，因此不能瞭解他的某些觀念之間的連貫性。第三、墮入了「胡適說過就算主義」的謬誤，不知道除了胡適自己思想的脈絡以外，還需要去追尋胡適從美國所擷取、挪用過來的思想的來源。

受到先入為主觀念誤導的例子，最直接的，莫過於胡適及其所主編的《獨立評論》。歷來研究胡適的人，認定胡適是一個自由主義者。他們於是就接著

2　蔣廷黻致胡適，1934年12月28日，「胡適檔案」，1826-11。

認定，作為一個自由主義者，胡適一定是自由獨立、站在超然批評政府的立場的人。他們不知道自由主義也有激進與保守之分。同時，他們更不知道1930年代的胡適已經一面倒地擁護蔣介石。因此，胡適所主編的《獨立評論》固然有其「自由」與「獨立」的一面。然而，它所楬櫫的，是一個保守的政治哲學。

這個時候的胡適不但已經跟蔣介石妥協，他的政治哲學，已經從1920年代初期的「好政府主義」降低到「有政府就可主義」。為了作到「有政府就可主義」，胡適寄望蔣介石能夠建設出一個新的政治「重心」，以便使中國能夠至少走上「有政府」的第一步。由於胡適認定當時的中國還沒有一個政治的「重心」、還在剛剛踏上「有政府」的篳路藍縷的階段，因此他才會楬櫫「無為政治」的理念。

如果先入為主的觀念讓研究胡適的人視而不見他保守的政治哲學，不懂得把胡適的觀念放在他整個思想脈絡之下來審視，就讓他們對「民主政治是幼稚園的政治」這句話只能瞠目結舌，而不知道應該如何解釋了。事實上，要瞭解「民主政治是幼稚園的政治」這句話，就必須追溯胡適從1920年代初期開始楬櫫的「好政府主義」。他這個「好政府主義」，後來會從有「目標」、有「計畫」、進化到他在1930年代末期所嚮往的「專家政治」。如果胡適覺得當時的中國連「有政府」的門檻都還沒有跨進，「專家政治」自然是可望而不可即的。也正因為如此，作為「幼稚園政治」的民主政治，就正是最適合用「無為政治」來撫育出「有政府」的幼稚中國了。

「民主政治是幼稚園的政治」跟「專家政治是研究院的政治」，就像是一副對聯一樣，必須連在一起看。不管缺的是上聯或者是下聯，意思就不完整了。然而，要瞭解下聯，光看胡適自己在《獨立評論》裡的論述是不足的。由於中國對胡適而言是「幼稚園」，他當時自然就沒有申論「研究院」的「專家政治」理論的必要。一直要到他1939年10月去紐約參加杜威八秩壽辰祝壽學術討論會上，他才把他「專家政治」的理念闡述給他心目中的「研究院」裡的模範生的美國觀眾聽。胡適認為他是在幫杜威引申他自己一直沒有發展出來的「工具主義的政治哲學」。他萬萬沒想到，他在會中被杜威的大弟子抨擊，以至於快快地離開了會場。但是，胡適那篇論文，最後還是發表在杜威八秩壽辰

祝壽論文集裡。那是胡適「專家政治是研究院的政治」的定論。

　　歷來研究胡適的人，對胡適在1930年代的言論還有一個重要的誤解，亦即，胡適對日本的策略。大家談得最多、幾乎成為定論的，是胡適對日本的「低調」，主張對日本妥協。會有這個誤解的緣由，就是因為沒有好好地、全盤地細讀胡適在那個階段的文章。這種誤解，就好像諺語「瞎子摸象」所嘲諷的，剛好摸到什麼地方，就說胡適是那個樣子。事實上，胡適對日本的策略不只有一個或兩個，而且不只是變過一次或兩次。從「九一八事變」到1937年9月蔣介石派他去美國從事宣傳。六年之間，他對日本的策略就改變過八次。

保守的政治立場與哲學

　　胡適在1932年5月22日創刊的《獨立評論》的〈引言〉裡，如此形容他們創刊的理念：

> 　　我們八、九個朋友在這幾個月之中，常常聚會討論國家和社會的問題。有時候辯論很激烈，有時議論居然頗一致。我們都不期望有完全一致的主張。只期望各人都根據自己的知識，用公平的態度，來研究中國當前的問題。所以儘管有激烈的辯爭，我們總覺得這種討論是有益的。
>
> 　　我們現在發起這個刊物。想把我們幾個人的意見隨時公布出來，做一種引子，引起社會上的注意和討論。我們對讀者的期望，和我們對自己的期望一樣：也不希望得著一致的同情。只希望得著一些公正的，根據事實的批評和討論。
>
> 　　我們叫這刊物作《獨立評論》，因為我們都希望永遠保持一點獨立的精神。不依傍任何黨派，不迷信任何成見，用負責任的言論來發表我們個人思考的結果。這是獨立的精神。[3]

　　這「八、九個朋友」是誰？他們如何達成共識出刊《獨立評論》呢？根據

3　胡適，〈《獨立評論》引言〉，《胡適全集》，21.457。

蔣廷黻的回憶，他是發起人。當時在清華大學任教的蔣廷黻在北大也兼一門課，每星期上課一次。他說由於他當時也是英文《中國社會政治學評論》（*Chinse Social and Political Science Review*）的編輯，所以常常進城，跟北平的知識分子長相往來。有一晚，大家在「清華俱樂部」聚餐。參加的有胡適、丁文江、傅斯年、翁文灝、陶孟和、任鴻雋、陳衡哲、張奚若、和吳憲。當時「九一八」已經發生了。大家很自然地談到了國難期間，知識分子能作什麼的問題。蔣廷黻提議辦一個政論性的週刊。在座諸人多表示反對，包括胡適。既然連大家引為龍頭的胡適都反對，蔣廷黻就打了退堂鼓。

　　一週以後，任鴻雋夫婦請大家在他們家晚餐。蔣廷黻又提出他的想法。出乎他意料之外的是，丁文江建議不妨先考驗大家的意願。他建議大家每月捐出固定收入的百分之五。丁文江說如果能夠籌到至少800元，那就表示大家的意願足夠，那就辦。丁文江的挑戰，大家接受，雖然蔣廷黻認為800元未免太高了一點。於是，從那以後，他們這「八、九個朋友」就每週聚會，繼續討論國事，也討論出刊的問題。丁文江說這個刊物要有一個能經理財務的人，他建議了竹垚生。至於刊名，他說最後的選擇是《獨立評論》，是胡適提出的[4]。

　　蔣廷黻在回憶裡沒有確切地說明他們聚餐的時間。所幸的是，「胡適檔案」裡存有一本〈獨立評論社捐認資本分戶賬〉[5]。骨幹成員在1932年1月31日以前就交出了第一個月的認捐款項。蔣廷黻自己是1月28日就交出了，胡適則是2月3日。從這本〈捐認資本分戶賬〉的資料來看，蔣廷黻所說的那個挑戰大家意願的聚餐的時間，至遲應該是在1月下旬。我們從胡適的日記裡也可以找到佐證。1月28日的日記：「擬了一個辦週報的計畫，送給聚餐會的朋友們看。蔣廷黻也擬了一個大政方針。」[6]2月13日的日記：「獨立社聚餐。」[7]顯然，當時大家已經認定「獨立社」是成立的了。

　　這本〈捐認賬〉提供了另外兩個資訊。第一，我們如果以1、2、3月份實

4　Tsiang Ting-fu, "Reminiscences of Ting-fu Fuller Tsiang: Oral History, 1965," pp. 145-146.

5　〈獨立評論社捐認資本分戶賬〉，「胡適檔案」，550-9。

6　《胡適日記全集》，6.628。

7　《胡適日記全集》，6.629。

收的認捐數為準，他們已經收到了570元。如果我們把胡適、丁文江的美國朋友克羅澤將軍（William Crozier）在4月15日所捐的300元加入，則已經超過了丁文江挑戰他們的八百元的基準。一年以後，1933年5月6日，實收的認捐總數已達到了3,375元。由於《獨立評論》不付稿酬，當時的印刷費用又低，這個數目是綽綽有餘了。根據蔣廷黻的回憶，竹垚生說每期的印刷費用只需要50元。《獨立》第一期印了2,000本，第二期就印了3,000本。《獨立》每期每本的零售定價是四分錢。如果每期能銷售出百分之八十，創刊的收入就足以打平。更何況是《獨立》的銷路扶搖直上。不到一年，銷路已達8,000本。不到兩年，銷路更達到了15,000本。事實上，在出刊半年以後，竹垚生就表示社員已經沒有認捐的必要了。根據胡適在1935年所寫的〈又大一歲了〉一文，「獨立社」社員的捐款總數後來達到了4,205元。等到《獨立評論》銷路增加以後，成員的認捐的百分比就降到了百分之二點五的比率。一直到《獨立》出版將近兩年以後，因為刊物已經能夠完全靠銷路支持，社員的捐款方才完全停止[8]。《獨立評論》從1932年5月22日創刊，一直到1937年7月25日，因為中日戰爭全面爆發而停刊，總共出刊244期。

　　歷來研究《獨立評論》的人都有一個先入為主的觀念，那就是假定《獨立評論》所代表的是自由主義的精神。而且顧名思義，是自由獨立的。採取這種先入為主的觀念的人，因此很訝異為什麼在留洋歸來、自由主義的大本營的《獨立評論》，後來會有自家人內訌的「民主與獨裁」的論辯。而且很訝異為什麼胡適居然是孤軍奮鬥捍衛民主的「獨立社」的成員。為什麼大家會有這麼一個先入為主的觀念？而且在事實與他們的先入為主的觀念相牴觸的時候，他們只能落到訝異不解的疑惑？究其原因，就是因為他們錯把胡適是自由主義者，當成是一個既定的結論。我一再指出：說胡適為自由主義者，就彷彿說胡適是一個中國人一樣，沒有什麼詮釋的意義。更有甚者，說胡適是一個自由主義者，貼上了這個標籤，會讓人誤以為那就是答案。其致命的結果是：說胡適是一個自由主義者，本來應該只是研究的起點，結果卻因為看起來像是一個結論，就被不假思索地引為定論了。

8　胡適，〈又大一歲了〉，《胡適全集》，22.291-292。

　　我在第三部第一章已經詳細地分析了胡適1927年歐遊歸來以後越變越保守的軌跡。他在1929年3月25日所寫的〈我們要我們的自由〉一文裡，還用絕對、不可妥協的口氣堅持說：「我們是愛自由的人，我們要我們的思想自由、言論自由、出版自由。」然而，才四個月不到，他在7月初所寫的〈我們對於政治的主張〉就已經對蔣介石輸誠了：「我們不想組織政黨，不想取什麼政黨而代之，故對現在已得中國政治權的國民黨，我們只有善意的期望與善意的批評。我們期望它努力做的好。因為我們期望它做的好，故願意時時批評它的主張、組織、和實際的行為。批評的目的是希望它自身改善。」

　　如果胡適早在1929年就已經公開走向保守、與蔣介石妥協，創刊《獨立評論》的他與他的朋友還有可能保持自由獨立嗎？我們把當時在報章上的幾則報導，比對胡適在《獨立評論》醞釀出版時的幾則日記，就可以嗅出一些保守意味的蛛絲馬跡。1932年1月29日《申報》報導：

　　　胡適、丁文江、翁文灝等〔1月27日〕邀請在平一部國難會員傅斯年、周詒春等數十人會餐，討論對國難會議態度。議定：一、被邀會員應赴京出席；二、國議不能限專議外交、職權範圍、應由國議本身自定；三、定三十〔日〕邀集平津國難會員全體，在平銀行公會開談話會，交換意見，決定態度與方針。[9]

胡適在當天的日記裡所表達的態度則軟弱多了，請注意黑體字所標明的：

　　　在君、咏霓和我同宴請國難會議的北方熟人。到者有：周作民、王叔魯、湯爾和、蔣廷黻、徐淑希、陳博生、傅孟真、周寄梅、叔永、林宰平、李石曾，共十四人。大家交換意見，都以為這會議不當限於討論中日問題，**但也不應對國民黨取敵對的態度。當以非革命的方法求得政治的改善。**[10]

9　〈國難會員平津會員意見〉，《申報》，第21126期，1932年1月29日，第8版。
10　《胡適日記全集》，6.628。

同樣也在北平，但不在胡適等人所邀約之列的青年黨的曾琦，就說得強烈得多了。根據《申報》的報導，曾琦說：

> 余被邀為國難會員，事前毫無接洽。一、召集國難會議，是否取消一黨專政，何以無明令？二、予與李璜君等，皆另有黨籍。如國民黨承認黨外有黨，則出席人選，應由數黨自定。何能指派？三、國難會議是否專議外交，不談內政？凡非國民黨人，對宗教化之讀遺囑、拜遺像，皆難同意。如出席，此儀式是否廢除？若停止黨費，可省五千萬，能購飛機五百架。11

這國難會議，顧名思義，就是「九一八」以後所促成的12。原來，國民黨在1929年6月所召開的三屆二中全會通過的〈訓政時期之規定案〉提出，「訓政時期規定為六年，至民國二十四年〔1935〕完成。」然而，在「九一八」以後，要求國民黨立即取消訓政、實行憲政的呼聲雲起。1931年11月，蔡元培在國民黨的四全大會上，提出了組織國難會議，以期集思廣益，共濟時艱的緊急動議。12月，孫科、何香凝、李烈鈞等人又在國民黨四屆一中全會上提出數個提案，要求提前結束訓政，籌備憲政。就在這次全會上，國民黨通過了「召開國難會議、國民救國會議及國民代表會，縮短訓政，實行憲政案」。次年1月，行政院公布了188名被國民政府聘請為國難會議會員13，胡適名列其中。

胡適對這個國難會議的興致勃勃。他不但在1月27日跟丁文江、翁文灝宴請了一部分在北平的會員，他而且參加了30日在北平銀行公會召開的平津國難會議會員餐會。根據《申報》的報導，參加者有三十餘人14。只可惜胡適在2月15日因為盲腸炎住進北平協和醫院，一直到4月初才出院。因此，他錯過了該年4月1日，在洛陽召開的國難會議。這段時間胡適的日記空白，《獨立評

---

11 〈國難會員平津會員意見〉，《申報》，第21126期，1932年1月29日，第8版。

12 有關這個國難會議的分析，請參見鄭大華，〈「九一八」後的民主憲政運動〉，《求索》，2006年第3期，頁200-204。

13 〈行政院公布國難會議名單〉，《申報》，第21119期，1932年1月22日，第3版。

14 〈平津國難會員聚餐〉，《申報》，第21128期，1932年1月31日，第4版。

論》也還沒出刊，所以我們不知道他對國難會議的看法如何。

　　然而，我們有足夠的資料，來重建胡適以及《獨立評論》保守的政治態度與哲學。胡適1932年1月28日的日記說：「擬了一個辦週報〔《獨立評論》〕的計畫，送給聚餐會的朋友們看。蔣廷黻也擬了一個大政方針，分三項：一內政，二外交，三人生觀。這方針不甚高明。」[15]幸運的是，《胡適來往書信選》的編者發現了一篇很可能就是蔣廷黻所擬的這篇「大政方針」：

　　一、內政：首重統一，次建設，次民治。1，現在統一問題雖與歷代不同，然中心人物及武力亦不能免，在二、三十年內，一方式的專制──一人的或少數人的，公開的或隱諱的──是事實所必須。2，無統一絕不能有大建設，因財力將費於軍事，且治安不能保全。但統一不必中央集權。要在外交由中央主持，軍隊須聽中央節制，而國稅及省稅須有詳確的劃分。3，民治在中國之不能實行，全由中國無適宜於民治之經濟、社會及智識。倘統一能完成，建設即可進行。而適於民治之環境自然產生矣。短期之專制反可成為達到民治之捷徑。目前在中國大倡「天賦人權」、「主權民有」等理論不但無益，而且有損……二、人生觀：1，提倡事業的人生觀……2，提倡科學的思想方法……3，提倡康健的文藝。三、外交：1，帝國主義不限於某一時代或某一種的社會經濟制度。民族競爭是永不能免的。中國不應作任何主義之世界革命之犧牲品。2，倘國際大戰不發生，則東北問題之解決如上次宣言〔注：待查〕二、三十年內，中國需以親日為用，自強為體。仇日派只可在野活動，且不可過烈。[16]

　　我們很容易理解為什麼胡適會認為蔣廷黻這篇「大政方針」「不甚高明」。胡適最不能接受的，就是蔣廷黻認為「民治在中國之不能實行，全由中國無適宜於民治之經濟、社會及智識。」這就是後來他們在「民主與獨裁」的論辯裡最根本的分歧點。胡適既然不同意蔣廷黻對「民治在中國之不能實行」

---

15 《胡適日記全集》，6.628。

16 〈獨立評論編輯方針（稿）〉，《胡適來往書信選》，3.574-575。

的觀點，他當然也無法同意蔣廷黻在內政發展的次第：「首重統一，次建設，次民治。」對胡適而言，這些都是可以齊頭並進的。

然而，胡適雖然不同意蔣廷黻在內政上發展的次第，在「首重統一」這一點上，他與蔣廷黻的看法是一致的。他在1932年2月13日的日記裡記：

> 獨立社聚餐。談內政問題。方式為「怎樣建設一個統一的國家」，結論大致是：
> 一、應漸漸由分權的名義上的統一做到實質上的統一。
> 二、應努力做到物質上的統一基礎。完成幹線的鐵路網。
> 三、應有健全的政府組織，從「革命的政治」走上法治的軌道。
> 四、應做到全國和平不打內戰。
>
> 吳憲君問：政權應如何分配？討論的結果是：
> 一、應取消「黨內無派」，使國民黨自己分化成政黨。
> 二、應取消「黨外無黨」，使國民黨以外能有政黨發生。
> 三、國民黨此時的專政，是事實上不能避免的。
>
> 周炳琳君對於國民黨的前途甚悲觀。其餘皆非黨員，卻承認黨外的政治團體更無希望。[17]

這一則日記的重點有五：第一、統一為首要之務；第二、統一與建設必須雙管齊下：「應努力做到物質上的統一基礎。」第三、必須接受國民黨專政的事實。第四、希望國民黨能讓自己分化成幾個政黨，同時並允許其他政黨出現。雖然這是一個幻想，但胡適會繼續幻想到1950年代。第五、國民黨雖不能令人滿意，但其他政黨更不成器。更有意味的是，非國民黨員的《獨立評論》的成員，比國民黨員的周炳琳對國民黨還有信心。

胡適為什麼會跟國民黨妥協呢？因為他對中國政治的期望已經降到了最低

---

17 《胡適日記全集》，6.629。

的標準了。我在《日正當中》裡說胡適是一個屬於肛門性格型的人。他具有肛門性格型的人的特徵：鉅細靡遺地搜集、保存他的自傳檔案；規畫每天的作息到偏執狂的程度。「胡適檔案」裡保存有他從1919年到1920年為自己所設計的日程表。這個日程表從早上八點到晚上十點，以一個小時為單位。每一個小時又畫有兩欄：一欄是「預算」欄；另一欄為「實行」欄。在將近一年的時間裡，他每天都有恆地在「預算」欄裡填寫他的計畫，如果實行了，他就會在「實行」欄裡打勾。

　　對自己，胡適是「計畫狂」；對國家，他有「計畫熱」的要求。從留學時代到他1927年歐遊回國，十幾年間，他是一個有「計畫熱」的人。留美的時候，他說：「打個壞主意，勝於沒主意。」1922年揭櫫「好政府主義」的他說：「計畫是效率的源頭，一個平庸的計畫勝於無計畫的摸索。」1926年他在歐遊途中寫給徐志摩的信說：「英國不足學。英國一切敷衍，苟且過日子，從沒有一件先見的計畫。」他又說：「這種敷衍的政治，我最反對。我們不幹政治則已；要幹政治，必須要有計畫，依計畫做去。這是方法，其餘皆枝葉耳。」[18]一直到1928年4月28日，他還在日記裡呼籲國民黨：「為國家大政立一根本計畫，以代替近年來七拼八湊的方法與組織。」[19]

　　胡適會對國民黨妥協，因為他變了。我在第三部第一章已經分析了胡適在政治上走向保守的軌跡。現在，我可以更精確地指出胡適「計畫熱」退燒的時間點。我在本章會分析胡適在「平社」所作的一個〈從思想上看中國問題〉的報告。現在先表過不談。這個「平社」是胡適跟他在上海的朋友在1929年到1930年間組成的一個討論會。「平社」每星期日聚餐一次，由成員根據該年所定的總題輪流作專題報告。1929年的主題是「中國問題研究」，子題包括從種族、社會、經濟、思想、文學、政治等等方面的問題。胡適在1929年6月16日所作的〈從思想上看中國問題〉的報告就是其中一個子題。1929年的總題既然是「中國的問題」，他們於是就選擇了「我們怎樣解決中國的問題」作為1930年的總體。在分配子題的時候，成員們建議：「在討論分題之前，我們應

18　胡適，〈歐遊道中寄書〉，《胡適全集》3.53, 58。

19　《胡適日記全集》，5.81。

該先想想我們對於這些各個問題有沒有一個根本的態度？究竟我們用什麼態度
來看中國的問題？」大家公推胡適作這個概括性的引論。這就是胡適就在
1930年4月12日晚上發表的〈我們走哪條路？〉[20]。

　　〈我們走哪條路？〉是一篇挑戰性的文章，其對象是馬克思主義批判半封
建、半殖民地的革命理論：

>　　我們的任務只在於充分用我們的知識，客觀的觀察中國今日的實際需
> 要，決定我們的目標。我們第一要問，我們要鏟除的是什麼？這是消極的
> 目標。第二要問，我們要建立的是什麼？這是積極的目標。
>　　我們要鏟除打倒的是什麼？我們的答案是：我們要打倒五個大仇敵：
> 第一大敵是貧窮。
> 第二大敵是疾病。
> 第三大敵是愚昧。
> 第四大敵是貪污。
> 第五大敵是擾亂。
>　　這五大仇敵之中，資本主義不在內，因為我們還沒有資格談資本主義。
> 資產階級也不在內，因為我們至多有幾個小富人，哪有資產階級？封建勢
> 力也不在內，因為封建制度早已在二千年前崩壞了。帝國主義也不在內，
> 因為帝國主義不能侵害那五鬼不入之國。帝國主義為什麼不能侵害美國和
> 日本？為什麼偏愛光顧我們的國家？豈不是因為我們受了這五大惡魔的毀
> 壞，遂沒有抵抗的能力了嗎？故即為抵抗帝國主義起見，也應該先鏟除這
> 五大敵人。

　　胡適這「五鬼亂華」論是延續他1920年代初期跟已經變成馬克思主義者
的陳獨秀的論辯，是他在1922年所發表的〈國際的中國〉的續篇。胡適反對
革命的言論，是不需要再加徵引的老生常談。與我們在此處分析的重點相關的
是兩個要點：第一、胡適反對「無為」，他主張改革。用他的話來說：「我們

20　以下分析所用的引文，請參見，胡適，〈我們走哪條路？〉，《胡適全集》4.455-470。

都是不滿意於現狀的人，我們都反對那懶惰的『聽其自然』的心理。」第二、胡適主張有自覺、有計畫的改革。他右打束手高喊「革命」卻一事不做的國民黨，左批「盲目革命」的共產黨：

最要緊的一點，是我們要用自覺的改革來替代盲動的所謂「革命」。怎麼叫做盲動的行為呢？不認清目的是盲動；不顧手段的結果是盲動；不分別大小輕重的先後程序也是盲動。我們隨便舉幾個例。如組織工人，不為他們謀利益，卻用他們作擾亂的器具，便是盲動。又如人力車夫的生計改善，似乎應該從管理車廠車行，減低每日的車租入手。車租減兩角三角，車夫便每日實收兩角三角的利益。然而今日辦工運的人卻去組織人力車夫工會，煽動他們去打毀汽車電車。如去年杭州、北平的慘劇，這便是盲動。又如一個號稱革命的政府，成立了兩三年。不肯建立監察制度，不肯施行考試制度，不肯實行預算審計制度。卻想用政府黨部的力量去禁止人民過舊曆年，這也是盲動。至於懸想一個意義不曾弄明白的封建階級作革命對象，或把一切我們自己不能脫卸的罪過卻歸到洋鬼子身上，這也都是盲動。

怎麼叫做自覺的改革呢？認清問題，認清問題裡面的疑難所在，這是自覺。立說必有事實的根據；創議必先細細想出這個提議應該發生甚麼結果。而我們必須對於這些結果負責任。這是自覺替社會國家想出路。這是何等重大的責任！這不是我們個人出風頭的事，也不是我們個人發牢騷的事。這是「一言可以興邦，一言可以喪邦」的事。我們豈可不兢兢業業的去思想？懷著這重大的責任心，必須竭力排除我們的成見和私意，必須充分尊重事實和證據，必須充分虛懷採納一切可以供參考比較暗示的材料，必須時時刻刻提醒自己說我們的任務是要為社會國家尋一條最可行而又最完美的辦法。這叫做自覺。

這時的胡適仍然對中國政治的前景懷抱著無限的期望：

我們要建立一個治安的、普遍繁榮的、文明的、現代的統一國家。「治

安的」包括良好的法律政治、長期的和平、最低限度的衛生行政。「普遍
繁榮的」包括安定的生活、發達的工商業、便利安全的交通、公道的經濟
制度、公共的救濟事業。「文明的」包括普遍的義務教育、健全的中等教
育、高深的大學教育，以及文化各方面的提高與普及。「現代的」總括一
切適應現代環境需要的政治制度、司法制度、經濟制度、教育制度、衛生
行政、學術研究、文化設備等等。

　　胡適不但憧憬中國的現代化，他而且跟當時許多中國人一樣，相信中國可
以用「大躍進」的方法快速地達到現代化。只是，他的「大躍進」不是靠革
命，而是靠自覺與計畫：

　　這個根本態度和方法。不是懶惰的自然演進，也不是盲目的暴力革命，
　　也不是盲目的口號標語式的革命，只是用自覺的努力作不斷的改革。
　　這個方法是很艱難的，但是我們不承認別有簡單容易的方法。這個方法
　　是很迂緩的，但是我們不知道有更快捷的路子。我們知道，喊口號貼標語
　　不是更快捷的路子。我們知道，機關槍對打不是更快捷的路子。我們知
　　道，暴動與屠殺不是更快捷的路子。然而我們又知道，用自覺的努力來指
　　導改革，來促進變化，也許是最快捷的路子，也許人家需要幾百年逐漸演
　　進的改革，我們能在幾十年中完全實現。

　　這時是1930年4月12日。胡適在文章後自記的日期是4月10日。然而，
不到五個月，胡適就在9月3日的日記裡說：「民國十一年〔1922〕，我們發表
一個政治主張，要一個『好政府』。現在──民國十九年〔1930〕──如果我
再發表一個政治主張，我願意再讓一步，把『好』字去了，只要一個『政
府』。政府的最低任務是『警察權』──保境安民──凡不能做到這一點的，
夠不上政府。」[21]
　　這就是胡適在走向保守以後對政府所要求的最低標準：「好」政府不用夢

---

21 《胡適日記全集》，6.255。

想了，只要有一個能「保境安民」的「政府」就行了。換句話說，胡適不再奢談「好政府主義」，而是「有政府就可主義」。

胡適保守的政治立場與哲學，跟他這個「有政府就可主義」是息息相關的。如果當時的中國連一個能「保境安民」的「政府」都沒有，則他所憧憬的「治安的、普遍繁榮的、文明的、現代的統一國家」豈不是癡人說夢了嗎？然則，中國為什麼會落到連一個能「保境安民」的「政府」都沒有的地步呢？胡適說這有其歷史的原因。

1932年11月底，胡適到漢口晉見蔣介石。過後，胡適到了湖南長沙。12月5日他在中山堂參加全省紀念週，演講〈中國政治的出路〉。這個演講雖然不存，但幸好有他在日記裡所記的大意：

一、不可不認清政治的目標（為甚麼？）：目標是「建立一個統一的、治
　　安的、普遍繁榮的、文明的國家」。
二、不可不認清敵人（要打倒甚麼？）：五鬼：「貧、病、愚、貪、亂」。
三、這五鬼古已有之，不自今日始：不是帝國主義帶來的，也不是胡適、
　　陳獨秀提倡出來的。（前四年，魯滌平、何鍵曾通過電，說道德墮落
　　與社會崩潰是胡適與「陳逆獨秀」提倡出來的。）
四、古文化對於這五鬼全無辦法，至多勉強做到「不亂」（小安）而已。
五、「不亂」亦值得研究。其故有三：
　　1，無強敵。2，重心未失。3，有維繫全國的制度。
六、今日此三因都不存在，所以連那最低限度的「不亂」也不易做到了。22

中國歷史上雖然對這「五鬼」束手無策，但還能勉強做到「不亂」的三個主要原因裡，最重要的是因為「重心」未失。這「重心」雖然我已經在第三部第二章分析過了，但為了在此處敘述的方便，我需要再徵引一次。胡適在1932年9月11夜所寫〈慘痛的回憶與反省〉一文裡以中日近代史的比較對這個他所謂的「重心」作了說明：

---

22 《胡適日記全集》，6.639。

試看日本的維新所以能在六十年中收絕大的功效，其中關鍵就在日本的社會組織始終沒有失掉他的重心：這個重心先在幕府。其後幕府崩潰，重心散在各強藩，幾乎成一個潰散的局面；然而幕府歸政於天皇之後（1867），天皇成為全國的重心。一切政治的革新都有所寄託，有所依附。故幕府廢後，即改藩侯為藩知事。又廢藩置縣。藩侯皆入居京師，由中央委任知事統治其地（1871）。在四、五年之中做到了鏟除封建割據的大功。二十年後，憲政成立。國會的政治起來，替代藩閥朝臣專政的政治（1890）。憲政初期的糾紛也全靠有個天皇作重心，都不曾引起軌道外的衝突，從來不曾因政爭而引起內戰。自此以後，四十年中，日本不但解決了他的民族自救問題，還一躍而為世界三、五個大強國之一。其中雖有幾個很偉大的政治家的功績不可磨滅，而其中最大原因是因為社會始終不曾失其重心，所以一切改革工作都不至於浪費。

如果政治「重心」的存在是日本現代化成功的原因，政治「重心」的不存，就是為什麼中國的現代化失敗的理由：

我們中國這六、七十年的歷史所以一事無成。一切工作都成虛擲，都不能有永久性者。依我看來，都只因為我們把六、七十年的光陰，拋擲在尋求建立一個社會重心而終不可得。帝制時代的重心應該在帝室。而那時的滿清皇族已到了一個很墮落的末路。經過太平天國的大亂，一切弱點都暴露出來，早已失去政治重心的資格了。所謂「中興」將相，如曾國藩、李鴻章諸人，在十九世紀的後期，儼然成為一個新的重心。可惜他們不敢進一步推倒滿清，建立一個漢族新國家；他們所依附的政治重心一天一天的崩潰，他們所建立的一點事業也就跟著那崩潰的重心一齊消滅了。戊戌的維新領袖也曾轟動一時，幾乎有造成新重心的形勢，但不久也就消散了。辛亥以後民黨的領袖幾乎成為社會新重心了。但舊勢力不久捲土重來。而革命日子太淺，革命的領袖還不能得著全國的信仰，所以這個新重心不久也崩潰了。

在革命領袖之中，孫中山先生最後死，奮鬥的日子最久，資望也最深。

所以民十三〔1924〕以後，他改造的中國國民黨成為一個簇新的社會重心。民十五、六年〔1926、27〕之間，全國多數人心的傾向中國國民黨，真是六、七十年來所沒有的新氣象。不幸這個新重心因為缺乏活的領袖，缺乏遠大的政治眼光與計畫。能唱高調而不能做實事、能破壞而不能建設、能箝制人民而不能收拾人心。這四、五年來，又漸漸失去做社會重心的資格了。六、七十年的歷史演變，僅僅得這一個可以勉強作社會重心的大結合。而終於不能保持其已得的重心資格，這是我們從歷史上觀察的人所最惋惜的。

這社會重心的重要，不只因為它是社會之所繫，而且更因為它是權力的輻輳，其所制定的政策可以傳承積累，因而得以作永續的發展計畫：

這六、七十年追求一個社會政治重心而終不可得的一段歷史，我認為最值得我們的嚴重考慮。我以為中國的民族自救運動的失敗，這是一個最主要的原因。我的朋友翁文灝先生說的好：「進步是歷次的工作相繼續相積累而成的。尤其是重大的建設事業，非逐步前進不會成功。」（《獨立》第5號，頁12）。日本與中國維新事業的成敗不同，只是因為日本不曾失掉重心。故六、七十年的工作是相繼續的、相積累的，一點一滴的努力都積聚在一個有重心的政治組織之上。而我們始終沒有重心。無論甚麼工作，做到了一點成績。政局完全變了，機關改組了或取消了，領袖換了人了，一切都被推翻，都得從頭做起；沒有一項事業有長期計畫的可能，沒有一個計畫有繼續推行的把握，沒有一件工作有長期持續的機會，沒有一種制度有依據過去經驗積漸改善的幸運。[23]

我在第三部第二章裡說，這個日本的政治「重心」，在胡適的英文演講裡，是日本封建、專制、黷武的淵藪。由於作為「重心」的統治階層由上而下地控制了整個日本社會，它把所有日本封建、黷武的傳統都刻意地保護起來，

23　以上的引文是根據：胡適，〈慘痛的回憶與反省〉，《胡適全集》，4.490-497。

滴水不進地不讓西方自由民主的思想滲透進來。因此，日本的現代化看似成功，其實只是現代其表、封建其實。反之，中國沒有這個政治的「重心」，卻反而變成是中國之福。由於中國沒有日本那種中央集權式的文化操控，所有與西方的接觸，都是來自於民間的自動自發。其結果是西方文明得以徐徐地滲透到所有中國人的生活與制度的每一個層面。因此，中國的現代化看似遲滯、迂迴，卻反而是徹底、民主的。

為什麼胡適會在中、英文的著述裡作出如此南轅北轍的結論呢？原因無它，就是因為他在1930年代以後日漸保守、日漸與蔣介石妥協。這時，與蔣介石已經同道相謀。對他望之深、期之切的胡適，希望蔣介石能以日本作他山之石、亡羊補牢地去創造一個新的政治重心。

事實上，胡適不只認為中國只有在過去的六、七十年間失去了「重心」。他在發表〈慘痛的回憶與反省〉前六個星期，就說中國早在歷史上就已經失去了政治的「重心」。這就是他在1932年8月7日發表的〈領袖人才的來源〉。在這篇文章裡，菁英主義的胡適揭櫫了一個在歷史上，貴族階級屬於社會政治重心的理論。胡適這篇文章是回應北大孟森教授發表在同期《獨立評論》上的〈論士大夫〉一文。孟森說他要收集資料編撰一本《士大夫集傳》來宣揚傳統士大夫「仁義」的美德。胡適反駁孟森。他說「士大夫的精神」不是書本可以培養出來的，而是由貴族或特權階級──胡適稱之為「特殊階級」──的家教與門風養成的：「這種領袖人物的訓育的來源，在古代差不多全靠特殊階級（如中國古代的士大夫、門閥，如日本的貴族門閥，如歐洲的貴族階級及教會）的特殊訓練。」

一部中國歷史，從他的角度看來，就是貴族和門閥漸次崩壞的歷程。他說：「『士大夫』的稀少，只是因為『士大夫』在古代社會裡自成一個階級，而這個階級久已不存在了。」然而，「士」這個貴族階級的消失，並不代表「特殊階級」的消失。比如說，即使到了南北朝晚期：

> 在那個時代，雖然經過了魏、晉曠達風氣的解放，雖然經過了多少戰禍的摧毀，「士大夫」的階級還沒有完全毀滅。一些名門望族都竭力維持他們的門閥。帝王的威權、外族的壓迫，終不能完全消滅這門閥自衛的階級

觀念。門閥的爭存不全靠聲勢的烜赫、子孫的貴盛。他們所倚靠的是那「士大夫風操」，即是那個士大夫階級所用來律己律人的生活典型。即如顏氏一家，遭遇亡國之禍，流徙異地。然而顏之推所最關心的還是「整齊門內，提撕子孫」。所以他著作家訓，留作他家子孫的典則。隋唐以後，門閥的自尊還能維持這「士大夫風操」至幾百年之久。我們看唐朝柳氏和宋朝呂氏、司馬氏的家訓，還可以想見當日士大夫的風範的保存，是全靠那種整齊嚴肅的士大夫階級的教育的。

只可惜，這個門閥的特殊階級後來被科舉制度給瓦解了：

　　然而這士大夫階級終於被科舉制度和別種政治和經濟的勢力打破了。元、明以後，三家村的小兒只消讀幾部刻板書，念幾百篇科舉時文，就可以有登科作官的機會。一朝得了科第，像《紅鸞禧》戲文裡的丐頭女婿，自然有送錢投靠的人來擁戴他去走馬上任。他從小學的是科舉時文，從來沒有夢見過什麼古來門閥裡的「士大夫風操」的教育與訓練，我們如何能期望他居士大夫之位要維持士大夫的人品呢？[24]

　　原來胡適後來在美國演講裡處處宣揚的具有民主精神的科舉制度，居然是毀壞具有「士大夫風操」的門閥階級的罪魁禍首！
　　如果中國不只是這六、七十年來才失去「重心」，而是從元、明以來就已經失去了「重心」，則當時的中國有什麼方法能來補救這個歷史上的缺失呢？胡適在1932年9月11夜所寫〈慘痛的回憶與反省〉一文裡舉出了他「以人功補天然之不足」的彌補方法：

　　為什麼六、七十年的歷史演變不曾變出一個社會重心來呢？這不是可以使我們深思的嗎？我們的社會組織和日本和德國和英國都不相同。我們一則離開封建時代太遠了；二則對於君主政體的信念已被那太不像樣的清末

24　以上的引文是根據：胡適，〈領袖人才的來源〉，《胡適全集》，4.535-540。

期完全毀壞了；三則科舉盛行以後社會的階級已太平等化了；四則人民太貧窮了，沒有一個有勢力的資產階級；五則教育太不普及又太幼稚了，沒有一個有勢力智識階級。有這五個原因，我們可以說是沒有一個天然候補的社會重心。既然沒有天然的重心，所以只可以用人功創造一個出來。這個可以用人功建立的社會重心，依我看來，必須具有這些條件：

第一、必不是任何個人，而是一個大的團結。

第二、必不是一個階級，是擁有各種社會階級的同情的團體。

第三、必須能吸收容納國中的優秀人才。

第四、必須有一個能號召全國多數人民的感情與意志的大目標：他的目標必須是全國的福利。

第五、必須有事功上的成績使人民信任。

第六、必須有制度化的組織使它可以有持續性。

我們環顧國內，還不曾發現有這樣的一個團結。凡是自命為一個階級謀特殊利益的，固然不夠作社會的新重心；凡是把一黨的私利放在國家的福利之上的，也不夠資格。至於那些擁護私人作老闆的利害結合，更不消說了。

我們此時應該自覺的討論這種社會重心的需要。也許從這種自覺心裡可以產生一兩個候補的重心出來。這種說法似乎很迂緩。但是我曾說過，最迂緩的路也許倒是最快捷的路。25

胡適在討論中國欠缺「重心」的文章裡，會夾帶地提到中國沒有一個有勢力的資產階級，也沒有一個有勢力智識階級。乍看之下，似乎有點突兀。然而，這其實一點都不奇怪。菁英主義的胡適本來就認為智識階級是社會的領袖。至於資產階級，那也不意外，因為胡適一向認為資產階級是社會的砥柱。他在1934年1月22日的日記裡說：「程〔萬里〕說，國中紛亂都由於資產階級無政治權力。他從前與羅鈞任等同辦北洋保商銀行時，資本多出於軍閥。軍人如陳光遠等作董事。每開董事會時，他們每痛恨軍人之跋扈。軍人一旦變為商

25　胡適，〈慘痛的回憶與反省〉，《胡適全集》，4.496-497。

人，即痛恨軍人，可見資產階級是社會安定的主力。」[26]

言歸正傳。胡適在寫這篇如何「以人功補天然之不足」的方法，來重建中國的政治「重心」的文章裡，還不好意思直接說出來他心中所想的人是誰。他只含混地說，「我們此時應該自覺的討論這種社會重心的需要。也許從這種自覺心裡可以產生一、兩個候補的重心出來。」其實，有誰能擔負起重建這個「候補重心」的重任呢？在蜀中無大將，廖化當先鋒的情況之下，胡適的答案是：蔣介石。我在上文提到他12月5日所講的〈中國政治的出路〉。他在日記裡所記的大要裡有一句關鍵話：「七、今日的出路：1，努力造成一個重心：國民黨若能瞭解他的使命，努力做到這一點，我們祝他成功。否則又得浪費一、二十年重覓一個重心。」[27]

胡適願意接受「廖化」，因為那「廖化」是「蜀中」唯一還有希望能行使國家最低任務的「警察權」——保境安民——的「先鋒」。因此，1933年11月的「閩變」一發生，胡適立刻大舉撻伐。他在1933年11月27夜所寫的〈福建的大變局〉一文裡雖然承認他對事變只有「不充分的材料」，然而他還是先下了一個有待「事實的證實」的結論說：

> 何以那樣時髦的旗子〔抗日救國〕不能得到全國的響應呢？豈不是因為一班人的心理總覺得，在這個時候，無論打什麼好聽的旗號來推翻政府，都有危害國家的嫌疑？危害國家是不會得著大多數人的同情的。我的朋友蔣廷黻先生在七月間說過一段很沉痛的話：
>
> 現在的競爭是國與國的競爭。我們連國都沒有。談不到競爭，更談不到勝利。我們目前的準備，很明顯的，是大家同心同力的建設一個國家起來。別的等到將來再說。（本刊59期，頁6）

這幾句話最可以代表大多數愛國的人心裡要說的話。大家豈不願意抗日救國？但他們心坎裡明白：必須先有個國家，然後可以講抗日救國。掛了「抗日救國」的招牌，事實上卻是要使一個無力的政府更無力，要使一個

---

26 《胡適日記全集》，7.35。

27 《胡適日記全集》，6.639。

不團結的國家更分裂。這就是人人都看得透的「掛羊頭，賣狗肉」了。

今日之事，正與察哈爾事件相同。多數有心人雖然常常感覺許多事實不能滿意，他們總不免有一個同樣的感想：必須先要保存這個國家；別的等到將來再說！這個政府已夠脆弱了，不可叫他更脆弱；這個國家夠破碎了，不可叫他更破碎。「人權」固然應該保障，但不可捐著「人權」的招牌來做危害國家的行動。「取消黨治」固然好聽，但不可在這個危機的時期借這種口號來發動內戰；今日最足以妨害國家的生存的，莫過於內戰；最足以完全毀壞國家在世界上殘留的一點點地位的，莫過於內戰。無論什麼金字招牌，都不能解除內戰的大罪惡！[28]

曾幾何時，那在〈易卜生主義〉裡要大家不要跟著世界一起「陸沉」、「墮落」，要懂得先「救出自己」的胡適，那後來在1954年的時候還會在《紐約時報》的訪問裡說效忠「國家」而不是效忠「政府」的胡適[29]，現在居然偷關漏稅地把政府和國家混同在一起，一下說「國家」，一下說「政府」，警告大家「這個政府已夠脆弱了，不可叫他更脆弱」、教大家「必須先要保存這個國家；別的等到將來再說！」、教大家「不可捐著『人權』的招牌來做危害國家的行動。」胡適會墮落到說出這樣的話來，真令人不禁擲筆一嘆，套用梁啟超翻譯羅曼羅蘭在上斷頭台以前控訴假借「自由」之名濫權的話來說：「國家！國家！天下古今幾多之罪惡，假汝之名以行！」

胡適不但教大家要愛護這個政府，他甚至開始公開阿諛蔣介石。他在1935年8月11日所寫的〈政制改革的大路〉一文裡說：

蔣介石先生在今日確有做一國領袖的資格。這並不是因為「他最有實力」。最有實力的人往往未必能做一國的領袖。他的資格正是錢〔端升〕先生說的：「他近幾年來所得到的進步。」他長進了；氣度變闊大了，態度變和平了。他的見解也許有錯誤，他的措施也許有很不能滿人意的，但

28　胡適，〈福建的大變局〉，《胡適全集》，21.682-683。

29　"Hu Shih Explains Role in Formosa," *The New York Times*, February 24, 1954.

大家漸漸承認他不是自私的，也不是為一黨一派人謀利益的。在這幾年之中，全國人心目中漸漸感覺到他一個人總在那裡埋頭苦幹，挺起肩膊來挑擔子。不辭勞苦，不避怨謗。並且「能相當的容納異己者的要求，尊重異己者的看法。」在這一個沒有領袖人才教育的國家裡，這樣一個跟著經驗長進的人物，當然要逐漸得著國人的承認。30

在私底下裡，胡適知道事實沒有他所刻畫的那麼樂觀。比如說，熱河事件發生以後十天，他在1933年3月13日跟丁文江等人到保定去見蔣介石：

　　五點見蔣先生，談了兩點鐘。他自認實不料日本攻熱河能如此神速。〔注：日本先鋒隊128人從平泉衝到承德，凡二百英里，如入無人之境！十幾萬的中國大兵總退卻。〕他估計日本須用六師團人，故國內與台灣均須動員。「我每日有情報，知道日本沒有動員，故料日本所傳攻熱河不過是虛聲嚇人而已。不料日本知道湯玉麟、張學良的軍隊比我們知道清楚的多多！」
　　這真是可憐的供狀！誤國如此，真不可恕！
　　我們問他能抵抗否？他說：須有三個月的預備。我又問：三個月之後能打嗎？他說：近代式的戰爭是不可能的。只能在幾處地方用精兵死守，不許一個人生存而退卻。這樣子也許可以叫世界人知道我們不是怕死的。其實這就是說，我們不能抵抗。
　　我們又說：那麼能交涉嗎？能表示在取消「滿洲國」的條件下與日本開始交涉嗎？他說：我曾經對日本人這樣說過，但那是無效的。日本決不肯放棄「滿洲國」。他聲明他決不是為了保持政權而不敢交涉，最後他要我們想想外交的問題。31

胡適說「誤國如此，真不可恕」的重點，不在於中國無法跟日本打現代戰

---

30 胡適，〈政制改革的大路〉，《胡適全集》，22.350-351。
31 《胡適日記全集》，6.659。

爭。那是常識。重點在於一個「每日有情報」的三軍統帥，居然「不料日本知道湯玉麟、張學良的軍隊比我們知道清楚的多多！」

由於胡適已經一面倒向蔣介石，他不但對蔣介石處處作「同情地瞭解」，他而且對政治的觀察失去了其一向所自詡的客觀與獨立。國民黨 1935 年 11 月在南京所召開的第五次全國代表大會就是一個典型的例子。他在 1935 年 11 月 16 日所寫的〈用統一的力量守衛國家！〉一文裡，一廂情願地把它詮釋成為一個反映了「國家統一」的氣象的會議：

> 這幾天在南京召集的五全大會雖然是一個當國的政黨的集會，然而他的意義卻不限於一個政黨。閻錫山、馮玉祥兩位先生的先期到會，西南幾十位領袖的絡續趕到，黨內的人也許只認這是黨內的團結。黨外的全國人民卻不能不承認這是國家統一的象徵。他們當年的分攜離散是為了個人的政見或黨內的爭執而分攜離散。他們今日的重聚一堂，是為了整個國家而團結統一，為了整個民族國家眼前的危機和未來的前途。他們忘了他們的私怨，「埋葬了他們的斧頭」，同到南京來商量討論民族國家的大計。所以在我們人民的眼裡，這一次南京的大會是國家統一的象徵。因為如此，這個大會給了我們不少的興奮，不少的希望。[32]

胡適有所不知，這個五全大會在其所營造的「統一」的假象之下，是蔣介石與其國民黨內反蔣派系，以及西南軍閥之間的爾虞我詐的權力交換、妥協、與鬥爭的事實[33]。最有意味的是，胡適一左一右的美國朋友──中間偏左的葛內特、越老越右的索克思──都曾當面對胡適說他政治判斷力不足，勸他不要談政治。他根本不知道蔣介石以及那些去南京開國民黨的五全大會的國民黨代表和西南──粵桂──的軍閥，並沒有「埋葬了他們的斧頭」。這是胡適喜歡用英文成語來表意，卻又直譯以至於不夠傳神的一個例子。「埋葬了他們的斧

32　胡適，〈用統一的力量守衛國家！〉，《胡適全集》，22.420。

33　羅敏，〈走向「團結」──國民黨五全大會前後的蔣介石與西南〉，《近代史研究》，2009 年第 3 期，頁 28-48。

頭」這句話的原文是：“bury their hatchets”，更好得翻譯是：偃兵息鼓。

這時候的胡適已經只能看到蔣介石是中國要建立「國家」與走向「統一」的唯一希望，任何會影響這個他心目中的「大業」的行為都是他所不能接受的。1936年6月「兩廣事變」發生。桂粵兩系的西南軍閥以抗日為名，揮兵挑戰蔣介石。胡適在1920年初「好政府主義」時代的好友羅文幹參加了西南的派系。胡適通電李宗仁、羅文幹，要他們「懸崖勒馬，共挽危機。」羅文幹回電反唇相稽：「請纓拒敵，兄不假思索，即斷為危害國家。此種聖人之言，弟未之前聞也。」[34] 蔣介石接到朱家驊得自於傅斯年的報告，知道胡適主張討伐西南的意見是大多數北大教授的意見。傅斯年說，北大教授痛恨西南領袖白崇禧的程度，甚至超過了他們對「冀東防共自治政府」的日本傀儡殷汝耕：「在對國事之效果言，白之罪浮於殷。」[35]

就像他在兩年多前「閩變」發生時的所說的話一樣，他在1936年6月11日所發表的〈「親者所痛，仇者所快！」〉一文裡說：

> 我們站在國家的立場，要正告兩廣的領袖諸公。在這個外患威脅猛進的局勢之下，無論什麼金字招牌，都不能減輕掀動內戰的大責任。無論怎樣好聽的口號，都不能贖破壞國家危害民族生存的大罪惡。

胡適在這篇文章裡提到了天津《大公報》發表的「無條件的反對內戰」的社論。顧名思義，這篇社論既不支持以抗外為名挑戰中央的行動，也反對蔣介石以「統一」為名進行內戰：「對外守土與對內統一，倘不能同時並舉，政府應放棄對內統一，從事對外守土。」胡適贊成《大公報》反對用抗日為名來挑戰蔣介石的說法，但他不能接受《大公報》反對政府討伐破壞「統一」的叛亂的論點：

> 這種邏輯，我們不能瞭解。我們反對內戰，也反對用統一的招牌來起內

34　羅文幹致電胡適，1936年6月13日，「胡適檔案」，1432-9。

35　朱家驊致蔣介石，1936年6月25日，「國史館：蔣中正總統文物」，002-080200-00472-159。

戰。但我們不反對一個中央政府用全力勘定叛亂。殷汝耕背叛中央，中央
應該明令宋哲元討伐。如果華北將來有某一省背叛國家，我們當然主張中
央政府明令討伐。今日兩粵的將領如果不明瞭全國輿論的向背，如果他們
真要揹著抗外的題目作推翻中央政府的叛亂行為，我們當然應該主張中央
明令討伐。36

有意味的是，胡適公開所說的話，跟他私底下所說的話常常是不一致的。
他在通電以及在《獨立評論》上指控白崇禧等人叛亂，主張討伐。在私底下，
他知道問題絕對不是像他自己在公開的文章裡所說的那樣簡單以及黑白分明。
因此，他透過翁文灝向蔣介石建議妥協。就在他用怒目金剛之態寫〈「親者所
痛，仇者所快！」〉的同時，他在6月9日給翁文灝的信裡說：「今日之事，已
到不能再拖延的時候。萬一兩方面的飛機炸彈對轟，國家成個什麼樣子！此時
最好是蔣先生自己飛往南寧或廣州，與陳、李、白諸人開誠面談，消除一切誤
會，接受一切有理的請求，此策之上也。」37

「西安事變」以後，胡適1936年12月20日發表在《大公報》的〈張學良
的叛國〉，已經不是一個學者的口氣，而更像是一個政治打手：

　　張學良和他的部下這一次的舉動，是背叛國家，是破壞統一，是毀壞國
家民族的力量，是妨害國家民族的進步──這是毫無疑義的。最奇怪的是
今日還有一部分的青年人表同情於張學良。那些人不是居心危害國家，必
是無知無識。居心危害國家的人，唯恐國家不亂。因為只有紛亂的狀態之
下他們可以在渾水裡摸魚，達到他們危害國家的目的。那種人我們可以撇
開不談，因為他們的頭腦早已硬化了，甚麼話都聽不進去。至於知識幼稚
的青年，他們本是抱著愛國血誠的。只因為情緒太興奮，忍耐力太薄弱，
不明瞭事實，總感到政府對外太軟弱，總疑心到政府的領袖有對不住國家
的心思。這種錯誤的感覺到現在應該可以消除了。五年的忍辱不戰，所求

36　胡適，〈「親者所痛，仇者所快！」〉，《胡適全集》，22.504-507。
37　胡適致翁文灝，1936年6月9日，《胡適全集》，24.303。

的是一個統一的國家，齊整的步伐，充實的力量。性急的青年雖然看不到這一點，我們的強鄰可早明白了。去年9月24日出現的所謂「多田宣言」就很明白的說：

要之，蔣介石及其一黨與日本帝國之關係，帝國屈伏乎？抑帝國打倒彼輩乎？

我們的青年人應該仔細想想這幾句話的涵義。我們的強鄰早已認清蔣介石先生領導之下的政府是最可怕的力量，所以他們處心積慮要打倒那個力量。所以凡危害那個力量的行為，都是自壞我們國家民族的抗拒力量，都是危害我們自己的國家，賊我們自己的民族──都是叛國禍國。

最後我們要談談最近一年來共產黨高唱的所謂「聯合戰線」。西安的叛變最明白的告訴我們，這個聯合戰線是絕對不可能的。此番的事變至少證明了這幾點：第一、向來抱這國際主義的共產黨是絕對不能一變就成為愛國主義者的。他們近來高唱的民族主義戰線，只是他們在武裝叛亂失敗時的一種策略。第二，他們談的抗日作戰，只是一種無恥的欺騙。因為決沒有真正抗日的人們，願意劫持危害那主持國防建設並且正開始抗敵戰爭的最高領袖的。打倒蔣介石而擁戴張學良，這是抗日作戰的方略嗎！第三，他們的行為沒有蘇聯的同情，也決不能得著蘇聯的援助。這是近日莫斯科的言論早已明白表示的。如果蘇俄願意在遠東得著一個有力的幫手，她決不會拋棄了整個中國民族的同情和統一的力量，而戀愛一群殘破無力的土匪和腐敗無戰鬥力的張學良部隊──這三點都是最近西安事變昭告我們的鐵的事實。從今以後，我們應該更覺悟了。欺騙的口號應該再哄不動有常識的人們了罷？[38]

值得指出的是，胡適一生說話，常有因為此一時也、彼一時也，而改變立場的時候。他在〈張學良的叛國〉這篇文章裡斬釘截鐵地說：共產黨在西安劫持蔣介石的作為「沒有蘇聯的同情，也決不能得著蘇聯的援助。」又說：「如果蘇俄願意在遠東得著一個有力的幫手，她決不會拋棄了整個中國民族的同情

38　胡適，〈張學良的叛國〉，《大公報：星期論文》，1936年12月20日。

和統一的力量，而戀愛一群殘破無力的土匪和腐敗無戰鬥力的張學良部隊──
這三點都是最近西安事變昭告我們的鐵的事實。」

　　到了他刊載在1950年10月號的美國《外交季刊》裡的〈在史達林戰略裡
的中國〉裡，他的說法就安全不同了。在〈在史達林戰略裡的中國〉裡，蘇聯
幫忙蔣介石從西安脫困，完全不是因為他不願意「拋棄了整個中國民族的同情
和統一的力量，而戀愛一群殘破無力的土匪和腐敗無戰鬥力的張學良部隊」這
個「鐵的事實」。恰恰相反的，胡適到了彼一時，認為「西安事變」是史達林
整個赤化全球戰略下的一個部分。所以他說：「史達林命令不得傷害蔣介石，
主張和平解決。此舉決定了抗日戰爭，保全了紅軍，並且給了紅軍無限的發展
機會。」胡適為什麼在1950年的時候，會「不惜以今日之我攻昨日之我」，就
請看我在本部第三章的分析。

　　回歸正傳。私底下，胡適完全明白在他那張學良「背叛國家」、「破壞統
一」的指控背後，是不能說出來的蔣介石獨裁的事實。他在12月13日的日記
裡對「西安事變」作了一個初步的四點判斷。他贊成國民政府的處置，主張中
央軍即刻進攻叛軍，而且判斷日本暫時不致採取行動。最重要的，是他只能在
私底下說出來的話：「蔣若安全出險，必可以得一教訓；蔣若遭害，國家民族
應得一教訓：獨裁之不可恃。」[39]這一句話畫龍點睛：蔣介石獨裁。

　　胡適不但在中文的政論文章裡，阿諛蔣介石是帶領中國走向統一的「長進
了、氣度變闊大了、態度變和平了」的領袖，他而且在英文報紙上宣傳蔣介石
在統一大業上的成就。1935年7月6日，何應欽代表國民政接受日本中國駐屯
軍司令官梅津美治郎6月11日所提出的備忘錄。這就是史稱的「何梅協定」，
亦即，接受日本完全控制河北、察哈爾的華北中立化。然而，胡適在接受美國
《紐約時報》記者的訪問裡，把「何梅協定」描繪成為中國邁向統一的一個里
程碑：

　　　　我希望指出的是：即使在華北最恥辱、最令人惱怒的這些日子裡，細心
　　　的觀察家不可能不會看到一個新的、統一的中國興起的跡象。在那麼艱難

─────────────

39《胡適日記全集》，7.358。

的情況之下，政府有辦法維持秩序，老百姓能保持鎮靜。在日本的要求之下，中國軍隊接受政府的調動，封疆大將接受免職，無一抗違。中國政府能夠對日本作出那麼大的讓步而沒有激起內部的抗議與叛亂，這是三年前的南京政府所作不到的。

　　所有這些，都是國力日增與統一的跡象。只有一個統一、有著強有力的政府的國家，才可能做到柔弱。這是一直在埋怨中國的日本軍國主義者所永遠無法瞭解的道理。[40]

　　胡適在《紐約時報》這篇訪問有中文版，就是他自己在1935年6月11日所寫的〈沉默的忍受〉：

　　我們不必悲觀。看呀！在這沉默忍受的苦痛之中，一個新的民族國家已漸漸形成了！能在這種空氣裡支持一種沉默、一種鎮靜、一種秩序，這是力量的開始；能在這種恥辱的空氣裡任免有實力的領袖，調動大批的軍隊，而沒有微細的抗違，這是力量的開始。這是國難的訓練，這是強鄰的恩賜。統一的國家，同心協力的民族，都可以建築在這三年多的國難的真實之上。多難興邦的老話是不欺人的歷史事實。我們不必悲觀。[41]

　　「一種沉默、一種鎮靜、一種秩序，這是力量的開始。」胡適這句話說得太早。他寫〈沉默的忍受〉以及接受《紐約時報》訪問的時候，事情還沒有爆發出來。「何梅協定」的內容是秘密的，沒有人知道其詳細的內容。胡適自己在6月3夜寫的文章的題目是：〈無不納悶，都有些傷心〉，因為他自己從英文報紙上看到一些當時已經開始洩漏的點滴消息，而「這些消息都是我們的報紙上看不到的。」[42]等到殷汝耕的傀儡「冀東防共自治政府」在11月24日成立以後，群情譁然，事態就急轉直下。1935年12月9日的「一二・九運動」，由北

40　Hallett Abend, "Hu Shih Sees Signs of a Unified China," *The New York Times*, August 11, 1935, p. E5.

41　胡適，〈沉默的忍受〉，《胡適全集》，22.317。

42　胡適，〈無不納悶，都有些傷心〉，《胡適全集》，22.309。

平大、中學校學生發動要求「停止攘外必先安內、一致對外抗日」。「一二．九運動」不但遍及全國20多個城市，甚至延伸到1936年1月初「平津學生南下擴大宣傳團」。

胡適想盡辦法試圖勸阻學生罷課。他在運動發生時的日記裡流露著他對北大學生惱怒、失望的心情。比如說，12月9日的日記：「一點，聚餐。大家都談學生請願事。我們費了二十多日的力量。只是要青年人安心求學。今天學生此舉，雖出於愛國熱心的居多，但已有幾張傳單出現，其中語言多是有作用的，容易被人利用作口實。」[43] 12月10日：「今天到學校，知道學生要罷課，真是幼稚之至。我與夢麟、枚蓀〔周炳琳〕忙了一天，不知能挽救否？」[44] 12月12日：「孟真說我近日脾氣不好！其實我這幾天的失望比前二十天更大。青年人沒有知識，沒有領袖，單靠捏造謠言來維持一種浮動的局面，是可痛心的。」[45]

胡適再惱怒、失望，他很清楚光是勸阻或鎮壓是解決不了學生的運動的。他在12月16日的日記裡說：「晚上八點，與各校長到居仁堂。秦市長與憲兵司令邵文凱都到。談到十點多，毫無辦法。我對他們說：學潮須要釜底抽薪，就是要當局做出幾件可以安人心的事來。最要的是拿辦殷汝耕，取消冀東『自治』。」[46]這「釜底抽薪」之計就說中了胡適自己的兩難的困局。事實上，他自己在1935年11月24夜所寫的〈華北問題〉一文裡所說的話，無異於學生的立場：

在今日形勢之下，一切委曲求全的計畫都是空談，決不能「枉尺而直尋」。只有我退一寸，人進一丈。屈辱是永無止境的，求全是決不可能的。只有我們能守御的力量是屈辱的止境。一切甜蜜的誘說都是騙小孩子的誑語。例如蕭振瀛先生向報界和教育界報告的三個條件：一、不侵犯主權；二、不干涉內政；三、不侵占疆土。諸公豈不知道他們逼迫華北「自治」，正是一百分的侵我主權，正是一百分的干涉內政，正是一百分的謀

43 《胡適日記全集》，7.276。
44 《胡適日記全集》，7.277。
45 《胡適日記全集》，7.278-279。
46 《胡適日記全集》，7.281。

我疆土！此等謬說豈可輕信！[47]

胡適的兩難之局是：一方面他深知一再地妥協只會帶來一再的屈辱：「屈辱是永無止境的」；但在另一方面，他已經走進去了一面倒向蔣介石的不歸路。「何梅協定」所帶來的風暴，不但促使南京政府強力鎮壓，從而更加深學生的離心力，連胡適自己都英名受損。他在1935年12月11日的日記黏貼了一封一個北大學生給他的信，用詞極為不堪：

適之先生：

「塘沽協定」簽字以後，你曾替它辯護過！現在喪心病狂的軍人又把整個華北出賣了，你還替它辯護嗎？……唉，我的胡適之老師!!!

在這樣危急的環境之下，凡屬熱血的青年學生，誰心中不比喪了父母還難過！激於愛國的熱情，放出一聲慘痛的呼喊，以求鼓起同學們的猛醒。這你能說是不正當的嗎?!這你能說是軌外行為嗎？倘若你以為這是不當，那你真是喪心病狂了！該殺的教育界的蠹賊!!!

今天一院的通告，你親自撕下去了！在你撕的時候，你的耳朵還紅了一紅！我們看見你那樣的心情，真哭笑不得！胡先生，我們深切的明白了你的人格！你的人格連一個無知的工友都不如！只有用粗野的手段對付你才合適！你媽的！難道華北賣給日本以後，你還能當北大的文學院長嗎？你把我們這熱心的青年學生殘殺幾個、陷害幾個，你心還很痛快嗎？即便你能阻止住了我們愛國心的沸騰，對你有什麼好處?!於你的良心也過意的去嗎？

現在警告你：「向後你若再撕毀關於愛國的通告，準打斷了你的腿，叫你成個拐狗！」勿謂言之不豫也！

將來殺你的人啟 十二月十日[48]

---

47 胡適，〈華北問題〉，《胡適全集》，22.407-408。

48 《胡適日記全集》，7.277-278。

　　「一二・九運動」是否是中國共產黨主導的，這不是重點。美國學者易社強（John Israel）早在他 1966 年出版的《中國學生的民族主義，1927-1937》（*Student Nationalism in China, 1927-1937*）裡，就已經很精闢地指出：

　　中國共產黨是否主導？這個問題沒有以下這個事實重要：眾多的學生領袖自動地跟隨著共產黨的路線，因為對他們來說，那似乎是救國的唯一途徑。這種思考模式也是老一輩（例如：「全國各界救國聯合會」的七君子）的想法。這種政治氛圍一直持續到 1950 年代中期。[49]

易社強的重點是：

　　共產黨的方法是把熾熱的民族主義打造成一個堅定的政治力量。「一二・九運動」之往左傾斜，是「五卅運動」以後所有運動的模式。沒有一個愛國群眾運動的動力可以支撐過幾個星期。在客串、無黨無派的領袖揮灑了激情以後，職業老手就接過手用組織、宣傳、幕後操作的方式，把運動帶向他們所要的方向。對群眾來說，示威、罷課只不過是表達他們的愛國心的工具而已；只有革命家才會看出群眾運動有其利用的價值（vested interest）。[50]

　　胡適並不是不知道蔣介石以及國民黨的威信已經在對日妥協之下大量流失。更嚴重的是，對日妥協究竟是到了什麼程度，或者用胡適自己的話來說，喪權辱國到了什麼程度，沒有人知道。就以「何梅協定」來說，胡適 1935 年 12 月 29 日所發表的〈我們要求外交公開〉一文裡就說：

　　今年六月何應欽梅津的談判，中國政府方面至今沒有正式宣布。但據外

49　John Israel, *Student Nationalism in China, 1927-1937*（Stanford, California: Stanford University Press, 1966）, p. 155.

50　John Israel, *Student Nationalism in China, 1927*-1937, p. 152.

間的傳說，彼方認此為一種協定，而我方始終不承認有何簽訂的協定或「瞭解」……究竟彼方所謂〈何梅協定〉是一件什麼東西呢？是簽了字沒有呢？有什麼內容呢？內容的範圍有多大呢？在國際法上有何種拘束的效能呢？這些問題無一項不是極關重要的。我們人民不應該要求政府明白宣布嗎？[51]

蔣介石1936年1月15日在全國學校代表談話會上，回答北平天津代表的意見裡，有一件就談到了「何梅協定」。胡適在〈再論外交文件的公開〉一文裡說蔣介石回答說：

　　去年六月初何應欽部長並不曾和梅津司令官訂有何種協定；後來何部長雖然曾寫了一封信給梅津，信內只說某幾項事我們均已自動的辦了，此外並無他語。

這是典型的遁詞。然而，胡適願意為蔣介石緩頰。他說：「政府的最高行政領袖這樣負責聲明，當然可以解除我們不少的疑慮了。」儘管如此，胡適還是指出，根據某方傳出來的文件，何應欽的信原文如下：「敬啟者：六月九日酒井參謀長所提各事項，均承諾之，並自主的期其遂行。特此通知。」胡適說，如果屬實，就不僅僅是「聲明某些事項我們都已自動辦了。」胡適說有人說不發表這些文件的理由是：「這些文件的發表可以使他們成為正式外交文件，所以還是不發表為妙。」[52]

胡適瞭解掩蓋喪權辱國的事實，只會增加人們的疑慮。而且，因為這種疑慮而促成的示威運動，並不是鎮壓可以了事的。他在《獨立評論》191號裡刊登了俞啟忠的〈讀中宣會「告國人書」後──一個國人的自訴與請求〉。俞啟忠懇切地呼籲：

51　胡適，〈我們要求外交公開〉，《胡適全集》，22.433。

52　胡適，〈再論外交文件的公開〉，《胡適全集》，22.440-443。

倘若政府能檢討著過去，目前只要先坦白的、真誠的公布出「應付侵略者的方策」及「外交經過內容」，不但可以立刻消散我們人民的迷惘徬徨，由消極的盲從者變為清醒的國民，立刻將全國的散漫分化變為統一團結。53

胡適自己在〈編輯後記〉裡也說：「我們深信：壓迫不能使我們團結。只有開誠布公地政治能使我們團結。」54

然而，胡適的骰子已經擲出去了，他所押注的是蔣介石。1936年7月14日，胡適從上海啟程到美國去。三個月間，他參加了「太平洋學會」在美國加州優勝美地召開的第六屆會議，同時也參加了美國哈佛大學創校三百週年紀念並得到了榮譽博士學位。12月1日，他從美國回到了上海。郵輪抵達上海的時候，胡適在接受訪問中談了他此行的觀感。他徵引了美國《紐約世界電報》（*New York World-Telegram*）總編輯霍華德（Roy Howard）在馬尼拉時的說法，說中國的統一已經是「一個不爭的事實」。他說霍華德的這個看法，加上民主黨的羅斯福總統獲得連任，美國輿論將會對中國有利55。

曾幾何時，胡適變成了他1928年所寫的〈名教〉裡所嘲笑的「天皇皇，地皇皇」式的符籙的嫡傳？他在〈名教〉裡說，「打倒帝國主義」、「國民政府是為全民謀幸福的政府」等等都是標語，都是沒有效用的符籙。彷彿寫著「槍斃田中義一」、「殺盡矮賊」，田中義一和「矮賊」們就會死去一樣。胡適有所不知，這跟他自己當時像念咒語一樣，一再口中念念有詞地重複：「一個新的、統一的中國興起」、「中國的統一已經是『一個不爭的事實』」有什麼分別？胡適跟那些打架打輸的小孩在牆上寫字罵人死掉、那些受了氣的大人罵人祖宗十八代、那些貼「打倒帝國主義」的學生、寫「國民政府是為全民謀幸福的政府」標語的黨棍，「是不是〔同〕一個師父的法寶？」

胡適既然已經一面倒向蔣介石，他當然不會同情1932年底成立的「中國

53　俞啟忠，〈讀中宣會「告國人書」後──一個國人的自訴與請求〉，《獨立評論》，第191號，1936年3月8日，頁11-12。

54　胡適，〈191號編輯後記〉，《胡適全集》，22.457。

55　"U.S. Opinion with Chinese, Says Hu Shih," *The China Press*, December 2, 1936, ProQuest Historical Newspapers: Chinese Newspapers Collection, p. 1.

民權保障同盟」。近年來，歷史翻案風也掃到了「中國民權保障同盟」。這是一個健康的現象，可以一矯從前偏頗的八股詮釋。然而，近年來的翻案也有其偏頗的盲點。毫無疑問地，「中國民權保障同盟」有中國共產黨在背後操縱。胡適原先也參加拯救的「牛蘭夫婦」（the Noulens）──真名是亞科夫‧儒尼克（Yakov Rudnik）、塔悌雅娜‧莫宜辛口（Tatyana Moiseenko）[56]──也根本就是第三國際的特工。然而，我們不會因為揭發出了中國共產黨在「一二‧九運動」裡所扮演的角色，就因此全盤否定「一二‧九運動」是一個愛國運動的事實。同樣的，我們也不會因為揭發出了中國共產黨的操縱、利用、與策畫的事實，就因此全盤否定「中國民權保障同盟」保護人權的價值。如果這樣作，就真是應了西諺所說的：「倒洗澡水，連帶地把嬰兒也一起倒了出去。」

　　這個道理是自明的。就像易社強在評價「一二‧九運動」所作的結論：「對群眾來說，示威、罷課只不過是表達他們的愛國心的工具而已；只有革命家才會看出群眾運動有其利用的價值。」同樣地，參與爭取人權運動的人，只是藉著運動來達成爭取人權的目的。革命家則看準了人權運動可資利用的價值，來藉以達成其革命的目的。

　　人權是一個普世價值。保護人權、營救人權被剝奪的受害者是沒有國界的。舉個例子來說，台灣在白色恐怖時期，如果沒有「國際特赦組織」（Amnesty International）的揭發與呼籲，國民黨在壓制人權方面會作得更為猖狂、更為肆無忌憚。然而，也正因為如此，國民黨就誣指「國際特赦組織」是共匪的同路人。所有有良知的人，絕對不會因為國民黨這個指控，就隨之起舞，用「國際特赦組織」這個外力的因素，而抹殺台灣艱苦危險的人權運動。

　　「中國民權保障同盟」開除胡適的會籍，其肇因是胡適與楊銓等人在1933年1月31日參觀北平專門關政治犯的「反省院」。2月4日，胡適收到從上海寄來的英文航空快信，其中附有一篇英文控訴信，描寫「反省院」裡種種殘酷的私刑拷打。這封控訴信次日在英文的《燕京報》（Yenching Gazette）上以「中國民權保障同盟全國執行委員會」名義發表。胡適除了寫信向蔡元培等人抗議以外，他也在當天用英文去信《燕京報》反駁。他說，根據他跟「反省院」一

56　Frederick S. Litten "The Noulens Affair," *The China Quarterly,* 138（Jun., 1994）, pp. 492-512.

些政治犯用英文交談的結果，他們所抱怨的是腳鐐與餐食。他說他在當天上午
又收到一封「反省院」政治犯的來信列舉改良的五個步驟，完全沒有提到嚴刑
拷打的事情。胡適在信後附加一按語：「我寫這封信，並不是要說監獄的情況
是令人滿意的。『中國民權保障同盟北平分會』會盡力促成改進。然而，我不
認為應該用作假的方式來促進改革。我憎恨殘酷，但我也憎恨謊言。」[57]

　　3月3日，「中國民權保障同盟全國執行委員會」，以「胡適反對釋放政治
犯，並發表保障民權之根本原則，與會章不符。」議決開除胡適的會籍。胡適
在此日的日記裡黏貼了這個報導的剪報，並加了一個按語：「此事很可笑。此
種人自有作用。我們當初加入，本是自取其辱。子民先生夾在裡面胡混，更好
笑。」[58]

　　從這份剪報的報導，我們知道胡適被開除的原因，是因為他在報章上發表
了違背「中國民權保障同盟」根本原則的文章。這篇文章就是胡適在1933年2
月7日所寫的〈民權的保障〉：

　　　　我們觀察今日參加這個民權保障運動的人的言論，不能不感覺他們似乎
　　犯了一個大毛病，就是把民權保障的問題完全看作政治的問題，而不肯看
　　作法律的問題。這是錯的。只有站在法律的立場上來謀民權的保障，才可
　　以把政治引上法治的路。只有法治是永久而普遍的民權保障……前日報載
　　同盟的總會宣言有要求「立即無條件的釋放一切政治犯」的話，這正是一
　　個好例子。這不是保障民權，這是對一個政府要求革命的自由權。一個政
　　府要存在，自然不能不制裁一切推翻政府或反抗政府的行動。向政府要求
　　革命的自由權，豈不是與虎謀皮？謀虎皮的人，應該準備被虎咬。這是作
　　政治運動的人自身應負的責任。我們以為這條路是錯的。我們贊成民權應
　　有保障，但是我們以為民權的唯一保障是法治。我們只可以主張：在現行
　　法律之下，政治犯也應該受正當的法律保障。[59]

57　Hu Shih to the Editor of the Yenching Gazette, February 5, 1933，「胡適外文檔案」，E424-1。

58　《胡適日記全集》，6.653。

59　胡適，〈民權的保障〉，《胡適全集》，21.576-581。

　　「一個政府要存在，自然不能不制裁一切推翻政府或反抗政府的行動。」胡適這句話很可能是從「教我如何懷疑」的赫胥黎那兒來的。赫胥黎認為世界上沒有所謂絕對的「天賦人權」。「天賦的人權」與「政治的權利」是兩個相生相剋的概念。人類要生活在社會上，就必須捨棄一些權利。但要捨棄多少，是無法抽象地去演繹出來的。赫胥黎在〈天賦人權與政治的權利〉（Natural Rights and Political Rights）一文裡說：

　　　　除了瘋子以外，沒有一個人會認為當外來的侵略或內部的叛亂要毀滅一
　　個「社會人」——政府（polity）——的時候，這個集合體會沒有天賦的
　　權利去採取必要的措施來捍衛自己的存在。這就像一個單獨的個人在蠻荒
　　人吃人時代，有天賦的自衛權一樣。[60]

　　然而，就像杜威的實驗主義堅持世界上沒有有什麼先驗的、普世皆準的理論可以現成地拿來套用，赫胥黎也強調「天賦的人權」與「政治的權利」之間的平衡不是可以用抽象地去演繹出來的，而是必須因地制宜的：

　　　　有些事，在某種社會條件之下，去避免它是殘酷；可是，在其他社會條
　　件之下，去容許它，則是愚蠢。一個政府的存在取決於兩個力量之間的平
　　衡：其成員，即個人必須遵守的——天賦人權的正反兩面；個人喜好的吸
　　力相對於集體力量的約束。這兩個相反的力量，哪一個應該居上，必須取
　　決於其內外的環境以及其政府發展的程度。[61]

　　赫胥黎這段話非常重要，特別是他所說的：「有些事，在某種社會條件之下，去避免它是殘酷；可是，在其他社會條件之下，去容許它，則是愚蠢。」以及，「天賦的人權」與「政治的權利」之間應該如何平衡，「必須取決於其內外的環境以及其政府發展的程度。」其實，赫胥黎這些話的重點：理論是無

60　Thomas Huxley, "Natural Rights and Political Rights," *Collected Essays*, I.357.

61　Thomas Huxley, "Natural Rights and Political Rights," *Collected Essays*, I.356.

法抽象地去演繹，而是必須因地制宜的。所有這些都是胡適自己從「問題與主義」的論戰開始就一再演申的。

　　然而，這時候的胡適已經認為「安定」與「統一」重於一切，而要「安定」與「統一」，就先要有一個穩固的政府。「一個政府要存在，自然不能不制裁一切推翻政府或反抗政府的行動。」這對他而言是一個自明之理。同樣地，「向政府要求革命的自由權，豈不是與虎謀皮？謀虎皮的人，應該準備被虎咬。」也是一個自明之理。

　　胡適承認政府在「制裁一切推翻政府或反抗政府的行動」的過程中可能會執法過當。他的救濟的方法就是法治。「我們贊成民權應有保障，但是我們以為民權的唯一保障是法治。」從這個角度出發，胡適認為政治犯是法律的問題，而不是政治的問題。因此，他才會批評「中國民權保障同盟」的錯誤，「就是把民權保障的問題完全看作政治的問題，而不肯看作法律的問題。」

　　這就是胡適的盲點，也是近年來翻案風裡的盲點。法治是一個抽象空洞的名詞。赫胥黎這一段話的關鍵，就在指出法治是無法抽象地去演繹出來的，同時也「必須取決於其內外的環境以及其政府發展的程度。」這個盲點讓胡適天真地以為「法律」是超然、客觀的。我們試看美國的制度。美國所設計的三權分立的原則，就是因為這「行政」、「立法」、「司法」三權都不是超然的，所以要從其互相牽制之中求取平衡。「司法」跟媒體一樣，絕對不是超然的。這就是為什麼美國聯邦最高法官出缺的時候，民主黨和共和黨就要從提名和聽證上步步為營、寸土必爭的原因。美國聯邦最高法官是終身職。最高法官死亡或退休時，繼任者由總統提名，參議院聽證同意後任命。如果聯邦最高法官出缺的時候總統剛好是民主黨的，他一定會提名一個在意識形態上與民主黨接近的法官。相對地，共和黨一定會想盡辦法挑剔，希望能逼使對方提名一個在意識形態上不要太與共和黨針鋒相對的法官。最好的例子，就是2016年2月過世的美國聯邦最高法官斯卡利亞（Antonin Scalia）。斯卡利亞是一個保守的大法官。共和黨深知如果他們讓奧巴馬（Barack Obama）總統任命斯卡利亞的繼任者，他一定是任命一個傾向於民主黨理念的大法官，從而把原來以保守法官占多數的美國聯邦法院，扭轉成為以自由派法官占多數的局面。因此，共和黨成功地阻擋了奧巴馬任命斯卡利亞繼任者的努力，而把這個任命權交給下一任總

統。結果，共和黨的川普（Donald Trump）總統，在2017年4月成功地提名並任命了保守的戈薩奇（Neil Gorsuch）為聯邦最高法官。不只在聯邦的層級如此。美國是陪審制度。任何一個案件在審理以前，原告與被告的律師都會仔細地篩選陪審團的團員，把那些他們認為可能對己方不利的人否決掉。換句話說，即使是美國的司法系統，也是整個社會意識形態的光譜的縮影，絕對不是超然的。

司法系統不僅只是社會意識形態的光譜的縮影，它而且很容易受到政治的影響，特別是在法治不上軌道的國家。胡適在〈民權的保障〉裡，列出了政治犯可以接受法律保障的四個「工作原則」：

第一，我們可以要求，無論何種政治犯，必須有充分證據，方可由合法機關出拘捕狀拘捕。誣告的人，證實之後，必須反坐。

第二，我們可以要求，無論何種政治犯，拘捕之後，必須依照約法第八條，於二十四小時之內送交正式法庭。

第三，我們可以要求，法庭受理時，凡有證據足以起訴者，應即予起訴，由法庭公開審判；凡無犯罪證據者，應即予開釋。

第四，我們可以要求，政治犯由法庭判決之後，應與他種犯人同受在可能範圍之內最人道的待遇。

胡適有所不知，這種形式主義的「工作原則」不可能保證政治犯可以得到法律的保障。一個專制國家可以作到一切都符合司法的程序，但仍然在實質上操縱或決定裁判的結果。我們就以我在本部第四章會分析的1960年的雷震案作為例子。為了擔心美國的抗議與干涉，蔣介石由他的幕僚擬定了三個判決方案。然後，再經由他自己參與沙盤推演以後，選定其中之一定案。胡適唯一能作的呼籲還只是程序。他希望能把雷震案從軍法審判轉移到一般法院來審判。這也就是說，一直到他的晚年，胡適就是不能擺脫他的盲點。他以為法院是超然的。台灣在民主化過了三十年以後，仍然流行著一句話：「法院是國民黨開的。」對備嘗了民主化路程的遙遠與艱辛，領略了政治力量繼續操縱影響司法的台灣人來說，這是一句苦笑話。然而，這句話，是沒有身歷民主化過程的胡

適所永遠不會理解的。

　　胡適對蔣介石一面倒的另外一個例證，就是他已經不但已經對蔣介石稱
臣，而且他也鼓勵他《獨立評論》的朋友當蔣介石的幕僚。我在第三部第一章
裡，指出1930年左右是胡適對蔣介石評價最低的時候。他在1930年9月6日的
日記裡，記他當天跟宋子文的談話：

　　　　宋子文約我吃飯談話。他說，他是主張和平的，但時機未到。他的意思
　　似乎是要等到隴海線上打了大勝仗再講和〔注：當時「中原大戰」蔣介石
　　已經勝券在握〕。他問我：「假如你在我的地位，應該怎麼辦？」我說：
　　「我若做你，一定勸老蔣講和。他若不聽，只好請他自己幹下去，我不陪
　　了。」他回答我說：「時機未到。」我對他說：「我對你有點失望。你是籌
　　款能手，卻全不懂得政治。你應該自己有點主張。為什麼只能跟著別人
　　跑？你的地位可以領導，你卻只能服從。」他不能答這些話。[62]

　　胡適等於是在告訴宋子文，南京政府並不是非要蔣介石不可。不但如此，
他也等於是在告訴宋子文，說彼可取而代之。然而，那是1930年。等到他
1932年11月28日去漢口晉見蔣介石的時候，他的態度已經完全轉變了。12月
2日，他第三次晉見蔣介石。他在當天的日記裡說：

　　　　我本來以為這是最後一個談話機會，故預備與他談一點根本問題。但入
　　門即見昨見的雷孟彊先生，後來吃飯時楊永泰先生又來了。二客皆不走，
　　主人亦無法辭客。所以我也不預備深談了，只隨便談了一會，十點即辭出。
　　　　我至今不明白他為什麼要我來。今日之事，我確有點生氣，因為我下午
　　還托雪艇告知他前日之約我一定能來。他下午也還有信來重申前日之約。[63]

　　胡適為什麼「確有點生氣」呢？因為他以為當天蔣介石是要找他深談，向

---

62 《胡適日記全集》，6.271。

63 《胡適日記全集》，6.635。

他請益。換句話說，他當天是以「王者師」的心態赴會的。結果完全不是那一回事，怪不得他要怨懟說：「我至今不明白他為什麼要我來」，而且「確有點生氣」。

蔣介石會繼續讓胡適覺得他還有當「王者師」的希望。1934年2月初，蔣介石就開始指示教育部次長錢昌照，要他安排在江西剿匪行營南昌召見胡適與丁文江的事[64]。3月5日，蔣介石又電錢昌照：「請適之、在君先生於四月初與蔣廷黻先生同時來贛。其談話約兩次至三次，每次約一小時。談話題目請其先斟酌。」[65]最後，訂定的日期是4月7日。結果，丁文江因為到南京去看望車禍住院的翁文灝，不克前往。胡適也不能去。他4月11日要在北平開「北平協和醫院」的董事會。也許由於不願意讓蔣介石誤會他寧願去開美帝國主義所設的「北平協和醫院」的董事會，而不去南昌接受召見，他請錢昌照回覆蔣介石不克前往的理由是：「因北大適有事，一時不克南來。」[66]

4月4日，胡適在日記裡說：

> 寫信托廷黻帶去給蔣介石先生。信中只談一事，勸他明定自己的職權，不得越權侵官。用全力專做自己權限以內的事，則成功較易，而責任分明。成功易則信用日增；責任明則不必代人受過。今日之事，適得其反。名為總攬萬幾，實則自「居於下流，天下之惡皆歸之。」[67]

可惜，這封信今已不存。幸好我們有胡適自己在日記裡的摘要大意。此外，我們還有他在1935年7月26日致羅隆基的信。那封信不但略為詳盡一點，而且提供了一點比較與背景的資料：

> 依我的觀察，蔣先生是一個天才。氣度也很廣闊，但微嫌過於細碎，終

---

64 蔣介石致錢昌照，1934年2月7日，「國史館：蔣中正總統文物」，002-010200-00103-028。
65 蔣介石致錢昌照，1934年3月5日，「國史館：蔣中正總統文物」，002-070100-00033-050。
66 錢昌照致蔣介石，1934年4月3日，「國史館：蔣中正總統文物」，002-080200-00158-067。
67 《胡適日記全集》，7.93-94。

不能「小事糊塗」。我與蔡孑民先生共事多年，覺得蔡先生有一種長處，可以補蔣先生之不足。蔡先生能充分信用他手下的人。每委人一事，他即付以全權，不再過問。遇有困難時，他卻挺身負其全責；若有成功，他每嘖嘖歸功於主任的人。然而外人每歸功於他老人家。因此，人每樂為之用，又樂為盡力。迹近於無為，而實則盡人之才。此是做領袖的絕大本領。

……

我前在漢口初次見蔣先生，不得談話的機會。臨行時贈他一冊《淮南王書》，意在請他稍稍留意《淮南王書》中的無為主義的精義，如「重為善若重為暴」，如「處尊位者如尸，守官者如祝宰」之類。

去年我第一次寫信給蔣先生，也略陳此意，但他似乎不甚以為然。他誤解我的意思，以為我主張「君逸臣勞」之說。大概我當時的信是匆匆寫的，說的不明白。我的意思是希望他明白為政的大體。明定權限，知人善任，而不「侵官」，不越權。如此而已。《淮南》說的「處尊位者如尸……尸雖能剝狗燒彘，弗為也。弗能，無虧也。」此似是淺訓。今之為政者多不能行。[68]

從胡適這封信的口氣看來，蔣介石顯然是回了胡適的信。只是，他對胡適建議他的無為主義「不甚以為然」。這封回信，同樣地現已不存。

重點是，胡適在1932年第一次晉見蔣介石的時候，送他一冊《淮南王書》。一年半以後，又託蔣廷黻給他一封信，講的是《淮南王書》裡的「處尊位者如尸」的無為的思想。胡適這樣用《淮南王書》的意旨諄諄善誘蔣介石，是有其深意的。這「處尊位者如尸」的意思，胡適在《中國中古思想史長編》裡作了解釋。「『尸』是祭祀時扮作受祭的人。他扮作祖宗的樣子，儼然玄默，寂然無為，而受大眾的祭禱。」他進一步地解釋它在政治上的意涵：

尸的比喻，最可寫出虛君的意義。虛君之政治，君主不但不輕於為暴，

68　胡適致羅隆基，1935年7月26日，《胡適全集》，24.246-247。

並且要不輕於施恩惠。必須能「重為惠，若重為暴」，然後可以做到慎到所謂「動靜無過，未嘗有罪」。立憲國家所謂君主不會做錯事，即是此意。老子所謂「太上，下知有之」，也正如那扮作「尸」的祭主，受祭受福而已。

胡適推崇《淮南王書》。主要的原因，是因為《淮南王書》有許多他認為當時的中國可以利用的思想。他說《淮南王書》的「政治思想有三個要義：一是虛君的法治，一是充分的用眾智眾力，一是變法而不知故常。」虛君的政治，已經解釋過了。「變法而不知故常」與此處的論述無關。「充分的用眾智眾力」則是胡適論述的另外一個重點：「君主的知識有限，能力有限。必須靠全國的耳目為耳目，靠全國的手足為手足。」[69]

如果胡適是以「王者師」自期，他則鼓勵他《獨立評論》的成員作蔣介石的諍臣。到1935年底，《獨立評論》的成員已經有三個從政。用胡適在該年12月12日日記裡的話來說：「今天吳景超來。他得詠霓的信，要他去做他的助手。詠霓已允作行政院秘書長。廷黻已南下，不是外交次長，就是行政院政務處長。《獨立》社員有三人入政府，雖是為國家盡義務，於《獨立》卻有大損失。」[70]

然而，這是犧牲《獨立》的「小我」來完成國家的「大我」，特別是如果這些「小我」能以諍臣自任的話。他在1936年1月26日寫給翁文灝、蔣廷黻、和吳景超的信裡說：

> 我對於你們幾個朋友（包括寄梅先生〔注：周貽春，時任實業部次長〕與季高兄〔注：顧翊群，時任行政院參事〕等），絕對相信你們「出山要比在山清」。但私意總覺得此時更需要的是一班「面折廷爭」的諍友諍臣，故私意總期望諸兄要努力做educate the chief〔開導領袖〕的事業，鍥而不捨，終有效果。行政院的兩處應該變成一個「幕府」，兄等皆當以賓

---

69 胡適，〈中國中古思想史長編〉，《胡適全集》，6.14-150。
70 《胡適日記全集》，7.279。

師自處。遇事要敢言，不得已時以去就爭之。[71]

胡適在此處所用的傳統辭彙，如：「面折廷爭」、「諍臣」、「不得已時以去就爭之」等等，固然很可能只是為了行文方便沿用套語而已。然而，一個教人家不要用傳統的濫調套語、一個立意要把現代西方思考方式與政治思想引介進中國的思想導師，卻回過頭來用傳統的辭彙，來形容一個號稱為「中華民國」的共和體制下的中央級行政幕僚，其所反映出來的恐怕不只是用字遣詞上的失當，而是傳統君臣關係的陰魂不散。

相較之下，「幕府」和「賓師」雖然也是傳統辭彙，但其所反映的身分地位完全與「諍臣」不同。「幕府」是參謀，是各級地方首長，從知縣、巡撫、到總督所雇用，幫忙他們辦理「刑名錢糧」的幕友。地方首長倚賴他們在賦稅、刑律等等方面的內行知識來辦理行政，所以尊之為「賓師」。這「賓師」的現代意義，胡適會進一步為蔣介石演申。

胡適在1935年11月12日到南京去晉見蔣介石。雖然胡適該年的日記從7月底到12月初闕如，但我們從其他資料裡，知道他當時人在上海。第一、他至遲在該年10月25日就已經抵達上海。次日，胡適出席了中華教育文化基金會在上海滄州飯店召開的第九次常會。第二、翁文灝在10月31日致胡適的信上說：

　　日前所談為太平洋國際學會籌款事。昨日面見介公，已為代陳。彼曰「可以」，意已許可。但似尚欠切實，尚須再說一次。當能望成。數目亦或尚有斟酌。然彼對兄意極好。如大駕來京，能面見一談，則更可靠矣。[72]

第三、胡適幫顧謙吉所翻譯的《人與醫學》中譯本所寫的〈序〉，序後落款為：「1935年11月11日在上海滄州飯店。」[73]

71 胡適致翁文灝、蔣廷黻、吳景超，1936年1月26日，《胡適全集》，24.289。
72 翁文灝致胡適，1935年10月31日，《胡適來往書信選》，2.275。
73 胡適，〈《人與醫學》的中譯本序〉，《胡適全集》，20.599。

當然，最明確的證據，就是胡適自己的信。雖然胡適信中沒說他晉見的地點，但我推測他是從上海到南京去晉見蔣介石的。他在11月12夜所寫的信為蔣介石獻了三個策：一、「國防設計委員會」；二、憲政實施的綱領；三、華北問題。與我們此處有關的，是第一策：

　　今日之事，十分危急，又十分重要，決不是一、二人的聰明睿智所能完全擔負。然而，此種大計，也不是築室道謀之法所能為功。鄙意以為先生今日正是需要一個「國防設計委員會」之時了。舊有之「國防設計委員會」，人數太多太雜，不能應今日之用，無可諱言。今日似宜由先生邀集五、七個各有專門智識，又各有國家意識與世界眼光之人，組成一個設計最高機關。名義、聘任狀等等都用不著。但其中應都是能用全副心思才力為國家設計之人。分開來則每人各做他專門的計畫，合起來則備國家大計之諮詢與籌畫……

　　「國防設計」之原意在此。美國所謂「智囊團」其用處亦正在此……此小團體必須能常駐首都，必須能常常集會，必須能隨時擺脫一切，來專作設計之事，必須能（遇必要時）召集所知的專門人才分任局部設計。此小團體的人選，至多不得過七、八人。以我所知，試舉數人作例，使鄙意容易明白。丁在君（專作地理上的國防設計。與其用此君去任國外外交，遠不如請他作軍事地理上的研究與設計）、翁詠霓（地理、資源）、俞大維（兵工）、蔣廷黻（外交），似皆可舉為例子。此意實甚重要，故敢為先生言之。[74]

　　胡適所獻的這個「智囊團」之策，顯然沒有被蔣介石所接受。胡適信中所說的舊有之「國防設計委員會」，是1932年11月1日成立的。委員多達40餘人，連胡適也是委員之一。這個「國防設計委員會」在1935年4月，與「兵工署資源司」合併，改名為「資源委員會」。所以，胡適在11月12日所獻之策，只是沿用這個舊有的委員會的名稱，來稱呼他所獻的「智囊團」之策。

---

74 胡適致蔣介石，1935年11月12夜，「國史館：蔣中正總統文物」，002-020200-00023-020。

　　有意味的是，胡適為這個「智囊團」所擬的名單裡沒有他自己。這當然可能是自謙。然而，我更傾向於認為他是自居於這個「智囊團」之上的。換句話說，他向蔣介石獻策成立一個國防的「幕府」，並推薦《獨立評論》的成員及其同道進這個「幕府」為「賓師」。然而，他自己不在內。因為他是「王者師」，不是「賓師」。

　　然而，不論是對蔣介石或者是對中國，胡適是沒有信心的。1934年2月10日，當時在南京的胡適，在日記裡記說：當晚，曹誠英和張慰慈同來吃晚飯。飯後，王世杰、中央大學棉花專家馮澤芳、程滄波等人先後來談。胡適說：

> 　　我對他們說：我在南京的觀察，可用四字來包括：「野無遺賢！」今日稍有才能的人，誰不有事做？往往還是用過其長。國家的致命傷也就在此四字。人才實在不夠用。現在的最大危險，就在一些人「求治太急」。一些人不滿於現狀，想要痛快幹一下。他們如何幹得了！此時第一務在安定。雪艇說，他也主張安定，但方向不可不認清。必須要有計畫、有進步的安定。75

　　分析到這裡，胡適心目中的中國的問題就非常清楚了。儘管胡適為蔣介石獻策，要他成立一個專門負責籌畫國防的「智囊團」。他說這個「智囊團」不要大，只要五、七個人就可以了，至多不得過七、八人。然而，等他真正推薦人選的時候，除了丁文江、翁文灝、俞大維、蔣廷黻四個人以外，他再也舉不出其他人來了。「野無遺賢！」誠然！

　　事實上，中國的致命傷還不在於人才實在不夠用。更大的致命傷胡適不能說，那就是全中國沒有大將，他眼前只看到一個「廖化」。這也就是為什麼胡適在公開阿諛蔣介石是一個「天才」、「領袖」之餘，卻又私下送他《淮南王書》，衷心盼望他能「處尊位者如尸」，「扮作『尸』的祭主，受祭受福而已。」

　　問題是，胡適如何能讓那「廖化」能「處尊位者如尸」呢？他如何能使那

75 《胡適日記全集》，7.56-57。

些從「在野」一躍而在朝為官的「群賢」不要「求治太急」呢？胡適的答案就是「無為的政治」。對於「廖化」，他只能私下勸諫。在「廖化」「不甚以為然」以後，他也只能默然。然而，對於那些「求治太急」的「學而優則仕」的人，他可以給予當頭棒喝。他在1933年5月7日所發表的〈從農村救濟談到無為的政治〉一文裡，就告誡他們要有自知之明：

　　現時中國所需要的政治哲學決不是歐美十九世紀以來的積極有為的政治哲學。歐美國家有雄厚的財力、有濟濟蹌蹌的專門人才、有精密強固的政治組織，所以能用政府的工具〔注：請注意這「政府的工具」這個詞彙。這就是胡適「好政府主義」裡的工具論，也是他「專家政治是研究院的政治」、以及──我在本章第三節會分析的──他1939、1940年在美國所發揮的「專家政治」的福音的立論基礎〕來做大規模的建設事業。我們只是貧兒，豈可以妄想模仿富家的大排場？我們只是嬰孩，豈可以妄想做精壯力士的事業？我們此時只能努力撫養嬰孩使他長大，教練這貧兒，使他撙節積蓄，養成一點有為的富力。[76]

　　那麼，要如何去「撫養」中國這個「嬰孩」，「教練」中國這個「貧兒」呢？最好的撫乳培養的方法是一種無為的政治。「損之又損，以至於無為」，以至於無可再損。這種老子的話頭也許太空泛。我們可以用十九世紀後期哲人斯賓塞（Spencer）的話：要把政府的權力縮小到警察權。這就是無為政治的摩登說法。警察權只是維持人民的治安，別的積極事業都可以不管；人民只要有了治安，自然會去發展種種積極的事業。斯賓塞在十九世紀的英國提倡此種消極的政治主張，自然是背時。但這種思想在今日一切落後的中國，我們認為是十分值得我們的政治家注意考慮的。[77]

　　我在第三部第一章裡，已經指出這句話不是斯賓塞說的，而是胡適在留美時期讀過的《旁觀報》（*Spectator*）的書評裡總結斯賓塞的《人與國家》（*The*

76　胡適，〈從農村救濟談到無為的政治〉，《胡適全集》，21.623-630。

77　胡適，〈從農村救濟談到無為的政治〉，《胡適全集》，21.626。

Man versus the State）的極端個人主義的用語[78]。當然，斯賓塞所祖述的還是洛克的理論。

　　事實上，胡適說：「要把政府的權力縮小到警察權。」這句話還是太抬舉了中國了。十九世紀末的斯賓塞可以主張把英國政府的權力縮小到警察權。可是當時的中國政府連「警察權」都還沒有作到，還可以縮到什麼地方去呢？1934年2月19日寫的〈再論無為的政治〉一文裡就作了修正：

　　　　凡是留意我的著作或者聽過我的哲學史功課的人，都知道我平日是最反對無為的政治哲學的。現在我公然提倡中國應該試行一種無為的政治，這當然要引起不少朋友們的驚異。所以「弘伯」先生（他是上過我的課的）老遠從國外寄了篇很嚴重的抗議，題為〈我們還需要提倡無為的政治哲學嗎？〉（《獨立》第68至69期）。當時我在海外，不曾作答。我回國時，恰好區少幹先生從廣州寄來了一篇〈無為與有為〉（《獨立》第76期）。那篇文字是替我答覆「弘伯」先生的。區先生還嫌我說的「把政府的權力縮小到警察權」一句話不切事實。他要改為「把政府的權力擴張到警察權」，因為「我們現在的政府還沒有做到警察境界」。他希望「政府先把警察做到了，然後才可以擴張到比警察權更大的權。換句話說，就是我們先做到『無為之為』，然後可以做『有為之為』。」

　　　　我很願意接受區先生的修正。我的本意也是說今日的政府還沒有做到警察權的境界，所以我主張把別的建設事業都暫時停頓下來，努力做到維持人民治安的境界。我從減省其他事業說起，故說是「縮小」政府的權力。縮小了其他方面，用全力辦好警察權，這就是「擴張」了。[79]

　　胡適到1930年代初期以前，確實是一個最反對無為政治、最愛歌頌有為與計畫的人。這點，我們可以在《中國中古思想史長編》裡面得到佐證。然而現在的胡適不同了。原因是他認為當時的中國還不配談有為。他在1934年3月

78　"The Man versus the State," *The Spectator*, No. 2961, March 28, 1885, p. 421.

79　胡適，〈再論無為的政治〉，《胡適全集》，22.35-36。

26日寫的〈建設與無為〉一文裡作了詳盡的解釋：

> 我是最贊成建設的人；我曾歌頌科學、歌頌工業、歌頌有為的政治、歌頌工業的文明。這是大家都知道的。現在我忽然提出無為政治之論，並非自己向自己挑戰。也不是像某君說的：「沒有把事實詳細研究，而為『立異』的心理所影響。」我的無為論是研究事實的結果。我至今還是有為的歌頌者；但我要指出一個極平常的原則：有為的建設必須有個可以有為的時勢，必須先看看客觀的物質條件是否許我們有為。在這種條件未完備之先，盲目的建設是有害而無利的，至少是害多而利少的，是應該及早停止的。我不反對有為，但我反對盲目的有為；我贊成建設，但我反對害民的建設。盲目害民的建設不如無為的休息。
>
> ……
>
> 現今的人所以輕易談建設，都是因為他們不瞭解建設的專門性質。而這幾年各省的建設所以只限於築路拆城一類的事業者，其原因不在於僅僅盲目的模仿，其真實原因是因為此種工程都不需要專門的學術。政客、與商人、粗工都幹得了，都包得下，都可以吃飯邀功，升官發財。今日建設所以成為風氣，都由於此。人民的痛苦，國家的利益，百年的大計，在他們的腦子裡都沒有地位。要挽救此種風氣，必須先要政治領袖們徹底覺悟建設是專門學術的事，不是他們可以隨便發一個電報命令十來個省分限幾個月完成的。
>
> 他們必須徹底明白他們自己不配談建設，更必須明白他們今日辦的建設只是政客工頭的飯碗，而不是真正的永久的建設。他們明白了自己不配建設，然後能安分無為，做一點與民休息的仁政；等到民困稍蘇國力稍復的時候，等到專門人才調查研究有結果的時候，方才可以有為。
>
> 再看看中國歷史上，統一帝國的成立全靠漢朝四百年立下一個基礎。而漢朝四百年的基礎，又全靠開國六、七十年的無為政治……有了這六、七十年的無為政治做底子，所以漢武帝可以有幾十年的大有為。[80]

80　胡適，〈建設與無為〉，《胡適全集》，22.62-67。

「民主政治是幼稚園的政治」

胡適在《獨立評論》所發表的政論裡，最讓許多人瞠目結舌、最不為人所理解的，就是他所說的「民主政治是幼稚園的政治」的名言。其實，如果我們把他的「民主政治是幼稚園的政治」的理論跟他當時所提倡的「無為的政治哲學」連在一起，我們就應該可以看出其端倪了。只是，胡適的朋友在錯愕之餘，沒有回過頭去細想；歷來研究胡適的人，又不能把胡適的這個理論放在他的政治哲學的脈絡下來分析它。無怪乎將近一個世紀以來，沒有一個人瞭解胡適這個理論的立論基礎。

「民主政治是幼稚園的政治」這句話，恐怕是歷來對胡適誤解之最。賈祖麟（Jerome Grieder）對胡適早年自由主義的分析，至今仍然是最為細緻，而且也是拿捏最為得當的。然而，即使如此，他也被胡適這句話給絆倒了。他說「幼稚園的政治」和「無為政治」是胡適在《獨立評論》的論戰裡的兩個驚人之論。他說「無為政治」的說法，違背了胡適一向對政府的功能，以及西方能民主、中國也能的看法。他說，胡適從前雖然承認中國的發展比不上西方，但現在卻說：「我們只是嬰孩，豈可以妄想作精壯力士的事業？」彷彿這個鴻溝是不可能跨越的了。同時，胡適從前談自由主義與社會主義合流之下的政府的角色，現在卻引斯賓賽的話，要把政府的權力縮小到警察權，說「這就是無為政治的摩登說法。」賈祖麟認為「民主政治是幼稚園的政治」這句話，是胡適「無為政治」邏輯的延伸。胡適從前說民主是中國的最終目標，現在卻變成了適合幼稚國家的政體，而先進的國家則越來越倚賴專家治理的政體。賈祖麟認為胡適這種專家政治論不但有反自由主義之嫌，而且等於讓自己墮入了一個邏輯的陷阱，反而給了獨裁論者口實，說建國是要靠專制。他說胡適後來試圖用「政制」與「政府」這兩個範疇來釐清他的觀點；前者可以是一種幼稚園制，但不妨礙後者用的是專門技術人才的事實。然而，他認為胡適從來就沒有解決他思想裡菁英與民主之間的衝突，因為胡適一直無法決斷究竟政治制度是政治革新的工具，或者只是人類依需要而使用的機械措施[81]。

81　Jerome Grieder, *Hu Shih and the Chinese Renaissance: Liberalism in the Chinese Revolution, 1917-*

　　賈祖麟在這裡所說的胡適的矛盾，其實只是他自己的不解。胡適之所以會提倡「無為政治」、胡適之所以會徵引或誤引斯賓塞「把政府的權力縮小到警察權」的說法等等。所有這些我已經在上節分析過了。除了胡適已經一面倒向蔣介石以外，他的「無為政治」、「把政府的權力縮小到——或者更正確地說，擴張到——警察權」反映出他針對當時中國狀況的兩難之局所提出的權衡之策：一方面之難：如何建立一個權力的重心，以便於讓它能作到「保境安民」的最低保障？另一方面之難：如何使不具備現代領袖資格卻又獨裁的蔣介石，以及他已經用到「野無遺賢」人才還是不夠用的政府，能夠領悟到自己不配侈言建設，然後以「無為」來與民休息，以待來日國力稍復以後方才可以有為。

　　胡適說得好，《獨立評論》上的民主與獨裁的論戰，在中國不是一個新的議題。早在二十世紀初年，《新民叢報》與《民報》就為「開明專制」的問題交鋒過了。事實上，一直到中國真正走到民主為止，這個議題會一再出現。只是，每次論戰的重點，會因為歷史環境的轉變以及政治理論的變遷而改變而已。《獨立評論》上的論戰，是由蔣廷黻在1933年12月10日第80號的《獨立評論》的〈革命與專制〉所牽引出來的。蔣廷黻在這篇文章裡的結論完全是胡適可以接受的。他說：

> 　　各國的政治史都分為兩個階段：第一是建國，第二步才是用國來謀幸福。我們第一步工作還沒有作，談不到第二步……中國現在的所謂革命就是建國的一個大障礙……統一的勢力是我們國體的生長力，我們應該培養；破壞統一的勢力是我們國體的病菌，我們應該剪除。我們現在的問題是國家存在與不存在的問題，不是個哪種國家的問題。[82]

　　蔣廷黻這種以統一為先、革命是建國的障礙的論點，跟胡適是完全一致的。問題是，蔣廷黻在申論的過程中，以英國、法國、俄國的歷史進程為例，

1939 (Cambridge, Mass.: Harvard University Press, 1970), pp. 259-270.

82 蔣廷黻，〈革命與專制〉，《獨立評論》，第80號，頁5。

說明這些國家都經過了專制的錘鍊。蔣廷黻說，那不但建立了政權的中心階級，而且造成了民族國家的基礎。事實上，胡適完全可以接受蔣廷黻所說的專制政權建立了其政權的「中心階級」的說法，因為這「中心」與胡適所希冀的社會政治「重心」是同樣的東西。唯一讓胡適不能接受的，就是蔣廷黻從這三個國家的發展歷史所演繹出來的公式：朝代→專制→民族國家→革命→現代國家。與之相對的，蔣廷黻說滿清政府從來就沒有從朝代過渡到專制。更可悲的是，就是清朝已經滅亡，中國還是一個朝代的國家。換句話說，當時的中國連專制的階段都還沒走到，遑論革命？遑論現代國家？

胡適先寫了〈建國與專制〉批評蔣廷黻的歷史公式。他說：一、專制不是造就一個民族國家的必經階段；二、從歷史文化、文字、政治制度方面來看，中國從漢朝以來就已經是一個民族國家了。至於蔣廷黻的「專制建國論」，他在1933年12月18夜專門寫了〈再論建國與專制〉一文來辯駁。胡適說他反對各種專制政體的理由有三。請注意我用黑體字標示出來的字句：

第一、**我不信中國今日有能專制的人，或能專制的黨，或能專制的階級……一般人只知道做共和國民需要較高的知識程度，他們不知道專制、訓政更需要特別高明的天才與知識。**專擅一個偌大的中國，領導四萬萬個阿斗，建設一個新的國家起來，這是非同小可的事，決不是一班沒有嚴格訓練的武人政客所能夢想成功的。今日的領袖，無論是哪一黨、哪一派的健者，都可以說是我們的「眼中人物」。**而我們無論如何寬恕，總看不出何處有一個夠資格的「諸葛亮」，也看不出何處有十萬、五萬受過現代教育與訓練的人才可做我們專政的「諸葛亮」。**所以我們可以說：今日夢想一種新式專制為建國的方法的人，好有一比。比五代時後唐明宗的每夜焚香告天，願天早生聖人以安中國！

第二，我不信中國今日有什麼有大魔力的活問題可以號召全國人的情緒與理智，使全國能站在某個領袖或某黨某階級的領導之下，造成一個新式專制的局面……這兩年的絕大的國難與國恥還不夠號召全國的團結。難道我們還能妄想抬出一個蔣介石，或者別個蔣介石來做一個新的全國大結合的中心嗎？

　　第三、我有一個很狂妄的僻見：我觀察近幾十年的世界政治，感覺到民主憲政只是一種幼稚的政治制度，最適宜於訓練一個缺乏政治經驗的民族。我們看慣了英美國會與地方議會裡的人物，都不能不承認那種制度是很幼稚的，那種人才也大都是很平凡的……**民主政治的好處在於不甚需要出類拔萃的人才**；在於可以逐漸推廣政權，有伸縮的餘地；在於「集思廣益」，使許多阿斗把他們的平凡常識湊起來也可以勉強對付；在於給多數平庸的人有個參加政治的機會，可以訓練他們愛護自己的權利。總而言之，**民主政治是常識的政治，而開明專制是特別英傑的政治**。特別英傑不可必得，而常識比較容易訓練。在我們這樣缺乏人才的國家，最好的政治訓練是一種可以逐漸推廣政權的民主憲政。**中國的阿斗固然應該受訓練，中國的諸葛亮也應該多受一點訓練**……我們小心翼翼的經過三、五十年的民主憲政的訓練之後，將來也許可以有發憤實行一種開明專制的機會。我這種僻見，好像是戲言。其實是慎重考慮的結果，我認為值得研究政治思想的學者們的思考的。[83]

　　我在這三段引文裡用黑體字所標示出來的字句，凸顯出胡適的兩個重點：第一、當時的中國沒有能行專制的人才。中國不僅沒有一個「大諸葛亮」——讀者記得「廖化」？——也沒有受過現代專業訓練、能夠輔佐這個「大諸葛亮」的「小諸葛亮」。第二、民主政治是幼稚園的政治。它不但不需要出類拔萃的人才，而且最適合用來訓練中國四萬萬的「阿斗」以及那些「東施」式的「諸葛亮」。

　　胡適說民主政治的優點「在於給多數平庸的人有個參加政治的機會，可以訓練他們愛護自己的權利。」他從來沒有告訴我們他這個想法的出處與來源。其實，其出處就是他留美初期所讀的穆勒（John Stuart Mill）的《自傳》（*Autobiography*）。穆勒在其《自傳》裡提到了他閱讀托克維爾（Alexis de Tocqueville）的《美國的民主政治》（*Democracy in America*）所給他的影響。他說托克維爾的分析讓他領悟到：

83　胡適，〈再論建國與專制〉，《胡適全集》，21.699-702。

　　各個公民從事實際的政治活動，不但是最有效的訓練老百姓養成社會意
識（social feelings）以及汲取實用的智性（practical intelligence）的方法
（這本身就是好事，更是好政府不可或缺的條件），而且也是防範民主所
特有的弱點，防止其退化成為暴政必要的防護力量。現代世界確實存在的
危險是：行政首腦以獨裁的權力凌駕於個個平等、但個個都是奴隸的孤絕
的個人之上。[84]

　　無論如何，胡適最感到挫折的，是所有參加論戰的朋友對他這個「民主政
治是幼稚園的政治」的理論一點興趣也沒有。他在一年以後的回顧裡說：「這
一點似乎最不能引起學者的注意。這大概是因為學政治的人都受了教科書的蒙
蔽，誤信議會式的民主政治需要很高等的公民知識程度，而專制與獨裁只需要
少數人的操縱。」[85]事實確實是如胡適所抱怨的。丁文江就直截了當地說：「這
句話是不可通的。」[86]蔣廷黻則把胡適這句話當成笑話：「你那一段議論簡直是
笑話，不值得討論。」[87]因此，參與論戰的人，都把重點集中在中國為什麼不可
能實行民主政治的「客觀事實」。

　　事實上，胡適提出這個「民主政治是幼稚園的政治」的理論還有他的難言
之隱。對胡適來說，「民主與獨裁」的論戰不只是一個學理之爭。他所擔心的
是，如果他不出來吹散這個獨裁的漣漪，它可以被有心人推波助瀾，成為國民
黨專制獨裁的護符。他相信參與論戰的《獨立評論》的成員，例如，蔣廷黻、
吳景超的動機都是很單純的。他相信他們主張武力統一，都不是有什麼政治目
的的。然而，就像他在1934年1月8日的日記裡所說的：「其效果將有『教猱
升木』之患」，所以他不得不撰文闢之[88]。

　　所幸的是，他覺得這個論戰討論了一年，並沒有多大的影響。無巧不成
書，汪精衛、蔣介石在1934年11月27日，聯名通電──即，「感」電──全

84　*Autobiography* of John Stuart Mill（New York: Signet Classics, 1964）, p. 143.

85　胡適，〈一年來關於民治與獨裁的討論〉，《胡適全集》，22.203-204。

86　丁文江，〈民主政治與獨裁政治〉，《獨立評論》，第133號，1934年12月30日，頁5。

87　胡適，〈再談談憲政〉，《胡適全集》，22.557。

88　《胡適日記全集》，7.10-11。

國，其中有一句話：「蓋中國今日之環境與時代實無產生意俄政治之必要與可能也。」喜出望外的胡適，馬上順水推舟，用汪、蔣的通電作盾，來抵那些公然鼓吹獨裁政制的政客和學者之矛。胡適的用意，在他1934年12月20日寫給傅斯年的裡說得再透徹也不過：

> 蔣廷黻論專制的文發表時，此間省市兩黨部中人皆大歡喜！我聽了真懍然以憂。「我豈好辯哉？不得已也。」這是你們山東亞聖的味兒了！
>
> 汪、蔣的「感」電，我充分利用來作了三篇文字，正是要「順水推船」，導人入於水泊。我正想「趁火打劫」，豈料丁大哥出此下策。為一班妄人增加氣燄不少！[89]

這些「妄人」、這些「黨部中人」會聞專制而喜，想當然耳。用胡適的話來說，這班妄人，不須去計較。真正的問題在於不懂得「慎言」，不體認到一言可以興邦、也可以喪邦的「清議」。胡適說：「今日提倡獨裁政治的危險，豈但是『教猱升木』而已，簡直是教三歲孩子放火。」他又斷言：「中國今日若真走上獨裁的政治，所得的決不會是新式獨裁，而一定是那殘民以逞的舊式專制。」這兩句話是關鍵；「三歲孩子」、「新式」、「舊式」更是關鍵詞語。「新式獨裁」的條件是：有一個很大的「智囊團」做總腦筋，百萬的專家做耳目手足。而中國即使能走上獨裁，也只有會是「殘民以逞的舊式專制」。原因無它，因為中國跟西方先進國家相比，無異於是一個「三歲孩子」。建國不是兒戲，需要有客觀的物質條件。「第一是經濟能力，第二是人才⋯⋯在這種條件為完備之先，決不能做出什麼有為的政治。」[90]

這也是為什麼胡適在提出「民主政治是幼稚園的政治」這句口號以外，又提出「無為政治」的主張的原因。一言以蔽之，中國民生的凋敝，已經到了山窮水盡的地步。在這個時候，談建設已經是侈言，更何況是專制。胡適的期望已經降到最低。他要政治領袖必須「徹底覺悟建設是專門學術的事」，他要他

89　胡適致傅斯年，1934年12月20日，《胡適全集》，24.217-218。

90　胡適，〈從農村救濟談到無為的政治〉，《胡適全集》，21.625-626。

們「做一點與民休息的仁政；等到民困稍蘇國力稍復的時候，等到專門人才調查研究有結果的時候，方才可以有為。」[91] 胡適勸導中國人要「兢兢業業的學民主政治，刻鵠不成也許還像隻鴨子；若妄想在一個沒有高等學術的國家造成現代式的獨裁政治，那就真要做到畫虎不成反類狗了。」[92] 不僅如此，那「簡直是教三歲孩子放火」。

胡適「順水推船」在幾日內連續寫的三篇文章是：12月3夜寫的〈中國無獨裁的必要與可能〉、12月7夜寫的〈汪蔣通電裡提起的自由〉，以及12月5到9日寫的〈一年來關於民治與獨裁的討論〉。胡適「趁火打劫」的高明所在，是除了徵引了這份通電以外，他還引了同一天蔣介石答覆日本《大阪每日新聞》記者的一句話：「中國與義大利、德意志、土耳其國情不同，故無獨裁之必要。」[93] 胡適正暗自得意著，哪曉得他的好友丁文江卻扮演了程咬金，半路上殺出來一篇12月18日在天津《大公報》所刊載的〈民主政治與獨裁政治〉，反駁胡適「趁火打劫」所作的文章。胡適在失望之餘，除了作一封長信答他以外，又附了一封短信：「你們這班教猱升木的學者們，將來總有一天要回想我的話。那時我也許早已被『少壯幹部』幹掉了，可是國家必定也已弄到不可收拾的地步。那時你們要懺悔自己誤國之罪，也來不及了！」[94]

胡適這句「教猱升木」的話不只是寫在他給丁文江所的信裡。他在丁文江〈民主政治與獨裁政治〉刊出的同一天，就立即寫了一篇〈答丁在君先生論民主與獨裁〉。他除了重申他的「專制政治難學」論以外，惱怒地批評丁文江以及所有支持獨裁論的人說：

> 今日提倡獨裁的危險，豈但是「教猱升木」而已。簡直是教三歲孩子放火。錢端升先生說：「我們更要防止殘民以逞的獨裁之發生。」丁在君先生也說：「大家要打倒的是改頭換面的舊式的專制。」我可以斷斷的預

---

91 胡適，〈建設與無為〉，《胡適全集》，22.66-67。

92 胡適，〈一年來關於民治與獨裁的討論〉，《胡適全集》，22.204-205。

93 胡適，〈中國無獨裁的必要與可能〉，《胡適全集》，22.192。

94 胡適，〈一九三四年的回憶〉，《胡適日記全集》，7.158。

言：中國今日若真走上獨裁的政治，所得的決不會是新式的獨裁，而一定是那殘民以逞的舊式專制。[95]

胡適有所不知。他自己可以閉上眼睛不去看中國的實際，丁大哥可是一個冷眼看世界的人。他在1935年1月20日發表在天津《大公報》的〈再論民治與獨裁〉一文裡就老實不客氣地指出：

> 胡適之先生忘記了今日中國政治的實際了。「猱」也罷，「三歲孩子」也罷，木已經升了，火已經放了，我們教不教是毫無關係的。我們的責任是使這種火少燒間有用的建築，多燒幾間腐朽的廟堂。尤其是如何利用這把火，使得要吞噬我們的毒蛇猛獸，一時不能近前！

換句話說，不管稱呼當時中國的「東施諸葛亮」為「猱」、或者「三歲孩子」，他們都已經是事實的存在。不但如此，那些「猱」，老早就已經「生木」了；那些「三歲孩子」，也老早就已經放火了。只有胡適還兀自在那裡把食指豎在鼻唇之上，「噓」叫大家不要讓那些「猱」知道有「木」可升，不要讓那些「三歲孩子」知道有火可放。丁文江棒喝胡適：舊式的專制不是未來式，不是提倡專制的人會去呼喚出來的。舊式的專制就活生生地擺在胡適的眼前：

> 胡適之先生說：「中國今日若真走上獨裁的政治，所得的決不會是新式的獨裁，而一定是那殘民以逞的舊式專制。」這話也錯了。中國今日的政治原來是「舊式專制」。胡適之先生難道忘記了他自己〈汪蔣通電裡提起的自由〉那篇文章嗎？他所列舉的事實，哪一件不是可以證明「舊式專制」的存在？[96]

丁文江這一棒打得正著，胡適想還手都不可能。他在〈汪蔣通電裡提起的

95　胡適，〈答丁在君先生論民主與獨裁〉，《胡適全集》，22.235。
96　丁文江，〈再論民治與獨裁〉，《獨立評論》，第137號，1935年1月27日，頁21。

自由〉一文裡向蔣介石所懇求的自由，就在在地說明了蔣介石政權是一個已經存在的舊式專制。胡適指出這個通電裡提出了一條很重要的原則：「人民及社會團體間，依法享有言論結社之自由。但使不以武力及暴動為背景，則政府必當予以保障而不加以防制。」胡適於是提出了五個原則，請求蔣介石考慮：

　　第一、政府應該命令全國，凡「不以武力及暴動為背景」的結社與言論，均當予以保障。原電文用「不以武力及暴動為背景」一語，比憲法草案裡用的「依法」和「非依法律」一類字樣清楚多了。但「背景」二字也頗含混，也需要一種更明確的解釋。試舉個極端的例：假如十來個青年學生組織一個社會主義研究會，或者組織一個青年團來試行他們「各盡所能，各取所需」的理想生活。這都應該可以享受法律的保障的，都不應該讓熱心過度的警察偵探曲解為「以幾千里外某地的紅軍為背景」！最好是索性不用「背景」一類容易誤解的字樣，而用「方法」或「手段」來替代，那就更合理了。

　　第二、政府應該明令中央與各省的司法機關從速組織委員會來清理全國的政治犯，結束一切證據不充分的案件，釋放一切因思想或言論犯罪的拘囚；並且應該明令一切黨政軍機關不得因思想言論逮捕拘禁人民……今日許多因思想言論（可憐呵！小孩子的思想、小孩子的言論！）而受逮捕拘禁的青年人，實在太多了。當局的人實在不明白腳鐐手銬和牢獄生活決不是改善青年思想的工具。青年人嫌政治不好，你卻拿腳鐐手銬等來證明政治實在不好。青年人嫌法律不好，你卻拿軍法審判糊塗證據等等來證明法律的確不好。青年人愛充好漢，你卻真叫他們做好漢！我們參觀過北平好幾處的監獄和反省院，不能不感覺今日有徹底大清理全國政治犯的迫切需要。這件事不可以再緩了。

　　第三、政府應該即日禁止公安與司法機關以外的一切機關隨意逮捕拘押人民。以我們所見所聞，我們簡直數不清中國今日究竟有多少機關可以行使搜查、逮捕、拘押、審訊的權力！汪蔣兩先生通電發出的前後幾天，北平一處就發生了無制服、無公文的人員到北京大學東齋搜查，並在路上拘捕學生的事，和清華大學文學院長在辦公室裡被無公文的人員拿出手槍來

逮捕，并用手銬押送到保定行營的事。這種辦法也許可以多捉幾個人，可是同時也是努力替政府結怨於人民，使人民怨恨政府、怨恨黨部。

第四、政府應該明令取消一切鉗制報紙言論與新聞的機關。報紙與雜誌既須正式登記立案，取得了出版發行的權利了，政府至少應該相信他們自己能負責任。他們的新聞有錯誤，政府可以命令他們更正；言論有失當，政府與黨部可以駁正。今日種種檢查審查的制度實在是瑣碎而不必要的。至於因為一條、兩條新聞或一篇、兩篇社評的不合某人的脾胃，而就執行停止郵寄，或拘捕記者，或封禁報館——這種事件，實在是把一個現代政府自己降低到和舊日張宗昌一輩人的政府做同輩。即使真能做到人人敢怒而不敢言的快意境界，快意則快意矣，於國家人民的福利、於政府的聲望，究竟有一絲一毫的裨補嗎？今日政府領袖既揭起言論自由的新旗幟來了，我們盼望第一件實行的就是一切言論統制的取消。

第五、領袖諸公應該早日停止一切「統制文化」的迷夢。汪蔣兩先生已宣言不願「限制國民思想之發展」了。但今日有一些人還在高唱「統制文化」的口號。可憐今日的中國有多少文化可以統制？又有多少專家配做「統制文化」的事？在這個文化落後的國家，應該努力鼓勵一切聰明才智之士，依他們的天才和學力創造種種方面的文化，千萬不要把有限的精力誤用到消極的制裁壓抑上去……我們此時還不曾夢見現代文化是個什麼樣子。拚命的多方面的發展，還怕趕不出什麼文化來。若再容許一些無知妄人去挑剔壓抑，文化就許真不上咱們門上來了！[97]

相對於胡適的軟弱，或者更確切地說，相對於胡適的一面倒向蔣介石，丁文江有他作為真正的獨立的知識分子的立場。早在1932年7月31日第11號的《獨立評論》所發表的〈中國政治的出路〉一文裡，丁文江就絕不和稀泥，他直言國民黨是一個一黨專政的政黨：

國民黨是以一黨專政為號召的。我們不是國民黨的黨員，當然不能贊成

---

97 胡適，〈汪蔣通電裡提起的自由〉，《胡適全集》，22.220-223。

它「專政」。但是我們是主張「有政府」的人。在外患危急的時候，我們沒有替代它的方法和能力，當然不願意推翻它。我們對於國民黨最低的要求是在它執政之下，它應該做到這幾個條件，使政治的和平改革有逐漸實現的可能。

丁文江的兩難：反對專政，但也反對革命。這個兩難是當時許多知識分子都面對的。胡適亦然。丁文江與胡適的不同，在於胡適選擇一面倒向蔣介石，然後再從其內部由上而下作改革。丁文江則選擇用和平的方法與國民黨奮鬥：「在今日的中國，武力革命是極不容易走得通的一條狹路。所以我們只好用和平的手段，長期的奮鬥，來改革中國的政治。」

在丁文江與國民黨的長期、和平的奮鬥的過程中，他對國民黨毫不妥協地提出了三項最低限度的要求：

第一、我們要求國民政府絕對的尊重人民的言論思想自由。這是和平改革政治最重要的條件。這一層要做不到，縱然我們不贊成革命，革命是萬萬不能免的。要免除革命，第一是要使異黨的人有對於人民宣傳他們信仰的機會，使他們有用和平手段取得政權的可能，使得人民覺得革命不是必要的犧牲。我們的要求是絕對的、是普遍的。例如，我們以為在不擾亂地方秩序，或是違犯其他刑法規定範圍以內，共產黨應該享受同等的自由。

第二、我們要求國民政府停止用國庫支出來供給國民黨省縣市各黨部的費用。不然，則各黨的待遇地位完全不能平等、競爭的機會不能一律，革命也不能避免。

第三、我們要求國民政府明白規定政權轉移的程序。這可以說包括實行憲政，設立民意機關種種提案在內。我個人不是絕對迷信民治主義的，但濫用權力是人類普遍的根性。無論是獨裁的首領，或是少數的階級。包攬政權而不受任何的裁制監督，其結果一定把他們自己的利害，當做全國的利害，惹起政治上的暴動。中國現在是否有真正民意機關實現的可能？所謂「民」是包括全國人民幾分之幾？目前是否有實行憲政的方法？我不否認都有討論的餘地。但是最低的限度，是國民黨對於黨內黨外一定要先有

明白的規定。握政權的人憑甚麼上台？經何種手續可以叫他下台？然後可以免除用武力奪取政權的慣例。

丁文江所說的「奮鬥」，除了對國民黨奮鬥以外，還反求諸己。換句話說，知識分子必須要組織起來和國民黨奮鬥。在反求諸己方面，丁文江也提出了三項的要求：

> 第一組織小團體，公開的討論我們根本的信仰和政治的主張。中國今日社會的崩潰，完全由於大家喪失了舊的信仰，而沒有新的信仰來替代的緣故……我們若是相信共產主義，用什麼方法，使我們以最小的犧牲，得最大的結果？我們若不相信共產主義，用什麼主張替代它，來謀最多數人最大的幸福？……
>
> 第二、救濟青年……不錯，許多青年進了共產黨，許多青年在學校裡鬧風潮。但是平心而論，假如我今年是二十歲，我也要做共產黨，也要鬧風潮。因為鬧風潮而不能讀書，固然是很不好的。然而若不是當局怕學生鬧風潮，恐怕護兵馬弁都要當校長，舅爺「勇爺」都要當教員了！……救濟的具體方法是要督促政府不欠教育經費，慎選校長，實行考試用人制度，多設獎學年金……
>
> 第三、要研究具體問題，擬議建設新國家的方案。這幾年來，國民政府天天講建設，而成績幾等於零。推究起來，原因固然是很複雜，至少研究不科學，方案不切實，也是一個原因……我們要反其道而行之：先搜集事實，後提出計畫……
>
> 有了堅決的信仰，得了青年的同情，造成了具體的方案，然後聯絡各種信仰相同的小團體，來成功政治上的大組織……[98]

我們比較丁文江和胡適的論述，就可以看得出來兩者之間的高下。丁文江主張知識分子必須組織起來與國民黨作長期的奮鬥。與此同時，他也對國民黨

98　丁文江，〈中國政治的出路〉，《獨立評論》，第11號，1932年7月31日，頁4-6。

提出具體的最低限度的要求。他要求保障言論自由；他要求國民黨停止用國庫支應其各級黨部；他要求國民黨訂出和平轉移政權的程序。相對地，由於胡適以「王者師」自期，而以「諍臣」期許他從政的朋友，他的立場曖昧。他反對專制、獨裁。但是，他的反對只能在國民黨既定的框架裡來進行。因此，丁文江敢於堅持說言論自由是絕對的、普世的；胡適則只能溫吞地建議蔣介石把「不以武力及暴動為『背景』」之下的結社與言論的自由，換成「不以武力及暴動為『方法』或『手段』」之下的結社與言論的自由。同樣地，丁文江敢於要求國民黨訂出和平轉移政權的程序；胡適則只能建議蔣介石改善政治犯的待遇、尊重司法的程序，以及取消新聞檢查的非法機制。

由於胡適已經不再獨立，由於他「王者師」的立場必須為蔣介石緩頰甚至隱諱，胡適在民主與獨裁的論戰裡自然必須避開中國的實際。這是因為一談到中國的實際，他就無法避開蔣介石政權獨裁的性質。在那種情況之下，他就會只有三種選擇：第一、就是像那些專制論者一樣，為蔣介石的獨裁作理論上的鋪陳；第二、就是像丁文江一樣，在揭露蔣介石政權的「舊式獨裁」的性質的同時，指出中國的出路是「現代專制」；第三、不取丁文江的結論，但跟他一樣，揭露蔣介石政權的「舊式獨裁」的性質。接著，向他挑戰，要求他保障自由、停止一黨專政、並訂定和平移轉政權的程序。這第三種作法，就是胡適在1929年《新月》時代單挑國民黨上海地方黨部的作法。唯一不同的是，他當時所單挑的是難纏的「小鬼」，而不是那相對好惹的「閻王」。

胡適在「民主與獨裁」的論戰裡只談理論不談實際，或者說，只談歐美的實際而不觸及中國的實際的作法，當然是滑頭，當然是避重就輕。把中國的實際隱諱不談，專用歐美的實際為例，他一樣可以侃侃而談他「民主政治是幼稚園的政治」的理論。然而，如果我們像丁文江、蔣廷黻、或者歷來研究胡適的人，把「民主政治是幼稚園的政治」當成是一句笑話、叱之為不通，我們就完全誤解了胡適。胡適這個「民主政治是幼稚園的政治」的理論，是他從1920年代初期開始就開始用心思索的想法。它只是胡適一個政治哲學的上聯。它的下聯用胡適在「民主與獨裁」論戰裡用詞不當的話來說，是：「獨裁政治是研究院的政治。」精確的用詞應該是：「專家政治是研究院的政治。」這上下兩聯合在一起才構成胡適完整的政治哲學。胡適一直要到他在美國出任大使的時

候，才完整地演繹出他這一個政治哲學。要釐清胡適這個完整的政治哲學，就必須先分析他的「民主政治是幼稚園的政治」的理論。然後，再把它放在他整個政治哲學形成的脈絡下來理解。

胡適把他的「民主政治是幼稚園的政治」、「獨裁政治是研究院的政治」概念發揮得最淋漓盡致的，是在〈中國無獨裁的必要與可能〉裡的兩段引文：

> 民主政治是幼稚園的政治，而現代式的獨裁可以說是研究院的政治。這個見解在這一年中似乎不曾引起國內政治學者的注意，這大概是因為這個見解實在太不合政治學書裡的普通見解了。其實我這個說法，雖然駭人聽聞，卻是平心觀察事實得來的結論。試看英國的民主政治，向來是常識的政治，英國人也自誇「混混過」（muddle through）的政治；直到最近幾十年中，一班先知先覺才提倡專門技術知識在政治上的重要；費賓會（the Fabian Society）的運動最可以代表這個新的覺悟。大戰後期和最近經濟恐慌時期，國家權力特別伸張時，專家的政治才有大規模試行的可能。試看美國的民主政治，哪一方面不是很幼稚的政治？直到最近一年半之中，才有所謂「智囊團」的政治出現於美國，這正是因為平時的民主政治並不需要特殊的專家技術，而到了近年的非常大危機，國會授權給大總統，讓他試行新式的獨裁，這時候大家才感覺到「智囊團」的需要了。英美都是民主政治的發祥地，而專家的政治（「智囊團」的政治）卻直到最近期才發生，這正可證明民主政治是幼稚的，而需要最高等的專門技術的現代獨裁乃真是最高等的研究科政治。
>
> 所以我說，我們這樣一個知識太低，經驗又太幼稚的民族，在這最近的將來，怕沒有試行新式獨裁政治的資格。新式的獨裁政治並不是單靠一個領袖的聖明的──雖然領袖占一個絕重要的地位──乃是要靠那無數專門技術人才的。我們從前聽丁文江先生說（《獨立》第 114 號）蘇俄的地質探礦聯合局有三千個地質學家，在野外工作的有二千隊，我們都不免嚇一大跳。現在陳西瀅先生在上期《獨立》裡說，蘇俄自從實行五年計畫以來，據官方的統計，需用一百五十萬專家……這種駭人的統計是今日高談新式獨裁政制的人萬不可忽視的。民主政治只要有選舉資格的選人能好好

的使用他們的公權：這種訓練是不難的（我在美國觀察過兩次大選舉，許多次地方選舉，看見許多知識程度很低的公民都能運用他們的選舉權）。新式獨裁政治不但需要一個很大的「智囊團」做總腦筋，還需要整百萬的專家做耳目手足：這種需要是不容易供給的。[99]

「民主政治是幼稚園的政治，而現代式的獨裁可以說是研究院的政治。」這一句話如果不加解釋，很容易造成誤解，讓人以為他的意思是民主政治是人類邁向獨裁政治進程的初階。張奚若發表在1937年6月20日第239號《獨立評論》上的〈民主政治當真是幼稚政制嗎？〉就是一個典型的代表：

> 胡先生似乎以為民主憲政可以由低度開始，便認為它是一種幼稚的政治制度。這在邏輯上發生問題。因為若是在低度時可以稱之為幼稚園的政治制度。那麼，等它到了高度時，豈不又是要稱它為大學的政治制度嗎？何以同一制度竟有兩種性質相反的名稱？若謂低度時的幼稚園可以概括高度時的大學。那麼，高度時的大學又何嘗不可以概括低度時的幼稚園？照哲學上的「歸宿論」（Teleology）講，後一說似乎還比較的合理點。胡先生說：「我們不妨從幼稚園做起，逐漸升學上去！」（《獨立》第236期）我要問：升學後所升入之「學」是高度的民治呢？還是專制與獨裁呢？若是高度的民治，那時是否還算幼稚園？若是專制或獨裁，難道在胡先生的心目中民治的用處竟是如此？竟是替專制與獨裁作預備工作？[100]

這當然不是胡適的意思。然而，這是胡適自己用詞不當、分析不夠周延所造成的後果。更糟糕是，這還不是胡適唯一造成讀者誤解的地方。他在〈一年來關於民治與獨裁的討論〉一文裡也說：

> 可是近十年中起來的現代獨裁政治（如俄、如義、如美國現時）就大不

---

99 胡適，〈中國無獨裁的必要與可能〉，《胡適全集》，22.196-198。
100 張奚若，〈民主政治當真是幼稚政制嗎？〉，《獨立評論》，第239號，1937年6月20日，頁4。

同了。這種政治的特色不僅僅在於政權的集中與弘大，而在於充分集中專家與人才，把政府造成一個完全技術的機關，把政治變成一種最複雜紛繁的專門技術事業，用計日程功的方法來經營國家人民的福利。這種政治是人類歷史上的新鮮局面；他不但需要一個高等的「智囊團」來作神經中樞，還需要整百萬的專門人才來作手足耳目。[101]

胡適之所以會把蘇俄、義大利、與美國都一起放在「現代獨裁政治」類別裡，乍看之下令人錯愕，實際上是符合他的政治哲學的。我們注意他在提到美國的時候加了一個限定詞，即，「美國現時」。他所意指的是當時開始推行「新政」（New Deal）的美國。當時讀書不仔細的人，後來不知道美國歷史的人，就很容易不知道胡適的深意。當時的胡適會把推行「新政」的美國與共產的蘇俄以及法西斯的義大利相提並論，是有他的歷史與立論背景的。

這十年來研究胡適的許多人，有了一個新的但卻錯誤的理解，以為胡適在1926年歐遊經過蘇俄的時候，向左轉，作了一場謳歌新俄的黃粱夢。我在《日正當中》裡已經詳細分析了這個錯誤。為了此處分析的方便，我要再摘述一下。胡適之所以在1926年的時候為蘇聯的實驗而動容，根本就不是羅志田所以為的，蘇聯是「曲線」在走美國的民主路。當胡適說：「蘇俄走的正是美國的路」，他這條美國路其實就是「叫電氣給他趕車，乙太給他送信」的機械文明的路[102]。胡適對蘇聯實驗的觀感表達得最淋漓盡致的，是他1926年10月5日從倫敦給徐志摩那封「寫得我手瘁眼倦」的長長的回信。他說：蘇俄的政治家「在這幾年的經驗裡，已經知道生產（production and productivity）的問題是一個組織的問題。資本主義的組織發達到了很高的程度，所以有極偉大的生產力。社會主義的組織沒有完備，所以趕不上資本主義的國家的生產力。」蘇聯雖然現在還沒趕上，雖然「我們也許笑他癡心妄想；但這又是一個事實的問題，我們不能單靠我們的成見就武斷社會主義制度之下不能有偉大的生產力。」[103]

101　胡適，〈一年來關於民治與獨裁的討論〉，《胡適全集》，22.204。

102　胡適，〈《科學與人生觀》序〉，《胡適全集》，2.214。

103　胡適，〈歐遊道中寄書〉，《胡適全集》，3.56。

　　胡適一直注意、也同情蘇俄的發展。他在1934年12月11日的日記摘記了他在該年9月8日的英國《經濟學人》（*The Economist*）分析蘇俄的第一個五年計畫的文章。胡適說這篇文章「頗不滿意於第一個五年計畫的結果。」他說：

　　在成功的方面，可稱道者有：一、工業生產大增，尤其是在冶金、造機器、化學製品、及其他於戰時有關的工業；二、免除失業；三、教育大進步：普及教育成為強迫的，中級及高級學校學生增多。

　　在失敗方面有：一、生活程度更降低；二、官方承認1928年因農民反對集團農業，損失全國牲畜一半；三、對付「敵人」的恐怖政策的增加；四、強迫作工的人數……的增加……

　　此外，如：一、物價不減而大增；二、生產費不減而大增；三、工價表面上雖大增，而實際上因生活費大增而工資大減；四、盧布之跌，實是工業化的犧牲品。The workers' standard of living as regards food, housing, and clothing, was closer to that of the unemployed of Western Europe and America than to that of the employed.〔工人在食品、居住、衣物方面的生活水準，更接近西歐、美國的失業人口，而不是其就業人口的水準。〕

　　胡適在摘述了《經濟學人》這篇分析蘇俄第一個五年計畫的得失以後，話鋒一轉：「但此文中也說」，接著就摘錄了該文稱讚蘇俄的一段原文。茲翻譯如下：

　　與此同時，我們必須承認，蘇俄沒有貧富懸殊的現象，來對這種極度貧瘠的情況火上添油。由於幾乎每一個人都有工作，所以沒有那種因為失業而帶來的絕望的心理。有一部分人民，特別是革命青年，覺得雖然有所失，但是他們所得的補償，是那種能夠參與締造一個新的國家的驕傲──那種有更多教育與晉升的機會的感覺。[104]

---

[104]《胡適日記全集》，7.151-152。

　　相對於建設現代國家、提高生產力這些目的來說，政治制度、意識形態只不過是方法而已，就像胡適在他寫給徐志摩的信裡所說的：「方法多著咧！」針對著徐志摩的詰問：「難道就沒有比較平和，比較犧牲小些的路徑不成？」胡適回答得很清楚：「認真說來，我是主張『那比較平和比較犧牲小些』的方法的。我以為簡單說來，近世的歷史指出兩個不同的方法：一是蘇俄今日的方法，由無產階級專政，不容有產階級的存在。一是避免『階級鬥爭』的方法，採用三百年來『社會化』（socializing）的傾向，逐漸擴充享受自由享受幸福的社會。這方法，我想叫他做『新自由主義』（New Liberalism）或『自由的社會主義』（Liberal Socialism）。」[105]

　　這種自由主義「社會化」，或者說「自由主義」與「社會主義」匯流的想法，用胡適1926年所寫的〈我們對於西洋近代文明的態度〉裡的話來表達，就是：

　　十九世紀以來，個人主義的趨勢的流弊漸漸暴白於世了，資本主義之下的苦痛也漸漸明瞭了。遠識的人知道自由競爭的經濟制度不能達到真正「自由、平等、博愛」的目的。向資本家手裡要求公道的待遇，等於「與虎謀皮」。救濟的方法只有兩條大路：一是國家利用其權力，實行裁制資本家，保障被壓迫的階級；一是被壓迫的階級團結起來，直接抵抗資本階級的壓迫與掠奪。於是各種社會主義的理論與運動不斷地發生。

　　西洋近代文明本建築在個人求幸福的基礎之上，所以向來承認「財產」為神聖的人權之一。但十九世紀中葉以後，這個觀念根本動搖了；有的人竟說「財產是賊贓」，有的人竟說「財產是掠奪」。現在私有財產制雖然還存在，然而國家可以徵收極重的所得稅和遺產稅，財產久已不許完全私有了。勞動是向來受賤視的，但資本集中的制度使勞工有大組織的可能，社會主義的宣傳與階級的自覺又使勞工覺悟團結的必要，於是幾十年之中有組織的勞動階級遂成了社會上最有勢力的分子。

　　十年以來，工黨領袖可以執掌世界強國的政權。同盟總罷工可以屈服最

105　胡適，〈歐遊道中寄書〉，《胡適全集》，3.57。

有勢力的政府，俄國的勞農階級竟做了全國的專政階級。這個社會主義的大運動現在還正在進行的時期。但他的成績已很可觀了。各國的「社會立法」（social legislation）的發達、工廠的視察、工廠衛生的改良、兒童工作與婦女工作的救濟、紅利分配制度的推行、縮短工作時間的實行、工人的保險、合作制之推行、最低工資（minimum wage）的運動、失業的救濟、級進制的（progressive）所得稅與遺產稅的實行……這都是這個大運動已經做到的成績。這也不僅僅是紙上的文章，這也都已成了近代文明的重要部分。[106]

這種自由主義「社會化」、「自由主義」與「社會主義」匯流的想法，胡適在將近九年以後的「民主與獨裁」的論戰裡仍然堅持著。他在〈一年來關於民治與獨裁的討論〉一文裡，針對錢端升「歐戰的結局實為民主政治最後一次的凱旋」的說法提出反駁。胡適說恰恰相反：「歐戰的終局實在是民主政治進入一個偉大的新發展的開始。」這個「新發展的開始」可以分從質與量方面來看。從「量」方面來看，胡適說：「民主政治差不多征服了全歐洲：從俄、德、奧、土四個最根深柢固的帝制的顛覆，直到最近西班牙的革命和南斯拉夫專制王亞歷山大的被刺，都是這一個大趨勢的實例。」更重要的是「質」的發展：

在質的方面，這個新發展的最可注意之點，在於無產階級的政治權力的驟增，與民主政治的社會化的大傾向。前者表現實例，有蘇俄的無產階級專政，有英國勞工黨的兩度執政權。這都是大戰前很少人敢於想像的事。後者的實例更多了。在十九世紀下半以來，各國早已感覺十八世紀的極端個人主義的民治主義是不夠用的了；一切「社會的立法」，都是民主政治社會化的表現。在大戰時，國家權力驟增，民族生存的需要，使多數個人不能不犧牲向來視為神聖的自由權利。大戰之後，這個趨勢繼續發展，就使許多民治國家呈現社會主義化的現象。至於蘇俄的以純粹社會主義立國更不用說了。凡能放大眼光觀察世變的人，都可以明白十八、九世紀的民

106　胡適，〈我們對於西洋近代文明的態度〉，《胡適全集》，3.10-11。

主革命，和十九世紀中葉以後的社會主義運動，並不是兩個相反的潮流，乃是一個大運動的兩個相連貫又相補充的階段；乃是那個民治運動的兩個連續的大階段。所以我們可以說，歐戰以來十幾年中，民主政治不但不曾衰頹崩潰，竟是在量的方面有了長足的進展；在質的方面也走上了一條更偉大的新發展的路。[107]

然而，即使當時的胡適相信在歐美世界裡，自由主義已經「社會化」、「自由主義」已經與「社會主義」匯流，他並不是毫無取捨的。胡適是一個天荒地老鍾情於美國的人，他永遠就不會選擇蘇俄或法西斯的方法。早在他1926年9月18日在巴黎的日記裡，他就說：

> 晚上與孟真論政治。他說希望中國能有一個有能力的dictator who will impose some order and civilization on us〔能強迫我們接受秩序與文明的獨裁者〕。我說，此與唐明宗每夜焚香告天，願天早生聖人以安中國，有何區別？況Dictator如Mussolini〔墨索里尼〕之流，勢不能不靠流氓與暴民作事，亦止非吾輩所能堪。德國可學，美國可學，他們的基礎皆靠知識與學問。此途雖迂緩，然實唯一之大路也。[108]

「德國可學」這句話，就凸顯出胡適不懂德國，不知道當時希特勒已經出道。然而，重點在他所說的「美國可學」，因為這才是胡適真正要說的話。他在〈答丁在君先生論民主與獨裁〉一文裡，對比了英美式的「民主政治」與蘇俄、義大利式的「現代的獨裁政治」。對於英美式的「民主政治」，他說：

> 民主政治的好處正在他能使那大多數「看體育新聞，讀偵探小說」的人每「逢時逢節」，都得到選舉場裡想想一兩分鐘的國家大事。平常人的政治興趣不過爾爾。平常人的政治能力也不過爾爾。然而從歷史上來看，這

---

107 胡適，〈一年來關於民治與獨裁的討論〉，《胡適全集》，22.207-208。
108 《胡適日記全集》，4.446-447。

班阿斗用他們「看體育新聞，讀偵探小說」的餘閒來參加政治，也不見得怎樣太糊塗。即如英國，那些包辦「騙人的利器」的人們，當真能欺騙民眾於永久？豈真能長期把持政權了嗎？倫敦的報紙，除了《每日前鋒》（Herald）外，可以說全是保守黨的。在幾年之前，《前鋒》報（工黨報）的銷路小極了。直到最近幾年中，他們才採取「讀者保險」計畫，才能與其他通行的大報競爭。然而英國在這幾十年中，保守黨是否永執政權？工黨何以也能兩度大勝利？自由黨的得政權以及後來的瓦解——更奇怪了！——卻正和他們的黨費的盈絀成反比例！美國的全國財政當然是操在共和黨的手裡。然而我留學以來，不過二十四年，已看見民主黨三度執政了。可見這班看棒球新聞、讀偵探小說、看便宜電影、聽Jazz〔爵士〕音樂的阿斗，也不是永久可欺騙的啊！所以，林肯說的最公允：「你可以欺騙民眾於一時，而不能欺騙他們於永久。」英美的民主政治雖然使韋爾斯、羅素諸人不滿意，卻正可證明我的意見是不錯的。英美國家知道絕大多數的阿斗是不配干預政治，也不愛干預政治的。所以充分容許他們去看棒球、看賽馬、看Cricket〔板球〕、看電影。只要他們「逢時逢節」來畫個諾，投個票，做個臨時諸葛亮，就行了。這正是幼稚園的政治，這種「政治經驗」是不難學的。

相對的，

現代的獨裁政治可就大不同了。獨裁政治的要點在於長期專政，在於不讓那絕大多數阿斗來畫諾投票。然而在二十世紀裡，那是不容易辦到的，因為阿斗會鼓譟造反的。所以現代的專制魔王想出一個好法子來。叫一小部分的阿斗來掛一個專政的招牌，他們卻在那招牌之下來獨裁。俄國的二百萬共產黨，義大利的四百萬法西斯黨，即是那長期專政的工具。這樣的政治與民主政治大不同之點，在於過度利用那班專政阿斗的「權力慾」，在於用種種「騙人的利器」，哄得那班平日「看體育新聞，讀偵探小說」的阿斗人人自以為是專政的主人。不但「逢時逢節」去做畫諾投票的事，並且天天以「幹部」自居，天天血脈奮張的擁護獨裁，壓迫異己，誅夷反動。

　　光是從用字遣詞，就可以看得出來在胡適的眼中，「民主政治」與「現代的獨裁政治」孰高孰低。胡適還怕人沒看懂，又進一步地演申：

　　民治國家的阿斗不用天天干政，然而逢時逢節他們干政的時候，可以畫「諾」，也可以畫「No」。獨裁政治之下的阿斗，天天自以為專政，然而他們只能畫「諾」而不能畫「No」。所以民主國家的阿斗易學，而獨裁國家的阿斗難為。民主國家有失政時，還有挽救的法子。法子也很簡單，只消「諾」字改做「No」字就行了。獨裁國家的阿斗無權可以說一個「No」字，所以丁在君先生也只能焚香告天，盼望那個獨裁的首領要全知全德，「要完全以國家的利害為利害，要徹底瞭解現代化國家的性質，要能夠利用全國的專門人才」。萬一不如此，就糟糕了。109

　　民治國家的阿斗不但在選舉的時候可以畫「諾」，也可以畫「No」，而且，他們的制度在根本上也跟蘇俄或義大利的制度不同。就以計畫經濟來說，胡適在，〈一年來關於民治與獨裁的討論〉一文裡，就認為英美的計畫經濟與蘇俄的計畫經濟根本就是全然不同的：

　　英美民治國家在近年也有走上計畫的經濟的傾向，但這幾年的事實都能使我們明白英美的計畫經濟（除戰時非常狀態外），大概不會走上義、俄的方式；也不是錢〔端升〕先生所推測的「智識階級及資產階級（即舊日的統治階級）的聯合獨裁」；而成者是一種智識階級、資產階級、勞動階級三方面合作的社會化的民主政治。英國近三年的「國民政府」與美國一年多的羅斯福「復興政策」都不是撇開勞工的；在英國的工黨當然已是統治勢力的一部分了；就在美國，復興政策的精神正在用政府的力量使勞工勢力抬頭。勞工的力量是政府制裁資本家的重要工具的一種。美國的政治，向來受18世紀的分權論的影響過大，行政部門太受牽制。所以去年國會驟然將大權授與總統，就使世界震驚。以為美國也行獨裁制了。但這

_____

109　胡適，〈答丁在君先生論民主與獨裁〉，《胡適全集》，22.233-234。

種大權，國會可以隨時收回；國會不收回時，每兩年人民可以改換國會，每四年人民可以改換總統。羅斯福的背後絕沒有棒喝團或衝鋒隊可以維持他的政權不倒的。所以這種政治不能算是獨裁的政治，只是一種因社會化的需要而行政權力高度增加的新式民主政治而已。[110]

胡適對美國社會的瞭解當然有可議之處，比如說，他把智識階級列成一個階級，而美國並沒有這麼一個階級。同時，他說美國「正在用政府的力量使勞工勢力抬頭。勞工的力量是政府制裁資本家的重要工具的一種。」這更是匪夷所思的理解。美國政府從來就沒有用勞工的力量來制裁資本家。美國的勞工一直要到1935年7月5日——也就是胡適寫「美國政府用勞工的力量來制裁資本家」這篇文章半年以後；羅斯福的「新政」開始兩年以後——才在《全國勞工關係法案》（*National labor Relations Act*）通過以後，取得合法罷工的權利。到《全國勞工關係法案》通過以前，美國政府一直是用法律甚至軍警的力量幫助資本家鎮壓勞工的罷工的。

不管胡適對美國社會的瞭解有多偏頗，重點是他所愛的美國是他的典範；重點是他說：美國沒有棒喝團、衝鋒隊。美國的阿斗可以用畫「諾」、或畫「No」的方式，每兩年改選國會議員，每四年改選總統；重點是他說：美國的「政治不能算是獨裁的政治，只是一種因社會化的需要而行政權力高度增加的新式民主政治而已。」用我在本節會用的名詞來說，美國的政治是「專家的政治」。

在這裡我要改正高懷舉在〈胡適「民治幼稚觀」內在重心的轉移〉一文裡的錯誤[111]。高懷舉所謂的胡適民治幼稚觀「內在重心的轉移」有兩個重點。第一、胡適受到陳之邁的影響，於是不再從「古典式」全民參與的觀點，而改從「菁英式」的代議民主來重新詮釋他的「民主政治是幼稚園的政治」的理論。第二、胡適因為受到張佛泉的影響，而從論戰初期的全民普選轉到「主張從受

110　胡適，〈一年來關於民治與獨裁的討論〉，《胡適全集》，22.209-210。

111　以下徵引高懷舉的文章，是根據：高懷舉，〈胡適「民治幼稚觀」內在重心的轉移〉，http://www.aisixiang.com/data/22185.html，2016年9月17日上網。

過小學教育一年以上的公民開始，隨教育的普及逐漸做到政權的普及。」

事實上，胡適的「民治幼稚觀」從來就沒有發生過「內在重心的轉移」。與其說胡適受到陳之邁與張佛泉的影響，不如說胡適只不過是用他們兩個人的論點來支持他自己的觀點而已。高懷舉的錯誤在於他先就沒有瞭解胡適的論點。然後，看到了胡適徵引陳之邁與張佛泉的觀點，就以為胡適是受了他們兩人的啟發，而造成了他民治幼稚觀的「內在重心的轉移」。首先，有關普選或全民政治。高懷舉說：「無論是胡適還是獨裁派，都有一個未曾言明的預設：民主必須是民眾廣泛參與的，甚至必須是全民政治。也正是因此，胡適才把民主政治與專家治國對立起來。這裡反映出的深層理論分歧，實際是古典民主與菁英民主的對立。」

胡適從來就沒有「民眾廣泛參與」的預設。他在〈一年來關於民治與獨裁的討論〉裡說得很清楚。他說他的「民主政治是幼稚園的政治」的理論，「這一點似乎最不能引起學者的注意。這大概是因為學政治的人都受了教科書的蒙蔽，誤信**議會式的民主政治**需要很高等的公民知識程度，而專制與獨裁只需要少數人的操縱。」[112]「議會式的民主政治」這句詞語就在在地顯示胡適談的不是普選，也不是全民政治。

不但如此，胡適在〈答丁在君先生論民主與獨裁〉一文裡，更斬釘截鐵地強調他從來就沒有說過民主政治需要普選。他在該文裡有一段放在括弧裡用來強調的話：

> 請注意：我不曾說過：「民主政治是要根據於普選。」我明明說過：「民主政治的好處在於……可以逐漸推廣政權，有伸縮的餘地。」英國的民權，從古以來，只是跟著時代逐漸推廣，普選是昨日的事。所以說普選「然後算是民主政治」，是不合歷史、也不合邏輯的。[113]

其次，胡適根本就不需要張佛泉的啟發，才理解到他應該「把受教育程度

---

112 胡適，〈一年來關於民治與獨裁的討論〉，《胡適全集》，22.203-204。
113 胡適，〈答丁在君先生論民主與獨裁〉，《胡適全集》，22.233。

作為能否參加政治的標準。」菁英主義的胡適一向就是以「受教育程度作為能否參加政治的標準」的。高懷舉說胡適「在1934年並未對憲法初稿中由人民直接選舉縣長的規定提出異議。相反，他還認為縣長候選人必須經中央考試的規定不合理，主張更進一步由各縣人民自己推選候選人。但到了1937年，他卻懷疑民選縣長的規定脫離實際，建議如不能實行，不如乾脆刪去。」高懷舉於是下結論說：胡適「民治幼稚觀」這種內在重心的轉移，表面上看起來是退步了。但實際上是「既堅持了民主理念，又體現了方法上的循序漸進。恰恰是著眼於現實、有利於民主制的操作運行。」

這又是高懷舉閱讀的錯誤。1934年胡適寫〈論《憲法初稿》〉的時候，他所反對的，並不是因為「縣長候選人必須經中央考試的規定不合理」。他所指出的是那部《憲法初稿》設計不夠周延，因此矛盾重重。他說《憲法初稿》規定縣長民選，又規定縣長候選人必須經中央考試及格。胡適舉個例子，萬一他的故鄉績溪縣沒有一個中央考試及格的候選人，中央是否要指定一個外縣的候選人來讓績溪縣人來選作他們的縣長？這是一個設計上的缺陷。胡適贊成中央考試，因為認為科舉作為考銓的制度是不應該推翻的。高懷舉所沒有看到的是，胡適在那篇文章裡，實際上是反對全國民選縣長。正由於選民的程度太低，胡適主張由中央指派、訓練出縣長：

　　如果我們此時需要的是一個鞏固的中央政權，我們就不應該拘泥某種歷史文件〔注：孫中山的《建國大綱》〕，造出種種機關來捆住他的手腳……如果我們此時實無堅強的信心可以信任一縣的人民能推出幾個縣長候選人來。那麼，我們就更不應該拘泥某種歷史文件，驟然一跳就做到全國的民選縣長。我們就應該認清國內的現狀與需要，先從改善省政府下手，加緊訓練縣長人才。114

胡適一向就主張「隨教育的普及逐漸做到政權的普及。」他不需要張佛泉的啟發。胡適一再苦口婆心地說「民主政治的好處在於……可以逐漸推廣政

114　胡適，〈論《憲法初稿》〉，《胡適全集》，22.77, 80。

權，有伸縮的餘地。」1930年10月11日，胡適在中原大戰尾聲時在北平與北方聯盟的羅文幹討論約法問題的時候，胡適提出他對議會的組織與選舉法的主張。在這個主張裡，他就已經提出了「限制的選舉權」的概念：「我主張有一個議會，原則有四：1，一院；2，人數少；3，各省以人口比例選舉（最少者每省一人，多者不過五人）；4，限制的選舉權。」[115]

再舉胡適1935年11月12夜給蔣介石的信裡所獻的一個「憲政五年或十年計畫」為例。胡適在這個「憲政五年或十年計畫」裡，建議蔣介石分三期逐次作到政權的普及。第一期：設立一個臨時參議院或參政院，充分容納黨外分子；第二期：國民大會召集以後的四年。採用推選加一倍或兩倍的人為候選人。**因為是試行憲政時期，選舉資格宜從嚴**；第三期：**此時期中，選民資格逐漸放寬。同時似宜有民選的國會每年定期集會**[116]。試看我用黑體字表示出來的句子。那不就正是「隨教育的普及逐漸做到政權的普及」的理念嗎？

「專家政治是研究院的政治」

歷來研究胡適的人之所以誤解「民主政治是幼稚園的政治」的真義，就是因為他們不知道這句話只表達了胡適政治哲學的一半。我在上節的分析裡，已經指出它只是胡適一個政治理論的上聯。它的下聯用胡適在「民主與獨裁」論戰裡用詞不當的話來說，是：「獨裁政治是研究院的政治。」精確的用詞應該是：「專家政治是研究院的政治。」這上下兩聯合在一起才構成胡適完整的政治哲學。

為什麼歷來研究胡適的人只看到胡適的上聯，而看不到下聯呢？這有兩個理由：第一、要理解「民主政治是幼稚園的政治」只是胡適政治哲學的上聯，就必須把它放在胡適從1920年代初期所形成的「好政府主義」的脈絡下來理解；第二、要理解「專家政治是研究院的政治」這個下聯，除了必須先瞭解胡適這個「好政府主義」的脈絡以外，還必須去看胡適用英文發表的文章，特別

115　《胡適日記全集》，6.316。

116　胡適致蔣介石，1935年11月12夜，「國史館：蔣中正總統文物」，002-020200-0023-020。

是他 1939 年在紐約為杜威八秩壽辰祝壽的論文，以及他 1940 年參加賓州大學創校兩百週年慶典所提的論文。

先談「好政府主義」。我在《日正當中》裡已經分析了胡適的「好政府主義」。我說「好政府主義」是瞭解胡適一生政治思想的鎖鑰。由於它的肇始、醞釀、與蛻變的軌跡斑斑俱在，「好政府主義」也因此變成了「杜威先生教我怎樣思想」一個最理想的個案分析。更有意味的是，由於這個理念經過了二十年的醞釀與淬鍊，胡適從好政府主義演進到專家政治的理念的歷程，也就同時為我們提供了一個絕佳的個案，來分析胡適如何從啃讀、推敲、解析杜威，演進到篩選、挪用，甚至糾正杜威。

胡適的「好政府主義」的起源其實可以追溯到他留學的時期。他在 1916 年 7 月 20 日的日記裡說:「吾國幾十年來的政府，全無主意，全無方針，全無政策，大似船在海洋中，無有羅盤，不知方向，但能隨風漂泊。這種漂泊（drift），最是大患。一人犯之，終身無成；一國犯之，終歸滅亡⋯⋯欲免漂泊，須定方針。吾嘗以英文語人云:"A bad decision is better than no decision at all." 此話不知可有人說過；譯言:『打個壞主意，勝於沒主意。』」[117] 同樣地，胡適所揭櫫的樂利主義「最大多數的最大的幸福」的原則，也是他在留學時期就已經接受的了。1915 年 6 月，第一屆「國際政策討論會」（Conference on International Relations）在康乃爾大學召開，胡適發表的論文題目是:〈強權就是公理嗎？國際關係與倫理〉（Does Might Make Right? International Relations and Ethics）。胡適在這篇論文裡提出樂利主義的原則，來作為衡量法律、政治、外交政策的基準。換句話說，一個政策、法律、制度是好是壞，端賴其是有助於還是有礙於「最大多數的最大的幸福」[118]。

與「好政府主義」更具有傳承關係的，是胡適 1916 年 6 月參加「美國國際調解會」（American Association for International Conciliation）徵文比賽的得獎論文:〈國際關係有取代武力之道否？〉（Is There a Substitute for Force in

---

117 《胡適日記全集》，2.368。

118 Suh Hu, "Does Might Make Right? International Relations and Ethics," *Proceedings of the Conference on International Relations*（Boston, World Peace Foundation, 1916）, p. 350.

International Relations?〉）。胡適這篇得獎論文的來龍去脈，我在《璞玉成璧》裡已經詳細分析過了。簡短地摘述來說，胡適這篇得獎論文的立論是來自於杜威在1916年發表的兩篇文章：〈力量、暴力與法律〉（Force, Violence and Law）；以及〈力量與制裁〉（Force and Coercion）。這兩篇杜威的論文，胡適在1940年3月2日給杜威的信，稱之為他的「舊愛」。杜威這兩篇文章的主旨在說明力量「所意味的，不外乎是讓我們達成目的的諸條件的總和。任何政治或法律的理論，如果因為力量是殘暴的、不道德的，就拒絕去處理它，就會落入了感情用事、冥想的窠臼。」他說，由於天下沒有一件事情可以不用力量來完成。因此，我們沒有理由去反對任何在政治、國際、法律、經濟上借助力量來達成目的政策或行動。杜威說衡量這些政策或行動的標準，「在於這些工具在達成目的的效率及其所用的力量的多寡。」

　　把「經濟」與「效率」的觀念運用到政治和國際的事務上，那「好政府」、甚至是胡適在1930年所的「專家政治」的雛形也就呼之欲出了。胡適在〈國際關係有取代武力之道否?〉的結論，就是最雄辯的例證：

　　　傳統的政治手腕（statesmanship）——那種應時、循事而隨波逐流的政治手腕——從來就沒有像今天一樣，對這個世界帶來那麼大的破壞與苦痛。人類可以用智慧與機智來策畫、管制國際關係的可能性，也從來就沒有像今天一樣的大。我們要繼續允許我們的政客得過且過（muddle through），讓自己被「事態的自然發展」（the march of events）拽著走，然後一邊安慰自己說：「到了我們的下一代，就會是太平盛世了」嗎?[119]

　　胡適第一次公開演講他的「好政府主義」，或者說，「專家政治」，是1921年8月5日，地點在安徽的安慶。這篇演講非常重要，因為胡適「專家政治」理念的雛形已經在此形成了。所以，雖然我已經在《日正當中》裡徵引過，在此處還是必須再徵引一次。胡適在當天的日記裡摘述了他演講的內容：

119　胡適，"Is There a Substitute for Force in International Relations?"，《胡適全集》，35.203。

一、好政府主義是一種有政府主義，是反對無政府主義的；

二、好政府主義的基本觀念是一種政治的工具主義（political instrumentalism）：1，「人類是造工具的動物」（柏格森）。政治的組織是人類發明的最大工具；2，這種工具是一種有組織、有公共目的的權力。法律制度都是這種權力的表現。權力若無組織，若無共同的目標，必至於衝突，必至於互相打消。政治與法律的權力，因有組織，因有公共目標，故可指引各方面的能力向一個共同的趨向走去，既可免衝突，又可增進效率；3，這種工具，若用得當，可發生絕大的效果，可以促進社會全體的進步；

三、「工具主義的政治觀」的引申意義：1，從此可得一個評判政府的標準：政府是社會用來謀最大多數的最大福利的工具，故凡能盡此職務的是好政府，不能盡此職務的是壞政府；2，從此可得一個民治（人民參政）的原理。工具是須時時修理的。政府是用人做成的工具，更須時時監督修理。凡憲法、公法、議會等等都是根據這個原理的；3，從此可得一個革命的原理：工具不良，修好他。修不好時，另換一件。政府不良，監督他，修正他；他不受監督，不受修正時，換掉他。一部分的不良，去了這部分；全部不良，拆開了，打倒了，重新改造一個；一切暗殺、反抗、革命，都根據於此；

四、好政府實行的條件：1，要有一個簡單明白、人人都懂的公共目標：好政府；2，要一班「好人」都結合起來，為這個目標做積極的奮鬥。好人不出頭，壞人背了世界走！3，要人人都覺悟，政治不良，什麼事都不能做。[120]

胡適1921年的這篇「好政府主義」演講，承先啟後。它傳承了胡適1916年得獎的〈國際關係有取代武力之道否？〉，也開啟了他此後二十年間對「專家政治」理念的繼續演申。比如說，我在《日正當中》裡，就描述了他在兩個月以後，也就是10月22日，又在北京的中國大學演講了一次「好政府主

---

120 《胡適日記全集》，3.259-262。

義」。次年5月，他跟蔡元培等人在《努力週報》上聯名發表〈我們的政治主張〉的時候，他把這個有計畫的「好政府主義」又作了更進一步的引申。

胡適這個「好政府主義」，其實就是有計畫的專家政治的主義。從這個理念出發，我們就可以很容易地理解為什麼胡適在1926年歐遊經過蘇俄的時候，會對蘇俄的計畫經濟心悅誠服的原因了。這是因為蘇俄的計畫經濟體現的，就是專家的政治。胡適不喜歡共產主義，更厭惡階級鬥爭的主張，可是這並不妨礙他禮讚蘇俄在經濟上所展現的計畫的一面。同樣地，胡適到了英國以後，他振奮地讀到國民黨北伐軍勢如破竹勝利的消息。他為國民黨向蘇俄顧問所學來的組織、紀律、與理想而擊節。在英國、美國的時候，他成為國民黨的義務宣傳員。他回到中國以後會轉過來批判國民黨，其原因也是因為他所看到的國民黨沒有組織、計畫、理想，而是「一班沒有現代知識訓練的人統治一個幾乎完全沒有現代設備的國家。」[121]

胡適對國民黨從支持、失望、批判，乃至於妥協這一個大起大落的過程，是我在第三部分析的重點。胡適在對國民黨妥協以後，特別是在他一面倒向蔣介石以後，就不再奢望國民黨能在組織、計畫、與理想方面有什麼作為了。也就正由於胡適理解建設是一件嚴肅、需要專門的學術為基礎的事業，也就正由於他體認到當時的中國根本就不配談建設，因此他提出他的「無為的政治哲學」。只是，不但當時代的人不能理解他的苦心，就是後來研究他的思想的人也不能體會他的用心。

然而，這並不表示胡適已經放棄了他的「專家的政治」的理想。在沉默了幾年以後，胡適終於在他出任中國駐美大使的期間，得到了宣揚「專家的政治」的理念的機會。只是，等他在1939、1940年宣揚這個理念的時候，他的對象並不是中國，而是美國。因此，「民主政治是幼稚園的政治」這個上聯是為中國作的；而「專家的政治是研究院的政治」這個下聯則是對美國作的。更有意味的是，胡適的專家政治的理念在那個時候已經又更上了一層樓，成為專家政治的禮讚。換句話說，胡適搖一變，成為一個傳教士，向美國人傳專家政治的「福音」。

---

121 胡適，〈我們要我們的自由〉，《胡適全集》，21.382。

　　胡適第一次向美國人傳專家政治的「福音」，是在1939年10月22日。當天，胡適到紐約去參加杜威的學生和朋友為他舉行的八秩壽辰祝壽學術討論會。由於胡適在中國文化思想界鉅子的地位，當時又貴為中國駐美的大使，是杜威卓有所成的弟子。因此，杜威祝壽學術討論會的籌備委員會原本是安排請胡適擔任大會的主題演講，有三十分鐘的時間。在胡適謙辭以後，他們才改請胡適作十五分鐘的報告，說任何有關杜威哲學方法的題目都可以[122]。胡適在會上宣讀了〈工具主義的政治概念〉（Instrumentalism as A Political Concept）的論文。只是，胡適當天的日記相當不尋常。他只簡短、但又以相當負面的語氣說：「到所謂 Conference on Methods of Philosophy〔哲學方法研討會〕……氣味不大佳……我讀了我的短文，略參加討論，就走了。」[123]

　　胡適在日記裡所沒有記載的是，他當天的報告被杜威的大弟子胡克（Sidney Hook, 1902-1989）抨擊。有趣的是，就像赫胥黎因為一生護衛達爾文而有「達爾文的護法神」（Darwin's Bulldog）之稱[124]，胡克也有「杜威的護法神」的稱號。杜威當天不在場，到大女兒家避壽去了。幸運的是，當時跟胡適挑情、後來成為杜威第二任夫人的羅慰慈（Roberta Lowitz, 1904-1970），當天在場。她把這件爭議事件寫信告訴了杜威，可惜這封信今天已經不存。還好杜威回羅慰慈的信保存著。杜威在回信裡說他並不知道胡克當天攻擊胡適這一件事，他輕描淡寫地說：胡適「把他的論文寄給我了，我寫了一封信謝謝他。他的批評並沒有什麼須要反駁的地方。」[125]我們今天之所以能知道當天胡克攻擊了胡適，完全是拜杜威回覆羅慰慈這封信的內容之所賜。

　　胡克在事後一定跟杜威談到他當天為什麼會抨擊胡適的理由。可惜，由於他們兩個人都住在紐約。他們一定是見面的時候談，而不是透過信件的來往。由於當事人沒有留下任何資料，無怪乎美國研究杜威的學者完全不清楚究竟當

122　Sidney Ratner to Hu Shih, June 6, 1939，「胡適外文檔案」，E323-6; Hu Shih to Sidney Ratner, June 9, 1939，《胡適全集》，40.418-419。

123　《胡適日記全集》，7.718。

124　「護法神」是胡適用的翻譯，直譯是「達爾文的鬥牛犬」。胡適的翻譯，信達雅都作到了。

125　John Dewey to Roberta Lowitz Grant, 1939.11.02（06910）. *The Correspondence of John Dewey, 1871-1952*（I-IV）（Electronic Edition）, 1919-1939.

天的爭議之點何在。雖然杜威八秩壽辰論文集在1940年以《老百姓的哲學家》
（*The Philosopher of the Common Man*）為名出版，但大家都知道胡適的論文是
改寫過後的成品，已經不是祝壽討論會當天的原貌。因此，雖然艾爾椎吉
（Michael Eldridge）在他為《杜威來往書信，1919-1939》（*The Correspondence
of John Dewey, 1919-1939*）第二集所寫的〈導論〉裡提到了這件爭議，但由於
他並不知道癥結何在，只能說這反映了一個事實：對杜威學說的中心應如何解
釋，連杜威嫡系的弟子都見仁見智，看法不同[126]。

　　很幸運地，我在「胡適外文檔案」裡找到了胡適在杜威八秩壽辰祝壽學術
討論會上所宣讀的〈工具主義的政治概念〉這篇論文——有草寫塗改、但不全
的手稿，也有最後改訂了的打字稿[127]。手稿裡有說得太大膽、太過頭，被胡適
自己刪掉的字句。在此處，我將以打字稿為主來摘述，兼夾以他最後沒有採用
的手稿的字句。

　　胡適這篇論文一共分成三節。第一節最短，是導論，簡短地分析了杜威實
驗主義的傾向。第二節分析杜威的哲學傾向，以及他為什麼沒有發展出一個真
正工具主義的政治哲學。第三節最長，演申的是胡適的「專家政治」的理念。
這個理念，就是胡適挪用了杜威的工具主義，表面上是以工具主義為名，而實
際上是以樂利主義為實。他要拿來臻於最大多數人的最大幸福的實行之法就是
「專家政治」。這篇文章的雛形其實就是胡適從1920年代初期就開始談論的
「好政府主義」。

　　胡適這篇論文有兩個目的，第一、在於幫忙杜威建構出一個工具主義的政
治哲學。第二、在於向美國人傳「專家政治」的「福音」。胡適認為實驗主義
既然主張思想是解決問題、達成目的的工具，它就應該也有一個以解決政治問
題為己任的政治哲學。杜威為什麼一直沒有建構出一個以他邏輯的工具主義為
基礎的工具主義的政治哲學？胡適認為有兩方面的理由：一方面是他的性情
（temperamental）使然，另一方面則是出於他的哲學信念。在性情上，胡適形

126 Michael Eldridge, "Introduction," *The Correspondence of John Dewey, Volume 2: 1919-1939*。在
　　此特向Eldridge教授致謝他寄給我使用的電子版。

127 胡適，"Instrumentalism As A Political Concept,"「胡適外文檔案」，E17-56; E17-56。

容杜威是一個不信任「國家」與「政府」的人。他說杜威視自由與個人的發展是不可妥協的。如果用積極的政府的力量去為大眾謀幸福，會導致稍稍限制個人的自由的話，則是杜威所絕不能接受的。

　　杜威在為1939年新版的《當代名人哲理》（*Living Philosophies*）一書所寫的〈我的信念〉（I Believe）一文裡說：鑑於1930年代獨裁、極權國家的興起，再加上民主政治的衰微，他必須堅持，只有在個人與個人之間自動自發的行為與合作的基礎之上，才可能產生能夠保障自由、從而確保個人的發展與個性的社會制度。杜威強調這個堅持所反映的不過是「著重點的改變」（change in emphasis）。然而，胡適不以為然。他認為杜威根本就是揚棄了他社會主義的立場，而回歸到他在寫《哲學的改造》（*Reconstruction in Philosophy*）時候所主張的「個人在自動自發所組成的社團裡的自動自發的行為。」他認為杜威是一個政治造反派（political rebel），是一個個人主義的自由主義者（individualistic liberal），所以他不信任「國家」和「政府」。在手稿裡，胡適說得更大膽、放肆。他在手稿裡畫掉了的句子裡，甚至說儘管杜威理解「社會立法」的重要性，他所受到的放任主義的自由主義（laissez-faire liberalism）影響的程度，是遠超過他願意承認的。

　　胡適說，由於杜威在性情上、在哲學信念上不信任「國家」，無怪乎杜威一直沒能發展出一個真正工具主義的國家理論。更糟的是，杜威更加倒退了。《哲學的改造》，胡適認為是杜威「最接近到」要發展出一個工具主義的國家理論的一本書。然而胡適說他很失望。因為在那本書裡，杜威眼中的國家不外乎是「促進並保障其他自動自發結合而成的團體的工具而已。」不但如此，杜威更進一步地說，當這些民眾自動自發組成的團體在數目上以及重要性上日益增加以後，國家所扮演的角色會越來越只是一個管制者（regulator）與調節者（adjuster）。它訂定界限、防止以及仲裁糾紛，如此而已。胡適說杜威在《哲學的改造》裡把國家比擬為一個交響樂團的指揮。他自己不演奏，他所扮演的角色，是統御整個樂團的演奏。

　　胡適認為杜威的比喻未免小看了國家所扮演的角色。胡適說，國家可能是人類用聰明才智所創造出來的一個最偉大的發明。國家所扮演的角色，絕對不

只是一個交響樂團的指揮。國家所能扮演的積極的工具性，是遠非個人的能力所能企及的。如果連杜威在寫《哲學的改造》時候，亦即，在他最具工具主義傾向的時候，他都已經對國家的力量保持敬而遠之的態度，則在寫〈我的信念〉時候的杜威，就根本把國家給捆手捆腳給綁起來了。這是因為杜威在這篇文章裡對所有政策訂下了這麼一個評判的標準：「這個政策是否能夠增進個人自由自發的選擇與行為？」胡適批判杜威強調個人、削弱國家的角色，其結果是剝奪了國家所應有的工具性。

諷刺的是，胡適要用來把杜威從這種哲學牛角尖的窘境裡拯救出來的方法，居然是他在「問題與主義」的論戰裡所反對的。胡適說，如果實驗主義教我們「去看最後之事、其果實、其後果、其事實」，那是因為它把思想當成工具，因為沒有工具「就不可能獲得明確的果實或後果。」胡適相信，為了要使思想具有工具性，就必須引進杜威所一向鄙視的「籠統概括的哲學」（philosophy of the general）。胡適說，如果我們能夠把實驗主義那種過分斤斤計較「最後之事」的執著，稍稍分一點到真正具有工具性的籠統概括思想的價值，我們就可以建構出一種政治理論，把國家或政府視為人類為了達成某些具體的目標而發明的工具。

於是，胡適在這篇論文的第三節就開宗明義的說出他的主旨：以工具主義的邏輯作為基礎，適當地引用籠統概括哲學建設性、工具性的價值，來建構出一種政治理論，把「國家」與「政府」視為是人類發明出來藉以實現積極的目的的一個工具。胡適接著引申：

作為「製造工具的動物」的人類，發明了各種工具，包括思想與制度。所有的制度都是為了處理事務、達成明確目的的工具。法官、國王、法律、國家等等，都是人類為了執行私人與個人所無法有效處理的事務所發明的工具。

接著，胡適就抄出了美國憲法的〈序文〉：「我們美國人，為了建立一個更完善的國家、實現公平正義、保障國內的安寧、備辦國防、促進公共福利、確保我們以及後代子孫的自由，茲制定這本美國憲法。」他說這篇〈序文〉最

生動地顯示國家是人類用來實現明確的目的而發明的工具的事實。

　　當然，胡適承認並不是所有世界上的國家都是如此用心、有意締造出來的。然而，胡適在此處所關心的本來就不是世界上所有的國家，當然也不是中國。他這篇論文的對象是美國人。胡適說：「現代國家恐怕是人類用智力所創造出來的最偉大的發明。它是役使所有工具的工具之王；它是所有機器裡最大的機器。它絕對不只是交響樂團裡『自己不演奏音樂』的指揮。國家所扮演的工具性的角色，是私人所無法企及的。」

　　胡適不但批判杜威把國家比擬為一個交響樂團指揮的說法。他而且也批判杜威所立下的評判政策的標準：「這個政策是否能夠增進個人自由自發的選擇與行為？」胡適不接受杜威的評判的標準。他用的是他1921年在安慶第一次講「好政府主義」時候評判政府的標準：「政府是社會用來謀最大多數的最大福利的工具，故凡能盡此職務的是好政府，不能盡此職務的是壞政府。」胡適說：

　　這種工具主義的國家概念，可以作為最好的評判標準，來評判所有政治措施與政治思想。它強調結果，但並不一定指定要什麼樣的結果。結果一定是要根據時代的需要的。國家在開始的時候，可能只是一個防馬賊的「團練」（Viglilante Committee）。它可能接著發展成為一個抵抗外來侵略的部落。它可以用來「實現公平正義」、「確保自由」。它也可以積極地為謀最大多數人的最大的幸福。

胡適不只批判這些細節，他更批判杜威不信任「國家」、「政府」的態度：

　　這種工具主義的觀點不但可以幫助我們瞭解國家機構在歷史上的演進，它而且可以幫忙我們認識當今的政治思潮。國家在今天所能作到的日益複雜、積極的成果，就在在地證明了現代科學技術的偉大──征服了地理的限制、大大地擴展了政府建設的範圍及其效力。政治學上那種消極的、個人主義的放任思想，反映的是舊時代那種不適任、沒有能力、干擾了私人企業的政府。這也就是說，那時代的「國家」是一種太危險、太不可靠的工具。然而，如果我們今天還用那個已經過去了的、或至少已經快要過去

的時代的恐懼與不信任作為理由，來拒絕用政府的積極力量去為社會上沒有能力的個人和團體謀福利，那我們就犯了絕大的「時代錯誤」的謬誤。

胡適承認「政府」這個工具當然是一個巨獸，如果用之不當，可以反被其所噬。然而，胡適說我們並不會因為汽車和飛機可能失事，就因噎廢食地不坐汽車、不搭飛機。在胡適後來決定不用的手稿裡，他則是把矛頭指向杜威：

　　獨裁、極權國家在世界上某些地方興起的事實，並不足以作為理由，來懷疑在少數民主的國家裡，正在用積極的政府的力量來幫助弱勢的個人獲得較多的安全、較好的生活水準，以及享有較多的文明的果實。

這篇文章的結論，就是胡適向美國人傳「專家政治」的「福音」：

　　盎格魯‧撒克遜自由主義對這個世界政治思想最大的貢獻，就在於其一直注重用民主的方式來控制國家機器。歷史上，沒有任何其他一個民族成功地制定出馴服了「國家」這個「巨獸」（Leviathan）的制度。盎格魯‧撒克遜民族在政治上的演化，和盎格魯‧撒克遜民族的政治思想，這兩者的結合，已經制定出許多民主控制的機制。這些機制所提供的有效的保護措施──不只是制衡的機制，更重要的是民主教育體制的發展，以及對自己的自由的熱愛與對他人的自由的尊重──讓被治者得以控制政府的權力。
　　在這些早已建立起民主傳統的國家裡，時機已經成熟了。它們應該發展出一個更加積極的政治哲學。要正確地理解國家是一個工具，要適切地重視如何理智地去導引、實驗、評估它的運作。「國家」是一個讓我們運用、實驗、駕馭控制、愛護疼惜（love and cherish）──而不是懼而遠之──的工具。
　　我相信我這種政治思想是符合杜威在「再生的自由主義」（renascent liberalism）的主張的：「自由主義現在必須要變得激進，亦即，意識到我們必須要徹底地去改變制度以及相關的行為，以便帶動變革。」在這種鬥志高昂的自由主義之下，工具主義的國家觀就正是適得其所！

我們不難推測胡克為什麼會在會上抨擊胡適。他一定覺得胡適對「國家」的謳歌，胡適所謂的工具主義的國家論是違反杜威的觀點的。胡適所謂的「法官、國王、法律、國家等等，都是人類為了執行私人與個人所無法有效處理的事務所發明的工具」更是匪夷所思的謬論。

讀者一定記得胡適有幾次用五代的後唐明宗的故事，來嘲笑那些冀望能有一個開明專制的獨裁者來拯救中國的人。比如說，他在1926年9月18日在巴黎的日記裡，記傅斯年說他真「希望中國能有一個有能力，能立竿見影地建立出秩序與文明的獨裁者。」胡適回答他說：「此與唐明宗每夜焚香告天，願天早生聖人以安中國，有何區別？」其實，胡適自己不也是五十步笑百步！他對盎格魯・撒克遜民族傳教說：「『國家』是一個讓我們運用、實驗、駕馭控制、愛護疼惜──而不是害怕──的工具。」站在明眼的盎格魯・撒克遜民族的立場，胡適不就像是那每夜焚香告天的後唐明宗嗎？

更嚴重的，胡克一定認為胡適對杜威實驗主義誤解與濫用的程度已經形同異端。胡適所建議的，是以工具主義的邏輯作為基礎，引用籠統概括的哲學，來建構出一種工具主義的「國家」與「政府」政治理論。胡適一輩子就是沒有進入杜威實驗主義的堂奧，因為他一直誤解實驗主義所謂的「效果」的真義。杜威一再諄諄善誘，但胡適就是聽者藐藐。比如說，我在《日正當中》裡提到了杜威那篇讓胡適終於對實驗主義開竅的〈哲學亟需復蘇〉（The Need for A Recovery of Philosophy）一文。我說杜威說得很清楚，實驗主義所說的「效果」不是「籠統」的效果，而是「具體」的效果。杜威說：

> 誤解的一個來源可能是因為詹姆士說，一個籠統的觀念必須能在具體的情況下「兌現」〔它的效果〕。這個「兌現」的觀念，完全沒有提到那具體效果的廣度或深度。作為一個經驗的學說，它無法籠統談論。具體的事例必須作為例證。如果某一個觀點因為吃牛排而得到證實，另外一個則經由銀行賬戶的盈餘而得以證實，那跟理論一點關係都沒有，而是因為眼前的觀點的具體的性質，而且因為眼前存在著具體的飢餓以及交易的問題……我想在很長的一段時間裡，一定還會有很多人覺得不可思議，不瞭解為什麼一個哲學家需要用具體的經驗來決定實踐的深廣度，以及其所得

的結果。128

曾幾何時，胡適也是杜威所云「作為一個經驗的學說，它無法籠統談論」
的信徒。他在1930年所寫的〈介紹我自己的思想〉還徵引他自己在1919年寫
的〈新思潮的意義〉的一段話，對中國的讀者諄諄善誘地說：「再造文明的途
徑全靠研究一個個的具體問題。」

　　文明不是籠統造成的，是一點一滴的造成的；進化不是一晚上籠統進化
的，是一點一滴的進化的。現今的人愛談「解放」與「改造」。須知解放
不是籠統解放，改造也不是籠統改造。解放是這個、那個制度的解放；這
種、那種思想的解放；這個、那個人的解放：都是一點一滴的解放。改造
是這個、那個制度的改造；這種、那種思想的改造；這個、那個人的改
造：都是一點一滴的改造。
　　再造文明的下手工夫，是這個、那個問題的研究；再造文明的進行，是
這個、那個問題的解決。129

我在上文提到了主編《杜威來往書信，1919-1939》的艾爾椎吉。他一直
沒有機會看到胡適在杜威八秩壽辰學術討論會上發表的論文，但他仔細地閱讀
了胡適在《老百姓的哲學家》裡的改寫版。他所得的結論是：胡適對工具主義
的詮釋迥異於杜威。胡適冀望那種「無所不包」（expansive）、「無孔不入」
（interventionist）的「國家」。這種希冀的危險，是把工具主義化約成為專注於
方法或工具的理論，渾然忘卻了杜威一再地強調方法與目的是一個連續系列
（continuum）。在這個連續系列裡，目的既是目的，也是達成目的的方法。兩
者是不可分的130。

128　John Dewey, "The Need for A Recovery of Philosophy," MW10.44.

129　胡適，〈新思潮的意義〉，《胡適全集》，1.699-700。

130　Michael Eldridge, *Transforming Experience: John Dewey's Cultural Instrumentalism*（Nashville,
　　　Tenn.: Vanderbilt University Press, 1998）, pp. 65-66.

胡適在祝壽討論會結束以後，寄了一份他寫的論文給杜威。杜威給胡適的回信很客氣，但也很含蓄，只點到為止。他說：

> 謝謝你寄給我你在討論會上所發表的論文。你總是有辦法寫出「麻雀雖小，五臟俱全」（*multum in parvo*）的東西。
>
> 你說得很對，隨著時代的變遷，我的政治哲學的著重點也因應著不同時代重大的事件而改變。經濟恐慌、1920 年代資本主義的恣縱，使我比以前更傾向社會主義。這反映在我的《新舊個人主義》（*Individualism, Old and New*）以及《自由主義與社會舉措》（*Liberalism and Social Action*）。在我的著作裡，最持平、也最具「工具論」的，大概是《公眾及其問題》（*The Public and Its Problems*）。至少就其所涵蘊的意涵而言是如此，因為那本書引出了較多你在第七頁上端所提到的相對性的原則（principle of relativity）〔注：這似乎是杜威用來詮釋胡適的觀點所用的名詞。胡適在第七頁上端所討論的，是「個人主義的放任思想」的歷史背景〕。在你所指出的我最近這一次著重點的轉變，我又是受到這個相對性原則的影響。只可惜我自己沒有很意識到，因此讀者更不會意識到。

然而，杜威雖然含蓄，他所點到為止的地方，卻一針見血地點出了他與胡適不同的所在：

> 然而，這個轉變只是在著重點上。我想說清楚的是：我並沒有放棄我從前對政府舉措的功能的看法，而是要強調──我從前就有這個意思，但表達得不夠明確──以民主的方式來制定政府的政策的至要性。這是因為只有從「民治」入手，才能真正確保**「民享」**的政府。換句話說，民眾的自主自發及其相互的合作，是國家或政府能成為工具的先決條件。這也就是說，在「用民主來控制國家機器」這個問題上，我們之間的看法沒有太大的不同。在有了那種管制以後，我同意你的看法，這個機器可以是用來達成非常有價值、非常深遠的目的的工具。然而，就像你也指出的，這個工具從工具轉而成為目的，脫離民主控制的危險是極大的。我們眼前的情況

就是一個最明顯的例子——即使在有悠久民主傳統的國家裡亦然。[131]

　　杜威這封回信裡有兩句非常關鍵的話。第一句是：「只有從『民治』入手，才能真正確保『民享』的政府。」第二句更關鍵：「民眾的自主自發及其相互的合作，是國家或政府能成為工具的先決條件。」這兩句話，胡適都沒有聽進去。但這是後話。

　　杜威八秩壽辰紀念論文集的主編是兩個杜威的弟子瑞特納（Joseph Ratner）和凱侖（Horace Kallen）。雖然胡適在討論會上的報告引起了爭議，他們覺得這個論文集一定要有胡適的論文。為了胡適，他們還展延了五次截稿的日期。

　　胡適這篇論文修訂的過程相當曲折。杜威給胡適的回信裡說：「在我的作品裡，最持平、也最具『工具論』的，大概是《公眾及其問題》。」最尷尬的是，這本杜威自認為最具工具論的書，卻又正是胡適在寫〈工具主義的政治概念〉之前所沒看過的。胡適在接到杜威這封信之前，也就是在討論會開完過後一天，羅慰慈和瑞特納（Joseph Ratner）來他下榻的「大使飯店」（Ambassador Hotel）晚餐。當晚，他很可能聽到瑞特納提起了這本書。瑞特納過後還好心把這本書帶到「大使飯店」，讓櫃檯轉交給在10月30日又回到紐約開會的胡適[132]。

　　只是，祝壽論文集原先的截稿日期是1939年11月22日。大使重任在身，又風塵僕僕的他，哪有時間改寫他的論文？出版社不但催稿，而且還希望他把論文的長度增加到六、七千字，同時又嫌他的題目對一般讀者來說太過專門，甚至擅自作主，建議把胡適的題目改成了〈國家是一種發明也是工具〉（The State as Invention and as Tool）[133]。然而，大使之文不可以不要，於是他們把截稿的日期延到次年1月1日，然後又延到了1月15日。由於胡適還是交不了稿，

131　John Dewey to Hu Shih, 1939.10.27（06907）. *The Correspondence of John Dewey, 1871-1952*（I-IV）（Electronic Edition）, 1919-1939.

132　Hu Shih to Joseph Ratner, 1939.11.04（07930）. *The Correspondence of John Dewey, 1871-1952*（I-IV）（Electronic Edition）, 1919-1939.

133　Sidney Ratner to Hu Shih, December 5, 1939; January 24, 1940，「胡適外文檔案」，E323-6。

他們就把最後的截稿日期定在2月1日。

2月1日的截稿日期到了。當時論文集裡的其他論文都已經送到了印刷廠。胡適的論文還是沒有改寫好。心急如焚的凱侖問胡適說，鑑於他作為大使的忙碌，又鑑於他才剛剛心臟病康復，他是否願意讓他跟瑞特納就原稿略加潤飾出版 134？胡適回信說他已經讀了杜威的《公眾及其問題》，但他不能急就章而說出對杜威不公平（injustice）的批評。他說他想不出凱侖和瑞特納如何能替他改寫論文。為了不影響書出版的時間，他建議乾脆就不要等他了 135。

一直到這時候，凱侖才瞭解胡適交不出稿的真正原因。他寫信給胡適說：「我完全沒有想到你是要完全改寫你的論文。」胡適既然拒絕讓他和瑞特納幫他改寫，他請求胡適就用他在杜威壽辰討論會當天的稿子，不要再修改了。凱侖這封信裡特別有意義的地方，在於他提供了討論會當天胡克確實攻擊了胡適的佐證。他說：

> 我也希望你不要太在乎你的報告在討論會當天所引起的爭議。你有權詮釋杜威，就好像胡克以及任何其他人都有權詮釋杜威一樣。我們的工具主義的意思，就在於指出工具會在使用之下產生變化，其性質也會隨著使用的對象而產生變化。我個人就對你的詮釋有莫大的興趣，因為它就是這種態度的一個明證。我不認為杜威會認為你的詮釋對他不公平。以他一向的態度，他一定會認為那只不過是「經驗」所自然滋生的諸多形態中的一種而已。136

由於凱侖和瑞特納要定了胡適這篇文章，雖然他們告訴胡適說，鐵定的截稿日期是2月15日，等胡適又錯過了這個「鐵定」的截稿日期以後，他們只好咬了牙再等下去。胡適在2月下旬連開了幾天的夜車，終於在3月3日以〈工具主義的政治哲學〉為題交了稿。

134　Sidney Ratner to Hu Shih, January 24, 1940，「胡適外文檔案」，E323-6。

135　Hu Shih to Horace Kallen, February 6, 1940，《胡適全集》，40.554-555。

136　H. M. Kallen to Hu Shih, February 6, 1940，「胡適外文檔案」，E250-3。

我在上文提到了胡適在杜威八秩壽辰學術討論會過後的第二天跟羅慰慈和瑞特納在「大使飯店」晚餐。瑞特納在知道胡適把他的論文寄給杜威以後，他很想知道杜威的反應如何。等他收到胡適轉給他的信以後，他說他毫不驚訝杜威的回應很空泛。他說：「杜威總是可以在一篇文章裡找到一些有價值的東西。凡是對他的作品提出有見地的批評的，他總是會以溫煦的見地回應之。」[137]

其實，瑞特納說錯了。杜威給胡適的信雖然說得含蓄，但一點都不空泛。杜威所說的：「只有從『民治』入手，才能真正確保『民享』。」以及「民眾的自主自發及其相互的合作，是國家或政府能成為工具的先決條件。」這兩句話一針見血，短短幾個字就點出了他與胡適的分野。而杜威在這裡所點出的，也正是研究胡適自由主義的關鍵點。只有從這個關鍵點出發，我們才可能正確地瞭解胡適的「自由主義」，以及他的自由主義如何迥異於杜威的自由主義。

胡適在杜威八秩壽辰討論會上所報告的〈工具主義的政治概念〉，在他改寫以後，以〈工具主義的政治哲學〉為名，發表在《老百姓的哲學家》那本論文集裡。這個改寫版是名副其實的改寫版。原稿三節裡的第一、二節徹底重寫。只有第三節，亦即，向美國的盎格魯・撒克遜人傳「專家政治」的「福音」那一節，大致保留原狀。然而，即使如此，那幾句最讓杜威、胡克等人瞠目結舌的「異端」狂言，都銷聲匿跡了：「法官、國王、法律、國家等等，都是人類為了執行私人與個人所無法有效處理的事務所發明的工具」；「國家在開始的時候，可能只是一個防馬賊的『團練』。它可能接著發展成為一個抵抗外來侵略的部落。它可以用來『實現公平正義』、『確保自由』。它也可以積極地為謀最大多數人的最大的幸福」；以及「現代國家恐怕是人類用智力所創造出來的最偉大的發明。它是役使所有工具的工具之王；它是所有機器裡最大的機器。」

然而，胡適這個改寫版只是換湯不換藥。他不改他要向美國人傳「專家政治」的「福音」的初衷。換句話說，他根本就沒有聽進去杜威在回信中所告訴

137　Joseph Ratner to Hu Shih, 1939.11.12（07932）. *The Correspondence of John Dewey, 1871-1952*（I-IV）（Electronic Edition）, 1919-1939.

他的兩個關鍵要點；「只有從『民治』入手，才能真正確保『民享』。」以及
「民眾的自主自發及其相互的合作，是國家或政府能成為工具的先決條件。」

　　胡適深記了他被胡克抨擊的教訓。在改寫版裡，胡適就採用以守為攻的策
略，以杜威寫的文章作為護身符。這篇改寫了的〈工具主義的政治哲學〉的論
文有四節。第一節是一個提問：杜威是否有一個與他工具主義的邏輯理論合轍
的政治哲學[138]？他說杜威似乎在方法上，甚至可以說在性情上，排斥所有不是
「針對特定時空環境所建構或詮釋出來」的社會、政治哲學。胡適說杜威要大
家去研究具體的問題，而不是問蒲魯東、黑格爾說了什麼，因為這些學說有其
發生的時代背景，即使它們號稱能涵蓋各殊相、是普世皆準的通論，卻不能用
來作為釐清具體社會難題的測試工具。

　　這一段話其實就是胡適學成歸國以後，在〈問題與主義〉的論戰裡所寫的
諸文的主旨。有趣的是，一輩子教人們要「從這個、那個具體的問題下手」的
他，現在卻反過頭來訴說杜威這種只談問題、不談籠統理論的態度是讓他產生
失落感的緣由。他抱怨說：

　　　這麼樣一個在哲學、邏輯、教育、藝術、科學、以及宗教領域，把幾百
　　種重要的「概括性的概念（general concepts），作出了重要的精益求精」
　　的貢獻，因而讓我們這個世代獲益更多的偉大的哲學家，卻會對概括性的
　　社會政治哲學的概念有這麼強烈的疑懼與厭惡（profound distrust and
　　aversion）。這對翹首以待他的指導的人而言，一定是一件讓他們極其困惑
　　（puzzling）與焦心（disconcerting）的事情。

　　他認為杜威這種觀點，推到其邏輯極致，等於是徹底地否認了社會政治理
論作為討論一般社會政治問題的作用。其結果是：社會研究唯一需要去關切的
是方法。所有的理論都只是待證的假設；他引杜威的話：「哲學的改造所帶來

138　以下討論胡適〈工具主義的政治哲學〉的出處，請參閱 Hu Shih, "The Political Philosophy of
　　Instrumentalism," *The Philosophy of the Common Man: Essays in Honor of John Dewey to
　　Celebrate His Eightieth Birthday*（New York: G. P. Putnam's Sons, 1940）, pp. 205-219。

的真正的衝擊，不在於精益求精地去琢磨那些有關制度、個性、國家、自由、法律、秩序、進步等等概念的一般理論，而毋寧是在於如何去改造這些特定問題的方法。」

石破天驚的地方是，從前最喜歡用杜威這段話作為金針來度人，諄諄善誘中國人：「只是要教人一個不受人惑的方法。被孔丘、朱熹牽著鼻子走，固然不算高明；被馬克思、列寧、斯大林牽著鼻子走，也算不得好漢。」現在，胡適轉過頭來，認為這種以方法、具體問題為上的態度，造成了一個令人深感困惑和失望的現象，那就是，儘管杜威所論述的範圍極廣，遍及於哲學、邏輯、教育、藝術、科學、宗教等諸多領域，他卻從沒有著意於發展出一套政治哲學系統。

胡適這篇文章的第二節，就是他自己對他在第一節提問的回答。他認為從工具主義的政治哲學這個角度來看，杜威是不進還退，愈老愈退縮。他引了杜威的一段自訴心歷程話：「我從來沒有比現在更覺得需要強調：個人是群體生活的性質和運動最終的決定因素。我之所以會要作這樣的強調，是因為這些年來所發生的一些事件。隨著獨裁主義、極權國家的興起，以及民主的衰退，一種言論囂然塵上，說只有用國家、政治來統合社會，才能給予個人安全的保障。」胡適說，即使在這裡，杜威並不是真的只著眼在「這一群或那一群個人，這個或那個具體的個人，這個或那個制度或社會組織」，他認為杜威所著眼的，實際上還是通稱的個人、通稱的群體生活，以及通稱的個性。

如果這個說法能成立，則胡適認為杜威可以說是給了我們好幾個政治理論，只是這些理論個個都必須放在其特定的時空脈絡下來瞭解。他認為杜威在《哲學的改造》（*Reconstruction in Philosophy*）裡，提出了一個滿有意思的國家的概念，亦即，國家就像是「交響樂團裡的指揮，他自己不演奏，而是協調樂團裡的演奏者。」然而，在1927年出版的《公眾及其問題》裡，杜威放棄了這個交響樂團指揮的比喻，雖然他說「國家是公眾透過官員來保護其共同利益的組織」，但是，他卻又說：「國家的功能究竟應該加以限制或擴充，並沒有什麼先驗普世皆準的準則，是必須批判、實驗地去決定的。」胡適認為在這個假設之下，國家的定義太過「消極」（neutral）、「模糊」了。杜威還說：「國家所轄的領域何在？就在介乎緊鄰親密的社群，以及疏遠到幾乎不相往來的社群

之間。」胡適認為這麼「消極」（negative），「模糊」的定義，如何能作為建立現代國家的工具呢！

　　論文的第三節，就是胡適以杜威從前的文章為護身符，以守為攻的所在。他仔細地研讀了杜威說他「最具工具論」的《公眾及其問題》，可是覺得搔不到自己的癢處。他於是另闢蹊徑。他說，其實杜威早在1916年就已經提出了一個工具主義的政治哲學，只是後來卻把它束之高閣。證據是杜威在那年所發表的兩篇文章：〈力量、暴力、與法律〉（Force, Violence and Law）以及〈力量與制裁〉（Force and Coercion）。胡適認為杜威在這兩篇文章裡，提出了一個工具主義的力的理論。杜威說力的本身是中性的，凡事都需要運用力量，問題在於其運用。用來造橋、築路、論辯、寫書，是能量；用來殺人、破壞，是暴力；介於前兩者之間，排解仲裁糾紛，是制裁。胡適認為在這個力的三分法的基礎上，杜威已經是提出了一個工具主義的法律理論。這是因為杜威說：「法律是能量組織狀況的表現。能量沒有被組織起來，就會互相產生衝突，結果就是暴力。這也就是說，破壞或浪費。」杜威又說：「法律可以被視為是用經濟有效、浪費最少的方式來使用力量的方法。」這種法律觀，胡適說，就是一種工具主義的哲學。這種工具主義的力的哲學，這種用法律來訂定力的使用的觀念，這種用制裁的方法來把混亂、浪費之力轉化為社會所用的想法，可以用來分析各式各樣的政治問題：例如，罷工、個人的權利和自由、非攻、獄政、戰爭、維持和平同盟等等。

　　這篇文章的第四節，是胡適自認為全文的精華，是他向美國人傳「專家政治」的福音的所在。因此，他把原稿的主旨原封不動地搬到了這個改寫版。他說杜威這兩篇幾乎已經被人淡忘的文章，是杜威在建立工具主義政治哲學的基礎上，最大膽也最具創意的嘗試。他說國家是一個可以用來實現人類理想最有效率的工具，是人類這個製造工具的動物最偉大的發明，國家的效率，絕不是任何個人或團體所能望其項背的。胡適覺得杜威對政府濫權的憂心是多餘的。

　　胡適接下去所說的話，是從原稿裡原封不動地搬過來的。他說盎格魯‧撒克遜民族的自由主義對政治思想界最大的貢獻，就在於其強調要用民主的方式來管制國家機器。他認為英、美這些擁有民主自由傳統的國家，已經有了制衡的機制，人民也早已習於自由民主的權利和制度，人民監督政府不會是問題。

所以，他呼籲美國要放膽去接受「專家政治」：「在這些早已建立起民主傳統
的國家裡，時機已經成熟了。應該發展一個更加積極的政治哲學，要正確地理
解國家是一個工具，要適切地重視如何理智地去導引、實驗、評估它的運
作。」國家是一個讓我們運用、實驗、駕馭控制、愛護疼惜——而不是懼而遠
之——的工具。他說：「只有一個能睿智地意識到自己有工具主義的潛能，又
同時能接受民主管理的政府，才配成為這個新的人際關係時代的政治機構。」
最後，他援引杜威「再生的自由主義」（renascent liberalism）的主張：「自由
主義現在必須要變得激進，亦即，意識到我們必須要徹底地去改變制度以及相
關的行為，以便帶動變革。」胡適的按語是：在這種鬥志高昂的自由主義之
下，工具主義的國家觀就正是適得其所！

　　胡適是在1940年3月1日清晨四點半寫完這篇論文的。論文抄好，校對過
後，他另寄了一份給杜威。他在信上告訴給杜威，說他改寫所花的時間遠超過
他當初的想像。除了《公眾及其問題》以外，他還讀了許多杜威其他的文章。
為此，他還開了好幾天的夜車。最有意味的，是他在這封信裡對杜威說的一段
話：

　　　您會注意到第三、第四部分幾乎完全是根據您在1916年所寫的兩篇文
　　章：〈力量、暴力、與法律〉以及〈力量與制裁〉。您會反對我說這兩篇
　　文章比《公眾及其問題》更重要、更有工具主義性嗎？這兩篇文章在出版
　　的時候對我的影響極大。我那篇得獎的文章〈國際關係非武力不可嗎？〉
　　（Is There a Substitute for Force in International Relations? 1916年6月，「國
　　際調解會」特刊），就是試圖要進一步發展您的論旨。我隨信寄上這篇文
　　章的抽印本，上面印著的是我以前用的名字 Suh Hu。我一直不瞭解您為
　　什麼擱置了您在1916年寫的這兩篇文章的論點。您不會反對我現在把它
　　們重新提出來吧？（從我這篇得獎的文章，您可以看出來您這兩篇文章是
　　我的舊愛！）[139]

139　Hu Shih to John Dewey, 1940.03.02（09620）. *The Correspondence of John Dewey, 1871-1952*（I-
　　IV）（Electronic Edition）, 1940-1953.

　　如果杜威在八秩壽辰討論會後對胡適的回應，是在含蓄當中一針見血的點出他們看法的分野，這次，杜威的回答就確實很空泛了。他先稱讚胡適說：「讀你這篇文章，又讓我再度對你感到佩服，我相信我跟你說過，你總是能夠言簡意賅，去蔓葉而取精華。」他接著說胡適的文章讓他有機會重新思考自己的觀點，因為胡適所提出來的問題是非常根本的。胡適對他的舊文的分析，他也很感興趣，至於他為什麼沒有繼續發展他當時的想法，他則必須好好思考一番[140]。

　　杜威的信雖然說得空泛，但他並不是在敷衍胡適。他在同一天給羅慰慈的信裡也提到了胡適的文章。他說胡適的文章跟在祝壽討論會那篇一樣，「仍然不長，它有我心目中的中國佳文的特點，去蕪存菁，雖然有點過度簡單化的缺點，但這是一種天賦。他所提出的問題我得想想，如果我將來再寫政治哲學方面的文章的話。」[141]

　　杜威客氣、空泛的回答，可能讓胡適覺得杜威對他的觀點還頗為動容。他給杜威的回信說：「我真的很高興您覺得我提出來的觀點『是非常根本的』，覺得我這篇文章給您一個重新思考您的觀點的機會。如果我這個微不足道的嘗試能為一個新的杜威政治哲學引路，那我就將會是非常快樂的人了。請千萬不要為了『回應我的批評』而寫東西。我這篇文章不是批評，而只不過是用來回顧或『重新思考』您政治學方面的文章，其目的是要找出比您在《哲學的改造》、《公眾及其問題》，以及《自由主義和社會行動》（*Liberalism & Social Action*）這些書裡所提出的觀點更加具有建設性（同時也更與您的邏輯理論合轍）的想法。」[142]

　　胡適在這篇論文──原稿以及改寫版──裡的觀點，其實已經在他心頭醞釀了二十年了：「好政府主義」以及「專家政治」。1940年9月19日，他參加賓州大學創校兩百週年的慶典，在慶典會議上他所作的演講，題名為〈工具主義的政治概念〉（Instrumentalism as a Political Concept），跟他在杜威八秩壽辰

140　John Dewey to Hu Shih, 1940.03.06（09621）. *The Correspondence of John Dewey, 1871-1952*（I-IV）（Electronic Edition）, 1940-1953.

141　John Dewey to Roberta Lowitz Grant, 1940.03.06（09619）. *The Correspondence of John Dewey, 1871-1952*（I-IV）（Electronic Edition）, 1940-1953.

142　Hu Shih to John Dewey, March 11, 1949，《胡適全集》，40.570-571。

會上的文章題目一樣，但內容是改寫過的。在當天的日記裡，他說：

　　這論題是我廿年來常在心的題目，我因自己不是專研究政治思想的，所以總不敢著文發表。去年Dr. Dewey〔杜威博士〕八十歲，我才作短文發表；今年改為長文，登在 *The Philosopher of the Common Man*〔老百姓的哲學家〕論集裡。今回又重新寫過，費了一個月工夫，還不能滿意。但這一年的三次寫文，使我對此題較有把握，輪廓已成，破壞與建立兩面都有個樣子了。[143]

　　由於沒有杜威及其弟子環伺的顧忌，胡適在賓州大學的這篇文章就比較敢大膽放開寫去。值得注意的是，我們不能確定胡適最後是否把這篇文章寄給了杜威，他在給杜威的信上說：「我很慚愧我一直還沒有把我在賓州的文章寄給您。老實說，我對我9月19日在賓州所宣讀的文章很不滿意。」他說等他修改以後，一定會寄去請杜威批評[144]。

　　胡適對這篇文章是否真的不滿意？答案要看他說的對象是誰了。他在9月15日的日記裡確實是說了：「寫成了論文，很不滿意。」等他18日到了費城，在演講前作最後一次的修訂以後，他則說：「修改論文；頗有進益。」[145]等演講過後他自己的批評，就像上一段提到的：「還不能滿意。但……輪廓已成，破壞與建立兩面都有個樣子了。」如果他自己還覺得差強人意，要寄給杜威看則就是另一回事了。就像胡適自己說的，他「不是專研究政治思想的」。同時，就像杜威私下告訴羅慰慈他對胡適論文的批評，「有點過度簡單化了」。

　　胡適在這裡的自知之明以及杜威的按語，就是胡適這篇在賓州大學的論文最好的寫照，特別是第一個部分：論國家是一個工具[146]。由於沒有像胡克那樣

---

143 《胡適日記全集》，8.66。

144 Hu Shih to John Dewey, October 18, 1940，《胡適全集》，41.76。

145 《胡適日記全集》，8.65。

146 以下三段討論胡適〈工具主義的政治概念〉的出處，除非另有徵引以外，請參閱 Hu Shih, "Instrumentalism as a Political Concept," *Studies in Political Science and Sociology* (Philadelphia, Penn.: University of Pennsylvania Press, 1941), pp. 1-6。

的「杜威的護法神」環伺的顧忌，胡適大放厥詞的故態復萌。他固然是稍作了節制，「國家在開始的時候，可能只是一個防馬賊的『團練』。它可能接著發展成為一個抵抗外來侵略的部落。它可以用來『實現公平正義』、『確保自由』。它也可以積極地為謀最大多數人的最大的幸福。」這種匪夷所思的話，他不敢再說了。然而，他還是忘情不了他在杜威八秩壽辰論文集修訂稿裡刪去、現在又把它重拾回來的一句話：「法官、國王、法律、政府、國家，就都是這些人類為了執行私人與個人所無法有效處理的事務所發明的工具。」

他又回到他1921年在安慶講「好政府主義」的原點。主旨、甚至連語言，都一模一樣。他引柏格森的話，說人類是製造工具的動物，工具是達成目的的手段；工具好就用，不好就拋棄。同理推之，社會政治制度也是工具，同樣也要根據它們是否有用來判斷、評估、或鄙棄。他認為近三百年來的政治改革與民主運動的歷史，其所彰顯的就是工具主義的政治哲學。他舉美國革命作為例子，說美國的開國元老就很清楚他們要的目的為何，以及他們所要達到那些目的的政治結構。比如傑弗遜（Thomas Jefferson）說：「我們的革命給了我們一本空白的本子，讓我們可以自由地愛寫什麼就寫什麼。」又如培恩（Thomas Paine）說：「我們倏然間被引領到政府的起源，就彷彿我們是活在開天闢地的那一刻一般。」

胡適在這裡非常大膽地徵引，渾然不顧傑弗遜和培恩說這兩句話各自不同的歷史時代脈絡。問題已經不只是簡單化，甚至已經可以說是到了斷章取義的地步。我們也簡單化來說，傑弗遜和培恩都反映了在革命的思潮之下（前者回顧美國革命；後者則在法國革命進入激進期時），那種以為人類能擺脫所有歷史、傳統、制度的束縛，把舊秩序打破重新開創世界的豪情壯志，那是一種不顧歷史脈絡（ahistorical）的觀點，完全違背了胡適這個自詡為「有歷史眼光」的人，一輩子教人要有歷史的態度，教人要瞭解人類社會的演進是一點一滴的改進造成的結果的教誨。

事實上，無論是胡適在這裡所提出的天真的政治工具主義，或者他可能是在大膽徵引之餘，不自覺地落入了不顧歷史脈絡的觀點，都絕不是杜威所能認可的。我們可以徵引1888年杜威才開始在密西根大學教書的時候所說的一段話，一石兩鳥地回應胡適：「把政治制度看成好比是一件衣服，可以讓一個精

明的政治裁縫來為一個國家量身定做，這是一個過往歷史留下來的陳跡。曾幾
何時，還有人妄想憲法可以是為特定的目的，甩開歷史用白紙黑字來重新寫
過，或者還可以為特殊的個案來特別烹製。政府的起源是一個社會浩瀚錯綜的
信念、志向、本能、想法、希冀、恐懼、和意志所凝聚成的。這些有的相當模
糊，有些相當明確；政府是這些種種的反射、融合、投射、和產物。沒有這些
做基礎，就根本是一文不值。一股惡風，專制暴力一擊，那個政府就會像撲克
牌拼起來的屋子一樣頓然倒塌。」[147]

　　胡適在這篇文章裡更大膽的斷章取義的例子，是他接著引英國的穆勒
（John Stuart Mill）書裡的一長段話。他說樂利主義者都持工具主義的政治制度
觀。他說穆勒說樂利主義的看法是：「一言以蔽之，政府是一種實際的藝術，
其所關涉的不外乎是達到目的的方法……政府的形式……完全是一種創制和發
明。既然是人造的，人們自然有自由去選擇創造與否，以及如何或者用什麼模
式去創造。這樣看來，處理國政跟經營企業並沒有什麼不同……他們是用看待
蒸汽耕犁或打穀機一樣的眼光來看待憲法（這兩者的輕重當然有別）。」這一
段話是穆勒《代議政治論》（Considerations on Representative Government）卷
首的一段話。

　　事實上，穆勒說得很清楚，這只是一家之言。他接著摘述另一家之言，根
據這第二家的說法，政府是自然演進出來的，是人類的習慣、本能、下意識的
欲求的產物，而絕不是讓人類可以去憑空冥思設計出來的。穆勒在摘述了這兩
家之言以後說：「我們很難說這兩家之言，如果只各取一家，哪一家是比較荒
謬的。」[148]穆勒自己的觀點是傾向前者，但即使如此，他也批評其荒謬之處，
他說一個人並不會只因為某一塊木料或鐵片是最好的，就使用它；他還必須考
慮他是否有其他東西可以跟這塊木料或鐵片做最好的配合，或者跟他共事的人
是否具備了利用這塊材料的知識和技術。

---

147 John Dewey, "The Ethics of Democracy," *The Early Works, 1882-1898, Volume 1, 1882-1888*
（Carbondale and Edwardsville, Ill.: Southern Illinois University Press, 1969）, p. 240.
148 John Stuart Mill, *Representative Government* （Raleigh, N. C. Alex Catalogue）, Electronic Text,
pp. 4-5.

穆勒說兩家都有可取之處。然而，正由於政治制度是人造的，它就有造得好或造不好的結果。更重要的是，政治制度自己不會運作，必須讓人來運作。所以穆勒強調任何一個政治制度都必須在人民接受、願意而且又有能力參與的條件之下方才可行。換句話說，雖然穆勒認為政府的形式和制度是人類的選擇，但這個選擇並不是可以憑空產生的。而胡適居然取穆勒所批評的一家之言，來作為樂利主義政治觀的代表。

胡適在賓州大學這篇文章的第二個主旨是：民主政治的工具性最強，也最能接受制衡。由於聽眾對象不同，不需要釐清杜威思想的變化，他在此處只徵引了杜威1916年所寫的那兩篇討論力量、法律、與制裁的文章。在摘述了杜威這兩篇文章的要旨以後，他說：「在同樣的工具主義的意義下，我們可以把政府視為公共機關，或所有公共機關的總和。其目的在於把所有的能量或力量統合起來，來達成公共的目的。」他從這種觀點出發，做了以下三個結論。一、這種工具主義的政治哲學鼓勵良好的計畫和實驗，並為和平改革和修正提供了一個理性的基礎；二、這種工具主義的政治制度觀，為用民主方式來管制政府提出了一個最理性和科學的理由；三、政治的工具主義可以更充分、更積極地造福人類，只要我們能確保用民主的方式來管理其機制。然後，他重複他在為杜威祝壽的那篇論文結尾所說的話，說盎格魯・撒克遜民族已經建立起民主的傳統，應該更上一層樓，去發展一個更加積極的政治哲學；要瞭解國家是一個工具；是一個讓我們來運用、實驗、掌握、珍愛──而不是懼而遠之──的工具。

杜威究竟如何看待胡適為他祝壽寫的那篇文章？他說他必須好好思考一番，這句話並不完全是客套話。我在上文徵引了他對羅慰慈說的話。他說胡適「所提出的問題我得想想，如果我將來再寫政治哲學方面的文章的話。」很有可能這是因為胡適所提出來的問題，他在十幾年前就已經面對過了，那就是李普曼（Walter Lippmann）以專家來救民主政治之弊的提倡。李普曼所寫的《輿論》（*Public Opinion*，1922年出版）和《幽靈公眾》（*The Phantom Public*，1925年出版）直擊了民主政治的要害。他說作為民主政治之本的公眾，根本就欠缺對其所處的政治、社會、經濟環境的瞭解。除了人類天生在認知上的局限以外，公眾所倚賴的報刊就是不可靠的。新聞並不等同於事實，其他原因不

談，新聞從業人員並不是各行各業的專家。如果公眾對公眾事物欠缺瞭解，他們如何能盡到國家主人翁的責任？救濟之法，只有倚賴專家。由專家來蒐集、分析資料，研究、比較、制定政策。公眾的參與可以降到最低，只要確定有法規的存在，然後在選舉的時候，一如胡適在「民治與獨裁」的論戰時候所說的，像阿斗一樣在選舉的時候畫「諾」或畫「No」就可以了[149]。

　　我們雖然不知道胡適是否讀過上述李普曼的兩本書，但我們可以確定他一定知道他的觀點。1933年《國家》（*Nation*）雜誌有一系列四篇專文介紹李普曼，稱他是「這個世代最有影響力的新聞記者」。胡適從留學時期開始，就是《國家》雜誌的忠實讀者。回國以後，他繼續訂這份雜誌。他在1940年2月給該雜誌的主編恭賀其發刊七十五週年的信上，就說該雜誌是他「過去三十年來的摯友」[150]。同時，我們也從北京的「胡適檔案」裡所殘存的資料知道除了《國家》雜誌外，胡適還透過書商從美國長期訂閱了《新共和》（*New Republic*）和《大西洋月刊》（*Atlantic Monthly*）等雜誌。值得注意的是，《國家》和《新共和》雜誌是美國1930年代討論專家政治最為活絡的論壇。這麼說來，難不成胡適的專家政治觀是否也是來自美國的呢？就像我們在下文還會再進一步分析的，即使美國這些專家政治的討論確實是影響了他，胡適對專家政治的禮讚，必須推源到他自己的「好人政治」觀。

　　我在上文提到了杜威在看了胡適為他祝壽所寫的文章以後告訴胡適的話：「在我的作品裡，最持平、也最具『工具論』的，恐怕是《公眾及其問題》。」杜威說這句話的時候，大概在心裡嘀咕說：真是「似曾相識」（*déjà vu*）。這是因為他的《公眾及其問題》就是針對李普曼對民治的質疑、對專家政治的提倡所作的總答覆。偏偏胡適當時就還沒讀過這本書。更有意味的是，明明杜威已經告訴他這本書是他所寫的政治哲學的書裡最具工具論的，胡適在讀過這本書、寫完他的文章以後，還一定要問杜威：「您會反對我說這兩篇〔討論力量、法律、制衡的〕文章比《公眾及其問題》更重要、更具有工具主義性嗎？」

149　以上有關李普曼這兩本書的討論，是參考Robert Westbrook, *John Dewey and American Democracy* (Ithaca: Cornell University Press, 1991), pp. 293-300。

150　Hu Shih to Freda Kirchwey, February 6, 1940，《胡適全集》，40.556。

　　事實上，不只杜威，瑞特納在收到胡適轉寄給他的杜威的信以後說得更加明確，甚至還提醒了胡適杜威思想上一個重要的轉折：「杜威會以為這種種所反映的只不過是著重點的不同，就在在證明了他還沒有真正地體認到他在《公眾》這本書裡，所提出的道道地地的『工具主義』的國家理論的意義何在，同時也沒有真正體會到這個理論完全推翻了〔他從前〕那個錯誤的交響樂團指揮比喻的理論。」[151] 瑞特納在這裡提醒胡適的是：杜威已經推翻了交響樂團指揮的比喻。而胡適卻把它納入了他的那篇祝壽論文裡。

　　杜威的夫子自道，以及瑞特納的提醒，都對胡適沒有影響。他這個「廿年來常在心的題目」及其論證已經根深柢固，使他視若無睹。事實上，杜威在《公眾及其問題》一書裡說的話，不但適用於李普曼，也完全適用於胡適。杜威反對專家政治的理由如下：一、所謂的專家自己都不能解決理論與實際兜不攏的問題；二、專家可以處理專門的技術問題，其管理和執行還須等到通盤的政策已經圓滿地制定出來以後；三、所有菁英治理，群眾無聲的制度，其結果都是「菁英不再，英明不永」。百姓和專家的關係，杜威用了一個比喻：儘管鞋匠是鞋子問題的專家，可是，只有穿鞋子的人才最清楚鞋子是否箍了腳，箍在什麼地方[152]。嚴肅地說，杜威的論點是：「一個專家領導的政府，如果百姓沒有機會讓這些專家知道他們的需要何在，就是一個不折不扣的為少數人利益服務的寡頭政治。開啟這個茅塞之道，在於迫使行政專家去注意這些需要。給這個世界帶來苦難的，常常是政府的首腦和官員，而不是一般的百姓。」[153]

　　胡適在祝壽會議上被胡克攻擊，他一定很有挫折感。他一定是真心相信他對專家政治的禮讚完全是符合杜威工具主義的邏輯。不但如此，他一定覺得為

151　Joseph Ratner to Hu Shih, 1939.11.12（07932）. *The Correspondence of John Dewey, 1871-1952* （I-IV）（Electronic Edition）, 1919-1939.

152　John Dewey, *The Public and Its Problems* （New York: H. Holt, 1927）, pp. 205-207; *The Collected Works of John Dewey, 1882-1953*. Electronic Edition. *The Later Works of John Dewey, 1925-1953. Volume 2: 1925-1927*, Essays, *The Public and Its Problems*, 364.

153　John Dewey, *The Public and Its Problems*, p. 208; *The Collected Works of John Dewey, 1882-1953*. Electronic Edition. *The Later Works of John Dewey, 1925-1953. Volume 2: 1925-1927*, Essays, *The Public and Its Problems*, 365.

什麼杜威可以說，而他說了卻被攻擊。為了寫祝壽會議的那篇文章，在忙碌的大使生活當中，他還著實用功了幾天。他在1939年10月17日的日記裡說：「連日讀杜威先生的著作，今天讀完他在1935年出版的 *Liberalism & Social Action*〔《自由主義和社會行動》〕，覺得這書真是一部最好的政治思想書……此書的最精采部分在於第一章的歷史的敘述。」[154]

胡適會覺得《自由主義和社會行動》這本書的第一章最精采，因為杜威對傳統自由主義的批評，對政府必須介入以矯正資本主義缺失的呼籲，就正是胡適自己從留學階段就已經常常表述的觀點。例如，胡適1914年9月13日的日記裡說：「今人所持平等自由之說，已非復十八世紀學者所持之平等自由……今日西方政治學說之趨向，乃由放任主義（laissez faire）而趨干涉主義，由個人主義而趨社會主義。」[155]又如，在〈我們對於西洋近代文明的態度〉裡說：「十九世紀以來，個人主義的趨勢的流弊漸漸暴白於世了，資本主義之下的苦痛也漸漸明瞭了。遠識的人知道自由競爭的經濟制度不能達到真正『自由、平等、博愛』的目的。」[156]不但如此，杜威在這本書裡一再地使用了「科學方法」、「有組織的社會規畫」、「智識」、「控制」、「實驗」等等字眼來說明他「再生的自由主義」之路。胡適一定覺得他的專家政治的理論，不就是杜威所說的，用科學方法、有組織的規畫、控制、實驗來為自由主義找出一條新路的嘗試嗎？更何況他一定覺得他所說的專家政治，要遠比杜威「消極」、「低調」、「模糊」的「再生的自由主義」還要更加具體、更加具有工具性。

由於胡適自己「廿年來」縈繞在心頭的定見，他忽略了杜威這本書激進的主旨。雖然他在祝壽論文裡引了杜威「再生的自由主義」的定義：「自由主義現在必須要變得激進，亦即，意識到我們必須要徹底地去改變制度以及相關的行為，以便帶動變革。」[157]然而，他並沒有真正了然杜威這本書激進的程度，他並沒有意識到杜威是呼籲要用「有組織的規畫」、「控制」、「實驗」的方法

---

154 《胡適日記全集》，7.716。

155 《胡適日記全集》，1.492。

156 胡適，〈我們對於西洋近代文明的態度〉，《胡適全集》，3.10-11。

157 John Dewey, *Liberalism and Social Action*（New York: G. P. Putnam, 1935），p. 62.

來徹底地改變資本主義的制度。他在1939年10月17日的日記裡還有另外一段話談到杜威的這本書：「Sidney Hook〔胡克〕在他本月出版的 *John Dewey* 〔《杜威思想小傳》（*John Dewey: An Intellectual Portrait*）〕（頁158）說此書道：A book which may very well be to the twentieth Century what Marx & Engels' *Communist Manifesto* was to the nineteenth〔這本書在二十世紀所可能占有的地位，也許會相當於馬克思、恩格斯的《共產主義宣言》在十九世紀的地位。〕這就是瞎說了。」

胡克的預言雖然沒有成真，然而他是正確地指出了杜威這本書激進的主旨。杜威對傳統自由主義的批判，要遠比胡適激進。胡適一向稱許英、美等國家在社會立法上的努力，例如：所得稅、遺產稅、工會、工廠法、勞工法等等。他認為這種政策救濟了資本主義之弊，擴大了自由主義的精神，是民主主義的社會化的結果。然而杜威並不這麼看，他認為這只是治標的作法。他認為現有的社會法律經濟制度及其中心思想──亦即，資本主義的體制──是前科學、前技術時代以前的產物。等到科學、工業革命發生以後，這些制度及思想就被一個少數的階級挪為己用。產業資本家的所栽與他們的所得完全不成比例。所以，杜威說：「自由主義的理念將會在很長一段時間流離失所，如果它不能毅然地再踏進一步，把現有的生產力社會化，用經濟組織的架構來支持個人的自由。」[158]

杜威的社會主義是以民主主義為前提的。正因為如此，雖然他接連在1932、1936年，兩次總統選舉的時候都投給社會黨的候選人，但他堅持個人的自由是不可妥協的。他一方面批判傳統的自由主義，說它雖然在歷史上扮演過進步的角色，但它在當代已經與資本主義階級的利益結合，成為維護現狀的護符。在另一方面，他也批判共產主義。他反對共產主義對武力，也就是階級鬥爭與革命的堅持。他認為人類文明演進的試金石，就繫於人類是否能用智識來替代傾軋。杜威的自由主義，連在美國都是一個異數；杜威的特別，在於他堅持民主不只是一個政治的概念，它還是一個社會的概念，同時還更是一個道德的概念。

---

158 John Dewey, *Liberalism and Social Action*, pp. 77, 88.

這樣的民主概念，杜威在年輕時期就已經形成。他1888年在密西根大學教書的時候就鄭重地指出：「說民主政治只不過是一種政府的形式，就好比說一個家只不過是磚塊和混凝土的幾何組合，或者說一個教堂是一個有著長條聽講板椅、講壇、和尖頂的建築。這些答案既是正確的，因為它們確實是如其描述；但它們也是錯誤的，因為它們不只是如此……簡言之，民主是一個社會，亦即倫理的概念，其政治上的概念是建立在其倫理的概念之上的。民主政治是一種政府的形式，就正因為它是一種道德和精神上的社群結合形式。」[159]

民主作為一種倫理道德概念的意涵，就說明了為什麼貴族政治、開明專制、甚至專家政治是反其道而行的：「即使人人都臻於社會至善的境界，如果這不是人民自己努力的結果，這個倫理的理想並沒有真正達成……不管這個至善有多高或有多全，如果它是外鑠的，人類是無法心滿意足的……誠然，一個人如果能在社會上找到適其所能的安身立命之所在，他就可以說是把自己發展到了極致的境界。然而，同樣重要的是（而這也是貴族政治所規避，民主政治所強調的），去找到這個適其所能的安身立命之處的人必須是他自己。」[160]

杜威一生的理論雖然有轉折變化的所在，然而他對民主作為政治、社會，以及道德概念的堅持始終如一。他的《公眾及其問題》既然是對李普曼對民主質疑的總答覆，他自然必須全力為他民主政治的理念作辯護。既然主題是公眾，國家與公眾的之間的關係自然必須釐清。值得注意的是，胡適在祝壽論文裡對國家作定義的時候，他選的是杜威稱之為純粹形式上的定義：「國家是公眾透過官員所成立的組織，其目的在保護其成員共有的利益。」[161]

在這種定義之下，國家的目的既然是在保護公眾的利益，則胡適可以說專家政治不但符合杜威所下的定義，甚至可以說是達成這個目的最有效的一個途徑。然而，杜威的論述方式是像剝洋蔥一樣，一層一層深入的。胡適所引述的這個國家的定義並不是杜威對民主國家所作的定義。杜威很清楚地強調這只是

159　John Dewey, "The Ethics of Democracy," p. 240.

160　John Dewey, "The Ethics of Democracy," p. 243.

161　John Dewey, *The Public and Its Problems*, p. 33 and Hu Shih, "The Political Philosophy of Instrumentalism," p. 210.

一個形式上的定義，它跟政體一點關係都沒有。歷史上國家的形態不一，其成效也各異。杜威提出這個形式上的定義，目的不過在指出國家的形成有其歷史文化的因素，而不是「像經由生理接觸懷胎受孕生出來的，也不是像發明機器一樣刻意製造出來的。」杜威強調民主的概念要遠比任何國家，即使是運作得最好的國家的概念還要廣闊、還要豐富。要實現民主，就必須要影響到人類社群的個個方面，例如，家庭、學校、工業，以及宗教[162]。

　　從政治的意義上來說，民主「政府的存在是在為社群（community）服務，它不可能達成這個任務，除非社群本身參與官員的選擇以及政策的制定。」從社會的意義上來說，民主的意義可以分個人和群體兩個方面。從個人的角度來說，「在於讓人人能根據自己的能力，去參與所屬群體活動的設計和領導，以及根據自己的需要，去享有這些群體所認可的價值。」從群體的角度來說，「在要求能讓群體裡的成員，個個都釋放出與群體的公益與公善並行不悖的潛能。」一言以蔽之，在杜威的理想中，民主的名字就是一種自由、豐富的人際交流的生活方式[163]。

　　這就是胡適與杜威自由主義分野的所在。胡適選擇了杜威對國家所作的純粹形式上的定義：「國家是公眾透過官員所成立的組織，其目的在保護其成員共有的利益。」胡適止於此，然而杜威則不然；杜威更進一步地堅持公眾必須要能「參與官員的選擇以及政策的制定」。我在上文說杜威評胡適為他所寫的祝壽論文是一針見血、語重心長：「只有從『民治』入手，才能真正確保『民享』。」以及「民眾的自主自發及其相互的合作，是國家或政府能成為工具的先決條件。」杜威可真是一眼就看出他和胡適的分野何在。換句話說，胡適所著重的是「民享」，杜威則堅持「民治」是到「民享」必經之路。這不只因為是像杜威對胡適所說的：國家「這個工具可以有被變成目的的危險」，而且不像胡適，杜威認為這個危險，即使在有自由民主傳統的國家裡都可能發生[164]。

162　John Dewey, *The Public and Its Problems*, pp. 33, 143.

163　John Dewey, *The Public and Its Problems*, pp. 146, 147, 184.

164　John Dewey to Hu Shih, 1939.10.27（06907）. *The Correspondence of John Dewey, 1871-1952*（I-IV）（Electronic Edition）, 1919-1939.

更重要的是，「民治」之所以對杜威來說是一個不可妥協的原則，就因為民主對他而言是一個道德的理念，是一個作為在社會脈絡之下的個人的「立己」之道：「民主就意味著人格既是最先也是最終的目的……它意味著說，不管一個人是多麼的猥瑣、孱弱，他的人格不能是由別人給予他的，不管這個別人有多睿智或多偉健……從這個人格論的中心點出發，民主就意味著自由、平等、博愛。這絕對不是用來煽動群眾的字眼，而是人類迄未達到的最高倫理理想的象徵；人格具有永恆的價值，它是每一個人所都具有的。」[165]

全民參與對杜威來說，是民主政治一個不可妥協的原則。對胡適來說，「民享」既然是民主的目的，專家政治既然是最科學、最有效的方法，則「民治」就成為一個無關宏旨的枝節。更何況胡適覺得不像獨裁政治下的阿斗只能畫「諾」，民主國家的阿斗在選舉的時候不但可以畫「諾」，也可以畫「No」；平時不關心政治，選舉的時候才做個「臨時的諸葛亮」。從這個角度看來，胡適對民主的看法是接近二十世紀美國民主現實主義者（democratic realists）。他們認為傳統民主政治的理想根本就是烏托邦的想法，光是以今天的社會人數龐雜的事實來說，城邦時期的雅典公民可以面對面論政的環境根本已經不存在。再加上選民不但是非理性的，他們同時對政治也缺乏興趣。補救之道，用拉斯韋爾（Harold Lasswell）的話來說，就是少數菁英必須擔起責任，毅然決然地說：「好！兄弟們！我們就一起來共商計議，找出好辦法。等我們找到以後，再設法看要如何替大眾作決定來接受。打著為公眾謀福利的旗子，不惜用盡各種曉諭、軟纏、哄騙、引誘的方法，以多數統治的形式為名，來役使這些大多數。」[166]

對日策略變、變、變：妥協與抵抗的兩難之局

胡適面對日本侵略中國的挑戰，在《獨立評論》誕生以前就已經開始了。

165　John Dewey, "The Ethics of Democracy," p. 244.

166　Harold Lasswell, Propaganda Technique World Waard I（Cambridge: MIT Press, 1971）, pp. 4-5. 轉引自 Robert Westbrook, *John Dewey and American Democracy*, p. 284.

「九一八」事變發生，對胡適所帶來的立即的挑戰，就是中國主辦的第四屆「太平洋學會」的年會是否召開的問題。中國「太平洋學會」分會很自然的反應，是取消原訂該年10月21日開始在杭州召開的年會。《紐約時報》在9月25日就報導說中國分會已經宣布第四屆年會無限期延期[167]。

　　問題是，1931年不是飛機旅行的年代。許多遠道而來的代表不是已經在郵輪上，就是已經訂了票即將上船。當時美國「太平洋學會」的主要領袖都已經到了亞洲。「太平洋學會總會」（Pacific Council）主席顧林（Jerome Greene）〔注：北京協和醫院董事顧臨（Roger Greene）的哥哥〕已經到了日本；卡特（Edward Carter）已經到了哈爾濱。他們都主張無論如何，年會一定要開。因此，對中國「太平洋學會」的領袖施壓力。

　　胡適在9月23日的日記裡記：

　　　　孟和和我同訪顏惠慶先生，談太平洋會議事。我們三人同發一電："Viewing Japanese military occupation Manchuria & believing common ground impossible for fruitful deliberation Sino-Japanese Relations, suggest Council consider postponement conference."〔鑑於日本已經軍事占領滿洲。相信已無討論中日關係的共同基礎。建議「總會」將會議延期〕。孟和要加「除非日本代表表示否認日本軍閥之行為」，這未免太幼稚了。[168]

　　等卡特等一行人從哈爾濱到了北平以後，胡適在他們的壓力之下，態度就作了一百八十度的轉變。9月25日，胡適自己先在早晨打了一個電報給中國分會在上海的總部，說："Carter & other American & Chinese delegates advise no postponement. Will wire later."〔卡特及其他美國、中國代表建議不要延期。見後電。〕當天中午，胡適、陶孟和、顏惠慶、徐淑希、丁文江，以及陳衡哲與卡特等人午餐，商談甚久。商談過後，胡適以六人具名，打了一個電報到上海：

167　Hallett Abend, "Anger of Chinese Now At High Pitch," *The New York Times*, September 25, 1931, p. 3.

168　《胡適日記全集》，6.608-609。

"Consider conference good opportunity presenting China's case, but realize serious difficulties as hosts, urge earliest meeting and decision of Pacific Council. Stop. Should Council decide holding conference, personal security foreign members and attendance Chinese members imperative."〔會議可供表明中國立場的良機，但體認作為東道國的困難。盼「總會」盡速開會決定。如果「總會」決定如期召開，必須能確保外國與中國代表的安全。〕

上海方面還沒接到這封電報以前，也從上海發來了一個胡適在六點接到的電報：

Shanghai Group considering following message to Greene: "Japan aggressive actions in Manchuria virtually war on China. Unless Japanese troops withdraw immediately, Chinese members unable pariticipate conference under circumstances. Suggest consider postponement conference" Consult members wire comments before evcning.〔上海分會擬電顧林如下：「日本在滿洲侵略行為形同戰爭。除非日軍立即撤退，中國代表不能參加。建議會議延期。」請與會員商議，當晚回電為盼。〕[169]

9月26日，胡適在日記裡記：「上午十時，與Carter〔卡特〕、Chamberlain〔張伯倫〕、Field〔菲爾德〕、Barnes〔巴恩斯〕、Mrs. Slade〔史磊夫人〕、在君、孟和、徐淑希、莎菲，繼續開會。Carter仍想救出太平洋會，未免太癡。」[170]

可惜，胡適接下去的日記就中斷了兩個多月。幸好，我們有其他資料可以補足接下去高潮迭起的情節。胡適等人在9月25日發給上海中國分會會員的電報裡態度已經明顯軟化。然而，從當晚上海中國分會會員所發的電報，我們可以看出中國會員傾向於把會議延期。因此，胡適才會在次日的日記裡說：「卡

---

169 《胡適日記全集》，6.609-610。

170 《胡適日記全集》，6.610。

特仍想救出太平洋會，未免太癡。」

兩天以後，9月27日，胡適到「北京飯店」去見卡特。離開卡特的房間以後，胡適要了「北京飯店」的信紙，即席給卡特寫了一封信，仍然主張延期：

> 卡特先生：辭別以後，我決定寫下幾點我想要向閣下提出的我個人的觀點。
> 一、我想在情緒高漲的惡劣情況的當下，接受日本「太平洋問題調查會」跟中國「太平洋學會」延期的要求，恐怕要比堅持召開更好。
> 二、我說「更好」，因為延期恐怕是挽救「太平洋學會」及其「年會」更有效的方法。在現狀之下，年會可能流於慷慨激昂的陳詞，而不是理性的分析。
> 三、延期的年會，可以在日後補開。反之，因為內訌或外力而瓦解的年會則很難彌補。
> 四、基於上述這些理由，我斗膽建議閣下和「總會」其他理事不堅持召開年會，而尋求其他挽救「太平洋學會」的方式。
>
> 煩請閣下把這些想法轉知顧林先生、柯提斯（Lionel Curtis）先生以及徐新六！
>
> 又：我所謂的「其他方式」並不意味著是在他處──例如，馬尼拉──召開。我個人認為馬尼拉會議不會成功。我的意思是，「總會」在決定延期以後，可以責成「研究委員會」（Research Committee）及早──或就用原定的年會日期──召開會議。所有已經抵達或者已經在途中的代表，可以被邀參加這個「研究委員會」的會議。「中國太平洋學會」仍然會作「研究委員會」會議的東道主。也許「總會」還可以找到其他方法。[171]

這封信雖然名為建議延期，但胡適在「又」裡所添加的建議等於是變相召開。表面上看來，把「年會」改成「研究委員會」的會議，似乎可以把討論限

---

171 Hu Shih to Edward Carter, September 27, 1931," Institute of Pacific Relations Papers, Box 107, "China I.P.R.-Hu Shih" Folder，藏於「哥倫比亞大學檔案館」。

定在「研究委員會」所支持的研究計畫的學術報告，因此討論比較不會失控。實際上，學術討論離題所在多有。現在如此，從前如此。我在下文會提起的一個例子，證明了最後還是召開的「太平洋學會」的年會亦是如此。

　　卡特到了上海以後，找人把胡適在「北京飯店」手寫的信打字分別交給胡適請他轉交的人。卡特在10月4日給胡適的信裡說：

> 　　不管會議是延期，還是在馬尼拉或瀋陽召開，目前看來，從10月13日開始在上海召開的「總會」、「研究委員會」的會議，都會全體參加，而且是各國的代表，包括中國和日本。如果這個會議能夠平靜、以科學的態度開成，則它可能作到大會所作不到的事情。然而，事情變化太快了。今天所作的預測，明天可能就不準了。[172]

　　無論如何，不管胡適以及其他中國分會會員的想法如何，第四屆「太平洋學會」的年會最後還是在「總會」的壓力下召開了。顧林主席在10月13日宣布，根據「總會」理事當天開會的決議，第四屆年會將如期召開。訂於10月21日開幕，11月2日散會。會期比原定計畫縮短了兩天。會議地點原定在杭州。可是為了顧及到「九一八」以後反日情緒高漲可能危及日本代表的安全，就決定在上海公共租界的「萬國體育會」（International Recreation Club）舉行[173]。事實上，顧林本人早在10月2日就已經發布新聞，說這屆年會將改在上海舉行[174]。換句話說，顧林在10月13日宣布：「根據『總會』理事當天開會的決議，第四屆年會將如期召開。」云云，那些中國理事只不過是像「橡皮圖章」一樣，投票贊成如期開會的議案而已。根據胡適在會議最後一天的晚宴上

---

172 Edward Carter to Hu Shih, October 4, 1931, Institute of Pacific Relations Papers, Box 107, "China I.P.R.-Hu Shih" Folder.

173 "Institute of Pacific Relations," *The North China Herald and Supreme Court & Consular Gazette*, October 20, 1931, p. 100; "Shanghai Talks Open on Pacific Relations," *The New York Times*, October 14, 1931, p. 2.

174 "Institute of Pacific Relations," *The North China Herald and Supreme Court & Consular Gazette*, October 20, 1931, p. 100.

所說的話，他在人都已經到了上海的時候，仍然覺得會議應該延期[175]。

　　參加這屆年會的代表共有131名。10月24日到25日大會招待全體代表遊杭州[176]。胡適應「議程委員會」（Programme Committee）的要求，在25日上午為全體遊杭州的代表作了一個演講：〈中國文學與歷史上的杭州〉（Hangchow's Place in the Literature and History of China）[177]。

　　胡適在10月4日抵達上海。10月12日，「太平洋學會總會」的理事，全票通過選舉胡適為本屆年會的主席（President）[178]。10月21日，第四屆「太平洋學會」年會開幕當天，胡適就以主席的身分發表了一個演說。他在這篇開幕致詞裡，一開始就承認一直到大會開幕前幾天的會前會裡，這屆年會幾乎篤定是會延期的。他說人都是脆弱的（frailities）。中國代表在突如其來的國際危機之下，失去了對理想的信心。他說，他相信整個中國代表團都會願意跟他一起，向所有來參加這次年會的各國代表致最誠摯的歉意。幾個星期以來的不確定、懸宕，為大家帶來的困難與不便。他說他要強調，如果不是因為「總會」的理事，特別是主席顧林「耐心、睿智、達觀、政治家風範」的戮力營救，這次年會一定會慘遭滅頂的命運。他說：

　　　　這個會議之所以能夠開成，有賴於日中兩國的代表後知後覺地醒悟過來（tardy realization），體認到不管其統治者的愚蠢（folly of their rulers）為兩國所帶來的國難（calamities）有多大，這麼許多來自各國的明智的先生與女士齊聚一堂，用科學的方法來研究並討論國際事務，總會能得到一些好的結果的。

　　胡適提醒與會的代表，不要因為這個小小的勝利，就以為這個會議接下去就會一帆風順：

175　"Greene Is Host to Delegates of Pacific Meeting," *The China Press*, November 2, 1931, p. 1.

176　"Pacific Talks Open with Sign of Amity," *The New York Times*, October 22, 1931.

177　G. E. Hubbard, et. al., to Hu Shih, October 24, 1931，「胡適外文檔案」，E413-1。

178　"Institute of Pacific Relations," *The North China Herald and Supreme Court & Consular Gazette*, October 20, 1931, p. 100.

在這會議的第一天，讓我們都要清楚地理解我們的問題以及我們的工作。這些是國家與人民的問題。我們的工作是為國家和人民思考問題。為國家或世界作思考是一件最神聖的託付、也同時是最讓人戰戰兢兢的（perilous）的任務。

用一個中國聖人〔注：孔子〕的話來說，這是「一言可以興邦、一言可以喪邦」的工作。我們要作好這個工作，就必須絕對地擯除（guard）私人與國家的成見，鄭重地下定決心，絕不讓我們的偏見與感情影響到我們的思考、扭曲我們的判斷。我們齊聚一堂的目的不是來訕笑或致哀，而是要瞭解；不是來施教，而是來一起思考、交換意見。只有用謙卑求真的精神，我們才可能期望有所收穫。[179]

胡適說得不錯，大家不能高興得太早。就在他作了開幕致詞的第二天，日本代表團的秘書齋藤惣一，要求胡適修正他在開幕致詞裡所用的一個詞。齋藤惣一在致「總會」主席顧林的信裡作了解釋：

我們注意到今天上午日本的報紙翻譯了胡博士昨天開幕致詞裡所用的一個詞，「統治者的愚蠢」。這個詞翻譯成日文以後，很可能會造成誤解（misunderstanding）與誤會（misapprehension）。

我今天早上跟胡博士提起這件事情的時候，他表示他很願意把這個詞改為「政治領袖的〔愚蠢〕」（of political leaders），因為他說這是他的原意。

我希望閣下在本屆年會論文集出版的時候，能責成編輯使用這個改正過後的詞。[180]

一如日本代表團所要求的，第四屆「太平洋學會」的會議記錄《太平洋問題，1931》（*Problems of the Pacific, 1931*）印出來的時候，果然是用「政治領

---

179 "Text of Speech by Dr. Hu Shih, President of the Conference," *The China Weekly Review*, October 31, 1931, pp. 336, 343.

180 Soichi Saito to Jerome Greene, October 22, 1931，「胡適外文檔案」，E413-1。

袖的愚蠢」，而不是胡適在致詞時所用的「統治者的愚蠢」一詞[181]。

　　事實上，如果日本代表團要抗議的話，中國的代表團也可以抗議。胡適的開幕致詞說得委婉到近於諂媚。明明是日本侵略，中國受害。他把它說成是「兩國的國難」。不但如此，為了不讓日本代表團難堪，他說到「統治者的愚蠢」的時候，是把中國也放進去作陪襯，把中日兩國的統治者各打五十大板：「日中兩國的代表後知後覺地醒悟過來，體認到不管其統治者的愚蠢為兩國所帶來的國難有多大。」當然，如果胡適這句話用的是「春秋筆法」的話，說不定他所謂的「愚蠢」，對日本而言，是侵略；對蔣介石而言，是「誤國如此，真不可恕！」——他1933年在保定聽蔣介石說他沒想到日本比他還瞭解湯玉麟、張學良的兵力以後在日記裡所說的話。

　　《紐約時報》記者的評論說得最好。他說，胡適所謂的「統治者的愚蠢」是一種慣用的二分法：一邊是邪惡的政府，另一邊是善良的百姓。這種二分法是不正確的。記者說那所謂的政府的邪惡或愚蠢也者，常常是百姓所製造出來而使政府不得不已的結果。我們不能輕言東京政府的邪惡或愚蠢，當我們很清楚地知道日本內閣所面對的問題，是如何去克制軍部的野心，以及那野心所煽動起來的民眾的民族激情[182]。

　　日本代表抗議胡適使用「統治者的愚蠢」這個名詞，只不過是第四屆「太平洋學會」更大的風波的一個序曲而已。中日兩國的代表會繼續在年會上爭辯，一直到日本在1939年停止參加「太平洋學會」的年會為止。事實上，中日兩國「太平洋學會」的代表各自為本國的利益在「太平洋學會」上交鋒，這已經不是第一次。1929年第三屆年會在日本京都召開的時候，兩國代表就已經因為滿洲的問題而交鋒過一次。第四屆年會的觀察家認為中國在京都會議的辯論敗北。

　　中日代表在1929年京都年會裡最大的辯論發生在11月5日。辯論的雙方，日本代表是松岡洋右，日本南滿鐵道株式會社的副總裁；中國代表則是燕

181　Bruno Lasker and W. L. Holland, eds., *Problems of the Pacific, 1931* (Chicago: The University of Chicago Press, 1932), p. v.

182　"The Shanghai Conferernce," *The New York Times*, October 23, 1931, p. 22.

京大學政治系的教授徐淑希。《紐約時報》的記者把徐淑希誤認為胡適。其實
胡適1929年沒去京都。他不是當年中國「太平洋學會」代表團的團員。《紐約
時報》報導那個論辯的情形：

今天會議的高潮，是南滿鐵道株式會社的前總裁〔注：誤，是現任副總
裁〕松岡洋右，用論辯徹底摧毀了（dialectical rout）胡適〔注：誤，是徐
淑希〕博士。松岡洋右正面迎擊的方法以及對史實的掌握，贏得了滿堂的
喝采。

根據《紐約時報》的報導，松岡洋右老實不客氣地對與會的代表說，如果
日本早知道李鴻章在日俄戰爭以前跟俄國訂立密約，嗾使俄國打日本，日本就
會在犧牲了十萬軍人、花費了二十億日圓的「日俄戰爭」以後，直接把滿洲併
入日本國土。松岡洋右反問：日本替中國贏得了中國在滿洲的主權，中國報答
了日本什麼？松岡洋右詰問：中國自己有力量抵抗俄國嗎？中國能保證不再出
現一個出賣滿洲的李鴻章嗎？他強調日本在滿洲的政策，是以滿洲作為日本與
俄國之間的緩衝。他說中國的政策應該是與日本合作，開發滿洲。

《紐約時報》的記者作結論說，許多與會的外國代表很驚訝日本對中國居
然有這麼強有力的答覆。這可能是中國代表到京都以前所萬萬沒有想到的[183]。

從1929年的京都會議到1931年的上海會議，情勢對中國更加不利。不但
「九一八」發生，而且日本代表團已經變成了日本政府的辯護團。比如說，東
京帝大法學教授高柳賢三在年會上所作的〈太平洋的外交機制〉的報告裡就暗
喻中國根本就不是一個主權的國家：

我的一個朋友——不是日本人——是一個很有名的法學家，也同時是一
個對法律哲學具有深厚興趣的朋友。他力主「法人」（corporate
personality）理論，認為「法人」理論的基礎是建立在實際之上。那個理
論堅持「法人」的存在，並不是因為他人認定這個「法人」是存在的，而

183　Hugh Byas, "Japanese Retorts to Chinese Attacks," *The New York Times*, November 6, 1929, p. 14.

是因為它確實是存在的。他把這個理論拿來審視中國。他認為這世界上沒有「中國」這個東西存在，因為國家的「法人」必須建築在其有政府存在的基礎之上。這是「法人」理論邏輯引申出來的結論。根據他的理論，沒有政府的存在，那就不是一個國家。從這個理由來看，中國就不是一個國家。

高柳賢三說他個人並不同意這個理論。他只是要指出這個法學專家的主張是有理論根據的。接著，高柳賢三就從條約、政治組織、實際情況等等討論「主權」的定義。最後才拐彎抹角地回到中國是否一個主權國家的問題：

　　然而，有關法律理論的問題，即使〔上述〕這些情況存在，只要其他國家承認中國是一個主權的國家，我們可以視中國是一個主權的國家。這就是我的看法。[184]

日本代表團為日本政府辯護，咄咄逼人，寸步不讓。10月30日早上的圓桌會談（Round Tables）討論「中國的外交關係」，共分四組。第一組的主席是陳立廷。第四屆年會最大的衝突就在這一組發生。毫不意外地，這個衝突在「太平洋學會」的正式記錄上完全沒有。「學會」秘書在《太平洋事務》（*Pacific Affairs*）上所發表的描寫大會議程的文章只輕描淡寫。她說，大會幾乎因為一個誤會事件而破裂。原因是日本一位與會代表談論到中國主權的問題的時候，在用詞上引起了中國代表的誤會。一位中國代表後來就因此與日本代表引起衝突。最後，雙方為了友好的關係而道歉了事[185]。

這篇不著邊際的報告，等於什麼都沒說。那個發言讓中國代表生氣的日本代表究竟是誰？參加該次會議的人當然知道就是高柳賢三。後來的研究者，即

184　Kenzo Takayanagi, "Manchria—A Case Problem," Bruno Lasker and W. L. Holland, eds., *Problems of the Pacific, 1931* (Chicago: The University of Chicago Press, 1932), pp. 231-232；片桐庸夫，《太平洋問題調查會の研究》（東京：慶應義塾大學出版株式會社，2003），頁208。

185　Elizabeth Green, "Conference Trends in China: A General Indication of Round Table Discussion," *Pacific Affairs*, 5.1（January, 1932), pp. 17-18.

使沒去參加這個會議，也可以從他報告的主題而猜得出他究竟是誰。然而，跟日本代表起衝突的中國代表究竟是誰？後來究竟是誰道了歉？如何道歉？根本就語焉不詳。

幸好，我找到了一篇美國的新聞評論，內容極為火爆。雖然筆調詼諧、輕描淡寫，但中日雙方拳頭相向的景象躍然紙上。這篇評論發表在美國《聖地牙哥聯合報》（*San Diego Union*）上。我看到的剪報，是藏在美國國務院的「遠東事務科」的檔案裡。這篇評論在詼諧的筆調下，刻畫出人類赤裸裸的民族仇恨不是學養所能沖淡的。

這篇評論連標題都詼諧：〈當和平主義者拳頭相向〉（When Pacifists Fight）。英文「太平洋學會」裡的 "pacific" 也有「和平」的意思。因此，也可以把這個學會稱之為「和平主義學會」。作者這個「和平主義者」相關語的妙用，讀者在看了內文以後，會拍案叫絕：

　　和平主義危險的一面，典雅地展現在上星期在上海召開的「和平主義〔太平洋〕學會」上——當中國太平洋學會的總幹事陳立廷先生，坦白地說出他對日本和日本人的看法。

　　陳先生耶魯大學畢業，哈佛大學研究，但他也是一個支那人〔注："Chinaman"，當時美國還是慣用這個貶詞來稱呼中國人〕。當會議討論到日本、中國、俄國、滿洲的時候，陳先生雖然滿腦子的學問，但畢竟還留著一丁點兒的空間。他就讓他的國家觀念（nationality）擠進去了。陳先生辯才無礙地歷數日本的不是。陳先生說所有日本的甜言蜜語都是廢紙一通。當日本代表對陳先生的過激表現表示憤怒的時候，陳先生就訴諸哈佛跟耶魯都不能打包票的語言。

　　會議頓時陷入拳頭相向（fisticuffs）的紊亂場面。這些以幫助滿洲恢復安寧為己任，而齊聚一堂的飽學締造和平之士，不得不宣布散會，因為他們連自己會議室裡的秩序都維持不了了。

　　我們無意貶低學術與冰冷邏輯的價值。那是理解國際事務所必須的。我們所要指出的是一個殘酷的（painful）事實：要解決這些問題，不能光靠學術與邏輯，即使問題的真相都弄清楚了。戰爭會發生，是世代的仇恨造

成的。這種民族仇恨甚至可以激使學者和初出茅廬的大學畢業生怒視對方為騙子或跳梁小丑（dog-faced dwarfs）。當這種赤裸裸的仇恨之心侵入了和平主義會議的理智氛圍裡的時候，它就讓這些立意締造和平之士，親眼看到遇到這些謎樣的問題，再超然、客觀的立場也束手無策。[186]

關於這個衝突事件，中文方面的資料闕如，至少我還沒找到。日文方面，片桐庸夫根據日本代表那須皓的記錄作了摘述。可惜，這個記錄是「紳士化」了的版本。根據這個摘述，陳立廷因為懷恨高柳賢三說中國不是一個主權的國家，他於是濫用主席的職權，沒按照「圓桌會談」所提供的討論資料，率爾批判日本在滿洲的行為、領土野心。他說日本的行為等於是學習第一次世界大戰前的德國。陳立廷發言以後，日本代表新渡戶勃然大怒，立即抗議。陳立廷訝異之餘，馬上表示歉意。他表示他只不過是陳述事實而已。然而，如果那樣傷害了日本代表團的感情，他願意為了保持大會的祥和之氣而致歉。沒想到日本代表團認為這是愈描愈黑的恥辱。於是決定當日下午全體退場杯葛會議。最後，是由親日的「太平洋學會總會」會長顧林出面斡旋。解決的方式，是由陳立廷寫謝罪書，胡適在會上宣讀以後，新渡戶表示接受道歉，與陳立廷握手，一場風波方才落幕[187]。

陳立廷這封謝罪書的原件，現存「胡適檔案」裡，茲翻譯如下：

胡博士：本人非常抱歉今天早上在會上的發言傷害了日本友人的感情。各位應該記得我當時即刻為自己無心的冒犯致歉。我在此請閣下以本屆年會主席的身分，向我的日本朋友保證：我是真心誠意地致歉；我收回一切玷污了「太平洋學會」所特有的敦睦的會風的言詞。[188]

---

186 "When Pacifists Fight," *San Diego Union*, November 2, 1931, Stanley Hornbeck Papers, Box 217, "Institute of Pacific Relations, 1929-1931" Folder，藏於美國史丹佛大學「胡佛檔案館」（Hoover Institution Archives）。

187 片桐庸夫，《太平洋問題調查會の研究》，頁220-221。片桐庸夫說這個風波發生在10月29日，誤。應該是30日。

188 L. T. Chen to Hu Shih, October 30, 1931，「胡適外文檔案」，E413-1。

高柳賢三這段拐彎抹角的話，目的當然是在暗示中國如果不是一個主權的國家，則它根本就沒有反對日本出兵滿洲的立場。胡適對高柳賢三這段話一直沒有表示過意見。一直到1932年10月初「國際聯盟」調查「九一八」事件的《李頓調查團報告書》公布，日本政府表示「中國不成一個有組織的國家」以及「中國自民國以來迄今日係近於無政府的狀態」以後，胡適才提起一年前高柳賢三——但不提他的名字——在「太平洋學會」會議上所說的這段話。他在1932年11月21夜所寫的〈統一的路〉裡說：

> 其實日本人攻擊中國不成一個有組織的國家的論調，是去年九月以後才起來的。起初不過是一、兩個阿世的法政學者倡出此說；十月中上海開太平洋國際學會，有一個日本代表提出此說，引起中國代表的責難。後來這位日本會員還當眾道歉，說他不過是引證一位英國法理學家的理論。他自己並不信此說！但日本的軍閥認此說為可以利用，在這一年之中，此種論調就屢次見於日本政府的公牘及宣言之中，成為日本侵略政策的唯一辯護理由了！[189]

其實，所有中日兩國在「九一八」以後的爭議，在第四屆「太平洋學會」的會議裡就已經浮現了。跟我們在此處的分析最相關的有兩點：第一、中國代表視「九一八」為日本的侵略，日本代表則堅持日本關東軍所採取的是自衛的行動。其次，中國代表希望把雙方的爭議交付「國際聯盟」仲裁，日本代表則認為西方人永遠無法理解滿洲複雜的問題，因此堅決主張中日當事國單獨談判[190]。

中國代表希望把雙方的爭議交付「國際聯盟」仲裁，而日本則堅持要中日兩國單獨談判。這種互相矛盾的立場是完全可以理解的。所謂「弱國無外交」。跟日本單獨談判，中國知道一定會吃虧。因此，中國希望有「國際聯盟」作後盾。日本的立場剛好反是。作為強國的日本對作為弱國的中國可以頤

189　胡適，〈統一的路〉，《胡適全集》，21.544。
190　片桐庸夫，《太平洋問題調查會の研究》，頁207-219。

指氣使。但如果弱國躲在其他強國之後，或者跟其他國家——不管大小——結合起來，就可以以眾敵寡，則日本不見得能夠討到便宜。

作為第四屆「太平洋學會」的主席，胡適所擺出來的姿態是超然的、具有政治家風範的。比如說，他對高柳賢三的理論，一直要到一年以後才以不指名道姓的方法，稱他為「阿世的法政學者」。更有意味的是，對解決滿洲問題的方法，胡適的態度接近於日本代表團的態度，亦即，由中日兩國單獨談判。

事實上，胡適對日本的策略，光是從「九一八」到1933年春天，就經過了三次的轉變。他自己在1933年4月11日所寫的〈我的意見也不過如此〉一文裡，就對這三次的轉變作了交代：

> 我在前年（1931）11月曾主張政府當局應該接受日本政府在國聯提出的五個基本原則，開始交涉。
>
> 我在去年（1932）6月曾公開作文主張政府應該表示願意依據上述五項原則，進行與日本交涉（本刊第5期，〈論對日外交方針〉）。我當時說，「交涉的目標要在取消滿洲偽國，恢復領土及行政主權的完整。」
>
> 到了今年日本拒絕國聯調解並且退出國聯之後，我不主張與日本交涉了。我深信，對日交涉無論取何種方式，必須不違背國聯在今年2月24日的大會上通過的報告書與建議案的原則。在日本沒有表示承認這些原則之前，中國對自己的人民、對世界，都有不同日本進行交涉的義務（本刊44期，〈我們可以等候五十年〉）。[191]

胡適說他在1931年11月「曾主張政府當局應該接受日本政府在國聯提出的五個基本原則，開始交涉。」丁文江在1935年說的一句話可以提供佐證，連月份都一致：

> 二十年〔1931〕十一月，胡適之先生寫了一封長信給宋子文先生主張及早和日本人交涉。我告訴他道：「我是贊成你的主張的。可是國民黨的首

---

191 胡適，〈我的意見也不過如此〉，《胡適全集》，21.616-617。

領就是贊成也不敢做。不能做的，因為他們的專政是假的。」[192]

日本政府所提出的「五個基本原則」是：

一、否認相互侵略政策及行動；
二、尊重中國領土之保全；
三、徹底的取締妨礙相互之通商自由以及煽動國際的憎惡之念之有組織的
　　運動；
四、對於滿洲各地之日本帝國臣民之一切和平的業務予以有效的保護；
五、尊重日本帝國在滿洲之條約上的權益。

　　胡適有所不知，一直到「國際聯盟」表決1931年10月24日的決議的時候，沒有人知道日本這「五個基本原則」究竟是什麼。日本代表不但拒絕透露其內容，而且堅持要把它們列入決議裡。「國際聯盟」的「理事會」（Council）拒絕。理由是「理事會」不可能對內容到底是什麼都不知道的「基本原則」進行表決，遑論把它們列入決議裡。這「五個基本原則」是10月26日——「國聯」決議過後兩天——才在東京公布的。更重要的是，日本後來在會議裡說，這「五個基本原則」只不過是作為討論的大綱而已，不是日本最後的要求。胡適更不知道的是，10月24日的決議並沒有通過，因為被日本否決了。而且即使日本沒有否決10月24日的決議，其決議裡的建議反映的是日本的勝利、中國的失敗：第一、中國要求日本立即撤兵，日本則堅持要到滿洲全境安靖以後方才撤兵。決議建議日本在三個星期內撤兵。第二、中國要求把中日雙方在條約上的爭議提交國際法庭仲裁，日本則堅持中日兩國單獨談判。決議建議中日兩國在日本撤兵以後盡速單獨談判[193]。

192　丁文江，〈再論民治與獨裁〉，《獨立評論》，第137號，1935年1月27日，頁21。
193　Sara Smith, *The Manchurian Crisis, 1931-1932: A Tragedy in International Relations*（New York: Columbia University Press, 1948），pp. 116-121, 135, 174; Christopher Thorne, *The Limits of Foreign Policy: The West, the League and the Far Eastern Crisis of 1931-1933*（New York: G. P. Putnam's Sons, 1973），pp. 136-137.

　　胡適跟丁文江都說了胡適在1931年11月寫信給宋子文，主張跟日本單獨談判。但他們都沒有告訴我們胡適在信裡究竟寫了些什麼。很幸運地，我們從胡適和他的美國朋友索克思在10、11月間一來一往的信件裡，知道胡適給宋子文的信用的就是索克思的主張。索克思在該年10月22日給胡適的信裡說：

　　我的判斷是：只要目前的條約關係存在一天，中日之間的爭執就是不可避免的。目前的辦法是維持不了的，即使雙方都有誠意，遑論是沒有誠意的時候。如果中國真有政治家存在的話，中日兩國應該坐下來好好討論整個滿洲的情況，應該跟日本重新定約，讓雙方都能經由在滿洲的合作而受益。

　　南京政府的政策，顯然是寄望「國聯」會對日宣戰或採取經濟制裁。「國聯」當然不能對日宣戰，但它想把情況操作到把美國捲入對日作戰。我可以跟你保證美國絕對不會捲入跟日本或者任何其他國家的戰爭。美國的輿論反對戰爭。我認為如果任何一個美國總統敢對外宣戰，全國必定譁然，他一定就會馬上被迫收回成命。這並不是因為美國人變成和平主義者，而是因為他們認為美國加入歐戰的結果，簡直是把他們推入了經濟的煉獄。因此，他們不但會反對任何戰爭，而且會反對捲入其他國家的事務。當然，美國同情中國。對中國的興趣也略高於其他國家。然而，這興趣不會強烈到勝過經濟不景氣所影響的心裡，以及美國人一般認為世界其他地方的問題不是他們的問題的心態。194

胡適在11月29日的回信裡說：

　　多謝你10月22日的來信。我把那封信的前半段割下來寄給宋子文，並附上我自己的一封信，好好地教訓了他。我的信裡引了中國一個智者〔注：孔叔〕在公元前653年對他的國君〔注：鄭伯〕所說的一句話：「既

194　George Sokolsky to Hu Shih, October 22, 1931, George Sokolsky Papers, Box 64, Folder 10，藏於美國史丹佛大學「胡佛檔案館」。

不能強，又不能弱，所以斃也。」你可以猜得出來我在那封信裡寫的意思。弱比強難，因為要一個弱國承認自己弱，要有很大的道德勇氣。對一個被愚蠢的宣傳吹捧到忘我的國家來說，其困難何止成倍。[195]

　　無怪乎胡適自己回憶說，他在《獨立評論》社成立的時候，對日本地立場溫和到大家都不能接受的地步。我在本章起始提到了蔣廷黻1932年1月28日，向《獨立評論》的成員提出了一個有關內政、外交方面的「大政方針」。胡適在當天的日記裡批評「這方針不甚高明。」在蔣廷黻這個「大政方針」裡有一項是針對日本：「二、三十年內，中國需以親日為用，自強為體。仇日派只可在野活動，且不可過烈。」胡適顯然也擬了一個對日方案，比蔣廷黻的更為溫和。用胡適自己的話來說：

　　「九一八」事件發生之後不久，我們一二十個朋友曾幾次聚會，討論東三省的問題。我們公推蔣廷黻先生起草一個方案，我個人也起了一個方案。廷黻的方案已夠溫和了，我的方案更溫和。大家討論了許久，兩個方案都不能通過；又公推兩位去整理我們的草案，想合併修正作一個方案。結果是整理的方案始終沒出現。[196]

　　就像胡適在〈我的意見也不過如此〉一文裡說的，他對日本的策略在1932年6月作了一個小小的修正，反映在他在6月13夜所寫的〈論對日外交方針〉一文裡。在那篇文章裡，胡適呼應天津《大公報》社論裡的主張，接受幣原喜重郎的「五個基本原則」與日本談判。當時，胡適跟《大公報》的談判立場的底線一致：「交涉的目標要在取消滿洲偽國，恢復領土及行政主權的完整。」這時的他，仍然主張根據幣原喜重郎所宣布的五項原則，與日本談判。但這時的他，已經加入了談判的目標必須要在取消「滿洲國」，恢復中國領土及行政主權的完整。

195　Hu Shih to George Sokolsky, November 29, 1931, George Sokolsky Papers, Box 64, Folder 10.
196　胡適，〈又大一歲了〉，《胡適全集》，22.293。

　　1932年6、7月間，胡適兩次參加行政院長汪精衛的談話會。兩次顯然都提出了以幣原喜重郎的「五個基本原則」為基礎，跟日本單獨談判的主張。第一次在北平。根據《申報》的報導，汪精衛在6月19日，邀請胡適、丁文江、蔣夢麟、陶孟和等教育界名流，在外交大樓午宴。研究解決學潮辦法，並側重外交問題，徵求意見[197]。7月10日的《申報》以及7月13日的《北華捷報》（*The North China Herald*）又報導：胡適之、丁文江、陶希聖等三十多名「學者」、「名流」，接受汪精衛的邀請，到南京研究教育、經濟、外交、財政等問題[198]。

　　一直到1932年秋天，胡適仍然相信幣原喜重郎的「五個基本原則」，是日本給予中國最優厚的談判基礎，渾然不知日本在「國聯」的代表，早在一年前就已經宣布：這「五個基本原則」只不過是作為討論的大綱而已，並不是日本最後的要求。他在9月15日致外交部長羅文幹的信上，還就這「五個基本原則」侃侃而談：

　　　我至今還以為中日問題應該直接交涉。六月間你們說是不可能，此時似又有直接交涉的可能了。不知道你們此時有何對付之策。我的意思以為，此時如果有人敢作直接交涉，其所得之條件，必較任何國際處理所能得之條件為更優。日本自幣原下台以後，所爭在直接處理遠東事件而不受第三方面之干涉。觀上海協定所爭之日軍撤退期限一點，我方代表讓步至四個月、至六個月，而卒不能將此條列入協定。及至我方受Lampson〔蘭普森，英國駐華公使〕之暗示，而不爭將此條列入協定。簽字之日，日本政府即下令於一個月之中撤完。此一前例，可耐人尋思。

　　　我以為我國必須決定一個基本方針：究竟我們是否有充分的自信心，決定和日本拚死活？如真有此決心作拚命到底的計畫，那自然不妨犧牲一時而謀最後的總算賬。

---

197 〈外交大樓中汪羅等會晤調查團〉，《申報》，第21265期，1932年6月20日，第3版。

198 〈學者會談救國〉，《申報》，第21285期，1932年7月10日，第3版；"China's Scholars in Conference," *The North China Herald and Supreme Court & Consular Gazette*, July 13, 1932。

如果我們無此自信力，如果我們不能懸知那「總算賬」究竟有多大把握。那麼，我們不能不早早打算一個挽救目前僵局的計畫。

說的更具體一點，我們的方式應該是：「如果直接交涉可以有希望達到一、取消滿洲國；二、恢復在東北之行政主權之目的，則我們應該毅然決然開始直接交涉。」此方式既定，可使有吉〔注：有吉明，日本駐華公使〕知之，亦可使全國人知之，可使世人知之。我六月間所謂政府應宣言願意交涉，即此意也。[199]

胡適妄想跟日本直接交涉可以達到「取消滿洲國」、並恢復「東北之行政主權」的目的。這是癡人說夢。無論如何，半年以後，胡適的立場就大大不同了。1933年初，在日本拒絕國聯調解並且退出國聯之後，胡適就不主張與日本交涉了。胡適的理由是：「我深信，對日交涉無論取何種方式，必須不違背國聯在今年2月24日的大會上通過的報告書與建議案的原則。在日本沒有表示承認這些原則之前，中國對自己的人民、對世界，都有不同日本進行交涉的義務。」[200]

胡適這段話，說得太過精簡。若要瞭解其來龍去脈，需要進一步的分析。由於胡適對「國聯」的調解寄以厚望，我們可以從他對這個調解過程所寫的文章，相當清楚地看出胡適對日立場的轉變。《李頓調查團報告書》（*Report of the Lytton Commission*）在1932年10月2日公布。胡適在看了這個報告書以後，立即在10月4日夜寫成了〈一個代表世界公論的報告〉。顧名思義，胡適讚許這個報告。他在為《外交月報》所寫的〈序文：胡適之先生對於《國聯調查團報告書》之簡評〉裡說：

二千五百年前，有位古人對他的國君說：「既不能強，又不能弱，所以斃也。」在那個時代，有一位二等強國的君主也說：「既不能令，又不受命，是絕物也。」

199　胡適致羅文幹，1932年9月15日，《胡適全集》，24.145-146。
200　胡適，〈我的意見也不過如此〉，《胡適全集》，21.616-617。

　　我們現在討論國聯調查團的報告書，不可不先想我們自己應取的態度。我們若是「能強」，自然我們可以命令人，還怕誰的侵略？我們若有別的法子可以達到收回失地、恢復主權的目標，我們自然不用求助於國聯或他種國際的調處。我們既然走上了國聯調處的路子。此時考慮這個報告，只應該平心討論報告書中提出的辦法是不是可以幫助中國達到這個「收回失地，恢復主權」的目標。

　　依我個人的觀察，這個報告書在大體上是很公平的。其中提出的方案雖然未免有牽就事實的地方，大致都是慎重考慮的結論。當作國際調處的方案，我認為是可以接受的。其中當然有應該保留之點，例如東三省自治新制應該規定試行年限及將來改變的手續。[201]

　　由於胡適希望中國接受《李頓調查團報告書》，他為之所作的辯護當然有牽強的地方。就以胡適在這篇序文裡所提到的「滿洲自治」為例。胡適在此處說：「東三省自治新制應該規定試行年限及將來改變的手續。」然而，他在〈一個代表世界公論的報告〉一文裡，則完全認為可以接受。他的理由有三。第一個理由：

　　這樣的一個自治省政府，我看不出有什麼可以反對的理由。調查團的五位團員之中，三位（英、德、美）是從聯邦國家來的。大概他們都假定中國的政治制度的演變總免不了要經過一種聯邦式的統一國家。他們想像中的東三省自治政府，也不過是聯省政府之下的一個自治省。

　　把「滿洲自治」的建議，歸結到是因為五位調查團中有三位是來自於聯邦制的國家。這是可以令人瞠目結舌的推論。胡適一向認為中國是適合聯邦制度的。我在《日正當中》裡，就已經分析他早在1922年跟陳獨秀辯論中國是否是半封建、半殖民地社會的時候，就已經提出了以「省自治」作為基礎來建立一

201　胡適，〈序文：胡適之先生對於《國聯調查團報告書》之簡評〉，《外交月報》，1卷4期，1932。

個「聯邦統一國家」的論點。從這個角度來說，胡適在此處為「李頓調查團」所建議的「滿洲自治」的辯護，其實也等於是用它來澆自己聯邦論的塊壘。

第二個理由：

　　有些論者因此就說調查團的提議是主張把東三省畫出中國範圍之外。這未免有點冤枉調查團了。調查團的建議，正是要說：這三省是已經被人家用暴力畫出中國範圍之外了。現在也許可以用這個自治省的方式使他們重新回到中國範圍之中。

事實上，這第二個理由，接著就被胡適的第三個理由給否定掉了，亦即，日本絕對不會讓滿洲以自治省的方式回歸中國：

　　第十章內又主張東三省自治政府之下可以雇用相當數額的外國顧問。其中，日本人民應占一重要比例。自治政府又可以從國聯行政院所擬的名單中，指派兩個不同國籍的外國人員來監督警察及稅收機關。前一項是很遷就現在「滿洲國」的局面，後一項卻是想用他國人員來稍稍打破那日本顧問包辦三省政治的局面。並且想開創一個雇用外國專家的新局面。在事實上如果辦得到，我以為這種國際顧問的辦法，在一個「好政府」之下是有利益的。但我們可以預料日本人一定要用全力反對這後一項提議的。

用外國顧問在滿洲締造一個「好政府」！這又是胡適用來澆自己「好政府主義」塊壘的作法。只是，就像他自己所指出的，即使在外國顧問中「日本人民應占一重要比例」，但因為「指派兩個不同國籍的外國人員來監督警察及稅收機關」的原因，「日本人一定要用全力反對這後一項提議的。」如果是這樣，滿洲如何能用自治省的方法回歸中國呢？

事實上，胡適在寫這一篇文章的時候，自己心裡有數。日本接受「李頓調查團建議書」的可能性是幾乎等於零的：

　　以上我們所討論的，其實都是枝節的問題。那真正根本的問題還是：日

本的侵略主義者能不能接受國際調處的原則？荒木陸相與內田外相早已一唱一和的明白向「國聯」挑戰，並向世界挑戰了。司汀生〔Henry Stimson，美國國務卿〕所謂「全世界的道德的貶議」昨晚上已經向全世界發表了。整個文明世界的道德制裁力，已到了千鈞一髮的試驗時期了。

如果這樣嚴重的全世界公論的制裁力，在這個絕大危機上還不能使一個狂醉了的民族清醒一點。那麼，我們這個國家，和整個文明世界，都得準備過十年的地獄生活！202

1933年2月24日是關鍵的時刻。「國際聯盟」大會要在當天表決「國聯」以《李頓調查團報告書》為基礎的〈建議案〉。如果各國齊聚日內瓦的代表屏息以待，胡適更是如此。他在2月21日所寫的〈國聯報告書與建議案的述評〉一文裡，特別在竣稿日期之後加上「國聯大會開會之日」的字句。胡適在這篇文章裡，略述了「國聯」這個〈建議案〉起草的經過。雖然這個〈建議案〉一再對日本妥協。比如說，因為日本的反對，這個〈建議案〉取消了邀請美國和俄國參加調解委員會的建議。然而，胡適感覺欣慰的是，這個〈建議案〉基本上是採用了《李頓調查團報告書》的結論。因此，他說：

　　我所以那樣稱許李頓報告，因為我們知道那個調查團裡有顯然袒護日本的人。居然能全體一致簽字於一個很明白指斥日本理屈的報告書裡，使此次爭端的是非大白於世界，不能不說是世界正誼的最大勝利。李頓報告書公布之日，我們料到世界的觀聽一定可以漸趨一致，雖有一千個Bronson Rea（滿洲國的美國顧問），雖然有一萬個新渡戶，雖有一百萬個松岡洋右，都不能減低歐美國家對於公斷人的信仰了！

胡適有所不知，《李頓調查團報告書》之所以會「全體一致簽字」的原因，並不是那些「袒護日本的」委員具有「世界正誼」，而是李頓讓步的結果。這是因為調查團裡的法國代表克勞戴爾（Henri Claudel）本人認為「滿洲

202　胡適，〈一個代表世界公論的報告〉，《胡適全集》，21.518-526。

國」是一個既成事實，必須接受。而且法國政府給他的訓令，是絕對不可以得罪日本。因此，克勞戴爾堅決反對在報告書裡有任何暗指日本為侵略國的文字。《李頓調查團報告書》是一份妥協的報告。李頓考慮他是否要另寫一份異議報告書。幾經盤旋遲疑以後，他決定妥協簽字[203]。

胡適雖然不知道這個內幕，但他也很清楚日本是不會接受「國聯」這個〈建議案〉的。他很頹喪地說：

> 照現在事實上的趨勢看來，日本已決定不接受國聯的建議案了，已公然宣布要脫離國聯了，已公然大舉進攻熱河了。在此形勢之下，國聯的建議不待大會的通過，早已被日本拋入廢紙堆裡去了。

只是，胡適還是不放棄最後一絲絲的希望。他衷心期待「國聯」能夠挺起脊梁起來。在日本拒絕以後，根據「國聯」的盟約制裁日本：

> 但國聯的權威與尊嚴在今日已到了最後的試驗時期，國聯既已代表世界公論發表了這一篇最明確又最嚴重的判斷，不應該不採取相當的步驟，使這「全世界的道德的貶議」有一個可以發生效力的機會……我們希望今日開會的國聯大會不但通過這個正義的報告與建議案，並且立即宣告日本的戰爭行為已足夠構成盟約第十六條所規定的犯罪行為：「應即視為對於所有國聯其他會員國有戰爭行為。」第十六條所規定的「制裁」的方法，國聯大會應即宣告已到適用的時期，並應即採取有效的步驟，計畫此種制裁方法的實施。
>
> 昔者，威爾遜總統曾宣言，要使民治在這個世界可以安全。今日之事已不僅是中國與日本的衝突了。今日之事乃是日本與世界正誼的作戰。國聯的責任是要使人類在這世界可以安全！[204]

203　Christopher Thorne, *The Limits of Foreign Policy*, pp. 277-283.

204　胡適，〈國聯報告書與建議案的述評〉，《胡適全集》，21.582-590。

　　胡適注定是要失望的。2月24日「國聯」〈建議案〉的表決，以42票贊成，日本唯一一票反對，泰國棄權。由於日本是訴訟國，其所投的票不能算在正反的任一方，所以算是全票通過。胡適說：「我們希望今日開會的國聯大會不但通過這個正義的報告與建議案。」他這個祈望是獲得了。但是，他知道、但料想不到真會發生的震撼彈，日本真的拋出了。日本首席代表松岡洋右在表決以後，作了一個慷慨激昂的演說。隨即率領日本代表團集體離席[205]。3月，日本正式宣布退出「國際聯盟」。胡適寄望「國聯」制裁日本，可是日本乾脆退出「國聯」，誰都奈何它不了。

　　在「國聯」通過〈建議案〉以前，日本已經變本加厲。1933年1月3日，日本占領「山海關」。接著就宣稱熱河是「滿洲國」的一部分。根據胡適的描述：「今年元旦的山海關事件又是『九一八』事變的縮影。少數的敵兵黑夜爬城，也就可以使中國軍隊驚惶失措。一晝夜的接觸，『天下第一關』就入敵人之手！」[206]

　　日本占領「山海關」，又覬覦熱河，引起中國全國的憤怒。2月16日，「東北熱河後援會」在北平「外交大樓」開成立大會，胡適被選為理事之一[207]。3月2日，胡適白天才去開「東北熱河後援會」。晚上就在張學良的晚宴上聽說南淩已失[208]。3月3日的日記：「到後援會。這時候大家都知道淩源丟了。《大公報》說赤峰也丟了。」[209] 3月5日的日記：「昨日進承德的日本先鋒隊只有128人。從平泉衝來，如入無人之境！」[210]用胡適在〈全國震驚以後〉一文裡的描述：

　　　　元旦以來，重兵十幾萬雲集灤河東西。熱河的必被侵攻是人人皆知的，
　　　　然而榆關方面毫無反攻計畫；直到日兵已大舉進攻熱河了，榆關方面的十

205　Christopher Thorne, *The Limits of Foreign Policy*, p. 336.

206　胡適，〈全國震驚以後〉，《胡適全集》，21.593。

207　〈東北熱河後援會成立〉，《申報》，第21498期，1933年2月18日，第8版。

208　《胡適日記全集》，6.651。

209　《胡適日記全集》，6.652。

210　《胡適日記全集》，6.654。

萬大兵也始終沒有反攻榆關進兵綏中，以牽掣日軍後路的計畫。日軍孤軍深入，絲毫沒有顧忌。正因為敵人眼裡早已不看見那十幾萬的正式軍隊，更不看見那號稱十幾萬的義勇軍。日軍一晝夜衝鋒五十英里，因為他們經過的是雖有人而等於無人的土地！一百二十八個日本先鋒衝進了承德，十幾萬的中國大兵就總退卻了！[211]

雖然事實證明了「國聯」全票通過的〈建議案〉——胡適所謂的全世界的輿論——是一隻紙老虎，胡適仍然不死心。他在1933年3月27日寫的〈我們可以等候五十年〉反對中國政府跟日本單獨談判。於是，胡適對日策略當如何第三次的轉變——從主張單獨談判但以取消「滿洲國」為目標，到反對單獨談判——於焉形成。值得注意的是，他反對的理由，不是為了中國，而是為了不要辜負了美國與「國際聯盟」仗義執言的「口惠」。第一：

> 我們要對得住國聯和美國的「不承認主義」〔non-recognition doctrine〕。
> 美國政府去年1月7日曾正式宣布：
> 凡用違反1928年8月27日巴黎（非戰）公約的規定與義務的方法而造成的局面、條約、或協定，美國均不承認。
> 去年3月11日國聯大會的五十個國家也通過了這樣的決議案：凡因違反國聯盟約或巴黎公約之方法而造成的局面、條約、或協定，國聯會員國有不予承認之義務。
> 這就是所謂「不承認」主義，有時也叫做司汀生主義……
> 司汀生的話，有許多中國人和日本人也許至今還很懷疑。這種懷疑也很自然，因為現在已有「全世界的道德的貶議」了，然而侵略者的暴行並沒有因此減輕了一分一毫！可是我們不能這樣性急。向來國際的關係總是承認一個已成的局面的。這一回的司汀生主義確是開了一個「國際公法從來未曾有過的」的新局面：就是不承認用暴力造成的任何局面。這是一種新的政治理想，它的成功與失敗是關係全世界人類的前途的。這種新的政治

211　胡適，〈全國震驚以後〉，《胡適全集》，21.593。

理想的第一次試驗的場所就是我們的東北四省。我們對於這種理想主義儘管懷疑，可是無論如何，我們決不應該自己首先跪下來，承認日本用暴力造成的而整個世界拒絕承認的局面。

第二個中國絕對不能跟日本單獨談判的理由：

我們不應該拋棄國聯。中國在這個中日衝突開始的時候，就根據國聯盟約第十一條，提出國聯行政院。在這十八個月之中，國聯的行動雖然引起了我們中國人不少的失望。但是平心論之，國聯在這一年半之中對中日衝突案的努力，是值得我們全國人的深刻的感謝的。假如沒有國聯的受理，這個衝突在舊日國際公法的原則之下只是中日兩國之間的衝突，別的國家盡可以趁火打劫，或者宣告中立，都沒有參預評判或調解的義務……

在國聯給了我們這種種援助之後，我們至少的限度的義務，是必須做一個忠實的國聯會員國。這就是說，我們必須遵守去年3月11日國聯大會通過不承認用暴力造成的任何局面的決議；必須遵守本年2月24日大會通過的報告書與建議案的規定，解決爭執的辦法必須不違反李頓報告書第九章的十項原則，必須與其他會員國一致在法律上或在事實上繼續不承認滿洲偽政權。

總而言之，國家的生命是千年萬年的生命。我們不可因為眼前的迫害就完全犧牲了我們將來在這世界上抬頭做人的資格。國家的生命是國際的、世界的、不是孤立的。我們不可因為怕一個強暴的敵人，就完全拋棄了全世界五、六十個同情於我們的友邦。[212]

然而，胡適才寫完〈我們可以等候五十年〉，反對中國政府跟日本單獨談判──他對日策略第三次的轉變。兩個月以後，他對日策略又發生了他後來就從來沒有再交代過的第四次的轉變──對日妥協。

胡適心知肚明，他在這一年來津津樂道的所謂的「世界正誼」、「世界公

---

[212] 胡適，〈我們可以等候五十年〉，《胡適全集》，21.606-609。

論」完全是一隻紙老虎。但他就是兀自一廂情願地把中國的未來賭在美國以及「國聯」的干預上。諷刺的是，就在他寫完〈我們可以等候五十年〉反對跟日本談判的同一天，1933年3月27日，他的美國朋友索克思也同時給他寫了一封信。這封信就造成了胡適對日政策第四次的轉變——對日妥協。索克思在那封信上說：

　　倚賴「國聯」或美國是冒險的，因為中國的福祉並不是「國聯」或美國所關注的。「國聯」所關注的是歐洲情勢的維持；美國所關注的是如何以不介入國際戰爭的方式來維護世界的和平機制。「國聯」或者美國，對中國一點用處也沒有。[213]

　　索克思這封信對胡適而言是個棒喝，提醒他不要太過一廂情願地倚賴國際的「口惠」。這個棒喝的結果，就反映在胡適對〈塘沽協定〉的反應上。5月31日，中國和日本簽定〈塘沽協定〉。中國軍隊撤出長城以南一百公里。這整個區域，包括北京、天津，都成為非戰區。在全國譁然的時候，胡適獨持異見。為了保存華北，他贊成與日本妥協。他在5月29日所寫的〈保全華北的重要〉一文裡說：在如何應付平、津與華北這個問題上有兩種主張：一種是主張是犧牲平、津與華北，「步步抵抗，決不作任何局部的妥協，雖有絕大的糜爛，亦所不恤。」另外一種主張，則是暫時謀局部的華北停戰，先保全華北，減輕國家損失。胡適說他贊成這第二種主張。理由有三：

　　第一、我認為這是為國家減輕損失。我不信失地絕對不能收復，但我深信此時單靠中國的兵力不能收復失地……如果此時的停戰辦法可以保全平、津與華北，這就是為國家減輕了一樁絕大的損失，是我們應該諒解的。
　　第二、我們必須充分明白平、津與華北是不可拋棄的……一、華北是中國的重要富源，是供給全國工業原料與動力的主要區域；二、中國已成的鐵路的絕大部分都在華北；三、天津的關稅收入在全國各口占第二位；

213　George Sokolsky to Hu Shih, March 27, 1933, George Sokolsky Papers, Box 64, Folder 10.

四、北平、天津是整個北方的文化中心，尤其是北平。六、七百年來，北方的文化所以還能維持著一個不太低的程度，全靠有個北京做個政治與文化的中心，在那裡集中著不少學者才人，從那裡放射出來不少的文化的影響……

胡適強調保存華北的重要，並不是要求偏安，並不是要犧牲全國的利益來讓華北得以倖存：

我只是要說：華北是應該守而勿失的，如還有可以保全的方法，我們應該盡心力去保全他。如能保全華北而不至於簽東北四省的賣身契，我們應該贊成這種辦法。萬一政府盡心嘗試了這種保全華北的和平努力，而結果終不能不使平、津糜爛或華北淪亡，在那種形勢之下，政府才算是盡了他的責任，他的失敗或許可以得華北人民與全國人民的諒解。

然而，胡適所以主張和日本妥協的第三個理由，就是索克思在信上給他的棒喝：

第三、平、津與華北的保全在國際上的意義是避免戰事的擴大而不可收拾。現在還有短見的人以為中、日衝突越擴大越好……他們妄想這樣擴大可以引起世界的注意，可以引起國際的干涉或制裁。這種見解是錯誤的。現在歐、美各國都用全力去對付他們最切身的幾個大問題（經濟問題、軍縮問題、歐洲和平問題），在幾個問題沒有解決之前，他們決不會有餘力來應付遠東的問題……世界大戰也許終究免不了，但現在決不是世界大戰起來的時機。我們試看蘇俄在北滿受了日本多少威脅……還不能不避免對日作戰，這不是應該可以使我們深省的教訓嗎？稍知英國政情的人，都可以明白英國決不會因她在華北的利益有被日本侵占的危險而出來向日本作戰……英國如此，別國更不用說了。[214]

---

214 胡適，〈保全華北的重要〉，《胡適全集》，21.644-650。

胡適從1931年到1933年，兩年之間，對日本的策略就轉變了四次。從妥協、到有條件的妥協、到不妥協、然後，又回到了妥協。無怪乎他在北京大學哲學系的同事徐炳昶，就認為胡適除了不主戰是確定的以外，提不出具體的主張。徐炳昶在1933年6月發表在《獨立評論》的一公開信裡說[215]：

> 大約是二十年〔1931〕一個冬天的夜間吧。我在先生的客廳裡面，我們談這個問題，我們意見相同的很多：戰必敗，戰敗的犧牲必異常的鉅大。並且比任何一次的犧牲全要鉅大。那是我們兩個完全同意的。

徐炳昶坦白說，他跟胡適談過多次，但胡適到底是主張什麼辦法？他坦承地說：

> 我捉摸不清。我只覺得每次先生對於一切，全異常悲觀。國家大事，豈可以一悲觀了之？以「無可救藥之樂觀派」自負並著名的胡適之先生，竟陷於徹底悲觀，豈不是很可痛哭流涕的事情？

胡適的問題，從徐炳昶的角度來看，是把希望完全寄望在日本自身的覺悟。換句話說，就是寄望日本政府能夠駕馭其軍部。用徐炳昶自己的話來說：「先生……很希望日本政客之能裁制政府。」徐炳昶看得比胡適清楚，日本政府已經被軍部控制了：

> 國難一起，我們就看出來這是日本軍閥對於其政黨極堅決的掙扎。他們雖不見得「中乾」，卻一定是「外彊」的。他們無論怎麼樣，絕不能把已經吞到肚裡的東西〔注：滿洲〕吐出來。就是把名義吐出來也不能。同幣原〔注：幣原喜重郎，日本外相〕談判的機會，先生及先生的同志很惋惜把它失掉。實在又何必惋惜？犬養毅〔注：日本首相，1932年5月12日

215 以下討論徐炳昶的公開信，除非另有徵引以外，是根據：旭生〔徐炳昶〕，〈和與戰（西安通信之一）〉，《獨立評論》，第52, 53號合冊，1933年6月4日，頁20-24。

遇刺身亡〕老頭子為什麼白晝被誅於相府，先生一定很曉得……像這樣深思積慮、一往直前地軍閥，先生卻希望能同幣原交涉成功。姑無論那樣名存實亡的條件，我們是否應該接受。即使應該接受，交涉順利，幣原喜重郎也不過先犬養毅而受誅於軍閥〔注：過去假設語氣〕，有何益處？

跟日本作戰一定要付出極大的代價，這點徐炳昶完全理解的。他說：

　　我又為什麼說：先生總是一個不戰派，我總只是一個主戰派呢？因為我覺得這樣的犧牲，才有意義；這樣的犧牲才有希望。先生或以為這是一種不負責任的高調。廢話！我以為日本現在世界人的心目中，已經成了臭蟲一個，沒有人不厭惡牠。不過牠帶了一身炸彈，逢人就拚，大家全有點怕牠。

徐炳昶有關犧牲這段話，是回應胡適在1933年4月11日所寫的所寫的〈我的意見也不過如此〉一文裡的一段話：

　　我不能昧著我的良心出來主張作戰。我不是說凡主戰的都是昧著良心。這只是說，我自己的理智與訓練都不許我主張作戰。我極端敬仰那些曾為祖國冒死拚命作戰的英雄，但我的良心不許我用我的筆鋒來責備人人都得用他的血和肉，去和那最慘酷殘忍的現代武器拚命。

針對董時進「拉夫」、拿大刀打日本的極端言論，胡適義憤填膺地反唇相稽：

　　老實說，我讀了這種議論，真很生氣。我要很誠懇的對董先生說：如果這才是救國，亡國又是什麼？董先生的「我們」究竟是誰？董先生是不是「我們」的一個？「他們」又是誰？董先生又是不是「他們」的一個？這樣無心肝的「我們」牽著「好對付，能吃苦，肯服從」的「他們」「上前線去死」──如果這叫做「作戰」，我情願亡國，決不願學著這種壯語主

張作戰！[216]

胡適這段話說得悲憫，不以百姓為芻狗。這段人道主義的話，任何人讀了都會為之動容。以當時中國落後的軍隊與日本配備有現代武器的軍隊作戰，無異以卵擊石，無異於驅民餵獸。問題是，當外敵已經打到家門口來的時候，不管是「卵」還是「民」，不管是「他們」還是「我們」，都是覆巢之下任人宰割的亡國奴。胡適話說得太滿、位置站得太高。他會回過頭來說類似的話——當然不是董時進那樣極端的話，而是徐炳昶說的話——只是時候未到、位置未到而已。

胡適問徐炳昶：「先生主戰，試問將何以戰？」徐炳昶的回答在在地說明了他完全不是胡適在〈我的意見也不過如此〉一文裡所嗤之以鼻的「慷慨激昂的『清議』」：「至於全國總動員，就可以打勝仗，就可以恢復失地，我卻從來沒有那樣的幻覺。」

徐炳昶對「將何以戰」的答案，就是後來蔣介石所用的、也是胡適在美國當大使作宣傳時所津津樂道的「以空間換取時間」的策略。用徐炳昶自己的話來說，這分成兩個階段。在第一階段，在沿海城市「步步為營，步步堅守。能守則守，不能守則退。守第一道戰線時，第二、三、四、五、六道的戰線能完全預備妥帖。」等退無可退，從沿海退到內陸以後，亦即第二個階段，就仿效共產黨抵抗國民黨剿共的方法，進行游擊戰。

這種策略，比後來蔣介石所用、胡適在美國所稱頌的長期抗戰的策略更要徹底。蔣介石的長期抗戰的策略是消極的，側重在不戰而退，保存精銳。徐炳昶的長期抗戰策略是積極的，每一場戰鬥，即使最後是撤退，都要敵人付出代價：「可是每一次他們總得出相當的代價，每一次他們所得的，不過十里二十里的土地。」不只如此，他在第二個階段的游擊戰策也是積極的：

> 採用共產黨抵抗中央軍隊的辦法，離續同他們作戰。你可以繼續著殺戮我們的人民、侵略我們的土地，我們卻不能任你安安生生的布置和享受你

216　胡適，〈我的意見也不過如此〉，《胡適全集》，21.617-618。

　　所得的戰利品……在這個時候，人民方面，就採取東三省馬賊──因為我
們說話的時後，「義勇軍的名字」還沒有用開──採取馬賊的辦法，同他
作游擊戰，擾亂他後路。這種辦法，先生不願主張，然而也承認有相當的
理由，想先生總也還記得。

　　徐炳昶說得很清楚，主戰並不表示無謂的犧牲。犧牲要有目的，犧牲要能
瞭解「天助自助之人」的道理：

　　中國自己的事情，中國還沒有表示出來全國拚命的意志，人家又為什麼
來拚命！中國國民現在最要的急務，就是要極堅決的表示出來，命是應該
由我們自己拚。我們就一點不辭讓的，不畏懼的去拚，一點不牽掣別人的
去拚……我們的目的並不為得他人的幫助，而歸結卻不患無人來幫助。並
且這樣的大攪亂，一定將世界各國在中國的商場毀壞無餘；他們在利害
上，也不能不出來說話。

　　徐炳昶所說的這幾段話，有些是胡適自己以前說過，而且後來又會一再說
的。有些則是胡適換了位置以後，會不自覺地說出來的。胡適在1933年說：
「我自己的理智與訓練」、「我的良心」都不許他主張人「用他的血和肉，去和
那最慘酷殘忍的現代武器拚命。」然而，一年前，他在1932年5月8日寫的
〈上海戰事的結束〉一文裡說：

　　十九路軍在淞滬一帶的三十多日的血戰，用熱血和愛國心替我民族一洗
無抵抗的奇恥。使敵人震驚，使全世界起敬，使中國人人感覺一種新的生
命，新的希望。雖然血肉搏戰終久抵不住世界最精的武器，然而這一個月
的抵抗可算是已為我們這個老病民族注射了一針返老還童的靈藥。[217]

　　1937年9月26日，胡適抵達美國舊金山，開始從事對日宣傳。當天下午

217　胡適，〈上海戰事的結束〉，《胡適全集》，21.460。

三點，他在「旅美華僑統一義捐救國總會」在「大中華戲院」的大會裡演講
〈中國抗戰的前途〉[218]。胡適在這個演講裡描述了中國戰士死守國土、全體犧牲
的一個例子：

> 　　國內無論前方或後方，現在都已得到一種新的經驗，新的訓練；這種新
> 的經驗、新的訓練，是國家民族生存的〔所〕不可少的。是由慘痛困苦和
> 巨大犧牲得來的，有幾個例子可以證明：第一，前線上的痛苦犧牲，真是
> 悲壯極了，往往整團整營的犧牲，沒有一個後退的。有一營守寶山的兵
> 士，曾經被圍，斷絕了接濟好幾天，各方都以為寶山是喪失了，廣播的消
> 息，也說寶山恐怕是失了，守城的兵士聽見這消息很奇異，設法和後方通
> 電話，說我們還死守著城，你們為什麼以為失陷了，全國聽到這消息，都
> 非常的感動，隔了幾天，寶山真的失守了，守城的將士全都死滅，這是何
> 種悲壯的精神。又如南口守軍，曾經整團死守一條戰壕，全團犧牲，也沒
> 有一個人後退。這種精神是以前所沒有的，是由痛苦犧牲中得來的民族生
> 存精神，可以教全世界知道我們是有決心求生存的精神，這是前線的故
> 事。

　　在四年前，胡適說他的「理智與訓練」與「良心」都不許他主張人「用他
的血和肉，去和那最慘酷殘忍的現代武器拚命。」現在，到美國去作宣傳的
他，則把這種用「血和肉」去和「現代武器」拚命的血淋淋的慘烈，美其名為
「一種新的經驗，新的訓練；這種新的經驗、新的訓練，是國家民族生存所不
可少的。」他已經全然忘卻了他四年前才義憤填膺地指責董時進，說他「無心
肝」，牽著「好對付，能吃苦，肯服從」的「他們」──亦即，被「拉夫」的
老百姓以及兵士──「上前線去死」。他當時甚至決絕地宣稱：「如果這叫做
『作戰』，我情願亡國，決不願學著這種壯語主張作戰！」
　　言歸正傳，在寫完了〈保全華北的重要〉以後，胡適就暫時停筆。他在6
月11日啟程南下。6月19日清晨，他所搭乘的郵輪離開上海。胡適此行，除

218　胡適，〈中國抗戰的前途〉，《胡適研究通訊》，2015年第2期，頁1-2。

了到美國芝加哥大學作「哈斯可講座」（Haskell Lectures）以外，還出席「太平洋學會」在加拿大班府所召開的第五屆年會。6月21日船抵神戶。次日到橫濱。日本「太平洋問題調查會」的浦松佐美太郎和高木八尺到碼頭迎接胡適。隨即一起坐車到東京。胡適在日記裡說：「六年前的荒涼景象〔注：胡適1927年歐遊返國，經過日本所見1923年東京大地震的破壞〕，今日都換了新式市街建築。都可令人驚嘆。」[219]

到了東京以後，胡適在日本「太平洋問題調查會」理事長新渡戶稻造（Nitobe Inazō）的安排之下，和十一位日本「太平洋問題調查會」的成員晚餐，並在餐後舉行了即將召開的第五屆「太平洋學會」的年會的中日雙方的磋商。胡適在當天的日記裡摘要了他談話的主旨[220]：

　　我的主旨是：以前到〔太平洋學會開〕會的日本代表總是規避滿洲問題，甚至於正式請求將此問題避開；而中國代表則處處拉入此問題。所以可說是一種「捉迷藏」的把戲。我說，中日問題是太平洋問題的中心問題，無法可以規避。不如老實承認此問題。大家開誠討論，也許可以想出一個解決方法。

　　我提議兩種方式：一、由中日兩團各推若干人，開特別會議，研究解決方案；二、由太平洋理事會推出一個「中日問題特別委員會」，於各國代表團推出若干公正學者組織之，開特別會議。此項委員會或於大會其中報告，或可長期存在。大會完後，仍可繼續研究，俟有結論時報告於理事會。

在幾番往返討論後，除了第三屆京都會議時所採行的中日小組會商的方式以外，高木八尺又提議除了中日代表之外，再加入三四個中立國代表。胡適於是說：

　　總結起來，有四種會商方式：

　　一、中日兩團各推若干代表會商，不加外人；

　　二、太平洋理事會推出特委會，其中可有中日代表；

　　三、中日兩團中人非正式的作小組會議，如京都大會時辦法；

　　四、中日兩團各推代表若干人，並推他國學者三四人加入。

　　胡適說，當天與會的日本「太平洋問題調查會」的資深成員都主張第一、第三個方案，亦即，中日單獨會商。日本代表不贊成胡適所建議的第二個方式，因為「怕變成第二個Lytton〔李頓〕調查團。」

　　胡適在芝加哥大學所作的「哈斯可講座」，我在第三部的第二章裡已經分析過了。跟此處的主題相關的是從 8 月 14 日到 26 日在加拿大的班府所召開的第五屆「太平洋學會」的年會。作為中國代表團的首席代表，胡適在開幕當天的晚宴裡致詞：〈太平洋學會的行為準則〉（On an I.P.R. Philosophic Code）。胡適說由於自己的專業是哲學，他就提兩個「行為準則」作為茶餘飯後的哲思。準則第一條：「在開年會的時候，不要視自己只是一個國家的代表，而是『太平洋學會』的一分子，致力於『研究太平洋國家的問題以便增進各國關係』。」胡適解釋說，會讓他訂出這一條準則的原因，是因為日本代表新渡戶在第四屆上海年會結束的時候，給各國代表的一句致別詞：「我們在參加會議的時候，是以國家代表的立場發言。等我們離會以後，我們就應該以『太平洋學會』的立場發言。」他覺得那是不夠的。他認為代表不管在會場上、或是在會後，都應該以「太平洋學會」的一分子來作思考與發言。

　　準則第二條：「在開年會的時候，我們都應該訓練自己用科學方法來思考。」這是因為在討論國家與國際問題的時候，科學方法就意味著負責任的思考。胡適沒有直舉孔子的名字，也沒有直引孔子的話。但是，他所要說的，就是他在第四屆「太平洋學會」開幕致詞裡所說的那句：「一言可以興邦，一言可以喪邦。」

　　胡適致詞說得很委婉，因為他不願意讓東道主難堪。他在楬櫫他的「行為準則」之前說：

今晚我們是加拿大「太平洋學會」的客人。我應邀代表中國代表團致詞。在座一定有人會預期，作為中國代表團的代表，我可能會發表一篇說明中國在遠東最近的爭端裡的立場的演說。如果有這樣的預期的話，這個預期是不會實現的。如果我利用這個機會來作政治宣傳的話，我就是濫用了今晚主人盛情給我講話的特權。[221]

如果胡適擺出的，還是他在第四屆上海年會所展現的超然、具有政治家風範的姿態，日本的代表也仍然像在上海年會時一樣，老實不客氣地為日本的政策作辯護。日本代表在班府，是用以攻為守的策略來為日本辯護。比如說，日本代表團團長新渡戶就用日本天然資源匱乏作為理由，來為日本向外擴張的政策作辯護。他在年會開幕的致詞裡，強調當時的國際糾紛都有其經濟的根由。有些國家人口稀少卻地大物博，而有些國家則地狹人稠。這種國際分配不均的事實，再加上各國經濟保護政策的結果，就在地狹人稠的國家裡造成了一種心理，認為唯一能夠確保其經濟安全之道，就是用兼併的方法，來締造自己的經濟勢力圈。這種政策發展至其邏輯的極至的結果，就是世界被劃分成為許多各自獨立的經濟勢力圈。它們之間的競爭，將會為人類帶來極大的災難[222]。

表面上看起來，新渡戶是在苦口婆心地警告大家，說如果不未雨綢繆的話，世界大戰的災難就要發生。他提醒各國不要讓經濟勢力圈之間的競爭導致世界大戰。實際上，他是在呼籲西方國家給予日本足夠的發展空間，否則日本反彈的後果就會不堪設想。他的「經濟決定論」真正要說的有兩點。第一、呼籲英國與美國要讓利。呼籲前者不要在英國的殖民地，後者不要在美國本土築起關稅的壁壘，使得日本的產品無處可銷。第二、日本是一個地狹人稠的國家，而每年又以八十萬新人口的速率增加著。日本需要有國外的空間來吸收其過剩的人口。如果西方國家不讓日本的產品進入其市場，日本就只有用向外擴張的方法，來解決其人口過剩的問題。換句話說，從新渡戶的角度來看，西方

---

221 Hu Shih, "On An I.P.R. Philosophic Code,"《胡適全集》，37.9-14。

222 轉引自 Klaus Schlichtmann, *Japan in the World: Shidehara Kijuro, Pacifism, and the Abolition of War*（Lanham, MD., Rowman and Littlefield Publishers, Inc., 2009）, p. 128。

國家不能又要日本不外銷，又要日本不外侵；它們總要給日本一個出路。

日本代表另外一個以攻為守的策略，是提出一個有別於「國際聯盟」的「太平洋區安全保障條約」的主張。由於日本已經在1933年3月退出了「國際聯盟」，這是日本代表團反將「國際聯盟」一軍的一招。這篇〈太平洋區安全保障條約〉（A Security Pact for the Pacific Area）是由高木八尺和橫田喜三郎具名提出的，但其主旨在會前已經得到日本政府的首肯[223]。這篇文章不但接受了非戰公約，而且接受了美國國務卿司汀生針對「九一八」事件所提出的「不承認主義」。它所提出來的維持和平機制，是由太平洋區的國家，亦即，中國、日本、美國、法國、英國，以及俄國，定期召開會議解決爭端。

第五屆「太平洋學會」的論文集收錄了高木八尺和橫田喜三郎這篇〈太平洋區安全保障條約〉。它除了擬具了條約的條款以外，並逐條作了注解。然而，這篇看似防止用戰爭的手段來解決爭端的條約，其實保留了許多允許使用戰爭手段的「但書」。比如說，條約「第二款」：「簽約國相互約定不進攻或侵略互相的疆土、絕不互相訴諸戰爭。」然而，注解提出了例外：

> 由於遠東有些地區極其紊亂，我們似乎應該明確地說明為了保護在外僑民，國家可以介入那些地區。國際法裡有一個通行的原則，亦即，一個國家在其住在外國的國民的生命財產受到威脅的時候，有權進行干預。由於有些地區混亂的情形，這種干預不但可能是經常的，而且甚至會使用武力。當然，武力干預常常是國際爭端的原因，必須盡量避免。然而，如果完全禁止，則又走入極端，特別是在遠東地區。因此，我們認為為了避免濫用，武力干預在某些情況之下應該許可。無論如何，條約「第二款」並不應該被視為是絕對地禁止武力干預，而是在某種情況之下可以被允許的。[224]

223　Tomoko Akami, *Internationalizing the Pacific: The United States, Japan and the Institute of Pacific Relations in War and Peace, 1919-1945*（London and New York: Routledge, 2002）, pp. 194-195.

224　Yasaka Takaki and Kisaburo Yokota, "A Security Pact for the Pacific Area," Bruno Lasker and W. L. Holland, eds., *Problems of the Pacific, 1933*（Chicago: The University of Chicago Press, 1934）, pp. 441-450.

　　事實上，高木八尺和橫田喜三郎在看似客觀、中立的法律文字之下，隱去了他們真正的主旨。要知道這個真正的主旨，就要看高木八尺在開會前一年在《太平洋事務》（*Pacific Affairs*）上所發表的〈世界和平機制與亞洲門羅主義〉（World Peace Machinery and the Asia Monroe Doctrine）一文。高木八尺在這篇文章裡說[225]：

　　蕭特威爾（Shotwell）教授〔注：James Shotwell，美國哥倫比亞大學政治學教授〕在討論〈克羅格─布萊恩條約〉（Kellogg-Briand Treaty）〔注：1928年簽署的非戰公約〕裡所包括的非戰條款時說得好：「如果我們要有世界和平，那是因為這個世界已經到了一個轉捩點，文明社會需要和平以維持其生存，而且認為戰爭已經不是一個達成那個目的的方法。」他在最近又發表了他的看法，說「我們已經告別了（turned a corner on）十九世紀。」我覺得在建立世界和平機制這個問題上還有兩個重要的問題。第一、就像他自己也指出的，是不是所有這個世界上的國家都符合了「文明的社會」的標準？這似乎是世界和平機制所必須面對的一個根本的問題。第二、是不是所有領袖國家都已經真正地「告別了十九世紀」？

　　高木八尺所提出來的兩個「重要的問題」，第一個是針對中國，第二個則是直指西方國家，特別是美國。第一個問題：「是不是所有這個世界上的國家都符合了『文明社會』的標準？」他雖然沒有明說中國不是一個「文明的社會」，但他形容中國「不穩定」卻又「極端民族主義」。然而，我們如何來管制一個「不穩定」卻又「極端民族主義」的不「文明的社會」呢？高木八尺的「世界和平機制」就呼之欲出了：

　　蕭特威爾教授所提到的世界和平機制的第一個先決條件，亦即，符合文明社會的條件。在內政方面，沒有一個人會懷疑，為了公眾的福祉，維持

---

[225]　以下分析高木八尺的主旨，是根據：Yasaka Takaki, "World Peace Machinery and the Asia Monroe Doctrine," *Pacific Affairs*, 5.11（November, 1932）, pp. 941-953。

治安與安定是絕對必要的。換句話說，公共的福祉是普世所認同的。在國際關係方面，在一個新的組織形成的時候，我們難道不可以很合理的要求：至少在紊亂不已，胡作非為，在國際上滋生事端，危害了國與國之間的關係的地區，我們應該有一個類似的統治機構來控制管理以謀人類全體的福祉？

「不穩定」卻又「極端民族主義」的中國是不是一個「文明的社會」？「紊亂不已，胡作非為，在國際上滋生事端，危害了國與國之間的關係的」滿洲，是不是該有一個國際的機構來管控？所有這些，都是高柳賢三在第四屆上海年會上問中國是不是一個「主權」的國家的延伸。而且也是對日本政府在《李頓調查團報告書》公布以後，所回應的「中國不成一個有組織的國家」以及「中國自民國以來迄今日係近於無政府的狀態」等等論點的呼應。

高木八尺的第二個問題：「是不是所有領袖國家都已經真正地『告別了十九世紀』？」他的矛頭就轉向了美國、英國等等地西方列強。他說：「日本的民族主義者認為現有的維持世界和平的機制〔注：「國際聯盟」〕，是當今世界站在統治地位的民族所建立的，維持現狀對他們是最有利的。」換句話說，高木八尺質疑歐美列強是否真正「告別了十九世紀」弱肉強食的政策。

更值得注意的，是「維持現狀對他們是最有利的」這句話。這句話不加解釋，不知內情的人，就不知是意有所指的。高木八尺所謂的「現狀」，指的是一切束縛了日本在中國行動自由的條約，特別是在1921、1922年「華盛頓會議」裡簽約國承諾保障中國領土與行政主權完整——亦即，門戶開放——的「九國公約」。高木八尺必須批判「現狀」，因為「現狀」不推翻，日本的「亞洲門羅主義」就會跟舊條約牴觸，而沒有施展的餘地。

美國是否真正「告別了十九世紀」？高木八尺認為日本所提倡「亞洲門羅主義」，在本質上跟美國的「門羅主義」是相同的。美國的「門羅主義」與「天降的使命」（Manifest Destiny）的觀念，是一體的兩面。其目的在拒絕其他列強干涉美洲的事務。如果美國可以冠冕堂皇地祭出「門羅主義」以及「天降的使命」，為什麼日本就不可以揭櫫「亞洲門羅主義」以及日本在亞洲的「天降的使命」？更讓日本民族主義者不平的是，美國一方面在美洲強調「門羅主

義」，在另一方面，卻在亞洲提倡「門戶開放」。高木八尺沒有明說，但他呼之欲出的結論，就是美國是偽善，用的是雙重標準。

高木八尺強調為了滿洲，日本會不惜戰到最後一人。他反問：「有沒有任何一個美國人，會讓一個國際會議來規定門羅主義的內容，評論美國與墨西哥的關係？」然而，為了和平，日本願意嚥下這口氣。於是，他建議：「邀請中國、日本、滿洲國，以及其他相關的國家，參與一個解決中日爭端的國際會議。」

最後，高木八尺呼籲：「世界上的領袖國家必須認識到日本的目標是正當的：一、使滿洲在一個穩定的政府之下，成為一個所有居民──不分國籍──的和平繁榮的樂土；二、一勞永逸地解決所有複雜的問題，並保障其自身的生存與未來的發展。」他說，日本絕對沒有不顧「門戶開放」原則的意思。然而，日本也有權期待其他國家承認日本合法、合理的要求。

高木八尺這個以攻為守的策略沒有得到預期的效果。日本在1929年「太平洋學會」第三屆年會時在國際輿論上所占的優勢，現在完全逆轉。高木八尺在班府年會上所提出的這個「太平洋區安全保障條約」沒有多少支持者。中國代表當然不會接受這個建議，因為這個「安全保障條約」包括了中國不可能承認的「滿洲國」。對其他國家而言，日本都已經退出「國聯」了，現在卻又反過來提倡成立另外一個國際仲裁的組織。這除了自我矛盾以外，也容易引起「早知如此、何必當初」之譏。第五屆「太平洋學會」論文集〈導論〉裡的一句話就可以總結這個條約提議之所以不被接受的理由：「和平是一個世界的問題。任何會分散（decentralize）現有的維持世界和平的機制，削弱『國際聯盟』的權力的提議，都是應該被勸阻的（discouraged）。」[226]

胡適在開完會回到中國以後，曾經在11月9日在清華大學演講此行的感想。雖然這個演講是旁人的記錄，文字不是胡適自己的，但似乎相當正確地表達了胡適的意旨。有關大會所討論的經濟競爭的問題，胡適提到了日本要工業化，可是國內缺乏原料，「必須侵奪別個國家之煤、鐵、煤油，以及其他工業

---

226 "Introduction: The Pacific Scene, 1931-1933," Bruno Lasker and W. L. Holland, eds., *Problems of the Pacific, 1933*, p. 13.

原料。」其次，日本說它人口增加過劇，勢必向國外發展。胡適說其實中國何嘗不是也如此。至於日本紡織業與英國、法國的競爭極其激烈，恐怕用政治的方法都難以解決。最後，是胡適對這次會議的感想，特別是他不能認同日本代表等於是政府代言人的感想：

> 此次會議，余最以為不然者，即在大會席上皆似唱戲說官話。依余之見，此次赴會者，率皆跋山涉水而來。即使大會席上不能公開商談，亦應私人談商，尋出解決之方案。雖曰不能實用，然亦可作參考，較諸無結果而散為善多矣。最奇者，日代表竟謂其不能自由說話。此雖區區小事，然亦可見對方之論調及其態度也。[227]

此外，胡適又在 11 月 30 日在北平婦女會演講〈海外雜感〉。在這篇也是記錄的演講結尾，胡適提到了他去參加班府「太平洋學會」的感想：

> 余出席太平洋會議，已宣誓絕不談中日問題，蓋事實最雄辯也云。又對國內目前政局，氏謂：余對國內政治變化，不欲置喙。唯現今世界，只有國與國競爭。國內戰爭，甚為可恥。希望無分南北男女，團結一致，以建立一近代式新國家云。[228]

當時，日本對中國的侵略，基本上已經是走上了不歸路了。1934 年 4 月 28 日，胡適在讀完了英國史家湯恩比（Arnold Toynbee）在該年 3 月份的《太平洋事務》裡的〈下一次大戰——在歐洲或亞洲？〉（The Next War—Europe or Asia?）以後[229]，就用摘述湯恩比論旨的方式，寫了〈一個民族的自殺——述一個英國學者的預言〉。湯恩比，胡適在這篇文章裡翻成陀音貝，是藉著一位加拿大代表 1933 年在多倫多所召開的「大不列顛聯邦關係討論會」（British

---

227　胡適，〈太平洋學會〉，《胡適全集》，21.660-663。

228　胡適，〈海外雜感〉，《胡適全集》，21.686。

229　Arnold Toynbee, "The Next War—Europe or Asia?" *Pacific Affairs,* 7.1（March, 1934）, pp. 3-14.

Commonwealth Relations Conference）所說的一句話，來分析下一次世界大戰最可能會在亞洲開打。這位加拿大代表說，住在加拿大最安全，因為加拿大只有一個鄰國，亦即，不會侵略它的美國。

湯恩比說，日本和美國作戰是可能的。有的人以為日本已經有了滿洲就會滿足了，湯恩比說不然：「日本農村移民到了滿洲，第一、受不了那邊的氣候；第二、不能同那兩千八百萬〔從山東、直隸、河南來〕的中國人競爭。」其次，有的人也以為日本是不可能發瘋到跟英語世界的幾個強國打起戰來的。湯恩比舉第一次世界大戰的德國為例。用胡適摘述湯恩比的話來說：「德國為什麼偏要發瘋，把法國、英國、美國次第都拖進漩渦裡來呢？這個德國的先例，很可以說明暴力主義〔窮兵黷武〕和〔政治上的〕常識是不並立的。」日本軍部如果要瘋狂，不是不可能的。湯恩比說：「況且，在某種情形之下自殺，本是日本民族的遺風。如果這種情形一旦發生了，整個日本民族毅然走上『切腹』的路，也不是絕不可能的事。」

自從「華盛頓會議」美國、英國、與日本訂定海軍主力艦的比例以後，日本海軍獨霸西太平洋。美國要憑海軍打敗日本，補給線會很長。湯恩比說美國可以用空軍。美國用空軍的話，阿拉斯加（Alaska）就是最近的基地。這一點，日本也很清楚，所以，日本有可能就要先發制人地先占領阿拉斯加。這也就是為什麼湯恩比說，如果這種情況發生的話，那夾在阿拉斯加與美國本土之間的加拿大的英屬哥倫比亞，就「大有做第二次世界大戰的比利時的可能」了。

湯恩比筆下的「比利時」，跟胡適從留美時期就喜歡用的「比利時」的隱喻是很不同的，但這是後話。胡適寫〈一個民族的自殺〉一文，是緊接著他寫〈「協和外交」原來是「焦土外交」〉一文之後。原因是日本外務省在4月17日發表了聲明，反對中國用美其名是國際財政或技術援助、而其實是以夷制夷來抵制日本的政策。19日，日本外務省的發言人更說：「如果因為國際合作協助中國，而遠東的和平與秩序被擾亂了，日本將要作積極的行動。他又說：如果別國用武力，那麼日本也要用武力。」[230]

因此，胡適在摘述了湯恩比的「預言」以後，就在〈一個民族的自殺〉一

---

230 胡適，〈「協和外交」原來是「焦土外交」〉，《胡適全集》，22.84-91。

文的最後加了一段按語：

> 在〔日本〕這一隻鐵手套擲下之後，第一個犧牲者當然是我們自己。但我們在準備受最大最慘的摧毀的時刻，終不能不相信我們的強鄰果然大踏步的走上了「全民族切腹」的路。我們最慚愧的是，我們不配做這切腹武士的「介錯人」（日本武士切腹，每托其至友於腹破腸出後斫其頭，名為介錯人），只配做一個同歸於盡的殉葬者而已。[231]

　　實際上，這時的胡適還是很矛盾的。在和與戰之間，他當時仍然是在天人交戰之間，無法定奪。1935年6月中旬，胡適對日的政策產生第五次的轉變。這第五次的轉變，跟前幾次的轉變有兩個最大的迥異點。第一、這次的轉變一方面是只可為「外人」道也。這也就是說，只在英文裡出現。反正看得到、看得懂的中國人沒有幾個。在中文方面，就只出現在他私下為蔣介石的獻策裡；第二、這次的轉變，是「和」、「戰」並提；有時傾向於「和」，有時傾向於「戰」。更特別的是，他在6月下旬對蔣介石所作的獻策裡，是「和」、「戰」並提，讓蔣介石作選擇。

　　胡適在紐約所作的一篇演講裡，對他這第五次的轉變立下了一個確切的時間點。這篇演講題名為〈太平洋變色〉（The Pacific Changes Color）收在《胡適全集》裡。根據編者的註記，這篇演講是胡適在紐約為「大紐約區中國同學聯盟」（Chinese Students' League of Greater New York）所作的演講的記錄，沒註明時間。發表在1937年一月號的《中國水星》（*The Chinese Mercury*）上。由於胡適1936年在美國的時間只有兩個多月的時間。其間，他參加「太平洋學會」在加州優勝美地（Yosemite）所召開的第六屆年會、哈佛大學350週年校慶。一個在東，一個在西。他在紐約的時間有限。日記又不全。我們知道他9月下旬在紐約，9月30日搭夜車去綺色佳看韋蓮司，但不知道他確切是哪一天到紐約的。他9月29日的日記裡，記他當晚在「外交關係協會」（Council of Foreign Relations）演講〈遠東政治權力均衡的改變暨和平調整的可能性〉

---

231 胡適，〈一個民族的自殺──述一個英國學者的預言〉，《胡適全集》，22.92-96。

（The Changing Balance of Political Power in the Far East and the Possibility of Peaceful Adjustiment）。這篇演講他後來會發表在我下文會分析的《外交季刊》上。他對紐約中國學生演講的題目雖然不同，但內容應該是取自29日晚演講的前半部。

總之，胡適在為紐約中國同學會所作的〈太平洋變色〉這篇演講的結尾裡說：

> 二十五年來，我是一個和平主義者。日本攫取滿洲以及其他侵略行為都沒有影響到我對日本的情誼（friendship）。從1935年6月10日開始，我已經變成一個抗戰的支持者。我轉變的那一天，就是日本軍隊逼迫中國政府命令中國人民停止發表反對日本對華政策之日。[232]

胡適所說的「日本軍隊逼迫中國政府命令中國人民停止發表反對日本對華政策之日」，就是他在〈沉默的忍受〉裡所列出來的中國政府因應日本支那駐屯軍對何應欽要求所公布的十項命令裡的第十項：「國民政府10日下〈對於友邦務敦睦誼〉的命令。禁止『排斥及挑撥惡感之言論行為』，並禁止『以此目的組織任何團體』。」[233]

然而，如何對日抗戰呢？胡適是不是真正地變成了一個像徐炳昶一樣的「主戰派」呢？答案既是「是」，也是「不是」，因為連胡適自己都不清楚。最雄辯的證據就是胡適在短短的十一天裡──6月17日、6月20日、6月27日──寫給王世杰的三封信。在這三封信裡，胡適提出了兩個完全相反的對日策略。

第一封，應該是6月17日寫的，因為他在當天的日記裡說：「上午作長信與雪艇、書貽、夢麟。」[234]這第一封信，談的是「和」的策略，亦即，以放棄滿洲作為代價，對日妥協的策略。可惜，因為「趕快車，未曾留稿。」幸運的是，胡適7月26日給羅隆基寫的信裡，摘述了其大要：

232　Hu Shih, "The Pacific Changes Color,"《胡適全集》，37.327。

233　胡適，〈沉默的忍受〉，《胡適全集》，22.315。

234　《胡適日記全集》，7.236。

你問我對於中日問題的意見。我把上月寫給王雪艇兄的兩函稿送給你看看，並請你帶給蔣先生一看。我共寫了三函與雪艇，第一函因趕快車，未曾留稿。大意為「與日本公開交涉，解決一切懸案」。原則為求得十年的和平，方法為有代價的讓步。

我舉一例為偽國〔滿洲國〕的承認：我提出的代價有三：一、為熱河歸還，長城歸我防守；二、為「華北停戰協定」完全取消；三、為日本自動放棄「辛丑和約」及互帶換文中種種條件，如平、津、沽、榆一帶的駐兵，及鐵路線上我國駐兵之限制等等。

人或笑此三條件為絕不可得。我不信此說，至少這是我們應有的討價。如中東路豈不是已在日本手中了，又何必出價收買，更何必與蘇俄談判至兩年之久？談判至兩年之久，即是蘇俄外交的大勝利了。

人或謂偽國的承認在今日已不值錢。此亦大錯。何不看看中東路的交涉？中東路的讓與，與偽國的承認，其重輕相去不可以道里計。偽國之承認，關係全世界五十個國家的公議，豈無出大代價的價值？日本也許宣傳他們不重視此舉，此是狐狸攀不著葡萄，只好搖頭說葡萄是酸的，他本來不想吃！[235]

第二、三封信所提出的是「戰」的策略，是以中國對日作戰作為手段，以達成引日本入甕、與美國、英國、和俄國在太平洋大戰以至於慘敗的目的。胡適在6月20日的第二封信裡說：

我深思遠慮，此時必須假定兩個可能的局勢，作我們的一切國策的方針：

一、在最近期間，日本獨霸東亞，為所欲為。中國無能抵抗，世界無能制裁。

這是毫無可疑的眼前局勢。

二、在一個不很遠的將來，太平洋上必有一度最可慘的大戰，可以作我

235　胡適致羅隆基，1935年7月26日，《胡適全集》，24.244-245。

們翻身的機會，可以使我們的敵人的霸權消滅。這也是不很可疑的。我們的政策、眼光可以望著將來，而手腕不能不顧到現在。我們必須先做〔墨索里尼的〕義大利，而後做比利時。我們第一個做比利時的機會已完全過去了。此時雖欲先做比利時，勢有所不能。現在敵人逼我做義大利，做三角同盟中的義大利，我們只能將計就計，努力用這個做義大利的機會來預備將來做比利時。此時若不能做義大利，則敵人必不許我們做比利時。此是極重大的一個觀點，千萬請吾兄慎重考慮。如荷同意，或如蒙認為有一顧之價值，千萬請設法使蔣先生知道此意。236

然而，這個中國「翻身」、日本「霸權消滅」的機會，不是可以坐等以待的，而必須是中國去苦心經營，化作第一次世界大戰時的「比利時」，引日本入甕的。胡適在6月27日的第三封信裡，作了引申：

此策的主旨是如何可以促進那個「不很遠的將來」的國際大戰？如何可以「促其實現」？今日我們決不能夢想坐待別國先發難。最容易發難者為俄國。但蘇聯是有組織的、有準備的，所以最能忍耐，最能彎弓不發。其餘為美、英。他們更不願先發難，這是很明顯的。此外只有兩個可能：一是日本先發難，一是中國先發難。

日本早已發難了。因為我國不抵抗，故日本雖發難了四、五次，而至今不曾引起國際大波瀾。欲使日本的發難變成國際大劫，非有中國下絕大犧牲決心不可。我們試平心估計這個「絕大犧牲」的限度，總得先下決心作三年或四年的混戰、苦戰、失地、毀滅。

我們必須準備：一、沿海口岸與長江下游的全部被侵占毀滅，那就要敵人海軍的大動員。二、華北的奮鬥，以至冀、魯、察、綏、晉、豫的淪亡，被侵占毀壞，那就是要敵人陸軍的大動員。三、長江的被封鎖，財政的總崩潰，天津、上海的被侵占毀壞，那就要敵人與歐、美直接起利害上的衝突。凡此三大項，當然都不是不戰而退讓，都是必須苦戰力竭而後準

---

236 胡適致王世杰，1935年6月20日，《胡適全集》，24.234-235。

備犧牲，因為只有如此才能引起敵人的大動員與財政上的開始崩潰。[237]

　　胡適向蔣介石所獻的引日本入甕之策，就是把中國比為第一次世界大戰時的「比利時」。這個「比利時」的比喻，使胡適在1935年間幾乎走火入魔。其來源為何呢？我在《璞玉成璧》裡分析胡適留美時候，在第一次世界大戰爆發以後進入了他絕對不爭主義的巔峰。針對中國留美學生對日本對中國所提出的「二十一條」的慷慨激昂的反應，他在1915年3月19日晚上，一氣呵成地寫了一篇發表在英文《留美學生月報》上的〈莫讓愛國沖昏頭：告留美同學書〉。胡適在這篇文章裡反問中國留學生：我們要用甚麼去跟日本打？他說：「我以至誠和至愛中國之心告訴大家：說要打，但打的結果除了毀滅、毀滅、還是毀滅以外，甚麼都得不到的話，那就是純然的瞎說和愚蠢。」因為留學生都愛以比利時為榜樣，胡適就老實不客氣地以比利時作為負面的教材回敬大家：

　　大家都在說比利時——喔，那勇敢的比利時！親愛的弟兄們，我要披肝瀝膽地向大家說：隻手挽狂瀾，算不得勇敢；以卵擊石，也不算英雄。而且，比利時完全沒想到他們會被徹底擊敗。大家只要讀了比利時的查理·沙羅利（Charles Sarolea）博士所著的《比利時如何救了歐洲》（*How Belgium Saved Europe*），就可以知道比利時以為會得到英國和法國援助與支持。同時，他們對號稱是世界上最堅固的堡壘的列日（Liege）和安特衛普（Antwerp）充滿了自信。所以，比利時用整個國家的命運，去換那英勇國家的「榮耀」！那算是真正的勇氣嗎？那算是真正的英雄氣概嗎？弟兄們，且看比利時，且看今天的比利時！為這種英勇的「榮耀」而犧牲，值得嗎？我並不是在責難比利時人。我只是要指出比利時不值得我們仿效。任何要中國去蹈比利時覆轍的人，都是中華民族的罪人。[238]

　　等胡適學成歸國以後，比利時卻一百八十度地從「不值得我們仿效」，轉

237　胡適致王世杰，1935年6月27日，《胡適全集》，24.236。

238　胡適，〈海外雜感〉，《胡適全集》，21.686。

變成為第一次世界大戰「協約國」戰勝的關鍵因素之一。我在《日正當中》
裡，分析了他1918年11月16日，在北京大學師生在天安門外舉行慶祝第一次
世界大戰協約國勝利的演講大會上所作的〈武力解決與解決武力〉的演說：

> 不回手的法子，也是不行的。為甚麼呢？因為國家對國家所關係的很
> 大。不但關係自己國內幾千萬人或幾萬萬人的生命財產，還要帶累旁的國
> 家。如這一次大戰開始時，德國要通過比國去攻法國。比國是極小的國。
> 若是不回手，就讓德國通過，那時德國立刻就打到巴黎。英國、法國多來
> 不及防備，德國早就完全大勝了。幸而比國抵住一陣子。英、法的兵隊，
> 方才有預備的工夫。只此一件事就可見不回手的法子，不但自己吃虧，還
> 要連累別人。所以也是不行的。[239]

在1918年，比利時的意義，對胡適而言，是在歐戰時抵抗德國，幫英
國、法國「抵住一陣子。英、法的兵隊，方才有預備的工夫。」到了1935年，
「比利時」，已經轉變成為中國如何撐到把美國、英國、俄國捲入對日包圍殲
滅戰的一個比喻。

胡適紙上談兵，越說越覺得自己像個諸葛亮。其實，他只知世界大勢的其
一，而不知其二；他只知日本的其一，而不知其二；他也只知中國的其一，而
不知其二。「諸葛亮狂」攻心的他，異想天開地幻想：在他的沙盤推演之下，那
被美、英、蘇三國夾攻到退無可退的日本，最後只好切腹，恭請中國當其介錯：

> 我曾說過，日本武士自殺的方法是「切腹」。但武士切腹時必須請他的
> 最好朋友從背後砍其頭，名曰「介錯」。日本固然走上了全民族切腹的
> 路，可惜中國還不配做他們的「介錯」。上文所述的策略只是八個字：日
> 本切腹而中國介錯。[240]

239　胡適，〈武力解決與解決武力〉，《胡適全集》，21.155-158。
240　胡適致王世杰，1935年6月27日，《胡適全集》，24.236-237。

　　從「九一八」以後主張「不戰」、主張立即和日本單獨談判，到1935年幻想中國可以引日本入甕，讓日本被美、英、蘇二國夾攻殲滅，以至於切腹、再由中國介錯。單單從胡適這個幻想來看，其所顯示的，是自詡國際通的胡適，不但昧於日本的情勢，而且也昧於國際情勢。

　　胡適在這三封信裡所提出的兩個對日策略。第一個是妥協的策略：用公開交涉的方法，以有代價的讓步，換取十年的和平。第二個是以攻為守的策略，用引日本入甕的方法，導致美、英、蘇三國夾攻殲滅日本。用胡適自己在寫給羅隆基的信裡的話來解釋：

　　　　我的第一方案是公開的交涉，目的在於謀得一個喘氣的時間。

　　　　我的第二方案（第三函）是從反面著想，另定苦戰四年的計畫。

　　　　委曲求全，意在求全；忍辱求和，意在求和。倘辱而不能得全，不能得十年的和平，則終不免於一戰。如列寧對德講和，割地了、又賠款了，終於免不了三年多的苦戰。此是眼前史實，不可不記得。況且我們必須有作長期苦戰的決心，方能希望得著有代價的交涉。必須使人感覺我的讓步是有限度的，有計畫的，然後人肯出代價。若一切無條件的讓與，則人家當然不願出代價，也不用出代價了。故第二方案是終不可免的一個步驟。

　　顯然王世杰覺得胡適第一封信裡的主張讓步太多了，怕觸怒蔣介石，不敢上呈。因此，胡適請羅隆基轉呈：

　　　　雪艇諸人只贊成我的第三函，但第三函之方案不是孤立的，只是第一方案的反面。在最近時期中，第二方案只是第一方案的後盾。如蘇俄在這三四年中，天天用外交作掩護，實行其備戰的工作。此是最可借鑒的政治手腕，我們不可不深思。

　　　　雪艇諸人贊成我的「公開交涉」而抹去我的「解決一切懸案」一句，他們尤不願談及偽國的承認問題。他們不曾把我的原電及原函轉呈蔣先生，其實這是他們的過慮。他們不願我為主張妥協者張目，其實我的方案亦不是妥協論，乃是有代價的公開交涉，與妥協論者根本上大異也。此函補說

未留稿的第一函大意，也請你帶給蔣先生一看。[241]

　　胡適這第五次對日策略的轉變最特殊的地方，就是他自己舉棋不定。究竟是該「和」還是「戰」，過了一年，他自己還是在天人交戰著。1936年2月，胡適在北平作了一個英文的演講。根據《近代史資料》所發表的中文譯稿之前的編者注，這個演講的日期是2月17日，對象是在北平的一個基督教兄弟會。演講打字稿上有「秘密」與「禁止公開發表」的字樣[242]。同樣這份講稿，當時是美國駐華大使館武官的史迪威（Joseph Stilwell）也以「密件」、「沒有提供給新聞記者」的字樣，在2月26日向美國國防部作了報告[243]。史迪威說，這是胡適在一個〈中國必須跟日本開戰嗎？〉（Must China Fight Japan?）的討論會上所作的演講。然而，所有這些「秘密」與「禁止公開發表」、「密件」與「沒有提供給新聞記者」也者的提醒都是多餘的。因為這篇演講的大要，後來就以〈如果我們被迫迎戰——〉（If We Are Forced to War—）發表在1936年6月號的《亞洲》（Asia）雜誌上[244]。

　　胡適在這篇演講裡，說他二十年來是一個和平主義者和國際主義者。在《亞洲》雜誌的版本，胡適正確地說是二十五年來。然而，他接著說：「在過去的六到八個月裡，我的和平主義逐漸消失。剩下的選擇似乎只有迎戰——捨此別無他途。」胡適會作出這樣的結論的理由，是因為和平已經無望。他不認為中日兩國有任何能扭轉乾坤的政治家。在中國方面：「中國沒有一個偉大到足以擔任對日和談的政治家；沒有一個偉大到足以從日本方面取得堪稱光榮的和議的政治家。」他說：「我認得大部分主管外交的領袖，但在他們當中，我看不到具有那種才氣的人。」在日本方面，「我不認為日本有能夠給予讓中國

241　胡適致羅隆基，1935年7月26日，《胡適全集》，24.244-245。

242　胡適，〈胡適在北平兄弟會上的演說〉，《近代史資料》，總114號，2006年10月，頁111。

243　Joseph Stilwell, "China: Political Issues and Problems: Dr. Hu Shih on Sino-Japanese Relations," G-2 Report, February 26, 1936. Correspondence of the Military Intelligence Division Relating to General, Political, Economic, and Military Conditions in China, 1918-1941. U.S. National Archives. *Archives Unbound*。我在此處用的，是史迪威的版本。

244　Hu Shih, "If We Are Forced to War—," *Asia*, 36.6（June, 1936）, p. 379.

人可以接受、可以給予中國十到十五年的和平的和議的政治家。」他說日本的
「大陸政策」已經走上了不歸路。如果日本天皇不能出面改變日本的政策，除
非奇蹟出現，日本不可能會讓中國得到還可接受的和議的。

胡適慨歎地說，他在去年夏天最屈辱（most humiliating）的日子裡[245]——
〈何梅協定〉簽署時——在《紐約時報》上發表了一篇文章。其實，他投的文
章〈華北究竟如何了？〉（What Is Happening in North China?），《紐約時報》
並沒登。《紐約時報》所登的文章，是我在本章第一節所引的《紐約時報》記
者亞朋德用胡適那篇文章所作的摘要分析，登載的時間是8月11日[246]。他在那
篇文章裡說，中國政府對日本作了那麼大的讓步，撤出將軍和軍隊，以及國民
黨的省市黨部的幹部，而沒有激起叛變。他說他在那篇文章的結論裡——胡適
在此處用的字句並不完全遵照他的原文——說：「只有一個強的政府能夠接受
一個屈辱的和約。弱的政府是作不到的。南京政府能夠作出那麼大的讓步而沒
有激起叛變，這就說明了它已經有了新的實力。」

胡適所懊惱的，是他當時話說得太早、太快。〈何梅協定〉所激起的風
暴，完全是他所預想不到的。1935年12月9日的「一二‧九運動」不但遍及
全國二十多個城市，甚至延伸到1936年1月初「平津學生南下擴大宣傳團」。
怪不得胡適在2月17日作這個半公開的演講的時候，仍然懊惱日本當時不懂得
適可而止。其結果是：

> 使現政府不敢再有任何談和的想法。如果去年夏天所作的讓步能使這個
> 區域〔注：華北〕的情勢得到改善，中國人和這個世界一定會很感激的。
> 南京政府會變得更加鞏固，而不是變得更弱。然而，現在的情況是：示威
> 者公開地譴責政府，因為讓步的結果是一無所得，連讓日本停止繼續進逼
> 華北這種最小的要求都不可得。

---

245 《近代史資料》所刊載的〈胡適在北平兄弟會上的演說〉裡，把這個字誤譯為「最潮濕」的
日子裡。

246 Hallett Abend, "Hu Shih Sees Signs of a Unified China," *The New York Times*, August 11, 1935, p.
E5.

「和」既然已經是不可能了，中國有「戰」的能力嗎？胡適舉了四個對中國有利的因素。第一、南京政府已經有了作戰的心理準備，比四年前有信心多了。第二、國際的情勢轉對中國有利，制裁的呼聲漸大。第三、連非洲的阿比西尼亞（Abyssinia）都敢於對義大利抗戰，中國難道連阿比西尼亞都不如嗎？第四、從政治的角度來看，和比戰難。今天要跟日本和談，其所需要的政治智慧與勇氣，要遠超過淞滬戰役期間十九路軍將領所具有的。

最後，胡適以杭州的岳飛廟配著跪拜的秦檜作為例子，說明戰比接受屈辱的和約容易。有人會說：「屈辱的和平要勝於毀滅性的戰爭。」胡適說他同意。但人不是理性的動物。「甚至我這個有二十年歷史的和平主義者，如果戰爭發生，我會贊成。」

然而，胡適真正「主戰」了嗎？不然！我們且看他1936年6月9日給翁文灝的信：

> 我的看法，華北今日只有一線希望，就是由政府用全力向東京做工夫。趁此時磯谷〔注：磯谷廉介，曾任日本中國公使館武官，時任日本陸軍省軍務局長〕、梅津〔注：梅津美治郎，與何應欽簽訂〈何梅協定〉的日本支那駐屯軍總司令，時任日本陸軍省副省長〕諸人都在要衝的時候，重提去年「使華北文治化」的舊議。（去年磯谷等人本希望王克敏久任華北，使政治趨向文治化，而經濟合作可以實現。但黃郛懷私憤，向蔣先生提議政整會的取消。於是王克敏去而土肥原的自治運動代興！黃郛之罪真百死不足償也！冀東之局面亦起於黃郛之私心。他要擴大平津地盤與收入，故造成戰區之特殊政權，不歸河北省府管轄。殷汝耕是他一手提拔的，冀東自治政府的地盤是他一手造成的！蔣先生至今把此公當作智囊看待，殊不可解。）
>
> 這個意思，在今日恐怕已太晚，但還值得一試。原則上必須抓住「日本在長城以南、熱河以西全部撤退」的根本立場。在這個原則之下，我們不妨考慮將冀、察兩省真個做成非戰區域。用全國的第一、二流人才來擔任政治改革，使人民實受一點恩惠，使經濟發展可以進行。而最大的利益是減輕北方捲入國際戰場的危機。

今日政府中外交人才似最缺乏。前夜見外部亞洲司長高宗武君，與他談了三點鐘。我頗佩服此人的才幹與魄力。此君頗能明瞭我的計畫，望吾兄與他細細談談。[247]

胡適這封信最驚人的地方，是到了這個時候，為了姑息、妥協，為了「減輕北方捲入國際戰場的危機」這個「最大的利益」，他居然願意鸚鵡學舌地襲用日本「華北文治化」的宣傳用語，把「冀、察兩省真個做成非戰區域」，美其名「用全國的第一、二流人才來擔任政治改革，使人民實受一點恩惠，使經濟發展可以進行」！

胡適不是不知道日本在中國的野心與布局。他自己在1935年12月26日給谷春帆的回信裡，就清楚地說明了不可以以常理之心來度日本軍部之腹的邏輯：

中日問題的一個重要方面，即是日本之大陸政策的軍事的（國防）核心問題。東三省事變之結果，在經濟上日本固然大賠本，但日本軍人之志本不在此。例如其新敷設之鐵道交通，處處以對俄為前提，故不恤賠本，不恤屋上架屋。近三年來之進逼華北，取得察哈爾全省（長城以北），取得「冀東」，並進而欲取得綏遠、河北。其意豈真欲做到經濟提攜嗎？彼之意在建立內蒙自治政權，以為進逼外蒙古而直搗貝加爾湖，橫截西比利亞鐵路之計也。北寧、平綏兩路之必須獲得，亦為軍事之計畫。即將來山西之煤鐵、陝西之石油，也都是這個軍事國防計畫之一部分。冀察「自治政權」之建設，亦皆為掃除此軍事之障礙而已。惟其全力注重國防軍事，故不可理喻。[248]

所有這些所呈現的事實是：這時胡適對日的策略，就像是一個鐘擺一樣，在「和」與「戰」的兩極之間擺盪著。他在1936年6月9日給翁文灝的信裡是

247　胡適致翁文灝，1936年6月9日，《胡適全集》，24.304-305。
248　胡適致谷春帆，1935年12月26日，《胡適全集》，24.276。

擺到「和」的一極。然而，在兩個月以後，他在「太平洋學會」在美國加州優勝美地所召開的第六屆年會的時候，又擺向了「戰」的另一極。

第六屆「太平洋學會」的年會，從8月15日開始，29日閉幕。這注定是日本在二次戰前最後一次參加的會議。日本的「太平洋問題調查會」不但在1935年已經跟「日本國際協會」合併，而且日本的代表團已經完全接受日本外務省的指導與訓令。外務省在代表團出發前一天所下的訓令有四點：一、如果任何人質疑日本在遠東所扮演的穩定的角色以及日本的「生存權」，立即提出辯駁，即使那會導致日本退出「太平洋學會」；二、強調日本外交政策的積極面，不採守勢；三、開導美國的輿論，使其瞭解日本的立場；四、中日關係應由中日兩國解決。如果可能，應該成立一個常設的對話機關[249]。

日本代表在優勝美地年會裡的態度完全依照外務省的訓令。日本在東亞、在滿洲的政策，是日本「亞洲門羅主義」的體現。我在上文提到日本在第五屆年會的時候，由高木八尺提出了一個〈太平洋區安全保障條約〉的論文。在優勝美地這個第六屆年會裡，日本的態度轉變。日本代表團長山川端夫根據外務省的訓令，對英國、法國所提出的太平洋區集體安全機制提出反對的理由。他說，在退出「國聯」以後，要日本接受跟「國聯」配合的機制，無論如何，是日本人所不能接受的。日本的態度是：東亞的問題，必須由關係國直接交涉。如果要討論成立任何集體機制，其先決條件就是必須接受以東亞的新情勢以及現狀作為基礎。這也就是說，必須接受日本在遠東已經造成的事實[250]。

在這次年會裡，胡適一反他在前兩次年會裡超然的姿態，也採取強硬的態度。根據《北話捷報》（*North-China Herald*）的報導，胡適說所有維持和平的機制都已經被日本粉碎了。中國體會到它必須靠自己的努力。他譴責日本的目標是在政治上完全控制中國。然而，他說中國決心要為其獨立而戰。為了達成這個目的，中國已經從鐵路、航空、教育，以及水患防治等等方面的建設，為統一全國立下了物質的基礎。他舉例說，中國十萬公里的鐵路，就是使政府得

249　Tomoko Akami, *Internationalizing the Pacific*, p. 206；片桐庸夫，《太平洋問題調查會の研究》，頁278-279。此處用的文字主要是根據Akami的摘要版。

250　片桐庸夫，《太平洋問題調查會の研究》，頁304。

以剿共以及平定最近的「閩變」的工具[251]。

《紐約時報》在年會當中，對胡適的發言有兩篇相當詳細的報導。8月21日的專訪報導說：

> 中國最有名的哲學家、教育家胡適博士，今天對本記者說，只有在一個統一的中國對日作戰之下，才可能解決中日兩國之間的爭端。
>
> 作為中國「太平洋學會」代表團團長的胡博士，說：中國已完成統一——中國開始對日抗戰的一個先決條件——的程度，是超過了西方人所理解的程度。為了證明他對中國統一的程度的描述是客觀的，他舉一個日本記者在七月間發給東京一個報紙的通訊為例。他說：「南京政府已經完成了全國百分之八十的統一。」
>
> 「現在，廣東已經歸位，廣西是下一個。我們可以說已經是百分之九十統一了。」胡博士說，「那剩下的百分之十就是紅軍控制區，以及日本分離出去的地區。」「雖然日本以為華北已經是他們的囊中之物，但住在那兒的我們不這麼認為。戰爭一開始，華北會是這個統一戰線的一部分。」
>
> 胡博士認為等「中國正式抗戰以後」，中國共產黨也會加入政府的戰線的。胡博士說，雖然過去十四個月來，有許多人發表了中蘇聯盟的意見，但他對蘇俄的援助不太樂觀。他解釋說：
>
> 這五年來悲哀的經驗給中國的教訓是：它不能倚賴外國的援助來保障其領土的完整或抵抗外敵。所有維持和平的機制，從〈九國公約〉、〈國際聯盟憲章〉、〈克羅格—布萊恩條約〉，都已經被撕得粉碎。等我們被迫應戰的時候，沒有絲毫的保證會有任何國家會來幫助我們。這五年來的屈辱所帶給我們最有價值的教訓，就是讓我們領悟到我們只有靠自己來抵禦外侮。[252]

《紐約時報》8月25日的報導更為詳細、更為全面：

251　"China's Fight for Independence," *North-China Herald*, September 2, 1936, p. 420.

252　Sterling Fisher, "Says United China Must Fight Japan," *The New York Times*, August 22, 1936, p. 3.

胡適指控日本似乎鐵了心決定不容許讓任何中國政府統一、鞏固中國。胡適在演講中描述了中國的改革與建設。在結尾的部分，他說從日本侵略滿洲開始這五年來，建設的速度自然大大地減緩，因為中國必須顧及到自衛的問題。有關中國在建設中的「國際因素」（international implications），胡適總結說：「從美國，我們獲得了人員的訓練；從『國聯』，我們獲得了專家的技術指導；從英國，我們獲得了可觀的資金；從日本，我們所得到全是阻礙。」

有關日本對中國的阻礙，胡適首先舉出1934年4月日本外務省發言人天羽英二所發表的那篇舉世周知的聲明：「由於日本在東亞的地位、使命、與特殊責任」，日本不能容許中國跟外國有任何「即使是以技術或財政為名」的合作計畫。

有關中國在1935年11月所公布的新貨幣改革法，胡適說：由於日本憤怒中國沒有事先知會日本，又懷疑英國參與並協助改革，於是就在華北製造問題。這些舉動的目的不只是在削弱中國政府的權力，而且也是用懲罰中國的方法來懲罰英國。

有關日本阻礙中國統一的指控，胡適說：整個1935年夏天，日本在華的高級將領一再宣稱：只要蔣介石在位一天，日本就無法與南京政府打交道。同樣舉世皆知的1935年9月的「多田宣言」，宣稱日本帝國無法跟蔣介石及國民黨共存。胡適宣告：我們有決心繼續整頓內政，解決我們自己迫切的問題。如果必要，為我們自己的生存而戰。

胡適描述了中國在鐵路、公路、航空，以及工業上的成就。然而，他花了更多的篇幅描述鄉村建設運動：

陝西與西北的灌溉設施，現在可以灌溉幾百萬畝的農田。長江的疏濬以及沿岸的堤防的修復，減低了重大水患復發的危險。然而，對於要整個解決水利管理以及饑荒防患這個龐大的問題而言，這些建設只是開了一個頭而已。在農作物的改良、農業研究與教育、合作社運動方面我們的確有了一些成果。然而，我們必須記住，我們目前所得到的成果，相對於那鉅大的問題而言，只不過是錙銖而已。在一個有四億人口的國家裡，有一百萬人參加26,000個合作社，那算得了什麼成就呢？

同樣地，在財稅的改革方面，省市政府已經在過去的兩年之間，廢除了5,200種苛捐雜稅。然而，這只是皮毛的救濟。更根本的問題是：租佃的問題、百分之八十五的人口擁擠在百分之十七的土地上的問題。還有一個，那就是即使我們竭盡所能，還是找不出如何解決土地平均分配，以及給予農民最起碼的生活水準的方法。[253]

「太平洋學會」當然不是解決中日問題的所在。在京都如此，在上海如此，這次在加州優勝美地亦是如此。日本堅持中日兩國直接談判。如果要把中日的談判放在任何集體安全的機制之下來討論，其先決條件是接受日本在遠東所擁有的特殊利益。此外，日本代表堅持中國可以以與西方國家技術合作為名，而以犧牲日本的利益為實。因此，他們希望中國在與西方國家訂定合作之前，先「以友好的方式」（an amicable way）諮詢日本政府[254]。哥倫比亞大學所藏的「太平洋學會」檔案裡，有一封分析這次年會的信的摘要就點出了問題的所在：

　　整個來說，我認為整個會議的癥結點就在日本的問題，而整個「學會」之所以在原地踏步的原因也在於此……我意指的是，不管議題為何，我們用盡了所有辦法，不只在圓桌會議，而且也在私下的討論，甚至在會外，請日本代表告訴我們日本在遠東的計畫大概要擴展到什麼樣的程度（maximum limit），以便讓其他的國家能有一點概念……

　　這個努力完全失敗。我覺得年會閉幕時所給人最深的印象是：日本代表寸步不讓。兩個禮拜的討論的結果，只不過是讓日本代表重申日本的「亞洲門羅主義」，以及他們根據其「天降的使命」與利益的需要而擴張的權利。[255]

253　Sterling Fisher, "Japan Is Assailed at Pacific Parley," *The New York Times*, August 25, 1936, p. 5.

254　"Treaty Machinery: Limitaions and Possible Improvements," W. L. Holland and Kate Mitchell, eds., *Problems of the Pacific, 1936* (Chicago: The University of Chicago Press, 1937), pp. 193-195.

255　"Excerpts from a letter written September 25 [1936] by Henry Wood, concerning the Yosemite

　　「太平洋學會」優勝美地年會的結束，也是胡適對日策略第六次的轉變的開始。這第六次的轉變的明證，就是胡適1937年1月發表在《外交季刊》（*Foreign Affairs*）上的〈太平洋的新均勢〉（The Changing Balance of Forces in the Pacific）。這篇論文，胡適後來用中文改寫，以〈日本霸權的衰落與太平洋的國際新形勢〉發表在1937年4月18日第230號的《獨立評論》上。

　　胡適在這篇論文的中文版加了一個小序，說明這篇論文從構想、演練、到成文的經過：

　　　　這是我去年在北美洲遊歷時的一篇講演的大意。我最初在哈佛大學把這個見解提出，同一些國際政治學者討論。後來又用這個見解在紐約、華盛頓、費城，綺色佳、芝加哥、司波堪（Spokane）、西雅圖、洛杉磯，及加拿大的文尼白（Winnipeg）各地講演過十多次，然後寫出來，題為〈太平洋的新均勢〉（The Changing Balance of Forces in The Pacific），登在紐約的《外交季刊》（*Foreign Affairs*）的本年一月號裡。我現在把這個見解用本國文字重寫出來，稍稍有點增減改寫之處，請國內的政治學者指教。[256]

　　由於胡適這篇文章的中文版在《胡適全集》裡就看得到，我在此處的分析就用大家比較不會去看的英文版。胡適在這篇文章裡說，對遠東當前的情勢，有悲觀與樂觀兩派的看法。悲觀分子認為日本已經獨霸遠東。沒有任何和平的方法可以改變那個事實。西方國家如果不願意動武，就只好解甲西返，把遠東讓給日本。胡適認為自己是樂觀派。他認為最近太平洋均勢的改變，已經為有遠識、有建設性的政治家，提供了一個絕佳的機會，來提出解決問題的方案。

　　太平洋的均勢有什麼新的改變呢？胡適提出了一個石破天驚的論點：「『日本獨霸遠東』是從1914年到1931年這十七年間屬於過去的事實，而不是當前的事實。」胡適對這個「當前的事實」的解釋如下：

---

session of the Institute of Pacific Relations," Institute of Pacific Relations Papers, Box 5, "China, misc. clippings" Folder.

256　胡適，〈日本霸權的衰落與太平洋的國際新形勢〉，《胡適全集》，22.530-539。

從 1931 年 9 月 18 日以後，這也就是說，從日本開始在滿洲、上海，以及華北從事軍事侵略以後，鉅變就開始了！日本那些侵略的行為罔顧了第一次世界大戰以後建立的和平機制。日本瘋狂了。它所打亂的不只是東方，而是整個世界。它粉碎了那合法化、並默許日本獨霸的國際秩序。

日本在中國的侵略，牽動了三個新的因素。這三個新因素，改變了太平洋的均勢，造成了日本不再獨霸的事實。第一個因素是蘇聯。胡適說蘇聯已經以第一流軍事強國的姿態返回太平洋。從 1931 年開始，蘇聯在遠東駐有三十到五十萬訓練有素、配備齊全的軍隊。蘇聯不但是一個世界空軍強國，它的太平洋艦隊，潛艇以及驅逐艦的數量，已經增加了五倍。同時，蘇聯在蒙古以及西伯利亞的邊界，已經建造了七千英里的鐵路。其中，三千英里是雙軌的。

第二個改變了太平洋均勢的新因素，是所有太平洋區非亞洲國家或殖民地──從伊留申群島（Aleutian Islands）、新加坡、到荷屬東印度群島──急速的重整軍備。荷屬東印度群島向美國購買大量的軍火。英國恢復建設全世界最大的新加坡的海軍基地。紐西蘭與澳大利亞開始布防其海岸線。美國也開始製造新武器，在菲律賓、阿拉斯加佈防，以及積極擴建海軍。

第三個改變了太平洋均勢的新因素，是中國急速的興起。胡適說中國的統一就是日本侵略的結果。胡適用來證明中國急速興起的證據，是日本對中國態度的改變。他說，日本在「九一八」以後的兩年之間，最愛用中國是一個沒有組織的國家、不是一個主權國家來為其侵略政策辯護。可是，這種論調在最近三年已經不再出現。取代的是，日本不能與蔣介石的政府共存的論調。比如說，1935 年 9 月 24 日出現的「多田宣言」就說：「蔣介石及其一黨與日本帝國之關係，帝國屈伏乎？抑帝國打倒彼輩乎？」

這三個新的因素如果沒有適當地統合組織起來，可能會導致可怕的國際戰禍。這個戰禍可能從中國在受不了日本不斷的侵略而迎戰開始，漸次地把俄國、英國，乃至於美國都引進戰場。這是因為現代世界不會有可以用地域來分割的和平與戰爭。所有太平洋沿岸的國家、或者關心太平洋的國家，都不可能免於被捲入戰爭的可能性。

然而，這並不是太平洋必然的命運。胡適說睿智的政治家可以在這個新均

勢裡，看到和平重組太平洋區的機會。他們可以組織一個區域性的和平機制，
成員包括美國、俄國、英國及其在太平洋的大英聯邦成員，也當然包括日本和
中國。擺在眼前的就是這兩條路：不組織一個區域性的和平機制，就是坐待一
個在蔓延、慘烈的程度都是空前未有的戰禍[257]。

胡適在這篇論文裡的結論，就是他對日政策第六次轉變的主旨：用區域性
的和平機制來抵抗日本的侵略。胡適這個轉變最值得令人玩味的地方有兩點。
第一、他這個主張，基本上類似高木八尺在第五屆「太平洋學會」加拿大班府
年會上所提出了的太平洋和平會議的建議。其最大的不同，是高木八尺的建議
是以西方國家承認日本的既得利益為前提，而胡適則寄望這個太平洋的和平機
制會幫忙中國抑制日本。

第二、胡適這篇論文不只題目雷同於他剛剛參加的第六屆「太平洋學會」
「圓桌會議」的題目：「太平洋的新均勢」（the changing balance of Political
Forces in the Pacific）。他的立論基礎，亦即，日本的霸權以及太平洋新均勢的
形成，也是來自該「圓桌會議」許多與會代表的共識。換句話說，胡適這篇論
文，從題目到立論，可以說是抄襲他剛去參加的第六屆「太平洋學會」「圓桌
會議」代表在討論裡所達成的共識。證據就是「太平洋學會」所出版的第六屆
會議論文集裡有關該「圓桌會議」分析太平洋新均勢的形成的報告：

> 在討論如何採用外交或和平機制來同時顧及到「集體安全」以及「和平
> 演變」（peaceful change）〔注：亦即，接受日本在遠東擴充的必要與事
> 實〕之前，與會代表試圖先去評斷太平洋均勢改變的實況及其對現有條約
> 機制的影響。大家的共識是：日本在經濟、軍事，以及海軍方面的擴張，
> 是打亂了太平洋均勢最顯著的因素。然而，有些代表認為日本在西太平洋
> 的霸權在1932年達到巔峰。太平洋的均勢現在已經回到了一個比較均衡
> （equilibrium）的狀態。
>
> 他們指出：日本之所以能在亞洲大陸急速擴張，是因為第一次世界大戰
> 以後西方國家權力減弱，以及俄國和中國發生革命的結果。太平洋地區的

---

257 Hu Shih, "The Changing Balance of Forces in the Pacific,"《胡適全集》，37.365-374。

權力真空狀態，讓日本能夠長驅直入、所向無敵。然而，情況已經改變了。蘇聯從前弱的地方現在增強了。蘇俄遠東區急速的工業化以及交通運輸、軍事資源的改善，已經使蘇聯成為一個在遠東擁有深遠影響的亞洲強國。除了日本代表以外，與會代表都一致認為蘇聯會扮演一個在亞洲維持和平與穩定的力量。它之所以會在遠東增加軍備，是被日本在滿洲的擴張所逼，而不是因為它有覬覦遠東鄰國的野心。

同樣重要的、有助於太平洋均勢回復的因素，是日漸統一與實力增強的中國。這是由於中央政府地位的鞏固，以及因為日本侵略日亟而日益高漲的民族主義。最後，美國的海軍擴建計畫，以及英國增強其在新加坡的海軍基地，都意味著美國或英國不可能永遠坐視日本在東亞獨霸。

綜觀以上的因素，目前遠東緊張情勢產生的原因，可能是因為日本這幾年來在遠東所向披靡的擴張的衝力，現在遇到了日益增強的抵抗。這也許能夠迫使日本打消其更擴張性的野心，也可能引發日本國內的自由派與侵略帝國主義派一決勝負。[258]

胡適在這篇文章裡承認自己樂觀。他何止樂觀，他根本一廂情願。同樣是留學美國的蔣廷黻就比他實際多了。胡適在1937年4月25夜寫了一封信託一位勾先生帶給當時在莫斯科當駐俄大使的蔣廷黻，附上了他這篇文章。他在信上說：「我的〈東亞新均勢〉的說法，你大概會同意的。我實在看不出，除了太平洋區域安全保障一條路之外，還有什麼國際好戲可唱（送上拙作，乞指正）。」[259]

蔣廷黻在6月8日回信裡說：

那幾篇文章及您在 *Foreign Affairs*〔《外交季刊》〕發表的，我早已拜讀了。近幾年來，日本的地位逐漸降低，太平洋沿岸其他國家的地位，比

---

258 "The Changing Balance of Political Forces in the Pacific and the Possibilities of Peaceful Adjustment," W. L. Holland and Kate Mitchell, eds., *Problems of the Pacific, 1936*, pp. 184-185.

259 胡適致蔣廷黻，1937年4月25夜，《胡適全集》，24.343-344。

「九一八」以後的二、三年逐漸提高。這是毫無疑問的。並且在當前公開
的、大規模的軍備競爭之中，日、德、意三國更要吃虧。然而我並不樂
觀。我以為您有點過於樂觀……以蘇聯物產之富、西歐化歷史之久，又加
上兩個五年計畫，尚以避戰為其外交的最後目的。我們更不要說了。

蔣廷黻比胡適清楚，中日問題完全掌握在日本手裡：「現在中日關係的前
途，大部分在日人之手。他們要和就和、要戰就戰。」[260]

胡適的問題，在於他不但太過於一廂情願，而且太過於迷信西方強國的力
量，特別是他所崇拜的美國。一直到日本偷襲珍珠港以後半年，日本在香港、
菲律賓、新加坡橫掃千軍的破竹之勢，在在說明了他所迷信的西方力量是一隻
紙老虎。他自詡瞭解西方、瞭解美國，其實不然。就以第六屆「太平洋學會」
年會來說，他完全誤判美國，完全沒看出美國無心捲入東亞糾紛的決心。我在
上文提到「太平洋學會」檔案裡一封分析這次年會的信。那封信也分析了美國
的態度：

從年會的討論裡，我們可以很明顯地看出，美國用武力在遠東維持「九
國公約」、「門戶開放」、或者任何其他條約、甚至是其在遠東的商業利益
的可能性幾近於零。事實上，從政治、財政、或者任何角度來看，整個美
國的動向是在從遠東撤退。[261]

如果胡適因為崇拜、一廂情願，而迷信美國，則蔣介石是完全不懂美國。
這也就是為什麼蔣介石派胡適出任駐美大使，期望越高、失望越大的主要理由
之一。但那是下一章分析的主題。

胡適對日的策略，歷來談論最多、也最為人所知的，就是他在「七七事

260 蔣廷黻致胡適，1937年6月8日，「胡適檔案」，1826-10。

261 "Excerpts from a letter written September 25 [1936] by Henry Wood, concerning the Yosemite
session of the Institute of Pacific Relations," Institute of Pacific Relations Papers, Box 5, "China,
misc. clippings" Folder.

變」以後主和的言論。然而，大家所不清楚的，是他在那個最後階段所提出來的對日策略，反映了他第七次的轉變˙。換句話說，他第六次的轉變，是用區域性的和平機制來抵抗日本的侵略；第七次的轉變，則是以放棄滿洲作為談和的條件。實際上，胡適是回到了他1935年6月中旬，第五次的轉變裡的「和」、「戰」並提裡的「和」的策略，包括承認「滿洲國」。

事實上，就像楊天石所指出的，胡適並不是在「七七事變」以後，就立即主張妥協談和。他指出胡適在蔣介石所召集的盧山談話會上，在聽了蔣的談話後，表示「非常興奮」。他建議調用全國的軍隊充實河北國防，而且肯定第二十九軍軍長宋哲元等華北將領「不屈服，不喪失主權」[262]。

胡適這段話7月17日在盧山談話會上的發言很重要，因為它顯示出他這時還沒走到第七次的轉變的路上，必須整個徵引：

中央軍已從〔7月〕8號起開往保定、石家莊。這是表示中央抵抗的決心。日本這次在北方挑釁，我們也相信是有計畫的。中間也許有投機的成分，他真想不戰而屈。我們希望開往河北的中央軍增加，要用全國的軍隊力量，充實河北國防。能這樣，我相信日本決不敢輕易言戰。如若我們以為日本這次是含有投機成分，又以為是局部問題，可以和平方法解決，存著這種僥倖心理去應付這件事情，一定會失敗到底。失敗的結果，不僅是盧溝橋一個小地方的失守，而且使北平和整個華北危在旦夕。北平，東南北的門戶，都已在人家的手裡了，只有西邊通盧溝橋的一條活路。假設盧溝橋失守，不但平漢、津浦兩路隔斷，平綏路也同時被阻，北平就成了死城。北平一失，華北不保，察北勢不能孤守，綏遠山西都受極大威脅，南京也將成了現在的北平了。所以盧溝橋的失與守，乃是整個華北存止的關鍵。我們希望中央在調派軍隊北上之外，還有更大更明顯的表示。以更大的實力，向北方增進，使日本無所施其伎倆。如同去年，日本對我國的交涉，最初也做過很大的投機，直到察北戰爭和蔣先生西安回來以後，就自

262　楊天石，〈胡適曾提議放棄東三省，承認「滿洲國」〉，《近代史研究》，2004年第6期，頁206。

行退讓，僅僅以北海和成都兩案的解決作為終結。因此我們可以預料，這
次事件，如果宋哲元、秦德純、張自忠、華北諸負責當局不屈服、不喪失
主權，而獲得相當的解決，決不是日本的讓步，而是中央雄厚實力之所
致。所以我們對於蔣先生表示中央態度不在求戰，而在應戰，這種決心，
我想一定可以解決這次華北嚴重的時局。同時事件之解決，必然是中央軍
到達河北之功。[263]

然而，胡適這個主戰的態度維持了沒有幾天。7月27日的日記：「華北消
息大惡。」[264] 次日，胡適從廬山下來。29日的日記：「早起始知北京事驟變。宋
哲元全部退出，北平事交給張自忠維持。昨日南北西苑俱慘敗！」[265] 30日的日
記，態度全變了。胡適對日政策第七次的轉變於焉開始：

　　到高宗武家吃午飯。在座的有蕭同茲、程滄波、裴復恆。此皆南京之青
　年智囊團也！我們深談國事，決定了兩事：一、外交路線不能斷絕，應由
　高宗武積極負責打通此路線；二、時機甚迫切，須有肯負責任的政治家擔
　負此大任。我打電話與〔陳〕布雷，勉他作社稷之臣，要努力做匡過補缺
　的事。[266]

31日，胡適應邀到蔣介石處吃午飯：

　　蔣先生宣言決定作戰，可支持六個月。〔張〕伯苓附和之。我不便說
　話，只能在臨告辭時說了一句話：「外交路線不可斷。外交事應尋高宗武
　一談。此人能負責任，並有見識。」……我們此時要做的事等於造一件

263 〈胡適廬山會議發言〉，1937年7月17日，「中央政治委員會檔案」，「政十」，8.2，「第二次
　　共同談話紀錄」。藏於美國史丹佛大學「胡佛檔案館」。
264 《胡適日記全集》，7.425。
265 《胡適日記全集》，7.427。
266 《胡適日記全集》，7.427。

miracle〔奇蹟〕，其難無比。雖未必能成，略盡心力而已。[267]

當天，胡適給蔣廷黻的信裡說：

> 你在「九一八」之前所見，我在民廿〔1931〕、民廿一、二年〔1932、
> 1933〕所見，在當時所以不能實行，只為政府的力量不夠實行。若政府在
> 民廿能有民廿四〔1935〕的鞏固，滿洲問題還可以和平解決。至今想來，
> 史實如此，不足怨悔。
>
> 今日政府比廿四年更強了，但恐怕還沒有強到一個可以忍辱避戰的程度
> ——又無政治家能擔負大責任——故至今漂泊（drifting）〔隨波逐流〕。
> 終陷入不能避免的大戰爭。[268]

胡適這段話不加說明，讀者可能不知其意。他所說的他和蔣廷黻當時「所
見」，指的就是對日妥協的意思。這是他回應我在上文所引的蔣廷黻的6月8
日給他的信裡說的話。蔣廷黻在那封信裡說：

> 在我這四十多歲之中，憾事雖多，其最大者即「九一八」以前，我當局
> 及人民對東北問題的態度錯了。我的膽子不夠，未曾努力糾正當時的錯
> 誤。假使努力而無成，我的良心還過得去……在那種狀況之下，我們應該
> 忍耐，應該避免衝突。等到關內能給東北強有力的援助的時候，再與日本
> 算賬不遲。民十九〔1930〕冬，我在北大講演的時候，曾表示此意。學生
> 亦不反對，可見那時尚可以理喻。那時我們如與幣原〔喜重郎〕合作，我
> 們的損失不知可減少到什麼程度。[269]

胡適7月31日這封信最容易誤導他人，讓人誤以為他對日的政策從「九一

---

267 《胡適日記全集》，7.427-428。
268 胡適致蔣廷黻，1937年7月31日，《胡適全集》，24.354。
269 蔣廷黻致胡適，1937年6月8日，「胡適檔案」，1826-10。

八事變」到1935年都是始終一致，抱持對日妥協的主張。從這個角度來說，如果歷來研究胡適的人都以為胡適一向就是主和派，造成這個錯誤的看法的始作俑者就是胡適自己。這所顯示的，是胡適研究有陷阱的存在。研究者不小心，就會一步陷了進去。其實，我在上文已經徵引過胡適在1933年4月11日所寫的〈我的意見也不過如此〉一文。在那篇文章裡，胡適就清楚地交代了他對日的政策，從「九一八」到1933年經歷了三次的轉變。到了1935年，一如本節的分析所指出的，胡適對日的政策已經經歷了五次的轉變。

　　無論如何，這時的胡適求和心切，已經到了不能自已的程度。他在7月31日給蔣廷黻的信裡說：「這幾天是最吃緊的關頭。夢麟、月涵和我都在教育部大樓做『難民』。焦急得不得了，又沒有辦法！」王世杰在8月3日的日記，指出當時知識人普遍的心態，如果不是像胡適恐懼、求和的急切，就是方寸大亂，不知所措：

　　二、三日來，首都一般人士，均感大戰爆發後之危險。無知識或無責任之人，感覺身家危險；有知識者則對國家前途不勝恐懼。故政府備戰雖力，而一般人之自信力仍日減。今日午後與胡適之先生談。彼亦極端恐懼。並主張汪、蔣向日本作最後之和平呼籲，而以承認偽滿洲國為議和之條件。吳達銓今晨向予言，戰必敗，不戰必大亂。處此局勢，惟有聽蔣先生決定而盲從之。

　　今日午後約胡適、吳達銓、周枚蓀〔炳琳〕、彭浩徐、羅志希〔家倫〕、蔣夢麟諸人在家密談。胡、周、蔣均傾向於忍痛求和。意以為與其戰敗而求和，不如於大戰發生前為之。達銓則仍謂戰固必敗，和必亂。余謂和之大難，在毫無保證。今茲求和，不只自毀立場，徒給敵人以一、二月或數月時間，在華北布置更強固，以便其進一步之壓迫。[270]

　　當晚，胡適、蔣夢麟又跟一向就主張對日妥協的周佛海長談。根據周佛海8月3日日記：「七時赴《中央日報》館應〔程〕滄波之宴，與胡適和蔣夢麟等

270《王世杰日記》（台北：中央研究院近代史研究所，1990），1.83。

談至九時。」[271]

胡適對日妥協的意見，顯然已經在8月5日透過汪精衛轉達給蔣介石。蔣介石有他的顧慮。根據王世杰的日記：

> 今日午後晤汪精衛先生。據云：胡適之所提和議意見，彼已轉告蔣先生。蔣先生以為軍心動搖極可慮。不可由彼呼籲和議，亦不可變更應戰之原議。但蔣先生擬囑王亮疇以外長資格仍與日方外交官周旋。余謂和議之最大困難，不只在日方條件之苛，而在無第三國願以實力出面保證。如不能得第三者切實保證，和議條件之接受將無任何代價。[272]

王世杰這則日記重要的地方有三點。第一、蔣介石既然已經在7月17日宣布抗戰，他當然不能出爾反爾，造成軍心的動搖。第二、蔣介石自己不能出面談和，但他要王寵惠以外交部長的身分跟日本周旋。事實上，就像我在第二章會分析的，蔣介石派胡適赴美，表面上是宣傳，實質上是要請美國出面斡旋。第三、蔣介石當然希望跟日本談和。癥結是：如果沒有一個強大的第三國居中斡旋，日本的條件一定是嚴苛到中國無法接受的地步。

胡適在8月6日日記，記他在接到蔣介石接見的通知以後，把對日妥協的具體意見寫出，以便在接見的時候提呈給蔣介石：

> 回寓見蔣先生約談話的通知。先作一長函，預備補充談話之不足。主旨為大戰之前要作一次最大的和平努力。理由有三：一、近衛內閣可以與談，機會不可失；二、日本財政有基本困難，有和平希望；三、國家今日之雛形，實建築在新式中央軍力之上，不可輕易毀壞。將來國家解體，更無和平希望。和平外交的目標：一、趁此實力可以一戰之時，用外交收復新失之土地，保存未失之土地；二、徹底調整中日關係，謀五十年之和平。步驟可分兩步：第一步為停戰，恢復七月七日以前之疆土狀況。第二

---

271 《周佛海日記》（北京：中國社會科學出版社，1986），上冊，頁13。
272 《王世杰日記》，1.84。

步為「調整中日關係正式交涉」——在兩三個月之後舉行。[273]

胡適這個提呈，現存在蔣介石的檔案裡。由於胡適的日記已經摘下了其大要，我在此處沒有必要整篇徵引。值得令人玩味的是，無論是在這則日記所作的摘要裡，或者是在他之前之後的日記裡，胡適因為不願意留下痕跡，完全沒有提到他這第七次對日政策的轉變所必須付出的代價，亦即，以承認「滿洲國」作為和議的代價。他在寫給蔣介石的提呈裡則提出來了：

至於外交的方針，鄙見以為我們應該抱定「壯士斷腕」的決心，以放棄東三省為最高犧牲，求得此外一切疆土的保全與行政的完整，並求得中日兩國關係的徹底調整。論者多懷疑此說，以為敵人必不能滿足。此大誤也。日本人對於滿洲之承認，真是夢寐求之……故我方外交方針必須認定東三省之放棄位最大犧牲。必須認定此最大犧牲是敵人最欲得而願意出自大代價的。認清此主要之點，則外交必可為。否則外交必大失敗。[274]

細心的讀者，會覺得胡適這個「日本人對於滿洲之承認，真是夢寐求之」的論點似曾相識。這就是我在上文已經提過的，胡適在1935年6月17日寫給王世杰的信裡所提出的對日讓步的「和」策裡的理論：「人或謂偽國的承認在今日已不值錢。此亦大錯……偽國之承認，關係全世界五十個國家的公議，豈無出大代價的價值？日本也許宣傳他們不重視此舉，此是狐狸攀不著葡萄，只好搖頭說葡萄是酸的，他本來不想吃！」[275]到日本都已經決定鯨吞中國的時候，胡適還有這種幻想，相當不可思議。

另外同樣值得令人回味的一點，是胡適在這個提呈裡所提出的「大戰之前要作一次最大的和平努力」的第三個理由。在此，我要徵引他在提呈裡的完整的字句：

---

273 《胡適日記全集》，7.429。

274 胡適致蔣介石，1937年8月6日，「國史館：蔣中正總統文物」，002-080200-00622-002。

275 胡適致羅隆基，1935年7月26日，《胡適全集》，24.244-245。

我們今日所有的統一國家雛形，實在是建築在國家新式軍隊的實力之
上。若輕於一戰，萬一這個中心實力毀壞了，國家規模就很難支持，將來
更無有較光榮的和平解決的希望了。

這跟毛澤東的「槍桿子出政權」的名言，真可謂「此心同也，此理同
也。」

蔣介石的檔案裡還有一封信，因為沒有具名，整理檔案的人又不認得胡適
的筆跡，所以沒有以胡適的名字著錄。根據檔案整理者的排列，這封信寫的時
間是在蔣介石8月6日接見胡適之前。顯然，胡適在蔣介石接見他以前，就自
己已經毛遂自薦地去見蔣介石了。這是8月5日，胡適跟陶希聖去拜謁蔣介石
不見，留交給秘書陳布雷的一封信。陳布雷在轉呈給蔣介石的時候，附了一句
話：「茲有陶希聖、胡適密陳國事意見一函。所言或未必當，而其忠誠迫切，
不敢不以上聞陳布雷呈八月六日。」

胡適和陶希聖各留了一封信。陶希聖還另外寫了一個短呈解釋緣由：

　　本日下午五時，希同胡適之先生奉謁未遇為悵。我等以為川越之南下，
中國政府只有兩種態度：一為拒絕其入京，二為積極表示政府準備在決戰
之前作最後之外交努力。希等主張第二辦法，並主張與之作一刀兩斷之方
案，即放棄力所不及之失地，而收回並保持冀察之領土行政完整。其冀察
部分，希仍主張以實力保守滄保線，而以外交手段收回平津。此種意見之
意義，在運用我國可戰之力與必戰之勢，不輕啟大戰，亦不避免大戰。蓋
大戰所耗之力，亦即我國之統一與現代化之力。若輕於用盡，必使中國復
歸於民六民八地方紛爭時也。望先生為委座陳之。弟陶希聖上五日。[276]

雖然楊天石已經徵引過胡適這封信，但由於我們都不得不浪費時間在閱覽
室裡把原信一個字一個字地打進電腦裡，難免會因為打錯字而在個別字句上有
所出入，特此徵引我所抄錄的全文。胡適在8月6日親手交給蔣介石的信，分

276　陳布雷致蔣介石，1937年8月6日，「國史館：蔣中正總統文物」，002-080103-00033-003。

析了對日議和的理由和步驟，討論的是原則。8月5日這封信則提到了實行的
細則：

原則：解決中日兩國間一切懸案，根本調整中日關係，消除兩個民族間
敵對仇視的心理，建立兩國間之友誼與合作，以謀東亞的長期和平。

方針：

一、中華民國政府在左開條件之下，可以承認東三省脫離中華民國，成
為滿洲國：

1. 在東三省境內之人民得自由選擇其國籍。

2. 在東三省境內，中華民國之人民得享受居留、經營商業、及購置土地
產業之自由。

3. 東三省境內之人民應有充分機會，由漸進程序，做到自治獨立的憲政
國家。

4. 在相當時期，如滿洲國民以自由意志舉行總投票，表決願意復歸中華
民國統治，他國不得干涉阻止。

5. 熱河全省歸還中華民國，由中國政府任命文官大員，在熱河組織現代
化之省政府，將熱河全省作為非武裝之區域。

6. 自臨榆縣（山海關）起至獨石口之長城線由中華民國設防守禦。

二、中華民國全境內（包括察哈爾全部、冀東、河北、北平、天津、濟
南、青島、漢口、上海、福建等處），日本完全撤退其駐屯軍隊及特務機
關，並自動的放棄其駐兵權、租借地、領事裁判權。此後在中國境內居留
之人民，其安全與權益，完全由中國政府負責保護。

三、中國與日本締結互不侵犯條約，並努力各與蘇聯締結互不侵犯條
約，以謀亞洲東部之永久和平。

四、中國與日本共同努力，促成太平洋區域安全保障之國際協定。

五、日本重回國際聯盟。

外交手續：

1. 兩國政府商定上項方針（不公布）之後，兩國政府同時宣布撤退兩國
軍隊，恢復七月七日以前的疆土原狀。中國軍隊撤退至河北省境外，日本

軍隊撤退至長城線外。北平、天津、及河北省曾被日本軍隊占據地域內之政務警務，由中國政府派文官大員接管。其治安維持，由中國保安隊擔負。

　　兩國政府宣布撤退軍隊時，同時聲明在公布之後三個月之內，由兩國選派全權代表在指定地點開始「調整中日關係」的會議。

　　2. 第二步為根本調整中日關係的會議，依據兩國政府會商同意之原則與方針，作詳細的節目的討論。此第二步之談判，應不厭其詳，務求解決兩國間一切懸案，樹立新的國交。談判期間不嫌其長，至少應有兩三個月之討論。交涉之結果，作成詳細條約，經兩國政府同意後，由兩國全權代表簽字。277

　　胡適這第七次對日政策的轉變，注定是只延續了一個月的時間。然後，他就進入了他從「九一八事變」到1937年9月初開始的第八次的轉變。有關他這第八次的轉變——用他後來膾炙人口的名言來說：「苦撐待變」——他在1937年7月31日給蔣廷黻的信的十二年後的附註裡作了簡短的說明：

　　　此信似未寄出。但此信很可以看出我的思想的開始轉變。我在八月中，還做過一次（似不止一次）和平的大努力。但我後來漸漸拋棄和平的夢想了。9月8日離京。那天我明告精衛、宗武、希聖三人，我的態度全變了。我從此走上了「和比戰難百倍」的見解。

　　　　　　　　　　　　　　　　　　　　適之　卅七〔1948〕、一、十二夜278

　　胡適一生有時候會清楚地交代他自己思想轉變的軌跡。可是，也常常在關鍵點有意地模糊過去。此處，就是又一個例子。從他第七次對日政策的改變到第八次的改變，其中只有一個月。他哪有那麼長的時間讓他去「後來漸漸拋棄和平的夢想了」！

277　胡適致蔣介石，1937年8月6日，「國史館：蔣中正總統文物」，002-080103-00033-004。

278　胡適致蔣廷黻，1937年7月31日，1948年1月12夜加註，《胡適全集》，24.354-355。

這「漸漸」——其實是急速——兩個字是關鍵。這也就是說，胡適從他7月30日第七次對日政策的改變，亦即，主和，到9月8日第八次的改變，亦即，拋棄和平的夢想了，是一個急速的「漸漸」的過程。

在這胡適看法轉變的關鍵時期，他的日記卻剛好闕如。這也許不是故意，而是因為他腸炎住進了南京的中央醫院六天：「我在醫院住了五天半。驗得不是痢疾，只是小腸有點發炎。養了六天，就完全好了。廿八日出院。」[279]

幸好，我們有周佛海的日記，再參證這期間胡適自己的兩則日記，讓我們知道他到8月31日為止，仍然積極參加汪精衛、周佛海等人對議和努力：

8月14日周佛海日記：「晚，宴胡適之、李揖升、高宗武等十人，十時始散。」[280]

8月16日周佛海日記：：「十時，適之、宗武、滄波來談。警報又至。上午共三次，轟炸尚不烈。適之等即在此午飯，已一時半矣……本日僅十時左右赴布雷處半小時，余均未出。與適之、希聖密商外交進行辦法，為此次戰爭下場之準備。預計三個月後可開始外交，未知能否天隨人願也。」[281]

8月18日周佛海日記：：「高宗武來，談與汪先生談話經過，因約胡適之來，請其在『國防參議會』約集同志，制訂方案，促進外交。」[282]

8月19日胡適日記：「昨夜談話的人——高〔宗武〕、周〔佛海〕、程〔滄波〕——所謂『低調同志』。他們要我與希聖再去見蔣先生一次。陳布雷先生今早替我們約定下午去見。希聖來談。下午四點半我們去見蔣先生。談話不很有結果。我們太生疏，有些話不便談。但我們可以明白，他是最明白戰爭的利害的。不過他是統兵大大元帥，在這時候不能唱低調。此是今日政制的流弊，他也不能不負其咎（他不應兼任軍與政）。他要我

279　胡適致江冬秀，1937年9月6日，《胡適全集》，24.359。
280　《周佛海日記》，上冊，頁18。
281　《周佛海日記》，上冊，頁19。
282　《周佛海日記》，上冊，頁20。

即日去美國。我能做什麼呢？」[283]

　　胡適在這則日記裡所說的「低調同志」，或者說「低調同志會」。根據周作人在戰後被指控為漢奸的審判時對記者的解釋，是胡適創出來：

　　這在抗戰前僅僅是一個無正式組織的私人友誼集團。當時，凡是在他家裡進出的人，如：梅思平、高宗武……之流，對於對日戰爭，都感覺到非敗不可。因此，他們對於當時力主抗戰的人，都斥為談高調者。有一天，胡適博士到他家裡。談笑間，偶然提出這個怪雅的名稱以後，這個名稱便傳誦海內。其實僅是一句笑話而已。[284]

　　總之，回到1937年8月底周佛海的日記：

　　8月23日周佛海日記：「十時，希聖謁汪回。據云：蔣不願派宗武赴滬見川越，因其為正式外交官。聞之不勝失望。蓋吾輩日來詳商結果，均主宗武即赴滬作外交進行也。無已，其待適之赴美經滬時進行歟？惟恐時機已失耳。」[285]

　　8月28日周佛海日記：「……並與宗武等談外交問題。飯後偕宗武、思平赴滄波家，與適之等略談。」[286]

　　8月30日周佛海日記：「八時起。偕希聖赴汪先生處，力陳戰事須適可而止，目前須開始外交之理由，並條陳步驟及負責人選；汪允向蔣先生力言。返家後，約適之、宗武商對日外交進行步驟及要點等具體方案，由宗武起草。」[287]

　　8月31日周佛海日記：「布雷、蒼波來談。希聖接汪先生電話，謂吾輩

283 《胡適日記全集》，7.431-432。
284 〈一個怪集團低調俱樂部〉，《申報》，第24675期，1946年10月25日，第9版。
285 《周佛海日記》，上冊，頁22。
286 《周佛海日記》，上冊，頁23。
287 《周佛海日記》，上冊，頁24。

貢獻外交進行方式，不被蔣先生採納。大為失望，相對無言者數十分
鐘。」[288]

　　周佛海8月31日這則日記是關鍵。蔣介石已經否決汪精衛等人議和的方
案。可惜在這關鍵時刻，胡適的日記闕如。他1942年9月10日給王世杰、傅
斯年等人的信裡，有一段感性的話，歷數促成他1937年到美國然後又成為駐
美大使的種種因緣際會：

　　我出國五年，最遠因起於我寫給雪艇的三封長信（廿四年六月），尤其
是第三封信（廿四年、六、廿七）〔注：他透過王世杰獻給蔣介石，引日
本入甕，再由英美蘇夾擊殲滅之策〕；次則廿六年八月尾蔣先生的敦促，
雪艇的敦勸；但最後的原因是廿六年九月一夜在「中英文化協會」宿舍孟
真的一哭。孟真的一哭，我至今不曾忘記。五年中，負病工作，忍辱，任
勞，都只是因為當日既已動一念頭，決心要做到一點成績，總要使這一萬
〔億〕三千萬人〔注：美國人〕復認識我們這個國家是一個文明的國家。
不但可與同患難，還可與同安樂。四年成績，如斯而已。[289]

　　這段話是胡適被蔣介石免職以後，為自己大使生涯所作的自謙之辭，完全
沒交代他對日看法的轉變。然而，我們注意到他說：「但最後的原因是廿六年
九月一夜在『中英文化協會』宿舍孟真的一哭。」雖然胡適說「孟真的一
哭」，是他決定接受蔣介石之命赴美、以至於後來成為駐美大使的「最後的原
因」。但是，這最後之因，也可能就是他「漸漸拋棄和平的夢想了」的最後之
因。
　　到了他9月8日的日記，他就真的是「態度全變了」，亦即，他第八次改
變的立場──「苦撐待變」：

---

288 《周佛海日記》，上冊，頁24-25。
289 胡適致王世杰、傅斯年等，1942年9月10日，王汎森輯，〈史語所藏胡適與傅斯年來往函
　　札〉，《大陸雜誌》，93卷3期，1996年9月15日，頁14。

十點到鐵道部官舍，見汪精衛先生。他正在開國防會議，囑我小待。待至十一點半他才散會。談次，我勸他不要太性急，不要太悲觀。十二點到高宗武家，只我們二人同飯，久談。我也勸他不要太性急，不要太悲觀。我說，我們八月初做的「在大戰前作一度最大的和平努力」工作，是不錯的。但我們要承認，這一個月的打仗，證明了我們當日未免過慮。這一個月的作戰，至少對外表示我們能打，對內表示我們肯打，這就是大收穫。謀國不能不小心，但冒險也有其用處。[290]

胡適這個第八次態度的轉變，也可以在陶希聖1938年12月31日致胡適的信裡得到佐證：去年分手時，先生說道：「仗是打一個時期的好，不必再主和議，打了一個時期再說。」[291]

1937年9月13日中午，胡適從漢口搭機飛香港。在香港住了一個星期以後，就從香港起飛，經馬尼拉、關島、威克島、中途島、到檀香山。然後，在25日從檀香山起飛，在26日抵達舊金山。雖然胡適一直要到一年以後才成為中國駐美大使，但他使節的生涯基本上已經開始。從「九一八事變」開始，到1937年9月初，胡適對日的策略經歷了八次的改變。現在，他走上了這第八次改變以後的「苦撐待變」的遠路。

---

290 《胡適日記》，7.436-437。

291 陶希聖致胡適，1938年12月31日，《胡適來往書信選》，2.397。

第二章

苦撐待變兮，引領望美師

　　胡適一生被人誤解、不解、亂解的地方很多，而集這些誤解、不解、亂解大成的，就是他使美的階段。造成這個現象的主要原因有三個。第一，要研究胡適在駐美大使任內的作為，我們就進入了研究外交史的範疇。研究外交史最大的難度，就在於必須爬梳各個相關國家的檔案。這是因為各國在從事外交折衝的時候，利益與立場自然不同。這些不同的利益與立場，很自然地就會反映在它們國家的檔案裡。從某個角度來說，研究外交史的人，雖然不至於像是摸象的瞎子一樣的無助，但他們在看得到外國的檔案之前所能摸到的那隻大象的部位，無異於瞎子因為目盲所受到的局限是一樣的。研究者越能看到更多不同國家的檔案，就越能捕捉住那隻全象的輪廓。

　　研究胡適擔任駐美大使生涯第二個困難的原因，是中國政府檔案的闕漏。也許是因為戰亂的關係，也許是因為有些檔案有機密的關係而被銷毀，也許是因為中國政府對檔案保存本來就不加措意，許多胡適在日記裡所提到的電報函件，今天在「蔣介石檔案」或著「外交部檔案」裡都已不存。同樣地，許多蔣介石透過陳布雷，以及外交部給胡適的電報與指令也都不存了。缺少了這些現已不存的資料，就好像一幅拼圖缺了塊一樣，讓人難以窺其全貌。

　　研究胡適第三個困難的原因，並不是胡適研究這個領域所特有的。研究中國近代史有一個很不正常的困難，那就是秘密的資料中文往往沒有。造成這個不正常的困難的原因，是許多近代中國知識人的一個通病。他們對中國人守口如瓶，對外國人則往往推心置腹。秘密是對外國人，特別是美國人透露的。胡

適是這方面的行家。許多胡適不希望中國讀者所知道的秘密，他在中文資料裡沒有，只有英文裡有。胡適這個「家國秘密寧可為外人道也」的毛病，是越老越嚴重。

　　胡適這個「家國秘密寧對外人道也」的毛病，最典型地表現在他1937年9月奉蔣介石之命赴美的任務究竟是什麼的答案上。他1937年9月到美國去的時候，無論在日記裡或者在現存的書信裡，他都沒有透露他去美國的任務是什麼。必要的時候，他最常用的是一句套語。他說他答應蔣介石到美國去，就是去向美國人解釋中國的實際情況，澄清誤解。如此而已。他第一次說出他1937年到美國去是負有特殊的秘密任務，是在1950年，對象是美國人。這個秘密任務就是蔣介石要求美國總統羅斯福出面調停中日戰爭。在中文世界裡，他第一次透露這個秘密任務是在1958年，對象是郭廷以。郭廷以把胡適透露的這個秘密寫在他的日記裡。只是，郭廷以的日記一直要到2012年才出版的。因此，這個秘密任務，胡適在他在世的時候，等於是只透露給美國人聽過。

　　壯年以後的胡適，與蔣介石漸行漸近。就以本章所要分析的對日抗戰的策略為例，他們可以說是志同道合。「九一八事變」以後，胡適在「和」與「戰」之間徘徊。每當他擺盪回到「和」的一極，他的想法就是「以有代價的讓步，換取十年的和平。」雖然蔣介石先安內再攘外的策略不包含付出有代價的讓步，但在先準備好再抗日這一點上，兩者的策略是異曲同工的。在胡適擺盪回到「戰」的另一極的時候，他的「戰」的策略，就是以中國對日作戰作為手段，以達成引日本入甕、與美國、英國、和俄國在太平洋大戰以至於慘敗的目的。從這個角度來說，胡適的「苦撐待變」跟蔣介石的「長期抗戰」，使的就是一個「拖」字訣。胡適跟蔣介石就是志同道合地要拖到列強出面干涉，以求取最後的勝利。不管稱之為「苦撐待變」還是「長期抗戰」，這種引日本入甕，然後借列強之力來打敗日本的策略，就是「以夷制夷」。

　　英國首相張伯倫在1938年9月犧牲捷克姑息希特勒的〈慕尼黑協定〉，是賦予"appeasement"（姑息）這個英文字負面意義的歷史事件。同時，〈慕尼黑協定〉也從那以後成為姑息政策的代名詞。有意味的是，在〈慕尼黑協定〉簽訂一年之間，胡適不但崇拜張伯倫、處處為其辯護，而且也非常豔羨，希望能有一個遠東的〈慕尼黑協定〉來消弭中日之間的爭端。他把他讚頌張伯倫與他

的〈慕尼黑協定〉的謳歌，用電報打給翁文灝，請他轉給蔣介石。當時已經被任命為駐美大使的胡適認為〈慕尼黑協定〉的成功，就在於有英國、法國這兩個強國出面斡旋，並作擔保。於是，捷克在作出一個有代價的讓步以後，就由英國和法國作擔保，嚇阻希特勒，以免他對捷克作出更大的要求。其結果是，不但捷克得以保存其自由獨立，只是割讓了一點疆域給德國，而且歐洲的和平得以維持。我們可以很清楚地看出，當時對〈慕尼黑協定〉抱持幻想的胡適，又擺盪回去他「和」的一極。1939年9月，歐戰爆發。胡適的〈慕尼黑協定〉狂想曲，終於在他一直視而不見的殘酷的強權政治的摧殘之下，劃上休止符。

胡適初任駐美大使之際，不但是他狂譜〈慕尼黑協定〉狂想曲的時候，而且也是他踏入政治、外交界的第一步。新官上任的他，不諳政治、外交的詭譎與官場語言，立刻就惹了禍。胡適是在1938年10月28日到白宮向羅斯福呈遞到任國書正式上任的。他才上任，就在11月中旬在華盛頓的一個非正式的演講，以及12月4日、5日他當大使以後在紐約第一個正式的兩場演講裡惹了言禍。他惹這個言禍的原因，就在於他說了在政治、外交界裡不可以說得太白的實話。一言以蔽之，胡適說中國在漢口陷落以後，政府動搖，一度想向日本求和。胡適的演講內容摘要傳回了中國，蔣介石下令查詢。幸運地，也同時是不幸地，胡適在演講之後，就被診斷出是得了心臟病而住進了醫院。要躺在病床上、生死未卜的胡適交代他所作的演講，未免強人所難，而且太不人道。幸賴他的好友李國欽出面，請他熟識的名報人曲筆，專門特別為重慶傳送一個刪除了胡適不該說的實話的外電，終於擺平了胡適這個幾乎成為言禍的危機。

胡適一定從這個幾乎成為言禍的危機裡學到了教訓。在他接下去四年的大使生涯裡，他沒有再因為說了不該說的實話而惹禍。然而，胡適在美國的表現，就是注定不會讓蔣介石滿意。即使胡適的「苦撐待變」和蔣介石的「長期抗戰」是志同道合的理念。胡適的重點在「苦撐」，而蔣介石要的是用美援來作長期的抗戰。蔣介石認為美國政府吝於提供經濟與軍火的援助，都是因為胡適只知為自己謀更多的榮譽博士學位，而怠忽其作為大使的職守的結果。他在1940年6月下旬派宋子文赴美作他的特別代表，架空胡適。胡適與宋子文互相看不順眼，不能合作。胡適固然奈何不了蔣介石的小舅子，小舅子則可以在密電裡，一再打胡適的小報告，中傷胡適。

圖1　胡適1942年10月16日，獲頒紐約州大學院（University of the State of New York）榮譽文學博士學位後，與他的提名人John Lord O'Brian（左一）及Dr. George D. Stoddard（右一）合影。（胡適紀念館授權使用）

蔣介石從1939年秋天開始就已經有了撤換胡適之心，卻苦於覓不到合適的繼任人選。宋子文的密電益發增強蔣介石意欲撤換胡適的決心。那壓垮駱駝的最後一根稻草——亦即，下定決心撤換胡適——就是蔣介石認為胡適未能堅決反對美國在日本偷襲珍珠港前夕幾乎對日妥協的作法。珍珠港事變以前，美國與日本作了八個月的談判。這個談判的失敗導致了日本偷襲珍珠港的故事是大家耳熟能詳的。然而，中文方面的研究，到現在為止，都沒指出這個談判之所以失敗，其最主要的原因之一，是因為美日兩國在中日戰爭解決的問題上僵持不下。日本堅持在和談以後，繼續無限期在中國駐軍，而美國則反對。為了打破僵局，日本提出了一個〈暫行過渡辦法〉。美國以日本的方案為基礎，提出了美國的〈暫行過渡辦法〉。這個〈暫行過渡辦法〉，使蔣介石暴怒，認為美國是要犧牲中國跟日本妥協。蔣介石不知道美國這個〈暫行過渡辦法〉的來龍去脈。他暴衝的結果，使美國決定放棄這個〈暫行過渡辦法〉。蔣介石在這場外交折衝上得到勝利以後，論功行賞、計過行罰：宋子文成為外交部長，胡適從駐美大使撤任。

秘密任務——請羅斯福調停中日戰爭

「七七事變」以後，蔣介石派胡適到美國去的目的，一言以蔽之，就是請美國總統羅斯福調停中國與日本之間的戰爭。從派胡適作為他非正式的代表，到次年正式任命他作為中國駐美大使，蔣介石一直要胡適達成這個任務。蔣介

石對胡適的不滿，除了胡適沒有達成任務以外，也因為蔣介石惱怒「余令其向美辦外交，而彼乃向余辯難辦內交。」換句話說，蔣介石惱怒的是，胡適究竟是他派駐華盛頓的「外交大使」？還是他派駐華盛頓來傳達美國旨意的「內交大使」？這是我在本章要詳細分析的一個重點。

蔣介石當時派到國外去從事秘密外交的人員其實不只胡適一個。美國除了胡適、錢端升、張忠紱以外，還有張彭春。此外，還有蔣百里、于斌、程天放到歐洲。蔣介石所派出去的密使，每一個人都有一個密電的密碼手冊，讓他們可以跟蔣介石「侍從室」的陳布雷直接聯繫，並接受蔣介石的密令。據張忠紱的回憶：「我們與政府間常有密電往來。這些電報是適之訂稿，端升與我參酌意見後，再由我譯成密碼，直電中樞。有時因時間迫促，適之也幫同我譯。」[1]

胡適到美國去的秘密任務，胡適在他自己所留下來的中文資料裡面都沒有。這其實非常符合他一生處世的態度。凡是他不願意讓人知道的秘密，他是不會留下任何痕跡的。研究胡適，早期胡適的日記非常有用，特別是 1921、1922 年間的日記，鉅細無遺。越到晚年，他的日記越發無用。比如說，他 1937 年到了美國以後的日記，從到了華盛頓以後，在最關鍵的日子裡就了空缺好幾日。10 月 20 日開始以後更是完全闕如了。然而，胡適在英文裡，顧忌就少了許多。除了他喜歡對美國人開誠布公以外，他恐怕錯以為那些資料中國人是看不到或看不懂的。

胡適到美國去不但有秘密的任務，他甚至在到美國不久，就石破天驚地透露出他在「七七事變」以後參與對日談和的秘密。1937 年 10 月 21 日，胡適在「美國外交關係協會」（Council on Foreign Relations）的餐會上，道出了這個秘密：

儘管 7 月 7 日發生的事變，中國嘗試與日本司令達成局部停火的協議。這個作法南京批准。然而，25 到 26 日又發生了另外一個事件。戰爭從 28 日真正開始。我們不戰而撤出北平。因此保全了古蹟。接下去的十三天裡，南京嘗試用協商的方法解決爭端。由於戰爭都已經開始了，這個階段的談

1　張忠紱，《迷惘集》（香港，無出版時間及出版社），頁115。

和顯示出中國仍然在嘗試和平的方法。中國方面是誠心要談和的──我知道這是實情，因為我是談判者（negotiators）之一──而且日本似乎也有回應的意思。這個階段在 8 月 10 日左右終止，那時我們聽說日本派了一個 30 艘的艦隊到了上海。上海戰役從 8 月 13 日開始。此後，和平就無望了。

在演講結束以後的問答時段裡，有一個問題特別值得指出：

美樂瑞（Walter Mallory）先生問：如果和談之後停戰，閣下願意接受承認「滿洲國」作為籌碼之一嗎？
胡適博士答：我個人願意承認「滿洲國」。我還願意接受熱河成為「滿洲國」和中國之間的非戰緩衝區。但我會堅持中國在所有長城以北〔注：應該是以南〕的省份駐兵、守衛的權力。[2]

胡適說他是「談判者之一」，我們幾乎可以確定是誇大其詞。他前一句說：「我是談判者之一」，後一句說：「而且日本似乎也有回應的意思」。後一句等於是否定了前一句，因為如果日本只「似乎也有回應的意思」，則所謂「談判」也者，根本就只是胡適自己的妄想而已。到現在為止，我沒見到任何資料，說「七七事變」以後，中日雙方在南京或上海作過和談。當然，我在第一章結尾提到王世杰 8 月 5 日的日記。他在那則日記裡說，蔣介石擬囑王寵惠「以外交部長的資格仍與日方外交官周旋」。如果王寵惠真的與日本外交官「周旋」了，而且胡適也參加了這個「周旋」工作，他當然就可以自稱為「談判者之一」。否則他如何可能是和談的「談判者之一」呢？另外一個可能性，是胡適把自己是主張談和的「低調俱樂部」的成員，誇大說成他是參與和談談判的成員。無論如何，可以確定的是，他在問答時段裡說，他贊成承認「滿洲國」以及接受熱河成為非戰區，是完全符合他給蔣介石獻策裡的主張。

胡適 10 月 21 日晚在「美國外交關係協會」的演說，證諸當晚出席的名

2　"The War in China: Dinner for Dr. Hu Shih," October 21, 1937, "Council on Foreign Relations Meetings Records, 1920-1995," Box 438, Folder 3, deposited at Mudd Library, Princeton University.

單，錢端升與張忠紱也在場。因此，張忠紱在他的自傳《迷惘集》裡的一段回憶應該是可靠的。他說：

> 他在美國活動的期中，心中念念想到國力的不足，與同胞的犧牲，很想以政治家負責的態度，盡可能促成和平。某次紐約外交政策協會（Foreign Policy Association），請他演講。他一向喜歡說老實話，在演講及問答中，他表示只要日本退兵，中國不惜承認滿洲國。那天晚間前國務卿史梯姆生〔注：司汀生（Henry Stimson）〕亦在坐。會後他邀適之和我到他家中樓下酒吧間內閒談（我們尚曾在酒吧間牆上留名）。我還記得很清楚，史梯姆生以右手扶在適之肩上，很誠懇的說：「你怎麼能代替東北三千萬人說這種話？」適之當時也很感動，祇點首無言。[3]

　　胡適1937年到美國負有秘密任務這個事實，雖然胡適自己沒有留下資料，而且其他中文資料也完全闕如，但是台灣中央研究院近代史研究所在2012年出版的郭廷以的日記殘稿裡，有兩則日記提到胡適親口說出了他當年奉派到美國去的任務。1958年11月11日：「與致遠〔張貴永〕談近史所事，並同訪胡適之先生。胡先生談及民國廿六年冬〔1937，其實是「秋」〕奉命赴美，作非正式活動，謀由羅斯福調解中日戰爭事。」1960年1月4日的日記，郭廷以又記：「又云抗戰發生後，渠奉命赴美，在蔣委員長之意，實希望由羅斯福調解中日戰爭。」[4]
　　另外，胡適在1961年4月25日也對胡頌平透露了這個事實。可惜胡頌平的《胡適之先生年譜長編初稿》在1984年出版的時候，把關鍵話給刪掉了。一直要到2015年《胡適之先生年譜長編初稿・補編》出版以後，這被刪掉的關鍵話才重見天日：「那時蔣先生要我去做求和的工作。蔣先生知道我們的軍隊只能支持三個月，希望羅斯福總統出來主持和平的。」[5]

3　張忠紱，《迷惘集》，頁117。
4　郭廷以，《郭量宇先生日記殘稿》（台北：中央研究院近代史研究所，2012），頁99, 161。
5　胡頌平，《胡適之先生年譜長編初稿・補編》，頁418。

在英文方面，胡適1950年5月18日在一個「中國問題討論小組」（Discussion Group on China）會上，說出了蔣介石派他當駐美大使的秘密任務。根據胡適發言的記錄：

> 他〔胡適〕所得到的第一個訓令極機密，機密到連中國的外交部都不知道。他奉命在提交國書以前就去晉見總統〔羅斯福〕，請他調停。總統的答覆同樣是極機密。他說調停的時間還沒到。[6]

在此處我有兩點要指出。首先，胡適在赴美以及駐美大使任內發回國的電報、函牘裡，都是用「總統」稱呼羅斯福。我每次在他的電報、函牘裡看到這兩個字，都會頓然一愕。然後在腦筋裡作一個急轉彎，理解雖然胡適是中國人，但他心目中的「總統」是羅斯福。其實何止胡適如此，宋子文也如此。這是當時中國知識分子的通性。在下意識裡，他們都彷彿是美國人一般。

其次，胡適在1950年在「中國問題討論小組」裡所透露的秘密，跟他晚年在台灣對郭廷以與胡頌平所透露的秘密，在時間點上有一點小小的出入。前者指的是他1938年上任大使的時候，後者指的則是他1937年奉蔣介石之命赴美作宣傳的時候。一如我在下文會交代的，前者有《美國外交文書》裡所留下來的痕跡可稽。後者則只有胡適的回憶為憑。由於這時間點上的差異只有一年，而且這一年又是連續在一起的，我傾向於認為胡適的秘密任務在1937年時是以私人身分為之，到了1938年他大使上任以後則以大使身分進行。

對外界，胡適說他1937年9月赴美的任務，是去向美國人解釋中國的實際情況，澄清誤解。他對他的美國女朋友韋蓮司說：「我最後接受來美國的條件是：我不從事外交工作，也不需要作『宣傳』工作。我只回答問題、澄清誤解，以及發表**我自己**的觀點。」[7]他對美國駐華大使詹森（Nelson Johnson）的說法也是如此：「胡適博士要到美國去。他應政府的要求希望他能回答問題、澄

---

6   "Record of the Fifth Meeting of the Discussion Group on China," May 18, 1950，「胡適紀念館」，
     HS-US01-004-004。

7   Hu Shih to Edith Clifford Williams, September 25, 1937，《胡適全集》，40.318。

清誤解。他說他拒絕從事政府或政治性的宣傳。」詹森同時說，他也給胡適一些建議：

　　我建議他到華盛頓去，請中國大使立即為他引見國務卿和總統……我告訴他說美國人討厭宣傳。他最好的作法是作他自己，樂意回答問題，不要勉強美國人接受他的看法。[8]

　　詹森真的是被胡適的檯面話誆了。胡適當然會去華盛頓見美國總統，因為他是負有秘密任務的。9月25日，胡適和同行的錢端升在從檀香山起飛赴舊金山以前，託檀香山總領事梅景周打了一個電報給華盛頓的王正廷大使：「廿六偕錢端升兄到金山。是否即須來美京奉謁，或應在西岸稍留數日。均聽尊裁。」[9]

　　26日上午十點，胡適和錢端升抵達舊金山。當天下午三點，他在「旅美華僑統一義捐救國總會」在華埠「大中華戲院」所舉行的大會裡演講〈中國抗戰的前途〉。戲院裡擠滿了兩千名聽眾。胡適用北京話演講，由翻譯翻成廣東話[10]。胡適在這篇演講裡，分析了中國抗戰究竟能夠支持多久的

圖2　胡適抱著Pardee Lowe（劉裔昌）的兒子，1937年9月26日，攝於舊金山。（胡適紀念館授權使用）

8　Nelson Johnson to White, September 7, 1937，「胡適外文檔案」，E247-7。

9　《胡適日記全集》，32.689。

10　"Throngs of Chinese Hear Hu Shih Talk," 報名不詳，Institute of Pacific Relations Papers, Box 5, China Council-Liu Yu-wan, Hu Shih" Folder，哥倫比亞大學檔案館。

問題。他說，這取決於三個因素：第一、日本能打多久？第二、中國能打多久？第三、國際上將有何種可能的大變化？對第一與第二個因素，胡適的答案都是肯定的。既然如此，中日之戰就將會是一個長期的戰爭。中國是否能夠得到最後的勝利，取決於中國是否能夠苦撐以待國際局勢得變化：

> 　　國際局面，在最近的將來，有沒有大變化的可能呢？這個問題明白些說即是有沒有第三、第四的國家，來幫助中國，參加戰爭呢？有人說蘇俄或者英美，會以實力來幫助中國加入戰鬥。這種看法也太樂觀。這件事也是要從不如意的算盤來打算的。要知道第三國幫助中國，即等於參加第二次世界大戰。各國現在都知道世界大戰是一件最淒慘、最殘酷的事。無論哪一國，都極力避免。各位居美多年，當知道美國是最不願意參戰的。美國一般人，一聞到戰事，便好像見到一條繩子就以為是毒蛇，害怕得什麼似的。上次歐戰是1914年發生。一直到1917年美國才參戰。英國與美真個是同文同種的國家。他們的同文同種，較之中日同文同種真確不止一百倍。但英國打至筋疲力竭，打了好幾年，美國才不得已的參戰了。所以要希望美國實力幫助，固不是容易的事。那麼英國呢？有人說英國現在和中國的感情很好。但無論感情好不好，英國在地中海要防備義大利，要顧及西班牙的戰事，無力來幫助中國。俄國呢？蘇俄要顧慮西方的德、義。他顧慮西方的德、義重要過防備東方的日本。而且現在俄國內部尚有問題，很難實行參戰。所以希望國際上哪一國能實力幫助中國，參加戰事，未免太樂觀了！
>
> 　　總結來說：日本能打多少時候，國際能否幫助中國，這些問題都可以不管。只要注意我們自己的力量。即是由現在這種統一的民族，和這有組織、有訓練之新國家，堅持下去，就好了。那麼，也許有人要說：對於第三點，你又未免太樂觀了，尤其關於軍火的接濟。萬一各國實行中立，外國的接濟完全斷絕，將如之何？這個關鍵，全要看自己能堅持至什麼程度，只要自己能堅持，各國自然會說話，自然會有行動，不怕沒有人不幫助中國。並不是叫胡博士向美國多演演說，哀哀求，就可以迫美國幫助中國加入戰團的。將來日本的海陸空軍自會請美國加入戰團的。譬如上次美

國加入歐戰，並不是英法等國請去的，而是由德國的軍人，德國的潛艇所請去的。只要我們能堅持長久，日本與外國緩緩起衝突，如擊傷英大使，搜查中立國輪船等等，各國便不得不過問了。所以算命算來算去，是自己可以有力量支持下去這一點最重要。不管日本能打多久，不管國際能否幫助中國。只要中國能持久。那時，日本內部便會發生問題，國際也便緩緩會起變化，最後的勝利是屬於我們的。[11]

三天以後，9月29日，胡適電陳布雷：

宥〔26日〕抵金山。得儒堂〔王正廷〕大使覆電，囑在西岸多留數日……刻在西岸稍作演講，十月五日即東行。此邦人士絕大多數同情於我，但不願捲入戰事……適等觀察所得，武裝干涉絕非民意所許。我國公私負責人向美發言時，宜避免此種論調。其他積極主張似未始不能進言。東行後，當本此旨努力……又此邦最苦無直接得華方消息機關。外部每日情報當大使館轉各地，需時三、四日。中西報館仍採用。宜仿日本同盟社，促中央通訊社速在金山設立支社，以利宣傳。[12]

9月29日當天中午，胡適在舊金山「大同俱樂部」（Commonwealth Club）作〈中國能贏否？〉（Can China Win?）的演說。邀請胡適作這個演說的電報，是他22日飛抵中途島時收到的。胡適接受這個演講邀請的時候，並不知道演講的題目。一直到他抵達舊金山，才知道「大同俱樂部」指定了這個題目。胡適過人的地方，就是他能在兩天之內趕出一篇可圈可點的英文演說。

胡適在演說的開始就先作破題的工作。他反問說：「中國能贏否？」的「贏」的定義是什麼呢？如果贏的定義是說中國軍隊能打敗日軍，進軍東京或大阪獲得全勝，則中國是不可能贏的。然而，如果「贏」的定義，是指中國能夠撐到日本筋疲力竭，則他的演講就有空間可以發揮。胡適說，中國是用「抗

11　胡適，〈中國抗戰的前途〉，《胡適研究通訊》，2015年第2期，頁1-4。

12　胡適電陳布雷，1937年9月29日，「國史館：蔣中正總統文物」，002-090103-00003-125。

戰」來形容這次的戰爭。這也就是說，抗戰到日本發現它所面對的，不僅是中國而是整個世界的時候。在這個意義之下，那就是中國的勝利。

　　胡適說決定這次戰爭勝負的因素有六個。第一、戰爭的理由，亦即我們是否有正當的理由？第二、我們是否團結？第三、財政是否支撐得住？第四、我們是否具備足夠的現代軍械？第五、我們是否有足夠的軍力來作長期的抗戰？第六、會有盟友嗎，亦即會有外力相助嗎[13]？

　　胡適這篇〈中國能贏否？〉是他三天前在華埠「大中華戲院」所講的〈中國抗戰的前途〉的英文擴充版。胡適對這六個因素的答案，有四個是完全肯定的：抗戰的正當性、團結、財政無虞，以及有足夠的軍力。對於中日軍力與素質的相比，胡適在中英文的兩篇演講裡，都是信口開河。他把中國用「拉夫」的方法抓來的兵，形容為專業軍隊。在中文版的〈中國抗戰的前途〉裡，他說：

> 以兵士來說，數量質量和日本不同。日本的軍隊是採用徵兵制，每一個兵士，都是社會上各階層有職業的人，是社會重要的組織分子。多徵一兵，社會上便少一組織分子；中國的軍隊，係募兵制，現在才開始徵兵制。中國兵士因為大多數是由招募而來，是社會上過剩的人口。與社會上各種職業和日常生活，不發生什麼大影響。日本多一兵士作戰，社會上即少一個生產分子，社會上即多一分影響；中國士兵縱調多少萬上前線作戰，社會上並不直接覺得有什麼重大影響，和日本的情形完全兩樣。所以從人力兵士的素質上說，中國遠勝日本。[14]

　　在英文版的〈中國能贏否？〉裡，胡適用同樣的理由，說日本的徵兵制會造成社會人力的短缺。反觀中國：

> 如各位所知，我們的軍隊是一個專業的軍隊，不是徵召的。是從過剩的人口裡招募來的。比如說，一個父親有三個兒子，一個是多的，種田用不

13　Hu Shih, "Can China Win?"《胡適全集》，37.403-417。

14　胡適，〈中國抗戰的前途〉，《胡適研究通訊》，2015年第2期，頁3-4。

上，就讓他去參軍。我們的常備軍至少有一百五十萬人，可以支持得很長一段時間。而且他們在前線打仗，對家裡、對社會、對經濟、對職業都不會造成太大的影響。因此，打起仗來，我們可以打得比較好。況且徵兵制之下的兵總是訓練不足、經驗不夠。相對地，由於我們的軍隊跟軍閥已經征戰多年，訓練有素。[15]

在〈中國抗戰的前途〉裡，有關中國是否具備足夠的現代軍械？胡適對華埠的聽眾說得很樂觀：

　　最後談到軍火的接濟問題。許多人說，日本現從華北海口封鎖到華南，軍火的接濟發生困難。但照我所知，這是不大要緊的。凡是到過南京的人，都知道南京有個兵工署是最完全最新式的。兵工署管下的各地方兵工廠，設備都很好。普通的軍火，都能夠自己大量的製造。只有一、二種重軍器不能自造而已。中國現在所有的軍火，足以供給一個相當長久的應用。外國的接濟，據我所知，南北各地，有很多來源，繼續源源接濟。前幾天某外國軍事觀察家說：中國大概已經得到一大筆新軍器，不知是從何處而來。其實這種不知從何而來的軍器還多著呢，所以關於軍火也可以不成問題。[16]

在〈中國能贏否？〉裡，胡適就完全低調。他說大家都知道現代的戰爭是科技的戰爭。中國的不幸，是它是第一個現代武器下的受害者。中國只能製造輕武器，重軍械必須進口。胡適在這個英文演講裡，用沒有指名的方式提到了那公開的秘密的軍火來源——蘇聯。然而，他承認中國當時只剩下一個日本很快就會設法封閉的出海口，亦即香港。當日本封閉了香港這個最後的軍械輸入口以後，胡適說接下去的問題，就是會不會有其他國家加入戰爭這個最後的決定因素了。

15　Hu Shih, "Can China Win?"《胡適全集》，37.408-409。
16　胡適，〈中國抗戰的前途〉，《胡適研究通訊》，2015年第2期，頁4。

　　胡適用比他在〈中國抗戰的前途〉裡更詳盡的分析，來說明美國、英國、蘇聯都不會在可見的未來介入中日戰爭的理由。最後，他點出了美國聽眾一定會有的疑慮。然後，再先以四兩撥千斤的方式祛除，再非常有技巧地指出光有那個疑慮並不足以讓美國免於捲入戰爭的危險：

　　　　在我結束以前，各位可能會要我回答一個問題：「胡適先生，你到美國來是為了什麼？你對美國的期望是什麼？你期待他們為中國作的是什麼？」我已經說過，我並不期待貴國加入我們的戰團。如果我的同胞有人有這種夢想，我會叱責他們。我一點都不會鄙夷貴國的中立運動，因為那是一個完全合情合理（legitimate）的運動。然而，我認為光靠和平主義，亦即，消極的對和平的渴望、消極的中立，不足以讓貴國免於捲入戰爭。

　　胡適以美國威爾遜總統為例，說他用不讓美國捲入第一次世界大戰為口號得以競選連任，可是他也是後來對德宣戰的美國總統。為什麼美國後來會參戰呢？因為德國採用無限制潛艇戰術的結果。胡適鏗鏘有聲地批判說：

　　　　是德國軍事戰略家的愚蠢把美國捲入戰爭。我可以向各位保證，軍國主義者的愚蠢是無垠無涯的。不要多久，各位就會看到1916到1917年間的無限制潛艇戰，就是今天的無限制空戰與轟炸。各位將會看到侵略軍國主義者用同樣的愚蠢來進行無限制的空襲，每天殺死數千人，謀殺平民。各位將會看到這樣的事件一件、一件地累積，直到有一天，不只是蘇聯，不只是英國，不只是貴國，而是整個太平洋的國家都會捲入戰爭。到那一天到來的時候，今天高唱中立的和平主義者，就會反過來聲嘶力竭地為自己為什麼主戰作辯護──為那要終結所有戰爭的第二次世界大戰；為那要使民主、人類、博愛得以安然地存在這個世界上的第二次世界大戰；為那今天只有中國人才能體會的壯烈與慘酷的第二次世界大戰作辯護。17

―――――――――

17　Hu Shih, "Can China Win?"《胡適全集》，37.415-417。

　　兩天以後，10月1日，胡適接受「哥倫比亞廣播公司」（Columbia Broadcasting System）的邀請作錄音演講：〈中國在目前危機之下對美國的期待〉（What China Expects of America in the Present Crisis）。胡適在當天的日記裡說：

> 　　下午Pardee Lowe〔劉裔昌，華裔新聞記者〕來說，廣播電台嫌我的講詞太厲害，要我修改。我大生氣。告訴電台中人，寧可取消廣播，不願修改。後來他們倒更客氣了。七點四十五分，到Columbia廣播電台說了十三分鐘。十點到臥室，已得到王大使與M. I. Brown〔布朗〕夫婦的賀電，可謂神速。[18]

　　胡適這篇〈中國在目前危機之下對美國的期待〉是一篇傑作。他只在錄音前一個晚上開了個夜車，就把〈中國能贏否？〉那篇演講的主旨濃縮成一個十三分鐘的演講。9月30日的日記：「回寓時已半夜，還沒有吃晚飯。匆匆吃了一頓。一點後開始寫我明晚廣播演稿，直到天明。」[19]

　　我在此處無須摘述胡適〈中國在目前危機之下對美國的期待〉的主旨，因為它是〈中國能贏否？〉的濃縮版。然而，這篇演講是值得大大表彰的。美國「太平洋學會」在1938年出版了一個比較中日兩國在美國所作的宣傳工作的個案研究。作者是布魯諾·拉斯克（Bruno Lasker）與艾格妮絲·蘿蔓（Agnes Roman）。他們特別把胡適這篇演講拿來分析，讚歎胡適熟諳美國人的心理，知道怎麼說他們願意聽的話。同時，胡適非常技巧地在他們願意聽的當下，告訴他們不想作、卻又應該作的事。作者先舉出胡適在結論裡說的幾段話：

> 　　我的看法如下。雖然我完全理解貴國不願意捲入戰爭的想法，我不能不說如果沒有一個積極的和平政策，光有消極的和平主義，絕對是無法保障貴國所嚮往的和平的。中國所期待美國的──事實上，是整個文明世界所

18《胡適日記全集》，7.449。
19《胡適日記全集》，7.448。

期待美國的──是在國際和平與正義上扮演一個積極（active）、堅定（positive）的領導的角色：阻止戰爭、喝止侵略；聯合世界上其他民主國家來制定集體安全計畫；讓人類得以在這個世界裡安居樂業。

我相信這個偉大的共和國的人民有足夠的眼光，知道貴國可以肩負起這個建設性的促進國際和平的領袖角色，而不至於引生出捲入國際權謀與戰爭的危險。恰恰相反，將來的事實也許會證明，扮演這種積極的領導世界的角色，可能反而是能讓貴國不捲入戰爭唯一一個有效的方法。

三十二年前，當一位偉大的美國總統〔注：老羅斯福總統〕喝止日俄之間的血腥戰爭，讓它們簽訂和約，他是否把貴國捲入戰爭呢？十七年前，當美國政府召開那給予遠東十年的和平歲月、停止海軍軍備競爭十年的「華盛頓會議」，那是否把貴國捲入戰爭呢？

作者接著作了如下的分析：

中國官員向美國求助所用的言詞一向都是比較明確的，但很少像〔胡適〕這個例子說得這麼技巧。首先，如果我們仔細地分析這段引文，我們會發現作者用美國人希冀和平的同理心來消弭美國人的疑慮。其次，他強調要用美國的領導來達成目標，奉承了美國人的虛榮感。他奉承的所在是美國的力量，指的應該是軍事力量。

在消極的方面，他利用美國人畏戰的心理，告訴他們說，也許一個積極的外交政策，反而是能夠讓美國不被捲入戰爭最好的保障。他同時也使用「正義」、「民主」等等美國人愛聽的字眼。「合作」、「集體安全」也有同樣的作用。

最後，他非常技巧地用歷史來作借鑑。這不但能夠消弭美國人對捲入外交詭譎的疑慮，而且也不著痕跡地（in subtle ways）撩撥了（caresses）美國人的自戀之心（self-love），讓他們感到飄飄然。這兩個結局都很好的例子，說明了美國因為及時介入世局，讓美國的威望與權力大增。其中一個例子，舉的是美國人最喜歡的總統之一──老羅斯福。另外值得一提的是，作者只用了250個字，就乾淨俐落地點出了美國主導的海軍裁軍為世

界所帶來的好處。[20]

　　胡適在「哥倫比亞廣播公司」錄音演講〈中國在目前危機之下對美國的期待〉是10月1日。四天以後，10月5日，美國總統羅斯福在芝加哥作了一個演說。在這個演說裡，羅斯福雖然沒有指名，但他把侵略的國家比擬為作亂的細菌。他說，我們隔離細菌以免流行病蔓延。同樣地，我們應該隔離這作亂的細菌，以免它蔓延到世界上其他地方。羅斯福說，世界上愛好和平的國家應該聯合起來維持法律與秩序，以便維護世界和平。這就是羅斯福有名的「隔離演說」（quarantine speech）。胡適在日記裡記他讀這篇演講稿的心情：「今天在上飛機之前，得讀Roosevelt總統之芝加哥演說，歡喜讚嘆，不能自已！」[21]

　　胡適在10月7日，在他抵達華盛頓前一天，給陳布雷的電報裡說：

　　美總統演說，宣言贊同國聯大會議決步驟。其行動迅速，可見決心。對日輿論，除Hearst〔赫氏〕一系報紙外，幾一致擁護總統輿論。英美計久當有具體主張也。現鄙意其方式若為國際調停，似宜及時接受。至少可增敵人之推進。但同時亦宜保留敵撤兵，恢復七月七月以前情形，為先決條件。若此時我嫌其主張過於和緩，聯絡武裝干涉或經濟制裁，則適貽反對總統者之人民以機會，轉多不利。蓋美政府既封鎖化〔注：我推測這是胡適翻譯羅斯福演說裡的「隔離」之詞〕。若第一主張失效，自有其他步驟隨之。不必故意助長也……（此電之文錯碼甚多！譯電員謹註）[22]

　　胡適高興得太早。羅斯福在作了這個「隔離演說」以後，就又立刻向國內孤立主義的潮流低頭了。其實，不只胡適，連蔣介石也高興得太早了。他在1937年10月9日後的「本週反省錄」裡說：「國際形勢因美國總統聲明，有急

20　Bruno Lasker and Agnes Roman, *Propaganda from China and Japan: A Case Study in Propaganda Analysis*（New York: American Council of the Institute of Pacific Relations, 1938）, pp. 106-108.

21　《胡適日記全集》，7.449。

22　胡適電陳布雷，1937年10月7日，「國史館：蔣中正總統文物」，002-090103-00003-142。

轉直下之佳象。此為抗戰第一之目的，幸已奏效矣。」事實上，蔣介石希望美國介入的「第一之目的」並還沒有「奏效」。美國一直要到1941年「珍珠港事變」發生以後才介入戰爭。胡適和蔣介石都沒有注意到的是：雖然羅斯福在那篇演講裡用了「隔離」的字眼，雖然他說世界上愛好和平的國家應該聯合起來，但他又在演講的結尾裡打了退堂鼓：「我們必須積極地維持和平。美國厭惡戰爭。美國人希望和平……因此，美國會積極地尋求和平。」

　　無論如何，胡適的好友傅斯年在讀了胡適以及羅斯福的演講稿以後，認為胡適一定是影響了羅斯福。他在1937年10月11日寫給胡適的信裡說：「先生此次到美，孔子曰：『時哉時哉！』若是李石曾輩，定有一電報來，說羅總統之演說是自己運動出來的！不過這中間究竟有無線索呢？」[23]他在11月9日的信上又再一次說：「先生的廣播演說真好。此間有人說羅總統之演說是先生運動出來的。」[24]胡適自己到了晚年，也不禁覺得自己確實可能影響了羅斯福。我在上文徵引了1950年5月18日在「中國問題討論小組」的討論會上的發言。討論會記錄說：「他〔胡適〕指出羅斯福總統應該是聽了他的廣播演講。這是在羅斯福作他那篇有名的隔離侵略者的演說前幾天。」[25]言下之意，是羅斯福的演說受到了胡適的啟發。

　　羅斯福那篇「隔離演說」當然不是受到胡適演說的啟發而有的成果。胡適的演說在10月1日，確實是比羅斯福10月5日的演說早了四天。然而，美國總統的任何演說都不可能是急就章的。更何況是像「隔離演說」這種重要、具有新政策性象徵意義的演說。事實上，羅斯福那篇「隔離演說」是由他的親信戴維斯（Norman Davis）──比利時布魯塞爾「九國公約會議」的美國代表團團長──在9月間就已經起草了。戴維斯一共起草了四個版本[26]。

23　傅斯年致胡適，1937年10月11日，王汎森、潘光哲、吳政上編，《傅斯年遺札》（台北：中央研究院歷史語言研究所，2011），2.827。

24　傅斯年致胡適，1937年11月9日，《傅斯年遺札》，2.836。

25　"Record of the Fifth Meeting of the Discussion Group on China," May 18, 1950，「胡適紀念館」，HS-US01-004-004。

26　Dorothy Borg, "Notes on Roosevelt's 'Quarantine' Speech," *Political Science Quarterly*, 72, No. 3（September, 1957）, pp. 405-433.

言歸正傳。回到布魯諾‧拉斯克與艾格妮絲‧蘿蔓比較中日在美宣傳的個案研究。我必須要在此廓清一個「胡適神話」。有不少作者、寫家，津津樂道胡適赴美從事宣傳工作以後，引起日本政府的驚懼。因此，代表日本官方立場的《日本評論》曾發表評論說，日本需派出三個人一同出使，才可能抵抗得住胡適。那三個人是鶴見佑輔、石井菊次郎、和松岡洋右，分別是文學的、經濟的和雄辯的專家。事實上，這個「胡適神話」非常容易戳破。第一，這個「胡適神話」所指的文章，是1938年12月1日出版的《日本評論》裡的〈日本の對米宣傳の效果〉，作者是ブルノ‧ラスカアー[27]。這個用片假名所拼出來的作者，就是上文所徵引的布魯諾‧拉斯克。第二，這篇文章所代表的不是日本官方的立場，而是摘譯拉斯克以及蘿蔓這本個案研究裡有關日本的部分。第三，不但拉斯克以及蘿蔓的原文裡，沒有「日本需派出三個人一同出使，才可能抵抗得住胡適」這段話，連日譯版也沒有這句話。日譯版裡最相近的一段話，是譯者所加。但他原文的意思是：「七七事變」以後，中國派了第一流的演講家胡適到美國。在同一個時期，日本也有高石、鈴木，以及鶴見三位國民大使以及演講家到了美國。換句話說，完全沒有「日本需派出三個人一同出使，才可能抵抗得住胡適」這個「胡適神話」。而且。中文裡以訛傳訛的三個人名裡就錯了兩個。

這三個剛好同時到了美國的日本人裡的高石真五郎，和胡適在紐約有一場非常精采的辯論會。這個辯論會是由「外交政策協會」（Foreign Policy Association）主辦，時間在1937年11月13日，聽眾有一千人。《紐約時報》有一篇刻畫得極為傳神的報導：

> 北京大學院長胡適博士說，中國在日本「無止境的侵略」之下「為其生存而戰」。他指控日本是「世界第一公敵」。《大阪每日新聞》以及《東京日日新聞》的主編高石真五郎回答說，日本對中國沒有領土的野心。如果能夠讓日本「直接與中國交涉的話，遠東將可以確保永久的和平。」

27　ブルノ‧ラスカアー，〈日本の對米宣傳の效果〉，《日本評論》（1938年12月1日），頁361-372。

　　辯論的主持人提醒聽眾，兩位講者是非官方的代表。請聽眾一定要尊重並保持中立。然而，《紐約時報》報導說，聽眾在辯論進行當中，很明顯地表達了他們所支持的是哪一方：

　　聽眾在適博士〔注：美國記者常把胡適的姓氏顛倒〕指控日本是一個軍國主義的侵略者之後給予熱烈的掌聲。與之對比的，是日本講者上台的時候，噓聲四起……

　　適博士強調中國戰事所反映的就是兩個真正的問題：「第一、日本帝國主義、日本在亞洲的野心與中國民族主義之間的衝突；第二、日本軍國主義與一個新的國際秩序的道德律令之間的衝突。」適博士描述了「日本多年的侵略，已經使中國失去了等同於歐洲五分之一大小的版圖；帶來了無比的屈辱和侮辱性的陰謀。」他接著說那些侵略行為「所激發出來的舉國一致的仇恨，現在就在這個還沒有正式宣戰的戰爭之中爆發出來。」

　　現在在美國從事親善之旅的高石先生說：「我認為究竟是哪一方先引起戰爭是一個無關緊要的問題。」而且，有時候用教鞭來狠狠地抽打那「外表穩定、內部紊亂不堪」的國家是必要的。這話一出，又引來四座的噓聲。

　　高石先生宣稱「中國是一個極端不正常的國家。」「政治上，它自稱為民國。可是，自從它成為民國以來，它的憲法是被冷凍起來的。即使在今天，它是由一小撮人在統治著的。」高石先生接著說：「日本完全沒有在華北建立一個由日本監護的獨立國家的意圖，因為那代價太大。日本只是要確保其在華北的利益，並防止中國蘇維埃化。這些都會在日本談和的條件裡。」當他明確地宣告：「我再次強調日本沒有任何領土的野心」的時候，回應他的，是如雷的噓聲。28

　　由於胡適在這一段時間裡的日記闕如，我們不能確定他在這段時間裡的行程。我們知道他在10月5日從舊金山輾轉飛到新澤西州的紐瓦克（Newark）。

28　"China Cause Wins Cheers at Forum," *The New York Times*, November 14, 1937, p. 37.

然後在7日半夜從紐瓦克坐夜車，在8日一早抵達華盛頓。12日，胡適在大使
王正廷的陪伴之下，晉見羅斯福。王正廷在當天打給蔣介石的電報裡說：

> 今午陪適之兄謁羅總統資格。但以中國好友資格表示數點，確有研究價
> 值。一、**日本恆以人口蕃衍為侵略理由，中國代表不妨在九國公約會議時
> 表示可與互商經濟問題。**二、會議時中國代表報告中日問題固不妨避席，
> 表示深信各國主張公道。三、**羅總統坦白詢問中國抗戰能否持久。答以
> 能。羅總統謂切願等語**……29

胡適自己在當天給陳布雷的電報裡，也作了類似的報告：

> 今午大使覲見總統。彼甚關心戰局，問我軍能支持過冬。當答以定能支
> 持。彼談及九國會議日本或不參加。中國代表陳述事實後退席，請各國秉
> 公商討對策。**但最好同時聲明日本宣稱之困難，如人口出路之類，中國願
> 考慮以和平方式助其解決。**如此，則中國可得更大同情。彼又云軍在中立
> 過冬，令彼判斷戰爭狀態是否存在。而彼堅避免承認戰爭存在，實已超越
> 憲法權限矣。又云：彼今日晚將有演說，仍以求得世界公論同情為的。臨
> 別更囑不要悲觀。態度甚誠謹懇。聞北方戰事不利。滄、保之後，又失石
> 家莊。敵宣稱我方軍事已不能復振。遠人至為關心。乞將實情與前途電示
> 為禱。30

胡適在12日晉見了羅斯福以後，就接著在16日見了即將前往比利時首都
布魯塞爾參加九國公約會議的專使戴維斯，並在18日見了美國國務卿赫爾
（Cordell Hull）以及國務院顧問洪貝克（Stanley Hornbeck）。他在18日給陳布
雷的電報裡報告：

29　王正廷電蔣中正，1937年10月12日，「國史館：蔣中正總統文物」，002-090103-00003-132。
30　胡適電陳布雷，1937年10月12日，「國史館：蔣中正總統文物」，002-090103-00003-149。

謁國務卿赫爾。又與其高等顧問洪貝克深談。銑〔16日〕謁新任比京會議專使戴維斯久談。**綜合觀察，知政府內外頗有人慮日頑強。故主遷就，僅撤退滬日軍，而不撤退華北。**適力陳我國必不能接受，必須恢復七月前原狀……鄙意比京會議為美國首次正式參加中日爭端。我國應充分運用此會議，做到一個比較光榮可靠的和局。**倘不成，亦應在會議中充分運用國際形勢，促成太平洋國際組織，為將來之用。**[31]

我在上面這三封電報裡用黑體字標示出來的字句，充分地顯示出美國在中日戰爭初期的兩個基本政策。第一、中國必須有對日本妥協的準備。因此，羅斯福對王正廷和胡適說，中國在比利時的九國公約會議上最好「聲明日本宣稱之困難，如人口出路之類，中國願考慮以和平方式助其解決。」同時，胡適在跟赫爾、洪貝克、戴維斯深談以後，感覺美國「政府內外頗有人慮日頑強。故主遷就，僅撤退滬日軍，而不撤退華北。」第二、美國政府希望中國能夠支撐一段時間。因此：「羅總統坦白詢問中國抗戰能否持久。答以能。羅總統謂切願等語。」這兩個政策有其矛盾的地方，亦即，要中國這匹馬不吃草，卻又要跑得快。美國既不願意調停，又無法給予援助，但又希望中國能夠支撐下去。這中間的矛盾，就是使得胡適無法達成蔣介石交給他的秘密任務的原因。

然而，奉命請羅斯福調停的胡適，卻總是一直為羅斯福找理由，為他辯護。他要中國信賴美國、全心配合美國希望中國在九國公約會議裡妥協讓步的要求。因此，他甚至認為即使這個會議最後失敗，中國仍然應該寄望：「會議中充分運用國際形勢，促成太平洋國際組織，為將來之用。」

何止胡適一廂情願，連那被戲稱為有「義和團」之風的傅斯年亦是如此。他在11月9日給胡適、錢端升的信裡說：

最近一個月是「英美路線」一天一天高漲的時候。至上一星期，可以說是在此一路上站定了──這是可喜的事情，只惜不早幾年耳……

我們知道，政府在此一事上，已與我們完全一致，即是與適之先生的想

---

31 胡適電陳布雷，1937年10月18日，「國史館：蔣中正總統文物」，002-090103-00002-010。

法一樣：一、信賴比京會議；二、在會中取妥協讓步——十分克己——之
態度；三、仍積極抗戰。[32]

連有「義和團」之風的傅斯年都會附和胡適說「一、信賴比京會議；二、
在會中取妥協讓步——十分克己——之態度」。中國知識分子盲目相信美國、
英國的程度已經是深入骨髓了。他們完全不知道羅斯福給美國參加比京會議代
表團的訓令是不要讓其他國家拱美國出頭、或出點子。換句話說，就是不要得
罪日本[33]。

其實，何止美國不願意得罪日本，連英國和法國都如此。美國駐法大使蒲
立德（William Bullitt）在1938年1月5日給美國國務卿赫爾的報告裡，說法國
外交部秘書長李治（Alexis Léger）懇求美國不要介入遠東的戰爭。理由是如
果美國介入，英國就必須跟從。而英國一旦捲入遠東戰爭，就無法兼顧歐洲。
法國就將勢孤力單，會給予德國和義大利夾擊的可乘之機。根據法國外交部跟
英國政界要人交換意見的所得，「不管它受到日本多大的羞辱，不管日本的侵
略傷害到多大英國在遠東的權益」，英國絕不可能和日本開戰。英國政府完全
不抱有它跟日本在遠東作戰可以取勝的幻想。只有在美國為主、英國為輔的情
況之下，英國才可能考慮與日本作戰[34]。

胡適在這段時間裡，不但透過陳布雷向蔣介石作了許多報告，而且跟傅斯
年等友人來往通信討論時局與政策。比如說，我們從錢端升的未刊日記裡，知
道11月17日，他收到了傅斯年、高宗武給他的電報：「午電適之，知孟真
（傅斯年）、（高）宗武聯名，願請總統調停。」[35]可惜這些來往信件、電報多已

32　傅斯年致胡適、錢端升，1937年11月9日，《傅斯年遺札》，2.834, 835。

33　Leon Boothe, "The Brussels Conference and Conflict with Japan," *World Affairs*, 135.3（Winter 1972), p. 246.

34　"The Ambassador in France（Bullitt）to the Secretary of State," United States Department of State, *Foreign Relations of the United States diplomatic papers*（Hereafter *FRUS*), 1938, Vol. III: *The Far East*, p. 5.

35　《錢端升日記》，1937年11月17日，轉引自錢元強，〈抗戰初期胡適、錢端升出使歐美記——
以《胡適日記全編》和《錢端升日記》為線索〉，《胡適與中國新文化國際學術研討會論文

不存。幸運地是，一、兩封關鍵性的信件留存了下來。比如說，胡適1937年
12月8日寫給傅斯年的一封信，就極其珍貴。首先，他在為羅斯福、赫爾辯護
的同時，以相當鄙夷的語氣描繪只知以美國利益為先的美國國會議員。其次，
他在這封信裡推演了不同的策略以便推展他的秘密任務。最後，他已經顯露出
他對王正廷的不滿。

　　這三件事，我顛倒順序，先說第三件。胡適原來是稱許王正廷的。傅斯年
在1938年6月20日給他的信就透露了這一點，以及其他極有意味的點滴：

　　　哎！政治！政治！政治的第一現象是family clique〔家閥〕勢力與日俱
　　增（宋子文除外。此人至今等於流放。我並不佩服此人，是先生與在君說
　　他好，不要冤了我）。「兩個耳朵」〔C. C.派〕on the defensive〔採守
　　勢〕。蔣夫人的氣焰，一天比一天高。恭維奉迎她的除貪官污吏以外，還
　　有基督教、共產黨、……俞大維。共產黨之手段真可怕呵！（此一婦人及
　　王正廷，都是先生向來有好評，而我根本看不起的──所以這一點上也不
　　要冤枉了我，一笑。）36

　　一直到1940年，傅斯年仍然不忘提醒胡適他一向就看不起宋子文、王正
廷。比如說，他在1940年8月14日的信裡就說：「宋子文、王儒堂，乃先生當
年所稱讚，我卑視此等人久矣。」37無論如何，傅斯年在1938年這封信會提到
王正廷的原因，一定是因為胡適在1937年12月8日寫給傅斯年那封信裡對王
正廷頗有微詞。他抱怨王正廷在他初到華盛頓的時候，就騙他說要介紹他跟國
務卿以及其他要人晚餐。可是這張支票到12月尚未兌現：

　　　我們在此最大困難是大使館不能相助。我用「能」字，是最忠厚的說
　　法。其實應該用「肯」字。

　　集》（北京：北京大學出版社，2016），頁454。
36　傅斯年致胡適，1938年6月20日，《傅斯年遺札》，2.891-892。
37　傅斯年致胡適，1940年8月14日，《傅斯年遺札》，2.1104。

　　我初到時，大使說，要為我請一次客，邀Hull〔赫爾〕諸人晚餐。他後來告我，Hull要去加拿大，又要休假。最好請我把11月最後一星期留著聽他的信（我是10月8日到美京的！）我遵命把這一星期空著。但大使到今天（12月8日）還不曾重提請客的事。大概貴人多忘事，這一頓飯是「飄」了！

　　一頓飯是小事。但我因此不便常去美京，因為我不願叫使館中人不安。這扇門既然不大便走，我們只好走旁門小道。可感激的美國朋友真好！端升向一個朋友要介紹信去看要人……只有我們大使這頓飯至今還欠著！我頗疑心他不夠做主人。客人不賞臉，所以這頓飯飄了。非不為也，仍是不「能」也！[38]

　　回到胡適1937年12月8日給傅斯年信的第一個重點，亦即，他鄙夷那些他稱之為「鄉巴佬」、只知以美國利益為先的美國國會議員——彷彿美國國會議員以美國的家國利益為先是一個錯誤的觀念一般：

　　此邦領袖有心而無術，是最大困難。輿論當然厭兵，故孤立之論至今未全衰。但自總統芝城演說（10月5日）以來，輿論已大變……

　　領袖的困難有三：一、美國內政問題實在太複雜、太重要。有四、五件內政議案急待議會解決，故實無多餘力顧及外交。又不敢太得罪眾議會；二、中立法案派仍在議會有相當勢力，可以時時與政府為難……有幾個所謂liberals〔自由主義者〕正在議會中提出修正憲法案，要剝奪議會的宣戰權，要將宣戰權交還人民複決〔注：胡適有所不知。支持這個「公民投票」的並不只是幾個他所鄙夷的自由主義者。根據當時的民意調查，這個議案有高達80%的美國人支持〕！三、總統是一個殘廢的人〔注：羅斯福患小兒麻痺症〕……精力恐不如……威爾遜……亦不能用全力去與議會作戰，不能向全國人民作大力量的宣傳……

　　根本的弱點是美國的國家領袖多來自各地方政府，多是先在地方政府有

38 胡適致傅斯年，1937年12月8日，《胡適全集》，24.369-370。

政績者。一旦當了國家（federal）領袖，他們那一套地方賢長官的本領全不適用。頗像鄉下人上京城。身在魏闕，而心仍在江湖山林。遙望見國際大問題，真是莫測其玄妙，只好以深閉固拒的孤立主義為最大本領、最高法術！

羅斯福與赫爾都是例外的好身手。（眉註：平心而論，此二人為於我國最有利的，尤其是總統。若是去年那位來自田間的 Landon〔Alf Landon，蘭登，堪薩斯州長，共和黨總統候選人〕當了選，那才真糟咧！）他們都是久在中央的……但他們不能不顧忌那五百位來自田間的羅漢〔注：1937年美國有96名參議員、435位眾議員〕。

胡適這1937年12月8日給傅斯年信的第二個重點，是推演不同的策略以推展蔣介石給他的秘密任務：

我的策略是要他們出頭做 active leadership in international affairs〔國際事務上積極的領導角色〕。其大致如我的廣播演詞所說。總統芝城演說使我大驚嘆其大膽。故我決計「不為物先」〔注：司馬談〈論六家要旨〉：「不為物先，不為物後，故能為萬物主。」〕，要讓他們（羅〔斯福〕、赫〔爾〕）事事出於自動。我10月7日有電給蔣公，即說，其第一步必為調停主和。其時我尚未見總統。此後發展策略如我所預測。但現時第一步之比京會議已失敗。第二步如何，至今不能拿出來。最大困難不但是如上所述之內部情形。而又加上兩種困難：一是我國軍力不振，二是英國仍不能響應。故我預測，此下一步仍是調停主和的方面為多。

主和的困難，也有幾點：一、此時主和，必須要中國大犧牲。此非美國人民與政府所願主張。如司汀生〔Henry Stimson〕即不願聞人主張拋棄不承認主義。他曾懇切告我此意。我很感動。〔注：參見上文所引張忠紱的回憶〕但我寫長信告他：列強可以以「不承認」了責，中國則必不能也，將奈何？他亦不能答我。二、如條件太好，則敵不肯受，調停亦必無成。三、美國政府領袖對遠東的詳細情形，實亦不甚了了，至今不知如何下手……

我日內入京，將以三事說當局：

一、能與各共和國家合作，作強硬的干涉嗎？

二、能與各共和國家合作，細細擬具一個「國際秩序」的方案。然後邀集好戰諸國，公同協商一個調整世界的總方案嗎？

三、萬不得已，能由美政府出面調停中日戰事嗎？〔空白處注語：子纓兄主張加第四項，為以財力軍火助我。〕

我的揣測是這樣的：第一項此時必不可能，因英國的實力沒準備好。至少我們必須再苦撐半年以上，國際形勢始可有轉機。又因為在這種內政情形之下，政府必須靜候日本的「挑釁的行為」（provocative acts or incidents），無法自動。第二項除我個理想主義者之外，似無人說過，也許無人認真想過。張子纓兄嫌我此意太近理想、太大，不能動人，不如縮小到一個調整遠東（太平洋）的總方案。此意我甚採納。至於第三項，似非不可能，已去電問政府意旨。如不能得回示，亦不妨依據兄與宗武諸人之前電作一試探也。[39]

以夷制夷、長期抗戰

對日抗戰是蔣介石被日本逼到牆角，不得不爾的一個決定。然而，即使如此，抗戰對蔣介石而言，只是一個「拖」字訣，其目的在於拖到列強出面干涉。從這個角度來說，蔣介石跟胡適其實是志同道合的。我在本部第一章裡分析了胡適1935年6月間透過王世杰向蔣介石獻了兩個「和」與「戰」的策略。其「戰」的策略，就是以中國對日作戰作為手段，以達成引日本入甕、與美國、英國、和俄國在太平洋大戰以至於慘敗的目的。胡適這個用「苦撐待變」的方式來引日本入甕的策略，跟蔣介石用「拖」字訣「長期抗戰」來引列強出面干涉的策略是如出一轍的。

不管稱之為「苦撐待變」還是「長期抗戰」，這種引日本入甕，然後借列強之力來打敗日本的策略，就是日本最痛恨的「以夷制夷」的手法。事實上，從日本開始蠶食鯨吞中國到中日戰爭不宣而爆，日本政府就一再抨擊蔣介石所

39　胡適致傅斯年，1937年12月8日下午，《胡適全集》，24.369-374。

玩弄的，就是中國從滿清末年以來的「以夷制夷」的手法。今天的日本學者還仍然持這個看法[40]。兩者的說法都是正確的。早在1929年7月9日在北平陸軍大學的演講裡，蔣介石就說：

> 我們之所以革命，乃是革帝國主義者的命。所以革命的對象，即為外國帝國主義者。但外國帝國主義者，不只一個，乃是連帶的。勢不能一一將其打倒，更不能同時都打倒。必須利用機會，始能成功。孫子兵法上說，不戰而屈人之兵，戰之善者也。這句話於中國軍事學上最有價值……
>
> 大家知道帝國主義者之在東方，或者在中國，其衝突均隨時可以發生。他們的利害，無一時不相衝突。英美之於日，日之於俄，其衝突尤覺顯然。衝突之焦點，必在中國……第二次國際大戰的時候就是我國興亡的關鍵，關係極大……蓋遠則不出十五年，近則隨時均可發生……所以斷定彼等衝突之期，尚須十五年的原故。因為1944年，為英美日三國，5比5比3海軍比例完成之時〔注：不正確。日本在1930年倫敦海軍裁軍會議的時候，就已經達到10比10比7的比例。1936年日本退出裁軍會議，不再受比例的限制〕。在其時之前後，國際戰爭，必將發現。1944年，距離現在正是十五年……當彼帝國主義者互相殘殺之時，即我中國獨立奮發之日。將來形勢如何，不能預定。或即行參加，或嚴守中立。不戰而屈人之兵，到了時候。要斟酌國家地位、國內經濟、國民程度，再為決定。[41]

蔣介石這種如意算盤誰都會打。「以夷制夷」的觀念不是中國專有的。西洋也有，叫做「分化再各個擊破」（divide and rule）的策略。問題是，不管是「以夷制夷」也好，或者是「分化再各個擊破」也好，甚至是蔣介石在這篇演講裡所說的「不戰而屈人之兵」也好。這都是只有強者才能施展的策略。弱國東施效顰，只會落到「制夷」不成，反為「諸夷」聯手共制的命運。滿清政權在其末葉就備嘗了這個苦果。蔣介石對胡適使美的成就不滿意，歸根究柢，就

40　家近亮子，《蔣介石の外交戰略と日中戰爭》（東京：岩波書店，2012）。

41　蔣介石，〈中國前途與軍人責任〉，《蔣公言論總集》，10.417-418。

是因為胡適的「苦撐待變」曠日持久，讓蔣介石望眼欲穿其「以美夷制日夷」的美夢，久久不得實現。

蔣介石為什麼一直有癡人說夢似的「以夷制夷」的幻想呢？這是因為在戰爭一開始的時候，他以為蘇聯進攻日本是指日可待的事。其實，不只是蔣介石。當時有不少心存這種幻想的人。比如說，傅斯年在1937年11月9日給胡適和錢端升的信裡就說：「自開戰以來，至於二、三星期以前，可以說是盼望俄國如大旱望雨一般。然而又不敢得罪德國，而求與之敷衍。汪〔精衛〕似乎尤其重視德義交情。」[42] 這句話驚人的所在，在於當時許多包括蔣介石在內的中國人，真心相信蘇聯是中國的救星。因此，他們只好在表面上「敷衍」德國大使斡旋中日談和的好意。內心裡，他們像「等待果陀」一樣，在等待蘇聯出兵，一舉打敗日本。

中國在「七七事變」以後，就立即向美、英、法、蘇等國控訴日本違反了「九國公約」以及「國際聯盟」的盟約。蔣介石並在7月下旬與各國在華使節會面求援。在蔣介石的心目中，當時蘇聯是表示支持中國最積極的國家。不幸的是，蔣介石對蘇聯的信心，是建立在錯誤的情報之上。1937年8月中國與蘇聯簽訂「中蘇互不侵犯條約」。蘇俄答應提供軍火的援助。

9月1日，蔣介石在國防最高會議上，預言蘇聯會加入對日戰爭[43]。10月22日，蔣介石致電當時在莫斯科的中國軍事代表團團長楊杰，詢問他如果「九國公約會議」失敗，中國決心軍事抵抗到底，蘇俄是否有參戰之決心及其日期。根據蔣介石的情報，11月10日，蘇聯國防部長伏羅希洛夫（Kliment E. Voroshilov）在宴別中國代表張沖時，要張沖歸國轉告：在中國抗戰到達生死關頭時，蘇俄當出兵，決不坐視。楊杰在11月12日給蔣介石兩個電報。第一個電報說史達林答應「蘇聯對日本之開戰，等待時機之到來。」第二個電報裡說伏羅希洛夫表示蘇聯的作戰準備「會很快」。根據蔣廷黻的說法，楊杰錯以

42　傅斯年致胡適、錢端升，1937年11月9日，《傅斯年遺札》，2.833。

43　以下的分析，除了蔣介石日記以外，是根據John Garver, *Chinese-Soviet Relations, 1937-1945: The Diplomacy of Chinese Nationalism*（New York: Oxford University Press, 1988）, pp. 24-25；楊天石，〈蔣介石與1937年的淞滬、南京之戰〉，《中國社會科學院學術委員會集刊》，http://www.people.com.cn/BIG5/198221/198974/199955/12501359.html，2016年10月16日上網。

為伏羅希洛夫的意思是說南京一陷落，蘇聯就會出兵。蔣廷黻說楊杰的想像力未免太豐富了。

　　蔣廷黻說他立即打電報給蔣介石，請他不要相信楊杰的說法。然而，蔣介石顯然仍然選擇相信楊杰跟張沖。他真的是望眼欲穿地等待著。11月23日的日記：「注意：二、俄態無變化。」24日：「注意：二、蘇俄待我生死關頭必出兵攻倭之諾言。」29日，按捺不住的他，打電報給蔣廷黻：「刻德大使在漢，奉其政府命令傳達敵方希望言和之意……如其來時，必嚴辭拒絕。但南京防禦工事殊嫌薄弱，恐難久持。未知友邦究能何日出兵？十日內能否實現？」[44]30日，蔣介石忍不住了。他致電伏羅希洛夫及史達林：「中國今為民族生存與國際義務已竭盡其最後、最大之力量矣，且已至不得已退守南京，惟待友邦蘇俄實力之應援，甚望先生當機立斷，仗義興師。」

　　然而，蔣介石失望了。12月5日，史達林、伏羅希洛夫回電稱：必須在《九國公約》簽字國或其中大部分國家同意「共同應付日本侵略時」，蘇聯才可以出兵。同時還必須經過最高蘇維埃會議批准。蔣介石在收到電報以後，在當天的日記裡震驚地說：「注意：一、對史大林覆電之研究。蘇俄出兵已絕望……本日接史大林覆電。與楊、張所報者完全相反。」12月7日：「預定：一、對倭政策惟有抗戰到底，此外並無其他辦法。注意：只有硬撐，決無退休餘地。」

　　根據蔣廷黻1951年6月21日給胡適的備忘錄，蘇聯的外交部長李維諾夫在1937年11月或12月的時候召見他。李維諾夫給他看史達林回蔣介石的電稿。那個電稿說，蘇聯從來就沒有對任何中國人作過蘇聯會對日本開戰的承諾。蔣廷黻這個備忘錄的敘述是正確的。最有力的證據是，他所說的跟蔣介石日記裡所記的完全吻合。蔣廷黻從來沒見過蔣介石的日記。他在這個備忘錄裡說，李維諾夫雖然沒給他看蔣介石給史達林的電報，但他告訴他說：

　　　蔣介石的電報開宗明義地說，蘇聯承諾只要南京一陷落，蘇聯就會對日宣戰。蔣介石於是在電報裡說，現在蘇聯所開出的這個條件已經符合了，

44　蔣中正電蔣廷黻，1937年11月29日，「國史館：蔣中正總統文物」，002-090106-00012-305。

他預期蘇聯會即刻對日宣戰。[45]

　　我們根據常識判斷，楊杰既然如此嚴重地誤導了蔣介石，撤職應該是最低限度的懲處。然而，這就是蔣介石的作風──聽話重於一切。1938年初蔣介石召回蔣廷黻，改派楊杰為中國駐俄大使。

　　且讓我們回到蔣介石的抗戰策略。蔣介石在「以夷制夷」的主策略之下，並沒有排除對日談和的可能性。楊天石使用了檔案的資料，詳細地勾勒出了由蔣介石自己主導，以及透過孔祥熙秘密地與日本謀和的經過[46]。然而，楊天石說「1941年之前，蔣介石長期陷在戰與和的矛盾中，舉棋不定。」這就忽略了策略有主從之分。蔣介石很清楚對日直接談和的風險極大。日本一直拒絕第三國參與調停，堅持必須中日兩國直接交涉，就是因為強國對弱國可以予取予求。就像我在本部第一章裡提到王世杰在「七七事變」以後對談和的顧慮。他在8月5日的日記裡說：「余謂和議之最大困難，不只在日方條件之苛，而在無第三國願以實力出面保證。如不能得第三者切實保證，和議條件之接受將無任何代價。」[47]傅斯年的看法亦然。他在11月9日給胡適的信上說：「對日直接交涉，此路決不通。蓋雖此法一時縱令價錢底〔低〕些，而和平決無保障。一走此路，必斷英美之聯繫，危險萬分。」[48]

　　蔣介石自己，也在1937年11月1日的日記裡針對即將在比利時召開的「九國公約會議」說：「只要第三國參加保證，則可調停。若中倭直接妥協，則任何條件皆不願問。惟有抵抗到底，雖至滅亡亦所不惜。」11月5日，雖然日本杯葛「九國公約會議」，蔣介石還很樂觀地在日記裡說：「外交方箴以第三者加入談判為目的。」15日，在「九國公約會議」作出軟弱無力表示無法斡旋的宣言以後，蔣介石日記仍然癡人說夢似地說：「九國會議宣言軟弱，不足

45　"Memorandum" from Tsiang Tingfu to Hu Shih, June 21, 1951，「胡適紀念館」，HS-NK05-301-013。

46　楊天石，〈蔣介石親自掌控的對日秘密談判〉，頁408-424；以及〈蔣介石對孔祥熙謀和活動的阻遏〉，《歷史研究》，2006年第5期，http://www.aisixiang.com/data/39756-4.html，2016年10月14日上網。

47　《王世杰日記》，1.84。

48　傅斯年致胡適、錢端升，1937年11月9日，《傅斯年遺札》，2.834。

為慮。其後共同行動必能實現也。」然而，17日的日記已經出現危機感：「注意：一、使美德聯合調停；二、以坦白告英美法俄代表，以我國之實力如此，若會議無堅決制裁之表示，決無效力；三、使英美促進蘇俄參戰。」此後每下愈況。19日：「九國會約會議形勢不佳。」22日：「九國公約會議已消極，恐無結果。」24日，「九國公約會議」閉幕，只呼籲日本接受國際調解，蔣介石希望提出經濟制裁的想望完全落空。驚人的地方是，「九國公約會議」的幻想才破滅，蔣介石在11月30日之後的「本月反省錄」，又回到了用長期抗戰以達到「以夷制夷」目的的幻想：

> 戰敗敵軍，制服倭寇之道。今日除在時間上作長期抗戰以消耗敵力，在空間上謀國際干涉，與使敵軍在廣大區域駐多數兵力，使之欲罷不能，進退維谷，方能致敵之死命。貫徹我基本主張。此旨萬不可稍有動搖。國際局勢不可視為沈寂無望，全可由我自造之也。

然而，為什麼蔣介石仍然會繼續秘密與日本談和呢？一方面，主和的聲調一直甚囂塵上。胡適雖然已經被派往美國而改唱「苦撐待變」的調子，以汪精衛為首的陶希聖、周佛海、高宗武等人仍然不放棄主和的初衷，卒演變到汪精衛一行在1938年10月下旬出走到河內，再輾轉到南京成立汪精衛政權。更有甚者，隨著戰事失利，主和聲浪排山倒海而來，連國民黨元老都推波助瀾。淞滬戰場接連失利，11月19日，蘇州、嘉興失守。蔣介石在次日的日記裡抱怨：「老派與文人動搖，主張求和。彼不知此時求和，乃為降服而非和議也。」值得指出的是，陶涵（Jay Taylor）在《委員長：蔣介石與近代中國的奮鬥》（*The Generalissimo: Chiang Kai-shek and the Struggle for Modern China*）一書裡，翻譯了蔣介石這則日記。只是，他不但把「老派與文人」誤譯成「文人老朽，且不切實際」（scholars are old and impractical），而且擅自以胡適領銜，說蔣介石「嘲諷胡適這批文人軍事失利想求和。」[49]事實上陶涵錯了。11月20日

49　Jay Taylor, *The Generalissimo: Chiang Kai-shek and the Struggle for Modern China*（Harvard University Press, 2009）, p. 151.

的時候，胡適已經在美國配合蔣介石高唱了兩個月的「苦撐待變」的調子了。

蔣介石在上海是孤注一擲。他投入了71師，五十到七十萬的兵力。那幾乎等於是他所有德國軍官訓練的部隊、最現代化的砲兵部隊、最新的空軍，以及兩廣軍閥最善戰的部隊。然而，增援上海的日軍，在幾天之內，就把蔣介石送上去迎戰的最精銳的兩師部隊給殲滅了一半[50]。根據日本的統計，到11月8日為止，日軍在上海戰場陣亡9,115名，負傷31,257名，共計40,672名。根據何應欽11月5日的報告，中國軍隊死傷187,200人，約為日軍的四倍半。更加嚴重的是，潰退後的軍隊在數目上雖然仍然龐大。但缺乏武器、彈藥、糧食。再加上士氣低落，喪失鬥志。不經整頓，已經很難再次投入戰鬥了[51]。四個月以後，胡適1938年3月2日在加拿大接受《溫尼伯自由報》（*Winnipeg Free Press*）記者的訪問的時候，承認在上海打持久戰是一個錯誤。中國不但損失了受過現代訓練的軍隊。而且它只有三百架飛機的空軍也全軍覆沒[52]。

在蔣介石孤注一擲仍然保不住上海的情勢之下，不只元老動搖，連重臣都已經失去鬥志。11月5日，日軍在金山衛登陸，上海情勢危急。德國駐華大使陶德曼（Oskar Trautmann）轉來日本第一次談和的條件，分為七點：

> 一、內蒙古自治，一切體制類似外蒙古；二、華北非武裝區擴大至平津鐵路以南；三、擴大上海的停戰區，由國際警察管制。四、停止排日；五、共同防共；六、降低日本貨的進口稅；七、尊重外國人在華權利。

孔祥熙接連在29、30日致電蔣介石，謂眾多「重要同志」都認為「長此以往，恐非善策。既有人出任調停，時機似不可錯。」他說陶德曼出面調停，是「天賜良機，絕不可失。」他向蔣介石建議：「前方戰事既已如此，後方組織又未充實，國際形勢，實遠水不救近渴。而財政經濟現已達於困難之境，且現在各方面尚未完全覺悟，猶多保存實力之想。若至寄人籬下之日，勢將四分

50　Jay Taylor, *The Generalissimo*, p. 148.

51　楊天石，〈蔣介石與1937年的淞滬、南京之戰〉。

52　G. V. F., "A Voice From China,"《胡適日記全集》，7.496。

五裂，此時若不乘風轉舵，深恐遷延日久，萬一後方再生變化，必致國內大
亂，更將無法收拾。」[53] 11月30日外交部長王寵惠電蔣介石，提出了類似的建
議：

　　惠昨晚抵漢。今日德大使來訪。謂奉政府令，特來告我德國駐東京大使
曾與日外務省及陸軍省接洽。彼等告以現日本雖在軍事上得利，但並不欲
提出較陶大使以前轉達者更為苛刻之條件，又日方在華北決無領土野心等
語。陶大使請我方隨時與彼接洽，並願隨時予我協助。又謂歐戰時，德國
屢有轉圜之機而不利用，致最後不得不接受任何條件，深望中國作為殷鑑
云云……陶使昨與庸之兄約談語相彷彿。聞已由庸之兄電陳。默察目下國
際情勢，難望積極援助。國聯與九國會議，顯無切實辦法。而英美蘇聯又
互相推諉。我方如願以調停方法結束戰事，則對德方提議，似不宜輕易放
過，且應速有具體答覆。如一方獨由德國居間開始商議，一方要求即時雙
方停戰，未嘗非應付之一法。[54]

　　在南京失陷以後，情況更為嚴重。蔣介石在12月15日的日記裡說：「南
京被陷以後，和戰問題雜出，如無宣言決心，則幾不可支矣。」三天以後，他
又在12月18日後之「本週反省錄」裡記：「近日各方人士與重要同志，皆以
為軍事失敗，非速求和不可。幾乎眾口一詞。」26日，德國駐華大使陶德曼轉
來日本第二次談和的條件四點，外加兩項附帶條件：

　　一、中國政府放棄親共、抗日、反滿政策而與日、滿共同防共；二、必
要地區劃不駐兵區，並成立特殊組織；三、中國與日、滿成立經濟合作；
四、相當賠款。四條之外，另附兩項條件：一、談判進行時不停戰；二、
須由蔣委員長派員到日方指定地點直接交涉。

53　轉引自楊天石，〈蔣介石對孔祥熙謀和活動的阻遏〉。
54　王寵惠電蔣中正，1937年11月30日，「國史館：蔣中正總統文物」，002-090103-00016-060。

蔣介石在看到了這四個條件以後，在日記裡評論道：「余見此，心為大慰，以其條件與方式苛刻至此，我國無從考慮，亦無從接受。決置之不理。」他原以為大家一定會心同此理。他大惑不解地在次日的日記裡抱怨：

本日國防會議，討論敵人所提條件，多主議和。于右任等且評余為優柔而非英明。此種糊塗憑〔評〕論固不足計較。但一經失勢，則昔日趨炎附勢者，今皆變為投石下井矣。本黨老糊塗亡國元老之多，此革命之所以至此也。

蔣介石會一直在談和與否之間的擺盪，還有其他兩個理由。第一、他不是不想談和。但是，他必須顧及談和在國內所造成的後果。他在12月29日的日記裡提醒自己：「外戰如停，則內戰必起。與其國內大亂，不如抗戰大敗。」第二、讓希望談和者不完全死心，跟主戰派對峙，還有羈縻下屬的作用。他在1938年1月1日的日記裡說：「注意：五、和戰兩派之調劑與運用，表裡互用。」

就像所有獨裁專權者的作法一樣，蔣介石行事不透明。因為不透明，所以「聖意難測」。因為「聖意難測」，所以屬下只好各顯神通，揣摸聖意。於是朕就可以「分化再各個擊破」。這就是「以夷制夷」的內政版。傅斯年在1937年11月9日給胡適、錢端升那封信，就最逼真地刻畫出這種蔣介石獨攬外交決策大權，旁人只能作考據推測的悲哀：

蔣〔介石〕則——甚奇怪——對世界大勢很清楚。雖不知其詳，頗能識其要點。然而又忙。所以不特你們三位先生得不到消息，恐代表團也是非到午時三刻不得訓令。即我們在京者，也是互相打聽，回家做一番考據工夫，然後以 circumstantial evidence〔旁證〕，假定式的斷定線路如何如何。

就因為「聖意難測」，所以下屬猜得團團轉。然而，「聖意」一決，大家全部乖乖就列。所以傅斯年說：

　　最近一個月是「英美路線」一天一天高漲的時候。至上一星期，可以說
是在此一路上站定了——這是可喜的事情，只惜不早幾年耳。其所以如此
者，由於對俄失望（其實還是我們希望過奢）亦由於日德意交情之加緊。
此一方針還是蔣公定的。

　　蔣介石的「聖意難測」，傅斯年在作考據推測之餘，只能落得把它歸諸
「中國特色」：「至於去電不多，話語不足，茫然莫知之苦，乃由於結構如此。
運用又緩慢，且在一人〔蔣介石〕胸中。事後自知，事先誰敢亂猜。所謂『中
國是中國』也。」更可悲的是，在這個「中國是中國」的決策模式之下，他甘
願扮演那「孺子牛」的角色：「我們之於國家，只好如『孝子事親』一般。不
管他們怎樣，我們總是知無不言。」[55]
　　到了1937年底，蔣介石所有「以夷制夷」的策略完全落空。讓他最為失
望的，是他寄望最大的蘇聯。不但如此，他「和戰兩派之調劑與運用，表裡互
用」的策略也完全無效。日本第二次提出的談和條件，要遠比第一次嚴苛。於
是，蔣介石又把希望轉到了美國。就像傅斯年在11月9日的信裡所說的：「最
近一個月是『英美路線』一天一天高漲的時候。」
　　12月24日，在德國大使陶德曼轉來日本嚴苛的第二次談和條件過後兩
天，蔣介石致函羅斯福。他在信上說：「謹代表中國人民，藉此機會緊急呼籲
閣下以及美國人民給予中國最有效的協助，讓我們能夠及早在為世界和平與團
結的奮鬥上取得勝利。」[56]羅斯福在1月11日的回信是由美國駐華大使轉交蔣介
石的。他在回信裡說：「我們誠摯地期望遠東目前這個爭端，將會在合理地顧
及到雙方的權益、合法的利益與領土主權完整的情況之下獲得和解，並以之作
為奠定和睦邦交與永久和平的基礎。」[57]
　　表面上看起，羅斯福這封回信空泛而不著邊際。實際上，它在看似空泛

55　傅斯年致胡適、錢端升，1937年11月9日，《傅斯年遺札》，2.833-837。

56　The President of the Chinese Executive Yuan（Chiang Kai-shek）to President Roosevelt, December
　　24, 1937, *FRUS*, 1937, Vol. III: *The Far East*, pp. 832-833.

57　The Secretary of State to the Ambassador in China（Johnson）, January 19, 1938, *FRUS,* 1938, Vol.
　　III: *The Far East*, pp. 36-37.

的文字之下所顯示的，是美國最根本的對華政策，亦即，「在合理地顧及到雙方的權益、合法的利益與領土主權完整的情況之下獲得和解。」換句話說，就是「九國公約」裡所揭示的「中國領土與主權的完整」的基本原則。舉個例子來說，1938年1月21日，松方幸次郎（歷任川崎造船所社長、眾議院議員、最有名的是他的西洋美術收藏）以「日蘇石油會社」（日ソ石油會社，Matsukata Japan-Soviet Oil Company）社長的名義拜訪美國國務院，希望美國能夠出面調停中日戰爭。接見松方幸次郎的是次國務卿威爾斯（Sumner Welles）與洪貝克。威爾斯與洪貝克說美國會樂意調停，但必須在下列三個條件之下：一、美國只有在中日兩國政府正式向美國政府提出調停的要求之下，才可能介入；二、調停的基礎必須建立在「九國公約」的基礎上；三、「九國公約」可以修訂，但必須在簽約國共同協商的基礎之上，不能由任何一國片面修改。松方幸次郎反駁說「九國公約」已經是歷史的陳跡。威爾斯與洪貝克不同意。威爾斯與洪貝克的備忘錄雖然沒說這個會面不歡而散，但它記錄松方幸次郎告辭時所丟下的一句話就有畫龍點睛之妙：「不要太刁難我們（Do not be too hard on us）。」[58]

　　問題是，蔣介石不瞭解這一點。而且，就像我在下文會分析的，胡適也不瞭解這一點。由於蔣介石不瞭解美國對調停所採取的立場與原則，他在比利時「九國公約會議」才剛失敗，又積極催促美國再召開一次由美國主導的「九國公約會議」。1月22日的日記：「注意：三、運動美國發起召集太平洋集團會議之進行。」次日的日記又記：「注意：二、太平洋會議之進行。」1月29日的日記：「注意：四、敵國對華不許第三國干涉政策決不變更，故英美空言調和決無效果。」

　　蔣介石顯然以為美國不應該再「空言調和」，而應該起而行地召開「九國公約會議」。在他的催促之下，王正廷在1月29日往見美國國務卿赫爾，詢問美國對再召開一次「九國公約」的態度。赫爾的回答非常直接：美國會樂見按照程序所召開的「九國公約」會議，或者任何「國聯」所召開的會議。然而，

58　"Memorandum of Conversation, by the Adviser on Political Relations," January 21, 1938, *FRUS, 1938*, Vol. III: *The Far East*, pp. 44-48.

召開的先決條件必須是會議有成功的希望。否則不但對和平無益，而且對中國和美國都有損[59]。

這時的蔣介石已經失去了方寸。他在1月30日又再度致函羅斯福，口氣近於哀求：

> 總統先生，請讓我再次向閣下呼籲，請盡可能幫助結束日本的侵略，以實現中國與美國所服膺的理想。我們急切地渴望美國繼續給予我們協助。至於美國將採取何種進一步的措施來達成最後的和解（settlement），則完全由閣下決定。[60]

蔣介石這封信，羅斯福請赫爾代為2月16日回覆。可惜《美國外交文書》（*Foreign Relations of the United States Diplomatic Papers*）沒有選印這封回信。要知其內容，就必須到美國國家檔案館去看。我推測羅斯福這封請赫爾代回的信，不外乎是重述他1月11日給蔣介石信裡的主旨，亦即，調停必須以「九國公約」裡所揭示的「中國領土與主權的完整」的基本原則為先決條件。無論如何，此後我們就沒再看見蔣介石籲請羅斯福召開「九國公約會議」的記錄。

雖然現存的「蔣介石檔案」在重要的關鍵常有資料殘缺的情形，但即使是蛛絲馬跡，也已經足夠顯示出這個時候的蔣介石求和心切。顯然如果羅斯福願意調停，蔣介石一度願意付出相當大的妥協代價。然而，就在他話都已經說出口以後，他卻又反悔了。比如說，他在1938年2月3日給駐美大使王正廷的電報上說：

> 上週弟致致羅總統電，如未交去，則暫緩交，因有改正之點。如已約期會見，則可將前電作為弟托兄面達之意，而非直接電彼者，則較為妥當。

---

59 "Memorandum of Conversation, by the Secretary of State," January 29, 1938, *FRUS,* 1938, Vol. III: *The Far East*, pp. 57-58.

60 Generalissimo Chiang Kai-shek to President Roosevelt, January 30, 1938, *FRUS,* 1938, Vol. III: *The Far East*, pp. 59-61.

照前電意，可另加數點：一、英法俄各國皆惟美馬首是瞻。如美不先援手，則各國更不敢接濟；二、恐美政府正式援助為難，則請美政府授意資本家，間接援助，亦必有效。總之，如財政經濟能有辦法，則持久抗戰不成問題。此時救濟經濟，實急於軍火。只要有一項外匯劃存於美國銀行，即可成事。以美國借款保存於美國，而中國就大有補益。想羅總統必不願袖手不援，而坐視侵略者日益猖狂也。挽救國際公理與道義，恢復遠東和平，全在此舉。務請設法玉成。[61]

王正廷在同日的回電裡說：「鈞電尚未送出。廷已請訂期往謁。屆時擬將鈞電照送，但將另加兩點，面呈羅總統，作為鈞座建議，請其採納。可否？乞電示。」[62]接到王正廷這封回電，知道他向羅斯福表達願意對日妥協的國書尚未送出，蔣介石於是在2月8日的電報裡，訓令王正廷刪除那條妥協的代價：「弟致羅總統電如尚未面交，則電中第二段：『在尊擬之解決辦法中，吾人即對於日本在中國之權利及正當利益，亦將予以相當之維持』一節，請刪去。」[63]

當然，在沒有看到蔣介石的原函以前，我們不知道蔣介石所謂的「日本在中國之權利及正當利益」是什麼。然而，從已經出版的《美國外交文書》，我們知道一直到1938年8月初為止，中國外交部仍然請求美國出面調停。根據美國國務卿赫爾的談話記錄，他反問駐美大使王正廷：中國在完全不知道日本的底線的情況之下要求調停，這對中國是好的嗎？王正廷回答說，他個人認為這是絕對必須要先知道的。赫爾說，美國從戰爭爆發開始就一直對中日兩國政府表示它隨時可以調停。王正廷接著說，中國政府希望美國能夠試探日本政府的底線。赫爾又把問題拋回給王正廷。他要王正廷問中國政府所能接受的底線是什麼。但他緊接著強調，這並不表示美國認為調停的時機已經成熟[64]。換句話說，即使中國想要美國出面調停，美國也不一定就會接受這個調停的要求。

61　蔣介石電王正廷，1938年2月3日，「國史館：蔣中正總統文物」，002-010300-00009-006。

62　王正廷電蔣介石，1938年2月3日，「國史館：蔣中正總統文物」，002-090103-00003-158。

63　蔣介石電王正廷，1938年2月8日，「國史館：蔣中正總統文物」，002-010300-00009-019。

64　"Memorandum of Conversation, by the Secretary of State," August 3, 1938, *FRUS*, 1938, Vol. III: *The Far East*（1938）, p. 252.

偉哉〈慕尼黑協定〉

　　胡適雖然奉蔣介石的秘密任務到美國，但他在美國的工作其實無異於像盲人騎瞎馬。一方面，蔣介石把他和錢端升、張忠紱送到美國以後，除了撥給他們安家費、生活費，以及胡適後來決定支領的薪水以外，就好像是放牛吃草一樣，讓他們自生自滅了。

　　由於「聖意難測」，又被放牛吃草、自生自滅，胡適在美國的工作就是看報、剪報。他在1937年12月30夜寫給江冬秀的信裡說：「往往每天看十種報紙。」[65] 他的日記也有幾則是關於看報、剪報的事。例如，1938年1月2日：「看報見東京所傳和平條件，已軟得多了。」[66] 1月3日：「整理剪報，亦有樂趣……發一電給詠霓，問政府改組的意義。」[67] 1月6日：「整理剪報，甚費時間。」[68] 1月13日：「半夜回去，我們三人找晚飯〔報〕和早報看。今天消息有美國派巡艦三隻赴Singapore〔新加坡〕參加2月14日的海軍演習一事。最使人興奮。」[69]

　　胡適兀自徜徉於他的看報考據工作。錢端升和張忠紱的感受則大為不同。胡適1938年1月4日的日記：「與端、纕久談。端升甚不耐我們這種不活動的生活。但我們談了許久，也想不出什麼活動的方式。兩點半方才散。」[70] 1月22日：「與端、纕兩人談。他們都想回去……端升總恨無可立功。此念使他十分難過……」[71] 1月27日：「……端升總嫌沒工可做……我對他們說：本來深知來此無事可做，無功可立，所以當時不肯來。既來了，必須耐心住下去。有事就做事，無事就留心研究……」[72]

65　胡適致江冬秀，1937年12月30夜，《胡適全集》，24.376。

66　《胡適日記全集》，7.456。

67　《胡適日記全集》，7.456。

68　《胡適日記全集》，7.458。

69　《胡適日記全集》，7.464。

70　《胡適日記全集》，7.457。

71　《胡適日記全集》，7.468。

72　《胡適日記全集》，7.471。

用胡適在 12 月 8 日給傅斯年的信裡的話來說，他和傅斯年都同樣在作考據。所不同的是，傅斯年在中國用旁證考據「聖意」，胡適則是在美國用看報紙的方式來旁證考據中日戰爭的進展以及美國對中國的政策：

> 你們的考據，和我在海外的考據，差不多一樣的困難，一樣的可靠。大概我們在海外所讀報紙、所得消息，也許比你們還正確的多，至少近真的多！我所以戀戀不忍離去紐約者，正以此間消息較多耳。但亦有例外。自從上海退卻以後，南北消息都得從日本占據地中過來。其消息來源幾乎全是日本軍部。以致謠言滿紙，令人急煞。考據之工夫幾乎每日自早到晚不停！[73]

胡適這種用看報紙來考據美國政策動向的工作等於是在猜謎，頂多是捕風捉影。比如說，他 3 月 18 日的日記記：「今天讀 Secretary Hull〔國務卿赫爾〕昨天在 National Press Club〔全國記者俱樂部〕的演說，十分高興。此與 President Roosevelt〔羅斯福總統〕的 Chicago〔芝加哥〕演說有同等功能！」[74] 胡適在看到赫爾的這篇演講報導以後，很興奮地在次日給中國駐法大使顧維鈞寫信說：

> 今晨接讀 3 月 8 日手書。至佩吾兄謀國心長，覘國慮遠。我那封 1 月 21 日的長信，是我私人積數月的觀察的結論。因復初〔郭泰祺〕問及，偶然大膽寫出。但我的觀察是根據 Hull〔赫爾〕去年 7 月 16 以來的各種文件，與數月來的蛛絲馬跡，故自信大致不差。昨見 Hull 前天（3 月 17 日）的長篇演說。其主張仍未變更，足證我的觀察不大謬。我原函中所述「步驟」，更完全是我私人的推測。我不曾問過儒堂〔王正廷〕兄。問他他大概也不知道。他對吾兄與復初尚且「未便相告，以防洩漏」，何況對我們無官的老百姓呢？

73　胡適致傅斯年，1937 年 12 月 8 日，《胡適全集》，24.369。
74　《胡適日記全集》，7.512。

實則美國政策,全在領袖手裡。他們(Roosevelt〔羅斯福〕、Hull〔赫爾〕、Pittman〔畢德門,參院外交委員會主席〕)當然不能輕易告人。所以我們只能推測考證,而不能跑去問人。但我的長函發出之次日,*The Christian Science Monitor*(Boston)〔波士頓《基督教科學箴言報》〕有一篇通訊(無簽名)。其中有一段云:

甚至海軍長期封鎖日本的極端措施也在白宮提出討論。海軍被要求提供而且給予了對此問題的技術上的看法。海軍告訴總統和國務卿赫爾:如果有英國的合作,它足以有能力約在一年內迫使日本妥協(1月22日)。〔注:我還沒看到原文。這段是《胡適全集》的譯文。〕

此足為吾說之印證。Monitor 的駐京通訊員是最縝密的。其言非無所據。[75]

問題是,一個還沒有推出執行的政策不是用考據可以去推測考證出來的。不管赫爾說得有多嚴正、語氣有多肯定,在沒有成為政策以前,那些都只是空言而已。胡適最興奮的是,赫爾也用了羅斯福五個月前在芝加哥演講所說的「國際的無政府狀態」以及必須「隔離」侵略的病菌等等字眼。然而,所有這些所顯示的,只是美國政府的原則與立場,而不是美國會付諸實行的政策。倫敦的《每日電報》(*The Daily Telegraph*)說得最鞭辟入裡。它雖然稱讚赫爾的演說,但也一針見血地批評說:「問題的所在不僅僅是抽象的原則,而是嚴峻的問題需要切實、立即的決定。」[76]

從今天看回去有後見之明的我們,知道如果日本沒有攻擊珍珠港,美國是不會對日宣戰的。赫爾說得義正辭嚴,但他所面對的是孤立主義者要用公民投票的方法來防止美國捲入國際戰爭。所以,他在演講裡要強調美國歷史上從來就沒有發生過總統和國會違反人民意願而參戰的先例。有後見之明的我們,可以很清楚地知道為什麼赫爾在這篇演講的最後,還是要再度徵引羅斯福在芝加哥那篇演講裡的結論:「我們必須積極地維持和平。美國厭惡戰爭。美國人希望和平……因此,美國會積極地尋求和平。」我在下文還會分析,一直到日本

---

75 胡適致顧維鈞,1938年3月19日夜,《胡適全集》,24.384-385。

76 "Approves Hull's Speech," *The New York Times*, March 18, 1938, p. 15.

偷襲珍珠港前兩個星期，美國甚至還考慮犧牲中國對日本妥協。

胡適用讀報紙的方法所作的「推測考證」，有失之毫釐，謬以千里的危險。他在3月19日給顧維鈞的這封信裡，說他在1月24日到3月18日五十三天裡一萬一千英里的巡迴演講長征的途中曾經給蔣介石作了一個報告。他在這封信裡摘述了那個報告的大要：

> 適以為海軍合作進展到相當程度時，或尚有武裝調停一階段。此意我至今更相信為最可能之一階段。比京會議是第一次調停。今後必有第二次調停。其方式將為挾海軍（英美兩國或美國一國）之力為後盾，然後開口調停。調停不成，則以海軍封鎖日本之進出口商務。如此則美國輿論必可運用作為美政府的後援，因為調停主和是美國輿論所不能反對的。調停而失敗，則咎在日本，輿論必助政府。[77]

用報紙的報導作根據來「推測考證」，這種捕風捉影的猜謎，當作學究式、或者業餘的遊戲可也；提供給蔣介石作為抗日政策的依據，如果失之毫釐、謬以千里，則猜謎猜錯事小，誤國事大。胡適作這個英美兩國將用「海軍封鎖日本之進出口商務」的判斷的根據，除了是他在給顧維鈞信上所徵引的《基督教科學箴言報》的那篇報導以外，就是他1月13日日記所記的報紙的報導：「半夜回去，我們三人找晚飯〔報〕和早報看。今天消息有美國派巡艦三隻赴Singapore〔新加坡〕參加2月14日的海軍演習一事。最使人興奮。」[78]

胡適說得不錯，《基督教科學箴言報》「駐〔美〕京通訊員是最縝密的」。有後見之明的我們，知道羅斯福在1937年12月16日晚上在白宮與英國駐美大使林賽（Ronald Lindsay）的會談裡，確實是談到了用「海軍封鎖日本之進出口商務」的策略。羅斯福也確實在1月10日宣布派三艘巡洋艦到新加坡參加英國海軍的演習。有後見之明的我們，還知道羅斯福派了海軍策畫部的部長到英國商談英美海軍聯合對付日本的策略。然而，所有這些終究都沒有形諸政策。

---

77 胡適致顧維鈞，1938年3月19日夜，《胡適全集》，24.385。
78 《胡適日記全集》，7.464。

一方面，英國憂慮歐洲的局勢，無力抽調戰艦到太平洋去。另一方面，羅斯福把重點移轉向增強海軍的軍備[79]。這就是胡適看報紙作「推測考證」的局限。報紙的報導可以是正確的。英美的領袖也可能確實作過武裝調停的考慮。然而，只要沒有成為事實，所有這些都只是海市蜃樓。

胡適向蔣介石作的這個武裝調停的報告，打的是一個最如意的算盤。有意味的是，這跟胡適身懷秘密任務抵達美國的時候給大家的勸告剛好相反。我在上文提到了胡適在1937年9月26日抵達舊金山當天下午，在華埠「大中華戲院」演講〈中國抗戰的前途〉。他在這篇演講裡，勸大家在衡量抗戰的前途的時候，要打最不如意的算盤：「打算盤要打最不如意的算盤，然後方能作最大的努力。」

事實上，武裝調停的如意算盤，就是胡適在美國公開演說裡鼓吹的重點。胡適在1937年9月26日到了美國以後，除了看報紙作「推測考證」美國政策的工作以外，就是演說。他最密集的演說是一個巡迴演講的長征。從1月24日離開紐約開始，到3月18日回到紐約為止。前後一共五十三天，走了一萬一千英里。在這五十三天裡，他作了57次的演講。其中39次在美國，18次在加拿大。這57次並不是胡適在出任大使以前演講的總次數。因為在這以前、以後，胡適還作過了許多次的演講。如果我們說胡適在出任駐美大使以前，在美國、加拿大，以及歐洲作了將近一百次的演講，應該不會是過甚其辭。然而，這57次的密集的巡迴演講特別有意義的地方，在於我們可以從中歸結出胡適在美國、加拿大演講的幾個特點。第一、演講次數雖多，但主題大致雷同，即使題目略有不同。從這個角度來說，胡適可以說是用一篇演講走遍天下的大師。第二、由於胡適演講的主題大致雷同，他可以藉著重複演練而越講越洗練，到他自己都喝采的地步。第三、我們可以透過他最常演練的題目，來管窺他當時主要的想法。

胡適在日記裡並不常記下他演講的題目。因此，我們很難完整地找到他這57次演講的題目。我從胡慧君在《抗日戰爭時期的胡適》裡所勤奮搜索排列

79 Lawrence Pratt, "The Anglo-American Naval Conversations on the Far East of January 1938," *International Affairs*, 47.4（October, 1971）, pp. 745-763.

出來的胡適演講日程表，歸納出18個題目[80]。然而，毫無疑問地，胡適在這次一萬一千英里巡迴演講的長征裡，演練得最為多次到爐火純青地步的題目，就是他鼓吹美國聽眾武裝調停中日戰爭的呼籲：〈遠東衝突背後的問題〉（The Issues behind the Far Eastern Conflict）。

胡適在3月1日到了加拿大的溫尼伯。他在3日的日記裡記：

> 中午到Canadian Club〔加拿大公共事務俱樂部〕（男女兩Clubs合併）
> 吃飯。有五百人。聽說有二、三百人不得坐而退出。我今天的演說最好。
> 字字句句清楚，結尾有力；我可以看出聽眾的受感動。Tarr〔塔爾〕在會
> 後對我說，「你這篇演說不但有內容，並且有技術（Artistry），所以無一
> 人不感動。」這篇演說自從去年11月以來，說過幾十次，修改了多少次。
> 所以「技術」有進步。Dafoe〔達佛〕也很誇許我今天的演說。[81]

胡適雖然沒有指明這篇他說過幾十次的演講，但感謝他給我們「自從去年11月以來」這個線索。因此我們可以確定這個題目，就是他1937年11月13日在紐約「外交政策協會」所作的〈遠東衝突背後的問題〉。《胡適全集》收有這個演講的第一個版本。雖然我們沒有他3月3日在溫尼伯演講的版本，但我有幸在「胡適檔案」裡找到了他一個星期以後同樣題目演講的版本。

3月11日，胡適到了加拿大首都渥太華。次日，他作了另一個成功的演講：

> 一點，赴本地Canadian Club〔加拿大公共事務俱樂部〕午餐。到會的
> 人甚多。Prime Minister McKenzie King〔麥肯齊・金總理〕也來了；女議
> 員Miss Macphail〔麥克霏兒〕以議員資格要求與會。他們無法拒絕，請
> 她坐在Press Table〔記者席〕！我的演說甚受歡迎。King與Minister Crerar
> 〔克里爾部長〕都說是多年來不曾聽過的最好演說。[82]

80　胡慧君，《抗日戰爭時期的胡適》（杭州：浙江大學出版社，2013），頁51-56。
81　《胡適日記全集》，7.497。
82　《胡適日記全集》，7.508。

　　雖然在這則日記裡，胡適同樣沒說他當天演講的題目，但「胡適檔案」裡存有「加拿大公共事務俱樂部」整理打好字的演講記錄。不但有3月12日的日期，而且有〈遠東衝突背後的問題〉的題目。這樣，我們就有這個演講的第一版跟他演練過幾十次以後的洗練版。再加上他在日記裡的一些零星記載，就讓我們可以清楚地看到胡適如何在論點和技巧上精益求精的軌跡。

　　就主旨來說，胡適的〈遠東衝突背後的問題〉的原始版和洗練版是相同的。他在1937年11月13日的原始版裡說，中日衝突的背後存在著兩個真正的問題：一、日本帝國主義與合理的中國民族主義之間的衝突；二、日本軍國主義與新的世界秩序的道德約束（moral restrictions）之間的衝突。讀者會記得我在本章第一節提到，「外交政策協會」當天也舉辦了一個胡適跟高石真五郎的辯論會。胡適在那個辯論會裡，也指出了他在這個原始版的演講裡所指的中日衝突背後所存在的兩個問題。

　　洗練版與原始版不同的所在，是胡適把這個新的世界秩序的「道德約束」改為「道德律令」（moral requirements），用字更為精審。在立論上，原始版略顯雜蕪旁涉。例如說，胡適說民族主義雖然是一個外來詞，但民族主義的意識是中國自古就有的。他的例證是中國歷史上反對佛教，以及推翻蒙古和滿清統治的例子。有關日本的侵略，他從1915年的「二十一條」說起，然後，就跳到「七七事變」之前六年日本對中國的蠶食鯨吞。接著，他就提到美國的「門戶開放」政策以及「華盛頓會議」所簽署的〈九國公約〉，如何力圖保證中國領土與主權的完整，讓中國有從事建設以及建立一個穩定的政府的機會。只可惜中國不爭氣，一直到十年以前才開始現代化。

　　在論述日本軍國主義與新的世界秩序的道德約束之間的衝突這一點上，胡適以1900年美國國務卿海約翰所揭櫫的「門戶開放」政策，作為一個新的理想主義的國際秩序的肇端。第一次世界大戰以後所成立的「國際聯盟」，以及其後所簽署的「九國公約」、非戰公約等等，體現的都是建立這個國際秩序的努力。遺憾的是，「九一八」事變粉碎了這個有遠見的政治家所辛苦締造起來的世界秩序。六年以來，從始作俑者的日本開始，義大利侵略衣索匹亞，希特勒在德國握有政權。國際無政府的亂象不但侵及弱小國家，連強國也都不得不作自保的工作。於是蘇俄開始在其遠東邊疆配置重兵，英國積極建設新加坡軍

港，美國增建海軍並增強其在太平洋的海軍基地，連澳洲和紐西蘭都考慮加強其海防。

強國各個開始整軍建武，是胡適1937年1月發表在《外交季刊》上的〈太平洋的新均勢〉一文裡的論點，我在第一章裡已經分析了。不同的是，在〈太平洋的新均勢〉一文裡，胡適是把它用來證明日本霸權的衰落。在此處，他則是把它用來說明日本粉碎了國際秩序的後果。換句話說，日本侵略的行為，把原來有一個好好的國際秩序的世界，打亂成為一個國際無政府的狀態。胡適的結論說：

> 因為這個國際無政府的狀態是由日本在1931年侵略滿洲開始，日本必須被視為國際社會裡的「第一號公敵」；必須為摧毀了這個幾十年的理想主義所建立起來的新國際秩序的罪愆負責。這個國際秩序可能要再經過一次世界大戰以後方才可能重建。[83]

胡適在這篇1937年11月13日的原始版裡說得很含蓄。他所謂的國際無政府狀態的說法，徵引的就是羅斯福10月5日芝加哥那篇「隔離演說」。他不敢公然地籲請美國用軍事干涉。他在作結論以前，先徵引了羅斯福的一段話，用羅斯福的話來表達他真正要說的意思：「不管在一個國家之內或者在國與國之間，如果大家不遵守法律與道德標準，這個世界就不會有和平。國際的無政府狀態摧毀了和平的基礎。它危及了每一個國家，無論大小，現在與未來的安全。」

胡適演練改進他在〈遠東衝突背後的問題〉裡的立論，並不完全是在演講的時候進行的。他在不公開的信件裡，可以說出他在公開演講裡所不能說的話。我在上文徵引了拉斯克與蘿蔓分析胡適演說高明的所在。胡適深諳美國人不願意捲入國際戰爭的心理。表面上，他完全不要美國參戰。但骨子裡，他在暗示美國出面領導，以積極的干預來調停中日戰爭，從而避免自身的捲入。胡適這個上上之策，在他1937年12月18日寫給法蘭克福特（Felix Frankfurter）

83　Hu Shih, "The Issues behind the Far Eastern Conflict,"《胡適全集》，37.424-435。

的信裡表達得最為淋漓盡致。法蘭克福特是羅斯福的顧問，當時是哈佛大學法學院教授。1939 年由羅斯福提名、參院聽證通過，成為美國聯邦最高法院大法官。胡適給法蘭克福特這封信，「胡適檔案」裡的存稿，收信人的名字被挖掉了。還好他在信裡留下了一個內證，謝謝發信者 12 月 17 日給他的信。我根據這個線索找到了法蘭克福特的原信，再根據信中的內容，可以確定胡適這封信的收信人是法蘭克福特。胡適在這封信裡說：

> 謝謝您 17 日的來信。
> ⋯⋯
> 如您所知，日本已經成功地威脅法國關閉從安南運送軍火到中國。它最近又顯然利用內蒙古的空軍基地派飛機轟炸了甘肅蘭州。
> 照這個情勢看來，在不久的將來，中國可能完全得不到軍火的接濟。日本的制空權甚至可以阻礙中國的軍工廠製造小型的軍火。
> 情況非常危急。我的朋友最近（12 月 15 日）從漢口給我的電報裡，就毫不諱言地指出這個危急的情況：中國可能在彈盡援絕的情況之下束手就擒。日本就是要趕在民主陣營採取行動以前，在中國造成這個既成的事實。
> 布魯塞爾〔九國公約會議〕所設想的調停是不可得的了。自從我在〔麻省〕劍橋跟你談話以後，我的結論是──看似矛盾──調停要遠比軍事干涉還要困難得多；沒有軍事干涉，是得不到公正的和平的。
> 威爾遜總統在第一次世界大戰的時候體認到這個事實。我相信羅斯福總統以及赫爾國務卿也在這次遠東的危機裡體認到這個事實。
> 這不難解釋。我對 XX 先生〔注：名字被挖掉〕說明我〔調停〕的條件──您好意地稱之為「兼顧遠東的和平與公正」，他認為不切實際。他在給我的同事張〔忠紱〕先生的信裡說：「如果中國打過一場大勝仗的話，胡博士的條件都已經是太過了，何況中國連一場都沒有。」
> 事實上，XX 先生完全沒有瞭解我所提出的條件，不是羅斯福先生或赫爾國務卿所能提出的，因為它們公開地牴觸了「九國公約」以及司汀生的不承認主義。因為「九國公約」的簽署國一再地宣布，調停與和平必須符合公約的精神與條文，如果簽署國、美國、或者美國和英國一起出面所作

的調停必須要放棄那些偉大的原則的話，就無異於是自打嘴巴。這樣的和平，絕對不符貴國人民對公正的定義。因此，其倡議者絕對不會得到貴國人民的好感。

在另一方面，符合「九國公約」、「國聯」條款，以及巴黎非戰公約的和平，絕對不是日本所能接受的。於是，調停是不可能的。

因此，世界上的民主國家一定會被迫作出以下的結論：只有在協同一致的行動之下，才可能得到建立在那些條約的基礎上的公正的和平。在布魯塞爾會議失敗以後，這種協同一致的行動就必須以武力為後盾。這也就是說，如果還要調停，就必須是協同一致的軍事干涉之下的調停。

如果這個世界能為共同的目標作到協同一致的行動，則世界大戰還可能倖免。然而，如果各國仍然只願意為自己的利益單獨、個別行動，則世界大戰就將不可避免。

我必須向您致歉這封信寫得這麼長。我不只是倍感焦急地想要拯救我的國家，我而且也知道您相信我是真心想要重建並維持國際秩序——那是唯一真正能夠拯救我的國家的方法。貝克（Baker）〔Ray Baker〕在他所寫的《威爾遜書牘傳記》（*Woodrow Wilson: Life and Letters*）〔共8冊，從1927年開始出版，到1939年方才出完〕第六冊頁360裡徵引了這位偉大的總統在1916年10月5日所說的一段話：「我們收束待發……因為我國在出手的時候，要知道他出手的目的何在。」這一定是貴國的領袖在今天所必須面對的問題，一如威爾遜在二十一年前一樣。這個基本的問題的重要性促使我寫下我的想法，希望您能轉達給總統。我所表達的想法，不只是來自於一個戰禍之下的國家的代表，而且是來自於一個即使在急難中，仍然訓練自己要作客觀思考的個人。[84]

胡適企盼美國用軍事干涉的方法來結束中日戰爭。他甚至不惜用激將法來刺激美國的聽眾。1月31日，他巡迴到了明尼阿波利斯（Minneapolis）。他在當天的日記裡記：

84　Hu Shih to Felix Frankfurter, December 18, 1937，「胡適外文檔案」，E398-1。

Foreign Policy Association〔外交政策協會〕主席 Philip S. Duff〔達夫〕約我同會中諸位職員聚餐。有小演說。

晚五點，Duff 與 Joshi〔韭希〕來接。同去 F. P. A.〔外交政策協會〕晚餐。有兩百多人。我演說 "The Issues Involved in the War"〔戰爭所牽涉的問題〕。最後指日本為 "Public Enemy No. 1"〔第一號公敵〕。又問大家："Public Enemy No. 2"〔第二號公敵〕是誰呢？我說是 U.S.A.〔美國〕"Sins of omission are just as great as sins of commission."〔當有為而不為之罪愆，跟有意的犯罪一樣的重。〕最後用 Pilate〔彼拉多，判耶穌有罪上十字架的羅馬總督〕洗手卸責事，甚有力！（此是學 Cecil〔西塞爾，可能是英國國教派神父 Richard Cecil（1748-1810）〕，特此聲明！）[85]

美國是「第二號公敵」這個太過突兀的激將法的指控，胡適接下去還會使用，但很快地就會被深諳演講術的他剔除了。這句「衝」話說起來快意，但只有可能讓美國人聽了不快，根本就得不到實質的好處，何苦為之。與之相比，彼拉多的故事，是神來之筆。聰明的胡適會非常技巧地用這個《聖經》裡的故事作為隱喻。所有讀《聖經》長大的西方人，都知道彼拉多自認他手上不沾耶穌的血，但耶穌卻由他而死。誠然，用彼拉多的故事，和「第二號公敵」這個字眼，用的都是激將法。但是，後者刺耳，前者則是家喻戶曉的故事，深入人心。彼拉多這個隱喻一出，所有不出手救中國的西方國家就都是彼拉多，都是不言而喻的「第二號公敵」。他們即使不殺中國，中國由西方國家而亡。

2月7日，胡適抵達西雅圖。9日的日記記他繼續演練他的國際秩序與經濟封鎖的論點：

在西雅圖。下午青年會秘書以及一些教士來談。他們是本地的 Council of Federated Churches〔聯合教會協會〕的會員。要我指示他們對遠東問題應採的態度。我說只有三條路：一、國際合作；二、經濟封鎖；三、注重重新建立國際秩序。他們的態度甚誠懇，我也用最誠懇的態度答他們。[86]

---

85 《胡適日記全集》，7.473。
86 《胡適日記全集》，7.478-480。

2月18日，胡適從舊金山抵達洛杉磯。次日的日記更有意味：

Von Kleinsmid〔克萊因斯密〕來接到 Pasadena〔帕薩迪納〕的 Hotel Vista del Arroyo〔阿洛遊景觀酒店〕。赴 World Affairs Assembly〔國際事務大會〕大宴會。到者有六百多人。席後演說者二人：一為我的 "For a Better World order"〔為建立一個較好的世界秩序〕；一為 Rowell's〔羅威爾〕"The International Outlook of 1938"〔1938 年國際展望〕。我的演說用猛藥，因為此間來的人都是各地來避冬的要人。機會不可失也。Dr. Robert A. Milikan〔米利堪博士〕亦在座。席後小談。他甚誇我的演說，Von Karman〔卡門〕亦然。[87]

很幸運地，「胡適檔案」裡留存有胡適這個用了猛藥的演講大綱的手稿。胡適在這個演講裡，開宗明義地說明維持世界秩序的重要性：

我贊成建立一個較好的世界秩序，因為沒有這個秩序就不可能有和平，因為世界秩序是世界和平的必要條件。所有的和平主義者都必須支持某種世界秩序來作為唯一能夠有效地維持和平的基礎。這是積極的和平主義。

我曾經是一個不抵抗主義的信徒。但是我在 1916 年放棄了不抵抗主義，因為我突然間領會到不抵抗主義必須假定這個世界上有一個更高、更有力的秩序。

從不抵抗主義，我逐漸發展出一個武力的哲學（philosophy of force），來作為我所服膺的國際秩序的理論基礎。一、積極的和平主義不排斥使用武力，但是必須是更經濟、更有效地使用武力。二、這個世界的問題不在於武力橫行，而是在於武力沒有當道。武力沒有當道，就是因為武力被浪費在造成了互相敵對的力量，因而被排斥、抵銷了……三、武力必須被組織起來，用在一個共同、大家都理解的目的。武力被這樣組織起來以後，就成為法律與秩序。

---

87 《胡適日記全集》，7.487。

　　這個理論來自於杜威，也就是杜威在第一次世界大戰所寫的把力量用經濟、有效的方法統合起來那兩篇文章。那兩篇文章我在《日正當中》以及本部第一章裡都一再分析過了。胡適接著說，世界上本來在第一次世界大戰以後，已經建立出一個由下列的條約機制所支撐的世界秩序：「國際聯盟」、〈華盛頓條約〉、〈羅加諾公約〉，以及〈克羅格─布萊恩條約〉。這個世界秩序維持了十二年，一直到它被日本軍部在「九一八」摧毀為止。這個世界秩序，胡適形容說：

> 　　世界秩序，就像所有的法律與秩序一樣，都是「紙老虎」，是一戳就破的。日本的所作的，就是戳破了這個「紙老虎」，把其不堪曝曬在世人的眼前。
> 　　胡適的結論說：「因此，日本必須被稱為『第一號公敵』！然則，摧毀了這個世界秩序的『第二號公敵』又是誰呢？」[88]

　　因為這是一篇演講大綱的手稿，胡適並沒有把答案寫出來。他既然已經在1月31日在明尼阿波利斯的「外交政策協會」的演講裡，自問自答地直指美國為「第二號公敵」，他很可能把這個好戲重演了一次。他所謂的猛藥也者，指的可能就是這個。而所謂的「紙老虎」也者，也是胡適從1932年9月寫〈究竟哪一個條約是廢紙〉的時候就已經開始用的隱喻。換句話說，條約、承諾、秩序這種「紙老虎」已經戳破，這個世界就沒有寧日了。

　　3月1日，胡適到了加拿大的溫尼伯。在溫尼伯勾留期間，他又得到一個可以吸收進他的洗練版演講的觀點。他3月2日的日記：

> 　　晚上到Canadian Institute〔加拿大國際事務研究會〕演說。有答問甚久。散後與Dafoe〔達佛〕，Tarr〔塔爾〕同到Manitoba〔曼尼托巴俱樂部〕坐談。Dafoe大談歐洲政局，歎息說："China is fighting our war!"〔中國在為我們打仗！〕大有「微管仲吾其披髮左衽矣」之慨。其意謂若Italy

---

88　Hu Shih, "For A Better World Order,"「胡適外文檔案」，E18-59。

〔義大利〕在西班牙大勝利，日本在中國大勝利，則世界更要變成法西斯化的世界了。89

　　達佛歎息說：「中國在為我們打仗！」大有「微管仲吾其披髮左衽矣」之慨。我在下文會分析聰明靈巧的胡適，會很快地就把他在席間聽到的這句話拾起來用在他的演講裡。

　　言歸正傳。現在我們可以分析胡適3月12日在加拿大渥太華所作的〈遠東衝突背後的問題〉洗練版了。就像我在上文提到的，洗練版的主旨不變，仍然是：一、日本帝國主義與中國民族主義之間的衝突；二、日本軍國主義與新的世界秩序的道德律令之間的衝突。這個洗練版所用的例子，大致跟原始版相同。可是，在立論上，洗練版要遠勝於原始版。在洗練版裡。胡適從一開始就把日本帝國主義的野心放在世界的脈絡之下來分析。這個世界脈絡，就是我在下文還會提到的所謂的「資源匱乏國家」（"Have-not" nations）──德國、日本、義大利──對世界上所剩無幾的落後地區的掠奪。中國在這種弱肉強食的情況之下，就變成了「外交折衝的俎上肉」──美國名專欄作家李普曼的論點。

　　我在《日正當中》裡，指出胡適在1922年寫〈國際的中國〉的時候，他最不老實的地方，不在於他徵李普曼的論點而不引，而是在於他斷章取義。他在〈國際的中國〉裡說中國自己是「國際的亂源」，怪不得列強把中國作為「外交折衝的俎上肉」。但當時的胡適安慰中國人說，列強已經改弦易轍：「現在無論是哪一國──日本、美國、或英國──都不能不讓中國人民來解決本國的政治問題。」他甚至下結論說：「老實說，現在中國已沒有很大的國際侵略的危險了。」值得指出的是，十六年以後，為了不讓中國淪於被日本滅亡的命運而在美國求救的胡適，終於正確地引用李普曼的論點。他說：

　　　那些資源豐富、但政治軍備落後的地區，就變成了「外交折衝的俎上肉」，因而成為列強角逐的競技場。中國就是地球上僅存的那些地區之一。

---

89 《胡適日記全集》，7.494。

胡適能在十六年以後終於正確地引用李普曼的論點。這就證明了他在1922年寫〈國際的中國〉一文的時候，是有意用斷章取義的方式挪用李普曼的觀點。

無論如何，這就是胡適這個洗練版高明的所在。從帝國主義「外交折衝的俎上肉」這個脈絡下來分析中日戰爭，胡適就可以把他的第一個論旨──日本帝國主義與中國民族主義之間的衝突──緊扣住他第二個論旨──日本軍國主義與新的世界秩序的道德律令之間的衝突。在形容中國是帝國主義「外交折衝的俎上肉」以後，胡適就打鐵趁熱地說，中國之所以能免於被殖民或被征服的命運，就是因為自從美國國務卿海約翰楬櫫中國「門戶開放」政策以後，一個新的理想主義的世界秩序於焉形成。這個新的理想主義的國際秩序，又進一步地在「九國公約」之下得到鞏固。

胡適說，四十年來，中國就是這個新的理想主義的世界秩序下的受益者。然而，「九一八」改變了一切。日本從「九一八」以後在中國的行徑摧毀了這個理想主義的世界秩序。這是因為世界只要一個地區的法律秩序崩潰，一定會牽動整個世界的法律與秩序。因此，日本實際上已經摧毀了整個世界的法律與秩序。胡適說，這個世界所需要的是法律與秩序的「紙老虎」。「紙老虎」看起來可怕，但一旦戳破，就什麼也沒有了。

胡適徵引羅斯福芝加哥那篇「隔離演說」的論點：國際的無政府狀態摧毀了和平的基礎，危及了每一個國家，無論大小，現在與未來的安全。緊接著，他說：

> 從這個意義來說，中國現在正在為全世界而戰〔請注意：胡適現買現用他十天以前聽達佛所說的：「中國在為我們打仗！」〕，因為這個世界秩序已經不在了、被摧毀了。而這個秩序是每一個國家，無論大小，的安危所繫的。

最後，就是這個洗練版的高潮：

> 然而，摧毀這個世界秩序的罪魁禍首不是日本，也不是其他幾個侵略

者。所有這個世界上偉大的民主國家都犯了「當有為而不為之罪愆」（sins of omission）——不參加「國際聯盟」、在滿洲事件威脅到這個國際秩序的時候不支持「國際聯盟」。所有那些民主國家都同樣犯了罪，因為它們坐視這個世界秩序失能以至於壽終正寢。

沒有一個國家可以說因為它洗手卸責，就可以不必為這個世界秩序崩潰負責任。一千九百年以前，一群暴民把一個囚徒帶到一個羅馬總督面前。他們要求總督判他死刑。這個總督彼拉多想要赦免他。但是，他知道他如果那樣作，就會引起暴動。於是，他在眾人面前拿水洗手，對他們說：「看！這個正直的人流的血，跟我無關。」這就是洗手卸責這句話的來源。然而，一千九百年來，人們是否認為彼拉多跟那個正直的人流的血無關呢！當然不！當然不！（久久的滿堂彩）[90]

彼拉多這個故事太好用了。胡適在這三天前也在多倫多的演講裡引用。胡適在3月9日的日記裡說：「午赴Canadian Club〔加拿大公共事務俱樂部〕聚餐。我演說。在座的約有五百人（吃飯的有390人）。有廣播。」[91]根據網路上找得到的演講記錄，這個演講的題目是：〈遠東的現在與未來〉（The Present and Future in Eastern Asia）。然而，胡適演講的內容跟三天以後在渥太華演講的內容如出一轍。結尾用的也是彼拉多的故事[92]。彼拉多的故事，胡適不但在這個時候愛用，後來在爭取美國援助國民黨抵抗共產黨的時候，也還繼續使用。但這是後話。

諷刺的是，歷來談論胡適的人都愛說胡適在使美期間最大的成就是演說。胡適本人也對演說樂此不疲。演說的目的，當然是在影響輿論。然而，有多少人知道輿論在胡適眼中所占的地位其實是不高的。他1939年1月30日給王世

---

90 "The Issues behind the Far Eastern Conflict," Address by Dr. Hu Shih, "Canadian Club Meeting, No. 17," Chateau Laurier, Ottawa, March 12, 1938，「胡適外文檔案」，E13-39。

91 《胡適日記全集》，7.505。

92 Dr. Hu Shih, "The Present and Future in Eastern Asia," *The Canadian Club*（1938）, March 9, 1938, pp. 243-250, https://www.canadianclub.org/docs/default-source/event-transcripts/Dr__Huh_Shih__March_9__1938_pdf.pdf?sfvrsn=0，2016年10月27日上網。

杰的電報裡，用「擒賊擒王」作為比喻，就最淋漓盡致地說明了輿論在他心中
的比重：

> 十九電悉。弟感電布雷請其抄轉吾兄。此電後段論孤立派問題，關鍵在
> 事實演變，在政治領袖，而不在輿論。當威爾遜對德宣戰前一星期，內政
> 部長派人去中部探察民意，回報尚謂主戰與反戰約各半數。然此不足阻止
> 參戰也。此意弟去年與〔錢〕端升討論多次。端謂民意最重要，弟不謂
> 然。倘領袖者不能領導輿論，則美國四十年來參與世界政治各次均必不可
> 能矣。最近兩三月中之事，更可為明例。如對日兩次嚴重通牒、如對華借
> 款、如對德召回大使、如對法許其購買軍用飛機、而對日則勸阻軍火飛機
> 之售日。此皆政府領袖決心為之，孤立派與和平派亦無可如何。弟非抹殺
> 民意，但謂外交著眼自有射馬擒王之必要。至於輿論與國會方面，弟亦不
> 欲忽略也。93

更有意味的是，胡適在巡迴演講裡非常高調。然而，他在施展他「射馬擒
王」之策，面對政府部門的領袖的時候，他卻又變得非常的低調。所謂高調
者，就是指胡適不惜用激將法告訴美國人，說他們要維持世界秩序，不能只靠
消極的和平主義，而必須是要把武力組織起來去捍衛世界秩序。而用組織武力
的方法來維持世界秩序，推至其執行的實際，不外乎是籲請美國或者用經濟封
鎖、或者用軍事干涉的方式來調停中日戰爭。其實，胡適自己心裡明白，這種
「以夷制夷」的方法，打的是最如意的算盤。憑什麼美國要平白地為中國出
頭？他在演講裡、言談裡，再猛的藥都可以下。反正言者可以諄諄，聽者也自
可以藐藐。

然而，胡適面對負有決策之權與責的人，就不再下猛藥了。原因之一，可
能是胡適覺得身在其位的人，自然必須謹言慎行。他在1939年3月11日的日
記裡說：

93　胡適致王世杰，1939年1月30日，《胡適全集》，24.426。

Frankfurter〔法蘭克福特〕說，他新到最高法院。每判決一案，總覺得責任重大。與平日寫文字送登 *Harvard Law Review*〔《哈佛法學評論》〕的絕不相同。這正是我所謂 Responsible Thinking〔負責任的思想〕之一例。

我從前談文字改革，思想改革。明知其有利無害，故從來不感覺遲疑。近十年來，事勢所迫，我不能不談政治。才感覺「替社會國家想出路，這是何等重大的責任！這是『一言可以興邦，一言可以喪邦』的事，我們豈可不兢兢業業的思想？」（十九年〔1930〕4月〈我們走哪條路〉）近年我不能不討論對日本和戰的問題，責任更重大了。有時真感覺到擔不起這大責任。然而替《獨立評論》或《大公報》寫文字，究竟還只是「言論」，還不是直接負責任。去年10月、11月兩個月的經驗，才是負實際政治的責任——有一次我擬了一個電報。我的兩個秘書不敢譯發，要求我改動，我叫他們照原文發出。這種責任心使我常感覺擔負不了！94

換句話說，面對「直接負責任」的「政府中人」，他就得用最溫和的藥。最明顯的例子，就是他給國務院顧問洪貝克的信。2月28日，胡適到了加拿大的薩斯卡通（Saskatoon）。當天，他在他日記裡描寫為「最摩登」的大旅館的房間裡寫了一封信給洪貝克：

我去年12月見到你的時候，你很好意地鼓勵我把機密文件——例如我當天帶去給你看的電報——的內容告訴你。我在長途旅行裡，收到很少的電報。我現在寫信告訴你我收到了翁文灝博士——前任行政院秘書長、現任經濟部長——2月16日給我的一封電報。在這封電報裡，翁博士說：「雖然在軍事方面我們的士氣不減，我非常擔心我們的財政困難。時間寶貴，美國、英國如果要幫助我們，就不能太遲。」

你知道翁文灝博士是誰。當他這樣一位具有科學思維的人告訴我他擔心財政困難的時候，我覺得我必須向你報告。

你告訴我你對半吊子（half-way measures）的舉措沒有什麼興趣。然而

94 《胡適日記全集》，7.633。

財政是現代戰爭的樞紐。有沒有什麼辦法可以讓中國得到貸款在美國採購呢？

我記得你告訴我因為〈中立法〉，中國很難在美國拿到貸款。我也知道我國大使在這方面的努力顯然是失敗了。但是，我還是忍不住要轉告你翁博士的告急之電。

請不用回信。這封信只是供你參考而已。[95]

3月18日，胡適結束了他五十三天、一萬一千英里的巡迴演講的長征回到了紐約。3月29日中午，他搭火車到華盛頓。次日下午，他和錢端升到國務院拜見洪貝克、漢摩頓（Maxwell Hamilton）、和馬凱（Raymond Mackay）。根據洪貝克的談話記錄：

談話中，胡博士說中國目前的財政情況危急。他說美國或美國人此時如能給予任何援助，即使只是表態、原則的聲明，等等，對中國的士氣都會有幫助。昨晚，他舉國務卿〔3月17日，上文提到〕在全國記者俱樂部的演說為例，強調這種對全世界所發表的聲明具有極大的價值。[96]

洪貝克在同一天還有另外一個記錄，記錄他前晚和胡適的一段談話：

昨晚在中國大使館的晚宴，胡適博士在交談中告訴我中國的軍事情況。他說中國軍隊能固守住陣線，日本無法在任何一點上投入大量的軍隊：日本政府不敢大舉徵兵，因為那樣作等於是在告訴日本人民他們在中國戰場遇到困難；其次，他們無法從「滿洲國」調派增援部隊到華北，因為他們需要留在那裡防備蘇聯攻擊；再來，就是他們在中國已經分散得太廣了。

---

95 Hu Shih to Stanley Hornbeck, February 28, 1938, "Stanley Hornbeck Papers," Box 80, "China: Hu Shih, Dr." Folder.

96 Stanley Hornbeck, "Memorandum of Conversation," March 30, 1938, "Stanley Hornbeck Papers," Box 80, "China: Hu Shih, Dr." Folder.

在每一個點上，他們都必須有足額的軍力。

　　然而，在今天下午進一步的交談裡，胡博士指出今天的新聞報導，說由於日本認為蘇聯內部的問題，他們不必再擔心蘇聯的攻擊，因此他們要調派「滿洲國」的軍隊進入中國本部。胡博士說，這就使昨天還有信心的他開始憂慮中國的情況。[97]

根據胡適日記的記載，他當天去國務院是一個不愉快的經驗：

　　到 State Department〔國務院〕去看 Hornbeck〔洪貝克〕、Hamilton〔漢摩頓〕and Mackay〔馬凱〕，毫無所得。Hamilton 的態度尤為□□〔注：模糊不清〕。他說，這是中國人自己爭生存的問題。必須自己盡力。別人誰也不能幫忙。我氣了。我說：「我們何嘗不盡力！」小官僚可氣也可憐！[98]

　　值得注意的是，胡適在一轉身不對「直接負責任」的「政府中人」講話的時候，他就又回到了不必「負實際政治的責任」、「究竟還只是『言論』」的模式。」他在告別了洪貝克以後，就在 3 月 31 日到費城去參加「美國社會政治科學學會」（American Academy of Social and Political Science）的年會。4 月 1 日上午，胡適在年會的第一場大會上作了一個演講〈資源匱乏要用搶的〉（To Have Not and Want to Have）。胡適這篇演講的主旨有三點：第一、那些所謂資源匱乏的國家，亦即，德國、日本、義大利，用武力侵略的方法來搶奪。其所顯示的就是強權的哲學；第二、強權哲學的謬誤，就在於它不瞭解國際法律與秩序固然是維護現狀。然而，這所保護的不只是弱國。它同時也保障了強國的領地、權力、威望，並賦予其合法的地位。換句話說，強權者破壞了既有的國際法律與秩序，也就連帶著摧毀了它們自己既有的優勢與法律基礎；第三、他以杜威在第一次世界大戰所發表的那兩篇文章作為立論的基礎，作結論說：

97　Stanley Hornbeck, March 30, 1938, "Stanley Hornbeck Papers," Box 80, "China: Hu Shih, Dr." Folder.

98　《胡適日記全集》，7.517。

作為一個哲學家，我斗膽作一個預測：世界局勢的嚴重性、國際無政府狀態的蔓延，以及軍備競賽所凸顯出來的「硬漢式個人主義」（rugged individualism）的鉅費與浪費，所有這些終究會使人類體會到無組織的力量是徒勞無益的。這就會激勵他們共同起來恢復、改造、強固國際的秩序。這個國際的秩序是由幾十年理想主義的思想所締造起來，而目前正被侵略者破壞，要把人類推向再一次世界大戰的深淵。只有在一個有法律與秩序的世界裡，資源匱乏與物產豐饒的國家，才可能在共享其所有的情況之下過著和平繁榮的日子。[99]

胡適對美國的信心是無與倫比的。他在4月2日的日記記：

教會中人Mr. Barnes〔巴恩斯先生〕與Harold Butcher〔布雀〕、鄭領事，同我去吃飯。飯時Barnes談他與幾個教會中人曾去看Roosevelt〔羅斯福〕。Roosevelt頗肯談遠東政策。他們要他出來主和調停。他說「時候沒有到。」"We have to scare the Japanese off their pants. We have to force the bandits to a position until they can be scared and educated."〔我們必須要讓日本嚇破膽。我們必須要把強盜逼到他們害怕而可以被教育的地步。〕此言最可玩味。[100]

到了5月底，胡適仍然信心十足。他5月21日的日記就在在地反映了這個信心：

Mr. Forster Bain〔貝恩先生〕（礦業工程師）約吃午飯。他在東方一年。曾受Aikawa〔鮎川義介，日產汽車創始人〕的邀請，去滿洲視察礦產。他與在君最相得，故我們談話甚親切。他與Aikawa相知甚久，頗敬愛其人，故受他的影響。以為中國必須與日本攜手，使日本發展中國。他

99　Hu Shih, "To Have Not and Want to Have,"《胡適全集》，37.440-453。
100《胡適日記全集》，7.519-520。

以為日本可與中國講和。滿洲、華北都成中國人獨立國，在一定時間之後
仍歸還中國。我怕他影響銀行界的人，故極力為我〔他〕說明他的主張決
不能實現。日本決不肯在一定時期後把華北、滿洲歸還中國。

　　我老實對他說，我雖是國際和平主義的信徒，但我預料日本必難倖免大
禍。必弄到海軍消滅，降為三等國而後已。此是日本的自殺，但不能倖
免。[101]

　　然而，十天之後，他的信心動搖到以至於崩潰的地步。5月31日的日記：
「晚歸看報。見武漢各政府機關正在準備搬移。此是意中的事，但使我心更
煩。加上牙疼，終夜不能睡。五點半稍睡。」[102] 6月8日：「今日實在忍不住
了。晚上寫長信與某公。此為第一次作『秦庭之哭』。」[103] 次日，他把信寫成，
用「飛郵」寄出。這位「某公」是誰呢？胡適在6月29日的日記裡暗植了答
案：「得 Stanley K. Hornbeck〔洪貝克〕一信。」[104]

　　很幸運地，這封「秦庭之哭」，今存於史丹佛大學「胡佛檔案館」的「洪
貝克檔案」裡：

　　親愛的洪貝克：
　　中國緊急的狀況促使我寫這封信給你。我能否請你以一個我國人民終生
之友的身分，把我這封信裡所表達關點轉告國務卿以及——如果可能的話
——總統？
　　這八個月來，我的責任是研究世界的情勢，特別是美國對遠東的政策。
我當然是不能去問政府中人，像你或者其他人，貴國政府的政策為何。我
的觀察是根據官方文件、半官方聲明，以及可靠的新聞報導。我觀察所得
的結論如下：

---

101 《胡適日記全集》，7.546。
102 《胡適日記全集》，7.553。
103 《胡適日記全集》，7.556。
104 《胡適日記全集》，7.565。

一、美國政府的領袖對遠東有一個既定明確的政策，在在地顯示在從1937年7月16日以後所發表的一系列的文件，到最近有關領袖所作的聲明；

二、這個政策的原則可以說明如下：毫無保留地譴責國際的無政府狀態以及堅決支持國際秩序；這個原則是超越了對美國在遠東的人民、投資，以及貿易的保護，而涵括了一個「更寬廣、更根本的關注（interest），亦即，維護處理國際關係的合法程序」；

三、這個政策體現在實際的情況之下，就只能是意味著羅斯福總統所說的要用「隔離」的方法來制裁侵略者；

四、總統與國務卿並沒有因為貴國強烈的孤立主義與和平主義的影響，而放棄了去年十月在芝加哥的演講所表達的立場；

五、自從總統在芝加哥作了那個演講以來的八個月之間，美國的外交以及海軍政策，似乎是朝向於執行隔離侵略者的政策所必須採取的步驟；

六、美國政府對遠東的官方舉措可以說是無瑕可指的「中立」，同時政府的偉大的領袖也用勇敢譴責孤立主義，以及用勇敢主張用國際合作的方式來維護國際法治的方法，來教育貴國的人民。

我寫下這些觀察的目的，不是要請你確認或批評，那是你作為政府中人所不能為的。而是要讓你知道這是我對貴國政策的理解。我是根據這個理解提出以下幾個我請求你能轉達給貴國領袖的主張：

一、我堅信總統與國務卿的理想主義的政策是具有如此堅定的內容，它需要積極與建設性的領袖的角色，而不應該是坐待像「潘內」（Panay）號戰艦〔1937年12月12日在長江上〕被擊沉這種不幸的事件發生以後才採取行動的。我竭誠地希望總統和國務卿能找出方法，對遠東的情形能採取一個積極與建設性的領袖角色，喝止這個可怕而又徹底不公義的戰爭。用這種方法來取得和平有相當大成功的可能性，而且不會把貴國捲入戰爭，如果很清楚地說明侵略者不接受和平的呼籲的話，「隔離」侵略者的決心將會以有力的經濟制裁為後盾。在中國還有相當大的戰鬥能力的時候，提出這個積極的呼籲會有較大的成功的機會。等到中國已經沒有什麼抗戰的力量的時候，作這個呼籲就太晚、無效了。

二、說中國有能力在軍事上救自己，說日本會被經濟崩潰打垮。所有這

些都是不負責任的說法。就因為我堅決地不相信這種一廂情願（wishful）的想法，六年來我在敝國一直跟這種不負責任的論調搏鬥。我國國民反抗入侵者、為國家的生存竭盡全力奮戰已經超過十一個月了。竭盡全力是不夠的。用人的血肉來抵抗具有壓倒性優勢的機器，這是有其極限的。力竭而崩潰的危險是真實的。我坦白地說，要救中國，就只有在貴國領導之下的國際干涉方才可能。我這樣說一點都不覺得可恥，因為即使法國在經過了四十四年整軍建武的準備，1914 年還是沒辦法救自己。

三、要救中國，就必須是在漢口和廣州失陷以前。錯過那個關頭，一切就會太遲了，因為沒有粵漢鐵路這條內陸和海港之間的通道，中國政府和軍隊所面對的困難就將會是無法克服的了。舉個例子來說，我們可以想像現在在江蘇、安徽、浙江這幾個東邊的省份裡打仗的軍隊將會遭遇的艱鉅困難。我們國家的收入就將會幾乎化為烏有。我們現在所出口的銻、鎢、桐油，就將沒有送到海口的出路。甚至連人力都會成為問題，因為如你所知，除了四川以外，西南的省份人口稀少。而其稀少的人口所出的兵伕已經超過了其所能提供的地步。簡言之，如果中國值得去救的話，救它的時刻，就必須是在它花了十一年的時間〔注：從南京政府成立算起〕才建立起來的統一有力的中央權力崩潰以前。

四、因此，我懇切地呼籲貴國政府能有憐憫心，即時喝止這個戰爭。讓戰爭的雙方跟其他「九國公約」的簽約國與支持國會談。在第二個「華盛頓會議」或第二個「布魯塞爾會議」裡，以——用「布魯塞爾會議」最後決議裡的話語來說——「符合『九國公約』的目標」的方法來解決爭端。我知道在國際法上，這將是史無前例的。然而，總統在芝加哥所作的那個演講也是史無前例的。這個已經打了十二個月不宣而戰、造成一百萬人的傷亡、六千萬非戰鬥人員流離失所的戰爭也是史無前例的。眼前的重點是，除非這個世界上經濟最強盛、海軍力量最大的國家以積極、堅決的領袖的角色出手，敝國方才可能得以解救，一個國際法治的新時代方才得以出現。以我周遊美洲大陸的所見所聞，我知道用這種積極、建設性的領袖角色來締造國際和平與秩序的作法，是會得到所有貴國愛好和平的人的衷心支持的。

　　我對你作這樣的呼籲，是沒有得到敝國政府的授權的。這是一個在過去二十五年來以國際的和平與秩序為己任、對貴國偉大的領袖所精心設計、宣布的政策的誠意由衷信任的人所提出的呼籲。

　　我沒有對其他人、甚至敝國政府提到這封信。我並不預期會得到你的回信。不過，如果你願意跟我見面或談話，請打電報或電話給我（Wickersham 2-1000，分機號碼1407）。我已經買了7月13日的船票去英國。[105]

　　我在前文提到胡適私自把他收到的來自中國的密電提供給作為國務院官員的洪貝克看。現在他又在本國政府不知情的情況之下，擅自對洪貝克作這個即使是為愛國之心所驅使的「秦庭之哭」。這完全逾越了作為負有蔣介石秘密任務的特使的權限。胡適在出任駐美大使以後，會更上一層樓。我在下文會分析胡適繼續在不向中國外交部報備的情況之下對洪貝克提供情報、寫備忘錄。更加越軌的是，背著外交部與蔣介石，上書美國國務卿與美國總統。所有這些都是在外交人員行為準則裡視為洩密、可被起訴的行為。

　　洪貝克的6月28日回信：

　　我要你知道我收到而且感謝你6月9日的來信。你在信上對這個國家，以及中國的情況作了很有啟發、深思熟慮的分析。

　　你在信中說你並不期待我的「回答」。我覺得我就是作了評論也是無濟於事。然而，我要指出一件事實。那就是，在你寫了那封信以後，時局的發展已經大大地改變了中國的情況、歐洲幾個國家之間的關係，以及中國與日本之間的關係。

　　如果你出航以前有機會來華盛頓的話，請務必要給我機會跟你談談。如果我在你出發以前沒見到你，就在此謹祝你一路順風、回程快樂。[106]

105　Hu Shih to Stanley Hornbeck, June 9, 1938, "Stanley Hornbeck Papers," Box 80, "China: Hu Shih, Dr." Folder.

106　Stanley Hornbeck to Hu Shih, June 28, 1938, "Stanley Hornbeck Papers," Box 80, "China: Hu Shih, Dr." Folder.

洪貝克在這封回信所說的話不但空洞，而且連胡適都覺得太過樂觀了。因此，胡適藉著赴歐之前到華盛頓辭行之便，在7月12日去國務院拜見了洪貝克。胡適在7月21日從巴黎致蔣介石的電報裡，報告了他跟洪貝克談話的內容，但完全沒有提到他的「秦庭之哭」：

> 適元〔13日〕離美。今在巴黎。三日後赴倫敦……〔6月〕28日，美外部友人函告廿日來我國內及國際形勢變化皆於我有利，勢已大緩云。適慮其過於樂觀，因於12日赴美京辭行與此公長談。告以莊子索我於枯魚之肆之喻〔注：遠水救不了近火之喻〕。彼謂中國形勢實非困竭之魚可比，美政府亦非無所助力。但有二事相告。一則美國出而主張停戰，勢不可能；二則中國若有具體購置而需信用借款，非不可設法。若今日妄人謀借大款，慢慢支用，則是夢想，非徒無益，實損信用云云。[107]

胡適在7月13日離開美國以前，又有一次演講的機會。6月24日，胡適接受了紐約「哥倫比亞廣播公司」的邀約，作了一個十三分鐘的廣播。題目是〈遠東情勢美國能作什麼？〉（What Can America Do in the Far Eastern Situation?）。這跟他九個月前剛到美國時，在舊金山的「哥倫比亞廣播公司」所作的廣播演講的題目相似。在這篇廣播演講裡，胡適還是用他九個月前高明的技巧開始。一方面，他強調他並不期待美國捲入戰爭。在另一方面，他又強調美國在歷史上所扮演的促進和平的領袖角色，以及美國可以用登高一呼遏止戰爭的方法來避免捲入戰爭。

在給美國聽眾吃了定心丸和虛榮丸以後，胡適就接著描述九個月來三個新的發展。第一、他說中國已經快要失血而亡了。中國的傷亡人數已經超過一百萬，流離失所的老百姓就是最保守的估計也已經超過六千萬。第二、美國人已經越來越同情中國。他說，我們不能小看同情心。一個偉大的國家所具有的同情心，在理想主義的領袖的領導之下，可以像第一次世界大戰時一樣，轉化成為集體有助益的行動。第三、美國對遠東的政策已經形成，體現在羅斯福總統

---

107 《胡適日記全集》，7.575-576。

去年10月在芝加哥的「隔離演說」，以及國務卿赫爾歷次的演說。所有這些積極、建設性政策的宣言，完全體現了美國作為世界領袖的精神。

最後，胡適籲請美國出面救助中國，用的基本上就是他給洪貝克那封「秦庭之哭」裡所用文字：

> 將近整整十二個月了，我國人民竭盡全力抵抗侵略者，為國家的生存而奮鬥著。貴國以及全世界都看見了這個努力。然而竭盡全力還是不夠的。用人的血肉來抵抗具有壓倒性優勢的機器，這是有其極限的。力竭而崩潰的危險是真實的。說中國有能力在軍事上救自己，是不負責任、一廂情願的說法。我這樣說一點都不覺得可恥，因為即使法國在經過了四十四年整軍建武的準備，1914年還是沒辦法救自己。我老老實實地承認，要縮短這個可怖的戰爭、恢復太平洋地區的世界秩序、紓解千萬受苦受難的老百姓，就絕對必須要有採取某種國際的集體行動。如果中國值得去救的話，如果有什麼「積極的作為」能維持和平拯救一個受苦受難的國家的話，救援的行動就不能來得太遲。這也就是說，必須是在它花了二十七年的歲月〔注：從辛亥革命算起〕才辛苦建立起來的統一有力的中央權力崩潰以前。[108]

胡適在6月26日給陳布雷的電報裡，報告了他寫信給一位「美京領袖」以及24日在「哥倫比亞廣播公司」廣播演講的主旨。值得注意的是，胡適不但沒有報告這位「美京領袖」的名字，而且也沒報告他所寫的信的內容，更遑論是報告他所作的是「秦庭之哭」的事實了：

> 當遵命九月後留歐美。惟陽〔6日〕電所陳外交應有方略。此事萬不宜忽視。適因陽電未蒙示復，而心慮國勢困難，故於九日密痛陳美京領袖：欲救中國，應於我抵抗力未衰竭時發動，不可太緩。徑〔注：25日，誤，應為24日〕夜向全國廣播亦本此旨。羅總統日內出巡。聞卅日在紐

108　Hu Shih, "What Can America Do in the Far Eastern Situation?"《胡適全集》，37.475-480。

約演講，或將有重要表示。[109]

值得注意的是，胡適稱他「秦庭之哭」的對象洪貝克為「美京領袖」。洪貝克是國務院「政治關係顧問」，是一個畫策的事務官，不是制定政策的政務官。胡適卻把他視為「美京領袖」。無怪乎胡適一直倚賴洪貝克作為他試圖影響美國政策的橋梁。

1938年7月13日，胡適從紐約搭乘「阿奎塔尼亞」（Aquitania）號郵輪到法國去。19日上午抵達以後，就直接與接他的錢端升搭火車到巴黎。7月20日：「下午得紐約轉來一電，是蔣先生簽名的，其意要我做駐美大使。此電使我十分為難。下午與端升談此事，亦不能決。」[110]七天之間，胡適在接受與不接受之間徘徊著，終於在27日去電接受。他在前一天的日記裡記下了他從原先婉拒到最後接受的戲劇性的過程：

> 我擬一電，說「廿餘年疏懶已慣，決不能任此外交要職。」最後推薦施植之〔施肇基〕，許以「以私人助其疏導輿論。」林斐成兄見此電稿，大不以為然，他不贊成我此時推卻此事。當晚又與復初〔郭泰祺〕長談，他也不贊成我推卻。回寓後又修改此電，半夜後始決定。此時恐無法辭卻；既不能辭，不如「伸頭一刀」之為爽快。故最後修改電文為接受此事。[111]

他在次日的日記裡，記錄了他接受的部分電文：「國家際此為難，有所驅策，義何敢辭。惟自審廿餘年疏懶已慣，又素無外交經驗，深恐不能擔負如此重任，貽誤國家，故遲疑至今，始敢決心受命。」[112]

胡適在日記裡對出任大使與否所表現出來的猶豫，當然可能是真心，但也可能是矯情。我在《星星・月亮・太陽：胡適的情感世界》裡，分析了胡適跟

109　胡適電陳布雷，1938年6月26日，「國史館：蔣中正總統文物」，002-090103-00003-193。
110　《胡適日記全集》，7.574。
111　《胡適日記全集》，7.579。
112　《胡適日記全集》，7.579。

他的美國女朋友韋蓮司在8月間，針對他該不該接受大使職位來往的信件。從他當時都已經接受了大使任命的事實看來，這種馬後炮確實是矯情的發抒。更何況他在給韋蓮司的信裡還透露出他曾經有意出任駐日大使，只是可能有人擋路而已：「1935年到1936年之間，我曾經毛遂自薦要當駐日大使。然而，因為我作『獨立人士』已經太久了，我的肺腑之言卻被人當成玩笑話！說不定是因為當時有人不要我當大使。」[113]

無論如何，胡適去電接受以後，就開始物色幕僚人員。然而，一個星期以後，事情似乎有了變卦。8月12日，他收到顧維鈞的信，告訴他駐美大使王正廷並沒有辭職，而是請了兩個月的假。次日，又「得〔張〕慰慈、鐵如電，知使美事『已暫時停頓』」。於是胡適擬了一個長電給陳布雷，說使美事已因故擱置：「此最合鄙懷。倘政府有困難，須取消前議，正是私心所盼禱。」18日，得錢端升從香港的來電，譯不出來。20日，終於譯出了錢端升的電報，說：「尊事未公開，似有鬼。請勿有所舉動。」胡適覆電說：「嘆為觀止（greatly amused）。」當晚，李國欽從紐約打電話給胡適，告訴他王正廷還在紐約活動借款，行蹤詭秘。

胡適被任命為駐美大使的經過確實有點錯綜。胡適在9月2日的日記說：

今日得庸之〔孔祥熙〕一長電，實說儒堂〔王正廷〕為借款合同糾紛，不能即結束。~~他是事不能久瞞，故實說此中內情之一部，以求我諒解。實則他還有把戲也。~~〔注：胡適自己畫除〕（一年後，看見使館檔案，始知庸之態度不錯。我責備他多不對的。適之記）[114]

當時的胡適一直認為孔祥熙是阻擋他當大使的人。等他在大使館看到檔案以後，才發覺他錯怪了孔祥熙。然而，在進一步找資料來澄清這個問題以前，我們已經有蛛絲馬跡，知道當時確實有反對胡適出任大使的意見。蔣介石在8月22日致電孔祥熙：「適之任大使事，務請即日發表。究有徵美同意

113　Hu Shih to Clifford Williams, August 25, 1938，《胡適全集》，40.345。

114　《胡適日記全集》，7.599-600。

否？」[115]孔祥熙在次日的回電裡說：「適之使美事已告外交部速辦。昨日因此事曾與卜凱〔John Lossing Buck，賽珍珠前夫，曾任金陵大學教授，時任美國財政部駐中國代表〕談及。據伊新自美返所得印象，似以適之使美不甚相宜。惟既已徵得適之同意，自不能以此而改變也。」[116]最驚人的是，就在17日，外交部都已經通知胡適說政府當天發布他為新任駐美大使的同一天，蔣介石居然還電詢外交部長王寵惠：「關於胡適之使美事，究有通知美政府否？美政府已否同意？並就近促美大使代催為荷？」[117]

就在胡適憤慨孔祥熙在擋他的路的時候，他的好友銀行家徐新六給他一個很好的諍言。徐新六在8月24日，從香港乘坐客機飛往重慶，不幸被日本軍機擊落而喪生。出事前一天，他寫了一封信勸胡適（9月4日日記）：「兄覆端升謂 greatly amused〔嘆為觀止〕。兄意弟甚瞭解。弟意兄仍佯為不知，任其自然演變。如仍請兄擔任，務勿推卻。此時當一切一切以國家為前提也。」胡適看到這封信以後，慨嘆：「良友良言，以後何可再得!?」[118]

胡適在9月8日的日記裡，寫下了一首追哭徐新六的詩：

拆開信封不忍看，
信尾寫著「八月二十三」！
密密的兩頁二十九行字，
我兩次三次讀不完，

「此時當一切一切以國家為前提」，
這是他信裡的一句話。
可憐這封信的墨跡才乾，
他的一切已獻給了國家。

115　蔣介石電孔祥熙，1938年8月22日，「國史館：蔣中正總統文物」，002-060100-00131-022。
116　孔祥熙電蔣介石，1938年8月23日，「國史館：蔣中正總統文物」，002-090103-00003-188。
117　蔣介石電王寵惠，1938年9月17日，「國史館：蔣中正總統文物」，002-020300-00028-006。
118　《胡適日記全集》，7.601。

我失去了一個最好的朋友，

這人世丟了一個最可愛的人。

「有一日力，盡一日力」。

我不敢忘記他的遺訓。[119]

無論如何，9月17日：「今天得外部電，說政府今天發表我駐美大使……二十一年的獨立自由的生活，今日起，為國家犧牲了。」[120] 23日，胡適到了英國。這時，希特勒要併吞捷克。他以捷克蘇台德區（Sudeten）德國人占大多數作為藉口，用冠冕堂皇的「民族自決」的原則要求併吞。英國首相張伯倫（Neville Chamberlain）正積極地在調停著。胡適在日記裡記下了歐洲局勢緊張的氣氛。9月24日：「今天歐洲局勢甚緊張。」26日：「今晚Hitler〔希特勒〕有長演說，全無一句悔悟的話。半夜前晚報登出全文。形勢甚緊張。」27日：「歐洲形勢甚緊張。英國已動員。各國均已動員……約王兆熙一家、陳維城一家、劉鍇夫人、譚葆慎夫婦、李德焴夫婦在Young's Restaurant〔楊氏餐館〕吃飯。大戰似不可免，大家都不能安心坐談。倫敦的八道地下電車（tubes）全停了，因為要改造防空工事。」[121]

9月28日，胡適搭乘「瑪麗皇后」號郵輪從英國到美國出任中國駐美大使。30日日記：「舟中，發三電：與介公、詠霓、儒堂。」[122] 這三個電報裡，給蔣介石和翁文灝的，談的都是他對張伯倫的禮讚，以及他對〈慕尼黑協定〉的欣羨。胡適崇敬張伯倫已經有一段時間了。比如說，他早在1938年2月21日的日記就說：

昨天Hitler〔希特勒〕的演說出來了。其中於我們最有關的是承認滿洲偽國，並申明對日本的友誼。報載Anthony Eden〔艾登〕與Neville Chamberlain

---

119 《胡適日記全集》，7.603。

120 《胡適日記全集》，7.606。

121 《胡適日記全集》，7.608-609。

122 《胡適日記全集》，7.609。

〔張伯倫〕決裂了。Eden 辭外長。在這問題上，我的看法稍稍與一般人不同。如果 Chamberlain 能同意〔義〕、德兩國得着一個比較滿意的諒解，不但於歐洲大局有益，於遠東更有益。Chamberlain 不會上當嗎？[123]

胡適對張伯倫的崇敬，似乎在於他對和平或姑息的努力。在這裡，我要強調「姑息」（appeasement）當時在英文裡並沒有負面的意思。諷刺的是，"appeasement" 開始有負面的意思，就是從張伯倫所斡旋成功的〈慕尼黑協定〉開始。

胡適給蔣介石的電報說：

　　歐局儉〔28〕日以來，急轉直下。敏興〔注：慕尼黑〕四巨頭會議後，不但捷事和平解決，且做到英德盟好。意亦有撤退西國援兵之表示。歐洲安定之局居然從危險中產生。吾人於此可知和平解決必須具備幾個條件：一、有大力量之調人；二、調人不但要能為弱者分擔責任，使其能作相當犧牲而不致內亂；三、還須不惜用其力量制裁強暴，使其不能不就範。往年國聯調解中日，僅有前二，而無其三，故強者不受調解便無辦法。此次中歐調解所以能成，全賴英、法、蘇最後有作戰決心。至廿七日英海空軍動員，而全國一致擁護政府，然後侵略者知難而退。此最足供吾國主和者之審慮。吾國今日何從得此三個條件耶？此是根本觀念。倘介公以為足供參考，乞連前廿六電轉送汪、孔、王、翁諸公一閱。[124]

這封電報沒有抬頭。《胡適來往書信選》的編者定為是打給王世杰的。我之所以判斷那是胡適給蔣介石的電報有三個理由。第一、胡適在 9 月 30 日的電報裡說：「舟中，發三電：與介公、詠霓、儒堂。」其中沒有王世杰。第二、他給翁文灝的電報，我找到了，下文就會分析。雖然我沒找到他給王正廷的電報，但他肯定不會跟他談〈慕尼黑協定〉。三個人裡面，唯一剩下來的人就是

123 《胡適日記全集》，7.488-489。
124 胡適致蔣介石電手稿，1938 年 9 月 30 日，「胡適檔案」，135-9。

蔣介石了。最重要的是第三個理由。這封電報的電稿是用胡適所搭乘的「瑪麗皇后」（R.M.S. Queen Mary）號郵輪的信箋 的，寫在信箋的反面[125]。電稿結尾「倘介公以為足供參考」這句話，我認為可以解釋，亦即，這封給蔣介石的電報是打給蔣介石侍從室秘書陳布雷的。

胡適在郵輪上打給翁文灝的電報是用英文寫的。由於這封電報是潦草的手稿，沒有具名，也沒有收件人，「胡適檔案」的編輯者是把它放在「胡適殘稿」袋裡。我根據兩個內證，判定這是胡適打給翁文灝的電報。第一、它是用「瑪麗皇后」號郵輪的信箋寫的；第二、最後一頁有電報局模糊不清的字句："Weng Wenhao XX Chungking handed to this Office on 30th delivered to Minister of Economy [Economics]."〔30日交與本局，致重慶□□翁文灝的電報已遞交經濟部長。〕這個給翁文灝的電報比給蔣介石的長而且詳細：

> 我一直以極高的興趣關注著最近歐洲的局勢。我極為欽佩張伯倫先生對和平不屈不撓的努力，也極為同情捷克政府與人民在這件事裡所展現出來的好漢打脫牙和血吞的堅毅（heroic restraint）。
>
> 我離開英國那天，大家都認為歐戰是即時就會爆發。張伯倫先生對英國說，問題的關鍵在於必須抵制那「立意要用它讓人害怕的武力宰制世界」的國家。整個英國都接受了這個嚴肅的宣言，著手預備那不可避免的戰爭。
>
> 聽到了戰爭終於得以避免，歐洲和平可期的消息，所有在「瑪麗皇后」號郵輪上的我們都非常高興。
>
> 我回顧了這幾個星期的沸騰，禁不住要讚嘆說，對作為中國人的我，這一段現代史最具有啟發的意義。歐洲和平努力的成功，讓我比較瞭解為什麼「國際聯盟」在中日衝突初期所作的類似的努力卻完全失敗。
>
> 捷克—蘇台德問題得以和平解決，給了我們一個非常重要的歷史教訓，亦即，要成功地調停一觸即發的國際危局必須有賴下列三個必要的條件：
> 一、要有一個爭執雙方都能信任的友好、公正的調停者、或一群調停者；

---

125 在此，特別要感謝北京社會科學院近代史研究所「胡適檔案」的茹靜女士幫我調出檔案，確定胡適這個電稿是寫在「瑪麗皇后」號郵輪信箋的反面。

二、弱勢的一方能夠而且願意為了和平而付出合理的代價；三、調停者有能力用其武力及資源使侵略者接受並遵守調停的裁決。

這三個條件裡，第三個毫無疑問地是最重要的。光是要弱者一方作出極大的讓步是不夠的。布拉格〔注：捷克政府〕接受了英法的要求。可是，當侵略者堅持訴諸武力時，調停的努力幾乎完全失敗。

這次調停最後之所以能成功，完全是因為民主國家的調停者用最高的決心，讓那執意要訴諸武力的侵略者知道不接受就是開戰。在「國聯」調解中日糾紛的情況之下，只有前兩個條件存在：一、「國聯」是一個友好、客觀的調停者；二、中國願意接受「李頓調查團報告」所列出的嚴厲的條件。

然而，那次的調停完全失敗，因為它欠缺了我所說的第三個必要的條件。「國聯」沒有決心制裁侵略者，強迫其接受調停的決定。當日本拒絕接受並退出「國聯」，「國聯」就束手無策了。它不願意訴諸「國聯」第16條款用經濟制裁侵略者。

因此，遠東的危機就被無力的調停放棄了。任其情況每下愈況，以至於變本加厲地演變成這個已經造成一百萬軍士的傷亡、幾千萬非戰鬥人員流離失所的可怖的戰爭。[126]

胡適給蔣介石的中文電報簡潔扼要。然而，如果我們比較這兩個電報，就可以發現胡適給蔣介石的電報在關鍵處漏掉了一些關鍵性的字句。我們就比較胡適所為的成功調停的三個必要條件。他在給蔣介石的電報裡用的字句是：

一、有大力量之調人；

二、調人不但要能為弱者分擔責任，使其能作相當犧牲而不致內亂；

三、還須不惜用其力量制裁強暴，使其不能不就範。

---

126 胡適電翁文灝，September 30, 1938，「胡適外文檔案」，E62-8；「胡適外文檔案」，E62-8:
　　"Hu Shi Incompleted Manuscripts"〔胡適殘稿〕。

他給翁文灝的電報裡用的字句是：

一、要有一個爭執雙方都能信任的友好、公正的調停者、或一群調停者；
二、**弱勢的一方能夠而且願意為了和平而付出合理的代價**；
三、**調停者有能力用其武力及資源使侵略者接受並遵守調停的裁決。**

　　從我用黑體字標示出來的字句，我們就可以很清楚地看出胡適在給蔣介石的電報裡，一方面避免使用會刺激蔣介石的字句。最明顯的例子就是第二個條件。他在給翁文灝的電報裡說是：「**弱勢的一方能夠而且願意為了和平而付出合理的代價。**」如果捷克所犧牲的「合理的代價」是蘇台德區，則中國所可以犧牲的「合理的代價」，自然就是他在1935年以及「七七事變」發生以後所說的「滿洲國」。然而，胡適知道這是不可以再明說的。因此他就籠統地以「**使其能作相當犧牲而不致內亂**」來概括之。他在這第二個條件裡所說的「**調人不但要能為弱者分擔責任**」則完全是不知所云。在另一方面，他用蔣介石會聽起來悅耳的字句，來形容調停者震懾住侵略者的威風。試看他第三個條件：「**還須不惜用其力量制裁強暴，使其不能不就範。**」所謂「制裁」、「就範」也者，好不威風。然而，他在給翁文灝的電報裡，就平實多了：「**調停者有能力用其武力及資源使侵略者接受並遵守調停的裁決。**」
　　胡適對〈慕尼黑協定〉的理解當然是錯誤的。他錯以為捷克的政府和人民真的願意放棄蘇台德區。甚至稱讚那顯示的是「好漢打脫牙和血吞的堅毅。」事實上，捷克根本毫無選擇。英法兩國威脅捷克，說它只有兩個選擇：一、接受德國併吞蘇台德區的要求，換取英法保證其餘領土的完整；二、亡國。試看下列危機高潮時刻的大事紀：

9月18日：英法提議捷克放棄蘇台德區，由英法保證其餘領土的完整。
9月20日：捷克政府拒絕英法的提議，要求提交國際法庭仲裁。英法拒絕。
9月21日：在毫無外援的情況之下，捷克政府被迫接受德國的要求。次
　　　　　日，政府垮台。
9月23日：希特勒對張伯倫提出蘇台德區以外新的要求。張伯倫拒絕。

9月24日：捷克新政府拒絕德國新的要求，下動員令。

9月27日：羅斯福呼籲希特勒用和平談判方式解決爭端。

9月28日：希特勒答應談判。

9月29日：英法德義四國在慕尼黑協議，決定接受德國的要求，把蘇台德
　　　　　區劃給德國。

9月30日：〈慕尼黑協定〉簽署。沒參加會議的捷克被迫接受〈慕尼黑協
　　　　　定〉。[127]

　　胡適說得完全不對。張伯倫這個調人不但沒有「為弱者分擔責任」，而且
是完全「犧牲」弱者來保護自己。最諷刺的是，張伯倫在9月30日從德國飛回
到倫敦，受到英雄式的歡迎的時候，他右手揮動著一份文件，對歡迎的群眾宣
稱：「這是歷史上第二次英國首相從德國帶回來的光榮和平的文件。我相信它
會帶給我們這個世代和平。」他手上所揮著的不是〈慕尼黑協定〉，而是他與
希特勒所簽署的「英德兩國永不再相戰」的〈英德宣言〉（Anglo-German
Declaration）。

　　更不負責任的，是胡適在給翁文灝電報裡所徵引的一句話：「張伯倫先生
對英國說，問題的關鍵在於必須抵制那『立意要用武力宰制世界』的國家。」
這句話完全是斷章取義，說得好像張伯倫真的是準備為捷克和德國開戰一樣。
事實上，張伯倫的意思剛好相反，他說英國不會為芝麻綠豆般的捷克而戰。胡
適所引的話，是張伯倫9月27日對英國國民的廣播。他所說的那一整段話是：

　　不管我們是多同情那受到強鄰所威脅的小國，我們不可能讓大英帝國為
　它而戰。如果我們要打戰，那就必須是為了比那還要重要的問題。我自己
　從靈魂深處就是一個愛好和平的人。對我來說，國與國之間的戰爭是一個
　夢魘。然而，如果我確信有任何一個國家立意要用它讓人害怕的武力宰制
　世界，則我認為就必須抵制。在這種宰制之下，對愛好自由的人而言，人

127　"Chronology 1938," "League of Nations Photo Archive," http://www.indiana.edu/~league/1938.
　　htm，2016年10月29日上網。

生就沒有價值。然而，戰爭是一件可怕的事。在我們開戰以前，我們一定必須要很清楚那是為了重大的問題，而且是在我們衡量了所有的得失以後，認定非那麼作不可以後。[128]

新官上任就惹禍

1938年10月3日，胡適所搭乘的「瑪麗皇后」號郵輪抵達紐約。6日中午，他從紐約搭火車前往華盛頓。當天，他就住進了「雙橡園」（Twin Oaks）大使官邸。雖然胡適的派任國書還沒到，他已經開始在華盛頓作拜會的工作。

10月8日，蔣介石在胡適上任第一封給羅斯福的信抵達：

> 得蔣先生齊〔8日〕電。下午譯此文為英文。我尚未遞國書，無法親交此電。到Hornbeck〔洪貝克〕家夜會……與Hornbeck談。托他將齊電文交與代外長，轉送與總統。[129]

我在本章第一節起始的時候，提到胡適說他一上任就得到蔣介石一個極機密的訓令。他說極機密到連中國外交部都不知道。那就是他1950年5月18日在「中國問題討論小組」裡所說出來的秘密：

> 他〔胡適〕所得到的第一個訓令極機密，機密到連中國的外交部都不知道。他奉命在提交國書以前就去晉見總統〔羅斯福〕，請他調停。總統的答覆同樣是極機密。他說調停的時間還沒到。[130]

128　"Neville Chamberlain's Speech to the British Nation," September 27, 1938, http://www.ahshistory.com/wp-content/uploads/2013/07/Neville-Chamberlain-Defends-the-Policy-of-Appeasement.pdf，2016年10月29日上網。

129　《胡適日記全集》，7.611。

130　"Record of the Fifth Meeting of the Discussion Group on China", May 18, 1950，「胡適紀念館」，HS-US01-004-004。

這個極機密的訓令，現在我們知道了，就是蔣介石這封「齊電」。胡適說的可能是真話，因為它「機密到連中國的外交部都不知道」，今天連「蔣介石檔案」裡都沒有這個檔案。專權的蔣介石可以不按照國家外交政策機制運行的規則，胡適可以說得神秘兮兮的。然而，美國可就必須按照外交機制的規則來辦理。胡適雖然已經發表為駐美大使，但他的到任國書還沒寄到，還沒正式晉見總統完成認證手續。由於胡適仍然還不是美國認證的大使，在美國的法律之下，他根本就無權遵照蔣介石的訓令，「在提交國書以前就去晉見總統」。這封「齊電」現在印在《美國外交文書》裡。印出來的文件在頁底加了一個註：電報前有一句話：「請用我的名義，親手並以機密的方式轉交羅斯福總統。」結果，胡適是由洪貝克轉交給國務卿，然後再由國務卿轉交給羅斯福。

蔣介石這封「齊電」由於現在只能看到《美國外交文書》裡由胡適翻譯成的英文版，我現在再把它翻回中文如下：

總統先生！閣下最近昭告世界說：「武力無法為未來人類的福祉找到出路」；「如果戰爭爆發，被波及的國家就將會有數以百萬計的男女老少死於那無以名狀的可怖情況之下」；「如果大戰爆發，美國人民就要面對了一個事實：那就是，大戰之下，沒有一個國家可以苟免」〔注：羅斯福1938年9月26日致希特勒促成〈慕尼黑協定〉電文中用語〕。

閣下這幾句警言，重新激起了中國政府與人民對美國捍衛和平與正義的信心。

總統先生！能否恕我指出：雖然閣下這幾句強有力的警言保住了歐洲的和平（appeasement）〔注：這個字才開始具有的負面的「姑息」的字義，還沒傳到中國〕，但是暴力與屠殺仍然橫行東亞，世界和平仍然遙遙無期？總統先生！我有信心，為和平不辭奔波的閣下，一定不會忽視東亞和平的問題。幾十年前出力斡旋結束日俄戰爭的美國政府，必定是會密切關注東方的和平的。

據說，由於傷亡慘重以及經濟上的困難，日本已經開始體認到武力解決不了問題。不只一次，它已經請德國和義大利斡旋和平。

然而，總統先生！我國人民認為他們只能仰望貴國政府領導下的和平的

努力，因為我們完全有信心，美國政府所引領下的和平將會是符合正義的和平。

現在歐洲的局勢已經穩定下來，美國政府可否為了東亞地區的和平，以停戰作為先決條件，以心平氣和、公允地討論方式來取得永久和平作為目標，召集相關國家開會？能否恕我斷言：如果此舉成功，那豈不將會是貴國從召集「華盛頓會議」〔1921-1922年〕以來所遵循的東亞政策登峰造極的成就（crowning achievement）？

我還希望指出：閣下如果願出面調停，此其時也！因為目前日本正深陷於攻打占領武漢的苦戰之中。[131]

胡適說得一點都沒錯。蔣介石派給他的上任的第一個任務，就是跳過了正當的外交機制，秘密請羅斯福調停中日戰爭。

10月17日晚，胡適在大使館和陳光甫晚餐。談到11點的時候，秘書崔存璘打電話來，告訴胡適說他聽了羅斯福的廣播，「宣言他擬調解遠東爭端，盼兩國都能接受他的 offer of good office〔調停〕。」胡適在日記裡歡呼：「介公的齊電發生效果了。」[132]

結果，根本就不是那一回事。胡適在次日的日記裡說：「今早7點我起來出門取得早報。看了，全無總統出來調解之說。後來調查，始知昨夜廣播是總統希望 Eduador〔厄瓜多爾〕與 Peru〔秘魯〕的爭端。其中「東方」（Oriente）區之爭執，可有和平的（pacific）解決。崔君誤聽了。」[133]原來，"Oriente"〔西班牙語「東方」區〕指的是厄瓜多爾與秘魯的領土爭執區；"pacific"，"p"字小寫，是胡適在日記裡所翻的「和平」的意思，指的不是"Pacific"「太平洋」。廣播中這兩個關鍵字，引生了崔存璘錯誤的聯想，讓胡適白高興了一場。

我在上文說胡適故作神秘。他在上文提到的1950年5月18日的報告裡

---

131 Chiang Kai-shek to Franklin Roosevelt, October 8, 1938, *FRUS*, 1938, Vol. III: *The Far East*, pp. 312-313.

132 《胡適日記全集》，7.614。

133 《胡適日記全集》，7.614。

說，「總統的答覆同樣是極機密。」事實並非如此。蔣介石請美國斡旋調停的請求，羅斯福總統在10月19日回覆。是由國務院的「政治關係顧問」洪貝克交給胡適轉交蔣介石。台灣「國史館」館藏的「蔣中正總統文物」檔裡有胡適致蔣介石電文裡的翻譯[134]。然而，由於翻譯得佶屈聱牙，我改譯如下：

> 新任中國大使已將閣下十月八日的尊電遞到。遠東的局勢一直是我深切關注與深思的問題。為了重建世界的法治與秩序，如何用和平的交涉、公道的原則、不使用武力、不以武力要挾，來解決遠東這個慘烈的戰爭，已經成為一個日益重要的問題。我有信心能用這種方式來調解遠東的問題，既能化解衝突的肇因，又能遵循真正公平的原則，更因以達成和平的目的。
> 請閣下放心。等能為我所用的適當的時機到來的時候，我一定會樂意效勞。[135]

羅斯福這個回覆，就是我在上文已經提到過的美國的基本立場，美國不能自打嘴巴放棄了「九國公約」所宣示的尊重中國領土主權完整的保證，以及前國務卿司汀生在1932年「九一八事變」以後所宣布的「不承認主義」。胡適在10月19日收到羅斯福回蔣介石齊電當天的日記裡說：「Hornbeck〔洪貝克〕交來總統答介公齊電一文。措辭甚婉轉，實則謂調解時期未到。總統是政客，不能不顧到半個月後的選舉〔注：美國11月初的期中國會議員改選〕。此時不能出面有驚人的國際行動，是意中之事。於此可見Chamberlain〔張伯倫〕之斡旋捷克，為其愚不可及也。」[136]胡適在寫這則日記的時候，難掩他的失望之情。

余英時在《重尋胡適歷程：胡適生平與思想再認識》裡引了這則日記，但是他完全解讀錯了。原因有三：第一、因為張伯倫久已在世人心目中與「姑息」聯在一起，余英時一看到胡適提起張伯倫斡旋捷克，就先入為主地以為胡適一定是撻伐的意思；第二、他不知道胡適一直是張伯倫以及他所促成的〈慕

---

134 胡適致蔣介石電，1938年10月20日，「國史館：蔣中正總統文物」，典藏號：002090103003202。
135 President Roosevelt to Generalissimo Chiang Kai-shek, *FRUS*, 1938, Vol. III: *The Far East*, p. 325.
136 《胡適日記全集》，7.614-615。

尼黑協定〉的崇拜者;第三、他是以現在一般約定俗成對「愚不可及也」這個詞的用法來理解它的意思。所以余英時會說:

> 很明顯的,蔣介石齊電是希望羅斯福能出面調解中日的武裝衝突,而為後者所婉拒。胡適批評英國首相張伯倫斡旋德國與捷克之間的爭端(即〈慕尼黑協議〉),以為「愚不可及」,則他不贊成蔣的齊電,可以想見。[137]

其實,這「其愚不可及也」跟今天這個詞的用法剛好相反,是讚美的意思。胡適在此處的用法是「愚不可及」這個詞原始的意涵,是《論語》〈公冶長〉篇裡所說的:「甯武子邦有道則知,邦無道則愚。其知可及也,其愚不可及也。」是《三國志》《魏書》〈荀攸傳〉:「公達外愚內智,外怯內勇,外弱內彊,不伐善,無施勞,智可及,愚不可及。」亦即,大智若愚,非常人所能及的「愚」。

先入為主對我們思路的主導作用是無與倫比的。余英時看到了胡適10月19日日記裡說「張伯倫之斡旋捷克,為其愚不可及也。」他對「其愚不可及」的誤解當然是可理解的。但是,先入為主的觀念使他無視於胡適11月26日日記裡的一段話:「到Cosmos Club〔宇宙俱樂部〕聽Harold Laski〔拉斯基,英國政治學家、1945-1946年任英國工黨主席〕演說。他大罵Chamberlain〔張伯倫〕的和平。主人要我說話。我說了二十分鐘,大替Chamberlain辯護。」[138]余英時為什麼會忽略掉這一段跟他的想法相牴觸的話呢?先入為主的觀念使然。

余英時用日記來理解胡適的生平與思想。在《胡適日記全集》剛出版的時候,確實是一個獨具慧眼的作法。然而,日記有其局限。許多資訊日記裡不會有,必須參佐其他資料方才能夠釐清。更重要的是,胡適的日記隨著他年齡的增長、世故日深、要掩藏的秘密越多,越發沒有用處。他駐美時期的日記已經如此,1950年代的日記更是如此。因此,余英時對胡適出任大使時期的許多

---

137 余英時,《重尋胡適歷程:胡適生平與思想再認識》(桂林:廣西師範大學出版社,2004),頁52。

138 《胡適日記全集》,7.622。

論斷都是錯的。

　　就先舉余英時在此處用日記為根據的論斷為例。余英時說：「胡適批評英國首相張伯倫斡旋德國與捷克之間的爭端（即〈慕尼黑協議〉），以為『愚不可及』，則他不贊成蔣的齊電，可以想見。」他錯解胡適這個「愚不可及」的意思我已經指出了。同時，他也忽略了10月17日晚崔存璘聽錯廣播，以為羅斯福要出面調停中日戰爭時，胡適在當天日記裡歡呼：「介公的齊電發生效果了」那句話。換句話說，胡適絕對不是「不贊成蔣的齊電」，他巴不得蔣介石的齊電奏效。

　　最重要的資料，是胡適自己1950年對美國人說的一段話。胡適1950年5月18日在「中國問題討論小組」裡的發言，我已經提過好幾次了。記錄中還有一段胡適的發言，指出他出任駐美大使時，希冀能有一個中國〈慕尼黑協定〉而不可得的往事：

　　　　當時中國也瞭解由美國出面調停所得到的和平，一定會遠勝於中日自己談和所能得到的和平。可惜那沒成功。他說因為那是〈慕尼黑協定〉的時代。〈慕尼黑協定〉讓當時的人鬆了一大口氣。然而，當時的中國，連〈慕尼黑協定〉都不可而得，因為沒有人願意像張伯倫那樣為那個協定擔起責任。在那種方式的調停之下，弱勢的一方可以作出重大的讓步而不至於引起內亂。

　　　　然而，那個必要條件就必須是由羅斯福總統出面。當弱勢的一方作出最大的讓步而強勢的一方仍然拒絕談和時，只有在調停者有決心動員——就像當時眼看著〈慕尼黑協定〉可能不成歐洲各國動員一樣——強勢的一方才可能束手就範。除非美國願意以武力作為後盾來強使日本就範，任何類似的嘗試都是沒有意義的。因此，雖然胡博士對〈慕尼黑協定〉的價值採取悲觀的看法，他還是致力於在太平洋區達成一個類似的調停的結果。但是，他終究還是失敗了。139

139　"Record of the Fifth Meeting of the Discussion Group on China", May 18, 1950，「胡適紀念館」，HS-US01-004-004。

　　必須指出的是，胡適在1950年這個討論會上作了一個曲筆的回顧。他說他1938年的時候，「對〈慕尼黑協定〉的價值採取悲觀的看法。」事實剛好相反。當時的他真恨不得羅斯福可以像他心目中的英雄張伯倫一樣，斡旋中日之間的糾紛，而訂出一個令他欣羨的東亞的〈慕尼黑協定〉。

　　且讓我們回到1938年10月的當下。胡適大使都還沒正式上任，他已經接連收到蔣介石三個電報，齊電〔8日〕、元電〔13日〕，以及刪電〔15日〕。蔣介石才在齊電中籲請羅斯福調停，四天以後，12日，日軍就開始進攻廣東。亡國或被迫投降的危機已經罩頂。13日的元電是一封告急求救的電報。但他一反齊電裡籲請羅斯福調停的要求，又動念「以夷制夷」之計，以日本進攻廣東實際上是威脅了英國在香港的權益、甚至向美國挑戰為理由，籲請美國和英國一起用武力懲治日本。

　　胡適10月14日日記：「得介公元電。」[140]由於他還不是美國認證的大使，10月15日：「寫一信，託Wm. C. Bullitt〔蒲立德〕大使將介公的元電轉交與總統。他是新從法國回來的，是總統的親信。」[141]元電的內容如下：

　　　胡大使。敵在粵登陸，實為威脅英國，甚至向美挑戰。此為美國促起英國對遠東與美合作，共同干涉之惟一良機。務請竭力運用，促成英美共同行動，解決遠東問題。但仍須由美領導也。[142]

　　胡適10月16日日記：「……寫信給Hornbeck〔洪貝克〕。晚上到Hornbeck家吃飯。」[143]原來胡適除了請美國駐法大使蒲立德轉交蔣介石的元電給羅斯福以外，又另外寫了一封加了注疏的信給洪貝克，請他轉交給國務卿。洪貝克在17日寫了一個備忘錄給國務卿赫爾。他除了附上蔣介石的元電以外，也遵照把胡適的意思，把「注疏」也加進去了[144]。可惜，《美國外交文書》並沒有印

140　《胡適日記全集》，7.613。

141　《胡適日記全集》，7.613。

142　蔣介石電胡適，1938年10月13日，「國史館：蔣中正總統文物」，002-020300-00028-007。

143　《胡適日記全集》，7.613。

144　"Memorandum by the Adviser on Political Relations（Hornbeck）to the Secretary of State,"

出胡適的「注疏」。幸運的是，史丹佛大學「胡佛檔案館」裡的「洪貝克檔案」存有胡適給洪貝克的原信。其內容如下：

> 我收到了下述蔣將軍的來電。
>
> ⋯⋯
>
> 在這封電報裡，他說的是共同干涉。這並不意味著他否定了8日電報〔齊電〕裡的話。這兩封電報所顯示的，就是他對當前軍事情況的極度憂慮；他狗急跳牆地（desperately）在尋求即時有力的協助。他現在的心理狀態就像是一個即將滅頂的人，看到什麼就抓什麼。坦白說，他所要的，是希望民主陣營能出面作有力的干涉。他不願意接受法西斯國家所斡旋的屈辱的和平，那已經在在地顯示在他幾次拒絕德國的斡旋的事實上。他之所以會〔在齊電裡〕籲請羅斯福總統出面調停，就是因為他看不到民主陣營會出面干涉，即使並不是完全不可能。顯然華南的情勢讓他重燃英美會出面干涉的希望。
>
> 請你像前次一樣，把上述的電報轉達國務卿。也請你轉達我上述的意見，如果那些還有點價值的話。
>
> 我最想告訴你的，就是我在六月初對你說的話，亦即，即時的要素。我六月時所擔心的，現在真的發生了。日本攻擊華南毫無疑問地是一個準備已久的最大的軍事行動。今天早上的新聞證明了這一點。英國對這一個強烈的攻擊毫無辦法。中國抗戰崩潰的危險是**極其可能的**。如果民主陣營不願見到中國崩潰投降，就必須採取有力的行動。
>
> 我隨信附上一封朋友的來信供你參考。這封信可以讓你瞭解我為什麼一直說必須要為我國思想界的領袖打氣的理由。然而，這封信也會讓你知道我先前《獨立評論》的同人、後來出任駐俄大使的一個朋友的想法和反應。民主陣營承受不起把中國推向軍事獨裁的陣營的後果。[145]

October 17, 1938, *FRUS*, 1938, Vol. III: *The Far East*, pp. 322-323.

145　Hu Shih to Stanley Hornbeck, October 16, 1938, "Stanley Hornbeck Papers," Box 80, "China: Hu Shih, Dr." Folder.

　　胡適這個「注疏」最驚人的地方，在於他談論蔣介石的口氣，彷彿他不是一國之君，也不是他的上司一樣。他形容蔣介石「就像是一個即將滅頂的人，看到什麼就抓什麼。」彷彿是在分析一個病人，渾然忘卻了他自己是中國駐美大使，負有執行蔣介石給他的任務。更離譜的是，他的口氣彷彿蔣介石告急之電裡所提到的危機不是發生在他自己的國家一樣。

　　胡適隨信附給洪貝克的那封信是蔣廷黻 8 月 17 日給他的信。當時蔣廷黻已經回到重慶復任行政院政務處長。蔣廷黻 8 月 17 日這封信是回覆胡適 7 月 27 日給他的信。可惜胡適那封信現已不存。蔣廷黻這封英文信說：

> 你 7 月 27 日的來信今天早上到……
> 　……
>
> 　在列舉了蘇俄、英國、法國、美國給予我們的援助以後，你說：「他們現在都理解我們是在為他們作戰〔注：胡適天真地把加拿大的達佛 1938 年 3 月 2 日個人私下的按語：「中國在為我們打仗！」推衍成為俄、英、法、美政府的看法〕。他們都不希望我們在這個時候停戰，拱手送給日本它所要的和平。」我的看法是：他們也許有了你說他們現在有的聖智的理解，但他們並沒有表現在行動上。我們申請貸款一再失敗，讓我們非常失望。而且會讓我們不相信你的說法。至於你第二部分的說法，我的看法是：他們不想日本得到**所有**它所想要有的，但他們也不想完全拒絕它所想要的。民主陣營（這個「民主」，我用大寫，尊重大使閣下對民主國家的偏愛）裡有人認為日本並不是完全沒有道理，只是它用的方法不對而已。蘇聯例外，但它不算是一個「民主國家」。
>
> 　民主陣營裡的理想主義者和左翼同情我們，所以也對我們有向心力。我們傾向於他們也相信他們說的話。然而，政策並不是完全由他們決定的。當你上任以後，你會遇到一些你會認為是憤世嫉俗或者反動派的人，但他們自以為是具有成熟的智慧。根據我在莫斯科短暫的經驗以及外交史的研究，我傾向於**不看重**（discount）（不是否定）理想主義的力量。
>
> 　你說武力干涉不是不可能的。我同意。但那必須付出代價。你應該記得 1895 年俄德法〔注：甲午戰爭後三國干涉還遼〕開我們的玩笑。因為他

們的干涉，我們拿回了遼東半島，但付給日本三千萬兩的贖金。三年以後，俄國從我們手中拿走遼東，外加「南滿鐵道」（SMR）〔注：誤，「南滿鐵道」是沙俄所建的。「日俄戰爭」以後，轉讓與戰勝的日本，改名為「南滿鐵道」〕，但並沒有補償我們三千萬兩。德國、法國也從我們手中得到了他們對我們的友好幫助所得的代價。在這個例子裡，至少法國算是一個民主國家吧。

他們，特別是蘇聯，都希望我們打下去。這點是真的。但他們這樣做，並不是為了我們好。

當然，我應該讓你以樂觀的心情上任。王正廷一直畫大貸款的大餅給我們看。我希望你不會在大使報告裡餵我們「仙丹」（mana）……[146]

胡適在蔣廷黻說到「三國干涉還遼」那一段旁加了用英文寫的眉批：「不及格的外交史家！美國在1918年〔注：第一次世界大戰結束〕從歐洲得到了什麼好處？美國和英國1922年〔注：「華盛頓會議」〕從中國得到了什麼好處？」蔣廷黻對歷史的判斷平實，對時局的理解實際，完全沒有幻想。可是胡適愛美國，一點都聽不進去。

蔣介石15日的致羅斯福的「刪電」，根據《美國外交文書》裡的附註，是由胡適在19日轉交國務卿，然後在20日轉交給羅斯福。蔣介石在這封信裡說：

從上次致信給閣下到現在已經有八個半月的時間了……

在日本用超現代的武器野蠻破壞（mediaeval vandalism）之下，中國的老百姓備受前所未有的苦難，但他們體現出可以作為楷模的勇氣，一直有很高的士氣。這除了是因為他們對正義終究將會戰勝暴力越來越有信心以外，也是因為我們得到了以閣下為代表的貴國與貴國人民在道義上的支持。閣下所作的公開聲明以及私底下所給予我們的保證，讓我們相信對我們當前所作的艱鉅的奮鬥，閣下的立場跟我們是一樣的。我們對日勝利，就意味著國際法律與秩序的重建。我們如果被日本擊敗，就意味著整個太

146　Tsiang Ting-fu to Hu Shih, August 17, 1938，「胡適外文檔案」，E254-2。

平洋地區的和平與安全的崩潰，以及美國以及所有愛好和平國家所支持的
國際關係原則的否定。毫無疑問地，這就是為什麼閣下會一再地警告侵略
者，並表現出閣下對侵略受害者的同情的原因。閣下給予我們的鼓勵的話
以及向中國收購白銀的政策，對受苦受難的中國人具有最安慰的作用，因
為他們體認到在這個艱難的時刻，至少美國的總統並沒有放棄中國。

　　我謹代表我百萬流血的百姓再次向閣下為我們抗戰所作的所有的幫助致
謝。我能不能同時也代表這些百姓再次籲請閣下給予更大的幫助，以便保
證中國能夠成功地擊退日本的侵略。由於我們迫切需要抗戰的資源，我們
自然引頸高望美國能給予讓我們能成功地奮戰到底的財政與經濟援助。如
果我們能從美國得到一個鉅額的貸款，就會立刻為我國人民帶來信心，也
讓我們有更大的力量與效力去抵抗日本的攻擊。我希望此刻在美國所商談
的貸款，能得到閣下的幫助而早日成功。總統先生，我無需贅言我會如何
地感激閣下，如果閣下能增強中國的實力，同時又能喚醒日本瞭解其目前
政策的愚蠢，從而早日促成恢復遠東的和平。[147]

　　蔣介石在這封刪電裡向羅斯福請求貸款，完全是可理解的。那不宣而戰的
中日戰爭已經打了十五個月了。可是，中國還是得不到貸款。這封電報最奇特
的地方，在於蔣介石對羅斯福說：「從上次致信給閣下到現在已經有八個半月的
時間了。」他懇請羅斯福調停的齊電是七天前才寄出來的。顯然蔣介石認為他私
人所發的「密電」不算。他前一次經由外交部寄給羅斯福的信是1月30日發出
的。距離這封刪電確實是八個半月的時間。然而。美國政府的看法不同。《美國
外交文書》就在頁底的注釋裡，註明蔣介石的前一封信是10月8日的「齊電」。

　　蔣介石求救的連環三電，美國仍然文風不動。既沒出面調停，更遑論武裝
干涉。胡適10月21日日記：「今日廣州崩潰，敵人入城。我與〔陳〕光甫皆
十分悲憤。兩次見面，皆甚難過。」[148] 22日日記：「廣州事引起的外國感想極

147　Generalissimo Chiang Kai-shek to President Roosevelt, October 15, 1938, *FRUS*, 1938, Vol. III: *The Far East*, pp. 321-322.
148　《胡適日記全集》，7.615。

壞。」[149]

24日日記：「得孔庸之長電，語繁而不實在……與Hornbeck〔洪貝克〕談了一點鐘。他是一個好人，但他是官，沒有決斷的力量。」[150] 25日日記：「今天武漢退卻了。戰事開始至今，凡十五個月另十幾天。我多年的噩夢，今日都一一實現；而我十二個月的好夢，至今還沒有一點影子！」[151]

值得注意的是胡適在24日日記裡說洪貝克「是一個好人，但他是官，沒有決斷的力量」那句話。我在上文提到胡適在6月26日給陳布雷的電報裡稱他對之作「秦庭之哭」的洪貝克為「美京領袖」。現在，在他出任駐美大使的前夕，他終於弄清楚了洪貝克的權限。胡適失望了，因為他在十二天前，10月12日，就在日軍開始進攻廣東當天，還給洪貝克寫了一封求救的信：

> 日本侵犯華南的消息，證明了我六月間的憂慮。你記得那憂慮就是促使我6月9日寫給你那封長信〔注：「秦庭之哭」那封信〕的原因。
>
> 我真的憂慮了。這次的軍事行動已經準備一段時間了，最可能的就是配合歐洲的局勢。現在歐洲戰事已經避免了，可是日本軍部顯然不願意叫停或取消。所以他們決定照計畫進行。根據貴國軍事專家的說法，這在三個星期以前已經開始了。他們仍然有信心英國沒有能力在遠東採取任何有力的行動。
>
> 你記得你去年冬天對我說：「我對半吊子的舉措沒有什麼興趣。要制止日本的侵略，唯一有效的方法是武力。」
>
> 現在已經證明了所有「半吊子的舉措」都不足以制止這個無法無天的暴力。洪貝克先生！有什麼有效力的方法去制止它呢？
>
> 就像我先前寫信給你一樣，我是用朋友的身分，而不是用「新任命的大使」的身分，寫這封信給你。[152]

---

149 《胡適日記全集》，7.615。

150 《胡適日記全集》，7.616-617。

151 《胡適日記全集》，7.617。

152 Hu Shih to Stanley Hornbeck, October 12, 1938, "Stanley Hornbeck Papers," Box 80, "China: Hu Shih, Dr., Chinese Ambassador" Folder.

　　胡適問洪貝克「有什麼有效力的方法去制止」日本。他在現已不存的7月27日給蔣廷黻的信裡說武力干涉不是不可能的。這就是他「苦撐待變」裡所謂的「變」。這也就是我上文引他在10月25日日記裡說：「我十二個月的好夢，至今還沒有一點影子！」的「好夢」。只是，胡適一廂情願。

　　諷刺的是，胡適勸蔣介石跟所有中國人苦撐待變，等他在美國耐心地運動洪貝克，讓美國用武力干涉中日戰爭。他完全不知道他所倚賴的洪貝克對美國政府的建議，是靜待其變。歷來美國和日本的研究都視洪貝克為對日鷹派。然而，他雖然堅持不對日本妥協，他並不主張對日作戰。甚至在英國外交部幕僚考慮提議英美兩國聯合用海軍向日本示威的時候，他也反對。早在胡適對洪貝克作「秦庭之哭」的兩個月以前，洪貝克就已經清楚地對英國表明這個態度。1938年2月14日，英國外交部常務次官賈德幹（Alexander Cadogan）〔注：1934年至1936年英國駐華大使〕給美國國務院一個純粹只是交換意見的備忘錄。在這個備忘錄裡，賈德幹說日本的目標是在征服中國，在中國建立傀儡政權。中國要談和，只有承認「滿洲國」以及在華北給予日本特權。他說英國政府如果會在中國採取任何行動，那只會是「純粹為保護英國的權益。」他試探美國是否有意願為了保護兩國在中國的權益，共同用外交的方式向日本提出通牒，必要的時候用海軍示威。

　　洪貝克在4月13日寫了一個很長的也純粹只是交換意見的備忘錄回覆賈德幹。他反對在違反「九國公約」的原則的情況之下促進中日和談。然而，他也同時根本排除了美國與英國合作派海軍向日本示威的可能性。洪貝克說，最好的方法就是「等」，這也就是美國從「七七事變」以後所採取的政策。洪貝克在結論裡說：

　　　　我們認為由美國政府、英國政府、英美兩國政府、或甚至是任何其他政
　　　府聯合起來出面調停的時間還沒有到。我們認為最明智的作法就是按兵不
　　　動。等到中日兩國終於看清了我們旁觀者老早就知道的事實，而主動願意
　　　談判的時候。我們難道沒有理由相信：讓中國的情況繼續演變下去，終有
　　　一天，日本會體認到這樣堅持下去所必須付出的代價，會遠遠超過征服中
　　　國──如果那是可能的話──所能得到的？同時，在他們開始醒悟的期

間，由於別的國家的抗議、由於輿論、由於看到別的國家強大的軍備，而
開始越來越尊重其他國家〔在中國〕的權益？[153]

　　換句話說，胡適也好、蔣介石也好、傅斯年也好，所有希冀美國出面調
停、甚至用武力干涉的人，完全都是一廂情願的想法。他們打著「以夷制夷」
的如意算盤，可是美國就偏偏不跟著配合。胡適跟蔣介石會繼續這樣幻想下
去。胡適幻想不得，只是失望和遺憾；蔣介石幻想不得，就把胡適以及所有不
能幫他實現這個幻想的人當成出氣筒，以至於終於解除胡適的大使職位。
　　10月28日：「今日下午五點遞國書，見Roosevelt〔羅斯福〕總統。」[154]胡
適終於正式成為中國駐美大使。在典禮中，胡適在致詞的時候，利用機會在結
尾的時候呼籲羅斯福出面干預：

　　作為一個在過去十五個月來遭受到最暴力、最破壞的侵略的國家的公民
和代表，請讓我說，我自然是非常注意到閣下以及國務卿歷次發表要以公
道與法律為基礎，來促進國際和平的各個建設性的政策聲明。我可以告訴
總統先生，那些嚴正的聲明——譴責國際的無政府狀態、尋求維護和平的
積極政策，以及締造一個建立在公道與和平的基礎之上的新的國際秩序
——我國的政府與人民一直洗耳恭聽著。在他們受苦受難的時刻，得以在
這種具有建設性的國際理想主義裡得到慰藉與鼓舞。[155]

　　這種大使到任的典禮有其既定的公式，形式重於實質。羅斯福的答詞當然
是官樣文章。針對胡適的呼籲，他說：

153　The Adviser on Political Relations（Hornbeck）to the British Permanent Under Secretary of State
　　 for Foreign Affairs（Cadogan）, April 13, 1938, *FRUS*, 1938, Vol. III: *The Far East*, pp. 141-153.
154　《胡適日記全集》，7.617。
155　"Remarks of the Newly Appointed Chinese Ambassador, Dr. Hu Shih, Upon the Occasion of the
　　 Presentation of his Letters of Credence," "Stanley Hornbeck Papers," Box 80, "China: Hu Shih,
　　 Dr., Chinese Ambassador" Folder.

感謝閣下對美國外交政策的誇獎。我要告訴閣下，美國政府會繼續致力維護與促進國際法律的原則以及國際關係之井然有序的程序。這些都是跟隨著文明的進步而與時俱進的。156

羅斯福是一個善用心理術的總統。他知道在國書當中加幾句私人情誼的話，有攻心的作用。他在回覆蔣介石懇求給予鉅額貸款的「刪電」的信裡一句話都沒提到貸款。由於胡適電致外交部的節譯實在不高明157，我改譯如下。羅斯福說美國雖然同情中國，但是：「美國政府之行動，必須符合我國的法律、我國人民時下的輿論，以及我們對其可行性的估量。」他知道蔣介石必定會失望，因此他在一開始就先說幾句順耳的話：

如閣下所知，我多年來在公私方面都一直對中國有很強烈的興趣。在公的一方，是從我擔任海軍助理部長開始；在私的一方面則更早，可以追溯到我的祖先對遠東的興趣〔注：羅斯福的外祖父在廣州賣鴉片致富〕以及我個人長久以來對中國人民的感情。158

其實，羅斯福這種順耳的話，聽聽就好，不能當真。因為，類似的話他不知道對多少國家的領袖——民主國家的或獨裁者——說過多少次。舉個例子來說，1940年他派「通用汽車公司」（General Motors）副總裁穆尼（James Mooney）當他的特使到歐洲去幹旋歐洲的局勢。他請穆尼見到希特勒的時候，對他說：羅斯福幼年的時候在德國住過一段時間，在那兒上過小學。德國人可以保留任何他們所喜歡的政府形態，那是「他們國家的事」159。

156　"The President's Reply to the Remarks of the Newly Appointed Ambassador of the National Government of China, Dr. Hu Shih, Upon the Occasion of the Presentation of his Letters of Credence," "Stanley Hornbeck Papers," Box 80, "China: Hu Shih, Dr., Chinese Ambassador" Folder.

157　王寵惠電蔣介石，1938年11月21日，「國史館：蔣中正總統文物」，002-020300-00028-008。

158　President Roosevelt to Generalissimo Chiang Kai-shek, November 10, 1938, *FRUS*, 1938, Vol. III: *The Far East*, pp. 376-377.

159　Frederick W. Marks III, "Six between Roosevelt and Hitler: America's Role in the Appeasement of

　　胡適上任以後所遇到的並不都是壞消息。最重要的，就是桐油貸款。這兩千五百萬美元的桐油貸款，是銀行家陳光甫的功勞。早在1938年7月14日，前金陵大學農學教授、當時美國財政部駐中國代表卜凱就已經致電孔祥熙，說他見了國務卿赫爾與美國財政部長摩根韜（Henry Morgenthau, Jr.），知道中國得到貸款的希望很大。摩根韜說中國如果想要得到貸款，他指定商談的對象必須是陳光甫[160]。無怪乎蔣介石在8月22日急電孔祥熙：

　　　　借款問題，應對美積極進行。前請光甫赴美事，究竟如何？應促其早日成行。如須由弟敦促，則可由弟電催也。借款方案請多擬幾種，囑光甫帶去。否則請適之先行回國，託其帶去亦可。適之任大使事，務請即日發表。究有徵美同意否？[161]

　　根據何光誠在他香港大學博士論文裡的研究，陳光甫到了美國以後，從9月中開始商談。在幾經考慮不同的抵押品都無法取得共識以後，陳光甫提出以桐油輸出美國作為抵押來換取貸款之策。孔祥熙的上上策是用桐油進口美國作為抵押換取一億美元的貸款。然而，最後美國只答應兩千五百萬美元[162]。

　　10月10日，胡適還沒正式上任的時候，蔣介石就打電報催胡適和陳光甫：「借款務望於本月內完成。」[163]其實，蔣介石打這封電報的時候，桐油貸款的細節已經塵埃落定。根據國務院國際經濟事務顧問的報告，雙方在廣州21日陷落前一天已經達成協議。廣州陷落的消息一到，美國財政部長摩根韜立刻中止協議，以待事態進一步的發展。摩根韜在與羅斯福會商以後，得到羅斯福

Nazi Germany," *The Historical Journal*, 28. 4（December, 1985), p. 977.

160　The Ambassador in China（Johnson）to the Secretary of State, August 5, 1938, *FRUS*, 1938, Vol. III: *The Far East*, pp. 543-544.

161　蔣介石電孔祥熙，1938年8月22日，「國史館：蔣中正總統文物」，002-060100-00131-022。

162　Kwong Shing Lawrence Ho, "China's Quest for American Monetary Aid: The Role of Chen Guangfu, 1935-1944," Ph. D. Dissertation, the University of Hong Kong, 2010, p. 69.

163　蔣介石電胡適、陳光甫，1938年10月10日，「國史館：蔣中正總統文物」，002-020300-00030-007。

的訓令，要陳光甫向蔣介石報告，說如果蔣介石能夠保證會繼續抗戰，他就能得到桐油貸款[164]。胡適、陳光甫10月26日致蔣介石的電報報告：

> 今晚〔注：25日〕財長約談面告輝〔陳光甫〕、適云：桐油借款兩千另六十萬圓〔注：誤，兩千五百萬〕手續已完。今午面陳總統請示。總統略思考即云：不幸廣州、武漢相繼陷落。倘我今日批准，明日中國忽換政府，忽變政策，我定遭非議。但若在數日內，蔣介石將軍能明白表示中國政府安定而政策不變，則我可立即批准此批借款云云。[165]

為了獲得這筆兩千五百萬美元的桐油貸款，中國外交部立即在11月1日打了一個電報給胡適：

> 委員長四千字宣言，砥礪人民以更大的勇氣與毅力繼續抗戰，直到取得最後的勝利。強調決心用中國長期抗戰的策略（Sinostragegy），並同時在軍事行動上採取主動。必須加倍建設西南省份，使之成為持久戰的堅實基地。粵漢鐵路上四千日軍攻擊武昌南方的汀泗橋，中國軍隊英勇抵抗。華南地區進攻廣州西部三水的日軍被擊退。[166]

外交部這封電報所用的，主要是蔣介石10月31日所作的〈國軍退出武漢告全國國民書〉的幾段話：

> 願吾同胞深切記取我抗戰開始時早已決定之一貫的方針，從而益堅其自信。所謂一貫之方針者，一曰持久抗戰，二曰全面戰爭，三曰爭取主動⋯⋯

---

164 "Memorandum by the Adviser on International Economic Affairs（Feis）to the Secretary of State, November 12, 1938, *FRUS*, 1938, Vol. III: *The Far East*, p. 568.

165 胡適、陳光甫電蔣介石，1938年10月26日，「國史館：蔣中正總統文物」，002-090103-00002-014。

166 Waichiaopu to Sino Embassy, 1938年11月1日，「胡適外文檔案」，E404-1。

武漢地位，在過去十閱月抗戰工作上之重要性，厥為掩護我西部建設之準備，與承接南北交通之運輸。故保衛武漢軍事，其主要意義原在於阻滯敵軍西進，消耗敵軍實力，準備後方交通，運積必要武器，遷移我東南與中部之工業，以進行西北西南之建設。蓋唯西北西南交通經濟建設之發展，始為長期抗戰與建國工作堅實之基礎……

但須認清持久抗戰與全面戰爭之真諦，則必能以更大努力承接戰區擴大後之新局勢，而益勵其奮鬥與決心。自今伊始，必須更哀戚、更悲壯、更踏實、更刻苦、更猛勇奮進，以致力於全面之戰爭，與抗戰根據地之充實，而造成最後之勝利。[167]

擔心拿不到貸款的蔣介石，一不做二不休，乾脆就想用宣戰的方式來表明他繼續抗戰的決心。他11月4日打電報給胡適：

請兄以下列意旨設法探詢美政府。中國民情激昂，認為唯有正式宣戰始可貫徹抗到底之目的。如中國政府實行宣戰？美政府意見如何及採何種態度？[168]

蔣介石這個用宣戰來表明繼續抗戰決心的想法，不但畫蛇添足，而且橫生枝節。害得胡適必須打電報解釋宣戰會不得其利，反得其害：

宣戰於我毫無益而大有害。一、宣戰，美國不能不施〈中立法〉〔注：美國在1935、1937、1939年一再制定、增強，以避免美國捲入國際戰爭的立法。主要在禁止對交戰國輸出軍械以及給予貸款〕。借款與軍械都不可得。而敵有船仍可運原料；二、宣戰，則日本可享受交戰國熙〔？〕，

167　蔣介石，〈國軍退出武漢告全國國民書〉，1938年10月31日，《先總統蔣公思想言論總集：書告，1938年》，http://www.ccfd.org.tw/ccef001/index.php?option=com_content&view=article&id=1567:0009-45&catid=214&Itemid=256，2016年11月2日上網。

168　蔣介石電胡適，1938年11月4日，「胡適檔案」，2023-1。

可搜檢中立商船，可使封鎖更有效；可宣布武裝占領中國而拒絕他國抗議
干涉；三、敦請上最大影響，是使美國政府領袖更不得自由行動。[169]

　　不管是外交部用蔣介石〈國軍退出武漢告全國國民書〉的大要，或者是蔣
介石自己試圖用宣戰來表明繼續抗戰決心的想法，都不是直接回應美國政府所
要的答案的作法。因此，行政院長孔祥熙在11月9日送了一份電稿給胡適，要
胡適據以擬成一份「備忘錄」，再以蔣介石與孔祥熙的名義提交羅斯福總統。

　　這份以保證繼續抗戰向美國乞討貸款的電稿，用冗長而且為戰場失利諉過
的說詞，縷列了八點。第一點摘述了蔣介石那篇書告裡所說的長期抗戰的決
心。第二點說「國民參政會」也一致支持繼續抗戰。第三點說中國愛好和平，
也願意接受合理的和平條件。只是，日本堅持直接談判，但中國無法信任日
本。最張著眼睛說謊話的是第四點：漢口和廣州的陷落一點都無損於抗戰的決
心。孔祥熙要胡適口頭向羅斯福總統解釋廣州陷落的原因：一、過分相信英國
的影響力足以嚇阻日本南進；二、裝備以及精兵不足，以至於無法固守兩個主
要的遙為掎角的據點；三、日軍的攻擊猛烈又讓人措手不及[170]。

　　這真是自欺欺人的遁詞。如果一般老百姓有庇蔭於大英帝國之威下的苟免
幻想，那是情有可原。可是，總統與行政院長以這種鴕鳥心態治國，則是怠忽
職守。日本會南進，切斷從香港、廣州進入中國的軍需物資。這是人盡皆知的
戰略，因為香港當時是軍需物資進入中國最大的口岸。胡適的好友徐新六在6
月7日給胡適的信裡就說：「日本在拿下蘇州、占領廈門、轟炸廣州以後，會
南進廣州，切斷廣九和粵漢鐵路的交會。」[171]美國駐香港總領事在廣州陷落以
後對國務院所作的報告，就直言不諱地指出：中國南方的政軍領袖一定早在好
幾個月以前就已經知道日本南進是絕對不可避免的[172]。

169　胡適電蔣介石，1938年12月5日，「國史館：蔣中正總統文物」，002-090103-00003-174。

170　"Telegram from Chungking, November 9, 19:00. [1938]," 「胡適外文檔案」，E399-1。

171　"Abstract of a letter from Mr. Hsu Sin-loh to Dr. Hu Shih, dated, June 7th, 1938," IPR Papers, Box 13, "China Council-Hu Shih, Liu Yu-wan" Folder.

172　"The Consul General at Hong Kong（Southard）to the Secretary of State," October 26, 1938, *FRUS*, 1938, Vol. III: *The Far East*, p. 339.

　　美國國務卿赫爾在10月24日訓令香港、廣州、重慶的總領事，要他們分別向國務院報告日本之所以能迅速進攻華南，以及輕易拿下廣州的原因[173]。香港總領事的報告最為詳盡，縷列出十項理由。其中，除了當時甚囂塵上的日本收買成功的傳言以外，歸根究柢就是苟且沒有備戰[174]。廣州的美國總領事說，粵軍幾乎沒有在炮火下應戰的經驗。一個少校說他所率領的一個營在10月20日在距廣州20英里的地方受到日本軍機和坦克的夾擊。他說他整個營在短時間內就被摧毀，餘部潰散到鄉間去[175]。

　　孔祥熙在打了11月9日的電報的次日，又打了一封電報：

　　我11月9日的電報是提供二位寫出給羅斯福備忘錄的資料。我想最好是用我的名義，因為委員長在王正廷離職的時候曾經給過羅斯福電報。由於二位身在當地，能對當地的情況與心理作較佳的判斷。務請增添任何有力的語句或方法以達成目標。[176]

　　等孔祥熙這封新的電報來的時候，他前一天的電報已經送出去了。胡適在11月10日的日記裡記：

　　孔答Oct. 25〔10月25日，即說明美國政府要求蔣介石繼續抗戰的保證的電報〕我與光甫的要電今天才來。我改寫了，用蔣名義交光甫送去。下午得孔電，仍要用他的名義送去。我回電說，信已用蔣先生名義送出去了，"with your concurrence"〔並有「閣下也贊同」的字句〕。[177]

173 "The Secretary of State to the Consul General at Hong Kong (Southard)," October 24, 1938, *FRUS*, 1938, Vol. III: *The Far East*, p. 333.

174 "The Consul General at Hong Kong (Southard) to the Secretary of State," October 26, 1938, *FRUS*, 1938, Vol. III: *The Far East*, pp. 337-339.

175 "The Consul General at Canton (Linnell) to the Secretary of State," October 26, 1938, *FRUS*, 1938, Vol. III: *The Far East*, p. 340.

176 "Telegram from Chungking, November 10, 23:00. [1938]," 「胡適外文檔案」，E399-1。

177 《胡適日記全集》，7.619。

　　胡適所改寫的「備忘錄」可惜《美國外交文書》沒選登。幸運地，我在「羅斯福總統圖書暨博物館」（Franklin D. Roosevelt Presidential Library & Museum）的網站上找到了胡適這篇「備忘錄」。胡適所作的改寫確實高明多多了：

〈行政院長孔祥熙發自重慶11月9日電報電文〉

　　請轉致下述我也衷心贊同的委員長致總統的電文：

　　我衷心感謝閣下、赫爾國務卿、財政部長摩根韜在對我國所作的幫助上所體現出來的友好的關注與努力，特別是在不看好我們的外人（skeptic observer）認為我們已經沒救了的這個時刻。我特別感謝貴國政府收購白銀、刻正商談的貸款，以及最近對「九國公約」的堅持。

　　閣下可能會對我在10月31日對全國文告裡所說的幾個要點有興趣：中國會繼續堅持在全國進行長期抗戰的政策，一直到我們在戰場上取得軍事的主動為止；我們只有在忍受最大的煎熬與作出最大的犧牲的情形之下，才可能獲得最後的勝利；這是一場「革命的」戰爭。就像美國的獨立戰爭、法國和俄國的革命，以及土耳其的解放所在在顯示的，人民的精神終究會獲得勝利；中國抗戰的主要基地在大後方，過去十六個月來的抵抗，已經成功地阻擋住敵人的西進，讓我們發展了交通、疏散了一些工業、並集中武器磨損了侵略者；最後，現在這場戰爭真正已經成了一個「全國性」的戰爭，我們已經把敵人引進內陸，時間與空間是在中國這一邊。

　　閣下可能還會有興趣知道這個政策，已經由「國民參政會」在第二次會期裡一致通過。

　　閣下也一定聽過說中國有談和的報告。總統先生！有關和平的問題，雖然日本有願意和談的表示，雖然我國國民愛好和平而且對和談不會提出不合理的條件，但是談和是不可能的，因為只要日本繼續堅持「直接」與中國談判而且不准中國所信任的友邦參與──那是日本予取予求的和平──中國就不可能跟日本談判。只要日本一天不根本悔過、不改變其政策，中國就別無選擇，而只能繼續為其求得不受外力干擾的生存與發展的權利。

　　我很關注貴國政府最近對東京所作的抗議，亦即，有關「門戶開放」政策在中國被日本軍事占領地區的實行問題。目前在中國的戰爭在在地顯示

出了「門戶開放」政策與「九國公約」的締造者的睿智。那也就是說，一個獨立、現代化地中國，是讓中國的門戶能對所有國家開放唯一可靠、有效的方法。[178]

美國政府在11月9日收到蔣介石這封保證中國會繼續抗戰的電報到了以後，認為貸款的條件已經符合。在「七七事變」一年半以後，美國的第一筆貸款終於成功在望。12月25日，美國政府宣布給予中國兩千五百萬美元的桐油貸款。

事實上，就在蔣介石——包括孔祥熙——和胡適賣力合作保證中國會繼續抗戰以爭取美國桐油貸款的時候，也正是中國朝野談和聲浪最高的時候。這時候已經是到了汪精衛等人出走成立傀儡政權的前夕。但我們在此處所要分析的這個談和聲浪的領袖是孔祥熙。換句話說，孔祥熙玩的是兩面手法。一面向美國保證中國將繼續抗戰；一面則強力主和。蔣廷黻在他的回憶錄裡說：

當日本在1938年秋天拿下武漢的時候，日本首相近衛文麿發表一個和平聲明，對中國人民和日本軍閥都算合理。我覺得中國政界應該有一個要人作出回應，讓日本人知道我們中國人是和平的。跟日本打戰除了是自衛以外，沒有其他的目的。我建議孔博士應該作出一個回應。他說只要委員長同意他就作。我起草了一個聲明用電報打給在前線的委員長。我們的計畫是孔博士將在週一行政院所舉行的紀念週裡讀那個聲明。時間到了的時候，委員長的回音還沒到。孔博士於是就按照原訂計畫讀了那個聲明。當天下午兩點，委員長的回答到了，說不要讀那個聲明。

過後，委員長發表了一個聲明奚落近衛文麿，並提出要日本全部撤出中國的談判條件。我認為這個聲明太過嚴厲。過後不久，在一個午餐的會報

---

178 "Text of A Telegram from His Excellency Dr. H. H. Kung, President of the Executive Yuan, Dated Chungking, November 9, 1938, Box 26, China, 1938, Franklin D. Roosevelt, Papers as President: The President's Secretary's File（PSF）, 1933-1945, Franklin D. Roosevelt Presidential Library & Museum, http://www.fdrlibrary.marist.edu/_resources/images/psf/psfa0261.pdf，2016年11月2日上網。

裡，委員長要大家對他的聲明表示意見。我照實說了我的想法。現在回想起來，我認為我的批評在細節上是對的，但在全盤的政策上，他是對的。委員長的聲明的用意是在提高士氣。他認為在那時刻，軍事的情勢對中國不利。如果談和只是說說而已，那對士氣不好。如果是真要談和，我們只能拿到對中國非常不利的和平條件。[179]

蔣廷黻的回憶相當正確，我們可以從當時的經濟部長翁文灝給胡適的信以及日記得到佐證。翁文灝在10月21日給胡適的信上說：

　　日來為國家大事十分焦灼。言和之事不但孔、王二公對合眾社記者談話盼美總統調停而已。且聞某要員（文官）已派人在上海與日人板西談判。板西秉承西尾阪垣提議中日誠意合作，共建亞東新秩序。社會上望和人多，故某要員推進頗力。另一方面，又聞上述工作迄未得介公同意，致成一時和戰並進之現象。如果繼此不改，甚恐軍事進行而蘇聯關係日益重要，因文官之和議進行（非正式！）而美國懷疑，英、法變化，皆甚可慮。又聞英相張伯倫仍主張團結美、法、義、德反對蘇聯，至相當時間或且聯絡日本，勢必使中國吃虧。在此形勢之下，弟以為在國內，政權必須統一。介公不宜允許其他職員在未得介公允許以前自由言和或對外發表意見。在國外，惟望美國早日實行對日之經濟制裁，在日本甚受壓迫情形之下，由美政府召開會議，解決遠東問題。如此則時局可得解決。蓋目前僅賴「抗戰必勝」之信念實猶不足。國內意志既不免分歧，而安南、香港運輸時有問題，世界政局變化莫測，如不積極尋覓出路，則人人有河清難俟之感，而實際困難確又層出不窮。實際出路，似又莫如由美國嚴重壓迫日本，聯絡英、法，召開會議，共圖解決。國命存亡，關係至鉅。兄能否與美國要人面商具體辦法，以達救國目的。[180]

---

179 "Reminiscences of Ting-fu Fuller Tsiang: oral history," Chinese Oral History project, Columbia University, 1965, p. 222.

180 翁文灝致胡適，1938年10月21日，「胡適檔案」，1689-8。

10月24日，翁文灝又致信胡適：

　　廣州不戰而失，武漢守至明日為止。和不可能，戰無可戰。政府中人，毫無挽救辦法。介公至今猶留武漢，孤忠可憫。但大局如此，如何可免亡國之痛。實不能不望美國方面即有負責態度，否則我國已盡其力，只有淪胥以沒耳。美國方面對於中國經濟事業未知有無何種祈望？如有談及，極所願聞。[181]

　　即使蔣介石本人仍然傾向於抵抗，主和派的勢力已經洶湧澎湃。翁文灝在11月4日日記：「孔宅談話，聞日本首相近衛（明治節）廣播詞內言：日本願消滅蔣政權下之反日共產力量，不拒與建立東亞和平之國府和平。陳立夫、蔣雨岩等皆主中國亦應有所表示，請孔發言。孔囑魏伯聰、蔣廷黻起草，實係由廷黻起草。」[182]

　　蔣廷黻的回憶，正確到時間點都無誤。翁文灝11月5日日記：「孔宅午餐。到者孔、陳立夫、張公權、王亮疇、蔣廷黻、魏伯聰〔道明〕、蔣雨岩〔作賓〕及余，談商廷黻所擬孔談話稿，擬在下星期一紀念週發表。」[183] 11月7日，翁文灝日記：「行政院擴大紀念週，孔講話，有答覆近衛廣播之意。」[184] 11月10日，翁文灝日記：「聞蔣電孔：勿發表星期一談話；又電令研究對日宣戰。」[185] 換句話說，蔣介石的電報到的時候，孔祥熙已經在紀念週讀蔣廷黻幫他擬稿的聲明了。

　　這時遠在美國的胡適已經完全是一個不同的人了。他不但遠離了他在中國的朋友圈，而且也失去了與中國的切身感。中國的一切，已經不是他可以呼吸得到、感受得到的實際。況且，這時的他不但已經是中國駐美大使，而且也已經參與爭取桐油貸款。他不但已經騎虎難下，而且牽涉到出爾反爾的誠信問

181 翁文灝致胡適，1938年10月24日，《胡適來往書信選》，2.386。
182 《翁文灝日記》（北京：中華書局，2010），1938年11月4日，頁281。
183 《翁文灝日記》，1938年11月5日，頁282。
184 《翁文灝日記》，1938年11月7日，頁282。
185 《翁文灝日記》，1938年11月10日，頁282。

題。更何況他對日本的態度，已經從從前委曲求全的談和轉而成為「苦撐待變」。

事實上，胡適一直很清楚國內主和的聲音。他從前「低調俱樂部」的朋友不論，他《獨立評論》的好友蔣廷黻就是他曾經英雄所見略同的同志之一。1938年7、8月間，從莫斯科回到中國擔任行政院政務處長的蔣廷黻頻繁寫信給胡適。其中8月17日的一封我在上文已經提到。在那之前顯然還有一封主張談和的信，可惜現已不存。8月13日，人在倫敦的胡適擬了一份現也不存的電報給陳布雷，顯然是受到了蔣廷黻那封信的刺激而寫的：

> 擬一長電報，與布雷……大部分論國際形勢。蔣廷黻前有信來，其意似欲令孔肩負和議。此事是妄想。我故有長電，說我六載主和。然十個月來觀察國際形勢，深信和比戰更難百倍。歐戰時，威爾遜謀調解。三年不成，而參戰反易做到，可為明鑒。西班牙事也是和比戰難。適信蘇、美兩國均不欲我議和。英人雖有調解，亦決不敢提。英首相廿六日明說英政府不能獨立調解，可證。故我惟有咬牙苦撐。[186]

然而，意欲談和是一件事，在都已經跟向美國政府保證要繼續抗戰以後，卻又想談和就是另外一件事了。胡適11月8日日記：「晚上詠霓來一電，說國內有『一部〔分〕人鑒於實力難久持，願乘此媾和。』擬長電答詠霓，致介公，又致復初。」[187]

翁文灝在接到胡適這封現已不存的長電以後，馬上轉呈汪精衛、孔祥熙等人。翁文灝11月11日日記：

> 胡適來佳〔9日〕電言：和比戰更難百倍，除苦撐待變，別無路走。國際形勢正好轉，密呈汪、孔諸位，須立定腳跟。汪言：盼美、英、法有決心，或迫日言和滿足中國，或迫華遷就日方，或如英對捷克問題，由第三

186 《胡適日記全集》，7.587。
187 《胡適日記全集》，7.618。

者定辦法，迫中日照行。要以美英法能切實表示決心，為必備條例。美不必引蘇聯為同調。孔言：日方私自表示和平條件並不惡。但中方切盼美作切實調停，庶較可信。[188]

次日，11月12日，翁文灝覆電胡適，日記：「覆胡適之文電，告以汪、孔對和戰意見。孔仍力主和。」[189]在華盛頓時差慢十二個小時的胡適，在同樣11月12日的日記裡記：

　　回寓時已十二點四十五。建文給我一電，寫著「親譯」，是詠霓來的文電。我譯出全文，已兩點多鐘了。是答我的佳〔9日〕電，說汪、孔甚主和，蔣「尚未為所動」。文中有使我甚著急之消息。故譯完後，我擬長電覆他。[190]

胡適在11月12日半夜所擬的這個長電用了很重的字眼來譴責主和的人。11月13日日記：「覆詠霓文電，有云：『六年之中，時時可和。但事至今日已不能和。六年中，主戰是誤國，不肯負責主和是誤國。但今日屈服更是誤國。』」[191]值得指出的是，他這個電報擬好以後，大使館裡的秘書都不敢發出。11月14日日記：「昨電，游〔建文〕、崔〔存璘〕二君皆以為我負責任太大。我對他們說：『這是我給翁詠霓的私電，不是使館官電。』此電終於發了。」[192]

翁文灝在收到胡適這封電報以後，轉呈給孔祥熙看。11月17日翁文灝日記：「胡適之來電……與孔談。英大使明日面談，並送閱胡電。」[193]胡適這個電報顯然沒有得到預期的效果。翁文灝12月2日日記：「孔宅晚餐談話。多數主

188 《翁文灝日記》，1938年11月11日，頁282-283。
189 《翁文灝日記》，1938年11月12日，頁283。
190 《胡適日記全集》，7.619。
191 《胡適日記全集》，7.619-620。
192 《胡適日記全集》，7.620。
193 《翁文灝日記》，1938年11月17日，頁284。

速和。孔及陳立夫尤力。」[194] 翁文灝一直要到12月5日才把胡適的電報轉給蔣介石：「電蔣，轉陳胡適之電：請繼續抗戰，苦撐待變。」[195]

可惜胡適這封電報現已不存。幸好我們今天可以在「蔣介石檔案」裡看到翁文灝在12月5日轉給蔣介石的摘要。只是，翁文灝的摘要去掉了胡適許多重話，例如：「六年中，主戰是誤國，不肯負責主和是誤國。但今日屈服更是誤國。」

> 近接駐美胡大使來電，內云：「六年來向不敢輕言主戰。但今日戰端既開，則除忍苦堅持外，無他路可走。美國力持『九國公約』有效，不僅主利益均霑，亦甚重中國獨立完整。廿二日美外長對報界談話，正有此意。我國前途必恃國際援助，而美實為關鍵。美之方針又以爭『九國公約』為主腦。國際局面俱在驟變。以胡大使觀察，如果此約推翻，美必嚴屬手段。中國不可功虧一簣，以致全盤皆錯。務乞面陳蔣、汪、孔三公云云。」胡大使此論實恐我國苟且求和，故深切勸告。竊思國家大計，最高當局自應權衡利害，因時制宜。高級長官如有意見，亦宜逕向鈞座竭誠建議。但戰事未經行政工作，皆應一意以增強抗戰力量為主。認真推進，不宜因循觀望。甚且會議談話，昌言和平，以致紊亂中外觀聽。似應統籌善作，以免貽誤。[196]

主和派的聲浪終於被桐油貸款批准的消息暫時給壓了下去。雖然美國政府一直要到12月25日才正式宣布桐油貸款，但中國政府在一個多星期前已經知道了好消息。翁文灝在12月16日日記記：「美借款成功。由美國 Universal Trading Co.〔環球貿易公司，中國在紐約登記註冊的公司，陳光甫是執行長之一〕借 U.S.$25,000,000 於中國復興公司。此公司由陳光甫代表。」[197] 蔣介石在

---

194 《翁文灝日記》，1938年12月2日，頁288。

195 《翁文灝日記》，1938年12月5日，頁289。

196 翁文灝電蔣介石，1938年12月5日，「國史館：蔣中正總統文物」，002-090103-00003-181。

197 《翁文灝日記》，1938年12月16日，頁292。

12月18日致電胡適與陳光甫：「借款告成，全國興奮。從此抗戰精神必益堅強，民族前途實利賴之。」[198]

　　桐油貸款的成功，胡適是有功的。中國大使館秘書崔存璘在向胡適致賀的一封信裡，就一語道出了其中的秘辛：

　　　貸款協定已經公布了。許多人都知道這個貸款是由「中國財政代表團」（Chinese Financial Mission）所經手的，但很少人知道是您最後畫龍點睛的一步（finishing touches）才讓「國務院」批准的〔注：亦即，經由胡適改寫，在11月9日致「國務院」蔣介石保證繼續抗日的〈備忘錄〉〕。謹致賀忱！[199]

　　然而，才剛剛立功的胡適，馬上就闖了兩個大禍。他闖禍的原因，是因為他太老實說話了。他老實說話，可能因為是他的個性使然；也可能是因為他不是一個職業外交官，不知道說話的分寸；也可能因為他天真地聽了一個建議。就在胡適要從歐洲到美國上任的前幾天，9月22日，當天，他從日內瓦到了巴黎：「見美國〔駐法〕大使 Wm. Bullitt〔蒲立德〕。他說，在美國做大使不難，只須公開，只須說老實話。」[200]

　　胡適闖第一個大禍是在11月17日。當天，他接受了華盛頓地區曾經到過中國的一批「中國通」所組成的「東方文化小聚」（Orientalia）的邀請，在「中國小館」（China Inn）聚餐。當晚的聚餐，是該會該年度第一次的聚會，預定參加的人數在30到40之間。他們說好胡適可以演講任何題目，內容不公開[201]。根據「太平洋學會」檔案裡的一個記錄，胡適發言的記錄如下：

　　　一、漢口陷落以後的兩個星期裡，政府動搖了。講者表示他同情這種動

<hr>

198　蔣介石電胡適、陳光甫，1938年12月18日，「國史館：蔣中正總統文物」，002-020300-00030-015。

199　Tsui Tswen-ling to Hu Shih, December 17, 1938，「胡適外文檔案」，E362-3。

200　《胡適日記全集》，7.607。

201　有關這個聚餐邀請的詳細，請參見「胡適外文檔案」，E115-3, E354-2。

搖的態度，因為前景極為黯淡。一直要到講者接到蔣委員長的電報說他要南下到廣東省去以後〔注：我沒見到這份電報〕，他方才相信政府決定要繼續抗戰。

二、講者接著臚列出漢口陷落以後政府所面對的絕大難題：甲、作為軍火輸送道的粵漢鐵路被封閉；乙、從安南路線取得軍火的未來如何，無法確知；丙、滇緬路段太長，輸送軍火太難；丁、從蘇聯運送軍火到西北的路線也太長了。每一輛卡車必須把四分之三的載貨量留給卡車賴以運轉的汽油。因此，無法期待從蘇聯得到太大的幫助。雖然蘇聯目前幫助中國，但史達林不可能幫助中國到會跟日本作戰的地步。史達林要的是和平。講者提到了漢口陷落以後，中央政府所面對的另外一個困難：在退守到內陸以後，政府不可能從事陣地戰。講者持續以這個論調說下去。總之，可憐的中國是一點辦法都沒有了，除非國際情勢產生絕大的變化。

三、講者接著提到了〈慕尼黑協定〉。因為這個協定簽訂的時候，他人在歐洲。因此他可以就他親身的觀察來評論。他認為〈慕尼黑協定〉之所以能成功，端賴於下列三個有利的條件：1）有一個強有力、願意用武力斡旋的調停者；2）弱勢的一方（即捷克）願意投降而不至於引起內亂；3）強勢的一方（即德國）能夠被迫降低其要求。講者接著稱讚〈慕尼黑協定〉，並讚頌張伯倫是一個偉人，是歐洲的救星。由於〈慕尼黑協定〉使歐洲免於戰禍，美國自由派的新聞界攻訐張伯倫，把他醜詆為罪魁禍首的作法，完全是毫無道理的。

四、雖然講者表示他希望中國談和，但他不覺得可能，因為欠缺他上述的三個有利的條件。換句話說，沒有一個有力的調停者，如果中國接受斡旋，就會有叛變產生。同時，日本也不可能被迫克制其要求。中國會被迫繼續抗戰，因為要談和很困難。和比戰難。講者很明白地表示他贊成中國以付出類似捷克所付出的代價的方式來談和。（講者在回答「美國全國學會聯合會」（American Learned Society）秘書葛雷夫斯（Mortimer Graves）先生的發問的時候說，雖然〈慕尼黑協定〉不見得是一件好事，但戰爭更可怕。）

五、這個演講失敗主義與悲觀主義濃厚的程度，使得聽眾非常沮喪，覺

得中國一點前途也沒有。講者給大家的印象是，他對中國自身的力量一點信心也沒有。他一再強調可憐的中國一點希望也沒有，除非國際情勢改變。

　　一個聽眾問在中國採用游擊戰略的問題。講者回答說游擊戰無法對付機械部隊。他說，游擊戰術不但無法打勝仗，而且不可能把敵人趕出中國。我們不應該對游擊戰抱以任何希望。它對情況一點幫助也沒有。[202]

　　細心的讀者一讀到這個演講記錄，一定會馬上知道為什麼我說胡適闖了禍了。最重要的，就是因為他說了實話，說中國在廣州陷落以後幾乎求和。同時，細心的讀者一定也會注意到，我說胡適在「中國小館」這個不公開的演講是在11月17日。可是附註裡記錄寫的是18日。這個記錄上的錯誤，簡直是神差鬼使，後來幫忙胡適把他所闖的這個禍，大事化小、小事化無。但這是後話。

　　胡適在一上任就闖的第二個禍，跟第一個完全相同，必須合起來討論。12月4日，也就是在他11月17日在「中國小館」的演講兩個多星期以後，胡適在紐約歷史悠久的「和諧俱樂部」（Harmonie Club）演講。這是胡適大使上任以後第一次在紐約所作的公開演講。胡適演講的題目是〈日本在中國的戰爭〉（Japan's War in China）。

　　胡適這篇〈日本在中國的戰爭〉的主旨跟他11月17日在「中國小館」演講的主旨是相同的，亦即，中國跟世界強國的日本打戰，是不可能打勝的。其實，這一直是胡適的想法。我在上文提到胡適6月24日在紐約「哥倫比亞廣播公司」所作的廣播演講：〈遠東情勢美國能作什麼？〉。他在那篇演講裡就說：中國已經快要失血而亡了。

　　在〈日本在中國的戰爭〉裡，胡適就使用這個聳人聽聞的句子作開場白：

　　　如果有人要我用一個句子來形容我過的現狀，我會毫不猶豫地說：中國簡直已經失血而亡了。

202　"Excerpts From a Speech Delivered by Ambassador Hu Shih at the Orientalia Dinner, on Friday Evening, November 18th [17th], 1938, at China Inn, 631 H Street N.W., Washington, D.C.," IPR Papers, Box 13, "China Council-Hu Shih, Liu Yu-wan" Folder.

十六個月以來，我們跟作為世界第三大海軍、第三或第四大陸軍強國的
侵略者交戰著。我們傷亡的人數已經有一百萬。我們已經有廣大的領土被
入侵的軍隊所占領。我們失去了所有海岸線上以及長江沿岸的重要都市：
北平、天津、青島、濟南、上海、杭州、南京、蕪湖、九江、廈門、廣
州、和武漢……

在進一步地引申這些損失在文化、社會、教育、經濟造成的巨大的影響，
以及老百姓所受的苦難以後，胡適接著勾畫出中國海口被封閉以後的嚴重後果：

最嚴重的是，廣州在十月陷落以後，中國的海洋出口已經被完全切斷，
來自海外的軍火已經不可而得。我們將來只能倚賴三個後門輸入軍火，亦
即，從蘇聯來的內陸線、法國的安南線，以及英國的緬甸線。這三條線都
極為困難，而且不可靠。在日本一再地脅迫之下，據報法國已經不讓安南
鐵路運輸軍火給中國。通往蘇聯的公路仍然可通。可是從蘇聯邊境到陪都
重慶有三千英里，比從紐約到舊金山還要遠。沒有任何重型的軍械有辦法
用這個沒有加油修理站的公路來運輸。緬甸公路目前還無法使用。所以，
我們目前等於是完全與外界隔絕，完全得不到戰爭的物資。這也意味著
說，我們面對著極大的苦難用輸出來換取外匯。

這就是我們目前的情況。我說中國簡直已經失血而亡了，我沒誇張吧？[203]

因為這等於是胡適出任大使以後第一個重要的演講，他當然不能對美國人
說中國只能等著投降了。聰明的他，想出了兩個樂觀的論述點。這兩個樂觀的
論述點，用的都是美國獨立戰爭時期的歷史。胡適在11月的日記裡連續兩天
提到了他讀十九世紀末年美國有名的歷史學家菲斯克（John Fiske）所著的
《美國革命史》。11月13日日記：

看 John Fiske's *American Revolution*〔菲斯克所著的《美國革命史》〕，到

203　Hu Shih, "Japan's War in China,"《胡適全集》，37.484-486。

三點才睡。美洲革命戰，真可以給我們今日做借鑑。其 Chapter IV "Valley Forge"〔第四章「鐵廠溝」〕，寫革命軍之種種困難與困苦，使我心寬一點。[204]

11月14日日記：

　　讀 John Fiske 的書，感慨甚多。美之獨立戰，所以能轉敗為勝，亦是由於國際形勢。英國當時為眾矢之的。北美戰起，法國與 Spain〔西班牙〕都乘機而動。法更明白的助美，才有最後的成功。[205]

　　聰明的胡適馬上現買現賣。在〈日本在中國的戰爭〉這篇演講裡，就在他說到了中國簡直已經失血而亡了，以及蔣介石堅持要繼續抗戰以後，他就用美國獨立戰爭1777年12月在「鐵廠溝」那一段最黯淡的時光來類比中國當時的情況。他徵引菲斯克描寫當時華盛頓所率領的軍隊困頓的慘狀，例如：赤腳行軍的兵士的血在雪上蜿蜒著、糧食衣物不足、兵士連麥草都沒有就直接躺在雪地上死於凍餓，等等。

　　然而，胡適更要說的，是國際形勢讓美國轉敗為勝的關鍵因素：

　　在我結束以前，我還要用歷史的類比再提出一個看法。我要問：這個共和國的締造者如何走出「鐵廠溝」，邁向〔維吉尼亞州〕「約克鎮」最後的勝利呢？

　　所有的歷史家都同意那是由於兩個因素。一、革命軍在幾乎是無可克服的情況之下繼續奮戰。然而，還有一個同樣重要的因素，亦即，美國革命得到了當時世界形勢極大的幫助。英國的喬治三世深為歐洲列強所厭惡。它們因此很自然地都同情美洲的殖民地。「法國在美洲的海陸軍跟華盛頓將軍的軍隊的結合，取得了在約克鎮最後的勝利。法國的聯盟是美國獨立

成功的關鍵因素。」

　　然而，美國獨立成功的關鍵因素還不只是法國直接的幫助。整個國際的形勢都直接、間接地幫助了美國的革命。法國和英國在1778年就已經不宣而戰了。西班牙在1779年對英國宣戰。1780年，俄國的凱薩琳女皇宣布俄國在海上享有自由行動以及行使中立國的權力。所有英國的敵國全部跟進。1780年，荷蘭也向英國宣戰。到了英國在「約克鎮」投降那一年，英國基本上已經與全歐洲作戰，它在世界上的殖民地嚴重地受到法國與西班牙的威脅。這種不利的國際形勢，就是使英國無法增兵來擊敗華盛頓寡小的軍隊的理由。

　　這個歷史類比所教給我們的教訓是很清楚的。中國抵抗侵略者的抗戰要能取得最後的勝利，也必須是端賴於兩個因素：一、繼續抗戰，它別無選擇；二、在長期抗戰之下，終有一天，國際形勢會對它有利而對它的敵人不利。

　　中國並不預期任何其他國家，不管對中國有多有好或同情，會起而跟中國並肩作戰。然而，它期待──而且有權期待──民主陣營以及愛好和平的國家裡的先生與女士，他們的正義感以及人道感終於會強烈到使他們起而反對那種不人道的貿易，亦即，供應武器以及製造武器所必要的原料給一個被超過五十個國家所譴責的撕毀神聖的條約、破壞世界和平、我毫不遲疑地稱之為國際社會「第一號公敵」的那個國家。[206]

　　以上胡適在〈日本在中國的戰爭〉這篇演講裡所說的話，都沒有問題。問題就出在他又說了那句實話，亦即，在廣州、漢口陷落以後的兩個星期裡，政府有求和的意思。有意味的是，胡適在這個演講裡說了這句實話，似乎沒出問題。最重要的原因，是他當晚的演講並沒有上報。出問題的關鍵是他第二天的演講。更諷刺的是，如果不是因為他當晚心臟病突發，他第二天本來是要講另外一個題目的。如果他能按照原定計畫講另外一個題目的話，他也許就不會闖禍了。根據他4日當晚的日記：

206　Hu Shih, "Japan's War in China,"《胡適全集》，37.492-494。

到紐約。Harold Riegelman〔李格曼，名律師，胡適從前康乃爾大學同學〕來，同去到 Harmonie Club〔和諧俱樂部〕。晚飯後演說："Japan's War in China"〔日本在中國的戰爭〕。演說後即覺胸口作痛。已布置往一個友人家小談。我不忍卻之。同去坐了一會，始回旅館。于總領事來看我。我還以為是「不消化」。一會兒我嘔吐了。我更信是不消化。但終夜大汗。一閉眼即出汗。[207]

5日的日記：

早晨國欽來。我對他說昨夜病狀。我把上午的約會全辭了（牙醫等）。睡到十一點半，起來穿衣，覺得好多了。到 Lawyers Club〔律師俱樂部〕，赴國欽的午餐。到的有 Rockefeller, Jr.〔小洛克斐勒〕、Roy Howard〔霍華德，名報人，斯克利普─霍華德（Scripp Howard）報系的老闆〕等五十人。席後我有演說。本意另作演說。但因為有病，故仍用昨夜演說大意。[208]

由於名報人霍華德在場，他在5日的晚報裡，就用〈胡博士透露中國有求和之議〉（Dr. Hu Discloses China's Peace Bids）的標題，報導了胡適當天午餐會的演講。根據「合眾社」（United Press）的電文，這篇報導開宗明義說：

中國在廣州、漢口陷落以後，非正式、間接地向日本求和。中國新任駐美大使胡適博士，在李國欽博士──中國的金融家、蔣介石將軍的顧問──為他在「律師俱樂部」所舉辦的午餐會裡這樣說。

在扼要地報導了胡適用美國獨立戰爭裡最困頓的「鐵廠溝」的歷史作類比，以及廣州陷落以後中國沒有出海口的困局以後，這篇報導的電文說：

207 《胡適日記全集》，7.624。
208 《胡適日記全集》，7.624。

　　大使說，中國人在廣州、漢口陷落以後，因為受驚、灰心而有求和之意的時間只持續了短短的兩個星期。他說，等他們意識到光榮的和平是不可而得的時候，全國就又振奮起來決心繼續抗戰。[209]

　　胡適這段話洩漏了中國有向日本求和之意，儘管那屈膝求和的想法只持續了兩個星期。這洩漏的秘密不但有礙國際觀瞻，而且自打說要繼續抗戰的嘴巴，甚至可能影響到桐油貸款的批准。李國欽意識到問題嚴重，馬上打電話給霍華德。在幾經來回商討以後，中國大使館秘書崔存璘在12月15日下午和霍華德在「合眾社」的辦公室，另外起草一個新的電訊傳送到中國去，說這才是正確地記錄了胡適在演說裡說的話：

　　在廣州、漢口陷落以後，許多我國的人民和領袖有過短暫的疑慮、猶豫、甚至灰心。一如新聞所報導的，那時有過談和的想法，亦即，認真地想過放棄抵抗。事實上，我們的敵人也有談和的意思。然而，這個猶豫的階段也是一個作大決定的階段。我們的領袖沒有用多長的時間，就作出了中國不可能在此時談和的結論。在嚴肅地考慮了所有的困難與潛力以後，我們的領袖明確地決定要繼續抗戰、抵抗侵略者的政策。[210]

　　12月19日，霍華德在塵埃落定以後，給李國欽一封信，附了改寫的電訊，並交代了這整個事件的來龍去脈：

　　請看隨信附寄的上星期五〔16日〕送到中國的「合眾社」的電訊。希望這可以釐清所有可能造成的誤會，而且也可以為胡適博士消除先前的電訊所給他帶來的尷尬。
　　我瞭解這個電訊說，這是胡適博士前一天晚上在紐約「和諧俱樂部」的

209　K. C. Li to Wang Shih-chieh, December 13, 1938，「胡適外文檔案」，E436-1; Roy Howard to K. C. Li, December 12, 1938, enclosure，「胡適外文檔案」，E436-1。

210　Tsui Tswen-ling to K. C. Li, December 15, 1938，「胡適外文檔案」，E436-1。

演講裡所說的話。雖然這並不是我聽他在「律師俱樂部」的演講裡所確切說的話，但這當然是代表了他真正所要說的話，比他不經思索隨口的發言（extemporaneous）要正確[211]。

　　霍華德是李國欽作東的午宴所請的五十幾位鉅商名流之一。李國欽即時出面，運用他的關係以及影響力請霍華德曲筆改寫電訊，幫助胡適化解了他才剛上任就闖的一個大禍。1939年1月11日，李國欽給翁文灝一封信。謝謝翁文灝打電報告知胡適的演講沒有問題。在這封信裡，他引了翁文灝的電報：「函示胡大使講辭。公忠得體，極為欽佩。但以報紙標題或滋誤會。尚代說明。文灝。」李國欽很欣慰這件事情終於在還沒有造成風波以前就弭平了[212]。

　　李國欽好不容易地擺平了胡適12月4日、5日演講所闖的禍，沒想到胡適11月17日在華盛頓「中國小館」非正式的演講裡所闖的第一個禍，卻遲延反應地找上胡適來了。以下的幾封來往電報，是取自周谷編《胡適、葉公超使美外交文件手稿》[213]：

　　1939年1月27日，外交部致胡適電：

　　　　五中全會會場內，有人〔編者周谷注：馮玉祥〕提詢去年11月18日執事在華盛頓之演說。據稱內有粵漢陷落後，中國政府態度曾發生動搖。軍隊已退入內地，不能再作陣地戰；游擊隊斷難抵抗機械化部隊；張伯倫歐洲和平之救星，美國報紙向其攻擊，實為無理等語。此項演詞據提詢人稱未曾發表。上述各節，係在場聽者之筆記云云。蔣總裁囑部查詢，希迅將實在情形電告為要。

　　1月（日期不詳），胡適回覆外交部：

211　Roy Howard to K. C. Li, December 19, 1938，「胡適外文檔案」，E436-1。

212　K. C. Li to Ong Wen Hao, January 11, 1939，「胡適外文檔案」，E436-1。

213　周谷編，《胡適、葉公超使美外交文件手稿》（台北：聯經出版公司，2001），頁204-205。

　　11月18日弟並未演說。17日晚曾應熟悉遠東情形之美友十餘人邀請晚餐，非正式談話。要點與適在紐約各處之演說類同。所謂政府動搖，軍隊不能再作戰等點，完全不確。請轉呈蔣總裁。

1月28日，胡適致王寵惠電：

　　11月18日，並未演說。惟11月26日夜，聽英國名人Laski〔拉斯基〕演說攻擊張伯倫後，適曾指出張伯倫之和平政策確未可厚非。弱國所最期望者，為威爾遜之仗義執言。若世無威爾遜，則張伯倫之負責態度亦為難能。此為談話主旨，餘語皆妄傳……弟在美國最久，發言之緩急輕重，頗能自己量度，望政府諸公放心。

　　外交部致胡適的電報裡說：「蔣總裁囑部查詢。」顯然屬實。蔣介石在1月28日日記裡確實記了：「注意：一、對胡大使事之說明。」1月29日的日記裡，蔣介石又記：「注意：……二、對胡大使講演之辯正。」我們看外交部電

圖3　胡適、游建文秘書（右一）、劉鍇參事（左二）、郭德權陸軍武官（左一），攝於華盛頓雙橡園，1939年10月。（胡適紀念館授權使用）

報裡所摘述的馮玉祥在國民黨五中全會裡的質詢，就可以知道「太平洋學會」檔案裡所存的那個記錄，不知道是誰把它送到了中國。

　　結果，胡適11月17日所闖的第一個禍，真箇是神差鬼使地使它大事化小、小事化無地解決了。第一、就是那麼神差鬼使，記錄把日期記錯了。明明是11月17日，他把它記成了18日。這就造成了孰是孰非，理未易察的懸案了。第二、最重要的是，當時的胡適因為心臟病而躺在醫院裡。生死為大，其他也就不了了之了。

　　胡適可以說：「弟在美國最久，發言之緩急輕重，頗能自己量度。」然而，他有相信美國、習於對美國人說實話的心態。因此，他老實地告訴美國人，說中國政府在廣州陷落以後確實一度想要求和。他說的是實話。我說他闖了禍，因為他說了蔣介石不願意他說出來的實話。

苦撐待變

　　胡適對自己「苦撐待變」的名言有幾個意義不變但字句稍有不同的詮釋。這幾個字句稍微不同的詮釋，都環繞著他在不同時期、不同場合描寫范旭東送給他的那顆用篆書所刻的「苦撐待變」印章的故事上。最能夠相近地詮釋他「苦撐待變」的意思的有兩處。第一處是他1941年7月19日日記：

> 　　今年正月，我同范旭東先生談。他問我對抗戰前途作何觀察。我告訴他，只有兩個觀察：一是「和比戰難百倍」；一是「苦撐待變」四個字。他很讚許這話。范先生歸國後，贈我一個象牙圖章，文曰：「苦撐待變」。「苦撐」是盡其在我。「待變」是等候世界局勢變到與我有利之時！[214]

　　第二處是在美國政府1943年出版的《和平與戰爭：美國外交政策，1931-1941》（*Peace and War: United States Foreign Policy, 1931-1941*）文件彙編的書頁上。他除了在這本書的題名頁上蓋了「苦撐待變」這個篆書的印章以外，也

---

214 《胡適日記全集》，8.106。

在扉頁上再蓋了一次這個印章，同時另加註記：

> 范旭東先生於民國廿九年〔1940〕底來美國。他問我的外交方針。我對
> 他說，我的主張只有「苦撐待變」四個字。變在人，而苦撐在我。我們只
> 能盡其在我而已。范先生贊成此言。所以他回到重慶就托人刻了這個圖章
> 寄給我。我從來不曾用這圖章。今天讀這本書，第一次用這圖章打在書冊
> 上。胡適 Nov. 15, 1943〔1943 年 11 月 15 日〕[215]

「『變』在人，而『苦撐』在我。」這句話就一語道盡了胡適在美國從事宣
傳工作的心酸。我在上文分析了胡適在出任中國駐美大使前一年在美國演講與
遊說的工作。他用盡了各種招數，從激將見死不救的美國為「第二號公敵」，
到譏諷所有自掃門前雪的民主陣營國家，都犯了類似「我不殺耶穌、耶穌由我
而死」的彼拉多所犯的罪一樣，亦即，他們即使不殺中國，中國由西方國家而
亡。然而，美國就是文風不動。

胡適不是沒有心理準備。但是，不到自己身歷其境、首當其衝，他完全無
法想像他所面對的困難有多大。王世杰在 1939 年 1 月 19 日給仍然住在醫院裡
的胡適一個電報：「聞病癒。能照常工作否？對美活動，介公盼兄能向孤立派
做工夫。」[216]胡適在 1 月 27 日致陳布雷電報裡慨嘆說：「蓋孤立論是美國人的一
個傳統信仰，非筆舌所能摧毀。只有事實的演變，與領袖人物的領導，可以使
孤立的國家轉變而積極參加國際政治也。」

胡適的好友蔣廷黻給胡適建議說得好，但也仍然太過樂觀：

> 以我對美國情況的瞭解，美國的輿論是一面倒地要求孤立，不計代價只
> 要和平。這種氛圍強固一如水泥，外加鋼筋──美國清教徒的鋼筋。除非

---

215 鄒新明，〈胡適藏書題記選介〉，歐陽哲生，宋廣波編，《胡適研究論叢》（黑龍江：黑龍江
  教育出版社，2009），頁270。

216 王世杰電胡適，1939年1月19日，《胡適任駐美大使期間往來電稿》（北京：中華書局，
  1978），頁7。

我們想辦法學會如何役使那被鋼筋強化了的水泥，我們是不可能期待美國會對建立一個更好的世界秩序作出太大的貢獻的。不幸的是，在這個人類歷史上的危機時刻裡，只有美國有能力來作這個貢獻。

我認為我們必須用個別（individual）突破的方式，去打動一個個美國人的良心。美國人愛和平，但他也愛正義。在他對那以戰止戰的第一次世界大戰的結果灰心以後，他的正義感被要和平的想望遮蔽了。我們必須為他們指出一條和平與正義互不衝突的道路。讓他知道為中國，或者為捍衛他在遠東的權益，都不需要他流血。我們只要求他不要直接地或間接地、精神上或物質上，去幫助、滿足那侵略者、那踐踏了國際法律與條約的國家。至少，他可以譴責日本；至少，他可以不要去買日貨、搭日本郵輪、賣日本軍火、供給日本貸款。日本不會因為這種消極的支持和平與正義的作法而攻擊美國的。我們有權期待個別的美國人去行使這種消極的支持。[217]

從某個角度來說，胡適之所以會一上任就闖禍、之所以會在「中國小館」作出連記錄的先生都形容為充斥著失敗主義與悲觀主義的演講，就正是因為他已經認定中國靠自己無法打敗日本，所以只能「苦撐」等待美國改變主意來救中國。

從這個角度來說，胡適駐美大使任內的基調是被動的。因為他認定中國只能「苦撐待變」，因此他的大使哲學就在於以美國為主、中國為輔，著眼於促成美國的「變」，而不是積極、主動地以中國作為本位。他上任以前在巴黎對張彭春說的一句話，就最確切地說明了

圖4　胡適送給來訪的新任駐古巴公使李迪俊的照片，1939年。（胡適紀念館授權使用）

217　Tsiang Ting-fu to Hu Shih, September 24, 1937，「胡適外文檔案」，E155-4。

他的大使哲學。張彭春說：「你此行任重道遠。你非常睿智地決定說：你所要作的，就只是因勢利導而已（only assisting the larger tendencies as they evolve）。」[218]

當然，這並不意味著說，如果胡適是以中國的需要與利益作為中心來推展他的大使工作，他就一定能夠為中國爭得更多。美國有美國的國家利益，它沒有任何理由要以中國的利益為先來制定其政策。然而，毫無疑問地，胡適以美國為主、中國為輔的被動的大使哲學，就是為什麼他很快就讓蔣介石失望，以至於另派宋子文到美國去，乃至於撤任胡適為止。

我在二十年前開始研究胡適的時候，就已經一再地指出重新詮釋胡適的黃金時代已經來臨。齊錫生的新著《從舞台邊緣走向中央：美國在中國抗戰初期外交視野的轉變，1937-1941》就是重新詮釋胡適的一部力作[219]。它戳破了歷來許多胡適使美時期的「神話」。這些「神話」之所以會造成，就是因為歷來的作者自己不察，除了犯了「胡適說過就算主義」的謬誤以外，而且受到先入為主的觀念所宰制，又不知參考胡適使美時期中美官私方文書對胡適的品評。齊錫生在這本新著裡，則徹底地摧毀了胡適「神話」所塑造出來的胡適大使完美的形象。

齊錫生在這本新著裡，據以戳破胡適「神話」的資料，主要是藏在美國哥倫比亞大學的陳光甫在美國爭取貸款期間的日記。我們記得陳光甫是和胡適在美國爭取到兩筆貸款——1938年的桐油貸款與1940年的滇錫貸款——的好搭檔。由於他們兩個人互相尊重、合作無間，陳光甫沒有別具用心詆毀胡適的理由。因此，他的說法可信度應該相當高。陳光甫在這兩年的日記裡有多處稱讚胡適的地方。比如說，他說胡適幫他改的文電，「措辭得體，不愧為文學家也。」又如說，他稱讚胡適1939年10月9日的演講講得好[220]。

---

218 [Chang] Peng Chun to Hu Shih, September 24, 1938，「胡適外文檔案」，E316-1。

219 齊錫生，《從舞台邊緣走向中央：美國在中國抗戰初期外交視野的轉變，1937-1941》（台北：聯經出版公司，2017）。

220 "Mr. K. P. Chen's Private Papers: Loan Mission 1938, I. Diaries Prepared by C. Tsang during Negotiation, May 1939-1940, File 1," 1939年7月16日；1939年10月9日，藏於Rare Books and Manuscript Library, Columbia University。

陳光甫在美國爭取貸款之初，對胡適使美的努力是讚譽有加的。比如說，他在1939年5月26日的日記裡說：「在華盛頓與胡大使敘談，頗為舒暢。適之病已告癒。本有抱負，常思為國出力。對於借款事宜發揮甚多。」[221]

然而，隨著陳光甫和胡適共事的時間日久，他對胡適作為大使的評價卻日漸降低。比如說，一反歷來胡適「神話」裡所描述的辯才無礙，在白宮、國務院穿梭自在、優游自得的胡適，陳光甫在1939年年底與1940年初的兩則日記裡，描寫胡適在美國國務院的好友洪貝克對胡適說話的口氣，儼然是：「老師教訓學生。」[222]

不但如此，陳光甫甚至描寫胡適最怕去國務院接洽事務。1940年1月16日，當滇錫貸款在國會中膠著的時候，陳光甫懇請胡適去見國務卿赫爾。沒想到：「大使極有難色，支吾其詞。彼仍認為天下事必須水渠到成〔水到渠成〕，不可過於奔走，反足償事……最後大使覺難以為辭，答應去見Hornbeck〔洪貝克〕。」18日晚，陳光甫再度勸駕：

> 晚與胡大使通電話，請其到外部〔注：國務院〕接洽。告以財部友人現在為我方著急，促馬律師向國會奔走。如吾人反無所動作，足使友人掃興。務請勉為其難。大使最怕到外交部去。不得已乃答應去見Mr. Hornbeck〔洪貝克〕。此人為外部中之顧問，專司美國遠東政策。與大使感情尚佳。[223]

---

221 "Mr. K. P. Chen's Private Papers: Loan Mission 1938, I. Diaries Prepared by C. Tsang during Negotiation, May 1939-1940, File 1," 1939年5月26日。

222 "Mr. K. P. Chen's Private Papers: Loan Mission 1938, I. Diaries Prepared by C. Tsang during Negotiation, May 1939-1940, File 1," 1939年10月13日；"Mr. K. P. Chen's Private Papers: Loan Mission 1938, I. Diaries Prepared by C. Tsang during Negotiation, May 1939-1940, File 2," 1940年1月16日；齊錫生，《從舞台邊緣走向中央：美國在中國抗戰初期外交視野的轉變，1937-1941》，頁143。

223 "Mr. K. P. Chen's Private Papers: Loan Mission 1938, I. Diaries Prepared by C. Tsang during Negotiation, May 1939-1940, File 2," 1940年1月16日，1940年1月18日。

　　陳光甫先後兩次懇請胡適去見國務卿赫爾，胡適在退卻無辭以後，都只是勉為其難說要去見他的朋友國務院的顧問洪貝克。無怪乎宋子文後來要嗤笑「適之事無巨細，惟項〔洪貝克〕言是從。」

　　胡適不但怕去國務院，陳光甫甚至認為胡適是清談誤國，而且對爭取貸款之事擺出一副不耐煩之意。有關胡適清談誤國之說，原委是如此的。1940年2月6日，陳光甫覺得國會裡的情勢嚴峻，希望胡適能夠設法活動。他在當天的日記裡說：

　　　晚上到大使館見適之。告以情勢之重要，亟須設法活動。而適之淡然置之，反勸余不必著急。並謂內中 Senator Green〔格林參議員〕前曾招彼談話，彼尚不願前往。告彼不便干預美方政治云云。適之並謂美方能廢止對日商約不與續訂，已屬幫忙之極。最後，適之竟告余彼將與〔周〕鯁生二人到 Georgia〔喬治亞州〕休息一下。適之之態度殊堪驚異。未免不知國內抗戰之艱苦。真所謂清談之足以誤國也。224

　　1940年4月15日，陳光甫在完成貸款的任務離美前到大使館見胡適。他在日記裡描寫他和胡適一段談話：

　　　余繼告以即將離美。此間一切事情如購貨售油等等，如何布置，擬與之詳細一談，俾彼日後易於接洽。彼忽大感不耐煩。謂如余與之談此類事件，正如徽州人所言對牛彈琴，毫無用處。如彼與余談哲學，亦屬對牛彈琴也。余遂無法申述。今後在美各事之布置，覺其態度殊欠良好。因即辭去。225

224　"Mr. K. P. Chen's Private Papers: Loan Mission 1938, I. Diaries Prepared by C. Tsang during Negotiation, May 1939-1940, File 3," 1940年2月6日；齊錫生，《從舞台邊緣走向中央：美國在中國抗戰初期外交視野的轉變，1937-1941》，頁161。

225　"Mr. K. P. Chen's Private Papers: Loan Mission 1938, I. Diaries Prepared by C. Tsang during Negotiation, May 1939-1940, File 3," 1940年4月15日；齊錫生，《從舞台邊緣走向中央：美國在中國抗戰初期外交視野的轉變，1937-1941》，頁161-162。

　　陳光甫對胡適的評價前後的落差可謂驚人。他剛到美國的時候，說胡適「本有抱負，常思為國出力。對於借款事宜發揮甚多。」然而，到了1940年初，他眼中的胡適居然已經變成為「清談誤國」、提到借款就「不耐煩」、甚至到了以對他等於是「對牛彈琴」反唇相稽的程度。值得注意的是，那時候的胡適還沒有多少藉口可以為自己的「清談誤國」、視談公務為「對牛彈琴」作為辯護。誠然，我在下文會談到蔣介石在1939年底派顏惠慶為特使到美國。這是架空胡適的開始，讓胡適極為不快。然而，陳光甫在1940年初所觀察的胡適，仍然還處於被他所抱怨的「一群『太上大使』」架空的史前史階段。他沒有任何理由或藉口不忠於職守、或至少是像「做一天和尚撞一天鐘」一般，本著他「本有抱負，常思為國出力。對於借款事宜發揮甚多」的初衷。如果陳光甫的觀察正確，則胡適是為德不卒。

　　齊錫生根據陳光甫日記所呈現出來的胡適的形象，誠然迥異於歷來許多學者、寫家所塑造出來的神人般的胡適。然而，諷刺的是，齊錫生在戳破了胡適「神話」的同時，卻又編織出了蔣介石和宋子文的「神話」。齊錫生借用了胡適苦撐「待」變的名言，來對比蔣介石、宋子文的苦撐「求」變。前者是「無為的」、消極被動、唯美國是從、欠缺危機意識、對推動國際合作對抗侵略的努力是無動於衷；後者則是「有為的」、積極主動、唯中國國家利益是從、危機意識強烈、亟亟於推動國際合作以對抗強權侵略。齊錫生之所以會落入這種樣板式的二分法的窠臼而不自知的原因，一方面是因為他不了解胡適「苦撐待變」形成的思想脈絡，二方面則是他太過倚賴蔣介石以及宋子文片面的說詞。

　　齊錫生批判胡適在美國人面前溫文儒雅到唯唯諾諾的地步。這種批判不是沒有道理。美國官私文書裡所呈現出來的胡適的形象，確實容易讓人產生他在美國官員面前唯唯諾諾的印象。然而，胡適的苦撐待變絕不是齊錫生所說的「無為」、消極被動、欠缺危機意識、無意於推動國際合作以對抗侵略。胡適苦撐待變的思想不但有其歷史的根據，而且有其理論的基礎。這歷史的根據，就是胡適親見西歐的「協約國」在第一次世界大戰的時候，苦撐到美國參戰而獲得最後的勝利。這是胡適一輩子一再宣揚他從第一次世界大戰所悟出來的歷史教訓。

　　胡適苦撐待變的理論基礎，就是他從留美後期所服膺的國際仲裁主義。胡

適這個國際仲裁主義，一如我在本部第一章所分析的，到了1930年代中期以後，就演申成為他呼籲由美、英、蘇三國引領，在太平洋區成立一個區域性的和平機制來抵抗日本的侵略。從1937年秋天，胡適銜蔣介石派給他請羅斯福調停中日戰爭的秘密任務到美國開始，到他出任中國駐美大使期間，一如我在本章所分析的，胡適在美國所作的演講不下四百次。這四百次的演講的主題跟此處的討論最切題的有兩個：一，從1937年到1938年間，他呼籲美國用武力出面遏止日本對中國的侵略；這個主題從1938年秋天他出任大使開始到第二次世界大戰結束之前，就轉化成為第二個更加有力、而且與世界和平攸戚相關的主題，亦即，呼籲成立一個集體的國際安全機制——亦即類似後來的「北大西洋公約組織」的理念——來維持並確保國際的秩序與和平。

　　胡適這種孜孜不倦、鍥而不捨地先是鼓吹美國用武力出面干涉、繼而呼籲成立國際安全體制來維持世界秩序與和平的努力，貶之為書生之見固無不可。然而，把胡適說成是只知演講、把大使分內應該處理的政治事務「投閒置散」、甚至「不識人間疾苦」、不能拔一毛以「幫助政府與同胞『撐下去』」[226]，這就是因為不瞭解胡適國際仲裁主義的思想的脈絡而厚誣了胡適。

　　蔣介石、宋子文是否真的像齊錫生所說的，是那麼的有為、積極主動、唯中國國家利益是從。特別是宋子文彷彿像神人一樣，「用盡各種方法去運用美國的國際影響力，從增加貸款數目擴大購買武器範圍，到請求美國政治貸款、武器援助、建立軍事合作、鼓動美國向日本施行禁運、凍結資產，到最後不惜激怒聯邦政府的要員們而直達天聽，集中精力爭取總統支持。」[227]要分析這些問題，就會溢出本書的主題。然而，我在本章的分析裡，會在切題之處引用實例，說明齊錫生之所以會作出這些論斷，就是由於他太過倚賴蔣介石以及宋子文往自己臉上貼金的片面的說詞。

　　總之，蔣介石選擇胡適作為駐美大使，他對胡適的期望是很高的。1938

226　齊錫生，《從舞台邊緣走向中央：美國在中國抗戰初期外交視野的轉變，1937-1941》，頁160，553。

227　齊錫生，《從舞台邊緣走向中央：美國在中國抗戰初期外交視野的轉變，1937-1941》，頁554。

年9月29日，胡適從英國啟航到美國上任的第一天，在郵輪上收到蔣介石的一個電報：

> 得倫敦轉來一電，介公來的，開示四事：
> 一、歐局變動中，如何促美助我。
> 二、中立法。
> 三、財政援助。
> 四、禁軍用品售日。[228]

胡適這則日記只摘述了蔣介石電報的綱目，不加解釋，用處不大。今天「蔣介石檔案」裡這個電稿也不存。幸好「胡適檔案」裡存有中國外交部在10月1日給胡適的電報，能夠幫助我們清楚地瞭解蔣介石給胡適的任務：

> 胡大使鑒：密。該大使就職伊始，朝野期望甚殷。茲將政府對美方針列舉於下：甲，歐戰發生時各問題：一、英美對於遠東合作素為我國所期待。歐戰發生，英或傾向與日妥協，且必需求美國援助。我應與美成立諒解，請美嚴促英國勿與日本妥協，增我抗日之困難；二、促請美總統實行其隔離（Quarantine）侵略者之政策。對日採行遠距離的封鎖；三、日本企圖奪我主權、英法在華利益，望美勿置身事外，尤以維持上海公安局〔注：應該是「工部局」，亦即，公共租界的政府〕之地位及現狀為要。乙，美國實行中立法問題：一、促成美國修正〈中立法〉，區別侵略國與被侵略國；二、日本未對華實行戰時封鎖前，仍望美國避免施用中立法；三、日本斷絕中國交通時，應請美國將中立法中禁止軍火及軍用品之輸出及財政援助等，對日切實盡量施用。丙，財政援助問題：應繼續重視，並努力促美政府於最短期間助成對華現金或信用之借款。丁，軍用品售日問題：美國現勸商民勿以飛機售給日本，應相機商請美國擴大其勸告範圍，使美油、鋼鐵亦不售給日本。俾各國對於國聯盟約第十六條之實施較易實

現。戊，情報問題：美國朝野之主張及活動應多方探採，隨時報告。以上
各節，仰切實注意。並將辦理情形，隨時電部為要。外交部。[229]

這一長串，與其說是「任務清單」，不如說是「許願清單」，沒有一件是
胡適作得到的。情報問題不是重點，可以置之不論。在歐洲局勢條目下的三
條：一、要美國嚴促英國不與日本妥協。這彷彿是說美國可以支配英國的政
策；二、要美國經濟封鎖日本。這是最一廂情願的「以夷制夷」的幻想；三、
要美國支持英法維護其在上海租界的利益。這是局部性的「以夷制夷」的策
略，試圖利用帝國主義在華的權益制衡日本。這是假定美、英、法有心而且有
能力遏止日本。

蔣介石以及中國外交部對〈中立法〉的欠缺理解，更是匪夷所思。美國的
〈中立法〉是在1935年制定的。為了防止美國捲入國際戰爭，〈中立法〉禁止
美國輸出武器給交戰國。1936年修訂的〈中立法〉進一步地禁止美國給予交
戰國貸款與信用。1937年，國會進一步擴大〈中立法〉的範圍。然而，也就
從這時候開始，〈中立法〉有了一個漏洞，亦即，允許交戰國用「付現、自
運」（cash and carry）的方法向美國購買軍火以外的物資，包括汽油。這個漏
洞專門是為英國與法國而設計的。這是因為當時歐洲局勢緊張，為了幫助開戰
以後的英、法可以順利地獲得物資，美國就設計了這個漏洞讓有錢、有船的
英、法可以從美國獲得戰爭所需要的物資。我們可以很容易地瞭解這個「付
現、自運」的漏洞，對中國是有害無益的。這是因為即使中國有錢可買軍火，
它無船自運，必須仰賴第三國的船隻。反之，日本有錢、有船，可以反得其
利。1939年歐戰爆發以後所修訂的〈中立法〉允許交戰國以「付現、自運」
的方式購買軍火。但仍然禁止貸款以及由美國的船隻運送軍火。美國國會在
1941年3月通過的〈租借法案〉（Lend-Lease Act），終於取代了〈中立法〉，
由美國以信用貸款的方式租借軍火物資給同盟國的友邦。

換句話說，蔣介石要胡適：「一、促成美國修正〈中立法〉，區別侵略國
與被侵略國；二、日本未對華實行戰時封鎖前，仍望美國避免施用中立法；

229　外交部電胡適，1938年10月1日，《胡適任駐美大使期間往來電稿》，頁1。

三、日本斷絕中國交通時，應請美國將中立法中禁止軍火及軍用品之輸出及財政援助等，對日切實盡量施用。」這是一個上上策。換句話說，就是希望美國在日本還沒有全面封鎖中國以前，避免施用〈中立法〉，讓中國還能取得軍火物資。等到日本全面封鎖中國以後，希望美國能夠只對侵略者施用〈中立法〉，而對被侵略者提供軍火物資。這等於是要胡適敦促美國隨時機動調整其政策，以便因應中國在中日戰爭中的處境的變化。更離譜的是，這等於是要美國政府把國會所訂立的〈中立法〉束之高閣，或至少是不適用於中國。蔣介石給胡適的這個任務，就是神仙也作不到。

財政援助問題，亦即，「力促美政府於最短期間助成對華現金或信用之借款」，跟〈中立法〉是連結在一起的。〈中立法〉一日不廢除，現金或信用的借款是美國法律所禁止的。最後一項：軍用品售日問題。1938年，「美國現勸商民勿以飛機售給日本。」蔣介石要胡適：「應相機商請美國擴大其勸告範圍，使美油、鋼鐵亦不售給日本。」這又是典型的一廂情願的幻想，彷彿美國會以中國的利益優先來制定其政策一樣。

從蔣介石與中國外交部給胡適的這份「許願清單」，我們就可以很清楚地看出，從胡適上任開始，他的想法就與蔣介石的期望天差地別。胡適使美的哲學是「苦撐待變」；蔣介石要的是為中國量身定做的「以夷制夷」的「藥到病除丹」。換句話說，從一開始，胡適的大使任務就注定是會讓蔣介石失望的。

這並不意味著胡適就守株待兔，坐等美國政策的改變。同時，這也並不意味著胡適放棄了盼望美國會用武力去遏止日本的想望。1939年2月9日半夜，日本開始進攻海南島。當時還在住院的胡適就在次日寫信向洪貝克求救，希望美國能即時出面遏制日本：

　　今晨報導日本在海南島登陸的消息讓我非常的擔心。我昨天才接到外交部的電報說：「法國拒絕從安南運送我國的軍火。政府已經跟法國交涉了**二十幾次而毫無結果**。刻正致電顧大使〔注：駐法大使顧維鈞〕再請法政府解禁。由於美國政府在過去曾經好意地幫助我們跟法國疏通。可否請執事再度請美國政府領袖出面，請法國改變政策讓軍火從安南通行。」（2月7日電）

　　我在「**二十幾次而毫無結果**」這句話畫上強調線，因為這句話充分地說明了日本之所以進攻海南，**並不是真正因為**法國允許軍火從安南運送進中國。日本攻打海南島是為了更重要的戰略因素，亦即，日本需要一個能威脅法國、英國、與荷蘭的基地。現在的時機對日本有利，因為英國與法國現在正為著歐洲的局勢忙著團團轉，正為西班牙的內戰困擾著。

　　日本占領海南島對中國的抗戰會有很大的影響。以海南島作基地，日本不但可以更有效力地進攻廣東南部，而且可以轟炸整個西南（廣西、貴州、雲南），使其不能成為中國抗戰的基地。

　　我認為如果沒有美國作為強力的後盾，即使英法聯合起來行動都將不會有什麼效力的。[230]

　　然而，從這時候開始，胡適對美國用武力出面調停的期望已經更上一層樓了。如果到〈慕尼黑協定〉簽訂以後，胡適的「苦撐待變」意味著中國可以像捷克一樣，在強國的保障之下，用付出極大代價的方式與侵略者談和。現在，胡適開始轉變，特別是在希特勒進攻波蘭，迫使英法對德宣戰，第二次世界大戰在歐洲爆發以後。胡適的「苦撐待變」開始意味著在美國的領導之下，用集體的力量去擊敗侵略者。這也就是說，一直到歐戰爆發以前，胡適對調停的主張是：國與國之間有爭執的時候，由一個更強的第三國或第三國集團出面調停。弱勢的一方付出妥協的代價給強勢的一方。弱勢的一方在締和以後的安全，由調停的第三國或第三國集團來保障。這種調停的主張是治標性的、姑息式的。

　　因為胡適這種治標性的、姑息式的調停的主張，他一直到歐戰爆發以前，仍然對張伯倫惺惺相惜。比如說，他在1939年3月17日的日記裡說：「今天下午英外相Chamberlain〔張伯倫〕有重要演說，公然說Hitler〔希特勒〕無信義，此是歐局一大轉機。」[231] 3月18日日記：「讀Chamberlain的Birmingham

---

230　Hu Shih to Stanley Hornbeck, February 10, 1939, "Stanley Hornbeck Papers," Box 80, "China: Hu Shih, Dr." Folder.

231　《胡適日記全集》，7.636。

〔在伯明罕〕演說全文，甚有意義。此公今天七十歲了。去年一年的苦心謀和平，今日全成畫餅。此篇演說可證此老去年真相信Hitler有和平誠意！」[232]

希特勒背信，歐戰爆發以後，胡適不再主張調停。取而代之的，是一種集體安全體制，亦即，用集體安全的體制來維持國際秩序與和平。這就是胡適「苦撐待變」的新意。在這個「苦撐待變」的新意之下，張伯倫不再是胡適心目中的英雄，而只不過是為德不卒的半吊子調人而已。最有意味的例子，就是胡適1940年1月12日在費城的演講：〈世界大戰與未來世界的秩序〉（The World War and the Future World Order）。

在這篇演講裡，胡適說第二次世界大戰不是1939年在歐洲開始的，而是從「九一八事變」開始的。像他在出任大使前一年在美國所作的演講裡所說的一樣，胡適在這篇演講裡，也同樣地強調中國是日本摧毀國際秩序與和平的暴力之下的受害者。然而，胡適不再用激將法來稱呼美國或西方列強為「第二號公敵」，或者用彼拉多的故事來譏諷他們即使不殺中國，中國由西方國家而亡。現在的胡適用的，是國無大小、唇齒相依的集體安全理論：

> 1938年9月27日，在希特勒邀請到慕尼黑的前一晚，我人在倫敦。我聽到了張伯倫首相對大英帝國以及全世界的廣播：
>
> 不管我們是多同情那受到強鄰所威脅的小國，我們不可能讓大英帝國為它而戰。如果我們要打戰，那就必須是為了比那還要重要的問題。我自己從靈魂深處就是一個愛好和平的人。對我來說，國與國之間的戰爭是一個夢魘。然而，如果我確信有任何一個國家立意要用它讓人害怕的武力宰制世界，則我認為就必須抵制。

張伯倫這一段話，我在上文提到胡適歌頌〈慕尼黑協定〉的時候徵引過。我徵引張伯倫這一段話的目的，在於說明當時的胡適不負責任、斷章取義的行徑。胡適當時只斷章取義地徵引「必須抵制那『立意要用武力宰制世界』的國家」這句話。說得好像張伯倫真的是準備為捷克和德國開戰一樣。現在，張伯

---

232 《胡適日記全集》，7.636。

倫不再是他的英雄，調停也不再是他的主張，他終於誠實地把張伯倫的整段話徵引出來，暴露出張伯倫說英國不會為芝麻綠豆般的捷克而戰的實話。這是胡適一輩子視其需要、取決是否斷章取義的惡習的又一惡例。

　　在老實地把張伯倫的整段話徵引出來以後，胡適接著闡明他的集體安全理論：

　　　　在那個晚上以及其後的幾個星期裡，張伯倫先生仍然試圖將一個小國的命運與「重要的問題」分開。〈慕尼黑協定〉的假定是：侵犯小國領土的完整並不牽涉到「重要的問題」。

　　　　〈慕尼黑協定〉以後的發展，清楚地證明了在強暴的鄰國的利爪之下的小國的命運，就正是「重要的問題」的具體而微的表徵。所謂的「重要的問題」，不外乎就是這些具體的案例。

　　胡適所要強調的，就是把日本在中國的侵略戰爭與英法在歐洲抵抗希特勒的戰爭聯繫起來，以便於闡明他國無大小、唇齒相依的集體安全理論：

　　　　此刻在遠東與歐洲的戰爭，就是這同一個新的世界大戰的部分。它們都是世界秩序崩潰的結果。它們都是侵略國欺凌那些愛好和平、軍備不足的國家的結果。這些侵略國越侵略成功，野心就越大。中國和歐洲民主陣營的國家作戰的目標相同，都是要打敗侵略以及打敗侵略的哲學。它們對和平的目標也是類似的，亦即，用重建、重組、與鞏固世界秩序的方法，來杜絕世界大戰再起的後患。[233]

　　胡適這篇〈世界大戰與未來世界的秩序〉，《胡適全集》裡沒收錄。然而，《胡適全集》裡所收的〈中國與世界大戰〉（China and the World War）[234]，在內容幾乎完全雷同，是胡適講〈世界大戰與未來世界的秩序〉前四天在紐約

233　Hu Shih, "The World War and the Future World Order,"「胡適外文檔案」，E18-58。

234　Hu Shih, "China and the World War,"《胡適全集》，37.604-621。

的演講。從那以後，胡適開始以集體安全作為主軸來論述中日戰爭、第二次世界大戰，以及第二次世界大戰以後世界秩序的重建。

重點是，在揚棄了張伯倫那種治標性的、姑息式的調停立場，轉而楬櫫以武力作為後盾、以重建世界秩序為前瞻的集體安全體制以後，胡適對由美國出面調停的期望產生了根本的改變。他的「苦撐待變」的「變」，已經不只單純是要美國出面調停終止中日戰爭而已，而是希冀在保障集體安全、重建世界秩序的脈絡之下的根本解決。

問題是，胡適這個「苦撐待變」的新意跟蔣介石的想法南轅北轍。更嚴重的是，蔣介石在這個時候的想法與作法，就像脫韁的野馬一樣，忽左忽右，讓胡適無所適從。比如說，根據美國駐華大使詹森在1939年5月29日向國務卿所作的報告：英國駐華大使卡爾（Sir Archibald Clark Kerr）告訴詹森，說蔣介石急著要見他，要對他說他的兩個想法：一、英美兩國如果在這個時候採取經濟制裁的政策，將會對日本有克制的效果，甚至可以讓日本終止在中國的侵略。二、日本急於談和。蔣介石說如果中國願意停戰的話，日本會願意從華中撤退。蔣說如果日本撤軍，他會願意停戰。困難的所在，在於日本什麼時候會撤退，以及日本是否願意接受英美調停。

詹森對蔣介石這兩個想法感到不可思議。他對卡爾說：一、美國對日本採取經濟制裁是不太可能的；二、以他在經過日本時候的觀察，詹森認為日本政府一點都沒有停戰的意思；三、如果英美對日本採取經濟制裁，只會促使日本反擊；四、日本在軍事具優勢的情況之下，是不會願意接受調停的[235]。

在他6月2日給國務卿的報告裡，詹森再度強調他經過日本的時候，從美國駐日本大使館所得到的印象是：日本在經濟方面沒有任何捉襟見肘的感覺；在軍事方面，日本認為他們可以無限期進行到勝利為止。這跟蔣介石對英國駐華大使所說的話完全不符合[236]。

235　The Ambassador in China（Johnson）to the Secretary of State, 1939年5月29日，*FRUS*, 1939, Vol. III: *The Far East*, p. 173.

236　The Ambassador in China（Johnson）to the Secretary of State, June 2, 1939, *FRUS*, 1939, Vol. III: *The Far East*, p. 174.

在這個報告裡，詹森附了美國駐華大使館海軍次武官麥克修（McHugh）的〈備忘錄〉。麥克修說他在5月30日跟英國駐華大使卡爾交談了兩個鐘頭。卡爾說他在重慶見了蔣介石兩次。他問蔣介石願意出什麼談和的條件。蔣介石反問他會怎麼作。卡爾說，如果是他，他會放棄滿洲、內蒙古則不會妥協、堅持在華北經濟合作但非由日本控制、要求日本撤回到「七七」以前的原狀、保證不再會有反日的示威。麥克修說，這不就是所謂日本的「溫和派」先前對中國所提出來的談和條件嗎？卡爾說是。卡爾接著說，蔣介石說談和以前必須有兩個條件，而這兩個條件端賴於英國和美國：一、用經濟制裁的方式迫使日本放棄它在中國的侵略；二、由英美出面調停保證中國的獨立與領土的完整。

跟詹森一樣，麥克修認為蔣介石的想法不切實際。他說：一、他到現在為止，沒聽說過日本軍部批准任何日本「溫和派」所提出的和談的建議；二、任何國家要作調停，就不但必須準備要用武力強迫日本軍隊撤出，而且要防止中國追擊。卡爾說他最驚訝的是，蔣介石告訴他，說他有切確的情報，說明日本軍部有意撤退到「七七」以前的原狀以作為談和的準備。日本要用的方法是由天皇降旨。可是，要作到這一點，必須先要給日本一個下台階。例如，由英美出面，提出調停的建議。麥克修說他對蔣介石這個情報完全不能置信。卡爾說他同意。可是，他接著說蔣介石的情報雖然不是百分之百正確，但一向都有點真實的成分在內[237]。

為了不讓蔣介石心存任何幻想，美國國務卿赫爾在6月6日給詹森一個訓令，如果蔣介石提出他那兩個談和的先決條件，回答如下：

> 一、有關經濟制裁。美國政府採取任何政策都必須符合美國的輿情與法律。儘管美國人民譴責日本在中國的行為、同情中國。然而，如果就從而要求美國、甚至為美國畫策，那就是懵懂（obscure）一個事實：美國政府要採取任何政策，其決定權在美國。經濟制裁的政策會

---

237 "Memorandum by the Assistant Naval Attache in China（McHugh）, enclosure, The Ambassador in China（Johnson）to the Secretary of State," June 2, 1939, *FRUS*, 1939, Vol. III: *The Far East*, pp. 176-177.

引起美國是否要捲入國際戰爭的揣測，特別是當眼前國會在討論中立法的修訂以及其他與美國外交事務有關的立法。在這個時候提出這樣的問題，只是徒增美國政府的困擾而已。

二、有關調停。美國政府一再地對中國和日本政府表示調停的善意。日本政府也一再直接或間接地表明其不接受第三國調停的意思。美國政府所能得到的結論是，此時調停不可能會有公道的結果。除非日本表示願意在接受這種原則的基礎上談和，我們是不會向日本政府提出調停的建議的。

三、對中日兩國之間的爭執，以及國與國之間的關係應如何處置等等所持的態度，美國政府已經一再作過聲明。美國的態度也一直沒有改變。美國政府一直致力於維持與遠東良好的關係。一方面維護美國的權益，一方面避免危害中國的權益。美國政府願意積極幫忙中國。然而，美國很自然有權決定怎麼作才是最實際、適時、與適當的。[238]

　　我們不知道蔣介石說日本軍部有意談和的情報是從哪兒得來的。說由天皇降旨談和，撤退到「七七」以前的原狀，但先須要由英美出面，提出調停作為下台階。這整個說法匪夷所思，有如海市蜃樓。除非這整個情報也者，完全是英國駐華大使卡爾杜撰出來的。然而，卡爾說蔣介石急著要美國出面調停，則顯然不是無的放矢。雖然《美國外交文書》裡沒有任何記錄，指出蔣介石和美國駐華大使詹森談過這個要求。然而，我們有足夠的旁證來證明蔣介石當時是急切地要求美國出面調停。

　　第一個旁證。根據美國駐法大使蒲立德1939年9月1日的報告，中國駐法大使顧維鈞接到蔣介石的電報，要他即刻跟蒲立德見面，並要蒲立德即刻轉請羅斯福調停。蒲立德問顧維鈞蔣介石談和的條件為何。顧維鈞回答說蔣介石沒有說。但根據他在先前所得的訓令，應該是會堅持日軍完全撤退，以及恢復中國的主權。蒲立德覺得這個條件未免開得太高。顧維鈞說他也不瞭解為什麼蔣

238　The Secretary of State to the Ambassador in China（Johnson）, June 6, 1939, *FRUS*, 1939, Vol. III: *The Far East*, pp. 179-181.

介石還堅持要開出那麼高的談和條件。顧維鈞說蔣介石急於要蒲立德轉告羅斯福的有下列三點：第一、要告知英法政府，防止它們以中國為代價向日本靠攏。第二、勸告日本不要成立所謂的汪精衛政府。第三、召開一個調停中日戰爭的會議[239]。

　　第二個旁證。1939年秋天，蔣介石派顏惠慶作為特使到美國見羅斯福。蔣介石在9月12日給胡適的電報裡說：「中已派密使顏駿人〔顏惠慶〕來美，約下月可到。屆時請羅總統指導一切。中對和平之意亦已託其詳達，故現在恕不贅述。」[240]

　　第三個旁證最為堅實。我們如果只看《美國外交文書》裡所刊載的顏惠慶帶給羅斯福的信，就不會知道其實顏惠慶還帶有第二個旁證裡所提到的，蔣介石託他親向羅斯福出面調停的秘密口信。「蔣介石檔案」裡也沒有這個秘密口信的資料留著。幸運地，胡適把這個秘密透露給他在國務院的好友洪貝克。根據洪貝克的報告：

> 　　茲報告中國大使在這封信上告訴我的消息：
> 　　我剛收到「國民參政會」秘書長、我的好友王世杰博士給我的電報。在這個電報裡，他告訴我（外交部長）王寵惠博士9月27日接受「合眾國際社」訪問的時候，委員長不在重慶，他說的話未得到許可。事實上，委員長對那個訪問非常生氣。
> 　　我要讓台端知道，我現在奉命告訴顏惠慶博士**不要提起請美國出面調停的事，而只把談話集中在致總統信上所談的三件事**。[241]

　　王寵惠的發言確實是讓蔣介石生氣了。他在9月29日日記說：「注意：……三、亮疇突發外交可由美國調和，奇誕！此種書生不知其用意究竟何

239　The Ambassador in France（Bullitt）to the Secretary of State, September 1, 1939, *FRUS*, 1939, Vol. III: *The Far East*, pp. 221-222.

240　蔣介石電胡適，1939年9月12日，「國史館：蔣中正總統文物」，002-070200-00008-026。

241　Stanley Hornbeck's confidential report, October 20, 1939, "Stanly Hornbeck Papers," Box 80, "China: Hu Shih, Dr." Folder.

在？誤事不淺。」

　　言歸正傳。顏惠慶在11月3日晉見了羅斯福。蔣介石在由顏惠慶轉交給羅斯福的信裡提出了三點：一、維護「九國公約」的原則；二、中國亟需物資的支援；三、歐洲局勢與遠東的關係。有關第一點，維護「九國公約」的原則。蔣介石徵引羅斯福1月4日在國會的演說，說制裁侵略者的方法很多，不一定要用武力。蔣介石建議美國可以禁止輸出原料與工具給日本，特別是鐵和汽油。事實上，蔣介石說還有其他更有效，而且也不違反國際法或美國法律的方法可用。他認為美國在用經濟制裁的方法讓日本就範以後，就可以根據「九國公約」召開會議來取得遠東的和平。另外一個方法，就是由美國召開類似1921-1922年的「華盛頓會議」。如果日本拒絕參加，就用上述經濟制裁的方法來使之就範。第二點，需要物資。蔣介石希望美國能夠提供大量的物資與金錢以幫助中國抗戰。第三點，由於歐洲局勢已到了戰爭的邊緣，蔣介石籲請羅斯福在歐戰爆發以後，要求歐洲民主陣營的國家不要對日本妥協，作出任何違反「九國公約」或危害中國權益，以及影響中國抗戰的舉措[242]。

　　換句話說，蔣介石在這封信上並不是完全沒有談到調停。只是，他說來說去，還是那上上策的「以夷制夷」之策，渾然沒有想到他憑什麼可以期望美國要冒著跟日本開戰的危險，去為中國打先鋒。

　　美國當然不會上鉤，去充當蔣介石上上策的「以夷制夷」的策略裡的先鋒。國務卿赫爾建議羅斯福對蔣介石三點要求的答覆如下：第一、蔣介石建議美國召集會議解決遠東問題，或者以之作為經濟制裁日本的第一步。赫爾說，在日本軍部有意願談和以前，由美國出面調停是不適合的。這種會議的結果只會幫忙日本把它用武力取得的成果合法化而已。蔣介石想用召開會議的方法作為經濟制裁日本的第一步的想法，也是不切實際的，特別是在歐洲戰爭已經開始，沒有國家會有餘力顧及此事。第二、經濟支援問題。美國會在政策與法律許可的範圍內，積極幫助中國。第三、中國擔心歐戰發生以後，英法蘇所採取的政策會對中國不利。9月5日，美國駐華大使已經在國務院的訓令之下，面

242　Generalissimo Chiang Kai-shek to President Roosevelt, July 20, 1939, *FRUS*, 1939, Vol. III: *The Far East*, pp. 687-691.

告蔣介石，根據國務院所有的情報，中國沒有擔心的必要[243]。

蔣介石究竟擔心什麼呢？他擔心英國和法國跟日本妥協，危及中國的抗戰。他在1938年8月29日給胡適的電報裡說：

> 德俄協定訂立後，英俄關係惡化。而對遠東前途甚有損失。其實俄對歐與對亞之方箴不同。在遠東甚望英、美、法能與其一致以對日。且其對日確有作戰決心。此中可保證也。但此時英俄之間無法相信接近，其關鍵仍在美國。如美能出而領導遠東問題，為英蘇作仲介，使英、美、法、蘇對遠東能共同一致對日，則遠東問題即可迎刃而解。否則遷延因循，可使「英日同盟」復活，則俄或將先與日妥協，可使德、意、俄、日重立陣線。此皆於民主陣線與遠東問題遭受莫大之打擊。請以此意面陳美大總統。望其特別注意運用對於歐亞二問題之解決。其時間上自當有先後之別，然不可不同時進行。尤應嚴防「英日同盟」與東京會議之復活。否則九國公約必完全毀棄。而遠東形勢，勢不可挽救矣。[244]

這是「以夷制夷」策略最淋漓盡致的表述：「使英、美、法、蘇對遠東能共同一致對日，則遠東問題即可迎刃而解。」只可惜英、美、法、蘇這些諸「夷」就偏偏有它們各自的盤算，就是不肯乖乖地聽蔣介石嗾使，共同一致把「日夷」給迎刃而解。

回歸此處的重點，亦即，蔣介石對英法與日本妥協的焦慮。蔣介石要胡適趕緊面陳羅斯福。胡適在9月1日的覆電裡說：

> 公希望美國出而領導遠東問題，為英俄作中介，使英、法、美、俄共同一致對日。昨夜外交部電告，公致羅總統詞亦側重此意。惟昨夜歐戰爆發。美政府領袖日夜勤勞，急切難請見。遵即托友人密達尊旨。外部對英

243　The Secretary of State to President Roosevelt, November 1, 1939, *FRUS*, 1939, Vol. III: *The Far East*, pp. 712-713.

244　蔣介石電胡適，1939年8月9日，「國史館：蔣中正總統文物」，002-080106-00023-003。

日同盟，亦認為不可能……鄙見以為，此時國際形勢急轉直下。顯見問題已自然成為整個問題之一部分。此事於我國最為有利。只要我國能站穩腳跟繼續苦撐，則兩年來助我之友邦，必不中途負我、賣我，必能繼續助我。不須疑慮也。[245]

蔣介石收到胡適這封覆電一定非常惱怒。他馬上在3日回電：

英法與日本妥協非出臆斷，乃有事實。此時若非由美國預為警告，則英促日本攻俄，未始不可使英法與日本訂互助條約。此舉乃為法國正在進行之中，且有事實也。至於請羅總統作為各國中介一節。乃非外交形式之言，而為中個人貢獻之意見與希望。故此意必須面陳羅總統，而非正式外交途徑所可言也。對英日妥協事，請勿過作樂觀與大意。若美國不作警告，則英法不止與日妥協。而且安南、緬甸對我後方之惟一交通，亦將即生阻礙。則羅總統二年來援助中國衛護正義之苦心，亦將為之虛耗矣。情勢危急。無論如何，請速設法面告羅總統是荷。[246]

胡適知道蔣介石生氣了。他在9月7日的覆電裡解釋說：

又公江〔3日〕電謂，英法謀與日本妥協已有事實。適今日與美副國務卿談，僅能列舉滬海關用華興偽鈔票，及滬、廈英法駐軍有回國消息，及豪〔4日，注：未見此電〕電所示等事。此外，隨時有重要事實發現，敬乞電示。總統與外長因歐戰初起，應頒緊急法令甚多。連夜工作往往達旦。外客偶見，均苦無法深談。故適今日先與最參與外交大計之韋君〔注：韋爾斯，副國務卿〕長談。總統現已請白宮定接見時間，想本週內可謁見。敬先奉聞。[247]

245　胡適電蔣介石，1939年9月1日，「國史館：蔣中正總統文物」，002-020300-00028-012。

246　蔣介石電胡適，1939年9月3日，「國史館：蔣中正總統文物」，002-020300-00028-013。

247　胡適電蔣介石，1939年9月7日，「國史館：蔣中正總統文物」，002-090103-00003-210。

胡適在8日晉見羅斯福。過後，馬上致電向蔣介石報告：

　　今午謁總統，面致尊旨。總統囑代覆候起居。今日所談約有多點：一、為蘇聯。總統云：蘇俄行動無人能確知。依我揣測，蘇俄意在自己避免牽入戰爭。凡可以避免戰爭者，誠以無不可為，但似不致與他國協謀，轉而侵略第三國。關於蘇俄，總統申言只能猜度，無從捉摸也。二、為英法。總統云：義大利不參加歐戰，已宣布其航海船隻照常行駛。故英法在遠東之地位，不致受歐戰影響。英國應可調海軍充實星港防務。前日上海頗有危險之風說，今日似已過去。美國態度堅決，決不認歐洲戰事能變動本國在華權益。英法亦不致退卻讓步。若日本用武力逼迫英法，發生海軍戰爭，日本此時未必敢出此也。關於此點，總統似甚樂觀。三、為對華援助。適告以去冬之二千五百萬，確有振衰起懦之大功效。但已支配淨盡。資本所需，還得總統再打一強心針。指令外財兩部計畫第二次更大之借款。總統亦以為然。[248]

胡適在12日的電報裡，又再次意欲舒緩蔣介石的疑慮：

　　關於英法，鄙意以為英法對日或不免作一局部的妥協。但凡有關根本原則者，似不致退讓，因英法今日皆須依賴美國，決不敢犧牲我國而大失美國感情也。[249]

無論胡適如何苦口婆心，蔣介石始終無法揮去他對英法會跟日本妥協的焦慮。9月18日，他又在電報中說：

　　俄日停戰協定訂立後，繼之必有互不侵犯條約之訂立。而俄必促成日本之南進政策。一面或將勸我與日妥協。英法不知其陰謀，猶思與日妥協，

248　胡適電蔣介石，1939年9月8日，「國史館：蔣中正總統文物」，002-090103-00003-211。
249　胡適電蔣介石，1939年9月12日，「國史館：蔣中正總統文物」，002-080106-00002-004。

求保其遠東權利。國際形勢至危。若非美國有重要之表示與行動，則英法在遠東勢必退縮。我國全處於孤立，而日本東亞新秩序即可實現。美政府在最近期內對日如有一堅決之表示或禁運日貨等動作，以壯英法之膽，勿使其與日妥協，方可挽此危局。[250]

諷刺的是，自詡身在消息靈通、情報輻輳的美國的胡適的判斷，比不上困在重慶山城裡的蔣介石。美國駐法大使蒲立德在1939年7月31日對國務院的報告裡，摘述了他與法國外交部秘書長李治（Alexis Léger）的談話：

　　李治表示，法國、英國政府早已決定，為了避免與日本開戰，如果必要的話，將放棄所有它們在遠東的權益。基於歐洲的局勢，除非他們能夠得到美國積極的支持，他們別無選擇。他們的態度端賴於英國政府能夠從美國政府獲得多少合作的程度。

　　蒲立德問李治是否聽說英國可能關閉滇緬公路的傳言。李治回答說：他知道日本向英國作了這個要求。他認為英國可能傾向於對日本妥協。蒲立德於是問說那安南鐵路呢？李治的答覆是，如果英國關閉滇緬公路，法國政府也只有跟進，禁止軍火經由安南進入中國[251]。
　　沒想到，一波未平，另一波又起。胡適在8日這封電報結束的時候，寫了一段一定讓蔣介石心臟幾乎停半拍的話：

　　嗣適將辭出，總統忽又云：近來日本方面頗盼我出而調停中日戰事。蔣先生自去年以來，亦曾屬望於我。此事我時刻在懷。但時機甚難恰好。總統因又泛詞可能的解決條件：〔注：如果有「甲」的話，闕漏〕乙、滿洲恐難收回；此外，有一兩處恐須仿前年英美協商解決太平洋中兩三個小島

250　蔣介石電胡適，1939年9月18日，「國史館：蔣中正總統文物」，002-020300-00028-018。

251　The Ambassador in France（Bullitt）to the Secretary of State, July 31, 1939, *FRUS*, 1939, Vol. III: *The Far East*, p. 698.

（Canton and Enderbury Islands）〔注：「坎頓」和「恩德貝利」，是今天稱之為「鳳凰群島」（Phoenix Islands）中的兩個〕之法，以處理云云。適以事由未奉訓令，不知我公最近對美大使談話時，曾否提及調停條件，故但答允：蔣先生完全信任總統。凡總統認為公道的和平，蔣先生必肯考慮也。此最大問題，務乞政府詳密訓示為禱。早日有所準備，至感。[252]

　　一直到歐戰爆發粉碎了胡適對〈慕尼黑協定〉的幻想以前，胡適是一直盼望羅斯福會出面在中國斡旋一個亞洲的〈慕尼黑協定〉的。然而，在他轉而從集體安全、重建世界秩序的方向來企求和平與勝利以後，他已經開始反對〈慕尼黑協定〉式的和平。因此，他一聽到羅斯福有意要在中國斡旋一個〈慕尼黑協定〉式的和平，馬上就讓他天旋地轉地擔心起來。他在9月8日晉見了羅斯福當天的日記說：

　　　總統約十一點十五分去見。談的共有三點：一、英法；二、蘇俄；三、請美國再打一強心針，作二次之借款。他提及遠東戰事調停的可能條件。我頗著急。發四電。晚上與Hornbeck〔洪貝克〕談。[253]

　　9月9日日記：「Hornbeck〔洪貝克〕來談。我把總統談的調停條件告訴他，請他千萬留意。」[254] 10月15日的日記更重要：

　　　起草一個說帖（mediation）〔調停〕。
　　　此事甚關重要（參看9月8日與9日的日記）
　　　我知道總統9月8日所說的話是在那全世界最動搖的時期。他老人家也不免手忙腳亂，所以我只用「擋」的方法，四十天不去見總統；一面托S.K.H.〔洪貝克〕特別留意白宮的主張。

252　胡適電蔣介石，1939年9月8日，「國史館：蔣中正總統文物」，002-090103-00003-211。
253　《胡適日記全集》，7.695-696。
254　《胡適日記全集》，7.696。

　　這個密帖是用最婉轉的語氣，說明「和議」的種種困難。其下篇第（6）理由，即是解說總統所提東三省「共用共管」的辦法之不能實行。因為不便明駁總統，故只列為和議八大難之一。

　　第（7）、（8）兩段即是我去年對Munich Peace〔〈慕尼黑協定〉〕的見解。今年捷克滅亡，我益信此種和議之不可恃。

　　此帖甚費心力。政府若知道我這四十多日的苦心，必定要大責怪我。此種地方只可由我個人負責任。我不避免這種責任。[255]

　　余英時在《重尋胡適歷程：胡適生平與思想再認識》裡徵引了這幾則日記。但是，他的推論完全錯誤。余英時說，胡適「阻止和議最嚴重的一次則在1939年9、10月兩個月。這件事知者尚少，值得從《日記》中勾勒出來。」他在徵引了胡適這幾則日記以後，作了一個結論：

　　　　他〔胡適〕認為羅斯福所提出東北「共享共管」的方式是絕對行不通的，因此，很怕他真的出面調停，使中國最後仍落得像捷克那樣「滅亡」下場。這是他使出一個「擋」字訣的唯一原因，連財政部方面也拖到兩星期以後才去接觸。這件事完全是他一個人獨斷獨行，政府方面似乎事先根本未聞其事。這就是說，他一手遮天，斷送了重慶方面屢求不得的美國調停的唯一機會。他個人所承負的責任實在太大了。

　　余英時在作了這個結論以後，又徵引了胡適在10月16日日記：「說帖寫成。今日交與外部（文附末頁）。寫兩個長電稿，一致蔣公，一致雪艇。」余英時加了一個批注：「有興趣的人不妨查一查這兩個電稿，看看他究竟怎麼向政府報告的。」[256]

　　這就是用日記來研究胡適的危險，亦即，用一個人的眼界來看世界所可能導致的謬誤。余英時以為胡適很怕羅斯福「真的出面調停，使中國最後仍落得

---

255 《胡適日記全集》，7.709。

256 余英時，《重尋胡適歷程：胡適生平與思想再認識》，頁53-55。

像捷克那樣『滅亡』下場」，所以他「使出一個『擋』字訣」，「斷送了重慶方面屢求不得的美國調停的唯一機會。」余英時有所不知。〈慕尼黑協定〉式的調停，就是胡適在歐戰爆發以前所夢寐以求的。現在，胡適變了。他「使出一個『擋』字訣」也許「斷送了」重慶許多人「屢求不得的美國調停的唯一機會」。然而，羅斯福這時所說的調停，根本就不是蔣介石「屢求不得的調停」。蔣介石一直偏執地停留在他上上策的「以夷制夷」之計的幻想世界裡。這固然匪夷所思。然而，不像胡適，他反倒是一直堅持「九國公約」之下的中國領土主權完整的原則。因此，余英時弄錯了。胡適的「擋」字訣，擋的不是蔣介石，而是羅斯福。所以胡適才會在余英時自己也徵引的那則日記裡說：「我知道總統9月8日所說的話是在那全世界最動搖的時期。他老人家也不免手忙腳亂，所以我只用『擋』的方法，四十天不去見總統。」余英時為什麼會視而不見這段話呢？因為他已經先假定求和心切的是蔣介石。先入為主的觀念主宰人的思路的力量於此可見。

蔣介石一直懇求羅斯福出來調停。可是，他一直以為美國調停會根據「九國公約」的原則，亦即，尊重中國領土主權的完整。現在，晴空霹靂，羅斯福不但說滿洲恐難收回，而且說有些地方還可能必須仿效英美在1939年英美兩國訂約共管、共治的「坎頓」和「恩德貝利」島。這完全不符合蔣介石所幻想的上上策。

羅斯福為什麼會突然間說：「近來日本方面頗盼我出而調停中日戰事」呢？原來，美國駐日大使館參事杜曼（Dooman）在1939年9月1日對國務卿的報告裡，提到了日本首相阿部信行在前一晚接受記者訪問的時候，說新政府第一要務是盡速解決中日戰爭。他說雖然日本所遵循的，是自由獨立的政策。但日本不會排斥與其他國家合作，只要這種合作不與日本的立場衝突，而且不會讓日本受制於外強的話[257]。羅斯福一定是想，蔣介石已經一再請他出面調停。既然現在日本首相也公開表示他可以有條件地接受調停，時機也許到了。

總之，蔣介石在接到胡適那封電報以後，一則以喜，一則以憂。他從9月

257　The Chargé in Japan（Doorman）to the Secretary of State, September 1, 1939, *FRUS*, 1939, Vol. III: *The Far East*, p. 223.

12日到18日，連續打了四封的電報給胡適。前三封電報，都與羅斯福有意出面調停有關。在12日的電報裡，他最興奮、樂觀：

羅總統所表示調停之意甚感。請以中私人名義再與羅總統密談如下：

一、遠東和平。中國決以羅總統之主張是視。故請其支持一切，中更無不推重。

二、中已派密使顏駿人〔顏惠慶〕來美，約下月可到。屆時請羅總統指導一切。中對和平之意亦已托其詳達，故現在恕不贅述。

三、將來中日調停，無論結果如何，請羅總統注意：日本在前方之軍隊，對於和戰問題，決非其政府命令所能決定。故日本政府之所言與其將來所商談之條件，乃至於簽字以後能否生效實施是為問題，請特別留意。

四、中國對日之所以抗戰二年，不惜犧牲一切者，無非求「九國公約」之有效，與領土行政主權之完整。尤其要明定界限，決不能如英美解決太平洋上幾個小島之方式所可比擬。以中日之關係與國勢，皆不能如英美之真正平等與和平者可比。故對於此點，務請羅總統特別主持援助。勿使日本野心更大，以後更難制御也。

五、至於將來議和方式亦應注重。請參照中上月底對美大使談話之大意（已由外交電兄〔注：未見此電〕）研究便明。但羅總統此時如未提及，則兄亦不必提出。惟望兄對此特別研究與準備一切。如其萬一提及方式問題時，俾有所研討也。總之，此事應極密，切勿與第三人道也。258

次日，13日，蔣介石又有點心猿意馬。他在當天的電報裡說：

昨電諒達。該電中最後第四、第五兩項，見羅總統時最好暫時不提。如其問起時，可答其覆電未曾提及。惟可作為兄私人意見，照電中所言者略

258　蔣介石電胡適，1939年9月12日，「國史館：蔣中正總統文物」，002-070200-00008-026。

表個人之意見。[259]

在15日的電報裡，他的憂慮開始浮現：

接此電時，如尚未見羅總統，則除前二電所述者外，請再補充數點：
一、問羅總統，日本既希望羅總統調停。未知其有否提出具體辦法與條
款？二、問羅總統，前言一、二處將照英美對幾個小島合作辦法，未知此
一、二處有否指明地點？[260]

蔣介石在重慶擔心，現在跟他志同道合的胡適則在華盛頓擔心。胡適並沒
有告訴蔣介石他正在用「擋」字訣擋羅斯福。他在9月19日的電報裡，就先找
了一個藉口，說他為什麼連接四電卻毫無行動的原因：

文〔12日〕、元〔13日〕、刪〔15日〕、巧〔18日〕諸電敬悉。日來美
總統為召集國會事，正忙於疏通兩黨兩院，故未便進謁。最近又因蘇俄對
日停戰而進攻波蘭，美國朝野均大震驚。均慮英法若不能支撐，美國恐難
免捲入大戰禍。兩日來議論均集中此火急問題，無暇他顧。尊電所示，時
刻在心。擬俟國會開會後再謁總統。[261]

胡適在10月15日「甚費心力」所寫、在16日「交與外部」的這個說帖，
現在至少在三處找得到。第一處是在胡適10月16日的日記裡的附件。只是，
它是一份無頭、無尾的附件。不知道或沒有去核對內容的人，不會知道那是胡
適寫給美國國務院的說帖。比如說，齊錫生在「洪貝克檔案」裡看到這封信。
他以為這封信是胡適寫給洪貝克的[262]。第二處在「胡適檔案」裡。第三處在

259 蔣介石電胡適，1939年9月13日，「國史館：蔣中正總統文物」，002-020300-00028-016。
260 蔣介石電胡適，1939年9月15日，「國史館：蔣中正總統文物」，002-020300-00028-017。
261 胡適電蔣介石，1939年9月19日，「國史館：蔣中正總統文物」，002-090103-00003-207。
262 齊錫生，《從舞台邊緣走向中央：美國在中國抗戰初期外交視野的轉變，1937-1941》，頁
   136。

「洪貝克檔案」裡。其內容如下：

壹

從七月、八月、到九月初，中國的領袖對歐洲局勢的惡化與急遽變化極感憂心。他們擔心下列幾種可能的變化：一、英國與法國可能會被迫與日本達成有害中國的妥協；二、這兩個民主國家可能會放棄租界——占領區中國人民和利權可資逃難、庇蔭的孤島；三、它們可能甚至受日本的脅迫而關閉輸送物資進入中國越南與緬甸的管道。

在8月23日「蘇德協定」（Soviet-German Pact）〔即：「蘇德互不侵犯條約」〕公布以後，中國的憂慮又增加了一項，亦即，蘇聯可能跟日本妥協而停止對中國的物資援助。蘇日邊界停戰以後所出現的報告，幾乎是證實了這些憂慮。

在這幾個飽受煎熬的月份裡，中國的領袖很自然地，殷切地冀盼美國總統會在情勢惡化到危及中國以前，早日出面調停中日之間的糾紛。

外交部長王寵惠博士在9月27日接受「合眾國際社」訪問的時候，甚至直言要讓中日之間不宣而戰的戰爭早日結束，美國是最佳的斡旋者。

上述的訪問兩天過後（9月29日），日本「大使館」的發言人在一份書面聲明裡說：「眾所周知，日本政府認為中日之間的糾紛純粹是兩國之間的問題，絕不接受第三者的干預與協調。」在這份聲明裡，日本發言人形容王部長的訪談是中國「在懇求美國」調停，他希望美國不至於「中中國的圈套」。

與此同時，世界局勢也逐漸明朗化。一、「蘇德協定」顯然讓日本受創極深且劇，自尊受損，以至於宣稱〔德日〕「防共協定」（Anti-Comintern Pact）已死；二、這種被其盟邦拋棄背叛的感覺，促使日本遲疑——至少暫時如此——不敢用武力把英法趕出中國。日本對上海、香港的軍事壓力暫時減低；三、日本雖然明言禁止（幾乎每週都在改變）從越南輸送戰備物資進入中國，到目前為止，法屬越南和緬甸到中國的通道仍然暢通；四、日蘇停戰協定證明只不過是局部的停戰。到目前為止，蘇聯和日本仍然無意協商互不侵犯的協定。

　　接著，十月的第一個禮拜，守衛湖南長沙的中國軍隊打了好幾場勝仗，擊退日本軍隊，潰散了日本的進攻。中國全國歡慶長沙大捷，大大地鼓舞了中國的士氣。

　　因此，在歐洲戰事爆發四十天以後，中國逐漸地克服了先前的憂慮，恢復了勇氣與鎮定。如果中國能夠得到保證，確保法屬越南以及英屬緬甸通道的暢通；如果中國能夠不時地從友邦得到更多財政與物質上的援助，它將能夠打一場持久戰。

　　貳

　　這並不表示中國不希望早日和平。如果那種和平能符合美國政府與美國人民的正義之感，不違反「九國公約」，那會是中國所熱切期望的和平。如果那種和平可以透過美國的調停而取得，中國必定不會遲疑去爭取這種調停。

　　沒有人比我更虔誠地企望這種美國的調停。兩年多來，我一直思索著這種可能與困難。由美國政府出面調停中日之間的糾紛，有下述諸項幾乎無可克服的障礙：

一、不管日本是如何急切地希望調停，它不會正式地提出要求。就像希特勒一樣，它害怕這種要求是示弱的表現。

二、美國政府與人民所認為的「公道的和平」是日本所不能接受的。日本結束戰爭的想法，是要與一個它所扶持出來的新的中國「中央」政府締結和平條約。

三、日本所能接受的和平，必定會被中國自由與激進的媒體以及美國，譴責為「遠東的慕尼黑協定」（Far Eastern Munich）。任何締結這種和平的人，必然大失人心，甚至遭受強烈的反對。

四、我們幾乎無法想像日本所能接受的和平，不會違反「九國公約」的精神，或違反美國的不承認主義，亦即，不承認任何利用武力違反既定國際條約所造成的情勢。

五、日本大概一定會拒絕所有類似「國際聯盟」調查團對滿洲所建議的妥協方案。

六、美國和英國政府去年對太平洋上的「坎頓」（Canton）和「恩德貝利」

（Enderbury）島嶼達成的協議，是用共用、共管的方式來處理爭議領
土最新、最合理的作法。然而，這種由兩個擁有傳統友誼、互信的兩
個國家所愜意達成的友好的方法，並不適用在兩個軍事力量懸殊、互
相敵視的國家身上。

七、1938年9月歐洲為和平而努力的這段歷史〔注：即「慕尼黑協定」〕，
證明了光靠弱勢一方割地喪權是不夠的。調停者（或一群調停者）絕
對必須準備在必要的時候，用軍事力量迫使強勢的一方醒悟。

八、這段歷史而且證明了即使歐洲四大巨頭所鄭重簽署的條約也是廢紙一
張，仍然無法保全在六個月以前犧牲了巨幅領土的捷克的獨立。那
麼，在遠東斡旋出來的和平能取得更好、更有效的保證與制裁嗎？

　　我提出上述這些困難，是真摯地希望在坦率地面對這些複雜的因素以
後，將有助於全面地討論如何去處理美國斡旋遠東戰爭的問題。263

　　胡適在15日的日記裡完全沒有交代他為什麼寫了這個說帖。光是看他的
這則日記，彷彿他是為呈給羅斯福而寫的。幸運地，我在「洪貝克檔案」裡找
到了胡適寫這個說帖的起因。洪貝克在10月17日轉胡適的說帖給赫爾國務卿
的信裡，解釋了這個說帖的來龍去脈：

　　幾天前〔注：胡適10月14日日記：「與Hornbeck長談。談美國和解中
日戰事的可能性。」〕，我直截了當地問中國大使。我問他能否推心置腹地
告訴我，中國此時是否樂意由一個第三國出面調停跟日本締結「和平」。
　　大使在回答我的問題的時候，確實是對我推心置腹地說了許多有條件
（qualified）、不能公開的話。我問大使是否願意寫一份非正式、非官方的
備忘錄，把他對我說的，以及他想要進一步說明的話都寫在裡邊。大使接
受了我的要求。這就是隨信所附的備忘錄。
　　從這一份備忘錄，以及從我方所得的有關最近中國發展的情報，我想我

263　Hu Shih's "Memorandum," October 16, 1939，「胡適外文檔案」，E86-1；《胡適日記全集》，
　　7.710-715。

們可以作出一個假定，亦即，中國政府並不想要第三國的幫助來與日本談和。而且，中國政府此時也不可能簽訂一個對中國不利、可是日本軍部在現在以及在可見的未來一定會堅持的條件之下的合約。

從美國的利益的角度來看，我仍然認為由美國政府出面調停，讓在中國的戰爭早日結束，其冒的險會太大。在我們審慎地衡量所有的因素以前，我們不應該採取任何行動。美國政府採取那個行動的適當時機還在非常遙遠的將來——如果那個時機會來到的話。[264]

「美國政府採取那個〔調停〕行動的適當時機還在非常遙遠的將來——如果那個時機會來到的話。」這一直是洪貝克的主張。我在上文已經強調過，洪貝克雖然對日是鷹派，雖然他堅持不對日本妥協，但他除了不主張對日作戰以外，他也不主張美國介入調停中日戰爭。他的主張是靜待其變。從1937年秋天開始，胡適一直遊說洪貝克，希望他能幫助中國取得一個〈慕尼黑協定〉式的和平。現在，胡適揚棄了那個想法。他轉而跟洪貝克站在同一戰線，要「苦撐待變」。用他1939年9月29日給「美國太平洋學會」秘書卡特的信裡的話來說：

確實，我從1937年8月以後，就始終如一地主張抗戰；今天的我，大概比我大多數的同胞都更為「主戰」（war advocate）。就像我在前幾天對人半開玩笑說的，我主戰態度的演化頗類似英國的：要我作出打的決定很慢；然而一旦主戰，我就要打到底。我是經過六年漫長的歲月才走到這個主戰的立場。[265]

胡適在把說帖交給洪貝克的第二天，10月17日，打了一個電報給蔣介石：

---

264 Stanley Hornbeck to the Secretary of State, October 17, 1939, "Stanly Hornbeck Papers," Box 80, "China: Hu Shih, Dr." Folder.

265 Hu Shih to Edward Carter, September 29, 1939, IPR Papers, Box 28, "Dr. Hu Shih" Folder，藏於美國哥倫比亞大學。

　　關於美總統調停中日戰事。自接公九月文〔12日〕、元〔13日〕、刪〔15日〕、巧〔18日〕諸電後，審慎考慮。頗感此事不可急促，故月餘未去謁總統談此事。一則因總統於九月中曾指示財長與適及光甫商洽第二次借款事。寢〔26〕日適與財長及財政部專家詳談後，儉〔28〕日光甫與財政部專家詳談。十月豪〔4〕日夜，光甫與適商談後，次日光甫謁財長，即正式提出請求，再借款七千五百萬元。雖未必能盡如願，情形頗可樂觀。其詳情已由光甫電達庸之院長轉呈。美國借款，其意實欲支撐我抗戰力量。故此時不便談調停主和事，以免妨害經濟援助之進行。

　　二則適仔細打聽。日方只有私人談說，實無政府正式代表向總統進言調停事。9月27日，王亮疇部長向合眾社訪員發表談話，明言中日戰事美總統為最適當之調人。29日，駐滬日使館發言人即以書面表示，云：日本向不容許第三國干預或調處中日兩國間之爭執云。又連日德國希特勒演說及宣傳部發言人談話均表示，羅斯福為調解歐戰最適宜之人。然美國政府則謂總統並未接到歐洲任何方面之正式請求云。

　　右二事均足使吾人明瞭，總統9月8日所謂時機甚難恰好一語之意義。適遲迴不欲急切進言，此一因也。此事延擱至今，違命之咎不敢辭責。然一個月來，此事實時刻在心。亦曾遵公9月文電第五節所示，詳加研究準備一切。適所慮者，惟恐總統或輕易發表遠東停戰主和之條件，如9月8日適所報告之二事，則甚足使我為難。故甚盼政府詳示方針範圍及步驟，俾有以應對。266

　　余英時說，有興趣的人不妨查一查，看胡適究竟怎麼向政府報告的。胡適給王世杰的電報今已不存。他給蔣介石的電報完全沒有提起他給美國政府寫了一個推心置腹的「備忘錄」。余英時對胡適的這個行為雖然用了「獨斷獨行」、「一手遮天」這樣的字眼來形容。但他其實是貶詞正用，藉以凸顯出他對胡適的讚嘆：「他個人所承負的責任實在太大了。」事實上，作為一個大使，胡適可以對外國政府作備忘錄，而本國的政府完全被蒙在鼓裡。這是一個

266　胡適電蔣介石，1939年10月17日，「國史館：蔣中正總統文物」，002-090103-00003-216。

嚴重的失職的行為。

　　無論如何，雖然蔣介石並不知道胡適寫了備忘錄給美國國務卿，但他早在這以前就已經討厭胡適了。胡適在1939年7月13日的日記裡黏貼了一份「合眾國際社」的電訊：

　　〈顏可能取代胡適〉（中國重慶，7月12日「合眾國際社」訊：今天本地的報導說，顏惠慶博士將接替過去幾個月來身體不好的胡適博士，成為駐華盛頓的中國大使。這是他在1929年到1932年之間的職位。然而，外交部發言人說胡適博士「目前」仍然是大使。267

　　這則外電報導，當然不會是空穴來風的。蔣介石在該年9月2日之後的「上星期反省錄」裡記：

　　內外軍政皆不得其人，不能不令人悲憤。尤其胡適，余令其向美辦外交，而彼乃向余辯難辦內交。作中國首領之苦痛，無論何國，恐無此種情形也。一、研究外交方鍼與處理自以為無遺，而執行者不力。余雖焦心苦慮，絞盡腦汁，而一般文人書生不知何。

　　9月11日日記：「注意：一、胡適與楊杰太不成事，應速更調。」蔣介石會在這個時候爆發他對胡適的怒氣是不難理解的。我們記得9月初就是蔣介石惱怒胡適來回幾次跟他爭辯說，擔心英法會跟日本妥協是蔣介石自己的多慮的時候。

　　胡適會在日記裡黏貼顏惠慶可能會取代胡適作為中國駐美的大使的電訊，就在在地說明了他已經意識到他已經失去了蔣介石對他的信任與倚重。等蔣介石在1939年底派顏惠慶為特使到華盛頓以後，他心知肚明他已經不再是蔣介石在美國執行決策的代表。憋著一肚子氣，但敢怒不敢言的他，終於一古腦在1939年12月12日宣洩給陳光甫聽：

267《胡適日記全集》，7.675-676。

晚上在大使館會談。適之似極不樂。大致彼亦知重慶對彼不滿之消息矣。彼言蔣屢電令彼向總統諫說中日調停戰事，請總統出面主張公道。彼個人認為此時調停，中國必須吃虧。實不敢向總統多所申說。故遲遲不辦。蔣乃頗感不滿。實則彼之不向總統陳說，亦係為國家前途著想，並非貪懶云云。彼又謂不慣做官，早晚要教書去。如在美教書，每年亦可得一、二萬元之薪給云。[268]

胡適會抱怨說：「如在美教書，每年亦可得一、二萬元之薪給。」這是賭氣的話。說出來有失他一向雍容大度、為國家做面子的自持與自詡。這在在證明胡適失了方寸。

無論如何，從1939年9月初到1940年5月初，蔣介石在日記裡至少有八則記他考慮駐美大使人選的問題。1940年5月初，他大致已經有了他心目中的人選。他在5月份「本月大事預定表」裡記：「一、決定駐美大使人選。」4月30日，他已經打電報給外交部長王寵惠，告訴他擬調胡適為中央研究院院長，要他與孔祥熙商議駐美大使的繼任人選[269]。根據王世杰的日記，孔祥熙想以宋子文取代胡適，但宋子文沒興趣[270]。5月2日，陳布雷打電報給王世杰與王寵惠，要他們即刻貢獻意見給蔣介石作參考。王寵惠在跟孔祥熙商議以後，建議顧維鈞或顏惠慶。王世杰則為胡適說了話。他在5月3日給蔣介石的電報裡說：

關於駐美使節問題，近日外間頗多擬議。茲謹呈意見三點：一、現值戰時。外交人選，非有重大過失，似以避免更動為宜。至於美國國會在今年有無其他動作，以五、六月為關鍵。故目前時機，尤為重要。二、胡使常對人言：彼此次出國，雖出於督迫。惟既就任使職，則必於使命完成之時，始作歸計。其抱負可見。政府如此時調其返國，彼或以為失卻政府信

268 "Mr. K. P. Chen's Private Papers: Loan Mission 1938, I. Diaries Prepared by C. Tsang during Negotiation, May 1939-1940, File 1," 1939年12月12日。
269 蔣介石電王寵惠，1940年4月30日，「國史館：國民政府檔」，001-061120-0001。
270 《王世杰日記》，1940年4月7日，頁262。

任。解職後或竟棲留海外，謙辭新職。三、胡使雖有若干弱點，但對於白宮及國務部要人均能積極聯絡。其在美國政府及社會兩方面，信望日增，遠在顏〔惠慶〕、施〔肇基〕諸人之上。杰與胡使雖有私交，自信所陳決無一字之私。是否有當？乞公察裁。271

根據王世杰當天的日記，顏惠慶曾託人告訴他說他甚願使美272。無論如何，王世杰在這個電報裡說的話，一定讓蔣介石覺得他最好不要小不忍則亂大謀，特別是王世杰說的：「現值戰時。外交人選，非有重大過失，似以避免更動為宜。至於美國國會在今年有無其他動作，以五、六月為關鍵。故目前時機，尤為重要。」因此，他在1940年5月18日之後的「本星期反省錄」裡記：「本星期預定工作課目：一、美法大使人選暫緩為宜。」王世杰在8月8日的日記記：「今午為胡適之事，向蔣先生面言：在此時期，大使不宜更動。蔣先生亦以為然。調適之回國之議，已暫時再度取消。」273

蔣介石已經在日記裡把胡適罵成一個「半人」。這點，胡適當然不知道。蔣介石對美國一直不願意寶刀出鞘而心急如焚，他7月17日的電報中詢問胡適：

美國為何不能與英國積極合作，以支持英國在遠東之地位，而使之不畏日本之威脅。此中原因究竟安在？今日遠東形勢，只有英美海軍力量切實合作。美國在遠東多負責任，而後英國對日態度才能堅強。此為遠東安危最大關鍵，亦為中國最切之希望。274

蔣介石從來沒有放棄他「以夷制夷」計中的上上策。他不只是要英美海軍聯合對日作戰，他還要美國同時也跟蘇聯合作。他在7月18日的電報裡，要胡適把他的意思告訴美國政府：

---

271 王世杰電蔣介石，1940年5月3日，「國史館：國民政府檔」，001-061120-0001。
272 《王世杰日記》，1940年5月3日，頁267。
273 《王世杰日記》，1940年8月8日，頁287。
274 蔣介石電胡適，1940年7月17日，「國史館：國民政府檔」，001-062000-0009。

　　蘇美在遠東問題上之合作，為遏止太平洋危機之重要因素。而此事必由美國首先發動後才能有效……值此近衛〔文麿〕登台，非有英美合作與蘇美合作，進而以遠東問題為中心。由美國主持中、美、英、蘇之合作。而且有實際表示，方足以遏止敵人南進野心，而保持遠東安定。[275]

　　然而，胡適回覆蔣介石的，還是那句蔣介石已經聽得厭煩的「苦撐待變」的老生常談。例如，7月14日：

　　一、美外交部友人諄囑轉達我國領袖，不可因英國小讓步而灰心。並望介公即有宣言聲明，無論如何苦難，我仍繼續抗戰。二、據今晚友人密告，美政府深知我國待援之切。確在考慮有效之聲援辦法，日內將有所決定。[276]

又，7月16日：

　　美政府領袖確有心助我撐持。雖其援用中立法，但對遠東可以有一點行動自由。適私心以為我國對美應有信心。不必因其遲緩即生失望。[277]

　　然而，即使蔣介石決定不要小不忍則亂大謀，這並不表示他消弭了他對胡適的怒氣。他在1940年6月4日的日記裡忿忿地說：「注意：一、美總統對我要求其救濟金融財政之電，澹然漠然不加注意，抑我胡大使之不知努力乎？其實此種半人，毫無靈魂與常識之人，任為大使，是余之過耳，何怪於人。」

　　蔣介石在6月4日這則日記裡把胡適貶抑成為一個「毫無靈魂與常識」的「半人」。俗話說，「冰凍三尺，非一日之寒。」蔣介石不滿胡適已經有一段時日。然而，引爆他會口不擇言的導火線，是他在這則日記裡的前一句話：「美

275　蔣介石電胡適，1940年7月18日，「國史館：蔣中正總統文物」，002-020300-00028-035。
276　胡適電蔣介石，1940年7月14日，「國史館：蔣中正總統文物」，002-090103-00003-261。
277　胡適電蔣介石，1940年7月16日，「國史館：蔣中正總統文物」，002-090103-00012-345。

總統對我要求其救濟金融財政之電，澹然漠然不加注意，抑我胡大使之不知努力乎？」

這來龍去脈可以簡述如下。我們記得蔣介石在1938年9月底胡適從歐洲啟程赴美出任駐美大使的時候，給他四個任務：一、歐戰爆發以後，嚴促英法不可以與日本妥協；二、要美國修訂〈中立法〉幫助中國、懲罰日本；三、財政援助；四、禁軍用品售日。從蔣介石的角度來看，這四個任務，胡適幾乎一個都沒有達成。

當然，蔣介石必須承認胡適是幫忙爭取到一點財政援助的。然而，對他而言，那一定只是杯水車薪而已。蔣介石所要的，是他1938年10月15日致羅斯福的「刪電」裡所說的「鉅額」的貸款。胡適跟陳光甫合作所爭取的第一筆貸款，蔣介石開口要一億美元。結果，美國政府在1938年12月正式發表的桐油貸款，只有兩千五百萬美元。而且還必須以向美國進口桐油作為抵押。第二筆以錫進口美國作為抵押的貸款，蔣介石要七千五百萬美元。結果，胡適和陳光甫只爭取到兩千萬美元。不但如此，滇錫貸款雖然在1939年9月底已經交涉完成，卻一直要等到1940年4月才正式簽約完成。

滇錫貸款才剛簽完約，蔣介石又要向美國貸款支持中國的「法幣」。1939年3月，中國在英國的貸款資助下成立了「平準基金委員會」，目的在維持法幣。然而，法幣在戰爭通貨膨脹以及汪精衛政權的偽幣的雙重壓力之下，持續貶值。1940年5月1日，由於「平準基金委員會」已經無力繼續補貼，決定停止干預法幣的市場匯率。兩天之間，法幣與英鎊的匯率從1比4.125便士掉到1比3.125便士，貶值將近25% [278]。

蔣介石在5月17日致函羅斯福，籲請美國政府幫助維持法幣的幣值。蔣介石這個電報有兩個版本。第一個版本是由美國駐華大使轉致，第二個版本則是由胡適轉致。在第一個版本裡，蔣介石向羅斯福提出了三個建議：第一個是蔣介石的上策。給予中國所有可能的財政協助；第二個是蔣介石的中策。再用新的桐油、錫作為抵押，或者根據1937年信用貸款的方式取得商業貸款；第三

278　Kwong Shing Lawrence Ho, "China's Quest for American Monetary Aid: The Role of Chen Guangfu, 1935-1944," pp. 76-77.

個是蔣介石的下策。作為過渡、緊急的措施，允許中國政府動用部分兩千萬美元的滇錫貸款來挹注平準基金[279]。

有意味的是，美國駐華大使詹森二話不說就轉致了蔣介石的親函，胡適卻提出了反對的意見。他在5月24日致孔祥熙的電報裡說：

> 5月17日兩奉鈞電，當即與可靠人士私相研究。認為值此時際，委員長致羅斯福總統篠〔17日〕電之方式，似有從新考慮之必要。據適所得私人勸告，該電勢將使羅斯福總統為難。因渠必須答覆某某事項礙難辦到。譬諸電中第三項之建議，幾無可能，因以現金借款維持幣制，當與進出口銀行借款合同不符。敬乞鈞座准適不將該電遞交，僅以口頭廣泛之辭向羅斯福總統請求美國政府援助我國幣制。[280]

孔祥熙還在請示蔣介石的時候，胡適又再5月26日致電孔祥熙：

> 適於5月19日由可靠方面得到秘密消息。知委座篠電全文已由美大使轉到，並悉政府高級官員希望適不將該電遞送。但適待與財部最高當局商洽後，始發覆電。乞將以上情形轉呈委座。[281]

5月28日，孔祥熙覆電胡適，說蔣介石堅持電報必須轉遞：

> 頃奉委座復示，美總統電仍須轉遞。至第三項之建議，如以為不妥，可由適兄刪改，餘應照轉。以口頭轉達，不如有文字為可作據也。如萬一環境關係，文件實難即為轉遞，則先以口頭轉述，亦無不可等因。[282]

279　The Ambassador in China（Johnson）to the Secretary of State, May 18, 1940, *FRUS*, 1940, Vol. IV: *The Far East*, p. 657, n69.
280　胡適電孔祥熙，1940年5月24日，「國史館：蔣中正總統文物」，002-080106-00025-002。
281　胡適電孔祥熙，1940年5月26日，「國史館：蔣中正總統文物」，002-080106-00004-004。
282　孔祥熙電胡適，1940年5月28日，「國史館：蔣中正總統文物」，002-080106-00004-004。

　　胡適顯然沒有尊奉蔣介石透過孔祥熙給他的訓令。《美國外交文書》所印的蔣介石致羅斯福的親函，是在5月28日轉遞。這封親函裡，完全沒有蔣介石所提的三個選項。其所用的文字，就是胡適所建議的：以「廣泛之辭向羅斯福總統請求美國政府援助我國幣制。」[283] 無怪乎蔣介石會在6月4日的日記裡暗自懷疑說：「美總統對我要求其救濟金融財政之電，澹然漠然不加注意，抑我胡大使之不知努力乎？」

　　蔣介石在5月17日給羅斯福的親函裡說：

　　總統先生，我相信閣下一定會義無反顧地全力幫助我國的目標，特別是抗戰已經到了勝利或失敗的關鍵時刻。如果閣下是像我所希望的，贊成我在此信裡所提出的原則，我會很樂意派一個代表來商議細節。[284]

　　蔣介石所派的代表就是宋子文。蔣介石在6月22日給胡適的電報裡說：「已派宋子文兄來美。約有日〔25日〕可乘飛機到。請代招待為盼。」[285] 蔣介石派宋子文到美國作他的私人代表，這就是胡適駐美大使生涯的尾聲。

　　中國人最大的毛病，就是不能合作。每個人都自視過高。而且寧為雞首，不為牛後。胡適、錢端升、張忠紱三人在1937年秋被蔣介石派赴美國作宣傳。胡適在1938年1月22日的日記記：

　　〔錢〕端升總恨無可立功，此念使他十分難過。他說：我們去年初到舊金山時，黃總領事背後問我是否我的秘書，他聽了「差不多可以哭出來」。只好裝做不懂，搪塞過去。

　　他今天說此事，我聽了真「可以哭出來」。我們二人同行，同為國家作事。外人問這句話，有何可恥，何必要哭出來！

283 The President of the Chinese Executive Yuan（Chiang）to President Roosevelt, May 17, 1940, *FRUS*, 1940, Vol. IV: *The Far East*, pp. 656-657.

284 The President of the Chinese Executive Yuan（Chiang）to President Roosevelt, May 17, 1940, *FRUS*, 1940, Vol. IV: *The Far East*, p. 657.

285 蔣介石電胡適，1940年6月22日，「國史館：蔣中正總統文物」，002-010300-00035-024。

我深知中國士人不甘居人下，故事事謙遜，從不敢以領袖自居。但此種心理實在是亡國的心理。[286]

胡適這句「亡國的心理」說得很重。其實，他自己也無法跟人合作。他1937年秋天到美國以後，非議王正廷，埋怨他不肯幫助。等宋子文到了，換他非議胡適，埋怨胡適不肯幫他。蔣介石說宋子文6月25日會到美國。根據胡適6月26日的日記，他是在當天抵達紐約[287]。

中國人不但不能合作，而且具有一山容不下二虎的心態。胡適跟宋子文幾乎從一開始就是水火不容的。宋子文在6月26日抵達紐約。胡適在7月2日陪宋子文在華盛頓見了一些政府要員，並且在當天下午1點陪他去白宮見了羅斯福。當晚，胡適日記記：

晚上陪他去Hamilton〔漢摩頓〕家吃飯。飯後同回到他的旅館小坐。他說，總統既答應了幫忙，借款一定有望了。我說：「子文，你有不少長處，只沒有耐心！這事沒有這麼容易。」他又批評光甫的兩次借款條件太苛。我說：「我要warn〔忠告〕你：第一、借款時間不能快。第二、借款條件不能比光甫的優多少！光甫的條件是在現行法律之下，無法更優的。」[288]

7月12日日記：

早晨得郭復初〔郭泰祺〕電，知道英國政府受日本威脅，決定對緬甸問題作暫時讓步。我很焦急，故終日奔忙。到外部，與Hornbeck深談，請其即為轉達我們的危急情形。宋子文也很著急。他說：「你莫怪我直言。國內很有人說你講演太多，太不管事了，你還是多管管正事吧！」[289]

---

286 《胡適日記全集》，7.468。

287 《胡適日記全集》，8.55。

288 《胡適日記全集》，8.56。

289 《胡適日記全集》，8.56-57。

胡適認為他跟陳光甫花了一年的時間，費盡了九牛二虎之力，才向美國爭取到兩個貸款：兩千五百萬美元的桐油貸款和兩千萬美元的滇錫貸款。他不信公子哥兒、又沒有耐心的宋子文有什麼特別的能耐，比他和陳光甫強。因此，他在9月4日日記裡完全不看好宋子文爭取貸款的計畫：

> 宋子文兄來談。他說，他向美方面談的三事：一、從 Stablization Fund〔平準基金〕（2,000,000,000）內借一筆幣制借款（平衡金）；二、從 Export-Import Bank〔進出口銀行〕借款，用礦產作抵；三、由蘇聯供給 Magnesium〔鎂〕與美。由美借款與俄，由蘇俄供給軍用品與我〔注：即羅斯福的三角交易的點子，下詳〕。現在這三事均無大希望。290

胡適沒想到他的判斷完全錯誤。二十天以後，9月25日，美國政府就宣布給予中國第三個貸款，亦即，用鎢作抵押的兩千五百萬美元借款。緊接著11月29日，一億美金的貸款發表。1941年4月25日，五千萬美金的平準基金貸款合同簽字。胡適在日記裡提到了鎢貸款。其他兩個鉅額貸款，也許是因為他當天的日記都剛好闕如，也許是因為他覺得老天沒眼、讓小人得志，胡適都沒有記錄。

宋子文在八個月之中負責爭取到總數一億七千五百萬美元的貸款，簡直是神人一個。然而，這也是拜了天時之賜。最大的轉捩點，就是美國國會在1941年3月通過的〈租借法案〉（Lend-Lease Act），由美國以信用貸款的方式租借軍火物資給同盟國的友邦。毛邦初在他向蔣介石報告的〈在美見聞〉反映的可能是胡適貶抑宋子文的觀點，但說得頗有道理：

> 過去二年來，美國對華四次貸款，均由美國主動。且每次借款莫不在遠東某巨大變化之後。例如，1938年12月15日，第一次借款二千五百萬元，係在我軍漢口撤退，政局穩定，重慶國府聲言繼續抗戰之時。第二次借款二千萬元，係在1939年3月1日，汪逆在南京組織偽政府之際。去年

---

290 《胡適日記全集》，8.64-65。

秋際，日軍在安南登陸，遂有第三次二千五百萬之借款。迨及日本冒大不韙承認汪偽。於是美國亦大張旗鼓，而於11月30日宣布第四次借款。並將數目增至一萬萬元焉。當第三次借款時，胡大使於9月25日在大使官邸，向美國人士聲言曰：「此次借款，並非美國徇我國之請。乃美國自求鞏固其國防也。」足見美之借款，並非某個人斡旋之功。[291]

我說毛邦初〈在美見聞〉裡所反映的胡適貶抑宋子文的觀點說得頗有道理。這是因為宋子文能在八個月之中爭取到總數一億七千五百萬美元的貸款，看起來簡直是神人一個。然而，確實如胡適所說，這主要是拜國際局勢的變化之賜。齊錫生把這一億七千五百萬美元貸款的取得，歸功於宋子文是一個「談判能手」、「足智多謀」、敢於「不識大體」、能夠「榨取出最大的政治利益」、遇到阻礙會「毫不遲疑地跑到總統那裡告御狀」[292]。

先說「足智多謀」。齊錫生引當時美國財政部長摩根韜的一則日記，說宋子文在1940年7月9日向羅斯福提出一個「三角交易」的點子，亦即，「是否中國可以用鎢礦作為抵押向美國貸款，然後用美國貸款轉而向蘇聯購買武器。」他說摩根韜「聽了之後大為興奮，轉而向羅斯福建議。」羅斯福聽了「也感到相當興趣。」於是，宋子文立刻快馬加鞭，拜會了國務院、財政部，以及蘇聯駐美大使，戮力於促成他這個「三角交易」的點子。齊錫生讚嘆說：「宋子文一旦到達美國，就開始攪活了一池春水。」[293]

這個宋子文「開始攪活了一池春水」的禮讚，其反映的是近年來方興未艾的宋子文造神運動的一部分。齊錫生並不是一個特例。比如說，林孝庭在2012年的一篇英文論文裡，也把這個「三角交易」的點子說成是宋子文的[294]。

291　毛邦初，〈在美見聞〉，「國史館：蔣中正總統文物」，002-080114-00019-013。

292　齊錫生，《從舞台邊緣走向中央：美國在中國抗戰初期外交視野的轉變，1937-1941》，頁251，285，289。

293　齊錫生，《從舞台邊緣走向中央：美國在中國抗戰初期外交視野的轉變，1937-1941》，頁286。

294　Hsiao-ting Lin, "Reassessing Wartime U.S.-China Relations: Leadership, Foreign Aid, and Domestic Politics, 1937-1945," p. 122, http://www.nids.mod.go.jp/publication/senshi/pdf/201303/09.pdf，2017年7月21日上網。

　　事實上，這個「三角交易」的主意，不是宋子文想出來的。摩根韜在當天的日記裡說得很清楚。宋子文告訴他那是他晉見羅斯福的時候，羅斯福所提出來的。不但如此，這個主意，羅斯福在宋子文和摩根韜見面以前，就已經跟摩根韜談過了。摩根韜在這則日記裡說：

> 宋子文告訴我說，總統跟他提到三角交易的貸款──蘇聯、中國、和我們……他建議中國用鎢礦作抵押向我們貸款，然後再用此貸款向蘇聯進貨。我說總統會覺得這個想法太了無新意了（simple）。我說：不如我們向蘇聯買錳礦，條件是蘇聯必須幫助中國。
>
> ……我問他對三角交易的貸款，他有什麼看法。結果他一點看法都沒有。[295]

　　因此，不但這個三角交易（triangular exchange）貸款的主意是羅斯福提出來的，而且，摩根韜在提出他的替代方案、並問宋子文意見的時候，宋子文還無辭以答。

　　事實上，不但摩根韜日記裡明明就說這個三角交易的主意是羅斯福提出來的。即使是林孝庭所徵引的布倫（John Blum）所編選的《摩根韜日記選》（*From the Morgenthau Diaries*）也是如此明確地載明。在1940年9月19日的內閣會議裡，摩根韜就說這是羅斯福在兩個月以前所提出來的主意[296]。林孝庭之所以會誤以為這是宋子文的點子，是因為在他所徵引的頁360上，美國政府在向蘇聯駐美大使提出這個主意的時候，故意把它說成是宋子文提出來的[297]。他沒注意到在該書頁358上，就清楚地說明摩根韜在上引的內閣會議裡，指出那是羅斯福在兩個月以前所提出來的主意。

295　*Morgenthau Diary*（*China*）（Washington, D.C.: U.S. Congress, 1965）, July 9, 1940, I.176.

296　John Morton Blum, *From the Morgenthau Diaries : Years of Urgency, 1938-1941*（Boston: Houghton Mifflin, 1965）, p. 358.

297　John Morton Blum, *From the Morgenthau Diaries : Years of Urgency, 1938-1941*, p. 360; Hsiao-ting Lin, "Reassessing Wartime U.S.-China Relations: Leadership, Foreign Aid, and Domestic Politics, 1937-1945," p. 122.

　　事實上，何止美國的官書文件上明白地顯示這三角交易的主意是羅斯福提出來的，連宋子文自己在1940年7月2日給蔣介石的電報裡，也明白地報告說：羅斯福說，「至中國需要幣制及物質援助，余願盡力。由先生與財政部詳商。美國需要鎢砂，進口銀行雖已滿額，但可另覓他途。至運輸路線，如緬甸路線遙遠。可由中國向美借款，向俄定貨，由西北運華，成一三角方式。」[298]

　　美國政府會故意把自己的主意說成是宋子文的，這是外交折衝上爾虞我詐常用的詐術。研究者不察，據以為信實的史料。其結果就是造就了一個宋子文的「神話」。

　　這個三角交易貸款的方案，摩根韜還責成其幕僚寫成備忘錄給羅斯福。只是，由於美國國務院反對，又由於蘇聯不但沒有意願，而且後來還侵占了波羅的海三小國以及波蘭，美國以凍結波羅的海三小國的資產反制，美蘇關係緊張而作罷[299]。最後，還是由中國自己用鎢礦作為擔保從美國取得二千五百萬元的貸款。

　　宋子文所爭取到的一億七千五百萬美元的貸款，一共分為三筆。除了這1940年10月所簽訂的二千五百萬元的鎢礦貸款以外，還有美國在1940年11月底所先後宣布的兩筆貸款：一、五千萬元的平準基金貸款；二、一億美金的貸款。然而，這兩筆鉅額貸款的取得，都不是因為宋子文是一個「談判能手」。事實上，連齊錫生自己都承認：

　　　　這個倉促行動的原因是美國從情報得知，汪精衛將在次日與日本簽訂一項新約，重新調整「中日關係」，並致力於重建「新中國」。而羅斯福總統則希望經由美國的干預，能夠阻止汪精衛和蔣介石之間達成任何合作協議。

又，羅斯福認為：

298　宋子文電蔣介石，1940年7月2日，「國史館：蔣中正總統文物」，002-020300-00028-032。

299　David Rees, *Harry Dexter White: A Study in Paradox*（New York: Coward, McCann, and Geoghegan, 1973）, p. 106.

　　日本承認汪精衛政權可能嚴重打擊中國士氣……其結果是，在羅斯福向摩根韜發出指示後兩天之內（11月30日），美國政府宣布向中國貸款一億美元，同時重申美國只承認重慶政府。300

　　齊錫生之所以會以「倉促」這個字眼，來形容宋子文所爭取到的一億七千五百萬美元的貸款，這是因為這三筆鉅額的貸款是在一個月內取得的。那五千萬元的平準基金貸款以及一億美金的貸款，更是羅斯福指示摩根韜在兩天之內，趕在日本承認汪精衛政權之前宣布的。

　　齊錫生所形容的這個美國「倉促」的貸款「行動」，在在地說明了下述這個事實：即使宋子文確實「足智多謀」、確實是一個「談判能手」、能夠「榨取出最大的政治利益」，中國之所以能夠從1940年底開始一再地從美國「榨取」到鉅額的貸款，主要還是要拜美國擔心中國會對日本投降之賜。如果蔣介石和宋子文確實是「足智多謀」，也正是因為他們懂得利用中國瀕臨崩潰、中國可能向日本投降作為威脅，一再地從美國「榨取」到貸款。

　　宋子文是否真的像齊錫生所說的，敢於「不惜激怒聯邦政府的要員們而直達天聽」，總是能夠「跑到總統那裡告御狀」？摩根韜在珍珠港事變前美日談判關鍵時刻的一則日記裡所摘錄的一封信，就提醒了我們：宋子文這個被塑造出來的神人也似的形象，也只是「神話」一個：

　　遵循閣下的建議，我問克里（Lauchlin Currie）〔注：羅斯福的經濟顧問〕有關宋〔子文〕博士求見總統一事。克里告訴我他一兩個星期以前試圖幫宋安排晉見總統。總統回說：宋應該去見斯特蒂紐斯（Edward Stettinius Jr.）〔注：國務卿〕。克里的印象是，高可任（Thomas Corcoran）〔注：羅斯福的親信〕後來也試著要幫忙安排晉見之事，但他不能確定。301

300　齊錫生，《從舞台邊緣走向中央：美國在中國抗戰初期外交視野的轉變，1937-1941》，頁287。

301　H. D. White to Henry Morgenthau Jr., October 24, 1941, *Morgenthau Diary（China）*, I.505.

我在此處所要提醒的是：我們不能在戳破了一個胡適「神話」的同時，卻又去塑造出一個宋子文的「神話」。

言歸正傳，回到前文所徵引的毛邦初的〈在美見聞〉。這篇報告，「國史館」檔案整理者不知作者為何。我從內證——作者抵華盛頓時間，以及其中屢次提及軍購的內容——可以很確定地判斷是毛邦初寫的。毛邦初是蔣介石派到美國去的。他在1940年11月15日抵達華盛頓。蔣介石1941年2月7日給宋子文的電報說毛邦初已返國。因此，我判斷這個報告是在1941年2月間呈給蔣介石的。

總之，胡適與宋子文水火不容，受害的是他自己。宋子文是在1940年6月26日抵達紐約的。7月2日，胡適陪宋子文在華盛頓見了一些政府要員。7月15日，宋子文就告了胡適的狀：

> 美外交部對我雖同情，然畏首畏尾，尤以東方司人員為甚。適之兄待人接物，和藹可親。惟終日忙於文學研究。公務上惟東方司之命自從。不敢逾越該司，而與其上峰及其他各部接洽，以冀打破障礙，實無勝任大使能力。到任迄今，尚未與陸長、海長晤面。由此已可想而知矣。[302]

蔣介石一面跟胡適虛與委蛇，一面積極跟宋子文商討胡適的繼任人選。他6月5日日記：「預定：一、研究人事。國人小有才者，多無氣節。肯負責者，多為庸才，或師心自用，而無公忠之性。此民族所以衰敗，而政治所以無法也。」7月6日之後的「本星期預定工作課目」：「一、對美外交之進行與人選。」

10月7日，宋子文給蔣介石的電報裡說：

> 自文來美，鈞座已兩次欲召回胡大使。頃美日關係極為緊張。我國亟應有活動得力大使，商洽效果，而於大選後尤為重要。文以顏惠慶、施肇基兩人最為適宜。而施肇基與總統友誼頗篤。以前接洽出售白銀，與財長相得。而與進出口銀行瓊斯氏亦有友誼。對於美國政情尤稱熟悉。彼現寓香

302　宋子文電蔣介石，1940年7月15日，「國史館：蔣中正總統文物」，002-080106-00025-002。

港。盼鈞座能派其即刻來美充任大使。俾拾目前此緊張關頭，盡量利用時機是禱。303

宋子文所推薦的顏惠慶與施肇基，蔣介石否決了顏惠慶。他10月25日日記：「預定：五、覆子文信，不能派顏任美使。」他在10月30日給宋子文的電報裡說：「宋子文先生：顏更不如施，出使人員老氣橫出，不尊政府而只知自私者，以後決不可派也。該事容後再定。」304

蔣介石在這時已經開始架空胡適。他在11月10日給宋子文的電報裡說：「關於三國〔中、英、美〕合作交涉，中已囑美大使電其政府與兄在美直接交涉。此事如可不使胡大使參加亦好。請兄酌定可也。」305 11月13日日記：「注意：二、調胡適之時期。」

眼看著蔣介石已經到了即將決定調換胡適的時刻。結果，他又有了另外一個顧忌的理由。他在12月13日給宋子文的電報裡說：

> 胡大使在美不得力，故中在預定提出方案以前召其回國。然現在電召或調換。據中所得消息，彼或仍留美不願奉召。故對此事處理當須研究至當方能決定也。306

除了擔心胡適會抗命不奉召回國以外，蔣介石對繼任人選為誰，一直心猿意馬。他否決了顏惠慶以後，似乎傾向於接受宋子文所另外建議的施肇基。可是在12月16日給宋子文的電報裡，他似乎更屬意顧維鈞：「至於美使人選經過外人已多猜測，自不能免。中意此事惟有調顧少川較宜。但時間如何請兄酌復。」307

這時胡適自己很清楚他已經被架空。宋子文對他的猜忌、排擠，最戲劇性

---

303 宋子文電蔣介石，1940年10月7日，「國史館：蔣中正總統文物」，002-080106-00004-005。

304 蔣介石電宋子文，1940年10月30日，「國史館：蔣中正總統文物」，002-010300-00039-068。

305 蔣介石電宋子文，1940年11月10日，「國史館：蔣中正總統文物」，002-010300-00040-010。

306 蔣介石電宋子文，1940年12月13日，「國史館：蔣中正總統文物」，002-010300-00041-021。

307 蔣介石電宋子文，1940年12月16日，「國史館：蔣中正總統文物」，002-080106-00004-004。

地表現在1940年11月29日一億美金貸款發表的前夕。毛邦初的〈在美見聞〉
是左打宋子文、右摑胡適的一篇報告。他在〈在美見聞〉裡，盛讚英國在美軍
購人員與英國大使分工合作、「協同一致，斡旋於白宮之間。」反觀中國：

　　我國駐美大員則不然。宋先生與胡大使，互忌之心高於合作。例如，宋
先生請胡大使對外稱其為國府委員，而大使僅稱其為中國銀行總裁。又如
去年11月29日，宋先生正在倚裝之際，忽得一萬萬元借款消息。乃電話
請胡大使勿返華盛頓。事後據胡大使對人云：該日，宋向：一、紐約胡大
使所住旅館；二、紐約中國銀行經理夏屏方處；三、紐約華昌公司李國欽
處，留下電話。謂宋先生即赴紐約，務必留大使在紐約等候。胡大使靜候
日餘，宋先生仍未去，而一萬萬元借款消息發表。乃知宋先生留彼在紐約
之用意。乃使其無法居功也。借款消息發表數日後，國內賀電未至。宋先
生至為焦急。及國內賀電到，胡宋又被列銜一電中。於是彼此猜忌，有增
無減。308

　　這個宋子文用調虎離山之計，不讓胡適分享爭取到一億美金貸款的功績的
故事，胡適即使自己判斷得出來，終究沒有證據。他在前一天從華盛頓到紐約
去作了一個廣播演講。如果不是宋子文的調虎離山之計，他是可以在29日那
天趕回華盛頓的。宋子文這個調虎離山之計，胡適終於在事情發生一個半月以
後從毛邦初口中證實。他在1941年1月10日日記裡記：

　　今天毛邦初兄來談了一些故事，使我笑不得，氣不得！……
　　W.〔注：其實是M.，亦即，"Mao"，毛邦初的「毛」。胡適因為才在日
記開頭提到他，故意倒寫其姓的英文縮寫，隱其身分〕先生來談。那一天
（Nov. 29）〔11月29日〕，S.〔注：宋子文〕先生夫人等共六人，買了車票
去紐約。劉符誠先生已先到車站等候了。J. J.〔注：Jesse Jones，瓊斯，美
國進出口銀行主席〕忽然打電話來，說，明天日本承認汪偽，美國要有所

表示，一萬萬元大借款也許即可發表。S.先生聽了，立刻說：「趕快打電話到紐約找到胡大使。說，我有要緊事要和他談。請他今天莫回來。請他在紐約等我。我半夜可到。」這真是「公忠體國」的大政治家的行為！他找不到我，留了電話在我旅館，還不放心。又分頭打電話給李國欽和夏屏方，托他們轉告我務必在紐約等他！我早就明白了他的「巧計」。今天W.先生證實了此意。[309]

毛邦初向蔣介石告國舅宋子文的狀，傷不了宋子文的汗毛。而且囿於篇幅，就不在此處提起。他告胡適的狀，則只有加深對胡適的傷害：

胡大使英文演講，詞調均佳。美國教育家，及受相當教育之民眾，多知其名。又胡大使曾提倡中國新文化，及語體文運動，故美國學術界，亦視為中國罕有之人材。我國如不能選派一幹練之外交家，在美國政府方面有所活動。退而選派一人，如胡大使者，亦可代表國家，有助於宣傳。胡大使之口才與學問，雖可補救政治上及外交上所缺乏之經驗，但彼向未服務國民政府，易持在野政客批評之態度。彼既不十分明瞭我國慘淡經營之苦衷，又不熟諳軍事情形。故對於長期抗戰，始則疑懼，繼則驚訝，現在漸漸信服。在昔美國輿論未一致同情援華之時，胡大使對於我國抗戰宣傳，並無特別努力。現美國輿論既一致援華，而胡大使不肯努力向政府方面活動，以收輿論同情之效。仍依舊到各學校、及學術團體演講。計得各校名譽博士學位，已有十四個。胡大使每對客言，彼由大學教授降格為外交家，頗有不屑政治外交之意。雖近詼諧，遠非美國政府官吏、及政客之所樂聞。使館方面，雖有充足之交際費與宣傳費，而對政治上外交上之酬應，異常忽略。例如上次詹森大使回美，我大使館並未宴請。1937年以前，美外交部東方司長亨伯克〔洪貝克〕博士，親日甚於親華。我國抗戰以來，亨伯克由司長調任外部顧問，並無專職。由是對於我國抗戰漸能認識，親華之熱度稍高。胡大使與外部接洽，以亨伯克為之介。恆少與國務

---

309 《胡適日記全集》，8.89-90。

卿或國務次卿往來。胡大使在館，不批閱國內公事，由部下各自為政。故難於劇除積習，及增高行政效率。館中人員，亦不健全。例如一等秘書，為使館中譯電員所提升。又三等秘書，係從武官署所調用云。310

　　蔣介石雖然沒有馬上撤換胡適，胡適的處境當然不好過。他在1940年12月17日生日當天的日記，記下了他的感慨：

　　這一年之內，我跑了不少的路，做了不少的演說，認識了一些新的朋友。讀書的機會很少。做事的困難，一面是大減少了，因為局勢變的於我們有利了；一面也可說是稍增加了，因為來了一群「太上大使」。但是我既為一個主張發下願心而下，只好忍受這種閒氣。我的主張仍舊不變。簡單說來，仍是「為國家做點面子」一句話。叫人少討厭我們，少輕視我們──叫人家多瞭解我們。我們所能做的，不過如此。
　　至於政策，則此邦領袖早已決定。不過待時演變，待時逐漸展開而已。今年美國種種對我援助，多是這程序的展開，我絲毫無功可言。其展開之形式，皆為先有暴敵走一步，然後美國走一步或兩步。歷次皆是這樣。311

　　胡適在這則日記裡仍然作勢自謙地表示他「絲毫無功可言」，渾然不知沒有人會把那三筆總數一億七千五百萬美元的貸款歸功於他。真可謂是表錯了情。他所謂的美國政策早已決定，只不過是待時逐漸展開而已。這句話就是毛邦初在〈在美見聞〉裡引用來貶抑宋子文爭取貸款的功績時所說的話：「過去二年來，美國對華四次貸款，均由美國主動。且每次借款莫不在遠東某巨大變化之後。」
　　至於胡適在日記前半段所埋怨的「來了一群『太上大使』」的話，他所指的當然不只是宋子文。這「一群」裡，包括了蔣介石在1939年底派到美國的特使顏惠慶。蔣介石派顏惠慶為特使到美國，讓胡適極為不快。當時在美國爭

310　毛邦初，〈在美見聞〉，「國史館：蔣中正總統文物」，002-080114-00019-013。
311　《胡適日記全集》，8.79-80。

取貸款的陳光甫，就在一則日記裡道出了胡適的怨氣：

> 　　按顏〔惠慶〕等到美宣傳，適之頗覺多此一舉，不甚贊同。且與彼工作不無衝突之處。亦難怪其不快也。據適之言，彼與顏談三小時，彼此意見未能融洽。顏根據國內來電，主張向國會各方面奔走，達到禁運軍火至日本之目的。適之則認為廢除商約不立刻續訂，雖不奔走，亦可做到。至禁運軍火，雖奔走亦不能達到。徒屬另生枝節，多此一舉。[312]

　　這群「太上大使」後來又包括了施肇基。說到施肇基，就不得不說：人對人的感覺是會隨著處境的不同而改變的。1938年8月23日，胡適在英國準備上任大使的時候，他聽夏晉麟談施肇基，佩服得五體投地。他在當天日記裡記：

> 　　他談施植之作公使，每約了去見總統或外長，前一夕即不多睡。必將要說的話一一想出來。並懸擬A、B、C幾個可能的答覆。又一一想好A答法應如何答之，B答法應如何答之。此是政治家敬慎風度，不可不記之。植之亦甚留心人才。他與Willoughby〔注：Westel Willoughby，魏羅貝，美國政治學者，中國政府顧問〕之相處，最可取法。他自己不是學者，而能用學者，甚不可及也。[313]

　　然而，等施肇基在1941年也到美國加入了「太上大使」的行列以後，他對施肇基的觀感就完全不同了。當然，胡適不知道當時蔣介石曾經考慮啟用施肇基來取代他。比如說，他1942年1月4日日記：「Mr. Myer說：你們為什麼不叫施大使多做點事？他好像閒得可憐，常來找朋友打紙牌。有時候一早就來了，急得要打牌。」[314]

---

312 "Mr. K. P. Chen's Private Papers: Loan Mission 1938, I. Diaries Prepared by C. Tsang during Negotiation, May 1939-1940, File 3," 1940年4月18日。

313 《胡適日記全集》，7.594。

314 《胡適日記全集》，8.112。

　　胡適埋怨「太上大使」，自然是跟他作為大使卻被架空的委屈感是息息相關的。1941年5月2日，孔祥熙電告宋子文，說政府已經訓令胡適，要他知會美國政府，說中國政府已經派宋子文為與美國洽商軍械貸借的全權代表[315]。王世杰在4月11日的日記裡透露了胡適的憤怒之情：「今日接鯁生來信，謂宋子文在華盛頓遇事專擅，不顧體統，頗使適之不快。」[316]等宋子文在該年12月成為外交部長以後，更是每下愈況。胡適在1942年5月19日，也就是說在他被撤換前四個月的日記裡，在忿忿然描述他被架空的情況之餘，甚至把施肇基貶為宋子文的部下：

　　　　自從宋子文做了部長以來（去年12月以來），他從不曾給我看一個國內來的電報。他曾命令本館：凡館中和外部、和政府往來的電報，每日抄送一份給他。但他從不送一份電報給我看。有時蔣先生來電給我和他兩人的。他也不送給我看，就單獨答覆了（他手下的施植之〔施肇基〕對人說的）。
　　　　昨日我復雪艇一長電，特別抄了送給子文看。並且親筆寫信告訴他，意在問他如何答覆。他今天回我這封短信，說："I replied much in the same vein!"〔我的回答相仿！〕他竟不把他的電文給我看！記此一事，為後人留一點史料而已。[317]

　　總之，宋子文在美國爭取貸款越成功，胡適在蔣介石心目中的地位越降。比如說，1941年4月，美國給予中國五千萬美金的平準基金貸款到了最後交涉的階段。蔣介石在4月13日電報中的口氣強硬。他告訴宋子文說：「平衡基金若不整付寧不簽字。」[318]宋子文在4月15日向蔣介石報告的電報裡，說他向美國財政部長摩根韜要求五千萬平準基金的借款一次撥給。摩根韜面有難色。羅斯福緩頰，說他會再跟摩根韜討論[319]。4月21日，宋子文、胡適向蔣介石報

315　孔祥熙電宋子文，1941年5月2日，「國史館：蔣中正總統文物」，002-020300-00032-039。
316　《王世杰日記》，1941年4月11日，頁340。
317　《胡適日記全集》，8.125。
318　蔣介石宋電子文，1941年4月13日，「國史館：蔣中正總統文物」，002-010300-00043-006。
319　宋子文電蔣介石，1941年4月15日，「國史館：蔣中正總統文物」，002-080106-00044-006。

告，說摩根韜仍然堅持先撥兩千萬元。然後，再從5月份起，每月撥五百萬美金[320]。蔣介石在4月24日的回電裡，仍然堅持一次撥付[321]。最後，蔣介石贏了。宋子文4月26日向蔣介石作的報告，又捅了胡適一刀：

> 接奉敬電（廿四）。當時胡大使深慮借款成為僵局。主張會同電請鈞座接受財長條件。文認為此種舉動反令美人嗣後對平衡基金之運用增加困難。經以鈞電先告財長親信錢幣司長。彼謂最好作為尚未接到鈞座復示，亦再由文及適之兄見毛要求其重加考慮。昨上午再見財長。態度轉佳，即允一次撥款。且並不附帶非正式條件。遂於下午正式簽字。敬以奉聞。[322]

4月29日，宋子文又向蔣介石告狀，以胡適不合作為名，要求蔣介石給他行政院副院長的名義，以提高他在美國交涉的權望：

> 郭部長來告，胡大使對文在美進行各事，未能先與洽商，頗以為憾云。文自奉去年7月震日（12日）鈞電，囑借款事不必與胡大使相商後，遵命確未與其相商。且彼常赴各地演講中國之文化。事實上，亦無法事實先徵其同意。且文抵美後，胡大使向各方介紹，謂繼任光甫先生來美工作者。外間遂有人謂文奪取光甫差使。此雖不值一笑，但一時不無誤會。文僅以中國銀行董事長名義在此工作。於個人無關輕重；於對外進行不無阻礙。敢乞鈞座賜予考慮，昇以相當名義。最好能於行政院添一不兼部之副院長。此名稱與特使、專使名義不同。對於華府外交陣容不致增加複雜。而文有政府任命地位，於對美各方進行裨益良多。可否敬乞鈞裁至禱。[323]

320　宋子文、胡適電蔣介石，1941年4月21日，「國史館：蔣中正總統文物」，002-020300-00030-060。

321　蔣介石電宋子文、胡適，1941年4月24日，「國史館：蔣中正總統文物」，002-020300-00030-063。

322　宋子文電蔣介石，1941年4月26日，「國史館：蔣中正總統文物」，002-080106-00040-006。

323　宋子文電蔣介石，1941年4月29日，「國史館：蔣中正總統文物」，002-080106-00040-006。

圖5　1941年4月底，郭泰祺（中）卸任駐英大使，經美返國就任
外交部長。左為紐約市議會（New York City Council）會長
Newbold Morris。（胡適紀念館授權使用）

　　宋子文對胡適最犀利的總告狀，是他5月20日所寫、由李石曾帶回中國親
手交給蔣介石的密函，函中所畫的線應該是蔣介石所加的：

　　委座鈞鑒：4月30日適之在華府為復初洗塵〔注：當時郭泰祺從英國經
由美國回國出任外交部長〕，邀文作陪。同席有陸長斯汀生、財長毛根韜
〔摩根韜〕、國防部顧問項白克〔洪貝克〕，均係與遠東有關之人物。茲將
席間談話，擇陳如左：
　　一、適之言數年前太平洋會議時，深覺中國既無外援，又無充實軍力，
足禦強寇，因在演說中主張放棄東三省。會後承斯汀生誡適之：東北問題
牽涉三千餘萬中國同胞，君何得肆意斷送。數月後，適之細思斯君之言，
頗為感動。因寄書謝過，斯君善意，至今未敢或忘。
　　二、適之繼謂，如毛財長許可，擬奉告諸君。廿七年〔1938〕十月杪，
光甫在美商洽借款之經過。當時廣州漢口相機淪陷，光甫與適之不敢再叩
財部之門。某日，毛財長或約適之與光甫至寓所茶敘。及抵彼處，財部要

員均已在座。毛聲言美政府已決定貸款中國，惟中國如於此時捨戰言和，則美國必受人責難。故在借款簽字前，須得蔣委員長繼續抗戰之保證。光甫與適之以事出望外，相對默視。適之詢光甫貸款總額若干，光甫反以相詢。最後毛財長告以桐油借款總額為二千萬元。適之謂此數雖不能盡如人意。但在此軍事失利之時，予我援助，實覺欣幸。數日後委員長覆電，抗戰政策決不變更。貸款方案於是決定。

三、文言最近平衡借款告成，正在日蘇協定發表之後，予我國軍氣民心以莫大之興奮。中美素稱良友，援我以艱危之中，尤深感激。毛詢中國政府對平衡基金借款之感想如何。委員長曾電令財長援助盛意，因值郭外長來美，事務紛繁，未可時電意轉達。

四、復初嘆稱，代適之受過，已非一次。廿七年〔1938〕冬，接外部電責。以不應向美國〔注：英國〕著名政論家拉斯基言中國軍心渙散，只能求和。彼復外部，不晤拉斯基已二、三年，何從談話。嗣遇拉君，詢以究竟。始知彼所稱與中國大使談，係駐美胡大使，合座為之軒渠。

五、項白克言，外間認胡適為緩和派。彼知非確。彼決不教胡適成為緩和派也。適之首肯。並謂彼遇困難，既往求教項君。承項君常勉以時局變化萬端，毋庸諸事煩慮等於。上述談話頗足玩味。<u>我國對美外交，一向搖尾乞憐，以博美方之好感。至於中國之體之尊、及中美平等同一陣線之認識，實嫌欠缺。</u>故項白克、毛根輪一般心目中，已習於光甫、適之之柔和，<u>但文之任務，只求貫徹鈞座主張，對外交涉，不忘自我立場。</u>進行如遇困難，則向其上峰設法消除。是以對文個人嫉視者，實繁有徒。文在美處境之難，可以概見矣。項白克藉中國自重，包攬一切。惟僅居國務部次要地位，政治力量殊嫌薄弱。適之事無巨細，惟項言是從。毫無辦法時，即以美國政府限於國內政治理論為辭，電陳鈞座。至文則不得不另闢途徑。往往逾越彼方事務官，而直達主持政務之人，是以有時與適之不能為謀。去夏文出國時，顏駿人大使曾告文須有適當名義，否則辦事不無困難。文當時以為代表鈞座，何須另有名義。到美後方知遇事棘手，皆因名不正有以致之。自奉命來美，瞬已十閱月。在此期間，不斷努力，始得與政府內幕決定政策之權要密切往還。<u>美國參戰之期已迫，故國務財政等部</u>

勢力隨之遞減。軍械貸借法案即為總統直接執行，職權範圍擴大之明證。總統曾告某國大使，彼對美國外交政策已不得不總攬全權。數月前派往中國及英國之總統私人代表，即不受國務部之節制，故此時我方拉攏總統左右之親信，並培植其勢力，實為目前最重要之政治企圖。美國在最近將來之重要發展，為組織英美戰略委員會，或將在美國參戰之前成立。文正設法屆時俾我國亦能參加。惟辦理此類秘密外交，必須大使能受節制，方得進行順利。倘地位相同，則對外阻礙，仍無法打開。前電陳請任命文為副院長，決非為個人功名利祿之謀，實為辦事便利，於國事稍有裨益。鈞座電示變更行政組織之困難，自係正理。文所以提請之苦衷，亦必蒙鑒諒。所有此間困難以及使館未能充分協助各情形，深不願於平常函電中瑣瀆清聽。茲乘石曾先生回國之便，披瀝上陳，伏乞垂察。敬請崇安。

宋子文上　　五、廿[324]

　　宋子文這篇總告狀裡所說的都是事實，只是時間上有錯誤而已。比如說，他說胡適曾經主張放棄東三省。這是事實，只是說的時間不對。胡適在1935、1937年「七七事變」以後、甚至在他剛到美國作宣傳工作的時候，確實曾經主張以放棄東三省作為條件來換取和平。然而，他從來沒在「太平洋學會」的年會的演說中主張放棄東三省。司汀生告誡胡適的話，我在上文已經徵引過，是胡適1937年10月21日在「美國外交關係協會」餐會後，司汀生在家裡的酒吧間裡對胡適說的話。宋子文說胡適在1938年冬對拉斯基言中國軍心渙散，只能求和。這是把胡適在兩個不同的場合的發言混同在一起。我們記得那時正是胡適禮讚張伯倫的〈慕尼黑協定〉的時候。我在上文已經談過，他聽拉斯基演說而為張伯倫辯護是在11月26日。至於宋子文說胡適說「中國軍心渙散，只能求和」，則是胡適11月17日在「中國小館」裡的演說，拉斯基並不在場。當然，這一狀告得有夠殘忍。真正是欲置胡適於死地而後已。

　　宋子文寫了這封千言的密函告胡適的狀以後，還覺得不足以順遂他去除胡適而後快之心。於是，他又在7月6日致電蔣介石要求啟用施肇基，取代胡適：

324　宋子文致蔣介石，1941年5月20日，「國史館：蔣中正總統文物」，002-080200-00619-032。

前托〔李〕石曾先生帶呈一札，計邀鈞察。竊文到美年餘，一切秉承鈞命。黽勉從公，倖免顛蹶。惟各事進行之中，尤以特別之對外工作，非無困難波折。有時不得不避免手續問題，向美方軍政最高當局直接商洽，以致引起各方對文越軌之表示，即其明證。是以反覆思維。四月艷〔29日〕電有副院長名義之瀆請。當時為公心切，冒昧陳詞。未能顧及立法手續問題，致煩廑慮，委曲求全，尤深感激。副院長名義提出困難，惟冀有精明幹練之駐美使節，徹底合作，以便各事之順利進行。目今施植之〔施肇基〕在美，人地最為相宜。當此國際風雲，瞬息萬變，中美外交所關益鉅。如文僅負責辦理借貸事宜，外交上之關係尚淺。如兼顧國際特別工作，則非有外交使節同心協力，不足以求事功。文久歷怦懷，深荷知遇。鈞座必不以文為個人利祿之謀，私人恩怨之故，有此於瀆。是否可行，伏乞裁奪，無任急切待命之至。[325]

有意味的是，蔣介石回電告訴宋子文暫時緩議，不要讓胡適太難堪：「宋子文先生：魚日亥電悉。植之使美事，中亦贊成。但其初到美，即任命，則於適之公私兩方皆不相宜。故須稍緩時間再行發表。勿使適之難堪也。」[326]

英文諺語裡有一句話：「壓垮駱駝的最後一根稻草。」那根讓蔣介石決定撤換胡適的稻草，就是在日本偷襲珍珠港前夕胡適在中美外交折衝裡的表現。

1939年7月，美國宣布終止與日本的商業與海運條約，六個月以後生效。這是美國經濟制裁日本的開始。1940年9月，日本占領法屬印度支那的北部，並與德國、義大利簽署「三國同盟條約」。美國立即執行反制措施，禁止對日本輸出廢鐵。後來又加上禁止鋼鐵輸日，但不包括原油。日本新任駐美大使野村吉三郎在1941年2月上任以後，就從4月開始和美國國務卿赫爾從事非正式的談判，試圖改善兩國之間緊張的關係。這個非正式的談判在7月底，因為日本占領法屬印度支那的南部，美國進一步以凍結日本資產以及石油禁運為反

325　宋子文電蔣介石，1941年7月6日，吳景平、郭岱君編，《宋子文駐美時期電報選（1940-1943）》（上海：復旦大學出版社，2008），頁95。

326　蔣介石電宋子文，1941年7月11日，「國史館：蔣中正總統文物」，002-010300-00045-015。

圖6　胡適對羅斯福總統說明中美友好萬人簽名書，「全美助華聯合總會」（United China Relief）主席 James G. Blaine（右），攝於1941年10月10日。（胡適紀念館授權使用）

制，而一度擱淺。從8月開始，雙方再度會晤。11月，談判進入最緊張的高潮。除了野村吉三郎以外，日本政府又派了來栖三郎作為特使，從11月17日開始，協助野村吉三郎進行談判。

野村與赫爾的非正式談判涉及到中日戰爭，非常重要，但中文的研究迄今仍然闕如。在胡適研究的範圍裡，更是沒有人措意。一般對這段歷史稍有瞭解的人，都知道這個談判的失敗導致了日本偷襲珍珠港，同時也是促使蔣介石撤換胡適的決定因素。然而，即使對這個關鍵時刻的歷史稍有瞭解的人，也都只注意到美日談判破裂以後蔣介石的反應，而不了然在這個為時八個月的談判裡，美日之間最大僵持不下的膠著點，是美國反對日本堅持中日兩國談和以後繼續無限期地在中國駐軍。有關這個背景與脈絡，連到目前為止用力最深的楊天石都沒有注意到 327。

野村與赫爾的談判膠著在三個關鍵的問題：一、日本無法說服美國，說它

327　請參見楊天石，〈珍珠港事變前夜的中美交涉〉，《近代史研究》，2015年第2期，頁53-66。

可以是「德日義三國同盟」反英美的軸心國成員，同時也可以與美國維持友好的關係；二、日本堅持在中日談和以後在中國無限期駐軍；三、外國在華利益均等，亦即門戶開放的問題。一如野村自己就一再指出的，這三個問題裡，最困難、最不能取得共識的，就是「支那事變」──日本用來指稱不宣而戰的中日戰爭的名詞。由於這個為期八個月的談判留下大量的資料，有待學者研究，我在此處只能擇要摘述影響到中國的部分，冀望將來有人作進一步的研究。

　　美日之間的談判之所以會膠著在中日戰爭的問題上，其癥結就在於日本堅持在中日談和以後，繼續在中國無限期駐軍。我們回顧這一段談判史，就會發現雙方從頭到尾都沒有各讓一步。日本方面第一次提出中日和談的原則的〈建議書〉，是在4月9日，用的名義是非官方的美國與日本人士。有關中日談和的部分如下：

引文：由美國總統出面請蔣介石政府與日本直接談和。

原則：

一、中國享有獨立地位；

二、日本從中國撤軍，其日程由雙方協議；

三、中國不割讓領土；

四、不用賠款；

五、恢復「門戶開放」，其詮釋與適用範圍由美國與日本在未來適當的時刻協商訂定之；

六、蔣介石政府與汪精衛政府合併；

七、日本不遣送大量的移民到中國；

八、承認「滿洲國」。

進行方式：

一、蔣介石接受美國的邀請以後，日本政府就直接與合併的中國政府談判；

二、日本政府將根據上列的原則，以及日本首相近衛文麿在1938年12月22日所宣示的三原則──善鄰友好、共同防共、經濟提攜──向中國提出談和的條件；

三、如果蔣介石拒絕羅斯福總統的邀請，美國政府就停止對中國的援助。328

由於這個〈建議書〉並不是日本政府所提出的，美國政府毋需回覆。赫爾在4月16日對野村提出了美國的四點基本原則：

一、尊重每一個國家的領土與主權的完整；
二、支持不干涉其他國家內政的原則；
三、支持均等──包括商業均等──的原則；
四、不打亂太平洋的「現狀」，除非「現狀」是由和平的方式所改變的。329

野村對這四點基本原則的直接反應在兩個方面。第一，均等的原則，等於是挑戰了日本的「亞洲門羅主義」，亦即，由日本所領導的「大東亞共榮圈」的口號。雖然他在與赫爾的交談裡，並沒有提出「亞洲門羅主義」這個名詞，但從他試圖以美國與南美洲的特殊關係作為類比，來為日本應該也可以與其他亞洲國家具有特殊關係作辯護的說詞來看，「亞洲門羅主義」這個名詞已經是到了他的嘴邊，只是沒有說出來而已。第二，他明白指出第四點所指的「現狀」干涉到了「滿洲國」。赫爾同意。他說美國不承認「滿洲國」的問題會在日後的會談裡提出330。

日本政府在收到赫爾所提出的四點基本原則以後，就在5月12日提出了日本正式的〈建議書草案〉（Draft Proposal）。其牽涉到中國的部分如下：

引文：
一、日本與美國將另訂密約，說明如果蔣介石拒絕美國請中國與日本直接
　　談和的邀請，美國政府將停止對蔣介石政權提供援助；

328 "Proposal Presented to the Department of State Through the Medium of Private American and Japanese Individuals on April 9, 1941," *FRUS, Japan: 1931-1941*, Vol. II, p. 400.

329 "Memorandum by the Secretary of State," April 16, 1941, *FRUS, Japan: 1931-1941*, Vol. II, p. 407.

330 "Memorandum by the Secretary of State," April 16, 1941, *FRUS, Japan: 1931-1941*, Vol. II, p. 409.

二、日本談和的條件是依據日本首相近衛文麿的三原則：

A.善鄰友好；

B.共同防共；

C.經濟提攜——日本無意在經濟上壟斷中國，也無意要求中國限
制它國在中國的權益。

原則：

一、互相尊重對方的主權與領土；

二、互相尊重對方的固有特徵，睦鄰合作，作為遠東的核心，從而促進世
界和平；

三、日本從中國撤軍，其日程由雙方協議；

四、中國不割讓領土，不賠款；

五、「滿洲國」獨立。331

日本5月12日正式提出的〈建議書草案〉，美國政府在5月16日提出了
〈建議草案〉（Draft Suggestion），有關中國部分如下：

一、睦鄰的友好關係；

二、互相尊重對方的主權與領土；

三、日本從中國撤軍，其日程由雙方協議；

四、不割讓領土；

五、不賠款；

六、根據平等待遇的原則，各國商業機會均等；

七、平行獨立防範外來顛覆活動的防衛措施；

八、滿洲的未來由友善的商談訂定之。332

---

331 "Draft Proposal Handed by the Japanese Ambassador（Nomura）to the Secretary of State on May
12, 1941," *FRUS, Japan: 1931-1941*, Vol. II, p. 423.

332 "Draft Proposal Handed by the Japanese Ambassador（Nomura）to the Secretary of State on May
12, 1941," *FRUS, Japan: 1931-1941*, Vol. II, p. 423.

　　這是美日兩國第一次正式對中日戰爭的解決方式交換意見。赫爾在5月20日的談判裡，就開門見山地提出了雙方的分歧點。第一、日本在和談以後繼續在中國駐軍的問題；第二、共同防共。當天陪同野村參與談判的日本駐美大使館次武官岩畔豪雄表示日方非常驚訝美國會提出這些問題，因為他們一直以為日美之間的談判只是針對日美在太平洋區的和平問題。至於「支那事變」應該如何解決，不但是一個附帶的問題，而且是中日兩國之間的事，不牽涉其他國家。赫爾回答說，他同意談判的主要目的在於日本與美國在太平洋區的和平問題。然而，中日問題和平解決是這個中心問題裡重要的一環。

　　從雙方這第一次換文以及換文以後的商談，我們可以很清楚地看出雙方之間的歧見集中在日本在和談以後繼續在中國駐軍的問題上。日本對在中國繼續駐軍的堅持，與其所謂的「共同防共」是一體的兩面。這個問題，就是雙方僵持不下，一直到談判失敗為止都無法取得共識的一個關鍵。

　　5月31日，赫爾向野村提出了美國的〈建議書草案〉。其有關中國的部分，基本上是把美國在5月16日所提出的〈建議草案〉裡的原則，和近衛文麿的三原則合併在一起。最重要的不同有兩點：第一、把日本所要求的「共同防共」用加括弧的方式寫進去，並強調有待進一步商議；第二、把要求日本盡速撤軍的規定寫進原則裡：

一、睦鄰的友好關係；

二、（共同合作防禦有害的共產黨活動——包括日本在華駐軍）。這點有待進一步商議；

三、經濟合作——中日兩國將以不歧視（non-discrimination）任何國家為基礎的方式發展國際商業關係；

四、互相尊重對方的主權與領土；

五、互相尊重對方的固有特徵，睦鄰合作，作為遠東的核心，從而促進世界和平；

六、日本的陸軍、海軍，根據雙方的協議，儘速從中國的領土與海域撤出；

七、不割讓領土；

八、不賠款；

九、友好商談「滿洲國」問題。[333]

日美雙方接下去的談判，就一直膠著在日本在中日和談以後要留多少駐軍、駐軍何處，以及中日經濟合作是否需要明確地聲明「不歧視」它國的問題上。由於雙方的歧見太大，日本駐美大使館次武官岩畔豪雄在7月2日的談判裡，建議擱置「支那事變」的討論，等日本和美國對太平洋問題取得共識以後再談[334]。7月24日，日本占領法屬印度支那。羅斯福在26日宣布凍結日本在美資產。日美雙方的談判於是暫時中止。

日美雙方在8月初恢復談判。日本大使野村在8月6日遞交赫爾的〈建議書〉裡，強調日本在解決「支那事變」以後，就會從法屬印度支那撤軍。在這份〈建議書〉裡，日本政府再度要求美國政府出面促使中國和日本直接談判，同時要求美國在日本從法屬印度支那撤軍以後，承認日本在法屬印度支那的特殊地位[335]。換句話說，日本的立場，不但沒有因為美國以凍結日本資產反制而軟化，反而更加強硬。有意味的是，日本對其占領法屬印度支那的辯解，最先的理由是自衛，說因為有些國家——意指美、英、荷蘭——陰謀要在軍事上圍堵日本。後來，就改說為是因為要斷絕中國軍火入口的通道，以加速解決「支那事變」。日本政府說，一旦「支那事變」解決，東亞公正的和平建立，日本將會從法屬印度支那撤軍[336]。

日本政府的立場非常清楚。它從來就不要第三國介入中日之間的和談。日本有求於美國的，只是要羅斯福出面敦促蔣介石跟日本直接談和，而不是要他「調停」。從日本的角度來看，蔣介石之所以會頑強繼續抵抗，完全是因為他有美國撐腰。日本跟美國談判的目的就是要釜底抽薪，把美國的援線切斷，使

---

333 "American Draft Proposal Handed to the Japanese Ambassador（Nomura）on May 31, 1941," *FRUS, Japan: 1931-1941*, Vol. II, p. 448-449.

334 "Memorandum of a Conversation," July 2, 1941, *FRUS, Japan: 1931-1941*, Vol. II, p. 498.

335 "Proposal by the Japanese Government Handed by the Japanese Ambassador（Nomura）to the Secretary of State on August 6, 1941," *FRUS, Japan: 1931-1941*, Vol. II, pp. 549-550.

336 "Memorandum by the Ambassador in Japan（Grew）," August 18, 1941, *FRUS, Japan: 1931-1941*, Vol. II, p. 561.

蔣介石在彈盡援絕的情況之下投降。

　　野村質疑美國為什麼要繼續支持蔣介石。赫爾回答得非常坦白。美國支持蔣介石抵抗日本，跟美國支持英國抵抗希特勒，其邏輯與理由是一樣的。他說，那不但符合美國一貫反對武力侵略、罔顧條約行徑的國策，而且也符合美國自衛的利益。野村也同樣質疑美國為什麼一直堅持日本要開列出日本談和的條件。赫爾的回答合情合理。他說，如果日本要美國出面敦促中國跟日本談和，美國就必須知道日本的條件為何。否則如果美國貿然地就把中國請到談判桌上，結果發現談和的條件根本不是中國所能接受的，中國豈不就會反過頭來怪罪美國？赫爾一再對野村說明，他說等他弄清楚了日本對中國談和的條件，以及日本對太平洋區和平的條件以後，他就會接見英國、荷蘭，以及中國政府的代表，把日本政府的條件告訴他們，並聽取他們的意見。

　　美國反對日本在談和以後繼續在中國駐軍。其理由非常簡單。第一、日本在中國繼續駐軍，就意味著日本繼續在政治、軍事、經濟上宰制中國。這違反了美國以和平以及條約法律為基礎來維持國際關係的國策。第二、日本在經濟上宰制中國，就違反了美國在中國的「門戶開放」政策。

　　日本在9月4日，又由野村向赫爾提出一個方案。這個方案裡所開列出來的談和條件，基本上是重述日本在5月12日裡所提出來的條件。然而，在繼續駐軍，以及牽涉到「門戶開放」原則方面，日本作了比較明確的陳述：

三、經濟合作。日本無意：a）壟斷中國；b）限制第三國在中國的利益。
六、日本軍隊，在兩年之內並根據雙方的協議，盡速從中國的領土撤出。[337]

　　9月22日，日本外務省大臣豐田貞次郎遞交給美國駐日大使葛魯（Josheph Grew）的〈日本與中國談和的基本條件〉（Text of Basic Japanese Terms of Peace with China），對日本在繼續駐軍以及「門戶開放」方面作了進一步的說明：

---

337 "Statement Handed by the Japanese Ambassador（Nomura）to the Secretary of State on September 4, 1941,", *FRUS, Japan: 1931-1941*, Vol. II, p. 600.

三、共同防共。日本海陸軍必須在必要的期間內駐紮在某些區域裡。

四、日本在和談簽訂以後，撤退因「支那事變」派赴中國的軍隊，但不包括第三項裡的軍隊。

五、經濟合作。a）日中共同開發、利用中國國防所需的原料；b）這並不意味著限制第三國在中國的經濟活動，只要該活動是在公平的基礎上進行的。[338]

毫無意外地，這兩個條件，美國都反對。美國一直堅持日本必須盡速在談和以後從中國撤軍。其次，日本所謂的第三國在「公平的基礎」上在中國的經濟活動不受限制，這個所謂的「公平的基礎」給予日本太大的詮釋空間。

日本的立場不但沒有軟化，而且更加強硬。11月7日，野村對赫爾提出一個備忘錄，對駐軍以及「門戶開放」原則，又作了進一步的規定：

一、日軍部署

　　A・中國部分：在中日兩國敦睦邦交恢復以後，日本在華北、蒙疆（內蒙古）、海南島的軍隊，將繼續駐紮一段時間。其餘各地的駐軍在和平恢復以後，即時開始撤退。其撤退的時間將根據中日兩國之間的協定。在和平與秩序完全恢復以後的兩年之內完全撤出。

　　B・法屬印度支那部分：日本政府保障法屬印度支那領土的主權。在「支那事變」解決，或者東亞公正的和平建立以後，日本駐軍就立即撤出。

二、非歧視原則：日本政府將承認在太平洋地區──包括中國──的國際商業關係上推行非歧視的原則，如果該原則一體推行於整個世界的話。[339]

---

338 "The Japanese Minister for Foreign Affairs（Toyoda）to the American Ambassador in Japan（Grew）: Text of Basic Japanese Terms of Peace with China," September 22, 1941, *FRUS, Japan: 1931-1941*, Vol. II, p. 633.

339 "Document Handed by the Japanese Ambassador（Nomura）to the Secretary of State on November 7, 1941," *FRUS, Japan: 1931-1941*, Vol. II, pp. 709-710.

野村向赫爾提出這個備忘錄是日本的"A"方案，日本外務省在訓令裡說，代表日本最大的讓步，也是日本最後通牒。有關在中日和談後繼續在中國駐軍這一個問題上，這是日本第一次明確地指出，除了華北、內蒙古以外，日本要繼續在海南島駐軍。外務省在訓令裡說，如果美國堅持要日本說明在華北、蒙疆、與海南島究竟要駐紮多久的時間，就盡量以越模糊越好的語氣說應該是要繼續駐紮二十五年的時間[340]。

至於「門戶開放」的原則，日本說它會接受在中國實行「非歧視原則」，「如果該原則一體推行於整個世界的話。」這是用美國不可能作得到的條件，來拒絕在中國實行美國的「門戶開放」原則。赫爾反問：日本不至於要求美國對其主權以外地區的歧視性商業行為負責吧！他在11月15日的覆文裡，開列出了美日兩國對商業政策的原則的建議草案。其中，有關中國的部分如下：

一、徹底歸還中國在經濟、財政、金融的主權；

二、美國與日本政府在中國不尋求優惠或壟斷的商業或經濟權益。並運用其影響力不讓自己在中國商業上所得到的待遇超過其他第三國；

三、美國與日本政府建議中國政府制定出一個全盤的經濟發展計畫。如果必要尋求外國的幫助，美國與日本政府有充分的機會參與，其條件不能劣於其他第三國。[341]

有意味的是，不只是現代中國的學者不知道中日戰爭是野村與赫爾談判裡重要的一環，當時的中國政府、外交部，及其外交人員也都沒有足夠的警覺性。事實上，從野村1941年2月到美國出任大使開始到11月26日談判破裂為止，光是《紐約時報》就有120篇有關野村的報導。從8月開始，《紐約時報》

340　外務省電日本華盛頓大使館，1941年11月4日，"Proposal 'A'," *Pearl Harbor Attack, Hearings before the Joint Committee on the Investigation of the Pearl Harbor Attack*, Part 12（Washington, D.C.: Government Printing Office, 1946），p. 95。

341　"Draft Document Handed by the Secretary of State to the Japanese Ambassador（Nomura）on November 15, 1941: Joint Declaration by the United States and Japn on Economic Policy," *FRUS, Japan: 1931-1941*, Vol. II, pp. 736-737.

就報導說新聞界僉認美日雙方達成協議的可能性很高。8月31日的一篇報導，是有關赫爾所舉行的記者招待會。赫爾強調美日之間所進行的不是「談判」而是「交換意見」。該記者正確地指出美日談話的重點，是集中在中日戰爭以及日本與軸心國的關係[342]。

值得指出的是，胡適在1937年奉命到美國從事宣傳工作的時候，最著力於「看報紙」作考據。然而，在野村與赫爾這長達八個月的談判裡，胡適的日記裡沒有任何相關的記載。當然，這時的胡適已經被一群「太上大使」架空，心情不好。可能因為如此，他該年的日記沒有幾則。在關鍵的8月到12月之間，可以說是等於完全闕如。更值得注意的是，野村與赫爾的談判，也只寥寥幾次出現在他向政府所作的報告裡。當然，當時的中國政府對檔案極不重視，許多報告與訓令根本不存。我們完全無法以現存的檔案作為基礎，來判斷胡適在這方面是否盡職。

從現存的資料裡，我們知道外交部在5月21日訓令胡適：「近日敵方傳出請美調停中、日戰事消息，想係故放空氣。究竟日方曾否經任何途徑向美方試探？希設法去查明電復。」[343]胡適不可能沒有回覆，可是現存檔案裡闕如。5月23日中國駐德大使陳介電詢胡適：「此間頗傳美日間有訂約可能。內含：一、日不參戰；二、美調停中、日戰爭；三、日允不轉運原料與德；四、美允日商請售與原料；五、美承認偽滿等條件。頗為奇特。美使與Matsuoka〔松岡洋右，日本外相〕談話，彼此均未發表，是否與此有關，乞密示。」[344]胡適如果回覆了，現存檔案裡也闕如。

就在5月23日陳介電詢胡適的同一天，赫爾召見胡適討論中國外交部長郭泰祺在經美返國上任的時候跟美國政府討論美國放棄治外法權的問題。正事談完以後，赫爾不著痕跡地說，雖然有關中日和談的傳言每隔一段時間就會甚囂塵上，但他一直不把那些傳言當成一回事。他告訴胡適，在進入談判以前，他一定會先跟中國政府詳談。然而，他始終沒有告訴胡適，說他已經開始與野村

342　Bertram Hulen, "Hull Minimizes Talk with Japan," *The New York Times*, August 31, 1941, p. 14.

343　外交部電胡適，1941年5月21日，《胡適任駐美大使期間往來電稿》，頁106。

344　陳介電胡適，1941年5月23日，《胡適任駐美大使期間往來電稿》，頁106。

進行非正式的談判[345]。

　　胡適在與赫爾會面以後，在5月26日寫了一封信給赫爾，提醒他不可以輕信日本要美國出面調停中日戰爭。我在上文提到胡適在歐戰爆發以後對〈慕尼黑協定〉的幻想完全破滅。他害怕赫爾會像羅斯福在1939年10月時一樣，提起可能必須用妥協的方式姑息日本，與其談和。因此，他寫了這封長信，歷數日本如何不可信賴。並以〈慕尼黑協定〉作為借鑑，下結論說：

　　〈慕尼黑協定〉的歷史，清楚地證明了即使一個由四個歐洲大國政府莊重簽署的和平條約，都可以在六個月不到就變成一張廢紙。在遠東所斡旋出來的和平，可以會有比較好或有效的保證或效力嗎？[346]

　　胡適這封信讓赫爾擔心胡適誤解了他是要出面斡旋中日談判的意思。因此，他在5月28日寫了一封信澄清：

　　我不知道閣下是否誤解了我在上次會談裡所說的話。為了避免誤解，我不揣冒昧地複述我上次所說的話：我只是陳述歐洲與遠東戰事的情況與可能的發展；指出敝院所聽到的一些日本與美國人之間會談的報導，以及日本官員與敝國政府之間在會談中所作的評論。我提到那些報導與評論，只是用以作為思考未來可能的發展之據。我所要指出的是，我還沒有想到調停的問題。同時，所有都還處在一個非常暫定、試探的形式當中。我相信閣下一定瞭解我上次說的話，亦即，在這個問題明朗化以前，我一定會先跟貴國政府詳細商談的。[347]

---

345 "Memorandum of Conversation, by the Secretary of State," May 23, 1941, *FRUS*, 1941, Vol. IV: *The Far East*, pp. 208-209.

346 "The Chinese Ambassador（Hu Shih）to the Secretary of State," May 26, 1941, *FRUS*, 1941, Vol. IV: *The Far East*, p. 227.

347 "The Secretary of State to the Chinese Ambassador（Hu Shih）," May 28, 1941, *FRUS*, 1941, Vol. IV: *The Far East*, pp. 238-239.

　　赫爾說得含蓄。我們甚至可以說，說得太過含蓄。然而，即使赫爾當時沒告訴胡適他已經開始與野村進行非正式的談判，胡適一定應該在《紐約時報》上看到了他的朋友亞朋德在6月6日所寫的一篇報導。亞朋德報導說，日本駐美大使從4月開始已經跟美國國務卿赫爾展開非正式的商談，試圖跟美國訂立一個互不侵犯條約[348]。

　　作為大使，這又是胡適嚴重失職的一次。根據他9月5日給郭泰祺的報告，他當時曾經給人還在美國的郭泰祺在電話上報告他與赫爾談話的情形以及他給赫爾的信，而且寄給了郭泰祺該信的副本。然而，他不但沒向中國外交部報告他與赫爾的談話，而且寫信給赫爾一事，居然完全不提。郭泰祺在6月27日回到重慶，並在次日中午晉見蔣介石。就在郭泰祺傳達胡適要他親口告訴蔣介石的密報的時候，王世杰才警覺胡適擅自作主、不按章法的失職行為。王世杰當天的日記記：

　　　　午間，蔣先生在黃山寓邸晤郭復初。復初謂：當五月底彼抵舊金山後，胡適之曾以電話託其密告政府一事，即美國國務卿曾非正式詢問，中日戰爭有無和平解決之可能。赫氏並謂，日本方面近已間接向美政府人士表示，如美國不過分與日本為難，願與中國了結戰爭，並逐漸脫離軸心集團云云。適之當時已逕告赫氏，現時絕不可能。事後適之並已具一說帖將理由詳細敘列。予覺適之此舉，實屬大膽之處置。因依通常手續，適之須先請示政府。[349]

　　無論如何，從那以後，《紐約時報》的報導顯示美日雙方的談判日益緊鑼密鼓。8月29日，日本大使野村晉見羅斯福，遞交日本首相近衛27日寫給羅斯福的信。近衛這封信建議羅斯福跟他舉行一個高峰會談解決爭端。羅斯福在9月3日回信，建議在雙方有一定的共識以後再會面。8月31日的一篇報導，報導國務卿赫爾所舉行的記者招待會。赫爾強調美日之間所進行的不是「談

348　Hallett Abend, "Japan Asking U.S. for No-War Pact," *The New York Times*, June 6, 1941, pp. 1, 6.
349　《王世杰日記》，1941年6月28日，頁357。

判」而是「交換意見」。該記者正確地指出美日談話的重點，是集中在中日戰爭以及日本與軸心國的關係[350]。9月3日，該報甚至報導說，華盛頓盛傳羅斯福將與近衛在太平洋上一艘日本軍艦上舉行會談。白宮的秘書否認這個消息[351]。

這些有關美日談判已經進入緊鑼密鼓階段的報導促使胡適在9月4日求見赫爾。事實上，赫爾在當天談話的備忘錄裡，就開宗明義地說胡適求見的目的，就是要瞭解最近有關美日談判的報導。赫爾說他對胡適說，他希望在一、兩個星期，情況比較明朗以後，就可以給胡適比較明確的說明。但他很樂意把到當時為止談話的大致為胡適說明。他說他與野村的會談還沒有進展到可以以之作為談判基礎的階段。他再度向胡適重述他在上次會談裡對胡適所作的承諾，亦即，美國政府在與日本從事任何會影響到中國的談判以前，一定會先跟中國徹底地先作討論[352]。

胡適當天晉見赫爾的報告「蔣介石檔案」裡有。根據胡適自己向外交部長郭泰祺的報告：

今晨謁外長談四十五分鐘。外長詳述日使野村最近屢來表示，松岡軸心政策不能代表日本多數人意志。倘英美能表示好感，則日本亦未嘗不可脫離軸心同盟云云。此段歷史，適於五月間曾用電話報告吾兄，並曾草說帖密陳外長，有鈔本寄吾兄。今日外長續云：半年來彼方未斷絕其非正式談話。多生枝節，但至今仍無結果。一、因談話由日方發動，我姑聽其陳說；二、因民主國家亦需要拖挨時間。因英國軍械，去年五月喪失殆盡，罄其所有，輸助英國。而美方新籌備之大規模生產，設置需時，故有時英軍隊竟至無火藥可放敬禮砲。貴國急需之軍貨，亦因此未能充分供給，故時間實為要素。以此二因，我故耐心應付日使，總期不絕和平之望。（待續）[353]

350　Bertram Hulen, "Hull Minimizes Talk with Japan," *The New York Times*, August 31, 1941, p. 14.

351　"Pacific Parley Doubted," *The New York Times*, September 3, 1941, p. 12.

352　"Memorandum of Conversation, by the Secretary of State," September 4, 1941, *FRUS*, 1941, Vol. IV: *The Far East*, p. 421.

353　胡適電郭泰祺，1941年9月5日，「國史館：蔣中正總統文物」，002-090103-00003-285。

（續）但每次我明告彼方，任何方案總須依照我1937年7月16日發表之十四項根本原則。本年七月我在病假中，見日本忽欲進占南越。我即用電話囑韋爾斯君，明告日使不必空談和平。同時我主張立即施行嚴厲之經濟制裁。此後設施，君具所悉。半月來所謂談判不過爾爾……。外長續云：此種談話用意，只是不絕其尋覓和平解決之路。本部專家或謂日本力量有限，弱點甚多，難於作戰。但余本人則不能如此樂觀……[354]

赫爾既然已經對胡適說明了他與野村談判的經過，他就在9月12日給美國駐華大使高斯（Clarence Gauss）訓令，告訴高斯他與胡適談話的大旨，並授權他用口頭以及非正式的方式把內容轉知中國政府官員[355]。外交部顯然即刻向蔣介石報告。因此，蔣介石在9月15日日記裡說：「注意：一、美國今日正式通告我，關於美、倭試談時，凡有涉及中國者，必先於中國協商。並明言倭侵略行動不停止，則其經濟制裁決不停止之意。可以安定國人心裡。」

值得注意的是，在華盛頓的「太上大使」宋子文也不甘示弱。他在9月16日向蔣介石密報了羅斯福的親信以及美國政要所透露給他的消息：

密呈委座鈞鑒：連日向總統親信及陸海軍最高級人員探詢美日協商事件。其結論如下：一、文九月江電（3日）所陳美國態度，尚無大謬。總統及人民均不願犧牲中國。日敵既不能和平放棄中國，美日問題無簽約解決之可能；二、前電稱近衛或為軍閥推倒。今則軍令歸諸日皇，情勢自有變更；三、美政府要人無不明瞭美日戰爭不能避免。惟因日皇親握軍權，認為雖不能根本解決，暫時似可有相當緩和。即某顯要與文談話中，所謂（延緩美日正式戰爭之發展時期）。其途徑大約敵願對於越南、新加坡、西伯利亞不再進占或侵犯。中國問題暫時不提。一方面要求美日恢復經濟關係；四、愚見推測美國迫於大西洋戰事日益接近，及蘇俄軍事之危急，

---

354 胡適電郭泰祺，1941年9月6日，「國史館：蔣中正總統文物」，002-090103-00003-286。

355 "The Secretary of State to the Ambassador in China（Gauss）," Sept 12, 1941, *FRUS*, 1941, Vol. IV: *The Far East*, pp. 444-445.

故與日敵有委蛇之趨向，不利於我，固無疑義。但經濟關係，美方只可允
一部分有限制的恢復。對於中國經濟軍械之援助，仍當繼續，或反可更加
緊。如隨時蘇俄設有大不利消息，日敵對美即將改變和緩態度；五、在此
間反對兩國協商，恐無效果。惟日軍閥對其政府之和緩政策，必反對無
疑。如一旦獲知協商內容，即使在天皇掌握軍權之下，亦或將有內部變
化。謹電陳備參考。[356]

甚至到了11月14日，離美日談判破裂不到兩個禮拜的時間，宋子文還在
給蔣介石的電報裡報告：

　　據某要人密告，此次來栖來美，攜有根本讓步條件，惟與中日事無直接
關係。其內容不願見告。並謂似非如外間臆測，毫無成功希望，等語。鄙
意推想，或與海參威運道及不侵犯西比利亞有關。但如不妥協，則日敵攻
滇緬路，事在必行。美方屢傳日敵攻滇並無證據。務懇鈞座急電示知敵方
一切準備情報，俾向美方說明，從速供給我飛機、軍械。不勝迫切之
至。[357]

宋子文打聽來的消息當然不會完全大謬。然而，他大謬的所在，就是像他
在9月16日的密報裡說美國政府對「中國問題暫時不提」，或者11月14日的
密報裡說來栖特使來美國談判的條件，「惟與中日事無直接關係」。事實上，
何止宋子文大謬，連胡適也大謬。我們看他對郭泰祺所作的報告，完全沒有提
到中國以及中日戰爭的問題。他所報告的是日本與軸心國家的關係，以及由於
歐戰形勢嚴峻，補充英國軍需需要時間，美國不得不使用拖延外交策略對日本
虛與委蛇。胡適與宋子文所懵懂不知的，就是中日戰爭應該以何種方式解決，
特別是，日本在中日和談以後要留多少駐軍、駐軍何處。所有這些一直是美日
談判裡最膠著、最僵持不下的問題。

356　宋子文電蔣介石，1941年9月16日，「國史館：蔣中正總統文物」，002-080103-00007-017。
357　宋子文電蔣介石，1941年11月14日，「國史館：蔣中正總統文物」，002-080103-00007-017。

由於胡適一直沒有體認到美日談判膠著的關鍵，他的報告根本就沒有抓到重點。胡適沒抓到重點，聽他的報告、孤絕在重慶的中國政府當然也不會清楚重點何在。美國駐華大使高斯在根據赫爾的訓令向中國外交部報告以後，就發現中國政府並不清楚美日談判的重點。他在執行了訓令以後向赫爾所作的報告，就點出了這個狀況：

> 閣下9月12日下午6點鐘213號的訓令，我用口頭的方式知會了外交部長。得到這個消息，他很明顯地鬆了一口氣，而且很感激。根據中國駐華盛頓大使的報告，以及其他消息來源，中國政府顯然以為美日之間的會談主要是為了緩和、中立化泰國與印度支那，讓日本能夠恢復從當地取得原料的機會，從而讓日本恢復元氣來全力攻擊中國。我希望此地的報界與政府官員會因此而不再那麼緊張。[358]

事實的發展恰恰跟高斯所想的相反。美日談判最後之所以會破裂的原因，主要是因為蔣介石強烈反對的結果。而蔣介石之所以會強烈，甚至是歇斯底里地反對，就正是因為他認為美日談判的結果會「緩和、中立化泰國與印度支那，讓日本能夠恢復從當地取得原料的機會，從而讓日本恢復元氣來全力攻擊中國。」

美日談判最後破裂的主因在蔣介石的反對，這是後話。此處的重點是：如果美日的談判一直膠著在和談以後日本繼續在中國駐軍的問題，換句話說，如果美國在談判中一直沒有忽略中國的利益，為什麼最後會招致蔣介石那麼強烈的反對？我認為這有兩個最重要的原因。

第一個重要的原因，是蔣介石當時最擔心日本會從法屬印度支那進軍。先切斷滇緬公路，斷絕軍需物品輸入中國的最後一個管道。然後再進一步攻取昆明。蔣介石認為昆明一失，中國就會全盤皆輸[359]。他甚至預言日本將在11月4

---

358 "The Ambassador in China（Gauss）to the Secretary of State," September 15, 1941, *FRUS*, 1941, Vol. IV: *The Far East*, p. 450.

359 "Mr. Lauchlin Currie, Administrative Assistant to President Roosevelt to the Adviser on Political

日進攻西伯利亞、在11月15日進攻泰國、緊接著就進攻雲南[360]。從10月底到11月初，也就是美日談判進入高潮的時候，蔣介石透過胡適、宋子文、宋美齡、他的美國顧問拉鐵摩爾（Owen Lattimore）、美國駐華軍事代表團團長馬格魯德將軍（John Magruder），疲勞轟炸白宮、國務院、美國財政部長摩根韜、英國首相邱吉爾，要求美國和英國立即採取行動反制日本[361]。蔣介石這個預言雖然沒有成真，但他歇斯底里的反應，就在我即將分析的美日談判達到頂峰時完全地爆發出來。

　　美日談判的結果之所以會引起蔣介石的爆怒，其第二個主要的原因是中美之間溝通不夠。中美之間溝通不夠，胡適要負最大的責任，其次是赫爾。我在上文徵引了美國駐華人使高斯在回覆赫爾的訓令裡，表示他驚訝胡適以及中國政府完全不知道美日談判的重點。這時的胡適已經不是三年前熱中於「看報紙」作考據的胡適。赫爾在10月1日召見胡適。不管是有心與否，他當天的談話備忘錄所呈現出來的胡適，是一個一問三不知的大使：

　　我首先提起東西兩線的戰事，問他對西線的戰事有什麼看法。我後來給他看俄德戰場上雙方軍隊部署的地圖。胡大使對西線戰事完全提不出任何看法。他把問題轉到東方。他說中國的士氣很高，前景看好。我指出德國進軍中東的可能性。我問他如果德國那樣作，日本除了繼續在中國打以外，會作出什麼樣的舉動。他認為所有以為日本可能打到中國以外地區的想法都是不值得一顧的。

　　我告訴胡大使我召見他沒有什麼特別的目的。只是要讓他知道美日兩國官員——主要是在日本大使和我——之間間歇進行的試探性的談話沒有什麼新發展。我強調說情況跟先前沒有兩樣。而且就像本政府一再對胡大使

Relations (Hornbeck): Cable from General Magruder for Attention of General Marshall and Secretary Stimson, October 28, 1941," *FRUS*, 1941, Vol. IV: *The Far East*, pp. 737-738.

360　"The Secretary of State to the Ambassador in China（Gauss）," November 3, 1941, *FRUS*, 1941, Vol. IV: *The Far East*, p. 565; "Message from General Chiang Kai-shek Received Today, October 30," October 30, 1941, *FRUS*, 1941, Vol. V: *The Far East*, p. 740.

361　請參見《美國外交文書》裡所刊載的文件：*FRUS*, 1941, Vol. V: *The Far East*, pp. 737-761。

以及其政府強調的，一定會在進入談判的階段以前詳細地跟中國商談相關的事宜。我很清楚地告訴他，那機率只有百分之四、或者百分之二、甚至只有百分之一。我進一步說，我們會繼續資助中國，一直到我們取得一個能令人滿意的解決方案。胡大使似乎很高興，我召見他讓他知道我們跟日本試探性的談話的進展。

　　除了回答我關於長沙戰役，以及中國共產和其他中國軍隊關係改善的問題以外，胡大使沒有什麼特別新的消息。他指出外蒙古和西藏有一半是中國人，內蒙古則主要是中國人。他說他不太清楚滿洲的情形，而且完全不知道日本是否會提前進攻西伯利亞。[362]

有意味的是，赫爾覺得胡適一問三不知，胡適自己則是自我感覺良好。他向外交部報告了赫爾在10月1日召見的事。我們可以看出兩人對當天會談的觀感差別有多大：

　　今日外長約談，計談半點多鐘。大旨謂：日、美談話並無新發展；並申說美國無拋棄向來所持基本原則之意。彼又談：德、蘇戰事入冬後，將成相持局勢。恐德將改向南方進攻。地中海與北非洲與近東或將吃緊。故彼頗欲知適對此後遠東形勢之意見。適因就所知答之。略謂：日本現向我粵漢路兩頭進攻，似可證其一時不敢北攻俄或南攻泰、緬、荷印〔注：荷屬東印度，及今天的印尼〕，僅持觀望態度。其在華進攻，亦無大進展之可能。我方抗戰精神毫無鬆懈，但盼能多得軍貨，如轟炸機之類。適又告以滇緬路暢通情形。外長似甚欣慰。據彼所告，泰國態度確有好轉，稍改半年前親日狀態。[363]

中國政府對美日談判懵懂，落得到要用看報紙來作推測的地步。這種蒙在

362　"Memorandum of Conversation, by the Secretary of State," October 1, 1941, *FRUS*, 1941, Vol. IV: *The Far East*, pp. 491-492.

363　胡適電郭泰祺，1941年10月1日，《胡適任駐美大使期間往來電稿》，頁112。

鼓裡的情況，胡適難辭其咎。比如說，外交部10月7日致電胡適：「關於美日談判事，報載近衛已獲美總統答覆。內容如何？又外傳野村建議恢復美日兩國一部分航運，美已予考慮。詳情如何？希一併探詢電部。」[364] 胡適後來是否把他探詢的結果回覆外交部？我們不知道。只知道現存檔案裡沒有。

事實上，失職的何止是胡適，「太上大使」宋子文亦難辭其咎。他在11月4日對蔣介石所作的密報裡，施施然夸夸而言，彷彿他是美國人一樣：

> 呈委座鈞鑒：世（31日）酉電計達。是日見總統時，並談及日美交涉。總統云：日本徒以空言妄想交換恢復經濟關係。余真意非待中日問題圓滿解決，談不到其他問題。日方要求余與近衛海上會面。余虛與委蛇。最後日方發覺我故意延緩，近衛內閣遂倒。但此次交涉遷延時間非無裨益。六個月前認為菲列濱不可守，毫無防禦設備。現在炮台工事俱已堅固。飛機足以控制菲列濱、華南間之航線矣，等語。謹此續陳。[365]

言歸正傳。從談話備忘錄來看，赫爾幾次向胡適說明美日之間的談判，都失之於太過含蓄，含蓄到我們有理由可以懷疑胡適是否聽出其微言大意的地步。當然，作為大使，那是胡適的職責去追問、澄清。沒有作到那點，就是失職。另外一個問題，則是赫爾是否對胡適作了保留。《美國外交文書》留下了蛛絲馬跡的證據，可以讓人推測赫爾是否對英國大使比較沒有保留。例如，《美國外交文書》在赫爾10月3日跟英國大使談話的備忘錄裡加了一個注釋說：「國務卿在第二份備忘錄裡〔注：沒收錄在《美國外交文書》裡〕，說他告訴英國大使最近幾個月來與日本談話裡的「要點」（high points），並要求英國外相不要外洩。」[366]

赫爾對胡適的保留超過他對英國大使，還有一個更堅實的證據。11月18

364　外交部電胡適，1941年10月7日，《胡適任駐美大使期間往來電稿》，頁113。

365　宋子文電蔣介石，1941年11月4日，「國史館：蔣中正總統文物」，002-080103-00007-017。

366　"Memorandum of Conversation, by the Secretary of State," October 3, 1941, *FRUS*, 1941, Vol. IV: *The Far East*, pp. 499, n93.

日，赫爾先後召見了英國公使與胡適。在他與英國公使會面的時候，他知會英國公使他與野村、來栖在前一天的談判，並告知日本提議採行一個暫行過渡辦法。緊接著，赫爾召見了胡適。他也知會胡適他對英國公使說的話。只是，他沒告訴胡適說他與日方將討論「暫行過渡辦法」，理由是「那跟中國沒有直接的關係。」[367]

然而，如果赫爾的備忘錄信實的話，他對胡適有所保留的，只是沒有告訴他美國要跟日本討論暫行過渡辦法。他說，所有其他他告訴英國大使的，他都告訴了胡適。如果這個說法屬實，則他是告訴了胡適美日談判裡最膠著的三個問題。赫爾說：

> 我繼續告訴他〔注：英國大使〕，我們在與野村大使先前的談話裡遭遇到三個最大的困難，亦即，我們來回地討論了日本軍隊撤出中國、「三國同盟」，以及商業政策的問題。日本對撤軍以及「三國同盟」的問題一步都不讓。[368]

有意味的是，雖然赫爾對胡適有保留，沒告訴他美國將與日本討論「暫行過渡辦法」，胡適還是知道了，可能是從洪貝克那裡打聽來的。他11月20日向外交部的報告頗為正確：

> 與美外長談話，據外長報告，仍屬初步檢討性質。外間雖多揣測，但據適最近與外長談話及數次與他人談話推知，可奉告者數點：一、敵方急於成立一個經濟放鬆之暫時過渡辦法。其所提條件，美方雖絕對守秘密，但其中有對安南一項似屬可信。但不知係指南越？抑指全越？二、美外長則堅持必須對幾項基本問題有個答案，方可繼續談判。其所謂基本問題有三

---

367 "Memorandum of Conversation, by the Secretary of State" November 18, 1941, *FRUS*, 1941, Vol. IV: *The Far East*, p. 617.

368 "Memorandum of Conversation, by the Secretary of State" November 18, 1941, *FRUS*, 1941, Vol. IV: *The Far East*, p. 616.

大組：甲、日本是否繼續為希特勒之同盟助手；乙、美國年來所主張之經濟互惠政策，其基礎是和平的貿易之路；丙、美對中國問題會屢次聲明其根本原則，日本是否已決心誓尊重此等根本原則。以上三組，大致可信。聞來栖等曾電請訓令，適所知現時尚無可以繼續談話之基礎。[369]

　　日本特使來栖三郎在11月16日抵達華盛頓。17日，赫爾在與來栖、野村簡短客套的會談以後，就帶他們兩位晉見羅斯福。18日，雙方進行了長達兩個鐘頭四十五分鐘的談判。根據《紐約時報》的報導，是國務院歷史上最長的記錄之一。雙方在會後都不願透露任何細節。赫爾仍然繼續強調雙方所作的是「試探性」的會談，而不是談判[370]。

　　根據《美國外交文書》的備忘錄，18日的談判仍然是膠著於那三個困難的關鍵點，亦即，日本軍隊撤出中國、「三國同盟」，以及門戶開放的問題。野村、來栖一再向美國政府強調日本國內輿情嚴峻，美日之間的和談不能一再延宕而無結果。赫爾於是問來栖和野村，如果美國政府放鬆資產凍結以及禁運的命令，日本是否可能採取比較和平的政策。赫爾說他這樣問的目的，是希望能讓日本傾向和平的領袖得有一點空間，穩住情況疏導輿情。野村問赫爾能否從一小步開始作起。赫爾回答說，那端賴日本政府的作為。野村於是問，美日兩國是否可以回到7月日本占領法屬印度支那南部之前的狀況。赫爾說，我們怎麼知道日本把軍隊從法屬印度支那撤退以後，是否會把它們調派到其他地方作侵略。日本必須表明其有和平的誠意。野村回答說，日本人民已經厭倦了在中國打了那麼多年的戰爭。任何一小步的開始，都是日本人民所能接受的。赫爾說他會詢問英國以及荷蘭政府的態度[371]。

　　野村在11月20日，向赫爾提出了一個〈建議草案〉，亦即，日本的〈暫行過渡辦法〉（*modus vivendi*），一共五點：

369　胡適電外交部，1941年11月20日，「國史館：蔣中正總統文物」，002-080103-00007-018。

370　Bertram Hulen, "Japanese Envoys Ask Instructions After Hull Talk," *The New York Times*, November 19, 1941, p. 1.

371　"Memorandum of a Conversation," November 18, 1941, *FRUS, Japan: 1931-1941*, Vol. II, pp. 749-750.

一、除了日本目前駐有軍隊的法屬印度支那以外，日美雙方均不在東南亞
　　及南太平洋行使武力；

二、日本政府在中日之間恢復和平，或者在太平洋區公正的和平建立以
　　後，將從法屬印度支那撤軍。日本政府並表明在目前的協議寫入最後
　　的協定以後，日本將把目前在法屬印度支那的軍隊撤回到北部；

三、日美兩國政府將合作取得雙方在荷屬東印度所必需的物資；

四、日美將恢復雙方資產凍結以前的商業關係。美國政府將供應日本其所
　　需的石油；

五、美國政府將避免執行任何會妨礙日中兩國恢復和平的行動。372

　　《美國外交文書》裡收錄了一份羅斯福用鉛筆寫的大綱性的備忘錄，顯然
是給赫爾作為草擬美方的〈暫行過渡辦法〉的訓令。這份備忘錄沒有註明日
期，《美國外交文書》的編輯把它繫為11月20日以後，亦即在收到日方的
〈暫行過渡辦法〉以後。羅斯福這個〈暫行過渡辦法大綱〉分四點：

六個月

一、美國恢復經濟關係，供應些石油和米，隨後再增加；

二、日本不再向印度支那、滿洲邊境，或任何南方地區增兵（荷屬〔東印
　　度〕、英屬〔馬來亞〕、或泰國）；

三、即使美國介入歐戰，日本同意不履行「三國同盟」條約的義務；

四、美國引介日本與中國談和，但美國不參加。

日後再議有關太平洋的協議。373

　　我們比較羅斯福手擬的大綱和後來赫爾給中、英、澳、荷四國大使所看的
〈暫行過渡辦法〉，就可以看出羅斯福的版本對中國比較不利。第一、羅斯福

372　"Draft Proposal Handed by the Japanese Ambassador（Nomura）to the Secretary of State on
　　November 20, 1941," *FRUS, Japan: 1931-1941*, Vol. II, pp. 755-756.

373　"President Roosevelt to the Secretary of State," *FRUS*, 1941, Vol. IV: *The Far East*, p. 626.

的版本給予這個〈暫行過渡辦法〉六個月的時間，赫爾的版本則只有三個月；第二、羅斯福的版本完全沒有提到中國，赫爾提交中、英、澳、荷四國大使的版本，特別是 24 日的修訂版，則聲明美國政府對中日戰爭解決的方法是基於美國一再堅持的和平、法律、秩序、與公道的原則[374]。第三、羅斯福向日本妥協，讓中國跟日本直接單獨談判。

　　赫爾在得到羅斯福的訓令以後，就著手開始責成國務院幕僚草擬兩個方案：一、〈暫行過渡辦法〉（modus vivendi），是美國根據日方所提出的〈暫行過渡辦法〉所制定的。二、〈美日協議暫擬基礎大綱〉（Outline of Proposed Basis for Agreement Between the United States and Japan），是一個全盤性的和平協議。這兩個方案，顯然赫爾更注重的是〈美日協議暫擬基礎大綱〉。他把國務院幕僚所草擬的版本交予陸海軍，請其提供意見。值得注意的是，在〈美日協議暫擬基礎大綱〉前兩個草案裡，美國要求日本從中國境內撤軍，滿洲則由兩國另外商討。然而，在最後的定案裡，則是要求日本必須從中國撤出其所有的海陸空三軍。

　　11 月 22 日，赫爾召見中、英、澳、荷四國大使，把草擬好的〈暫行過渡辦法〉提交給他們並詢問其意見。根據《紐約時報》的報導，英、澳、荷大使先到。胡適則是後來在收到緊急召見的通知以後，才從病床起身趕去參加會議的。該篇報導還特別描述了胡適離開時候的表情以及發言：

　　　胡博士離開會場的時候看起來頗高興的樣子（根據「美聯社」（Associated Press）的報導，他在其他大使離開以後，留下來和赫爾談了十分鐘）他說，各國代表像往常一樣，在會議中都有共識。也許是因為他知道傳言都說美國在協議中所作的讓步會影響到他的國家，他特別加了一句話說：「沒有什麼可害怕的，也沒有什麼可驚慌的。」[375]

374　"Revised Draft of Proposed 'Modus Vivendi' with Japan," November 24, 1941, *FRUS*, 1941, Vol. IV: *The Far East*, p. 644.

375　Bertram Hulen, "5-Power Meeting Increases Hopes of Pacific Peace," *The New York Times*, November 23, 1941, p. 1.

　　如果胡適當時「看起來頗高興的樣子」，可能是真的，也可能是硬裝出來的。等他向蔣介石報告，特別是接到蔣介石憤怒的回電以後，他就完全笑不出來了。

　　事實上，胡適比其他三國大使晚到，可能是赫爾刻意安排的。我們記得11月18日赫爾先召見了英國大使，然後再召見胡適。他告訴英國大使說他將和日本商談「暫行過渡辦法」，但沒告訴胡適，理由是「那跟中國沒有直接的關係。」根據赫爾22日與四國大使的談話備忘錄的記載：

　　　召見英國、澳大利亞、荷蘭大使，中國大使後來加入。我摘述了我從春天開始和日本官員談話的要點。整個談話的記錄都說清楚了，此處無需贅述。
　　　我在總結的時候告訴他們日本所提出的〈暫行過渡辦法〉。我把日本的擬議給他們看。只有中國大使沒看到，因為他當時還沒有到。接著我就摘述了我所擬議的替代方案，以作為我對日本的答覆。他們似乎都同意用替代的方案，要勝過用逐項答覆日本的方式。
　　　替代方案大致上就是我打算提交日本的目前的定稿〔注：22日的版本〕。每一位在場的先生對我向他們提出來的初步的報告都表示滿意。唯一的例外是中國大使。他顯示出有點不安的樣子。每次提到中國，只要不合乎他的想法，這就是他一向的反應。他這樣的反應是正常的。由於我們所提出的〈暫行過渡辦法〉有阻擋日本進攻中國摧毀滇緬路的設想，他沒有表現出嚴重的關切。他問說這是否要日本承諾在這三個月內不進一步侵略中國。赫爾的答案是否定的。然而，他強調說這是雙方最後協定裡會討論的問題。[376]

胡適當天致外交部轉呈蔣介石的報告說：

　　　今晨美外長與英、澳、荷三使會談至一時。又約適參加，至一時三十五

---

[376] "Memorandum of Conversation, by the Secretary of State" November 22, 1941, *FRUS*, 1941, Vol. IV: *The Far East*, p. 640.

分始散。外長云：頃與三國代表會談，報告連日與日方談話情形，並略商太平洋海上防務形勢。據各方面形勢看來，現時尚有拖延時間之需要。惟安南局勢似最吃緊。中國政府領袖所慮，日本用大力由越攻滇。英、荷亦慮日本侵泰、緬。各方面雖已略有準備，誠恐此時尚不足應付兩大洋全面戰。因此，余欲與諸位商榷一個假設的問題：即日本若能撤退在安南全境之軍隊，或僅留兩三千人，並允不向其他新方向進攻，以求得一個經濟封鎖略鬆之「暫時過渡辦法」（*modus vivendi*）。是否可以暫解中國西南面之危急，並使其他各國謀得較長時間以增固空海實力。諸位對此意見為何？

英大使先發言謂：此時似尚有拖延時間之必要。但經濟放鬆，必不可使日本積儲軍用品以擴大其軍力。適次發言，問二事：一、所謂不向其他新方向進攻者，是否包括中國在內？外長云：此但包括由越攻滇，恐不能包括中國全境。但我等諸國必仍繼續援助中國之政策，以增固中國抗戰能力。二、所謂經濟封鎖放鬆者，以何為限度？頃英大使所云，必不可使日本積儲軍用品云云，是否有具體限度？外長云：具體辦法現尚未能談到。日方堅執希望的：指解除凍結之資產，使其可購油類與糧米等。但我方仍繼續維持出口管理（export control）特許之辦法。

適因力言：此兩點皆與中國有密切關係：一、敵不能南進或北進，則必用全力攻華。是我獨被犧牲，危險甚大，切望注意。二、經濟封鎖是美國最有效之武器。實行至今只有四個月，尚未達到其主要目的。必不可輕易放鬆。敵人由越攻滇，其地勢甚難。我國軍隊當勉力抵禦，所缺乏者是空軍。我國盼英美助我抵抗，而不願英美因此鬆懈其最有效之經濟武器。

英大使等辭，最後外長留適稍待。適重申最後兩點。外長云：日方曾要求美國停止援華政策。余自始即撇開不理。日美談判甚少根本接近。刻來栖君三、五日內束裝回國，亦是意中事。頃所談只是探討有無暫時過渡辦法之可能耳。除蔣先生與郭外長外，乞不必與他人談云。頃又得密訊，知敵方原提案只擬撤退安南南部。上文所謂撤退安南全境，係外長擬議之意云。[377]

---

377 胡適電外交部呈蔣介石，1941年11月22日，「國史館：蔣中正總統文物」，002-080103-00007-018。

綜合赫爾的備忘錄與胡適給蔣介石的報告，我們可以得到三點結論。第
一、赫爾先與英、澳、荷三國大使會談到下午一點。接著，胡適才參加。會議
在一點三十五分結束。根據野村向外務省的報告，整個會議的時間是兩個半鐘
頭[378]。換句話說，赫爾是先跟英、澳、荷三國大使會談了兩個鐘頭以後，才把
最後半個鐘頭留給胡適。第二、胡適沒看到日本所提的〈暫行過渡辦法〉。第
三、美國22日所擬訂的〈暫行過渡辦法〉也許在赫爾會見四國大使的時候還
沒定稿。因此，赫爾顯然只口頭摘述了其大要。四國大使都沒見到該辦法。第
四、胡適說赫爾說「日本若能撤退在安南全境之軍隊，或僅留兩三千人。」這
如果不是赫爾口誤或有意誤導，就是胡適聽錯。國務院所擬定的〈暫行過渡辦
法〉前後兩個版本都允許日本留駐兩萬五千的軍隊。第五、胡適在報告最後所
加的所謂密訊也許也是赫爾的口誤或著胡適的誤聽。赫爾所擬提的〈暫行過渡
辦法〉方案跟日本的提案一樣，只規定日軍撤出安南南部。

赫爾在11月22日中午召見四國大使，野村、來栖則是在當晚8點晉見赫
爾[379]。赫爾告訴他們，美國已經跟相關國家的大使進行討論。他說他們都贊成
美日採行一個「暫行過渡辦法」。只是，他們同時也希望能得到日本確實有意
和平的證據。雙方於是又針對者那三個僵持不下的問題進行了不可能獲致共識
的討論。討論當中，野村、來栖一再要求赫爾盡速答覆。22日當天是星期
六。赫爾回答說最早也必須是11月24日。野村、來栖表示他們無法等那麼
久。赫爾說他必須給相關政府時間答覆。如果日本無法再等，他也無能為力。
最後，他們只好說他們願意等到24日星期一得到答覆[380]。

野村、來栖為什麼希望赫爾盡速給他們答覆呢？原來日本政府在9月已經
作了初步的決定，如果美日談判沒有得到結果，日本將在10月底進攻美國。
結果，日本政府決定再給外交人員一點時間。然而，即使如此，由於天候的關
係，日本最遲必須在12月動手。因此，日本外務省在11月5日給野村訓令，
把談判完成的最後期限定在11月25日。外務省說理由非常複雜，不是野村所

---

378 Nomura to Tokyo, November 23, 1941, *Pearl Harbor Attack*, Part, 12, p. 167.

379 Nomura to Tokyo, November 22, 1941, *Pearl Harbor Attack*, Part, 12, p. 167.

380 "Memorandum of a Conversation," November 22, 1941, *FRUS, Japan: 1931-1941*, Vol. II, pp. 757-762.

能想像的地步[381]。11月22日，外務省要求他們盡速完成談判，簽署協議的最後限期可以延到29日[382]。由於美日兩地有時差的問題，外務省又在24日去電強調29日的期限指的是東京時間[383]。當然，有後見之明的我們，知道這個最後限期就是要配合日本偷襲珍珠港的時間。

蔣介石剛知道赫爾召見四國大使的時候，還額手稱慶，認為這是盟國聯合陣線第一次集合共謀大計。他11月24日的日記記：「昨日美國務卿召集中、英、澳、荷四國使節在國務院會商對倭談話問題。我胡大使在最後到會加入。然此為太平洋聯合對倭陣線第一次公開之形式。我國至此脫離孤立之危。」結果，晴空霹靂，事情完全不是他所想像的：「本日下午忽接胡大使電，稱昨日美國邀商者，為倭撤退駐越南軍隊之大部、保證不南進、不攻滇，而由美國放鬆經濟封鎖事。其對中國撤兵問題毫不提及。乃可知美國仍對倭妥協而犧牲中國甚矣。國際無道義，痛憤盍極。余覆電嚴斥美國之虛妄。尚冀其不妥政策，不絲毫放鬆經濟封鎖也……五時，接胡電，手擬覆電。」

蔣介石11月24日的給胡適的覆電：

　　此次美日談話，如果在中國侵略之日軍撤退問題沒有得到根本解決以前，而美國對日經濟封鎖政策，無論有任何一點之放鬆或改變，則中國抗戰必立見崩潰。以後美國即使對華有任何之援助，皆屬虛妄。中國亦決不能再望友邦之援助，從此國際信義與人類道德亦不可復問矣。請以此意代告赫爾國務卿，切不可對經濟封鎖有絲毫之放鬆。中亦萬不信美國政府至今對日尚有如此之想像也。[384]

最有意味的，是外交部長郭泰祺和胡適對蔣介石這個電報處置的方式。郭泰祺在他同一天致胡適的電報裡，先徵引了蔣介石的電報。然後，就加上了他

381　Tokyo to Washington, November 5, 1941, *Pearl Harbor Attack*, Part, 12, p. 100.

382　Tokyo to Washington, November 22, 1941, *Pearl Harbor Attack*, Part, 12, p. 165.

383　Tokyo to Washington, November 24, 1941, *Pearl Harbor Attack*, Part, 12, p. 173.

384　蔣介石電胡適，1941年11月24日，「國史館：蔣中正總統文物」，002-020300-00028-071。

為赫爾辯護的按語：

> 介公閱兄來電後，反感頗烈。認為美方對中國問題不圖解決，仍擬對敵姑息，犧牲我國。弟意國務卿素極尊重基本原則與立場，敢信其對敵未肯輕易讓步。諒僅係探討有無暫時過渡辦法之可能，必尚未向日方有何表露？但吾人對任何凡足以增加我國抗戰之困難或加強敵人對我侵略之力量之辦法，必堅決反對，務請轉告國務卿。[385]

11月25日，胡適幾乎是以負荊請罪的方式請見赫爾。根據赫爾的談話備忘錄：

> 中國大使請見。他先作了冗長的解釋（profuse explanations）說：中國的外交部長非常理解日本的問題牽涉到廣泛的國際層面，涉及到許多國家，包括中國與美國。可是委員長不諳情況，因此據報反對〈暫行過渡辦法〉。他接著就提交給我其外交部長1941年11月24日的電報。

赫爾說，蔣介石跟其夫人不久前才疲勞轟炸華盛頓，說日本即將截斷滇緬路，要求援助。現在他跟羅斯福所建議的辦法，就正是要使日本退出印度支那，保護蔣介石說岌岌可危的滇緬路。換句話說，赫爾說蔣介石到底在抱怨什麼呢。他接著說：

> 蔣介石忽略了我們保護他所作的措施，而猛烈抨擊我們為了達成一個通盤性的和平協議因而對日本提供某些商品。他同時也忽略了我們的提議會紓解日本的威脅，從印度支那到整個南太平洋區，包括新加坡、荷屬東印度、澳大利亞、美國，以及菲律賓，還有橡膠與錫的貿易通道。所有對這些國家的威脅都可以得到九十天的紓解。我們海軍上將的一員最近告訴我，我們在這期間提供日本的低級的石油產品，不至於會顯著地增強日本

---

[385] 郭泰祺電胡適，1941年11月24日，「國史館：蔣中正總統文物」，002-080103-00007-018。

軍隊與海軍的力量。當然，我們可以取消這個擬議。然而，如果日本南
進，就不要怪我們沒有把軍艦開往印度支那或日本海。

　　胡大使非常堅決地表示他會完整地向其政府解釋，希望能多少舒緩緊張
的情勢。[386]

胡適11月25日向郭泰祺、蔣介石所作的報告：

　　奉到公與兄廿四日電敬悉。今晚八時謁外長已面達。外長云：請告蔣先
生與郭部長，美總統與余為中國抗戰事，日夜在心已四年餘。務請蔣、郭
兩公瞭解余二人決無損害中國或不顧中國利益，以求和緩日本之意。請兩
公相信余二人此時所計畫主旨，是為整個世界局面謀得幾十日之準備時
間。同時亦深切顧慮到蔣先生十月底、十一月初屢電所囑之滇緬路問題。
請告蔣、郭兩公，此三星期中，我國海陸軍首領與行政府首領均盡心盡
力計慮此密談問題。此時惟有請兩公信任總統與余二人，則一切疑慮都可
稍釋云云。外長又云：昨日所討論之安南全境駐軍人數一層等意甚是。現
已改為？（電碼不明）六千人。其餘再略有修改云。[387]

　　赫爾的備忘錄與胡適的報告，其內容大相逕庭。很顯然地，赫爾跟蔣介石
都生氣了，都各自說了氣話。夾在中間的胡適力圖打圓場。此處的重點是赫爾
談話備忘錄裡所呈現出來的胡適。胡適已經渾然忘卻了他是蔣介石派駐華盛頓
的中國大使，彷彿他是美國政策的辯護士。他對赫爾說話的口氣，彷彿他不是
大使，而是「王者師」在抱怨他作為「王者」的學生沒有國際眼光。他曲筆翻
譯郭泰祺的電報，把郭泰祺電報裡自忖赫爾不至於會出賣中國的信心與希冀，
翻成他是在開導蔣介石。郭泰祺說：「弟意國務卿素極尊重基本原則與立場，

386 "Memorandum of Conversation, by the Secretary of State" November 25, 1941, *FRUS*, 1941, Vol.
IV: *The Far East*, pp. 652-654.

387 胡適電郭泰祺、蔣介石，1941年11月25日，「國史館：蔣中正總統文物」，002-080103-
00007-021。

敢信其對敵未肯輕易讓步。諒僅係探討有無暫時過渡辦法之可能，必尚未向日方有何表露？」胡適把這兩句話翻成：

I have explained to him that the Secretary of State has always had the greatest respect for the fundamental principles, and that I believe he has made no concession to Japan. The fact that he inquires of the possibility of a *modus vivendi* show that he has not yet revealed anything to the Japanese.[388]

這兩句話翻回中文：

我向他〔注：蔣介石〕解釋說，國務卿素極尊重基本原則，相信他對日本沒有作任何的讓步。他之所以會問我們〈暫行過渡辦法〉是否可行，就顯示出他尚未向日方有何表露。

在胡適曲筆的翻譯之下，不但郭泰祺表達自己對赫爾的信心與希冀的心裡話，變成了他開導蔣介石的良藥。更值得注意的是，郭泰祺「必尚未向日方有何表露？」那句以問號結束的希冀，變成了「他尚未向日方有何表露。」的肯定句。

言歸正傳。赫爾在11月22日第一次召見四國大使以後，又在24日再度召見四國大使。根據他的談話備忘錄的記載：

召見英國、中國、澳大利亞、荷蘭大使。我給他們每人一份我們準備好要提交日本大使的〈暫行過渡辦法〉。他們花了一個鐘頭的時間閱讀，並記下他們要向其政府報告的要點。

中國大使反對讓日本在印度支那留下超過最多五千的軍隊。我再度強調馬歇爾（George Marshall）將軍在幾分鐘前才告訴我的話。他說以他的看

---

388 "Telegram From the Chinese Minister for Foreign Affairs (Quo Tai-chi) to the Chinese Ambassador (Hu Shih)," November 22, 1941, *FRUS*, 1941, Vol. IV: *The Far East*, p. 654.

法，兩萬五千的軍隊不致構成威脅。我又說：雖然美國政府認為日本在印度支那連駐紮一個兵士的權利也沒有，我們力圖要達成暫時的協議。這主要是因為我們海陸軍的總長對我強調他們需要時間，以便讓他們能有充分的準備，一旦跟日本開戰，能有力地在太平洋區迎敵。

赫爾說胡適一直堅持要把兩萬五千人的數字降低到五千。赫爾本人則一再強調用三個月的時間換取更充分的準備的必要。最後，赫爾顯然生氣了。他說，他發現四國政府，除了荷蘭以外，對這個問題毫不措意。他責備四國政府對太平洋區的防衛利害關係超過美國。可是如果日本進攻，他們卻冀望美國不但要出兵，而且要帶頭防衛整個區域。他說他對四國政府漠不關心、缺乏合作的態度感到失望。赫爾說沒有人答腔。只有荷蘭大使說荷蘭政府已經訓令他支持美國的〈暫行過渡辦法〉。赫爾說他如果不知道四國政府的看法和態度，他無法把它提交給日本。會議於焉結束[389]。

胡適在當天給外交部轉呈蔣介石的報告：

今日下午四時，外長召集中、英、荷、澳四使會議。外長云：本月18日，日代表提請繼續談一個臨時過渡辦法。20日，他們提出說帖。美政府認為與向來主張之基本原則衝突，故不能接受。現國際逐漸緊張，日本軍閥或有異動。吾人以其急遽惡化，故擬由美政府提出一個臨時過渡辦法，交與日代表。其要旨如下：

一、日美兩國政府宣言其國家政策以和平為目的，並無疆土企圖；

二、日美兩國相同約定，不得從其軍備區域向亞洲之東南、東北或北太平洋、南太平洋各區域作進攻或進攻之威脅；

三、日本承諾將現駐安南南部之軍隊撤退，並不再補充。又將安南全境之駐軍減至本年7月26日以前之數目，總數無論如何不得超過兩萬五千人，並不得加派軍隊為補充遲方他種準備；

389 "Memorandum of Conversation, by the Secretary of State" November 24, 1941, *FRUS*, 1941, Vol. IV: *The Far East*, pp. 646-647.

四、美政府允即稍變通其凍結資產及出口貿易之限制條例，以增供下述貿易重開之需要為限度。甲、日貨輸美，准其入口。其售得之款，匯存為特項，以為付美貨或日債利息之用。每月輸入日貨，其總值三分之二項為生絲。乙、美貨輸日限於食物、棉花、醫藥、油類。棉花每月不得過六十萬元；油類以每月之民用（civilian）需要為限，即限於漁業、燃燈、農工等項。如兩國政府認為此項協約有益於太平洋之各項懸案之和平公道的切實地方，則以上各項商品之種類、數量皆可以協商式增加；

五、日本亦同樣變通其凍結及通商之限制；

六、美政府允向英、澳、荷政府洽商採取類似辦法；

七、對於中日戰爭，美政府之根本政策，只期望中日兩國將來所有任何討論或解決方案，均須基於和平、法律、秩序、公道之基本原則；

八、此項臨時過渡辦法，以三個月為有效期間。但任何一方得提請雙方互商，以決定為整個太平洋和平解決之前途起見，應否再延長一個時期。

以上為外長擬提之過渡辦法要點。外長再三聲明兩個要點：一、據海陸軍參謀部報告，現時實尚需兩三個月之準備時間；二、美國政府現擔負和戰大責任，日本既以和平為標幟而來，美方不容不有一度之和平表示，以為對國民及對世人留一個記錄。適對外長指第三條安南駐兵總數。上次外長口頭似曾說兩、三千人。今定為兩萬五千人，其數過多，實足迫脅我國。甚盼外長特別注意。又荷使、英使亦均以此數為太高。外長謂此數根據現在越之日軍七萬餘人而酌定者。美方陸軍專家均以為此數決不足為侵滇之用。況明定不得補充乎。但諸公意見當作參考。適又持第二條亞洲東北、東南云云。若不包括中國在內，則我國將獨蒙其害。

外長云：原意實亦欲為各國謀得三個月準備時間。中國現時最急者是由越攻滇，可斷滇緬路之接濟。此過渡辦法，實欲保護滇緬路之交通。同時我已力拒日本請求停止援華之議。故三個月中接濟中國之物資，當可大增強中國抗戰之力量也。外長又云：現時歐洲局勢驟緊張。日本之爭鬥力量

亦驟增，恐未必肯接受此種種限制。在我不過欲盡人事，留此記錄而已。適按前日四國使人各向本國政府報告，今日只荷使已得回訓，餘正候訓令。據外長云：全件整理完畢後，即擬與日使開談云。以上辦法，大似去年英國滇緬路停運一事。其用意為換得三個月之準備時間。其主張聞出於海陸軍參謀、首領、外長。此舉似亦有其苦心，恐不易阻止。望速電示中央方針，以便遵行。[390]

蔣介石在11月26日指令胡適：

中廿四日覆電，諒已轉達國務卿。兄廿四口來電，已由郭部長直覆。請再將下文面告國務卿。美日談判延宕不決，因之日本在華三日來宣傳美日妥協已密訂協定。其內容以中日戰爭美國不再過問，則日本亦不南進，雙方解除資產凍結為要點。此種謠傳日甚一日。因之全國人心惶惑，軍事經濟之動搖，皆有立即崩潰之現象。如美政府希望中國再為太平洋全局與民主主義繼續抗戰而不致失敗，則惟有請美政府即時宣明與日決不妥協之態度。並聲明如日在華侵略軍隊之撤退問題未得根本解決以前，則美國對日之經濟封鎖與凍結資金之一貫政策，決不有絲毫之放鬆。

如此日本必能轉變其威脅態度。即不然，日亦決不敢與美國開釁。至多不過停止交涉而已。是則中國軍民心理方可安定，大局尚有挽救之望。否則中國四年半之抗戰，死傷無窮之生命，且遭受歷史以來空前未有之犧牲。乃竟由美政府態度之曖昧游移，而為日本毫不費力之宣傳與恫嚇，以致中國抗戰功敗垂成，世界禍亂迄無底止。回憶往年英德妥協，捷克、波蘭遭受無故犧牲之痛史。殷鑑不遠，能不惶悚。務望美政府當機立斷，不再因循坐誤時機。并望此意代達羅總統為盼。[391]

胡適在報告裡所提到的〈暫行過渡辦法〉，顯然蔣介石最反感的，是第七

390 胡適電蔣介石，1941年11月24日，「國史館：蔣中正總統文物」，002-020300-00028-072。
391 蔣介石電胡適，1941年11月26日，「國史館：蔣中正總統文物」，002-010300-00046-033。

條：「對於中日戰爭，美政府之根本政策，只期望中日兩國將來所有任何討論或解決方案，均須基於和平、法律、秩序、公道之基本原則。」郭泰祺在11月26日給胡適的電報裡說：

> 美政府所擬提之〈暫時過渡辦法〉，經我方詳加考量後，認為事實上雖於我或無大害，但在精神上、心理上將於我軍民各方發生甚鉅大之影響。故仍希照介公致兄及子文兄之兩電，堅持反對關於第七條美政府「只期望」云云。介公對只期望三字尤感不滿。弟意此條可重可輕，美國如此時無意謀中日戰爭之解決，則此條措詞不必過於重視。如有意解決，而故置《九國公約》及基本原則而不提，則殊堪注意。究竟美政府真意何如？同時不知當日談話時，赫爾是否曾明言此臨時協定三月後，當不至再行續訂。又美方對介公電有何反應？統希電復。[392]

事實上，這又是一個翻譯不精確的問題。〈暫時過渡辦法〉第七條並不是說「美政府之根本政策，只期望」云云，而是「美國政府根本關切的所在」。原文是：

> With reference to the current hostilities between Japan and China, the fundamental interest of the Government of the United States in reference to any discussions which may be entered into between the Japanese and Chinese Governments is simply that these discussions and any settlement reached as a result thereof be based upon and exemplified the fundamental principles of peace, law, order and justice, which constitute the central spirit of the current conversations between the Government of Japan and the Government of United States and which are applicable uniformly throughout the Pacific area.

正確的翻譯是：

---

392 郭泰祺電胡適，1941年11月26日，「國史館：蔣中正總統文物」，002-080103-00007-021。

關於日中兩國目前的戰爭，美國政府根本關切的所在，是和談的過程以及所達成的協議，是根據和平、法律、秩序、公道之根本原則。這些原則是日美兩國政府當前會談的中心精神，是可以一體適用在整個太平洋區的原則。[393]

不管美國所提出的這個〈暫行過渡辦法〉是否犧牲了中國的利益，赫爾可以很義正詞嚴地說，在八個月的談判裡，中日戰爭的解決方式是他與日本談判的核心問題。他不但堅持日本必須從中國撤軍，而且堅持中日戰爭的解決方式，必須根據和平、法律、秩序、公道之根本原則。

11月26日，胡適跟宋子文到白宮晉見羅斯福。他們聯名致外交部轉呈蔣介石的報告裡說：

今日下午二時半，總統約適、文二人談話約一點鐘。總統先說：月初，蔣先生因滇緬路危急，迭電見商救濟有效方法。其後日使來栖等來談，曾表示不欲美國調解中日和議，故中日整個問題無從談及。其後彼方提出臨時過渡辦法中有不再增加南越軍隊一項。余等因念此中或有幫助中國解決滇緬路危急之途徑。故外長曾與ABCD〔注：澳大利亞、英國、中國、荷蘭〕各使領討論臨時過渡辦法。其中即注重將安南全境日軍減至不能危害之數目。其意即有藉此幫助蔣先生解救滇緬路之危急。本意欲求得中、英、荷、澳四國大致同意，然後與彼方開談。此案至今未提出。

但昨夜我方得報告，謂日本軍艦三十餘艘，由山東南駛，已過台灣南下。其所運軍隊數目，有三萬至五萬之估計。此可見彼方毫無信義。在談話時已增加南面兵力。似此情形，恐談話根本即無繼續可能。而太平洋事端之大爆發，恐已不遠。故此案不但未交去，談話或亦即有中止之可能。聞蔣先生對此事頗有誤會，甚感焦急。請代為解釋云云。

適因陳述我國政府之意旨，側重兩點：一則經濟封鎖之放鬆可以增加敵

393 "Revised Draft of Proposed 'Modus Vivendi' with Japan," November 24, 1941, *FRUS*, 1941, Vol. IV: *The Far East*, p. 644.

人持久力量，更可以使我抗戰士民十分失望灰心。二則敵人既不能南進與北侵，必將集中力量攻我，是我獨蒙其害。而所謂過渡辦法，對此全無救濟。總統云：外長辦法只限於局部的臨時救濟，其中確信不能顧到全部中日戰事。譬如，當前有兩個強盜由兩面攻入。若能給錢使其一人多彎幾十回山路以後，使全力抵抗其他一人。我方同意不過如此。

文因陳述云：美國以日本不侵犯西比利亞及荷屬東印度、泰國、新加坡為恢復對日經濟關係之交換條件。我國一般軍民心理必以為無異表示日本對華可以進攻。日本軍事布置有三點：一、攻西比利亞；二、南進；三、全力侵略中國。前兩者實際上中國必獨受其禍。至滇緬路之保護問題固屬重要，但僅限制日本路警和駐軍，亦殊無濟於事。日方仍可以越南為運輸根據，調遣大軍由桂入滇，且此取為歷史上戰爭必經之路。即使滇緬路暫時不受攻害，其他區域不免於蹂躪，滇緬路仍舊感受威脅也。故有限制的恢復經濟關係，殊不能使中國軍民瞭解。中國軍民只知解除封鎖，日本即可獲得油料以供飛機轟炸。是以蔣委員長深為憂慮，認為日美一旦妥協，即是中國被犧牲。中國光榮抗戰之心理，勢必不能維持。是以余敢言如積極保護滇緬路而放鬆經濟制裁，中國寧願抵抗救亡之攻擊。蓋放鬆經濟封鎖，影響中國軍民心理至大，抗戰前途是所繫也。

總統對文所說各點，未加直截答覆。但云：現局勢變化多端，非所逆料。一、二星期後，太平洋上即有大戰禍亦未可知？只盼望蔣先生對余等同情，不遽生誤會則幸矣。

文等辭行出後，追思總統所談，大致有三點：一、所謂臨時過渡辦法，尚未提交日方。此一點適在外部已證實。二、在未得四國同意之前，或不致開談。此一點當再向外部方面證實後續報。三、若日方此時增加南面軍力，則談話即可決裂而戰事或將不免。子文叩。[394]

由於是聯名的電報，說話有顧忌，宋子文於是在當天另外作了一個密呈。

394 胡適、宋子文電蔣介石，1941年11月27日，「國史館：蔣中正總統文物」，002-080103-00007-030。

一方面他要凸顯出自己的貢獻，另一方面更乘機中傷胡適：

　　本日文與適之聯名電，計邀鈞覽。文昨晨奉有（25日）電。因時機急迫，當日即將鈞座意旨，託總統親信高可任君〔Thomas Corcoran〕代達。總統乃約文與適之今日進謁。談話情形可注意各點，謹陳如下：

一、總統首謂鈞座或因所聞不實似有誤會云云。實則鈞座有（25日）電之動機，乃根據適之22、24日兩電報告霍爾〔赫爾〕與英、澳、荷各使談話之事實。

二、適之兩電，頗有美國原則已定，事在必行之意，故不能再事商量。但總統云，向來主張美方之提議，先向各關係友邦徵求同意，再向日本提出。

三、霍爾前所持主要理由，為美陸海軍考慮要求三數月之時間，俾得充分準備。總統則隻字未提。

四、總統云：昨日據報，日本由山東海上運輸二、三萬軍隊南下。正值兩國談判之時而有如此行動，是無誠意談判，似難繼續等語。總統是否藉此轉圜，未可妄測。

五、總統以美方提案乃完全注重保護滇緬路。經文一再申述，按照提案，該路仍不能避免威脅，各地仍不免蹂躪，則中國毋寧因抵抗攻擊而犧牲，不願因日美妥協之侮而崩潰。總統無詞可答，態度似露窘促。

六、適之過信國務部，以為霍爾之方案為循守美國已定之政策，不可變更。故不願在原則上力爭，僅斷斷於駐越北日軍多寡之問題，捨本逐末，何濟於事。此次若能挽回犧牲中國之厄運，實由鈞座義正詞正之一電。適之對於美政府權要，素少接洽。僅與英、澳各使約略商談，真相不明，幾至胎誤事機。

七、文昨晚特邀毛財長晚餐。據毛云：國務部態度向來懦怯。兩年前中國借款，乃係候霍爾赴南美時進行，始得告成。凍結日本資產，我已費心兩年心力，艱難可知。美日談判何等重要，事前亦未與我相商，殊覺令人發生反感。惟渠深信，日美妥協不易實現，對於日本只有以武力制裁。

八、文在此極力聯絡各方，反對妥協。國務部自不免非難，只有聽其自
　　然。但一般輿論均屬同情。惟當此千鈞一髮之際，適之不能勝任，似
　　可危慮耳。弟子文叩。[395]

美國政府在11月26日放棄〈暫行過渡辦法〉。赫爾在當天下午召見野
村、來栖，遞交給他們國務院同時另外擬訂的〈美日協議暫擬基礎大綱〉。這
個〈美日協議暫擬基礎大綱〉約定雙方以下述四個根本原則來處理兩國以及所
有國際關係：

一、尊重每一個國家的領土與主權的完整；
二、支持不干涉其他國家內政的原則；
三、支持均等──包括商業均等──的原則；
四、以國際合作和調解的原則，來避免、並用和平的方法解決爭端，進而
　　以和平的方法與程序來改善國際的形勢。

這四個根本原則就是赫爾在其與野村談判期間所一再楬櫫的。他4月16日
遞交這四個原則給野村；9月3日，再由羅斯福遞交野村；10月2日，赫爾再
度遞交野村。唯一字句不同的地方在第四點。在這三次遞交給野村的四點原則
裡，第四點是：「不打亂太平洋的『現狀』，除非『現狀』是由和平的方式所
改變的。」在〈美日協議暫擬基礎大綱〉裡，這第四點則是用明確的字句表
達。

根據這四點根本原則，美國要求日本從中國以及印度支那撤出其所有的海
陸空三軍。同時，除了當時首都在重慶的中國中央政府以外，美國與日本政府
約定，不用任何軍事、政治、經濟的方法支持的任何其他政權[396]。

395　宋子文電蔣介石，1941年11月26日，「國史館：蔣中正總統文物」，002-080103-00007-027。
396　"Document Handed by the Secretary of State to the Japanese Ambassador（Nomura）on November
　　26, 1941: 'Outline of Proposed Basis for Agreement Between the United States and Japan,'"
　　FRUS, Japan: 1931-1941, Vol. II, pp. 768-770.

　　中國這場外交折衝打了勝仗。塵埃都還沒落定，宋子文已經想到了論功行賞、計過行罰的獎懲問題。他在11月28日致電給蔣介石兩個密呈，除了繼續阿諛奉承蔣介石、並為自己攬功以外，左打郭泰祺，右搹胡適：

> 密呈
> 　　委座鈞鑒。閱復初兄26日致適之兄電，對美日談判態度，似不如鈞座堅決。事雖過去，惟望其與高斯談話時，不可與鈞意稍有出入。此電任何人乞勿交閱，以免有傷復初兄情感為懇。弟子文叩。
>
> 密呈
> 　　委座鈞鑒。日美談判內幕逐漸揭開，謹分析詳陳如下：
> 一、對方為一純正君子而性和平者，為國務部緩和派包圍。該派亟欲與日本妥協，雖犧牲中國亦所不惜。東方司長漢密登〔漢摩頓〕為該派首領。顧問霍貝克雖同情於我，亦不免隨聲附和。以前敬（24日）酉電陳霍貝克與田隆烈之談話，可以想見霍爾本意原擬延宕時間。但因來栖告以為壓制日本國內激烈派，須於26日，嗣改29日以前有一辦法，無異哀的美敦書。霍爾焦灼之餘，不得不順從緩和派之意，故加贊同。此時若無鈞座有（25日）電，並迅速轉達各方表示堅決正當之立場，則此過渡辦法即預備25或26日正式提交來栖。
> 二、美海陸軍固已有相當準備，觀文魚（6日）徑（25日）電陳海陸兩長談話可知。惟國務部將巧妙和徵詢海陸參謀長，是否需要延長時間，以利進行準備。準備本無終期。軍人坦直，無不歡迎之理。霍爾遂先與英、澳、荷三使洽商所擬過渡辦法。英、荷趨於反對，澳贊同。因關係中國最大，並邀適之參加。適之柔懦，不思探本追源，僅集中力量於過渡辦法之修改。霍爾遂以過渡辦法可以推進，告知總統。
> 三、總統明知日美戰事不可避免。但政治家素喜運用手腕。又以為過渡辦法於中國無多大損害，故加贊同。此時若無鈞座有（25日）電，並迅速轉達各方，表示堅決正當之立場，則此過渡辦法，即預備25或26日正式提交來栖。
> 四、昨居里言，總統於24日主張過渡辦法。只本人甚為堅決。身為部

屬，人微言輕，不敢表示反對。文責其有負總統及中國。居云：總統
向來主見甚強，孰知亦可變易。此後對其心理更多一層明瞭，並請見
諒等語。

五、總統獲知鈞座態度堅決，知過渡辦法之不妥。且政府一部分要人得悉
中國之立場後，認為此種過渡辦法，不過亞洲明興協定〔注：〈慕尼
黑協定〉〕之重演，對總統有所陳述。但總統尚欲試探，故於26日午
後召見文與適之三人密談。文個人之判斷已於寢（26日）亥電陳。
電中第一、二兩項所述總統之言，不盡符合事實，可知其動搖之心
理。第三項今已證實，確係藉此轉圜。

六、總統見文等後，即召見霍爾，決定放棄過渡辦法。並決定提出準備決
裂時美方所定之基本原則。竊查過渡辦法雖未正式提交日方，而各報
已將概略登載。來栖亦必獲知其內容。即25、26日可以正式提交之
消息。來栖亦必已得到。故各報訪員見來栖赴國務部時滿面笑容，及
收到書面答覆後，懊喪而返。

七、此次挽回危局，全仗鈞座剛明沉毅之決心。非惟救中國亦救美國，而
正義公道亦賴以維持。歷史運命往往決於片刻。追述經過之餘，益增
欽服。弟子文叩。397

　　蔣介石在朕心快慰之餘，電賀宋子文，並囑他不必在乎國務院的不滿：
「此次幸賴兄在各方努力呼籲，乃得轉敗為勝。國務院不滿一節，何足用懷。
尚望以後不斷注意，期能收得更大之功效也。」398
　　蔣介石的日記淋漓盡致地表露出他在這幾天裡心情的起伏以及他認為致勝
的關鍵因素：

　　11月26日：
　　注意：一、接閱美國所擬對倭放鬆妥協之條件。痛憤之至！何美國愚懦

397 宋子文電蔣介石，1941年11月28日，「國史館：蔣中正總統文物」，002-080103-00007-028。
398 蔣介石電宋子文，1941年11月29日，「國史館：蔣中正總統文物」，002-060100-00158-029。

至此？從此可知帝國資本主義者，惟有損人利己，毫無信義可言。昔以為美國當不至於此。故對美始終信仰，其非英可比。今而後知世界道德之墮廢，求己以外，再無可信之所謂與國友邦也。然而本來如此，乃余自癡，信人太過，何怪他人？上午到國民參政會致閉會詞，與岳軍談話。下午為胡大使來電報告美國所擬對倭提案。余令外交部覆電，堅決反對，並於晚手擬長電警告美政府。

11月27日：

注意：一、本日美國對倭提議之內容完全照余所要求者提出，與昨日以前之妥協態度根本改變。昨晚家人與拉顧問皆憂憤之際，余曰：外交形勢無常。今日之不好消息，即可變成明日之好消息也。今果如此應驗矣，是窮理盡性之效乎？

11月28日：

注意：一、此次美國對倭態度之強化，全在於自我態度之堅定與決心之強毅，尤在於不稍遷遲時間，得心應手，窮理致知，乃得於千鈞一髮時旋轉於頃刻也。而內子力助於內，子文輔佐於外，最為有力。否則如胡適者，則未有不失敗也。二、敵之以後動向，究為屈服抑反抗乎，余斷以先行停止交涉，再求屈伏為多也。三、此時對美提借款是否為已得機。

11月「本月反省錄」：

……六、倭派專使來栖赴美交涉。彼仍抄襲其甲午戰爭遷就列強獨對中國壓迫之故智，以售狡計。果爾美國務院主持妥協，幾乎為其所算。且其勢已成百分之九十九，只差其妥協條件尚未提交來栖而已。幸賴上帝眷佑，運用全神。卒能在最後五分鐘當千鈞一髮之際轉敗為勝，內助之力實非尠也。妻云：無論商家與住室，若無家主與老闆娘時刻貫注全神管理業務則必不成。其言以鑒於歷次外交部與駐美大使胡適對其使命與任務之成敗幾乎毫不在意而發也。此等官僚與政客，無膽無能，而不願為國家略費心神。凡事只聽其成敗，是誠可痛可悲之至也。因之無論家與國，皆必須有主，而且必須全賴其主者自身之努力奮鬥，其他皆不可靠也。

我在上文徵引了那麼一長段宋子文的幾個密呈以及蔣介石的幾則日記，目

的就是要指出宋子文跟蔣介石的話都只能當成是一面之詞。我們在使用宋子文給蔣介石的電文與密呈的時候，必須意識到那些都是宋子文的片面之詞，而且必須和美國的外交文書以及當時的其他報導比對。如果我們沒有這個意識，不去作比對稽核的工作，就像齊錫生一樣，錯把宋子文阿諛奉承蔣介石、為自己攬功的片面之詞當成是「信史」，並據以分析珍珠港事變之前美日談判之所以破局的緣由，並據以評價胡適、蔣介石、宋子文在這個危機裡所扮演的角色[399]，其結果就是去了一個胡適「神話」，而代之以一個宋子文、蔣介石「神話」。

　　宋子文除了要奉承蔣介石以外，他有強烈的自吹自擂、往自己臉上貼金的個性，而且還有必欲去除胡適而後快的強烈的欲望。蔣介石則像他自己說的：「無論家與國，皆必須有主，而且必須全賴其主者自身之努力奮鬥，其他皆不可靠也。」只有朕是最英明的。他自己可以低頭、讓步，然後以「算自己倒楣」自圓其說。其他外交人員如果低頭、讓步，就是「無國家觀念」、「洋奴」、「買辦」。

　　珍珠港事變前這個〈暫行過渡辦法〉爭議危機，蔣介石之所以能「轉敗為勝」，並不是像他自己以為然的，是由於他「態度之堅定與決心之強毅」，也不是像宋子文阿諛所說的：「全仗鈞座剛明沉毅之決心。非惟救中國亦救美國，而正義公道亦賴以維持。」

　　要研究〈暫行過渡辦法〉這個爭議，我們已經進入了外交史研究的範疇。研究外交史的困難，就是必須使用各個相關國家的檔案。這是因為外交折衝所反映的，就是不同國家之間在權益上的角逐與爭勝。這些折衝國家的檔案，就會反映了各相關國不同的角度與立場，以及根據這些不同的角度與立場所撰寫出來的報告。同時，外交使節由於種種因素，不見得會如實地向本國政府報告在外的交涉。而且，再敬業的大使，也有掛一漏萬的時候。換句話說，研究外交史第一個要務，就是要對比不同國家的檔案，看對同一個事件的描述有什麼歧異的所在。

---

399 齊錫生，《從舞台邊緣走向中央：美國在中國抗戰初期外交視野的轉變，1937-1941》，頁487-525。

　　事實上，何止胡適、宋子文的報告和蔣介石的日記都是一面之詞，赫爾和羅斯福對胡適、宋子文所說的話也可以是一面之詞。最明顯的例子，就是赫爾和羅斯福一再對胡適和宋子文強調〈暫行過渡辦法〉可以幫忙中國紓解日本對滇緬路的威脅。這個說詞，如果我們說得嚴苛一點，是一個謊言。

　　我們記得野村在11月20日向美國提交日本的〈暫行過渡辦法〉草案。其中，第二條說，協定成立以後，「日本將把目前在法屬印度支那的軍隊撤回到北部。」赫爾在他提交給四國大使過目的〈暫行過渡辦法〉裡接受了日本這個第二條。因此，他在第三條裡規定：「日本承諾將現駐安南南部之軍隊撤退，並不再補充。」

　　然而，最讓胡適擔心的是赫爾的第二條：「二、日美兩國相同約定，不得從其軍備區域向亞洲之東南、東北或北太平洋、南太平洋各區域作進攻或進攻之威脅。」就像胡適11月22日對赫爾所作的抗議：「敵不能南進或北進，則必用全力攻華。是我獨被犧牲，危險甚大。」

　　我在上文已經指出赫爾在11月24日的辯解：「中國現時最急者是由越攻滇，可斷滇緬路之接濟。此過渡辦法，實欲保護滇緬路之交通。」羅斯福在11月26日接見胡適、宋子文的時候也說：「其後彼方提出臨時過渡辦法中有不再增加南越軍隊一項。余等因念此中或有幫助中國解決滇緬路危急之途徑。」

　　事實上，赫爾、羅斯福都說了謊。證據有兩個，分別是日本的檔案，以及羅斯福致英國首相邱吉爾的信。先說日本檔案，野村向日本外務省所作的報告裡說，11月22日他與來栖跟赫爾會談時，赫爾說美日荷澳所擔心的南太平洋區的安全，他們覺得日本對和平所作的承諾不夠。野村回答說：

　　　我們集結在法屬印度支那北部的軍隊，針對的是切斷重慶的生命線〔注：即滇緬路〕。因此，他們〔日本軍隊〕所針對的主要是雲南。因此，他們對南太平洋區不會而且也無意造成威脅。[400]

除非野村報告失實──其可能性幾近於零──赫爾就是對胡適說謊。如果

400　Nomura to Tokyo, November 23, 1941, *Pearl Harbor Attack*, Part, 12, p. 168.

赫爾說謊，羅斯福也是張著眼睛說謊話。他在11月24日致電邱吉爾，向他說明美國準備向日本提出〈暫行過渡辦法〉。他摘要其要點如下：

> 這個擬議要求日本允諾把所有現在駐紮在印度支那南部的軍隊調到印度支那北部，並在中日兩國恢復和平、太平洋區和平建立以後，從印度支那撤軍；美國則允諾供應日本所需的汽油，並且不採取任何措施妨礙日本與中國談和。雙方並且允諾不進軍東南亞以及南太平洋（這個方案顯然並不排除日本從印度支那進攻中國），並合作從荷屬東印度取得原料，以及恢復凍結日本資產以前的商業關係。[401]

當然，如果我們要替赫爾和羅斯福緩頰，我們可以說他們所說的紓解滇緬路的說詞，是以軍事專家的評估作為根據的。因此，11月24日，赫爾再度召見四國大使的時候，針對胡適說讓日本在印度支那留駐兩萬五千軍隊太多，赫爾才會祭出這句話：「我再度強調馬歇爾將軍在幾分鐘前才告訴我的話。他說以他的看法，兩萬五千的軍隊不致構成威脅。」同樣地，羅斯福在11月26日召見胡適、宋子文的時候也說：「其中即注重將安南全境日軍減至不能危害之數目。」

如果赫爾、羅斯福對胡適、宋子文不夠信實，宋子文的自吹自擂裡也有太多的高調與不實的揣測。首先，宋子文說美國之所以會放棄〈暫行過渡辦法〉，「全仗鈞座剛明沉毅之決心。非惟救中國亦救美國，而正義公道亦賴以維持。」毫無疑問地，蔣介石的反對是一個關鍵的因素。有關這點可以從《美國外交文書》裡得到證實。赫爾在11月27日對荷蘭大使說，〈暫行過渡辦法〉，他「是在11月25日星期二晚上，或著說，在中國人在對情況一知半解、而且在不求證以前，就暴跳如雷以後，就基本上已經放棄了。」[402]

---

401 "The Secretary of State to the Ambassador in the United Kingdom（Winant），" November 24, 1941, *FRUS*, 1941, Vol. IV: *The Far East*, p. 648.

402 "Memorandum of Conversation, by the Secretary of State," November 27, 1941, *FRUS*, 1941, Vol. IV: *The Far East*, p. 669.

就像赫爾在11月29日，事過境遷以後對英國大使抱怨的：

　　蔣介石打了許多歇斯底里的電報給國務院以外的許多內閣成員與政府的
高級官員。有時候甚至略過總統。他對事實一無瞭解，而干擾了敏感、嚴
峻的決策過程。我接著說，蔣介石讓他在華盛頓的小舅子〔宋子文〕時時
毫無目的地對新聞界散播有害的消息。[403]

　　然而，宋子文所不知的是，真正關鍵的因素是邱吉爾。11月26日，邱吉
爾致羅斯福：

　　閣下有關日本的電訊今晚收到。哈里法克斯爵士（Lord Halifax）〔英國
駐美大使〕也完整地報告了討論的細節。閣下回覆日本的建議，外相已經
送出意見。當然，這件事理應閣下全權處理。而且我們也不願意有另外一
個戰場。只有一點會讓我們擔心。蔣介石怎辦呢？他的食料是否太少了
點？我們擔心的是中國。如果他們崩潰，你我的危險就會大增。我們相信
美國對中國情況的考量會引領美國的政策。我們覺得日本人對自己太沒有
自信了。[404]

　　換句話說，是邱吉爾幫了蔣介石的一個大忙。有意味的是，那可能不是邱
吉爾的原意。根據美國次國務卿威爾斯與英國大使在11月27日的談話，英國
政府其實是完全支持赫爾的〈暫行過渡辦法〉。威爾斯的談話記錄如下：

　　我說，赫爾國務卿要我告訴英國大使，他作那樣的決定的一個原因，是
因為英國政府所給予我們先前所提出來的議案，是一種不置可否（half-

403　"Memorandum of Conversation, by the Secretary of State," November 29, 1941, *FRUS*, 1941, Vol.
　　IV: *The Far East*, pp. 685-686.

404　"The Ambassador in the United Kingdom（Winant）to the Secretary of State," November 26, 1941,
　　FRUS, 1941, Vol. IV: *The Far East*, p. 665.

hearted）的支持的態度，而且在討論的時候一再提出問題。

哈里法克斯爵士說他完全不能理解，因為他告訴赫爾國務卿說他有英國政府完全的支持。

我回答說，邱吉爾先生昨天給總統的回覆，怎麼可以說是「完全的支持」呢？他對那個作法提出了相當大的質疑。

哈里法克斯爵士說那個電報只不過是表達了中國政府反對的態度而已[405]。

赫爾在知道真相以後，在11月29日對英國大使抱怨邱吉爾的作法扼殺了〈暫行過渡辦法〉：

> 我但願邱吉爾收到蔣介石對我們與日本的談判大聲疾呼的抗議的時候，他不是原封不動地把蔣介石的抗議轉告我們，因而改變甚至扼殺了我們所知的英國政府對談判的意見，而是寄一封措辭強烈的電報叫蔣介石奮勇起來，跟日本人、德國人學學他們打仗的精神，而不是哀告中國人民說所有友邦都只顧自己，逼迫中國跟日本談和。[406]

其次，宋子文說羅斯福「見文等後，即召見霍爾，決定放棄過渡辦法。」這是宋子文往自己臉上貼金。事實上，決定放棄過渡辦法的不是羅斯福，而是赫爾。我在上文已經提到赫爾在11月27日對荷蘭大使說的話。他說：〈暫行過渡辦法〉「是在11月25日星期二晚上，或著說，在中國人在情況一知半解、而且不求證以前，就暴跳如雷以後，就基本上已經放棄了。我說，我是在11月26日星期三早上，決定當天下午遞交給日本那份美國政府所楬櫫的基本原則，以及維護中國領土完整的擬議書。」[407]

---

405 "Memorandum of Conversation, by the Under Secretary of State（Wells）," November 27, 1941, *FRUS*, 1941, Vol. IV: *The Far East*, p. 667.

406 "Memorandum of Conversation, by the Secretary of State," November 29, 1941, *FRUS*, 1941, Vol. IV: *The Far East*, p. 686.

407 "Memorandum of Conversation, by the Secretary of State," November 27, 1941, *FRUS*, 1941, Vol. IV: *The Far East*, p. 669.

11月26日，羅斯福是在下午兩點半接見胡適與宋子文。過後，赫爾晉見羅斯福。他用口頭向羅斯福作了以下的建議：

鑑於中國政府的反對，以及英國、荷蘭、澳大利亞政府不置可否（half-hearted）甚至其實是反對的態度，又鑑於現已有的反對聲浪，再加上〈暫行過渡辦法〉——民眾完全不瞭解的重要性與價值——公布以後自然會引生的反對聲浪，雖然我仍然堅信這個作法對所有抵抗侵略者、關心太平洋區的國家是明智的、也是有利的，我極為懇切地建議讓我在此時召見日本代表，遞交給他們我們所擬的通盤和平協議建議書，並擱置〈暫行過渡辦法〉。

《美國外交文書》在這份文件上作了一個註記：「赫爾在文件上用鉛筆註明：『口頭向總統報告，總統同意。』」[408]

宋子文不瞭解美國政府的作業程序。《美國外交文書》裡留下了許多這個作業程序的記錄。羅斯福接見外國使節，其談話的主旨；羅斯福致書或回覆外國總統、國王，其國書的內容，所有這些都是由赫爾及其國務院幕僚擬具，然後提供羅斯福參考。宋子文不知這個作業程序。因此，他以為赫爾跟羅斯福之間說詞不同，就代表了兩者之間的歧異。他說赫爾接見四國大使見面的時候，說因為美國陸海軍還需要三個月備戰的時間，所以用〈暫行過渡辦法〉來拖延。他說羅斯福在接見他和胡適的時候，對這個問題隻字未提，顯然是羅斯福自己所用的藉口。

第三，宋子文不瞭解當時的美國國務院。他雖然稱赫爾是一個「純正君子而性和平者」，但他又說赫爾「為國務部緩和派包圍。該派亟欲與日本妥協，雖犧牲中國亦在所不惜。東方司長漢摩頓為該派首領。顧問霍貝克雖同情於我，亦不免隨聲附和。」

其實，東方司長漢摩頓1920年代初期曾經在廣州當過副領事。他雖然不

---

[408] "The Secretary of State to President Roosevelt," November 26, 1941, *FRUS*, 1941, Vol. IV: *The Far East*, pp. 665-666.

特別親中，但不至於「雖犧牲中國亦所不惜」。洪貝克更是研究美日外交史的
學者眼中的反日鷹派，絕對不是宋子文所說的「雖同情於我，亦不免隨聲附
和。」宋子文冤枉了洪貝克。因為他恨不得去胡適而後快，他也跟著憎恨胡適
在國務院最為依賴的洪貝克。事實上，就以〈暫行過渡辦法〉作為具體例證。
洪貝克對赫爾對日本提出暫行過渡辦法表示疑義。他認為比較妥善的處理，是
規定日本不能用從法屬印度支那南部撤出來的軍隊進攻中國[409]。試問：還有什
麼其他證據，更能夠雄辯地證明洪貝克絕對不是宋子文口中會「亦不免隨聲附
和」的人？

　　洪貝克認為〈暫行過渡辦法〉裡，應該「規定日本不能用從法屬印度支那
南部撤出來的軍隊進攻中國。」這句話可以讓我們持平地評判赫爾在這八個月
談判裡對中國的態度。赫爾在因為蔣介石暴衝、又誤以為邱吉爾也反對，因而
放棄〈暫行過渡辦法〉以後，抱怨蔣介石「對情況一知半解、而且不求證以
前，就暴跳如雷。」他的抱怨是可以理解的，因為在八個月的談判裡，他始終
堅持日本不能在和談以後繼續無限期地在中國駐軍。然而，在為了讓談判繼續
而將就日本的〈暫行過渡辦法〉裡，他不能聽從洪貝克的建議，「規定日本不
能用從法屬印度支那南部撤出來的軍隊進攻中國。」這是為德不卒。

　　最後，宋子文在11月28日的密呈裡說，雖然〈暫行過渡辦法〉還沒提交日
方，但「各報已將概略登載。來栖亦必獲知其內容。故各報訪員見來栖赴國務
部時滿面笑容，及收到書面答覆後，懊喪而返。」有趣的是，這真是「笑人禿
頭，不知道自己頭上也沒幾根毛。」宋子文的描述，剛好跟《紐約時報》的描
述完全相反。《紐約時報》報導羅斯福在11月26日在白宮接見了胡適和宋子文
半個鐘頭。該報導說胡適和宋子文離開的時候，神情看起來不高興。反之，來
栖、野村在三個多鐘頭以後跟赫爾見完面離開國務院的時候，則是神采飛揚[410]。

　　宋子文有所不知。兵書說：「兵不厭詐。」野村、來栖可能並不知道日本
即將偷襲的是珍珠港。但是，他們知道外務省給他們最晚在11月29日完成談

409　"Memorandum by Mr. Joseph W. Ballantine to the Secretary of State" November 19, 1941, *FRUS*,
　　　1941, Vol. IV: *The Far East*, pp. 622, 49n.

410　Bertram Hulen, "Move Now Tokyo's," *The New York Times*, November 27, 1941, p. 1.

判的期限，就意味著戰爭即將開始。外務省已經給了野村、來栖撤僑的訓令。同時也開始通知駐外使節銷毀密碼的訓令。如果野村、來栖在離開國務院時是一副「神采飛揚」的神色，那可能是裝出來的。這也就是說，不打草驚蛇。

　　無論如何，當時美國已經破解了日本外務省的密碼。因此，美國已經在相當大程度的範圍內可以掌握日本的動向。事實上，就像宋子文的密呈裡所說的，羅斯福在11月26日接見胡適、宋子文的時候，就已經告訴他們：「總統云：昨日據報，日本由山東海上運輸二、三萬軍隊南下。」11月27日，次國務卿威爾斯也對英國大使說，根據當天早晨所得的情報，日本在印度支那南部的軍隊調配頻繁，人數遽增[411]。赫爾在美日談判破裂以後，也一再對美國各政府部門強調日本很可能會突襲。他在11月29日跟英國駐美大使的談話裡就說：

　　　　私下透露告訴你，我們兩國以及其他關心太平洋情況的國家在備戰的時候，必須設想到在愛好和平的國家還沒有時間商討對策以前，日本可能會採取突然的軍事行動、以完全讓人預想不到的方式、向相當大的區域進攻、奪取定點與要塞。我們如果沒有這樣設想，我們就會犯了極大的錯誤。我這樣說的理由是，日本體會要作到無限制的征服，也許就是一場賭博，需要以最大的勇氣以及冒最大的險的方式進行。[412]

　　赫爾所預見的日本會用「最大的勇氣以及冒最大的險的方式進行」的賭博，就是偷襲珍珠港。日本偷襲珍珠港當天，羅斯福正好召見胡適。胡適在12月7日致外交部轉呈蔣介石的報告裡說：

　　　　總統昨致日皇電，已由高斯轉達全文。今午總統召適談四十分鐘，將昨電全文隨讀隨加解釋，謂此是我最後之和平努力。但我並不抱樂觀，恐四

411　"Memorandum of Conversation, by the Under Secretary of State (Wells)," November 27, 1941, *FRUS*, 1941, Vol. IV: *The Far East*, p. 667.

412　"Memorandum of Conversation, by the Secretary of State," November 29, 1941, *FRUS*, 1941, Vol. IV: *The Far East*, p. 686.

十八小時內，日本海陸空軍即已開釁。此乃人類之一大悲劇，但為中國計亦許是最大轉機。但盼轉告中國政府領袖，萬一日美戰禍發生，中國朝野不可有慶祝之舉。務宜存哀矜而勿喜之態度云云。適從白宮歸來。午餐方畢，忽得白宮電話。總統親告適云：日本空軍已開始轟炸夏威夷島與馬尼拉，各地警報紛紛到來。而日本覆牒剛才送到外交部。計開釁在覆牒送達之前一個鐘點云。[413]

　　根據白宮的總統日程表的記錄，羅斯福是在當天中午12點30分到1點之間召見胡適的[414]。日本偷襲珍珠港是在夏威夷時間上午7點48分開始的。與華盛頓的時差有六個鐘頭。亦即，華盛頓時間下午1點48分。

　　珍珠港事變發生以後，蔣介石訕笑美國當時要推〈暫行過渡辦法〉來阻止日本南進跟北進，完全不在乎其西進進攻中國。結果，即使美國放棄了〈暫行過渡辦法〉，還是阻止不了日本南進。羅斯福要中國「哀矜而勿喜」的勸誡，更是讓蔣介石氣憤莫名。他在12月13日之後的「上星期反省錄」裡說：

　　一、本週倭閃擊英美與宣戰。我亦對倭與德義同時宣戰。此為抗戰四年半以來最大之效果，亦惟一之目的也，為之時用戒懼勿勝。二、羅斯福當倭寇轟炸檀香山之前一時，面告胡適，稱美倭或將開戰，希望中國當局表示哀矜，而勿有慶祝之意。此其真不知吾中華民族體仁集義之精神。不知其出此言用意何在？如其為告誡性質，則英美對華之蔑視心理，羅亦不能越出此痼習以外，可痛！……現惟俄不肯對倭宣戰，故抗戰政略尚不能達至最巔點耳。半年以來，朝夕所期倭之南進北進者，今已達成大半。我國抗戰，以後如能自強不息，則危險已過大半。往日美國限制倭不許其南進北進，而獨不反對其西進，然其全力侵華危機，今已不復存在矣。

────────────

413　胡適電外交部轉呈蔣介石，1941年12月7日，「國史館：蔣中正總統文物」，002-080103-00007-026。

414　"Franklin D. Roosevelt Day by Day," December 7, 1941, Franklin D. Roosevelt Presidential Library and Museum Digital Project, http://www.fdrlibrary.marist.edu/daybyday/daylog/december-7th-1941/，2014年3月6日上網。

　　蔣介石四年半來朝思暮想盼望的「以夷制夷」的上上策終於實現了一半。就像他在這則一週反省錄裡所說的，英美與日本開戰：「此為抗戰四年半以來最大之效果，亦惟一之目的也。」他「朝夕所期倭之南進北進者，今已達成大半。」他這個「以夷制夷」的上上策，只等俄國對日宣戰，就可以「達至最巔點耳。」眼前的重點是，日本「全力侵華危機，今已不復存在矣。」

　　在此處，我還要戳破另外一個近年來新出的「胡適神話」。余英時在《重尋胡適歷程》裡提到了查理‧畢爾德所著的《羅斯福總統與1941年大戰的開始：一個表象與實際的研究》（*President Roosevelt and the Coming of the War 1941: A Study in Appearances and Realities*）。余英時只說畢爾德在該書裡說日本偷襲珍珠港是因為羅斯福受了胡適的影響。余英時說：「這種推測雖不免過於誇張，但多少也反映了」胡適在大使任內「一心一意要把美國帶進太平洋大戰，使中國可以有『翻身』的機會。」[415]岳南則更上了一層樓。他在〈胡適最後一分鐘的爭持〉一文裡發揮了其想像力的極致說：

　　　　1941年12月7日，也就是珍珠港事件發生的當日，胡適正在紐約慷慨激昂地演說。羅斯福打來電話，約他速到白宮相見。胡匆匆來到白宮，羅斯福開門見山地說：「胡適，那兩個傢伙（指野村、來栖）方才離開這裡，我把不能妥協的話堅定地告訴他們了，你可即刻電告蔣委員長。可是從此太平洋上隨時有發生戰事的可能，可能發生在菲律賓及關島等處。」
　　　　此時的羅大總統只說對了一半。戰事總要爆發，但不是菲律賓與關島，而是美國本土。胡適離開白宮剛到使館，就接到了羅斯福的電話。對方用激憤得有些顫抖的聲音說道：「胡適，方才接到報告，日本海空軍已在猛烈襲擊珍珠港。」——太平洋戰爭的序幕就此拉開。
　　　　幾年後，美著名史學家、哥倫比亞大學名教授查理‧畢爾德在他的名著《羅斯福總統與大戰之序幕》〔注：《羅斯福總統與1941年大戰的開始：一個表象與實際的研究》〕一書中，視胡適為日軍偷襲珍珠港的罪魁禍首。畢爾德在書中所說的大意是：美日之戰本來是可以避免的，而羅斯福總統

415　余英時，《重尋胡適歷程：胡適生平與思想再認識》，頁58。

為了維護美國資本家在亞洲的利益，不幸地上了那位頗為幹練的中國大使
胡適的圈套，才惹起日軍前來偷襲珍珠港，最終把美國拖入了可怕的世界
大戰。[416]

　　這個「胡適神話」錯誤百出。首先，胡適當天不在紐約作「慷慨激昂」的
演說，他人在華盛頓，準備晉見羅斯福。其次，美國總統不可能臨時起意打電
話要人到白宮見他。所有白宮的約會，都是事前訂好的。第三，即使胡適當天
人確實是在紐約，紐約與華盛頓相距大約兩百英里。胡適除非有騰雲駕霧的本
領，他也不可能接到了電話就「匆匆來到白宮」。第四，野村與來栖「那兩個
傢伙」當天遞交日本最後通牒的對象不是羅斯福，地點也不在白宮。他們遞交
的對象是赫爾，地點在國務院。
　　至於岳南所說的查理・畢爾德，他既親日，又是孤立派。他是1923年東
京大震災後，負責東京重建的內務大臣後藤新平的顧問。他既反對羅斯福，也
反對美國參戰。他這本書是陰謀論的代表作。其主旨是：羅斯福如何設計了一
個圈套，讓日本先開第一槍，好讓美國有藉口參戰。他在該書裡確實是提到了
胡適，但是沒有岳南那段「大意」說得那麼神奇。他的原文如下：

　　由於擔心美國政府會為了試圖繼續用談判的方式來維持太平洋地區的和
　　平，因而與日本簽訂類似休戰或暫停的條約，中國的外交以及特派人員，
　　在美國強有力的利益集團的支持之下，全力反對美國與日本簽訂一個〈暫
　　行過渡辦法〉（modus vivendi）。這個行動是由中國駐美大使胡適老練地主
　　導的。胡適是一個自由主義者。他深諳東西方為人處世之道。他曾經是蔣
　　介石令人生畏的警察欲除之為快的對象，但現在卻為它在「自由主義」很
　　有賣點（asset）的美國服務。從早到晚、二十四個小時不停，中國人及其
　　說客傾全力疲勞轟炸國務卿赫爾，反對跟日本達成任何休戰的協議。讓整

個華盛頓幾乎都歇斯底里起來。[417]

　　從我以上的分析，我們可以很清楚地看出畢爾德太高估了胡適以及中國政府未雨綢繆的能耐了。在日本跟美國這個長達八個月的談判之中，儘管美國的報紙一再報導了談判的大旨，作為大使的胡適、蔣介石個人代表的宋子文、以及中國的外交部完全毫無警覺，根本就是尸位素餐。一直要到赫爾出示胡適〈暫行過渡辦法〉、再由胡適將其轉知蔣介石以後，中國政府方才彷彿突然間被鐵錐敲了一下，跳起腳來，像畢爾德所說的，在一時間，用「疲勞轟炸」的方法，「讓整個華盛頓幾乎都歇斯底里起來。」

　　珍珠港事變發生以後，美國對日本、德國、義大利宣戰。中國也就跟著對這三國軸心國宣戰。蔣介石論功行賞、按過行罰實施獎懲的時刻也到了。12月23日，蔣介石日記記：

　　發表各院部更調人員。外交郭泰祺部長免職，是為生平用人不可操切之一大教訓。此人真是小人之尤者，永不能有改變氣質之望。於此免職之令，實為余平生最自得安心之一事。

　　郭泰祺被炒魷魚，當然原因就在於他處理〈暫行過渡辦法〉危機時，一如宋子文在密呈裡所指摘的，「對美日談判態度，似不如鈞座堅決。」蔣介石要宰人的端倪已經在日記裡顯現出來了：

　　11月29日：「注意……五、陳光甫主持平準基金會，借美國勢力以自重。不僅挾脅自出，而且抗拒來渝召集會議之令，逗留香港，托病辭職。此誠奸商市儈之甚者。」

　　12月6日後的「上星期反省錄」：「……一、胡適、郭泰祺、與陳光甫等毫無志氣，不知責任，更無國家觀念。惟以私利權位為謀。對於此等政

417　Charles Beard, *President Roosevelt and the Coming of the War 1941: A Study in Appearances and Realities* (New Haven, Con.: Yale University Press, 1948), p. 514.

客奸商官僚，不道非人之所為時起忿懥，不可抑止，豈不自小乎哉。」

胡適不一定知道郭泰祺的烏紗帽是被蔣介石摘掉的。他也不一定真正意識到他跟郭泰祺都是蔣介石磨刀霍霍的對象。在蔣介石發表「外交郭泰祺部長免職」同一天，胡適的日記：

> 早晨，U.P.〔合眾國際社〕重慶電，謂中執會通過任命宋子文為外交部長，郭泰祺任外交委員會委員長。中午我打電話給子文。子文說，他事前毫無所知。下午他打電話來，說他接到蔣先生電，要他做外交部長，他還沒有決定就不就。[418]

宋子文上，郭泰祺下。胡適在次日的日記裡記：

> 下午我得雪艇〔王世杰〕一電云：「復初去職，係因《大公報》指摘其私行不檢，並無其他背景。弟甚惋惜。子文有返國意否？」
> 一個報館的言論可以趕掉一個外交部長，偉大哉《大公報》！中國真是一個民治國家！[419]

「中國真是一個民治國家！」這句話當然是一句諷語。只是，胡適有所不知。郭泰祺並不是被「偉大哉《大公報》」的言論趕掉的。他是被蔣介石炒魷魚的。下一個就是胡適自己。

誠然，胡適後來會理解他其實也是待宰的羔羊而已。他在1942年5月17日寫給翁文灝、王世杰的信為自己四年來的外交作為作辯護，也為自己的被架空作低調的抗議。在一方面，強調他「苦撐待變」理念的正確：

> 我在這四年多來，總為諸兄說「苦撐待變」一個意思。去年12月7日

---

418 《胡適日記全集》，8.108。
419 《胡適日記全集》，8.108。

〔注：日本偷襲珍珠港之日〕，世界果然變了。但現在還沒有脫離吃苦的日子，還得咬牙苦撐，要撐過七八個月，總可以到轉綠迴黃的時節了。

在另一方面，他這封信則流露出「狡兔死、走狗烹」的悲鳴：

> 某公〔注：宋子文〕在此，似無諍臣氣度。只能奉承意旨，不敢駁回一字。我則半年來絕不參與機要，從不看見一個電報，從不聽見一句大計，故無可進言。所以我不能不希望兩兄了。去年12月8日我從國會回家，即決定辭職了。但不久即有復初之事。我若求去，人必以為我「不合作」。對內對外均須費解釋。故我忍耐至今。我很想尋一個相當機會決心求去。我在此處毫無用處。若不走，真成「戀棧」了。[420]

蔣介石12月1日的日記已經透露出胡適繼任的人選：「預定：一、召魏道明回國。」1942年8月8日之後的「本星期預定工作項目」：「一、派定駐美大使。」8月13日：「預定：一、派魏道明為駐美大使；二、電胡適之。」8月14日，蔣介石要陳布雷告訴王世杰撤換胡適的事。王世杰在當天的日記記：

> 今晨蔣先生囑布雷告我，謂將解胡適之使職，以魏道明繼其任。其議來自宋子文。予以宋與胡既不相融洽，原議勢難變更，遂未爭持。且適之蓄意去職已久，其心臟病近雖未發，亦須休養。[421]

中國大使館參事劉鍇在8月16日請見洪貝克，告訴他中國政府已經決定以魏道明取代胡適為中國駐美大使。按照外交程序，中國政府就正式徵詢美國政府是否同意接受魏道明為新任大使。胡適自己在8月20日通知美國政府他已被召回，並請美國政府同意魏道明的任命。8月24日，赫爾致信羅斯福。他在信上首先表明了他對中國政府撤換胡適的不智：「胡適博士是中國能幹、深受歡

420　胡適致翁文灝、王世杰，1942年5月17日，「胡適紀念館」，HS-NK05-005-008。
421　《王世杰日記》，頁450。

迎的代表。我們自然對其政府決定在這個時候撤換他感到遺憾。然而，我不認為本政府能採取什麼措施來使胡適博士留任。」他於是建議羅斯福以下述的文字回覆中國政府：

> 茲建議本國政府作如下的答覆：雖然美國政府與人民對貴國召回胡適博士──他廣為各界人士所尊敬、而且極為成功地讓敝國的人民瞭解和尊重中國──真心感到遺憾，魏道明博士的任命，敝國政府完全同意。如果貴國同意，我就將據此知會胡適博士。[422]

8月31日，美國政府正式通知中國政府接受魏道明為新任中國駐美大使。9月15日，胡適正式離職。他1942年的日記除了一月份以外，等於沒記。在他被撤換公布的8月完全闕如。9月則只有18日一則：

> 今天早十一點離開雙橡園，離開華盛頓。同事諸人都在站送我。劉鍇躲在我房裡。我忽然覺悟，他不願人看見他流淚。他送我直到Baltimore〔巴爾的摩〕，才回去。我也下淚與他相別。到紐約，住Ambassador Hotel〔大使飯店〕。[423]

蔣介石把胡適免職，其快慰的程度，一如除去了在其背上的芒刺。10月9日，美國國務院召見魏道明，知會中國政府美國放棄美國在華的領事裁判權。蔣介石在10月10日後之「上星期反省錄」裡說：

> 雙十節接獲美、英自動放棄對我中國治外法權，重訂新約之通告。此乃為總理革命以來，畢生奮鬥最大之目的。而今竟能由我親手達成，衷心快慰。實為平生惟一之幸事也。

422　Cordell Hull to Franklin Roosevelt, August 24, 1942, "Stanley Hornbeck Papers," Box 80, "China: Hu Shih, Dr." Folder.

423　《胡適日記全集》，8.127。

　　蔣介石在快慰之餘，又想起了胡適。他在10月17日之後的「上星期反省錄」裡，慶幸他在這以前已經撤換了胡適。否則讓他功高震主，恐怕要撤換還不可得也：

　　胡適乃今日文士名流之典型。而其患得患失之結果，不惜藉外國之勢力以自固其地位，甚至損害國家威信而亦所不顧。彼使美四年，除為其個人謀得名譽博士十餘位以外，對於國家與戰事毫不貢獻。甚至不肯說話，恐其獲罪於美國。而外間猶謂美國不敢與倭寇妥協終至決裂者是其之功。則此次廢除不平等條約以前，如其尚未撤換，則其功更大，而政府令撤更為難矣。文人名流之為國乃如此而已。

　　美國新聞界的反應剛好相反。胡適被撤換的消息在9月1日上報。我在上文提到的名報人霍華德在9月3日給胡適的一封信裡說：

　　我完全不理解貴政府會作出這個舉動的理由何在，但我認為9月1日不是中國的吉祥日。我完全不能置信它會捨棄了這麼一個重大的資產。
　　從我報人的角度來看，在我這一生裡，沒有第二個人在促進中美關係上的貢獻，比閣下作得更多。我認為沒有一個中國的代表像閣下一樣，能抓住美國人的心，或著贏得他們的興趣和尊敬。[424]

　　國務卿赫爾在9月9日，轉給美國駐華大使高斯美國幾家大報評論中國政府召回胡適的社論摘要。茲就以《紐約時報》以及《華盛頓郵報》的社論摘要作為代表。

　　《紐約時報》：召回胡適博士的……是一個震撼彈。重慶政府可以打著燈籠從中國的東頭走到西頭、從南邊到北邊，但絕對找不到一個比胡博士更適合的人……不管他走到哪兒，他都會贏得對「自由中國」的支持……

---

[424]　Roy Howard to Hu Shih, September 3, 1942，「胡適外文檔案」，E233-2。

除非中國政府在國內為他安排了一個更重要職位，召回他是一個錯誤。

《華盛頓郵報》：他的任務艱鉅、他的成就非凡、他的魅力與謙卑超群……他所全力以赴的，是如何為他戰亂中的國家盡力。為了這個目的，他環遊不倦，作了幾百場的演講……胡博士作了極大的貢獻，讓我們驚醒地理解到我們的友邦所面對的許多文化與軍事上的問題。[425]

「胡適檔案」裡現存許多美國名人在胡適大使卸任以後所寫的頌詞。我們從胡適1943年1月19日的日記，知道這是胡適的朋友徵求得來的：

下午去Mrs. James Hughes〔休斯太太〕家吃茶。她把她們（Miss Pearl Buck's）〔賽珍珠〕收集的美國朝野名人對我去任的信札一「函」交給我。內有總統、閣員以及各邦總督、中央最高法院全體的信。雖可寶貴，但他們未得我同意，擅自發函徵求此項書信，實甚使我不安。[426]

雖然這些「頌詞」是徵集來的，但它們見證的，是胡適作為大使的成就，是寫這些「頌詞」的人有目共睹的。蔣介石可以批評胡適，說他「不惜藉外國之勢力以自固其地位。」然而，說他「損害國家威信而亦所不顧」，則是口不擇言，不似人君。

最後，我還要戳破一個胡適當大使時候另外一個「神話」。很多人都愛說胡適在當駐美大使的時候，把國民政府給他的六萬美金的宣傳費退回政府，理由是他的演說就是最好的宣傳。胡適去世以前，在寫給李敖的一封未完的信裡否認了這件事情。他說：

我知道這一個月以來，有不少人稱讚你做的〈播種者胡適〉那篇文字，所以我要寫這封信，給你澆幾滴冷水。我覺得那篇文字有不少的毛病，應

425　Hull to Ambassy, Chungking, September 9, 1942, "Stanley Hornbeck Papers," Box 80, "China: Hu Shih, Dr." Folder.

426　《胡適日記全集》，8.143。

該有人替你指點出來。很可能的，在台灣就沒有人肯給你指點出來。所以我不能不自己擔任這種不受歡迎的工作了。

第一，我要指出此文有不少不夠正確的事實。如說我在紐約「以望七之年，親自買菜做飯煮茶葉蛋吃」——其實我就不會「買菜做飯」。如說我「退回政府送的六萬美金宣傳費」——其實政府就從來沒有過送我六萬美金宣傳費的事。[427]

後來，李敖指出胡適退回宣傳費這件事，有文字為憑，他舉出 1942 年的《當代傳記》（*Current Biography*）以及 79 卷 9 期的《時代》（*Time*）雜誌（Vol. LXXIX, No.9）[428]，亦即，1962 年 3 月 2 日《時代》為胡適所寫的「訃告」。其實，最早出現這個「神話」的所在，是同時也出版《時代》雜誌的亨利·魯斯（Henry Luce）的另外一個雜誌《生活》（*Life*）雜誌。1941 年 12 月 15 日號的《生活》雜誌刊載的〈胡適大使〉（Ambassador Hu Shih）一文裡，就有這一段話：

> 胡適在 1937 年對蔣介石說：「不要期待我去乞錢或作宣傳。」到目前為止，有時候還真讓他的政府難堪，胡適是堅持作到了這一點。有一次，在他當大使的第一年，重慶外交部寄給他六萬美金作宣傳。他覺得是冒犯了他。於是他把支票退回去，說：「我的演說就是足夠的宣傳了，而且還不花你一分錢！」[429]

這就應了「盡信書不如無書」的老話。且不說這個「神話」的始作俑者是誰，這篇文章裡所說的這筆錢的數目、時間、退回的理由，以及給款機構全都不正確。根據孔祥熙在 1937 年 12 月 31 日呈蔣介石的報告，這整個宣傳經費的

427　胡適致李敖，1961 年 1 月，未完函稿，HS-NK05-024-004。

428　李敖，《快意恩仇記，5，委蛻紀》，http://www.99lib.net/book/2217/66503.htm，2017 年 3 月 14 日上網。

429　"Ambassador Hu Shih," *Life*, 11.24（December 15, 1941）, p. 123.

來龍去脈如下：

> 前奉九月馬電〔21日〕，即經遵電陳光甫、李國欽兩兄，商承適之兄負
> 責辦理，並匯美金五萬，作為宣傳經費……後陳光甫以扶病不勝任請另
> 委……故已電覆照辦。並指定國欽兄會同適之兄負責辦理……迨至十月中
> 旬，接李國欽等來電。據稱現時美國環境與我方宣傳目的非只難以收效，
> 且恐惹起反應。李、陳並將前匯款項退還……以美國有外國宣傳取締辦
> 法……惟弟以美國舉措為列強之領導，宣傳工作萬不可有所中斷，竭力物
> 色相當人選，趕速赴美，從事努力。月前先後選派梁士純、于斌、張彭春
> 三君赴美進行，並撥款美金一萬八千元，作為宣傳經費之用……當將尊
> 意，密電適之、光甫努力運用，並即電匯美金兩萬元，備其應用矣……[430]

　　這個報告告訴我們下述幾個重點：第一，決定撥這筆宣傳經費給胡適負責
辦理宣傳的人是蔣介石，而不是外交部；第二，孔祥熙在接到蔣介石9月21日
的命令以後即遵辦。這就意味著說，這筆宣傳經費是胡適9月26日才到美國不
久之後就撥給了。當時胡適還不是大使；第三，這筆宣傳經費是五萬美金，不
是「神話」裡所說的六萬；第四，由於陳光甫身體不好，改為由李國欽與胡適
共同辦理；第五，由於李國欽與陳光甫擔心辦理宣傳會觸犯美國當時正在討論
後來在次年通過的〈外國說客註冊法案〉（Foreign Agents Registration Act），
於是「將前匯款項退還」；第六，原先那筆五萬美金宣傳經費退還以後，孔祥
熙又在蔣介石的授意之下，電匯美金兩萬給胡適、陳光甫，並密電他們努力運
用。無論如何，所有這些，都是在胡適出任大使以前所發生的事。
　　當然，相信「胡適神話」的人還是可以說，也許在胡適正式出任大使以後
有一筆確切為六萬美金的宣傳費，而胡適把它退回了。我們且假定這個可能性
是有的。然而，他們如果還有這個最後的願望的話，胡適在大使卸任以後，在
1942年9月14日給孔祥熙的一封電報也徹底把它戳破了：

430　孔祥熙呈蔣中正，1937年12月31日，「國史館：蔣中正總統文物」，002-080106-00008-001。

　　承問需助否？至感。弟到任之日，即將公費與俸給完全分開。公費由館員二人負責開支。四年來每有不足，均實報請部補發。弟俸給所餘，足敷個人生活及次兒學費。歸國川資已請部照發，乞釋念。前經管之宣傳費項下，亦尚有餘款，俟將未了各項結束後，當詳報。431

431　胡適電孔祥熙，1942年9月14日，周谷編，《胡適、葉公超使美外交文件手稿》，頁225。

第三章

史達林狡譎，美國真無邪

由於胡適一生所刻意營造出來的形象，很少人會相信胡適是一個城府很深的人。魯迅在《且介亭雜文・憶劉半農君》裡有一段有關胡適的話，是很多人徵引過的：

> 《新青年》每出一期，就開一次編輯會，商定下一期的稿件。其時最惹我注意的是陳獨秀和胡適之。假如將韜略比作一間倉庫罷，獨秀先生的是外面豎一面大旗，大書道：「內皆武器，來者小心！」但那門卻開著的，裡面有幾枝槍，幾把刀，一目了然，用不著提防。適之先生的是緊緊的關著門，門上黏一條小紙條道：「內無武器，請勿疑慮。」這自然可以是真的，但有些人——至少是我這樣的人——有時總不免要側著頭想一想。[1]

幾乎所有引魯迅這段文字的人，都會說魯迅多疑，說胡適絕對不是這樣的人。事實上，魯迅是見到了大多數人的所未見。胡適的城府深，他早就看出來了。所有後知後覺的人，都一直要到看見了胡適晚年的所隱、所藏，才能領悟出魯迅說胡適「內無武器，請勿疑慮」、可是門卻是緊緊的閉著的卓見。

---

1 魯迅，《且介亭雜文・憶劉半農君》，http://baike.baidu.com/view/8554363.htm，2017年2月18日上網。

　　我在第二章的引言裡說：「胡適一生被人誤解、不解、亂解的地方很多，而集這些誤解、不解、亂解大成的，就是他使美的階段。」如果，出任大使那些年，是胡適一生當中最被人誤解、不解、亂解的階段，則從他1946年從美國回到中國，然後又在1949年回到美國去以後的那幾年，就是他一生當中第二個最被人誤解、不解、亂解的階段。

　　在我所舉出的三個為什麼胡適被人誤解、不解、亂解的原因裡的第三個原因——胡適越老越嚴重的對中國人守口如瓶、寧可為外人道也的毛病——完全適用於從1946年開始以後四五年間的胡適。只是，在這下一個階段裡，胡適又多了另外一個讓他守口如瓶的因素。

　　我在《璞玉成璧》裡，分析了胡適保守的政治哲學的胚芽，是在留美後期開始發芽的。《日正當中》裡依稀可見胡適這個保守的政治哲學胚芽逐漸茁壯。《為學論政》裡的分析，則顯示出胡適全面擁抱保守的政治哲學與立場。然而，有意味的是，胡適非常在乎他自由主義的形象。因此，雖然他越老越保守，但他就是不捨得捐棄他中國第一自由主義者的地位。

　　於是，1946年從美國回到中國、全面倒向蔣介石的胡適選擇沉默，拒絕回答他對政局的看法。他那時的口頭禪，不是「今已垂老，葫蘆裡藥已盡矣。」就是說他去國已久，必須像小學生一樣重新學習，以便瞭解國內的情況。其實，胡適即使去國已久，他對中國的情況絕對清楚。他不但勤於看報，而且，作為一個名人，他所在之處就是人來人往的輻輳。他如何可能會不瞭解中國的情況呢！

　　在國共內戰加劇，老百姓厭戰，火箭沖天式的通貨膨脹，知識輿論界對蔣介石及其政權批判撻伐日益尖銳的氛圍之下，胡適必須為自己對時局的沉默找出言之成理的辯護。於是，他開始諄諄教誨大家「善未易明，理未易察」的道理。年輕時候的他，喜歡用「大膽的假設，小心的求證」、「打破沙鍋問到底」、「做學問要在不疑處有疑」來闡釋他作學問、看事情的態度。現在，一心要為蔣介石辯護的他，則警告大家：因為「善未易明，理未易察」，所以「暫緩判斷」是一個美德。

　　胡適在乎他鑲著自由主義光環的羽毛，也不捨他自詡獨立超然的立場。因此，雖然他公開地在國共的鬥爭裡選邊，站在國民黨的一方。比如說，他被選

為國民代表，參加國民大會制憲會議，選舉總統、副總統。然而，這都只是在檯面上的行為。他真正幫助蔣介石的所在，都是在幕後：當他的智囊與參謀。也就是在他這些幕後所扮演的角色裡，胡適所謂超然獨立的立場，在陽光的曝曬之下暴出其真正的面目。

我們記得胡適在當駐美大使的時候說過既然當了過河卒子，就只能繼續向前。回到中國以後，一心認為蔣介石是中國反共唯一救星的他，甘心作為一個棋子，任由蔣介石使用，以便幫忙他得到美國的軍援與經援。

1948年12月15日，胡適夫婦在蔣介石「搶救平津學人計畫」之下，由蔣介石特派的飛機飛出了共軍已經圍城了的北平。四個月不到，胡適就在4月6日再度奉蔣介石之命到美國去。我們記得胡適在1937年第一次奉蔣介石之命赴美的時候，他對外所宣稱的「沒有任務的任務」是：去向美國人解釋中國的實際情況，澄清誤解。這第二次奉命赴美，他說的還是一個「沒有任務的任務」：研究世界大勢。

一如我在第二章所分析的，胡適1937年所宣稱的「沒有任務的任務」其實只是一個幌子，他的任務是懇請羅斯福斡旋中日戰爭。我們之所以能夠知道這個秘密，完全是拜胡適向美國人透露之賜。1949年這第二次，我們就沒那麼幸運了。1937年的時候，美國人在胡適心目中全是朋友，他可以暢所欲言。1949年，胡適很清楚，很多美國人，特別是自由主義者，是批判蔣介石、主張不給他援助的人。因此，胡適謹言慎行。我到現在為止，還沒看到他透露他1949年去美國的秘密任務的資料。

這就是我們研究1949年的胡適所遭遇的最大困難。「家國秘密」，胡適本來就對中國人守口如瓶、寧可為外人道也。現在，胡適連「外人」都不能道也。我們等於是面對空白了。對這個空白，最最蒼白的寫照，就是胡適1949年的日記。1949年並不是胡適一生中日記記得最不勤的一年。事實上，他1949年記日記勤快的程度，還高於他1941、1942年的日記。當時，因為來了「一群太上大使」，使他心灰意懶，以至於不勤於記日記。然而，他1949年的日記，是他一生當中最為無用的日記。這是因為他該年的日記，只記跟人約會的時間與地點。有些時候，連這最基本的流水賬也沒有。胡適自己在1948年1月1日的日記裡說：「這兩天，我常談：日記必須較詳細，否則沒有多大用

處。過略的日記，往往別人不能懂。有時候自己也看不懂。」[2]這就是胡適1949年日記的寫照。

胡適為什麼要在1949年記「過略」、叫「別人看不懂」的日記？因為他的目的就正是要叫人看不懂。雖然胡適沒有告訴任何美國人，雖然他專門寫叫「別人看不懂」的日記，但我在對比其它資料以後，可以相當確定地說：他的所謂「研究世界大勢」的幌子的背後，就是到美國為蔣介石爭取軍援與經援。就正因為他不要人家知道這個秘密任務，所以他的日記要不是只記約會的時間地點，就是乾脆不記。非常幸運地，蔣廷黻的英文日記留下來了。蔣廷黻的日記雖然不是那麼詳細，一天就是印好的日記本的一頁，但他每天都記，而且都記了大要。我們可以從蔣廷黻的日記裡，得知胡適1949年在美國全力以赴地與宋子文、蔣廷黻、顧維鈞幫忙爭取美國的軍援與經援的大略。

這時的胡適，還有另外一個大多數人都不知道的面向。胡適的反共思想很多人都提過了。然而，他的反共思想絕對不能只放在中國的背景之下，或者籠統的自由主義對共產主義的脈絡之下來分析。

胡適不是一個典型的二十世紀的中國知識分子。他不但不具代表性，他根本就是一個特例。在思想上，我們與其說他是一個中國人，不如說他是一個美國人。他的反共思想根本是美國式的。更具體地說，他屬於美國的「冷戰鬥士」。他不但是美國式的「冷戰鬥士」，而且是美國「冷戰鬥士」中的「冷戰鬥士」。他是美國「冷戰鬥士」裡，最極端、最好戰、最鷹派的「冷戰鬥士」。

從「卒子」變「棋子」

在胡適一生當中，最讓他怨懟的，大概就是他被蔣介石從駐美大使撤任這件事。雖然在他被宋子文架空以後，他已經逐漸萌生退意。然而，一旦被撤換，他的怨懟之心是難以平復的。在他的餘生裡，他永遠無法原諒宋子文。魏道明取代他，也讓他無法釋然。根據王世杰1942年9月8日的日記：「適之於向美國務院及總統辭行後，致電蔣先生，力稱魏甚庸劣，美報已有指摘。並謂

宜設法另易他人。電中並推薦郭復初〔郭泰祺〕與蔣廷黻。」[3]

　　胡適這個電報，「蔣介石檔案」裡不存。然而，我們可以從他美國國務院好友洪貝克列為機密的備忘錄得到佐證。根據這個備忘錄，胡適是在9月3日下午去國務院辭行的。電報則是在9月2日發出的。根據洪貝克的備忘錄，胡適這個電報的大旨是：

> 　　政府所任命取代胡適的，不是一個能在美國代表中國的適任人選；證據是他們夫婦過去的所作所為；他建議政府立時把他們夫婦召回重慶面商〔注：魏道明在一年前被任命為駐法大使。然而，因為沒被納粹扶立的維奇政府所接受，夫婦兩人當時滯留美國〕；政府應該另派一個在中國所能找到的最好、最有資格的人來擔任大使；胡博士相當激動地表示為了國家，為了他自己、為了政府，他都有責任要打那個電報。[4]

　　事實上，胡適打這個電報一如兒戲，完全不似一個當過四年大使的人。試想：他自己都已經在8月20日請美國政府同意魏道明的任命。美國政府也已經在8月31日通知中國政府接受魏道明為新任中國駐美大使。如果蔣介石回過頭來接受他9月2日這封電報裡重新圈選大使的建議，豈不等於出爾反爾！胡適為什麼會有這個如同兒戲的舉措？怨懟攻心使然也。

　　他向蔣介石推薦郭泰祺，更顯示出他對蔣介石的無知。他不知道郭泰祺跟他都是蔣介石在日記裡鄙之為「毫無志氣，不知責任，更無國家觀念。惟以私利權位為謀」的政客。蔣介石既然都已經把他眼中毫無國家觀念的郭泰祺撤除其外交部長的職位，他怎麼可能反過頭來讓他繼他眼中同樣毫無國家觀念的胡適為駐美大使！

　　美國許多報紙的社論、專欄作家固然表達了他們對召回胡適的震驚與反對，但我還沒看到對魏道明有所指摘的報導。唯一勉強可以稱得上是指摘的一

3　《王世杰日記》，1942年9月8日，頁455。

4　"Secret: Strictly Confidential," September 3, 1942, "Stanley Hornbeck Papers," Box 80, "China: Hu Shih, Dr." Folder.

點，是像國務卿赫爾建議羅斯福接受魏道明的任命的時候所指出的：魏道明是留法的，英文可能不是那麼流利[5]。我們不知道胡適多瞭解魏道明及其夫人，但我們知道他在1930年10月11日的日記裡記下了幾則有關他們的醜聞：

> 鄭毓秀考博士，亮疇與陳錄、趙頌南、夏奇峰諸人皆在捧場。她全不能答。每被問，但能說：「從中國觀點上看，可不是嗎？」（An point de vue Chinoise, n'est ce pas?）後來在場的法國人皆匿笑逃出，中國人皆慚愧汗下。論文是亮疇做的，謝東發譯成法文的。
>
> 她的姪兒小名阿牛。有一天撞見她與魏道明裸體相抱。她惱怒了，把他逐出。此人即前月與電影明星李旦旦結婚同赴歐洲度蜜月的。
>
> 魏道明之母常逼他結婚。他無法，乃令人從孤兒院中抱一小兒來家，說是鄭博士所生。[6]

無論如何，在胡適被撤換之際，是蔣介石對胡適最為不屑的時候。我在第二章裡分析了蔣介石從1939年秋天開始，就已經有了撤換胡適之心。他要撤換胡適，但顯然完全沒有為他另外安排出路的想法。最明顯的例子，就是中央研究院院長繼任人選的選擇。我們記得蔣介石原先的想法是把胡適從美國調回來當中央研究院的院長。然而，他最後屬意的卻是顧孟餘。雖然胡適的好友，例如、王世杰、傅斯年，都認為為了中國好，胡適應該繼續出任駐美大使。然而，為了彰顯「學術自由」，他們就偏要舉胡適以抗議蔣介石下條子指定繼任者的作法。結果中央研究院評議員投票所選出的前三名是：翁文灝、朱家驊、胡適。據說，蔣介石在聽到這個投票的結果以後說：「他們既然要適之，就打電給他回來罷。」[7]

蔣介石原先屬意胡適出任中央研究院院長的傳言很快地就傳到了美國。當

---

5 Cordell Hull to Franklin Roosevelt, August 24, 1942, "Stanley Hornbeck Papers," Box 80, "China: Hu Shih, Dr." Folder.

6 《胡適日記全集》，6.315-316。

7 傅斯年致胡適，1940年8月14日，《傅斯年遺札》，2.1097-1100。

時在華盛頓的周鯁生，還特別因為華盛頓盛傳此說而打電報回國請澄清這個傳聞[8]。結果，一如我在第二章所分析的，蔣介石決定暫時不撤換胡適。胡適自己也在7月22日寫信給王世杰，表明他「決不就中央研究院院長職；如解美使職，則將往昆明任北大教授，以保其獨立發言之自由。」[9]胡適這封信顯然不短，光是決不就中央研究院院長職一段，根據傅斯年的描述就有一大段[10]。可惜，此信現已不存。

在胡適大使撤任一事底定以後，陳布雷向蔣介石建議：「胡大使為國服務，備著辛勞，似宜畀以名位。可否由行政院聘為高等顧問？」[11]蔣介石於是在9月8日致電胡適，聘任其為行政院高等顧問[12]。

這個時候的蔣介石，正沉湎於去除了有如芒刺在背的胡適的快意恩仇裡。胡適撤任以後，何去何從？根本不會是他所措意的問題。我在第二章的結尾，提到蔣介石在獲知美國將放棄在華治外法權。他在快慰之餘，在10月17日之後的「上星期反省錄」裡，慶幸他在這以前已經撤換了胡適。否則讓他功高震主，恐怕要撤換還不可得也：

> 胡適乃今日文士名流之典型。而其患得患失之結果，不惜藉外國之勢力以自固其地位，甚至損害國家威信而亦所不顧。彼使美四年，除為其個人謀得名譽博士十餘位以外，對於國家與戰事毫不貢獻。甚至不肯說話，恐其獲罪於美國。而外間猶謂美國不敢與倭寇妥協終至決裂者是其之功。則此次廢除不平等條約以前，如其尚未撤換，則其功更大，而政府令撤更為難矣。文人名流之為國乃如此而已。

蔣介石這樣的話，不只說一次。一個星期以後10月25日，他在跟宋子文

8　《王世杰日記》，1940年3月31日，頁260。

9　《王世杰日記》，1940年8月5日，頁287。

10　傅斯年致胡適，1940年8月14日，《傅斯年遺札》，2.1097。

11　陳布雷致蔣介石，1942年9月4日，「國史館：蔣中正總統文物」，002-090103-00004-101。

12　蔣介石致胡適，1942年9月8日，「國史館：蔣中正總統文物」，002-090106-00016-123。

談話結束以後，又用幾乎完全一樣的話再爆發了一次[13]。

如果蔣介石為了視聽，畀以胡適行政院高等顧問的名義，胡適也不要這個「嗟來之食」的雞肋。他在9月10日回電蔣介石謝絕：

> 適自民國二十三年〔1934〕第一次致公書以來，每自任為國家作諍臣，為公作諍友。此吾國士大夫風範應爾，正不須名義官守。行政院高等顧問一席，敬乞准辭，想能蒙公鑑原。項得西南聯大梅、蔣兩校長電，令適回校教書。一俟醫生檢查身體後，倘能勝高飛，當即作歸計。並聞。[14]

胡適幸運的所在，是一如我在第三部第四章所描述的，他大使卸任才一個月，「美國全國學會聯合會」的會長，就安排給他從1943年1月1日開始兩年的研究「禮金」，讓他不用教書、不用演講，專心寫完他的《中國思想史》。

三年以後，蔣介石對胡適仍然心存芥蒂。1945年6月，北大校長蔣夢麟出任國民政府行政院秘書長，北大校長出缺。蔣介石所屬意的不是胡適，而是傅斯年。蔣介石透過朱家驊，在8月16日把這個任命的意旨告知傅斯年。傅斯年立即在次日寫信給蔣介石，建議他任命胡適：

> 北京大學之教授全體及一切關切之人，幾皆盼胡適之先生為校長，為日有年矣。適之先生經師、人師，士林所宗。在國內既負盛名，在英美則聲譽之隆，尤為前所未有。今如以為北京大學校長，不特校內仰感俯順輿情之美，即全國教育界，亦必以為清時佳話而歡欣。在我盟邦更感興奮，將以為政府選賢任能者如此，乃中國政府走上新方向之證明，所謂一舉而數得者也。
>
> 適之先生之見解，容與政府未能盡同。然其愛國之勇氣、中和之性情、正直之觀感，並世希遇……蓋適之先生之擁護統一，反對封建，縱與政府議論參差。然在緊要關頭，必有助於國家也。今後平、津仍為學校林立、

---

13 《蔣總統困勉記》，1942年10月25日，「國史館：蔣中正總統文物」，002-060200-00007-008。
14 胡適致蔣介石，1942年9月10日，周谷編，《胡適、葉公超使美外交文件手稿》，頁220。

文化中心之區，而情形比前更複雜。有適之先生在彼，其有裨於大局者多
矣。[15]

　　傅斯年這封信真可謂是高手出招，一出手就搔到癢處。說胡適「在緊要關
頭，必有助於國家」已經足以讓蔣介石頷首了。下面這句話更能夠使龍心大
悅：「在我盟邦更感興奮，將以為政府選賢任能者如此，乃中國政府走上新方
向之證明。」蔣介石在接受這個建議以後，就由朱家驊在9月3日致電胡適，
告知他被任命為北大校長。5日，任命發表。在胡適返國以前，北大校務由傅
斯年代理。
　　在胡適的行止底定以前，作為他好友的王世杰有體己之心，一直關切著胡
適的經濟情況。在胡適大使一卸任，他就已經關切胡適回國的旅費。10月6
日，他告訴外交部次長傅秉常說：「適之任大使時，殆無絲毫積蓄。現在美因
身體不耐高空飛行，恐一時尚不能返國。外部於其〔回國的〕旅費應從優撥
給，俾免艱窘。」[16] 1944年2月，王世杰在訪英以後到了紐約。12日，他與胡
適長談，勸他在該年冬天返國一行[17]。3月3日，他聽胡適說準備要接受哈佛大
學的聘約，要從該年秋季學期開始去哈佛講學兩個學期。王世杰覺得不妥。馬
上電告蔣介石，希望讓胡適先回國一趟：

　　胡適之君將接受美國哈佛大學教席。予覺彼在未返國述職前，似不宜遽
　接受外國聘約，因電蔣主席。蔣主席來電，囑予墊送彼之旅費補助美金數
　千元。予因墊送六千元。[18]

　　結果，胡適並沒有回國，而是到哈佛大學講學。胡適不但在哈佛講學到
1945年6月，並緊接著又要在該年秋天在哥倫比亞大學講學一個學期。然而，

15　傅斯年致蔣介石，1945年8月17日，《傅斯年遺札》，3.1625-1626。
16　《王世杰日記》，1942年10月6日，頁460。
17　《王世杰日記》，1944年2月12日，頁579。
18　《王世杰日記》，1944年3月3日，頁586。

王世杰並沒有停止他在經濟上資助胡適的舉措。1945年7月12日，當時王世杰已經回任中國國民黨中央宣傳部部長半年了。他打電報告知胡適：胡適旅美的費用由國民黨中央宣傳部資助[19]。

由於胡適已經答應在1945年11月去康乃爾大學作六次的「梅生杰講座」（Messenger Lectures），他原先的計畫是在1946年1月乘船回中國。結果，由於他被派在11月初去倫敦參加「聯合國國際文教組織」的成立大會，他於是請求康乃爾大學讓他把「梅生杰講座」的時間延期到次年的2月。胡適回國的時間也就跟著順延。原來訂好的是4月24日由美國西北岸華盛頓州的西雅圖的郵輪。結果由於準備不及，又取消船位。最後，改為6月5日從紐約出發的貨輪。

1946年6月5日，胡適從紐約乘船回國，他在當天的日記裡很感性地寫下：「別了，美國！別了，紐約！」他特別在這則日記裡記下了他這次居留美國的起訖時間：從1937年9月26日到1946年6月5日。換句話說，「此次留美國，凡八年八個月。」[20]在航行了一個月的時間以後，胡適所搭乘的貨輪在7月4日下午三點抵達吳淞口外。當時大雨。雨過天青以後，胡適描寫他所看到的海景：「天晴後。八點一刻，海上晚霞奇豔，為生平所少見。九年不見祖國的落日明霞了！」[21]次日中午，貨輪才駛進吳淞口。然後再到黃埔。最後，再接駁小輪到碼頭。等到胡適到了「百老匯大廈」〔注：現在的「上海大廈」（Broadway Mansions）〕的時候已經九點半了。「十一點，始見冬秀。九年不見她了。」[22]

不幸的是，胡適在次日上午七點就開始腹痛水瀉了兩個鐘頭，以至於嚴重脫水。他「勉強走下樓，竟昏暈兩三次，狼狽不堪。」[23]根據《觀察》的報導，他在「百老匯大廈」閉門謝客，休息了一週以後，就在7月12日搭乘飛機到南京六天。在南京的時候，他住在中央研究院。其間，蔣介石邀宴一次，還跟他

---

19 《王世杰日記》，1944年7月12日，頁713。

20 《胡適日記全集》，8.241。

21 《胡適日記全集》，8.250。

22 《胡適日記全集》，8.250。

23 《胡適日記全集》，8.251。

共進早餐一次[24]。18日上午七點一刻，他從南京坐火車回到上海的北站。

　　胡適這次回到中國的時候，正當通貨膨脹加劇，以及馬歇爾調停國共內戰進入嚴峻考驗的階段。國共在東北雖然暫時達成了停戰的協議，但在東北、華北的戰事是一觸即發。李公樸以及聞一多連續在7月11日、15日被暗殺。胡適在這時返國，讓多少人翹首以待他對國事的意見。然而，胡適給大家的普遍的印象是沉默、迴避問題。筆名荊風的作者，不管他的語氣有多嘲諷、不管他的立場有多左，他在〈胡適老了〉一文裡道出了許多人的疑問與心聲：

　　　　胡適博士由美返滬的消息驚動了不少關心他的人。報紙上登著大標題的新聞。記者們忙著訪問和報導。青年學生也多伸長了脖子，等著一聽違教已久的胡適博士的宏論（雖然兩年前回國觀光的林大師，還惡心地留在他們的記憶裡）。然而，胡博士對於這群關心他的人的答覆卻是一片沉默。他拒絕了人家請他演講，規避了記者們盤詰式的詢問，以至於生病絕客。始終沒讓人從他嘴裡聽到半句關於國事的高論。是幾年冗長的時間消磨了博士當年的豪氣呢？還是舒適的洋麵包生活沖淡了他對國事的關切？胡博士的沉默不能不叫人納悶。胡博士很清楚目前「國內物價高漲、外匯幣值不穩」之類的現象。足見說他久住美國而完全不知國內情形的話（他自己也對記者這樣說）是靠不住的。只是他不願知道（或不願說）這現象的癥結和它使得老百姓無法生活的結果，卻偏說這現象使得「國內大學無力聘請外教授，自費學生無法出國」。這才叫人感覺不對勁。究竟是什麼使得博士變成沉默？使得他故意在規避談及國事呢？

　　　　《大公報》記者說，胡適博士用了一首二十五歲時寫的白話詩回答記者們關於國事的詢問。那詩的末句是：「我不才，葫蘆裡也有些微物，試與君猜！」還說：「今已垂老，葫蘆裡藥已盡矣。」[25]

　　其實，與其說是胡適「老了」，不如說是胡適「變了」。他變得深沉、變

24 〈南京通信：組黨傳說中胡適的態度〉，《觀察》，1卷1期，1946年9月1日，頁21。

25 荊風，〈胡適老了〉，《野草》，1946年復刊號，頁50。

得極有心機。從他在「七七事變」以後到美國尋求美國調停中日戰爭開始，胡適在中文裡面就不再留下秘密。在文章、演講中如此，在日記與書信中也是如此。這是因為他的日記、書信本來就是要寫給大家看的，是屬於公共的領域。所以，從這時候開始，胡適的日記已經失去了史料的價值。我們必須從他用英文寫的文章，以及別人所留下來的資料，來重建胡適晚年的政治態度與作為。

更重要的是，要瞭解胡適晚年的政治思想，不能只在中國政治的脈絡下來看胡適。就像我在《璞玉成璧》裡引了以翻譯中日古典文學有名的英國學者韋利（Arthur Waley）描述胡適所說的話。他說胡適外表是中國人的樣子，但他的思想模式完全是西方的。要瞭解胡適晚年的政治思想，就必須把他放在冷戰時期美國政治思想的脈絡下來分析。詳情請看下節「冷戰鬥士」的分析。

話說胡適在7月18日早晨從南京回到上海。20日下午四點，上海文化教育界為他在國際飯店舉辦了一個歡迎會。胡適在這個歡迎會上所作的演講不但言不由衷，而且很多是話中有話，不是深知他內心想法的人所得以知之的。言不由衷的部分，最明顯的就是他描述他在大使任內只是出席茶會、雞尾酒會、說老實話的「無為」情狀：

> 我在1938年到1942年這整整四年之中擔任著外交工作，責任實在是非常輕鬆的。每天不過換幾套衣服、出席幾次茶會或者Cocktail Party〔雞尾酒會〕，沒有訂過一次條約，沒有接洽過一次借款，沒有捐過一筆錢。而且，我對他們說老實話，不講究外交詞令，我們有困難就老老實實告訴他們；我要他們知道中國是一個文明的國家，中國人是老老實實的人。

事實上，就像我在第二章裡所分析的，蔣介石派胡適出任駐美大使有幾個重要的任務。除了調停以外，最重要的就是爭取援助。別的不說，美國在1938年12月給予中國的兩千五百萬美元的桐油貸款，以及1940年4月所宣布的兩千萬美元的滇錫貸款，就都是在胡適和陳光甫的合作之下爭取到的。

胡適接下去所說的話，是話中有話：

> 我在沒有遞國書的時候廣州失陷了。在遞國書前三天武漢又陷。這正是

國家最倒楣的時候。雖然我們一向主張說負責任的話，不怕人家笑罵、不怕人家嫌我們不時髦。但是在這廣州、武漢相繼淪陷的時候，我覺得這態度還不夠。覺得我自己還應當參加意見、參加判斷。我的報告是否準確，在歷史上可以起作用──我覺得只說負責任的話是不夠了。我覺得實際負責任，比說話搖筆桿的負責任，還要艱難。寫文章的人往往隨便議論，並且常歡喜寫翻案文章。但負責辦事的卻不容許如此的。

胡適這段話話中有話的所在，就在暗示所有當時批評國民黨的人，要重溫《論語》裡所說的「不在其位，不謀其政」的古訓。這個道理，胡適在1939年3月11日的日記裡說得更明白：

　　我從前談文字改革，思想改革。明知其有利無害，故從來不感覺遲疑。近十年來，事勢所迫，我不能不談政治。才感覺「替社會國家想出路，這是何等重大的責任！這是『一言可以興邦，一言可以喪邦』的事，我們豈可不兢兢業業的思想？」（十九年〔1930〕4月〈我們走哪條路〉）近年我不能不討論對日本和戰的問題，責任更重大了。有時真感覺到擔不起這大責任。然而替《獨立評論》或《大公報》寫文字，究竟還只是「言論」，還不是直接負責任。26

胡適在這個歡迎會上的講話，就以身作則：

　　主人要我就一個新從外國回來的人的看法，對國內情形說些話。題目太大了，不容易交卷。在國外的人常常看見大處，不見小的地方。因此有時就看到了整個的一面，不挑小眼兒。但是回國之後才知道和國外所聞，的確有許多不同的地方。十個月前所樂觀的，十個月後也許就有可以悲觀之處。我從本月五日到上海，至今才兩個禮拜，晤見朋友不少。上海的名片有兩寸高，南京的名片也有兩寸高。聽到的話悲觀的居多，對將來並且很

有抱失望的。但是我雖去國九年，並沒有和國內隔離，更從沒有減少對國內的關懷。我以為用研究歷史的態度看起來，我們是用不著太悲觀的。

……

用研究歷史的眼光看起來，我們現在所受的痛苦，一部分固然或者還是由於我們的努力不夠，但大部分或者還是因為歷史上的必然。以美國之富強，勝利以後，至今也還沒有恢復常態。所以，我們現在雖然已經勝利，卻決不是已到了休息或者「寫意」的時候。存了這樣的想法，我們也許就不至於太悲觀了。27

在人人都對時局悲觀的時候，胡適究竟是如何能從歷史的眼光裡得出樂觀的結論呢？他1947年在北平的一個〈青年不要悲觀〉的演講裡作了解釋：

我的樂觀主義是建築在歷史上。而我的歷史觀，卻是根據科學的生物進化論。自十九世紀以來，達爾文研究出生物是怎樣演變出來的了。

最低生物一等一等的演變，直到哺乳類，很慢。而且這演變是從極小的差異而來。由於在某種環境，感到不適，感到痛苦，感到有滅亡危險。於是有一點變化。比較適宜一點，便可以生存，而不被淘汰了。這就是所謂「適者生存」。再傳種下來而不變的，由於環境的不適，就被淘汰而趨於滅亡。

這一點的小變化，就是生存的要素。於是再變一點，再變一點，漸漸的就演得與前大不相同了。拿各種動物來比較。種種方面，自有其基本上的相同。如人手、馬蹄、與鳥翅，雖然外形上迥然不同，而實際上，是同一的來源。

這種演變，是很細微很慢，特別努力的結果。不過生物演變進化，很少有人能把它適用到人生社會政治各方面。講到人生社會政治，都有它的基本原理。並不是今天一革命，明天就要演變；因為沒有驟變。乃是一步一步、一寸一寸、一分一厘積起來的演變。很少政治變遷是立刻就能達成的。

---

27 胡適，〈在上海文教界歡迎會上的講話〉，《胡適全集》，22.662-664。

……

　　我在外國九年。此次回國後，看看都恰巧是我所希望的。我曉得歷史過程，是逃不了一步一步、一分一厘的努力。只要繼續努力，只要環境允許我們繼續努力。我們可以在很短期間，便能如我們所想。[28]

　　這「一步一步、一寸一寸、一分一厘積起來的演變」，文明是一點一滴造成的理論，是所有接觸過胡適早年的思想的人都可以倒背如流的。然而，胡適在此把它追溯到大自然界最低等生物一點一滴「適者生存」的變異，就完全是匪夷所思的論調了。當時人求最起碼的溫飽猶如久旱求甘霖而不得。胡適要他們要有耐性地理解從原始生物到哺乳動物的演化是一個「一步一步、一寸一寸、一分一厘積起來的演變。」我們記得我在第二章提到胡適1938年6月對美國國務院的洪貝克哀號，用莊子「索我於枯魚之肆」的比喻，來形容中國的近火等不及美國的遠水。當時聽胡適諄諄教誨他們不要悲觀的青年，大可以用胡適所引用的這個「索我於枯魚之肆」的比喻來回敬他，告訴他中國眼前的近火，是等不及物種一點一滴進化的遠水的。

　　1947年6月2日，北大機械系學生鄧世華寫信給胡適。他指出了兩個讓他痛心疾首的現象：「勝利後，我們接收大員及政府所表現實太不像話。簡直尚不如日人所統治時代。」其次，「由於自4月下旬物價暴漲。同時內戰更打得起勁。親眼見到同胞受飢餓而自殺以及內戰的殘酷。」他問胡適七個問題：

A.內戰會不會停止？何時可停止？

B.國家是否還有救？救的方法為何？

C.國家前途是否絕望？若有希望，在哪裡？請具體示知。

D.青年人將苦悶死了，如何發洩？

E.我恨國民黨，同時更恨共產黨，希望它們馬上毀滅。如何使它們毀滅？

F. 國家是人民的。但一對政府有所批評，即被指為共產黨。現在的政府是何居心？

28　胡適，〈青年不要悲觀〉，《現代文叢》，1946年1卷4期，頁2。

G.既然國共兩黨都不以國家為重，我們是否可聯絡全國同胞起來反對它
　們，使它們放下武器，以保存國家之元氣？[29]

胡適在回信裡，自認為是回答了B、C，也附帶了回答D。他說：

今日的苦痛，都是我們大家努力不夠的結果。科學不如人、工業生產不
如人、教育不如人、學問知識不如人、技術不如人。故經過八年的苦戰，
大破壞之後，恢復不容易。人家送兵船給我們，我們沒有技術人才去駕
駛。人家送工廠給我們──如勝利之後敵人留下了多少大工廠──而我們
沒有技術人才去接收使用，繼續生產，所以煙囪不冒煙了，機器上鏽！
　　正因為今日的苦痛都是從前努力不夠的結果，所以將來的拯救沒有捷
徑，只有努力工作。一點一滴的努力，一尺一步的改善。
　　蔣介石先生有大長處，也有大短處。但我在外國看慣了世界所謂大人
物，也都是有長有短，沒有一個是天生的全人。蔣先生在近今的六個大巨
頭裡，夠得上坐第二、三把交椅。他的環境比別人艱難，本錢比別人短
少，故他的成績不能比別人那樣偉大。這是可以諒解的。國家的事也不是
一個人擔負得起的。
　　你問的七個問題，我只答了你的B和C，也附帶答了D。國家當然有
救。這一次的日本侵略，中國確有亡國的危險。我們居然得救了。現在的
強國，除了蘇俄之外，絕對沒有一個國家要侵略我們的。我們的將來全靠
我們今後如何努力。B, C〔的答覆〕。
　　……
　　易卜生說過：「眼前第一大事是把你自己這塊材料鑄造成器，此外都不
重要。」D〔的答覆〕。別的問題都是枝節。[30]

胡適在這封回信裡答覆的方式是典型的避重就輕。鄧世華所問的：A，內

29　鄧世華致胡適，1947年6月2日，《胡適來往書信選》，3.201-203。

30　胡適致鄧世華，1947年6月2日半夜，《胡適來往書信選》，3.203-205。

戰會不會以及什麼時候會停止？E，他恨國共兩黨。F，國民黨濫指批評者是共產黨。G，組織一個反對國共的勢力。這幾個問題都是當時的知識分子所關切的問題。可是，胡適全部迴避。而且，鄧世華明明在信裡指出：「勝利後，我們接收大員及政府所表現實太不像話。簡直尚不如日人所統治時代。」這種「接收」用當時用諧音字來抨擊的話來說，是「劫收」。這種「劫收」的行徑並不是左派的宣傳，不但是當時人所留下來的有憑有據的批評，而且也經過了後來的學者研究的證實[31]。

然而，胡適的答覆，是籠統地把問題歸咎於「都是我們大家努力不夠」，科學、工業生產、教育、學問知識、技術處處不如人的結果。鄧世華所指控的「劫收」，則被胡適說成是因為：「人家送兵船給我們，我們沒有技術人才去駕駛。人家送工廠給我們——如勝利之後敵人留下了多少大工廠——而我們沒有技術人才去接收使用，繼續生產，所以煙囪不冒煙了，機器上鏽！」完全無視於「煙囪不冒煙了」的主要原因，是因為許多工廠的機器和原料被「劫收」了。

更有意味的是，鄧世華所提到的，是國共內戰對社會國家所造成的毀滅性的影響。雖然他說他對國共兩黨同樣厭惡，但他完全沒有提到蔣介石。而胡適卻無風起浪地談起蔣介石，說他在當今世界「六個大巨頭裡，夠得上坐第二、三把交椅。」只可惜他因為「環境比別人艱難，本錢比別人短少，故他的成績不能比別人那樣偉大。這是可以諒解的。」

胡適可以為蔣介石辯護。那是他的政治選擇、他的政治立場，沒有人有權力說他不可以。只是，胡適用來為他那已日漸失去民心的政權所作的辯護，卻完全搔不到癢處，因此也就感動不了當時的年輕人。然而，他顯然認為他給鄧世華的回信是一篇雄辯，可以說服更多的年輕人。因此，他就以之為底稿，寫了一篇〈青年人的苦悶〉。他在這篇文章裡先把年輕人的苦悶歸咎於他們自己不懂反省。他們先是過於樂觀，然後又妄想坐享「第四強國」的福分：

> 青年人的苦悶失望——其實豈但青年人苦悶失望嗎？——最大原因都是因為我們前幾年太樂觀了。大家都夢想「天亮」，都夢想一旦天亮之後就

---

31 Suzanne Pepper, *Civil War in China: The Political Struggle,* pp. 16-28.

會「天朗氣清，惠風和暢」，有好日子過了！

　　這種過度的樂觀是今日一切苦悶悲觀的主要心理因素。大家在那「夜中偷聽後方消息，日夜企盼祖國勝利」的心境裡，當然不會想到戰爭是比較容易的事，而和平善後是最困難的事。在勝利的初期，國家的地位忽然抬高了，從一個垂亡的國家一跳就成了世界上第四強國了！大家在那狂喜的心境裡，更不肯去想想坐穩那世界第四把交椅是多大困難的事業。天下哪有科學落後、工業生產落後、政治經濟社會組織事事落後的國家可以坐享世界第四強國的福分！

接著，他就加上了一段巴魯克（Bernard Baruch）勉勵美國人努力工作、加緊生產的演說詞。胡適先介紹了巴魯克的來歷：

　　今年〔1947〕4月16日，美國南加羅林那州〔南卡羅萊納州〕的州議會舉行了一個很隆重的典禮。懸掛本州最有名的公民巴魯克（Bernard M. Baruch）的畫像在州議會的壁上，請巴魯克先生自己來演說。巴魯克先生今年七十七歲了，是個猶太種的美國大名人。當第一次世界大戰時，威爾遜總統的國防顧問，是原料委員會的主任，後來專管戰時工業原料。巴黎和會時，他是威爾遜的經濟顧問。當第二次世界大戰時，他是戰時動員總署的專家顧問，是羅斯福總統特派的人造橡皮研究委員會的主任。戰爭結束後，他是總統特任的原子能管理委員會的主席。他是兩次世界大戰都曾出大力有大功的一個公民。

我可以再加一句話來為巴魯克的成就作一點綴。現在紐約市立大學「巴魯克學院」，就是該大學為了紀念這個傑出校友而命名的。總之，胡適的主旨是：

　　巴魯克先生說：「現在許多人說借款給人可以拯救世界，這是一個最大的錯覺。只有人們大家努力做工可以使世界復興。如果我們美國願意擔負起保存文化的使命，我們必須做更大的努力，比我們四年苦戰還更大的努力。〔漏譯：只是沒有戰爭那麼霹靂醒目〕我們必須準備出大汗，努力搏

節，努力製造世界人類需要的東西。使人們有麵包吃、有衣服穿、有房子住、有教育、有精神上的享受、〔漏譯：有醫療、有交通工具、〕有娛樂。」

他說：「工作是把苦悶〔注：是「苦活」（drudgery）的意思。胡適為了配合他的主旨，把它扭曲譯為「苦悶」〕變成快樂的煉丹仙人。」他又說：美國工人現在的工作時間太短了，不夠應付世界的需要。他主張：如果不能回到每週六天，每天八小時的工作時間，至少要大家同心做到每週〔漏譯：五天半〕四十四小時的工作；不罷工，不停頓，才可以做出震驚全世界的工作成績來。

巴魯克先生最後說：「我們必須認清：今天我們正在四面包圍攏來的通貨膨脹的危崖上，只有一條生路，那就是工作。我們生產越多，生活費用就越減低；我們能購買的貨物也就越加多，我們的剩餘〔誤，應為「儲備」〕力量（物質的，經濟的，精神的，）也就越容易積聚。」

我引巴魯克先生的演說，要我們知道，美國在這極強盛、極光榮的時候，他們遠見的領袖還這樣力勸全國人民努力工作。「工作是把苦悶變成快樂的煉丹仙人。」我們中國青年不應該想想這句話嗎？[32]

在我評論胡適這段引文以前，我必須先指出胡適錯失了引用巴魯克一段對他的政治立場真正有用的話的良機。巴魯克在這個演講裡所用的一個字眼——冷戰——是「冷戰」這個詞彙第一次出現的所在。可是，一直要到胡適所熟知的李普曼在該年出版了他的《冷戰，美國外交政策研究》（*The Cold War: A Study of U.S. Foreign Policy*）以後，這個詞彙才開始廣為人所使用。有意味的是，後來成為「冷戰鬥士」一員的胡適，在當時或許是因為他還不願意暴露出自己反共的政治立場，當然也或許是因為他還沒有意識到巴魯克所鑄造的這個詞彙以及他的簡短分析，完全可以被挪用來描述共產黨的威脅，而錯失了使用的機會。其實《紐約時報》在刊載巴魯克的演講全文裡，在適合的所在都加了醒目的標題，以幫助讀者閱讀與理解。比如說，在「冷戰」這個詞彙出現之前，其

32　胡適，〈青年人的苦悶〉，《胡適全集》，22.719-724。請注意，《胡適全集》編者把這篇文章的時間植於1948年，誤。

標題是：「我們處在冷戰中」。這就說明了在一個新名詞流行以前，聰明如胡適，也有有眼不識荊山玉的時候。巴魯克描述「冷戰」這段話是這麼說的：

> 我們不要被騙了。我們今天正處在一個冷戰的時代裡。我們的敵人既遠在天邊，也近在眼前。我們絕對不能忘記：我們亂，就是他們贏。我們的政治制度所要的是世界和平，那是我們的希望與目標；如果我們成功了，那就是我們的敵人的失望與失敗。[33]

這時候胡適的問題，就在於他又要為蔣介石辯護，但又要擺出一副超然的姿態。於是，他只能訴諸打高空、不食人間煙火的論調。因此，他不是要年輕人去體認物種的進化是「一步一步、一寸一寸、一分一厘積起來的演變」所造成的，就是要他們聆聽巴魯克呼籲美國人要每週作五天半「四十四小時的工作；不罷工，不停頓」、領受他「工作是把苦悶變成快樂的煉丹仙人」的妙方。

要體認胡適如何失去了他對年輕人的說服力，我們就必須瞭解當時通貨膨脹的嚴重及其終究演化成的天文數字。我只要舉四個數據就可以說明一切。1945 年 11 月，中日戰爭結束三個月以後，美金與法幣的匯率，在天津是 1=700；在上海是 1=1,500 [34]。1946 年 2 月，胡適回國前五個月，美金與法幣的匯率是 1=14,000。到了 1948 年 7 月，金圓券發行的前夕，這個匯率已經到了 1=380,000,000 [35]。1948 年 8 月發行金圓券以後，金圓券換取法幣的兌率是 1=3,000,000 [36]。美金與金圓券的匯率定為 1=4。然而，到了 1949 年 4、5 月間，金圓券對美金的匯率也已經貶到 1=5,000,000 到 1=10,000,000 之間 [37]。

33　"Text of Bernard Baruch's Address at Portrait Unveiling," *The New York Times*, April 17, 1947, p. 21.

34　Suzanne Pepper, *Civil War in China: The Political Struggle, 1945-1949*（Berkeley, CA.: University of California Press, 1978）, p. 35.

35　Robert Herzstein, *Henry R. Luce,* Time, *and the American Crusade in Asia*（New York: Cambridge University Press, 2005）, pp. 84, 96.

36　Suzanne Pepper, *Civil War in China: The Political Struggle,* p. 121.

37　Lyman Van Slyke, intro., *The China White Paper, August 1949*（Stanford: CA.: Stanford University Press, 1967）, p. 401.

胡適自己的薪資就是一個很好的注腳。他1947年初對記者說：

> 我到北大，最初每月28萬元，合美金約百元。二次調整到五十多萬元，還能合美金百元。但最近的一次，我雖增到百多萬元，而合起美金來，只有三十多元了。每天我賺美金一元二，一個鐘頭才合三、四角，如何維持生活？可想而知……我還不如在美國教書了。38

胡適的轉變其實是有跡可循的。他1946年10月10日在北京大學開學典禮上的講話就是一個明證。這個演說有長短不同的版本。《胡適全集》所收的是短的版本39。我在此處用的，是網路上找得到的杭州《浙江日報》所刊載的長的版本，胡適先回顧了北大創校以來到抗戰勝利復校四十八年間的六個時期的歷史。在這個最新的第六個時期裡，胡適對北大的師生有兩個期望：

> 一、提倡學術研究，望先生攜學生多做研究，做獨立的創見，做independent, original research〔獨立原創的研究〕。希望各位先生以此精神作高深的學術研究。
> 二、對於學生希培養成能夠充分地利用工具，能夠獨立的研究、獨立的思想。這一方面是研究學問，另一面是做人。外面貼著歡迎我的標語，這「自由思想，自由學術」。為什麼不說「獨立思想」呢？我用「獨立」，因為獨立和「自由思想，自由研究」不同。北大向來的傳統是如此。思想當然自由，學術也當然自由，不用再說。而獨立精神倒是值得一提的。自由是對外界束縛的。北大三十年的傳統，並沒有限制先生的思想和學生的研究。自由當作當然的信守。什麼是獨立呢？「獨立」是你們自己的事。給你自由而不獨立，這是奴隸。獨立要不盲從，不受欺騙，不依傍門戶，不依賴別人；不用別人耳朵為耳朵，不以別人的腦子為腦子，不用別人的眼睛為眼睛。這就是獨立的精神。學校當然給你們自由，然獨立是靠你們自

38　明道，〈胡適博士，美金計薪〉，《評論報》，1947年第19期，頁13。

39　胡適，〈在北京大學開學典禮上的演說〉，《胡適全集》，20.222-224。

己去爭取的。[40]

　　胡適不談自由，而且說：「給你自由而不獨立，這是奴隸」以及「學校當然給你們自由，然獨立是靠你們自己去爭取的。」曾幾何時，自由和獨立變成了兩個分開的德行？曾幾何時，自由變成是「學校給你們」的？更值得注意的是，胡適說「自由思想」的時候，他所說的只是在北大，而不及於中國的大環境。不瞭解當時胡適政治思想變化的人，一定會覺得突兀。然而，我在下一節「冷戰鬥士」裡，將會分析胡適至少從1938年開始，就已經開始跟蔣介石志同道合地認定自由主義者就是共產黨的同路人。

　　回到中國以後的胡適，除了不願意放棄自由主義的光環以外，也不甘願把自由主義這個名詞讓渡給他心目中的共產黨同路人的「偽自由主義者」。於是，胡適就開始把自由和獨立分開。強調沒有獨立的思考能力，即使有了自由，還只是奴隸一個。

　　這時的胡適出奇的緘默，緘默到他識與不識的朋友都納悶的程度。他剛回到上海的時候，就對記者說他「今已垂老，葫蘆裡藥已盡矣。」對所有有關時局的問題，他不是迴避不答，就是說他去國已久，必須像小學生一樣好好學習。1948年10月，他在浙江大學訪問的時候，浙大校長竺可楨笑謂胡適發胖了。他幽默地回答說：「我正在實行三無主義，即『無知』、『無能』、『無為』。由上三無，使我胖了。」[41]

　　胡適為自己的緘默——其實是不輕易表明自己無條件支持蔣介石的立場——找到了一個合理化的藉口，亦即，「善未易明，理未易察」。他在1948年3月2日給陳之藩的信裡說：

　　「善未易明，理未易察」，就是承認問題原來不是那麼簡單容易。宋人受了中古宗教的影響，把「明善」、「察理」、「窮理」看的太容易了，故

40　〈胡適在北京大學1946年開學典禮上的講話〉，http://www.shz100.com/article-7160-1.html，
　　2017年1月2日上網。

41　林異子，〈胡適扯淡面面觀〉，《人物雜誌》，1949，頁284。

容易走上武斷的路。呂祖謙能承認「善未易明，理未易察」，真是醫治武斷與幼稚病的一劑聖藥。

他在這封信稿上黏著的便條紙上，寫著「也許『善未易明，理未易察』是我近年不大說話的大原因。」[42]

胡適所引的這句「善未易明，理未易察」，跟他晚年也同樣愛引用的「勤」、「謹」、「和」、「緩」的四字訣，有同樣的呼籲大家在「做學問要在有疑處」「暫緩判斷」的用意。然而，這兩句話都是胡適在政治上走向極端保守以後，用來不洩漏自己保守、反動的政治立場的擋箭牌，迥異於他年輕、進取時候所標榜的「打破沙鍋問到底」、「做學問要在不疑處有疑」的理念。

同時，胡適會開始強調容忍。然而，即使是容忍，胡適的定義也是隨著時代而變得越來越極端。極端到說出「容忍比自由重要」這種根本反自由主義的話。但這是後話，請待本部第四章分解。

總之，如果「大膽的假設，小心的求證」反映的，是年輕、進取時候的胡適的心態，「善未易明，理未易察」以及「容忍比自由重要」所反映的，就是晚年保守、反動的心境。

1946年11月15日，制憲國民大會在南京召開。要分析這個制憲會議的波折，就超出了本書分析的範圍。簡單地說，這個憲法草案，從1946年1月經過國民黨、共產黨、民主黨派在政治協商會議擬訂憲草修改原則，又在2月開始由各黨派代表以及專家所組成的憲草審議委員會擬訂憲法草案。然而，在憲草審議委員會還在審議協商的過程中，國民黨已經在六屆二中全會全力反撲。在3月16日的決議裡否決了憲草審議委員會所擬訂的三權分立的原則，回歸國民黨在1936年所制定的「五五憲草」：包括國民大會應為有形組織；總統制；省無須制定省憲[43]。

42　胡適致陳之藩，1948年3月2日，《胡適全集》，25.324。

43　Ch'ien Tuan-sheng, *The Government & Politics of China, 1912-1949* (Stanford, CA: Stanford University Press, 1970), pp. 318-319；汪朝光，〈戰後國民黨對共政策的重要轉折——國民黨六屆二中全會再研究〉，《歷史研究》，2001年4期，頁72-87。

　　國民黨的反撲，自然引起了共產黨以及民主同盟的反對。談判破裂還只是一個次要的因素。更嚴重的是內戰。就在國民黨在六屆二中全會否決憲草審議委員會正在擬訂的憲法草案的時候，蘇俄從東北撤軍。國共於是開始在東北進行內戰。蔣介石的軍隊在開始的時候，取得了優勢。到了6月初，蔣介石的軍隊已經占領長春，到了松花江。在馬歇爾的斡旋之下，雙方在6月7日停火十天。後來，又延展到6月底。

　　蔣介石在東北暫時取得的優勢，讓他充滿了信心。他認為只有用武力才可能使共產黨就範。馬歇爾說蔣介石在該年6月間告訴他說：「瓜熟蒂自會落。」在8月間，他又說：「不打，就不可能逼使共產黨參加國民大會。」[44]東北雖然暫時停火，蔣介石開始在華北採取全面的攻勢。10月11日，在蔣介石的軍隊攻下張家口的同一天，蔣介石宣布將按原訂計畫在11月12日召開制憲國民大會。

　　民主同盟在要求延期召開制憲國民大會不果以後，與共產黨拒絕參加。最有意味的是，胡適是參加這個制憲國民大會的代表之一。

　　胡適在日記裡完全沒有交代他是如何成為制憲國民大會的代表。「胡適檔案」裡，目前也只存有「國民大會自由職業團體代表選舉事務所」在1946年12月19日所發出的公文，通知服務機構：「現任公教人員在請假出席國大期間薪金仍准照支。」[45]他在1946年11月11日的日記裡，輕描淡寫地說：「又飛南京。坐的是空軍專機。三個鐘頭到達。與賀自昭同行。機上有童冠賢、王大楨諸人，都是赴國民大會的。」[46]

　　根據國民大會的資料，胡適是制憲國民大會「教育團體」裡18個代表之一。這個名單公布的時間是在1946年4月20日，是在胡適回國兩個半月以前。換句話說，胡適在回國以前，就已經被發表為制憲國大代表了。

　　到了制憲國民大會要召開的時候，知識分子已經開始選邊站了。比如說，北大法學院院長周炳琳和政治系教授許德珩，是該年11月9日所公布的70名「社會賢達」裡的代表。然而，他們兩人都拒絕參加。周炳琳甚至11月9日寫

---

44 "Minutes of Meeting Between General Marshall and Dr. Stuart at Dr. Stuart's Residence, Nanking, December 18, 1946," *FRUS*, 1946, Vol. X, *The Far East: China*, p. 637.
45 「國民大會自由職業團體代表選舉事務所」公文，1946年12月19日，「胡適檔案」，2374-4。
46 《胡適日記全集》，8.259。

信給胡適，勸他不要赴會：

> 　　聞先生即將飛往南京準備出席國民代表大會。此時赴會，是否為賢智之
> 舉動，琳以為尚值得考慮一番。撇開此舉之政治關係不談——先生對於現
> 實政治之看法，琳絕對尊重——單講校務，此時可以說尚未正式上課。事
> 甚繁亂，局面未趨穩定。我們希望校長在此坐鎮，事來重心有托。先生能
> 否考慮遲兩週，俟會真能開成再去？不是杞人憂天。一年餘昆明歷次事件
> 之經驗已使人成了驚弓之鳥。
>
> 　　自信可以做亡命客，但在校一日，終是矜持。先生倘亦笑其愚乎？[47]

　　胡適當然是不會聽周炳琳的話。10日，蔣介石打了一個電報給胡適催
駕：「國民大會准於文（12）日開會，先生為當選代表，德望允孚，舉國景
仰，務希即日命駕，蒞京出席，藉慰眾望，並盼電復。」[48]胡適就在次日搭乘蔣
介石所派去北平專用的軍機赴會了。

　　制憲國民大會，顧名思義，其責任就是在制定憲法。由於時間倉促，要湊
足法定人數不易。我們記得周炳琳和許德珩等70名「社會賢達」的名單是在
11月9日——預定開會前三天——才公布的。所以這個會議一直延到15日才開
幕。在會議期間，秩序每每紛亂，有幾項爭議性的議題。例如，國民黨的死硬
派試圖恢復「五五憲草」；國都應為南京或北平；以及官吏是否可以兼任國大代
表等等問題。恢復「五五憲草」，包括在憲法裡明訂「中國民國是三民主義的
共和國」以及為蔣介石量身定做的純粹的總統制，自然是違反了政治協商會議
以及憲草審議委員會的草案。所以終究是被否決了。移都北平也被否決。官吏
是否可以兼任國大代表的問題，由於影響到太多國民黨員切身的利益，最後以
「現任官吏不得於任所所在地之選舉區當選為國民大會代表」的修正案通過[49]。

　　這部憲法在12月25日三讀通過，1947年1月1日公布。當時在中國的馬歇

47　周炳琳致胡適，1946年11月9日，《胡適來往書信選》，3.142-143。

48　蔣介石致胡適，1946年11月10日，「國史館：蔣中正總統文物」，002-090102-00009-471。

49　Ch'ien Tuan-sheng, *The Government & Politics of China, 1912-1949*, pp. 322-324;〈憲草二讀已終
了〉，《申報》，24736期，第1版。

爾對這個制憲過程有一個簡短的評論。他說，他和美國一些專家在國民大會召開以前仔細地研究了憲法草案，覺得它「還算是一個民主的憲法」（a reasonably democratic constitution）。他當時主要擔心的地方，是國民大會是否會在不作太多修正的情況下讓它通過。現在憲法既然通過了，最大的挑戰就在執行[50]。

　　這時候的胡適不輕易透露他內心的政治想法。然而，憲法公布，蔣介石開始組織政府，胡適成為網羅對象以後，他就被迫表明心跡了。有關蔣介石要任命胡適為國府委員兼考試院長這件事，分析的人已經很多，包括余英時以及沈寂[51]。然而，歷來的分析，都以這件事作為例子，來說明胡適希望保持自由、獨立之身來幫助蔣介石的立場。事實上，這件事所說明的，恰恰跟歷來學者所想像的相反。

　　根據傅斯年1947年2月4日給胡適的信，蔣介石是在該年1月15日當面告訴他要胡適擔任國府委員兼考試院長的意思：

　　……1月15日，是日中午蔣先生約去吃飯（前約一次，因他約未去），座中無他人……

　　他提出一件事：他似乎覺得小黨參加政府不易，希望在「社會賢達」方面先做工夫（非原語，意思如此）。他請先生擔任國府委員兼考試院長。我當力陳其不便。自大者言，政府之外應有幫助政府之人，必要時說說話。如皆在政府，轉失效用；即如翁詠霓等。如不入黨，不在政府，豈不更好？他說，並不請先生入黨。我說，參加政府亦同……自小者言，北大亦不易辦，校長實不易找人，北大關係北方學界前途甚大。他說，可以兼著。我說，不方便，且不合大學組織法。他說不要緊（此公法治觀念極微）。如此談了許久，我反覆陳說其不便，他未放鬆。我答應寫信通知先生，詳述他這一番好意。

50　"Minutes of Meeting Between General Marshall and General C. P. Lee at No. 5 Ning Hai Road, Nanking, December 26, 1946," *FRUS, 1946, Vol. X, The Far East: China*, p. 659.

51　余英時，《重尋胡適歷程：胡適生平與思想再認識》，頁91-93；沈寂，《胡適與蔣介石》（台北：秀威出版社，2014），頁382-384。

傅斯年之所以會拖了半個多月才寫信告訴胡適蔣介石的意思，是因為他發高燒住院去了。他在這封信裡，更以同為自由主義者、看法理應相同為假設，進一步為胡適分析不入政府的理由：

> 自由主義者各自決定其辦法與命運。不過，假如先生問我意見，我可以說：
> 一、我們與中共必成勢不兩立之勢，自玄學至人生觀，自理想至現實，無一同者。他們得勢，中國必亡於蘇聯。
> 二、使中共不得勢，只有今政府不倒，而改進。
> 三、但，我們自己要有辦法。一入政府即全無辦法。與其入政府，不如組黨；與其組黨，不如辦報。
> 四、政府今日尚無真正開明、改變作風的象徵。一切恐為美國壓力，裝飾一下子。政府之主體在行政院。其他院長是清中季以後的大學士。對宋尚無決心，其他實看不出光明來。
> 五、我們是要奮鬥的。惟其如此，應永久在野，蓋一入政府，無法奮鬥也。又假如司法院長是章行嚴（杜月笙之秘書），豈不糟極！
> 六、保持抵抗中共的力量，保持批評政府的地位。最多只是辦報，但辦報亦須三思，有實力而後可。今日鬥爭尖銳強烈化，如《獨立評論》之free lancer〔自由撰稿作家〕亦不了也。[52]

傅斯年這封信有三個要點：一、他們與共產黨勢不兩立；二、蔣介石的法治觀念極微；三、「政府今日尚無真正開明、改變作風的象徵。一切恐為美國壓力，裝飾一下子。」

今天存於「胡適檔案」裡的胡適2月6日回信，是胡適自己謄寫的刪節稿。完整版在傅斯年檔案裡：

> 你受托轉致我的密信，我曾細細細想過，結論是：我因為很願意幫國家

52　傅斯年致胡適，1947年2月4日，《胡適來往書信選》，3.171-172。

的忙，很願意幫政府的忙，所以不願意加入政府。蔣先生的厚意，我十分感謝。故此信所說，都是赤心的話。我在野——我們在野——是國家的、政府的一個力量。對外國，對國內，都可以幫政府的忙；支持他，替他說公平話，給他做面子。若做了國府委員，或做了一院院長，或做了一部部長，雖然在一個短時期也許有做面子的作用，結果是毀了我三十年養成的獨立地位，而完全不能所作為。結果是連我們說公平話的地位也取消了——用一句通行的話，「成了政府的尾巴」！你說是不是？我說：「是國家的、政府的一個力量」，這是事實。因為我們做的是國家的事，是受政府的命令辦一件不大不小的「眾人之事」。如是毛澤東執政，或是郭沫若當國，我們當然都在被「取銷」的單子上。因為我們不願見毛澤東或郭沫若當國，所以我們願意受政府的命令辦我們認為應該辦的事。這個時代，我們做我們的事就是為國家、為政府樹立一點力量。

我十月裡有一次到行政院去看翁詠霓，坐了一會。秦景陽〔秦汾〕也來了。我怕他們有事商量，站起來就要走。他們堅留我坐，說這是他們聊天的聚會。每天都是聊天，無一事可辦。我坐了整整一個鐘頭，聽他們聊天，聽他們發牢騷，我心裡想著：「這是中國兩個最有腦力的人才，幹嗎不到一個學校或研究室去！幹嗎要把他們困在一個完全自私自利的宋子文手下吃閒飯，聊閒天！」

我想你老兄大概也不願意在雞鳴寺一號的東邊右院〔注：中研院史語所〕裡，添一個讓你來陪我聊閒天、發牢騷的場合吧！

前些時，有外國記者A. T. Steele〔斯蒂爾〕（《紐約前鋒論壇報》）來長談。我們談的自然是馬帥的長文。他問我，馬帥所謂自由分子大概是些什麼人？我說國民黨內、國民政府內，就有不少自由主義分子，如孫科，如王世杰，如周詒春，如蔣廷黻，如翁文灝，皆在黨；如王雲五，則無黨籍；此外國民參政會裡、立法院裡，都有不少自由主義的分子。我隨便說了一些人。Steele〔斯蒂爾〕似乎很驚訝。我覺得小黨派的人才實在不多。此次國大可謂「群英大會」，讓我們有個「相攸」〔注：擇婿〕的機會。青年黨頗有幾個有頭腦的人，但他們的黨魁實在不像個樣子。民社黨則除了張君勱一人之外，簡直不能說有什麼抬得出的人才。

　　我的看法是：蔣先生應該充分抬出黨內的最有希望的自由分子，給他們一個做事的機會。行政院長必須換人，雪艇、哲生都比子文高萬倍，都可以號召國內與國外的同情支持。若用子文，則國內無以號召，美國借款也借不成。若有人至今仍相信美國借款非宋子文不可者，乃是坐在鼓兒裡做夢。

　　這是國民黨訓政最後一年的政府。國民黨豈可不冒一點險，抬出一個「全明星」（All-Star）的政府來給世人與國人看看嗎？國民黨要做廣告，這是最好的廣告機會。國民黨要為將來做競選工作，這是最好的競選機會。

　　故這一次政府改組，必須以國民黨的第一流人才為主力，配上三五個小黨派與無黨派的人才，就像個樣子了。為國外號召計，似以哲生組閣為最相宜，雪艇次之。我不是偏袒此二人，實以我九年的觀察為根據。[53]

　　胡適這封信有三個重點：一、他故意把「國家」與「政府」混用。「政府」、「國家」交叉疊用，魚目混珠，彷彿替蔣介石或者國民黨政府做事、「做面子」，就是替「國家」做事和「做面子」；二、自私自利的宋子文不該為行政院長；三、抬出一個「全明星」的政府來做「做廣告」。雖然他說是要「給世人與國人看看」，但毫無疑問地，他的「重點是為國外號召計」。胡適寫這封信是要給蔣介石看的。他特別在2月20日的信裡，追問傅斯年：「此信有何下場？是否已給蔣先生看了？……便中請給我幾句。」[54]好朋友心有靈犀一點通。傅斯年在同一天所寫的信就回答了胡適的問題：

　　日前在蔣先生處，座中有布雷，老調仍彈。我便解釋來信之旨（來信轉去，一字未改）：一、于事無濟，于己有損。其損亦國家之失也。二、要國民黨自己振作，拿出人來。又加一翻意思。我輩二三十年教授，不復可以治事，云云。仍不以為了，說，「撐面子，要如此」，倒是真話真意

53　胡適致傅斯年，1947年2月6日，王汎森輯，〈史語所藏胡適與傅斯年來往函札〉，《大陸雜誌》，93卷3期，頁17。

54　胡適致傅斯年，1947年2月20日，《胡適全集》，25.225。

（上三字，非下三字）。又說，盼先生可早來，云云。[55]

　　然而，即使傅斯年與胡適心有靈犀一點通，他對蔣介石「撐面子，要如此」的看法與胡適有根本的不同。傅斯年在2月間給蔣介石的一封信的殘稿，充分地說明了他認為對外做廣告是虛，真正改革才是正道：

　　　　今日改組政府之局，聞已可逐步為之。自是鈞座啟迪大效。惟所謂改組者，徒以為裝點以應國際情勢乎？抑誠欲政治之進步乎？雖二者皆有其用，然後者之重要實勝于前者十倍。蓋如裝點十分美滿，而真不能辦事，三月之後，必然瓦解。國內失望，國際攻勢又至，更不可收拾矣。然何以能使政治進步？其關鍵全在國民黨能自身拿出人才、開明分子、廉公幹練分子，盡出一流之選。而一切尸位或作惡者退之。使國人、外人看，國民黨固有人才，亦可振作也。[56]

　　這就是胡適和傅斯年在政治原則上分野的所在。在絕對支持蔣介石、反共這兩個大方向上，胡適和傅斯年是相同的。然而，傅斯年不會因為支持蔣介石和反共而犧牲他有所為、有所不為的基本原則。胡適則不然，他可以因為要支持蔣介石和反共，而作妥協。

　　蔣介石在3月13日晚：「為胡適之設宴。」胡適自己在當天的日記裡也說：「晚八點，蔣主席邀吃飯，先約我小談。我申說我的意見請他不要逼我加入政府。他說，你看見我的信沒有？是托何市長轉交的。我說沒有，他最後說：如果國家不到萬不得已的時候，我決不會勉強你。我聽了很高興。出來時對孟真說，『放學了』！」[57]

　　結果，事實跟胡適所想像的完全相反。他在3月17日記裡記：「我以為是『放學了』，其實不然。今日雪艇奉命來談，說，院長不要我做了。只要我參

55　傅斯年致胡適，1947年2月20日，《傅斯年遺札》，3.1737-1738。

56　傅斯年致蔣介石，1947年2月，《傅斯年遺札》，3.1735。

57　《胡適日記全集》，8.274。

加國民政府委員會，作無黨無派的一個代表。我再三申說不可之意：國府委員
會為最高決策機關，應以全力為之，不宜兼任。」[58]

　　次日，蔣介石再次約見胡適。胡適在當天的日記裡說：

　　　下午四點，蔣先生約談。他堅說國府委員不是官。每月集會二次，我不
必常到會，可以兼北大事。我對他說，現時國內獨立超然的人太少了。蔣
先生前幾年把翁文灝、張嘉璈、蔣廷黻、張伯苓諸君都邀請入黨。又選他
們（廷黻除外）為中委，這是一大失策。今日不可再誤了。他承認那是錯
誤。但他一定要我考慮國府委員的事。我辭出時，他送我到門，問胡太太
在北平嗎？我說：內人臨送我上飛機時說：『千萬不可做官，做官我們不
好相見了！』蔣先生笑說：『這不是官！』」[59]

　　蔣介石對胡適說他不必常到會，可以兼北大校長。這就是擺明他——用他
對傅斯年說的話來說——只是要胡適「撐面子」。當天，蔣介石日記也記載了
他約見胡適的事。胡適願意為他「撐面子」，使他龍心大悅：

　　　會胡適之面，容參加府委私心欣慰。以彼在此艱難時局中，能不顧一切
誹謗，而毅然能擁護政府。其為國之精誠毫無條件，殊不易得之諍友也。

　　胡適任駐美大使後期，蔣介石恨不得要把他除之而後快的時候，把他罵成
是一個「半人，毫無靈魂與常識之人」、「政客」。後來還把他冰封了一陣子。
看來，他對胡適的「誤會」現在是暫時冰釋了。

　　胡適自己在20、21日還分別寫信向王世杰、朱家驊求援，要他們幫他向
蔣介石請求，開恩免了他。結果，一天以後，他自己就又改變了主意。傅斯年
與胡適就因為在對蔣介石的「撐面子，要如此」這個原則上的根本分歧，而雙
方都動了氣。

　　胡適在3月22日給傅斯年的信上說：

---

58 《胡適日記全集》，8.275。
59 《胡適日記全集》，8.275-276。

今早市府送來蔣先生三月五日托仙槎〔何思源，北平市長〕面交之手書，其中一段云：

……惟改組以後之國民政府委員會為集議決策機關，並無行政煩瑣工作，其職權大於參政會，而性質則相同。且係過渡時期機構，為期不過數月。倘先生並此而不參加，豈惟政府決定政策之最高機構失一重大助力。一般社會且將不免致疑於政府革新政治之誠意。用敢重違尊意，推定先生為國府委員。倘因時間匆促，不及於發表前商得先生之同意，尚望體念時局之艱難，務請惠予諒察，是為至荷。

我看了這信，頗受一點感動。今晚（22）錫予、樹人〔饒毓泰〕、〔鄭〕華熾諸人在我家中，我把此信給他們看了。他們都覺得我怕不能逃脫國府委員的事。我回想自從老兄出病院後第一信至今，近兩個月，我已辭謝了六次。兩次由兄轉達，兩次由雪艇轉達，兩次我自己面達──結果只能逃了做你的近鄰一事。國府委員一事，18夜曾托騮先兄出力，廿夜又函托雪艇出大力求免。我看那天（18）下午蔣先生的口氣，與此函的口氣，怕是逃不了的了。

在滬所聞，知所謂無黨無派的四個國府委員，是我和陳光甫、莫柳忱〔莫德惠〕、胡政之。光甫是1938-1940年在美國借得第一、二次借款，為美國前財政總長摩根韜最敬信者。餘三人，即馬歇爾心目中所謂「中國自由主義者」也！此訊如確，則此四人皆是對美國人的幌子。即上函所謂「一般社會」，其實仍是對付國外為多。

此事於我個人絕無益而有大損失，於國家除了「充幌子」之外亦無其他用處。但我的子彈已用光了，不得不求教於砲手專家。若老兄別有奇「兵」妙計，可以保護小人安全出險，則真是大慈大悲的大菩薩行了！[60]

胡適這封信裡最讓傅斯年震驚的所在，是由於他知道他和陳光甫、莫德惠、胡政之，是「馬歇爾心目中所謂『中國自由主義者』」，他願意讓蔣介石

60　胡適致傅斯年，1947年3月22日，王汎森輯，〈史語所藏胡適與傅斯年來往函札〉，《大陸雜誌》，93卷3期，頁18-19。

把他當成「對美國人的幌子」，擔任國府委員。雖然他明知「此事於我個人絕無益而有大損失，於國家除了『充幌子』之外亦無其他用處。」然而，胡適願意「充幌子」。

胡適在1938年10月31日日記裡說陳光甫要他一張照片，他在照片上題此小詩云：「略有幾莖白髮，心情已近中年，做了過河卒子，只許拚命向前。」[61]曾幾何時，曾經自況為拚命向前作「過河卒子」的胡適，現在卻甘願淪為讓蔣介石拿去對美國「充幌子」的「棋子」！

余英時、沈寂等等學者，說胡適在處理蔣介石要任命他為國府委員兼考試院長這件事上，一直努力要保持自由、獨立之身來幫助蔣介石的立場的說法，也就不攻自破了。

傅斯年在震驚之餘，在3月28日寫了一封披肝瀝膽的信，用重話勸誡胡適：

適之先生：駕行時所談之信不見到，後見北平報上所載，「專辦學十年」，為之安慰！忽接廿三日書，萬分驚愕，不料先生竟如此想也。

一、參政會決不與國府委員同，五院院長為當然，知其是政府也，且為中央政治會議、國防最高委員會之續，尤知其是政府也。其法定名詞為「最高決策機關」。決策非政府而何哉？信中所云，欺人之談也。此等欺人之談，我聞之多矣。

二、「政府決心改革政治之誠意」，我也疑之。蓋不能不疑也。現在改革政治之起碼誠意，是沒收孔宋家產。然蔣公在全會罵人時仍言孔宋不貪污也。孔宋是不能辦的，CC是不能不靠的，軍人是不能上軌道的。借重先生，全為大糞堆上插一朵花。假如先生在京聽到蔣公教訓中委的一段話（中委們罵雪艇是XX主使，其罵陳儀、孔宋，不可謂非公論。而蔣公罵了些醜話，如沒有太多大官請你們做等等。），當知此公表面之誠懇，與其內心之上海派決不相同。我八、九年經歷，知之深矣。此公只瞭解壓力，不懂任何其他。今之表面，美國之壓力也。我們若欲于政治有所貢獻，必須也用壓力，即把我們的意見consolidated, articulated〔整合、表達

出來〕，而成一種壓力。一入政府，沒人再聽我們一句話！先生是經驗主義者，偏無此八年經驗，故把我們政府看得太好，這不是玩的。

三、此事全在先生一顆不動搖之心。我代辭，多少次了，是無用的。尤其是先生那樣客氣之下。我們又不是一個政黨，誰也替誰保不了，只在自己而已。我要作官之說，嚷了一年多了。然我心中全無恐懼，因我自有決心也——即最後決裂，辭此教官，亦所不惜——所以全不著急。我知道先生是決不要做的。但要更進一步，即無論如何也不做。尤其是那樣信，豈可動心。

四、此時先生急來電託雪艇轉上，謂北大同人堅決反對，不能為孟鄰先生之續。故如發表，恕不奉命。如為此影響到北京大學，則以此等名節之事而影響北大，愛北大者——即愛北大之精神者——決不因此責備先生。

五、試想先生答應了，北大如何辦下去？兼著，像怎樣樣子？不兼，誰來？我決不來。孟鄰先生來，後果可想（我想，他也不來）。北大如此渴望先生，先生決不應使之再遭患難。

六、雪艇是主張先生出山當行政院長的。至于府委，他也說「無聊，不該犧牲他」。布雷同情，先生知道我的一切在黨的朋友幾乎皆謂先生不當來。身在其中，知其奧妙也。即如四人之說，我聽到。胡政之不來（此人原非有上等品格之人），而章行嚴要為司法院長（已數變。最後如此說，其為國府委員無疑也。）。章吃大煙，又是杜月笙秘書。先生與之同列，成何景象？

我在此更有何法？必須先生再發一電極言不可耳。湯〔用彤〕、饒〔毓泰〕諸公，亦不應模稜，「非所望于蕭父」也。專頌教安

學生斯年上三月廿八日

先生自己之損失，即是國家之大損失，我看法如此。〔王〕雲五一參加，聲名盡矣。彼今日悔不聽我去年之勸告也。[62]

62　傅斯年致胡適，1947年3月28日，《傅斯年遺札》，3.1741-1743。

根據胡適3月29日的日記，傅斯年這封信是由陳雪屏帶到北平給他的。然而，傅斯年還是不放心。於是又在29日打了一通電報：

　急。北平北京大學。胡校長啟密。示悉，至深驚愕。此事如先生堅持不可，非任何人所得勉強。如自己太客氣，我在此何從為力？國府委員純在政府地位。五院院長為當然，可以知之，絕與參政會不同。北大應振興之事多矣！如兼職在三千里外，全蹈孟鄰先生覆轍。三十年之盛名，為社會國家計，不可廢于一旦。使親者痛心，學校瓦解。故再進忠言。如能直電京中，以學校同人反對為辭，堅稱不可，事自解矣。斯年。艷。[63]

傅斯年在這封長信裡，可以說是下了猛藥。他雖然反共，但他對蔣介石一點都不存幻想。他在前信已經說蔣介石法治觀念極微。在這封信裡，他又直指「此公表面之誠懇，與其內心之上海派決不相同。我八、九年經歷，知之深矣。」他毫不諱言地告訴胡適：「此公只瞭解壓力，不懂任何其他。今之表面，美國之壓力也。」

對胡適，傅斯年也說話說得極重。他直言胡適自己動了心。他說如果胡適自己有「一顆不動搖之心」，誰能強迫他！至於胡適在信中的解釋，傅斯年一概視之為遁詞。他毫不客氣地斥之為「欺人之談也。」還說，「此等欺人之談，我聞之多矣。」他完全不相信蔣介石有改革的誠意。他老實告訴胡適：「借重先生，全為大糞堆上插一朵花。」他勸誡胡適要愛惜名節，不要把三十年的盛名毀於一旦。

傅斯年雖然說了重話，但愛護胡適的他，仍不忘告訴胡適脫困之道不難，亦即，用北大教授的反對作為擋箭牌：「此時先生急來電託雪艇轉上，謂北大同人堅決反對，不能為孟鄰先生之續。」

寄出了勸誡胡適的信以後，傅斯年後悔他在信中的話說得太重。他於是在4月7日再寫了一封信。除了告知最新情況以外，也向胡適請罪：

63 傅斯年電胡適，1947年3月29日，《傅斯年遺札》，3.1743-1744。

連日小不豫（血壓高），稽復至歉。騮先〔朱家驊〕兄於接先生來信後即去說。適是日蔣先生請客，皆政府中人，即談改組事者也。騮先徧託達泉、鐵城等人。人皆曰：「是雪艇辦的，向雪艇問。」雪艇說，先生已經答應了。於是騮先自向蔣先生說。蔣先生也說，先生已經答應了。於是騮先竭力說了一遍北大可能因此引起之不安，及北大之重要，云云。介公說：「你打電報勸勸他們（指北大教授）。」騮先說：「電報自然可打，但無用，而且大學校長不能兼任他官。」介公說：「發表時，作一個聲明，說明國府委員不是官」！（這樣說法是使我永不相信在介公手中，中國能走上法治的。）但最後終於把兩個電報收起來。過兩天，介公約騮先去，又談此事。介公意似微動。他仍說：「他以前答應了」。騮先又反覆陳說。於是有兩電報，想早到（我未見電文）。此次騮先冒著他官運的危險，大賣氣力，確實難得。又找雪艇，雪艇云，他極為難，只能不問，不知有何難言之苦者。以上經過如此。是否作罷，不能說定。

……

前發電與信後，頗悔信中有些話說得太重，如「名節」等（其實前抄顧文亦是如此說，此二字看如何解釋耳）。我原不曾覺得太要緊。因為先生牙根咬定，他能捆綁上任嗎？所以在此與先生說，也只是「不放鬆」而已。看來早走了，豈不省此一事。專頌

學生斯年上　四月七日

我看這事如此：假如蔣先生怕北大鬧事，而先生因而不來，他可「赦免」（用先生語）；如不怕此，定有下文。我有一句話：「先生在政府，並不能發生政治作用，反失去社會上的道德作用」，雪艇亦大以為然也。我上次電信發後之一日，即接錫予兄信，大不以此事為然，則我前信中涉及他者冤枉他矣。[64]

胡適在收到傅斯年這封請罪的信以後，在4月10日早上寫了一封回信：

64　傅斯年致胡適，1947年4月7日，《傅斯年遺札》，3.1744-1746。

　　謝謝你的兩封忠實懇切的信。你的後一信說，「前發電與信後，頗悔信中有些話說的太重，如『名節』等。」我們兩人的關係，決不會計較到文字上的輕重問題。但我頗感覺你的主觀太強，不很能瞭解我的情形。我所以自始不敢（不肯）用「北大同人堅決反對」的話，此中苦衷，你應該可以明白。我前年接受北大之事，曾說明我可以暫代到孟鄰先生回校為止。我說此話時完全是誠意，因為我真不願做行政的事。現在我雖然明白孟鄰不肯回校了，但我總不願留一個「我想北大同人擁護我長久留在北大」的印象。所以我回平之後，兩三次與錫予、毅生、華熾諸同人談。我從不敢提議請他們替我擋駕。

　　到了快三月底了。我心裡焦急，曾擬一個電報給騮先，措詞側重北大不應離開的理由。後來我覺得這電報應該分作兩個電報。一個是我的口氣，一個是北大同人的口氣。而我自己終不好意思提議請湯、鄭諸兄挽留我、保護我。所以這草稿塗改幾次，終於不好意思拿出來。後來你的電報與雪屏的信同日到。雪屏與毅生回來。毅生說起錫予曾有信給你。我才對他們說我有此意而終不便提議要大家挽留我。我的為難，他們也明白。

　　到此時，我們才大家起草，我草我的電報，說「北大在此風雨飄搖之中，決不許適離開。道義上適亦不願離開北大。萬一命下之日，學校人心解體。不但北大蒙其害，亦甚非國家之福。」毅生、錫予、雪屏合草一電，說「適之萬不能中途離校……今日大局不安，教育界往往為不安之主因。適之在北大，對整個教育界之力量異常重大」云云。此等話，我自己決不會自動的提議說出。這種心理，老兄似不很能瞭解。（三月十六日下午，我與孟鄰談了一點半鐘。這是我生平最感覺 most embarrassing〔最尷尬〕的談話。這種心理，並非因我的「客氣」，實因我對於孟鄰的友愛與同情。）

　　至於政治情形，我總覺得我在海外九年，看事理比較國內朋友似稍客觀。故對蔣公、對國民黨，都比一般朋友的看法比較寬恕。我並不否認你的「經驗」主義。但我因為沒有這九年經驗，故還保留一點冷靜的見解。老兄主觀太強，故不能 share〔同意〕我的看法。試舉一例，如老兄主張「現在改革政治之起碼誠意是沒收孔宋家產」。我的 Anglo-Saxon〔盎格

魯・撒克遜〕訓練決不容許我作此見解。若從老兄所主張的「法治」觀點看來，用法律手續做到「沒收孔宋家產」，在 Anglo-Saxon 國家裡可說是絕不可能。若不用法律手續，則又不是我所想像的「法治」了。只可以用共產黨的「清算」方法了。老兄試想我此說有一、二分道理否？[65]

胡適在這封信裡說的，跟他在日記裡的記錄是一致的。這也就是說，他在3月29日同時收到傅斯年勸誡的信與電報以後，就與「鄭毅生、湯錫予、陳雪屏商量，由他們去電給政府，說明我不應參加國民政府委員會之意。我也去一電給蔣公，申說此意。」[66] 這兩封電報的要點，也都一如胡適在信裡的摘要。想要知道全文的讀者，可以到《胡適全集》裡找到[67]。在此不再贅述。有趣的是，這兩封電報並沒有得到預期的結果。蔣介石在4月2日又打了一個電報，由北平行轅主任李宗仁轉給胡適：

　　騮先兄轉來尊電，情詞懇摰，至深感慰。中正對於延請先生參加國府，固出於平生向慕之忱，亦實以國家與政府殷切之需要為前提。此意前次面談時亦已詳陳。今日仍爰此旨。非至國家絕對需要相助方為有眉〔？〕時，必當尊重兄意，不欲相強。吾人志趣相同，苟增利於國家，想兄亦必不堅卻。既承尊示，容當再加考慮。先此電復，諸祈鑒照。[68]

這次，胡適算是鐵了心。4月5日：「再打一短電給蔣主席，仍由騮先兄轉。」[69]日記裡沒留底稿。4月17日，胡適接到王世杰前一天從南京打來的電報：「遵囑已再轉陳。大概可以辦到。」[70]果然，他在19日收到北平市長何思源轉來蔣介石的電報，終於答應不勉強胡適出任國府委員：「此次尊重兄意。不

65　胡適致傅斯年，1947年4月10晨，《胡適全集》，25.244-247。
66　《胡適日記全集》，8.277。
67　《胡適全集》，25.237, 238。
68　蔣介石電胡適，1947年4月2日，《胡適來往書信選》，3.195。
69　《胡適日記全集》，8.278。
70　《胡適日記全集》，8.278。

克延致，殊為耿耿。若有兩全之道，則必借重以慰群望也。國事艱虞未已，尚盼時賜尊見。」[71]

在胡適「國府委員加官記」這齣戲裡扮演程咬金的傅斯年，在事件落幕以後暫保沉默。胡適在4月22夜因為它事寫信給傅斯年。信末，他請傅斯年幫他出主意，看他該不該在當時上南京去：

有一事又要請你代我想想。5月20日參政會開幕。我還未決定去不去。頗想在開會二、三日後去應一應卯。稍住三、四日即北回。但又怕引起別的糾紛。所以請你代為一決。因為我實在不知道南京目前的政治情形。[72]

傅斯年在5月3日的回信裡，在回答了正事以後，在信末輕描淡寫地說：

先生的那一件事，這次總算幸而免。騮先、雪艇皆甚出力，一切面詳也。前奉手示，知先生甚慍，我也微動氣。最好緩復，故至今也。

參政會似可來，理由如下：一、風波已過；二、參政會本無所謂；三、介公量實在不大。此次已遷怒及北大。辦學之事，到不得已時，只有堅守立場。若不到此最後關頭，隨和些好。所以誦麻冕之章也，一笑。然而一來可能選為主席團。這些也不打緊，可以早回去。最好勸枚蓀、金甫也來，一同保駕。這些事以後再不問了。

其實先生這些糾紛，只要不太客氣。難道說，政府能「提拿隱逸」嗎？先生誡我以客觀，（此待面辨）我則勸先生凡事自動，無被動也，一笑。
專頌近安　　　　　　　　　　　　　　　　　學生斯年5月3日[73]

這就說明了胡適和傅斯年，誰都沒說服誰。胡適在信中的解釋，只是越描越黑。傅斯年說：「其實先生這些糾紛，只要不太客氣。難道說，政府能『提

---

71 《胡適日記全集》，8.279。

72 胡適致傅斯年，1947年4月22夜，《胡適全集》，25.249。

73 傅斯年致胡適，1947年5月3日，《傅斯年遺札》，3.1748。

拿隱逸』嗎？」這一句話就道盡了一切。所以傅斯年又加了一句：「我則勸先生凡事自動，無被動也，一笑。」傅斯年最重要的一句話是：「先生誡我以客觀（此待面辨）。」意思就是說，胡適在信中勸誡他的話，傅斯年礙難接受。

傅斯年所礙難接受的，就是胡適在信中所說的那一長段話：

> 我總覺得我在海外九年，看事理比較國內朋友似稍客觀。故對蔣公、對國民黨，都比一般朋友的看法比較寬恕。我並不否認你的「經驗」主義。但我因為沒有這九年經驗，故還保留一點冷靜的見解。老兄主觀太強，故不能share〔同意〕我的看法。

胡適說由於自己在海外九年，看事理比在國內的朋友「稍客觀」、「比較寬恕」、「冷靜」。他不老實的地方，在於他不正面回應傅斯年對蔣介石的批判，而把問題轉到他盎格魯‧撒克遜的訓練，不容他接受傅斯年「現在改革政治之起碼誠意是沒收孔宋家產」的主張。胡適如何比較客觀、寬恕、冷靜？所有這些都不是胡適願意說清楚的。因為，說清楚了，就掀了他政治立場的底牌了。好在胡適雖然不對中國人說，但他對美國人或者後來在美國的中國人說了。因此，我們終究還是能夠瞭解他的底牌。有關這點，請看本節後半部以及下一節「冷戰鬥士」的分析。

總之，在1946年回到中國以後，胡適有意模糊他的政治立場與態度。如果胡適從來沒交代過他如何成為制憲國大代表，他也從來沒交代過他如何成為第一屆國大代表。我們知道第一屆國大代表的選舉是在1947年11月21日至23日之間舉行的。「胡適檔案」裡有一篇胡適的殘稿：〈對於國大代表選舉的意見與建議〉。其要點如下：

> 一、棄權的過多及盲目的選舉。主要原因為行普選過早。郊區選舉情形較市區的為尤壞，是為明證。
>
> 二、投票沒有秘密的保護，使種種舞弊得到方便。文盲最好不參加投票。如必須參加投票，亦應廢棄代書而採取秘密投票方式。文盲投票的方法，至少有兩個：

甲，仿法國辦法，由候選人依格式印好帶自己姓名的製片，分發給投票人……

乙，國大代表選舉，可將候選人名標以號數。每一候選人名及號數下，均置一橡皮（或木刻）名戳。選舉人只須選取名戳，蓋在票上，無須書寫候選人名字。立委選舉既係圈選，則僅須將候選人編出號數，文盲即可按編號秘密圈選。

三、候選人之資格應嚴予限制。區域候選人居住期限至少應定為三年。職業候選人亦須限於實際從事改業三五年以上而著有成績者。

四、保甲及戶政人員應嚴禁利用職權代任何人競選。

五、選舉事務，應選有民主政治常識的人主持之。不可用特務或有特殊政治作用的人辦理之。[74]

胡適這篇意見與建議書，可能是針對「胡適檔案」所存有的一篇袁凌雲在其所寫的〈北平市第十八區國大代表選舉概況〉裡所作的批評而寫的[75]。除了胡適這篇意見與建議書以外，現存「胡適檔案」裡唯一另外一件與胡適參加第一屆國民大會有關的資料，就是當時在南京選中央研究院院士的他，在1948年3月28日的日曆上所記：

家信。何〔思源〕市長送去國大代表旅費CN〔法幣〕$20,000,000。又12,200,000。共32,200,000。此數已由家中收訖。[76]

根據國民大會的資料，第一屆國民大會代表，大學暨獨立學院（包括專科以上學校）之教員團體應選出30名。作為北大校長的胡適是教員團體北區三名代表當選人之一。其他兩位是北平師範大學校長袁敦禮與清華大學校長梅貽琦。

74　胡適，〈對於國大代表選舉的意見與建議〉，無日期，「胡適檔案」，135-1。

75　袁凌雲，〈北平市第十八區國大代表選舉概況〉，「胡適檔案」，2379-1。

76　1948年3月28日記事，「胡適檔案」，300-9。

　　第一屆國民代表大會選舉，除了胡適在他的意見與建議書裡所指出來的弊病以外，還有一個國民黨控制與配票失敗的大問題。根據國民黨與青年黨、民社黨事前的協議，國民黨會分配給青年黨300席、民社黨260席。結果，青年黨只拿到70席，民社黨68席[77]。不但如此，國民黨內也有許多預期當選而未當選的黨員。根據張朋園先生的研究，國民黨、青年黨、民社黨預期當選而未當選的人數高達485人[78]。

　　青年黨、民社黨當選人數不符預期。這不但牽涉到國民黨與該兩黨事前所作的協議，而且還影響到對外的形象。一如蔣介石在1948年3月23日日記裡所說的：「在此美國援華案未決定之時，而我國民大會如青、民兩黨拒不參加，則尤為馬歇爾所利用，誣陷中國一黨包辦國大之惡名，以停止其援華之議案。此誠內外交迫之際。」蔣介石在3月28日召見青年黨與民社黨的代表。民社黨要求202席，青年黨則要求220到230席。蔣介石在當天日記裡，咬牙切齒地抱怨：「召見民社與青年二黨代表。彼等讀余聲明書後表示參加國大，但要脅名額。無理取鬧，藉故為難，不一而足。直至午夜，始得妥協報到。本黨忍受苦痛與被迫之環境，幾乎往日與共匪交涉處境相等。更覺建國之艱難也。」[79]

　　然而，要讓將近五百個當選的人把到手的席次讓給未當選的人，好比登天還難。當時，許多預期當選而未當選，以及不該參選而當選的人，都已經奔赴南京請願。國民黨的撒手鐧是扣發不該參選而當選了的國民黨員的當選證書。國民大會一延再延，拖到3月29日才開幕。前一天清晨，有二十幾個得不到滿意答案的人集結在大會堂外示威。其中，十個人混進入了會場，在會場上靜坐絕食。甚至有一個從天津來的代表到會場抬棺抗議[80]。

　　大會都已經開始，問題還是沒有擺平。在黔夫技窮之餘，蔣介石心生一計，派胡適利用他「超然」的身分出面協調。他在3月31日的日記記：

77　Ch'ien Tuan-sheng, *The Government & Politics of China, 1912-1949*, p. 333.

78　張朋園，《中國民主政治的困境，1909-1949 ──晚清以來歷屆議會選舉述論》（台北：聯經出版公司，2007），頁192-193。

79　呂芳上主編，《蔣中正先生年譜長編》，1948年3月28日（台北：國史館，2015），9.57。

80　張朋園，《中國民主政治的困境》，頁193-194。

昨午約張向華聚餐。下午批閱公文、清理積案後召見盛紫莊，以其主使退讓之代表搗亂最激者也。聞絕食十代表有四人未進食，惟已食水果與糖果矣。召見倪祖耀副師長，可用也。晚課後約見于斌、胡適等，商討對絕食代表等轉圜辦法。囑其一面勸慰代表，一面以其第三者立場，對民青兩黨協商各退讓五名，使絕食者得有安頓。其他皆無合理之法。

　　一直到4月5日，我們還可以在《申報》上看到胡適幫蔣介石與青年黨、民社黨斡旋的報導。最後妥協的方法並不難想像。最直接的，就是增加國民大會名額，把許多預期當選而未當選的、或者不該參選而當選了的，都擠進了國大代表的行列。其他實在安排不進去的黨員，則由國民黨另外安排出路[81]。

　　第一屆國民代表大會的目的，就是在選舉第一屆的總統、副總統。近年來的研究，對蔣介石在1948年一度有意把總統的大位讓給胡適的計謀已經作了很好的分析。其中，最扎實的是楊天石的研究。他從三個方面，分析蔣介石這個讓賢其表、權謀其實的表演：一、他得到軍統的情報，知道美國政府已經對他失去信心，甚至有意讓他下野。二、在美國國會審議援華法案之際，他如果沒有一新耳目的作為，將難以得到美國的軍援與經援。三、國民大會在1946年所通過的憲法，總統等於是「虛位」。「行政院為國家最高行政機構」，「對立法院負責」，牽制過多。蔣經國因此建議蔣介石「謙辭總統，退任行政院長」。這不但可以博得謙讓之美名，而且得以以「五院」——行政、立法、司法、考試、監察——之「中心」而得「集權」於一身之實[82]。

　　相對地，胡適在「蔣介石讓賢記」這齣戲裡所扮演的角色究竟為何，到現在為止的評論與研究，還是無法跳出「胡適說過就算主義」的窠臼。由於這時的胡適不輕易透露自己內心的想法，這就留下了太多想像與詮釋的空間。陳紅民根據胡適自己在日記裡留下來的資料以及老記者陸鏗的回憶，描寫當時胡適確實一度對「總統」的頭銜怦然心動。這馬上引來衛胡者的憤怒，認為他是以

81　Ch'ien Tuan-sheng, *The Government & Politics of China, 1912-1949*, p. 334.

82　楊天石，〈蔣介石提議胡適參選總統前後——蔣介石日記解讀〉，《近代史研究》，2011年第2期，頁4-17。

小人之心度君子之腹，污衊了「自由主義知識分子」的胡適[83]。

　　同樣是衛胡者的魏邦良，在「胡適說過就算主義」所留下來的想像與詮釋的空間裡，作了一個他認為既不迴避胡適白紙黑字對選總統怦然心動的事實，又可以解釋胡適的自由主義的積極的一面的兩全其美的詮釋。他把胡適先前不參加政府、只願當「諍友」的立場稱之為以「破」的方式來督促政府走向民主大道；相對地，胡適接受蔣介石讓賢出來選總統，是以「立」的方式來直接領導中國走向民主大道。他說胡適是「出於熱情，出於為國家〔而〕犧牲自己的熱情，才決定競選總統的。」[84]

　　其實，胡適的問題就是他不能「不動心」。這也就是說，就是傅斯年先前已經一語道破的——「此事全在先生一顆不動搖之心。」傅斯年以自己為例，說「我要作官之說，嚷了一年多了。然我心中全無恐懼，因我自有決心也——即最後決裂，辭此教官，亦所不惜——所以全不著急。」胡適一輩子動心太多次了。搞得自己幾次進退失據。最嚴重的一次焦慮到失眠的地步。1938年蔣介石任命他出任駐美大使的時候，他就已經因為動心而遲疑不決。那一次至少最後是以隨心所欲圓滿上任。光是1947年他就又動心了兩次。第一次是上文所分析的2、3月間的「國府委員加官記」。第二次是蔣介石要他再去美國作大使。

　　胡適在12月11日從北平坐夜車南下到南京開中基會的年會。12日早到南京。當晚，他第一次聽到蔣介石又要他到美國去作大使的意思：

　　　　晚上到雪艇家中久談。他要我再去美國走一趟。這是出我意外的提議。他說，國家需要我去。我說，我老了。十年的差別，如今不比從前了。我說，如對日和會在華盛頓開，我可以充一團員。但大使是不敢做了。[85]

83　陳紅民，〈蔣介石為什麼要建議胡適競選「總統」〉，《澎湃》，2015年5月17日，http://www.thepaper.cn/newsDetail_forward_1331623，2017年1月22日上網。

84　魏邦良，《抵抗與逃遁：中國文化人的不同選擇》（台北：秀威出版社，2008），頁1-13。

85　《胡適日記全集》，8.336。

12月14日晚，胡適與陳光甫在王世杰請吃晚飯以後，到陳光甫家閒談。方才知道有關他「再去美國之議，光甫也是一個建議的人。」[86] 12月16日，幾年前才把胡適大罵成「半人，毫無靈魂與常識之人」、「政客」、「損害國家威信而亦所不顧」的蔣介石親自出馬敦請：

　　蔣主席約吃飯，我去時始知只有我一個客。他力勸我再去美國做大使。他的意思很誠懇，但我不敢答應，只允考慮。出主席官邸，即去訪雪艇，細談。我告以我不能去的理由。[87]

12月17日，是胡適的生日。當晚，他寫了一封信給王世杰婉拒的信：

　　昨夜在床上反覆不能成睡，不能不說是受兄之累！昨所談事，我深感介公之誠意，當然不敢不細細考慮。但考慮的結果是：我不能負擔此使命。
　　第一、我受命辦一個學校。不滿一年半，未有成績，就半途改撤。實在有點對不住自己，對不住國家。在道義上，此舉實有不良的影響。
　　第二、我今年五十七歲了，餘生有限。此時改業，便是永遠拋棄三十多年的學術工作了。我曾細想，我的永遠改業，不能不說是國家社會的一大損失。故有所不忍，亦有所不敢。
　　第三、我自從一九四二年九月以來，決心埋頭治學。日夜不懈，總想恢復我中斷五年的做學問的能力。此時完全拋下，而另擔負我整整五年中沒有留意的政治外交事業。是用其所短而棄其長。為己為國，都無益處。
　　因此三項主要原因，務乞老兄出大力向介公陳說。請他不要期望我作此事。[88]

然而，這已經是胡適的模式了——心口不一致。嘴巴上說得堅決，心裡卻

86　《胡適日記全集》，8.337。
87　《胡適日記全集》，8.338。
88　胡適致王世杰，1947年12月17日，《胡適全集》，25.305。

搖擺著。在1938年猶豫是否接受大使任命時如此，「國府委員加官記」時如此，這次也是如此。他前次請傅斯年、這次請王世杰替他辭官，也是同一模式──合理化藉口者也。等到他人代他辭官不成，他就可以說服自己、兼說服別人，說他已錦囊空空，無計可施，只好披掛上陣。他12月14日的時候，脈搏已經快到每分鐘120次。12月19日搭飛機回到北平。次日，心臟的「警報」就出現了兩次。擔心胡適健康的鄭天挺，於是在12月24日給王世杰打了一個電報，另寫了一封信：

> 藏暉先生以本月十六晚會晤詳情相告，意其焦慮。對於「改行」一節，視之尤重。聞已數度失眠。竊謂「安定人心」一層，關係亦大。北方普遍心理，實「隱倚之為長城」。不問繼之者誰屬。在心理上，無形中將少一精神的維繫。一隅之愚，不知先生以為如何？藏暉先生十九日登機前，二十日回家後，兩次心臟警告，醫生堅囑靜臥，現尚未出門。知在注念，並以附陳。[89]

王世杰在次日回信，告知胡適已經取得蔣介石的諒解：

> 在京數次長談，至快。聞兄離京後頗感不適，未知已全愈否？殊念。臨行時手書所示各則，弟亦均認為重要。尤要者，依弟觀察，兄如接受，則必為責任心所壓迫，不肯節制種種酬應。此為弟所最擔心之事。昨已將尊意及鄙見向介公詳陳，已邀諒解。乞釋念。[90]

如果胡適在1947年12月對再度出使美國曾經怦然心動過，到了1948年3月底，蔣介石願意把總統大位讓賢給他的時候，他有同樣地一時怦然心動。同時，他也絕對不是像魏邦良所描寫的「出於為國家而犧牲自己」那樣的偉大。胡適在「蔣介石讓賢記」這齣戲裡所扮演的角色，說穿了其實相當不堪。他不

89　鄭天挺致王世杰，1947年12月24日，《胡適來往書信選》，3.289。
90　王世杰致胡適，1947年12月25日，《胡適來往書信選》，3.288。

但曾經一時怦然心動，而且甘願作為蔣介石的一顆棋子、一個傀儡，任其擺布。更驚人的是，他在這整個事件的過程中，不但為虎作倀，連署那閹割了憲法、給予蔣介石宣布戒嚴全權的〈動員戡亂時期臨時條款〉，而且還作了一個兩面人，做過一件言不由衷的事情。

根據胡適在4月8日整個事件塵埃落定以後的日記裡所記，蔣介石說他要讓賢給胡適的想法是他在廬山牯嶺的時候所想出來的。蔣介石是在2月9日飛廬山牯嶺，2月26日飛回南京。一共在牯嶺勾留了十八天的時間。

蔣介石第一次在日記裡提及總統與副總統的選舉是在1948年1月15日：

> 李宗仁自動競選副總統，而要求胡適競選大總統。其用心可知。但余反因此而自慰，引為無上之佳音。只要有人願意負責接替重任，余必全力協助其成功，務使我人民與部下，皆能安心服務，勿為共匪乘機擴大叛亂，則幸矣。

這則日記的促因是胡適與李宗仁在前幾天一來一往的信件。李宗仁1948年1月，在北平成立競選辦事處，並在8日召開外籍記者會宣布參選副總統。11日早晨，胡適寫了一封信給李宗仁，說：

> 前天看報上記的先生願作副總統候選人的消息，我很高興。從前我曾做〈中國公學運動會歌〉，其第一章說：「健兒們！大家上前。只一人第一，要個個爭先。勝固可喜，敗也欣然。健兒們，大家向前！」此中，「只一人第一，要個個爭先。」此意出於《新約‧保羅遺札》。第一雖只有一個，還得大家加入賽跑。那個第一才是第一。我極佩服先生此舉，故寫此短信，表示敬佩，並表示贊成。[91]

李宗仁在14日的回信，借花獻佛，用胡適的邏輯鼓勵胡適自己參選總統：

---

91 胡適致李宗仁，1948年1月11日早，《胡適全集》，8.349。

我以為蔣主席會競選。而且以他的偉大人格與崇高勳望，當選的成分一定很高。但我覺得先生也應本著「大家加入賽跑」的意義，來參加大總統的競選。此次是行憲後第一屆大選，要多些人來參加，才能充分體現民主的精神。參加的候選人除了蔣主席之外，以學問聲望論，先生不但應當仁不讓，而且是義不容辭的。[92]

胡適、李宗仁這一來一往的信是公開信，公諸報端。結果，大家都被騙了。李宗仁說的可能是真心話。然而，胡適說的是假話。連美國駐華公使銜參贊克拉克（Lewis Clark）也被他騙了。他在向國務院遠東司的報告裡說，李宗仁的競選，得到了胡適以及許多學術界人士的支持[93]。但這是後話。欲知詳情，且待下文分解。

李宗仁在公開信上邀請胡適也「本著『大家加入賽跑』的意義」來選總統。胡適知道這一定會觸怒蔣介石。就在蔣介石在日記裡斥責李宗仁司馬昭之心的同一天，胡適馬上公開表明心跡。當天《申報》報導：「胡適博士今以輕快語調，對記者稱：『我從沒有作競選總統的打算和考慮。』胡氏並謂：『總統應由政黨的代表產生出來。』」[94]他在3月21日飛抵上海當天接受《申報》的訪問的時候，稱讚國民黨的雅量，並再度否認他將參加政府的傳聞：

北大校長胡適昨晚答本報記者詢問時，鄭重否認外傳渠將參加政府組織之說。胡氏就擴大政府基礎問題談稱：國民黨具有傳統雅量。政府人事組織，向本人才主義，如翁文灝、蔣廷黻、俞大維、周詒春諸氏，多為獨立評論社社員，均無黨派關係。而先後為政府延納。正如余前任駐美大使，而無黨籍者同。渠認為一個獨立無黨派人士，有認識、有見解，均可自由發表意見。「不一定做官，才算幫助政府」……渠繼謙稱：「余為書呆子。

92　李宗仁致胡適，1948年1月14，《胡適日記全集》，8.349-350。

93　"The Minister-Counselor of Embassy in China（Clark）to the Director of the Office of Far Eastern Affairs（Butterworth），" March 18, 1948, *FRUS*, 1948, Vol. VII, *The Far East: China*, p. 160.

94　〈胡適對記者稱沒有打算競選〉，《申報》，第25114期，1948年1月16日，第1版。

自己一身事，尚管不了。況政治乃眾人的事，我更不會辦。」[95]

其實，何止胡適需要表明心跡，南開大學校長張伯苓在3月27日接受《申報》記者訪問的時候，甚至以蠟燭與太陽的比喻，來強調他自己和胡適何德何能？怎可與蔣介石相比：

其次記者即以總統、副總統人選之看法及渠是否參加副總統之競選相詢。張氏稱：有人曾建議余與胡適之先生參加大總統之競選。余曰：「一個日頭、兩隻洋蠟，如何可行？」張氏以此喻蔣主席為「日頭」，渠本人與胡氏為「洋蠟」。以燭光與日光相競賽，自不可能成功。言畢，眾皆以其比喻幽默，相與大笑。[96]

如果蔣介石第一次在日記裡提及總統與副總統的選舉是在1月15日，他第一次提到他要以胡適為棋子以獲得美援的策略，是在從廬山回到南京以後所寫的二月份「反省錄裡」：

今日形勢，對外關係，只有推胡適以自代，則美援可無遲滯之藉口。黨內自必反對，但必設法成全，以為救國之出路。[97]

再下一次，就是在國民大會開會前兩天。他在3月27日後的「本星期預定工作項目」裡寫下：「胡適任總統之利弊。」30日，在會議正式召開次日，他在日記記：「與雪艇談總統問題，屬其轉詢胡適之君出任，余極願退讓並仍負責輔佐也。」王世杰當下就奉命前往。根據胡適在當天的日記：

95 〈胡適自稱書呆子否認競選副總統〉，《申報》，第25177期，1948年3月22日，第1版。
96 〈張伯苓談北方局勢〉，《申報》，第25183期，1948年3月28日，第1版。
97 葉惠芬編注，《蔣中正總統檔案：事略稿本》（台北：國史館，2013），1948年2月29日，頁143。

下午3點，王雪艇傳來蔣主席的話，使我感覺百分不安。蔣公意欲宣布
他自己不競選總統，而提我為總統候選人。他自己願意做行政院長。我承
認這是一個很聰明、很偉大的見解，可以一新國內外的耳目。我也承認蔣
公是很誠懇的。他說：「請適之先生拿出勇氣來。」但我實無此勇氣！[98]

我們不知道胡適是否預期到蔣介石這胡適美其名曰：「很聰明、很偉
大」、「可以一新國內外的耳目」，而蔣介石在日記裡赤裸裸地表明是為了要讓
「美援可無遲滯之藉口」的一招。然而，他內心澎湃、猶豫的程度，恐怕百倍
於他1938年收到蔣介石要任命他為駐美大使的消息的時候。他這時的心情的
起伏，跟他當時對於接受大使任命與否的猶豫擺盪如出一轍。他在一天之內作
了一百八十度的轉折。他3月31日的日記：

八點，約周鯁生來談談，把昨天的話告訴他。請他替我想想。午後與雪
艇、鯁生談了三點多鐘。我不敢接受，因為我真沒有自信心。晚上八點一
刻，雪艇來討回信，我接受了。此是一個很偉大的意思，只可惜我沒有多
大自信力。故我說：第一、請他考慮更適當的人選。第二、如有困難，如
有阻力，請他立即取消，「他對我完全沒有諾言的責任。」[99]

然而，睡了一覺起來，胡適又後悔了。他在4月1日的日記說：「我今晚
去看雪艇。告以我仔細想過，最後還是決定不幹。『昨天是責任心逼我接受，
今天還是責任心逼我取消昨天的接受。』」[100]
美國駐華大使司徒雷登在4月2日給國務卿的報告裡，提到了胡適對國民
大會選舉的分析。值得注意的是，胡適完全沒提到蔣介石讓賢的事：

據報，委員長確定在考量是否接受行政院長的職位（見3月18日的報

---

98 《胡適日記全集》，8.354。
99 《胡適日記全集》，8.354。
100 《胡適日記全集》，8.355。

告）。一直非常積極地投入組織國民大會工作的胡適博士告訴我們，這件事廣為人們所談論著，是事出有因的。他指出，根據現行憲法，總統只是一個象徵性的職位，一如法國。而行政院長則具有極大的權力。同時，一旦成為行政院長，只有在立法院三分之二反對的票數之才可能要他下台。胡適也指出委員長迄未宣布他要競選總統。[101]

其實，即使胡適不說，美國大使館自有其消息來源的管道。司徒雷登沒在這份報告裡提到蔣介石讓賢一事，並不表示他當時或者後來沒得到密報。

胡適4月3日沒記日記。根據胡頌平在編撰《胡適之先生年譜長編初稿》時的回憶，胡適在當晚晉見了蔣介石。他說他4月4日早上去拜望住在中研院史語所的胡適的時候，胡適很沉著地對他說：

> 昨天夜裡，蔣先生約我到他的官邸談了很久。他將於國民黨中央執行委員會全體會議裡提名我為總統候選人。他說在這部憲法裡，國家最高的行政實權在行政院。他這個人不能做沒有實權的總統，所以願將總統讓給我，他自己當行政院長；或者由他當總統，要我擔任行政院長。蔣先生的態度如此誠懇，我很感動。於是我說：「讓蔣先生決定吧。」說到這裡，先生很風趣的接著說：「我這個人，可以當皇帝，但不能當宰相。現在這部憲法裡，實權是在行政院──我可以當無為的總統，不能當有為的行政院長。」[102]

在胡頌平這段回憶裡，最讓人怵目驚心的有兩點。第一，是蔣介石的權力欲。他說根據國民大會所制定的憲法，最高行政權在行政院長，而不在總統。而「他這個人不能做沒有實權的總統，所以願將總統讓給我，他自己當行政院

---

101 "The Ambassador in China（Stuart）to the Secretary of State," April 2, 1948, *United States Relations With China, With Special Reference to the Period 1944-1949*（Department of State, 1949）, p. 846.

102 胡頌平，《胡適之先生年譜長編初稿》，6.2024。

長。」第二，是胡適願意當傀儡。蔣介石不當沒有實權的總統，所以願意把總統讓給胡適。胡適雖然戲謂：「我這個人，可以當皇帝，但不能當宰相。」說白了，就是他願意當傀儡總統。

這令人怵目驚心的兩點，胡頌平沒記錯。佐證就在我且待下文分解的所在，現暫時不表。唯一胡頌平在「事隔二十年，憑記憶追記如此」可能錯誤的地方，就在於胡適說蔣介石說「或者由他當總統，要我擔任行政院長。」蔣介石都已經說他不能做沒有實權的總統了，他怎麼可能會回過頭來選這塊雞肋呢！同時，我們在當時的史料裡，也找不到蔣介石有如此想法的記錄。

無論如何，就在胡適告訴胡頌平說他願意當傀儡總統的當天，4月4日，蔣介石在國民黨中全會裡提出了他「可以一新國內外的耳目」的妙計。根據胡適日記的記載：

> 今天國民黨開臨時中全會。蔣君用一篇預備好的演說辭，聲明他不候選，並且提議國民黨提一個無黨派的人出來候選。此人須具備五種條件：一、守法；二、有民主精神；三、對中國文化有瞭解；四、有民族思想、愛護國家、反對叛亂；五、對世界局勢、國際關係，有明白的瞭解。他始終沒有說出姓名，但在場與不在場的人都猜想是我。這會上下午開了六點多鐘。絕大多數人不瞭解，也不贊成蔣君的話。[103]

我們注意到胡適在這幾天的日記裡，只有這一則是以「蔣君」來稱呼蔣介石，在這之前、之後都是「蔣公」。

蔣介石在自己當天的日記裡，則記載了全會其間的曲折：

> 十時到全會。先約四個副總統候選人，與元老吳稚暉先生等討論總統、副總統候選人提出國大辦法。匯合各人意見，決定自由競選後，再開全會聽取各委員發表意見。至十二時，余作結論時提出余主張選舉黨外人士為總統候選人之意見書……下午三時半復到全會，繼續討論余提黨外人士為

---

103 《胡適日記全集》，8.355。

總統候選人之主張。除稚老表示贊同之意以外，其他皆表示異議。只就推選總裁為總統候選人一點立言，而多不涉本題。迨至七時，余再作結論，並警告全會：如全會不能貫徹余之主張，剿匪不能成功，而本黨且將於二年內蹈襲民國二年整個失敗之悲運矣。仍無人應之。不得已乃將此未決之案交與常會負責討論決定方箴後報告全會。無異議，散會。

蔣介石把他在中全會裡所不能解決的事情交給中常會來處理，其結論是不問可知的。這就是故作姿態。果不其然，他在4月5日的日記：

朝課後，約布雷、健生、岳軍，先後商談總統候選人之人選，明知其已無可逃避。仍令岳軍等在本日常會以余主張作作後之奮鬥。猶冀達成初願，另推他人也。審閱戰況，批閱公文。午後，得知常會決議仍須余為候選人。乃召雪艇從訪適之，告以實情。故前議作罷。惟此心歉惶，不知所云。此乃余一生對人最抱歉之一事也。好在除雪艇以外，並無其他一人知其已接受余之要求其為總總候選人之經過也。故於其並無所損耳。

胡適同一天的日記只記：「我的事到今天下午才算『得救了』。兩點之前，雪艇來，代蔣公說明他的歉意。」[104]

4月6日，胡適打了一個電報給北大的鄭天挺：「連日外間有關於我的許多流言，北平想亦有聞。此種風波幸已平靜，乞告舍間及同人。」[105]

胡適4月8日的日記，為這件事作了一個簡短的總結：

下午八點，到主席官邸吃晚飯。別無他客。蔣夫人也不出來。九點二十分，始辭出。蔣公向我致歉意。他說，他的建議是他在牯嶺考慮的結果。不幸黨內沒有紀律，他的政策行不通。我對他說，黨的最高幹部敢反對總裁的主張，這是好現狀，不是壞現狀。

104 《胡適日記全集》，8.355。
105 《胡適日記全集》，8.356。

　　他再三表示要我組織政黨，我對他說，我不配組黨。我向他建議，國民黨最好分化作兩、三個政黨。[106]

　　胡適對中國人、在中文裡三緘其口。對美國人，他則開誠布公。4月15日，他接受美國大使館的研究助理碧恩（Ruth Bean），以及《紐約時報》記者李伯曼（Henry Lieberman）的訪問。這個談話備忘錄，由美國駐華公使銜參贊克拉克轉致國務卿馬歇爾[107]。

　　根據記錄，這個談話分兩個部分。第一個部分是對李伯曼說的，是不能公開的；第二個部分則在字句上稍作更動以後可以徵引。在不能公開的第一個部分，胡適透露了三個秘辛。第一個秘辛，是蔣介石曾經想把傀儡總統的大位讓給胡適，而胡適欣然接受：

　　　　胡博士說他認為委員長是非常誠心要放棄總統的職位。然而，由於他太被自己這個要把政府交給一個無黨無派的人士的想法迷住了（intrigue），以至於完全忘記了他還有黨員要去控制。胡博士相信在蔣〔在中全會〕發表演講以前，只有兩、三個親信知道他的想法。這是委員長在這件事上最失策的所在。

　　　　胡博士說他在接受委員長所讓與的職位的時候，就已經預見到他可能會遇到黨的阻力。因此，他對委員長聲明說他對他（胡）不欠有任何許諾。在這個歷時七個鐘頭的會議裡，除了六位年輕的代表願意接受委員長的建議以外，所有其他人都拒絕委員長不參選的決定。胡適說對他個人而言，當委員長讓他毀諾不參選的時候，他覺得好像是得到特赦（reprieve）一樣。

　　　　他說他在任何情況之下，都絕對不會接受其他政府的職位，特別是行政院長的職位。他願意考慮總統的職位有兩個原因：第一、因為他讚佩委員長以身作則，試圖立下不要用黨來控制總統職位的先例；第二、因為中國

---

106 《胡適日記全集》，8.356。

107 "Memorandum of Conversation," April 15, 1948, *FRUS*, 1948, Vol. VII, *The Far East: China*, pp. 196-198.

總統的職權，介於美國和法國的總統的職權之間，其職權是可以由總統任憑一己之意來形塑的。他〔注：胡適〕實際上等於是承認，如果他當總統，他將只會是一個傀儡，委員長會是行政院長。

　　現在委員長既然要參選〔總統〕，胡博士拒絕對未來的行政院長人選表態。他說他「不確定」張群會不再擔任行政院長。他說，行政院長應該是一個非常強而有力人。

《紐約時報》記者李伯曼很驚訝胡適甘願當一個傀儡總統。這是因為他不知道當時的胡適跟蔣介石是志同道合；他當時完全心甘情願地願意配合蔣介石，他當傀儡總統，蔣介石當全權的行政院長，一唱一和，以粉飾民主的表面來向美國爭取蔣介石望眼欲穿的軍援與經援。

　　胡適在這個《紐約時報》記者的訪問所透露的第二個秘辛，是他從一開始就不贊成李宗仁參選總統：

　　對於副總統的人選，胡博士似乎相當不滿意李宗仁濫用了（misuse）他在李宗仁宣布參選時候所寫的一封信。他說雖然他和李宗仁是老朋友，他寫那封信的目的只是在鼓勵所有參選的人。他承認李宗仁是一個有力的候選人。但他反對一個軍人當副總統，因為委員長要當總統。他說：「在五個候選人裡，只有孫科有『現代人的腦袋』。」

　　原來胡適是一個兩面人。他在李宗仁宣布參選副總統的時候公諸報端的公開信是假話連篇。他所謂的「我極佩服先生此舉，故寫此短信，表示敬佩，並表示贊成。」原來根本就是言不由衷。

　　孫科是蔣介石支持的副總統候選人，因此也是胡適所支持的。根據《申報》的報導，胡適在3月25日從上海抵達南京的時候，就對青年部長陳雪屏表示他的副總統一票要投給孫科。3月30日，他更與張之本等四百餘國大代表連署提名孫科為副總統候選人[108]。胡適在晚年的時候也對胡頌平描寫了他當時如

---

108 〈國代四百餘人擁護孫科競選〉，《申報》，第25186期，1948年3月31日，第1版。

何敷衍欺騙李宗仁太太的情形：

> 有一次李夫人拿著副總統競選提名簿來要我簽字。我對她說：「我已簽
> 過了，簽過了。」我當然沒有簽。在她未來的前幾天，蔣夢麟拿來孫科競
> 選的提名簿。我在這本孫科的提名簿上簽了名。109

副總統競選期間，胡適認為李宗仁是用抹黑的手段在競選：

> 他說副總統的選戰有意思、但也有點亂。他說李宗仁和孫科都在「國民
> 大會」裡散發小報。李宗仁的小報用抹黑的手段對付孫科，用聳人聽聞的
> 指控，例如貪污等等。孫科的兩個小報則比較不尖刻，是用防禦性的方法
> （defensive technique），試圖以「一笑置之」的方式來回應李宗仁的指
> 控。胡博士說雖然委員長顯然是支持孫科，但孫科大概只有一千票。胡適
> 否認委員長將是副總統選舉的關鍵因素。他形容「國民大會」是「暴民統
> 治」。他的證據是：雖然委員長指示國民黨至少在兩年之內不可以提出任
> 何修正案，「國民大會」裡還是提出了許多修正案。胡博士形容國民黨已
> 經是在失控的狀態。

胡適所透露的第三個秘辛是一個半公開的秘辛。他在這個訪問裡，毫不諱
言他無條件地支持給予蔣介石無限權力的〈動員戡亂時期臨時條款〉：

> 王寵惠和王世杰是提出賦予總統「緊急命令權」的動議〔注：〈動員戡
> 亂時期臨時條款〉〕主導人物。胡博士認為這個動議是必要的，因為在現
> 有憲法之下，總統只有在饑荒、瘟疫的情況之下才有這個緊急命令權。內
> 亂與戰爭的情況之下反而沒有。立法院有權在這緊急命令權不需要的時候
> 撤銷之。

---

109 胡頌平，《胡適之先生晚年談話錄》，頁38。

這個〈動員戡亂時期臨時條款〉的緣起，張群一句話畫龍點睛，道出了其中的奧妙。4月5日，蔣介石把他是否競選總統交付中常會討論的當天，張群在許多中常會委員聲淚俱下，表示非堅決擁護蔣介石競選總統不可以後，說：

> 總裁並不是不想當總統。而是依據憲法的規定，總統並沒有任何實際權力。它只是國家元首，而不是行政首長。他自然不願任此有名無實的職位。如果常會能提出一種辦法，賦予總統以一種特權，則總裁還是願意當選總統候選人的。

這一句話點出了關鍵。當天下午，中常會就作了一個未對外發表的秘密決議，由王寵惠、孫科、張群、王世杰等八人負責研擬「如何在不修改憲法條文之原則下，使總統能切實負起戡亂動員之責任，使剿匪軍事與動員事項得以適應機宜。」其成果就是〈動員戡亂時期臨時條款〉。

為了不落人口實說自己蒸糕自己誇，國民黨特意安排讓無黨籍的東北國大代表莫德惠領銜提出這個〈動員戡亂時期臨時條款〉。胡適是771名連署人之一。總共提議的代表高達1202名。儘管如此，國民大會在討論〈動員戡亂時期臨時條款〉的時候，仍然遭遇到反對。蔣介石在4月16日日記裡抱怨：

> 小黨堅決反對修憲，時以其全體退席相脅。青年黨以其內部主張不一，故對於臨時條款橫生阻礙，刁難異甚。召見該黨黨魁曾琦二次。好言婉勸，百端忍受。至深夜十時後，僅得其半諾而去。國大情勢困迫至此，殊非預料所及。灰心極矣。

4月18日表決的時候，蔣介石甚至以奉化縣代表的資格出席，親自壓陣：

> 參加臨時條款之表決。大會情緒之緊張已達頂點。幸事前布置。反對最烈者，或以余在會，皆略申其意，未作激辯。卒至十二時一刻三讀會通過。國大最大功用已經完成矣。惟有感謝上帝佑華而已。

　　當日到會的代表有2,045人。其中，1,624人投贊成票，包括胡適的一票；421人投反對票[110]。美國大使司徒雷登在1948年4月19日，也就是說，〈動員戡亂時期臨時條款〉通過次日向國務卿的報告裡說，這個臨時條款所給予總統的「緊急命令權」可以在立法院以三分之二的多數票否決。然而，以當時立法院的成員來看，要取得三分之二的多數是不可能的。因此，這個臨時條款所賦予總統的權力是無限的[111]。

　　除了上述這第一個部分是不能公開的以外，胡適4月15日接受《紐約時報》記者李伯曼以及美國大使館的研究助理碧恩的訪問裡，還有他答應在更動字句以後可以徵引的第二部分。在這第二個部分的訪問裡，胡適除了批評國民黨的秘密警察以外，也重複了他當時一再為國民黨辯護，說它已經回歸成為民主政黨的謊言。訪問記錄說：「有關最近北大學生的示威運動，胡博士認為國民黨的秘密警察必須負責任。」他說世界上有兩種形態的政黨：一種是西方的民主政黨；另一種是共產、法西斯式的政黨：

　　　依胡適的看法，國民黨在開始的時候屬於第一種，但在1923年到1928年間〔注：即「聯俄容共」期間〕轉型成為第二種。然而，孫中山的政治思想基本上是盎格魯‧撒克遜式的。他因此不滿意第二種形態的政黨，只准其在訓政時期存在。訓政時期結束以後，國民黨就必須回歸第一種形態的政黨。

　　　根據胡博士的看法，國民黨現在已經進入了憲政時期，只是它內部充斥著許多不願意放棄其權力的「黨棍」（hangers-on）──秘密警察以及黨閥（Party Cliques）。因為如此，秘密警察就無事生非。北大學生示威的事端就是他們製造出來的。他說學生有正當的示威的理由。由於匯率浮動的結果，許多學生經濟極為拮据。他說如果他人在北平，學生一定可以遵守秩序。可是，由於他人不在，秘密警察又禁止示威，「你可以想見學生的

110　楊天石，〈蔣介石提議胡適參選總統前後──蔣介石日記解讀〉，頁16。

111　"The Ambassador in China (Stuart) to the Secretary of State," April 19, 1948, *FRUS*, 1948, Vol. VII, *The Far East: China*, p. 195.

反應會如何呢？」他否認北平學生的示威跟共產黨的鼓動有任何的關聯。他說他不相信這種學生示威運動是共產黨帶動起來的。他認為這整個事件，就是典型的國民黨把學生問題搞砸了的結果。

　　從胡適在1946年7月初回到上海到1948年4月間所召開的第一屆國民代表大會，將近兩年之間，國共之間的權力消長已經大逆轉。在胡適離開美國前夕，蔣介石在東北的軍事行動占盡優勢。1946年5月23日，蔣介石偕同宋美齡從南京飛抵瀋陽視察。東北保安司令部司令杜聿明，以當天已經攻下長春的好消息迎接蔣介石。當時在中國調停國共內戰的馬歇爾要求蔣介石停止繼續向長春以北進軍，並即時在他的協調之下與共產黨成立停戰協定。這時是蔣介石對解決國共內戰最具有信心的高峰。他要宋子文告訴馬歇爾：「只要東北之共軍主力潰敗，則關內之軍事必易處理，不必顧慮共軍刁難與叛亂也。」[112]

　　蔣介石在該年11月18日在〈綏靖區之中心工作〉的演講裡，更滿懷信心地說：「我相信祇要我們大家能堅定信心，確實努力，那我可以斷言，五個月之內，綏靖工作就可告一段落。如果再有五年的奮鬥，則不僅共產黨的力量可根本消滅，而且建設工作亦必能奠定相當的基礎。」[113] 在該年12月胡適參加制憲大會的時候，蔣介石也對馬歇爾宣稱他可以在八到十個月之內摧毀共軍[114]。

　　當時蔣介石信心勃勃是完全可以理解的。這是因為蔣介石除了擁有40師的美式裝備與訓練的軍隊[115]，以及共軍所沒有的空軍以外，他還知道美國政府無論如何，都必須支持蔣介石的立場。最好的例證，就是美國總統杜魯門給馬

112　呂芳上主編，《蔣中正先生年譜長編》，1946年5月25日，8.385。

113　蔣介石，〈對綏靖區政務會議講〉，《總統蔣公思想言論總集》，卷21，演講，1946年11月18日，http://www.ccfd.org.tw/ccef001/index.php?option=com_content&view=article&id=2712:0041-10&catid=155:2014-06-11-05-38-30&Itemid=256，2017年1月26日上網。

114　Jay Taylor, *The Generalissimo: Chiang Kai-shek and the Struggle for Modern China* (Cambridge, Mass.: Harvard University Press, 2009), p. 364.

115　Charles Romanus and Riley Sunderland, *Time Runs Out in CBI: United States Army in World War II, China-Burman-India Theater* (Washington, D.C.: Center of Military History, United States Army, 1999).

歇爾的訓令。杜魯門在1945年11月任命馬歇爾為他的特使到中國調停國共內戰。根據美國國務院的備忘錄，12月11日，馬歇爾與杜魯門總統、國務卿貝爾納斯（James Byrnes）、海軍上將萊希（William Leahy）會談馬歇爾到中國的任務的時候，馬歇爾特別提出如果國共拒絕作出合理的讓步的情況之下，他所應該採取的立場為何？

　　馬歇爾說如果共產黨拒絕作出合理的讓步，他瞭解他是得到授權，要支持蔣介石，幫助蔣介石把軍隊運到遣返日軍的地區。然而，如果拒絕作出合理讓步的是蔣介石，以至於造成中國的分裂。而如果美國放棄支持蔣介石，那就可能導致蘇聯占領東北的話，這就全然違背了美國打太平洋戰爭的初衷。在那種情況之下，馬歇爾問說，他是否仍舊支持蔣介石？杜魯門和國務卿回答說「對！」[116]

　　馬歇爾在12月14日跟杜魯門以及次國務卿會面的時候，再度要求澄清這個無論如何都支持蔣介石的不具文的訓令。杜魯門再度回答說「對！」次國務卿艾奇遜（Dean Acheson）回答說那也是他的理解[117]。

　　杜魯門給馬歇爾這個「不具文的訓令」，中國駐美大使魏道明探聽到。他在12月15日給蔣介石的報告裡說：

　　至總統指示馬歇爾之方針為：支持國民政府；安定內部；中共武力應併入國軍；調解黨的糾紛；中共參政；援助中國復興，等各點。當時馬歇爾曾詢總統，謂：如中共不就範，或我政府不願照中共條件，容其參加政府時，則將如何？總統答：支持鈞座。[118]

116　"Memorandum of Conversation, by General Marshall," December 11, 1945, *FRUS*, 1945, Vol. VII, *The Far East: China*, p. 768.

117　"Memorandum of Conversation, by General Marshall," December 14, 1945, *FRUS*, 1945, Vol. VII, *The Far East: China*, p. 770.

118　《事略稿本》，1945年12月16日，「國史館：蔣中正總統文物」，002-060100-00207-016。

　　儘管胡適一直自詡他超然的身分，儘管他喜歡說他不在政府更可以替政府說話，在私下裡，他其實是在政府裡的。我在上文裡所分析的「國府委員加官記」、「再度使美驚魂記」，以及「蔣介石讓賢記」，雖然都是以胡適在日記裡所說的「放學了」的方式無疾而終，但其所反映的，就是他在政府之外只是其表，他跟蔣介石政府暗通款曲才是其實。

　　胡頌平在《胡適之先生年譜長編初稿・補編》所記1959年12月31日的一段對話，就是最好的明證。胡頌平問：

> 「聽說復員還都之後，政府曾經舉行一個秘密會議。戴季陶極力反對出兵東北。他認為東北問題是個國際問題，讓將來由國際來解決。戴季陶的主張，把美式配備的部隊守關內。保守河北，可能不至於這樣慘敗。」先生說：「這個秘密會議我也參加的。這在政府是很難處理的一件大事。對日抗戰的起因是為東北。那時戰事結束了，政府不能不收回東北。政府出兵東北的處置是不錯的。不過精銳部隊在東北被個別消滅了，實在是個無可諱言地致命損失。」[119]

　　對共產黨，胡適始終就是一個鷹派。早在他還在美國的時候，他就主張用武力。1945年7月，蔣廷黻到美國去開聯合國戰後救濟總署的會的時候，跟胡適見過面。他在7月27日的日記裡說：「晚上和胡適長談。他非常不信任宋子文。如果必要的話，他贊成用打的方法把蘇聯的力量排除在滿洲之外。」[120]

　　當時的胡適不但跟蔣介石是志同道合，而且他還是蔣介石不掛名的智囊、參謀。胡適對胡頌平說：「政府出兵東北的處置是不錯的。」因為他跟蔣介石一樣充滿信心，認為蔣介石美式裝備的精銳部隊一定可以消滅共軍。換句話說，胡適跟蔣介石是志同道合地認為用武力解決共產黨是唯一的道路。

　　我們可以很清楚地重建胡適用武力解決共產黨的思路的軌跡。胡適在1945年8月24日託王世杰轉毛澤東的一封信，被傳誦多年，也被誤誦多年。

119　胡頌平，《胡適之先生年譜長編初稿・補編》，頁190。
120　Tsiang Tingfu Diaries, July 27, 1945.

　　　潤之先生：頃見報載傅孟真兄轉達吾兄問候胡適之之語。感念舊好，不
勝馳念。前夜與董必武兄深談。弟懇切陳述鄙見。以為中共領袖諸公，今
日宜審察世界形勢，愛惜中國前途。努力忘卻過去，瞻望將來。痛下決
心，放棄武力。準備為中國建立一個不靠武裝的第二大政黨。公等若能有
此決心，則國內十八年糾紛一朝解決。而公等廿餘年之努力皆可不致因內
戰而完全消滅。試看美國開國之初。節福生〔現譯：傑佛生〕十餘年和平
奮鬥，其手創之民主黨遂於第四屆選舉取得政權。又看英國工黨五十年前
僅得四萬四千票。而和平奮鬥之結果，今年得千二百萬票，成為絕大多數
黨。此兩事皆足供深思。中共今日已成第二大黨。若能持之以耐心毅力，
將來和平發展，前途未可限量。萬不可以小不忍而自致毀滅。[121]

　　歷來談論這封信的人，多惋嘆胡適畢竟是書生，不知政治的詭譎，太過天
真。其實，這所反映的，與其說是胡適的天真，不如說是評論胡適的人本身的
天真。胡適一點都不天真。

　　當時還在美國的胡適，是在配合美國的對華政策。他深知蔣介石在美國的
壓力之下，與共產黨以及民主黨派進行聯合政府的談判。第一，胡適在信中所
提到的董必武，就是在美國的壓力之下，由蔣介石任命為參加舊金山聯合國制
憲會議的中共代表。換句話說，董必武跟胡適一樣，都是參加聯合國制憲會議
的中國代表團的團員。第二，胡適呼籲毛澤東「痛下決心，放棄武力。準備為
中國建立一個不靠武裝的第二大政黨。」這就是呼籲毛澤東偕同蔣介石，接受
美國以聯合政府的方式，一石二鳥地消弭中國的內戰，並促進中國的民主政
治。第三，胡適這封信是軟中帶硬，警告毛澤東不要不吃甜頭吃苦頭。君不見
人人皆曰「紳士」、「溫和」的胡適在這封短信裡兩次用了「消滅」、「毀滅」
的字眼：「而公等廿餘年之努力皆可不致因內戰而完全消滅」、「萬不可以小不
忍而自致毀滅。」

　　這不是胡適第一次為了宣傳、或者配合政策——不管是美國的還是蔣介石
的——而作出違心之論。「胡適檔案」裡有一篇他1937年12月在美國所作的

121　胡適致毛澤東，1945年8月24日，《胡適全集》，25.159-160。

一篇英文演講的手稿大綱。胡適當時是奉蔣介石之命到美國去從事宣傳工作。根據胡適這個手稿大綱裡的說法，邀請機構給他的題目是：〈傳統中國哲學對遠東當代政治領袖的目標與方法的影響〉（The Influence of Traditional China's Philosophy Upon the Aims and Methods of Contemporary Political Leaders in the Far East）。胡適說他認為：相對於來自於西方政治觀念的影響，傳統中國哲學對中國政治領袖的影響簡直微不足道。因此，他就把題目改成為：〈中國往何處去：民主乎？獨裁乎？〉（Whither China: Democracy or Dictatorship?）。在這個宣傳演講裡，為了把中國塑造成一個所有領袖，不分黨派，都戮力走向民主的形象，胡適說：

> 今天在中國居於領袖地位的人，都是在早年就受到了〔西方〕十八世紀以降的民主哲學的影響。中國這四十年來的政治發展，始終是表現出對行政權〔獨大〕的疑懼——也許是對之太過疑懼了。然而，不可否認地，這種哲學仍然深深地影響了我這個世代的領袖。這不只包括了國民黨的領袖，而且也包括了像陳獨秀、毛澤東這樣的共產黨的創立者。122

　　胡適說當時中國的政治領袖普遍對行政權的獨大有疑懼。這當然是他為了在美國作宣傳所發出的一個雙重的違心之論。第一重的違心之論是違背歷史事實。說蔣介石、毛澤東對行政權的獨大有疑懼之心，這是匪夷所思之論。第二重的違心之論是違背胡適自己的信念。我們知道胡適一直相信近代西方政治思潮的趨向是「自由主義」與「社會主義」的匯流。然而，他這個「自由主義」的「社會化」的前提，是為了要避免馬克思所揭櫫的「階級鬥爭」以及「無產階級專政」。換句話說，胡適可以接受「自由主義」的「社會化」，但絕無法接受「自由主義」為「馬克思主義」所顛覆。胡適在1937年12月這個演講裡，強調毛澤東跟所有其他中國的政治領袖一樣，都是服膺西方十八世紀以降

122　胡適無標題、無日期英文演講手稿大綱，「胡適外文檔案」，E55-141: "Hu Shih (Untitled, about History of Philosophy) incomplete manuscript"（胡適，無標題哲學史殘稿卷）。我根據內證，判斷是1937年12月的一篇演講手稿。

的民主思想。然後，在1945年8月給毛澤東的信裡，呼籲毛澤東要以美國開國之初的傑佛生、以及當時英國的工黨為模範，跟蔣介石組成聯合政府。前者有他在美國從事的抗日宣傳工作的需要；後者則有美國在中國內戰初期的中國政策作為背景。他這兩次作出違心之論的理由雖然不同，但為了配合宣傳與政策的目的則同一：前者配合蔣介石在美國的宣傳，後者配合美國政府的中國政策。

言歸正傳。何止是胡適認為蔣介石可以輕易地用武力解決共產黨。在當時的中國，無論在朝在野，都完全無法想像共產黨如何會有任何勝算。傅斯年在1946年1月5日致其妻俞大綵的信裡，仍然說共產黨由於在軍事上慘敗，不得不去開政治協商會議：

> 政治協商會議，國外的壓力甚大，或者可有若干結果，否則必然一事無成……政治協商會情形如此。政治上，三國外長會對中國有責言，於共有利。但上月幾次戰爭，共皆慘敗（歸綏、包頭、臨城、棗莊、山海關，共皆慘敗），所以共黨來開會。123

在野的傅斯年如此想，在朝的中央更是把共產黨視為囊中物。馬歇爾來中國調解國共內戰，促進中國的民主化。蔣介石之所以願意對馬歇爾虛與委蛇，是因為他有完全的信心，認為他不費吹灰之力，就可以用武力消滅共產黨。召開國民大會，制定憲法也者，不過是虛晃一招。不過是在做個樣子給馬歇爾看。在作完文戲以後，再堂堂正正地上演消滅共匪的武戲。當時出任行政院長的宋子文在1946年12月9日給駐美大使顧維鈞的一個電報，就淋漓盡致地一語道破這個對馬歇爾虛與委蛇的伎倆。

宋子文1946年12月9日的電報，是回覆顧維鈞12月4日的報告。顧維鈞在這個報告裡，報告說反共、親蔣的《時代》雜誌的發行人魯斯（Henry Luce），已經跟同樣反共、親蔣的共和黨參議員范登堡（Arthur Vandenberg）一起跟國務卿貝爾納斯（James Byrnes）進行會談，冀望能夠修正美國對華政

123　傅斯年致俞大綵，1946年1月5日，《傅斯年遺札》，3.1066-1067。

策。顧維鈞說他擬了一個一共有九項建議的備忘錄，提供魯斯與范登堡作參考。其中，與召開國民大會、制定憲法有關的建議有兩點：

> 二、不應不顧代價尋求共黨之合作，以完成中國統一。任何直接或間接可使共黨認為彼等之合作乃不可缺少者，因而增加其政治野心之行動，均須避免。國民政府已聲明願在國府委員會及正在南京開會之國大中為共黨保留適當數目之席次。
>
> 三、支持政府所取經由國大制定憲法之政策。如共黨堅拒參加，仍與共黨以外之黨派合作，建立民主之政府。124

宋子文在1946年12月9日回覆顧維鈞的電報裡說：

> 目前趨勢，國民大會約在聖誕節前後可告閉幕。憲法可望通過。屆時政府將派員赴延安，邀共黨參加組織政府。但決無成功之望。此項步驟辦妥後，政府對馬歇爾可謂至矣盡矣。馬之態度或可如兄電所述，贊助對我國更改方針。此絕對秘密，請勿宣。125

　　結果，蔣介石、宋子文等人的這個如意算盤沒有打成。他們原以為以他們占盡優勢的軍火、配備、和飛機，要摧毀共軍一定易如反掌。他們之所以願意邀請共產黨組織聯合政府，只不過是為了要應付馬歇爾。他們算定了共產黨一定會拒絕。這樣，他們在對馬歇爾仁至義盡以後，就可以一鼓作氣，一舉摧毀共產黨。所以，他們要顧維鈞在美國一定要保守這個秘密，不可洩漏。

　　到了1947年初春，蔣介石在東北仍然略占優勢的時候，胡適在3月20日給王世杰的信裡，描述了他和英國大使施諦文（Ralph Stevenson）談話：

> 18日下午，英大使請我吃茶。談了一點鐘，沒有別人在座。他的大意

124　顧維鈞電宋子文，1946年12月4日，「國史館：蔣中正總統文物」，002-020400-00004-071。
125　宋子文電顧維鈞，1946年12月9日，「國史館：蔣中正總統文物」，002-020400-00004-073。

是說：中國是個「小世界」（micro-cosmos）。處境與那個「大世界」正有同樣困難。大世界的問題是兩種相反的勢力──一個tolerant〔容忍的〕勢力，一個intolerant〔不容忍的〕勢力──正在一個「武裝和平」之下維持現狀。希望能維持一個時間，徐謀求得一個比較可以長久相處的解決。中國的局勢能不能避免武力衝突，先做到一個「武裝和平」的時期呢？

我對他說：武裝和平，無論在大世界與小世界，都是需要很可怕的代價的（terribly costly）。即如貴國（英）現在已明白承認擔負不起這筆代價了。貴大使想想看，中國能擔負這等代價嗎？能擔負多長久呢？

我又說：我雖沒有參加政協會議。但我頗相信前年9月以後，一整年之中，我國的開明人士，都有誠心避免內戰；我相信蔣主席確曾盼望做到一個「武裝和平」的局面，徐謀進一步的、比較滿意的政治解決。但和平是需要雙方合作的──It takes two to make peace。大世界與小世界都是一樣。我今日實在不知道，也看不出，有什麼法子可以做到並且維持一個武裝和平的苟安局面。美國最近對希〔臘〕、土〔耳其〕問題的新姿態，當然還是想求到這樣一個苟安局面。但英國擔負不了的任務，美國能擔負多久呢？[126]

胡適對施諦文說：「我今日實在不知道，也看不出，有什麼法子可以做到並且維持一個武裝和平的苟安局面。」這句話說白了，就是說「和平」──不管是雙方在武力均衡之下所維持的「武裝和平」、還是聯合政府──都只是「苟安」的局面。只有武力才是解決共產黨的唯一法門。

胡適在與施諦文談話前幾天，在上海接受《申報》記者的訪問，就一語道破他只有武力才是解決共產黨的唯一法門的看法：

胡氏認為要國共合作，不大可能。他說：過去致書澤東，要中共做中國的工黨，是君子變人以德。現在承認是太樂觀了，是「胡適之的歷史的錯誤」。英美式的政黨與蘇聯式的政黨，本質上是大不相同的。英國工黨現

---

126 胡適致王世杰，1947年3月20日，《胡適全集》，25.230。

在是執政黨。如果在三年後大選失敗的話，自會退出政府，不致動員武力來維護政權。這點共黨辦得到嗎？[127]

　　胡適全力支持國民政府在1947年7月4日所通過的戡亂動員令。對他而言，這個命令只不過是老實承認了武力是唯一解決共產黨問題的法門，以及中國共產黨不是能夠曉之以理、和平對待的政黨。國民政府「中國新聞社」（China News Service）在紐約所出版的《中國雜誌》（*The China Magazine*）在1947年8月號刊登了胡適對戡亂動員令的反應：

　　　政府與共產黨之間的戰爭狀態早已存在。政府在這個時候公布了戡亂動員令，等於是澄清並堅定其立場。共產黨既然已經盡其全力要用武力奪權，政府自然要用一個全面戡亂的方法來對付它。我不認為會有任何來自國際的壓力來影響這個戡亂動員令的執行。

　　　我一點都不懷疑在日本投降以後，蔣介石總統是誠心要與共產黨達成政治上的妥協辦法。中國在戰後成為四強之一。毫無疑問地，蔣總統是希望與共產黨共建內部的和平以維護中國的地位。

　　　總的說來，世界上有兩種類型的政黨。第一種類型的政黨，英國或美國屬之，是用和平的方法來爭取選票。上台或下野完全取決於選民的自由抉擇。第二種類型的政黨則用盡所有手段，包括武力，來取得政權並維持其統治。那已經破產了的納粹以及中國共產黨屬於這第二類。[128]

　　1947年10月間，當時東北的情況仍然不明。林彪雖然已經開始展開攻勢，國民黨仍然控制長春。胡適在〈從言論自由談到當前時局〉裡，在普遍的悲觀聲中，仍然樂觀地堅信蔣介石可以用武力消滅共軍：

---

127 〈胡適談時局〉，《申報》，第24806期，1947年3月10日，第1版。

128 "Chinese Comment on the Mobilization Order: Dr. Hu Shih," *The China Magazine,* 17.8 (August, 1947), p. 16.

　　這次，我從北平到南方來參加中央研究院院士會議。會上一些朋友，談到目前的戰局，頗為悲觀，而且為我擔心。想我這樣高談自由，總有一天也可能被俘虜。並說，目前的戰事，好像是必輸的□□。我說，我在北方從來沒有這種感覺。我相信一般人也不這麼看。我絕不承認「失敗主義」的心理。我們回想到十年以前，中國和日本作戰，那才真是必輸的□□。日本是世界上第一等強國，擁有強大的海空軍和機械化的陸軍。論科學與工業，它並且是世界三大工業國之一。反過來看，我們中國的一切國防軍備和物質條件，簡直相差到不成比例。然而我們居然抗戰八年，而且得到了最後勝利。以今視昔，國軍的一切條件，都比對方優越。我們看事實。許多個地方，只要指揮將領得人。以優勢裝備國軍部隊，和對方作戰。立刻就可使戰局改觀。真可謂「風雲變色」。我們實無心灰氣餒的理由。[129]

　　胡適當時聽不進任何悲觀的話。他10月21日的日記：「美國大使請吃午飯。司徒先生說，中國政府一兩個月後就得崩塌。此老今年七十一，見解甚平凡，尤無政治眼光。他信用一個庸妄人傅涇波，最不可解。」[130]

　　到了1948年1月3日，東北的情況已經開始逆轉。可是，胡適仍然相當樂觀：

　　蕭正誼來談。他是《現代知識》的編輯人……他說，當1939-1941，Dr. Stuart〔司徒雷登博士〕曾四度飛重慶，曾派蕭君三度去日本。1939，他在日本曾見近衛。後來他曾見松岡、宇垣、石原諸人。

　　我說：「Dr. Stuart到今天還沒有拋棄他的和平夢？」

　　蕭君說：「三百年來，中國一切大爭執都能和平解決，何以此次不能和？」

　　我大笑，問道：「三百年來，哪一次是和平解決？你說的和平，那是一邊完全屈服。」

　　Stuart先生至今不懂得「和比戰難」四個字！[131]

129　胡適，〈從言論自由談到當前時局〉，《書報精華月刊》，1948年第47期，頁10。
130　《胡適日記全集》，8.333。
131　《胡適日記全集》，8.346。

他在1月24日接受《廓清月刊》記者訪問的時候，除了昧著良心為蔣介石文過飾非以外，也演申了保東北、「和比戰難」的意思：

一、政府決不至放棄東北。因為就中國言，無東北，華北亦難保；就世界言，東北若不保，國際局勢上必將發生極重大之惡化。屆時共產主義，即將囊括整個自朝鮮、東北、迄外蒙之廣大重要戰略區域。形勢嚴重，可想而知。

二、我個人為無黨無派者。就個人觀察，中國現政府所得之「貪污」、「無能」兩種批評，實言過其實，太不公道。前年冬，我曾留京五十日。很有機會觀察南京官吏的生活情形。我可說南京文官至少百分之九十九不貪污。至於能力與效率問題，我認為現在中央、地方各級政府中，因受高等教育的人才加多，效能水準「不算低」。我很希望美國朋友考察聯總、行總這幾年在中國的成績，同時考察聯總、行總中國人員工作的成績，或可改變他們平時輕易指出中國政府「貪污」、「無能」的批評了。

關於調解和談問題。博士稱：看我的《留學日記》，可知我是和平主義者。看我過去五年中在《獨立評論》的言論，可知我過去即對中日問題亦主和平。但根據我多少年的經驗，最後得到「歷史的教訓」。這個教訓，可以四個字代表，即「和比戰難」。正在我當外交官時代，常對政府和朋友們講，和比戰難百倍。後來更感覺和比戰難千倍。到最近尤感覺和比戰難萬倍了。希望現在仍夢想和談的人，也想想這四個字。[132]

「和比戰難」！胡適彷彿又回到了他當駐美大使、對日戰爭時候，不是你死就是我活的心態。兩個半月後，他又在接受《申報》記者的訪問裡，引申了他「和比戰難」的論點：

北大校長胡適博士昨對記者談對時局之看法。渠之見解為，「和比戰要困難」。渠加以引申稱：「和需要種種決心。要智仁勇兼備。尤其需要各

132 〈編者小言：胡適談和謠〉，《廓清月刊》，1948年第1卷第3期，頁6-7。

方面相互容忍和犧牲，所以和很困難。而戰卻容易。一不小心，就可打了起來。歷史上大大小小的戰爭，都可證明「和比戰難」，絕少例外。馬歇爾將軍以盟軍最高統帥之一，擊敗德、日，可稱得上常勝將軍。來華主持和談，竟告失敗。不出預料。尤為最好的例證。很多人對此不甚瞭解，常問為什麼不和。實因他們不瞭解和的困難。[133]

胡適的「和比戰難」，是共產黨必敗的信心之下的產物。他萬萬也沒想到才一年半之間，形勢逆轉到國民黨處於劣勢，迫使他必須在「和比戰難」之後，加上讀者似曾相識、胡適自己則不堪回首的等待美國來拯救的「苦撐待變」：

　　胡適〔1948年11月〕廿日下午三時在華北剿總講演國際現勢。其結論為「和比戰難、苦撐待變」。胡氏論及和平問題時一段演辭為：「要求和平不要性急。和比戰難，要難上千倍、萬倍。而和中共談和平，根本是妄想。」渠並以馬歇爾為例稱：馬歇爾是上次大戰民主國家的總參謀長。他戰勝了軸心的德、日，但來華經年，卻不能使國共的和談成功。胡氏結論：目前只有苦撐待變。所謂待變，不一定要爆發第三次世界大戰。我們只要對我們的生活方式（民主自由和平的生活方式）有信心，能撐住。那麼，半年、一年後，大局不會沒有轉變。這個轉變，一定有利我們。在說到杜魯門當選對於大局的影響時，胡氏讀了一段杜魯門去年三月咨請國會援助希〔臘〕、土〔耳其〕的咨文。相信杜氏一定可以援希、土的前例援華。他相信北平永遠不會丟。所以他回答外國記者說，北大一月、兩月、半年一年也不搬家。[134]

胡適作「北平永遠不會丟」這個預言，距離共軍進入北平才兩個月零十一天。其實，胡適哪裡不知道大勢已去。他在半年以前，就已經意識到大事不

133　〈和比戰難：胡適談對時局看法〉，《申報》，第25178期，1948年3月23日，第1版。

134　〈和比戰難、苦撐待變〉，《申報》，第25420期，1948年11月22日，第2版。

圖 7　印度畫家蘇克拉為胡適所作的畫
像，胡適自題：「不眠憂戰伐，無力正
乾坤」。1948 年 6 月。（胡適紀念館授
權使用）

妙。比如說他在 6 月間就已經託蔣經國帶信給蔣介石，向他報告東北以及平津
地區在軍事上可憂的情況：

　　此件原為胡適先生託兒帶呈大人之信。當時因時間短促不及抄寫，只將
草稿交兒。今將此信謄寫一遍敬呈大人一閱⋯⋯6 月 25 日。「近日東北有
人來，均言形勢甚可憂。軍紀散漫，兵無鬥志。此次公主嶺不戰而失，知
之者多扼腕慨嘆。此間朋友多甚焦慮。誠恐以五十萬國軍力量而坐失東
北。其影響所及，可以使全國解體。至盼主席亟圖挽救，速簡有氣度而能
負責之大員坐鎮東北。並盼選任東北忠貞老輩，授以實權，使其協助收拾
亂局。平津河北形勢亦甚可憂。平津鐵路時被毀斷。北平四周，皆有匪
患。開灤礦區萬一有失，則東南工業皆將停頓。豈但平津受害而已。此間
軍政機關重疊，事權不統一，行轅地位雖高，實無權可作事。此種局面，
實非國家之福。」[135]

135　蔣經國轉胡適致蔣介石書，1948 年 6 月 25 日，「國史館：蔣中正總統文物」，002-040700-
　　00004-018。

胡適9月29日在南京的時候,還利用蔣介石約見他的機會進言:

> 晚八點在總統官邸吃飯,同席者傅孟真。孟真談軍事、政治。我很少意
> 見可以提出。病根在作風,在人才不能盡其長。今日則人才沒有機會出
> 頭,故我們斥一個甚易,而抬舉一人甚難。我只提出國際形勢緊張,請政
> 府注意早作準備,如聯合參謀部之準備,實不可少。[136]

情勢急轉直下之速,遠非胡適、蔣介石所能逆料。在南京晉見了蔣介石以
後,胡適去了武漢演講。10月12日飛回到南京,停留一個晚上。他在次日的
日記裡記:

> 我9月16日南飛。其時共產黨的大攻勢已開始。新幣制行了四個星期,
> 還沒有呈現大失敗的情形。9月23日,濟南陷落了。人心為之大震動。但
> 我在29日見總統,他還說幣制是大成功,收到了一億四千萬美金價值的
> 金銀外匯。殊不知此一億四千萬須用五億六千萬金元去換取。此即新政策
> 崩潰之一個大原因。[137]

10月14日在上海的胡適在日記裡說:「上海情形甚不佳。」[138]22日,胡適
在去了杭州,回到上海以後,從上海飛回北平:「飛回北平。此次出外36日,
真有滄桑之感。局勢一壞至此!」[139]

兩個星期以後,胡適又晉見了蔣介石。他10月28日日記記:

> 今夜總統蔣先生約吃飯,我很質直的談了一點多鐘的話。都是很逆耳的
> 話,但他很和氣的聽受。

---

136 《胡適日記全集》,8.363。

137 《胡適日記全集》,8.365。

138 《胡適日記全集》,8.365。

139 《胡適日記全集》,8.367。

一、局勢很艱難，有很大的危險。

二、決不是一個人所能對付。必須建立一個真正可靠的參謀部。

三、必須認錯，必須虛心。

四、美國援助是不容易運用的，也須有虛心作基礎。

五、黃埔嫡系軍人失敗在沒有根底。必須承認這失敗。

六、國軍紀律之壞是我回國後最傷心的事。

七、必須信賴傅作義，真誠的支持他。

八、北方的重要千萬不可忽視。

九、「經濟財政改革」案實有大錯誤，不可不早早救正。

十、我在南方、北方，所見所聞，實在應該令人警惕！例如，人們說：「放棄大城市。若繼續在別處作戰，那是戰略。試問，放棄石家莊後，在何處作戰？放棄濟南後，在何處作戰？放棄鄭州、開封後，在何處作戰？」這種責備，不可不深思反省。[140]

然而，即使胡適已經從盛氣凌人的「和比戰難」，回到他抗戰時所用的「苦撐待變」的符咒，他實際上還是不盡然相信局勢真的已經是到了「一壞至此」的地步！因此，他才會有「半年、一年後，大局不會沒有轉變。這個轉變，一定有利我們」的鐵口直斷卻失算的預言。

時局的急轉直下，也影響了胡適對學生運動的態度和立場。1947年5月的「反飢餓、反內戰運動」發生在胡適對消滅共產黨仍然充滿信心的階段。這個「反飢餓、反內戰運動」是當時最大規模的一個學生運動[141]。這個運動從上海、南京、杭州開始，蔓延到北平、天津、武漢、重慶等城市。上海學生在5月4日張貼宣傳海報的時候與軍警爆發衝突，有兩個學生受傷。北平學生在5月18日在城區作宣傳活動的時候，遭受到208師的青年軍的攻擊，導致八個學生受傷。當晚，北平十一個院校的學生決定在5月20日舉行大規模的遊行。

---

140 《胡適日記全集》，8.367-368。

141 以下有關「反飢餓、反內戰運動」的描述，是根據 Suzanne Pepper, *Civil War in China: The Political Struggle,* pp. 58-66。

　　為了禁止學生示威，國民黨政府在5月18日頒布了〈維持社會秩序臨時辦法〉，嚴禁十人以上的請願和一切罷工、罷課、遊行示威。蔣介石更在當天針對這個〈維持社會秩序臨時辦法〉發表了一個書面談話。他指控學生的運動是受到共產黨的指使。為了國家社會的安全，必須以嚴厲的措施處置這些「恣肆暴戾之青年」：

> 　　最近發生之學生行動，實已越出國民道德與國家法律所許可之範圍，顯係「共產黨」直接間接所指使。如長此放任，不但學風敗壞，法紀蕩然，勢必使作育青年之教育機關，成為毀法亂紀之策源地。國家何貴有如此之學校，亦何惜於如此恣肆暴戾之青年。為保障整個國家之生命，與全體青年之前途，將不能不採取斷然之處置，用特剴切詰誡。務望我愛國青年崇尚理智，明禮義，知廉恥，自愛自重，勿為奸人之陰謀所陷害。而各校當局與負有教育之責者，均應竭盡職責，嚴整法紀，力挽頹風，以保存國家之元氣，維護社會之安寧也。142

　　第二天，上海有七千學生手持破碗遊行。當晚，上海衛戍總司令對報界宣布，說他從南京帶回蔣介石的命令，將嚴厲執行〈維持社會秩序臨時辦法〉，禁止所有遊行。

　　儘管上海衛戍總司令宣布將使用鐵腕政策對付學生遊行，5月20日當天，有六千多名學生在南京舉行「挽救教育危機聯合請願遊行」。在他們的遊行路線被封鎖，又拒絕解散以後，他們被軍警用木棍、皮鞭、滅火用水龍攻擊，導致了五十幾個學生受傷，多人被捕。遊行學生在衝破了封鎖線以後，到了國府路。在該處，他們與用機槍、警騎防禦的軍警對峙了六個小時。最後，衛戍司令部接受了學生的要求，包括釋放被捕學生、負責受傷學生的藥療費用、撤退防線，示威方才落幕。

142　蔣介石，〈整飭學風維護法統〉，《總統蔣公思想言論總集》，卷38，〈談話〉，http://www.ccfd.org.tw/ccef001/index.php?option=com_content&view=article&id=1010:0005-126&catid=377:2014-06-12-03-54-12&Itemid=256。

　　北平的情況是一個幸運的例外。在5月18日青年軍攻擊學生事件以後，北平行轅主任李宗仁採取懷柔政策。20日當天，所有軍警一律不配備武器，同時讓學生自己所組成的糾察隊維持秩序。雖然遊行的學生在一處被人從屋頂丟石塊攻擊，以及零星的攻擊事件，包括若干學生「失蹤」，基本上當天的遊行和平舉行、和平結束。

　　5月19日，也就是遊行的前一天，胡適在下午一點半在北大文學院招待記者。會後《經世日報》記者訪問了胡適，徵詢他對這次學生運動的意見。胡適先指出北平學生和平的宣傳活動迥異於上海、南京等地激烈的學潮：

　　　　胡氏認為蔣主席所發表談話，係以滬、京、杭等地學潮為對象。是否顧及北大、清華等校之宣傳行動，在時間上頗成問題。然胡氏認為南京學潮，學生與政府雙方均動了感情。

　　其次，他認為蔣介石指控學生受共產黨的指使，是不符事實，更不適用於北平學生和平的宣傳活動：

　　　　同時認為蔣主席告全國同學文內「顯受共產黨直接間接之策動」之立言不大公道，因為學生還是青年人。青年人在一個困難環境中，感覺苦惱為必然現象。推究多數學生之心理，以此種原因為最公道之說法。國府臨時會議通過之維持秩序辦法，亦係根據學生請願甚或要挾行動而言。當時絕不會連平市學生宣傳行動亦考慮在內。不過這種辦法在執行上很感困難，是不成問題的事。

　　胡適這個說法，亦即，北平學生運動不是受共產黨操縱的說法，跟上文所徵引的他在1948年4月15日接受《紐約時報》記者李伯曼以及美國大使館的研究助理碧恩的訪問裡的說法是一致的。

　　接著，胡適就又演申了他二十年來常說的政治不良，學生干政的通則：

　　　　胡氏對此次學生運動，認為青年對政治興奮乃自然的事。二十年來我

（胡氏自稱）發現一個通則，古中外均可應用。

即凡一個國家政治沒有走上軌道，既不滿人意又無合法代表民意機關監督政府改善政治，干預政治、提倡改革政治的責任，一定落在青年學生的身上。回溯歷史，漢、宋、明、清，辛亥革命即如此。在國外一千年前，倫敦巴黎大學即有學生干預政治的事，1848年全歐普遍發生政治運動，如法國大革命、俄國大革命，都有學生參加。反而言之，如國家政治上了軌道，能使人滿意時，當然不會有學生干預政治的現象發生。換言之，彼時的學生對於政治也決不會感到興趣。

胡適呼籲大家要同情青年對政治的不滿：

胡氏一再表示青年不滿政治，或對政治感到興趣，是值得同情的。若以學生罷課與工人罷工相提並及，則工人為簡單的、具體的。因工人罷工乃減少幾時幾分的工作，或增加幾文、幾毛工資的問題。只要勞資雙方在數字上同意，問題就馬上解決。而反內戰、反飢餓是渺茫的，又有什麼具體條件可以解決這個問題呢？

最後，胡適又退回到我在第一章所分析的他保守政治哲學之下的形式主義的法律概念。認為學生想要改革政治，就必須經由合法的程序。否則，就乾脆去革命：

最後胡氏認為改革政治、改善社會制度，除去索性革命，即應循諸於合法的代議機關。故依環境而論，學生只可宣傳政治、批評政治，或者走出學校去專幹政治。[143]

胡適這篇訪問稿見諸報端，讓他的朋友以及所有景仰他的人都鬆了一口氣，慶幸他長期以來的緘默，並不意味著他已經被國民黨收買了。陶孟和在5

---

143 《胡適日記全集》，8.283-285。

月20日給他的信，就充分地說明了這種疑慮：

> 適之吾兄：久違，至以為念。我兄緘默久矣。識與不識，每談及時，常深為憂慮。今早得讀我兄對目前學潮談話，謂政府動感情，誣學生有背景為不當，所見公平正確。直言無忌，不遜當年，曷勝欽佩！大家所憂慮者，可從此冰釋矣。欣幸之餘，專函奉告，尚祈諒察是幸。[144]

　　然而，半年不到，胡適的立場已經明顯改變。10月11日，就在胡適要飛上海、然後再到南京開中央研究院院士選舉的前一天。由於北大有孟憲功等三名學生被捕的學生尚未釋放，北大學生在罷課抗議未果以後，集結到胡適在東廠胡同1號的家請願。請他不要去南京，留下來處理問題。有關這個事件的報導，因著立場的不同而迥異。這就在在地點醒我們，在運用報章雜誌這種所謂的第一手資料的時候，絕對不可以輕易採信。根據《申報》的報導：

> 北大校長胡適定12日飛京，出席研究院評議會。北大少數學生，為聲援因本市破獲共匪重要機關而被捕之該校學生孟憲功、李慕始〔恭貽〕。10日下午七時許，糾合學生百餘，包圍胡氏寓邸，有所要求。胡氏正與法、理兩院長及北大三處長商談校務。當向進見之學生表示：「似此聚眾要求，係屬非法行為。無論包圍若干時間，我決不講一句話，亦不接見任何學生代表。」經北大鄭秘書長出外向學生說明胡氏嚴正之態度，學生乃推代表七人，其餘均散去。胡以多數學生既散，已非聚眾要挾之形勢，乃接見學生代表。首先告以赴京之行早經預定。次謂本校被捕學生案情嚴重，並詳細說明案情內容。最後表示學校當局對於被捕學生，能保釋者已保釋。不能保釋者可能請逮捕機關予以優待。審訊時供給辯護人或法律顧問而已。學生代表聆悉詳情後，始恍然大悟而去。先後歷時二小時許。各方面聞訊後，紛向胡校長表示關心與敬佩之意。[145]

---

144 陶孟和致胡適，1947年5月20日，《胡適日記全集》，8.287-288。
145 〈北大學生聲援被捕者〉，《申報》，第25022期，1947年10月13日，第6版。

具名「穎梅」的作者，在《群眾週刊》的〈北大的請願與胡適〉則呈現了一個完全不同的胡適形象：

中秋節前兩天，北平又發生逮捕事件。北大學生五名被牽連。經同學要求校方與當局交涉，不久放了三名。其餘兩名一直拖到現在，沒有下文……到10號，關於被捕同學仍杳無音訊。同學們只有拿出唯一的武器來——罷課抗議。11日，罷了課一天，無結果……傍晚，有人提議集體去胡校長公館請願……這一下集合了七百多人。

胡適對請願學生所說的話，穎梅的描述比《申報》的報導詳細：

「你們的意思我都明白，但是我明天是非去不可的。你們不要威嚇我。我是不受威嚇的。我有自由沒有呢？這是我的家。你們這樣來，就是聚眾要挾！國家已有法令，請願不能超過十個人。你們這樣是違法的……」

代表們解釋，同學來是請願，絕無威嚇之意……又有同學加上說，胡校長「代表」國民接受的「憲法」也寫明捕人要在廿四小時內移交法院。現在捕了人兩個星期。既不宣布理由，又不移送法院，顯然是非法的。為什麼校長不力爭呢？

這一問可把胡校長的心刺痛了。於是他立刻老羞成怒地辯護說：這不能算非法逮捕，因為現在是「軍事時期」〔注：國民黨在該年7月4日頒布了〈厲行全國總動員戡平共匪叛亂訓令〉，進入動員戡亂時期，亦即，戒嚴〕。

同學們說，校長曾一再保證同學的安全，現在為什麼不保證呢？

胡校長說：「你們安分的，我絕對保證。他們（指已被捕者）是在外邊有『個人的職務』。」

「什麼個人的職務？」同學們追問。

校長從容地說：「明天就會發表。」他怎麼知道一定明天發表呢？經同學一問，他又改口說：「這是我猜想。」

果然，12日各報都登著這樣一段中央社消息：「此次本市破獲共匪重要

機關。其中有北大學生孟憲功、李恭貽……證據確鑿……案情不日即可公布。」原來胡校長衝口而出說「明天就會發表」的就是這個。他事先什麼都知道了……146

胡適1947年10月11日處理北大學生到他家去請願的活動的這個作法，他一直遵循到他1948年離開北大前為止。這也就是說，一切以法律為依據，不管法律的訂定、執行，以及審訊的過程合理、合法與否。胡適這個形式主義的法律概念，跟他走向保守以前的想法是不同的。比如說，他在1930年2月1日的日記裡，提到國民政府壓迫中央研究院。他在鼓勵中央研究院院長蔡元培的時候，以歐洲中古時代的大學為例，說他們享有類似「治外法權」的獨立地位（請注意我用黑體字標示的字句）：

今日我去看蔡先生，勸他不要輕易放棄，須力爭學術團體得獨立。然此事殊不容易做。**歐洲各大學在中古時皆有特殊保障，略似一種治外法權，故能不受宗教勢力與政治勢力得壓迫。**此種保障雖不完全有效，然究竟保全不少。其最重要者，為每一學術機關皆有一種「憲章」（charter）。在此憲章頒與之後，一切憲章範圍以內的事，皆不受外力的干涉。如文化基金會之章程，即是當日政府頒與的憲章也。此章程內的要點是董事缺額自行選補。此點一破壞，則此會根本失其獨立之權。今研究院的組織法第一條說：「國立中央研究院直隸於國民政府」；第三條云：「院長一人，特任」；經費來源又每月由財政部頒給。其中全無一點保障可以使政治勢力不來干涉，故甚不易爭得獨立的地位。147

彼一時也的胡適，會以類似「治外法權」的概念來嚮往把學術的歸學術，凱撒的歸凱撒。此一時也的胡適，則完全以形式主義的法律概念來處理。《北京大學史料》收錄了1947、1948年間，胡適在北大處理被逮捕學生的作法。

146　穎梅，〈北大的請願與胡適〉，《群眾週刊》，1947年第40期，頁13-14。
147　《胡適日記全集》，6.54-55。

其中，最能夠代表胡適的態度與作法的，是1948年2月被捕的鄧特事件。鄧特後來在胡適以及哲學系教授兼訓導長賀麟的奔走之下獲釋。根據〈國立北京大學學生自治會理事會、人權保障委員會鄧特事件報告書〉裡的描述：

> 胡校長說：同學被捕的事情，他有四個原則，交訓導處去辦。他不會為同學的事去跑衙門。那四個原則是：
> 一、如有同學被捕，學校代為打聽逮捕的機關；
> 二、通知該機關對被捕同學加以優待；
> 三、被捕同學罪嫌若輕，由校方保釋出來；
> 四、被捕同學罪嫌若重，請求移交法院辦理。
> ……
> 同時，胡校長對於同學被捕事件還有些基本的看法。他說：
> 一、學生不是特殊身分的；
> 二、學校不是有治外法權的地方；
> 三、從事於革命工作，同學應自行負責。
> ……
> 不過胡校長始終不同意我們所說「非法逮捕」的字樣的。並且搬出憲法的第23條的規定以證明他不同意的原因。並且胡校長說：「我不過是隻紙老虎。紙老虎隨時會被戳破的。你們同學不要以為從我這裡能得到什麼保障。其實一點屁的保障也沒有。將來大家撕破了臉進來抓人，我沒有辦法的。」[148]

值得為胡適辯護的是，胡適形式主義的法律概念雖然有其局限。然而，當他同樣以其道求諸政府的時候，它也具有減弱赤裸裸的政府暴力的作用。比如說，他在1948年8月13日跟清華大學校長梅貽琦聯名致信教育部長朱家驊轉呈蔣介石，要求政府本身必須遵循正當法律的程序，否則他們將以辭職抗議：

---

148 〈國立北京大學學生自治會理事會、人權保障委員會鄧特事件報告書〉，王學珍、郭建榮編，《北京大學史料》，第四卷，1946-1948，頁1006-1007。

　　朱部長驂先兄親譯並乞即轉呈翁院長詠霓兄鑒□密:〔陳〕雪屏來,已
細商兩次。適、琦以為此事萬不得已或可由正規法院執行。若用軍警入
校,則適、琦極以為不可行。行之必致學校陷入長期混亂,無法收拾,政
府威信掃地。國內則平日支持政府者必轉而反對政府;國外輿論亦必一致
攻擊政府。論者或以為美國亦有清共法案,必能諒解。殊不知美國清共全
用法律手續,決不能諒解軍警入校捕人等現狀。試設想最近雲南大學的怪
象,若重演於北大、清華等校。國家所蒙有形無形損失固不可勝計,而全
校學生騷然,教員解體。適、琦等亦決無法維持善後。故敢以去就諫阻此
事。深盼政府鄭重考慮。並乞務轉呈總統為感。[149]

　　胡適、梅貽琦的信顯然沒有立時達到效果。胡適在北大8月18日行政會議
的報告裡,報告軍警將於次日入校依名單逮捕北大學生:

　　最近政府決定肅清全國學校職業學生,已開列名單,即將派軍警分赴各
校按名逮捕。本月12日派國民黨中央青年部部長陳雪屏來平指導。12、
13兩日會同清華大學梅月涵校長,本校鄭天挺秘書長與陳部長商談兩
次。並於13日晚與梅校長晤北平治安當局傅宜生、陳繼承、劉瑤章諸先
生,竭力勸止。13日與梅校長聯名電教育部朱部長請轉呈行政院翁院長
暨蔣總統,以去就勸阻此事。連日復與陳部長談,請其轉陳利害,均未生
效。昨日(17日)政府公布〈清除後方匪諜辦法〉,今日(18日)已載各
報。聞明日(19日)即將宣布名單,開始逮捕。[150]

　　可能是陳雪屏居間斡旋的結果,北大託胡適盛名之福,得以成為北平唯一
軍警尚未入校逮捕學生的高等學府。根據胡適在8月22日行政會議的報告:

---

149 〈胡適梅貽琦致朱家驊等函〉,王學珍、郭建榮編,《北京大學史料》,第四卷,1946-1948,
　　頁1032。

150 〈第六十六次〔行政〕會議〉,王學珍、郭建榮編,《北京大學史料》,第四卷,1946-1948,
　　頁65。

本月19日特種刑事法庭拘提本校學生43人（均係本校已開除學生）傳訊學生28人。二十日復傳訊22人。其中有兩人查無其人。46人已於7月21日開除學籍。七人已離校南下，四人已畢業在外實習，二人已畢業，六人已有訓導處派人偕同赴法庭報到。一人即將報到，25人不在宿舍。本校校舍門前及周圍自19日起由警察憲兵（徒手）包圍。出入均須檢查。包圍情形，逐日加嚴。連日與陳雪屏部長不時接洽，請其將本校不能允許軍警入校搜查之態度傳達治安當局。據聞截至本日為止，北平公私立專科以上學校僅餘本校一校軍警尚未進入搜查。（清華大學已允許今日下午軍警入校）決議：布告尚未到案之學生，務必認清當前環境與自己及全校同學之前途，於明日下午三時以前至訓導處報到，由本校派員陪往刑庭，否則停止學籍。明晚（23日）再將結果函知治安當局，總期軍警不入學校。[151]

最後，軍警還是在胡適的同意之下進入了北大校園。根據北平警備總司令陳繼承向蔣介石的報告：「敬〔24日〕午，北大各院經胡校長同意，派高級人員率同警憲入校查看，查獲反動書刊帶部。」[152]

只是，胡適聲名再大，對於列入特種刑庭檢舉名單──不管無辜、或是被株連──的學生，他還是愛莫能助的。根據1948年9月7日北平《益世報》的報導：

　　北大學生十七個系級代表，昨分訪校長胡適及各教授，徵詢對逮捕學生事件之態度。胡適對學生代表表示：列入在特種刑庭檢舉名單的學生，他無能為力。凡不在被檢舉名單內的被捕學生，他要盡量設法保釋。[153]

---

151 〈第六十七次〔行政〕會議〉，王學珍、郭建榮編，《北京大學史料》，第四卷，1946-1948，頁65-66。

152 陳繼承電蔣介石，1948年5月24日，「國史館：蔣中正總統文物」，002-090300-00016-372。

153 北平《益世報》，1948年9月7日，〈北大系級代表昨訪胡適校長征詢逮捕學生態度〉，王學珍、郭建榮編，《北京大學史料》，第四卷，1946-1948，頁1039。

這8月下旬軍警入校按名單逮捕學生的旋風，雷厲風行，是蔣介石鐵了心堅持執行的結果。他在1948年8月28日後之「上星期反省錄」裡記：

　　對各大學共匪潛伏分子之逮捕。時各大校長皆猶疑不定。其中反對教授更為反對執行。卒以準備周密，並依據法理，再三交涉，忍耐說服。最後警察入校，檢查執行命令，達成任務。此一行動之完成，實在政治上增強無限之力量也。

蔣介石顯然對這次逮捕旋風的成果滿意。他在8月31日後之「上月反省錄」裡說：「取締各地大學之共匪分子準備數月之久，始於17日下令依法實施。其間惟北京大學略有波折，但卒能平安進行，達成任務。」

蔣介石在國共內戰裡最大的失策，就是本末倒置。政治、經濟的改革是本，軍事為輔，逮捕「各大學共匪潛伏分子」則是末中之末。蔣介石到了其政權崩潰的前夕，還作出這種末中之末、無補於大局的舉措。如果作困獸之鬥，至少還可彰顯出讓敵人付出點最後代價的餘勇。逮捕有匪諜嫌疑的學生，則未免太小兒科了。

總之，這時候的蔣介石已經到了黔驢技窮的境地。蔣介石決定孤注一擲，請求美國介入內戰。1948年11月6日，當時在巴黎出席聯合國大會的美國國務卿馬歇爾致電國務院，他說當天上午，中國聯合國代表蔣廷黻轉達給他中國外交部長王世杰的請求：

一、美國可否同意任命美國軍官，假藉顧問為名，而實際上率領中國軍隊？
二、美國可否派一個高級將領作為特別顧問，策畫因應目前緊急的情況？
三、美國可否加速供應軍火？
四、如果中國向聯合國控訴蘇聯訓練、並裝備日本和韓國人，美國是否覺得明智？

馬歇爾說第三點他可以辦到。第一點，他完全繞過。第二、第三點，他說

他會向華盛頓報告，但他覺得第二點會有困難。第四點，他會問美國聯合國的代表團的意見，但他個人不贊成。馬歇爾說蔣廷黻自己也說，這第四點他已經被問過三次了。每次被問，他都說他不贊成[154]。

蔣廷黻在11月9日又和馬歇爾見面。除了軍火一項，馬歇爾告訴蔣廷黻說已經照辦了以外，其他兩項，特派將軍以及美國軍官領軍作戰，是不可能的事。至於，中國是否向聯合國控訴蘇聯，是中國政府可以自己決定的事。只是，美國政府覺得那會是徒勞無功的[155]。

王世杰、蔣廷黻只不過是蔣介石派去探路的卒子。11月9日，他透過中國駐美大使顧維鈞轉致杜魯門一封信，正式向美國提出請美國介入內戰的請求：

> 華中的共軍已經進逼到可以進攻上海、南京的距離。如果我們不能扭轉局勢，民主陣營可能就會失去中國。我因此不得不直接向閣下求援。
>
> 中國軍事失勢的原因很多。但最重要的，是因為蘇聯政府不遵守〈中蘇友好同盟條約〉。該條約閣下一定會記得，中國是在美國政府好意建議之下簽訂的。我幾乎可以毋須指出，如果不是因為蘇聯源源不絕的援助，中國共產黨是不可能有辦法占領滿洲，並形成如此大的威脅的。
>
> 作為民主的共同捍衛者，抵抗共產黨在世界上的侵略與滲透，我懇求閣下盡速並增加軍事援助，同時並發表一個堅定的聲明，支持我國政府作戰的目標。這個聲明將會大大地增強我國軍民的士氣，並鞏固我國政府刻下在華北、華中所進行的殊死鬥。
>
> 我國政府將會極為樂意接受閣下派來一位高級將領，與我國政府共同制定一個具體的軍事協助計畫，包括由美國軍事顧問參與陣地的指揮。
>
> 由於情況緊急，閣下的同情與當機立斷，敝人翹首以待[156]。

154　"The Secretary of State to the Acting Secretary of State," November 6, 1948, *FRUS*, 1948, Vol. VIII, *The Far East: China*, p. 193.

155　"Memorandum of Conversation, by the Secretary of State," November 9, 1948, *FRUS*, 1948, Vol. VIII, *The Far East: China*, pp. 197-198.

156　"The Acting Secretary of State to the Secretary of State," November 12, 1948, *FRUS*, 1948, Vol. VIII, *The Far East: China*, pp. 201-202.

　　美國早已認定蔣介石政權的崩潰指日可待，當然不可能介入這個勝負已定的內戰。杜魯門在11月12日由美國駐華大使司徒雷登轉致蔣介石的信裡說得很婉轉，但基本上，除了軍火以外，是回絕了蔣介石其他的要求。有關派高級將領指揮中國軍隊的請求，杜魯門說國務卿在給司徒雷登的訓令裡，已經說明了其困難。有關發表聲明一事，杜魯門說他在1948年3月11日記者會上早已聲明美國不願意見到共產黨加入中國政府。馬歇爾國務卿也在1948年3月10日發表共產黨現已公開叛變的談話。他說這些聲明已經清楚地表達了美國政府的立場[157]。

　　其實，從美國政府的角度來說，蔣介石政權崩潰的原因不在於缺乏彈藥和武器。從1948年9月濟南失陷，到滿洲失陷，中央政府失去了33師的軍隊，亦即，323,000名士兵及其配備，以及大量的軍火[158]。國務院甚至列下了這33師的軍隊到1948年12月2日為止所失去的美國武器與配備的清單：17師擁有美國配備的部隊全部失去。剩下的部隊裡，12師有85%的美軍配備、兩個師有50%的美軍配備、兩個師有15%的美軍配備、兩個師有10%的美軍配備[159]。

　　美國既然這麼冷血，無視於他的困境，不願意幫忙他打內戰，蔣介石心一橫，一度出了一個毒計──使用化學武器。

　　1948年12月9日日記：「本日時刻想其化學炸彈之功效，能否濟急，最為懸念。直至黃昏始運到。而猶未能起貨試驗也。此實為最後之一法。存亡成敗皆在於此。上帝佑華，其必能使之有效也。」

　　1948年12月10日：「朝課後，催詢化學彈運製情形……下午督導化學

157 "The Ambassador in China (Stuart) to the Secretary of State," August 2, 1948, *FRUS*, 1948, Vol. VIII, *The Far East: China*, p. 397.

158 "The Director of the Policy Planning Staff (Kennan) to the Secretary of State: Enclosure 1, Draft Statement Prepared in the Division of Chinese Affairs for the Secretary of State," November 26, 1948, *FRUS*, 1948, Vol. VIII, *The Far East: China*, pp. 218-219.

159 "Memorandum Prepared in the Department of State: Losses of American Equipment by Chinese Nationalist Forces As Of December 2, 1948," November 26, 1948, *FRUS*, 1948, Vol. VIII, *The Far East: China*, pp. 226-227.

彈使用之準備計畫。」

1948年12月11日：「朝課後氣候雖陰，以空軍尚能活動為慰。到空軍指揮部指示使用化學彈方法與地區，審閱戰報，召開訓練會報，批閱公文。下午會客數人，與經兒車遊東郊，審閱戰報，黃兵團戰況仍甚緊張。晚課後聽取化學司今日試驗化學彈報告。結果良好為慰，與陳雪屏商談接北平重要教授與胡適之來南京辦法。十時後睡。」

1948年12月12日：「上午與叔銘通電話，研究化學彈應否使用。有人絕對反對。故不能決斷……正午，決放棄使用化學彈。」

蔣介石在測試化學武器對付共軍之前，接受了宋美齡的建議。由她親自出馬到美國再度請求美國介入內戰。他在11月25日日記記：

據報美國政府對華態度仍未改變，且更惡劣。妻甚憂慮，乃想飛美與馬歇爾作最後之交涉。余以為決無希望，不必多此一舉，徒加恥辱。彼終以為個人榮辱事小，國家存亡大事。無論成敗如何，不能不盡人事云。余乃允之。不忍掃其興耳。

宋美齡顯然在蔣介石答應以後，立時打電話給馬歇爾。當時中國實行夏令時間，南京跟華盛頓時差十二個小時。馬歇爾在11月24日半夜發電報給司徒雷登大使，說：「蔣夫人剛跟我說了電話。她想要立即到華盛頓，帶有隨員。盡速告知隨員名單及行程，以便安排入關事宜。」[160]

馬歇爾在11月26日致信次國務卿洛維特（Robert Lovett），告訴他杜魯門在內閣會議裡，批准使用美國海軍軍機載宋美齡到美國[161]。宋美齡在12月1日飛到華盛頓。12月3日，當時住院開刀的馬歇爾在醫院接見了宋美齡。根據馬

---

160 "The Secretary of State to the Ambassador in China（Stuart），" November 24, 1948, *FRUS*, 1948, Vol. VIII, *The Far East: China*, p. 296.

161 "Memorandum by the Secretary of State to the Under Secretary of State（Lovett），" November 26, 1948, *FRUS*, 1948, Vol. VIII, *The Far East: China*, p. 220.

歇爾的談話備忘錄：

夫人列出了三個亟需的步驟：

一、由我國政府發表一個聲明反對遠東的共產黨，支持委員長的政府；

二、派遣一個傑出的美國軍人到中國去當顧問，讓他能像「火星塞」一樣激起中國軍隊的活力。調派美國軍官去執行不稱職的中國軍官及司令官未能執行的命令，特別是在後勤方面。

三、經濟援助。

她否認降共的軍隊有33師之多。她說只有12師。她說問題是：除了少數的例外以外，目前掌權的軍事指揮官以及在南京簇擁著委員長的政治領袖，都是無能的。她說不管我們派誰去，都會得到委員長徹底的支持。她說，這是委員長親口向她保證的。她說，他也會清除他身邊無能、無用的跳梁小丑（plotters）。[162]

原來宋美齡親自出馬，並不表示她有什麼新的計策。她只不過是親自飛到華盛頓去請求蔣介石在一個月以前在國書裡向杜魯門所提出的三個請求而已。在馬歇爾接見宋美齡以前，國務院的幕僚已經擬好了馬歇爾如何拒絕宋美齡的答詞[163]。馬歇爾話當然說得非常委婉，但他給宋美齡的答案還是否定的。

宋美齡在華盛頓的時候，司徒雷登向國務院報告，說英國駐華大使在12月10日告訴他說，外交部次長葉公超說由於宋美齡出訪的結果，華盛頓在過去四十八小時內已經改變了其對華的軍事援助政策。司徒雷登說他告訴英國駐華大使他並沒有接到任何支持那個說法的消息。他說蔣夫人和顧維鈞大使一定是慌亂到看到什麼就抓住什麼的地步[164]。

---

162 "Memorandum of Conversation, by the Secretary of State," December 3, 1948, *FRUS*, 1948, Vol. VIII, *The Far East: China*, pp. 299-301.

163 "Memorandum by the Director of the Office of Far Eastern Affairs（Butterworth）to the Secretary of State," December 2, 1948, *FRUS*, 1948, Vol. VIII, *The Far East: China*, p. 298.

164 "The Acting Secretary of State to the Ambassador in China（Stuart）," November 12, 1948, *FRUS*, 1948, Vol. VIII, *The Far East: China*, p. 302.

代國務卿洛維特即刻回覆司徒雷登，告訴他杜魯門與馬歇爾在接見宋美齡的時候，除了對中國的現況表達同情以外，並沒有表示美國改變立場，或者給予中國超出「援華法案」以外的援助。洛維特特別告訴司徒雷登，宋美齡見美國總統的時候，顧維鈞以及任何其他中國官員都不在場。因此，他們不可能知道談話的內容[165]。

宋美齡在12月27日早晨最後一次見馬歇爾。由於她見杜魯門以及幾次見馬歇爾都沒有得到任何成果，她於是使了一個撒手鐧。她說她接到了蔣介石最新的訊息。在那個訊息裡，蔣介石說政府中人在催逼他給答案；如果沒有進一步的美國援助，他將與蘇聯達成協議；他必須立即作出決定；在那種情況之下，他會辭職，但必須立刻得到答案才能作決定。馬歇爾告訴宋美齡說，這種訊息必須形諸文字，方才有辦法討論。他建議宋美齡可以口述給他在醫院的秘書，或者由她自己回去以後寫下來。他可以派人去取然後送到國務院。宋美齡要求馬歇爾把蔣介石的意思轉告杜魯門[166]。

馬歇爾在宋美齡走以後，就打電話給卡特（Marshall Carter）准將，告訴他宋美齡將會給他電話，要他去取一個文件。果然宋美齡在當天下午一點鐘就召見卡特准將。她抱怨馬歇爾讓她空等了四個星期的時間。總統和國務院對她說馬歇爾說的算話。結果馬歇爾今天對她說他已經三個星期沒有與聞機務了。她要卡特准將立即安排她跟代國務卿會面。卡特准將問她說這個會面是否就取代了書面聲明。他說宋美齡似乎對寫下那個聲明有點遲疑[167]。

宋美齡在當天下午三點到國務院見代國務卿。這次，她是帶去了她形諸文字的蔣介石的訊息。可惜，《美國外交文書》沒有收錄。必須到美國國家檔案局去尋找。有關蔣介石在訊息裡說他將辭職的想法，代國務卿洛維特說美國不可能給蔣介石意見，這是蔣介石個人才可以作的決定。最後，宋美齡交給洛維

165　"The Acting Secretary of State to the Ambassador in China（Stuart），" December 13, 1948, *FRUS*, 1948, Vol. VIII, *The Far East: China*, p. 302.

166　"Memorandum of Conversation, by the Secretary of State," December 27, 1948, *FRUS*, 1948, Vol. VIII, *The Far East: China*, pp. 302-304.

167　"Memorandum by Brigadier General Marshall S. Carter to the Acting Secretary of State," December 27, 1948, *FRUS*, 1948, Vol. VIII, *The Far East: China*, pp. 304-305.

特類似她先前向馬歇爾所提出的三點要求：一、美國政府發表一個聲明，說明美國會在道義上以及物資上全力支持中國抵抗共產主義；二、美國派遣一個高級軍官到中國協助組織並訓練中國的軍隊，同時與美國在歐洲的援助計畫統合；三、在國會通過新的援華計畫以前，繼續供應中國軍事物資[168]。

　　值得注意的是，宋美齡最後交給洛維特的文件裡，並沒有她所用的撒手鐧：「如果沒有進一步的美國援助，他將與蘇聯達成協議。」顯然，那只是她在與馬歇爾談判的時候，用來恫嚇用的假籌碼而已。

　　陶涵（Jay Taylor）在《委員長：蔣介石與近代中國的奮鬥》（*The Generalissimo: Chiang Kai-shek and the Struggle for Modern China*）一書裡，說蔣介石在其政權崩潰前夕的反應是出奇的鎮定。他把蔣介石的鎮定歸因於他的儒家修養所訓練出來的堅忍之心[169]。

　　陶涵這本為蔣介石翻案的傳記，固然常有發人所未發的見解的所在。然而，它也存在著許多問題。比如說，有關蔣介石在日記裡對世局所作的臆測和推想。陶涵常用自由發揮的意譯方式。其結果是，他筆下的蔣介石，常常是一個睿智、具有遠見的政治、軍事大家。他所譯出來的話，跟原文常有失之毫釐、繆以千里的問題。為了尋找他所翻譯的原文，我跟我的妻子在史丹佛大學的胡佛檔案館常常要翻遍蔣介石一整年的日記，因為怕他是把出處寫錯，結果仍然找不到符合其英譯的原文。翻譯陶涵這本傳記的林添貴，又作了一個錯誤的決定。不管陶涵的英譯是如何離譜，不管是找不到對應的原文，他就逕以陶涵所註明的日期裡的蔣介石日記裡的文字還原之[170]。這種不論作者的翻譯與詮釋是否曲解了中文的原意，甚至以其曲解、推想作為基礎所作的天馬行空的發揮，都一律以中文原文還原之，而且不加註明提醒讀者的翻譯作法，是不負責任的翻譯。這會使不懂英文或者沒花工夫去核對英文的讀者，誤以為作者是正確地翻譯並詮釋了中文的原意。

168　"Memorandum of Conversation, by the Acting Secretary of State," December 27, 1948, *FRUS, 1948*, Vol. VIII, *The Far East: China*, pp. 305-306.

169　Jay Taylor, *The Generalissimo*, pp. 395, 397.

170　陶涵（Jay Taylor）著、林添貴譯，《蔣介石與現代中國的奮鬥》（台北：時報出版，2010）。

又如陶涵說蔣介石到政權崩潰的前夕仍然很鎮定。這就犯了一個使用日記的謬誤。除了像胡適的日記是寫給自己、也是寫別人看的以外，大部分的人寫日記都會有深切反省自己，痛切譴責自己的時候。反之，也會有自圓其說，為自己圓謊，合理化的時候。寫傳記如果多用前者，少用後者；或者多用後者，少用前者，其所呈現出來的傳主，就是相當不同的形象。蔣介石也有他暴躁、焦慮、坐立難安的時候。在他政權崩潰的前夕，他甚至有生不如死、輕生的想法：

> 1948 年 11 月 23 日：「近日妻以操心過度，忙碌異甚，又受環境刺激非常，故身心疲憊，幾乎不能自制。昨夜神經反常，時加婉勸，幸漸靜安。復常終夜未覺其沉睡為苦。近來環境之惡劣已極。此種刺激實為任何時期所未有。余亦屢萌生不如死之感。」
>
> 1948 年 12 月 8 日：「此時更應鎮定靜修，不可稍萌妄念輕生之意。」

宋美齡在美國最後的一搏雖然注定是沒有結果的，但根據司徒雷登的報告，蔣介石的態度變得強硬。更有意味的是，司徒雷登說胡適幾乎已經成為蔣介石強硬政策唯一堅定的支持者：

> 內閣組織的情況仍然混沌。現在甚至連委員長最親近的朋友也認為他下台，和平才會有希望。現在，只有胡適是他繼續抵抗政策唯一堅定的支持者。胡適跟委員長同樣認為唯一光榮的作法，就是繼續抵抗共產黨。據報，由於委員長接到蔣夫人〔從美國傳來〕的好消息，他的態度更加強硬了。[171]

到這蔣介石政權即將崩潰的前夕，胡適仍然是司徒雷登眼中唯一堅決支持蔣介石剿共的知識分子。12 月 4 日，胡適在日記裡記了一段一切盡在不言中的話：

---

171 "The Ambassador in China（Stuart）to the Secretary of State," December 20, 1948, *FRUS*, 1948, Vol. VII, *The Far East: China*, p. 665.

晚上公宴錢端升。主人是北大的行政首領居多，故我們大談。我最後說，我過了12月17日（50週年紀念日），我想到政府所在地去做點有用的工作，不想再做校長了。不做校長時，我也決不做《哲學史》或《水經注》！至於我能做什麼，我自己也不知道。[172]

對一個學者而言，這是一段石破天驚的話。因為這意味著說，他所要放棄的，不但是他一輩子所經營出來的學術事業，而且是他作為學者的自我。這時的胡適可能還完全沒有意識到當時已經到了北平城陷的前夕。幾天以後，陳雪屏飛到北平，帶去蔣介石12月5日給胡適的信。這封信現已不存。主旨可能是要胡適加入一個新成立的「國策顧問委員會」。胡適在回信說：「關於『國策顧問委員會』，鄙見總覺得此時憲法施行未久，責任內閣制度尚未穩定，此種特殊顧問機構似不宜設立。否則責任內閣之外別有一種不負政治責任的幕府團體，或將使行政院感覺不安。不知先生以為然否？」他在信尾說，1月11日中央研究院要邀他作蔡元培紀念的學術演講。屆時可以面談[173]。

情勢急轉直下。就在胡適寫信給蔣介石的次日，12月11日，陳雪屏寫信給致鄭天挺，告訴他一個後來通稱為「搶救平津學人計畫」的細節：

毅生我兄：先後三電計達。前與俞部長商定。一俟場可著陸，即派機來迎。托石志仁兄主持辦理。特囑黃澂隨機北來，切取聯繫。

右所應注意之點，就一時想到者列後：

一、適師及師母必須先行。無論空軍專機或航機先到，立即動身。千萬勿猶疑，因隨時場地仍可破壞也。總統對此一再諄囑，至要至要！

二、東廠衚衕如寅恪、錫予諸先生亦可與胡師偕行較為方便。此時不宜謙讓，以免耽擱有變。總之盡前利用機會。

三、其餘同人有必須走開者，如第一項名單所列海宗、壽民、孟實、佛泉、X修、子水、貽寶、XX諸先生。以及各院校館行政負責人，……

172　《胡適日記全集》，8.471。

173　胡適致蔣介石，1948年12月10日，「國史館：蔣中正總統文物」，002-080200-00621-083。

要走便立刻決定，不宜遲疑。此外各校有地位之教授……大抵每機可坐四十人，擬用四機分兩批。何人先走，請兄與梅校長、志仁兄商定。中院院士朱先生特別重視請注意。輔大百齡、重一、侍峰諸兄亦請勿遺漏。排定次序，秘密通知。立即出發。自己萬不可鬧意見，爭先後。先將必須走者定為第一批，再分別與其他者商定……弟雪屏謹啟十一。[174]

胡適12月14日日記：

早晨還沒有出門，得陳雪屏忽從南京來電話。力勸我南行，即有飛機來接我南去。我說，並沒有飛機來。十點到校，見雪屏電：「頃經兄又轉達，務請師與師母即日登程，萬勿遲疑。當有人來洽機，宜充分利用。」毅生與枚蓀均勸我走。我指天說：「看這樣青天無片雲。從今早到現在，沒有一隻飛機的聲音。飛機已不能來了！」

我十二點回家，又得電報。機仍無消息。到一點半始得剿總電話，要我三點鐘到勤政殿聚齊。後來我們（有陳寅恪夫婦及二女）因路阻，不能到機場。[175]

14日沒走成。15日日記：

昨晚十一點多鐘，傅宜生〔傅作義〕將軍自己打電話來。說總統有電話，要我南飛，飛機今早八點可到。我在電話上告訴他不能同他留守北平的歉意，他很能諒解。

今天上午八點到勤政殿，但總部勸我們等待消息。直到下午兩點才起程，三點多到南苑機場。有兩機，分載二十五人。我們的飛機直飛南京。

174 〈陳雪屏致鄭天挺〉，王學珍、郭建榮編，《北京大學史料》，第四卷，1946-1948，頁1103-1104。

175 《胡適日記全集》，8.371-372。

圖 8　胡適、江冬秀、胡祖望、胡思杜，1947 或 1948 年，攝於北平。（胡適紀念館授權使用）

晚六點半到，有許多朋友來接。

　　兒子思杜留在北平，沒有同行。[176]

　　胡適夫婦是「搶救平津學人計畫」裡的第一批。根據《申報》12 月 22 日的報導，21 日又搶救了一批教授及眷屬 24 人。22 日將會再有一批[177]。

　　在胡適夫婦等人搶救成功以後，這個計畫要搶救的學人還有 62 名。這個名單雖然是由傅斯年、朱家驊、陳雪屏擬定的，但根據沈衛威的分析，要能上這個名單，還得符合下列幾個標準：一、在平教育行政負責人；二、因政治關係必須離平者；三、在平之中央研究院院士；四、學術上有地位，自願南來

176 《胡適日記全集》，8.372。

177 〈政府派機救援平教授〉，《申報》，第 25450 期，1948 年 12 月 22 日，第 2 版。

者[178]。

　　事實上，由於許多要被搶救的學人拒絕南飛，許多不在搶救名單上的人反而搶上了飛機。陳三井在〈一九四九年變局與知識分子的抉擇〉一文裡，描述了這齣逃難悲劇裡一個讓人哭笑不得的小插曲：

　　　南京派飛機接取若干大學教授，搶救到南方，是開了一個名單的。大概各校都有。北大接到這名單。秘書長鄭天挺覺得不太好辦，便要離平者登記。結果是，名單上有的，不想南行；有些講師助教們本來有家在南方，因故要南行的，搶得此機會，飛機到了南京。若干文化要人到機場去接，以為有許多名教授，忠於黨國毅然飛回來了，竟大失所望。下來了許多不相識又不相干的人。據說飛機上有不少空位。連袁同禮的老媽子也上了飛機，成為一大悲喜劇。後來，傅斯年急了，通知停派飛機。[179]

　　無論如何，這個搶救計畫所反映出來的差別待遇，特別是其所涵蘊的判人生死的後果，自然引起廣大的不平之鳴。蔣介石在1949年1月1日，就指示陳雪屏，告訴他根據密報，中央派專機搶救若干大學校長教授赴京一事，引起公憤：

　　　12月25日保密局楊清植密呈：近日中央派專機接走平津各大學教授四十餘人。現奉令候機南下之教授尚多。平市黨政軍各界上層人士對於教授之南下多表懷疑。咸認果真平津棄守，中央豈貴乎此批教授，而置二萬餘大學生於不顧。故對中央此舉頗表不滿。平津冀晉熱察綏七省參議會議長許惠東等12月30日電：平津保衛戰發生以來，將士用命，萬眾協心。詎料中央連派專機迎接各大學校長名教授多人赴京。消息一播，軍民憤激。

---

178 沈衛威，〈重識胡適棄校南下與平津學人去留〉，《胡適與中國新文化國際學術研討會論文集》，頁281。

179 陳三井，〈一九四九年變局與知識分子的抉擇〉，《傳記文學》，90卷6期，2007年6月，頁90。

僉以為上下同心戡亂之際，中央不應自亂陣營。且顯示不以數千萬將士、數百萬人民生命、數千年文物為重。而僅拳拳於所謂名教授者數十人之安危。其輕重倒置，尤增憤懣之情。屬會等直隸群情之眾選。深恐影響人心，貽誤戡亂大計。用特籲請鈞座飭令從速停止此項辦法。並令已離平之教長教授剋日返平，以定人心，而平公憤（31日到）。[180]

胡適夫婦抵達南京次日，蔣介石就邀約胡適午餐，聽他談前一天「派機接其由平來京及險阻情形」。12月17日，胡適參加北大同學會在中央研究院禮堂舉辦的「北大五十校慶大會」。胡適是第一位致辭者。根據《申報》的報導：

胡氏之報告，一再說渠如一逃兵，不能與多災多難之學校同度艱危……此次又面臨災難，渠本人則已如一逃兵。且稱「乃一不名譽之逃兵」。聲淚俱下。與會者幾同聲一哭。[181]

當天，胡適請見司徒雷登。根據司徒雷登在12月21日向國務卿所作的報告：

12月17日，在孫科與胡適的要求之下，我與他們各作了長談。這兩個談話凸顯出政府所面臨的難局。跟胡適的談話特別令人難過，因為在效忠蔣政府的人裡，他所代表的，是最優質的愛國理想主義。胡適的論點是：中國的共產主義是那麼的僵硬、不容忍。其思想控制是那麼的惡毒、極權統治是那麼的殘酷。即使蔣介石有缺點，還是必須要支持的。這是因為蔣是唯一一個看清了共產黨的本質，而且毫不妥協地與之對抗的人。而且因為在國民黨的領袖裡，他幾乎是唯一沒有沾染到貪婪以及其他中國官場惡習的人。胡適認為如果蔣被迫下台，中央政府必定垮台，共產黨必定上台。他因此想知道美國現在可不可能召回「美軍三軍聯席顧問團」

180　蔣中正電陳雪屏，1949年1月1日，「國史館：蔣中正總統文物」，002-080200-00338-001。
181　〈北大又面臨災難，胡適自認「逃兵」〉，《申報》，第25446期，1948年12月18日，第2版。

（JUSMAG）〔注：從該年 12 月開始撤出，1949 年 3 月 1 日完全撤出中國〕，協助蔣作戰，而不是坐視共產黨勝利後在中國為所欲為。他眼眶裡充滿了淚水，要我看在我們多年的友誼的份上，告訴他，他應該跟蔣總統說什麼。同時也告訴他，他能作什麼，因為他現在已經決定不作學術，要為國家出力。

我告訴他說，蔣政府致命傷不在軍事，而是在失去民心（moral），亦即，軍隊失去了鬥志，老百姓對政府為他們謀福利的能力、要他們吃苦賣力去奮鬥的目標等等都失去了信心。在這種情況之下，美國愛莫能助。我說我一再地提醒蔣總統凝聚輿論向心力的重要性，但我沒成功。我問胡適說，他是否能夠在自由、民主的問題上，像他在三十多年前獲得輝煌成就的，再領導一個新的「新思潮運動」、或「文學革命」。他說他沉痛地懊悔在日本投降以後，他沒有把他的才能用在這方面，而是自私地回到了他所喜歡的學術工作。[182]

我們記得胡適一直看不起司徒雷登。在國民黨在軍事上仍然占據優勢的時候，他訕笑他「此老今年七十一，見解甚平凡，尤無政治眼光。」而且不懂得當時胡適氣勢凌人、以戰止戰的「和比戰難」的道理。現在，眼看著他所支持的蔣介石已經走投無路，他放低身段，以乞憐的口氣，「眼眶裡充滿了淚水」，要司徒雷登看在「多年的友誼的份上，告訴他，他應該跟蔣總統說什麼。同時也告訴他，他能作什麼」？可怕的是，胡適只是在表演。在這個絕望的時刻，他想要以司徒雷登作為手段，達成他要幫助蔣介石扭轉乾坤的目的。我在下一節的分析，會指出他在之前、當下、之後，從來都沒有改變他輕蔑司徒雷登之心。

最值得玩味的是，這時候的胡適仍然主戰。他 1949 年 1 月 1 日日記說：「南京作『逃兵』、作難民，已十七日了！蔣先生有主張和平的文告。」[183] 這就

---

182 "The Ambassador in China (Stuart) to the Secretary of State," December 21, 1948, *FRUS*, 1948, Vol. VII, *The Far East: China*, pp. 675-676.

183 《胡適日記全集》，8.375。

是這時城府極深、心機絲毫不露的胡適的寫照。對蔣介石的〈元旦告全國軍民同胞書〉，他不以為然，但他吝於筆之於書。1月8日，他對蔣介石說的一段話就是他要蔣介石抵抗到底的諫諍：

> 總統官邸晚餐。我為他述 General Wainwright〔溫萊特〕守 Bataan〔菲律賓的巴丹〕力竭投降。勝利後釋放回國，美國人熱烈歡迎他。國會特授與「榮譽勳章」（Medal of Honor）。蔣公稍有動意？[184]

胡適不但主張抵抗到底，他而且極為注意美國支持和反對的態度。他在1月16日的日記裡，記下了他當大使時在國務院出任顧問的好友洪貝克發表對支持蔣介石繼續抵抗的一段話。胡適引的這段話是洪貝克在一篇論文裡的話。緬因州眾議員布魯斯特（Owen Brewster）——他支持白人至上的「三K黨」以及極端反共的參議員麥卡錫（Joseph McCarthy）——提議通過把該文列入《美國國會記錄》裡：

> The real question is not "can we afford it," but "can we afford not to give it." "The loan is late. But the national government still is fighting. It is the only independent and indigenous government in all Asia that is thus resisting the Communist advance." He said the U.S. contributed to China's present predicament by concessions made at Yalta and by the Marshall mission which "was conducted on the basis of false assumptions that mortal enemies could compromise and cooperate."（問題不在於「我們負擔得起嗎？」而是在於「我們承擔得起不給的代價嗎？」「現在貸款是遲了一點。然而，中央政府還繼續在打著。它是整個亞洲唯一一個在抵抗共產主義的攻勢的獨立、本土建立的政府。」他說，中國目前的困境，是美國造成的：美國在雅爾達〔對蘇俄〕所作的讓步，以及那「建立在讓兩個死敵妥協、合作的錯誤

---

184 《胡適日記全集》，8.376。

的假定之上」的馬歇爾調停任務。）[185]

　　洪貝克這篇文章的題目是：〈中國政局的穩定：對美國的利害〉（Political Stablization of China: United States Interested In），是他 1948 年 12 月 28 日在「美國政治學會」的年會上發表的文章[186]。他主張國共內戰不是蔣介石死，就是共產黨亡。美國必須支持蔣介石到底。胡適能看到這篇文章，一定是洪貝克寄給他的。

　　胡適 1 月 18 日日記記：

　　　昨夜晚報載 Sol Bloom〔布倫，紐約州共和黨眾議員〕談話，說，"It was necessary to kick out Chiang and his gang with him and to replace him with a strong leader behind whom China will be willing to fight."（有必要把蔣介石及其黨羽通通趕下台，換一個中國願意在其領導之下而戰的堅強領導者。）此頗可怪。與傳說孔祥熙、陳立夫盼望 Dewey〔杜威，1948 年共和黨總統候選人〕當選總統同一荒謬。[187]

　　其實，1948 年的時候，何止孔祥熙、陳立夫盼望共和黨的杜威當選總統。整個蔣介石政府都押寶在杜威，認為他會無條件支持蔣介石打共產黨。更大的秘密是：胡適說他們荒謬。其實胡適不但說謊，他而且跟蔣介石等人同樣荒謬。我在本章下一節會分析胡適自己也盼望杜威當選。

　　1949 年 1 月 8 日，胡適到蔣介石官邸晚餐。胡適在當天的日記裡說：

　　　蔣公今夜仍勸我去美國。他說：「我不要你做大事，也不要你負什麼使命。例如爭取美援，不要你去做。我止要你出去看看。」[188]

185　《胡適日記全集》，8.377-378。請注意，這段引文有許多字辨識錯誤。

186　*Appendix to the Congressional Record, 95-Part 12, January 3, 1949 to March 1949*（Washington, D.C., United States Government Printing Office, 1949），A78-A80.

187　《胡適日記全集》，8.378。

188　《胡適日記全集》，8.376。

　　如果這段話相當耳熟，完全正確。這就是胡適1937年負有蔣介石秘密任務到美國去的時候對人說的檯面話。因此，如果我們推測胡適這次去美國又是負有秘密任務，應該不至於是厚誣他的。

　　根據胡適在該年2月寫到3月才斷斷續續寫完的給蔣廷黻的信，胡適「本定了March 9〔3月9日〕的President Wilson〔「威爾遜總統號」〕船出國，但到了二月底，還想多住些時，多看一點，所以前幾天把船位退了。大概我四月六日坐"President Cleveland"〔「克利夫蘭總統號」〕出國。」[189]

　　胡適在這封信裡痛斥了中國、外國人的「極端的失敗主義」：

　　我那時在南京，親見親聞，大都是defeatism in the extreme〔極端的失敗主義〕！不但中國人士如此，外國的外交家、軍事家、新聞記者、也大都如此看！我曾與Gen. David Barr〔巴爾將軍，「美軍三軍聯席顧問團」主任〕談，他說，「此時除了調麥帥的大軍來打仗之外，沒有別的法子可以擋住共產黨。你知道調麥帥的大軍來打仗是做不到的。所以我說，太晚了，沒有法子了。」

當時到處告訴人「和比戰難」的胡適，主張堅守長江：

　　我當初即主張「和比戰難」，此言是我從苦痛經驗得來的，證之於歷史而無疑。今日所謂「和」有兩個意思：一是無條件的投降，一是希望畫長江為界，做成南北朝局面。

胡適這個「畫長江為界，做成南北朝局面。」說穿了，就是「苦撐待變」：

　　我總力勸當局者努力做到一個「撐」字。「撐」的界說，可用小說書的老話，「只有招架之功，更無還兵之力。」我三番五次的說：「苦撐三個

189　以下徵引胡適這封致蔣廷黻，1948年3月10日的信，是根據鄒新明，〈哈佛燕京圖書館藏胡適給蔣廷黻的一封信〉，《胡適研究通訊》，2013年第4期（2013年12月25日），頁3-5。

月，有三個月的功效，苦撐六個月，功效更大。若能苦撐一年，就可以收很大的功效了。」

胡適所獻的這個「苦撐待變」之策，注定是連蔣介石也不採用。

4月6日，胡適去了上海銀行以後，就直奔上海的和祥碼頭，搭乘「克利夫蘭總統號」郵輪經由日本、檀香山、往舊金山。他在當天的日記記：「此是第六次出國。」[190]

胡適自己應該意識到這會是他最後一次告別他的祖國。

冷戰鬥士

如果胡適1946年回到中國以後的日記已經沒有什麼史料的意義，他1949年以後的日記，特別是關鍵的1949年，更幾乎是一無用處。要知道胡適1949年以後在美國的所作所為，主要要依賴英文裡的資料。1949、1950年間，最有價值、最能告訴我們胡適所思所為的資料，是蔣廷黻的英文日記。

胡適日記以及中文資料的貧乏，就舉幾個例來說明。他4月6日離開上海當天，《申報》報導：「胡適博士定今日搭克利夫蘭總統號郵輪赴美。胡氏拒絕評論時事。僅表示在美將多多學習，研究世界大勢。此外擬多發表演說。」[191]

胡適在4月21日早晨抵達舊金山。他當天的日記只寫了：「4:00 President Sproul Conference; Mah's supper（Home）〔4點，到加州大學校長斯卜奧爾會議；馬如榮教授家晚餐〕。」[192] 4月22日：「T.K. Chang's Reception; Mah's Lunch（?）; University Lecture（declined）〔舊金山總領事張紫常茶會；馬如榮午餐（?）；大學演講（婉拒）〕。」[193]

---

190 《胡適日記全集》，8.395。
191 〈胡適今日赴美〉，《申報》，第25549期，1949年4月6日，第4版。
192 《胡適日記全集》，8.397。
193 《胡適日記全集》，8.397-398。

　　這種日記不記也罷。就像胡適自己在1948年1月1日的日記裡說：「這兩天，我常談：日記必須較詳細，否則沒有多大用處。過略的日記，往往別人不能懂。有時候自己也看不懂。」[194]可是，這就是胡適1949年日記的模式。其實，這就是胡適的用意，他就是要「別人不能懂。」因為他在美國的所作所為，是不足為外人道也的。

　　所幸的是。他4月22日日記裡所說的：「T.K. Chang's Reception」顯然是一個中美記者招待會。根據《申報》據「中央社」舊金山電：

　　　　胡適廿二日晨於招待中美記者會上表示：深信艾契遜最近關於對華政策問題之函件，在精神上並非根本關閉未來援助中國政府之門之謂。胡氏此語，係答覆某記者之詢問。渠稱：余在克利夫蘭總統輪上研究艾契遜信函全文之結果，認為有兩點乃屬必然：一、美國政府與人民均為反共者，且決心反對各地共產極權主義之擴張；二、能抵抗是項共黨極權主義擴展與暴政之國家，將可獲得美援。

　　　　余認為中國政府如證明其力能抵抗共產主義，則不待求而美援將自至。換言之，中國將可獲得是項援助。余熟知艾契遜之為人，且知渠實同情中國。至於中國之一般情勢問題，胡氏稱：中國政府之拒絕共黨之條件，對於全世界實甚重要。蓋接受條件即等於四億中國人民向共產主義投降也。東歐各國之教訓已使中國政府瞭解，完全受共產控制之聯合政府，實等於完全投降。渠認為政府將儘量設法維持自由中國於一最大可能之區域，並盡量收復失地。

　　　　李代總統領導下之政府，將繼續獲得蔣總統及人民之支持。某記者詢以中國政府是否能動員自由中國之人民繼續抵抗。胡氏稱：政府有數項有利之點。共黨已向自由中國之人民表明共黨統治下之生活，實為一般人所無法忍受者。華北目前之生活，即其明證。政府仍有良好之海軍與強大之空軍。如使用得宜，將為阻止共黨進入華南之有力倚恃。[195]

---

194 《胡適日記全集》，8.345。
195 〈胡適今日赴美〉，《申報》，第25567期，1949年4月24日，第2版。

胡適在舊金山盤旋數日以後就到了紐約。從4月26日到30日，胡適沒記日記。我們知道他在4月27日和蔣廷黻了見面。蔣廷黻在日記裡描述了胡適對中國局面的分析：

> 胡適說去年8月的金圓券改革造成人民對政府的怨恨，軍事失利使蔣介石的威信降到零。但是，蔣仍然堅決反共……胡適認為政府應該、而且可以守住長江。他很驚訝政府居然匆匆撤退了。他對司徒雷登、孫科、張群評價很低。張群想結合日本。
>
> 我鼓勵他在美國要有積極的作為，領導一個新的社會主義政黨。他對社會主義沒興趣，而且認為他沒有領導政黨的才性。他鼓勵我自己組黨。這我當然不能作。傅斯年遺憾他當年沒選上立法院副院長。那是胡適阻擋他的結果。票數相當接近。如果他當時當選的話，他現在就是立法院長了〔注：孫科在1948年12月23日辭立法院長職〕。事實上，胡適是不應該擋他的路的。196

胡適擋傅斯年的路，是一個公案。傅斯年競選立法院副院長，他競爭的對象是陳立夫。根據陶希聖的日記，蔣介石全力支持陳立夫。由於國民黨籍立委意見分歧，蔣介石強調這是國民黨生死存亡之所繫：「乃黨員對黨魁之問題而非立夫問題。」197換句話說，蔣介石把投陳立夫票當成是對他個人的信任投票。反對陳立夫的黨員支持當時在美國治病的傅斯年。陶希聖的日記說：「立院副院長立夫提名遭反對。反對者主傅斯年。今晚，立夫方面發表傅不當立委之一封信，係胡適致汪少倫者。」198根據《中央日報》上所刊載的胡適致他安徽立法委員同鄉汪少倫的信，胡適說傅斯年在3月11日給他的信裡說：「我那一區在共產黨手，他們無法選。即選，我也絕不幹。此事去年早對山東當局說

196　Tsiang Tingfu Diaries, April 27, 1949.

197　陶晉生，《陶希聖日記：1947-1956》（台北：聯經出版公司，2014），上冊，1948年5月12日，頁134。

198　陶晉生，《陶希聖日記：1947-1956》，上冊，1948年5月16日，頁135。

明了。」胡適於是告訴汪少倫：「孟真既有此明白表示，我盼望先生把這話轉告其他各位朋友，決定取消先生今午對我說的〔推傅斯年出來競選立法院副院長的〕計畫。」[199]值得指出的是，《新民晚報》報導汪少倫否認他曾經接到胡適這封信[200]。蔣廷黻會在這則日記裡這樣寫，而沒有胡適的否認，則胡適擋了傅斯年路這件公案顯然是真的，不管他是為了要順從蔣介石支持陳立夫的旨意，或者是一個誤會所造成的無心之過。

值得指出的是，根據蔣介石當時接到情報單位的報告，陳立夫當選、傅斯年落選這件事，美國記者把它視為是國民黨反動派勝利、自由派失敗的證明：

> 保密局中訊局等呈報：美國《洛杉磯時報》駐滬記者銳克為陳立夫當選立法院副院長事撰稿密電美國。內容略如此：一、立法院各委員選舉陳立夫為副院長，足以證明國民黨內反動派之全部勝利。使李宗仁被選為副總統後所激起之民主高潮變成空虛。二、北方人士與全國各地自由分子，均對南京政府甚表不滿。故曾一致擁出傅斯年以與頑固派之南方分子競爭。結果失敗。今後中國政治趨向，又回到其固有之封建腐敗路線。[201]

同樣一點用處都沒有的胡適日記之一例，是他5月3日的日記：「1:00 Rockefeller Centre—Luncheon Club（65th Floor?）; T. F. Tsiang; 6:30 China Institute Meeting〔1點，到洛克斐勒中心——午餐俱樂部（65層？）；蔣廷黻；6點半，到「華美協進會」開會〕。」[202]反之，同一天蔣廷黻日記，則透露了胡適從華盛頓帶回來給蔣介石的電稿：

> 晚上與胡適長談。他從華盛頓帶回一個給蔣的有關美援的電稿。我建議

199 〈胡適曾致函汪少倫說傅斯年不當立委〉，《中央日報》，1948年5月17日，「胡適檔案」，1581-1。

200 〈胡適之的一封信，汪少倫聲明並未收到〉，《新民晚報》，無日期，「胡適檔案」，1581-1。

201 保密局中訊局等呈報蔣介石，1948年6月7日，「國史館：蔣中正總統文物」，002-080200-00549-025。

202 《胡適日記全集》，8.398。

下列的修訂：一、美國的情況好壞參半，既有贊成也有反對援助的；二、
中國應該：甲）在長江以南促進團結。乙）新人、新政策。丙）定下一個
必須死守的區域。胡適同意。[203]

胡適5月18日在「外籍記者俱樂部」（Overseas Press Club）演講。這是胡
適到了美國以後第一個正式的演講。結果，他在日記裡只記了時間和地點，連
題目都沒有：「12:30 Lunch at 12:50 Overseas Press Club Lunch（Miss Hester Hensell,
Secretary, will write）La Zambra Restaurant, 127 W. 52nd St.〔午餐，「外籍記者
俱樂部」（秘書韓賽爾小姐會寫信），「桑巴拉餐廳」，西52街，127號〕。」[204]
感謝蔣廷黻5月16日的日記，我們才知道胡適那篇演講的主旨：

> 晚上，胡適過來談他要在「外籍記者俱樂部」的演講。他的主旨會是：
> 共產黨的勝利是銅牆鐵壁一般的集權主義（iron-clad totalitarianism）打敗
> 了偽極權主義或半極權主義（pseudo- or demi-totalitarianism）。後者有自
> 由主義的成分在內，是可以調教的（nourished）。[205]

這不是胡適第一次在美國人面前承認國民黨是一個專制、極權的政權，或
者半專制、極權的政權。1944年9月，胡適的保守戰友厄特利（Freda Utley）
──共產黨員轉為反共鬥士──在《美國水星》（*American Mercury*）雜誌上
發表了〈為什麼老愛挑中國的毛病？〉（Why Pick On China?）。厄特利指責美
國、英國的「自由主義者」好挑剔中國。她說她不否認蔣介石的國民黨是一個
專制的政府。然而，為什麼不作一些建設性的批評呢？她送了一份給胡適。他
在該年的「九一八」的回信裡稱讚厄特利的文章極為公正（fair）。他特別激賞
她從「然而，在承認了最不好的地方以後」那一段。厄特利在這一段裡說，中
國抗戰的問題就在於它不是一個真正的極權國家。她說，「如果蔣介石能像史

203　Tsiang Tingfu Diaries, May 3, 1949.

204　《胡適日記全集》，8.406。

205　Tsiang Tingfu Diaries, May 16, 1949.

達林、希特勒一樣擁有絕對的權力的話，他就有辦法動員全國的人力與物資去抗戰、強迫富人做點犧牲、遏止投機和貪污、強行農村改革、剷除所有的剝削（abuses）。」[206]厄特利這種邏輯匪夷所思，可是卻讓胡適激賞。他還特別去買了好幾份這期的《美國水星》雜誌送給朋友看。胡適對厄特利這段讓他特別激賞的話作了一個注解：

> 我相當同意妳的觀點。我常常告訴我的美國朋友說，中國的極權主義是一個笑話（farce）。「滑稽戲主義」（Farce-ism）〔亦即，畫虎反類犬；是胡適用同音字自創的一個名詞〕要遠比法西斯主義（Fascism）是一個更正確的形容它的名詞。[207]

重點是，即使「中國的極權主義是一個笑話」，是一種「滑稽戲主義」，胡適等於是承認國民黨是畫法西斯不成反類犬的法西斯主義。1945年5月，美國「新聞自由委員會」（Commission on the Freedom of the Press）主任李羅伯（Robert Leigh）邀請胡適參加6月5日和6日召開的會議。並希望胡適在回到紐約以後可以見個面，以便他可以告訴胡適該委員會在接下去幾個月的活動[208]。

胡適回信說雖然他那幾天人會在紐約，但他已經有了其他的安排。最有意味的是，胡適進一步地解釋為什麼他不去參加這個委員會的會議的理由：

> 你或許知道我之所以要避開貴委員會會議，是因為貴委員會在那幾個月間邀請證人作證的時候，我不希望對貴委員會造成尷尬。我覺得我這麼一個來自不特別以新聞自由著稱的國家的外國人在場，或許會太顯眼、太尷尬了。然而，如果貴委員會有什麼我可以幫忙的地方，我絕對義不容辭。[209]

206 Freda Utley, "Why Pick On China?" *The American Mercury*, LIX.249（September, 1944）, pp. 347-348.

207 Hu Shih to Freda Utley, September 18, 1944, "Freda Utley Papers," Box 7, "Hu Shih" Folder, The Hoover Institution, Stanford University.

208 Robert Leigh to Hu Shih, May 23, 1945,「胡適外文檔案」，E264-7。

209 Hu Shih to Robert Leigh, May 28, 1945,《胡適全集》，41.512-513。

如果胡適會引國民黨沒有新聞自由以為恥，為什麼他會支持國民黨這麼一個偽極權主義、半極權主義、或畫法西斯主義不成反類「滑稽戲主義」的政權？原因無他，因為他憎恨美國的自由主義者，因為他已經開始從反共鬥士過渡成為冷戰鬥士。

胡適在「外籍記者俱樂部」所作的演講，《紐約時報》也有一篇簡短的報導：

> 中國前任駐美大使胡適博士昨天說，共產黨之所以能席捲中國，並不是因為它是一個廣受人民歡迎的運動，而是一個殘酷無情的運動擊敗了一個腐敗、遲疑、士氣全失的政府的結果。
>
> 胡博士這段話是對「外籍記者俱樂部」（Overseas Press Club）五十名會員在「桑巴拉餐廳」所舉行的午餐會上所說的。他在三個星期以前從中國回到美國。他說他自己對中國當前的情況感到「困惑（confused）、不解（bewildered）」。他說他需要更多的時間來研究以後，才可能詳細地表達他的看法。[210]

最讓我們深切體認到胡適深藏不露的城府的，是胡適和蔣廷黻7月18日的日記。胡適自己的日記只記：「12:00 T. V. Soong & T. F.（11:45）come here〔宋子文和蔣廷黻（11:45來）〕；12:30-1:00 Roy Howard's lunch（230 Park）〔霍華德午餐（花園大道230號）〕。」[211]

反觀當天蔣廷黻的日記：

> 11點鐘到胡適的住所。宋子文接著就到。胡適告訴我們他和馬歇爾的談話。事實是，他們都沒有什麼話可告訴對方。馬歇爾否認他曾經力勸中國組織聯合政府。我真的是對胡適和馬歇爾失望。
>
> 12點鐘，我們去霍華德（Roy Howard）在紐約中央車站大樓裡的辦公

210　"Dr. Hu Analyzes China," *The New York Times*, May 19, 1949, p. 14.
211　《胡適日記全集》，8.422。

室。他的電梯和辦公室都是中國式的裝潢。霍華德是一個極其外向的人，極有自信，又有很多很實際的想法。他建議我們發表談話的時候，用詞和態度要囂張（blatant）。他要我們開給他一個美國諾言沒兌現的清單。

後來，宋子文有事先走。胡適和蔣廷黻留下來閒聊。胡適先說，他認為宋子文不可能留在中國的政治舞台上了。接著，胡適和蔣廷黻就當著霍華德的面抬起槓來了。這一抬槓，就無意間抖出了胡適的兩個謊言。

胡適告訴霍華德說我是社會主義者。胡適譴責英國的工黨政府。他要我小心點。我說：
「你支持杜威〔注：1948年共和黨總統候選人〕。」
「對！我是支持杜威。我會那樣作，主要是為中國好。我是對的。」
「我接受。可是我學到了一個教訓。」
胡適停下來思索著。212

蔣廷黻這則日記讓人深省的地方有兩點，都直指胡適說謊：一、我們記得胡適在1945年8月24日的信裡，勸毛澤東學習英國的工黨，和平奮鬥，才不至於免於「小不忍而自致毀滅」的命運。結果，胡適自己討厭英國的工黨！二、胡適在1月18日的日記裡說：「與傳說孔祥熙、陳立夫盼望Dewey當選總統同一荒謬。」結果，事實證明他自己也是盼望杜威當選總統的。如果胡適說孔祥熙、陳立夫荒謬，他們都可以對胡適反唇相稽，說他們跟胡適一樣，也是「為中國好」；如果那是荒謬，那是跟胡適一樣，「為中國好」而「荒謬」。

司徒雷登說得再正確也沒有了。胡適確實是蔣介石碩果僅存的支持他到底的知識分子。他和蔣介石可以說是志同道合。5月7日，當時他到紐約才十天。他接受「美聯社」（Associated Press）國際新聞專欄作家麥肯齊（DeWitt MacKenzie）的訪問：

212 Tsiang Tingfu Diaries, July 18, 1949.

　　著名的胡博士剛從他的國家抵達紐約開始他研究國際情勢之旅。我有機會在他的公寓裡一邊喝他所沏的茶，一邊和他聊天。我問他對於陳納德（Claire Chennault）將軍在參院軍事委員會（Senate Armed Services Committee）上的證詞有什麼看法。陳納德說美國還來得及拯救中國和亞洲，不讓其落入共產黨手中。其所需費用大概是一百萬美金一天。

　　胡博士回答說：「我不是軍事專家，不夠資格來判斷所需的費用。物質的援助，我們當然是無任歡迎。但是，我認為確切的數目如何的問題，不如美國在道義上可以對中國所作的幫助。

　　「美國保證跟我們站在一起，那是最重要的。國民政府目前最大的弱點，是因為它以為已經失去了美國的支持而士氣低落。我現在可以告訴你：南京政府之所以會崩潰，完全是因為那種說美國已經愛莫能助的報導所造成的。這種報導在我國迅速地流傳著。你不能忘記我國至少有五萬個知識分子是在貴國受教育的（胡博士自己是康乃爾的畢業生以及許多美國大學的榮譽博士）。他們很自然地一直密切地關注著美國。美國對中國的一舉一動，他們立時就知道。消息也就不脛而走了。」

　　博士用他極其富有表情的雙手不停地揮舞著，來強調他所講的這些話。他是一個很生動的人，以雙手跟口舌並用，來表達他的看法。他如果演啞劇，一定是個高手。

　　我指出國民黨軍隊在共軍大規模的攻勢之下，在軍事上是處於極為嚴峻的劣勢。我問他國民黨是否還有勝算。他點頭說：

　　「依我的看法，我們的處境並不劣於上次大戰法國、比利時被德國侵略

圖9　胡適在美國紐約寓所，攝於1957年。
（胡適紀念館授權使用）

以後的情況。那兩個國家都被敵國侵占了。他們的情況是糟到了極點。然而，他們的人民並沒有喪失勇氣。為什麼？因為他們知道同盟國是跟他們站在一起的。他們知道時間到了，德國就會被趕走的。我相信國民政府的希望還在。我們還有可能得到最後的勝利。」

我問胡博士是否接受中國共產黨是跟莫斯科勾結在一起的看法。

他大呵一聲地說：「當然！」立時就衝到隔壁的房間，拿來中國共產黨的黨章，念了其中一段其遵循莫斯科路線的文字給我聽。博士說：「因為如此，整個亞洲的命運是跟中國的內戰結合在一起的。如果中國被併吞了，剩下來的遠東就會落入俄國的手裡。」[213]

只是，這個時候的胡適在美國的聲望已經開始走下坡。麥肯齊的專欄是在全美國許多報紙同步刊載的。加州的《貝克斯菲爾德加州人報》（*The Bakersfield Californian*）5月10日的社論，就針對這篇訪問，徹底地譏諷了胡適：

胡博士剛抵達紐約來研究世界情勢。這就在在顯示出了胡博士的哲學的一個重點：未雨綢繆（prudence）。因為在紐約沉思世界情勢，要遠比在胡博士的祖國沉思要安全多了。胡博士提到了中國有五萬個在美國受過教育的知識分子。

事實是：這許多知識分子，對中國作出很少或幾乎沒有任何貢獻。他們贏不了我們的尊敬與支持。就光憑他們是在此受過教育這點，就足夠說明我們為什麼最後決定要撤出中國的理由。太多國民黨政府裡的領袖出賣了他們的國民。在他們的領導下的政府，連自己的人民都不尊敬了，遑論他人！

胡博士對南京政府崩潰所作的解釋，舌粲蓮花（glib），但根本就不是真的。當他的國家已經被他所謂的「共黨侵略者」逼到牆角的時候，他人

213 DeWitt MacKenzie, "Dr. Hu Shih Says China's Greatest Need Is US Moral Support," *The Ludington Daily News*（Michigan），May 7, 1949, p. 4.

卻在紐約「研究世界情勢」，這豈不怪哉！這就是太多中國所謂的知識分子和領袖的行徑──溜到其他安全的安身所在，然後詆毀處在困境裡的他人。

　　他們理應記得他們在美國所學到的東西── 我們尊敬的是正直（integrity）、勇敢（bravery）、和堅毅（stamina）。我們在中國的平民當中看到許多這些美德。然而，這些平民，不是已經被丟給了共產黨，就是因為橫豎什麼都沒有而自願過去紅區。214

胡適極其賣力為蔣介石辯護的言論，出現在許多專欄裡。比如說6月23日就又有一篇：

　　幾個星期以前，魏德邁將軍在一些國會議員在 Carlton Hotel〔卡爾頓酒店〕所舉行的不公開的談話會裡說，共產黨的勝利是什麼也阻止不了的。這是因為中國兵是被抓夫拉來的。他們根本沒有訓練，也沒有作戰的意願。軍官又苛扣他們的糧餉。

　　中國前任駐美大使胡適博士承認蔣介石政權是有許多缺點，但他堅持中國還是有救的。他所提出的對策是：一、美國不要承認中共政權；二、美國對國民政府作出積極支持的表示；三、在華南建立一個防線；四、准許美國人以志願軍與國民黨軍隊並肩作戰。215

胡適這次到美國去，和1937年一樣，是負有任務的。所以他與蔣介石電報往來非常頻繁。我們從他5月11日給蔣介石的信，知道他在5月6日已經給了蔣介石一個電報，因為胡適在這封5月11日的信一開頭就說：「5月6日顧大使曾有長電（魚電）敘述此邦對我國的態度。此電由大使館起草。後來由我完

214　"Editorial: Should Have Remembered," *The Bakersfield Californian*（Bakersfield, California）, May 10, 1949, p. 32.

215　Tris Coffin, "Washington Daybook: Tyding's Sharp Wit Whips Solons to Faster Activity," *The Daily Mail*（Hagerstown, Maryland）, June 23, 1949, p. 16.

全重寫，經列名諸公審查後始發出，想已蒙鑒察。」

　　這個「魚電」的初稿，就是蔣廷黻在5月3日的日記裡所提到的胡適從華盛頓帶回紐約的一個給蔣的有關美援的電稿。後來，蔣廷黻更在5月5日的日記裡提到了胡適改寫的情形：

　　　　胡適草擬了一個有關美援的電報給蔣、李〔宗仁〕、何〔應欽〕。他的序言完全符合我的想法：美國的情況好壞參半。他的建議跟我的想法完全相同，只是他把蔣擺在第一〔注：亦即，把已經下野的蔣介石、而不是代理總統李宗仁擺在第一〕，而且特別強調。張彭春、劉師舜都同意。這將會是一個聯名的電報：大使館、聯合國代表團、加上胡適和于斌。江易生建議我應該勸孔祥熙也打一通類似的電報。[216]

　　胡適明明自己都已經在信上告訴蔣介石說這個眾人聯名的「魚電」是由他「完全重寫」的，但他在日記裡就硬是要曲筆、不老實。他在5月6日的日記記：「于斌、曾琦諸人發二電：一致李德公；一致蔣介公，邀我列名。」[217]

　　這個胡適所說的「魚電」，也很有可能就是「蔣介石檔案」裡列在5月21日由顧維鈞領銜的那封電報：

　　　　……但美國援華政策之最大障害，在於一種有力的失敗主義：謂共產黨征服全中國已無可阻止；謂中國政治軍事經濟之崩潰已無可挽救；謂中國政府已無能力運用美援使其有效。故繼續援華非但無益，徒使中國人民更仇視美國而已。[218]

　　所幸的是，胡適5月11日給蔣介石的信保存著。5月11日當天，胡適在日記裡只寫了「Washington〔華盛頓〕」一個字。然而，從蔣介石檔案，我們知

216　Tsiang Tingfu Diaries, May 5, 1949.

217　《胡適日記全集》，8.399。

218　顧維鈞等電蔣介石，1949年5月21日，「國史館：蔣中正總統文物」，002-090103-00006-143。

道他當天不但見了魏德邁將軍，而且還寫了一封很長的報告，託李大為上校親帶到台灣給蔣介石：

昨夜二次到美京。即住宿魏德邁將軍（A. C. Wedemeyer）家中，深談到半夜始就寢。魏將軍有信上總統。其大致內容，我聽他說過，但全文不曾得讀。昨夜談話之間，我再三問他：「你不信我們能守住大陸上任何地方嗎？」他說，照現在的情形看來，照現在的「士氣」看來，福建、廣東都守不住。魏將軍的看法，最可以證明魚電所說「有力失敗主義」之可怕！

最後，我很嚴重的對魏將軍說：台灣止有七百萬人口。台灣的工業又不是可以獨立自給的經濟基礎。台灣是不夠做我們復興的基地的。我們必須在大陸上撐住一個自由中國的規模，維持一個世界承認的正式政府。

魏將軍對此意思頗鄭重考慮。他說，我若有權，我可以派丁伯曼將軍（General Timberman）（前駐中國，曾在北平主持三人和平小組）（此人昨夜亦在座。但魏將軍的意思是指他自己）去中國。由美國籌撥十億美金為「週轉專款」，並授他全權。可以招集專家（包括在德國挑聘四、五千個軍事專家）為中國訓練新軍人。他說，即使國務院根本改變政策，即使此計畫可以實行，也需要半年以上，或一年以上，始可生效力。我說，如果此計畫可以實現，即此計畫的宣布已可以給我們不小的鼓勵。精神上的興奮是今日最需要的。

魏德邁將軍的談話，是一個愛中國、而又敬愛先生的朋友的半夜深談。在今日尚無試行的機會。但我報告此段談話，為的是要請先生明瞭，只要我們能撐住，將來的援助可能取的形式的一種。

關於先生的出處，我們昨夜也曾談過。因為魏將軍是敬愛先生的人，故他盼望先生將來仍能領導中國。但他也質直的承認先生為親戚所累，為一群矮人所累，以致今日在此邦人的心目中聲望已大低落。

魏將軍說話很爽直。他很老實的批評我國的重要將領實在多不懂得軍事。他很推重孫立人、俞大維。他說：「孫立人是今日唯一可用的將才；陳誠將軍是有操守的好人，但他的軍事知識很有限。」（我報告這種話，也是要先生知道一個美國朋友的見地，想先生不見怪。）

他重複申說台灣必須用文人作主席。據說他上先生信上也有此種建議。

我是四月廿一日到舊金山的，廿七日到紐約。到此邦已二十日。日日憂心如焚，而實在一籌莫展。我的看法是今日我們決不可撇開美國當國的領袖（白宮與國務院）而另向在野黨（共和黨）與輿論做工夫。用在野黨與輿論來壓當局諸公，徒然使他們更感不快而已。最好的目標是使對華政策也變成兩黨協力的政策。至於應如何做法，尚未有具體下手方式。當續有所陳述。[219]

蔣介石在5月28日給胡適的回信就說明了重點：

適之先生：十一日手示誦悉。魏將軍長函亦同時接到。我國在此悲慘境地，而外國友人猶念舊不忘熱忱，愛護如此，更覺慚惶萬分。此時所缺乏而急需於美者，不在物質，而在其精神與道義之聲援。故現時對美外交之重點，應特別注意於其不承認中共政權為第一要務。至於實際援助，則尚在其次也。對於進行方法，行政與立法兩途，不妨同時進行，但仍以行政為正途，且應以此為主務。望先生協助少川大使，多加工夫為盼。[220]

蔣介石這封信明白地指出胡適到美國去的任務：為蔣介石辯護、爭取美國的援助、阻止美國承認中共。其中，最亟需的，用蔣介石這封信和胡適5月7日接受麥肯齊的訪問裡所說的話來說，就是他們所謂的美國在「道義上」的支持。根據美國的情報，蔣介石離開中國的時候，派蔣經國從上海的銀行運到台灣的金銀財寶大概值三億美金——換算成2017年的幣值，將近五十億美金[221]。

胡適在4月27日剛到紐約的時候告訴蔣廷黻，認為蔣介石應該守住長江。他跟蔣廷黻都認為即使放棄了長江的守衛，蔣介石還是應該死守華南的一個區域。就像胡適在5月11日向蔣介石報告他對魏德邁說的話：「台灣是不夠做我

219　胡適電蔣介石，1949年5月11日，「國史館：蔣中正總統文物」，002-020400-00028-113。

220　蔣介石致胡適，1949年5月28日，「胡適紀念館」，HS-NK04-008-001。

221　Jay Taylor, *The Generalissimo*, p. 405.

們復興的基地的。我們必須在大陸上撐住一個自由中國的規模，維持一個世界承認的正式政府。」胡適有所不知，蔣介石的策略是「留得青山在，不怕沒柴燒。」他在抗戰的時候，保留住胡宗南的大軍。一方面除了用來防堵延安的共產黨以外，另一方面也準備日後用來解決共產黨之用。現在，兵敗如山倒的他已經沒有那麼多的兵力可以調度，他只能改取「留得青山在，不怕沒柴燒」的策略。他除了運走三億美金的財寶到台灣以外，又先不戰而逐步撤出他所信任的軍隊到台灣去。代總統李宗仁在2月間要求湯恩伯調派他的四十萬大軍守衛長江的時候，湯恩伯拒絕，理由是蔣介石要他鎮守上海。事實上，蔣介石已經派蔣經國在舟山建築機場，以便撤退湯恩伯的軍隊到舟山之用。4月26日，他最後一次到上海。次日發表〈和平絕望奮鬥到底〉文告，信誓旦旦地說：「際此憂危震撼之時，中正重申決心，誓與我全國同胞，共患難，同生死。」

　　然而，就在蔣介石說要與上海的民眾共生死的時候，湯恩伯的軍隊大多已經撤到了舟山和台灣[222]。十天以後，5月7日上午，蔣介石乘輪離開上海：「在船上獨自眺望汪洋。意態適然：『甚想專心建設台灣為三民主義實現之省區也』。」[223]二十天以後，5月27日，上海落入共軍之手。

　　胡適跟蔣介石都在嘴巴上對美國人說，他們所需要的主要是「道義上」的支持，而不是物質上的。這是阿Q精神的體現，因為當時美國政府的政策是放棄蔣介石，等中國的內戰塵埃落定。阿Q對拿不到的東西的態度，就是說他反正本來就不想要。胡適跟蔣介石真的不需要物質上的支援嗎？胡適對麥肯齊說得坦白：「物質的援助，我們當然是無任歡迎。」事實上，從「魚電」到胡適5月11日和魏德邁的談話，其所環繞的主題就是美援，而且也是胡適、顧維鈞、蔣廷黻、宋子文等人在美國籌畫、蔣介石在台灣配合的重點。宋子文6月17日給蔣介石的電報，就一語道破了他們爭取美援的謀算與設計：

　　　　職在巴黎時適四強開會。美代表團友人見告：美方對華政策可能轉變，並勸早日來美。抵美後晤三妹〔宋美齡〕、適之、廷黻、少川、淞蓀及美

222　Jay Taylor, *The Generalissimo*, pp. 403-407.
223　呂芳上主編，《蔣中正先生年譜長編》，1949年5月7日，9.275。

友如露士華德、黎達夫人等。討論結果，美援在以下條件可以獲得：一、國內外我方人士團結一致；二、美國所謂自由分子出面執政，使馬歇爾及國務院諸人得以下台〔階〕。關於第一項，適之、廷黻及職明日另電詳陳。第二項，如適之出而組閣，並以廷黻、孟餘、大維、國楨等參加，國內外影響必佳。適之現雖謙讓，但如去秋鈞座曾囑某君轉請其擔任行政院長，當時如令彼之好友傳言，彼亦可從命。現在國難日深，彼必不惜羽毛。至如何達成目的，是否請其先就外長，或即直接組閣。尚祈進賜考慮。[224]

宋子文在這通電報裡所說的「如去秋鈞座曾囑某君轉請其擔任行政院長，當時如令彼之好友傳言，彼亦可從命。」指的就是胡適在1948年11月22日日記裡說：「陶希聖從南京來，奉有使命來看我。可惜我沒有力量接受這個使命。」[225]這就是當時蔣介石要請胡適出任行政院長的一件事。有趣的是，這個傳言是當天蔣廷黻在宋子文的車子裡告訴他的。宋子文現買現賣。蔣廷黻在當天的日記裡是這樣說的：「我告訴他〔宋子文〕去年冬天胡適幾乎接受行政院長的職位。他沒接受的原因是因為特使是陶希聖，而且又沒有蔣的親筆函。」[226]

蔣廷黻的這個說法，把胡適說成像是一個具有「三顧草蘆」錯綜的人。蔣廷黻當然有可能厚誣了胡適。然而，以他們兩人的友誼，再加上他們當時在紐約幾乎是無日不相過從，蔣廷黻的說法不見得一定是一面之詞的。另外一個當時發生的事例，似乎也可以佐證蔣廷黻所描述的胡適這個「三顧草蘆」錯綜。6月13日，美國報紙登載閻錫山發表胡適為外交部長的消息。胡適當天的日記沒記任何話，只黏貼了一張英文剪報。然而，《胡適日記全集》編者的三個錯誤，誤導了讀者及胡迷。雖然胡適當天沒記日記，但有英文剪報。由於該份英文剪報的標題被遮去了一個字，編者就摘擇大意，在當天的日記裡冠上了「馬歇爾向國民黨新政府提出兩條建議。」然後，在注解裡說這兩個建議為：一、

224 宋子文電蔣介石，1948年6月17日，「國史館：蔣中正總統文物」，002-020400-00031-058。
225 《胡適日記全集》，8.370。
226 Tsiang Tingfu Diaries, June 17, 1949.

由蔣介石領導一個新的「最高政策委員會」；二、由胡適出任外交部長[227]。其實那剪報的標題雖然有一個字被遮住，並不難猜出來，是「中國新政府」（A New Government in China）。

　　第一個錯誤是，這句「馬歇爾向國民黨新政府提出兩條建議」應該加括弧。不加括弧的結果，會讓讀者誤以為是胡適在當天日記裡寫的話。第二個錯誤是，該剪報報導的，不是「馬歇爾向國民黨新政府提出兩條建議。」那個「馬歇爾」也者，「閻將軍」（Marshall Yen）也！此 "Marshall" 是「將軍」的稱號，而非彼「馬歇爾」的人名。第三個錯誤，該則剪報不是建議，而是記載閻錫山所成立的新政府及任命胡適為外交部長為明智之舉的報導[228]。

　　《胡適日記全集》編者這個錯誤，使得傅國湧在《1949年：中國知識分子的私人記錄》的〈「根株浮滄海」：胡適的哀傷〉一篇裡說：「6月13日，胡適日記只有一句話：『馬歇爾向國民黨新政府提出兩條建議』，同時黏貼了一則英文剪報，由胡適出任外交部長就是馬歇爾的兩條建議之一。」[229]鍾漢清也接著以訛傳訛地把傅國湧這個錯誤又轉載在他「Hu Shih 胡適之先生的世界 The World of Dr. Hu Shih」2013年1月19日的部落格裡[230]。王銘義又繼續引用了這個錯誤，在他的專欄裡說：「據稱，由胡適出任外長應是馬歇爾提出的建議。」[231]

　　總之，胡適最後還是在6月21日用他一貫的「適在此為國家辯冤白謗，私人地位實更有力量」的理由婉拒了。然而，根據蔣廷黻6月18日的日記：

227　這幾個錯誤出現在安徽教育出版社的《胡適全集》，33.745。台北聯經版的《胡適日記全集》在當天日記裡，雖然沒有「馬歇爾向國民黨新政府提出兩條建議」這個誤導讀者的句子，但這句話出現在編者註裡。聯經版的優點是把剪報打字印出來，見8.411-413。

228　"A New Government in China,"「胡適日記」，「胡適紀念館」，HS-DY01-1949-0613。

229　傅國湧，《1949年：中國知識分子的私人記錄》（武漢：長江文藝出版社，2005），https://tw.ixdzs.com/read/18/18716/2436818.html，2017年2月4日上網。

230　「Hu Shih 胡適之先生的世界 The World of Dr. Hu Shih」，2013年1月19日，http://hushihhc.blogspot.com/2012/10/blog-post_28.html，2017年2月4日上網。

231　王銘義，「蔣李權鬥不歇國府潰敗撤台——民生戰線—— udn 城市」，http://city.udn.com/54543/3621986#ixzz4XkcNStKr，2017年2月4日上網。

　　有關他辭去外交部長一事，他出示了他婉拒的電稿。他接著下按語說：
一、雖然蔣請他不要拒絕，但他並沒有堅持要他接受；二、李宗仁連一個
電報都沒有打。宋子文和我都極力地勸他先緩一緩。[232]

　　胡適「三顧草廬」的錯綜，在此呼之欲出。根據胡適的日記，他是在6月
21日發電報給閻錫山婉拒[233]。胡適當然不知道蔣介石才在前一天給閻錫山一個
電報：「適之覆兄電意如何？請示以大略。最近接其函電甚積極。似有入閣之
可能。請堅留，不許其辭為荷。」[234]
　　我在上文提到蔣介石5月28日給胡適指示外交重點的信。這封信顯然是由
專人帶到紐約給胡適。因此，胡適在6月23日，寫了一封回信，呼應蔣介石在
信中的外交方針的指示：

　　　李大為君帶來先生親筆賜書，十分感慰。適來此邦，細察情形。每對美
　　國朋友問我：「美國如何可以幫助中國？」我總說，只有三句話：第一、
　　消極的，不承認主義（即斯汀生主義）〔注：即1931年「九一八事變」以
　　後，當時美國國務卿斯汀生所宣布的「不承認主義」〕；第二、積極的，
　　精神的援助。例如一種政策的宣言，使中國人知道美國人同情於中國，並
　　沒有放棄中國；第三、倘能使精神援助有物質援助（經濟的與軍事的）作
　　陪襯，那當然更好了。
　　　此意與先生信上說的「現時對美外交之重點，應特別注意於其不承認中
　　共政權為第一要務。至於實際援助，則尚在其次也」，正相符合。尊函已
　　與少川大使、廷黻兄、子文兄看過。以後大家步驟應可以更一致。

　　胡適接著除了報告他在給閻錫山電報裡所說的「適在此為國家辯冤白謗，
私人地位實更有力量」的說法以外，另外又以自己該年來心臟病發的徵兆已經

232　Tsiang Tingfu Diaries, June 18, 1949.

233　《胡適日記全集》，8.417。

234　蔣介石電閻錫山，1949年6月20日，「國史館：蔣中正總統文物」，002-020400-00031-062。

發生過四次為理由，請求蔣介石接受他婉拒出任外交部長。信末，胡適說明這封信是託劉瑞恆帶去台灣給蔣介石[235]。

　　晚年的胡適真的是變不出新把戲出來了。「和比戰難」、「苦撐待變」是他在中日戰爭期間的口號。而司汀生的「不承認主義」則甚至是他在1933年以後就開始用來號召的口號。更有意味的是，司汀生的「不承認主義」是指不承認日本用武力在中國獲得的領土與特權。這適用於一個國家侵略另外一個國家的時候。現在，胡適把它挪用過來對付即將贏得內戰的共產黨。這等於是說中國共產黨不是中國人。胡適和蔣介石志同道合，莫此為甚。

　　我在上文徵引了《貝克斯菲爾德加州人報》5月11日譏諷胡適的社論。那篇社論就很精準地抓住了胡適這個中國共產黨不是中國人的論調。所以，該社論才會不屑地說胡適「所謂的『共黨侵略者』」──彷彿說中國共產黨不是中國人一樣。」事實上，這就符合我馬上就要分析的胡適的「冷戰鬥士」論點。換句話說，胡適就是要把中國共產黨打成不是中國人，或者，至少不是純粹的中國人，亦即，是蘇聯卵翼下的孽種，方才可能讓他用冷戰的論述，來呼籲自由世界粉碎那寄生在蘇聯體制下的中國共產黨。

　　胡適和蔣介石真的不覬覦美國的軍援和經援嗎？答案當然是否定的。他和蔣廷黻、宋子文在6月18日聯名給蔣介石的電報就說明了一切：

　　　介公總統鈞鑒：美國朝野對我國軍政領袖，是否加強精誠團結，決心與共黨奮戰到底，尚多懷疑。故同情於我之有力人士，至盼我有明白表示，或可使美國政府有一個機會作轉位方向之表示。故擬請公約各方面主要領袖，發表宣言，大致如下：

　　　在共黨統治之下，國家絕不能獨立，個人更難有自由，人民經濟生活亦絕無自由改進之希望。中國民族當前之危機，為有史以來最大之危機。吾人有鑑於此，決定與共黨奮鬥到底。因特相約精誠團結，通力合作。並放棄個人利害之意見，以求吾人共同目標之實現，即全國共黨毒禍之消滅。

235　胡適致蔣介石電閻錫山，1949年6月23日，「國史館：蔣中正總統文物」，002-020400-00029-006。

切望國人與政府團結一致，共同奮鬥到底云云。

　再以上宣言簽署人，除國內外重要分子外，擬請將西南、西北及台灣各軍政、與在美之于斌、曾琦、及適加入。仍請卓裁。[236]

　我在上文提到胡適怪閻錫山任命他為外交部長時，李宗仁連一封勸駕的電報都沒有。事實上，胡適既不尊代總統的李宗仁為君，他如何能期望李宗仁視他為部長呢？君不見胡適在這封信裡，稱呼當時已經「下野」的蔣介石為「總統」！

　有關胡適、蔣廷黻、宋子文這個請蔣介石廣約各界領袖發表團結宣言的電報，蔣廷黻日記裡說明了由他起草、再由其他兩人潤飾的經過。6月17日日記：

　　中午12點到胡適的公寓。宋子文也去了。胡適告訴我們他和一些參議員的談話，以及他和魯斯克（Rusk）〔Dean Rusk，時任副次國務卿〕、周以德（Judd）〔Walter Judd，親蔣介石的明尼蘇達州共和黨眾議員〕的談話。決定建議蔣介石、李宗仁、何應欽、白崇禧聯合發表一個宣言……晚上，起草宣言。[237]

　反觀口風緊得滴水不漏的胡適當天的日記：「4:00 Dr. Fournier, 29 Clarement Ave.（He may get Prof. Anderson from Yale to go out to supper together.）〔4點，見佛尼爾大夫（注：胡適的牙醫），克萊爾蒙特街29號（他可能會找耶魯大學的安德森教授一起出去吃晚餐）〕」[238]他連蔣廷黻、宋子文當天到他公寓去都沒提，遑論宣言的事！

　蔣廷黻6月18日日記：

236　胡適、蔣廷黻、宋子文電蔣介石，1949年6月18日，「國史館：蔣中正總統文物」，002-020400-00031-059。

237　Tsiang Tingfu Diaries, June 17, 1949.

238　《胡適日記全集》，8.416。這則日記英文字辨識錯誤太多。

早晨十點，跟宋子文、胡適在「大使酒店」（Ambassador Hotel）商討我起草的電報。他們兩人都給了意見：胡適給中文稿意見；宋子文給英文稿意見。建議的都是增強感性，內容都沒有動。大旨是：為了國家的獨立、個人的自由，以及經濟的發展，各界領袖宣誓要精誠團結以與共產黨奮鬥到底。[239]

再比較胡適當天的日記：「10 Sharp—1021-22 Ambassador Hotel」；11:30 T. C. Tang（Central News Agency）；3:00（？）McKee; 6:00 Ni; 7:00 Metropo〔10點整，到「大使酒店」1021-22室；11點半，見唐（中央社）；3點（？），見默克；6點，見倪；7點，到「大都會（？）」〕[240]難得胡適賜告我們他當天早上10點整去了「大使酒店」！

蔣介石在接到胡適、蔣廷黻、宋子文這個電報以後，立即在6月20日把該電轉給閻錫山，請他出面邀約各界領袖發表宣言。值得注意的是，蔣介石這個電報後面附了一個「擬聯合宣言署名人名單」，由李宗仁領銜，包括閻錫山、胡適、于斌等共62名[241]。

為了要爭取到美援，他立刻在6月21日責成台灣省主席陳誠、西南軍政長張群、國民黨中央黨部代理秘書鄭彥棻約請各方面領袖聯名[242]。7月3日，他召見總裁辦公室主任黃少谷，指示他全國各黨派領袖共同簽署之反共救國宣言要在「七七」十二週年紀念日當天發表[243]。由於時間倉促，他在次日（支電）給鄭彥棻的指令裡，就要他根據他所開列的名單便宜行事。如果在發布之前來不及徵詢其人同意，只要相信他們可能會同意，可以在發布後完成同意的手續：

中擬於七七紀念日與德鄰、百川兩兄，及胡適之、于主教、曾琦、張君勱諸先生暨本黨各元老、各軍政長官、各綏靖主任、各省主席、市長、議

239　Tsiang Tingfu Diaries, June 18, 1949.

240　《胡適日記全集》，8.416。

241　蔣介石電閻錫山，1949年6月20日，「國史館：蔣中正總統文物」，002-020400-00031-059。

242　呂芳上主編，《蔣中正先生年譜長編》，1949年6月21日，9.307。

243　《事略稿本》，1949年7月3日，「國史館：蔣中正總統文物」，002-060100-00254-003。

長、與部分文教領袖人士發表共同宣言，表示團結奮鬥反共救國之決心。
請即微詢德鄰、百川兩兄意見為荷？贊成盼立即就名單中現在長沙、廣
州、桂林、及香港澳門人士，以最速方法向其徵求同意。其未能接洽但確
信不致有異議者，仍可酌列其名。惟一面須完成取得其同意之手續。最好
能約湘桂兩省議長、及桂大校長參加。宣言全文及英文譯文另行電告……

在這個支電裡，擬列名單已達89名[244]。然而，我們光從「蔣介石檔案」檢
索目錄所列鄭彥棻給蔣介石的報告，就可以看出並不是所有名單上的人都同意
列名。

這個宣言在7月7日發布，由蔣介石領銜。其大旨為：

共匪憑藉抗戰時期乘機坐大之武力，利用抗戰以後國力凋敝之機會，破
壞和平，擴大戰禍。八年抗戰之成果，為其所摧毀無餘，而國家危難，比
之十二年前更為嚴重。吾人深知，中國如為共黨所統治，國家決不能獨
立，個人更難有自由，人民經濟生活絕無發展之望，民族歷史文化將有滅
絕之虞。中國民族當前之危機，實為有史以來最大之危機，而中國四億五
千萬人口，一旦淪入共產國際之鐵幕，遠東安全與世界和平，亦受其莫大
之威脅。今日國難當前，時機迫切，吾人將共矢精誠，一致團結，為救國
家爭自由而與共黨匪徒奮鬥到底。吾人生死與共，個人決無恩怨；民族之
存亡所繫，黨派決無異同。國家之領土完整與主權獨立，一日不能確保，
人民之政治人權與經濟人權一日不能獲致，則吾人之共同努力，即一日不
能止息。[245]

我們可以看得出來，這個宣言基本上是採用了蔣廷黻起草、胡適潤飾了的
字句，再加上蔣介石一向用來咒罵共產黨的慣用語。只是，胡適、蔣介石等人
都瞎忙了。這個宣言並沒有幫蔣介石拿到美援。美國政府一直要等到韓戰進入

244　蔣介石電鄭彥棻，1949年7月4日，「國史館：蔣中正總統文物」，002-090100-06017-405。
245　呂芳上主編，《蔣中正先生年譜長編》，1949年6月21日，9.316-317。

停火談判以後，才開始給予在台灣的蔣介石軍援和經援。

　　無論如何，蔣介石在著手進行聯名宣言一事的同時，也不忘延攬胡適、蔣廷黻入閣之事。他在6月20日致電宋子文、胡適、蔣廷黻：

　　巧〔18日〕電誦悉。在此時期，中亦認為有聯合各方面領袖發表宣言之必要。俟與各方面洽商後即發表。惟為轉移友邦態度、振奮人心計，內閣人望亦至重要。適之、廷黻兩先生最好能毅然返國入閣。現時各部人事盡可再行調整，以容納其他為美國朝野所信任之人士。愚意百川與適之兄必能充分合作。如適之先生能充任副揆兼外長一席，或外長由廷黻兄專任，均極相宜。如兩先生能大體同意，中擬即與李代總統暨百川院長晤商一切。大局已屆極嚴重關頭。見危授命為兄等之素養，如何？[246]

　　蔣介石這封電報重要的地方，除了要發表那一份「團結一致、奮戰到底」的聯合宣言以外，就是蔣介石希望胡適能出任行政院副院長兼外交部長一事。當時給胡適施加壓力要他加入政府的，不只是蔣介石，還有蔣廷黻、宋子文、和顧維鈞。胡適在6月14日的日記裡說：

　　見廷黻兄。他說宋子文兄從歐洲回來後，極力主張要我出來領導救國的事業，他願從旁力助。我去看子文，途中忽發心臟病。下車後進入Ambassador Hotel 的北面小門，在椅子上靜坐幾分鐘，「警報」才解除。與子文談，果如T. F.〔蔣廷黻〕所說。我猜想他在歐洲必見了Thomas Cochran〔柯克朗，羅斯福顧問〕，受了他的影響，故作此幻想。[247]

　　次日，胡適日記只有一張香港《大公報》的剪報。但蔣廷黻當天的日記說他們三人又見了面：

---

246 蔣介石電宋子文、胡適、蔣廷黻，1949年6月20日，「國史館：蔣中正總統文物」，002-020400-00031-059。

247 《胡適日記全集》，8.413-414。

到胡適的公寓，宋子文已經到了。我們盡全力勸他接受外交部長的職位，以作為過渡到行政院長的準備。他遲疑不決。最後說他會緩幾天再作決定。他說無論如何他會盡全力為國作事。[248]

我在上文已經提到胡適是在6月21日去電閻錫山婉拒外交部長的職位。他在當天的日記裡完全沒提到他去了宋子文的住處和他以及蔣廷黻會面，而且甚至發了脾氣，訴說宋子文在他當大使的時候對待他的不是。蔣廷黻當天的日記：

中午十二點應宋子文之邀到他的住處。我比胡適早到了幾分鐘。宋子文給我看他給蔣的電報，建議任命胡適為行政院長、我為外交部長。等胡適到了以後，宋子文出示了蔣的回電。他要胡適和我立即回國，胡適當行政院副院長，我當外交部長。胡適回答說他已經回閻錫山電，拒絕了外交部長的職位。雖然用詞委婉，但明確拒絕了。

我於是試圖提出一個更大的藍圖：一個新的內閣。不知道什麼原因，今天的胡適比平時都特別的執拗（unreasonable）。他一再地重複他的擔憂以及他是如何的力不從心。我告訴他說，他只要善保元氣就可以了，不要給朋友太多的時間，不要有外騖（curious）就行了。

他突然間大發脾氣（burst out），訴說他在華盛頓當大使的時候，宋子文對他的總總不是。最後，宋子文勸他保持一個開放的心態。胡適又說了他在1947年冬天婉拒蔣要他出任駐美大使；說他如何建議蔣不要任命翁文灝當行政院長；說翁文灝的貨幣改革〔金圓券〕結果證明是一大罪狀，等等。[249]

胡適說他當年建議蔣介石不要任命翁文灝為行政院長。可是，他1948年接受記者訪問的時候，說法卻剛好相反。根據《書報精華週刊》的報導，由於蔣介石原先所屬意的行政院長人選都沒有實現，記者在立法院通過翁文灝的任

248　Tsiang Tingfu Diaries, June 15, 1949.
249　Tsiang Tingfu Diaries, June 21, 1949.

命以後，特地去北大訪問胡適：

> 記者在會客室裡稍坐了會，胡校長就高興地從辦公室走出來，坐在沙發上。他在知道了記者的來意後，就很高興的說：「行政院長人選，翁先生原是被談到之一，不過沒想到這麼快就被通過了。他以前做過行政院副秘書長。一切政務很熟，這是很好的事。我很高興。這位新行政院長是世界知名的學者。將來他對國家一定能從大處著手。他雖是國民黨的中委，但至少全國的知識階級都會認為他是沒有黨派的人；他的學術地位高，黨派色彩薄。知識階級一定很歡迎他的。我想世界的學術界聽到這個消息，也一定很高興。[250]

當然，胡適也有可能當時並不贊成，但由於生米已經煮成熟飯，就順手推舟地作好人、說好話。反過來說，他也有可能是當時贊成，後來看到翁文灝的政策失敗，而改變主意。不管到底是今日之胡適非昨日之胡適，還是反之，他都是作了違心之論。

無論如何，次日，6月22日，胡適、蔣廷黻、宋子文三人，再加上柯克朗，又見了面。因為當晚胡適有一個演說，所以他們是在深夜十點半才會面。胡適的日記：

> Dinner at "Town Hall Club"（Informal）〔市政廳俱樂部晚餐（非正式）〕；10:30: at T.V.'s Apt.〔10點半，到宋子文的公寓〕。今夜作一個演說，頗沉痛。Thomas Corcoran〔柯克朗〕自法國回來，在子文兄〔處〕見面。他力主張我出來擔任救國事業的領導工作。我早猜子文是受 T. C.〔柯克朗〕的影響，T. F.〔蔣廷黻〕不信。今夜我聽 T. C. 的話，更恍然明白了。[251]

胡適6月22日晚在紐約市政廳的演說裡到底說了些什麼「沉痛」的話，他

---

250 胡適，〈談翁文灝〉，《書報精華週刊》，第14期，1948，頁18。
251 《胡適日記全集》，8.417。

就是吝於透露。幸好顧維鈞當晚在場。他在哥倫比亞大學所作的《顧維鈞口述回憶》裡，摘述了胡適當晚的演說。他說：

> 　　胡適這個演說沒有講稿。他講了一個鐘頭。開始的時候他有點緊張。但在進入情況以後，他說得還頗鏗鏘有力。他鳥瞰了一個世紀以來中美友誼裡的三個基柱：一、美國對中國友好的政策，包括「門戶開放」政策；二、在中國的傳教士所帶來的新方法與新觀點，例如針對纏足；三、留美學生在中國的影響力。他接著就單刀直入地反問：從我上次來美國扭轉美國對華的態度以後，到底發生了什麼改變？那就是：沉默、疑忌，以及對中國政府——那對日抗戰八年有功、開國之初頗有建樹的政府——的批判。他自問自答地說，在對鐵幕的意義以及其後的種種都還不清楚的時候，就急欲促成一個包括中共在內的聯合政府。他說：「中國的重建必須從內部入手」、「是急不來的」。[252]

同樣地，蔣廷黻當天的日記不但比較詳細，而且提供了談話的脈絡：

> 　　宋子文打電話來，告訴我〔今天的〕《紐約時報》上瑞斯頓（Reston）有一篇文章說艾奇遜（Acheson）〔國務卿〕正在重新考慮美國對華政策。我們決定兩點四十五分在他的旅館見面。我到的時候，柯克朗已經到了。我們三個人坐下來談。柯克朗說瑞斯頓那篇文章非常重要。他主張胡適出任外交部長或駐美大使。我說我更希望胡適出任行政院長。柯克朗說艾奇遜就要提出一個新的政策。胡適應該在幾天內去見他。柯克朗說塔夫脫（Robert Taft）〔親蔣介石的俄亥俄州共和黨參議員〕也很重要。宋子文打電話給胡適。胡適正在準備今晚的一個演講。我們同意晚上十點半再

---

252 "The Wellington Koo Memoirs"（Columbia University, 1976）, Vol. VI: Second Mission to Washington, Part I: The Critical Period（January-October 1949）, I.195-196。請注意：北京出版的《顧維鈞回憶錄》（北京：中華書局，1983）不但翻譯不夠精準，而且有刪削的所在。真要作研究，一定要用英文原稿。

見面。

　　幾個鐘頭以後，我們四個人舊調重彈。胡適答應他會儘快去見艾奇遜。柯克朗作了一個非常精采的陳說，說明要有新人、新政策，以便贏得國務院的信心。胡適完全同意，但拒絕承認他就是那新人。我們十一點散會。[253]

　　胡適在6月23日日記：「1:15（Pierre）Lunch with Koo & T. F.〔1點15分，到皮爾餐廳與顧維鈞、蔣廷黻午餐〕；5：鐵如來；Write letters to T. C. & T. V. and send to J. Heng〔寫信給柯克朗、宋子文交給劉瑞恆〕。」[254]

　　蔣廷黻當天的日記：

> 　　與顧維鈞午餐，胡適是主客。顧維鈞用盡了他三寸不爛之舌試圖勸胡適出任行政院長。他強調時間的因素。胡適就是固執。我問他有其他人選嗎？他說王世杰、我、俞大維、蔣夢麟。我說：「你在作違心之論。」我後來告訴他說，所有他所提的那些人都會樂意當他的下屬。他還是固執著……我們談了兩個半鐘頭。除了交換一些消息以外，一無所獲。我離開的時候又疲倦又失望。[255]

　　蔣廷黻6月25日的日記記他、宋子文、和胡適又在中午見了面。有關這個會面，胡適自己的日記只有兩個字：「T. V.──12:30〔宋子文，12點半〕。」[256]連地點都各於告訴我們。蔣廷黻的日記則說明了談話的大要：

> 　　十二點半，去「大使酒店」見宋子文和胡適。宋子文問我說，如果胡適拒絕出任行政院長，我是不是還是願意回去出任外交部長。我說不。我們接著談到葉公超的財政需要。宋子文說他會打電報給王世杰。後來談到了

253　Tsiang Tingfu Diaries, June 22, 1949.

254　《胡適日記全集》，8.418。

255　Tsiang Tingfu Diaries, June 23, 1949.

256　《胡適日記全集》，8.418。

美國的《白皮書》。我們沒有一個人有辦法。

　　我帶胡適回來吃午飯。我告訴他說當前是一個道德的危機：必須給中國人和美國人信心。那就是邱吉爾在敦克爾克（Dunkirk）〔注：二次大戰時，英法避免被德軍殲滅所作的大撤退〕時所作的貢獻。胡適說當時邱吉爾在國會具有大多數票，而且他還有艾登（Eden）〔英國外相〕的支持。我回答說：「邱吉爾當時所接下來的是一個破產的政黨。至於艾登，他到底作了些什麼可以被稱為政治家的大事？」他對我說：「廷黻！你確實很有說服力。可是我對自己的能力就是沒有信心。」「你看著那水，覺得是很可怕的樣子，拒絕跳進去。你跳進去以後，就會發現其實還不錯呢！」可是他就是寸步也不讓。[257]

胡適是鐵了心了。胡適6月29日日記：

　　昨夜見子文給介石先生電（梗＝23日），說「廷黻兄與職商量，勸其（適之）就副院長職，留美一個月，與美政府洽商後，回國任行政院長。但不知國內情形許可此種布置否？適之昨謂李代總統始終未來電邀就外長。堪注意。」又見介石覆感（27）電：「梗電悉。甚望適之先生能先回國，再商一切也。」[258]

　　胡適在次日的日記裡有進一步記：「發了三個電報：一給閻百川先生，一給杭立武先〔生〕，皆堅辭外交部長事。一給蔣介石先生，則說宋子文梗電所說，我『從未贊成，亦決不贊成。』」[259]這件胡適入閣事到此終於落幕。

　　胡適在1949年到美國為蔣介石作宣傳，用他自己在1947年春婉拒蔣介石要他作國府委員時候所說的話來說，是「支持他，替他說公平話，給他做面子。」然而，在蔣介石的政權崩潰，美國政府又決定停止援助蔣介石，等待塵

257　Tsiang Tingfu Diaries, June 25, 1949.

258　《胡適日記全集》，8.419-420。

259　《胡適日記全集》，8.420。

埃落定以後，再決定中國政策的當下，如何給蔣介石做面子，並不是一件容易的事。

值得注意的是，胡適在剛到美國的時候，一時還不知道如何給蔣介石「做面子」。就像他5月18日在「外籍記者俱樂部」的演講裡所說的，連他自己對中國的情況也趕到「困惑、不解」。因此，他不經意間不但沒有給蔣介石「做面子」，反而是坍他的台。比如說，我在上文提到他在「外籍記者俱樂部」那個演講裡，就說：「共產黨之所以能席捲中國，並不是因為它是一個廣受人民歡迎的運動，而是一個殘酷無情的運動擊敗了一個腐敗、遲疑、士氣全失的政府的結果。」或者用蔣廷黻所描述的主旨：「共產黨的勝利是銅牆鐵壁一般的集權主義，打敗了偽極權主義或半極權主義。」

兩個多星期以後，6月6日，專欄作家皮爾生（Drew Pearson）在他全國大報聯刊的專欄裡說：

> 前任中國駐美大使胡適博士──蔣介石私人代表──最近告訴記者蔣介石政權腐敗。這位坦率、不擺架子的前任大使是康乃爾大學的畢業生。他說國民黨是以一個革命運動開始、一變變得不民主、再變變得腐敗──這是所有專制政權的宿命。但是，他警告說共產黨更可怕。胡適說他才剛離開現在已經落入共產黨手裡的華北。他說，那不是竹幕，而是鐵幕，是完全沒有個人自由的。[260]

雖然胡適強調共產黨更可怕，但他說蔣介石政權專制加上腐敗是所有專制政權的宿命這種說法，不會讓美國讀者覺得蔣介石是「兩害相權」之中，必須取的「輕」；更可能的反應是，如果兩個一樣可怕、討厭，最好是抽手不管。

胡適為什麼會替蔣介石作這樣的反宣傳？當然，蔣介石政權專制與腐敗，可能就是胡適自己當時的蓋棺論定。驚人的是，胡適有現成的冷戰論述可用。那可以讓他避開蔣介石既專制又腐敗的事實，而集中火力攻擊中共是蘇聯併

260　Drew Pearson, "Capital News Capsules," *Indiana Evening Gazettee* (Indiana, Pennsylvania), June 6,1949, p. 19.

吞、滲透全球策略下的工具。當時胡適所每期必看的《時代》（*Time*）雜誌，
用的宣傳策略就是這個冷戰論述。這個冷戰論述的宣傳策略，一言以蔽之，就
是：由於蔣介石政權的貪腐與無能，要為其辯護，最好的方法，就是把中國的
命運與全球反共運動結合在一起[261]。

　　傳教士家庭出身、親蔣介石的《時代》雜誌發行人魯斯（Henry Luce），
早在1947年美國開始制定的冷戰策略像第二次世界大戰時一樣，仍然是重歐
輕亞的時候，就一再地強調蘇聯在中國宰制的情況比歐洲更加嚴重。

　　更直接對胡適用冷戰的語言與論述來作宣傳有幫助的，是我在上文提到的
他從前在國務院的好友洪貝克所寄給他的文章，亦即，洪貝克1948年12月28日
在「美國政治學會」的年會上發表的〈穩定中國政局：對美國的利害〉。洪貝克
在這篇文章裡所赤裸裸地流露出來的，就是美國「冷戰鬥士」的語言與論述：

　　　我們已經介入了第三次世界大戰：共產對民主、克里姆林宮對自由世界
　　——一個全球性、多陣線的衝突。在有些地區還是冷戰，可是在其他地區
　　已經是熱戰了。

　　　那在紅旗領導之下的窮兵黷武的共產主義是挑戰者。所有非共產的國家
　　都在其攻擊之下。這個衝突會繼續下去，一直到那一天，不是克里姆林宮
　　終於放棄其征服世界的政策和行為，就是美國在國內、國外都被徹底擊
　　敗，對共產主義投降，美國以及所有其他原來自由的國家都變成蘇聯的衛
　　星國家或蘇聯的一部分為止。換句話說，面對克里姆林宮所啟動的窮兵黷
　　武的共產主義，是沒有妥協的餘地的。

　　　今天，那統治著俄國及其衛星國家的獨裁者領導之下的寡頭政權所傾全
　　力以赴的，是要達成以下的目標：a）粉碎所有資產階級的政府；b）在全
　　世界成立共產政權，或由莫斯科所操縱的政權。美國政府及其人民所致力
　　的目標則是：a）保衛美國的獨立；b）保障我們能安享我們所相信的生活

261　Wedemeyer to Marshall, May 29, 1946, "Wedemeyer Papers," 82, United States Forces, China
　　Theater, Marshall, George C., Albert C. Wedemeyer Papers, Hoover Institution,轉引自Robert
　　Herzstein, *Henry R. Luce, Time, and the American Crusade in Asia*, p. 71.

方式；c）為了達成上述的目標力挽共產主義的狂瀾。[262]

換句話說，胡適在1949年奉蔣介石之命再度赴美從事宣傳工作以前，對冷戰的語言與論述，早就耳熟能詳了。其實，他何止只有受到洪貝克以及《時代》雜誌的影響，美國總統杜魯門的言論也是他不會不知道的。儘管胡適和蔣介石都老愛怪罪杜魯門總統和其國務卿艾奇遜是把中國拱手讓給共產黨的罪人，他們兩人都是美國學者所公認的冷戰策略的制定者。杜魯門1947年3月12日在美國國會的演講，更被視為是「杜魯門主義」（Trumen Doctrine）揭起冷戰旌旗的宣言。這時，由於英國無法繼續支援希臘政府與希臘共產黨之間的內戰，土耳其又受到蘇聯的壓迫，美國決定接手介入。杜魯門在這個演講裡作了下述的宣言：

這世界有一些國家的人民最近被迫接受了極權的政權。美國政府已經多次對這種在波蘭、羅馬尼亞、保加利亞等國家所發生的違反了〈雅爾達協定〉的脅迫與威嚇的行為提出了抗議。我必須指出這樣的事情也發生在許多其他國家裡。

在眼下這個世界歷史時刻裡，幾乎每一個國家都必須在兩種生活方式之中作一個抉擇。問題是，人們常常並沒有作抉擇的自由。

一種生活方式是建立在大多數人的意志之上。而且其特點是自由的制度、代議制的政府、自由選舉、個人自由得到保障、言論與宗教的自由，以及免於政治迫害的自由。

另外一種生活方式是少數的意志強加於大多數。其所用的方法是恐怖與壓迫，新聞與廣播是受控制的，選舉是操縱的，個人的自由是被壓制的。

我相信美國的政策必須是要去支持所有自由國家的人民，反抗被武裝的少數、或外來的勢力所奴役。

---

262 Stanley Hornbeck, "Political Stablization of China: United States Interested," in *Appendix to the Congressional Record, 95-Part 12, January 3, 1949 to March 1949* (Washington, D.C., United States Government Printing Office, 1949), A79.

　　我相信我們必須協助自由國家的人民用他們自己的方法去決定他們的命運。

　　我相信我們協助的方法主要是給予經濟與財政的援助——這是獲取經濟穩定與政治秩序的先決條件。[263]

　　事實上，在胡適1949年離開中國的前一年，他自己已經開始使用冷戰的語言與論述了。最明確的例子，就是他1948年1月21日寫給周鯁生的公開信：〈國際形勢裡的兩個問題：給周鯁生先生的一封信〉。胡適該年1月15日日記只有一句話：「寫長信給周鯁生，討論他的〈歷史要重演嗎？〉（未完）。」[264]

　　周鯁生這篇〈歷史要重演嗎？〉的主旨，是在於憂心美國因為和蘇聯的對峙，而力圖扶植德國、日本的復興，以便把它們納入親西方、反蘇聯的陣營。所謂歷史的重演，指的就是第一次世界大戰以後，協約國本來是要制裁、懲罰德國。結果，由於西方列強本身利害的分歧，以至於讓希特勒有機可乘，進而成為再度成為侵略國的歷史。其實，英、美在戰前縱容日本蠶食鯨吞中國，讓日本坐大東亞，以至於偷襲珍珠港，重創美國，才是周鯁生這個憂心歷史重演更重要的主旨。

　　在〈國際形勢裡的兩個問題：給周鯁生先生的一封信〉裡，胡適首先否認美國有扶植德國和日本與蘇俄對峙的想法。他說：「我可以武斷的說：武裝德、日，英、美、法與澳洲、加拿大諸國的人民絕對不肯允許的。」他非常有把握地說：「因為根本不許德、日兩國重行武裝，所以西方國家決不要扶持德日兩國來抵制蘇聯。」胡適的結論說：「如果我的看法不算大錯，那麼，我們似乎沒有理由可以譴責西方民主國家對德、日和約政策的改變。至少我們應該承認這些國家在他們管轄的地域之內，沒有武裝德國人和日本人的嫌疑。」這是胡適在這篇文章裡所要討論的第一個問題。

263　"President Harry S. Truman's Address Before a Joint Session of Congress, March 12, 1947," "The Avalon Project," Yale Law School, http://avalon.law.yale.edu/20th_century/trudoc.asp，2017年2月6日上網。

264　《胡適日記全集》，8.348。

　　其實，胡適是錯的。美國從 1947 年秋天開始，修訂對日本的政策。從原先力圖根除軍國主義機制，並從而民主化日本，一百八十度地轉變成為以經濟復甦為主軸，防止共產主義波及日本。用美國、日本學者的名詞來說，這是美國對日「政策逆轉」（reverse course；日文：「逆コース」）。早在 1947 年 5 月 8 日，當時還是次國務卿的艾奇遜已經在一個重要的演說裡，說美國要把德國和日本重建成為亞歐兩洲經濟復甦的「大工廠」（great workshops）[265]。從該年夏天，美國國務院已經開始討論恢復德國、日本軍備的準備。到了 1948 年初，國務院以及國防部已經決定讓日本重建軍備以作為反抗共產主義的堡壘[266]。

　　美國對日政策的大逆轉對中國造成極大的震撼。《大公報》主編王芸生在 1947 年訪日兩週回國以後，看到美國扶植日本重建軍備以對抗蘇聯，他憂慮中國夾在美蘇夾縫之間：「一旦有事之時，美國軍艦裝著日本的『關東軍』，重在我們的東北登陸，一面與蘇作戰，一面也就對中國直接執行『防共』以至『剿共』的任務。」王芸生的評論所得到的共鳴幾乎是全面的。唯一的例外，是國民黨的《中央日報》。知識分子與輿論的批判，接著就帶動了上海、北平、昆明學生的反對美國扶植日本的示威。

　　當時中國知識分子和學生的反應，完全可能是肇因於他們的恐日症。因此，反應過度。然而，研究國共內戰的美國學者胡素珊（Suzanne Pepper）說得好。這種反應必須放在國共內戰，以及日益升高的冷戰的脈絡下來理解。事實上，美國扶植日本，讓日本經濟復甦，成為美國在東亞的反共基地，這確實成為事實。胡素珊說，這些中國知識分子以及學生擔憂，如果美國和蘇聯開戰，日本將會成為美國出兵的基地，而中國淪為戰場。她說，我們回顧歷史，不能不說他們的恐懼不是毫無理由的。兩年以後的韓戰，就幾乎證明了這個恐懼，只是戰場是在韓國，而不是在中國本土而已[267]。

　　如果胡適在〈國際形勢裡的兩個問題〉裡對美國是否扶植日本的分析證明

265　Michael Schaller, *The American Occupation of Japan: The Origins of the Cold War in Asia*（New YorkL: Oxford University Press, 1985）, p. 97.

266　Michael Schaller, *The American Occupation of Japan*, pp. 122-123.

267　Suzanne Pepper, *Civil War in China: The Political Struggle,* pp. 72-76.

是錯誤的，其實那並不是他所措意的問題。第二個問題，才是胡適這篇文章的重點。周鯁生那篇文章裡最讓胡適不以為然的話，是「我們並相信在聯合國列強中間尚沒有真正像戰前德意志、日本那樣好戰的侵略勢力。」胡適在文章一開始，就開宗明義地指出他不同意周鯁生的所在：「前幾天我讀了老兄〈歷史要重演嗎？〉那篇文章。我頗驚訝我們兩個老朋友對國際局勢的觀察竟相隔離如此之遠！」胡適所謂他與周鯁生「對國際局勢的觀察竟相隔離如此之遠」的所在，一言以蔽之，就是蘇聯：

> 老兄在此文裡說：「我們相信在聯合國列強中間尚沒有真正像戰前德意志、日本那樣好戰的侵略勢力。」老兄這句話一定要引起不少人的懷疑，因為在不少人的心目中，戰後的蘇聯可能是一個很可怕的侵略勢力。還有些人覺得這個侵略勢力可能比德國、日本還更可怕，因為他們本錢比德、日還更雄厚，他的野心比德、日更偉大，他的勢力比德、日極盛時還更普遍。有這種憂慮的人，世界各地都有，在中國特別多，因為蘇聯近年對中國的行為實在不能不叫人害怕而憂慮。老兄有什麼法子叫他們不害怕不憂慮呢？
>
> 就拿我自己做個例子。老兄知道我向來對蘇俄是懷著很大的熱望的。我是一個多年深信和平主義的人，平常又頗憂慮中國北邊那條世界第一長的邊界，所以我總希望革命後的新俄國繼續維持他早年宣布的反對帝國主義、反對侵略主義的立場。這種希望曾使我夢想的俄國是一個愛好和平的國家，愛好和平到不恤任何代價的程度（peace at any price）。老兄總還記得，我曾用這「愛好和平到不恤任何和平代價」一個觀念來解釋蘇俄最初二十多年的外交政策，說他從〈布雷斯特李托烏斯克和約〉（Brest-Litovsk Treaty）起，一直到1939年的對德不侵犯條約，都可以說是「愛好和平到不恤任何代價」的表示。1939年9月以後，波蘭被瓜分，芬蘭被侵略，這些事件確曾使我對蘇俄開始懷疑。但我總還不願意從壞的方面去想，因為我的思想裡總〔不〕願意有一個侵略國家做中國的北鄰。老兄還記得我在1941年年底在美國政治學會年會的演說。我還表示我的一個夢想：我夢想中蘇兩國的邊界，能仿照美國與加拿大之間的邊界的好榜樣，不用一個士兵防守！前幾年美國副總統華萊士先生訪問蘇俄與中國，他在

重慶下飛機時發表的書面談話裡，還引我那個中蘇邊界不用武裝兵士防守的夢想。老兄在 1944 年出版的大作《求得太平洋的和平》（*Winning the Peace in the Pacific*）裡[268]，也還引我這個夢想的全文。

老兄，我提起這一大段自述的故事，為的是要表明我對蘇聯確曾懷抱無限希望，不願意想像這個國家會變成一個可怕的侵略勢力！

但是〈雅爾達秘密協定〉的消息，〈中蘇條約〉的逼訂，整個東三省的被拆洗——這許多事件逼人而來。鐵幕籠罩住了外蒙古、北朝鮮、旅順、大連。我們且不談中歐與巴爾幹。單看我們中國這兩三年之中從蘇聯手裡吃的虧，受的侵害——老兄，我不能不承認這一大堆冷酷的事實，不能不拋棄我二十多年對「新俄」的夢想，不能不說蘇俄已變成了一個很可怕的侵略勢力。

這是世界最不幸的事，也是蘇俄自身最不幸的事。蘇俄是世上第一個疆土最大的國家，今日是他的國力最強盛的時期。全世界公認他是兩個最大強國之一。這正是他應該修善睦鄰的時期了。暴力是終久靠不住的。德國、日本都是眼前的鏡子。一個強國也還需要朋友，需要誠心愛護他的朋友。無論怎麼強的霸國，到了鄰舍害怕他、朋友拋棄了他的時候，就到了開始下坡的日子了，他的極盛時期已經過去了。

我拋棄了二十多年對蘇俄的夢想，我自己很感覺可惜。但是我觀察這幾年的國際心理，這樣從殷勤屬望變到灰心，從愛護變到害怕憂慮，恐怕不止是我一個人。即如老兄，難道你真不承認這個可怕的侵略勢力嗎？老兄試回想你我兩人在五六年前對蘇俄那樣熱心的期望，試回想我們當時親眼看見的西方民主社會對蘇俄那樣真誠的友誼——我們不能不惋惜：蘇俄今日被人看作一個可怕的侵略勢力，真是蘇俄自己的絕大不幸，自己的絕大損失了。[269]

268　S. R. Chow, *Winning the Peace in the Pacific: A Chinese View of Far Eastern Postwar Plans and Requirements for a Stable Security System in the Pacific Area*（New York: The Mcmillan Company, 1944）.

269　胡適，〈國際形勢裡的兩個問題：給周鯁生先生的一封信〉，1948 年 1 月 21 日，《胡適全集》，25.316-320。

　　胡適說蘇俄「極盛時期已經過去了」！這不是胡適第一次對國際局勢作預言，也不是胡適預言失算的第一次。他1937年鐵口斷定日本在太平洋的霸權在「九一八」時候達到巔峰，然後就開始衰落是他另外一次失算的預言。

　　然而，胡適的預言之所以會失算，並不是因為他坐井觀天。他是一個勤於讀英文報紙雜誌的人。他1937年的預言，是我在第一章所分析的〈太平洋的新均勢〉（The Changing Balance of Forces in the Pacific），是他發表在1937年1月號的《外交季刊》（*Foreign Affairs*）的論文。那是他最初在哈佛大學的一個演講提出，同一些國際政治學者討論，後來又在紐約、華盛頓、芝加哥、西雅圖、洛杉磯，以及加拿大各地講演過十多次才寫出來的論文。可以說是經過深思熟慮、廣集反饋意見以後的成果。結果還是鐵口失算。

　　同樣地，胡適在1948年作蘇俄「極盛時期已經過去了」這個預言的時候，也是他廣讀英文報章雜誌的成果。只是，就像我在第四章會交代的，他晚年所讀的雜誌，已經跟他年輕時代所愛讀的雜誌大相逕庭了。他年輕時代所愛讀的幾個雜誌已經對他來說太自由主義、太不對味了。我們注意到在這封公開信裡，他已經開始使用「鐵幕」這個冷戰時期所特有的用語了。雖然「鐵幕」這個隱喻在十九世紀就已經有人開始使用了，但用在美蘇對峙的冷戰脈絡之下，是邱吉爾在1946年3月5日在美國密蘇里州的一個演講開始的。

　　最讓人意外的是，胡適在1948年就已經接觸到、而且開始使用冷戰的語言與論述。然而，他在奉命到美國幫蔣介石作宣傳的時候，卻會彷彿像在作反宣傳一樣，直指國民黨是一個腐敗的偽極權主義、或半極權主義的政權。到了1950年初，距離他寫他最著名的冷戰文獻──刊載在1950年10月號的《外交季刊》裡的〈在史達林戰略裡的中國〉（China in Stalin's Grand Stategy）──只有半年多的時間。然而，值得注意的是，他當時仍然還沒能用冷戰的論述來為蔣介石的失敗作辯護。

　　〈在史達林戰略裡的中國〉是胡適自己在他給蔣介石的一封信裡所用的譯名。問題是，胡適是如何從國民黨是一個腐敗的偽極權主義、或半極權主義的政權，這個相當蹩腳的宣傳，進步到他〈在史達林戰略裡的中國〉裡所用的冷戰的論述？幸運的是，我在不同的檔案裡找到了胡適所留下來的演講，讓我能夠重建胡適這個思路形成的軌跡。

胡適跟《外交季刊》主編阿姆斯壯（Hamilton Fish Armstrong）的來往信件就提供了一個胡適當時是如何痛苦地掙扎的歷程。阿姆斯壯在1949年就已經一再地敦促胡適為該刊該年冬季號寫一篇為國民黨辯護的文章[270]。胡適在1949年9月14日打電話給阿姆斯壯答應撰稿[271]。結果，胡適絞盡腦汁就是寫不出來，甚至到了心神崩潰的地步。他在10月22日寫信向阿姆斯壯解釋：

> 我要寄上最深切的歉意，又再度地讓你失望，完成不了你交給我的寫一篇關於中國的論文的任務。我可以向你保證我從九月初就認真著手進行了。然而，我心神崩潰（breakdown）到了失眠的地步。結果，醫生要我停止寫作。
>
> 我希望你能再次原諒我未能符合你對我的期望：「對美國的讀者大眾提出一篇他們必須讀、為了中國的福祉他們應該讀的文章。」[272]

換句話說，胡適悟出他〈在史達林戰略裡的中國〉裡所用的冷戰的論述，並不是一蹴即達的。從國民黨是一個腐敗的偽極權主義、或半極權主義的政權這個論點，到〈在史達林戰略裡的中國〉裡所用的冷戰的論述，胡適還需要經過一個摸索、試誤的過渡階段。這個過渡階段的論述，就出現在他在1950年2月間所作的兩個演講。

我們之所以能知道胡適1950年2月間所作的同一個題目的兩個演講，完全是拜他的好友洪貝克把演講稿留下來的功德之賜。胡適在他送給洪貝克的演講稿上寫了一個便條：

> 這個演講先是在（2月17日）在「芝加哥大亨俱樂部」（Executive Club of Chicago）的午餐會上講的。我改寫（特別是從第10頁開始的最後一部分）以後又在（2月23日）在（紐約）〔康乃爾大學工學院〕「工程師太

---

270 Hamilton Armstrong to Hu Shih, September 1, 1949，「胡適紀念館」，HS-NK02-001-012。

271 Hamilton Armstrong to Hu Shih, September 15, 1949，「胡適紀念館」，HS-NK02-001-013。

272 Hu Shih to Hamilton Armstrong, October 22, 1949，「胡適紀念館」，HS-NK02-001-016。

太俱樂部」（The Engineering Women's Club）講了一次。[273]

　　胡適自己的日記，只有17日日記：「中午，在Executive Club of Chicago〔芝加哥大亨俱樂部〕講演，題為China In Distress〔〈劫難下的中國〉〕。」[274] 2月23日的日記則完全沒提當天演講的事。

　　胡適在〈劫難下的中國〉（China In Distress）一文裡，提出了一個自問自答的問題：中國為什麼會從戰後四強的地位，在短短一年半的時間裡落入到成為在「鐵幕」後被極權的共產黨奴役的國家？他說這原因究竟何在呢？

　　　　有人說腐敗是其原因；有人說是因為中國沒有一個民主的政府；又有人說是因為意識形態上被征服了。

　　　　作為一個歷史研究者，我傾向於認為中國在這兩年當中所發生的，主要是軍事上的崩潰──就好像法國在1940年淪陷〔於德國〕，就主要是軍事上的崩潰一樣。

　　對胡適來說，這是在宣傳策略上的進步。他不再以國民黨極權不成反類犬，以及腐敗，作為理由來解釋蔣介石政權的失敗。現在，他提出了一個新的理由。完全避開國民黨本身的問題，而把蔣介石的失敗歸諸於純粹軍事上的崩潰。

　　諷刺的是，胡適所提出的這個新的詮釋，等於是接受了他所痛恨的艾奇遜在1949年8月所發表的《對華白皮書》（*United States Relations with China*）裡一個類似的結論：

　　　　本書裡的文件詳細地說明了中國中央政府失敗的許多理由。這些理由都不能歸諸於美國援助的不夠。根據我國在中國的軍事觀察員的報告，在

273　Hu Shih's note, received February 27, 1950, Stanley Hornbeck Papers, Box 207, "Hu Shih, 1950-1962" Folder, Hoover Institution, Stanford University.

274　《胡適日記全集》，8.474。

1948 年這個關鍵年裡，國民黨的軍隊沒有一場戰爭的失敗是因為武器或軍火的不足。事實是，我國的觀察員在戰爭初期在重慶所已經看到的腐化的現象，已經致命性地腐蝕了國民黨抵抗的力量。其領袖沒有能力處理他們所面對危機，其軍隊失去作戰的意志，其政府失去人民的支持。相對地，共產黨以其冷峻的紀律與狂熱的激情，試圖展現他們是人民的保護者與解放者。

國民黨的軍隊根本不需要去打；它是自己瓦解的。歷史上這樣的例子屢見不鮮：一個對自己沒有自信的政權、一個沒有士氣的軍隊，是不可能倖存於戰場的考驗的。

胡適在最後這一句話旁邊作了一個眉批：「此論太過火了。」[275]胡適有所不知，如果他說蔣介石的失敗，「主要是軍事上的崩潰」，他就必須接受棄甲曳兵是國民黨在「軍事上的崩潰」的一個重要原因。

為了解釋為什麼蔣介石的失敗，「主要是軍事上的崩潰」，胡適在〈劫難下的中國〉描述中國共產黨的軍力是無比強大的。他說中國共產黨不同於所有其他國家──除了蘇聯以外──的共產黨。這就是說，中國共產黨幾乎從創黨開始就有一隻力量龐大的獨立的軍隊。他說，中國共產黨是在 1921 年創立的。它在 1927 年 8 月就有了獨立的紅軍。1949 年 8 月 1 日，共產中國慶祝建軍二十二週年。胡適說其實中國共產黨在 1927 年以前，因為國共合作的關係，已經控制了一部分的國民黨的軍隊。一直要到 1927 年國民黨「清黨」以後，中國共產黨才開始建立其獨立的紅軍。

胡適在這篇演講裡，分析紅軍的數目。他說紅軍在初年的時候，大概有幾十萬的兵力。在蔣介石花了七年時間的「剿匪」的努力之下，共產黨只剩下幾萬的紅軍。他說 1936 年是紅軍數目最少的時候。1937 年抗日戰爭以後，共軍被編入國軍的系統、並給予補給的時候，其配額只有 45,000 名。

275　胡適藏書：Dean Acheson, "Letter of Transmittal," July 30, 1949, *United States Relations with China* (Department of State, 1949), p. XIV，「胡適紀念館」，N03F2-035-01。

在八年抗戰期間，這45,000名的共軍增長的速率快到毛澤東可以在1945年4月24日的政治報告裡說：「我在寫這個報告的時候，我黨的軍隊已經達到910,000的數目，民兵的數目達到了2,200,000人。

胡適說這是二十倍的成長。不但如此，這還是在共軍跟蘇聯的紅軍會師以前的數目。他說一年不到，等共軍得到蘇聯所提供給他們的日本軍隊所留下來的軍火以後，共軍宣稱他們的軍力已經達到1,700,000。中國共產黨在1948年8月1日慶祝建軍二十二週年的時候，他們很驕傲地對全世界宣布他們正規軍的人數有4,000,000。胡適接著說：

> 就是中國共產黨這隻龐大的軍力，造就了那幾乎是奇蹟式的勝利，在幾年之間打敗了蔣介石疲憊、沒吃飽、沮喪的軍隊。請允許我提醒諸位，就是這隻迅速增長的軍隊，使所有美國好意要在中國調解、成立聯合政府的主張都注定是會失敗的。

我們記得胡適在1936年12月20日寫的〈張學良的叛國〉一文裡嘲笑共產黨的軍隊是「一群殘破無力的土匪」[276]，他萬萬也沒想到十五年不到，這群原來「殘破無力的土匪」會以勢如破竹之勢摧毀了蔣介石美式裝備的大軍。重點是，胡適在1936年誇張地貶抑了共產黨的軍力，在1950年則誇張地膨脹了共產黨的軍力。兩次誇張的目的雖然剛好相反，但作為宣傳的動機則一。

回到胡適這篇演講。胡適會提到美國調解、成立聯合政府，就是要含蓄地指出中國共產黨的勝利，美國要負極大的責任。他說：

> 中國共產黨所要的不是一個聯合政府，而是要完全征服中國。美國從中國撤出軍隊，停止提供軍事援助，就正好是加速了共產黨的征服。就像魏德邁將軍早在1947年9月就已經指出的：「撤出美國的援助，而不同時撤出蘇聯的援助，將會使這個國家被共產黨宰制。」

276　胡適，〈張學良的叛國〉，1936年12月20日，《大公報：星期論文》。

接著，胡適就描寫蔣介石在馬歇爾的督導之下，遵照美國的意旨制憲、建立民主，卻反遭被共產黨顛覆的歷程，來暗諷馬歇爾對蔣介石的失敗要負極大的責任：

> 貴國偉大的馬歇爾將軍在國民大會制憲的五十天當中在南京。他在1947年1月7日公開地承認說：「國民大會制訂了一個民主的憲法，在各個主要的方面都符合各黨派所參與的國民參政會的原則。」馬歇爾將軍接著又說：「他很遺憾共產黨拒絕參加國民大會，因為其所制訂的憲法納入了所有他們所希望達成的要求。」
>
> 共產黨頭子要一個「民主的憲法」作什麼呢？在由莫斯科所訓練出來、又由國際共產提供無限資源的戰爭、破壞專家所領導的武裝叛亂之下，一個「民主的憲法」能產生什麼作用呢？制憲完成是在1946年的聖誕節。依據憲法所舉行的第一次總統、副總統選舉一直要到1948年4月底才完成。四個月以後，東北與華北的潰敗就開始了。我們能夠把失敗的原因，歸諸於一個相當民主、相當誠實（honest），但只有幾個月的機會行憲的政府嗎？

胡適稱他自己是一個反共的中國自由主義者（anti-Communist Chinese liberal）。他說，中國雖然挫敗，但還沒有出局。它仍然在奮戰。胡適說中國是當時世界上唯一一個與共產黨奮戰的國家。他說他很樂觀。他徵引了一段一個美國漢學家朋友對他說的話。這個美國漢學家相信中國人固有的懷疑的精神和常識終究會再抬頭的。這個漢學家胡適沒指名，其實就是美國國會圖書館東方部主任恆慕義在1949年8月17日給他的信[277]。胡適說：

> 我完全同意我這個學問上的朋友的歷史樂觀主義。我特別喜歡他所說的我國人「固有的懷疑的精神和常識」。他所說的懷疑的精神和常識，是意指中國人懷疑所有事物，一直到他們得到滿意的理由為止的態度。這種態

---

277 Arthur Hummel to Hu Shih, August 17, 1949，「胡適紀念館」，HS-US01-003-006。

度是最好的保護，保護他們不被教條和莫名其妙的胡說欺騙。除了這個懷疑的態度以外，同樣重要的，是中國人所特有的個人主義——在任何條件、氣候之下都可以過活，一心為自己和子孫取得自由、獨立的生活。這兩個特質加起來，就是反共產暴政的中國反抗者最佳的組合。

美國能為中國作什麼呢？說到這個問題，不但胡適自己，連《舍我其誰》的讀者都會覺得似曾相識。1937年胡適奉蔣介石之命初到美國求援的時候，接受「哥倫比亞廣播公司」（Columbia Broadcasting System）的邀請作了一個錄音演講：〈中國在目前危機之下對美國的期待〉（What China Expects of America in the Present Crisis）。十二年以後，胡適再度奉蔣介石之命到美國求援。胡適說，從他1949年4月抵達美國以後，不管他到什麼地方，大家都會問他：「美國能如何幫助中國呢？」胡適說，他對美國有三個建議：

> 　作為一個熱切主張美國制訂一個超黨派的中國政策的個人，我斗膽建議以下應該不會有爭議的三點，作為最基本的中國政策：
> 一、不承認中國的共產政權；
> 二、中國得以在台灣行使權力和享有主權；
> 三、按照國會所新通過的支持中國和韓國的法案，繼續經濟支援「自由中國」。[278]

到1950年2月間，胡適出亡美國已經十個月了。然而，他為蔣介石所作的宣傳，只從國民黨是一個腐敗的偽極權主義、或半極權主義，進步到國民黨是被一個在二十五年之間成長二十倍的龐大的共軍所擊敗的論點。這是胡適每天看、並剪貼五種報紙所得的成果！胡適為什麼如此用功、而收效那麼低呢？原因無它，這就是因為他還沒找出一個中心的概念來貫穿他的資料的結果。胡適1950年6月9日晚給沈怡寫的信，就描述了他是如何的用功，以及如何終於找到那個中心的概念的歷程：

278　Hu Shih, "China in Distress," Stanley Hornbeck Papers, Box 207, "Hu Shih, 1950-1962" Folder.

　　我去年4月出國，21日（「和平」破裂之日）到金山，迄今十三個半月了！這十三個月來，我曾收羅一些書報，並且自己每日剪黏五種日報。我很想對國家的困厄與世界的危機，得一個自己認為比較滿意的解釋。十三個月之中，我差不多沒有作一次公開的講演。討論十三個月的結果，我稍稍明白這十幾年的歷史。5月18日，我在Council on Foreign Relations〔「美國外交關係協會」〕領導一個小規模的討論會。我說了一點鐘，又答了一點鐘的話。我的結論大致是說：「這十幾年中，只有國際共產黨大致知道他們的目的與步驟，只有他們比較的明白他們所謂戰略與策略；此外，所謂大國領袖，所謂大政治家，都不免古人所謂『盲人騎瞎馬，夜半臨深池』！」[279]

　　胡適在給沈怡這封信裡所提到的「美國外交關係協會」，就是刊載他的〈在史達林戰略裡的中國〉一文的《外交季刊》的發行機構。幸運地是，胡適1950年5月18日在「美國外交關係協會」所舉辦的「中國問題討論小組」發言的記錄，「胡適紀念館」藏有一份。這一份記錄我在本部第二章提過[280]。
　　胡適給沈怡的信只摘述了他5月18日在「中國問題討論小組」上所作的結論，「胡適紀念館」所藏的英文記錄則告訴了我們他是如何得到那個結論的。胡適在這個演講裡首先回顧了他從中日戰爭以來的一些看法和想法：

　　胡博士接著談到了中國廣大疆域在日本統治之下所造成的影響。他說滿洲受日本統治十四年、華北和沿海的省份八年。因此，即使受日本統治的時間較短的地區，也遠超出歐洲被占領的區域所經歷的時間。十四年漫長的統治造成了極嚴重的後果。它發展出一種新的語言。〔戰後〕報考北京大學的學生所呈繳的畢業證書裡所用的語言，既不是中文，也不是日文。
　　同時，國民黨與共產黨的軍事力量的對比，也在這八年的占領期間產生

---

279 胡適致沈怡，1950年6月9夜，《胡適全集》，25.448-449。

280 "Record of the Fifth Meeting of the Discussion Group on China," May 18, 1950，「胡適紀念館」，HS-US01-004-004。

了很大的變化。在這點上，胡博士說他特別要指出艾奇遜說，那沒有什麼裝備的共產黨一從山溝裡出來，就打出了天下。胡博士說，任何歷史家都可以告訴艾奇遜，說他根本就是胡說（indulging in literary license）。中國共產黨跟世界上所有其他共產黨不同的地方，就在於它幾乎從一開始就有一隻軍隊。

　　接著，胡適就重述了他2月間在〈劫難下的中國〉演講裡所描述的紅軍的建軍史：從初期的四十萬，到「長征」以後所剩下來的幾萬，到1937年以後被編入國軍系統的45,000，到1945年的910,000的正規軍外加2,200,000的民兵，到慶祝建軍二十二週年時候的4,000,000的正規軍。

　　胡適追溯共軍在抗戰期間飛速增長的目的，就是要為蔣介石政權的崩潰提出一個新的詮釋：

　　　胡博士說，如果不是因為抗戰以及日本長期的占領，所有這些都是不可能發生的。很明顯的，共產黨〔在抗戰的時候〕用力的所在不是打日本，而是增強其勢力。因此，從許多方面來說，我們現在所面對的是第二次世界大戰的繼續。胡博士認為中國被卡在那種情況之下，導致於今天中國被共產黨所控制的局面。他說，這種局面的嚴重性，十四年前已經有人意識到了，而且試圖力挽狂瀾。中國並不是唯一的受害者。大英帝國不再！東歐也已不再！所有這些問題，沒有一個得到解決。所以，中國是這個世界大局裡的一個部分。

　　　胡博士接著說，他認為中國以及世界會落到今天的境地，可以說是天真無邪（innocent ignorance）的結果。他說他1937年第一次去參加「國際聯盟」的會議的時候，他覺得「國聯」已經死了。他覺得他是去參加一個葬禮。他說，他去年對「聯合國」的看法也是如此，雖然他自己是「聯合國」的創始者之一。

「天真無邪」，就是胡適對蔣介石政權崩潰所作的一個新的詮釋。這「天真無邪」的新詮釋，既適用於蔣介石，也適用於胡適自己，也適用於美國政府：

胡博士接著說，在歐洲戰場得到勝利以後，美國急切地希望盡速地結束對日戰爭〔注：此處，記錄可能有闕漏〕。所以，在日本投降以後，美國派遣了全國最偉大的人物之一的馬歇爾，到中國去建立一個和平、民主的中國。胡博士說當時的他也是很樂觀的。他打了一個建議和平協商的電報給毛澤東。他以英國的工黨為例呼籲和平。胡博士說，他到今天還沒收到回電。

胡適說杜魯門給馬歇爾的訓令，是要他不假辭色地（speak with utmost frankness）勸導中國政府組織一個「聯合政府」。他說，杜魯門認為中國是一個一黨專政的政府。他認為如果中國政府能夠把其他黨派——包括共產黨——都納入政府，則和平、統一、民主的改革就可以一蹴可幾。這個記錄接著記錄：

胡博士在1949年7月16日與馬歇爾將軍談了一個鐘頭十五分。他以一個「天真無邪」的人的身分，問另外一個「天真無邪」的人，問他真的相信一個包括共產黨在內的「聯合政府」真可能成功嗎？馬歇爾問胡博士他怎麼會有那個想法呢？胡博士回答說，杜魯門總統在說中國是一個一黨專政的政府的時候說了那樣的話。馬歇爾回答說，那些話並不意指要讓共產黨加入「聯合政府」。他說他到中國的時候，他很驚訝那是中國人的詮釋。胡博士於是問馬歇爾將軍，「聯合政府」還有什麼另外的定義嗎？馬歇爾回答說，美國的想法是一個兩黨的政府。然而，他在回答胡博士的另外一個問題的時候，承認「聯合政府」的話，他至少說過一次。

胡博士接著說，在《白皮書》第687頁，馬歇爾說國民政府裡有一群反動派，對他組織聯合政府的努力處處掣肘。然而，胡博士指出《白皮書》用了一整章的篇幅來強調馬歇爾的任務，並不是世界上所有的人所想像的那樣。1948年3月11日，杜魯門在記者招待會上回答問題的時候，說美國不要共產黨在中國或世界上任何國家參加聯合政府。胡博士說，對中國來說，這個新政策是晚到了三年。

貝爾納斯（James Byrnes）〔注：國務卿（1945年7月到1947年1月）〕在一個演說裡稱中國共產黨為「那些所謂的共產黨。」胡博士說，說這樣

的話的人很多，特別是那些稱共產黨為農村改革者（agrarian reformers）的人。胡博士說，他可以證據確鑿地作這樣一個結論：中國人民是這種「天真無邪」的理想主義（innocent idealism）的祭品。他強調說，這是最恕道（the most generous）的詮釋。當然，這並不包涵共產黨，因為他們永遠是有謀略在心的。

　　胡博士在結論裡說，他是從一個「天真無邪」的歷史家的角度來分析問題。

　　在胡適演說結束以後的發問時段裡，有一個一問一答值得一提，因為即使記錄有誤，其所反映出來的晚年的胡適的心態值得讓人省思：

　　　美樂瑞（Walter Mallory）先生問，毛澤東是胡博士學生的時候，他主修的是什麼？胡博士回答說，毛澤東是他在湖南的學生〔注：記錄顯然有誤〕，李國欽是毛澤東的同學。毛澤東是一個旁聽生，可以旁聽但沒有學分可拿。他很窮，所以在大學的圖書館裡給了他一個職位。北大的圖書館員、跟文學院長〔注：指陳獨秀〕都是中國共產黨的創黨者。所以，胡博士說學校教育給了毛澤東不良的影響。[281]

　　毫無疑問地，胡適在這個演講裡所用的「天真無邪」是要加括弧的。他用這個看似正面的名詞，來暗指杜魯門、馬歇爾說謊。他說他們先是強迫蔣介石組織「聯合政府」。等他們在美國受到批判以後，方才正色地宣稱他們要蔣介石組織「聯合政府」並沒有要他邀共產黨參加。胡適的暗諷，他的聽眾不會聽不懂。胡適說：「中國人民是這種『天真無邪』的理想主義的祭品。」又說：「這是最恕道的詮釋。」這兩句話，就外和內慍地指責了美國政府。

　　且讓我們回到胡適給沈怡的那封信。那封信在在地說明了，即使到了6月9日，即使在他研究了十三個月以後，胡適仍然還沒有悟出來他後來會在〈在

281　"Record of the Fifth Meeting of the Discussion Group on China," May 18, 1950，「胡適紀念館」，HS-US01-004-004。

史達林戰略裡的中國〉一文裡所表達出來的中心概念。關鍵就在這封信裡所說
的：「討論十三個月的結果，我稍稍明白這十幾年的歷史。」〈在史達林戰略裡
的中國〉裡，這段歷史不是十幾年，而是二十五年。

　　結果，《外交季刊》主編阿姆斯壯的提醒，幫忙刺激了胡適的靈感。阿姆
斯壯在1950年6月29日寄給胡適一封信。他在這封信裡附寄了胡適5月18日
在「美國外交關係協會」所舉辦的「中國問題討論小組」發言的記錄。同時，
他說了兩段關鍵的話：

　　過去幾天所發生的事件〔注：韓戰在6月25日爆發〕，越發證明了美國
　須要傾聽一個善意但率直的中國的看法。我希望你能在8月1日以前成功
　地寫出我們引頸翹望的那篇文稿。
　　隨信寄上你在「討論小組」上發言的摘要。這份摘要或許可以提醒你在
　那個場合所發揮的一些思路。[282]

胡適在8月15日的日記裡記下了他寫〈在史達林戰略裡的中國〉的經過：

　　寫完我的一篇英文文字"How Stalin's Strategy of Conquest Succeeds in China
　After 25 Years' Chinese Resistance"〔〈史達林征服中國的戰略，如何在中國抵
　抗了二十五年以後方才成功〉〕。此文費了我四十天的工夫，甚不值得。
　（後改題為 China in Stalin's Grand Strategy. Mr. Hamilton Fish Armstrong,
　Editor of *Foreign Affairs*, suggested the change.）〔後來在《外交季刊》主編
　阿姆斯壯先生的建議下，改題為：〈在史達林戰略裡的中國〉。〕[283]

　　如果胡適是在8月15日寫成〈在史達林戰略裡的中國〉，一共費了他四十
天的工夫，則這篇文章應該是在7月5日左右提筆的。換句話說，幾乎是在他
6月9日晚寫信給沈怡一個月以後。就在這一個月的時間裡，胡適終於悟出了

282　Hamilton Armstrong to Hu Shih, June 29, 1950，「胡適紀念館」，HS-US01-006-012。
283　《胡適日記全集》，8.507。

一個冷戰論述之下的中心概念，把他對沈怡所說的「這十幾年的歷史」，延伸到二十五年。

我們看他在寫完這篇文章以後，在9月6日給傅斯年夫婦信中所說的話：

> 夏間發憤寫了一篇長文給 *Foreign Affairs*〔《外交季刊》〕，十月號發表，題為 China in Stalin's Grand Strategy〔〈在史達林戰略裡的中國〉〕。主旨是要人知道中國的崩潰不是像 Acheson〔艾奇遜〕等人說的毛澤東從山洞裡出來，蔣介石的軍隊就不戰而潰了。我要人知道這是經過廿五年苦鬥以後的失敗。這段廿五年的故事是值得提綱挈領說一次的。我要人知道在這廿五年的鬥爭裡，最初二十多年處處是共產黨失敗，蔣介石勝利。第一個大轉捩是西安事變。斯達林命令不得傷害蔣介石，主張和平解決（《白皮書》頁47，又頁71，72）。此舉決定了抗日戰爭，保全了紅軍，並且給了紅軍無限的發展機會。第二個大轉捩是雅爾達（Yalta）的密約。斯達林騙了羅斯福，搶得滿洲、朝鮮，使紅軍有個與蘇俄接壤，並且在蘇俄控制下的「基地」。〈雅爾達密約〉決定了滿、韓的命運，決定了整個中國的命運，也許決定了整個亞洲的命運。[284]

換句話說，從胡適在6月9日晚寫信給沈怡，到7月5日提筆寫〈在史達林戰略裡的中國〉的這一個月之間，他悟出了一個冷戰論述之下的中心概念。這個中心概念是如何來的，胡適沒有交代。我們可以嘗試去追溯的線索是胡適在這篇文章裡所徵引的文獻。吳相湘在1974年11月27日還贈給「胡適紀念館」一本胡適1951年送給他的書，亦即，宋塔格（Ramond Sontag）和貝笛（James Beddie）所編的《納粹─蘇聯關係，1939-1941》（*Nazi-Soviet Relations, 1939-1941*）。他在扉頁上寫：「此書為適之師撰〈史達林大戰略下的中國〉重要參考資料。民國四十年〔1951〕蒙寄贈相湘，今謹奉陳紀念館珍存　吳相湘謹誌六十三年〔1974〕十一月廿七日。」[285]

---

284 胡適致傅斯年夫婦，1950年9月6日，《胡適全集》，25.450-451。

285 吳相湘還贈「胡適紀念館」，Ramond Sontag and James Beddie, eds., *Nazi-Soviet Relations,*

有意味的是，這本書胡適雖然在文章裡提到了，注釋裡卻沒有。同樣有意味的是，胡適在這篇文章裡徵引最多的一本書，卻不在他的藏書裡，亦即，戴林（David Dallin）所著的《蘇俄與遠東》（*Soviet Russia and the Far East*）[286]。然而，這兩本書主要都是資料、史實的性質，無關胡適在該文裡的中心概念。換句話說，吳相湘說《納粹—蘇聯關係，1939-1941》是胡適該文重要的參考資料。這是他想當然耳的說法。

我推測那形塑了〈在史達林戰略裡的中國〉的中心概念的靈感來源，是章柏林（William Chamberlin）為《征服世界的藍圖：共產黨的官方計畫》（*Blueprint for World Conquest: The Official Communist Plan*）這本書所寫的〈引論〉[287]。可惜的是，胡適在許多藏書的扉頁上都會寫他購買的日期，偏偏這本書沒寫。

《征服世界的藍圖》這本書是1946年出版的。其所收的是「第三國際」從1921年到1928年的三篇文獻。然而，不但書名對胡適有啟發的作用，章柏林在〈引論〉裡的幾個論點跟胡適〈在史達林戰略裡的中國〉裡的論點若合符節。我在此處，就舉胡適在書中畫了線的幾段作為例子來說明。第一個例子，是利用戰爭所提供的機會在世界上推展共產主義。章柏林在第2頁上說，由於蘇聯在早期軍力不夠強盛，因此就使用裁軍、和平、集體安全的口號來作幌子。然而，章柏林說，讀者只要讀書中的文獻，就會發現「他們一再強調國際戰爭與內戰的必要性，說它們是共產主義在世界獲得最後勝利的序曲。」

第二個例子，是以蘇聯作為征服世界的樞紐。章柏林在第9頁上說：

史達林……灌注其全神把俄國建立成為一個強大的極權軍事政權，以便其能在機會到來的時候把蘇聯的政治、經濟變化強諸較弱的鄰邦。同時，他緊緊地控制所有世界其他地區的共產黨。在平時，它們是為他從事宣

　　　1939-1941（Washington, D.C.: Department of State, 1948），HS-N04F1-022-01。

286　David Dallin, *Soviet Russia and the Far East*（New Haven, Con.: Yale University Press, 1948）.

287　William Chamberlin, intro., *Blueprint for World Conquest: The Official Communist Plan*（Washington, D.C.: Human Events, 1946）.

傳、諜報工作的代理人；到了征服世界的日子到來的那一天，它們就是為
他而作出叛國、破壞行動的第五縱隊。

　　第三個例子，就是用統一戰線的方式，來讓殖民地以及落後國家的共產黨
乘機坐大。章柏林在第16到18頁徵引了「第三國際」第二次代表大會對中國、
印度革命所作的決議，然後再以國民黨「聯俄容共」政策作為例子來說明：

　　共產黨要加入民族主義的運動，像中國的國民黨和印度的國會黨。順著
這些與帝國主義抗爭的運動，但要維持其獨立的組織，以便在機會到來的
時候奪權。
　　這就正是中國共產黨在1920年代，在蘇聯顧問的指導之下所用的策略
的藍圖。也就正因為蔣介石在1927年那個關鍵年識破了他們的策略，把
他們逐出國民黨，蔣委員長從那以後就成為全世界共產黨及其同路人仇
恨、謾罵的對象。不管我們是多麼希望中國能統一、內戰能停止，**如果聯
合政府終能在中國組成**，中國共產黨會如何利用他們在這個聯合政府裡所
占有的職位，還是一個有待觀察的發展。

　　值得指出的是，在這第三個例子裡，除了章柏林所徵引的「第三國際」第
二次代表大會的決議文以外，我用黑體字所標出來的「如果聯合政府終能在中
國組成」這句話，是胡適唯一畫了線的話。從我在上文的分析，我們知道「聯
合政府」這個名詞和概念，對胡適而言，是共產黨及其同路人的用語。
　　〈在史達林戰略裡的中國〉，胡適開宗明義[288]：

　　本文的目的是要用中國的實例，來研究史達林征服世界的大策略（grand
strategy）——從實驗、修正、成功、失敗，亦即，從長期失敗到最後勝
利的各個階段。這整個過程涵蓋了二十五年的時間，從1924到1949，持

288　以下對〈在史達林戰略裡的中國〉一文的分析，是根據 Hu Shih, "China In Stalin's Grand
　　Strategy," *Foreign Affairs*, 29.1（October, 1950）, pp. 11-39。

續到當前世界共產主義運用壓倒性的軍事力量征服中國——我相信只會是暫時的——的高峰。我要把這一段國民黨中國與世界共產主義、蔣介石與史達林之間漫長、勢不兩立的鬥爭的歷史，當作資料來作一個新的研究，來分析那個令人難以置信的成功的策略，使世界共產主義得以宰制了地球上莫大的疆域及其八億的人口。

史達林那個令人難以置信的成功的策略的要素是什麼呢？胡適說：

第一，光有共產黨的領導是不夠的。要能夠成為一個有力的征服工具，這個黨是必須要有武力的。它必須有一個強大軍隊。

第二，光有蘇聯作為革命的基地是不夠的。首先，必須讓蘇俄成為整個世界最強大的軍事力量。其次，用絕對壓倒性的軍事優勢來「革命性」地征服與其接壤的地區。

第三，為了避免「赤裸裸的暴力」或「革命的暴力」，就必須跟所有「民主」以及「反法西斯」的黨派或團體組成「聯合政府」。

最後也是最重要的，是譎詭策略。偉大的列寧說得好：「我們必須能隨時準備使用詭計、矇騙、違法、隱瞞事實等等方法。」

我們可以注意到，胡適所說的史達林成功的策略裡的三個要素，其中有兩個，就是章柏林在《征服世界的藍圖：共產黨的官方計畫》的〈引論〉裡所提到的。

有關第一個要素，一個強大的黨軍。胡適在〈劫難下的中國〉，以及「美國外交關係協會」的「中國問題討論小組」演講裡所描述的紅軍的建軍史：從初期的四十萬，到「長征」以後所剩下來的幾萬，到1937年以後被編入國軍系統的45,000，到1945年的910,000的正規軍外加2,200,000的民兵，到慶祝建軍二十二週年時候的4,000,000的正規軍。

〈在史達林戰略裡的中國〉，胡適稍微作了一點修正。他說，紅軍建軍的時候大概不到一萬人；1930年，大約六萬人；1933年，正規軍350,000，民兵600,000；1934年，「長征」開始的時候，90,000；1935年，「長征」結束時，

不到20,000；1937年，編入國軍編制時，25,000；1944年，正規軍475,000，民兵2,200,000；1945年，正規軍910,000，民兵2,200,000。胡適說：

> 所以，在八年抗戰期間，共產黨的軍隊沒有受到重大的損失，反而是獲得了3,540%的增長。如果我們把2,200,000的民兵數目加入，這等於是12,340%的成長。

胡適承認國民黨對共軍數目的估計要遠比他所提供的數目低。國民黨估計共軍的人數在1937年的時候是25,000；1945年，310,000。胡適說戴林（David Dallin）也認為毛澤東910,000名正規軍的說法是太誇張了。他認為共軍的人數大約在300,000到350,000之間。換句話說，戴林的數字只有毛澤東的三分之一。胡適沒有明說他到底是接受毛澤東所說的數字，還是戴林的數字。然而，從他接下去的論述看來，他顯然是接受戴林的數字，而不是國民黨的，以便讓他在讀者的心裡凸顯出紅軍在蘇聯的卵翼之下，突然間壯大起來的形象。

我們記得胡適在「美國外交關係協會」的「中國問題討論小組」演講裡，誣指：「艾奇遜說，那沒有什麼裝備的共產黨一從山溝裡出來，就打出了天下。」他說那是胡說。我在下文會說明這是胡適誣指，艾奇遜根本就沒有說這句話。

諷刺的是，〈在史達林戰略裡的中國〉裡，胡適自己說了艾奇遜根本就沒說的話。他在徵引了戴林所估計的共軍在1945年軍力以後，說：

> 那是一個散布在十九省的小軍隊〔注：因為毛澤東說共產黨當時控制了十九省〕。而且裝備、補給都不足。

胡適說中國共產黨的軍隊人數少，裝備、補給又不足的原因有三：第一，在1941年以後，中央政府停止供給共軍糧餉和軍火。第二，蘇聯的援助僅限於中央政府。第三，美國用「租借法案」所提供給中國的援助也僅限於中央政府。因此，胡適說：

中國的紅軍在抗戰期間，裝備、補給一直不足。它一直停留在游擊隊的程度。機動力強、也老練。可是，一直到抗戰結束為止，它根本就不是一隻正規軍，無法跟日軍或國軍打正規戰。

如果胡適所說的是事實，而且也確實是事實，共產黨這隻「裝備、補給都不足」的小軍隊，為什麼紅軍會像胡適所說的，幾乎在一夜之間獲得3,540%、甚至12,340%的成長呢？胡適說，原因就在東北。他說，蘇聯在8月9日對日宣戰；日本在8月14日投降；中國共產黨的元帥朱德在8月11日命令四個集團軍進軍察哈爾、熱河、遼寧、和吉林。於是：

在兩到三個月之間，大量的共軍就控制了滿洲許多重要的地區。這些共軍，有些偽裝成「平民」，有些則偽裝為「國軍」。他們一進入滿洲，就迅速地得到日本關東軍所留下來的大量武器，而成為裝備、補給充分的軍隊了。

胡適接著說：

1946年6月，中國共產黨的廣播對世界廣播說，人民解放軍的人數已經達到1,200,000。毛澤東在1947年12月25日的廣播裡說：「從1937年到1947年，十一年之間，中國共產黨已經茁壯到有2,7000,000名黨員以及2,000,000的人民解放軍。」共產黨在1948年10月14日的廣播，說紅軍的軍力有3,000,000。1949年8月1日，4,000,000；1950年8月1日，5,000,000。

胡適所要營造的，是一幅一面挾日本關東軍裝備之優勢的龐大的紅軍，一面又以數量之優勢包抄國民黨的軍隊、席捲大陸的圖像：

從滿洲開始，這些得到新裝備、補充的共產黨軍隊傾巢而出。進山東的走海道；進華北的走陸路。1948年9月，山東淪陷。11月，滿洲淪陷。1949年初，華北淪陷。在最狡譎（most astute）的策略與歪運（wicked stroke），兩相配合之下，史達林拿下了滿洲，讓它成為中國共產黨新的軍事力量的接壤基地。這個基地背後的靠山，就是可以給予它無限制的支援的蘇俄——當今世界上最強大的軍事力量。

在分析了紅軍的成長及其所具有的優勢這個要素的同時，胡適也分析了史達林的策略。在共產黨假藉「聯合」的名義壯大自己這個策略上，胡適用的例子就是「聯俄容共」政策。胡適在簡略地敘述「聯俄容共」的開始與發展以後，就把分析的焦點集中在「清共」以前北伐軍在南京與上海的暴力排外行動，1927年占領漢口英國租借的舉動，甚至回溯到1925年到1926年間「五卅慘案」以後反英的示威與杯葛運動。胡適的重點是在強調所有排外的行動，從「五卅慘案」以後的反英示威與杯葛運動，占領漢口英租界，到北伐軍在南京、上海的暴行，都是共產黨所嗾使、挑釁的。其目的在於引起列強干涉，以造成有利於共產革命的客觀條件。胡適說，幸運的是，由於列強與蔣介石的明智，沒有墮入共產黨所設計的圈套。因此，成功地化解了共產黨的詭計：

> 我們今天回顧過去，南京事件可以說是這一系列蓄意造成的排外舉動。其目的就是要迫使列強用武力干預，以致於造成一個「帝國主義戰爭」的形勢——我們必須記得，那就是史達林以及「共產國際」認為革命成功所必須要有的「客觀條件」。

換句話說，「聯俄容共」只是一個手段，其目的在於共產革命：

> 在這個合作的階段，中國共產黨運行得極有效率，順利成功地滲透進政府與軍隊。他們所欠缺的，就是一個真正的戰爭，一個大的帝國主義戰爭。根據史達林主義的理論，沒有這麼一個戰爭，就很難掌握住整個受蘇聯影響的國民黨軍隊，進而把國民革命轉化成另外一個光輝的「十月革命」。
>
> 1925到1926年間「五卅慘案」以後那洶湧澎湃的反英示威與杯葛運動，其目的就是在粉碎英國在華的權力，迫使英國用武力干預。但是，英國選擇不反擊。甚至在漢口的英租界在1927年1月4日被用武力的方式占領以

後，英國政府堅持同樣的政策，命令其公使到漢口與當時被共產黨所控制的武漢政權交涉。英國在漢口、九江的租界，就在這次的談判歸還中國。

但是，英國這種不抵抗的態度，擊敗了共產黨試圖把英國推到牆角以造成國際戰爭的策略。3月24日的南京事件，非常可能也是一個蓄意的策略，試圖一舉引起列強武力的干預。一如我所指出的，那幾乎成為事實。

胡適說列強之所以沒用武力干預，主要是由於蔣介石識破了共產黨的詭計，而適時「清黨」的結果：「蔣介石以及國民黨的溫和派決定與共產黨『分道揚鑣』（split）、並把共產黨及其同情者清出黨外的決定，化解了列強干預、共產革命的危險。」

我在《日正當中》裡分析了胡適在「五卅慘案」以後，一度有過反帝國主義的階段。他在跟幾位好友連署、丁文江所起草的〈中國的論據〉（China's Case）裡，堅決地否認中國人起來是受到布爾什維克的影響。他們說那完全是敵人惡意的宣傳。他們呼籲：要中國人不要布爾什維克化，最有效力的預防針就是廢除不平等條約。

我在《日正當中》裡，也分析了胡適在1926、1927年間曾經法西斯過的一段歷程。同樣是漢口英租界的問題，他那時候說：「可能是〔英〕租界當局對勞工與民族主義運動所採行的高壓政策的結果。」他強調在一開始的時候不是反英的。等他從英國到了美國以後，他繼續作清黨以前的國民黨的義務宣傳員。他在美國的一篇演講裡強調：「這不是一個排外、反美的運動。但是，它有一個我認為是很自然而且合理的要求。那就是所有外國人在過去八十年中所享有的特權必須要廢除。所有今後想要在中國居住、貿易的外國人，都必須和中國人一樣服從中國的法律。」

所有這些，胡適在〈在史達林戰略裡的中國〉裡，全部都作了一百八十度的不同的詮釋。當然，胡適可以把這種轉變歸諸他當時的無知。現在，由於他用心研究了史達林征服世界的策略的結果，他終於瞭解「五卅慘案」也好，漢口英租界的問題也好，南京、上海攻擊外人的事件也好，統統都是排外的舉動，統統都是在史達林的指導之下要引起列強武力干涉、以便於引發共產革命的詭計。這真應驗了俗話所說的，此一時也，彼一時也。立場變了，立論也跟

著變了。

　　胡適說共產黨利用與國民黨合作的機會而藉機坐大並不只有從1923年到1927年的「聯俄容共」那一次。他說，在蔣介石1933年到1934年第五次剿匪成功，共產黨被迫「長征」以後。為了保衛殘存的共產黨的力量，可是又沒辦法一下子就又喊出「聯合陣線」的口號，共產黨於是開始利用其外圍組織以及學生，用「抗日」、「中國人不打中國人」的口號，來牽制蔣介石對共產黨進行最後的剿滅戰：

　　　在這個新的路線之下，中國共產黨組織了各式各樣的外圍組織，例如：「全國各界救國聯合會」、「中國人民救國會」〔注：1945年「全國各界救國聯合會」改名為「中國人民救國會」。胡適在此可能誤以為是兩個不同的團體〕等等。這些組織用抗日作為幌子，進行反政府的活動。他們要求立即抗日，並立即停止剿共的內戰。1936年夏秋之間，「救國會」七個有名的領袖被捕。這就又給反政府活動一個口實。整個1935到1936年冬天，北平及許多大城市都爆發了學生示威的運動。成百上千的男女學生，甚至用臥軌的方式要求免費到南京去請願，要求政府立即抗日。

　　胡適在這一段結尾加了一個注釋。他說，多年以後，毛澤東等共產黨的領袖公開宣稱這個洶湧澎湃的學生示威是共產黨所主導的。12月9日，亦即，1935年北平學生第一個大示威之日，是今天共產中國的「學生節」〔注：開紀念會有，成節日應該是無〕。

　　胡適說這種種示威活動所造成的心理，就是「西安事變」發生的原因。胡適接受戴林以及美國國務院在《白皮書》裡的分析，說蘇聯的介入，是迫使共產黨以及張學良釋放蔣介石的原因。這原因是蘇聯不願意和日本開戰，需要利用中國作為泥沼來牽制日本。放眼當時的中國，只有蔣介石有能力領導抗日的戰爭。

　　然而，即使胡適接受這個分析，他仍然認為史達林之所以會迫使共產黨釋放蔣介石，更重要的原因還是為了要保全中國的紅軍。這是因為如果國軍進行最後的剿共戰爭，共軍一定會被殲滅。反之，如果「統一戰線」成立，共軍被

編入國軍的體制裡，它擴張的機會將會更大。

　　胡適最後一個用來描述史達林狡譎的例子是〈雅爾達密約〉。〈在史達林戰略裡的中國〉裡，胡適對史達林、中國共產黨不假辭色。然而，對羅斯福把滿洲重要的權益不經中國的同意讓渡給蘇聯，胡適卻一再為他緩頰。羅斯福和史達林這個密約是在1945年2月簽訂的，但一直到6月才由美國大使通知蔣介石。胡適雖然義憤填膺地說：

　　　　就憑這些語句非常含混的條款，滿洲、全中國、韓國（雖然條約裡沒提及）、乃至於整個亞洲大陸的命運，就這麼給決定了。歷史被倒回去四十年〔注：回到帝俄時代〕。

　　然而，胡適對羅斯福沒有怨懟，只有同情的瞭解：「史達林蓄意地欺騙、並向羅斯福敲詐。對這我一點都不懷疑。」他說，史達林一再欺騙羅斯福，說他支持的是蔣介石。胡適甚至在《白皮書》的一個附註裡，找到了美國駐俄大使哈里曼（W. Averell Harriman）的一句評語來為羅斯福辯護：「我認為羅斯福總統之所以會把旅順租借給蘇聯作為軍港，不外乎是把它視為**類似美國與友邦訂定攻守互助條約的時候所給予對方的特權而已**〔注：粗體字是胡適自己加的〕。」

　　胡適更進一步地演申：

　　　　哈里曼先生這句評語讓我想起1939年9月我去拜見羅斯福總統的一天。那時，歐洲戰局才剛開始，總統很憂慮。他對我說：「我一直在想要如何去斡旋中日戰爭。最困難的問題當然是滿洲。我有一個想法：滿洲問題的解決方式，我想可以採用我們最近跟英國簽訂的一個共管太平洋兩個小島的新協議：坎頓（Canton）、恩德貝利（Enderbury）。用類似的協議來處理滿洲，可以讓中日兩國都得到好處與和平。

　　　　我告辭了以後，就想要多瞭解這兩個珊瑚礁的情形。我後來發現坎頓島長十英里，最寬五百碼〔457.2公尺〕。島上有40個居民。恩德貝利島長三英里，寬一英里。島上有四個居民！滿洲的人口是33,000,000，幅員

413,000平方英里。

我完全相信羅斯福總統1945年在雅爾達的時候，他心中所想的，就是英美兩國在1939年4月6日所簽訂的共管坎頓、恩德貝利五十年的這個他最喜歡的條約的先例。

任何讀者讀到胡適所描寫的坎頓、恩德貝利的幅員，以及坎頓島上有40個居民，恩德貝利島上有四個居民，都會認為胡適是在暗諷羅斯福。然而，胡適可以同時板著臉孔，正經八百地接著說：

〔史達林〕用這種騙術來玩弄一個偉大的人道主義者無垠的理想，歷史是不會饒恕他的。

胡適對自己這篇〈在史達林戰略裡的中國〉是相當得意的。他在1951年5月31日給蔣介石的信裡，說明了他寫這篇文章的原委：

我自從前年4月21日重登新大陸以來，就打定主意先教育我自己。要我自己懂得最近十年的歷史，要我自己瞭解中國何以弄到這地步，世界何以弄到這地步。（我在1943到1948，五年之中，用全力研究《水經注》疑案。真是在象牙塔裡，過最快活的學術生活。故雖參加兩次國民大會，心實不在政治。又不能多看最新書報，故有重新教育自己的需要。）

我為了要瞭解這段歷史，曾收買一些關於蘇俄、東歐、中歐、西歐、美國的書，並且蒐集一些中國共產黨的出版品。這研究的結果，曾發表一篇三十頁的長文，在美國最有學術地位的《外交季刊》去年十月號上登出，題為〈在史達林戰略裡的中國〉。此文台北《中央日報》曾譯出，頗多譯錯之處。後由《自由中國》社重譯，登在《自由中國》第三卷第十期，錯誤較少，比較可讀，但也不能完全滿意。但我盼望此文能得我公一讀。倘蒙指示錯誤，使我有修正的機會，我就很感覺榮幸了。

重要的一點，是此文用意在為世界人士敘述這廿五年的國共鬥爭史。所以我盼望我公能切實指摘此文的錯誤，並能切實給我一些向來不曾發表的

史料，為我將來把此文修改擴大作為一本小書的基礎本。例如1926-1927年中的共產黨各種陰謀；例如1927年2月的南昌事件、3月的上海事件、3月24日的南京慘案、4月的「清黨」實在經過。凡此種種，國民黨的文獻都不夠詳細，都沒有可靠的原料。所以外人記述，都往往靠中共的惡意宣傳資料。又如1936年12月的西安事變，史料實在太缺乏，世人對此事最多誤解。前幾天，陳立夫兄來談。他說西安事變時，周恩來原在西安〔注：南京，胡適筆誤〕，是立夫把他從南京送到西安的，並非張學良送飛機去延安接來的。周恩來代表中共在南京作和談的一段故事，不但外人知者甚少，國人知者也甚少。即此一事，可見國民黨太不注意史料的收集與編印，太不注意根本的宣傳資料了。[289]

毫不足奇地，蔣介石喜歡胡適這篇文章。他對胡適說：「前讀大著〈在史達林戰略裡的中國〉譯文。中以為此乃近年來揭發蘇俄對華陰謀第一篇之文章，有助於全世界人士對我國之認識非尠。豈啻敘史翔實嚴謹而已。」[290]

胡適這篇文章的學術價值有多高呢？黃克武在「紀念胡適先生誕辰120週年國際學術研討會」上所發表的會議論文裡說：

> 這一篇學術性的長文參考了許多中英文一、二手材料，有37個附註說明數據來源。並以層層剖析的方式向英文讀者詳細解釋1949年共產革命的緣由……這篇文章是他首度以類似考證之細密功夫與法官斷案的態度，針對現實問題所寫成的學術論文。[291]

這是形式主義。胡適的論文參考了中英文一、二手材料、有附註，這並不足以證明它是一篇學術論文。事實上，胡適這篇〈在史達林戰略裡的中國〉最

289　胡適致蔣介石，1951年5月31日，「國史館：蔣中正總統文物」，002-080200-00622-001。
290　蔣介石致胡適，1951年9月23日，「胡適紀念館」，HS-NK04-008-003。
291　黃克武，〈胡適、蔣介石與1950年代反共抗俄論的形成〉，耿雲志、宋廣波編，《紀念胡適先生誕辰120週年國際學術研討會專輯》（北京：社會科學文獻出版社，2012），頁68。

驚人的地方，是從它1950年發表到現在，沒有被任何一個研究中國共產黨歷史的學者所徵引過。胡適在這篇文章裡最大的問題，在於雖然他說他是在作歷史的研究，但實際上他是要用選擇性的選擇歷史資料來證明他的理論，亦即，史達林是用他征服世界的大策略來征服中國的。然而，在導論裡，他就已經自己先把這個理論打了折扣了。

首先，他說他要研究史達林征服世界的大策略，在二十五年之間，「從實驗、修正、成功、失敗，亦即，從**長期失敗**到最後勝利的各個階段。」（請注意我用黑體字標示出來的字句）用他給傅斯年夫婦信裡的白話來說：「我要人知道在這廿五年的鬥爭裡，最初二十多年處處是共產黨失敗，蔣介石勝利。」換句話說，史達林這個大策略其實是不靈的。因為在這二十五年裡，「最初二十多年處處是共產黨失敗，蔣介石勝利。」

其次，為什麼史達林會在這二十五年裡的最後幾年裡轉敗為勝到征服中國的地步呢？胡適的答案是：運用壓倒性的軍事力量。這麼說來，胡適用了三十頁的篇幅分析史達林的大策略。歸根究底，是壓倒性的軍事力量讓其征服中國。

誠然，胡適可以說他所謂的史達林的大策略仍然是一個關鍵的因素，因為就是這個大策略讓史達林得以運用壓倒性的軍事力量來征服中國的。他可以再用他給傅斯年夫婦信裡的話來佐證：「第一個大轉捩是西安事變。史達林命令不得傷害蔣介石，主張和平解決。此舉決定了抗日戰爭，保全了紅軍，並且給了紅軍無限的發展機會。第二個大轉捩是雅爾達的密約。斯達林騙了羅斯福，搶得滿洲、朝鮮，使紅軍有個與蘇俄接壤，並且在蘇俄控制下的『基地』。」

然而，即使我們可以用這樣的理由為胡適辯護，這只能說明那所謂的史達林的大策略，其實只不過是輔助的因素。而那最終的決定因素，仍然是壓倒性的軍事力量。換句話說，即使這個辯護可以使胡適的理論差強人意地讓人接受，他的立論基礎已崩盤七分。

胡適這篇文章的問題不只在於立論基礎崩盤，即使他的共產黨「壓倒性的軍事力量」之論也是禁不起檢驗的。舉個最重要的例子來說，美國國務院所發表《白皮書》是分析國共軍力對比最重要的資料。是歷來所有研究國共內戰的學者所必須依賴的基本資料。然而，胡適只有在分析「長征」、共軍在1947年的軍力、「西安事變」、〈雅爾達密約〉的時候才約略地徵引《白皮書》的資

料。至於國共內戰時期，《白皮書》所提供的國共軍力消長的資料，他完全沒有採用。

　　美國國務院之所以會急於在1949年8月中國局勢尚未塵埃落定的時候就發表《白皮書》的原因，是為了要應付美國國內冷戰的鷹派，特別是共和黨親蔣介石國會議員以及國民黨在美國所資助的「中國遊說團」（China Lobby）。為了要反駁這些鷹派、親蔣壓力團體指控美國政府對蔣介石援助不力、坐視共黨坐大，這本《白皮書》用了一千多頁的篇幅，彙集了美國在華官員的報告，並附以相關的文件，極為詳盡地分析了國民黨敗亡的政治、社會、經濟、軍事原因。

　　諷刺的是，這本詳盡的《白皮書》的發表，不但沒有說服美國冷戰的鷹派以及親蔣的壓力團體，反而是激怒了他們。他們怒目反撲，指控美國政府「丟了中國」（loss of China），彷彿中國是美國所有的而被弄丟了一般。這本《白皮書》的價值，可以從蔣廷黻的一句話得到佐證。蔣廷黻當時是國民黨派駐聯合國的大使，當然反共，而且也當然認為美國援助不力，特別是〈雅爾達密約〉，他認為不但是一個錯誤，而且根本就是一個罪過（crime）[292]。《白皮書》的出版對他以及他所代表的國民黨政府是一個沉重的打擊。他極力主張反駁。然而，在蔣廷黻連續讀了幾天以後，也不得不在8月10日的日記裡承認它的價值：

> 　　昨晚讀了三個鐘頭的《白皮書》。今天早上又帶到辦公室讀。我越讀，我越對這本書肅然起敬，包括戴維斯（John Davies）、謝偉思（John Service）〔注：兩位後來都被麥卡錫參議員誣指為共產黨的同路人，叛國、讓美國「丟了中國」。雖然他們都被法庭宣判無辜的，他們的外交官生涯都被毀了〕向美國國務院所作的報告。[293]

　　我在下文會分析胡適原先計畫寫一系列的文章批判這本《白皮書》。因此，《白皮書》他讀得非常仔細。為了寫批判的時候查閱方便起見，他甚至作

292　Tsiang Tingfu Diaries, August 14, 1949.

293　Tsiang Tingfu Diaries, August 10, 1949.

了一個簡單的索引，包括美國三軍聯席顧問團主任巴爾將軍的報告。胡適不願意採用《白皮書》裡批判蔣介石在政治、社會、經濟方面所犯的錯誤的資料。這是可理解的，因為他到美國去的目的是幫忙蔣介石作宣傳，為他「做面子」。他很快地就懂得他不能再說蔣介石政權貪污、腐敗、極權，等等的話。因此，他在〈在史達林戰略裡的中國〉一文裡，就專注於強調共產黨所謂的「壓倒性的軍事力量」。

　　然而，共產黨真正擁有胡適所謂的「壓倒性的軍事力量」嗎？我們看《白皮書》裡怎麼說。艾奇遜在〈呈遞總統《白皮書》函〉（Letter of Transmittal）裡說：

> 　　到了1947年初馬歇爾將軍離開中國的時候，國民黨顯然到了其軍力最強、控制的地區最廣的巔峰。然而，接下去一年半的發展，顯示出他們看起來似乎很強的力量其實是虛幻的，他們到那時為止所得到的勝利是建築在沙上的。[294]

　　根據美國陸軍情報部門對1948年1月1日到1949年1月之間局勢的分析報告：

> 　　在1948年開始的時候，國民黨有大約2,723,000的軍隊。一直到該年9月中為止，國民黨能用招募新兵以及補充陣亡士兵的方法，維持其軍隊的數目。然而，到了1949年2月，大量的損失已經使國民黨的軍力降到1,500,000。其中，500,000是後勤兵。這表示國民政府在四個半月當中，少掉了45%的兵力。
>
> 　　反觀共軍。一年以前1,150,000的兵力，已經增加到1,622,000。而且，都是隨時可以上戰場的。這40%的成長，來自於新編成的部隊，特別是在滿洲以及華東。1948年開始的時候，國民黨軍對共軍占了幾乎是3比1的優勢。現在，共軍的數目已經大於國民黨的軍隊。在戰鬥力上占有了大

294　Dean Acheson, "Letter of Transmittal," July 30, 1949, *United States Relations with China*, p. XI.

於 1.5 比 1 的優勢。[295]

　　換句話說，國民黨在一年之間，從 1948 年初 3 比 1 的優勢，退居到 1 比 1.5 的劣勢。即使我們勉強借用胡適的話，形容共軍在 1949 年 1 月以後開始擁有了「壓倒性的軍事力量」，我們還必須問這個「壓倒性的軍事力量」是怎麼來的。根據《白皮書》裡的報告，共軍這個「壓倒性的軍事力量」並不是蘇聯慷投降了的日本關東軍之慨，而轉送給共產黨的。這「壓倒性的軍事力量」主要的來源，還是拜國民黨之所賜：

　　　美國在日本投降以前、以後所提供給中國的配備，極大部分都落入了共產黨的手裡──最嚴重的是從 1948 年 9 月中開始，但在那之前的損失已經極大。美國大使館在 1948 年 11 月的報告裡說，在濟南、遼西走廊，以及長春、瀋陽，國民黨損失了 33 個師，320,000 名戰士。其中，包括 8 個師，其 85% 的裝配是美國的。武器損失方面，包括了大約 100,000 枝美製步槍，以及 130,000 枝其他來源的步槍。[296]

　　國民黨奉送給共產黨的不只是軍火和武器，還有那「壓倒性的軍事力量」裡同樣重要的要素──軍隊：

　　　根據南京大使館的軍事參事的估計，在這四個半月當中〔1948 年 9 月到 1949 年 2 月〕，政府軍損失了超過 140,000 枝美製步槍。非美製步槍的損失則是這個數目的好幾倍。而且，所有這些損失的步槍都是完好的。根據估計，在這段期間裡，共產黨把大約 200,000 投降的政府軍編入他們的軍隊裡，送入戰場。另外還有 400,000 俘獲的國民黨兵士被編入共軍的後勤部隊。[297]

---

295 "The Military Picture, 1945-1949," *United States Relations with China*, pp. 322-323.

296 "American Equipment Captured by the Chinese Communists," *United States Relations with China*, p. 357.

297 "The Military Picture, 1945-1949," *United States Relations with China*, p. 323.

如果共軍在1949年1月的時候已經有了1.5比1的「壓倒性的軍事力量」的優勢，國民黨軍隊的投降，才是真正加速製造這個「壓倒性的軍事力量」最重要的原因：

> 從1948年9月濟南陷落到1949年1月底北平陷落，短短四個半月之間，國民黨失去了一百萬士兵，400,000枝步槍。[298]

換句話說，根據《白皮書》所提供的美國陸軍部的分析，中國共產黨是在1949年1月以後，才開始擁有1.5比1的軍事優勢的。而且從這個優勢快速地量變地成為胡適所謂的「壓倒性的軍事力量」，主要還是國民黨拱手奉送給共產黨的。

總而言之，〈在史達林戰略裡的中國〉在立論基礎上已經先天不良。從一開始所揭櫫的征服世界的大策略，縮水到專注於「壓倒性的軍事力量」。結果，事實證明這所謂的「壓倒性的軍事力量」，一直到1948年為止，其實是在國民黨的一方，而不是在胡適所說的共產黨一方。《白皮書》甚至提供了國民黨這個「壓倒性的軍事力量」的比例：3比1的優勢。共產黨一直要到1949年初，換句話說，一直要到勝利的前夕，才擁有1.5比1的優勢——如果這也能說是「壓倒性的軍事力量」的話。

從這個意義來說，〈在史達林戰略裡的中國〉與其說是一篇學術論文，不如說是一篇冷戰的文獻。這也就是說，要研究國共內戰、或者中國共產黨的歷史，胡適這篇文章沒有參考的價值。然而，要研究胡適個人的冷戰論述，這是一篇必須參考的文獻。

值得指出的是，胡適用冷戰的論述來分析國民黨政權崩潰的原因，並不一定需要學者的反駁。他很快地就受到一個曾經在北平、上海住過的美國女老師的挑戰。1951年1月16日，康乃狄克州「新迦南學校」（New Canaan Country School）的老師韋爾斯太太（Josephine Welles, Mrs. Henry Welles），給當時在

---

298 "American Equipment Captured by the Chinese Communists," *United States Relations with China*, p. 357.

康乃狄克州的普林斯頓大學葛斯德東方圖書館當館長的胡適一封信。她說：

> 作為一名曾經在北平、上海住過的居民，我對隨信所附上的昨天《紐約
> 時報》的報導非常感興趣。我會很感激，如果您能讓我知道這篇報導是否正
> 確，或者您覺得它扭曲了您的意思。我很想急切地希望知道您真正的看法。
>
> 為了節省您的時間，您可否就寫下「對！」或者在旁邊寫下您的訂正？
> 我能不能請問：「蔣介石的軍隊的崩潰，跟國民黨在政治上的腐敗一點關
> 聯都沒有。」您的意思是a）腐敗的情形微不足道，或者b）儘管腐敗的情
> 形相當嚴重，但跟軍事的失敗是兩碼事。您只需要圈a），或者b）就可以
> 讓我明白了。

這篇《紐約時報》的報導有關韋爾斯太太所詢問的部分如下：

> 中國的學者、政治家胡適博士昨天呼籲西方民主國家，要接受國民黨中
> 國的援助〔注：韓戰爆發以後，蔣介石表示願意從台灣派33,000軍隊參
> 戰。條件是美國給予全部的裝備，並負責訓練兩年〕「以對抗史達林政府
> 世界的大策略。」
>
> 這位前任國民黨政府駐美大使宣稱絕大多數的中國人都反對共產政權。
> 他們仍然效忠於蔣介石的政府。
>
> 他宣稱說國民黨中國的轄區，是從台灣堡壘延伸到大陸上所有的人心
> 裡。他說：
>
> 「整個說來，中國人都是親民主、親美、親西方的。」這是他在紐約花
> 園大道與97街轉角的「磚築長老教會」（Brick Presbyterian Church）「男
> 信徒理事會」（Men's Council）的早餐會上所作的演講。
>
> 胡博士——「中國無可救藥的樂觀主義者」——說他所說的話，是根據
> 他長期研究與觀察中國人的結果，不是一廂情願的想法。
>
> 他強調說，這一百年來中國人與西方世界，透過貿易以及傳教士的努力
> 所積累出來的經驗，是不會就這麼被沖走的。他宣稱：「只要自由世界一
> 出聲，自由中國就會馬上響應。」

　　他承認國民黨把軍隊撤退到台灣去所造成的軍事崩潰，是世界上的人一時所不能接受的。然而，他說這並不代表是屈服。

　　胡博士說：蔣介石的軍隊的崩潰，「跟國民黨在政治上的腐敗一點關聯都沒有。」他為蔣介石辯護，說他是「回頭浪子的清教徒，是一個聖人。」[299]

胡適在韋爾斯太太寄給他的剪報的旁邊寫了下述的話：

　　這種日報所報導的演說或演講很少是正確的。請讀我在《外交季刊》1950 年 10 月號上的〈在史達林戰略裡的中國〉一文，以及 1950 年 1 月 19 日《美國新聞與世界報導》（*U.S. News and World Report*）週刊上訪問我的一文。[300]

　　〈在史達林戰略裡的中國〉一文，我已經分析過了，可以不用再贅述。胡適在《美國新聞與世界報導》這篇專訪裡有三個重點[301]。第一個重點基本上是重述他在〈在史達林戰略裡的中國〉一文裡的論點，說共產黨席捲中國，就是史達林征服世界的策略的一部分。第二個重點，是胡適斬釘截鐵地否認毛澤東可能成為第二個鐵托（Tito），亦即，像南斯拉夫的鐵托，走出有別於莫斯科的獨立路線。他說中國共產黨是徹底地依賴莫斯科。他以解放軍為例。中共在 1950 年 8 月 1 日宣稱解放軍的數目是五百萬。這五百萬解放軍的配備必須從滿洲的工業而來。而滿洲的工業是蘇聯控制的。因此，毛澤東絕對不可能不徹底地依賴蘇聯。第三個重點是胡適認為歐洲是安全的。歐洲有〈北大西洋公約〉的保護，蘇聯不敢輕舉妄動。因此，蘇聯要打，一定是在亞洲。

　　我們注意到胡適並沒有回答韋爾斯太太的問題。她問胡適是否真的像《紐約時報》上所報導的，說：「蔣介石的軍隊的崩潰，跟國民黨在政治上的腐敗

299　"Use Chiang's Help, Dr. Hu Urges West," *The New York Times*, January 15, 1951, p. 4.

300　Josephine Welles to Hu Shih, January 16, 1951，「胡適紀念館」，HS-US01-010-002。

301　以下對這篇專訪的分析，是根據 "Why the Main War Will be Fought in Asia—Not Europe," *U.S. News and World Report*, 30.3（January 19, 1951）, pp. 34-37。

一點關聯都沒有。」胡適要她去讀〈在史達林戰略裡的中國〉以及他在《美國新聞與世界報導》上的專訪。而這兩篇根本都迴避了國民黨貪腐的問題。這就是胡適的策略，亦即，用談史達林征服世界的策略來迴避國民黨貪腐的問題。韋爾斯太太要的是一個簡單的「是」或「否」的答案。他卻要她去讀他根本就迴避了那個問題的兩篇文章。

胡適迴避韋爾斯太太的詰問，因為他沒有辦法在一個曾經在中國住過的美國人面前圓謊。這個時候的胡適是絕對會用「蔣介石的軍隊的崩潰，『跟國民黨在政治上的腐敗一點關聯都沒有。』」這樣的理由來為蔣介石辯護的。事實上，這就是我在上文所分析的他在1950年〈劫難下的中國〉（China In Distress）演講裡的說法，亦即，國民黨的崩潰，純粹是一種軍事上的崩潰。

在這篇專訪裡，胡適說了一個謊言，並發了一個令人匪夷所思的奇論。胡適所說的謊言有關國民黨徵兵的方法。胡適說共產黨徵兵的方法很簡單。他們每到一個村，就立即徵用了該村的糧食，並進行戶口調查，徵調壯丁。記者問他說蔣介石不也是這樣作的嗎？胡適回答說：

> 不！在國民黨治下，徵兵從來就不是很有效的。這就是一個有法治的政府（a constituted government）〔注：此句英文不通，一定是漏了一個字〕才有的問題——有許多辦不到的事。他們要村子送壯丁。結果村子送來的是連他們自己都不要、而且想擺脫掉的——病夫（invalids）。

胡適睜著眼睛說謊話。他不是不知道國民黨「拉夫」的方法。在他出任駐美大使前夕，蔣廷黻就在1938年8月20日寫過一封英文信給他，描述了一些令人髮指的「拉夫」的惡行。他義憤填膺、同時也憂心地說：「如果戰爭再持續六個月，我們可能會淪落到被敵人和憤怒的百姓夾擊的地步。」[302]

胡適第二個奇論是，中國人民會翹首以待美國去轟炸他們。

> 記者問：如果我們轟炸滿洲〔注：麥克阿瑟主張轟炸東北〕？

---

302 T. F. T. [Tingfu Tsiang] to Hu Shih, August 20, 1938，「胡適外文檔案」，E395-1。

胡適：貴國駐華大使司徒雷登博士告訴我說，當國民黨的飛機轟炸南京的時候，他以為人民一定會恨國民黨。結果當他跟南京人交談以後，他很意外地發現他們歡欣鼓舞地說，國民黨終於回來了。

其實，當時發這種奇論的不只胡適一個。他跟蔣介石志同道合、惺惺相惜。蔣介石在1950年初屢次命令飛機轟炸上海。由於炸毀了美國的電廠，美國政府提出抗議。蔣介石在2月14日的日記裡記：「下午午課後，召見葉部長談美國對我轟炸上海之抗議答案。美國務院侮壓我極矣。」跟胡適一樣，他在2月21日的日記裡，也作出了雖然人民死傷慘重，但他們會翹首以待，認為那是反共的前兆：

五日轟炸上海電廠之成績。尤其對楊樹浦美國電廠之徹底，甚於吾人所望者。在滬洋人，亦急求脫離匪區。其藉匪營業之心理已經動搖。其轟炸功效之大，實補充海軍封鎖不足之缺點。人民雖受此死傷之重大損失，而對我國軍反攻之仰望益切矣。

胡適為了反共，不惜說謊。我們記得他1950年5月18日在「美國外交關係協會」所舉辦的「中國問題討論小組」的討論會裡說：「艾奇遜說，那沒有什麼裝備的共產黨一從山溝裡出來，就打出了天下。」他9月6日給傅斯年夫婦的信說，他寫〈在史達林戰略裡的中國〉的「主旨是要人知道中國的崩潰不是像Acheson〔艾奇遜〕等人說的毛澤東從山洞裡出來，蔣介石的軍隊就不戰而潰了。」

我們注意到他在〈在史達林戰略裡的中國〉一文裡反而沒說艾奇遜說的這句話。這是因為艾奇遜根本就沒說這句話。他在《外交季刊》裡如果說這個謊言，讀者主要都是政界、學界的人物，他就會被立刻揭穿了。反之，他在「美國外交關係協會」的「中國問題討論小組」的討論是非正式的發言。即使後來讀到記錄的人指出其錯誤，他大可以面不改色地，像他對韋爾斯太太所說的，這種記錄「所報導的演說或演講很少是正確的。」他寫給傅斯年夫婦的信反正是不公開的私信，扯了再大的謊言也不會有人知道。

　　事實上，艾奇遜在《白皮書》裡根本就沒說這句話。我在艾奇遜〈呈遞總統《白皮書》函〉裡所能找到最接近的一句話是：「國民黨的軍隊根本不需要去打；它是自己瓦解的。」[303]艾奇遜說國民黨的軍隊是自己瓦解的。重點是，他從來就沒說共產黨的軍隊是從山洞裡出來的。事實上，我在上文已經徵引了艾奇遜對國民黨軍力的評價：

　　到了1947年初馬歇爾將軍離開中國的時候，國民黨顯然到了其軍力最強、控制的地區最廣的巔峰。然而，接下去一年半的發展，顯示出他們看起來似乎很強的力量其實是虛幻的，他們到那時為止所得到的勝利是建築在沙上的。[304]

　　不但如此，艾奇遜而且進一步地凸顯出國共勢力消長的根本原因：

　　上文已經指出，國民黨在戰後已經衰弱、士氣不振、失去民心。他們派到原先被日軍占領地區的文武官員的作為，使他們迅速地失去了人民的支持以及他們在人民心目中的威望。相對地，當時共產黨所擁有的力量是其先前所未有的。而且他們控制了華北的大部分。[305]

　　最諷刺的是，胡適痛恨艾奇遜，已經到了不黑即白的程度。完全無視於艾奇遜跟他在反共上有共同的立場。艾奇遜在〈呈遞總統《白皮書》函〉的結尾，說了一句胡適自己都一再重複的話：

　　不管眼前所能看到的中國的遠景有多悲愴（tragic），不管這個偉大的人民是如何殘忍地被一個為外國帝國主義所服務的黨所剝削，我們相信中國悠久的（profound）文明、民主的個人主義精神終究會重新抬頭，掙脫這

303　Dean Acheson, "Letter of Transmittal," July 30, 1949, *United States Relations with China*, p. XIV.

304　Dean Acheson, "Letter of Transmittal," July 30, 1949, *United States Relations with China*, p. XI.

305　Dean Acheson, "Letter of Transmittal," July 30, 1949, *United States Relations with China*, p. X.

個外來的枷鎖。[306]

　　國民黨人、或者親國民黨的人痛恨《白皮書》，是想當然耳的事。然而，一個人在日常生活裡所扮演的角色不是只有一個。他可以有國民黨或親國民黨的立場，但不一定要處處用國民黨的立場來看事情。我在前文就已經指出當時出任國民黨駐聯合國大使蔣廷黻在讀《白皮書》過程中的感慨：「我越讀，我越對這本書肅然起敬。」

　　然而，胡適就是沒辦法如此。《白皮書》剛出版的時候，胡適、蔣廷黻、宋子文都極為憤慨。蔣廷黻在8月8日的日記裡說：

　　打電話給胡適。他說艾奇遜〈呈遞總統《白皮書》函〉很薄弱。他正在讀，非常憤慨居然把李宗仁的密信也刊布了。宋子文從華盛頓打電話來。他說他希望胡適會寫一篇《白皮書》的批評。[307]

次日，蔣廷黻又在日記裡說：

　　回家路上到胡適住處，談《白皮書》。他指出司徒雷登給國務院報告裡一些可笑的地方。我力勸他寫一系列批判《白皮書》的文章。他問我大家對馬歇爾、艾奇遜、司徒雷登的看法。我說我們必須相信他們對我們是心存善意的。但是，如果他們犯了錯誤，我們就應該直言。我們談了三個鐘頭。[308]

蔣廷黻8月14日日記：

　　看報，然後讀《白皮書》。下午四點去看胡適，並告訴他我的結論：

306　Dean Acheson, "Letter of Transmittal," July 30, 1949, *United States Relations with China*, p. XVI.
307　Tsiang Tingfu Diaries, August 8, 1949.
308　Tsiang Tingfu Diaries, August 9, 1949.

一、〈雅爾達密約〉是一個錯誤，同時也一個罪過。胡適給我看兩天前柯
　　洛克（Arthur Krock）在《紐約時報》上的一篇專欄。柯洛克說，一
　　個一星的空軍少將飛到雅爾達，親手交給霍普金斯（Harry Hopkins）
　　〔注：羅斯福重要顧問〕一個備忘錄。那個備忘錄指出日本的弱點，
　　力促羅斯福不要對史達林付出任何「代價」。

二、馬歇爾、杜魯門、司徒雷登在1948年春天都得出結論，認為跟共產
　　黨組織聯合政府是要不得的。如果他們在兩年以前就得出這個結論，
　　今天中國的情況就會不一樣了。

三、美國在抗戰期間對中國的經濟援助（包括支付美國在華的費用）非常
　　慷慨。

四、馬歇爾、杜魯門、司徒雷登對中國的所作所為都是出自善意。309

8月15日：

　　下午，胡適和宋子文過來閒談。聽說司徒雷登在回到美國以後說很多人
已經對共產黨開始失望──對電影裡的蔣介石拍手，對轟炸南京、上海表
示歡迎。可是司徒雷登仍然幻想著，現在跟共產黨合作的自由分子，可能
有機會占上風。

　　我也聽說艾奇遜已經認為胡適是無可救藥的了（written off），就像他已
經不甩國民黨中國一樣。理由是胡適已經把自己賣給了蔣介石。這些消息
最讓人氣餒。

　　宋子文〔在我們談話的時候〕跑去跟魯斯（Luce）〔《時代》週刊、《生
活》雜誌發行人〕談了十五分鐘。他回來告訴我們說，《生活》會刊登胡
適批判《白皮書》的文章。310

8月17日：

309　Tsiang Tingfu Diaries, August 14, 1949.
310　Tsiang Tingfu Diaries, August 15, 1949.

　　下午，跟宋子文、胡適去看霍華德（Roy Howard）〔名報人，斯克利普—霍華德（Scripp Howard）報系的老闆〕。他又再次要我們提出一個行動的計畫。他不贊成駐美大使館所提出的計畫。他說那個數字會把美國人嚇跑。

　　胡適得到一些人的暗示，要他不要寫《生活》雜誌願意發表的文章。我力勸他寫。跟他談到六點。[311]

　　讀者會注意到上述這幾則日記都是蔣廷黻的，因為當時不願意讓人家知道他的所思所想、所作所為的胡適，採取的不留任何記錄的策略。比如說，在蔣廷黻密集記載他們見面討論《白皮書》的這幾天，胡適只在兩天的日記裡提到他們見面的時間：8月14日：「5:00 T. F.〔蔣廷黻〕」[312]；8月17日：「3 P.M. Dr. T. F. to fetch you to Mr. Roy Howard〔下午3點，廷黻博士會帶您去見霍華德先生；注：顯然是胡適的護士情人兼秘書哈德門太太的手筆〕。」[313]

　　胡適、蔣廷黻、宋子文都怨恨艾奇遜。然而，他是國務卿。人在屋簷下，不得不低頭。早在1949年5月17日的日記裡，蔣廷黻就記說，他力促駐美大使顧維鈞幫胡適安排跟艾奇遜會面[314]。我在上文提到胡適在6月22日跟宋子文、蔣廷黻、柯克朗見面的時候，胡適答應他會盡快去見艾奇遜[315]。

　　胡適7月13日日記記：「8:00 Chinese Embassy〔上午8點，中國大使館。〕」[316]他沒說是什麼時候去的。但以當時的交通情況來看，他應該是在前一天坐夜車去華盛頓的。7月14日：「10:00 A.M. See Gen. Marshall, 2E-844（River Entrance）〔上午10點，見馬歇爾將軍，2E-844（五角大廈河面入口）〕。」[317]

　　結果，我們還是要靠蔣廷黻7月17日的日記，才知道他去華盛頓見了誰，也包括見不到艾奇遜：

311　Tsiang Tingfu Diaries, August 17, 1949.

312　《胡適日記全集》，8.428。

313　《胡適日記全集》，8.429。

314　Tsiang Tingfu Diaries, May 17, 1949.

315　Tsiang Tingfu Diaries, June 22, 1949.

316　《胡適日記全集》，8.421。

317　《胡適日記全集》，8.421。

　　跟胡適在電話上長談。他說他最近這次華盛頓之行非常挫折。見不成艾奇遜，只見到了三個將軍：馬歇爾、魏德邁、陳納德（Claire Chennault）〔抗戰期間「飛虎隊」的指揮官〕。答案都是否定的。胡適聽甘介侯說，有些參議員要打電報給蔣介石，要他任命胡適為行政院副院長。他非常擔心。認為一定是宋子文，或者孔祥熙、或者蔣夫人慫恿這些參議員。他不讓我在電話上告訴他我的看法。我要告訴他，甘介侯聽錯了、誤引了那些參議員的話。[318]

　　胡適是一個有傲氣的人。他在吃了閉門羹以後，就一年沒再去華盛頓了。他在1950年6月23日的日記裡說：

　　我自從去年七月到於今，沒有去見一個美國政府大官，也沒有去見一個兩黨政客。今天Dean Rusk〔魯斯克〕（國務次長）來紐約，約我去談。談了一點半鐘。我對他說：「你們現在一定飄泊到一個世界大戰！但不要叫他做『第三次世界大戰』！這不過是第二次世界大戰的未完事件（unfinished business）而已！」[319]

　　胡適終究還是沒寫出他對《白皮書》的批判。我在「胡適紀念館」的檔案裡，沒看到任何草稿。唯一的一件，是他從《白皮書》裡所摘記下來的一些段落。從這個摘記來看，胡適所要證明的，是杜魯門、馬歇爾究竟是在什麼時候才改口說，他們反對讓共產黨參加聯合政府[320]。換句話說，胡適所要證明的，是美國對蔣介石政權崩潰所必須負起很大的責任。這也就是說，如果美國不在一開始的時候逼迫蔣介石跟共產黨談和，蔣介石老早就可以把共產黨殲滅了。
　　事實上，胡適自己很清楚，他很難用「聯合政府」這個問題來把蔣介石的失敗算在美國政府身上。艾奇遜在〈呈遞總統《白皮書》函〉裡是有備而來

318　Tsiang Tingfu Diaries, July 17, 1949.

319　《胡適日記全集》，8.498。

320　胡適《白皮書》摘記，「胡適紀念館」，HS-US01-106-007。

的。他已經預見到這是一個可用的口實，而祭出了蔣介石自己所提供的王牌，來預先「將軍」像胡適這樣的論敵。艾奇遜說：

> 一如上文所已經指出的，是中國政府自己在赫爾利（Hurley）將軍使華以前，就已經開始採取措施要跟共產黨合作的。早在1943年9月，委員長在國民黨中全會裡就已經說：「我們要認清中共問題是一個純粹的政治問題，因此應該用政治方法來解決。」[321]

為了證明事實卻是如此，《白皮書》在附錄裡還刊載了蔣介石這篇在國民黨五屆十一中全會所發表的演講[322]。白紙黑字，胡適完全沒有反駁的餘地。他在顧維鈞所送給他的那本《白皮書》上作了眉批：「Jessup〔Philip Jessup 傑賽普〕亦如此〔說〕。」他在艾奇遜引蔣介石的話旁邊畫線並標上「頁530」的註記。然後，又在《白皮書》附錄頁530所附的蔣介石演講詞裡的上述引文畫了線[323]。

值得玩味的是，胡適「傑賽普亦如此〔說〕」這句眉批，可能有他言外之意。傑賽普是胡適母校哥大的博士，與胡適同年拿到博士（1927）。傑賽普也是被美國極端反共的參議員麥卡錫誣指為共產黨同路人的受害者。雖然傑賽普後來被證明是無辜的，但他的仕途受到影響。除非胡適這句眉批是後來加上去的，它應該是在麥卡錫誣指他為共產黨同路人之前寫的。無論如何。胡適是否暗指如果共產黨的同路人說這樣的話，其用心是否可誅？這值得令人玩味。

胡適在為1954年出版的《在華五十年：司徒雷登回憶錄》（*Fifty Years in China: The Memoirs of John Leighton Stuart*）寫的〈導言〉裡，藉機批判了《白皮書》。在這篇十頁的〈導言〉裡，胡適用了六頁的篇幅抨擊了從馬歇爾調解國共內戰讓共產黨坐大開始到《白皮書》的發表。有意味的是，胡適在這篇

321　Dean Acheson, "Letter of Transmittal," July 30, 1949, *United States Relations with China*, p. X.

322　"Statement by Generalissimo Chiang Kai-shek to the Fifth Central Executive Committee of the Kuomintang," September 13, 1943, *United States Relations with China*, p. 530.

323　胡適藏書：Dean Acheson, "Letter of Transmittal," July 30, 1949, *United States Relations with China*, pp. X, 530,「胡適紀念館」，N03F2-035-01。

〈導言〉裡，也沒說他那句逢人便道的義憤填膺的謊言，亦即，艾奇遜說：「毛澤東跟他的紅軍一從山洞裡出來，中國政府的軍隊就瓦解了。」在演講裡誣指艾奇遜說過這句話是一回事，因為如果被揭穿，他可以大言不慚地說是記錄的錯誤。具名筆之於書又是另一回事，因為他是要負責任的。

然而，胡適還是情不自禁地說了一句旁人不可能拆穿、但也不算是謊言的謊言。他在〈導言〉的結尾，徵引了艾奇遜〈呈遞總統《白皮書》函〉裡的一句話：

> 中國內戰不幸的結局是超出了美國政府所能控制的能力。其結果，不是我國盡其所能所作或所應作所可能改變的；其結果，不是因為我國的不盡力而造成的。

胡適說他在艾奇遜這句話旁邊作了一個眉批：「Matthew 27:24〔《聖經‧馬太福音》27章24節〕。」事實上，胡適在他所藏的《白皮書》上所寫的不是「《聖經‧馬太福音》27章24節」，而是：「此可謂washing hands of China!〔對中國洗手卸責〕」

胡適接著寫下《聖經‧馬太福音》27章24節的經文：

> 當彼拉多看到他不可能勸退群眾，反而會引起暴動。於是，他在眾人面前拿水洗手，對他們說：「看！這個正直的人流的血，跟我無關。」[324]

「洗手卸責」這個典故，確實可能是來自於彼拉多這個故事。重點是，他眉批寫的不是「《聖經‧馬太福音》27章24節」。彼拉多這個故事，我在第二章分析胡適抗戰期間在美國求援時用過多次。這又再一次印證了胡適晚年已經變不出新把戲來了。

想來其實是相當可悲。一個曾經在思想、學術界叱吒風雲的大師，在晚年

324　胡適藏書：Dean Acheson, "Letter of Transmittal," July 30, 1949, *United States Relations with China*, p. XVI,「胡適紀念館」，N03F2-035-01。

的時候，卻落到要把蔣介石失敗的責任怪罪到美國人身上。他連在中學當老師的韋爾斯太太都比不上。我在上文所提到的韋爾斯太太給他的信所要質疑胡適的，就是蔣介石政權的崩潰有其更顯而易見、而且更重要的原因。

　　胡適為什麼能「明察秋毫，不見輿薪」呢？反共、反共、多少學者的罪行──斷章取義、甚至無中生有、迴避問題、選擇性的使用證據，等等──假汝之名行之使然也！

　　胡適是一個主意既定就不容易改變的人。〈在史達林戰略裡的中國〉奠定了胡適晚年的反共立場，而且也是所有胡適晚年反共理論的立論基礎。在反共這一點上，他只有變得更不妥協，不可能退卻。比如說，他1950年12月1日在舊金山「大同俱樂部」（the Commonwealth Club）以及12月4日在加州大學柏克萊分校演講〈中國思想與文化的存活價值：世界共產主義在中國所不可能摧毀的〉（Survival Value of Chinese Thought and Culture: What World Communism Cannot Destroy in China）。這篇演講所提到的中國思想文化的精髓，是我在第四章裡所已經分析的反共史觀：人文主義、個人主義、無為，以及懷疑的精神。

　　這些中國思想文化裡的精髓，胡適把它們等同於「解毒劑」或者「反抗力量」，足以保護中國不讓它「真正地被世界共產主義，亦即，俄國共產主義，所征服改變。」然而，胡適更想要說的是：

　　　　我這樣說，並不意指有些人所說的，中國會把共產征服者同化、吸收，就像它在歷史上不所有征服者同化一樣。現代窮兵黷武、極權的征服者，不管是納粹還是共產黨，是沒辦法被吸收的：它是必須被從根（physically）擊敗、摧毀的。[325]

「必須被從根擊敗、摧毀」！這是人人皆曰「溫和」、「容忍」的胡適！

　　該年12月，胡適作了一個〈自由世界須要自由中國〉（The Free World

325　Hu Shih, "Survival Value of Chinese Thought and Culture: What World Communism Cannot Destroy in China,"「胡適紀念館」，HS-US01-035-005。

Needs A Free China）的演講。「胡適紀念館」存有胡適沒寫完整的演講稿。在這個演講裡，胡適說「自由中國」所指的，不只是台灣六十萬精銳的部隊及其七百萬的人民，也不只是在中國各地從事反共鬥爭的無數的游擊隊。最重要的，「自由中國」所指的，是身體被桎梏摧殘在「鐵幕」裡，但在心靈與情感上是反共的絕大多數的中國人民。胡適在這個「自由中國」的概念裡，特意要強調人民，而模糊、淡化「政權」。這是完全可以理解的。一方面，在許多美國人的眼裡，當時的台灣既不「自由」，也不「中國」；在另一方面，胡適自己根本就視中共為一個外來的政權，立意要把它與中國人民區別開來。胡適認定中國共產黨只是蘇聯的傀儡。他說，只有在認清了中共是蘇聯的傀儡、不能不聽其主子的命令這個事實以後，我們才能瞭解為什麼中共膽敢不知量力地跟美國在韓國打仗，才能夠瞭解為什麼中共會派解放軍入西藏，因而打壞了它跟那最同情中共、對中共最為友好、最能遷就中共的印度的關係。

　　胡適這個演講的主旨，在於強調中國人民是心嚮民主、親美、親西方的。中國人民為什麼心嚮民主、親美、親西方呢？他說，這是因為中國傳統文明聞名於世的地方，就在於中國人的個人主義，以及中國人在歷史上爭取思想、宗教、政治自由的傳統。除了這些中國既有的傳統以外，他說一百年來中國與西方思想、制度的接觸，一百年來西方傳教士在中國的傳教活動，以及七十五年來成千上萬中國學生在美國大學所受的教育。所有這些，用佛家的話來說，都會是「功不唐捐」的。他呼籲西方國家要跟「自由中國」聯合起來消滅中共政權。

　　胡適一輩子批判基督教、鄙夷基督教在中國的傳教事業、慶幸他從來沒進教會學校。一直到他即將過世以前，他仍然痛恨傳教。1961 年 9 月 19 日，胡適到台大醫院去檢查身體。過後，他要去看住院的梅貽琦。大家都勸他不要上去。他們對他說說：「梅太太同一屋子的女人在祈禱、在唱歌。現在只求上天保佑了。」先生四點半回來，很沈痛的大聲說：「這是愚蠢！我本來很想看看梅先生，他也渴望能夠見見我。他還沒有死，一屋子愚蠢的女人在唱著歌祈禱，希望升天堂──這些愚蠢的女人！」[326] 然而，為了爭取美國支持蔣介石反

326　胡頌平，《胡適之先生晚年談話錄》，頁232-233。

共，他可以按耐下他對傳教士的批判和鄙夷，一而再、再而三地在美國所作的演講裡，禮讚基督教一百年來在中國的傳教事業。

1952年4月初，胡適到波士頓去開「遠東學會」（Far Eastern Association）的年會。這「遠東學會」是現在「亞洲研究學會」（Association for Asian Studies）的前身。胡適在4月2日的日記記：

> 下午在 Far Eastern Association〔「遠東學會」〕的 Boston〔波士頓〕年會上，讀了一篇短文，題為 "From the Open Door to the Iron Curtain"〔〈從「門戶開放」到鐵幕〉〕。讀了之後，即有中國親共的學生兩人（一為趙國鈞，一為□□）站起來質問反駁，其一人「氣」得說話四面打旋！其一人問：「你不信中國現在比從前強（stronger）了嗎？」我說："No!" 他又說：「中國不比從前更獨立了嗎？」我大聲說："No!"[327]

胡適這篇〈從「門戶開放」到鐵幕〉，「胡適紀念館」裡不存。至於那兩位與胡適辯論的。趙國鈞是學農業經濟的。胡適日記裡用□□隱去名字的人，根據余英時向趙元任的女兒趙茹蘭求證，是鼎鼎大名的數學、哲學家王浩[328]。余英時說趙國鈞「富有民主主義的激情」，王浩則「從中學起已信仰馬克思主義，他的『親共』是根深柢固的。」事實上，左與右的激情，在信仰上雖然水火不容，但本質上是一樣的。如果王浩當時患了左傾偏執症，胡適患的則是右傾偏執症。

胡適晚年患右傾偏執症，這是有病根的。我在《日正當中》裡，分析了胡適在1926年到1927年北伐時候，曾經患了右傾急驚風。在胡適的晚年，在他的反共偏執症的纏繞之下，胡適變成了一個恨不得立即全面展開反共聖戰的鷹派裡的鷹派、冷戰鬥士裡的冷戰鬥士。1953年1月21日，他離開台北回美，在東京停留幾天的時候，在「日本放送協会」（NHK, Japanese Broadcasting Corporation）作了廣播錄音。他在當天的日記裡記：「中午，在NHK廣播，題

---

327 《胡適日記全集》，8.743。
328 余英時，《重尋胡適歷程：胡適生平與思想再認識》，頁112。

為"Our Common Enemy"〔〈我們共同的敵人〉〕。為時十分鐘。昨夜費了我四點鐘寫成。」[329]

「胡適紀念館」所藏的這篇胡適演講的打字稿，題名為〈自由或奴役〉（Freedom Or Slavery），雖然他在演講裡也說他的題目是〈我們共同的敵人〉。在這個十分鐘的演講裡，胡適的目的是在呼籲所有亞洲的國家都要加入韓戰。他說：

> 只有幾個亞洲國家熱切地加入反共的戰爭。有的雖然參加了韓戰，但卻又承認中共，而且與共產國家貿易〔注：胡適知道日本就是其中一個〕。還有一些國家甚至施施然（complacent）地以為它們可以用保持「中立」，或者在共產主義與反共之間扮演「第三勢力」的方式，來姑息世界共產主義！
>
> 亞洲國家之不團結，就是我們最大的弱點的根源。我們的敵人是團結的，在意識形態上團結；在全球策略上團結；在征服世界的藍圖上團結；在殘酷的戰術上團結。因此，任何國家認為它可以在這個戰爭中保持「中立」是愚不可及的。在這個與我們的共同敵人的殊死戰裡，不可能會有中立的國家，不可能會有第三勢力。
>
> 今天這個殊死戰，是自由與奴役的鬥爭。每一個亞洲國家，遲早都必須要披掛上陣。

胡適說，韓戰對亞洲國家有四重的意義：

> 第一，這個在韓國的拉鋸戰很清楚地顯示出我們的敵人——世界共產主義——已經決定開始進行熱戰——不是在歐洲，而是在亞洲。亞洲顯然地是它們所選的戰場。所有亞洲國家都應該嚴重地關切這個事實。
>
> 第二，聯合國在1950年6月號召所有會員國護衛大韓民國的決定，是人類歷史上一個劃時代的事件。這在人類歷史上等於是掀開了一個新頁。有

---

329 《胡適日記全集》，9.11。

那麼多的國家響應。在兩年半的戰爭裡，在聯合國的旗幟之下，共同戮力幫助一個無辜的亞洲國家抵抗侵略。

第三，這個在韓國的戰爭，特別是在中共積極參戰以後，已經——或者，應該會——**讓大家完全地意識到亞洲的新的戰略意義**。不只是亞洲被世界共產主義選為戰場。更重要的是，亞洲刻正提供了億萬的人口，讓紅色帝國主義配備成為其傀儡戰士。因此，中國落入共產，就意味著自由世界失去了四億五千萬的人力。自由世界是不是要去爭回中國的四億五千萬人？自由世界能承受得起讓這幾億人讓紅色頭子去訓練、裝備、並給予作戰的經驗嗎？如果我們不全力、徹底地遏制並摧毀這個紅色帝國主義，印度、巴基斯坦的四億人口，亞洲其他地區的三億人口會遭遇什麼樣的命運呢？

第四，韓戰迫使自由世界，特別是美國，重新考慮「歐洲第一」的傳統政策，轉而注意亞洲。今天以及最近的將來，亞洲毫無疑問地已經成為最重要的大陸。人類歷史上最關鍵的戰爭，極有可能就會在這個大陸上展開。[330]

事實上，受不了胡適的反共偏執症的，不只是患有左傾偏執症的人。連有些一般的美國公民都已經無法接受。胡適最可愛、可親的美國女朋友韋蓮司的嫂嫂就是一個例子。韋蓮司在1955年5月4日給胡適的信裡說：

> 我嫂嫂寫信告訴我，說她很高興聽你在維吉尼亞州的演講，雖然她不同意你所說的！（我真希望我能知道你最近演講的內容！）我們一個共同的中國朋友，最近也表示他不贊成你演說。我知道你自己堅強的信念以及為了應大眾的要求，你就已經有足夠的動機演講，不需要我鼓勵。然而，你大概也不會厭於知道至少有一個老友，她相信你是特別具有思考以及演說的天份的。
>
> 對誠實的堅持，堅持誠摯地表達自己的想法。同時又相信人們是有能力

330　Hu Shih, "Freedom Or Slavery"，「胡適紀念館」，HS-US01-020-005。

對這種誠摯的表達作出回應的。所有這些，都是讓人覺得生命是值得的。這是老生常談，但請讓我再說一次。因為我認為很少人在運思遣詞上，能像你這麼有創意，儘管這些日子來，謊言所造成的惡劣的影響看起來似乎是勢不可當的樣子。331

雖然韋蓮司沒說她嫂嫂去聽了胡適的哪一個演講，但她說演講的地點在維吉尼亞州。這就給予了我們足夠的資料去找到這個演講的時間、地點、和題目。胡適在1955年3月9日的日記記：

寫 The Importance of a Free China〔一個自由中國的重要性〕。到天明五點半，初稿成，就料理行裝。六點出門，趕六點半的火車去 Washington〔華盛頓〕。這一晚沒有睡。火車上也不能入睡。到 Washington, D. C.。在 Cosmos Club 等 Dr. & Mrs. Hornbeck〔洪貝克博士夫婦〕。他們邀我吃午飯。一點，Dr. H. 開車南行。五點半到 Sweet Briar College〔野薔薇女子學院〕，住在 Dean M. I. Pearl〔珀爾院長〕家中。332

3月11日日記：

改寫初稿的後半。晚八點半，講 The Importance of a Free China。成績甚好。可算是我最好的一次演說。333

胡適在這兩則日記所提到的，是他和他冷戰鬥士的好友洪貝克，去位於維吉尼亞州林奇堡（Lynchburg）的「野薔薇女子學院」（Sweet Briar College）參加「認識亞洲研討會」（Symposium on Understanding Asia）。根據「胡適紀念館」所藏的胡適這篇演講的打字稿標題頁上的註記，胡適這個演講在維吉尼亞

331　Clifford Williams to Hu Shih, May 4, 1955, HS-CWo1-009-015.
332　《胡適日記全集》，9.148-149。
333　《胡適日記全集》，9.149。

州講了兩次：3月11日在「野薔薇女子學院」；3月14日在維吉尼亞州的夏洛特鎮（Charlottesville）。韋蓮司的嫂嫂去聽的，可能是後者。

　　胡適在〈一個自由中國的重要性〉這篇演講裡，一開始就先摘錄了美國國務卿杜勒斯（John Dulles）3月8日的演說的一段。杜勒斯這篇演說很長，描述了他在亞洲兩個星期的訪問。胡適所摘錄的部分是杜勒斯說到他到台灣去的一段：

　　　　我的最後一站是台灣……我在那兒交換了我們已經共同簽署的協防條約〔注：1954年12月2日簽訂〕，涵蓋了台灣與澎湖。交換典禮在場內受到滿場的喝采；在場外，我們的座車經過的時候，有成千上萬列隊在道路兩旁的民眾歡呼。他們——以及我所見到的華僑——都瞭解這個條約的意義，就是自由中國將永遠存在，只要美國給予保障。

胡適接著說：

　　　　這最後一個句子——「自由中國將永遠存在」——將會成為歷史上最偉大的一句預言，就好像「大不列顛會永遠存在」那句話一樣。

「自由中國」所指的是什麼呢？胡適說：

　　　　當人們今天說「自由中國」的時候，他們通常意指著現在流亡在台灣與鄰近島嶼的中華民國。然而，當一個愛國的中國人想到或夢想到「自由中國」的時候，他心裡所想的是整個中國大陸——他朝思暮想，要把它從共產黨的控制之下解救出來，讓它重新獲得獨立與自由的大陸。前者是一個狹義、當下的「自由中國」的定義；後者是廣義、理想的「自由中國」的定義。

　　細心的讀者看到了胡適對「自由中國」這個名詞的解釋，就會理解胡適為什麼會把他那兩次演講的題目定為〈一個自由中國的重要性〉了。這也就是

說，他在這兩次演講裡所指的的「自由中國」並不是他狹義的意義下的台灣，而是一個包括了台灣、中國大陸的人民，以及全世界反共的廣義的意義下的「自由中國」。

胡適接著描述了國民黨如何成功地建設了台灣，特別是「國語」教育。他說那在在地顯示了台灣人充滿著中國民族主義：

> 九年來推行的「國語」運動，已經獲得了驚人的成就。「北京話」已經能在全島通行，特別是在過去十年入學的年輕人。我舉這個例子，作為台灣人的愛國意識（nationalistic sense）最好的證明。

雖然對台灣來說，協防條約是一顆定心丸，但胡適認為那是不夠的。他的理由是：西方自由國家總是太被動了。它們永遠是在受到納粹以及世界共產主義的攻擊以後才還手。更糟糕的是，西方自由國家就是沒有辦法主動去解放那些已經被奴役的國家。他說：

> 邏輯以及歷史的教訓，從來就不會構成充分的理由，讓民主、愛好和平的國家主動出擊去解放被奴役國家、並矯正歷史的錯誤。當丹麥、挪威、法國、及其他歐洲自由國家在1940年被希特勒征服的時候，沒有國家去拯救它們。1947到1948年，當一群東歐、中歐的自由國家一個個被世界共產主義征服的時候，同樣地也沒有國家去拯救或解放它們。
>
> 在這個現代世界，戰爭永遠是由侵略者強諸自由世界的國家。這些侵略者永遠可以保持主動性，在它們所選擇的時間動手。永遠都是在經歷了大戰，侵略者被擊敗以後，那些久被征服的國家才被解放，新的國家才在戰時的策略或者戰後的和平政策之下成立。因此，比利時和塞爾維亞是在第一次世界大戰以後才獲得解放。從波羅的海到巴爾幹的許多新興國家，都是從波蘭、捷克這些古老的國家裡所復甦出來的。同樣地，許多歐洲與亞洲被征服的國家，都是在第二次世界大戰以後才被解放的。
>
> 各位可能記得，當美國被迫參加上一次的世界大戰的時候，羅斯福總統邀請美國民眾為那個戰爭取一個適當的名字。我就是那上千名向總統提出

建議的民眾裡的一個。作為一個外交界的新手，又是一個有二十五年歷史的和平主義者，我愚不可及地建議羅斯福總統稱呼那次大戰為「世界最後一戰」（The Last War）！我瞭解絕大多數的人希望稱之為「解放戰爭」。然而，總統公開宣布，他想稱之為「生存的戰爭。」

　　因此，即使最具有理想主義的羅斯福總統，都不願意主導一個「解放戰爭」。

胡適既然都已經作出了美國不會主導「解放戰爭」拯救中國的結論，那麼他的希望何在呢？他說：

　　中國的解放，永遠會是我國人民──所有現在住在台灣與海外愛好自由的中國人，特別是那數億在共產黨的皮鞭下受苦受難的我國人民──的希望與夢想。
　　這個希望，這個自由中國的夢想可能成真嗎？這個夢想一定會成真，就像夜晚過後，天明一定會到來一樣。什麼時候會實現？如何能實現呢？對什麼時候會實現這個問題，我的答案一直是中國算命家愛用的一句話：「遠在天邊，近在眼前。」我是一個有信心的人。我接受的是後半段話。

如何能實現呢？被奴役的中國將要如何重獲自由與獨立呢？

　　歷史昭告我們的教訓是：被征服的國家或地區要獲得解放，就只有是在自由、愛好和平的民族在被迫應戰，並徹底地體認到解放那些國家或地區，是其大策略下不可或缺的一部分的時候。作為一個自由中國的夢想者，這個歷史的教訓讓我能預見會有那麼一天，這樣的戰爭將會加諸自由世界。在那個戰爭裡，由於其所具有的戰略上的重要性，中國終將會被從世界共產主義的宰制之下拯救出來。

胡適相信中共一定會在台灣海峽發動戰爭。而中共發動戰爭，就會把美國引入戰爭。那就是他夢想中的「自由中國」打回大陸的時候：

　　所有那些「兩個中國」可以並存的說法都是愚不可及的。最簡單的原因，是因為中共怕「自由中國」怕得要死（mortal fear），不管它有多小、多無害，而且不管它是被其愛好和平的強大的盟邦的「牽狗帶」（leashed）所嚴肅地壓制著〔注：美台協防條約不包含協助蔣介石進攻中國〕。不！中共絕不會讓「自由中國」存在，必意欲要「解放」它，亦即，不管用什麼樣的代價都要用武力摧毀它。

　　這就是「自由中國」在政治、心理，以及道德上的重要性。

　　這也就是我所要作的預言的第一個部分，亦即，自由、愛好和平的民族很可能會因為中共進攻台灣附近的島嶼和台灣本身，而被迫參戰。

　　我的預言的第二個部分，就是我在上文所說的，「由於其所具有的戰略上的重要性，中國終將會被從世界共產主義的宰制之下拯救出來。」

中國大陸具有什麼極為重要的戰略地位呢？胡適的答案是：中國的人口，那龐大的人力。有意味的是，胡適一直不相信中國1953年所作的人口普查。他一直認為那次中國的人口普查是以少報多的。中國為什麼要以少報多？胡適認為是要用來恫嚇、勒索西方國家：

　　在這方面，共產黨使用心理戰術最成功（wonderful feat）的一次，就是在1954年11月1日。那一天，北京共產黨對全世界的廣播，發布了以下一個驚人的消息：根據1953年6月30日午夜所得到的精確的「直接人口普查」的結果，中國的總人口數目確定有601,938,035！這個數字，接著的一個廣播說：「等於是印度人口的1.7倍、蘇聯的三倍、美國的四倍、英國的12倍。」亦即，超過全世界人口的四分之一。

胡適說，這是一個謊報的數目。他說：

　　我們知道中國不可能有那麼多的人口。它絕不可能在近年的戰爭、破壞，以及清算了幾百萬的人口以後，能夠增加那麼多的人口。我康乃爾大學的老師威爾恪思（W. F. Willcox），是世界上最偉大的人口專家之一。

他曾經研究了中國人口的估計。他認為中國在 1930 年的人口大約是三億四千兩百萬。我是少數幾個提出證據支持威爾恪思的估計的人。

胡適最受不了的是：中共以少報多中國的人口，西方國家卻選擇接受：

　　有趣的是，中共選擇在去年 11 月作出那個荒唐的宣布。這個「數字遊戲」非常成功。最新版的《世界年鑑》（*World Amanac*）乖乖地根據共產黨的數字，調整中國的人口總數。杜勒斯先生在上星期的那篇演說裡，不只用「六億共產黨所宰制的中國人」，在另外一處，他還稱其為「幾乎無限的人力。」

胡適為什麼要孜孜於揭穿中共以少報多中國人口的謊言呢？因為他擔心中共的騙術——人海戰術的可怕——會成功地恫嚇住西方世界。因此，他在這個演講的結論裡，要反其道而行，告訴美國的聽眾，說「自由中國」的重要性，在於它可以幫西方世界，把那「幾乎無限的人力」贏回到自由世界這邊來，而讓它不至於成為中共「人海戰術」下的炮灰：

　　即使三億四千兩百萬也是一個驚人的人力來源。因此，這個在我們眼前生死攸關的問題是：我們能讓文明世界的敵人，以那龐大的人口作為資源，去洗腦、操練、訓練出打我們的軍隊嗎？文明世界是不是應該在這個生死鬥爭的關頭，主動出擊贏回那個龐大的人力倉庫？這就是「自由中國」最具戰略重要性的所在。[334]

這篇〈一個自由中國的重要性〉的演講，凸顯出來的，是那人人皆曰「溫和」的胡適敦促美國率領自由世界主動出擊消滅共匪的一面。怪不得韋蓮司的嫂嫂說她不同意胡適的說法。

有意味的是，胡適自詡這是「我最好的一次演說。」「胡適紀念館」藏有

334　Hu Shih, "The Importance of A Free China," 「胡適紀念館」，HS-NK05-203-001。

刊載在台灣《中央日報》上的這篇演講的中譯的剪報。胡適在這份剪報上附有的一張便條紙上寫著：「此文由李強光取去，在March〔3月〕20日左右。到4月14日、15日才譯登！」[335]言下之意，怪罪他們動作未免太慢了。

　　一生鍾愛美國的胡適如果曾經對美國有過怨懟的時候，那就是1949年到1950年的時候。雖然他在剛回到美國的時候，承認國民黨的兵敗如山倒跟其腐敗、專制有關係，但他仍然認為他所謂的美國的「極端的失敗主義」、「有力的失敗主義」更是造成美國對國民黨袖手旁觀，從而坐視國民黨政權的崩潰，也是一個非常重要的原因。

　　我在上文引述他剛到美國以後給蔣介石的信裡說他：「日日憂心如焚，而實在一籌莫展。」他到了華盛頓，國務卿艾奇遜拒絕見他。就像蔣廷黻在日記裡所描寫的：「見不成艾奇遜，只見到了三個將軍：馬歇爾、魏德邁、陳納德。答案都是否定的。」在這期間，他還跟宋子文、蔣廷黻、顧維鈞促成了蔣介石邀請各界領袖聯名宣誓要精誠團結反對共產黨到底的聯名信，冀望能得到美國的經濟、軍事援助。結果，所有這些都落空。

　　1949年5月12日，胡適把他對美國的忿恨、怨懟，在「美國醫藥助華會」的執行委員會上，一股腦地宣洩出來。毫不意外地，胡適當天的日記只記時間地點，其餘一概不錄：「6:00 ABMAC Executive Committee, 1790 Bway（7ᵗʰ floor）〔6點「美國醫藥助華會」開執行委員會，百老匯大道1790號（7樓）〕。」[336]胡適在這個執行委員會上的發言雖然有記錄，但是不公開的。我們有幸能知道他說了什麼，完全要拜美國眾議員周以德（Walter Judd）之賜。胡適在當晚的發言裡提到了中共的一些作為，周以德希望得到胡適的同意，把它列入美國的《國會記錄》（*Congressional Record*）裡。然而，由於胡適在發言裡批評美國國務院所用的一些詞語，周以德就先替胡適給刪去了。他在7月15日給胡適的信裡說：

335　胡適在《中央日報》〈自由中國之重要性〉中譯剪報所附便條按語，無日期，「胡適紀念館」，HS-US01-040-011。

336　《胡適日記全集》，8.401。

　　我不得您的允准，就擅自作主把你在發言裡所提到的一些人名給刪了，因為他們有可能會遭到懲罰。你點名批評國務院，我也把「國務院」三個字刪掉了。這是因為如果可能的話，我們希望勸其改變政策，而不是去激怒他們，使他們更固執己見。[337]

胡適在回信裡感謝周以德的揮筆一刪。他說：

　　我5月12日在「美國醫藥助華會」執行委員會上所作的即席發言，是臨時被點名說的。秘書在我不知情的情況之下作了記錄。我一直沒有收到包括有我發言記錄的會議記錄。所以，您好意隨信所附的記錄，是我第一次看到的。我很感激您顧慮周到地幫我刪去了那幾句話。
　　我必須坦承他們不經我的訂正，就把我的發言傳出去。這讓我很意外。比如說，記錄裡有這兩句話：
　　國民黨政府的崩潰，其大部分的原因要歸罪於美國遺棄了中國。我要說，國務院要負30%崩潰的責任。
　　您可以相信我，我有足夠的常識不會這樣說國務院。因此，我非常感謝您幫我所作的刪削，特別是您對上述兩句話所作的刪定。[338]

　　胡適這句話似曾相識。「我有足夠的常識不會這樣說國務院。」這句話跟胡適在大使新官上任就老實說了中國曾經想跟日本談和的話闖禍以後，為自己所作的辯解如出一轍：「弟在美國最久，發言之緩急輕重，頗能自己量度。」換句話說，怨懟美國遺棄了蔣介石的胡適，絕對是可能說出這樣的氣話的。
　　把國民黨政權的崩潰該罪在美國身上，這點，胡適跟蔣介石是志同道合。例如，蔣介石在1949年1月31日後之「上月反省錄」裡說：

　　此次革命剿匪之失敗，並非失敗於共匪。而乃失敗於俄史〔達林〕。亦

337　Walter Judd to Hu Shih, July 15, 1949,「胡適紀念館」，HS-NK02-006-001。
338　Hu Shih to Walter Judd, July 26, 1949,「胡適紀念館」，HS-NK02-006-002。

非失敗於俄史，而實失敗於美馬〔歇爾〕冥頑不靈，任聽俄共之宣傳與英國之中傷。對於其本國之利害與中國之關係以及太平洋之安危，皆為其個人一時之愛惡，專洩其私憤而置人類之禍福及其民族之榮辱存亡而不問。今後第三次世界大戰之悲劇慘境已不能免。馬歇爾實應負其全責。而余之外交運用無方，過信美國之能急公好義，致有今日之慘敗，亦應引咎自責。

又，1949年11月19日後之「上星期反省錄」：

美馬之冷酷殘忍甚於俄史之陰狠毒辣。彼既對我懷恨報復，不惟阻止其政府援華，而反欲使其援華經費武器為餌，引誘我各軍，使我忠實將領皆因此（美不援華）之口號而怨我離我，以助長其叛亂之企圖。一面扶助反蔣之桂系，一面挑撥我將領。而又以援助自由民主派，養成第三力量相號召。務使一般智識階級與投機分子反共擁蔣者，而皆變為反共反蔣。必使我國僅存反共之殘力，完全支離崩潰，一無所留，以助成共匪統制我全國而後快。其個人之私心。時代不幸，既生俄史，復生美馬。害人類者，俄史；亂世界者，美馬。不僅我中華民國已為其害陷，即其本國之美利堅亦必將為其所斷送。

當時的胡適忿恨美國有承認中共，或讓其進入「聯合國」的想法。他也忿恨美國不願意幫助蔣介石反攻大陸。1950年10月27日，蔣廷黻和杜勒斯談話。他提醒杜勒斯，說美國的政策對在台灣的國民黨有惡劣的影響。對台灣在國際方面，特別是聯合國席次的問題。此外，對台灣希望能反攻大陸也有負面的影響。蔣廷黻說杜勒斯居然告訴他說，這些他都沒想過。蔣廷黻說顯然美國對台灣，完全是試圖用最小代價來取得美國在戰略安全的目的。他說，他回到辦公室以後，就即刻用口述的方式，請秘書把他與杜勒斯的談話打成記錄。他把一份寄給駐美大使顧維鈞。同時，也把摘要用電報打回台灣[339]。

339　Tsiang Tingfu Diaries, October 27, 1950.

次日，蔣廷黻在日記裡說：

> 跟胡適長談。我早先已經給他一份我和杜勒斯的談話記錄。他非常生氣。他希望政府會對美國說「去下地獄好了！」此外，他也沒提不出什麼建設性的建議。[340]

然而，鍾愛美國的胡適，即使再忿恨、怨懟，也只會是暫時的。蔣廷黻在1950年5月19日的日記裡說：

> 帶胡適回家吃午餐。他告訴我他在「美國外交關係協會」所作的演講：「無知」（ignorance），或者用他所用的字眼「天真無邪」（innocence），是美國從1936年到現在所犯的錯誤的根本原因。[341]

蔣廷黻在這則日記裡所提到的胡適的演講，就是我在上文所分析的胡適1950年5月18日在「美國外交關係協會」所舉辦的「中國問題討論小組」裡的談話。就像我在上文的分析裡所指出的，胡適說得很清楚，那「天真無邪」是需要加括弧的。而且他也很清楚地指出，他那個說法是很寬恕的說法。所以，他才會加按語說：「中國人民是這種『天真無邪』的理想主義的祭品。他強調說，這是最恕道的詮釋。當然，這並不包涵共產黨，因為他們永遠是有謀略在心的。」

從天真無邪，即使是加括弧的「天真無邪」，胡適會更進一步地寬恕美國。他甚至於會用父子的關係來描述美國與中國的關係。1951年4月19日，胡適到費城去參加「美國哲學學會」的年會。次日的日記：

> 晚上有 Annual Dinner〔年宴〕，到的有二百七十多人（27桌）。只有我一個人被邀演說。我昨晚才把演說稿預備好。今天上午打了四份，但沒有

340　Tsiang Tingfu Diaries, October 28, 1950.

341　Tsiang Tingfu Diaries, May 19, 1950.

發出。題為 "How to Understand a Decade of Deterioration of Sino-American Relationship?"〔如何理解中美關係在這十年間的惡化？〕。342

　　根據胡適在這篇演說詞開頭的解釋，大會原來給他的題目是：〈如何理解美國〉（How to Understand America）。他說他只想分析其中的一個面向，一個他相信聽眾跟他一樣，覺得非常奇怪、也非常讓人痛心的一個階段。他說他所指的，是中美在最近八、九年間極速惡化的關係。因此，他自己就換了題目，要改說〈如何理解中美關係在這十年間的惡化？〉，胡適說：

　　我是在1942年9月從大使下任的。當時，中國在美國人的心目中仍然處在備受歡迎的巔峰。毫無疑問地，當時美國政府也誠摯地想把中國培養成為一個強有力的盟邦，以便對付共同的敵人。中國不可能找到比羅斯福總統、赫爾、司汀生更誠摯的朋友。

　　然而，才幾年之間，兩國政府的關係就開始變得越來越困難。這個惡化了的中美關係，可以把史迪威將軍事件視為第一個危機。而以攸關於遠東的〈雅爾達密約〉達到高峰。從歷史的角度來看，〈雅爾達密約〉必須被視為等於是把中國丟進史達林俄國的虎口裡。

　　這個惡化的關係在過去兩年之中持續著。當我在到明天為止倒算回去剛好兩年之前回到貴國的時候，我很驚訝、也很難過，整個氣氛都變了。不管我走到什麼地方，中國都是一個非常不受歡迎的國家！1949年8月，國務院甚至覺得有必要發表一千頁的《白皮書》來昭告世界，說美國政府已經盡了全力，而中國是沒藥可救了。

　　所有這些對我來說，是很奇怪的，是一個思想上的謎。作為一個哲學家、歷史家，我無法接受那種過分簡單的解釋，例如：「國務院被共產黨及其同路人所控制。」這個解釋跟下述這個解釋同樣幼稚：「毛澤東跟他的紅軍一從山洞裡出來，中國政府的軍隊就瓦解了。」

　　不！我不滿意這種解釋，或者其他的解釋。我想要理解到底發生了什

---

342 《胡適日記全集》，8.586。

麼。我特別想要知道偉大的美國政府的領袖心裡到底在想什麼，以至於導致了這種疏遠的關係，並至少是暫時拋棄了中國這個有一百多年歷史的友誼的朋友。

我們注意到，胡適又在這個演講裡重複了他誣指艾奇遜的謊言。這就是謊言多說幾次就幾可亂真的策略。更值得注意的是，胡適把他所要分析的中美關係惡化的原因，歸諸美國政府的領袖。這樣，他就可以不用觸及到中國方面的因素。胡適接著說：

在即將出版的一本新書——《東西方的衝撞》（*The Collision of East and West*）——裡，我的「教友派」的朋友毛若（Harrymon Maurer）用下述的字眼，來形容中美關係的惡化：

許多年來，美國鍾情於中國到了濫情（sentimentality）的地步……然而，幾乎就在美國和中國一成為盟邦開始，美國就不喜歡中國政府。那情緒化的程度，一如其從前對它的喝采。

事實上，胡適沒說的事實是：他這篇〈如何理解中美關係在這十年間的惡化？〉演講的主旨，他已經在他為毛若這本書所寫的〈引言〉裡說過了一次。這是我在第二章分析胡適使美時期演說的模式，亦即，一稿走天下。我說，從這個角度來說，胡適是今天一些以一稿走天下的演講大師的鼻祖。

無論如何，胡適借用毛若說自從中國變成盟邦以後，美國就開始不喜歡中國政府這個命題，來發揮他的主旨：

到底是什麼原因造成了這種情感的轉移？我想要瞭解這個現象。我也想要幫助我的中國和美國的朋友瞭解。

我要提出一個理論，來幫忙我解釋這個從愛到恨的心理或情感上的轉變。這是一個建立在心理學和常識之上的一個小理論、小假設。

我的理論是：問題就出在把中國從朋友升等（promotion）成為盟邦這個歷史性的事件。升等（或者我是不是應該說是「降級」（demotion）

呢？）就是使中國在美國這個老友的心目中墜落的原因。

在將近一個世紀裡，中國和美國就只是朋友。區隔著它們的是世界上最大的海洋。它們對彼此沒有任何野心。美國能夠珍視這個真正無私的友誼，甚至鍾愛中國，因為中國「青花瓷和精美的絲軸」，因為中國的老子、孔子、李白、杜甫、白居易、吳道子、和李龍眠。對美國這種真摯的友誼，中國也全心全意地回報著。它每年都派送成百上千的青年男女俊秀到美國的大學和研究所就讀，誠心地想要瞭解這個強盛但又能不事侵略的偉大的國家。

作為這個友誼的受益者，我可以坦誠地說，那真是美妙絕倫。它讓我常常想到貴國詩哲愛默生（Waldo Emerson）這段美麗的話語：

友誼的精髓是在於其全然（entireness）——一種全然（total）的給予（magnanimity）與信任……視其對象一如神一般，以至於雙方都神化了（deify）。

我在美國各處旅行，到貴國的許多博物館，看到成百上千的美國人佇足欣賞著那些無聲、卻儀態萬千的中國文化的代表：青銅器、陶瓷、繪畫。每當那個時候，我就不禁想到愛默生的話，感激貴國如此誠摯地崇拜中國。

我在《璞玉成璧》裡分析留美時代進步、激進的胡適。他批判那贊成袁世凱帝制運動的古德諾（Frank Goodnow），以及老愛用中國的傳統來訴說現代中國的不是的美國人。我說胡適的時代雖然沒有「東方主義」（Orientalism）這個名詞，但是胡適已經能使用類似「東方主義」的概念，去批判那些一直要把中國框在博物館裡的洋人。年輕時候的胡適拒絕東方主義。他愛用「少年中國」這個名詞來強調中國揮別傳統、走向現代的努力。年輕時候的胡適，絕對不可能想像他到了晚年，會如此「東方主義式」地禮讚把中國供奉在博物館裡的說法和作法。

那麼，中國究竟是在什麼時候，從美國為它所架設的博物館裡的展示台上掉下來的呢？胡適連日期都精確地算出來了：

中國的厄運是從 1942 年 1 月那個令人難忘的日子開始的，亦即，美國政府邀請它跟英國、美國、蘇聯一起簽署聯合國宣言那天〔注：亦即，1942 年 1 月 1 日〕。其他國家是在第二天依據字母順序簽署的。這個善意的紳士舉動，使中國不但成為與德國、日本交戰的世界三大強國的盟邦，而且成為四強之一！從那一天開始，中國與它盎格魯‧撒克遜的盟邦的關係就變得越來越困難了。

作為三強裡的「窮親戚」（poor relation），中國可以讓人原諒，如果它擺出一副不可一世的樣子——這是被提升到雲端與眾神遨遊的人常患的通病。它現在想要扮演亞洲領袖的角色。它想起了孫中山博士及其所創立的國民黨要幫助所有亞洲人民掙脫帝國主義枷鎖的誓言。蔣介石甚至膽敢為了印度和緬甸訓斥英國。他甚至膽敢拒絕史迪威、甚至羅斯福總統的建議。

中國所遭遇的最大的困難，是在於它未能作到美國盟邦對它極高的期望。作為一個仍然擁有兩億人口的盟邦〔注：這是胡適假定的抗日地區的人口〕，中國不但被要求要能在中國戰場獨當一面，而且能快速地訓練其軍力以便能參與盟邦即將對日本展開的總進擊。如果它能得到蘇聯從英國、美國所得到的援助的零頭（fraction）的話，它也許會有可能達成這個任務最低的要求。

然而，日本看出了一個接受盟邦充分援助、配備的自由中國會對它造成威脅。日本在亞洲大陸的策略——快速攻占法屬印度支那、泰國、緬甸；封堵滇緬公路；加速幾乎全面經濟封鎖自由中國——很明顯地就是要防止中國從外界取得足夠的軍事和物資上的援助。這個日本的策略，是盟邦未能打敗的一點。

胡適說，中國除了軍事上未能符合盟邦積極參與盟邦對日展開全面總進擊的期望以外，在內政上，也受到了盟邦的批評：

在其他方面的期望，從中國作為盟邦的角度來看也是自然而且合理的。他們要求國民黨政府跟共產黨在政治上修好，同意美國給予中國的紅軍配

備，並讓中國共產黨參加中央政府，等等。蔣介石拒絕史迪威將軍給予中國紅軍配備的計畫。羅斯福總統對蔣介石說：「當敵人把我們逼到可能慘敗的境地的時候，卻拒絕支援任何能夠殺日本人的軍隊，這是謬誤。」在英國、美國盡全力給予蘇聯軍事援助，使它成為歐洲歷史上最強大的軍事力量的時候，蔣介石一直堅拒給予中國共產黨武器與裝備，看起來似乎是很「荒謬」、不合理。中國的紅軍可能會比蘇聯的紅軍更危險嗎？

　　總而言之，中國這個新盟邦，這個「大聯盟」裡最弱的一分子，就變成了必須被改造、被改革，以便使它能更適合地扮演其在美國對日策略裡的角色，以及其在美國戰後以美蘇合作為主旨的理想主義的和平計畫裡的角色。每當中國未能符合這個「改造」裡的細節或計畫的時候，它就越來越不為它從前的好朋友所喜歡了。

　　這就是我所要提出來的小理論，用以解釋和理解我們兩個國家的關係惡化這個可悲、不幸的現象。美國和中國在這麼多年來一直是忠實的朋友。然而，中國從「朋友」升等成為「盟邦」，是中美關係惡化的真正原因。

這個「中國從『朋友』升等成為『盟邦』，是中美關係惡化的真正原因」的理論本身已經夠匪夷所思了的。然而，更加匪夷所思的，是胡適接下去作的結論：

　　我要用孟子──古代中國的民主哲學家──所闡述的一個極其睿智的有關人倫關係的原則來總結、並強化我這個小理論。孟子在一個場合說：「父子之間不責善。責善則離，離則不祥莫大焉。」孟子在另外一個場合又根據同樣的理由說：「古者易子而教之。」這就是要讓父子之間避免常常因為「責善」，而造成「離」的惡果〔注：引文出《孟子‧離婁上》，其實這兩段話是出現在同一個場合〕。

　　孟子不希望發生在父子之間的「責善則離」的問題，卻由一個大國的政府強加在其屬弱的盟邦政府身上。其無可避免的結果就是憎惡、反問、與劫難。

　　我希望這個二十三世紀以前中國哲人睿智的誡言，能夠幫助我們所有的人理解這過去十年來的教訓，而且作為未來之師！[343]

　　胡適一生鍾愛美國。這是他的信仰，旁人無從置喙。然而，一個人可以鍾愛美國，但不失其作為個人的尊嚴。這篇演講的命意儼然是以美國為父，中國為子。這已經遠遠超出了鍾愛的範疇，而落到了認美國為父的田地。

343　Hu Shih, "How to Understand a Decade of Deterioration of Sino-American Relations,"《胡適全集》，39.290-298。請注意，該文錯、闕字太多。有研究或核對興趣的讀者，應該使用 *Proceedings of the American Philosophical Society*, 95.4（August 17, 1951）, pp. 457-459。

第四章

自由誠可貴，反共價更高

　　胡適晚年的思想，是歷來研究胡適的人剪不斷、理還亂的一個大混沌。其最重要的原因之一，就是懵懂於胡適晚年的思想的來龍去脈。胡適晚年的思想，不是一個籠統的自由主義所能概括的。首先，自由主義這個名詞，老早就已經失去了它的詮釋或界定的意義。其次，所謂的胡適的自由主義也隨著他一生的不同階段而改變。胡適從留美時期開始所服膺的，是那種「以人事之仁，補天行之不仁」的自由主義。用他1920年代所鑄造的名詞來說，是一種「社會化的自由主義」、或「新自由主義」、或「自由的社會主義」。胡適在1954年3月5日〈從《到奴役之路》說起〉的演講裡，說他從1941年開始就已經不再服膺這種社會化的自由主義。近年來，有些研究以及書寫胡適的人，以為胡適在晚年是回歸到傳統的自由主義。比如說，邵建、林建剛就錯誤地用「小政府、大社會」的概念——這其實是二十世紀後半葉美國共和黨的口號——來指稱胡適晚年的思想[1]。

　　要瞭解胡適晚年的思想，不能局限於中國、台灣的思維。這是因為我們與其說胡適是一個中國人，不如說他是一個美國人。他一生當中有二十五年的時間是生活在美國。而這二十五年又都是他一生中關鍵的時期。1910年到1917年，他留美的七年，是他一生思想奠基的階段；1937年到1946年，他從使美

1　林建剛，〈胡適反對計畫經濟〉，「經濟觀察網」，http://www.eeo.com.cn/2013/0524/244489.
　　shtml，2017年2月19日上網。

到滯美的九年，是他思想成熟、融合的階段；1949年到1958年，是他晚年沉潛反思的階段。胡適一生思想在奠基、成熟融合的階段，以及他晚年沉潛反思的階段都在美國。他即使不想太美國化都是不可能的事。更何況胡適天生異類。英國學者韋利（Arthur Waley）就說胡適是中國人其表、而西方人其實。

胡適晚年的思想不是自由主義──不管是「社會化的自由主義」或是傳統的自由主義──所能形容的。胡適晚年的思想必須放在美國冷戰的脈絡之下來理解。最適合用來描述他晚年思想的，是美國在1960年代以後興起的「新保守主義」。美國這個「新保守主義」的特點不在於其對內的經濟政策，而是在於其外交政策，亦即，反共，以及用軍事、政治、經濟的力量來確保美國在世界上的霸權。

「新保守主義」的概念能夠幫忙我們確切地解釋胡適晚年的反共思想。不像蔣介石從來都是從井底看世界，胡適的反共思想是以美國的領導為基礎的全球性反共戰略。胡適1950年在《外交季刊》（*Foreign Affairs*）上發表〈在史達林戰略裡的中國〉（China in Stalin's Grand Strategy）。從某個角度來說，胡適晚年的反共思想就是要反史達林其道而行之，要以美國的領導為基礎來進行全球性的反共戰略。這就是美國的「新保守主義」之下的胡適。

胡適跟蔣介石有志一同，都要反攻大陸。然而，他們兩人也都有自知之明，知道單靠蔣介石的軍力，絕對不可能反攻大陸。他們兩人不同的所在，在於蔣介石明知他反攻大陸一定要靠美國，卻不願意公開承認。這個事實，他知道、美國知道，但就是不能讓台灣人知道。美國跟他簽訂協防條約，條件是不經美國的允准，不得攻擊中國大陸。這個他也願意接受，但就還是不能對台灣人明說。為了維護他在台灣統治的合法性，他繼續在台灣高唱其反攻大陸的口號。並以之作為藉口來迫害、殘殺批判他這個口號的人。胡適則反是。一直到他1958年到台北定居，開始說反攻大陸這個招牌碰不得為止，胡適公開地宣揚台灣無力單獨反攻大陸，而必須依靠在美國領導的全球戰略之下來完成。這就是胡適那句從中日戰爭爆發以後就常說的「苦撐待變」的真諦。

由於反共至上的立場，胡適晚年的政治思想是非黑即白。不是反共，就是親共、或者是共產黨的同路人。所有的自由主義者、第三勢力，對胡適而言，都是非愚即誣，都是適足以壯大共產勢力的同路人。因此，所有可能違反反共

這個最高目標的個人、報刊雜誌、與團體，他都跟他們保持距離。在開始的時候，為了維護他一生所經營出來的超然的自由主義的形象，胡適還跟他們虛與委蛇。這可以解釋他在國共內戰期間對《觀察》，以及他在過世以前對《文星》若即若離的態度。這同樣也可以解釋他對第三勢力嗤之以鼻的態度。

1954年是胡適不再對自由主義者虛與委蛇的關鍵的一年。在吳國楨在美國發表文章揭發台灣是一個警察國家以後，胡適接受蔣介石政權的徵召，在美國發表文章回擊吳國楨。胡適回擊吳國楨的文章，是一篇集謊言、抹黑、與栽贓之大成的文章。為了反共，為了在美國人面前維護蔣介石這個唯一有武力可以反攻大陸的政權，胡適不只甘願淪為蔣介石的打手，而且不惜說謊、抹黑。胡適晚年反共不擇手段的心態，在在地反應在「胡適紀念館」所藏的一篇胡適在1959年寫的手稿大綱。在那篇手稿大綱裡，胡適認為理想的政論家應該充當國民黨的啦啦隊。

胡適既然反共至上，而且全力支持蔣介石，他很自然地自始至終就沒有出面組織反對黨的想法。蔣廷黻1949年以後在美國想要組織一個讓胡適出來領導的「中國自由黨」。胡適從一開始若即若離，到後來明白拒絕的態度就是一個最好的明證。胡適當然對蔣介石有不滿意的地方。毫無疑問地，他也不喜歡國民黨。然而，對他而言，蔣介石及其國民黨是唯一具備基本的軍事條件反攻大陸的政權。因此，蔣介石及其國民黨是胡適唯一的希望。對於一個先天不足、後天失調的領袖及其政黨，胡適唯一一個補救的方法，是寄望他能讓國民黨自由分化成為幾個政黨，從而使它們成多黨政治的基礎。這就是胡適一開始給蔣介石的「毀黨造黨」的建議。

在「毀黨造黨」的建議不被蔣介石接受以後，胡適改提「毀黨救國」的理念。這個「毀黨救國」的理念，是胡適1930年代初期在「好政府主義」的基礎上所引申出來的「無黨政治」理論。胡適自己都已經提倡了「毀黨救國」的理念了，他當然不可能同時又出面組織反對黨。胡適當然嚮往美國式的兩黨政治。只是，他知道那是蔣介石所不可能容許的。因此，在談到如何在台灣形成兩黨政治，卻又不對國民黨構成挑戰的政治結構的時候，胡適就提出了一個由知識分子構成，而且永遠不想取得政權的在野黨的理念。然而，胡適注定是在對牛彈琴。不論是「毀黨造黨」也好，「毀黨救國」也好，還是一個永遠不想

取得政權的在野黨的理念也好，所有這些都是蔣介石所不能接受與諒解的。

　　晚年的胡適可悲的所在，就是他一再地退讓、妥協。一個在〈易卜生主義〉裡楬櫫那「健全的個人主義」的理想，表揚司鐸曼醫生那種「雖千萬人，吾往矣！」的氣概的胡適，居然落得在晚年塑造一個根本是造假的「容忍比自由重要」的口號。他說這句「容忍比自由重要」是他康乃爾大學的老師布爾教授（George Burr）在1938年對他說的話。其實，布爾說的是「容忍比起義（rebellion）重要」。胡適不但扭曲了布爾教授的話，他而且還縱容毛子水替他引申，說在對政府進言的時候，一定要把話說得「順耳」，所謂的「情欲信，辭欲巧。」有意味的是，這種巧言令色的話，胡適終究還是說不出來。胡適自己的按語是：「善未易明，理未易察。」

新保守主義者

　　早在1961年，李敖就已經在〈播種者胡適〉裡稱呼晚年的胡適為「一個自由主義的右派、一個保守的自由主義者」，在「急進者的眼中，太不夠火辣辣的了。」[2]黃克武跟邵建都贊成李敖用「保守的自由主義者」來稱呼胡適[3]。李敖和黃克武可能認為「保守的自由主義者」是一個自明之詞，不需要特別解釋。邵建則明白地以二十世紀末葉美國共和黨的「小政府、大社會」的概念來定義他所謂的「保守的自由主義者」。

　　事實上，胡適晚年的思想，既不是他早年所服膺的社會化的自由主義，也不是李敖、黃克武、邵建、林建剛等人所謂的「保守的自由主義者」。胡適晚年的思想，用今天美國的話來說，是「新保守主義」（neoconservatism）。最驚人的地方是，胡適的新保守主義的形成是在「新保守主義」這個名詞出現以前。

　　美國的「新保守主義」、或者有貶抑意味的「新保」（neocon），跟今天美

2　李敖，〈播種者胡適〉，http://tieba.baidu.com/p/137253063，2017年2月15日上網。

3　黃克武，〈一位保守的自由主義者：胡適與《文星》雜誌〉，《胡適與現代中國的理想追尋》（台北：秀威出版社，2013），頁334；邵建，《瞧，這人：日記、書信、年譜中的胡適（1891-1927）》（桂林：廣西師範大學出版社，2007），頁28。

國共和黨主流的「小政府、大社會」的概念——亦即，李敖所說的「保守的自由主義」——只多了一個「新」字，可是意義大不相同。

　　根據一般的說法，美國的「新保守主義」是在1960年代浮現，1970年代興起的。然而，海爾布朗（Jacob Heilbrunn）則認為「新保守主義」的先驅在1930年代就已經出現了[4]。最有意味的是，海爾布朗所指稱的「新保守主義」的先驅裡，有胡克（Sidney Hook）、本漢（James Burnham）等人。這兩人都是從左傾轉向極右的典型，而且也都是胡適晚年引為同志的反共鬥士。從這個意義來說，胡適是海爾布朗所指稱的「新保守主義」的先驅。

　　「新保守主義」經歷了不同階段的變化，對外越來越鷹派。在美國的脈絡之下，它所特指的是其所揭櫫的外交政策：反共；用軍事、經濟、政治的力量來維持美國的霸權；支持世界各地親美的政權，即使再反動、不民主都可以；積極推翻所有反美以及左翼的政權。新保守主義在共和黨總統雷根（Ronald Reagan）、布希（George H. W. Bush）、特別在小布希（George W. Bush）——「布希主義」（Bush Doctrine）——政府時代達到其巔峰。

　　「新保守主義」用軍事力量來維持美國的霸權，並藉以傳播美國式的民主的理念，小布希在2003年侵略伊拉克以前的一篇演講裡說得最為赤裸裸：

　　　一個解放了的伊拉克，可以展現出「自由」能改變那個重要地區的力量，把希望與進步帶給好幾百萬的老百姓……伊拉克的新政權將成為該地區其他國家所欽羨的榜樣……民主價值的播散，對這個世界是有益的。因為穩定、自由的國家不會製造屠殺的意識形態。民主的價值有助於和平地追求更好的生活。[5]

　　小布希這個「新保守主義」試行於伊拉克的結果，當然是一個大挫敗。然而，這不是重點。我在本節最後一部分的分析，是著重於胡適反攻大陸的理

4　Jacob Heilbrunn, *They Knew They Were Right: The Rise of the Neocons*（New York: Doubleday, 2008）.

5　轉引自 Justin Vaïsse, *Neoconservatism: The Biography of A Movement*（Cambridge, Mass.: Harvard University Press, 2010）, p. 2。

念。讀者將會發現小布希這個用戰爭來為世界創造民主、自由的「新保守主義」，胡適早在半個世紀以前，就已經用他依附美國來反攻大陸的理念揭櫫了。

相對於歷來研究的人，總是執拗於使用那籠統的自由主義來解釋他反共的立場，以及他與蔣介石之間的迎拒與離合，這個新保守主義的概念，則可以鞭辟入裡地詮釋胡適晚年的政治思想與態度。舉個最簡單的例子，雷根派駐聯合國大使的蔻克派翠克（Jeane Kirkpatrick）是一個政治學家，也是一個新保守主義者。她把不民主的政權區分為兩種：一種是「極權式的」（totalitarian），共產政權屬之；另一種是「威權式的」（authoritarian）。前者控制了整個社會，包括個人的價值與習慣，壓迫到讓人無法忍受的地步；後者則允許社會原有的社會網絡，包括財富分配不均、社會不平等，等等現象存在。一般老百姓習以為常，懂得如何應付和生存。

蔻克派翠克的論點，胡適一定會引以為同道。我們記得我在本部第三章徵引了胡適在1948年12月17日對美國大使司徒雷登說的話：「中國的共產主義是那麼的僵硬、不容忍、其思想控制是那麼的惡毒、極權統治是那麼的殘酷，即使蔣介石有缺點，還是必須要支持的。」更會讓胡適頷首的，是蔻克派翠克所說的：「極權式的」共產黨是無法改變的；「威權式的」的政權則有逐漸蛻變成為民主的可能。這跟胡適說偽極權主義、半極權主義的國民黨有自由主義的成分在內，是可以調教的說法是如出一轍的。蔻克派翠克主張美國應該鼓勵「威權式的」的盟邦走向自由與民主。然而，如果「威權式的」盟邦有被推翻的危險，美國就應該住手，讓它漸次地蛻變，而不是要它立時改變。

最會讓胡適激賞的，是蔻克派翠克一個重要的論點：美國不能坐視親美的獨裁、威權政權崩潰，而讓蘇聯、中共漁翁得利。她說，當一個「威權式的」盟邦有被推翻的危險的時候，美國應該住手，不要讓它被推翻。她舉的例子之一就是蔣介石。她說，美國在這方面所犯的錯誤有一個共同的模式：第一階段，美國和當地的輿論認為叛軍是共產黨並不重要；第二階段，等內戰蔓延以後，美國認為獨裁者已經失去民心，不民主；第三階段，美國拒絕或拖延援助。接著，總統派特使去當地研究情況，認為情況惡化，必須實行民主化。其結果是使政府的力量更加削弱；第四階段，特使建議美國不應該站在已失民

心、暴虐的獨裁者那一邊。另一方面，回國的傳教士又極力歌頌叛軍；最後一個階段，局勢惡化到不可收拾的地步的時候，美國宣布其一貫支持當地人民選擇其政府形式的權利，切斷軍援、建議獨裁者組織由溫和派領導的「聯合政府」。其結果完全可預見：先是獨裁者被推翻。接著，沒有主政經驗的溫和派也被軍人或叛軍取代[6]。細心的讀者一眼就會看出：蔻克派翠克所勾畫出來的美國所犯的錯誤的模式，其原型就是美國攪局之下致使蔣介石在國共內戰之中慘敗出局的故事。

在國內政策方面，新保守主義者反對1960年代的學生運動、女性主義、〈矯正過往歧視法〉（affirmative action），以及後來的文化、種族多元主義（multiculturalism）。然而，新保守主義者並不反對政府扮演積極的角色。他們主張用政府的力量來改造社會。新保守主義者也不反對「福利國家」（welfare state）的概念。他們所反對的，是社會福利政策如果執行過頭，有戕喪個人自力更生的意志。在這點上，新保守主義有別於美國脈絡下1980年代興起的「舊保守主義」（paleoconservatism）。這美國脈絡下的「舊保守主義」所揭櫫的，就是邵建、林建剛所欣羨的「小政府、大社會」的主張。

胡適所服膺的，絕對不是邵建、林建剛所欣羨的「舊保守主義者」的「小政府、大社會」的概念。他所一定會引以為同道的是「新保守主義者」的理念。有關這點，我在下文會進一步詳細分析。在此，我只需徵引湯姆生（Bradley Thompson）跟布魯克（Yaron Brook）所合寫的《新保守主義：一個概念的訃文》（*Neoconservatism: An Obituary for an Idea*）裡的兩段話，就可以一語道破其中的癥結：

> 對新保守主義者最好的描述，是審慎或實用主義的自由主義者（cautious or pragmatic liberals）。他們認為改革應該是溫和、緩慢、實驗性的……我們可以說新保守主義者用杜威的實驗主義的分析方法，來處理杜威的自由主義追隨者所提出來的問題。他們可以被稱之為神經質或保守的杜威主義者（nervous or conservative Deweyites）。

6　Jeane Kirkpatrick, "Dictatorships & Double Standards." *World Affairs*, 170.2 (fall 2007), pp. 61-73.

又：

> 新保守主義者的思考方式是實驗性的（experimental）、實用主義的
> （pragmatic）、淑世主義的（meliorist）。他們認為決策者需要把思想和計
> 畫拿來實驗，以便增進人類的福祉。他們的態度是靜觀其果（wait-and-
> see）：如果政策錯誤了，就回去研究再制訂新的；如果政策成功，那它一
> 定是正確的──至少在目前是如此。[7]

　　湯姆生跟布魯克用實驗主義的語言來描述新保守主義，自然是一種後現代
主義的挪用，而且也只是一家之言。然而，他們所用的「實驗性的」、「實用
主義的」、「淑世主義的」、「溫和」、「緩慢」，等等字眼，跟胡適一輩子講杜
威、詹姆士的實驗主義時所用的字眼，簡直是同一個模子裡鑄出來的。實驗主
義的語言可以如此順當地被挪用來詮釋新保守主義。這不只說明了實驗主義的
語言與概念具有高度的可塑性，而且也可以幫忙我們理出胡適從其社會化了的
自由主義走向新保守主義的軌跡。

　　胡適晚年的思想屬於美國「新保守主義」這個名詞還沒出現以前的「新保
守主義」。這個說法，乍看之下似乎有把胡適說成走到時代之前的意味，其實
不然。所有學說思想一定都是形成在先，然後才有描寫那個學說思想的名稱。
我在上文說海爾布朗把「新保守主義」的形成追溯到1930年代。這就在在地
說明了思想的萌芽不是一朝一夕的事。從這個角度來看，胡適晚年的「新保守
主義」只不過是他冷戰思想演進的邏輯結果而已。如果上天能多假以胡適十數
年的年壽，他就會是一個名正言順的新保守主義者。比胡適年輕十一歲的杜威
的大弟子胡克就是一個最好的例子。胡克年輕的時候是一個馬克思主義者。在
史達林1936年至1938年整肅政敵的大審（the Great Purge）以後，他對馬克思
主義的信念開始幻滅。冷戰時期，他是一個反共鬥士。1960年代，他抨擊美
國的左派、支持越戰。他是美國「新保守主義」陣營裡引領風騷的大將。如果

7　Bradley Thompson and Yaron Brook, *Neoconservatism: An Obituary for an Idea* (New York: Routledge, 2016), pp. 20-21, 149.

胡適能像胡克活到八十六歲，他也一定會是人所公認的新保守主義者。

由於胡適是蔣介石派駐美國的大使，他走向「新保守主義」思想的歷程，跟胡克以及其他美國新保守主義者的歷程自然有所不同。首先，胡適從留美時期接觸到共產主義的思想開始就不喜歡共產主義。這是他與胡克以及許多美國從極左轉向極右的新保守主義者最大的不同點。其次，胡適走向新保守主義，跟他反對美國自由主義者的和平主義有很大的關係。他認為自由主義者的和平主義使他們傾向孤立主義，導致了美國不能積極支持中國的對日抗戰。第三，從1942年美國開始撻伐蔣介石及其政權的貪腐、無能以後，胡適認為這都是美國左派及其自由主義者的同路人的偏見所造成的。這是到1949年之前的發展。1949年以後，胡適進入了冷戰鬥士的階段，因而也就進入了美蘇全球鬥爭脈絡之下的新保守主義了。

胡適開始對自由主義不滿，至少可以追溯到1939年。他在該年9月29日給「太平洋學會」秘書長卡特的一封信，就是我目前可以找到的第一個文獻。在這封信裡，胡適第一次老實不客氣地說他不喜歡美國的自由主義者：

> 我最不喜歡美國的自由主義者和激進主義者的地方，就在於他們**太輕易地**討論戰爭與和平的問題。我對佛雷德（Fred）〔Frederick Field，佛雷德·菲爾德；美國共產黨員、太平洋學會成員與資助者〕1936年夏天寫的那篇有關美國遠東政策的費用的文章非常失望。我當時就預見到那篇文章會有深遠的影響。果不其然。它後來就成為《新共和》（*New Republic*）一篇社論的主旨。其主旨就是說，中國必須和日本開戰，但美國一定不能介入。佛雷德早就已經不作他1936年的想法了。可是，《新共和》的卜立文（Bruce Bliven），以及許多其他自由主義者到今天仍然堅持著那個立場。比如說，《新共和》一再地宣稱中國不值得美國為之而戰。
>
> 我的立場一直是：中國在軍事上太原始（primitive）、太沒準備。沒有盎格魯·撒克遜國家的援助，是不可能跟日本打仗的。從1935年到現在，英國一直太專注歐洲，以至於它所能扮演的牽制日本的角色大打折扣。由於蘇聯是一個不確定的因素，美國是唯一一個在經濟以及其他方面有足夠的力量來牽制日本、援助中國的國家。然而，近年來，美國自由主

義者的孤立主義、和平主義，在外交政策方面太過於牽制了行政權，以至於到了1937年（〈中立法〉在國會第三次通過），美國幾乎注定是不可能在日本侵略中國的戰爭上作出任何舉措。

對必須在和與戰之間作抉擇的中國領袖來說，所有這些他們都很清楚。我回顧1937年夏天可怕的幾個月，特別是在牯嶺的七月間，我完全相信，如果可能的話，我國的領袖是寧願再等個一到兩年才抗戰的。然而，現在全世界都知道了，不戰是不可能的。

我不批評那些希望美國不介入亞洲或歐洲戰爭的人。我只要說那些希望美國不介入亞洲或歐洲戰爭的人，不要太輕易地譴責南京政府不早一點抵抗日本，或譴責張伯倫簽署〈慕尼黑協定〉──或譴責像我這樣不輕易言戰的人。

接著，胡適就用兩段的篇幅強調「一言興邦、一言喪邦」的道理。然後，他就以這個道理來說明為什麼他不相信中國共產黨，以及為什麼他與美國的自由主義者意見不合的理由：

如果我一直不相信中國共產黨，那是因為我深深地厭惡他們輕易地說要跟日本宣戰。如果我跟美國的自由主義者意見不合，那也是因為他們太輕易地主張中國跟日本開戰。8

這封信重要的地方有幾點。第一，胡適明指自由主義者、激進主義者，在輕易言戰這一點上而言，是共產黨的同路人。第二，自由主義者過度牽制了行政權。第三，自由主義者的孤立主義與和平主義導致了美國不願意用經濟或軍事的力量制裁日本對中國的侵略。

我一再說胡適與蔣介石是志同道合。上述這三點，他們是所見略同。就舉蔣介石一則日記作為注腳。蔣介石在1939年7月15日以後的「上星期反省錄」

8　Hu Shih to Edward Carter, September 29, 1939, IPR Papers, Box 28, "Dr. Hu Shih" Folder，藏於美國哥倫比亞大學。

裡說：「美國對華之輿論與感情日見濃厚，但其議會制度限制其政府，為可痛耳。」

在這個最初的階段，胡適跟美國自由主義者的分歧點，主要在其孤立主義。這是因為作為駐美大使的他，認為孤立主義一日不去，美國就一日不會積極援助中國。美國的《常識》（*Common Sense*）月刊，是一個自由主義但反共的雜誌。1939年3月號的《常識》月刊刊載了一個專欄，題目是〈如果戰爭發生，我們是參加還是中立？〉（If War Comes—Shall We Participate or Be Neutral?），邀請了一些名人發表意見。杜威是其中一名。他的題目就清楚地說明了他反對參戰的立場：〈無論如何，置身事外〉（No Matter What Happens—Stay Out）。胡適是在杜威的學生許爾普（Paul Shilpp）所編的《杜威哲學》（*The Philosophy of John Dewey*）第一冊在1939年10月出版的時候，才知道杜威寫了這篇文章。「胡適外文檔案」裡存有一封英文信殘稿，是胡適寫給杜威的。沒有日期，也應該沒寄出，批評的就是杜威反戰的立場：

> 在一段時日以前，我在許爾普所編的第一冊所附的〈杜威書目〉第676頁上，看到您為《常識》月刊所寫的〈無論如何，置身事外〉一文。我去找了一本過期雜誌來讀那篇文章。我完全贊同您擔心美國參戰可能會造成一個獨裁政府。然而，我心中浮現了這個問題：說「無論如何，置身事外」，是否合乎杜威的哲學呢？那不就等於是放棄了我們對人類智力的信心嗎？……您難道一點都不覺得在這點上與胡佛〔Herbert Hoover，注：美國第31任總統，共和黨，保守〕同道，有點難堪嗎？[9]

許爾普這本《杜威哲學》第一冊是配合杜威八十壽辰紀念出版的。我在本部第一章分析了胡適去參加杜威的弟子為他舉辦的「杜威八秩壽辰祝壽學術討論會」。他在會中發表了〈工具主義的政治概念〉一文。胡適這篇論文在會場被杜威的大弟子胡克攻擊，原因就是因為胡適挪用杜威的工具主義來澆他「專家政治」理論的塊壘。這是胡適把他的「專家政治」的理念發展到最極致的巔

9　Hu Shih to John Dewey, fragment, n.d.，「胡適外文檔案」，E092-007。

峰。從這個意義來說，即使胡適誤解、濫用杜威，他寫給杜威這封未發的信，其主旨還是在用他所理解的杜威的工具主義，來質疑杜威的孤立主義的論點。

　　從上面這兩個例子來看，在開始的時候，胡適不滿美國的自由主義者，主要在於其孤立主義、和平主義影響到美國對中國抗戰的援助。等到美國參戰以後，特別是在1942年美國政府與輿論界開始批判蔣介石政權的貪腐、不民主以後，胡適有了一個新的理由厭惡自由主義。

　　我在本部第三章提到了從共產黨員轉向成為反共鬥士厄特利（Freda Utley）。她1944年9月在《美國水星》（*American Mercury*）雜誌上發表了〈為什麼老愛挑中國的毛病？〉（Why Pick On China?）一篇文章。厄特利指責美國、英國的「自由主義者」好挑剔中國。厄特利刻意把美國、英國兩國的自由主義者刻畫成為共產黨的同路人。她說：

　　中國人的疑慮一點都沒有減輕，因為蘇聯的新聞界尖銳地抨擊重慶政權，而美國、英國的新聞界，特別是那「自由主義」和「進步」的新聞，主要是追隨莫斯科的路線。

　　我們總會以為在當前的局勢之下，對中國政府提供未來的保證，是刻不容緩的一件事。事實剛好相反。現在到處是充斥著批評中國的消息。有些也許還有一點道理，但大部分都是不公平、片面，以及不厚道的。在當前的國際局勢之下，中國人很自然地會懷疑「披露」他們的政府「法西斯」的消息來源為何。他們的懷疑一點都沒有減輕，因為用來批判中國「法西斯」最重要的證據，總是國民黨對共產黨的政策。同時，那些批評中國政權專制最嚴厲的人，也很奇怪地從來就不批評蘇聯政權有同樣的問題。[10]

　　我在第三章說胡適激賞厄特利這篇文章。他還特別去買了好幾份這期的《美國水星》雜誌送給朋友看。更有意味的，是胡適對國民黨政府只不過是畫法西斯不成反類犬的滑稽主義：

10　Freda Utley, "Why Pick On China?" *The American Mercury*, LIX.249（September, 1944）, pp.346-347.

我相當同意妳的觀點。我常常告訴我的美國朋友說，中國的極權主義是一個笑話（farce）。「滑稽戲主義」（Farce-ism）要遠比法西斯主義是一個更正確的形容它的名詞。

事實上，胡適越老越右傾，以至於成為新保守主義者的軌跡，也可以從他來往的朋友看得出來。畢竟，物以類聚。胡適晚年來往的朋友都是保守、反共的。除了厄特利以外，其他從馬克思主義者轉向成為反共鬥士的有：胡克、本漢、伊斯特曼（Max Eastman）；從進步轉向成為保守、反共的有：索克思（Sokolsky）；一直就保守，而且為了反共可以不擇手段的柯爾伯（Alfred Kohlberg）。

柯爾伯在1960年過世以後，胡適還特別在4月10日打了一個電報給他的遺孀："Kindly convey following to Mrs. Kohlberg: Alfred's passing greatly saddens me. Nobody in the world can carry on his work of love in constantly watching and ridiculing what he considers wrong ideas on world affairs. Sincere condolences. Hu Shih"

這封現存「胡適紀念館」的慰唁電報，胡適還特別把它翻成中文：「他一生是時時留意國際問題。每發現他認為錯誤的思想，就用嬉笑挖苦的文字駁斥他們。這是他的『愛的工作』。這世間沒有別人能繼續這種工作了。」[11] 只是，胡適翻譯一向蹩腳。我重翻如下：「深慟於艾爾弗雷德之逝。像他這樣能夠夙夜匪懈地環伺並嘲諷對世界問題錯誤的看法，而且樂在其中的人，這個世界不會再有了。深致慰唁。」

更有意味的是，胡適留美時期的兩個進步的戰友裡，一個是索克思，另外一個也是我在《日正當中》裡提過的葛內特（Lewis Gannett）。胡適到晚年都一直跟索克思相過從。可是，一直中間偏左的葛內特，胡適最後一次在日記裡提到他是1940年。葛內特一直活到1966年。物以類聚，不合則離。信然！

當然，胡適晚年只跟保守、反共的美國人來往並不是中國人裡的特例。所有1949年以後國民黨在美國的外交人員所常相過從的美國人都是保守、反共

11　Hu Shih to Mrs. Kohlberg, April 10, 1960，「胡適紀念館」，HS-NK05-155-024。

的。我們看蔣廷黻日記裡所記是如此，我們看陳之邁在1979年所出版的《患難中的美國友人》亦是如此。陳之邁在該書裡所懷念的美國人都屬於此類。他幾篇文章的標題就不言而喻地說明了他們的立場：〈蔣總統的美國友人：蒲立德先生〉、〈美國反共鬥士：柯爾伯〉、〈美國反共猛將：麥加錫〉。值得一提的是，陳之邁在該書裡也懷念了厄特利[12]。

　　其實，何止胡適晚年所相過從的美國朋友都是保守、反共的，他晚年所喜愛、所看的雜誌也都是保守、反共的。我們記得他從留美時代所喜愛的雜誌，《外觀》（*Outlook*）與《獨立》（*Independent*），後來合併，但在1932年停刊。他後來所喜歡的《國家》（*The Nation*）雜誌、《新共和》（*New Republic*），到1930年代末期以後，都因為其自由主義的立場太不合他的口味，而被他棄之如敝屣。晚年的他所喜愛的，是《新領袖》（*The New Leader*）、《時代》（*Time*）週刊，以及《自由人》（*Freeman*）。胡適反駁吳國楨的那篇文章就是在《新領袖》上發表的，詳見下文。

　　最有意味的是，胡適的右傾，反映在他從具有三十年悠久歷史的堅定的民主黨支持者，轉為共和黨的支持者。我在《璞玉成璧》裡分析1912年美國大選的時候，他所支持的，不是他後來所崇拜的威爾遜，而是進步黨候選人老羅斯福。當時，他每天出入都佩戴著代表進步黨的「野鹿」（Bull Moose）的徽章。到了1914年，胡適已經變成一個威爾遜服膺者（Wilsonian）。1916年的大選，胡適一心禱祝威爾遜能連任。將近四十年後，他在跟唐德剛所作的《口述史》裡，還生動地描述了他當時如醉如癡地注意選情。選舉當天，他跟幾個中國同學去「時代廣場」（Time Square）去看計票情況。一直到午夜，威爾遜仍然落後。擔心不已的他，因擠不上地鐵，就跟同學從42街的「時代廣場」走回到位於116街的哥大[13]。

　　從1916年的大選開始，胡適在美國經歷了七次大選。除了1912年他是支持從共和黨退出來組進步黨的老羅斯福以外，一直到1944年，他都支持民主黨：1916年的威爾遜；1936年、1940年、1944年的羅斯福。1948年的大選，

12　陳之邁，《患難中的美國友人》（台北：傳記文學出版社，1979）。

13　Hu Shih, "The Reminiscences of Dr. Hu Shih," p. 40.

他人在中國。然而，這是他三十年來第一次支持共和黨，亦即，共和黨的候選人紐約州長杜威。就像我在第三章裡的分析所指出的，1949年7月，他在紐約斯克利普—霍華德報系的老闆霍華德辦公室裡，跟蔣廷黻抬槓。無意間，蔣廷黻抖出胡適是支持是杜威的。不管胡適當時是否臉紅，他為自己辯護說：「對！我是支持杜威。我會那樣作，主要是為中國好。我是對的。」

美國1952年與1956年大選的時候，胡適人在美國。雖然他沒說，但作為冷戰鬥士的他，毫無疑問地，當然是支持共和黨的艾森豪。他在1960年11月4日接受台灣中國廣播公司演講錄音〈美國大選的見聞〉裡，仍然不願意在大庭廣眾之下說出他支持共和黨的態度。他用的理由是：「他是我的母校哥倫比亞大學的校長，我當然擁護他。」[14]

台灣中國廣播公司那時會訪問胡適談美國大選，是因為又到了美國大選的前夕。這次1960年的大選，胡適人已經在台灣。這次，他支持的當然是共和黨的尼克森。如果他在11月4日的廣播錄音裡不願意張揚他支持共和黨的態度，兩天以後，在一個美國人的聚會裡，他的態度就不同了。由於是不公開的場合，他就暢所欲言他支持尼克森的態度。根據胡頌平的記錄：

六時半，到菲力浦博士（Dr. Phillips）〔注：Robert Phillips，「美國在中華民國教育基金會」董事長〕家去吃飯，共有七、八位美國朋友。菲力浦是大病之後第一次招待先生。在吃飯的期間，有一位美國朋友大罵尼克森，他是擁護甘迺迪的。他罵尼克森說謊話。先生聽了有點生氣，要他提出證據。他說：「尼克森曾說電影明星Helen Gahagan〔海倫・道格拉斯，注：演員從政，民主黨，加州第一位國會議員〕是共產黨，不是說謊話嗎？」先生說：「你錯了。尼克森只說這個明星的作風、思想，都是共產黨的作風和思想，並不是說她就是共產黨。」這位美國朋友被先生指正錯誤之後，就認輸了。先生又對他們說：「或許是我個人的偏見，我總希望尼克森當選。」他們又問，是不是為了固守金門、馬祖的關係？先生說：「絕不是這個原因。你們要知道，尼克森十一年以前是以打擊共產黨首領

14　胡頌平，《胡適之先生年譜長編初稿》，9.3356。

希斯起家的。這十一年以來，左派人士是在有計畫的誹謗他、攻擊他。這次他如果能當選，更應是奇蹟。」[15]

　　胡適在這段記錄裡所說的話，完全是一個新保守主義的反共鬥士會說的話。第一，尼克森就是參與麥卡錫參議員所主導的獵共行動裡的一個成員。事實上，尼克森就是以打擊共產黨起家的。第二，胡適說十一年來，尼克森受到左派人士「有計畫的誹謗、攻擊」。這就是典型的反共鬥士的用語。有意味的是，胡適不誠實。當晚那些美國人問他支持尼克森，是不是因為尼克森在競選的時候，說他要幫助台灣固守金門、馬祖，胡適回答說：「不是。」我們看下文11月9日的記錄，就會知道胡適說謊。

　　11月8日記錄：

　　胡頌平又問：「有人說這次尼克森答應甘迺迪在電視裡競選〔辯論〕是失策的。尼克森當了八年的副總統，誰不知道；現在和甘迺迪同在電視裡競選，不是給甘迺迪抬高身分，使大家都更認識他嗎？」先生說：「這個不確切。甘迺迪在提名總統候選人之前，他已經跑了不少的地方，大家已經知道他了。根據這次美國大選前夕的測驗〔民意調查〕結果，甘迺迪與強生百分之四十九；尼克森與洛奇占百分之四十八，游離票占百分之三。這百分之三的游離票關係太大了。這樣接近的票數，會使民主黨加倍的努力，臨時再到人家家裡去拉票，還是有當選的希望。我總希望尼克森當選。」

　　先生又說：「這十二年來，尼克森被左派（共產黨）分子有計畫的誹謗、侮蔑、無所不用其極的攻擊，要在他的面上Smear——就是要把他的臉上塗上泥巴。十二年來被人家有計畫的攻擊，就是這次失敗了，也不算稀奇。」[16]

　　11月9日記錄：

15　胡頌平，《胡適之先生年譜長編初稿・補編》，頁293。
16　胡頌平，《胡適之先生年譜長編初稿・補編》，頁295。

　　十一時，英文《中國日報》的丁維棟打電話來報告甘迺迪和尼克森的競選票數。先生告訴他過去美國大選的歷史。威爾遜第二次連任是以極少的多數票當選。美國人是反對戰爭的。這次尼克森主張不放棄金、馬。如果他選舉失敗，他也是受我們金、馬問題而犧牲的一人。[17]

同樣是11月9日的記錄：

　　先生說：「我在十二年前就很注意尼克森這個人。他失敗了，我私人方面表示失望。甘迺迪呢？我沒有什麼恭諛的話。不過這個人的樣子很嫵媚，嫵媚的品格。民主黨是一個多數的黨，他們的競選是有健全的組織和奮鬥。他們的成功不是偶然的。我還希望這次的大選跟1912年很相像。」[18]

　　胡適希望1960年的大選跟1912年的相像。這是因為1912年民主黨的威爾遜之所以當選，是由於共和黨分裂的關係，亦即，老羅斯福脫黨另組進步黨。
　　我們記得胡適在11月8日的記錄裡，是說尼克森十二年來遭受「左派」「有計畫的誹謗、侮蔑、無所不用其極的攻擊」。他在11月12日的記錄裡，就老實不客氣地對「自由主義者」叫陣了：

　　胡博士對於尼克森在美國從事反抗共產主義之奮鬥的貢獻備致讚揚。從十二年前當選參議員的時候起，便橫遭美國所謂「自由主義者」所發動的誹謗運動下的犧牲者。在這種情形下，尼克森所獲得的普通選票幾乎與甘迺迪相等，這實在是一樁了不起的成就。[19]

　　此外，「胡適紀念館」還有一份胡適用英文寫的殘稿，說他很失望尼克森落選：

17　胡頌平，《胡適之先生年譜長編初稿・補編》，頁295。
18　胡頌平，《胡適之先生年譜長編初稿・補編》，頁296。
19　胡頌平，《胡適之先生年譜長編初稿・補編》，頁298。

從他第一年當國會議員開始，我就一直是副總統尼克森的崇拜者。他沒當選總統，我很自然地非常失望。

然而，從1912年威爾遜總統第一次當選到現在，我已經在美國親歷了七次的大選。我完全體認到民主黨在這五十年來，已經從一個少數黨變成了一個多數黨。羅斯福的「新政」（New Deal），為美國人造福不少。美國人還不能忘卻民主黨。儘管艾森豪總統極得人心，他在過去六年仍然無法讓共和黨在國會取得多數。甘迺迪參議員的勝選，是他個人魅力，以及其競選時所用的生氣蓬勃與有效率的方法。但根本說來，這是仍然具有美國民眾支持的民主黨的勝利。20

有意味的是，胡適在美國的兩個好友及其家人幾乎全都支持民主黨的總統候選人甘迺迪。趙元任夫婦在1960年成為美國公民以後，第一次獲得投票權。他們兩位都投甘迺迪的票21。李國欽全家是另外一個例子。用胡頌平1961年3月9日的記錄來說：「王世杰來。先生和他談起李國欽的一家都是支持甘迺迪的，只有一個女兒和他的女婿支持尼克森。這對夫婦聽說我也支持尼克森，他們覺得不孤立了。」22

經濟思想，或者更確切地說，政府在經濟範疇所扮演的角色，也是新保守主義重要的一環。近年來研究胡適晚年經濟思想的人有了一些新突破，可惜都詮釋錯誤了。我在上文提到了邵建、林建剛用1980年代美國共和黨「小政府、大社會」的主張來詮釋胡適晚年的經濟思想。這個詮釋的錯誤，不但是因為他們引證資料錯誤，而且是因為俗話所說的摸象謬誤所造成的以偏概全的結果。我在上文已經說過，新保守主義並不反對「大政府」的概念。重點在於這個「大政府」的作為。這也就是說，新保守主義者並不反對用「大政府」去實行「福利國家」的理念。他們所反對的，是社會福利政策如果執行過頭，有戕喪個人自力更生的意志。

20　胡適手寫英文殘稿，「胡適紀念館」，HS-NK05-206-020。

21　趙新娜、黃培雲編，《趙元任年譜》（北京：商務印書館，1998），頁380。

22　胡頌平，《胡適之先生年譜長編初稿‧補編》，頁376。

　　我們要瞭解胡適晚年的經濟思想，就必須稍稍回顧他一生經濟思想的演化。我在《璞玉成璧》以及《日正當中》裡，已經分析了胡適從留美時候已經服膺了「以人事之仁，補天行之不仁」的自由主義。他1926年歐遊以前，甚至還在他膾炙人口的〈我們對於西洋近代文明的態度〉鑄造了「社會化的自由主義」、或「新自由主義」、或「自由的社會主義」等等名詞，來指稱他所服膺的自由主義。當時的胡適認為世界的潮流是要在社會上造成「最大多數的最大幸福」的理想。他認為當時的世界上有兩種不同的方法來實現這個理想：「一是蘇俄今日的方法，由無產階級專政，不容有產階級的存在；一是避免『階級鬥爭』的方法，採用三百年來『社會化』（socializing）的傾向，逐漸擴充享受自由、享受幸福的社會。」這「社會化」的方法，就是：「『社會立法』的發達，工廠的視察，工廠衛生的改良，兒童工作與婦女工作的救濟，紅利分配制度的推行，縮短工作時間的實行，工人的保險，合作制之推行，最低工資（minimum wage）的運動，失業的救濟，級進制的（progressive）所得稅與遺產稅的實行。」

　　歐遊前後的胡適是他一生當中，對自由主義與社會主義合流，美國與蘇俄殊途同歸地用科學、計畫的方法為「最大多數的最大幸福」謀福利的理想最具信心的階段。他早在1922年9月3日，就已經寫了一篇〈王莽——一千九百年前的一個社會主義者〉。他在1928年，又把該文擴充，用英文寫成〈王莽——十九個世紀以前的一個社會主義皇帝〉（Wang Mang, the Socialist Emperor of Nineteen Centuries Ago）。

　　我們比較這兩個版本，就可以清楚地看出胡適對社會主義、甚至共產主義的社會經濟理想接受的程度。在1922年的中文版裡，胡適分析王莽的「五均之制」——市平、收滯貨、平市、賒、貸本。他稱讚說：「這些政策，都是『國家社會主義』的政策。它們的目的都是『均眾庶，抑兼併』。」[23] 在1928年的英文版裡，胡適這「五均之制」跟「六筦」——鹽、酒、鐵、名山大澤、錢布銅冶、五均賒貸——也仍然描述為「國家社會主義」（state socialism）[24]。然

23　胡適，〈王莽——一千九百年前的一個社會主義者〉，《胡適全集》，2.23。

24　Hu Shih, "Wang Mang, the Socialist Emperor of Nineteen Centuries Ago,"《胡適全集》，36.373。

而，1928年的英文版多了中文版所沒有的王莽的土地政策。胡適讚揚說：「王莽的土地政策，是老老實實的共產主義。」[25]在比較「六筦」與土地政策的時候，胡適又說：「王莽的土地政策可以被視為是共產主義，『六筦』則可以被視為是國家社會主義。重點是，所有這些經濟改革的背後都有一個明確的政治哲學。」[26]在中文版的結語裡，胡適為王莽抱不平：「而二千年來，竟沒有人替他說一句公平的話。」[27]英文版的結語：「十九個世紀以來，他惡名昭彰（a curse）。沒有一個歷史家，不管多自由派，曾經為他說過一句公道話。」[28]

　　林建剛說：「到了1930年代的《獨立評論》時代，胡適對經濟的態度似乎又有了變化。1934年，胡適在《獨立評論》上發表〈建設與有為〉。在文中他寫道：『我不反對有為，但我反對盲目的有為；我贊成建設，但我反對害民的建設。盲目的建設不如無為的休息。』在這裡，胡適似乎對政府過多的干預經濟又表示了反對，在胡適看來，政府大規模的介入經濟建設不僅無利，而且有弊。」[29]

　　林建剛的這個論斷是錯的。一如我在本部第一章所分析的，胡適在《獨立評論》上所發表的「無為」論，是有針對性的。他所指的是當時不配談建設的國民政府。胡適當時的「無為」論，跟他的「民主政治是幼稚園的政治」論都是針對國民政府所說的。用胡適自己的話來說：「兢兢業業的學民主政治，刻鵠不成也許還像隻鴨子；若妄想在一個沒有高等學術的國家造成現代式的獨裁政治，那就真要做到畫虎不成反類狗了。」[30]

　　我在第一章裡指出「民主政治是幼稚園的政治」，只不過是胡適一個政治理論的上聯。它的下聯是：「獨裁政治是研究院的政治。」或者，更精確地說：「專家政治是研究院的政治。」這上、下兩聯合在一起才構成胡適完整的

25　Hu Shih, "Wang Mang, the Socialist Emperor of Nineteen Centuries Ago,"《胡適全集》，36.368。

26　Hu Shih, "Wang Mang, the Socialist Emperor of Nineteen Centuries Ago,"《胡適全集》，36.373。

27　胡適，〈王莽──一千九百年前的一個社會主義者〉，《胡適全集》，2.27。

28　Hu Shih, "Wang Mang, the Socialist Emperor of Nineteen Centuries Ago,"《胡適全集》，36.375。

29　林建剛，〈胡適反對計畫經濟〉，「經濟觀察網」，http://www.eeo.com.cn/2013/0524/244489.shtml，2017年2月19日上網。

30　胡適，〈一年來關於民治與獨裁的討論〉，《胡適全集》，22.204-205。

政治哲學。「專家政治」，在當時胡適的理解裡，只有蘇聯和美國才有資格談論的。這也就是為什麼胡適會在1939年杜威八秩壽辰祝壽學術討論會裡，會對與會人士宣揚「專家政治」的福音的原因。這也是為什麼他會被胡克攻擊的原因。

事實上，一直到1940年代為止，胡適仍然公開表示他喜歡有為的「專家政治」哲學。因為他喜歡「有為」，羅斯福的「新政」（New Deal）是他心目中所有一切「有為」政策的典範。因此，胡適一直到1940年代為止，很喜歡在英文的文章裡把「新政」跟「社會主義政策」混用。比如說，就像我在第三部第四章的分析裡所指出的，他1944年到1945年在哈佛大學以及哥倫比亞大學所講的「中國思想史」的講稿裡，到處充斥著「新政」這個名詞。王莽實施的是「新政」；范仲淹、王安石所領導的也是「新政」；司馬光、邵雍、周敦頤、程灝則是反「新政」的。因此，胡適說宋朝的元祐黨爭，說穿了，就是「新政」與「反新政」兩派的鬥爭。我說胡適一生有好穿鑿的毛病，而且附會成性。這就是一個最好的例子。

由於胡適激賞羅斯福的「新政」，也由於他相信王莽在兩千年前所實施的就是不折不扣的「新政」，他在1940年代，甚至把他〈王莽——一千九百年前的一個社會主義者〉一文，改稱為〈王莽——古代中國的「新政者」（New Dealer）〉。

胡適在1942年2月5日日記記：

> 副總統 Henry A. Wallace〔華萊士〕約子文與我吃午飯。我們到時，他告訴我們說：五萬萬元借款剛通過參院，72-0，需時不到二十分鐘。Wallace說，他對於王安石特別感覺興趣。我答應他把〈王莽〉一文送給他看看。[31]

華萊士的政治立場中間偏左，是「新政」堅決的支持者。無怪乎他說他對王安石感興趣。胡適在2月12日把他〈王莽——古代中國的「新政者」〉寄給

---

31 《胡適日記全集》，8.124。

華萊士：

我郵寄了一份影印本的〈王莽——古代中國的「新政者」〉給閣下。王
莽的「新政」比王安石的要早了一千年。再次感謝上星期在閣下辦公室的
午餐。[32]

胡適在1942年大使卸任。不知道什麼時候，他送一份〈王莽——古代中
國的「新政者」〉的影印本給羅斯福的經濟顧問克里（Lauchlin Currie）。克里
在1943年1月12日給他的信上，告訴他說，「新政」這個名詞在美國已經被污
名化成共產黨了，請他不要把篡位的王莽拉進來，把它弄得更加不可收拾：

我很高興有機會讀到您有關王莽的大作。從您對他的政策的分析，我覺
得他的聲名確實值得您幫他作的平反。然而，由於他一生當中一、兩件不
可道人（dubious）的作為，我想最好請不要把大文改名為〈王莽——古
代中國的「新政者」〉（A New Dealer in Ancient China）。我希望我們還沒
毒害了（poisoning）我們的後繼者——至少我希望還沒有。[33]

1940年代顯然是胡適的「新政」熱——包括王莽熱，以及社會政策熱
——的巔峰。我在第三部第四章裡指出，1950年代以後，胡適就不再用「新
政」這個名詞了。比如說他1956年秋天在加州大學所作的十次公開演講裡，
也幾次講到了王安石以及宋朝的改革運動。然而，「新政」這個詞一次都沒出
現過。

值得指出的是，胡適到了1950年代初還曾經修訂過他的英文〈王莽〉一
文。「胡適紀念館」藏有胡適在1951年2月20日所作的〈王莽——十九個世紀
以前的一個社會主義皇帝〉的修訂稿。我們注意到該文的題目回復原狀，「新
政者」不見了。更有意味的是胡適刪掉的句子：「~~王莽的土地政策，是老老實~~

32　Hu Shih to Henry Wallace, February 12, 1942，《胡適全集》，41.263。

33　Lauchlin Currie to Hu Shih, January 12, 1943，「胡適外文檔案」，E169-7。

~~實的共產主義。」~~以及「~~王莽的土地政策可以被視為是共產主義，『六筦』則可以被視為是國家社會主義。~~」[34]

林建剛認為胡適從《獨立評論》時代開始就一貫地反對計畫經濟。他說：「『七七事變』後，全面抗戰開始，《獨立評論》停刊。胡適臨危受命，出任駐美大使，而他《獨立評論》的朋友則大多留在國內從政。在這一時期，胡適的這些朋友，以翁文灝、吳景超、張慰慈、錢昌照、王徵為代表，組建了『資源委員會』這一機構。」首先，必須指出的是，林建剛所舉的這些人裡的王徵，當時人也在美國。他是1943年11月初到美國的。換句話說，王徵並不是井底之蛙。林建剛舉胡適和王徵在1945年初一來一往的兩封信的目的，作為胡適是反對計畫經濟的證據。

胡適在1945年2月3日夜半後，給當時人在紐約的王徵一封信。這是胡適寫給要回國的王徵的一封辭別信。胡適說：

關於我們曾討論的一個問題，我近來也偶然想想。我還是感覺今日國內的朋友們太注重大規模的建設計畫了。套一句老話：「為政不在多計畫，在力行如何耳。」這一句兩千年的老話，在今日仍有一部分的真實性。大亂之後，應該多注重與民休息。政治的綱紀不可不立，經濟的骨幹不可不有，交通的綱領不可不完成。然而「天網恢恢，疏而不漏」一句話源出於主張自然無為的老子。後人多注重「不漏」二字，而忘了「恢恢」二字，和「疏」的一字。疏是不細密，恢恢是大而寬。「恢恢而疏」，老百姓才能充分發展其自身的能力。從各方面謀生存，謀樹立，謀發展。我曾聽我家鄉老輩說他們的祖上在太平天國亂後的恢復情形，故深信老百姓有此恢復能力。所慮者「天網」或太密耳。

這不是反對計畫。只是學舊日八股先生說的：「薑不可不食，而亦不可多食」的老調子。或者仍為老兄所笑耳。[35]

34　Hu Shih, "Wang Mang, the Socialist Emperor of Nineteen Centuries Ago," 「胡適紀念館」，HS-US01-035-001。

35　胡適致王徵，1945年2月3夜半後，《胡適全集》，25.133-134。

　　胡適寫這封信的時候，他人在哈佛大學講學。我們記得他1944年到1945年在哈佛大學以及哥倫比亞大學所講的「中國思想史」的講稿裡，到處充斥著「新政」這個名詞。如果當時的胡適是在「言必稱『新政』」的「新政」熱的當頭上，他反對的當然不是「新政」或計畫經濟。他所反對的，是當時的中國是否有實行計畫經濟的條件與能力。換句話說，胡適所強調的，還是《獨立評論》時代，中國不配實行「專家政治」的條件與能力。

　　林建剛沒注意到胡適這封信裡的關鍵話。胡適在信後強調「這不是反對計畫」。胡適在信裡說：「政治的綱紀不可不立，經濟的骨幹不可不有，交通的綱領不可不完成。」所有這些都需要計畫。他所擔心的，是我用黑體字標示出來的字句：「感覺今日國內的朋友們**太注重大規模的建設計畫了**。」其次還必須注意的是胡適所著重的一句老話：「**為政不在多計畫，在力行如何耳。**」這黑體字所標示出來的話，才是關鍵：不在「多計畫」。最後，跟中國沒有條件和能力實行計畫經濟同樣重要的，是胡適最後所加的一句話：「大亂之後，應該多注重與民休息。」

　　換句話說，計畫經濟是一回事，中國有沒有條件實行計畫經濟又是另外一回事。「新政」所代表的計畫經濟，絕對是胡適所憧憬的。只是，他對自己的國家有足夠的自知之明，知道中國還沒有實行「研究院」級的「專家政治」的條件與能力。

　　王徵的回覆，胡適是不會不贊成的：

> 　　至於老兄的方案，「無為」與「天網恢恢，疏而不漏」的話。我想了好久，到現在還不敢苟同……此次戰後，計畫經濟成為世界不可移易之方針。一則由於蘇俄之戰績，一則美國戰時計畫之成功與羅氏戰前New Deal〔新政〕之成績，使我們反歸「無為」與傳統的農業自由經濟，這恐怕是不可能的，也是世界經濟勢力不容許的。我們如不計畫，你放心。自然會有人代你計畫的。皆因使你作一個附庸經濟國家更是要計畫的。

最後，王徵奉勸胡適：

　　我寫了這樣多，是要奉勸老兄少聽那無根的濫言，發出一種語錄體的政論，將人家用盡心力的計畫（不是我的）一筆抹殺。倘若一個不懂考據的人來駁你的《水經注》，那不成大笑話了嗎？[36]

　　胡適始終沒有捐棄他對社會化的經濟制度的禮讚，即使到他在1946年回到中國以後仍然如此。比如說，他1947年8月1日，在北平國民黨中央電台廣播演講〈眼前世界文化的趨向〉。他說，眼前世界文化，經過幾百年的努力，已經有了三個共同的理想目標：第一，用科學的成績解除人類的痛苦，增進人生的幸福；第二，用社會化的經濟制度來提高人類的生活，提高人類生活的程度；第三，用民主的政治制度來解放人類的思想，發展人類的才能，造成自由的獨立的人格。

　　這「用社會化的經濟制度來提高人類的生活，提高人類生活的程度」的理想，就是胡適從1920年代開始所揭櫫的「社會化的自由主義」：

　　　我特別用「社會化的經濟制度」一個名詞，因為我要避掉「社會主義」一類的名詞。「社會化的經濟制度」就是要顧到社會大多數人民的利益的經濟制度。最近幾十年的世界歷史有一個很明顯的方向，就是無論在社會主義的國家，或在資本主義的國家，財產權已經不是私人的一種神聖不可侵犯的人權了。社會大多數人的利益是一切經濟制度的基本條件。美國、英國號稱資本主義的國家，但他們都有級進的所得稅和遺產稅。前四年的英國所得稅，每年收入在一萬鎊的人，要抽百分之八十。而每年收入在二百五十鎊以下的人，只抽百分之三的所得稅。同年美國所得稅率，單身人（沒有結婚的）每年收入一千元的，只抽一百零七元；每年收入一百萬元的，要抽八十九萬九千五百元，等於百分之九十的所得稅。這樣的經濟制度，一方面並不廢除私有財產和自由企業；一方面節制資本。徵收級進的所得稅，供給全國的用度。同時還可以縮短貧富的距離。這樣的經濟制度可以稱為「社會化的」。此外，如保障勞工組織，規定最低工資，限制工

36　王徵致胡適，1945年2月28日，《胡適來往書信選》，3.7-10。

作時間，用國家收入來救濟失業者，這都是「社會化」的立法。英國民族
在各地建立的自治新國家，如澳洲，如紐西蘭，近年來都是工黨當國，都
傾向於社會主義的經濟立法。英國本身最近在工黨執政之下，也是更明顯
的推行經濟制度的社會化。美國在羅斯福總統的十三年的「新法」〔注：
即「新政」〕政治之下，也推行了許多「社會化」的經濟政策。至於北
歐、西歐的許多民主國家，如瑞典，丹麥，挪威，都是很早就在實行各種
社會化的立法的國家。

　　這種很明顯的經濟制度的社會化，是世界文化的第二個共同的理想目
標。我們中國本來有「不患貧而患不均」的傳統思想，我們更應該朝這個
方面多多的努力，才可以在經濟世界文化上占一個地位。37

　　胡適在晚年曾經一度偏離了這個「社會化的自由主義」，時間在1954年。
大家最知道的，是1954年3月他在台北作的演講〈從《到奴役之路》說起〉。
大家所不知道的，是他1954年到台北以前，在紐約作了一個演講，用的就是
「小政府」的理念。不同的是，他講的是歷史，是有關中國的古代，而不是政
治哲學的理想。1954年2月7日，胡適在「哥倫比亞廣播公司」作了一個廣播
錄音，紀念哥倫比亞大學兩百週年。題目是：〈古代亞洲世界的政府與自由〉
（Authority and Freedom in the Ancient Asian World）。在這個廣播演講裡，胡適
第一次用了「小政府」的概念來說老子的政治哲學。他說古代中國的政治思想
可以分成四端：一、反抗「大政府」（too much government）；二、受過教育的
平民積極參與政治；三、威權國家的興起及其用武力征服統一中國；四、威權
帝國滅亡以後的政治穩定。

　　從我在第三部第四章對胡適的中國思想史的分析，我們可以很容易地知道
他這四端所分別說明的，是一、老子；二、孔子；三、法家；四、道家，在古
代中國政治上所扮演的角色。有意味的是，他在此處是用「反抗『大政府』」
的概念來描述老子的政治哲學。他進一步地分析說：

37　胡適，〈眼前世界文化的趨向〉，《胡適全集》，22.692-693。

在一個爭戰頻繁、國與國之間經濟壁壘森嚴、賦稅重、徭役多的時代，中國政治思想的發端，會是以反抗「大政府」、無政府主義式地反對太多限制與干涉開始。這應該是不意外的一件事。

所以，在二十五世紀以前，老子所楬櫫的政治理論是：最好的政府就是管得最少的政府。那是一種不干涉、不強制（non-assertion）、自由放任的理論。[38]

回到大家最知道的〈從《到奴役之路》說起〉這個演講及其誘因，亦即，他讀了殷海光在《自由中國》月刊上所翻譯的海耶克（Friedrich A. von Hayek）所著的《到奴役之路》（*The Road to Serfdom*）的前兩章。胡適在1953年11月24日日記記：

《自由中國》（IX, 5-6）〔9卷5、6期〕有殷海光君譯的F.A. Hayek's *The Road to Serfdom*〔海耶克著《到奴役之路》的兩章〕。其第二章之首有引語：那常使國家變成人間地獄者，正是人想把國家變成天國之一念。（F. Hoelderlin）〔何德林〕

我在1941年也曾說：All social radicalism must inevitably lead to political dictatorship, because only absolute power can achieve the task of radical revolution; only violence and unlimited terroristic despotism can accomplish the complete overthrow of the extant order and prevent its return or revival. 〔所有社會激進主義必定會導致政治上的獨裁。因為只有絕對的權力才可能作到激進的革命；只有暴力與無限制的恐怖獨裁才可能完全地推翻現有的秩序，並防止其復辟或復甦。〕

Hayek此書，論社會主義與自由不能共存，其意甚可取。我在二十年前，尚以為Socialism is a logical sequence of the democratic movement〔社會主義是民主運動邏輯的結果〕。近十年來，我漸見此意之不是。故蔣廷黻兄提議我們發起一個「社會黨」，我不贊成。我是一個自由主義者，其

38　Hu Shih, "Authority and Freedom in the Ancient Asian World,"《胡適全集》，39.413, 415。

主要信條乃是一種健全的個人主義（individualism），不能接受各種社會主義信條。[39]

胡適在1954年2月22日給雷震的信裡，還特別問他是否得到什麼反響：

　　殷海光連譯海耶克的書，在《自由中國》發表，不知有何反響？此是自由主義的現代名著。以其最不合時宜，故是對症最良之藥。但恐陳義過高，今之從政者未必肯細心去研讀耳。[40]

事實上，胡適的新保守主義自有其來源。海耶克並不在內。在胡適讀到殷海光的翻譯以前，他很有可能還沒讀過海耶克的《到奴役之路》。「胡適紀念館」的「胡適藏書」裡有一本《到奴役之路》。胡適在扉頁上寫著：「Hu Shih New York Dec. 8, 1953—A birthday present to myself」（胡適1953年12月8日購於紐約──送給我自己的生日禮物）[41]換句話說，胡適是讀到了殷海光在《自由中國》上的翻譯兩個星期以後，才買一本來送給自己。

　　1954年2月18日，胡適飛抵台灣去開國民大會，推選蔣介石連任為總統。3月5日，他在「自由中國半月刊社」演講〈從《到奴役之路》說起〉。就在這一次的演講裡，胡適第一次偏離他一生所服膺的「社會化的自由主義」。他在這篇演講裡首先提到了海耶克這本書。他說：

　　這部書出版於1944年，到現在已出了十版。可說是主張自由主義的一部名著，也可以說是新的主張個人自由主義的名著。這本名著的用意，就是根本反對一切計畫經濟，反對一切社會主義。一切計畫經濟都是與自由不兩立的，都是反自由的。因為社會主義的基本原則是計畫經濟，所以儘

39 《胡適日記全集》，9.68-69。

40 胡適致雷震，1954年2月22日，萬麗鵑編註，《萬山不許一溪奔：胡適雷震來往書信選集》（台北：中央研究院近代史研究所，2001），頁64。

41 胡適藏書，Friedrich A. von Hayek, *The Road to Serfdom*（Chicago: University of Chicago Press, 1944），「胡適紀念館」，HS-N04F1-028-01。

管自由主義運動者多少年來以為：社會主義當然是將來必經之路。而海耶克先生卻以一個大經濟學家的地位出來說：一切社會主義都是反自由的。

胡適這篇演講題名為〈從《到奴役之路》說起〉。顧名思義，他在摘述了海耶克在《到奴役之路》書中的主旨以後，就把重點轉移到國民黨在中國和台灣的經濟政策：

> 我今天帶來了一點材料，就是在兩年前，我在外國時，有一位朋友寫給我一封討論這些問題的長信。（這位朋友是公務員。為了不願意替他闖禍，所以把他信上的名字挖掉了。）他這封信對於這個問題有很基本的討論，和海耶克、方米塞斯、殷海光、高叔康諸先生的意思差不多完全一樣。因為這封信很長，我只能摘要報告。他首先說：「現在最大的問題：大家以為左傾是當今世界的潮流，社會主義是現時代的趨向。這兩句話害了我們許多人。大家聽到這個很時髦的話，都以為左傾是當今的一種潮流，社會主義是將來必然的趨勢。」他就駁這兩句話，不承認社會主義是現時代的趨向。
>
> 他說：「中國士大夫階級中，很有人認為社會主義是今日世界大勢所趨。其中許多人受了費邊社會主義的影響，還有一部分人是拉斯基的學生。但是最重要還是在政府任職的許多官吏。他們認為中國經濟的發展只有依賴政府，靠政府直接經營的工業、礦業以及其他的企業。從前持這種主張最力的，莫過於翁文灝和錢昌照。他們所辦的『資源委員會』，在過去二十年之中，把持了中國的工業、礦業，對於私有企業（大都是民國初年所創辦的私有企業）蠶食鯨吞，或則被其窒息而死。他們兩位（翁文灝、錢昌照）終於靠攏，反美而羨慕蘇俄，也許與他們的思想是有關係的。」

胡適當然知道這位名字被他挖掉的「公務員」對中國士大夫階級的批評也包括了他自己。所以他緊接著作了一個懺悔：

不過我個人也有一個懺悔……《胡適文存》第三集的開頭載有一篇文章，題目是〈我們對於西洋近代文明的態度〉」……民國十六年〔1927〕到美國，也常拿這個話講演；以後並且用英文重寫出來印在一部頗有名的著作《人類往何處去》（Whither Mankind）裡，成為其中的一篇。我方才曾提到那位我在外國時寫信給我的中國朋友在信中指出來的許多中國士大夫階級對於社會主義的看法。在二十七年前，我所說的話也是這樣的……現在我引述一句……我說：「十八世紀新宗教信條是自由、平等、博愛。十九世紀中葉以後的新宗教信條是社會主義。」當時講了許多話申述這個主張。現在想起，應該有個公開懺悔。

在懺悔之餘，胡適強調在《到奴役之路》出版前好幾年，他已經變了：

我這個變不是今天變的。我在海耶克的書以前好幾年已經變了。諸位讀過在《自由中國》的創刊號有張起鈞先生翻譯我的一篇文章，〈民主與極權的衝突〉，但是沒有記上年月。其實那是 1941 年 7 月我在美國密歇根大學講演的文章，原題目是 Conflict of Ideologies……這裡面有一句話：「一切的所謂社會徹底改革的主張，必然的要領導到政治的獨裁。」下面引一句列寧的話：「革命是最獨裁的東西。」實在，要徹底的改革社會制度，徹底的改革經濟，沒有別的方法，只有獨裁──所謂「一朝權在手，便把令來行」──才可以做到。這是 1941 年 7 月我在美國密歇根大學的講演的意思。

胡適說，變的不只是他一個人，是整個世代都改變了。原因是左、右極權運動促使人們重新審思：

為什麼大家都變了呢？這個不能不感謝近三十多年當中，歐洲的可以說極左派和極右派兩個大運動的表演。他們的失敗，給我們一個最好的教訓。極右派是希特勒、墨索里尼、德國的納粹與義大利的法西斯；……極左派是俄國三十七年前的布爾雪維克革命。蘇俄自己當然以為是成功。但

是我們以社會、歷史、經濟的眼光看，不能不認為這是一個大的失敗。這都是社會主義，極左的、與極右的社會主義，拿國家極大的權力來為社會主義作實驗。而兩種實驗的結果都走到非用奴役、集中營；非用改治犯、強迫勞工；非用極端的獨裁，沒有方法維持他的政權。

胡適說希特勒、墨索里尼所實行的是極右的社會主義。這當然是錯誤的，但不是此處討論的重點。胡適所要強調的，是東西的知識分子，不約而同，都開始反對社會主義、計畫經濟：

今天我要講的不過如此。我們在台灣看到《自由中國》、《中國經濟》。大家都不約而同的討論到一個基本問題，就是，一切計畫經濟，一切社會主義，是不是與自由衝突的？在外國，如在美國，現在有好幾個雜誌，最著名的如《自由人》（Freeman）雜誌，裡面的作家中有許多都是當初做過共產黨的，做過社會主義信徒的，現在回過頭來提倡個人主義、自由主義的經濟制度。這種在思想上根本的改變，我們不能不歸功於三十七年來世界上幾個大的社會主義實驗的失敗，使我們引起覺悟——包括我個人，在今天這樣的大會裡當眾懺悔。

我方才講，這是好現象。我希望政府的領袖，甚至於主持我們國營事業、公營事業的領袖。聽了這些話，翻一翻《自由中國》、《中國經濟》、《中國文摘》等，也不要生氣。應該自己反省反省，考慮考慮。是不是這些人的話，像我胡適之當眾懺悔的話，值得大家仔細一想的？大家不妨再提倡公開討論：我們走的還是自由之路，還是到奴役之路？這是一個很重要的問題。

在演講的最後，胡適重新定義資本主義，彷彿是揚棄了他從前所服膺的「社會化的自由主義」：

什麼叫做資本主義？資本主義不過是「勤儉起家」而已。我們的先哲孟子說：老百姓的勤苦工作是要「仰足以事父母，俯足以蓄妻子。樂歲終身

飽，凶年免於死亡」。老百姓的辛勤終歲，只是希望在年成好時能吃得飽，年成不好時可以不至於餓死。這怎能算是過分的要求？但這個要求可以說是資本主義的起點。

我們再看美國立國到今天，是以什麼為根據的？他們所根據的《聖經》是《佛蘭克林自傳》——一部資本主義的《聖經》。這裡邊所述說的，一個是「勤」，一個是「儉」。「勤儉為起家之本」。老百姓辛苦血汗的所得，若說他們沒有所有權是講不通的。從這一個作起點，使人人自己能自食其力，「帝力何有於我哉！」這是資本主義的哲學、個人主義、自由主義的哲學。這是天經地義、顛撲不破的。

由這一點想，我們還是應由幾個人來替全國五萬萬人來計畫呢？還是由五萬萬人靠兩隻手、一個頭腦，自己建設一個自由經濟呢？這是我們現在應該討論的。我覺得這一條路開得對，值得我今天向大家懺悔。大家都應該懺悔。我們應該自己「洗腦」。被別人「洗腦」是不行的。我以為我們要自己「洗腦」才有用，所以我今天當眾「洗腦」給大家看。[42]

胡適這篇〈從《到奴役之路》說起〉的演講，徵引的人很多。然而，都犯了兩個錯誤。第一，邵建、林建剛、王遠義、黃克武都認為胡適受到海耶克的影響。事實上，他們都忽略了胡適在1953年11月24日日記以及這篇演講裡所一再強調的話：他在1941年已經說了海耶克在1944年出版的《到奴役之路》裡所說的話。他1941年所說的那段話，是出自於他該年7月8日在密西根大學安那堡（Ann Arbor）校區所作的演講〈意識形態的衝突〉（The Conflict of Ideologies）。

第二個錯誤更是奇怪的。邵建、林建剛、王遠義、黃克武等人都把海耶克對胡適的影響歸諸於周德偉的影響。他們認為最堅實的證據，是邵建所提供的。邵建在2009年5月4日去台北開「胡適與近代中國的追尋——紀念『五四』九十週年學術研討會」。他說他在開會期間，意外地解了一個謎題：

42　胡適，〈從《到奴役之路》說起〉，《自由中國》，第10卷第6期，1954年3月16日，頁186-187。

　　1954 年 3 月 5 日，胡適在《自由中國》雜誌社作過一個有關哈耶克《到奴役之路》的講演。讀過這篇文字的人，不免會好奇，隱藏在胡適這篇文字之後的人是誰。

　　胡適在講演中說：「我今天帶來了一點材料，就是兩年前，我在外國時，有一位朋友寫給我一封討論這些問題的長信（這位朋友是公務員；為了不願意替他闖禍，所以把他信上的名字挖掉了）。」如果注意全篇，胡適的講話，與其是圍繞哈耶克的《到奴役之路》展開，毋寧說是圍繞這位公務員的長信而展開。接下來，胡適大段徵引了那封信的內容，然後從這裡生發開去，以至篇終。因此，這位隱名隱姓的人乃是胡適這篇講話中的一個內在的主角，那麼，他是誰呢。

　　謎的解開是五四那天中午。在南港中央研究院胡適紀念館內的一間小屋午飯時，現任館長潘光哲博士告訴我，那個人就是周德偉。那時我正在向座中的林毓生先生請教周德偉的有關情況，因為林先生雖然與周德偉隔輩，但都是哈耶克的中國弟子。林在成為哈耶克弟子前，是殷海光的學生。殷海光在年齡上是周德偉的後輩。是周向殷推薦了哈氏的《到奴役之路》，接著才有了殷海光的翻譯，又有了胡適這次的講演。這樣，胡適在他的講演中隱形地提到周德偉就不奇怪了。[43]

　　這就是歷史研究一不小心就容易發生的一種錯誤。首先，是一個先入為主的印象或觀念。周德偉在他的〈我與胡適之先生〉一文裡，回憶了他在胡適作了〈從《到奴役之路》說起〉演講以後，去見胡適的情形。他說胡適承認他只對古典經濟學有所涉獵，而對後來歐陸與北歐經濟思想的隔膜太多。他於是請周德偉開一個書單給他[44]。然而，大家應該知道傳記文學或回憶文學是不可靠的。沒有其他證據，回憶最多都只能姑妄聽之而已。無論如何，周德偉的回憶

43　邵建，隱名於胡適〈從《到奴役之路》說起〉之後的人，http://blog.qq.com/qzone/622007891/1245549612.htm，2017 年 2 月 24 日上網。

44　轉引自王遠義，〈惑在哪裡——新解胡適與李大釗「問題與主義」的論辯及其歷史意義〉，《台大歷史學報》，第 50 期，2012 年 12 月，頁 230。

在研究者心裡造成了一個先入為主的印象或觀念，認為胡適對海耶克及其反對
計畫經濟的觀點是受到周德偉的影響的。他們忘了周德偉去見胡適，是在胡適
在〈從《到奴役之路》說起〉演講裡已經提起了海耶克以後的事。

　　只是，在胡適把名字挖掉了的那個人究竟是誰這個問題沒有解決以前，影
響了胡適的人究竟是不是除了周德偉以外，還有其他人，就變成了一個懸案。

　　現在，聽「胡適紀念館」的館長說胡適在演講裡隱去其名的人就是周德
偉。這麼權威的一個消息，就讓他們以為鐵證已有。就彷如拼圖一樣，那所缺
的關鍵的一塊既然找到，胡適是受到周德偉影響那個先入為主的觀念就彷彿終
於獲得證實了。邵建這篇解開了謎底的文章一出現，所有已經先入為主地認為
胡適是受到周德偉影響的人，就都額手稱慶，以為懸案已解。

　　胡適一再說作學問最忌耳食。信然。胡適在演講裡說他把名字挖掉的發信
人不是周德偉，而是陳之邁。大家只要上「胡適紀念館」的網站檢索，就會發
現周德偉寫給胡適的信，沒有幾封，而且沒有一封是長信。更重要的是，周德
偉的字，龍飛鳳舞。反觀胡適挖掉了發信人名字的那封長信，寫得極為工整。
是用印好直線、但沒印橫線的直行稿紙寫的，長達25頁。一看就是當時駐美
大使館參事陳之邁的筆跡。中央研究院近代史研究所的檔案館藏有陳之邁的檔
案。有興趣的讀者可以去比對。更奇怪的是，讀者如果上「胡適紀念館」的網
站檢索，胡適挖掉名字的那封信，明明目錄上登錄的發信人就載明：根據字跡
判斷，是陳之邁[45]。

　　陳之邁在11月4日寫的那封長信相當徹底地批判了國民黨的「三民主
義」。他直言那是抱殘守缺，八股式地執著於孫中山十九世紀末、二十世紀初
過時的看法。他在寫了那封長信以後，言猶未盡。8日，他又寫了一封信申論
台灣頭重於國營事業、腳輕於私人企業，嚴重地違反了自由世界揚棄社會主義
的潮流。他沉痛地說：「無論國民黨如何的『進步』，如何『左傾』，究竟是不
如中共來的徹底。」作為國民黨駐美大使館的參事，他這樣批評國民黨當然是
會讓他瞻前顧後的。無怪乎他會在信後請胡適務必不要洩漏了他的姓名。他
說：「我現在是中國政府的一個小職員。妄議大政是有違紀律的。這兩封信所

45　陳之邁致胡適，1951年11月4日，「胡適紀念館」，HS-US01-079-004。

說的只是與先生的私信，恐怕不宜發表。」[46]有趣的是，這封11月8日的信的發信人的名字也被挖去了。換句話說，胡適在演講裡稱呼那個姓名被挖去了的發信人為「公務員」，就是沿用陳之邁的自況。

這些誤以為懸案已解的人所犯的另外一個錯誤，是以為胡適1954年的這個「懺悔」是受到海耶克的影響。事實上不然。胡適在演講裡說：「我在海耶克的書以前好幾年已經變了。」這句話絕對是關鍵。就像胡適在演講裡所強調的，他1941年7月8日在密西根大學演講〈意識形態的衝突〉的時候，早已經提出了跟海耶克同樣的看法。

更重要的證據是內證。《到奴役之路》正文一共240頁。胡適在這本藏書裡連一個眉批也沒有。而且畫了線的所在只有18頁。一點都不像是胡適閱讀到一本深獲我心的書的反應。我們注意到胡適在演講裡只摘述了海耶克的論旨，並沒加入他自己的判斷。他摘述海耶克的論旨分兩段：一、「這本名著的用意，就是根本反對一切計畫經濟，反對一切社會主義。一切計畫經濟都是與自由不兩立的，都是反自由的。」二、「一切社會主義都是反自由的。」

胡適不會同意海耶克這句話：「一切計畫經濟都是與自由不兩立的，都是反自由的。」讓我先指出胡適在這本藏書裡所留下來的默證，亦即，胡適在第135頁畫了線與不畫線的句子（黑體字代表胡適畫了線的部分）：

當今極權國家最惡劣的特質並不是其附帶的副產品，而是所有極權主義遲早必定會滋生的現象。就像從事計畫經濟的民主國家的政治家遲早必須面對的，他必須在兩者之間**選其一**：他不是變得獨裁，就是必須放棄計畫。

海耶克這兩句話，前一句胡適會首肯，後一句胡適會鄙夷。作為一個羅斯福「新政」堅決的支持者，胡適認為以英、美為代表的盎格魯‧撒克遜國家，是絕對不會有專政的危險的。這就是胡適1939年在「杜威八秩壽辰祝壽學術討論會」，以及1940年加賓州大學創校兩百週年的慶典上所發表的有關工具主

46　陳之邁致胡適，1951年11月8日，「胡適紀念館」，HS-US01-079-005。

義的政治概念的論文的主旨；這也就是我在本部第一章所徵引的胡適的「專家
政治」的「福音」：

　　盎格魯・撒克遜自由主義對這個世界政治思想最大的貢獻，就在於其一
　直注重用民主的方式來控制國家機器。歷史上，沒有任何其他一個民族成
　功地制定出馴服「國家」這個「巨獸」（Leviathan）的制度。盎格魯・撒
　克遜民族在政治上的演化，和盎格魯・撒克遜民族的政治思想，這兩者的
　結合，已經制定出許多民主控制的機制。這些機制所提供的有效的保護措
　施——不只是制衡的機制，更重要的是民主教育體制的發展，以及對自己
　的自由的熱愛與對他人的自由的尊重——讓被治者得以控制政府的權力。

　　相信胡適在《獨立評論》時期已經轉而服膺「小政府、大社會」的林建剛
等人，即使接受了我的分析，說胡適在1939、1940年還在對美國人傳那「大
政府」的「專家政治」的「福音」，他們一定還是會說，至少到了胡適1954年
講〈從《到奴役之路》說起〉的時候，他已經是「小政府、大社會」的信徒
了。事實上不然。
　　就在胡適似乎從「社會化的自由主義」轉向到「小政府、大社會」的理念
的前夕，胡適又作了一次「社會化的自由主義」的謳歌。這就是他1953年11
月5日在匹茲堡大學「丕肯—克萊比講座系列」（Pitcairn-Crabbe Lectures）講
〈一個東方人看現代西方文明〉（An Oriental Looks at the Modern Western
Civilization）。在這個演講裡，胡適先回顧了他以往對現代西方文明的禮讚。
他最強調的，是現代西方拜科學與技術之賜，而造成了一個真正名副其實的
「精神文明」，甚至臻於「民主的宗教」的境界。這個民主的宗教所涵蘊的，
是集「美國革命」與「法國革命」，以及過去一百年之間的社會主義運動以及
社會立法諸理想的大成：思想、宗教、言論與出版的自由；所有的人在法律之
前平等；婦女的解放；全民普及的強迫教育；勞動條件的改善；直接以及漸進
的所得稅與遺產稅。
　　胡適說這麼多年過去了，他對現代西方文明仍然堅具信心。他問說：

究竟是什麼原因讓西方的民主國家，特別是盎格魯‧撒克遜的民主國家，度過那麼多國內與國際的危機，而仍然能保持其民主的制度呢？比如說，美國如何能渡過1929年的「大蕭條」，而不至於引起革命呢？能作到經濟與工業的復甦，而不至於生出一個獨裁者呢？如何能動員整個國家的經濟從事戰時的生產，動員一千兩百萬人投入戰事的服務，而不至於生出一個軍事獨裁或黷武的體制呢？

胡適說，他所得到結論是：「民主國家與不民主、反民主的國家之間真正的分際，在於前者擁有一個有力的民主機制來控制政府的權力。民主國家的政府所具有的權力，歸根究柢，是由民意有力地去控制住的。」

胡適在1953年底這篇演講裡，又再次謳歌他1939年在「杜威八秩壽辰祝壽學術討論會」，以及1940年參加賓州大學創校兩百週年的慶典上對盎格魯‧撒克遜民族的禮讚：

要如何有力地去控制政府的權力？這一直是歷來政治哲學裡最棘手的一個問題。盎格魯‧撒克遜自由主義對這個世界政治思想最大的貢獻，就在於其對這個問題的重視。歷史上，沒有任何其他一個民族成功地制定出馴服「國家」這個「巨獸」（Leviathan）的制度。盎格魯‧撒克遜民族在政治上的演化，和盎格魯‧撒克遜民族的政治思想，這兩者的結合，已經制定出許多民主控制的機制。這些機制所提供的有效的保護措施，讓被治者得以控制政府的權力。

西方世界在科學、技術上作出最大的進步的同時，又發展出這些民主控制的機制。這就使現代西方文明，成為現代世界裡最讓人類受益（beneficial）、最具解放作用（liberalizing）的力量。

胡適最喜歡用來證明美國不可能走向獨裁的例子，就是羅斯福。他在這篇演講的結尾，又再度舉了這個例子：

我曾經半開玩笑地說，儘管羅斯福總統的權力那麼大，他在他的家鄉

──哈德遜河旁的達奇斯縣（Dutchess County）──的選舉就從來就沒贏過。同時，他把「感恩節」提前一週的作法也失敗〔注：1939年移前，1941年移回〕。這就在在地說明了在西方世界裡，民主的力量大到足以控制政府的權力。[47]

當然，認為胡適已經轉向到「小政府、大社會」的理念的人，可以說胡適這篇演講是在他受到海耶克的影響的前夕的產物。然而，就像我所一再強調的，胡適跟海耶克所見略同的所在，只不過是「一切社會主義都是反自由的。」從他對和盎格魯・撒克遜民族所發展出來的民主控制的機制的禮讚，我們可以認定他一定不會同意海耶克所說的：「一切計畫經濟都是與自由不兩立的，都是反自由的。」

在晚年胡適的心目中，世界是黑白分明的，不是民主自由，就是共產奴役。社會主義是反自由的，對他來說是一個自明之理。同樣地，民主，特別是盎格魯・撒克遜民族的民主，則一定是自由的，也是一個自明之理。1956年2月9日，胡適在芝加哥的「馬歇爾・菲爾德百貨公司」（Marshall Field & Company）的午餐會上作一個以〈中國給自由的教訓〉（China's Lesson for Freedom）為題的演講。這個演講的立論有兩個：一個是他1950年在《外交季刊》上發表的〈在史達林戰略裡的中國〉的國際共產陰謀論；另一個則是他1941年在密西根大學〈意識形態的衝突〉的演講裡的社會主義導致獨裁論。這篇〈中國給自由的教訓〉的演講，他1957年12月8日給王姜貴的信裡，用了幾句話摘述了其主旨：

> 我去年在芝加哥城演說，也曾說：「各盡所能、各取所需的無階級社會」是一個從來不會有過、也永遠不會實現的理想……共產黨則是為了一個永遠不會實現的理想去屠殺生靈，去叫整千萬的生靈吃苦！[48]

47　Hu Shih, "An Oriental Looks at the Modern Western Civilization,"《胡適全集》，39.423-438。

48　胡適致王姜貴，1957年12月8日，《胡適全集》，26.124-125。

在這篇演講裡，他又一次對他從前說社會主義是現代自由主義的一部分的話作懺悔：

> 即使是我自己也曾經被這種烏托邦的理想所強烈地吸引過，甚至宣稱社會主義是民主運動一個邏輯的結果。我知道在我的朋友當中，有許多就從來不曾有意識地或嚴肅地去質疑過社會主義作為一個社會、經濟、政治理想的正確性。[49]

然而，胡適所質疑的或懺悔的，仍然只是「一切社會主義都是反自由的」，而不是「一切計畫經濟都是與自由不兩立的，都是反自由的。」最雄辯的證據，是胡適一生中最後一次的演講。

1961年11月6日，胡適應「美國國際開發總署」（U.S. Agency for International Development）之請，在11月間在台北召開的亞洲「地區科學教育會議」裡演講。參加這個會議的代表雖然包括了台灣、南韓、寮國、泰國、越南、和美國，但總共只有16名。這篇演講就是《胡適全集》所收的胡適一生當中最後一篇的英文論文：〈社會變遷與科學〉（Social Changes and Science）。胡適在當天的日記裡交代了他被邀作這個演講的來龍去脈：

> 今天有美國外援機構（舊名I.C.A.，本月一日起改稱A.I.D.〔美國國際開發總署〕在遠東各國援助中等學校的科學教育的主持人員在台北集會。在台主持人為Harry Schmid〔許明德〕，曾邀我在他們第一天開會時作二十分鐘或半點鐘的談話。當時他說參加的人不過十六人，所以我答應了。近日我才知道他們不但在報上發表了我「講演」，並且印了請帖。帖上說開幕典禮主要節目是我「講演」"Social Changes Necessary for the Growth of Science"〔〈科學發展所需要的社會改革〉〕。所以我不能不鄭重想想這個場合我應該說甚麼話。我昨天決定把我要說的話用英文寫出來。昨天不幸上下午都有幾批客人來看冬秀，所以我到晚上才有工夫寫出一篇可講廿

49　Hu Shih, "China's Lesson for Freedom,"「胡適紀念館」，HS-NK05-203-003。

五分鐘的演稿，寫到早上兩點鐘才寫成。

我的話是三十五年前的老話，但在今天似乎還是沒有人肯說的話[50]。

這「在今天似乎還是沒有人肯說」的「三十五年前的老話」，毫不意外地，就是他在1928年所發表的〈東西方文明的比較〉（The Civilizations of the East and the West）的主旨，亦即，那所謂「物質的」西方文明其實才真正是「精神的」，而那所謂的「精神的」東方文明其實才真正是「物質的」──沒有理想的。在歷數了東方文明的退縮、墮落，西方文明的進取、向上以後，胡適總結他對現代西方文明的禮讚。雖然他用括弧，似乎是徵引他「三十五年前的老話」，但他說「千倍、萬倍」那句話是新加的。然而，這不是重點，重點是我用黑體字所標示出來的，亦即，他對「社會化的自由主義」的禮讚：

那個能最充分地利用人類的靈巧、智力去求真，以便控制自然、改變物質以為人類謀福利；減輕從事勞力工作時的辛勞與苦痛；使人力放大千倍、萬倍；把人類的心靈從愚昧、迷信，以及自然力量的奴隸的情況之下解放出來；**改革、再造出能為最大多數謀最大幸福的社會制度**的文明──這種文明是具有高度的理想性，是真正精神的。

這是我對現代科技文明熱切的禮讚──最早形諸演說與文字是在1925、1926年；又在1926、1927年在英國、美國演說過好幾次；後來在1928年收刊在畢爾德（Charles Beard）教授所主編的《人類往何處去》一書裡。

那絕不是盲目地譴責東方古老的文明，也絕不是盲目地崇拜西方現代文明。那是一個研究思想文明史的年輕學者深思熟慮的看法。

即使我現在回過頭去看，我仍然堅持我三十五年前所持的立場。我仍然相信那是對東西文明一個相當公允的看法。我仍然相信這種對東方古老文明以及近代科技文明的重新評價，是一種必要的思想革命，以便於使我們東方人能夠真心、全心全意地接受近代科學。[51]

---

50 《胡適日記全集》，9.790-791。

51 Hu Shih, "Social Changes and Science," 《胡適全集》，39.671-678。

　　「我仍然堅持我三十五年前所持的立場。」這句話說明了一切。在這篇「可講廿五分鐘的演稿」裡，胡適當然必須有所裁剪。他說「改革、再造出能為最大多數謀最大幸福的社會制度。」這句話就畫龍點睛地說出了他一生所禮讚的英國、美國的「社會立法」的制度，亦即，「社會化的自由主義」。誰說胡適晚年的政治哲學是「小政府、大社會」？

　　胡適晚年的思想與美國「新保守主義」——特別是小布希用軍事力量來維持美國的霸權的「布希主義」——最此心同、此理同的所在，就是他主張用壓倒性（overwhelming）的軍事力量來對付共產國際的「胡適主義」。

　　用壓倒性的軍事力量來對付共產國際的「胡適主義」的思想源起，可以追溯到胡適1916年6月參加「美國國際調解會」（American Association for International Conciliation）徵文比賽的得獎論文：〈國際關係有取代武力之道否？〉（Is There a Substitute for Force in International Relations?）。胡適這篇得獎論文的來龍去脈，我在《璞玉成璧》裡已經詳細分析過了。為了幫助讀者瞭解我在此處的分析，簡短地摘述來說，胡適這篇得獎論文的立論是來自於杜威在1916年發表的兩篇文章：〈力量、暴力與法律〉（Force, Violence and Law）；以及〈力量與制裁〉（Force and Coercion）。杜威這兩篇文章的主旨在說明力量「所意味的，不外乎是讓我們達成目的的諸條件的總和。任何政治或法律的理論，如果因為力量是殘暴的、不道德的，就拒絕去處理它，就會落入了感情用事、冥想的窠臼。」他說，由於天下沒有一件事情可以不用力量來完成。因此，我們沒有理由去反對任何在政治、國際、法律、經濟上借助力量來達成目的政策或行動。杜威說衡量這些政策或行動的標準，「在於這些工具在達成目的的效率及其所用的力量的多寡。」

　　當時還不到二十五歲的聰穎的胡適，把杜威這個組織、效率的概念運用在國際關係上。他以第一次世界大戰為例，來說明「國際關係的問題不在於力之氾濫，而在於力之不行。」他說，「這些國家還沒有學到如何用武力在國際關係上有所作為。他們只是用浪費最大、收益最低的方式在揮霍他們的力量。」這種浪費、揮霍的原因何在？一言以蔽之，就是蔽於不懂得統合各國的力量：

　　　　這是因為力量沒有被有效的運用，這是因為力量被浪費掉了。力之所以

不行,是因為它是無組織、無紀律、無目標的。在現有的國際關係之下,力量是用來抵抗力量。或者,更確切地說,力量的使用給自己所帶來的,是一大堆反對的力量。其結果是力量的相互抵消;主動與被動雙方都在相互的抵抗與抵消中浪費掉了。

如果,在現行的國際關係裡,武力的使用所造成的是衝突、是浪費,解決之道何在呢?胡適說:

因此,我們的問題不是一味地去譴責武力,也不是去尋找一個不用武力的取代之道,而是去尋找一個方法,讓力可以行諸國際關係之上,而避免因為濫用而造成自我的力窮與毀滅。解決之道,在於用最經濟、最有效的方法,來把阻力或衝突減到最低。

胡適徵引杜威對法律的詮釋:「法律是能量組織狀況的表現,能量沒有被組織起來,就會互相產生衝突,結果就是暴力。這也就是說,破壞或浪費。」胡適說杜威所提出來的這個觀念,人類已經懂得把它用來在處理一國的事務上。這同一個理念,胡適說,人類必須懂得也拿來處理國際事務。他說:「我們一定要把每一個國家目前這種獨立、互相衝突的能量,轉化成為一種有組織的能量,一種訂立了相互的責任與權利的國際組織。」這個國際組織必須要有能仲裁國際紛爭的機制。這也就是說,所有簽署國集體一致用經濟與軍事的方法去制裁違法的國家。

胡適這個在1916年根據杜威的兩篇文章所揭櫫的國際仲裁機制的想法,就是他在第二次世界大戰期間一再鼓吹的主張。他在1941年到1943年間在這方面所作的演說就有下述幾篇:〈尋求一個新世界秩序的計畫與哲學〉(Seeking a Plan and a Philosophy for a New World Order)[52];〈在太平洋區維持持久和平所必要的因素:中國的看法〉(Factors Necessary for a Durable Peace in the Pacific

---

52　Hu Shih, "Seeking a Plan and a Philosophy for a New World Order,"《胡適全集》,38.249-273。

Area: A Chinese View）[53]；〈和平是必須強制維持的〉（Peace Has to be Enforced）[54]；〈贏得戰爭、保住和平〉（To Win and Keep the Peace）[55]；〈遠東的和平〉（Peace in the Far East）[56]；〈力量是法律與政府存在的工具〉（Force as an Instrument of Law and Government）[57]

到了1942年，由於戰局開始明朗化，勝利屬於美國所領導的同盟國，胡適的主張開始更上一層樓。他所主張的，已經不只是在戰後建立一個集體安全的機制，而是一個壓倒性的軍事力量，以遏阻任何侵略的勢力。他在1942年〈在太平洋區維持持久和平所必要的因素：中國的看法〉的演講裡說：

> 我在上述的討論裡，有意強調要用「壓倒性的力量或武力」來維持和平與秩序。「均勢」（balance of power）的舊觀念，在今天已經是禁不起考驗的了。因為均勢可以很容易被一方稍有的優勢，或者一方用結盟的方式打破。一個社會——不管是在一國之內或是在國際上——的和平，只有當那整個社會把力量組織起來，使法律與公共安全的一方具備有壓倒性的力量方才可能維持。[58]

我在第三部裡，已經描述了胡適在巡迴演說方面，是一個「一稿走天下」的鼻祖；在演說中國思想史方面，是「一道菜專賣店」，甜酸苦辣任君選，所有其他都一樣的老闆。同樣這句話，他在1943年的〈力量是法律與政府存在的工具〉一文裡，又原封不動地搬來說了一次。

胡適在1946年回到中國以後，原以為國民黨可以挾其壓倒性的軍事力量

53　Hu Shih, "Factors Necessary for a Durable Peace in the Pacific Area: A Chinese View,"《胡適全集》，38.453-465。

54　Hu Shih, "Peace Has to be Enforced,"《胡適全集》，38.589-602。

55　Hu Shih, "To Win and Keep Peace,"《胡適全集》，38.676-688。

56　Hu Shih, "Peace in the Far East,"《胡適全集》，39.26-38。

57　Hu Shih, "Force as an Instrument of Law and Government,"《胡適全集》，39.46-70。

58　Hu Shih, "Factors Necessary for a Durable Peace in the Pacific Area: A Chinese View,"《胡適全集》，38.463-464。

粉碎共產黨的。當時的他，篤定地向大家保證：「至少在最近十年內，大概沒有第三次世界大戰的危險。」[59] 1949年國民黨的潰敗，對胡適的打擊，就像是得到「砲擊震後症候群」（shell shock）一樣。以至於他到美國替蔣介石作宣傳、「做面子」的他，居然說出蔣介石的潰敗是因為專制、腐敗的結果。

　　一直到他在1950年夏天，他才思索出可以用史達林征服世界的大陰謀，來為蔣介石政權的崩潰作辯解。胡適在找到這個他自己覺得不但言之成理，而且根本就是不易之論以後，他也同時開始把蔣介石在國共內戰的失敗，作為自由世界尚未打完第二次世界大戰的例證。他1950年6月23日的日記就是最好的明證：

　　　　我自從去年七月到於今，沒有去見一個美國政府大官，也沒有去見一個兩黨政客。今天Dean Rusk〔魯斯克〕（國務次長）來紐約，約我去談。談了一點半鐘。我對他說：「你們現在一定飄泊到一個世界大戰！但不要叫他做『第三次世界大戰』！這不過是第二次世界大戰的未完事件（unfinished business）而已！」[60]

　　1951年4月12日，胡適在「社會科學研究學會」（National Institute of Social Sciences）在紐約召開的年會裡，作了一個演講：〈共產主義在中國〉（Communism in China）。這篇演講，基本上是摘述他半年前在《外交季刊》上發表的〈在史達林戰略裡的中國〉的主旨。跟我在此處的論點最切合的，是胡適在演講結尾所強調的，第二次世界大戰未完論：

　　　　各位先生女士：當各位說到第三次世界大戰的時候，請相信我這個歷史家的說法：第三次世界大戰還早呢！我們現在所看見的誠然是一個世界戰爭。然而，那只是在世界各處尚未結束的第二次世界大戰的持續而已。請指出這個世界有什麼地方，第二次世界大戰已經結束了。日本當然還沒，

59　胡適，〈眼前「兩個世界」的明朗化〉，《胡適全集》，22.679。
60　《胡適日記全集》，8.498。

因為它到現在還被戰勝國占領著。德國亦然，它仍然還被戰勝國占領著。奧地利也一樣。東歐、中歐，從巴爾幹到波羅的海亦然。韓國亦是如此。在中國，第二次世界大戰當然從來還沒結束。即使貴國，現在仍然是戰時的經濟體制、戰時的生產、戰時的徵兵制。為什麼呢？因為貴國發現第二次世界大戰根本就還沒打完。

主席！我給了閣下一份我準備好了的〈共產主義在中國〉的講稿。我在今天的演講裡，試著為貴會的會員與嘉賓用濃墨在世界地圖上，凸顯出中國是國際共產主義征服世界的大策略之下的一環。我的靈感是來自於杜魯門總統昨晚的演說。總統沉痛的指控：「克里姆林宮的共產黨刻正從事一個令人髮指的（monstrous）陰謀，要讓自由從這個世界消失。」中國就是一個最好的例證。

胡適為什麼要強調第二次世界大戰還沒結束，而且特別要用濃墨來凸顯出中國是世界共產主義征服世界的大陰謀之下的犧牲者呢？因為他要美國人記取教訓，特別是記取因為他們袖手旁觀，而失去中國的教訓：

這個征服的模式如一，從中國、韓國、羅馬尼亞、保加利亞、匈牙利、波蘭、到捷克。這是一個以俄國及其比鄰作為基地，用武力、暴力征服的模式。

我們每一個人從這裡所學到的最重要的教訓是：世界共產主義匪徒（gansters）一直有一個「征服世界的策略」。這個策略可以隨時作細微的修正與調整。然而其大旨是絕不動搖的。他們有時會使用退卻的策略，有時會使用蓄勢以待的策略。他們可以等幾年甚至幾十年，等到時機到來，作出致命性的一擊，以達成其主要的目標。他們似乎從來就沒有忘卻「征服世界策略」裡的主要目標。

自由世界的偉大的領袖可以從中學到這個教訓，集思廣益地制訂出一個屬於他們的「國際策略」（global strategy），來拯救人類及其自由嗎？[61]

61　Hu Shih, "Communism in China," 「胡適紀念館」，HS-NK05-201-002。

　　胡適所呼籲自由世界的，其實不只是一個「國際策略」。他所期待的，是一個積極的反守為攻的「國際策略」。我在本部第三章結尾提到了他1953年1月21日，在「日本放送協会」所作的廣播錄音：〈我們共同的敵人〉或〈自由或奴役〉。他以韓戰為例，要亞洲國家認清一個事實：「人類歷史上最關鍵的戰爭，極有可能就會在這個大陸上展開。」他說這是一個「殊死戰，是自由與奴役的鬥爭。每一個亞洲國家，遲早都必須要披掛上陣。」

　　事實上，亞洲國家從來就不是胡適要呼籲的對象；它們只是配角。胡適所要的一個積極的反守為攻的「國際策略」，是對美國說的。這就是我在第三章結尾所提到的，他1955年3月在維吉尼亞州講的〈一個自由中國的重要性〉，11日在「野薔薇女子學院」（Sweet Briar College）；14日在夏洛特鎮（Charlottesville）。

　　胡適在這兩個演講裡說，在現代歷史上，被奴役國家要獲得解放，都是在愛好自由、和平的國家在被逼到牆角不得不反擊以後才發生的。他說：

> 歷史昭告我們的教訓是：被征服的國家或地區要獲得解放，就只有是在自由、愛好和平的民族在被迫應戰，並徹底地體認到解放那些國家或地區，是其大策略下不可或缺的一部分的時候。作為一個自由中國的夢想者，這個歷史的教訓讓我能預見會有那麼一天，這樣的戰爭將會加諸自由世界。在那個戰爭裡，由於其所具有的戰略上的重要性，中國終將會被從世界共產主義的宰制之下拯救出來。

　　胡適呼籲美國要從歷史學到教訓。與其坐等中共繼續坐大，讓它得以用中國龐大的人口，用「人海戰術」的方式侵略自由世界，美國應該主動出擊，把那「幾乎無限的人力」贏回到自由世界這邊來，不為中共所用：

> 這個在我們眼前生死攸關的問題是：我們能讓文明世界的敵人，以那龐大的人口作為資源，去洗腦、操練、訓練打我們的軍隊嗎？文明世界是不是應該在這個生死鬥爭的關頭，主動出擊贏回那個龐大的人力倉庫？這就是「自由中國」最具戰略重要性的所在。

　　胡適呼籲美國領導自由世界用一個積極的「國際策略」主動出擊國際共產
主義。他完全沒有想到他的號角，卻意外地被蘇聯第一書記赫魯曉夫的新外交
政策給滅音了。赫魯曉夫在1956年蘇聯共產黨第二十次代表大會發表的「秘
密報告」裡提出了與西方世界「和平共存」（peaceful coexistence）的口號。赫
魯曉夫在1959年9月訪問美國的時候，宣布蘇聯「和平共存」的主張，並將與
美國討論裁軍的問題。美、蘇、英、法更進一步地準備1960年5月在巴黎召開
一個四國高峰會議討論裁軍的問題。就在這個裁軍的氛圍之下，胡適在1960
年4月22日在台北「自由之家」作了一個有關裁軍的英文演講。他在當天的日
記裡說：「勉強為『留美同學會』作一次英文演說。頗吃力——是不應該答應
的。」[62]

　　這篇演講的題目是〈裁軍的歷史教訓〉（Some Historical Lessons of
Disarmament）。我們今天可以在「胡適紀念館」的「胡適檔案」裡看到他的幾
份手寫和打字的殘稿[63]。胡適這篇演講是以極為嘲諷的口氣開始的：

圖10　胡適在「中國留美同學會」借「中國之友社」舉辦的餐會上演講
〈裁軍的歷史教訓〉，1960年4月22日。（胡適紀念館授權使用）

---

62 《胡適日記全集》，9.628。

63 例如：「胡適紀念館」，HS-NK05-206-009，HS-NK05-206-010，HS-NK05-206-011。

　　看來「裁軍高峰會議」是必行的──根據赫魯曉夫所說的「徹底的裁軍」。

　　這是多麼美妙的一件事啊！「高妙神父」（Father Divine）〔注：美國黑人神父（1876-1965）〕最喜歡說：「和平是很美妙的！」（Peace is wonderful!）讓我們一起同聲齊喊：「徹底的裁軍是很美妙的！」

　　這世界有人會沒心肝到反對和平與裁軍嗎！

　　我當然不是要反對裁軍。我只是要對大家說一些裁軍的歷史教訓。

　　胡適說的第一個裁軍的歷史教訓是春秋時代的一個故事。由於胡適在兩個多月以後，也就是7月3日，又對「中華民國聯合國同志會」作了一個〈從二千五百年前的弭兵會議說起〉的中文演講。我就用那篇演講的記錄，不再另行翻譯：

　　紀元前545年，即二千五百年前，孔子還只是六歲的小孩子。那時的古中國，有大國、小國，有強國、弱國。他們在現在的河南商丘舉行了一次弭兵會議。會議情形，《左傳》魯襄公二十七年有很詳細、很有趣的記載。那個時代，與現代的情形很相像。有兩個一等強國：北方的晉，南方的楚；有兩個二等強國：東方的齊，西方的秦。其餘的小國，都是他們的附庸。

　　宋是介於兩大之間的小國，外交部長向戌與晉、楚兩大國的國務卿很要好，發起弭兵（裁軍）大會。先向晉國的趙武說了。趙武召諸大夫商量。韓宣子說：「兵民之殘也……將或弭之，雖曰不可，必將許之。」又說：如果不允許，楚國倒要允許了，藉此號召諸侯。晉國會失掉領導的地位。晉國允許了。向戌又去楚國接洽。楚國也允許了。再向兩個二等強國提議。因「晉、楚許之，我焉得已」，也就都贊成了。又通知其餘各小國。於是便在宋集會。當時的十四個國家都參加。由於晉的容忍，讓楚國佔了面子，總算會議開成。

　　四年之後，紀元前541年，晉、楚又在號召開第二次弭兵大會，即所謂「尋宗之盟」。在這次大會中便出了亂子。東方小國莒提出控訴，控魯國

出兵侵略它的土地。結果由晉國勉強調解了過去。又四年，紀元前538年，楚國公然出兵伐吳，弭兵大會全告失敗！這給我們的教訓是裁軍和和平的號召，沒有人敢反對，但沒有辦法的「裁軍」、「和平」是不會有結果的。[64]

胡適在英文的演講裡有一段中文演講裡所沒有的。他說向戌在弭兵大會以後，回國想要請賞。結果大臣子罕叱責他：

> 子罕曰：凡諸侯小國，晉、楚所以兵威之。畏而後上下慈和。慈和而後能安靖其國家，以事大國，所以存也。無威則驕，驕則亂生，亂生必滅，所以亡也。天生五材，民並用之，廢一不可。誰能去兵？兵之設久矣。所以威不軌而昭文德也。聖人以興，亂人以廢。廢興存亡，昏明之術，皆兵之由也。而子求之，不亦誣乎。以誣道蔽諸侯，罪莫大焉。[65]

子罕這段話胡適沒有全引。他只引了：「凡諸侯小國，晉、楚所以兵威之……誰能去兵？……而子求之，不亦誣乎。以誣道蔽諸侯，罪莫大焉。」換句話說，那些小國之所以會聽話，完全是因為晉國和楚國的兵威把它們鎮壓住的。向戌想要去兵，等於是混淆了治亂之道。所以子罕叱責向戌：「以誣道蔽諸侯，罪莫大焉。」

子罕叱責向戌的理由，胡適用了他父親胡傳在1895年到河南商丘憑弔弭兵大會遺址所寫的〈先人過商丘詩〉來形容：「莫信弭兵為上策，中原無霸更堪憂。」[66]

留美時期服膺和平主義、譴責弱肉強食的叢林法則的胡適。現在，晚年的胡適作了一百八十度的轉變。現在，作為「新保守主義」的冷戰鬥士，胡適所

64　胡適，〈從二千五百年前的弭兵會議說起〉，《胡適全集》，22.811。

65　Hu Shih, "Some Historical Lessons of Disarmament,"「胡適紀念館」，HS-NK05-206-010；引文見《左傳・襄公二十七年》。

66　胡適便條紙，〈先人過商丘詩〉，「胡適紀念館」，HS-NK05-206-008。

禮讚的，是握有霸權的晉國和楚國，因為它們能以兵威來鎮壓住弱國。所以他會用他父親的詩句來說：「中原無霸更堪憂。」

何止是「中原無霸更堪憂」！從胡適的角度來看，「世界無霸更堪憂」，或者更精確地說，「世界無『西』霸更堪憂。」在胡適一份殘稿裡有一段話，他顯然警覺到他等於是在歌頌大英帝國主義，於是聰明地決定不用：

> 在座的朋友許多都太年輕了，不會記得在1914年──第一次世界大戰──以前整個世紀的和平。那個世紀被稱為「大英帝國統治下的和平」（*Pax Britannica*）。大英帝國在將近一百年的歲月裡，是這個世界一個偉大的穩定力量。[67]

如果大英帝國是十九世紀一個偉大的穩定力量，胡適所期盼的，是美國能在體認到其在世界上不可懈怠的領袖使命以後，扮演其「美國統治下的和平」（*Pax Americana*）的角色。

胡適在〈裁軍的歷史教訓〉裡，古代用的例子是中國，現代的例子則是美國。他說，美國在二十世紀就犯了兩次單方面裁軍的錯誤。第一次是在第一次世界大戰以後。他說儘管美國贏得了第一次世界大戰，戰後，美國的孤立主義盛行。繼威爾遜為總統的哈定在就職演說裡宣稱：「我們完全無意去引領世界的命運。」美國單方面裁軍的結果，是侵略國家完全不把美國看在眼裡。他誇大其詞地說：

> 美國自我裁軍的速度及其徹底的程度，使得世界政壇很快地就忘了它曾經是一個強大的軍事力量。幾年後，歐洲、亞洲的侵略者興起的時候，美國已經被它們視為一個不須要去顧忌的國家。

在亞洲，日本開始侵略中國。最有意味的，是胡適對德國侵占捷克的描述。我們記得胡適在1938、1939年的時候是如何的景仰張伯倫、如何的欣羨

---

67 Hu Shih, "Some Historical Lessons of Disarmament"（殘稿），「胡適紀念館」，HS-NK05-206-011。

捷克有幸能得到〈慕尼黑協定〉的庇蔭。對現在的他而言，〈慕尼黑協定〉是萬惡莫及的姑息的老祖宗：

> 美國也無法遏阻希特勒在初期的侵略行為。甚至在 1938 年捷克被瓜分的例子裡，這個美國在〔第一次世界大〕戰後所締造出來的中歐國家完全得不到美國的任何幫助。羅斯福總統唯一所作的，是去電希特勒和墨索里尼，敦促他們舉行會談──那惡名昭彰的 1938 年 9 月 29 日的「慕尼黑會議」。

結果，儘管美國的孤立主義，侵略者最後還是把美國捲入了第二次世界大戰。美國強大的經濟力量不但很快地就讓美國得以武裝起來，而且甚至武裝其盟邦，使得同盟國取得了最後的勝利。問題是，美國在第二次世界大戰以後，又犯了第二次單方面裁軍的錯誤。這個美國單方面裁軍的錯誤，不但造成了蘇聯的獨大，而且造成了國際共產主義空前的勝利。不但在中歐、東歐如此，而且造成了美國失去了中國。胡適說韓戰是一個轉捩點。美國終於體認到其在自由世界的領導地位而重整軍力。因此，〈裁軍的歷史教訓〉是：

> 歷史昭告我們：這些單方面裁軍的行為是好人作蠢事（well-intentioned follies）。不管心地多好，蠢事作兩次已經夠了！
> 讓我們真誠地希望民主世界及其領袖不會再輕易地犯了第三次自我裁軍的嚴重錯誤！[68]

胡適雖然自詡為歷史家，他對一、二次世界大戰後的美國的描述完全是不符合史實的。他說由於美國在第一次世界大戰以後退回美洲孤立，不被侵略者視為一個必須去顧忌的國家，更是一個匪夷所思的說法。不說別的，這跟胡適自己在 1930 年代說美國是當時世界上唯一有能力遏止侵略者的說法完全相左。胡適為什麼會變得如此曲筆。反共衝腦症使然也。作為一個人，胡適可以反共衝腦，那是他的政治立場。然而，反共衝腦卻又自詡為學術公斷，那就失

68　Hu Shih, "Some Historical Lessons of Disarmament,"「胡適紀念館」，HS-NK05-206-010。

卻了學者的立場。

　　胡適這個演講雖然是台灣的「中國留美同學會」所舉辦的，但由於他用的是英文，很多美國人也去參加了。比如說，美國駐台大使莊萊德（Everett Drumright）也去聽了胡適的演講。莊萊德在過後還寄了美國國務院次國務卿狄倫（Douglas Dillon）在胡適演講前兩天在「美國勞工聯合會─產業工會聯合會」（AFL-CIO）所作的一篇演講記錄，讓胡適知道他不用替美國擔憂。美國是不可能像他所描述的那麼軟弱、好騙的[69]。

　　另外一個美國人葛伯格（Harry Goldberg）當天也許沒去聽胡適的演講，但讀了演講記錄。他在信上說：

　　　　我剛剛讀完您在「中國留美同學會」所作的〈裁軍的歷史教訓〉的演講。我是在六月號的《自由中國與亞洲》（*Free China and Asia*）〔「亞洲自由國家聯合反共聯盟」的英文機關報〕上看到的。我要讓您知道我非常高興您在這篇演講裡提到了時下所亟需的務實主義（realism）。在當下世界有許多人被共產黨的甜言蜜語欺瞞的時候，這應該會有矯枉的作用。

　　　　我回國以後不久就見到了胡克（Sidney Hook）。我已遵命為您向他問好。[70]

　　這個曾經在杜威八秩誕辰學術討論會上攻擊胡適的胡克，現在是胡適「新保守主義」的戰友。胡克在1959年寄贈胡適他的新作《政治力量與個人自由》（*Political Power and Personal Freedom*）。這本書抨擊自由主義者，同時主張開除所有在美國政府機關與學校裡工作、教書的共產黨員。胡克特別在扉頁上寫了：

　　　　送給胡適，在同一個葡萄園（vineyards）裡耕耘的園丁。胡克，1959。[71]

69　Everett Drumright to Hu Shih, April 25, 1960，「胡適紀念館」，HS-NK05-147-041。

70　Harry Goldberg（Department of International Affairs of AFLCIO），August 23, 1960, HS-NK05-150-011.

71　胡適藏書，Sidney Hook, *Political Power and Personal Freedom*（New York: Criterion Books, 1959），「胡適紀念館」，HS-N04F4-019-01。

反攻大陸：胡適、蔣介石有志一同

胡適跟蔣介石有志一同，要反攻大陸的心表現在他為他的孫子所取的名字。胡祖望在1964年11月27日給韋蓮司的一封信裡說：

復現在已經九歲半了。身高四尺半，體重90磅。他現在念四年級，開始會問一些幾乎沒有答案的問題。「復」是他祖父給他取的中文名字。「復」的意思是「復華」或「光復中華」的意思。他祖父本來想給他取的名字是「復華」，亦即，「光復中華」。後來，他顧及到寫這兩個字——復華——的困難，筆畫太多了。於是就決定只取其一。他的英文全名是 Fu Victor Hu〔復・勝利・胡〕。[72]

圖11　胡適與孫胡復，1960年3月9日，攝於南港住宅遊廊前。（胡適紀念館授權使用）

從某個角度來說，胡適對反攻大陸的信心比蔣介石更加的強烈、更加的持久。早在1951年8月8日，蔣介石已經在日記裡承認：「今後復國事業，照事實論，幾乎不復可能。然而吾對革命復國之信心，毫不因此動搖。今後一切設計，當為繼我後來者成功之謀，而不必為我親手成功之計也。」[73]

這個蔣介石自己已經體認到的反攻無望論，美國一步一步地逼蔣介石對美國承認與接受。1953年尼克森訪問台北的時候，雖然覺得他沒有辦法殘忍地對蔣介石說他反攻大陸的希望等於零，但他還是很清楚地告訴蔣介石說，美國不會幫助蔣介石反攻。這是美國政府第一次斬釘截鐵地告訴蔣介石這個政策[74]。

72　[Hu] Tsu-wang to Clifford Williams, November 27, 1964,「胡適紀念館」，HS-CW01-010-022。
73　呂芳上主編，《蔣中正先生年譜長編》，1948年3月28日（台北：國史館，2015），9.701-702.
74　Jay Taylor, *The Generalissimo*, pp. 467-468。

　　換句話說，早在1953年尼克森訪問台北的時候，反攻大陸就已經成為一個說給台灣內部的人聽的口號，完全沒有實現的可能。正因為反攻大陸是說給在台灣的人聽的，所以蔣介石在1954年〈元旦告全國軍民同胞書〉裡要更加信誓旦旦地說：

　　　　今年四十三年〔1954〕將是我們反共復國工作更具有決定性的一年。我
　　　　們必須繼續並擴大以往的努力和成就，來準備迎接這四十三年更為艱鉅的
　　　　任務，忍受更多的苦痛與犧牲。我們不能一時一刻忘記當時大陸革命失敗
　　　　慘痛的奇恥大辱，我們更不能一時一刻忘懷解救大陸同胞的重責大任。我
　　　　們中國的前途，終竟要我們中國人自己來決定的。自由是要我們的生命做
　　　　代價的，復國是要我們的血肉來換取的。75

　　作為研究歷史有後見之明的我們，可以很清楚地看出蔣介石在受到「尼克森」震撼以後，那句「我們中國的前途，終竟要我們中國人自己來決定的。」背後悲愴的意涵。

　　美國國務卿杜勒斯在1955年3月訪問台灣、並交換簽署美國跟台灣的協防條約。他老實不客氣地對蔣介石說，他一天到晚說反攻大陸，只有使國民黨看起來「相當可笑」（rather foolish），在「國外受到訕笑」（a measure of ridicule abroad）而已。他覺得台灣有另外的角色可以扮演。蔣介石聽了不但沒生氣，而且說他完全同意杜勒斯的看法。他說台灣的主要任務不在反攻，而在建設台灣。然而，他對杜勒斯說：「為了國內的宣傳……那就完全是另外一個問題了，因為我們需要維持……士氣。」76

　　蔣介石向杜勒斯保證，他絕不會在「不與美國協調」（杜勒斯的報告則說「不經美國同意」）之下就攻擊大陸。杜勒斯在報告裡還加了蔣介石在中文裡所絕對不會承認的一句話：「實際上除此之外，國府也無計可施。」然而，他

75 蔣介石，〈中華民國四十三年元旦告全國軍民同胞書〉，《總統蔣公思想言論總集》，卷33，
　　書告，中華民國四十三年。

76 Jay Taylor, *The Generalissimo*, p. 478.

又同時強調了反攻大陸是說給在台灣的人聽的事實：為了維持民心士氣，不容「反攻大陸之基本國策流於隱晦」，尤不能因「不言」而令大陸上同胞絕望[77]。

等杜勒斯在1958年再度訪問台灣的時候，美國政府已經成功地勒住了蔣介石，不准他反攻大陸了。美國與台灣在10月23日發表的聯合公報裡，宣布蔣介石「不使用武力」解放大陸。當然，這個公報有中英文兩種版本。這就給予雙方各自詮釋的空間。中文版的用詞是「非憑藉武力」；英文版用詞是 "and not the use of force"〔不使用武力〕。這種作法無異於阿Q的行徑。因為不管中英文的用詞有其微妙的差異，但蔣介石已經作了實際上的妥協。因此，公報上才會說：「中華民國政府認為恢復大陸人民之自由乃其神聖使命。並相信此一使命之基礎，建立在中國人民之人心。而達成此一使命之主要途徑，為實行孫中山先生之三民主義，而非憑藉武力。」[78]

研究歷史最讓人唏噓的，就是看到專政者自己已經改變立場。然而，為了己身政權的「合法性」，繼續用原有立場之下所制定的罪名來羅織、迫害、殘殺人民。1960年的雷震案，其罪名之一就是因為他散播反攻無望論。

胡適不會不知道美國對台灣的政策。胡適當時的官銜很多。除了是國大代表、光復大陸設計委員會副主任委員以外、他還是總統府資政、外交部顧問。而且，即使他的官銜不必與聞事務，以他的個性、關切所在，以及他在政府最高級層的官際網絡來說，他一定都是美國政策的消息靈通人士。

胡適跟蔣介石在反攻大陸這個目標上是有志一同，在方法上則略異。雖然他們兩人都知道要反攻大陸一定要靠美國，胡適比蔣介石清楚，那所謂的靠美國，不是靠美國的軍火、武器，而是靠美國跟蘇聯和中共開戰，幫中國打敗中共，以達成反攻大陸的目的。事實上，胡適所寄望的，就是像第二次世界大戰一樣。中國抗戰並沒有成功。打敗日本的是美國。這就是胡適在第二次世界大戰時所說的「苦撐待變」的意思，也是胡適在國民黨潰敗時所說的「苦撐待變」的真諦。

---

77 張淑雅，〈台海危機與美國對「反攻大陸」政策的轉變〉，《中央研究院近代史研究所集刊》，第36期（2001年12月），頁，254。

78 張淑雅，〈台海危機與美國對「反攻大陸」政策的轉變〉，頁267-280。

等胡適在1949年再度到美國去為蔣介石作宣傳以後，他就不再用「苦撐待變」這個老掉了牙的口號了。取代的是一個西方的俗諺：「上帝要毀滅一個人，就先叫他發瘋。」胡適這個新口號知道的人不多。但他在美國的幾個老朋友聽都聽煩了。到了1950年4月6日，當時胡適已經到了美國一年了。蔣廷黻實在聽膩了。他在當天的日記裡抱怨說：「打電話給胡適。他就在等共產黨犯錯──他的老調（old song）。」[79]

這個等上帝讓他要毀滅的人先發瘋的「苦撐待變」之計，胡適在1950年6月24日日記裡作了發揮：

今日各報（*Times & Herald-Trib.*）〔《紐約時報》和《先鋒論壇報》〕都登出小字新聞。大國務卿Acheson〔艾契遜，注：注意胡適說「大」國務卿的嘲諷口氣〕說，「美國對台灣的政策不改變！」（前幾天，各報都說：此次東京會議之後，聯合參謀總長Bradley〔Omar Bradley，布拉德利〕、國防部長Johnson〔詹森〕，見了麥帥回來，美國大概會改變其對華政策。此說流傳頗盛，故Acheson向報館記者作此聲明。）

變與不變，權不在Acheson，也不在Truman〔杜魯門〕。權在幾個瘋人手裡──在國際共產黨手裡！昨天我對Dean Rusk〔魯斯克〕說：「你剛才提起杜總統正月五日的宣言。那天正是英國承認中共政權的日子。正月五日就是北平的正月六日。那天，北平一個沒有知識的共產黨軍人（聶榮臻）送了一個短信給美國駐北平總領事Clubb〔柯樂博〕，說舊大使館的一部分房子是美國兵營。『人民政府』不容許這種帝國主義的兵營存在，所以必須沒收！這一件短短的公文，逼得美國政府（1月14日）宣告撤退一切官員及其眷屬。這一個無知軍人的發瘋，比胡適博士一千篇文字還更有力！你們政策的變與不變，全看這些無知瘋子發瘋不發瘋！」[80]

次日，韓戰爆發。胡適在日記驚嘆地以為他的預言中了：

79 Tsiang Tingfu Diaries, April 6, 1950.
80 《胡適日記全集》，8.498-499。

昨夜十二點，我偶然聽廣播，忽然聽說：「北韓大軍進攻南韓，並且『宣戰』了！」

我聽了歎了一口氣。果然不出我所料，瘋子果然發瘋了！這不是第三次大戰！這不過是第二次大戰的未了事件（unfinished business）而已！[81]

韓戰的發生，特別是中共的參戰，是最鼓舞胡適的兩件事。他的新「苦撐待變」的信心幾乎就要成真了。他在1951年1月1日的日記裡說：

從國家和世界兩方面看，這一年中，變化真快。大致是有進步的變化。韓國的戰爭，是世界史的一大轉機。七個月之前，誰也不能預料在六個月之中，美國總統會宣布a state of national emergency〔緊急狀態〕！共產國際以為南韓可以不費力而得，以為美國必不為韓國出兵，以為美國必不會神速的出兵援韓——此真我所謂「軍事家計畫必建立在certainty〔確定性〕之上」也。

中共的參戰，是第二轉機。[82]

只可惜胡適「苦撐待變」的「變」就是不發生。中美雖然在韓國交戰，美國卻退縮了，願意和中共進行停火談判。這使得當時台灣駐美的使節團員個個懊喪，只有胡適仍然翹首以待。他在1951年1月13日的日記裡說：

在張平群總領事家吃晚飯。游建文、鄭彥諸君說，今天U. N.〔聯合國〕通過了"Cease-Fire"〔停火〕的條件。這是最大的讓步，中共必然接受。接受了"Cease-Fire"，U. N.的代表地位、台灣的問題，都全斷送了。

我勸大家不要悲觀。我說，我們的敵人一定會出力幫我們的忙。這幾年來，敵人幫忙，比我們的朋友們幫忙大得多。今日之事，不會是例外。我看中共不會接受的。[83]

---

81 《胡適日記全集》，8.499。
82 《胡適日記全集》，8.561。
83 《胡適日記全集》，8.562。

胡適這個上帝一定會讓「我們的敵人」發瘋，然後讓「我們的敵人一定會出力幫我們的忙」的幻想當然是沒有實現的。然而，這並不會減低他祈禱上帝讓敵人發瘋的幻想。1952年11月19日，胡適到了台北。也許是忙碌的關係，胡適在台灣兩個月期間的日記幾乎是完全空白的。而就是在他這次在台灣的時候，他正面地提出了他一生當中最為雄心勃勃的一個摧毀共產主義全球性的宏圖戰略。

1952年11月26日，他在「國大代表聯誼會歡迎會」的演講裡，就以韓戰作為共產世界發瘋為例證，預言這是自由世界與共產世界對決的前哨戰：

韓戰的爆發，不是北韓對南韓的戰爭，而是共產國際對自由世界的挑釁。在幾年前，我們總以為史達林是採取太極拳式的硬退軟進、以退為進的戰略。想不到竟會公然出兵，與自由世界作戰。這實在是一個大發瘋。

胡適認為當前形勢大好，因為國際共產發瘋以後，自由世界就武裝起來了。自由世界武裝起來，就是蔣介石藉機反攻大陸最好的時機：

韓戰的發生，和僵持兩年半之久。自由世界由放牛歸馬的解除武裝而恢復軍備。這是對自由中國最有利的兩大形勢。我們是不是就可以藉著這個機會打回大陸，恢復祖國，消滅世界上的惡勢力呢？我前幾天曾對新聞界談話說，我們「要打最不如意的算盤，要作最大的努力。」我們是自由世界的一部分。自由世界的前途，便是自由中國的前途。

胡適給蔣介石的建議是：

世界局勢目前已經對我們有好轉。但我們仍要打不如意的算盤，盡最大的努力。俗話說，遠在天邊，近在眼前。我們就是要以「遠在天邊」的情形大不如意的算盤，以最大的努力求「近在眼前」的實現。[84]

---

84 胡適，〈國大代表聯誼會歡迎會上講詞〉，《胡適言論集（乙編）──時事問題》（台北：華國出版社，1953），頁58。

圖12　胡適在台灣演講（1952或1954年）。（胡適紀念館授權使用）

　　11月30日，胡適在台北總統府前可容納將近一萬人的「三軍球場」，作了〈國際形勢與中國前途〉的演講。在這個有些觀眾因為拿不到票而不能進場的演講裡，胡適再度重複了他說國民黨的前途繫於整個西方世界的立論基礎：

　　　前幾天我說過，我們中國國家的前途，當然是繫在自由世界的前途上。整個自由世界有前途，我們也有前途；整個自由世界有力量，我們也有力量。由剛才簡單講述的國際形勢中，可以知道自1947年起，自由世界的形勢已經好轉。可以說，也就是我們中國國家命運的好轉。但這個話並不是希望大戰擴大，我們可以趁火打劫的回到大陸。我們當然要回到大陸去的。我常說「遠在天邊，近在眼前。」但是大家不能把這個事情看得太容易了。

　　胡適為什麼要大家不能把這個事情看得太容易了呢？因為，胡適心中所設想的反攻大陸只不過是他全球戰略的一部分：

　　從這段歷史裡，我們可以想像得到，收復大陸是一件艱難的工作。我總說：算盤要打最不如意的算盤，努力要作最大的努力。現在最要緊的是解放大陸。要使大陸四萬〔萬〕五千萬的人民，不為共產黨所用，而要為自由世界所用。大陸人民被中共驅使參加韓戰的結果，成為自由世界最大的威脅。要解除這個威脅，自由世界須有全球性的大戰略。

　　胡適這個全球性的大戰略，其野心、其幅度、其所須動員的武力與武器，是前無古人，後無來者的：

　　所謂全球性的戰略，簡單的說有五點：
　　一、保衛自由的歐洲：簽訂〈北大西洋公約〉，組織聯合軍隊。這是保衛自由歐洲的辦法，現在已經做到了。
　　二、保衛自由的太平洋亞洲：日本、菲律賓、台灣、澳洲、紐西蘭，都在攻守同盟的軍事計畫之內；同時，南韓的戰爭，在聯合國旗幟之下，由美國領導，已打了兩年的血戰。這可以說已在做了。
　　三、解放被征服的亞洲：包括北韓及中國大陸。
　　四、解放被征服的東歐與中歐。
　　五、解放蘇俄，解放蘇俄的人民。
　　第五點最重要。如果不能解放蘇俄，前四點都不容易成功。在對付國際共產的全球性戰爭中，自然要先保衛我們現有的自由領域，再去解放自由世界已被征服的原有領域。然後再去摧毀共產黨的老巢，解放蘇俄民族。這是戰略上的次序。至於我所以特別強調第五點實現後，其他四點才算是徹底成功，那就是說：要摧毀共產黨的老巢，以上四點的勝利才是真正的勝利。我舉一個比喻：蘇俄好比是國際間的綁匪，自由世界被失去的領域好比是肉票。單找到了肉票，而沒有逮捕綁匪，則肉票始終是危險的。第一、二、三、四點是治標，是馬上就要做到的；第五點是治本，是為保證自由世界永久的安全而勢必得做的。第五點不實現，第一、二、三、四點的成功始終是一個問題。在這全球性的戰略中，自由世界一分子的我們，要盡最大的努力！自由世界勝利了，我們的大陸也就恢復了。我們國家的

前途是光明的！85

　換句話說，胡適的全球性的大戰略，是一直要到解放了蘇聯以後，才是凱旋班師之時。這種全球性的反共策略，遠比蔣介石的反攻大陸要更為澈底、更為極端。我們記得胡適在1950年〈在史達林戰略裡的中國〉所分析的史達林的征服世界的大戰略。諷刺的是，胡適在兩年以後所提出的全球性的大戰略，只不過是反其道而行而已。所不同者，只是前者是以東風壓了西風，後者是以西風壓了東風。即使胡適是假「自由、民主」之名行之，其以暴制暴之實則一。

　1953年1月1日，胡適在「立監兩院制憲國大代表歡迎會」上的問答時刻裡，說有人批評他在〈國際形勢與中國前途〉裡的立論犯了邏輯的謬誤：不是自由世界有力量，中國才有力量；應該是中國有力量，自由世界才有力量。胡適提醒大家不要在小島住久了，變得有小島氣。他更老實不客氣地告訴大家說：單靠幾十萬軍隊、幾十萬黨員，想要回大陸是不可能的：

　　現在要緊的，在島上住了很久，不要養成島上的小氣派。要把氣魄放大，眼光放廣一點。要看大陸，看全世界……我在「三軍球場」公開講演，題目是〈國際形勢與中國前途〉……但是有人說我的結論——中國的命運和世界命運密切聯繫，自由世界有力量，中華民國才有力量；自由世界有前途，中華民國當然有前途——有失自尊心……並且說……應該……將題目改為〈中國前途與國際形勢〉……不應該說自由世界有力量，中國才有力量；應該說中國有力量，自由世界才有力量。

　　但是我覺得我的結論沒有錯。這個結論是天公地道，切合現實的結論。講到自尊心，……我承認自尊心是應該有的。不過在這個時候，我們應該老實不客氣的承認我們的前途聯繫在自由世界前途之上。單靠幾十萬軍隊、幾十萬黨員，想回大陸是不可能的。我們能夠努力，然後自由世界的力量，就是我們的力量。這一點，是我們住在島上的人必須具有的觀念和

85　胡適，〈國際形勢與中國前途〉，《胡適言論集（乙編）——時事問題》，頁1-11。

信念。住在島上的人氣量要放大一點，胸襟要放寬一點。[86]

　　胡適在答問時刻提到有人批評說：胡適演講的題目應該倒過來說〈中國前途與國際形勢〉，以及他的主旨不應該說自由世界有力量，中國才有力量；應該說中國有力量，自由世界才有力量。所有這些云云，是來自於《青年戰士報》的社論。雷震在1952年12月15日的日記裡提到。他說胡適聽到的時候，說這不是面對現實所說的話[87]。

　　如果胡適曾經幻想過他可以說服蔣介石，那他是對牛彈琴。蔣介石本來就沒有民主、自由的觀念。丟掉了中國以後，更是聞自由、民主即色變。他在1952年12月12日的日記裡記：

　　約雪屏來談。胡適來此遊覽，招待及聽取其報告，約談十五分時，乃寢。不料寢後竟未能安睡，直至今晨二時。服藥後亦不奏效，苦痛極矣。此乃為胡之言行或為美國近情所致乎？

12月13日：

　　十時，胡適之來談。先談台灣政治與議會感想，彼對民主自由高調。又言我國必須與民主國家制度一致，方能並肩作戰，感情融洽，以國家生命全在於自由陣線之中。余特斥之。彼不想第二次大戰民主陣線勝利，而我在民主陣線中犧牲最大，但最後仍要被賣亡國矣。此等書生之思想言行，安得不為共匪所侮辱殘殺。彼之今日猶得在台高唱無意識之自由，不自知其最難得之幸運，而竟忘其所以然也。同進午膳後別去。

1953年1月5日：

86　胡適，〈立監兩院制憲國大代表歡迎會上講詞（附答問）〉，《胡適言論集（乙編）──時事問題》，頁53-54。

87　雷震，《雷震日記》（台北：桂冠，1989），1952年12月15日，34.173。

朝課後，記事。十時前到研究院，舉行第廿二期學員結業典禮。朗誦去年與今年二元旦文告後，予以解釋內容要旨。特別指出抗戰勝利後之失敗教訓：凡事全靠本身實力，萬不能依賴國際之環境形勢，更不可托國家命運於國際之某一陣線，以闢~~胡適~~學者之謬說。又強調今日並無樂觀可言，必須知識階級能明禮知恥、刻苦耐勞，變更往昔大陸舊有之惡習，方能達成反共救國之目的也。

如果蔣經國的爪牙，斤斤計較胡適應該把自由中國說在前，自由世界說在後；如果蔣介石仍然井蛙觀天，認為他丟掉中國是因為他被美國所賣，美國人的反應就大不同了。1954年聖誕節過後，住在紐約的胡適跟他從前康乃爾大學統計學老師威爾恪思（Walter Willcox）及其三個兒子午餐。胡適在過後給韋蓮司的信裡，輕描淡寫地說：

> 我和威爾恪思教授及其三個兒子今天在「世紀俱樂部」（Century Club）[88] 同餐。很高興看到他94高齡還能夠來來去去，而且還是一個人！我們談到綺色佳以及許多在那兒的朋友。我們也談到了中國以及我們這個世界的未來。
>
> 老先生要我說說我對中國未來的看法。我能說什麼讓他們在過節的氣氛裡聽起來舒服的（pleasant）話呢？他最年輕、現在住在安納堡（Ann Arbor）的兒子，比爾（Bill），特別受不了（impatient）我坦誠以告的想法和用詞。[89]

幸運地是，韋蓮司把威爾恪思聖誕節致親友信寄給了胡適。我們因此知道比爾是如何地受不了胡適所說的話。比爾不是等閒之輩。他是一位傑出的歷史學者。1965年得到美國史領域最尊榮的班克洛夫特獎（Bancroft Prize）。他是

88　請注意：周質平把「世紀俱樂部」誤譯為「鄉村俱樂部」。見，周質平，《不思量自難忘》，頁263。

89　Hu Shih to Clifford Williams, December 30, 1954，「胡適紀念館」，HS-CW01-009-013。

耶魯大學博士。當年跟胡適午餐的時候，他是密西根大學教授，後來轉任耶魯大學教授。威爾恪思在信上先說明了談話的背景：

> 以下信件的來往起源於我在聖誕節期間在「世紀俱樂部」所安排的一個午餐會。客人除了我的三個兒子以外，是胡適博士、諾特斯坦（Wallace Notestein）教授、和孔恩（Hans Kohn）教授。

比爾從安納堡寄來他對那個談話的感想：

> 我在那個午餐會以後，思索了很久胡適博士以第三次世界大戰的機會來解放中國的想法。我越想越沮喪。像他那樣真心地認為我們可以因世界大戰而得福，那簡直是瘋了。那種發瘋的想法很多人有，並不表示那是可理解的。
>
> 我沒辦法想像一個大規模的戰爭可以只是一個地區性的戰爭。那會是一個我無法想像的軍事奇蹟。從我所能看到的跡象來說，我們的策略是建立在一個全面戰爭的假定之上的。如果那樣的戰爭來到的話，中國還會有多少人可以活下來讓我們去解放？或者還會有幾個被解放者能活著？我們也許有辦法贏得一個技術上的勝利。然而，我認為更有可能的是，文明會因為其城市神經中樞的破壞而解體。所以，胡適這種人說的話讓我不寒而慄。[90]

到了這個時候，中共建國已經滿五年了，第二次世界大戰已經結束快十年了。胡適就是再想斤斤計較他所寄望的大戰究竟是未完的第二次世界大戰，還是第三次世界大戰，已經只是文字的遊戲而已了。然而，他寄望用世界大戰來反攻大陸的想望是至死而不已。

比如說，一直到1958年5月24日，在「國大代表聯誼會歡迎茶會」上說：「打回大陸與國際局勢有莫大的關係，因為我們已成為自由世界的一部分。」他的結論說：「我們應該特別的努力、特別的準備，因為載有原子彈的飛機經

常在天空巡邏。戰爭可能在任何時期內爆發。在幾秒鐘內，國際局勢可能有對我們有利的轉變。問題是我們能否利用這種機會。」[91]三天以後，他在「自由中國社」講〈從爭取言論自由談到反對黨〉時，又說：「當然我們並不希望第三次世界大戰爆發。不過對於幾萬萬人希望所寄託的象徵——反攻大陸這個問題，我們不必去碰它。」[92]

我在上文提到該年10月杜勒斯訪問台灣的時候，美國已經成功地勒住了蔣介石。在聯合公報裡，宣布蔣介石「不使用武力」解放大陸。胡適在《自由中國》所發表的〈關於言論自由和反共救國會議〉一文裡，表示他贊成這個宣示，以及《民主潮》社論裡對這個宣示所作的平實的評論：

> 《民主潮》那篇社論的態度，我覺得很好。能夠不說激烈的話，不說專為大家拍手叫好的話，而是承認聯合公報裡我們所謂讓步的話是事實上不能不接受的。現在公報中既然說了這句「不能完全依靠武力」的話，我們希望他照這句話所含的意義去做，朝這個方向走去。

然而，胡適強調「不能完全依靠武力」這句話，跟他一向所強調的反攻大陸要靠國際情勢的說法並不是有所牴觸的：

> 所謂「不能完全依靠武力」。記得六年前（四十一年〔1952〕11月30日）在三軍球場演講了一個鐘頭，講題是〈國際形勢與中國前途〉。但我從來沒有說過靠我們這點武力可以打回大陸；我總覺得中國的前途是靠整個國際情勢。國際情勢到了相當有利的時候，我們光復大陸一定成功。那時我估計國際情勢一定會變；到現在已六年了。雖然我的預言沒有說得很準，但在大體上這個方向是對的。我們決不能靠我們這一點武力要想打回大陸去。這幾年來，我也始終沒有敢說這句話。[93]

91　胡頌平，《胡適之先生年譜長編初稿》，7.2700。
92　胡頌平，《胡適之先生年譜長編初稿》，7.2705。
93　胡適，〈關於言論自由和反共救國會議〉，《自由中國》，第20卷第1期，1959年1月1日，頁9-11。

　　換句話說，「不能完全依靠武力」指的是靠自己的武力。如果國際情勢變了，能夠靠世界大戰反攻大陸，那豈不是得來全不費工夫嗎？就像美國打到日本無條件投降，中國抗日戰爭也就跟著勝利了一樣。這才是胡適「苦撐待變」的真諦。

與自由主義最後的虛與委蛇

　　胡適跟蔣介石反共以及反攻大陸有志一同。這是任何想要瞭解胡適晚年的政治思想與立場的人所必須釐清的一點。釐清了這一點，胡適晚年許多讓景仰他的人扼腕嘆息的所作所為也就豁然開朗了。所有扼腕嘆息胡適晚年支持蔣介石、與他妥協的人，都犯了一個習而不察的錯誤的假定。由於他們認定胡適是中國自由主義的宗師，不可能悖離他的自由主義的原則，他們就亟亟於為胡適支持獨裁專政、與之妥協的行為找尋一個可以自圓其說的理由。他們不知道胡適的反共，比蔣介石還要徹底、還要極端。就舉宋廣波在最新發表的一篇論文的結論裡的話作為例子：

　　　　蔣專制、獨裁、自私，而胡適是徹底的民主自由派。胡適對蔣之本性認識不足，他看到蔣介石是一心反共的，就竭盡全力擁蔣、助蔣，顯現地是一位純正學人在政治方面的幼稚。事實上，蔣之反共，完全是為其政權，其高喊反共產主義不過是為維護其政權的口號，絕不是為了捍衛胡適所追求的「民主、自由」。[94]

　　首先，讓我分析胡適與輿論界的關係。不瞭解胡適晚年的反共至上論，就無法瞭解他跟輿論界的關係。從他1946年從美國回到中國以後，胡適對共產黨已經採取了勢不兩立的態度。胡適對共產黨的態度，是一種黑與白的二分法，沒有灰色或中立的地帶。一個人只要不是共產黨，就必須是反共的。從他的角

94　宋廣波，〈胡適與蔣介石（1949-1950）〉，《安徽史學》2017第5期（2017年11月7日），http://jds.cass.cn/xwkx/zxxx/201711/t20171107_3720626.shtml，2017年11月8日上網。

度去看，所有「自由主義者」非愚即誣。換句話說，不是容易受共產黨騙，就是有意與當政者作對。就像我在本部第三章所分析的，由於他吝惜他自由、超然的形象，一直到蔣介石的政權崩潰為止，胡適都吝於表明他的政治立場。

在中共建國以後，反正壁壘界線已經分明，胡適在反共上已經沒有任何顧忌，可以暢所欲言。比如說，他在1952年5月7日的日記裡就說：

> 早八點，張君勱先生來吃早飯，談了一點半。他是為了「第三勢力」問題來的。我對他說，此時只有共產國際的勢力與反共的勢力，絕無第三勢力的可能。香港的「第三勢力」只能在國務院的小鬼手裡討一把「小米」（chicken feed）吃吃罷了。這種發小米的「小鬼」，毫無力量，不能做什麼事，也不能影響政策！[95]

同年11月11日，雷震在國民黨的機關報上讀到胡適反詰張君勱有多少兵力可以反共的談話。他在日記裡發出了他讀後覺得難以置信的感嘆：

> 《中央日報》登載適之先生與張君勱之談話。閱之甚為悲觀。他說反共要兵力，問張有幾師、幾團兵力。好像無兵則不配反共。他完全忽視正義力量和道德力量。鴻詔謂這些話不像他說，但也不像是造假的。他不贊成反共力量反對台灣則可。如云無兵力則不能反共，簡直不成話了。[96]

1954年，胡適到台灣去開國民大會，推選蔣介石為第二任總統。1954年2月24日《紐約時報》刊載了胡適對他去台灣參加國民大會的說明：

> 胡適博士說：「我覺得我有道義上的責任來參加。當今世界只有兩個主要的政治勢力——共產以及反共的勢力。只有像尼赫魯（Nehru）〔Jawaharlal Nehru，印度第一任總理；一建國就承認中國〕那麼愚笨的人

---

95 《胡適日記全集》，8.759。
96 雷震，《雷震日記》，1952年11月11日，《雷震全集》，34.155。

才會相信有所謂的『第三勢力』。」

他接著說：「儘管它有些缺點，這個政府是中國反共力量的中心。台灣是一個堡壘。如果要我在海外的異議分子與這個政府之間兩者選一，我會選擇這個政府。」[97]

換句話說，從胡適的角度來說，要麼就是共產黨，不麼就反共。沒有中立，也沒有超然的立場。那些非愚即誣的「自由主義者」就是共產黨的同路人。從這個角度來看，胡適之所以會與儲安平所主編的中立──亦即，超然於國共之外的「第三勢力」──的《觀察》週刊保持距離，就不會是一件意外的作為了。

1947年1月21日，儲安平寫了一封非常誠摯的信給胡適，邀請胡適作為《觀察》的撰稿人：

適之先生：我們創辦《觀察》的目的，希望在國內能有一種真正無所偏倚的言論，能替國家培養一點自由思想的種子。並使楊、墨以外的超然分子有一個共同說話的地方。我們在籌備的時候，曾請陳之邁先生轉求先生，賜予支持。之邁先生事忙，或者未獲代致我們的誠意……

我們曾按期寄給先生，請求指正。從過去二十幾期中，先生或能得到一個大概印象：這確是一個真正超然的刊物。居中而稍偏左者，我們吸收；居中而稍偏右者，我們也吸收。而這個刊物的本身，確是居中的……在先生的朋友中，比較瞭解我亦最鼓勵我的，大概要算陳衡哲先生了。我和孟真先生往還甚淺，但傅先生也給我許多指示……

我寫這封信給先生，是想以最大敬意，請先生俯允擔任觀察的撰稿人。先生對於這個請求，自須加以考慮，不致輕諾。但是先生或能想到，在滔滔天下，今日到底有幾個人能不顧一己的利益，忘私從公。獻身於一種理想，盡心盡智，為國家造福。到底有幾個人，能這樣認認真真，實實在在，做人做事……我不以這個刊物為私人進身之階，不以這個刊物為活動

97　Henry Lieberman, "Hu Shih Explains Role in Formosa," *The New York Times*, February 24, 1954, p. 6.

的根據。今日中國需要者，就是有浩然之氣的人。我們請求先生俯允擔任觀察的撰稿人，是為對於我們的鼓勵，並非要先生鼓勵我這個個人，而是鼓勵並贊助我們這種理想、這種風度、這種精神……98

　　儲安平在該年7月再度寫信給胡適，告訴他將有北平一行。屆時將專程拜謁胡適。8月12日，儲安平在回到上海以後，又致信胡適：「適之先生，在平數謁，恭聆教益，深為感幸。先生對《觀察》的鼓勵和指示，尤使我們增加不少勇氣，我們願以全力持久經營此刊。先生允為《觀察》3卷1期寫文一篇，大大增加《觀察》的光輝，擬乞至遲於8月18日擲下，俾得如期付梓。面求法書，如承便中一揮，尤感。」99

　　儲安平所一再請賜的文章一直沒來，胡適的日記也從來沒提起過《觀察》或儲安平。然而，胡適最終還是賞賜《觀察》他的書法。儲安平在10月5日的信裡，向胡適致謝他為《觀察》3卷7期所寫的：「要怎麼收穫，先那麼栽。」

　　剛收到先生賜寫的字，非常榮感，多謝多謝！先生只寫了九個字，然而意義深長。我希望我們大家來栽，讓我們的下一代得到收穫，讓整個國家來享受所能收穫到的果實。100

　　「要怎麼收穫，先那麼栽。」胡適這句話可能是有其深意的。從他的角度來看，「自由主義者」如果執意要作共產黨的同路人，他們將來所會「收穫」，就是他們現在所「栽」的。

　　胡適對待《觀察》的態度，跟他在台灣的時候對待《文星》雜誌，是完全一樣的模式。《文星》雜誌從1957年11月創刊，到1965年12月被禁停刊。胡適對《文星》吝於回應的態度，跟他先前對待《觀察》的態度完全如出一轍。《文星》從一創刊開始，就定期寄到紐約給胡適。等胡適到南港定居以後，

98 儲安平致胡適，1947年1月21日，《胡適來往書信選》，3.168-170。
99 儲安平致胡適，1947年8月12日，《胡適來往書信選》，3.225。
100 儲安平致胡適，1947年10月5日，《胡適遺稿及秘藏書信》，41.11。

《文星》繼續每期寄到中央研究院給胡適。由於胡適從來不曾回應。《文星》在1958年12月3日，以掛號信詢問胡適是否接到過《文星》。胡適因此在12月6日由他的秘書胡頌平草擬一封簡短的回覆，表示先前的來信與雜誌都收到了。胡適為什麼吝於回應《文星》？黃克武認為「很可能與1958年後出任中央研究院院長，以及他對政治權威之慎重態度有關。」[101]其實，胡適吝於回應《文星》，與其說是「他對政治權威之慎重態度」，不如說是他認為所有不向反共力量靠攏的自由主義者都是共產黨的同路人的立場。

《自由中國》是一個完全不同的例子。《自由中國》是由原來是蔣介石的親信的雷震所籌畫的。雷震在1949年4月4日親自到溪口向蔣介石、蔣經國報告該社組織的經過以及出版計畫，獲得蔣介石的贊同，並表示願意贊助[102]。蔣介石自己在當天的日記裡也記下：「提要：……二、適之台灣講稿之檢閱。三、自由中國運動與宣傳計畫。」胡適不但為《自由中國》的刊名題字，而且還為他寫了宗旨。從這個意義說來，不管後來《自由中國》如何演變成為蔣介石的眼中釘，它在發刊的時候，是一個蔣介石所認可的雜誌，與《觀察》或《文星》都不可同日而語。

胡適一生當中，最赤裸裸地控訴自由主義者是共產黨的同路人，是在1956年2月9日。當天，他在芝加哥作了我在上文所分析的〈中國給自由的教訓〉（China's Lesson for Freedom）的演講。他說：

> 　　就在中國大陸淪陷以前，天津的一個「自由主義」的報紙〔注：天津《大公報》〕寫了一篇題名為〈經濟民主對政治民主〉的社論。在這篇社論裡，主編說：「美國的民主給其人民一張選票；蘇俄的民主給其人民一條麵包。」**一個貧窮國家的人民應該知道在這兩種民主裡，他們所該選的是哪一種。**[103]

101　黃克武，〈一位保守的自由主義者：胡適與《文星》雜誌〉，《胡適與現代中國的理想追尋》，頁343-344。

102　雷震，《雷震日記》，1949年4月4日，《雷震全集》，31.174。

103　Hu Shih, "China's Lesson for Freedom," February 9, 1956，「胡適紀念館」，HS-NK05-203-003。

其實，胡適說謊。這不是《大公報》那篇社論的結論。那篇社論的題名是：〈世界需要中道而行〉。顧名思義，該社論的結論是：在理想的社會裡，兩者都應該兼顧。胡適的英譯漏掉了《大公報》社論立論的脈絡。我把它完整地徵引。請注意我用黑體字標示出來的部分：

> 由人類的慾望想，每個人對政治所要求的不外一張選舉票、一碗飯。美國給人民一張選舉票，蘇俄給人民一碗飯。**聰明的人類應該選擇美蘇的中道，有票且有飯。就是說，給一張空虛的選舉票，人不會滿足；單給一碗飯，人也不會滿足。理想社會須兼有美蘇之長。**[104]

在國共內戰所導致的民不聊生的通貨膨脹情形之下，一定會有人認為「飯碗」遠比「選票」重要。比如說，胡適從1948年2月寫到3月才斷斷續續寫完的給蔣廷黻的信裡說：

> 有一天，陶孟和（沒有看過你的信）說，「自由是有閒階級的奢侈品。」他雖然不是對你的信說的，但此語在今日中國不是沒有贊成的人。今日大多數人當然不看重自由，即所謂「少數」智識分子，也不見得有多少人重視自由的價值。我在北平時，親自聽見所謂「前進教授」說的論調與陶孟和說的很相似！（友人中如吳景超此次一定不肯離開北平。他來看我，說，我們應該給中國共產黨一個表演的機會，不可但憑成見就判斷他們沒有希望。）[105]

然而，「今日大多數人當然不看重自由，即所謂『少數』智識分子，也不見得有多少人重視自由的價值。」是一回事，天津《大公報》〈社評：世界需要中道而行〉明明說「理想社會須兼有美蘇之長。」又是另一回事。胡適因為

〈社評：世界需要中道而行〉，《大公報》，1946年10月5日。

105 胡適致蔣廷黻，1948年3月10日，鄒新明，〈哈佛燕京圖書館藏胡適給蔣廷黻的一封信〉，《胡適研究通訊》，2013年第4期，2013年12月25日，頁3-4。

忿忿然：「我在北平時，親自聽見所謂『前進教授』說的論調與陶孟和說的很相似！」於是就把「所謂『前進教授』」的帳算在《大公報》身上，這就是一竿子打翻一船。更重要的是，「所謂『前進教授』」都是共產黨的同路人之說，也就不言而喻了。

晚年的胡適已經是到了自由誠可貴，反共價更高的地步。為了反共，其他原則都可以放棄。1950年代初期有兩件事，在在地說明了胡適是以反共作為最高原則。第一件是為了表明他堅決反共的立場，並聽命蔣介石，而婉拒英國牛津大學講座教授的提名。1952年8月2日，英國牛津大學的漢學家德效騫（Homer Dubs）寫信告訴胡適，說牛津大學的「史伯鼎東方哲學宗教講座教授」（Spalding Professorship of Eastern Philosophies & Religions）即將出缺。作為一個漢學家，他希望這個講座不限於印度。因此，他詢問胡適是否有意願接受提名[106]。

德效騫除了親自寫信以外，也請房兆楹勸駕。房兆楹在信中為胡適擬出了答應與婉拒的理由：

> 在不答應方面，有以下兩個理由。一、您已決定將哲學史、文學史等作完。須全力用在作書上。二、英國是承認北平政府的國家，不願到他們邦裡作事。也許尚有其他理由非我所知。
>
> 在答應一方面也有幾個理由。一、這個地位不只是您個人的榮譽，也是中國人的榮譽。為了將來的中國學術思想，應該答應。二、每年既只須在校四個月，則尚有半年以上的工夫可以寫作。以這四個月為休假一般，每年到英國去一次。並不妨害寫作。三、英國人比美國人深沉。也許能得幾個好學生。英國雖然在承認北平政府上好像冒失一點。其實目前的情形和美國也沒有多大分別。而若有幾個好學生，則是百年樹人之計。[107]

胡適在8月30日寫回信給德效騫接受提名。他說：

---

106 H. H. Dubs to Hu Shih, August 2, 1952，「胡適紀念館」，HS-US01-076-026。
107 房兆楹致胡適，1952年8月13日，「胡適紀念館」，HS-US01-076-001。

　　房先生也許已經告訴您，我在去年十二月我六十歲生日的時候，作了一個在 1952 年 7 月 1 日以後不再接受任何有約束力的學術職位的誓言。我作那個誓言的原因，是為了要在接下去的幾年裡「還我欠自己的債」，亦即，欠我自己的文債，特別是我在 1919 年出版了第一冊的思想史。一直到目前為止，我守住了這個誓言。

　　然而，在仔細地考慮了大函以後，我決定如果貴校選舉我作「史伯鼎講座教授」，我將樂意接受。[108]

然而，就在胡適都已經去信接受的當天的日記，胡適記：

Oxford Univ.〔牛津大學〕的 Prof. H. H. Dubs〔德效騫〕寫信來說，Oxford 的 Spalding Professorship of Eastern Philosophies & Religions，原係 Radhakrishnan〔拉達克里希南〕擔任。他去年被舉為印度副總統，回國去了。Dubs 問我願不願讓 Oxford 考慮選舉我。此事去年 Dubs 已有信來，我不曾回他的信。今年十月二日須選人，故 Dubs 八月寫信給我，又託房兆楹兄來勸駕。

　　我今天回他一信，說我可以接受。但因英國政府已承認了中國共產黨的政權，故我曾很感覺遲疑。今天回信後，即將 Dubs 及我的回信抄本，都寄給外交部長葉公超。請他同王雪艇、羅志希商量。如必要時，可問總統蔣公的意見。如他們覺得我不應該接受，我可以去信取消。[109]

　　9 月 11 日日記：「今天得葉公超從台灣打來的電話，說 Oxford 的事，他個人贊成我去。但王雪艇、羅志希都不贊成我去。蔣公也不贊成。」[110] 次日日記：今天得雪艇電：George showed me your letter which I have discussed with Lo and Chiang. We all urge you to decline offer.〔葉公超給我看您的信，我跟羅家

108　Hu Shih to H. H. Dubs, August 30, 1952，「胡適紀念館」，HS-US01-076-028。

109　《胡適日記全集》，8.796。

110　《胡適日記全集》，8.796。

倫、蔣介石討論過。我們都敦促您婉拒。〕111

　　既然蔣介石要他婉拒，胡適於是在9月13日去信婉拒：

　　　　所有這些朋友──除了那位著名的史學家〔房兆楹〕以外〔注：胡適不
　　誠實，應包括葉公超〕──都一致認為：由於我是自由中國反共思想界所
　　公認的領袖，我這時住在英國，可能在精神和情緒上會受到折磨。舉個例
　　子來說，我的護照英國政府不承認。要我走後門，我作不到。同時，我可
　　能會因為我英國的老朋友的偏見，而時時跟他們有齟齬。總之，我這些朋
　　友認為我將來可能會覺得難堪、悔恨，同時也會使自由中國思想界心灰意
　　懶。因此，他們勸我重新考慮我先前所作的決定。在幾經思考以後，我決
　　定請您不要提名我作「史伯鼎講座教授」的候選人。112

　　德效騫在9月17日再度寫信給胡適勸駕。他舉出三個理由說胡適不想去英
國的理由不能成立。第一，牛津的職位跟政治是風馬牛不相及的事。第二，英
國跟美國一樣反共。第三，英國承認中共政府，只不過是承認中國現在跟蘇聯
一樣，是一個共產國家。他反問胡適：住在承認蘇聯以及大多數共產國家的美
國，並沒有帶給他任何難堪吧113。

　　「胡適紀念館」藏有胡適10月1日打給德效騫的英文電報手稿：「誠摯感
謝我外出時抵達的大函。懇請勿提名。再次讓您失望，請海涵。」114

　　胡適在1950年代初期的第二件反共作為，就是為了反共不擇手段，充當
蔣介石的打手，在美國發表文章誣衊吳國楨。要詳細分析吳國楨事件的來龍去
脈會溢出了本書的範圍。幸好目前已經有幾篇根據史料所作出的研究成果，有
興趣的讀者可以去參考115。我在此處就只著重分析胡適充當蔣介石打手的始末。

---

111 《胡適日記全集》，8.796-797。

112 Hu Shih to H. H. Dubs, September 13, 1952，「胡適紀念館」，HS-US01-076-029。

113 H. H. Dubs to Hu Shih, September 17, 1952，「胡適紀念館」，HS-US01-076-030。

114 Hu Shih to H. H. Dubs, October 1, 1952，「胡適紀念館」，HS-US01-077-025。

115 金恆煒，〈胡適：自由主義者還是蔣政權的捍衛者？──從吳國楨事件看殷海光與胡適劍沒
　　有出鞘的交鋒〉，《文史台灣學報》，第9期，2015年6月，頁193-256；殷惠敏，《誰怕吳國

　　吳國楨在與蔣介石、蔣經國鬧翻，生命受到威脅以後，在1953年3月辭職，5月赴美。吳國楨赴美以後，國民黨開始散播謠言，說他套取鉅額外匯，貪污了五十萬美金，在美國過奢華的寓公生活。吳國楨除了在報上刊登啟事，要求政府澄清事實以外，並發表了〈上國民大會書〉批評台灣一黨專政、特務橫行、人權無保障、言論不自由、思想控制等等問題。這篇文章發表以後，國民黨動員台灣「全體教授」聯名信抨擊吳國楨。這整個事件的高潮，就是吳國楨在美國6月號《展望》（ *Look* ）雙週刊所發表的〈閣下的金錢在福爾摩沙建立了一個警察國家〉（Your money has built a police state in Formosa）。

　　在吳國楨這篇文章發表以前，蔣介石政權就知道吳國楨一定會展開攻擊。在蔣介石親筆的命令之下，駐美大使顧維鈞主持因應吳國楨在美國對國民黨所作的指控，全力反撲。顧維鈞派當時在駐美大使館擔任參事的陳之邁到紐約跟《展望》雜誌接洽，希望該雜誌發表駁斥吳國楨的文章。陳之邁甚至在6月21日就寫成了駁吳國楨的信稿[116]。後來，顧維鈞、陳之邁等人在幾經商量以後，決議還是請胡適執筆，或至少是由其署名，發表反駁的文章[117]。於是，陳之邁又在6月27日再到紐約與胡適商議[118]。我們從蔣廷黻7月25日的日記，知道胡適馬上就一口答應：「胡適打電話告訴我他在寫吳國楨那篇文章。一個月前，他答應寫。」[119]

　　值得指出的是，胡適駐美使節團的朋友，包括胡適本人在內，都知道吳國楨對蔣介石與國民黨的批評是有根據的。他們每一個人都知道吳國楨被逼下台是政治的原因。而且他們也很清楚美國人對蔣介石的作法深不以為然。比如說，蔣廷黻在1953年6月1日日記記：

　　　　火車在早上七點半抵華盛頓。陳之邁在車站接我到餐廳吃早餐。我們談

　　　楨：世襲專制在台緣起緣滅》（台北：允晨文化出版，2016）。
116　陳之邁，「回憶錄資料彙集」，1954年6月14日、21日，062-01-08-090，藏於中央研究院近代史研究所。
117　金恆煒，〈胡適：自由主義者還是蔣政權的捍衛者？〉，頁193-203, 243-244。
118　陳之邁，「回憶錄資料彙集」，1954年6月27日。
119　Tsiang Tingfu Diaries, July 25, 1954.

台灣的政治以及美國國會的政治情況。希肯勞普（Hickenloupe）參議員有一次問陳之邁吳國楨為什麼下台。陳之邁說是政治原因。參議員說：「『政治』！美國可以玩政治，台灣沒有那個本錢。」[120]

同時，也不是每一個人都覺得應該把吳國楨逼到牆角。顧維鈞就持這種看法。蔣廷黻1954年4月4日日記就說：「顧維鈞希望台北不要起訴吳國楨。他有點擔心在日內瓦的情形，亦即，英國、法國會採取什麼行動。」[121]蔣廷黻甚至認為吳國楨的批評在美國造成的震撼，可能會逼使國民黨不得不改進。他在1954年3月24日的日記裡說：

> 仔細地讀吳國楨致國民大會的信。他最嚴重而且也最有證據的指控，是特務逮捕人民為所欲為。其他的指控則是沉痾，即使賦予吳國楨全權，他也不容易改革。換句話說，吳國楨的作法是好壞參半。壞處就是張揚出來以後國譽受損。好處是，不管台北怎麼解釋，它都必須作改進。遺憾的是，吳國楨採此方法。[122]

胡適以及他駐美使節團的朋友最不能諒解吳國楨的地方，就是所謂家醜不可外揚的道理。事實上，這都是為自己的利益著想的合理化的藉口。試問，胡適之所以能享有台灣唯一有說話自由的人，不就是因為他在美國政界、輿論界所享有的顯赫的地位所賜予的嗎？其實，胡適以及他駐美使節團的朋友都已經跟蔣介石的國民黨成為一個命運共同體。國民黨倒台，他們的飯碗也就都會沒有了。在美國捍衛蔣介石及其國民黨，其實就是捍衛自己的工作和飯碗。

就在蔣廷黻在日記裡透露胡適答應寫文章抨擊吳國楨的前兩天，亦即，23日，胡適請大使館打電報給外交部長葉公超，請他即刻證實一些要點：

---

120 Tsiang Tingfu Diaries, June 1, 1953.

121 Tsiang Tingfu Diaries, April 4, 1954.

122 Tsiang Tingfu Diaries, March 24, 1954.

　　在寫批評吳國楨文章。請即刻電告下列幾點：一、他說台灣在戒嚴令下，所有案件都歸軍法審判。他這麼說有理由否？我的瞭解是否正確，亦即，只有牽涉到治安、匪諜，以及1950年4月以後違反〈安定金融措施辦法〉的案子才由保安司令部審訊？二、他在劃分軍法與一般司法審判方面是否作過努力？三、他是否親率軍警逮捕台灣糖業公司的沈鎮南？[123]

　　胡適這封向葉公超要資料的電報，有兩點重要的地方。第一，他要確定台灣並不是所有的案件都歸軍法審判。這樣他就可以反駁吳國楨「在戒嚴法之下，所有案件都由軍法審判」的說法。第二，如果吳國楨「親率軍警逮捕台灣糖業公司的沈鎮南」，則吳國楨就是警察國家的頭子。胡適就可以用這個矛，來攻吳國楨指控台灣是一個警察國家的盾。沈鎮南這個例子後來不在胡適攻擊吳國楨的文章裡出現，我們可以判斷胡適沒得到他希望能用來「將軍」吳國楨的證據。

　　胡適在1954年8月號的《新領袖》（*The New Leader*）上發表的〈福爾摩沙有多自由？〉（How Free Is Formosa?），是一篇集說謊、抹黑、栽贓之大成的作品。然而，從親蔣介石的人的角度來看，胡適對吳國楨的攻擊打得好、打得重。可謂一舉殲滅了吳國楨。用胡適從前在美國國務院的好友洪貝克的話來說：「你那篇〈福爾摩沙有多自由？〉有力地反駁、而且根本地粉碎了吳國楨毫無根據、不明智的血口噴人（effusions）。」[124]作為一個「冷戰鬥士」，洪貝克跟胡適一樣，反共至上。

　　就像金恆煒和殷惠敏已經指出的，吳國楨與胡適的文章是發表在兩個非常不一樣的雜誌上。吳國楨的〈閣下的金錢在福爾摩沙建立了一個警察國家〉是發表在《展望》雙週刊上。《展望》與保守反共的《生活》月刊齊名。其1954年的發行量已經達到三百七十萬份，僅次於《生活》。相對的，胡適的〈福爾摩沙有多自由？〉是發表在《新領袖》週刊之上。《新領袖》是一個反共的雜

123　Hu Shih to Minister Yeh, July 23, 1954，「胡適紀念館」，HS-US01-021-014。
124　Stanley Hornbeck to Hu Shih, August 17, 1954, "Stanley Hornbeck Papers," Box 207, "Hu Shih, 1950-53" Folder.

誌，發行量很小。1949年以後，由於虧損太大，每期的頁數減少到只有12頁。甚至在夏天期間改為雙週刊。其所以能生存的原因，主要因為美國國務院以及中央情報局的支持。它是美國冷戰時期反共文化宣傳上的武器之一[125]。

由於《新領袖》發行量很小，吳國楨想要去找一本來看卻買不到。然而，反共的亨利・魯斯（Henry Luce）出面，與《新領袖》出刊時期同步，把胡適宣稱台灣在吳國楨下台以後大步邁向民主的一段話作為定論摘述在他的《時代》雜誌上[126]。吳國楨所看到的，就是《時代》雜誌上的摘要。

胡適在〈福爾摩沙有多自由？〉這篇文章裡，一開始就徵引資深的反共記者、美國中央情報局在台灣負責心理戰的主任吉爾伯特（Rodney Gilbert）[127]的一段文字，把台灣描寫成一個桃花源。請注意，此段引文裡的刪節與刪節號，都是胡適作的：

> 最近，就在一個月的時間裡，出現了兩篇對福爾摩沙自由與否，作了截然相反的評斷的文章。在5月17日出版的《自由人》（*Freeman*）〔注：反共雜誌〕上，我們讀到下列這段在台灣住了三年半的吉爾伯特的文字：
>
> 環視今日的台灣，我們會看到島上八、九百萬的中國人，生活在跟幾個世代以來中國任何一個地方相比，最好的政府之下──最自由、最有效率，以及，沒錯，最誠實……
>
> 一般的言論自由──在任何共產國家是無可想像的──沒有一個在台灣〔福爾摩沙〕批評政府官員或政策的人，須要擔心被竊聽……
>
> 沒有對內或對外的新聞檢查……所有國家人民的信件來往自由。《美聯社》、《合眾國際社》、《路透社》、《法新社》的通訊員可以送出任何通訊……
>
> 其他在自由中國被視為理所當然的自由……是來往以及工作的自由。現

---

125 "The New Leader Records, 1895-2008," Columbia University Libaries, Archival Collections, http://findingaids.cul.columbia.edu/ead/nnc-rb/ldpd_6912690，2017年3月9日上網。

126 "Formosa: Rebuttal," *Time*, August 16, 1954, p. 25.

127 John Prados, *Safe for Democracy: The Secret Wars of the CIA*（Chicago: Ivan R. Dee, 2006）, p. 127.

在已經不容易進入台灣……但是，任何合法居住在台灣的人，只要出示警察所發給的證件證明其為居民，就可以坐火車、公車、搭飛機、或者乘轎車、三輪車、或用走路的方法四處遊玩，自由得跟彷彿他是生活在佛蒙特州（Vermont）、堪薩斯州（Kansas）、或俄勒岡州（Oregon）一樣。更好的是，他可以作任何他找得到的工作，或者就坐在一塊岩石上看海、吟詩、陶醉於閒雲野鶴的境界裡（dolce far niente）。

在摘引了吉爾伯特的台灣〈新桃花源記〉以後，胡適就摘引吳國楨說台灣是一個警察國家的指控。胡適策略是不言而喻的。要講台灣自由與否，美國的讀者是會比較相信來自於自由民主國度的美國人，還是一個台灣人所提供的答案？

我說胡適這篇〈福爾摩沙有多自由？〉是一篇說謊、抹黑、栽贓的文章，因為它的寫作策略並不在反駁吳國楨對台灣是警察國家的指控。他的寫作策略是反其道而行。他不正面反駁吳國楨說台灣是一個警察國家的指控。他所要營造的印象是，如果要說台灣是一個警察國家，則吳國楨是其罪魁禍首。這是因為台灣從1949年到1951年是最不民主、最不法治的時期。而在這個時期裡，吳國楨是台灣省主席。更重要的是，在吳國楨辭職以後，台灣變得更為民主。換句話說，胡適所要營造出來，讓讀者自己去得出的結論是：吳國楨指控台灣是一個警察國家。其實他自己就是那個警察國家的頭子。所幸的是，在吳國楨下台以後，在蔣介石以及陳誠的領導之下，台灣已經走出警察國家的陰影了[128]。

胡適說吳國楨是那個不堪回首的警察國家的頭子最重要的證據是：台灣在1950年的戒嚴法把十項罪行歸屬軍法審判。這軍法審判是由保安司令部管轄的。而保安司令部司令不是別人，就是吳國楨本人。彭孟緝是副司令。

由於軍事審判庭的法官多不稱職，而且常濫用權力，引起普遍的不滿。胡適說，在陳誠的領導之下，台灣開始從事改革。他說在陳誠的努力之下，原先歸屬軍法審判的罪行，在1951年10月從十項減少到六項。然後，又在1952年

128　以下有關胡適這篇文章的分析，除了另有徵引以外，是根據 Hu Shih, "How Free Is Formosa?" *The New Leader*, 37.23（August 16, 1954），「胡適紀念館」藏本，HS-NK05-202-006。

6月減少到五項。

　　胡適把這個將軍法審判和司法審判分開的努力，描述成一個由一些朝野領袖戮力合作的爭取民權與憲政的運動。這就暗指吳國楨是這個民權、憲政運動所要改革的對象。胡適說，這個運動尚未成功。然而，台灣是逐漸走出了不民主、不法治的陰影。而絕不是像吳國楨所說的，是在他辭職以後，越演越烈成為一個警察國家。

　　胡適說他可以提出證據，來證明在吳國楨下台一年以後，台灣新聞自由進步了的情況。他的第一個證據就是1954年4月1日《自由中國》〈敬以諍言慶祝蔣總統當選連任〉的社論。這篇社論申論總統只有赦減罪刑的權力，沒有加刑權[129]。胡適說，他很高興能向讀者報告，蔣介石已經寫信給他的秘書長張群，說他此後不再加刑了。

　　吳國楨說《自由中國》所享有的新聞自由是例外的，因為「極其卓越、享有國際盛名的哲學家、外交家胡適博士」是其發行人。為了證明《自由中國》所享有的新聞自由不是例外，胡適提出了台灣新聞自由進步的第二個證據，亦即，1951年6月1日《自由中國》的社論〈政府不可誘民入罪〉[130]。胡適說：

　　　　這個社論激怒了吳主席保安司令部的副司令，他下令逮捕《自由中國》的主編。在政府裡的好友的調解之下，《自由中國》的主編被迫在6月16日的社論裡聲明其前一篇社論絕無指摘執行政策的人的操守問題。[131]

然後，胡適就以嘲諷的語氣對這件箝制言論的事件作了按語：

　　　　很顯然地，在1951年6月，我們這位吳博士──「民主的」主席、保安司令部司令──也好，「極其卓越、享有國際盛名」、但人不在台的《自由中國》的發行人〔注：指胡適本人〕也好，都沒有給該雜誌任何保護。

129 〈敬以諍言慶祝蔣總統當選連任〉，《自由中國》，第10卷第4期，1954年4月1日，頁4。
130 〈政府不可誘民入罪〉，《自由中國》，第5卷第6期，1951年6月1日，頁4。
131 〈再論經濟管制的措施〉，《自由中國》，第4卷第2期，1951年6月16日，頁4。

　　胡適說三個月以後，《自由中國》惹了一個更大的麻煩，因為它在9月1日發表了胡適自己從紐約寄來的抗議信。胡適在這封信裡稱讚〈政府不可誘民入罪〉，說：「我看了此文，十分佩服，十分高興。這篇文字有事實，有膽氣，態度很嚴肅負責，用證據的方法也很細密，可以說是《自由中國》出版以後數一數二的好文字，夠得上《自由中國》的招牌。」他因此要以辭去發行人的要求要作為抗議的表示：

　　我因此細想，《自由中國》不能有言論自由，不能用負責態度批評實際政治，這是台灣政治的最大恥辱。我正式辭去「發行人」的名義，一來是表示我一百分贊成〈不可誘民入罪〉的社評，二來是表示我對於這種「軍事機關」干涉言論自由的抗議。

胡適再次用尖酸的語氣說：

　　「民主的」吳主席也好，「極其卓越、享有國際盛名」的胡適博士也好，又再度沒給予該雜誌任何保護。保安司令部採取了一個非常的措施，買走了所有報攤上的該期雜誌，並命令美國的「西北航空公司」不准把該期雜誌運出島外。
　　最後，是行政院長陳誠出面調解。他在9月14日寫了一封信給《自由中國》，謝謝我遠道諍言，說他欣然接受。雖然他說為了穩定幣值不得不採行嚴格的措施，但承認在執行時難免有疏失之處。他在該信的結尾強調：「至自由中國之言論自由，當可由先生此函之在《自由中國》刊載而獲得明證。」[132]

　　我們可以很清楚地看出胡適寫作策略上玩弄模糊空間、陰狠的一面。他不明指是誰下令買走所有報攤上的《自由中國》，並命令「西北航空公司」不准把該期雜誌運出台灣。然而，他在一開始就已經強調吳國楨是保安司令部司

---

132 〈陳院長致胡適之先生函〉，《自由中國》，第5卷第6期，1951年9月16日，頁4。

令。他玩弄這個模糊空間的目的，就是一方面要讓讀者自己作結論說這是吳國楨下的令。在另一方面，他可以為自己留餘地，說他從來沒說是吳國楨下的令。

最後，胡適作結論說：

> 如果「胡適博士所支持的雙週刊」在福爾摩沙享有任何特殊的自由，那完全是它五年來的奮鬥所爭取來的——不但為自己爭取，而且也為所有福爾摩沙的報紙，為所有每天從香港航空寄到台灣的所有非共、反共的報紙爭取。其存在的事實以及其影響，就是對吳國楨說台灣是一個警察國家最雄辯的駁斥。

> 自由與民主的奮鬥，從來就不是由懦夫、自私的政客去爭取來的。他們享有政治權力的時候保持沉默。等他們一朝失勢，安全地逃離出去以後，就抹黑他們自己的國家和政府。殊不知其所批評的每一件錯誤與非法行為，他們自己都難辭其咎。

胡適這篇文章通篇謊言，外加抹黑、栽贓、矯情做作。我甚至可以說，這篇文章是集胡適一生說謊、抹黑、栽贓於一篇的大成。

先說矯情做作。總統沒有加刑權一事。我們從胡適的日記，知道這是胡適1953年1月16日跟蔣介石晚餐時的進言：「我說，憲法只許總統有減刑與特赦之權，絕無加刑之權。而總統屢次加刑，是違憲甚明。然整個政府無一人敢向總統如此說！」[133] 這句「整個政府無一人敢向總統如此說」的話，要在胡適說了一年以後，再由《自由中國》在社論裡申論，才由蔣介石接受。胡適把它描述成為蔣介石皇恩浩蕩的一個證據。更有意味的是，這是「戲台裡喝采」——胡適暗自捧自己的時候喜歡說的話。

「戲台裡喝采」的第二個例子，就是他矯情做作辭發行人的信。胡適從來就不願意當《自由中國》的發行人。早在1950年1月9日的信裡，他就對雷震抱怨：「我最不高興的是你用我的姓名為『發行人』。這是作偽，不是發起一

133 《胡適日記全集》，9.3。

個救國運動的好榜樣。我想請你老兄考慮，另請一人為發行人。」[134]《自由中國》的成員當然很清楚，胡適是他們的保護傘。雷震在1957年5月31日日記裡引一個哥大畢業的美國人馬丁的話說得最一針見血：「如我被捕，美大使館可能問一問。如王世憲被捕，不過五百名立委之一被捕而已。如胡先生被捕則全世界震驚。」[135]

胡適老早就想辭發行人了。在國民黨藉〈政府不可誘民入罪〉一文要羅織《自由中國》這個當兒上，可以辭得義正詞嚴，何樂而不為。然而，矯情做作則如一。結果，在這個節骨眼上，胡適當然沒辭。一直要到他1953年1月在台灣的時候，才在胡適的堅持之下辭去。雷震在該年1月6日的日記裡記：「胡先生以為仍是讓他辭去好。如果有掩護作用，則掩護是一樣的。留住發行人反不好，因他已公開表示也。」[136]

矯情做作畢竟只是小瑕，說謊就完全不同了。最諷刺的是，胡適這篇文章的命意是在以道德的制高點來譴責吳國楨。

謊言一。胡適說〈政府不可誘民入罪〉社論激怒了保安司令部的副司令，他下令逮捕《自由中國》的主編。胡適用尖酸的語氣問說，在那危險的一刻，那「民主的」主席、保安司令部司令的吳國楨博士人在哪兒？胡適說，救了《自由中國》的是「政府裡的好友」。

吳國楨在1954年8月12日以美國郵局掛號並收信人簽收條的方式給胡適的信裡說，他在1953年1月15日胡適離開台灣兩天前，對胡適說：

> 我對你描述我是如何阻擋了〔彭孟緝〕要查禁你的《自由中國》，以及逮捕你的主編的企圖。我也對你描述了我如何迫使委員長接受我的一些建議：例如，在1951年，沒有拘捕狀，警察不可以逮捕人。又如：在1952年，減少送軍法審判的案子，以及准許被告有律師備詢。然而，我也告訴你，這些後來都被弄成純屬鬧劇。[137]

---

134 胡適致雷震，1950年1月9日，《胡適全集》，25.423。

135 雷震，《雷震日記》，1957年5月31日，《雷震全集》，39.299。

136 雷震，《雷震日記》，1953年1月6日，《雷震全集》，35.7。

137 K. C. Wu to Hu Shih, August 12, 1954, Albert Wedemeyer Papers, Hoover Institution, Stanford

　　吳國楨都已經告訴胡適，說是他出面阻擋彭孟緝查禁《自由中國》並逮捕雷震的。結果，胡適仍然可以睜著眼睛說謊話，譏諷那「民主的」主席、保安司令部司令的吳國楨博士當時人在哪兒？吳國楨的話，可以間接地從陶希聖的一句話得到佐證。根據雷震在事發當時，1951年6月10日的日記記：「希聖並云：……現在決定捉新聞記者，非吳主席允准則不可。」[138]

　　戳破了胡適這個謊言，等於同時也戳破了他栽贓吳國楨的企圖。他整篇立論的基礎，在於證明吳國楨出任省主席的階段，是台灣最黑暗的時候；是軍法審判罩頂，最不民主、最無法治的階段。民主、法治的進步是在吳國楨下台以後才開始的。而且是拜蔣介石皇恩浩蕩力主開明之賜，以及政府領袖配合，再加上《自由中國》的奮鬥才造成的。吳國楨的一段話，洗刷了胡適對他的栽贓。說明了他在建立法治方面的努力。

　　謊言二。胡適說《自由中國》在1951年9月1日發表他從紐約寄來的以辭去發行人作為抗議的信，為《自由中國》惹來了更大的麻煩。那封信導致了台灣保安司令部買走了所有報攤上的《自由中國》，並命令「西北航空公司」不准把該期雜誌運出台灣。最後，胡適張著眼睛說瞎話說，出面救了《自由中國》的，當然不是吳國楨，而是行政院長陳誠。他說陳誠在9月14日寫了一封信給《自由中國》，謝謝胡適遠道諍言，說他欣然接受。

　　事實上，陳誠並不是出面調解的人。他所扮演的角色，是以代表政府回應胡適，來化解胡適這封抗議信在國際上所可能造成的負面的影響。根據雷震的日記，這封信發表以後，國民黨政府裡的人遷怒雷震，認為他有意造成胡適與政府的對立。蔣介石震怒，要開除雷震的國民黨黨籍。最後，陳誠在大家的勸告之下，寫了那封覆胡適函。雷震在日記裡披露了陳誠這封覆函有胡適非抹去不可的難言之隱：

　　　　陳誠復適之函送到。前面加了一段，說係由本社探悉，而非陳辭修交來。有人不主張用此語。這明明是作偽。道平兄尤極反對。最後仍照登而

University, Box 69, Folder 25.

138　雷震，《雷震日記》，1951年6月10日，《雷震全集》，33.111。

　　將小評〔注：亦即，「本社探悉陳院長最近有致胡適之先生一函，茲覓刊
　　如下」那個作偽的小啟〕拆去。因丁憲薰數次來電話，務必要這樣做。據
　　其意思，雪公中間甚為為難。原來陳誠不欲作此書，係受大家勸告而出此
　　也。139

　　胡適把陳誠說得彷彿他非常民主。我們從蔣廷黻的日記知道胡適、蔣廷黻
一直到1959年春，都誤以為陳誠是蔣介石所屬意的接班人。蔣廷黻有好幾則
日記記他跟胡適討論他們要鼎力協助陳誠順利接班的談話140。
　　如果台灣真是像胡適所說的，有開明的蔣介石與陳誠，則他在《自由中
國》上所發表的那封信就不會被一群不知民主、法治為何物的人吹皺一池春
水。胡適先藉吉爾伯特的〈新桃花源記〉，把台灣描繪成「沒有對內或對外的
新聞檢查⋯⋯所有國家人民的信件來往自由。」然後，他再用《自由中國》這
兩個輕舟渡過麻煩山的例子，來歌頌《自由中國》為自己、為所有港台非共、
反共的報刊雜誌爭取到新聞自由。
　　事實上，雷震的日記所顯示的真相剛好相反。雷震無奈地說，《自由中
國》之所以能繼續發行，其實是「今日欲停而不可得也。」141杭立武、王世杰
都勸雷震不要再寫文章了。杭立武甚至聲淚俱下，要雷震「以免再引起麻煩，
而有嚴重後果，他們不能幫忙。並云今日在台灣即犧牲雷儆寰一人，於事無
補。」10月6日：「晚間開編輯會，決定今後多寫國際文章。下篇社論如是。
大家感到十分痛苦。夏道平兄竟不發一言。」142
　　台灣真的像吉爾伯特所說的，「沒有對內或對外的新聞檢查⋯⋯所有國家
人民的信件來往自由」嗎？雷震9月21日的日記說明了一切：

　　他〔注：胡適〕來函問《自由中國》5卷5期有沒有被扣。囑我電告。

139　雷震，《雷震日記》，1951年9月14日，《雷震全集》，33.159。
140　例如：Tsiang Tingfu Diaries, October 27, 1958 and April 9, 1959。
141　雷震，《雷震日記》，1951年9月19日，《雷震全集》，33.164。
142　雷震，《雷震日記》，1951年10月6日，《雷震全集》，33.171。

真是一件難事。若把真實情形相告，不獨刺激他，也不會發得出去。若說謊話，我不願意。[143]

即使胡適在1951年時不知道實情，他在1954年寫文章抨擊吳國楨的時候，不可能不知道實情。重點是，胡適不是不知，而是為了反共，為了為蔣介石「撐面子」不得不說謊耳。

胡適不會不知道台灣沒有言論與新聞自由。他在抨擊吳國楨這篇文章裡通篇謊言的所在，不只在於他實際上所說的，而且在於他知而抹去、甚至曲筆的所在，亦即，台灣不自由、無法治的實際。這種脈絡謊言更可怕，因為它沒有可以檢證的實例。除非說謊的人承認，或者其他人所提供的資料拆穿這個謊言，所有的人——當時代的人以及研究歷史的人——都會被蒙在鼓裡。因此，我才會說這種脈絡謊言是更可怕的。

胡適的脈絡謊言一。胡適在抨擊吳國楨這篇文章裡，要刻畫出台灣在吳國楨下台以後逐漸邁向民主、法治。同時，他也要凸顯出蔣介石有走向民主、法治的意願。可怕的是，他明知事實剛好相反，卻願意睜著眼睛說謊話。蔣廷黻1953年5月5日的日記——在胡適抹黑吳國楨那篇文章出版前一年——就是最好的明證：

與胡適聊天。他給我看一本小冊子，是蔣的一個秘密演說。在這演說裡，蔣介石：

譴責「醫生」、「學者」，呼籲要把政治軍事化。蔣叱責中國的知識分子。他以杜魯門、尼克森、艾森豪、邱吉爾、艾德禮〔Clement Attlee英國首相〕為例，說他們都當過兵。因此體認到紀律的重要。我們一起讀這本小冊子的時候，我的心都沉了。看來我們是完了。[144]

這本小冊子，很可能就是雷震在該年3月16日信上所說的：「此外並寄上

143　雷震，《雷震日記》，1951年9月21日，《雷震全集》，33.165。
144　Tsiang Tingfu Diaries, May 5, 1953.

總統講話，請看第38頁所載。先生行後之發展，於此可見一斑。」[145]可惜，這個「講話」今天「胡適紀念館」已不存。重點是，蔣介石這種反民主的心態，就是胡適在這個脈絡謊言裡所刻意要曲筆遮掩的。

胡適的脈絡謊言二。我在上文提到吳國楨在1954年8月12日給胡適的一封信裡。在那封信裡，吳國楨提到了1953年1月15日，胡適離開台灣兩天前告訴他的兩段話。第一段：

> 你告訴我你跟委員長在「日月潭」的談話。你對他說台灣沒有言論自由，因為沒有一個人敢批評蔣經國跟彭孟緝——兩個特務頭子。你說你因為太客氣了，以至於沒有把委員長也列於其中。[146]

吳國楨這段話，提醒我們日記是必須謹慎使用的史料。我們看胡適1953年1月16日的日記：

> 蔣公約我晚飯。七點見他，八點開飯。談了共兩點鐘。我說了一點逆耳的話，他居然容受了。我說：台灣今日實無言論自由。第一，無一人敢批評彭孟緝。第二，無一語敢批評蔣經國。第三，無一語批評蔣總統。所謂無言論自由，是「盡在不言中」也。[147]

吳國楨這段話，讓我們知道胡適是在「日月潭」見蔣介石。這點胡適在日記裡沒告訴我們。更重要的是，吳國楨的這段話，也讓我們懷疑胡適在談話中，是否真的說了「無一語批評蔣總統」的話。他1953年1月16日的日記說他對蔣介石說：「台灣今日實無言論自由。第一，無一人敢批評彭孟緝。第二，無一語敢批評蔣經國。第三，無一語批評蔣總統。」然而，他對吳國楨

145　雷震致胡適，1953年3月16日，萬麗鵑編註，《萬山不許一溪奔：胡適雷震來往書信選集》，頁41。

146　K. C. Wu to Hu Shih, August 12, 1954, Albert Wedemeyer Papers, Hoover Institution, Stanford University, Box 69, Folder 25.

147　《胡適日記全集》，9.3。

說：他「因為太客氣了，以至於沒有把委員長也列於其中。」

　　究竟胡適是否當著蔣介石的面說了今日台灣無言論自由，因為沒有一個人敢批評蔣介石這句話？不是胡適說謊，就是吳國楨聽錯。

　　吳國楨在信裡透露了胡適告訴他的另外一個事實：

　　　你說你也知道蔣經國的報紙攻擊你。而且他也下了命令不准請你演講。比如說，「陸軍官校」（Military Academy）原先請你去演講，後來被迫無限期延期。148

　　吳國楨說的不是孤證。蔣廷黻在1953年1月28日日記裡，記了胡適在回到紐約三天以後告訴他的話：

　　　跟胡適在他的公寓裡談了一個半小時。蔣經國屬下的刊物在他一到，就有批判他的文字。他跟蔣的談話不愉快（not cordial）。他極力勸蔣終止一黨專政，擴大司法的權力以保障言論自由。但蔣聽不進去（did not make much headway）。他也批評宣傳部門效忠領袖的作法。149

　　蔣廷黻這則日記，佐證了吳國楨說胡適告訴他蔣經國的報紙攻擊他的話。更重要的是，蔣廷黻的日記凸顯了另外一個疑點。胡適在日記裡說：「我說了一點逆耳的話，他居然容受了。」然而，他對蔣廷黻說：「他跟蔣的談話不愉快。他極力勸蔣終止一黨專政，擴大司法的權力以保障言論自由。但蔣聽不進去。」究竟蔣介石是居然能夠容受逆耳之言，還是聽不進去？

　　胡適這個脈絡謊言所提醒我們的，是一個歷史研究裡最無法克服的難題，亦即，胡適晚年的日記究竟有多信實。如果胡適晚年的日記的信實度啟人疑竇，這就真應了我在本部第三章所感歎的，反共、反共、多少學者的罪行假汝

148　K. C. Wu to Hu Shih, August 12, 1954, Albert Wedemeyer Papers, Hoover Institution, Stanford University, Box 69, Folder 25.

149　Tsiang Tingfu Diaries, January 28, 1953.

之名行之！

胡適的脈絡謊言三。台北的「胡適檔案」裡有一份英文的備忘錄，題名為〈作為行政長官的蔣介石〉（Chiang Kai-shek As An Administrator），無作者名。我認為這是1950年代初期美國人所寫的。共分為兩個部分。第一個部分是分析蔣介石應該為中國大陸人民的苦難負最大的責任。與我們在此處的分析相關的，是該備忘錄對蔣介石在台灣的分析：

在福爾摩沙，蔣介石在許多方面是完全重複他在中國大陸的所作所為。

A.「分化再各個擊破」（divide and rule）的作法遍及於政府、黨，以及軍隊裡。

B. 在大陸的時候，統治核心局限在蔣介石身邊的六七個人。現在在福爾摩沙，除了他的兩個兒子以外，他任何人都不相信。次子緯國統帥機械部隊。長子經國用他的政治輔導長控制其他的軍隊。輔導長是軍隊裡真正的指揮官，司令官只是掛名的。

C. 蔣經國也是特務頭子。秘密警察監視著政府官員、商人、教師、學生，而且——很奇特的——其他的秘密警察。每一個人都被跟蹤著。沒有一個人覺得安全。

D. 幾乎所有的民權都被鎮壓。堅決擁護蔣介石的胡適博士承認：「在福爾摩沙的自由中國沒有任何自由。」事實上，批評政府是罪。人民的遷徙是像蘇聯一樣被嚴格地控制著的。中國人沒有特別的許可不能進入台灣。福爾摩沙的人民沒有特別的許可或者付給政府一大筆錢，是不准離開台灣的。

E. 貪污、賄賂的程度比以前小，原因只不過是因為蔣介石現在控制著很小的地方。[150]

一心要為胡適辯護的人當然可以說這份英文備忘錄所描述的，是胡適所說的台灣從1949年到1951年最不民主、最不法治的時期，而胡適在寫〈福爾摩

---

150 "Chiang Kai-shek As An Administrator," 無作者、無日期，「胡適紀念館」，HS-US01-094-020。

沙有多自由？〉的時候，已經是民主、法治進步很多了的1954年。事實上不然。我們就徵引胡適自己的話，來讓這種辯護不攻自滅。1953年11月19日，總統府秘書長王世杰被蔣介石免職，理由是「矇混舞弊，不盡職守」。原來，美國陳納德在抗戰時期的「飛虎隊」結束以後，就組織了從國民黨那兒賺了許多錢的「民航空運公司」（Civil Air Transport, CAT）。蔣介石因為要不回與「民航空運公司」125萬美金的糾紛，遷怒王世杰。雖然蔣介石在事情發生以前的公文上批了「如擬」兩字，但他認為王世杰是蒙蔽了他，不盡職守。蔣介石連王世杰自己辭職都不准，非要用免職的名義。我們注意胡適1953年12月4日日記裡的用詞：

> 中國〔台灣〕報紙說，11月26日，「中央通訊社」發表總統的正式命令：「王世杰矇混舞弊，應即免職。」友人得台北某君信說："Our sick friend had another stroke today. The crisis is near."〔我們生病的朋友今天又中風一次。命在旦夕。〕發信日子正是廿六日。151

　　我們記得胡適在〈福爾摩沙有多自由？〉一開始，就徵引了吉爾伯特描寫台灣如世外桃源。吉爾伯特所說台灣「沒有對內或對外的新聞檢查……所有國家人民的信件來往自由。」胡適這則日記就是最好的反證。胡適在台灣的朋友寫信告知王世杰被免職的消息，需要用「生病的朋友」、「中風」這樣的暗語、隱喻來傳達王世杰被免職的消息。蔣介石統治下的台灣沒有任何自由，就不言而喻了。

　　緊接著12月18日日記：

> 與立武兄長談。他明天回台北去了。My own problem is: Will my return to Taipei in February be more embarrassing to the government or will my absence at the National Assembly be more embarrassing to them?〔我自己的問題是：我明年二月回台北，是對政府比較難堪呢？還是如果我明年沒出

---

151 《胡適日記全集》，9.69。

席國民大會，會對政府比較難堪？」[152]

　　一個信誓旦旦地說台灣有多自由的人，必須靠暗語、隱喻來收受消息；一個身為國大代表的人，還必須自忖究竟台灣是希望他回去開國民大會推選蔣介石為總統，還是希望他不會去開。這樣的台灣會有多自由，連胡適自己都會說一切盡在不言中。

　　這份英文備忘錄的作者特別徵引了「堅決擁護蔣介石的胡適博士」承認：「在福爾摩沙的自由中國沒有任何自由」這句話。換句話說，台灣是一個沒有自由的「自由中國」！這是一個自相矛盾的名詞，而且是經過胡適博士所認證的。最諷刺的是，胡適所義正辭嚴譴責吳國楨的，就是因為他如實地指出這個沒有任何自由的「自由中國」是一個警察國家。

　　最後，回到胡適抨擊吳國楨那篇文章。胡適在抨擊完吳國楨以後，又提出了蔣介石是否在扶植蔣經國接班的問題。他說：

　　我認識蔣經國多年。他是一個苦幹的人，認真、有禮貌、愛國、狂熱反共。他的思想視野狹窄。這跟他在蘇聯多年有關。和他的父親一樣，他不貪污。因此難免自視為正義的化身（self-righteousness）。這點也跟他的父親很像。他真心地認為對付共產黨最有效的辦法，就是一如他們對付敵人的殘酷方法。

　　雖然我極不同意蔣經國對付共產黨以及有共產黨嫌疑的人的方法（我在1952年第一天抵達台灣的時候就公開說過），我覺得會說出下述這段話的人精神有問題：「有誰能保證：在委員長死後，如果共產黨給予一個不錯的條件，他（蔣經國）會不會把台灣成為共產中國富饒的一省？」無論如何，他不可能成為蔣總統的「繼承人與繼任」。從政治的角度來看，他在政府裡沒有一席之地，不扮演重要的角色。他確切的職位是他父親最忠實的總管。在軍隊裡，他不受歡迎。從憲法或制度上來說，他根本就沒有成為他父親的繼承人與繼任的可能。

152 《胡適日記全集》，9.74。

　　我們可以說，任何有政治常識的人，不需要後見之明，在當時就可以判斷出蔣經國是蔣介石的接班人。不管是什麼原因，胡適可能真心地相信那不是蔣介石的想法。我在上文已經說過，他跟蔣廷黻一直到1959年春都還相信陳誠會是蔣介石的接班人。蔣廷黻1958年6月25日的日記，就說明了胡適為什麼會有這種天真的想法的理由：

　　　　跟胡適午餐。他告訴我他跟陳誠、蔣經國、陳雪屏的談話。他告訴他們他最常被問到的問題是：誰會是蔣的繼任者？他的答案總是陳誠。因為他不但是副總統，而且是國民黨的副總裁和光復大陸設計委員會的主任委員。至於經國，他認為蔣既然讓經國去作那吃力不討好（thankless）的情治與政工的工作，他顯然並不是要扶植他。[153]

　　蔣廷黻這則日記所記，雷震在日記裡也記了。胡適那次談話是在該年5月26日晚。雷震在6月2日的日記記得比較詳細：

　　　　他〔胡適〕說26晚，他和陳誠、蔣經國談話。第一點，他說美人總是說蔣總統扶植兒子。他認為不對。既扶植兒子，何以要兒子做特務頭子和政治部主任？他看到蔣總統是培植陳誠。講到這裡，經國未發一言。陳誠說他這幾年辛苦。又談到五、二四事件〔注：1957年5月24日，台北民眾攻擊美國大使館事件〕，和毀黨救國，及出版法不必要等等。經國均講話了。[154]

　　蔣經國「未發一言」，這句話就道盡了一切，只是胡適沒領略出來而已。總之，雖然胡適認為蔣介石既然讓蔣經國去作吃力不討好的情治與政工，就意味著他並不是要扶植他，但是，他仍然認為他有責任要為蔣介石派他兒子作情治與政工的行為作辯護。因為吳國楨強調蔣經國的蘇聯背景，由於美國人普遍

153　Tsiang Tingfu Diaries, June 25, 1958.

154　雷震，《雷震日記》，1958年6月2日，《雷震全集》，39.301。

認為蔣介石父子的政工制度根本就跟共產黨是同一個模子的，所以，胡適就決定要以美國人所能理解的方式來為蔣介石父子作辯護。他想出來的方法，就是以蔣經國來比擬美國反共獵巫大將參議員麥卡錫（Joseph McCarthy）。

1954年4月，胡適在推選蔣介石為總統以後回到美國。「美聯社」4月8日從夏威夷發出的電訊，就報導說，胡適在接受訪問的時候，就說蔣經國是國民黨的麥卡錫：

> 前中國駐美大使胡適博士昨晚說，蔣介石總統的長子是國民黨裡的參議員麥卡錫。
>
> 「他們是同一型的。」這位著名的哲學家、現任普林斯頓大學的教授，如此形容蔣經國少將：「他們同樣都是在與共產黨搏鬥。他們的問題，同樣都在於其所用的方法。」
>
> 胡適說蔣的兒子「沒有憲法上所規定的職位」，不過他控制著軍隊裡的政治部門。[155]

然而，用美國人所能理解的比喻是一種兩面刃。它可以幫忙美國人理解蔣經國的所作所為，但它也可以讓美國人更討厭他。特別是，胡適引用麥卡錫這個比喻的時候，麥卡錫已經因為作得太過極端而失勢。民意調查已經顯示反對麥卡錫的人超過支持他的人。當然，胡適不會知道這一點，否則他就不會引用這個負面的比喻。在胡適引用麥卡錫這個比喻八個月以後，亦即，1954年12月，美國參院通過譴責麥卡錫的決議。從此以後，胡適就再也沒有引用過麥卡錫這個比喻了。

另外一篇5月17日從台北發出的英文報導，引用了吳國楨的指控以及胡適麥卡錫的比喻，但作了負面的報導：

> 今天台灣最聚訟紛紜的人是44歲的蔣經國中將。他是國民黨中國總統蔣介石將軍的長子。他是國防部政治部的負責人。他的權力極大。蔣經國

---

155 "Chiang's Son Called 'McCarthy' of Nationalists," *The Seattle Times*, April 8, 1954.

將軍人很謙和，不喜曝光。可是，近來他成了標題人物。前台灣省主席、現自任為台灣國民黨批評者吳國楨，指控小蔣是蘇聯調教出來的台灣「警察國家」的工程師。

最近在台灣開完國大會議回到美國的普林斯頓教授胡適博士，則用了一個比較友善（kinder）的比喻。他說經國是「亞洲的麥卡錫」，亦即，他認為結果比空談「方法」重要。

福爾摩沙討厭這個年輕的將軍的人很多，但很難找到不尊敬他的人。他的誠實、正直，以及他對其信仰的執著，沒有人懷疑。批評他的人，說他用共產黨的方法反共產黨。他們說他冷酷、死板、殘忍。他們指控他是中國追求民主理想的威脅。

欽佩他的人，包括許多在此的美國人，說他是中國〔注：台灣，因為當時美國不承認中國〕目前所亟需的超有效率的人。他們認為當時如果給他全權，他也許有辦法挽救中國大陸。他們認為他也許能夠讓台灣不落入共產黨手裡。

蔣將軍在軍隊裡所設置的政工，專門針對士氣與心理戰。「青年救國團」是他組織的。他說：「我們誠然有缺點。但是共產黨就在我們旁邊。他們就在我們的前門。我們必須先對付他們。」[156]

換句話說，胡適到了晚年已經完全選邊站。他不再跟自由主義者虛與委蛇。他既然已經認為他們是共產黨的同路人，他打擊他們，就像他打擊共產黨一樣地堅決，即使必須說謊、抹黑、栽贓都在所不惜。反之，高舉反共大旗、信誓旦旦要反攻大陸的蔣介石，是他口口聲聲說必須全力給予「道義支持」的對象。

為了「道義支持」蔣介石的政權，胡適對在台灣抱怨台灣沒有自由的人嗤之以鼻。比如說，他在推選蔣介石為總統回到美國以後對《紐約時報》記者強調說：

---

156 "Criticism Fails to Stop Chiang's Son in His Anti-Red Fight," *Reading Eagle* (Reading, Pennsylvania), Monday, May 17, 1954, p. 9.

　　有關情治與言論、出版自由的問題，胡博士說「胡適博士是中國〔注：
台灣〕唯一享有言論自由的人」這句話是不正確的。

　　他說，他告訴台灣新聞界的人士，「所謂缺乏新聞自由的」是他們自己
的過錯。他說他告訴他們：「我所得到的權利並不是上帝給我的，而是我
自己去爭來的。」他接著說：「〔台灣〕沒有什麼客觀的批評，因為一般老
百姓沒辦法接觸到真正的事實。」[157]

　　換句話說，台灣有的是言論自由，只要每個人能夠像胡適那樣去爭取的
話。那些成天坐著抱怨，說台灣沒有言論自由的人，應該怪的是自己，因為他
們自己沒去爭取。更可怕的是胡適說台灣沒有什麼客觀的批評，因為一般人沒
辦法接觸到真正的事實！無怪乎胡適晚年老要叮嚀大家「善未易明，理未易
察」的道理，因為反正大家都「沒辦法接觸到真正的事實」！

　　胡適晚年反共不計代價的程度，在在地反映在他寫在「中央研究院便條」
上的一篇手稿大綱：〈今日政論家應有的態度〉。這篇手稿大綱沒有日期，但
我判斷是他在1959年2、3月間寫的。第一個證據是雷震2月21日日記。當時
胡適在寫他難產中的〈容忍與自由〉。當天雷震又催稿：「十時許與胡先生通
一電話，要稿子。他說今日甚忙，下期趕不上。他又說要換上一個〈政論家的
態度〉為題。」[158]第二個證據是這篇手稿大綱裡所引的張炎「東風且伴薔薇
住，到薔薇春已堪憐。」一句。胡頌平在《胡適之先生年譜長編初稿・補編》
1959年3月19日一則裡記：「下午四點以後……又為高惜冰寫了張玉田〔張
炎〕的詞兩句：東風且伴薔薇住，到薔薇春已堪憐。」[159]

　　總之，這篇〈今日政論家應有的態度〉手稿大綱說：

　　I. 政論的對象是政府。我們的根本態度是希望政府好，希望它有力量，
　　希望它有成功。

157　"Hu Shih Predicts Loss for Peiping," *The New York Times*, April 9, 1954, p. 3.

158　雷震，《雷震日記》，1959年2月21日，《雷震全集》，40.31。

159　胡頌平，《胡適之先生年譜長編初稿・補編》，頁113。

「東風且伴薔薇住，到薔薇春已堪憐。」

II. 反對黨的不能成立，我們應該責己，不應該責人。為什麼別人家能成立反對黨，而我們不能成立呢？千言萬語，只應該怪我們自己不爭氣。

沒有一個在朝政黨自己願意取消它的政權的。我們有力量，我們能取得政權。

III. 我們既不能成立反對黨，我們對國民黨應該抱諍友的態度。我們渴望它好。

IV. 我們對於政府、對於政府黨，都應該自居於「諍友」的地位。「友」是主要的，「諍」是次要的。我們應該時時刻刻抱著「與人為善」的態度，「不念舊惡，成與維新。」有一善，必讚揚它，使它發揚光大。

陳誠的政府是應該鼓勵的〔注：1958年7月，陳誠任行政院長〕。

金門事件的勝利是應該讚揚的〔注：1958年8月23日至10月5日之間的金門砲戰〕。

俞大維是應該讚揚的〔注：國防部長〕。

王世杰的入閣是應該讚揚的〔注：1958年7月，任行政院政務委員〕。

王雲五的八十八個改革案的勝利是應該讚揚的〔注：1959年1月開始執行〕。

梅貽琦的半年成就是應該讚揚的〔注：1958年7月任教育部部長，兼清華大學校長〕。

政府的發展科學案是應該讚揚的〔注：1959年初正式公布《國家長期發展科學計畫綱領》〕。[160]

晚年的胡適會寫出這樣不堪的一篇〈今日政論家應有的態度〉的手稿，完全葬送了他經營了一輩子的二十世紀中國第一自由主義者的英名。胡適晚年何止是節節敗退，他根本就是崩盤式的暴退。他在1954年2月24日接受《紐約時報》在台北專訪的報導裡，還能夠在表態百分之百支持蔣介石之餘，批評蔣介石的政權不夠民主：

---

160 胡適，〈今日政論家應有的態度〉，1959年3月間，「胡適紀念館」，HS-NK05-187-015。

　　胡適博士列出四點他不同意國民黨的地方：領袖的概念、自由的問題、一黨的問題，以及一千一百萬華僑的問題。

　　「效忠領袖，亦即蔣介石，已經變成國民黨『反共抗俄』宣傳裡一個基本的口號。記取了共產黨在大陸上的滲透與倒戈的往事，國民黨在台灣加重嚴密的組織、政治思想灌輸，以及特務的控制。」

　　胡適博士說：「效忠的對象應該是國家，而不是個人。整體說來，此地比共產黨統治下的大陸有比較多的自由。然而，我希望看到台灣有更多的新聞與人身自由。」

　　至於華僑，他認為目前把他們與台灣直接聯在一起的政策是「不自然的」（artificial）。他主張讓他們融入當地的社會。[161]

　　這是1954年。如果我們再進一步地走時光隧道回到胡適1922年6月4日在《努力》週報上所發表的〈政論家與政黨〉。其昔日的胡適與今日的胡適的對比就彷如白晝與黑夜了：

　　「政論家可以不入政黨，不組政黨，而仍可以發生效力嗎？」這個問題現已在許多人的口頭和心上了。我們的答案是：

　　有服從政黨的政論家，

　　有表率政黨的政論家，

　　有監督政黨的政論家。

　　服從政黨的政論家，純粹是政黨的鼓吹機關，自然是不能離開政黨的。我們且不談他。

　　表率政黨的政論家，並不能代表一黨的全部黨員，只代表一黨的思想階級。他們是一黨中的觀象台、斥候隊。他們觀察時勢，研究事實，替一黨定計畫，定方針。他們對內提出主張，要求本黨的採用；對外說明本黨的政策，替本黨的政策作宣傳與辯護。他們對於反對黨，也只有公正的批

161　Henry Lieberman, "Hu Shih Explains Role in Formosa," *The New York Times*, February 24, 1954, p. 6.

評，不肯作惡意的攻擊。他們對於本黨的人物與政策，若認為不能滿意時，也應該下公正的批評與彈劾。他們對於本黨，因歷史上或友誼上的情分，常存一種愛護的態度。但愛護和「姑息」大不相同。本黨的人物與政策若不能滿足他們的期望，他們要提出忠告；忠告不聽，提出反對；反對無效，他們到不得已時，也許脫離舊黨，出來另組新黨。他們的責任是表率，不是服從；是愛護，不是姑息。他們雖在政黨之中，而精神超出政黨之上，足跡總在政黨之前。

至於那監督政黨的政論家，他們是「超然」的、獨立的。他們只認社會國家，不認黨派；只有政見，沒有黨見。也許他們的性情與才氣是不宜於組織政黨的；他們能見事而未必能辦事，能計畫而未必能執行，能評判人物而未必能對付人，能下筆千言而見了人未必能說一個字，或能作動人的演說而未必能管理一個小團體。他們自然應該利用他們的長處，決不應該誤用他們的短處。他們也許有執行與組織的能力；但歷史的原因（如美國的兩大黨），因時勢的需要，都可以使他們不便或不願放棄他們的言論事業而投身於政黨。況且社會上確然不應該沒有一個超然的政論。不但立於一黨一派之上（如上述的表率政黨的政論家），並且立於各黨各派之上，做他們的調解、評判與監督。這種獨立的政論家，越多越有益，越發達越好。

政黨的政論總是染了色彩的居多；色彩越濃，是非越不明白。若沒有一派超然的政論家做評判調解的機關，國內便只有水火的黨見：不是東風壓了西風，便是西風壓了東風了！有時他們的責任還不止於評判與調解。他們是全國的觀象台、斥候隊。他們研究事實，觀察時勢，提出重要的主張，造成輿論的要求。使國中的政黨起初不能不睬他，最後不能不採用他。他們身在政黨之外，而眼光注射全國的福利，而影響常在各政黨的政策。

有人說，「這種政論家，既無政黨，自無政權。如何能使他們的主張發生效力呢？如何能影響各政黨的政策呢？」

他們的武器有兩種。第一是造輿論。一個新主張初成立時，總是居於極少數的；當這個時候，有勢力的政黨自然不屑注意它。但是有力的無黨政論家往往可以幫助宣傳這個不很惹人注意的主張；久而久之，這個主張成

了空氣了，政黨就不能不光顧它了。於是在野的政黨要用這個新主張來打倒當權的政黨。於是當權的政黨也要用它來維持它的地位。例如女子參政的問題和許多勞動立法的問題，在歐美各國，都是這樣加入政治黨綱中去的。第二是造成多數的獨立選民。獨立的政論家雖然無黨，有時也可以說是有黨；他們的黨就是那許多無所統屬的獨立選人。在政治清明、教育發展的國家，總有一部分的選人是不常屬於一黨一派的；他們的向背是跟著各政黨的政策與人物的優劣而變更的；今年贊成這一黨，明年也許贊成那一黨。在英國、美國那種兩大黨勢均力敵的國家，獨立選人的向背往往是政府起倒的關鍵。獨立的選民也可以組成一個獨立的小黨，如英國的勞動黨（Labor Party）在議會裡人數雖少，卻可以操縱兩大黨，在立法上收極大的功效。在美國的獨立選民是沒有政黨組織的；少數有政黨組織的，如社會黨，反不能收大功效；倒是那多數無黨的「獨立者」（Independents），可左可右，也可以左右兩大政黨的命運。就我個人親眼看見的說，1912年大選舉時，獨立者傾向〔老〕羅斯福，就使新起的進步黨打倒當政權的共和黨；1916年，進步黨與共和黨復和，但獨立者傾向威爾遜。故1912年之少數總統，一躍而為1916年之多數總統。而進步共和兩黨合併的能力終打不倒民主黨與獨立者合併的能力。

在這個本來不慣政黨政治，近來更厭惡政黨政治的中國，今日最大的需要決不在政黨的政論家，而在獨立的政論家。獨立的政論家只認是非，不論黨派；只認好人與壞人，只認好政策與壞政策，而不問這是那一黨的人與那一派的政策：他們立身在政黨之外，而影響自在政黨之中。他們不倚靠現成的勢力，而現成的勢力自不能不承認他們的督促。[162]

胡適在1922年所寫的〈政論家與政黨〉裡，把政論家分為三類：有服從政黨的政論家；有表率政黨的政論家；以及有監督政黨的政論家。在這三類政論家裡，他甚至不屑於浪費篇幅來討論第一類，因為：「服從政黨的政論家，純粹是政黨的鼓吹機關，自然是不能離開政黨的。我們且不談他。」

162　胡適，〈政論家與政黨〉，《胡適全集》，21.272-275。

　　當時的胡適連「表率政黨的政論家」都不假以辭色。因為他們雖然是所屬政黨的「諍友」，雖然他們在忠告不聽以後可以脫黨、甚至組織新黨，他們畢竟還是不夠超然的。胡適所引以為典範的，是「只認社會國家，不認黨派；只有政見，沒有黨見」，引領、塑造輿論，從而影響政黨政策，超然的、獨立的「監督政黨的政論家」。

　　用胡適自己在三十七年前所立的標準，胡適在1959年所寫的〈今日政論家應有的態度〉裡所描繪的「今日應有」的政論家，連「表率政黨的政論家」都不夠格，而是屬於他在三十七年前連寫都不屑的「服從政黨的政論家」。他引張炎「東風且伴薔薇住，到薔薇春已堪憐。」一句，應該是借張炎在南宋滅亡後重遊西湖時所作的這首詞，來抒發他自己「亡國」之悲痛。胡頌平在《胡適之先生年譜長編初稿・補編》1959年3月19日一則裡記：

> 下午四點以後……又為高惜冰寫了張玉田〔張炎〕的詞兩句：
> 東風且伴薔薇住，到薔薇春已堪憐（註二）……
> （註二）先生寫了之後對胡頌平說：有一天晚上，我讀了這兩句詞時掉下淚來。這兩句不是現在的情形嗎？還有人在著歌舞昇平。[163]

　　胡適寫下張炎這一句詞的意思，當然可能是要政論家體念「亡國」之痛。要他們「共體時艱」。所以，他說：「政論的對象是政府。我們的根本態度是希望政府好，希望它有力量，希望它有成功。」

　　然而，即使如此，胡適已經到了可以為了反共這個最高的目的，而自願放棄自由與民主的理想的地步。為了反共，胡適呼籲「今日應有」的政論家，都要成為「服從政黨的政論家」。胡適要他們在面對政府、國民黨的時候：「『友』是主要的，『諍』是次要的。我們應該時時刻刻抱著『與人為善』的態度。」事實上，以胡適在大綱之後所列出來的一系列「應該讚揚的」德政來看，胡適要政論家所作的，不是國民黨的諍友，而是國民黨的啦啦隊。

　　胡適作為蔣介石與國民黨啦啦隊的對外宣傳價值，1953年1月19日的保

163　胡頌平，《胡適之先生年譜長編初稿・補編》，頁113。

守、反共的《時代》雜誌的一篇文章就一語道破了。胡適在1953年1月17日飛離台北到東京。22日飛離東京。23日在阿拉斯加的安克拉治（Anchorage）換飛機。胡適在當天的日記記：「在Anchorage買Time，看見這篇文字：〈鮮豔的羽毛〉（Bright Feather）。」胡適把它剪貼在日記裡。茲翻譯出為什麼胡適是一根「鮮豔的羽毛」的一段[164]：

> 上星期在福爾摩沙最大的一個消息就是一個來訪的名人：胡適博士。他是中國最受尊敬的學者。他最近剛剛結束了他到這個具有戰略性地位的海島成為國民黨的避難所以及堡壘以後第一次的訪問。胡大師（目前在紐約以及普林斯頓大學從事學術工作）受到了奉承式的以及節慶式的歡迎，出席蔣介石的宴會，對雀躍的聽眾演講。
>
> 他到福爾摩沙的訪問，好比是把一根又大又鮮豔的羽毛插在國民黨帽子上〔注：讓國民黨引以為傲〕。其重要性不只是因為他是一位卓越的哲學家、詩人、外交家，以及教育家，而且是因為他曾經是被視為一個立在國共鬥爭之外與之上的人。

換句話說，胡適用他那「超然」的國際形象，來對現在退處海島一隅的蔣介石加持，是有錢都買不到的。從這個角度來說，即使胡適在晚年已經揮別自由主義，他一生所締造出來的自由主義者的形象，對蔣介石的利用價值來說，是取之不盡的。殷海光說得好：「胡先生是一個妥協的自由主義者，被當局當作一筆存款，『存在自由銀行』，榨取無窮的利息。」[165]

從毀黨造黨、毀黨救國、到永遠不想取得政權的在野黨

胡適跟蔣介石反共以及反攻大陸有志一同。這不但使胡適一竿子打翻一船，把所有的自由主義者──所謂的「前進教授」──都視為共產黨的同路

---

164 《胡適日記全集》，9.12-14。

165 金恆煒，〈胡適：自由主義者還是蔣政權的捍衛者？〉，頁240。

人；這不但使胡適要政論家都得當國民黨的啦啦隊，而且決定了胡適晚年貌似支持、其實是反對組織反對黨的態度。

胡適反對組織政黨，特別是反對黨，最雄辯的證據，就是他對蔣廷黻倡議讓他出來領導的「中國自由黨」的虛與委蛇的態度。近年來，由於有學者開始使用蔣廷黻的英文日記，胡適與蔣廷黻1950年代初期在美國醞釀組黨這個鮮為人所知的往事，就變成了一個議題。然而，在處理這個議題一開始的時候，就必須先釐清的地方有兩點：第一，這個組黨的意念並不是在組一個反對黨。第二，在這個組黨的過程中，胡適不但連配角都不算，他而且是從一開始的消極響應者，轉變成為一個拒絕合作者。

這個組黨的意念是蔣廷黻提出的。他第一次在日記裡提到組黨的意念是在1945年6月1日。當時，他還在重慶擔任「行政院聯合國善後救濟總署」署長：

> 昨晚，讀毛澤東的政綱演講：有些地方不錯，通篇頭頭是道，但根本上囿於見識（very limited in understanding）。為蘇聯一黨專制所作的辯護薄弱。說中國的政策一直反蘇，只不過是呼應莫斯科無稽的調調。這個演講主張中國在過渡階段實行混合經濟。這倒是很驚人，跟我在〔紐約〕華爾道夫阿斯托里亞酒店（Waldorf-Astoria）的演講裡所作的主張一樣。
>
> 想促成一個名為「新自由主義者」（the New Liberals）的新政黨，來配合一個「新啟蒙運動」（a New Enlightenment Movement）。成員來自於教授、記者、工程師、醫師、中產階級的商人，等等知識階級。166

該年7月，蔣廷黻到紐約去開「聯合國善後救濟總署」會議的時候，在紐約跟胡適見了面。這是他第一次對胡適提起他想組織一個新黨的意念。他在7月27日的日記裡記：「晚上跟胡適長談：他非常不信任宋子文；必要的話，贊成使用武力以排除蘇聯在滿洲的勢力；不願意組織新的政黨，但願意參加『新啟蒙運動』。」167

166　Tsiang Tingfu Diaries, June 1, 1945.

167　Tsiang Tingfu Diaries, July 27, 1945.

　　兩年以後，1947年3月，當時胡適已經回到中國。3月13日，胡適日記記：「早車與周寄梅、蔣廷黻兩兄同去南京。」[168] 15日，蔣廷黻日記記：

　　晚上與吳景超晚餐，胡適也在場。他描述了國民黨的長處。接著我們就談起了組織一個新政黨的事。我問說該稱之為「新自由黨」（the New Liberal Party）還是「社會黨」（the Socialist Party）。胡適喜歡「民主黨」（the Democratic Party），因為他說社會主義必定走向極權。張純明同意。我說一個只建立在政治民主之上的政黨，無法因應國家的需要，也不會引起人的興趣。至於極權主義，我堅持主張混合經濟是可能而且也是所需的。吳景超贊同我的看法。最後，我建議中文名字就稱為「社會黨」，簡單俐落。胡適承認他是個傳統的自由主義者。這傅斯年和我早就猜出了。[169]

　　胡適跟蔣廷黻這兩則日記再次證明了我在本部裡所一再強調的兩個重點。第一，從胡適跟蔣介石有志一同反共以後，他的日記就已經沒有什麼史料的價值了。對比了胡適這則等於什麼都沒有說的日記，跟蔣廷黻簡短但扼要的摘要，就充分地證明了這一點。第二，從蔣廷黻的摘要，我們可以得到另外一個佐證，來說明早在胡適讀到海耶克的《到奴役之路》以前，他就已經作出了「社會主義必定走向極權」的結論。

　　無論如何，從這以後到1948年底，蔣廷黻有大約三十則談到組織新政黨的日記。等到胡適在1949年4月抵達紐約以後，蔣廷黻又開始積極地慫恿胡適出面領導組織一個新的政黨。胡適的態度一直是溫吞吞地，若即若離。比如說，蔣廷黻在8月24日的日記記：

　　寫信給朱經農提倡成立一個自由黨，成員取自於：a）無黨無派的自由主義者；b）現有政黨裡的自由派。目標：a）國家的獨立；b）個人的自

168 《胡適日記全集》，8.273。

169 Tsiang Tingfu Diaries, March 15, 1947.

由；ｃ）急速現代化，以改善生活水準，但立法防止壟斷企業的形成。自
由黨要在國會裡成為多數黨。下午，跟胡適討論。他認為想法很好，但拒
絕出面領導。170

　　然而，五天過後，8月29日，胡適在跟蔣廷黻見面的時候，還幫蔣廷黻擬
了一個「自由黨」核心的人物名單。蔣廷黻說他擬的名單為：胡適、顧孟餘、
童冠賢、翁文灝、周貽春、傅斯年、俞大維、陳光甫、郭泰祺、顧維鈞。胡適
加了：蔣廷黻、梅貽琦。最後，他們又一起加進：于斌、蕭公權、張佛泉171。
　　不但如此，胡適甚至出意見訂定黨綱。蔣廷黻9月1日的日記：

　　　修訂「中國自由黨」黨綱。徐淑希和江易生作了幾個重要的建議。一個
　　是區分文武機構，另一個是強調教育。跟胡適討論黨綱。他最重要的建議
　　是把自由企業列為黨的一個原則，但我說服他收回。他作了另外一個建
　　議，強調教育，特別是人文通才教育。這個建議，我欣然接受。有關組
　　織，他建議設立一個比較大的「執行委員會」或「全國委員會」，而以一
　　個十到十二人的小組作為「中央執行委員會」。這個建議我也接受。他反
　　對用「封建朝貢」（feudal tribute）這個名詞來稱呼佃農付給地主的地租。
　　他說那是一個無意義的宣傳用語。我接受。172

　　蔣廷黻在9月5日的日記裡說他第三次修訂自由黨的黨綱，把胡適、江易
生、和徐淑希的意見都吸收進去了173。胡適在9月15日看了新的黨綱以後，反
對制定黨證的規定174。最讓蔣廷黻興奮的是，胡適願意擔任自由黨的主席。蔣
廷黻10月15日日記：

170　Tsiang Tingfu Diaries, August 24, 1949.

171　Tsiang Tingfu Diaries, August 29, 1949.

172　Tsiang Tingfu Diaries, September 1, 1949.

173　Tsiang Tingfu Diaries, September 5, 1949.

174　Tsiang Tingfu Diaries, September 15, 1949.

　　胡適過來聊天。他同意擔任「自由黨」主席，條件是：一、決定自由黨
什麼時候參加政府；二、如果自由黨決定參加政府，再決定他所將扮演的
角色。我欣然接受他的條件。他認為自由黨目前沒有組織政府的能力，我
則認為我們應該全力以赴。我們最後決定保留各自不同的看法。[175]

　　蔣廷黻高興得太早。胡適才在10月15日答應出任自由黨的主席。不到兩
個星期，他就澆了蔣廷黻冷水。蔣廷黻10月27日日記：「晚上去看胡適。他
對『中國自由黨』非常不看好。他坦白說他之所以答應作黨的主席完全是為了
我，不想讓我失望。」[176]

　　從這一天開始，胡適的態度驟然轉為消極，甚至退縮。蔣廷黻11月4日日
記：「晚上胡適過來聊天。我給他看我給顧孟餘、童冠賢的信。他很不高興，
因為我在這麼早就談聯合政府會讓別人產生疑懼。他在這個時候仍然膽小到這
個地步：他在危機當頭如何有能力領導？這個人一點勇氣也沒有。」[177]

　　蔣廷黻終於發現胡適突然間變得消極的原因。11月8日日記：「胡適在電
話上告訴我《紐約校園》（New York Campus），一個共產黨的小報，刊載了有
關他的一些流言，讓他非常不舒服，讓他幾乎想退出『自由黨』。我安慰他
說，那是所有公眾人物的宿命。他必須要堅強一點。」[178]

　　到了12月底，蔣廷黻對胡適等於是放棄了。12月22日日記：「五點去看
胡適。他說他沒否認我對『中國自由黨』所發表的談話，因為他理解我的苦
心。至於他自己，他寧願把它局限在一個教育運動，而不求政治力量，等等。
歸根究柢，這個人完全沒有政治能力，不適合當領袖。他是考據家，連作政治
都如此。他不是讓運動拖著他走，就是會被運動拋在後頭。」[179]

　　1950年3月1日：

175　Tsiang Tingfu Diaries, October 15, 1949.

176　Tsiang Tingfu Diaries, October 27, 1949.

177　Tsiang Tingfu Diaries, November 4, 1949.

178　Tsiang Tingfu Diaries, November 8, 1949.

179　Tsiang Tingfu Diaries, December 22, 1949.

五點見胡適，談了兩個鐘頭。我們兩人都擔心李宗仁的記者招待會。我
告訴他說，以台灣有限的幅員與資源，唯一的希望在於生產與政府的現代
化。他說他沒有脾胃去從事這項工作。他這個人連領導一個「自由協會」
都沒辦法，遑論是「自由黨」。[180]

1950年5月26日：

苦難又缺乏組織的中國人在等待人拯救。他們已經對蔣介石和國民黨失
去信心。不管他怎麼試，他就是無法建立信心或希望。台灣的人民——統
治階級——所想的，只是如何逃到安全的地方去。這就使我再去找胡
適……我問胡適這個問題：你是否願意重新考慮不領導「自由黨」的決
定？他回我他的陳腔濫調：我是朽木不可雕也。我本來還想問他下一個問
題：如果旁人出來組成這個黨，你是否願意給予道義上的支持？我沒問，
因為我覺得那是多此一問。[181]

事實上，胡適從一開始若即若離的消極態度到最後拒絕，其所透露出來的
事實，在在說明了蔣廷黻這個組織自由黨的意念，從一開始就是禁不起考驗
的。1949年11月16日，一個美國新聞記者的一句話，就戳破了這個新政黨注
定是不可能成功的事實：

「美聯社」的朋友卡平特（Frank Carpenter）一直要我給他一個專訪。
我今天就給他了：有關「中國自由黨」。他的一個問題讓我震驚：這是不
是意味著要與蔣介石決裂？這是一個我從來就沒有想過的角度。我退而訴
諸憲法：憲法並不禁止組織新的政黨。我的回答，質言之，就是：組織新
的政黨並不是非法的。沒有人能指控我犯法。[182]

---

180 Tsiang Tingfu Diaries, March 1, 1950.

181 Tsiang Tingfu Diaries, May 26, 1950.

182 Tsiang Tingfu Diaries, November 16, 1949.

　　《紐約時報》在次日對「中國自由黨」所作的報導，就指出這個新的政黨具有顛覆蔣介石的政權的潛力：

　　蔣博士說：「我相信這一個政黨會得到中國知識分子與一般老百姓的支持。我敦促我的朋友發起這個運動。如果這個運動開始，其理所當然的領袖就是胡適博士。」

　　蔣博士的主張引起了推測，亦即，中國在聯合國的代表團是否會脫離國民政府的控制。然而，他說這個新的政黨不會跟國民黨——國民政府裡站在宰制地位的政黨——有衝突。

　　記者問其主張是否意味著要與蔣介石決裂。他搖頭說不會。他說中國的憲法允許成立新的政黨。[183]

　　蔣廷黻這段話所透露的，是一個相當驚人的事實，亦即，這批學而優則仕、嚮往西方民主政治的知識分子，都已經到了緊鑼密鼓組織政黨的地步，卻駭然驚見組織政黨的目的，原來是要取彼而代之——主政的意思。換句話說，蔣廷黻立意要組織一個新的政黨。然而，他從來就沒想過這個「中國自由黨」跟蔣介石可以有相生的關係，但也可能有相剋的關係。

　　顯然從一開始，蔣廷黻所想到的就是相生的關係。他在 1949 年 10 月 26 日在紐約見宋美齡的時候，就告訴她說他想組「自由黨」的計畫，希望能得到她的支持。蔣廷黻說宋美齡不置可否[184]。1950 年 1 月 2 日，他把他對自由黨的想法告訴來訪的董顯光，要他回台灣的時候轉告蔣介石：

　　「中國新聞社」（China News Service）的 N. C. Nyi〔倪源卿〕[185] 帶董顯光過來聊天。董顯光剛從中國〔注：台灣〕來。他想知道我的計畫。我大要

183　Thomas Hamilton, "New Liberal Party Is Urged for China," *The New York Times*, November 17, 1949, p. 14.

184　Tsiang Tingfu Diaries, October 26, 1949.

185　感謝中央研究院台灣史研究所的蔡幸真小姐幫我辨識出 N. C. Nyi 就是倪源卿。

地告訴他：一、一個新的自由黨應該在行政院扮演領導的角色；二、現有政黨裡的自由分子，如王世杰、朱家驊、C.C.派，以及張群應該留在國民黨裡；三、自由黨必須真正獨立，不是任何人或派系的傀儡；四、自由黨的領袖應該是胡適、顧孟餘、童冠賢、吳國楨、俞大維、杭立武、還有我；五、全力發展台灣的經濟與政治。只幫助大陸上的游擊隊，但在大陸上保有一個有效的情報系統。我請他把我的想法轉告蔣介石。[186]

1950年3月6日，蔣廷黻又把自由黨的宗旨告訴蔣夢麟，要他回台灣的時候轉告蔣介石：

> 六點半，和蔣夢麟搭火車上華盛頓。他說蔣介石把過去三年的失敗都怪罪在他的部屬身上。他對未來悲觀。我告訴他我組織自由黨的背後有兩個目的：一、讓蔣介石有光榮的退路；二、讓美國國務院有轉變政策的台階。我為他解釋，有了自由黨，蔣介石仍然可以當總統，但必須遵守憲法賦予總統的權限，國民黨也可以在聯合政府裡當第二大黨。夢麟保證他回去以後會解釋給蔣介石聽。[187]

蔣廷黻常說胡適天真。其實他自己也半斤八兩。「聯合政府」這個字眼，從馬歇爾調解國共內戰以後，就已經讓蔣介石聞之色變了。他還妄自使用。更不用說，他居然膽大包天要國民黨在聯合政府裡當第二大黨。1951年3月13日，他要回台灣述職以前，胡適建議他把自由黨一事搪塞過去：

> 跟胡適午餐。他建議我把創立新黨一事搪塞過去。胡適說俞大維跟他的看法一樣，亦即，我組新黨等於是要否定蔣介石與國民黨。幾個有國際地位的中國人，可以左右國際輿論支持或反對蔣介石──至少可以反蔣介石，因為他已經失意了（under the shadow）。他說他當時如果組一個新黨

---

186 Tsiang Tingfu Diaries, January 2, 1950.

187 Tsiang Tingfu Diaries, March 6, 1950.

的話一定會失敗。那個失敗會把蔣介石拉下去，把中國拱手送給共產黨。

胡適建議我跟蔣經國多談談，少批評，多待一段時間以加深瞭解。我們都覺得監察院亂得不像樣，也都覺得孫文無知倡議成立這個機構。[188]

　　胡適這一席話，就把那一代中國知識分子的兩難的癥結所在一語道破。他們一方面嚮往西方的民主制度，希望能夠建立一個類似的制度；但在另一方面，他們體認到必須依附、庇蔭在蔣介石及其國民黨的威權體制之下。當他們必須在這兩難當中選其一的時候，他們都選擇了後者。

　　中國有一句老話，識時務者為俊傑。胡適、蔣廷黻都是這句老話的實踐者。從1951年開始，蔣廷黻的日記再也就沒有提起過自由黨。4月8日，他在台北的時候，雷震去找他談組黨的事。蔣廷黻在日記裡所表露的，已經是一副隔岸觀火的姿態：「三點，《自由中國》的主編來談組新黨的可能性。他比我還有興趣。他去過香港，瞭解那邊的政治團體。」[189]

　　蔣廷黻這則日記不加解釋會容易造成誤解。他說雷震對組新黨的事比他自己還有興趣，指的只是雷震純粹想多知道一點蔣廷黻在美國所籌組的「中國自由黨」而已。雷震在同一天的日記裡說得很清楚：「予因擬與其談自由黨，復約定下午三時去會。」[190]當時雖然已經到了蔣介石開始厭惡雷震的前夕，亦即，《自由中國》發表〈政府不可誘民入罪〉社論的前夕，但距離雷震開始有意組織反對黨還有好幾年的歷史。

　　對蔣廷黻而言，自由黨已經是不堪回首的往事。1953年5月，蔣廷黻返台述職。他在7月15日給胡適的信上說：「在台北時，弟並未與當局談到組黨問題，故自不會請求許可，也請不到許可。弟對當局所再三表示的是反共抗俄聯合陣線的必要，及其實現之主要步驟。」[191]換句話說，曾幾何時，蔣廷黻才說得信誓旦旦，彷彿自由黨一出，就可以唾手取得執政權。現在，一旦知道組黨

188　Tsiang Tingfu Diaries, March 13, 1951.

189　Tsiang Tingfu Diaries, April 8, 1951.

190　雷震，《雷震日記》，1951年4月8日，《雷震全集》，33.76。

191　蔣廷黻致胡適，1953年7月15日，「胡適紀念館」，HS-US01-085-008。

是不許可的，就「自不會請求許可，也請不到許可」。於是，就識相地向反共抗俄的聯合陣線歸隊。

胡適晚年反對組織反對黨。其理由跟他反對自由主義者、第三勢力是相同的。這也就是說，從他的角度看來，反對黨、自由主義者、第三勢力，都是共產黨的同路人，都有害於他跟蔣介石有志一同反共抗俄的大目標。

當然，除了1927年他一度患了右傾急驚風的法西斯蒂的階段，胡適從來就不敢恭維國民黨。然而，為了不削弱這個反共的中心、他所謂的堡壘，他在一開始的時候，是冀望國民黨由分化而重生。歷年來，許多研究胡適的人都會提到胡適建議蔣介石讓國民黨自由分化成幾個政黨——所謂「毀黨造黨」——的建議。然而，沒有人仔細地剖析胡適的「毀黨」之說有兩個。一個是「毀黨造黨」之說，另一個是「毀黨救國」之說。前者指的是要國民黨分化，後者指的是乾脆連國民黨都不要。從「毀黨造黨」到「毀黨救國」，雖然只有兩字之差，但其差別極大。

胡適並不是第一個倡議「毀黨造黨」之說的人。「毀黨造黨」之說，是一直到新文化運動以前還跟胡適過從甚密的章士釗所創的。章士釗在1912年發表過當時引起相當大迴響的「毀黨造黨」的意見。他在〈政黨組織案〉裡把政黨分為兩種：一種叫政黨，一種叫徒黨：「徒黨之主動力為私，政黨之主動力為公。徒黨不惜犧牲國家以擁護個人，而政黨則不重人而重政策。徒黨恆欲置反對者於死地，政黨則聽異己者意見之流行。徒黨者國家之隱患也，而政黨則能造福於國家。」毫無疑問的，章士釗所提倡的是政黨。

章士釗說，政黨是以政綱結集的團體。他在1912年8月4日所發表的〈毀黨造黨之意見〉一文，就是要毀掉不惜犧牲國家以擁護個人的徒黨，造以政綱結集的政黨：

> 是故毀黨者，毀不綱之黨也。造黨者，造有綱之黨也。其關鍵純在黨
> 綱，非貿貿然而毀，貿貿然而造也。使各黨能從記者之大願，盡下其黨
> 幟，或僅分子之強有力者下其黨幟。則記者有一理想之政見商榷會出現，
> 各黨之賢豪長者將去其政家之面目，而以哲家之資格出席於茲會，舉吾國
> 所有政治、財政、社會、教育種種問題，至短以五十年之眼光，至少以一

年半歲之時期，相與盡情討論之。討論之結果，各問題總體核算，必致正負兩面各各有人。於是，正面者就正面之主張，製為黨綱而立一黨。負面者亦就負面之主張，製為黨綱而立一黨。政海中發生綱領不紊，壁壘絕堅之兩大黨，同時號召天下。[192]

胡適會對蔣介石建議讓國民黨分化，可能是因為蔣介石曾經跟胡適談起過組黨的問題。胡適組黨的傳聞，早在他1946年7月從美國回到中國就已經甚囂塵上了。這些傳聞胡適都一再否認了。然而，蔣介石自己可能在1946年胡適剛回國以後就建議過胡適組黨。根據傅斯年1947年2月4日給胡適的信，他在1月15日中午蔣介石約吃飯的時候：「他問我，前談先生組黨之說，如何？我說，未再談過。他說，請先生再考慮。我說，組黨不如辦報。」[193]

1948年4月8日，胡適到蔣介石官邸晚餐。蔣介石為提名胡適為總統候選人不果之事致歉。胡適在當天的日記裡，說：蔣介石「再三表示要我組織政黨。我對他說，我不配組黨。我向他建議，國民黨最好分化作兩、三個政黨。」[194]這是胡適的文字裡，第一次提到讓國民黨自己分化的建議。

最有意味的是，胡適的這個建議，當時蔣介石在表面上擺出一副並不以為忤的姿態。不但如此，根據美國大使司徒雷登在1948年12月11日給國務院的報告，蔣介石甚至對他說他贊成胡適的建議。可是，很多國民黨員因為害怕失去黨的庇蔭，以致強烈反彈：

　　委員長告訴我說，有關國民黨的改組，黨的內部正在進行一場激烈的辯論。有許多人贊成胡適的主張，讓國民黨分裂成不同的派系，使之自然地演化成不同獨立的政黨。委員長雖然似乎贊成這個發展，但他說反對的聲浪很大，很可能會扼殺這個想法。許多黨員堅決要維護國民黨。他們寧可

192　章士釗，〈毀黨造黨之意見〉，《章士釗全集》（上海：文匯出版社，2000），2.461。

193　傅斯年致胡適，1947年2月4日，《胡適來往書信選》，3.171-172。

194　《胡適日記全集》，8.356。

在一個大黨之下得其庇蔭，而不願意冒獨立小黨的風險。[195]

司徒雷登有所不知，這是蔣介石典型的兩手策略。他前頭才跟司徒雷登說他贊成胡適讓國民黨自由分化的想法。然而，他12月31日「卅七年〔1948〕反省錄」裡就忿忿然地把所有不支持他的作為都歸為「反蔣毀黨」的陰謀：

> 本年最大之失敗為政治。而政治失敗之總因即在選舉副總統主張黨員自由選舉之方式。尤其在選舉前夕，為李宗仁前來哭訴懇求，誤信其被選後彼不能有單獨政治主張之諾言。於是支持孫科當選之決心動搖。對民青兩黨選票，任其選李。因之孫敗而李勝。此乃余決心不堅，主張不定，甚至有首持兩端，優柔取巧之幾微所致。此一失敗乃在政治上遭受制〔致〕命之打擊。而桂系得勝之後，所有國際與社會、對內對外、與對敵、對匪之威信掃地。凡可倒蔣毀黨之陰謀暴行，桂系無所不用其極。最後竟不惜自結共匪，與迎合美國反華助共之心裡，協以打蔣。此乃余因循寡斷取巧自敗，完全失卻已〔以〕往政治家之精神所致也。能不自反自悔，有所警戒乎哉？

同時，我們也不能忘了，蔣介石是一個極其情緒性的人。他可以在一天之內從左擺盪到右。然後，再倏忽地從右擺盪回左。他可以在1948年12月間，先對司徒雷登說國民黨內部正為胡適讓國民黨自行分化的建議進行著一場激烈的辯論。而且說他贊成那樣一個發展。然後，在半個月以後，把所有不支持他的作為都叱責、歸為「反蔣毀黨」的陰謀。事實上，在那半年以前，由於他灰心、失望他不能全面控制國民黨，他曾經在日記裡說了氣話。他以一個破落店的股東內訌的比喻來形容國民黨，說乾脆就讓它分家好了。他在7月30日後之「上星期反省錄」裡說：「對黨務十分悲觀。再無十全之辦法，只有分為兩黨。並將財產亦予以平分，使之無所爭、無所戀。早日分離，期其分道揚鑣，有補

---

195 "The Ambassador in China (Stuart) to the Secretary of State," December 11, 1948, *FRUS*, 1948, Vol. VIII, *The Far East: China*, p. 302.

於國事，而余則可以早脫此濁衣。能早分一日，即可早除此無謂之羞恥耳。」

胡適最詳盡地向蔣介石說明讓國民黨自由分化的建議，是在他1951年5月31日寫給蔣介石的長信裡：

一是今日似可提倡實行多黨的民主憲政。其下手方法，似可由國民黨自由分化，分成三、四個同源而獨立的政黨，略如近年立法院內的派系分野。此是最有效的改革國民黨的方法。近一年內所談黨的改革，似仍不脫「黨八股」的窠臼。鄙意今日急需的改革有這些：

一、蔣公辭去國民黨總裁的職務。

二、由蔣公老實承認黨內的各派系的存在，並勸告各派系各就歷史與人事的傾向或分或合，成立獨立的政黨。

三、新成立的各政黨應各自立政綱，各自選舉領袖，各自籌黨費。

四、新成立的各政黨，此後以政綱與人選，爭取人民的支持。

五、立法院必須修改議事規則。凡議案表決，原則上均須采唱名投票制，以明責任。（今日立法院表決不記名，乃是一大錯誤，故國民黨有百分之九十立法委員，而無力控制黨員。）

我研究這二十多年的歷史，深感覺中國所以弄到這步田地，其最大關鍵有二：一、中山先生的「聯俄容共」政策，乃是引虎入室。使共產國際的大陰謀，得在中國作大規模的試驗。使中國共產黨，自始即擁有一部分兵力為後來1927年8月以後獨立「紅軍」的基礎。倘使當日若非蔣公清黨反共，則東亞早已成為紅色地區了。二、「清共」之後，不幸國民黨仍保持「聯俄容共」時期的「一黨專政」的制度──抹殺事實，高談「黨外無黨，黨內無派」。這是第二大錯。就使清共、反共都不徹底。後來領袖者雖誠心想用種種法子補救（容納無黨派分子入政府；延致黨外人才入黨；辦三青團〔三民主義青年團〕；設參政會；制憲；行憲……），但根本上因黨、政、軍大權集於一人，一切補救方法都不能打破這「一黨專政」的局面，也都不能使國民黨本身，發生真正有效的改革。故今日要改革國民黨，必須從蔣公辭去總裁一事入手。今日要提倡多黨的民主政治，也必須從蔣公辭去國民黨總裁一事入手。

今日的小黨派，都不夠做國民黨的反對黨。最有效的民治途徑，是直爽的承認黨內幾個大派系對立（而且敵對仇視）的事實，使他們各自單獨成為新政黨。這些派系本是同根同源，但因為不許公開的競爭，所以都走上暗鬥、傾軋的路上去。其暗鬥之烈，傾軋之可怕，蔣公豈不知之？如欲免除此種傾軋的暗鬥，只有讓他們各自成為獨立政黨，使他們公開的作合法的政爭（公開的政爭，是免除黨內暗鬥的唯一途徑）。但蔣公若繼續作國民黨總裁，則各派系必皆不肯獨立，必皆欲在此「黨、政、軍大權集於一身」的政權之下繼續其傾軋暗鬥的生活。在此狀態之下，國民黨的改革，除了多作幾篇「黨八股」之外，別無路子可走，別無成績可望。若各派系公開的獨立成為新政黨，則各派系必將努力於收羅新人才，提倡新政綱。在一轉移之間，即可以有生氣，有朝氣，有前途了。

數年來，我公曾屢次表示盼望我出來組織一個政黨。此真是我公的大度雅量，我最敬服。但人各有能、有不能，不可勉強。在多黨對立之中，我可以堅決的表示贊助甲黨，反對乙黨。如我近年堅決的贊助我公，而反對國內、國外的共產黨一樣。但我沒有精力與勇氣，出來自己組黨。我也不同情於張君勱、曾慕韓諸友的組黨工作。

因此，我在這幾年之中，曾屢次向國民黨朋友大談「國民黨自由分化，成為幾個獨立的政黨」之說。此說在今日，對內對外，都不容再緩了，故敢為我公詳說如上。[196]

我們不知道胡適1954年到台灣去開國民大會推選蔣介石為第二屆總統的時候，是否跟蔣介石談到了讓國民黨分化的問題。然而，他在回程經過舊金山所舉行的記者招待會上，就預測國民黨即將分化：

最近才當選中華民國新一任六年總統的委員長，「很可能」會准許其強有力的國民黨依其「在派系上的歧異」（historical cleavages）而分化。一

---

196 胡適致蔣介石，1951年5月31日，「國史館：蔣中正總統文物」，0020-802-0062-2001。

個多黨制的政治局面，在今年年底以前很可能就會形成。[197]

　　胡適究竟是什麼時候從「毀黨造黨」轉到「毀黨救國」，他沒留下任何確切的記錄。他在1957年8月29夜給雷震的信裡說：

　　我前幾年曾公開的表示一個希望：希望國民黨裡的幾個有力的派系能自由分化成幾個新政黨，逐漸形成兩個有力的政黨。這是我幾年前的一個希望。但去年我曾對幾位國民黨朋友說，我對於國民黨自由分化的希望，早已放棄了。我頗傾向於「毀黨救國」、或「毀黨建國」的一個見解。盼望大家把眼光放得大一點，用「國家」來號召海內外幾億的中國國民的情感心思，而不要枉費精力去辦「黨」。我還希望國民黨的領袖走「毀黨建國」的新路，我自己當然沒有組黨的心思。[198]

　　從這封信看來，胡適至少是在1956年就開始改倡「毀黨救國」的主張。從他在1956年12月13日日記裡所黏貼的一份可能是在美國華文報紙的剪報來看，他至少在1956年秋天已經開始公開宣揚這個主張：

　　最近台北《中央日報》社長胡健中曾在紐約透露胡適博士「毀黨救國」的主張，由華文《生活雜誌》登載。大意認為，國民黨雖經改造，但改造後的國民黨圈子更小，人數更少。不如把黨毀棄，由蔣總統純粹以全國人民領袖的地位，領導復國運動。本報記者特就此事，走訪胡適博士於旅邸。

　　這位數十年來被國民黨人視為諍友的學者向記者說：他感覺政府在今天，如不放開手做，便不能爭取全國人民的擁護。僅僅五十萬國民黨黨員的支持是不夠的。全台灣省人民的支持也是不夠的。政府必須以國家至上為最高的原則，超越黨派的限制，爭取全國最大多數人的最大支持。

197　"Hu Shih Predicts Loss for Peiping," *The New York Times*, April 9, 1954, p. 3.
198　胡適致雷震，1957年8月29夜，《胡適全集》，26.112。

胡適博士表示：多年以來，他一貫主張國民黨應走上自然分化的道路。任其黨員分裂，形成數個政黨。他認為這是中國實現政黨政治最好的途徑。但近年來，當政黨在台灣故步自封，不但不能充分爭取黨外人士的合作，甚且喪失了許多忠誠的國民黨員的支持。這是十分令人失望的。胡博士認為，在今天提出「毀黨救國」的口號，決不是反對政黨政治。而是希望當政黨痛下決心。放棄門戶之見，將政治的重心放在復國運動上面。[199]

根據胡頌平在《胡適之先生年譜長編初稿》裡的引述賴景瑚〈憶胡適之先生〉一文裡的記載，賴景瑚在1956年秋天在加州柏克萊的旅館裡訪問胡適的時候，胡適就跟他提起了「毀黨救國」的主張。當時，胡適在柏克萊講學。賴景瑚回憶說：

胡先生又說他本人對政治一向沒有興趣。今後也不願意參加實際政治。但是，他覺得中國在現階段下不需要任何政黨的組織。他因為要強調民族主義在反共鬥爭中的重要性，所以他主張要救國，就不要政黨；人民本身便可以產生推翻極權暴政的力量。他認為政黨的存在、政黨的作風、甚至政黨的觀念，都是和自由主義相牴觸的。

我回紐約不久，聽說胡先生又把他的那個主脈，對一位從台灣到美國的新聞記者重述一遍。這個消息便立刻傳播到台北和香港，掀動了一場所謂「毀黨救國」的爭辯，也引起了一點不愉快的誤會。

他那不贊成中國有政黨的主張，既在台灣、香港一帶引起了爭辯和誤會，他仍然不動搖他那主張的信念。1957年的初春，他在紐約「華美協進社」發表了一篇演說。不但重申他的一貫的主張，而且說台灣當局應該廣開言路，不可缺乏民主政治所必需的容忍精神。[200]

胡適在紐約「華美協進社」這個演講顯然是即興的演講。1957年2月4

---

199 《胡適日記全集》，9.247-248。

200 胡頌平，《胡適之先生年譜長編初稿》，7.2573。

日，胡適參加了「華美協進社」慶祝李政道、楊振寧得到該年的諾貝爾物理獎的活動。受邀的科學嘉賓還有吳健雄。根據劉家璧的描述，正式節目結束以後，主席請胡健中報告台灣的情況。由於胡適為蔣介石祝壽的文章，亦即，《自由中國》第15卷第9期上的〈述艾森豪總統的兩個故事給蔣總統祝壽〉一文，在台灣遭受一些人的攻擊，胡健中作了一些解釋。接著主席請胡適發表意見。胡適一講就講了一個鐘頭，而且情緒激動。根據後來胡健中的回憶：

> 適之先生因主席言辭的撩撥，情緒很激動。批評國民黨、青年黨和民社黨都很尖銳。最後是我說話。我最先沒有理會適之先生的話。最後我才說，我認為適之先生的話不是事實，但他是善意的。這是一位善意的諍友的逆耳之言。我相信總統以及中央的負責人都有雅量來傾聽。我回台後，總統問及此事。我據實報告。我說這是一位諍友善意的逆耳之言。總統氣度恢宏說，讓他說好了嘛！[201]

圖13　胡適與艾森豪總統，1960年6月18日，攝於台北圓山飯店。（胡適紀念館授權使用）

<del>---</del>

201　胡頌平，《胡適之先生年譜長編初稿》，7.2571-2574。

其實，根據蔣介石日記，胡健中並不是回台以後才向蔣介石報告。事實上，胡健中在胡適在「華美協進社」的演講以前，就已經把胡適私下向他所作的「毀黨救國」的主張飛函向蔣介石報告了。同時，蔣介石也絕非胡健中所形容的「氣度恢宏」。他在日記裡，多次大罵胡適。1957年1月8日日記：

> 朝課，記事，入府召見國防大學畢業學員後，主持宣傳會談，據胡建〔健〕中來函，胡適與其面談「毀黨救國」的主張，並由反共救國會議修改憲法解決國是之建議，殊出意外，此種文人政客真是無恥共匪之不若矣，實予我以在政治上重大之教訓也。

1月9日日記：

> 昨日宣傳會談，對在港所謂反共政客，以自由人自命之荒謬言行不能再予妥協之指示，其實他們內心一如胡適為一丘之貉，不僅反對本黨革命，而其存心毀滅本黨，寧為共奴而不恤也，此一趨勢非加以消除，無法再談革命也。午課後，召見實踐學社學員十六人畢，車遊山上一匝，入浴，膳後月下散步，讀詩，晚課。本（9）日朝課，記事後，召集幹部商討對胡適應取之方針，表示反對立場。主持中央常會，聽取第二組與婦女工作會報告，皆有進步。正午約藍欽夫婦便飯，交閱和平共存稿，問其意見如何。午課後，召見實踐學員十六人回，散步，閱新印四明山志，不忍釋卷也。觀影劇，膳後月下散步，讀詩，晚課。

1月12日後之「上星期反省錄」：「五、胡適竟提毀黨救國之荒唐口號，不能再事容忍，對此種文人政客，直不可予以禮貌優遇，是又增多一經歷矣。」

胡適「毀黨救國」的主張，蔣廷黻也留下了文字記錄。他在1957年2月5日日記記：「聽說胡適在『華美協進社』（China Institute）作了一個演講，主張毀國民黨以救中國──毀黨救國。」[202]

---

202 Tsiang Tingfu Diaries, February 5, 1957.

　　1958年4月8日，胡適抵達台灣。這是他終老台灣的開始。他主持出任中央研究院院長的就職典禮，同時開院士會議，選舉新院士。他在台灣生涯的最初兩個多月期間的日記完全空白。因此，我們完全無法根據胡適自己的日記來理解他的所思所想。胡適這次在台灣最讓蔣介石怒不可遏的事情有兩樁。第一，是他在院士會議開幕式演說中頂撞蔣介石；第二，是他的「毀黨救國」的主張。諷刺的是，我們之所以能知道這兩樁他忤逆了蔣介石的大事，還是因為蔣介石在日記裡動了肝火而筆之於書的結果。

　　4月10日，胡適在中央研究院舉行完成院長就職典禮以後，就接著主持第三次院士會議的開幕典禮。蔣介石在開幕典禮致詞，認為中央研究院不只是全國最高學術研究機構，而且應該擔負起復興民族文化的任務：

　　　中央研究院不但為全國學術之最高研究機構，且應擔負起復興民族文化之艱鉅任務。目前大家共同努力的唯一工作目標，為早日完成反共抗俄使命。如果此一工作不能完成，則我人一切努力均將落空。因此希望今後學術研究，亦能配合此一工作來求其發展。

　　　胡適院長除以思想學術來領導我們學術界外，最令人敬佩者，即為其個人之高尚品德。今日大陸上共匪以仇恨與暴力，為其一切倒行逆施之出發點。其目的在消滅我國家之傳統歷史文化，而必須予以「清算」。即為共匪摧毀我國倫常道德之一例。因此，期望教育界、文化界與學術界人士，一致負起恢復彼並發揚我國固有文化與道德之責任。

　　意外的是，胡適在這個公開場合不買蔣介石的帳。他在致詞裡，一開始就指正了蔣介石對中央研究院的使命理解錯誤：

　　　我要向各位來賓告罪。藉這個機會想稍微說幾句話。並不是要對總統的話，梅校長的話答辯，而是想表示道謝。同時表示我個人對中央研究院任務的看法。

　　胡適先舉例糾正蔣介石對自己看法的錯誤。他說共產黨之所以會清算他，

並不是他的道德，而是他的思想所留下來的「毒素」。值得指出的是，胡適在
此可能是有意使用「毒素」這個字眼。因為這就正是蔣經國在1956年12月化
名周國光，發表攻擊胡適思想那本書──《向毒素思想總攻擊！》──裡所用
的字眼。

在作了這個冗長的論述以後，胡適回到中央研究院的使命的正題：

> 談到發們的任務，我們不要相信總統十分好意誇獎我個人的那些話。我
> 們的任務，還不衹是講公德、私德，所謂忠信孝悌禮義廉恥。這不是中國
> 文化所獨有的。所有一切高等文化，一切宗教，一切倫理學說，都是人類
> 共同有的。總統對我個人有偏私，對於自己的文化也有偏心。所以在他領
> 導反共復國的任務立場上，他說話的分量不免過重了一點。我們要體諒
> 他。這是他的熱情所使然。我個人認為，我們學術界和中央挑起反共復國
> 的任務，我們作的工作，還是在學術上，我們要提倡學術。203

蔣介石萬萬沒想到胡適會在這種重要的公開場合頂撞他。他那篇演講的大
旨，還是用心擬想出來的。他在典禮前一天，4月9日日記記：「對中央研究院
胡適院長就職時講詞要旨：甲、說明西學為用中學為體之張之洞思想，應作哲
學（文化）為體，科學為用的解釋。」

胡適在典禮頂撞他，真是此可忍，孰不可忍。根據呂實強聽王志維的描
述，蔣介石當場就要拂袖而去。是被坐在他旁邊的陳誠硬把他拉坐下來的204。
他在當晚的日記裡宣洩了他的怒氣：

> 今天實為我平生所遭遇的第二次最大的橫逆之來。第一次乃是民國十五
> 年冬～十六年初在武漢受鮑爾廷〔注：鮑羅廷〕宴會中之侮辱。而今天在
> 中央研究院聽胡適就職典禮中之答辭的侮辱，亦可說是求全之毀。我不知
> 其人之狂妄荒謬至此，真是一個狂人。今後又增我一次交友不易之經驗。

203　徵引自胡頌平，《胡適之先生年譜長編初稿》，7.2662-2665。
204　呂實強，〈淺論胡適的自由思想〉，《胡適與現代中國的理想追尋》，頁366。

而我輕交過譽，待人過厚，反為人所輕侮，應切戒之。惟余仍恐其心理病態已深，不久於人世為慮也。朝課後，手擬講稿要旨，十時到南港中央研究院參加院長就職典禮致詞約半小時，聞胡答辭為憾，但對其仍以禮遇不予計較，惟參加安陽文物之出品甚為欣慰。午課後閱報，晡約請各國使節春季遊會二小時完，心神疲倦，入浴晚課，膳後車遊回寢，因胡事終日抑鬱服藥後方安眠。

在次日11日的日記裡，蔣介石仍然還沒有完全息怒：

昨日的沉痛成為今日的（安樂）自得認為平生無上的愉快，此乃犯而不校與愛人如己的實踐之效也。惟夜間仍須服藥而後睡著，可知此一刺激太深仍不能徹底消除，甚恐驅入潛意識之中，故應以忠恕克己的仁愛之心加以化冶方是進步的勝利之道。今日讀《荒漠甘泉》：「一個信徒能不動聲色地忍受苦痛，不僅是恩典亦是榮耀」之語，更有所感。朝課後記事。閱報刊昨在中央研究院講詞要旨。甚正確簡明，為慰。

胡適頂撞蔣介石，氣個兩三天，也就消了。胡適「毀黨救國」的主張則不然。從蔣介石的角度來看，那是要搗毀他的黨國基業的叛逆之論。綜合我在上文所引的雷震以及蔣廷黻的日記，我們知道胡適在5月26日晚跟蔣經國、陳誠、陳雪屏作了長談。胡適在談話裡所談到的主題之一就是「毀黨救國」。蔣經國在5月30日上午，把這個談話的內容告訴了蔣介石。這就引發了蔣介石在日記裡作了數則憤怒的宣洩：

5月30日：一、近日思能在二年後如期下野休養，以我餘年為黨國貢獻所能，以扶助後繼者完成我黨革命使命，消滅共匪，完成統一也。惟一念及在此二年之中，本國與世界形勢是否能如現狀維持過去得能償我宿願殊所難預料為慮。以今日一般政客如胡適等無道義，無人格，只賣其自由民主的假名，以提高其地位，期達其私慾。對國家前途與事實概置不顧，令人悲嘆。但全國人民與絕大多數仁人義士仍是良知未失，救國甚誠，余豈

能為此少數政客而灰心乎。膳畢，經兒〔蔣經國〕婉報胡適與其談話經過〔注：5月26日晚〕。乃知其不僅狂妄，而且是愚劣成性。竟勸我要「毀黨救國」，此與共匪之目的如出一轍，不知其對我黨之仇恨甚於共匪之對我也。可恥。

　　5月31日：朝課後膳畢，與經兒談反動派抬胡適組黨及其勾結美國之情形。此時美未必為其供應甚麼也。惟胡有躍躍欲試之意，但為過去關係，余對胡適應有一次最後規誡之義務，盡我人事而已。上午聽報，記事，法戴高樂出任其首領以重整法國似成定局為慰。午課前後續審去年日記甚為感歎，晡散步後觀賞影劇後，膳畢散步，晚課。

　　5月31日之後的「上月反省錄」：三、胡適狂妄，竟提出其「毀黨救國」之主張。而彼且將自己組黨。抑何矛盾之極耶……七、立法院對出版法修正案應受反動派與民營報人鼓惑勾結，本黨少數黨員竭力破壞與延誤，從中胡適又為其助長氣焰。遷臺以來，所謂民主人士囂張與搗亂至此，殊為萬不及料之事，人心卑劣士風掃地，如何能挽救危局復興民族，思之悲痛無已。

　　6月3日：午課後，手擬去年總反省錄，開始感想千萬。晡，散步、入浴及觀劇。晚課。一、胡適態度最近更為猖狂，無法理喻。只有不加理會，但亦不必予之作對，因為小人自有小人對頭也。對於其所言反對修憲與連任總統之謠諑，乃是一般投機政客有意誣蔑之毀蔣運動。不僅余本人，即本黨亦從未有此意向。希其審慎，勿受愚弄。至於「毀黨救國」之說，聞之不勝駭異。中華民國本由國民黨創造。今遷台灣，實亦由國民黨負責保全。如果毀了國民黨，只有拯救共匪的中華人民共和偽國，如何還能拯救中華民國乎？何況國民黨人以黨為其第一生命，而且視黨為國家民族以及祖宗歷史所寄託者。如要我毀黨，亦即要我毀滅我自己祖宗與民族國家無異。如他認其自己為人，而當我亦是一個人，那不應出此謬論，以降低其人格也。以上各言，應由辭修〔陳誠〕或岳軍〔張群〕轉告予其切誡。

　　6月6日：一、難題解答的課目是乃克服心智上之課程，應為各教育訓練機構之首要課目。二、各師模範連之設置如何。三、授權應至排班長為止。四、政策研究組改為委員制？五、歷代名將傳記言行錄之編輯工作。

六、監院中反叛分子恐中央不予重登記，而其先自宣布脫黨之亂行應予注意。七、胡適狂妄言行，決不予理睬。朝課後，與辭修散步至望月察勘建築，其別墅地址及巡視小學衛生所等公共機關回。與辭修散步，同進朝餐，商談胡適問題。認其「毀黨救國」之說，是要其現在領袖自毀其黨基，無異強其自毀祖基，此其懲治比之共匪在大陸要其知識分子自罵其三代為更慘乎！可痛！

蔣介石這幾則日記在在地顯示出他完全不瞭解胡適「毀黨救國」主張的用意。胡適的「毀黨救國」的主張根本就不是在挑戰國民黨，遑論是挑戰蔣介石！我在上文提到了胡適在1956年12月13日日記裡黏貼了一份剪報。那份剪報裡引述了台北《中央日報》社長胡健中在紐約訪問胡適有關他「毀黨救國」的主張。那份剪報裡說得清清楚楚。胡適「毀黨救國」的大意是：「國民黨雖經改造，但改造後的國民黨圈子更小，人數更少。不如把黨毀棄，由蔣總統純粹以全國人民領袖的地位，領導復國運動。」

根據胡健中自己的回憶以及蔣介石日記裡的記述，胡健中把胡適「毀黨救國」的主張清楚地向蔣介石作了報告。從某個角度來說，這是完全可以理解的。從獨裁者的角度來說，所有可能挑戰其政權的人都是敵人。獨裁者不會在乎這些所謂的敵人，在意識形態或政治立場上是否有不可妥協的歧異。從他們的角度來看，他們反正都是敵人。因為都是敵人，所以都是一夥的。蔣介石當然是不會瞭解胡適。他只知鞏固政權，患了妄想偏執症。因此，在台灣白色恐怖時代，才有共產黨與台獨都是同路人的說法。

其實，胡適「毀黨救國」的主張並不是新的。我在《日正當中》裡分析了胡適的「好政府主義」。在1931年夏天，胡適曾經用「無黨政治」來描述他的「好政府主義」。比如說，他在該年7月31日的日記說：

美國人Alfred M. Bingham〔秉漢〕（Senator Bingham〔秉漢參議員〕的兒子）來談。他問現在大家都不滿意於代議政治，有何補救之法？應用何種政治代替？我說，今日蘇俄與義大利的一黨制是一種替代方法。但也許可以用「無黨政治」來代替。無黨政治並非絕不可能。試用孫中山的五權

來做討論的底子：一、考試制度應該絕對無黨，……二、監察制度也應該無黨。三、司法制度也應該無黨。四、立法機關也可以做到無黨。選舉可用職業團體推選候選人。以人才為本位，任人自由選舉。選出以後，任人依問題上主張不同而自由組合。不許作永久的政黨結合。五、如此則行政部也可以無黨了。用人已有考試，首領人才也不妨出於考試正途。況且行政諸項，向來早已有不黨的部分。如外交，如軍事，本皆超於黨派之上。何不可推廣此意？此言不是戲言。205

雷震之所以會一直冀望胡適出面組織反對黨，其理由則跟蔣廷黻當初冀望胡適會出面領導他所策畫的「中國自由黨」是完全一樣的。而胡適回應雷震的模式，也跟他從前回應蔣廷黻一樣，若即若離，時而似贊成、時而又似反對的模式。這也是胡適在對雷震因為組黨而慘遭十年牢獄之災這件事裡最不負責任的地方。蔣廷黻人在美國，位高名重。他所作的是秀才造反，看起來煞是美輪美奐，其實只是海市蜃樓。而且還時時請示，一看到臉色不對，就立即偃旗息鼓。雷震則是人在台灣，沒有任何保障。而且是身處特務、軍警環伺，隨時就可逮捕的狀態。胡適明知蔣介石不可能容忍反對黨，卻用他那若即若離，時而似贊成、時而又似反對的典型的模式，讓雷震以為他有胡適的支持。胡適如果真正愛護雷震，他早就該勸阻他。

諷刺的是，雷震第一次對胡適提到組黨，是告訴胡適組黨不易，提醒他要以國民黨的失敗為前車之鑑。他在1949年12月8日給胡適的信上，提到了他聽說蔣廷黻對外發表胡適將要組織「中國自由黨」的消息。雷震在這封信裡所表示出來的態度與其說是歡欣鼓舞，不如說是戒懼慎行：

〈中國自由黨章程〉〔注：由陳之邁翻譯為中文〕已拜讀。先生願意出來領導，使愛好自由人士以十分的興奮。既名為黨，則不能不講組織。廣納自由人士於一組織之內，這是萬分萬分困難的事。希先生對此點特別注意。又負此責者，不但要有組織能力，並須公正、和平與任勞任怨。國民

---

205 《胡適日記全集》，6.592-593。

黨失敗之前車可鑒，務祈（負組織之人，心地不可狹隘）先生注意組織人
選。一切毛病與漏洞，將來會由此而生。又，自由黨組織部分，定得太簡
單。206

事實上，這時候的雷震覺得與其組織「中國自由黨」，不如組織一個反共
超黨派的「自由中國運動」。顯然他還特地為此事寫了一封詳函給胡適，可惜
今已不存。然而，我們可以從他1950年1月24日給蔣廷黻、陳之邁的信看出
其宗旨的梗概：

弟意今日中國〔台灣〕應先結合志同道合之人士，先來一個反共超黨派
的自由中國運動，以文字或其他方式徵求同志。俟此團體有相當力量後，
再參加實際政治。這樣進行不免緩慢，但不致發生波折。惟此運動必須有
信條（或稱綱領亦可）、有組織，一如政黨相同，方可產生力量。但不云
政黨，可吸收已參加既成政黨之人士，而毋須令其脫黨，故必須以超黨派
者以此。關於此事，弟已有詳函致適之先生。現正起草運動綱領中。俟草
妥當寄美請教。在此期間白應從宣傳著手，《自由中國》半月刊勉可為此
運動之刊物。207

雷震有所不知，胡適連在美國都已經與他多年老友蔣廷黻的自由黨虛與委
蛇了。他怎麼會跟雷震蹚渾水呢！雷震給胡適的「詳函」、他起草的運動綱
領，以及胡適的回信，雖然今天都已不存，但我們有雷震1950年初給胡適的
一封殘信，可知雷震失望了：

再者，「自由中國運動」因先生不起勁，仍不能開始。港、台一般志同
道合之人士及青年學子，十分失望。先生所推薦之人，如孟餘、孟真兩先

206 雷震致胡適，1949年12月8日，萬麗鵑編註，《萬山不許一溪奔：胡適雷震來往書信選
集》，頁5-6。
207 雷震致蔣廷黻、陳之邁，1950年1月24日，《雷震全集》，30.66-67。

生，都不願擔任此工作。而孟餘先生更消極。老實說，「自由中國運動」如非先生出來領導，絕對沒有希望。以拯救民族文化為己任如先生者，還能這樣長此因循下去麼？先生不願組黨，猶有理由可說。而先生不做這個運動的領導人，實在說不出道理來。前次徵求先生組閣，我是反對的。因如此必然犧牲了先生個人，而於國事毫無補益。請先生領導這個運動，我是極端贊成的，因為只有先生才配領導這個運動。[208]

到了1956年秋天，雷震本人的政治態度已經演化到必須成立反對黨來監督國民黨的地步。他在10月29日寫信懇請胡適出面領導一個反對黨：

大家以為今日政治已走到死路。除非能成立反對黨來監督政府，簡直想不到好辦法。大家希望能開救國會議，希望在這一大會上逼政府准許成立新黨。所以請你不要反對救國會議。您如能表示贊成開，寫一篇文章在《自由中國》發表，尤可促成政府早日舉行。

先生今年六十六，我已六十，對國事奮鬥之日無多。我們應該在民主政治上奠定一基礎。我這幾年受了朋友多少警告，要少講話。我未聽下，反而仍繼續講話者，是想為子孫留一點遺產。建立民主政治的政府，我們縱不能及身而成，但我們要下一點種子。先生常寫「種豆得豆」，就是這個道理。

這個新黨如先生願出來領導，可把民社、青年兩黨分子合起來，加入國民黨一小半及社會上無黨無派者，成立國民黨以外一個大黨，今後實行兩黨政治……先生如能擔任此事，我誓一身為此黨努力，決不出來做政府事情。即此黨可以執政，我亦只在背後而不出面。今日之事如無少數人犧牲，國事是無前途的。先生對局面看得很明白。除此之外，還有他途麼？國民黨分為二個是走不通的。[209]

208　雷震致胡適，1950年初，萬麗鵑編註，《萬山不許一溪奔：胡適雷震來往書信選集》，頁8。請注意，萬麗鵑繫此信為1949年。我認為是1950年初。

209　雷震致胡適，1956年10月29日，萬麗鵑編註，《萬山不許一溪奔：胡適雷震來往書信選

　　同年11月5日，雷震再次寫信給胡適：「我們要挽救危局，把中國造成一個現代的中國，必須有一個有力的反對黨。並不是要這個黨執政，就是在旁邊督促，使執政的國民黨能夠前進。請先生切實把這個問題想想。」[210]

　　對於雷震組黨的呼籲，胡適一直沒有表態。這除了因為胡適確實一直都對組黨沒有興趣以外，也跟他身體不好有關。我們記得胡適在1956年到加州大學柏克萊分校講學一個學期。他的名義是「大學理事會特聘哲學系教授」（Regents' Professor in the Department of Philosophy），薪資是7,500美金[211]。他在給楊聯陞的信上解釋了這個講學機會的由來：「這事起於數月前趙公〔元任〕與一些U.C.的中外朋友的一個『陰謀』。現今居然成為事實，我只好接受了。」[212]他在給吳大猷夫婦的信裡，解釋了他講學的任務：「設一個graduate course〔研究生課〕，另作十個公開講演。一月中可完。」[213]在那個學期裡，胡適住在「都蘭旅社」（Hotel Durant）的一間公寓裡[214]。

　　原來胡適有在1957年3月去台灣的計畫。事實上，他連票都買好了。只是，他從柏克萊講學完畢回到紐約以後，老覺得身體不舒服：「只感覺『不舒服』、『煩躁不安』。慢慢的more defined〔比較明顯〕，才發見是一種『餓』的feeling〔感覺〕，在每飯後三個鐘頭出現。」[215]

　　胡適經過自己的觀察認定是胃的問題以後，他在2月13日去看醫生。然而，胃與膽的X光片，都看不出有什麼問題。原訂18日再回診。然而，胡適從14日夜開始已經出現胃潰瘍的症狀。由於X光片沒有顯示出問題，胡適決定按照計畫去台灣講學半年。於是，他決定17日去種牛痘，以便完成他去台灣的手續。當天去趙寬醫生家種牛痘的時候，胡適已經虛弱到出門扶杖的地

　　集》，頁100-101。

210　雷震致胡適，1956年11月5日，萬麗鵑編註，《萬山不許一溪奔：胡適雷震來往書信選集》，頁103。

211　胡適致趙元任，1956年4月29日，《胡適全集》，26.26。

212　胡適致楊聯陞，1956年5月11日，《胡適全集》，26.31。

213　胡適致吳大猷夫婦，1956年9月9日，《胡適全集》，26.61。

214　胡適致趙元任，1956年8月5日，《胡適全集》，26.53。

215　胡適致趙元任，1957年2月14日，《胡適全集》，26.75。

步。還好胡適到了趙醫生那兒以後，告訴醫生他的狀況。而且，在醫生那兒，他又去了洗手間。趙醫生聽了胡適的描述，去胡適用完了的洗手間檢視了以後，立即判斷他是急性胃潰瘍，馬上送他到醫院去。胡適的胃被切除了十分之六。總共在「紐約醫院」（New York Hospital）住了二十二天，3月11日出院[216]。

我們不知道胡適這次在醫院費用的數目，也不知道他自付多少。但他在1957年6月19日給趙元任的信上說：

> 我的醫藥住院及手術、護士等等，有Blue Cross〔藍十字〕及Blue Shield〔藍盾〕兩種保險，擔負了七百餘元。其餘的，因為我從1949年1月起有「資政」的名義。公超對我說，「資政」的醫藥費是由國家擔負的！所以我的醫院費用，最近已由政府還我了！[217]

胡適對趙元任說他醫院的費用是「政府」還給他的。然而，蔣廷黻在1957年7月31日的日記，則說蔣介石送給了胡適美金一萬一千元：

> 和胡適午餐……他要我給他去台灣的意見。他說他認為蔣不希望在台灣看到他。他說他上次去的時候，經國的人在辯論了九天以後，擬具了一篇有關胡適的「公報」（communiqué），指控胡適把對共產黨有利的理論偷渡進台灣。蔣後來在一篇演講裡，徵引並贊同這個偷渡說。我對胡適說，如果健康允許，他應該回去。
>
> 蔣送給他一張11,000美金的支票。我建議他接受。我也告訴他我所提出的削減軍事開支的建議。[218]

胡適在3月11日出院以後，又有了嗓子發啞的問題。接著，8月中他就開

216　胡適致朱家驊，1957年3月21日，《胡適全集》，26.77-79。

217　胡適致趙元任，1957年6月19日，《胡適全集》，26.102。

218　Tsiang Tingfu Diaries, July 31, 1957.

始發燒了。於是又住院檢查了六天。這發燒的問題一直折騰到10月方才消失。

　　這時的胡適除了擔心自己的健康以外，也為如何安排自己的餘生操心。他不但對台灣的政局悲觀，他而且特別厭惡蔣經國的特務系統。蔣廷黻在1957年3月27日的日記記：「與胡適長談。雖然他不願意組織一個反對黨，他對台灣的政局非常悲觀。他非常厭惡軍隊裡政工部門的法西斯傾向。」[219]

　　然而，胡適已經別無選擇。留在美國，不但醫療保險是一個大問題，沒有固定收入的他，總有一天會坐吃山空的。他1956年11月18夜給趙元任夫婦的一封信就說明了一切：

　　　我在今年初──也許是去年尾──曾有信給元任，說明為什麼我這幾年總不願在美國大學尋較長期的教書的事。我記得我說的是：第一，外國學者弄中國學術的，總不免有點怕我們。我們大可以不必在他們手裡討飯吃

圖14　胡適的南港住宅，1958年2月20日開始興建。（胡適紀念館授權使用）

219　Tsiang Tingfu Diaries, March 27, 1957.

或搶飯吃。第二，在許多大學裡主持東方學的人，他們的政治傾向往往同我有點「隔教」。他們雖然不便明白說，我自己應該「知趣」一點，不要叫他們為難。（以下兩點是今天加上的）第三，我老了，已到了「退休」年紀。我有一點小積蓄，在美國只夠吃兩三年。在台北或台中可以夠我坐吃十年而有餘。[220]

1957年8月，中央研究院院長朱家驊被蔣介石迫而辭職。胡適在10月22日日記裡說：「此次騮先辭職，實等於被逼迫去職。海外有六個評議員，都很憤慨。」[221] 11月3日，中央研究院評議會票選院長，胡適以最高票當選。次日，蔣介石發表胡適為中央研究院院長。6日，胡適以身體為由，請蔣介石任命第二高票的李濟為院長。9日，蔣介石再度電請胡適接受院長任命。終於，胡適在12月6日發電接受，並請在他身體康復回台以前，由李濟代理院長職務。

胡適雖然在身體情況、如何安排餘生，以及對台灣政局悲觀這幾個因素的糾結之下度過1957年，但他還是終於對雷震一再敦請他出面組織反對黨的呼籲作出了回應。他在1957年8月29夜作了很堅定的回絕：

這一年來，香港、台北的朋友曾有信來，說起反對黨的需要。但我始終沒有回過一個字，沒有覆過一封信，因為我從來沒有夢想到自己出來組織任何政黨。我前幾年曾公開的表示一個希望：希望國民黨裡的幾個有力的派系能自由分化成幾個新政黨，逐漸形成兩個有力的政黨。這是我幾年前的一個希望。但去年我曾對幾位國民黨朋友說，我對於國民黨自由分化的希望，早已放棄了。我頗傾向於「毀黨救國」、或「毀黨建國」的一個見解。盼望大家把眼光放得大一點，用「國家」來號召海內外幾億的中國國民的情感心思，而不要枉費精力去辦「黨」。我還希望國民黨的領袖走「毀黨建國」的新路，我自己當然沒有組黨的心思。

220　胡適致趙元任夫婦，1956年11月18夜，《胡適全集》，26.67。

221　《胡適日記全集》，9.311。

他接著相當斬釘截鐵地告訴雷震：

> 丁月波和你都曾說過，反對黨必須我出來領導。我從沒有回信。因為我
> 從來不曾作此想。我在台北時，屢次對朋友說──你必定也聽見過──盼
> 望胡適之出來組織政黨，其癡心可比後唐明宗每夜焚香告天，願天早生聖
> 人以安中國！[222]

胡適說得很清楚，要胡適之出來組黨，「其癡心可比後唐明宗每夜焚香告
天，願天早生聖人以安中國！」這個比喻，胡適一生在不同場合用過多次。我
們當然可以說，胡適都已經作出這麼斬釘截鐵的表示了，聽不懂還能怪誰呢！
況且，胡適還說了：「我還希望國民黨的領袖走『毀黨建國』的新路，我自己
當然沒有組黨的心思。」這句極為關鍵的話。然而，只有研究歷史的我們能夠
有這種後見之明。在使命感的激勵之下，雷震是很容易視而不見的。

胡適拒絕出面領導新政黨的立場始終如一。他在1949、1950年對蔣廷黻
如此表態。八年以後，他以相同的態度告訴雷震。1958年5月27日，他在
「自由中國社」的歡迎宴會上談〈從爭取言論自由談到反對黨〉。這篇演講，
最淋漓盡致地說明了胡適的言論白由的局限，以及他反對成立反對黨的立場。
在這篇演講裡，胡適用他慣用的兩手政策來談言論自由。一方面，他說台灣的
言論自由已經確立了：

> 假如「發行人胡適」這五個字在創刊時，為爭取言論自由有一點點掩護
> 作用，到現在也用不著了。因為《自由中國》半月刊已經站住了……言論
> 自由不是天賦的人權，言論自由須要我們去爭取來的。從前或現在，沒有
> 哪一個國家的政府願意把言論自由給人民的。必須要經過多少人的努力爭
> 取而得來。所以自由中國的言論自由，也須要大家去爭取。

胡適才一手說人人都應該去爭取言論自由，他卻又用另一手說，爭取言論

222　胡適致雷震，1957年8月29夜，《胡適全集》，26.112, 113。

自由必須講究技術，並不是所有的題目都可以去碰的：

> 我覺得「自由中國社」儘管爭取言論自由方面很有成績，但在技術上還
> 要學習。比如就「反攻大陸」的問題來講。「反攻大陸」是一個招牌，也
> 是一個最重要的希望和象徵。不但是台灣一千萬人的希望的象徵，而且是
> 海外幾千萬僑胞的希望的象徵。還可以說是大陸上幾萬萬同胞的希望的象
> 徵。這樣一個無數人希望的象徵的一個招牌，我們不可以去碰的……我們
> 要知道，凡是有希望象徵的招牌，都不應該去碰的。

胡適明白地告訴大家，台灣有言論自由。但這個言論自由是有其禁忌與禁
區的。胡適所謂的「技術」也者，就是叫大家不要去碰那些禁忌，不要進去那
些禁區。這就是胡適晚年爭取言論自由的局限。

更有意味的，是胡適在「自由中國社」公開反對《自由中國》所呼籲成立
的反對黨：

> 此外，對於那本小冊子〔注：「自由中國社」出版的《今日的問題》〕
> 最後一篇有關反對黨問題的文章，我也有一點異議。該小冊子有幾十萬
> 字，把「反對黨」問題作為最後一篇文章。中間有一大段大意是說有了反
> 對黨，前面所談十幾個問題，都可以迎刃而解。我以為也沒有這樣簡單的
> 事。就是今天有了一個反對黨，不見得馬上就能解決前面的十幾個問題。

胡適的重點不是說「反對黨」是個萬靈丹。他所要說的是，「反對黨」這
個字眼會讓當政者聞之色變：

> 我個人對此問題，認為最好不要用「反對黨」這個名詞。一講「反對
> 黨」就有人害怕了。不明道理的人，以為有搗亂、有顛覆政府的意味。所
> 以最好是不用「反對黨」這個名詞。

於是，胡適又回到了他幾年前希望國民黨自己分化的想法：

　　你們內部可以自由分化。讓立法院中那種政治的分野，讓他們分為兩個黨、三個黨、或四個黨。後來慢慢歸併為兩個大黨。這樣等於都是自己的子女。今天我的大少爺執政，明天我的二小姐執政，結果都是自家人。這不是很好的事嗎？國民黨的黨員有政治組織的經驗，由他們分出一部分黨員出來扮黨。憑他們的政治經驗、組織經驗，也許可以比現在兩個友黨辦得好一點，也許比另組新黨更好一點。

　　胡適這個「今天我的大少爺執政，明天我的二小姐執政，結果都是自家人」也算是民主政治的主張，如果有「世界民主奇論大觀」的話，大概可以名列前茅。

　　然而，套用胡適自己常用的話來說，他希望國民黨自己分化的想望，「其癡心可比後唐明宗每夜焚香告天，願天早生聖人以安中國！」現在這個癡望既然不可得之，可是又為了不讓蔣介石聞虎色變，於是，胡適就提出了一個永遠不想取得政權的「反對黨」的概念：

　　這句話我已說了好幾次，但到現在還是沒有實現。今天雖然看到立法院的分野還是存在。但我所希望的民主黨、共和黨都沒有出來。今天在立法委員的黨員中，也許有他們的困難。我們不能再等他們朝這個方向走。

　　現在可否讓教育界、青年、知識分子出來組織一個不希望取得政權的「在野黨」。一般手無寸鐵的書生或書呆子出來組黨，大家總可相信不會有什麼危險。政府也不必害怕，在朝黨也不必害怕。我想如能從這個新的方向走，組織一個以知識分子為基礎的新政黨。這樣一個在野黨，也許五年、十年、甚至二十年都在野也無妨。[223]

　　胡適這個永遠不想取得政權的「反對黨」的概念並不是一時的奇想。1960年10月23日，他在雷震被捕判刑以後回到台灣接受《英文中國日報》（*The*

223　胡適，〈從爭取言論自由談到反對黨〉，《自由中國》，第18卷第11期，1958年6月1日，頁9-10。

China News）訪問的時候，仍然提出這個概念：

　　記者問他是否仍然支持反對黨，胡博士說他一直都不但願意鼓勵反對黨，而且鼓勵所有能有助於台灣民主的方法。他說也許中文的反對黨容易讓人造成誤解。反對黨在西方的用語裡，泛指所有不在執政的政黨或組織。根據作為當代世界最偉大的學者之一的胡博士的看法，比較好的中文翻譯，也許應該是在野（not in power）或下野（out of power）的政黨。224

　　然而，我認為胡適這個組織一個不希望取得政權的「在野黨」的說法，只是他拿來敷衍那些希望台灣產生一個反對黨的知識分子而已。「毀黨救國」才是他這時真正的主張。第一個證據，就是他在5月26日跟蔣經國、陳誠，以及陳雪屏的談話。儘管雷震一再敦請他在這個談話裡向蔣經國、陳誠提出反對黨的想法，儘管雷震甚至在26日白天要胡適傳達他的保證：「這個反對黨不革命、不陰謀，以民主政治公開活動。他允說。」225根據陳誠的日記226，以及上文已經提到的胡適後來親口告訴雷震的，胡適還是只提「毀黨救國」，沒提反對黨。

　　第二個證據是雷震1958年6月15日日記：

　　今日和胡先生談了三十分鐘。我還是請他考慮領導反對黨的問題。他說事情不是這樣簡單……他說張君勱真是一個書生，不會辦事。梁〔啟超〕會辦事，而弄得無法應付。你們說你們來辦，讓我掛掛名就算了。天下哪有這回事。他說他今晨見到張岳軍……又說毀黨救國之事。他說，國民黨已臭了，無法出來領導反共。如以國家出來領導，我也在內，台灣人也在

224　"Hu Says Lei Case Hurts Nation, Urges Forming Opposition Parties," *The China News*, October 23, 1960, p. 4.

225　雷震，《雷震日記》，1958年5月26日，《雷震全集》，39.295。

226　《陳誠日記》，1958年5月26日。轉引自黃克武，〈蔣中正、陳誠與胡適：以「三連任」問題為中心（1956-1960）〉，「胡適與中國新文化國際學術研討會」（北京大學，2016），頁241。

內，大陸人和華僑也在內。[227]

第三個證據是胡適1958年12月22日在台北《民主潮》社的演講，〈關於言論自由和反共救國會議〉：

> 我曾經對外發表意見：我希望舉行一個人數較少的，幾十個人的會議。沒有新聞記者，關起門來談談……我不贊成開一千多人或八九百人的反共救國會議。我們不是想藉這個會議來產生一個反對黨。

胡適這個不是要產生一個反對黨的會議所引以為楷模的，是美國1787年的「費城制憲會議」。他說：

> 這些美國開國的大政治家，在開始時，就下了決心，要求得一個可以代表全體意志的共同方案。這真可以說是「大公無我」。因為在記錄上沒有「我」，在報紙上也沒有「我」。沒有我才可以大公。如果記錄都在報紙上發表了，就變成了「我的」主張。不免要武斷、要固執、要堅持，怕人家說我不是大丈夫。因此，我的主張就非堅持到底不可。所以一定要「無我」才能「大公」。我用十八世紀大哲學家盧騷說的話，他們是要求一個可以代表 "General Will"（公意）的方案。[228]

換句話說，即使胡適在談他心目中的反共救國會議的時候，他仍然是用這個救國會議來澆他自己的「毀黨救國」的塊壘。

不幸的是，雷震一直就是好比「後唐明宗每夜焚香告天，願天早生聖人以安中國」，願胡適出面領導一個反對黨的癡心。一直到1960年5、6月間，基本上已經到了他要被逮捕的前夕，儘管胡適一再表明他的立場，雷震仍然是癡

227　雷震，《雷震日記》，1958年6月2日，《雷震全集》，39.309-310。

228　胡適，〈關於言論自由和反共救國會議〉，《自由中國》，第20卷第1期，1959年1月1日，頁10-11。

心不改。胡頌平在1960年5月25日的記錄：

> 下午，雷震、夏濤聲來請先生參加他們今晚的宴會。這是民、青兩黨及無黨無派人士的宴會。他們本來想請先生出名領導組織一個反對黨。先生曾經明白告訴他們說：我從來不參加實際的政治，我是決定不幹的。今天他們來請的目的，只求先生能夠到一到。在他們一再的堅邀之下，先生答應可以到一到，但決不說話，也不吃飯。[229]

一個月以後的記錄，6月30日，幾乎完全雷同：

> 上午，雷震、夏濤聲來看先生，請求先生支持他們的反對黨，大概九月間要組織成立了。先生說：「我不贊成你們拿我來作武器，我也不牽涉裡面和人家鬥爭。如果你們將來組織成一個像樣的反對黨，我可以正式公開的贊成，但我決不參加你們的組織，更不給你們作領導。」最後他們請先生吃飯，說是為先生餞行，坐著不走。先生答允可以一到。[230]

有後見之明的我們，知道雷震現在已經一步步地走近蔣介石要把他繫之囹圄的圈套。胡適與雷震案的相關問題，牽涉到的問題極多。要詳細分析，會超出本傳的範圍。幸好近年來已經有許多嚴謹的論著出現，有興趣的讀者可以去參考[231]。我在本節所剩下來的篇幅裡，就主要集中在胡適本人對蔣介石再作妥協的兩件事的直接反應：第一件是蔣介石的三連任；第二件則是雷震案。

229　胡頌平，《胡適之先生年譜長編初稿‧補編》，頁265。

230　胡頌平，《胡適之先生年譜長編初稿》，9.3305-3306。

231　例如：陳漱渝，〈萬山不許一溪奔──以蔣經國1956年清算胡適為中心〉，「胡適與中國新文化國際學術研討會」，頁199-206；楊天石，〈雷震、胡適與《自由中國》半月刊〉，「胡適與中國新文化國際學術研討會」，頁207-228；黃克武，〈蔣中正、陳誠與胡適：以「三連任」問題為中心（1956-1960）〉，「胡適與中國新文化國際學術研討會」，頁229-270；任育德，〈胡適晚年與蔣介石的互動（1948-1962）〉，《國史館館刊》，第30期，2011年12月，頁103-143。

　　自從胡適在 1954 年支持蔣介石連任、陳誠為副總統以後，在他的心目中，陳誠就理所當然應該是下一任的總統了。從那時候開始，他與蔣廷黻就以輔佐陳誠順利接班為己任。比如說，蔣廷黻 1954 年 4 月 4 日的日記就說，顧維鈞告訴他當時在台灣的胡適要推遲兩星期回美國，因為他「要幫忙陳誠組閣。」[232] 又如 1958 年 10 月 27 日日記。這時胡適在美國，除了 9 月初在華盛頓開中基會的年會，又在 10 月上旬開了一個在美國的中央研究院院士的談話會以外，也處理他個人先搬回台灣的事宜。蔣廷黻 1958 年 10 月 27 日日記記：

　　　　跟即將回台灣的胡適有一個長談。他擔心〈蔣介石—杜勒斯公報〉（C-D communiqué）裡提到了中國文化可能會造成不好的影響。告訴他說，在這種新環境之下，他發展科學的計畫應該會更有成功的機會。我們都同意我們必須低調地增強陳誠的力量，以幫助他可以順利接蔣介石的班。我們也同時同意《自由中國》的雷震需要改變其雜誌的基調，從帶有敵意轉為善意的批評。[233]

　　一直到 1960 年國民代表會議開會選舉總統的前夕，胡適仍然反對蔣介石三連任。胡適反對蔣介石三連任的理由，他在 1959 年 11 月 15 日的日記裡說得最為透徹。當晚他在梅貽琦宴請日本文部省大臣的晚宴後到張群家小談。他請張群轉告蔣介石下述幾點：

　　　　一、明年二、三月裡，國民大會期中，是中華民國憲法受考驗的時期，不可輕易錯過。
　　　　二、為國家的長久打算，我盼望蔣總統給國家樹立一個「合法的、和平的轉移政權」的風範。不違反憲法，一切依據憲法，是「合法的」。人人視為當然，雞犬不驚，是「和平的」。
　　　　三、為蔣先生的千秋萬世盛名打算，我盼望蔣先生能在這一、兩個月

232　Tsiang Tingfu Diaries, April 4, 1954.
233　Tsiang Tingfu Diaries, October 27, 1958.

裡，作一個公開的表示。明白宣布他不要作第三任總統，並且宣布他鄭重考慮後，盼望某人可以繼他的後任；如果國民大會能選出他所期望的人做他的繼任者，他本人一定用他的全力支持他，幫助他。如果他作此表示，我相信全國人與全世界人都會對他表示崇敬與佩服。

四、如果國民黨另有別的主張，他們應該用正大光明的手段明白宣布出來，決不可用現在報紙上登出的「勸進電報」方式。這種方式，對蔣先生是一種侮辱；對國民黨是一種侮辱；對我們老百姓是一種侮辱。

只是，胡適有所不知，蔣介石老早就已經決定要作第三任了。作為蔣介石的心腹，張群婉轉地對胡適解釋：

岳軍說，他可以鄭重的把我的意思轉達。但他說，蔣先生自己的考慮，完全是為了：一、革命事業沒有完成；二、他對反共復國有責任；三、他對全國軍隊有責任。我說：在蔣先生沒有做國民政府主席也沒有做總統的時期──例如在西安事變的時期──全國人誰不知道他是中國的領柚？如果蔣先生能明白表示他尊重憲法不做第三任總統，那時他的聲望必然更高，他的領袖地位必然高了。

我在10月25日下午去看黃少谷先生，把上面的話全說給他聽了。今天是第二次重說一遍。我只是憑我自己的責任感，盡我的一點公民責任而已。[234]

從某個角度來說，胡適反對蔣介石三連任只是要亡羊補牢，因為蔣介石根本就是一個非法的總統。台北的「胡適檔案」裡有一份顯然是美國的憲法專家所寫的備忘錄，從憲法上斷定了蔣介石在1950年3月1日在台灣回任總統「復行視事」是非法的。這一份備忘錄很長。它在一開始先作說文解字的工作：

一、蔣介石在1949年1月21日正式辭職〔注：〈引退謀和書告〉〕。在中國，「辭職」這個字眼從來不用在元首的身上。因此，在中國憲法有關

234《胡適日記全集》，9.457-458。

總統的條款裡沒有這個字眼。蔣介石當時所用的字眼是「引退」。一般說來，是意指退休，就是倦勤的意思……

在中國過去四千年的歷史上，「退」一直是被元首用來意指退位的意思。用在皇帝身上，就是「退位」，亦即，「退讓皇位」。用在其他國家元首，例如民國的總統身上，就是「引退」，亦即「退卸職位」。不用「辭職」這個字眼，因為在理論上沒有一個比他權位更高，讓他可以對之遞出辭呈的人。因此在中國，「引退」在法律上就等同於美國的辭職。

二、蔣介石在1949年1月21日的作為就是辭去總統的職位。這不但從中文字典的定義來說是如此，而且從他後來在1949年4月27日的聲明說他已經成為「國民一分子」也是如此。只有在他辭職以後，他才會成為「國民一分子」。在這個由「中央通訊社」發布、《紐約時報》在4月28日刊載的聲明裡，蔣介石說：「中正雖引退于野，為國民一分子，而對於國家的危難，同胞的災禍，仍自覺其負有重大的責任。」〔注：〈和平絕望奮鬥到底〉〕

這句「中正雖引退于野」，從中文嚴格正確地翻譯過來，就是：「中正雖然退卸職位回歸鄉野」……回歸鄉野就是沒有公職的意思。

因此，信實翻譯的結果顯示的是，蔣介石兩次鄭重地放棄了他作為中華民國總統的職位。

接著，這份備忘錄就從憲法的角度去分析：

三、根據中華民國的憲法，沒有一個已經退休或辭職而成為一般國民的總統，可以在沒有經過合法選舉的程序——像所有其他公民都必須遵守的——之下回到他原有的職位。中國的憲法沒有任何條文可以讓一個已經辭職或引退的總統恢復他的權位。蔣介石在1949年1月21日辭職或引退。他後來在1950年3月1日復職，由於不符合憲法的規定，是屬於篡位。

四、如果像蔣介石的支持者所辯稱的，在他引退或辭職的時候，蔣介石只是因為他暫時無法行使其職權而易位，則蔣介石在1949年1月21日仍然是總統，李宗仁也仍然是副總統，所有政府的命令應該仍然以蔣介石的

名義發出。然而，事實必非如此。蔣介石完全切斷了他與政府的關係。所有政府的命令都是以李宗仁代總統的名義發出的。這很明顯的是蔣介石的意思，因為他在1949年1月21日引退的聲明裡說：「於本月二十一日起由李副總統代行總統職權。」從中華民國李宗仁代總統從那以後所簽署的命令看來，這也很明顯的是他的意思。舉個例子來說，美國政府所發表的《白皮書》在第292，293頁上說：「1949年1月24日，華盛頓的中國大使正式通知國務院委員長的決定，以及以副總統李宗仁**繼其職位**。」《白皮書》裡，有許多處提到了李宗仁作為中華民國代總統在那以後所簽署的許多命令。同時，李宗仁第一次到美國治病的時候，美國所發給他的證件稱呼他為「中華民國代總統」。

五、中國憲法第49條有兩段。第一段針對總統職位出缺的情形。在引退或辭職造成出缺的情形之下，由副總統繼任。第49條第二段針對的，是「總統因故不能視事時，由副總統代行其職權。」這第二段所設想的，顯然是如果總統因為生病、軍事危機、或坐牢而不能行使職權的情況。在第二種情況之下，總統仍然是總統，只是因為他在無法控制的情況造成他無法行使職權。很明顯的，蔣介石在1949年1月21日的作為屬於第一段。因為他引退了，他聲明自己是「為國民一分子」，所有政府的命令都不再以他的名義發出。一個人既然辭職了，在邏輯上這就與憲法上所說的無法行使職權是有衝突的。一個人引退是一個有意的決定，並不是因為發生了情況使他無法行使職權。

蔣介石在1949年1月21日引退聲明裡錯誤地引用第49條第二段〔注：「爰特依據中華民國憲法第四十九條『總統因故不能視事時，由副總統代行其職權』之規定，於本月二十一日起由李副總統代行總統職權」〕，並不能改變憲法的意義及其應用。如果一個引退的總統有權力任意用憲法的任何部分，把它引用來應用在一個案例上，則他──而不是國民大會──就有修訂憲法的無限的權力。

六、李宗仁代總統的「代」，在中文的意思，意指在空位期的代理。在這個案例裡，就意指從蔣介石辭職一直代理到下一屆總統選舉為止。它不可以被詮釋為代理一個已經跟總統職位無關的一個已經離職的前任。這就

好像在歐代爾（William O'Dwyer）市長〔注：1946年到1950年紐約市長〕，辭職以後，尹佩利特瑞（Vincent Impellitteri）代市長執行紐約市長的職權，一直到新市長依法選出為止。如果歐代爾先生可以說：尹佩利特瑞只是代理他，而他本人在下一次選舉以前可以隨時回任，那就真的是匪夷所思了。

根據以上的論述，很明顯的，蔣介石在1950年3月1日復職為總統，是沒有任何憲法與歷史上的依據，而且也是違背他自己先前所說的話。李宗仁代總統從1949年1月21日開始，也一直是代總統。根據憲法的規定，他必須是代總統一直到下一屆總統選舉為止。[235]

無怪乎胡適亟亟於要黃少谷、張群傳話，要蔣介石正視次年的總統選舉是「憲法受考驗的時期」，敦促蔣介石要「樹立一個『合法的、和平的轉移政權』的風範。不違反憲法，一切依據憲法，是『合法的』。」胡適希望蔣介石能夠遵守憲法不再連任，選出新的總統、副總統。這就是胡適試圖用亡羊補牢的方式，重新建立一個「不違反憲法，一切依據憲法，是『合法的』」的政府。

胡適是在對牛彈琴。蔣介石1959年11月20日日記：

胡適反對總統連任事，各處運用其關係，間接施用其威脅技〔伎〕倆，余皆置若罔聞。昨其來與岳軍〔張群〕相談，其意要求與余個人關門密談，並托岳軍轉達其告辭修〔陳誠〕等相同之意。乃余對岳軍曰：余此時之腦筋，惟有如何消滅共匪，收復大陸，以解救同胞之外，再無其他問題留存於心。至於國代大會與選舉總統等問題皆不在我心中，亦無暇與人討論。否則我即不能計畫反攻復國要務矣。如胡再來問訊時，即以此意答之可也。此種無恥政客，自抬身價，莫名其妙，誠不知他人對之如何討厭也，可憐實甚。

11月28日後之「上星期反省錄」：

235 "The Constitutional Status of Chiang Kai-shek,"「胡適紀念館」，HS-US01-094-019。

胡適無恥，要求與我二人密談選舉總統問題，殊為可笑。此人最不自知，故亦最不自量。必欲以其不知政治而又反對革命之學者身分，滿心想來操縱革命政治，危險極矣。彼之所以必欲我不再任總統之用意完全在此，更非真有愛於辭修也。因之，余乃不能不下決心，而更不忍固辭也。以若輩用心不正，國事如果操縱在其手，則必斷送國脈矣。

蔣介石在日記裡記他對張群轉話的回答略異於胡適輾轉聽來的。胡適在11月23日日記記：

五點，我去看〔王〕雲五先生。他說，昨天他見到岳軍先生了。岳軍把我的意思先記出來，然後面告蔣先生。並沒有留下記錄。只委婉的口述。我的四點意見……他都轉達總統。蔣先生鄭重考慮了一會，只說了兩句話：「我要說的話，都已經說過了。即使我要提出一個人來，我應該向黨提出，不能公開的說。」我怕這又是卅七年〔1948〕〔注：要讓總統候選人大位給胡適〕和四十三年〔1954〕〔注：蔣介石再次提出他希望能提胡適為候選人的想法〕的老法子了？他向黨說話，黨的中委一致反對、一致勸進，於是他的責任已盡了。236

黃克武說透過蔣夢麟的勸說，胡適答應不再反對蔣介石連三任。他說，陳誠在11月19日的日記裡，記他請蔣夢麟出面勸說胡適：「八時，訪蔣夢麟先生。談在日見聞：一、日本文化；二、大使館情形。繼談明年選舉，希其與適之一談，以免誤會（一、總統連任之必要；二、不要害我）。」陳誠接著在11月28日日記記：

四時蔣夢麟來訪，告已與適之談過。彼已接受不再反對總統連任。夢麟先生說服適之之理由為台灣安定才能言其他。現僧多粥少，事實上非總統不可。提辭修無異害辭修。

---

236 《胡適日記全集》，9.486-457。

　　陳誠把胡適態度轉變之事告訴黃少谷。可能是經由黃少谷，蔣介石得到胡適不再反對他連任的新態度[237]。因此，蔣介石在12月19日日記記：

　　近聞胡適受〔蔣〕夢麟之勸，其對國大代會選舉與連任問題不再反對，並願擔任此次國代聯誼會年會主席。此乃其觀望美國政府之態度而轉變者，可恥之至。余昔認其為比張君勱等人格略高。其實彼此皆為政客。其只有個人，而絕無國家與民族觀念。其對革命自必始終立於敵對與破壞之地位，無足奇哉。

　　事實上，胡適並不如黃克武所說的改變了他反對蔣介石三連任的態度。一直到國民大會在1960年2月20日都已經開幕了，胡適仍然不改其反對的態度。比如說，胡頌平就在當天的記錄裡記：「先生到了國民大會門口時，有好幾位記者圍住先生。先生說：『我不說話了。我是不贊成總統連任的。』」[238]

　　胡適這個一直到國民大會開會時仍然反對蔣介石三連任的態度是有軌跡可循的。他2月5日晚上跟一些國民黨大老在陳誠府邸晚餐。根據雷震2月8日日記記載，胡適說：

　　大家喝酒，酒後他發酒瘋，說了許多話。他說國大行將開會，只有二個星期。總統候選人尚不知，國民黨是怎樣作法，誰人作主？天下事難道只一人作主麼？我有一個荒謬絕倫的學生，說臨時條款不等於憲法。當時王雲五也說臨時條款等於憲法，惟他有一個錦囊妙計，要到最後才說。胡先生又說國大開會一個月，每人一萬元。發展科學計畫今年只有二百萬，明年只有五百萬，不及開會費三分之一。又說國大代表每人要五萬元，那更不得了。今如果降低法定人數，將來變成暴民政治，你們如何受得了？他於十時許辭出。胡先生走後，他們繼續商談到十二時許。大家想了許多辦

237　黃克武，〈蔣中正、陳誠與胡適：以「三連任」問題為中心（1956-1960）〉，「胡適與中國新文化國際學術研討會」，頁254。

238　胡頌平，《胡適之先生年譜長編初稿・補編》，頁211。

法。王先生說你們談的都是連任的辦法，何以不就不連任談一談？[239]

胡適這段酒酣耳熱之餘所說的話，後來2月14日的《自立晚報》報導了。胡適把它黏貼在當天的日記裡，還特地加了一個按語：「這一則報導，大致不錯。不知是怎麼傳出來的？」由於這則報導更加詳細，特錄於下：

本月五日某巨公宴請于斌總主教。適因于赴高〔雄〕參加天主教在台傳教一百年之重要集會，未克參加。致當日宴會上，僅有八、九位陪客。於酒甘耳熱之後，暢論國是。據說，在座的九位陪客為：胡適之、張岳軍、莫柳忱、王雲五、王雪艇、朱騮先、梅貽琦、曾約農及曾寶蓀等。主人以總統誕辰時所餘壽酒餉客。因係多年陳釀，酒味佳美。在座之胡、張、朱、梅及王岫老等五人，共盡六、七瓶之後，便不覺微醺了。而話題也就漸漸轉入有關國是方面。

胡適之首先問主人：國民大會集會，距今僅餘二週（當時為五日，記者注）。國民黨之總統候選人，何以還未提出？國民黨究竟係由誰當家？係由黨中央全體？抑係由黨內最高之一人？如係由黨內最高之一人，則蔣先生於四十七年〔1958〕及四十八年〔1959〕之「光復大陸設計委員會」上，均曾強調反對修改憲法。黨內人士當應以此為準。如係由黨中央會議決定，則此時亦應研討決定。豈能如此遲疑，使國人迷惑，莫知所從。而各種謠言，亦由是而起。胡適之說，我有一個學生XXX（記者按：係指北大）〔注：陶希聖〕，竟如此時公開演講，說臨時條款不是憲法，實在沒有道理。

旁座之張岳軍於胡氏的語氣告一段落時，立即舒展其向被國人視為平穩的論調。張氏說：「你的學生也並非完全沒有道理。就一般人的認識和瞭解，憲法是永久性的。臨時條款既為適應動員戰亂時期特殊情勢，當然是暫時性的。而永久與暫時之間，當然是有區別的……

殊〔料〕張岳軍發言至此，王雲五立即大聲插入：「說臨時條款不是憲法，這是不當的。民國三十五年〔1946〕冬天在南京舉行制憲國民大會，

---

239 雷震，《雷震日記》，1960年2月8日，《雷震全集》，39.246。

提出動員戰亂時期臨時條款案的情況，我記得最清楚。當時提案者為陳□□，由莫柳忱先生說明，由我補充。我曾經強調指出臨時條款就是憲法。如此次國大會議中有人提出臨時條款不是憲法，我將發言，並且要求調出當時的會議記錄，以資證明。」

一直保持緘默的XXX〔王世杰〕先生，這時為「緩和情勢」，便另找話題說：各位先生的談話，都是以總統連任為前提，我們何妨假定總統不連任為前提，也略作研究？

此一提議是否已獲在座之附和，記者不知。惟所知者，胡適之又曾表示：「減低國大代表總額問題如獲得決定，則無疑勢將為國家製造亂源。」其後，胡氏因事先行告退，其餘八位陪客繼續談論。[240]

胡頌平2月14日的記錄，進一步地證明了胡適仍然還沒死心：「今夜，副總統陳誠來訪，勸先生承認既成事實。先生說：『我還是抱萬分之一的希望，希望能有轉機。』」胡頌平同時也記錄了阿諛成性的毛子水給胡適的一封信：

《時與潮》談話，生意以不發表好〔注：胡頌平注沒發表〕。

四十多年來，先生所發表的言論，沒有幾句話不是可使我們國家的地位提高的，沒有幾句話不是可以使我們民族的智慧增加的。但到了現在，國難日深，民德愈下。這只能是中國的命運。在先生已可對得住國人了，對得住世界了。《時與潮》談話若發表，非特無益，恐適足為一班偏激的人所利用。

胡適顯然相當滿意毛子水似是而非的讒佞之言。胡頌平接著記說：

第二天（十五）先生問胡頌平：「毛子水的信看見嗎？」胡頌平說：「看見了。許多人都有和毛先生相同的意見，都覺得先生對歷史已經有了交代了，不必再說話了。到了這個時候，大家都相信先生會能『相忍為

---

240 《胡適日記全集》，9.603-605。

國』的。」先生笑著說：「這裡也有這裡的好處，我有說話的自由，也有不說話的自由──我可以享受不說話的自由。」[241]

胡適才慶幸他有所謂的「不說話的自由」，三天以後，他就發現他其實沒有。

> 2月18日（星期四）上午，谷正綱的電話，要來看先生……在電話中請先生擔任一次〔國民大會〕臨時主席。先生說：「叔常兄，昨天的《中央日報》你總已看見了嗎？所謂謠言，其實一部分不是謠言。我總覺得當主席要說話，你們何必強迫我不能不說話呢？……」[242]

結果，胡適不僅在3月14日當了主席、說了話，而且在2月29日，還被蔣介石點名就無記名投票一事發表意見。胡適不但沒有不說話的自由，而且在他發表贊成無記名投票能保障投票者不受威脅、有自由的看法以後，還被反詰：「在此地誰威脅誰？」最後，還落得讓蔣介石在作總結時將了他一軍：「我不用總統的身分，我是用代表的身分來說。對於憲法這等重大的事，我個人是反對無記名投票的。」[243]

最難堪的是，胡適最終還是得推選蔣介石作為非法的第三任總統。他在3月21日從台大醫院病房出發，準時去參加選舉蔣介石為第三任總統。當天，在接受《中央日報》記者李青來訪問他對蔣介石當選第三任總統的意見的時候，他還得昧著良心說：「我站在老百姓的立場，跟老百姓一樣的高興。」[244]

胡適所謂的「這裡也有這裡的好處，我有說話的自由，也有不說話的自由。」這句話不攻自破。

最讓晚年的胡適難堪，而且也最無情地揭穿了胡適一直為之辯護的「自由中國」其實一點也不自由的事實，就是《自由中國》發行人雷震被蔣介石羅織

241　胡頌平，《胡適之先生年譜長編初稿》，9.3192。
242　胡頌平，《胡適之先生年譜長編初稿》，9.3200。
243　胡頌平，《胡適之先生年譜長編初稿》，9.3209。
244　胡頌平，《胡適之先生年譜長編初稿》，9.3220。

圖15　胡適、蔣介石，選舉第三任總統投票匭前，1960年3月21日。
（胡適紀念館授權使用）

以包庇匪諜罪名被捕一案。

　　毫無疑問地，蔣介石之所以會逮捕雷震，原因就是因為《自由中國》的言論，以及他組織反對黨以促進民主的努力。陶涵認為蔣介石、蔣經國決定逮捕雷震，其促因是南韓的李承晚下台的教訓。1960年3月，蔣介石被選為第三任總統。同月，李承晚因為操縱選舉而引發暴動下台。美國中央情報局用飛機把李承晚載到夏威夷流亡。李承晚的教訓，讓蔣介石、蔣經國決定把反對黨的威脅斬草除根。因此，逮捕了雷震。陶涵說蔣介石在1957年就已經準備逮捕雷震了。然而，由於孫立人案在美國引起的負面影響，以及4月26日蔣經國所嗾使的暴民襲擊美國大使館事件，使蔣介石、蔣經國暫時按兵不動。當然，陶涵說雷震在1960年之所以會從坐而言到起而行以至於被逮捕的原因，是因為胡適的支持。陶涵這個說法是不正確的[245]。

　　蔣介石在1957年決定暫時不動手。楊天石也在蔣介石該年8月13日的日記裡找到了另外一個理由：

245　Jay Taylor, *The Generalissimo*, p. 507.

12日，與陶希聖談「反動雜誌」處置辦法。本日，到革命實踐研究院主持一般會談，討論處理《自由中國》雜誌「破壞國策之罪」案，決議將慎重其事，待其今後發展再定，「以此時大陸共匪正在圍剿鳴放運動，故非其時也。」[246]

我們從台灣國防部所蒐集的情治資料，就可以知道雷震最開始的罪名是反動言論。1958年10月31日，台灣警備總司令黃杰給陳誠的密呈裡就說：

以雷震為社長兼主任編輯委員之自由中國半月刊歷年來假借自由民主，遂行其詆毀元首、打擊本黨、蓄意叛亂、顛覆政府之惡毒宣傳與陰謀活動。事蹟昭然，為國人所共見。[247]

黃杰在這個報告裡，列表分析了《自由中國》從1957年1月到1958年9月所謂的為匪宣傳的言論。其結論說：

經過綜研該《自由中國》半月刊547篇文章後，吾人認為該刊敵視本國政府，固已為公認之事實。其對共匪，則竟有出人意料之迂迴偏袒情事。其避免論及匪共（占文字3%以下）。其真正反共文字不僅奇少（0.3%左右）。且必須胡適、董時進等之特殊關係，該刊始予照刊。其立場雖不敢斷言其為匪諜，但為匪黨之同路人，則從前項具體事實，應可確認，是不容吾人不亟謀對策也。[248]

事實上，一直到國民黨在1959年製造所謂冒名污衊軍人的「陳懷琪事件」為止，國民黨仍然有用把「陳懷琪事件」大事化小、小事化無的方法，來與雷

246　呂芳上主編，《蔣中正先生年譜長編》，1957年8月13日，10.736；楊天石，〈雷震、胡適與《自由中國》半月刊〉，「胡適與中國新文化國際學術研討會」，頁215。

247　陳世宏等編，《雷震案史料彙編：國防部檔案選輯》（台北：國史館，2002），頁13。

248　陳世宏等編，《雷震案史料彙編：國防部檔案選輯》，頁37。

震交換《自由中國》不再批評國民黨。比如說，1959年4月6日，國家安全局的一個報告：

　　18時第二處劉處長醒吾報告：……二、最近出版之《自由中國》半月刊，第20卷第7期。言論轉變與陳懷琪控告案之關係：據本部第十諜報組報稱：（一）陳懷琪與雷震訟案期中，雷震曾數訪胡適博士，並聞曾邀胡院長陪同晉謁副總統為其涉訟事緩頰。（二）副總統表示：報章雜誌之言論，應對政府作善意之批評，並具有建設性，必為社會所尊重。如以惡意攻擊，匿名謬論，以求吸引讀者，推廣銷路，是為不智之舉。希望該刊善加檢討。（三）《自由中國半月刊》果能採納胡適之建議（按胡氏曾在該刊本期撰有〈給本社編輯委員會一封信〉，建議：一不發表不署真名之文字；二、社論亦應記名；三、不刊短評。）陳懷琪案可能大事化小。根據上述情報研析：（一）陳案發展對雷至為不利。渠就教胡適，請其協助，當屬意料中事。近一週來，本處偵查有案者，三月廿八日下午，雷震曾往訪胡適。（二）胡適早已脫離《自由中國半月刊》，今忽以該刊編輯委員會自居，對該刊提出改造建議，足見其有意挽救該刊之危機。惟其所提之建議，亦足約束該刊今後之言路。（三）該刊本期之言論內容，突轉平正。其幕後當有重大之醞釀。以陳案之化小，換取該刊之改變言路，未嘗不無可能。果如此，則陳案之收穫亦可滿意。惟陳案風波平息後，該刊能否長久保持優良之轉變，仍值注意。[249]

　　從國民黨的角度來看，坐而言地批評國民黨已經是大逆不道了，更何況是要起而行地組織反對黨。1960年7月9日，胡適離台到美國西雅圖去參加「中美學術合作會議」。如果，胡適在台灣的時候，國民黨投鼠忌器，現在就是逮捕雷震最佳的時刻。從8月13日到9月3日——雷震被捕前夕——蔣介石召見警總司令黃杰七次。從雷震等人被捕到宣判期間，蔣介石又九次召見黃杰等人、一次用電話指示，討論處置雷震案的各個方面、只准軍法審判、研擬不同

249　陳世宏等編，《雷震案史料彙編：國防部檔案選輯》，頁20-22。

量刑的方案及其得失、甚至下令刑期不得少於十年[250]。一國之君瑣碎、小器至此，夫復何言。

蔣介石及其爪牙知道用言論以及組織反對黨為理由起訴雷震，一定會遭受美國的批判。因此，就把罪名轉移成明知《自由中國》的會計劉子英為匪諜而不報，亦即，包庇匪諜之罪。警備總司令部蒐集各方的反應，特別是美國政府以及人在美國的胡適的反應。胡適的反應，不出蔣介石的預料。根據「美聯社」9月7日電訊：

> 胡適在紐約，於9月7日以電話答覆華盛頓美聯社記者的訪問。曾發表談話說：
>
> 一、雷震是一個愛國分子，且是一個反共人士。以叛亂罪名逮捕他，是一件最不尋常的事，這是最令人意料不到的，我不相信如此。
>
> 二、十年來，《自由中國》雜誌一直是台灣新聞自由的象徵。我對這件事的發生，很感遺憾。
>
> 三、誠懇希望雷震的案件由普通法院審理，而不付諸軍法審判。[251]

最讓蔣介石像吃了一顆定心丸一樣的消息，是同日「美聯社」的報導：

> 一、美國官員認為拘捕雷震，是中國內政的爆炸性事件。惟認為是友好政府的內政，國務院未便評論。
>
> 二、美國官員私下表示意見：認為此事對蔣總統的國民黨頗為不利，特別引一般台灣人的觀感，覺得他們沒有充分的政治代表權。雖然國民黨發表文告，謂雷震之被捕，與新組織的反對黨無關，但最低限度這是因素之一。[252]

250　陳世宏等編，《雷震案史料彙編：國防部檔案選輯》，頁83-201。
251　陳世宏等編，《雷震案史料彙編：國防部檔案選輯》，頁205。
252　陳世宏等編，《雷震案史料彙編：國防部檔案選輯》，頁209-210。

「美聯社」這個報導暗示了美國政府不會干涉「友好政府的內政」。

對於如何應付美國與胡適，蔣介石在逮捕雷震以前就已經在日記裡思考了幾個方案。他在1960年8月31日日記裡記：

> 一、雷逆逮捕後，胡適如出而干涉，或其在美公開反對政府時，應有所準備：甲、置之不理；乙、間接警告其不宜返國。二、對美間接通知其逮雷原因，以免誤會。三、談話公告應先譯英文。四、何時談話為宜，以何種方式亦應考慮：甲、紀念周訓詞方式；乙、對中央社記者談話方式。

在接到「美聯社」報導的報告以後，蔣介石在9月8日日記記：

> 胡適對雷案（在美）發表其應交司法機關審判，且稱雷為反共人士，而決不叛亂之聲言。此種真正的「胡說」，本不足道。但有此「胡說」，對政府民主體制亦有其補益，否則不能表明其政治為民主矣，故乃予以容忍。但此人徒有個人而無國家，徒恃外勢而無國法，只有自私而無道義，其人格等於野犬之狂吠。余昔認為可友者，今後對察人擇交，更不知其將如何審慎矣。

然而，最讓蔣介石放心的，還是他已經可以確定美國政府不會採取懲罰的措施。他在9月17日後之「上星期反省錄」裡說：

> 雷案已由美國務院對我大使提出警告，以示恫嚇。而且美《時代》雜誌對我素表同情者，此次亦特作不義之社論。此為胡適之關係。其他如《紐約時報》與《華府郵報》之惡評，更無論矣。但此次霍華德系報紙對我反無批評，而其對我代表權問題且作支持。可知美國輿論對我不利者，只是與中國自由主義者與其美國左派有關之少數報刊而已。此為余事前所預料者。而至上週乃為反動之巔點乎？惟此次顧慮周詳，決心堅定，毫不為內外反動之邪惡評論與美國壓力所動搖。以理與力，皆甚充足耳。不過，高級幹部亦有搖撼之象，不足為怪也。經此一考驗，更知外國之良友皆無公

義情感可言。一如其政府以強權與帝王凌人。而本國所謂自由分子如胡適者，實昧良之洋奴而已。

胡適在10月17日從紐約啟程回台灣。台灣的警備總司令部嚴陣以待。根據黃杰10月14日的報告：

> 九時卅分蔣副秘書長經國約談：一、胡適博士已訂本月十六日返國。新黨分子可能利用此一機會製造越軌行動，導致社會不安，應妥予防範……。十五時四十分憲兵司令君俊中將來談：一、雷案發生後，軍中並無若何不良反應。二、胡適十六日返國，屆時當增派憲兵部隊至機場維持秩序……十六時舉行治安高階層座談會，憲兵尹司令、省警務處郭處長以來參加。本日座談之主要內容：……三、胡適博士十六日返抵松山機場時，維持秩序之辦法。253

10月19日中午11點50分，胡適的飛機抵達東京。這時，毛子水已經被派從台北飛到東京當說客。胡適當天日記：

> 下午，與毛子水談。七點，在大使館與張厲生大使、〔張〕伯謹、毛子水同飯。飯時，伯謹叫通了〔陳〕雪屏的電話。我在電話上小談。

陳雪屏這通電話，就是要胡適不要在原訂的21日返回台北。根據警備總司令部20日的報告：

> 本日晨八時，行政院陳秘書長雪屏約談。昨（十九）晚曾接中央研究院長胡適先生由東京來電話探詢情形。當經陳秘書長勸告胡氏，目前時期不宜返國，以免受人包圍，影響其超然立場。胡氏當即接受其勸告，決定延緩其本月二十一日返國之行。並表示今後返國行期，將不通知台北諸友

253　陳世宏等編，《雷震案史料彙編：國防部檔案選輯》，頁213。

人，以秘行蹤。[254]

　　張伯謹在20日晚上打電話告訴胡適回台的班機已經改好了。原先21日回台北的胡適，現在延遲到22日，而且是使用化名。胡頌平在次日中午的餐桌上，告訴胡適前晚戒備森嚴的情況：

　　飯桌上胡頌平談起近日有人企圖發動兩萬人到機場去迎接先生的謠言。萬一人多滋事，政府對世界是無法交代的，所以事前戒備特別森嚴。先生的行期也沒有見報。聽說昨夜從機場到南港，沿途都有便衣的警衛人員。[255]

　　其實，這整個就是鬧劇一場——一場秀才遇到兵，有理說不清的鬧劇。雷震被捕之初，是胡適最痛心的時候。他那時候所擺出來的姿勢，大有不惜跟蔣介石決裂的決心。當時，王世杰正好赴美。他在9月16日晨抵紐約。當天，胡適就來見他。王世杰在9月17日日記記：

　　日昨胡適之來談。彼對雷震案之憤激，超出余預計之外。言外之意似有改變其二十餘年來支持政府之一貫態度。余勸其可向政府作不公開之諍議，但仍以避免公開批評為宜。彼似不甚以余意為然。余甚盼辭修能妥善處理此案。值此聯大開會期間，我政府尤應避免予敵人以攻擊口實。[256]

　　一個在晚年一直替蔣介石及其政權「做面子」、甚至說謊話也在所不惜的胡適，現在終於體認到他只不過是一個「棋子」。唐德剛在《胡適雜憶》裡說得好：

　　胡先生這個懦弱的本性在當年所謂「雷案」中真是畢露無遺。他老人家

254　陳世宏等編，《雷震案史料彙編：國防部檔案選輯》，頁218-219。
255　胡頌平，《胡適之先生年譜長編初稿・補編》，頁284-285。
256　林美莉編校，《王世杰日記》（台北：中央研究院近代史研究所，2012），上冊，頁952-953。

那一副愁眉苦臉，似乎老了二十年的樣子，我前所未見，看起來著實可憐見的。後來我拜讀了他那自我解嘲的雷案《日記》，尤覺這位老秀才百無一用之可憐。「我雖不殺伯仁，伯仁因我而死！」胡先生對這件事始終是內疚彌深。[257]

事實上，這時的胡適真的已經是到了錦囊裡空空如也、無計可施的地步。他所有的就是美國輿論所給予雷震的道義上的支持。他在離開紐約以前給《時代》雜誌發行人亨利・魯斯（Henry Luce）所寫的一封信，就在在地說明了他這時無奈的心境。雖然這封信沒寫日期，但根據胡適的文意，可以判定這封信大概是10月16日寫的：

從您在「聯合俱樂部」（Union Club）為我所舉辦的那個晚宴到今天已經兩個半月了。寫這封遲了那麼久、但極為誠摯要向您致謝的信，我心中感到愧疚不已。

問題是，我拖得越久，越難下筆。

在您8月3日的晚宴裡，我說自由中國根本的問題，是在今天這個強權世界裡，它已經變得極為不重要、極為微不足道。

我很遺憾在過去的幾個星期裡，我們在台灣的朋友的所作所為，使本來就已經極為不重要、極為微不足道的中華民國，看在自由民主世界的眼裡，簡直就是無法無天（lawless）、讓人鄙視（contemptible）。

雷震等人這個案子讓我極為痛心。我從一開始就敦促政府要把這個案子從軍法轉為司法審判。我告訴他們這個世界是絕對不會相信軍事審判庭的結論與判決的。

我對他們指出，自由世界的輿論是由「報人」——記者、編輯、發行人——所造成的。他們嚴守新聞自由。他們永遠不會寬恕這種先指控他們的言論冒犯了政府，再羅織他們是共產黨的罪名的作法。

不管我如何費盡口舌，我就是沒有辦法把中華民國政府從失去自由世界

257　唐德剛，《胡適雜憶》（台北：傳記文學出版社，1979），頁173。

的同情與支持這個罪狀——可笑、野蠻、可鄙的罪狀——裡拯救出來。

10 月 17 日《時代》雜誌所作的譴責，就正是我努力想讓自由中國的政府不要遭受到的。

在美國停留了三個月多幾天以後，我就要回台灣去了。坦白說，我是帶著一顆沉重的心回去的。在回去以前，我一定要寫這封遲來又不周全的信，不只要感謝您 8 月 3 日的晚宴，更要感謝您對雷震案的態度。[258]

胡適給魯斯這封信有兩個重點值得指出：第一，他在這封信裡所擺出來的姿態，跟他在美國出任大使的時候所常擺出來的姿態類似，亦即，彷彿他是美國人，而不是中國人。所以，他會在這封信裡稱呼蔣介石為：「我們在台灣的朋友。」第二，到了這個蔣介石的政府根本就是「無法無天」、「讓人鄙視時候」，他所扼腕嘆息的，是他「就是沒有辦法把中華民國政府從失去自由世界的同情與支持這個罪狀——可笑、野蠻、可鄙的罪狀——裡拯救出來。」

這齣鬧劇之所以是鬧劇—場，不只是因為秀才遇到个講理的兵，而且也包括了秀才自己。原來這個秀才不只是雷聲大雨點小而已，而且他所關心的其實並不是「因他而死」的「伯仁」，反而是那個他在給魯斯信上所譴責的「無法無天、讓人鄙視」的「自由中國」——亦即，蔣介石。他在回到台北第二天午餐飯桌上的談話我先前已經提到了。胡頌平在告訴他前一夜從機場到南港沿途都是便衣以後，又接著說：「最近幾天來，此地的朋友也談論這些問題。他們的意思，如果先生要營救雷震的話，也要過些時日再說。在這個鋒頭上說話是沒有多大用處的。」

先生說：「我何曾要營救雷震！我要營救的不是雷震，乃是中華民國——我覺得應該替國家爭個面子！」[259]

258　Hu Shih to Henry R. Luce, n.d.,《台灣富德 2016 夏季拍賣會》，頁 128-129。http://www.fuderauction.com/data/goods/upload/2016%E5%8F%B0%E7%81%A3%E5%AF%8C%E5%BE%B7-%E5%A4%8F%E5%AD%A3%E6%8B%8D%E8%B3%A3%E9%9B%BB%E5%AD%90%E5%9C%96%E9%8C%84.pdf，2017 年 3 月 11 日上網。

259　胡頌平，《胡適之先生年譜長編初稿‧補編》，頁 284-285。

這是相當沒有心肝的一句話。

歷來有多少人不能諒解胡適在雷震案以後的表現。然而，也有多少愛護、景仰胡適的人認為胡適始終是對雷震內疚彌深的，因為就像唐德剛所說的，「我雖不殺伯仁，伯仁因我而死！」現在，胡適這句：「我何曾要營救雷震！我要營救的不是雷震，乃是中華民國！」可以終止了這個辯論。

一個一輩子活在自由主義的光環之下的胡適，原來在對待爭取言論自由的雷震跟蔣介石只是五十步笑百步之差而已。胡適懂得掩藏。只是，大家也未免太容易輕信胡適了。殷海光嘲諷蔣介石把胡適的自由主義放在銀行裡來榨取其生息的比喻，完全可以適用在胡適自己身上。胡適把「自由」、「民主」、「獨立」、「個人尊嚴」這些口號存在他所開的「自由銀行」裡生息。由於社會上相信他的人很多，都紛紛地把他們對這些口號的「信心」存在他的銀行裡。以至於其所生的利息，不但可以讓他自己一輩子取之不絕、用之不盡，而且也多到可以分給蔣介石享用。

作為雷震的朋友，作為一個稱讚「《自由中國》雜誌一直是台灣新聞自由的象徵」的人，作為一個一再宣稱應該為雷震在台灣爭取言論自由的貢獻立一個銅像的人，胡適居然說得出：「我何曾要營救雷震！我要營救的不是雷震，乃是中華民國！」這是胡適冷血的一面。

更值得省思的是，作為一個自由主義的大師，他說他所要營救的，是那根本沒有自由的「自由中國」。其所顯示的，是他心目中的自由、民主，其實只是功利主義的自由、民主。或者用更老實的話來說，只是為了得到美國的承認與援助的目的而必須去講究的手段而已。

胡適在1960年11月18日日記記他跟蔣介石的談話，就淋漓盡致地發揮了這種功利主義的自由、民主觀：

> 我說，關於雷震與匪諜的關係，是法庭的問題。我所以很早就盼望此案能移交司法審判，正是為了全世界無人肯信軍法審判的結果。這個案子的量刑，十四年加十二年、加五年，總共三十一年徒刑，是一件很重大的案子。軍法審判的日子（10月3日）是10月1日才宣告的，被告律師只有一天半的時間可以查卷，可以調查事實材料。10月3日開庭，這樣重大的案

子，只開了八個半鐘頭的庭，就宣告終結了，就定期8日宣判了！這是什麼審判？我在國外，實在見不得人，實在抬不起頭來。所以8日宣判，9日國外見報，10日是雙十節，我不敢到任何酒會去。我躲到 Princeton〔普林斯頓〕去過雙十節，因為我抬不起頭來見人。

　　總統忽然講一件舊事。他說：去年□□〔注：蔣廷黻〕回來，我對他談起：「胡先生同我向來是感情很好的。但是這一兩年來，胡先生好像只相信雷儆寰，不相信我們政府。□□〔注：蔣廷黻〕對你說過沒有？」

　　我說，□□〔注：蔣廷黻〕從來沒有對我說過這句話。現在總統說了，這話太重了，我當不起。我是常常勸告雷儆寰的。我對他說過：那年（民國三十八年4月）總統要我去美國……船還沒進口，美國新聞記者多人已坐小汽輪到大船上來了。他們手裡拿著早報，頭條大字新聞是「中國和談破裂了，紅軍過江了！」這些訪員要我發表意見。我說了一些話。其中有一句話：「我願意用我道義力量來支持蔣介石先生的政府。」我在十一年前說的這句話，我至今沒有改變。當時我也說過：我的道義的支持也許不值得什麼，但我說的話是誠心的。因為我們若不支持這個政府，還有什麼政府可以支持？如果這個政府垮了，我們到哪兒去！這番話，我屢次對雷儆寰說過。今天總統說的話太重，我受不了。我要向總統重述我在民國三十八年4月21日很鄭重的說過的那句話。

　　……十年前總統曾對我說，如果我組織一個政黨，他不反對，並且可以支持我。總統大概知道我不會組黨的。但他的雅量，我至今不忘記。我今天盼望的是：總統和國民黨的其他領袖，能不能把十年前對我的雅量，分一點來對待今日要組織一個新黨的人？

　　……

　　〔回到南港〕……客散後，才看見桌上有 Prof. John K. Fairbank〔費正清〕的信，附有他為雷案寄給 *The New York Times*〔《紐約時報》〕的信（10月27日寫的，11月7日登出）。

　　他給我的信是11月10日寫的，正在大選揭曉後一日。他的大意說，新總統 Kennedy〔甘迺迪〕是一個 genuine liberal concerned about civil liberties and freedom of the press〔真正的自由主義者，關切民權與新聞自

由〕。他的新政府將繼續注意像雷震案一類的事。他怕將來會發生一派思想，主張為了解決「我們的中國問題」，不恤譴責台灣，視為「不關重要」或認作一種負擔、或一個警察國家、或不配做同盟國家。

他不懂得為什麼中國〔注：台灣〕政府竟會容許這個案子發生！「為今之計，最好是讓人們把這案子平靜的忘了，越快越好。」〔注：胡適不老實，他漏譯了一個關鍵詞。費正清的原文是：「最好是低調地改判無罪，讓大家快快地把它忘了（quietly reversed and forgotten）。」〕我想了一會，把費正清的信及附件照了相，把原件帶到今晚副總統晚飯繫上，交給張岳軍先生。260

在我澄清了胡適在吳國楨事件裡在日記裡說謊以後，我已經無法完全相信胡適在日記裡記載他對蔣介石所說的話。我們怎麼知道他是否又是在蔣介石面前說一套話，然後又在日記裡留給後世看他杜撰出來的義正嚴詞的另一套話！

無論如何，我之所以能知道胡適在這則日記裡用□□隱去的人就是蔣廷黻，完全是拜蔣廷黻日記之賜。蔣廷黻在1959年4月從台灣回到美國以後，在10日日記記：「我告訴他〔蔣介石〕說他不瞭解胡適。胡適打從心底想要幫忙。他一心想的是憲政而且是溫和派。他非常反對雷震。認為胡適跟雷震站在一邊。他舉胡適在該期《自由中國》裡所發表的一封信為證〔注：〈胡適之先生給本社編輯委員會一封信〉〕。」261

蔣廷黻1961年5月5日日記又記：

台大錢校長來帶我去看胡適。他看起來心情很好，比我想像中的好。他說去年11月他晉見總統的時候，總統說儘管他要我告訴胡適要提防雷震，胡適還是繼續站在雷震那一邊，而不是站在政府這邊。胡適解釋了他與雷震的不同，而且重複說了他1949年抵達美國時候所發表的談話。我不記得蔣要我傳什麼特別的話給胡適的事。然而，我當然知道蔣不喜歡雷

260《胡適日記全集》，9.665-669。
261 Tsiang Tingfu Diaries, April 10, 1959.

圖16　胡適、郭廷以（右一）、王萍（左一）、房兆楹（右二）、費正清
（左二），1960年4月30日，攝於胡適南港住宅前。（胡適紀念館授權使用）

震，也告訴了胡適，並懇求他不要跟雷震來往。[262]

　　言歸正傳，蔣介石在他11月18日日記裡，也記了他跟胡適的談話，但簡
單多了。

　　召見胡適約談三刻時。彼最後提到雷震案與美國對雷案輿論。余簡答其
雷係關匪諜案。凡破壞反共復國者，無論其人為誰，皆必須依本國法律處
理，不能例外。此為國家關係，不能受任何內外輿論之影響。否則政府無
法反共，即使存在亦無意義。余只知有國家，而不知其他。如為顧忌國際
輿論，則不能再言救國矣。此大陸淪陷之教訓，不能不作前車之鑑也。最
後，略提過去個人與胡之情感關鍵。彼或有所感也。

　　胡適對他說的話以及費正清信上所說的警告的話，蔣介石無動於衷。他在

262　Tsiang Tingfu Diaries, May 5, 1961.

11月19日，「上星期反省錄」裡記：「二、雷案覆判書已核定，決不能減刑；三、胡適之胡說，凡其自誇與妄語皆置之不理。只明答其雷震為匪諜案，應依本國法律處治，不能例外示之，使之無話可說。即認其為卑劣之政客，何必多予辯論矣。」

　　蔣介石既然鐵了心，絕不能減刑。11月23日，軍法審判庭的覆判的結果宣判，當然還是維持第一審的十年徒刑。胡適在次日接受各報記者訪問的時候，只說了：「大失望！大失望！」蔣介石在聽到了胡適「大失望！」這三個字以後，龍心大悅。他在當天日記裡記：「昨覆判決對雷震等案判決書發表以後，今日雷、劉二犯皆遷入監獄執行徒刑。此為台灣基地與反動分子之變亂與安定之惟一關鍵。胡適投機政客賣空與脅制政策未能達其目的，只可以『很失望』三字了之……」

　　胡適在24日日記記他說「大失望！大失望！」以後，還特別記下了下面幾個字：「今天看了判決書的日子—— 11月17日。我忍不住要歎氣了。」[263]

　　胡適歎氣有兩個原因。第一，原來判決書在17日已經都寫好了。他18日對蔣介石所說的話等於是白說了。第二、他請張群轉去的費正清對《紐約時報》的投書以及費正清的信，只不過是讓蔣介石考慮幾天，什麼效果也沒有。因此，胡頌平才會在11月26日《胡適之先生年譜長編初稿・補編》裡說：「中午的飯桌上，先生談起雷案的覆判，十七日就已經決定了的。十八夜裡，我把費正清的信和剪報託張岳軍轉去之後，他們可能考慮了兩三天，結果仍照原判發表了。」[264]

　　雷震案順利按照蔣介石的旨意判決，讓他躊躇滿志。他在11月30日後之「上月反省錄」裡記：「九、本身工作（十一月份），甲、雷案覆判維持軍法局原判之發布，乃為安定台灣基地之基礎，亦為十一年來對內對外的反動投機分子的最激烈之鬥爭，至此或可告一段落。」

　　胡適原本的想法是要透過「營救」雷震，來「營救」中華民國。結果，雷震雖然被蔣介石作掉了，但中華民國好像也安然無事。於是，胡適就繼續抱持

263《胡適日記全集》，9.680。

264 胡頌平，《胡適之先生年譜長編初稿・補編》，頁310。

他功利主義的民主觀。事實上，一直到他過世前九個月，功利主義的民主觀仍然影響著胡適對以反共為名而行專制之實的態度。1961年5月20日，胡頌平記錄胡適對南韓政府所發布的反共命令：

> 　　韓國軍事執政團昨天頒發一項徹底的反共命令，包括八點。這是反共國家歷來所宣布的最強硬的反共措施之一……從去年三月起，韓國每次都用學生來鬧事、遊行、請願等等。現在這項命令公布了，這不是法西斯是什麼？……韓國這八條提出的「反國家組織」太籠統了。那麼，在國家內提出自由民主，也可以說是「反國家組織」的利益了。土耳其、韓國都走法西斯的路上去。這邊的任卓宣、張鐵生也不許人家「反國家組織」的主張。這是多危險的事！我不主張革命，我只主張不流血的轉移政權的。但不流血的轉移政權之後用「反國家組織」來取締人民的自由，我是不贊成的。
>
> 　　美國的甘迺迪政府，可以說是思想偏左的政府。他如看見法西斯的新政府成立，或許要考慮承認的問題了。[265]

　　胡適說他反對用「反國家組織」的命令來箝制人民的自由。我們在這句話裡還可以依稀看到從前的胡適。然而，這時候的胡適已經不再是年輕時雖千萬人吾往矣的胡適。為了反共的大前提，他能容許不太徹底的法西斯。胡適有所不知，套用孟子分析人與禽獸之別那句話來說，反共專制之所以異於法西斯者，幾希。

　　歸根究柢，胡適所在乎的是他最後那句話：「美國的甘迺迪政府，可以說是思想偏左的政府。他如看見法西斯的新政府成立，或許要考慮承認的問題了。」

　　胡頌平記錄了胡適在雷震案覆判維持原判以後所說的一句話：「先生對於雷案的覆判很感到失望。感喟的說：這對國家的損失很大——。」[266]雷震果然

265　胡頌平，《胡適之先生年譜長編初稿‧補編》，頁443。

266　胡頌平，《胡適之先生年譜長編初稿》，10.3385。

只是胡適要「營救」所謂的「自由中國」這個目的所必須「營救」的手段！胡適一再把支持蔣介石的「政府」，偷關漏稅地說成是支持「國家」的伎倆也再次現形。這就真應了我所一再感慨的那句話：「反共！反共！多少罪行假汝之名行之！」

容忍比自由重要

胡適一輩子有幾句既膾炙人口又常令人瞠目結舌的名言。他晚年所說的「容忍比自由重要」就是其中之一。就像民主、自由等等概念一樣，「容忍」也是西方近代思想史上一個特有的概念。這個概念的起源，跟十六世紀西方隨著「宗教改革」，基督新教興起以後，天主教與基督教，以及基督教各個教派之間的傾軋、迫害、與殺戮這段歷史有直接的關係。換句話說，西方近代社會之所以會出現「容忍」這個概念，就因為它經歷過這段由於不容忍而造成的血腥的歷史。

然而，我們與其說西方人因此學會了容忍，不如說容忍這個概念之所以會逐漸為人所接受，是因為西方社會逐漸世俗化了。這也就是說，由於宗教逐漸失去了其宰制社會人心的勢力。所謂異端邪說人人當起而誅之的號召，也就逐漸失去了其煽動力。只是，到了二十一世紀的今天，宗教的迫害與以及因為宗教所引起的戰爭並沒有走進歷史。天主、基督各教派之間固然已經弭兵，基督教、猶太、伊斯蘭教之間的衝突仍然方興未艾。不但如此，容忍更是當代西方社會內部所面對的最大課題。比如，應該如何去處理由於性別、性取向、種族、宗教、多元文化的激盪之下所孳生的種種棘手問題。由於這些歷史以及當前迫切社會問題，「容忍」這個概念一直是西方學術界論辯的焦點，累積的論文專書已經到了卷帙浩瀚的地步[267]。

胡適當然很清楚「容忍」這個概念在西方的起源。早在1922年6月24

267　請參考Maurice Cranston, "Toleration," *Encyclopedia of Philosophy*（New York and London, 1967）, 8.143-146; John Horton, "Toleration," *Routledge Encyclopedia of Philosophy*（London and New York, 1998）, 9.429-433。

日，他在後來的《北京導報》（*Peking Leader*）主編柯樂文（Glover Clark）家的飯局裡，就談到容忍宗教信仰的問題。當晚在場的其他幾位客人裡，有兩位是北京協和醫院的教授。協和醫院雖然是洛克斐勒基金會支持的，但它跟教會有很深厚的關係。當晚既然如胡適所說：「席上多愛談論的人」，談到基督教，自然免不了唇槍舌戰，胡適說他最後為大家作了三點總結：

> 一、不必向歷史裡去求事例來替宗教辯護，也不必向歷史裡去求事例來反對宗教。因為沒有一個大宗教在歷史上不曾立過大功、犯過大罪的；二、現在人多把「基督教」與「近代文化」混作一件事：這是不合的。即如協和醫校，分析起來，百分之九十九是近代文化，百分之一是基督教。何必混作一件事？混作一事，所以反對的人要向歷史裡去尋教會摧殘科學的事例來罵基督教了；三、宗教是一件個人的事，誰也不能干涉誰的宗教。容忍的態度最好。[268]

胡適在次年為《科學與人生觀論戰》論文集所寫的序裡也說：「科學的人生觀要從少數人的信仰變成大多數人的信仰，必須要經過長期的『奮鬥』與『作戰』。」他順著論戰參與者林宰平所用的比喻，希望這不是「穆罕默德式」的仗劍除邪式的戰爭，「希望作戰的人都能尊重對方的人格，都能承認那些和我們信仰不同的人不一定都是笨人與壞人，都能在作戰之中保持一種『容忍』（toleration）的態度。」[269]

胡適不但很清楚「容忍」的概念是從西方人從宗教的傾軋、迫害、與戰爭的慘痛史裡所學到的教訓，他也很清楚所謂的「容忍」，就意味著權力不對等狀態的存在。這也就是說，容忍的人是施與者，被容忍的人是受惠者。西方討論容忍概念的學者大致都接受「容忍」這個概念具有下列三個要素：一、有容忍者與被容忍者兩方的存在。這可以是個人，也可以是團體；二、被容忍者的思想、信仰、或行為是容忍者所嫌惡、排斥的；三、容忍者雖然極端反感，雖

---

268 《胡適日記全集》，3.646-647。

269 胡適，〈《科學與人生觀》序〉，《胡適全集》，2.211-212。

然握有禁錮鎮壓之權，但決定容忍。換句話說，「容忍」這個概念所假定的，是容忍者有權鎮壓，只是決定不用而已。這也就是為什麼法國的米拉伯爵士（Marquis de Mirabeau, 1715-1789）會斷然地說他要把「容忍」這個字從字典裡去除。他的理由是：「只要有那麼一個握有權力來容忍的權威存在，就是對思想自由的侵犯，這是因為它既然可以容忍，它也就握有不容忍的權力。」[270]

這個容忍背後權力不均等的事實，胡適當然明白。他在第二次世界大戰結束以後，從美國回到中國就任北京大學的校長。他剛回國的時候，談到容忍的概念，其主旨大致都著重在政府應該容忍反對黨。比如說，他在1947年7月〈兩種根本不同的政黨〉這篇文章裡把西方世界的政黨分成甲、乙兩式：前者為英、美、西歐式的政黨；後者為二次戰前蘇俄、義大利、德國的政黨。甲式政黨沒有黨籍、紀律、多黨、容忍反對黨、政權轉移和平；乙式政黨組織嚴密、嚴行紀律、一黨專政、不容許反對黨存在。胡適所稱許的當然是甲式的政黨。他頌揚美國式的民主。他說由於美國容許反對黨自由競爭，所以當選者的票數都不高。即使深得選民支持的羅斯福，他在1936年連任的票數最高，也只不過是得到百分之六十的選票。然而，「這百分之六十的大勝利，代表自由的政治，代表獨立的思想與行動，代表容忍異黨的雅量。所謂『兩個世界』的劃分正在這自由與不自由、獨立與不獨立、容忍與不容忍的劃分。」他接著說中國國民黨的創立者孫中山原本是一個愛自由講容忍的政治家，只是他因為要把改組成為一個「有組織、有力量的革命黨」，於是把國民黨從甲式的政黨變成了乙式的政黨。但這只是過渡的階段，最後的理想仍然是那甲式的憲政體制。他最後呼籲國民黨既然要準備結束訓政，就應該作根本的改革，從乙式的政黨變成甲式的政黨：「如果訓政的結束能夠引起一個愛自由的、提倡獨立思想的、容忍異己的政治新作風，那才可算是中國政治大革新的開始了。」[271]

即使在一年以後，在他1948年8月所發表的〈自由主義是什麼？〉，他還是在闡明執政黨必須容忍反對黨的主旨。他說：「自由主義在這兩百年的演進史上，還有一個特殊的、空前的政治意義，就是容忍反對黨，保障少數人的自

---

270 轉引自 Guido de Ruggiero, *The History of European Liberalism*（Boston: Beacon, 1967）, p. 18。
271 胡適，〈兩種根本不同的政黨〉，《胡適全集》，22.682-686。

由權利……這是近代自由主義裡最可愛慕而又最基本的一個方面。」為了讓人更加信服，胡適還特別在這篇文章裡，徵引了北平《華北日報》所譯的哥倫比亞大學歷史系教授納文斯（Allan Nevins, 1890-1971）的一段話：「真正自由主義者——連正統的社會主義者都包括在內——雖然意見互有不同，但其最後歸趨都一致認為多數人的統治應以尊重少數人的基本權利為原則。」[272]

　　然而，一個月以後，他在北平電台所作的〈自由主義〉的廣播，就顯示出了一個關鍵性的變化。由於國民黨在國共內戰裡所占的優勢已經不再，他開始把「容忍」這個概念轉變為在野、執政；多數、少數都必須遵守的信仰。胡適這一篇〈自由主義〉的演講，比〈自由主義是什麼？〉要長得多，也觸及到了他所認為的中國歷史上的自由傳統[273]。他說中國歷史上有自由的傳統。只可惜「東方自由主義運動始終沒有抓住政治自由的特殊重要性，所以始終沒有走上建設民主政治的路子。」他說中國人「始終沒有法可以解決君主專制的問題，始終沒有建立一個制度來限制君主的專制大權。世界上只有盎格魯撒克遜民族，在七百年中逐漸發展出好幾種民主政治的方式與制度。」在縷列出這些方式和制度以後，他接著重複了他在〈自由主義是什麼？〉裡稱讚近代西方民主國家能發展出容忍反對黨，保障少數人的自由權利那種「特殊的、空前的」、「最可愛慕而又最基本的」成就。

　　突然間，話鋒一轉，胡適提到另外一個美國人，也就是他在康乃爾大學留學時候的老師布爾（Burr）〔注：胡適在這篇演講裡是譯為白爾〕。他說：「我做駐美大使的時期，有一天我到費城去看我的一個史學老師白爾教授，他平生最注意人類爭自由的歷史，這時候他已八十歲了。他對我說：『我年紀越大，越覺得容忍比自由還更重要。』這句我至今不忘記。」這一段回憶，胡適不可能是記錯的，因為他有當天所寫的日記。而且，他是一個時時會回頭去看自己日記的人。這就是胡適不老實的又一個例子。首先，他去見布爾教授是在1938年4月24日，是在他被發表為駐美大使前五個月。

272　胡適，〈自由主義是什麼？〉，《胡適全集》，22.725-728。

273　以下六段的討論，除非另有引注以外，請參見胡適，〈自由主義〉，《胡適全集》，22.733-740。

更重要的是，他把所謂布爾教授所說的那句話，在字句上動了手腳，作了一個相當關鍵性的更動。他當晚的日記是這樣說的：

> 去看 Professor George Lincoln Burr〔布爾教授〕，談了半點鐘。此老今年八十，有心臟病，尚努力工作不倦，可佩之至！他談他多年收集材料，預備修改 Dr. Andrew D. White〔懷特博士，1832-1918，胡適在《留學日記》裡譯為白博士，是康乃爾大學第一任校長〕的 *Warfare between Science & Theology*〔《科學與神學之間的戰爭》〕一書，至今不得少年人擔負此事。他談，他自己所注意不在 warfare 而在 toleration，他以為歷史上 toleration 比 rebellion〔起義〕更重要。此論亦有理……此老為最博學之人，而終身不著書，President White 比他為美國之 Lord Acton〔艾克頓爵士〕，學問太博，故不易下筆著書了。[274]

值得注意的是，每當胡適說「此論亦有理」的時候，他的意思是並不是完全同意，但覺得還可以言之成理。布爾教授對胡適說的那句話到底是「容忍比自由重要」，還是「容忍比起義重要」，我們可以從他給韋蓮司的信得到佐證。他去見了布爾教授兩個月以後，布爾教授驟然過世，他給韋蓮司的信上引述了布爾教授的話：「他最後對我說的話是：容忍沒有起義（rebellion）來得壯闊，但卻重要多了。」[275] 最最值得指出的是，這句「容忍比起義重要」的話，胡適在1938年只是覺得「此論亦有理」。十年以後，在〈自由主義〉這篇演講裡，這句話已經被他偷天換日地改成「容忍比自由重要」了。但他還只是說：「這句我至今不忘記。」等到再過十年以後，也就是1959年，他在台北發表〈容忍與自由〉的時候，這句被他改編過後的話就變成了「一句不可磨滅的格言」了。

布爾教授既然有志要增訂懷特博士科學與宗教爭戰的書，胡適在〈自由主義〉這篇演講裡說布爾教授「平生最注意人類爭自由的歷史。」他後來在〈容忍與自由〉裡又說：「我們談到英國文學大師阿克頓（Lord Acton）一生準備

---

274 胡適，《胡適日記全集》，7.532。

275 Hu Shih to Clifford Williams, June 28, 1938，《胡適全集》，40.336。

要著作一部《自由之史》，沒有寫成他就死了。」看來，他們當天是談到了懷特博士的書，談到了科學與宗教之爭，談到了人類爭自由的歷史，也談到了艾克頓爵士。但是，布爾教授說：「容忍比起義重要」，絕對不會是艾克頓爵士所能同意的。艾克頓爵士在為他寫那部《自由之史》所作的筆記裡，有一條寫著：「自由主義根本上是革命的。現實必須向觀念低頭，盡可能是用和平有耐性的方法，但如果必要的話，就用暴力。」在一篇書評裡，艾克頓爵士說，美國獨立革命給我們的教訓是：「人們一定要拿起武器，去抵抗那威脅到他們的自由的危險，即使那危險是很遙遠的、是在理論層次的。即使那危險的陰霾只有巴掌那麼大，那還是他們的權利和義務，為了國家的存亡，要犧牲人民的生命財產，不惜化全國為血海，去搗碎〔英國〕的皇冠和權杖，把其國會扔到海裡去。」[276]

如果布爾教授說「容忍比起義重要」，是指被壓迫者應該選擇容忍而不是揭竿而起，難不成他在這裡是祖述穆勒在《論自由》（《群己權界論》）裡所指的塞繆爾‧詹森（Samuel Johnson, 1709-1784）的論點？詹森有一天談到容忍的問題。他說：「每一個社會都有權利維持其公共安全與秩序，因此有充分的理由去禁止有危害傾向的思想的傳播。政府官員在鉗制其認為有害思想的傳播的時候，從道德或宗教的角度上來看，他可能是錯的，但從政治的角度來看他是對的。」他的朋友梅月（Mayo）反對，他說：「我的看法是，每一個人在宗教上都有信仰的自由，政府官員不能鉗制那個權利。」

詹森說：「我同意。每一個人都有在良心上的自由，那是政府官員所不能干涉的。人們都把思想自由和言論自由，不！乾脆說，傳教自由混淆在一起了……不！沒有任何一個社會上的成員有權利去宣揚與該社會的信仰相背離的思想。政府官員的想法可能是錯的，但只要他認為他是對的，他就應該而且必須依他的想法去執行。」梅月說：「這麼說來，我們就要永遠活在錯誤裡，真理就永遠沒有出頭的一天。那些迫害早期基督徒的官員也就是對的了。」詹森回答說：「宗教真理要確立，唯一的方法就是殉道。政府官員有依其所想來執

---

276 轉引自 Gertrude Himmelfarb, "The American Revolution in the Political Theory of Lord Acton," *The Journal of Modern History*, 21.4（December, 1949）, pp. 304-305。

法的權利，任何執著於其所相信的真理的人有受難的權利。要真理終於勝出，除此之道，我恐怕無以得之，那就是：在一方是屬行迫害，在另一方則容忍煎熬。」[277]

在此，我必須指出穆勒不同意這種看法。他說：「這些為我們帶來這麼美好的福祉的前賢，他們所得的報應居然是殉道；他們所得的回報，居然像是對付最窮凶極惡的罪犯的方式來被對待。這種令人痛心的錯誤和不幸，是全人類應該為之披麻撒灰來致哀的。可是，這種看法居然把它變成了理所當然的事理。」穆勒搖頭嘆息地說：「這個說真理終究總會戰勝迫害的說法，是一種「惡紫之奪朱」式的悅耳的歪理（pleasant falsehood），大家說久了，就像變成了一個天經地義的道理一樣，而事實上是禁不起經驗的檢證的。」[278]

這麼說來，原來胡適是把布爾教授所說的「容忍比起義重要」，偷天換日、自以為不著痕跡地換成了「容忍比自由重要」。這兩個字之差，其實非同小可。於是，胡適可以侃侃而言，說：「為什麼容忍比自由還要緊呢？因為容忍就是自由的根源。沒有容忍，就沒有自由可說了。至少在現代，自由的保障全靠一種互相容忍的精神。無論是東風壓了西風，是西風壓了東風，都是不容忍，都是摧殘自由。多數人若不能容忍少數人的思想信仰，少數人當然不會有思想信仰的自由；反過來說，少數人也得容忍多數人的思想信仰，因為少數人要是常懷著『有朝一日權在手，殺盡異教方罷休』的心理，多數人也就不能不行『斬草除根』的算計了。」

胡適在這裡所說的「東風壓了西風，西風壓了東風」、少數人「有朝一日權在手，殺盡異教方罷休」的心理、多數人「斬草除根」的算計等等，這幾句話其實是意有所指的。當時國民黨跟共產黨的內戰已經到了白熱化的地步。胡適所謂的少數、多數不應該對決，而是應該互相容忍的背景，說穿了，其實就是他對國共內戰升高而憂心，以及他對共產黨的排斥。所謂布爾教授的話，所

277　James Boswell, *The Life of Samuel Johnson*, Vol. 1（London: Sir Isaac Pitman & Sons, Ltd., 1907）, pp. 453-454

278　John Stuart Mill, *On Liberty and Other Writings*, ed., Stefan Collini（Cambridge: Cambridge University Press, 1989）, pp. 30-31.

謂自由主義的傳統也者，只是學理上的粉妝。

　　事實上，不管是胡適在這裡所用的字眼，或者是他對共產主義的新看法，都是其來有自的。胡適對蘇聯的看法從1941年起，就有了一個關鍵性的轉變。在那以前，因為他還對蘇聯的計畫經濟心存幻想，因為第二次世界大戰蘇聯還是跟英美合作與軸心國作戰，他仍然把蘇聯當成一個盟邦。然而，就像他1954年在台北所作的演講所說的，他的看法起了轉變，他舉他1941年在美國密西根大學的演講，亦即〈意識形態之間的衝突〉（Conflict of Ideologies）。在那篇演講裡，胡適把英美的民主拿來跟軸心國的獨裁來作對比，在作這樣的對比的時候，他把蘇聯也加了進去，說所有的激進主義都會導致獨裁。他引了列寧的一句話，我們就用胡適自己的翻譯：「革命是最獨裁的東西。實在，要徹底的改革社會制度，徹底的改革社會經濟，沒有別的方法，只有獨裁——所謂『一朝權在手，便把令來行』——才可以做到。」[279]

　　胡適〈自由主義〉的這篇演講，以及他1947年那篇〈兩種根本不同的政黨〉，實際上就是1941年在密西根大學那篇〈意識形態之間的衝突〉演講的中文版。他在〈自由主義〉裡，先引了布爾教授那句被他更動了兩個關鍵字的話，然後又說了「少數人也得容忍多數人的思想信仰」的那一段話以後，就接著講述自由主義和平改革的精神：

　　　　現代的自由主義，還含有「和平改革」的意思。和平改革有兩個意義，第一就是和平的轉移政權，第二就是用立法的方法，一步步的做具體改革，一點一滴的求進步。容忍反對黨，尊重少數人權利，正是和平的社會政治改革的唯一基礎。反對黨的對立，第一是為政府樹立最嚴格的批評監督機關，第二是使人民可以有選擇的機會，使國家可以用法定的和平方式來轉移政權，嚴格的批評監督，和平的改換政權，都是現代民主國家做到和平革新的大路。

279　列寧這句話的出處是《普羅階級革命與叛徒考茨基》（*Proletarian Revolution and Kautsky the Renegade*），轉引自胡適，〈從《到奴役之路》說起〉，《自由中國》，第10卷第6期，1954年3月16日，頁186-187。

與自由主義相對比的，就是激進的暴力革命：

　　我們承認現代的自由主義正應該有「和平改革」的涵義。因為在民主政治已上了軌道的國家裡，自由與容忍鋪下了和平改革的大路，自由主義者也就不覺得有暴力革命的必要了。這最後一點，有許多沒有忍耐心的年輕人也許聽了不滿意。他們要「徹底改革」，不要那一點一滴的立法；他們要暴力革命，不要和平演進。我很誠懇的指出，近代一百六、七十年的歷史，很清楚地指示我們：凡主張徹底改革的人，在政治上沒有一個不走上絕對專制的路。這是很自然的。只有絕對的專制政權可以鏟除一切反對黨，消滅一切阻力；也只有絕對的專制政治可以不擇手段，不惜代價，用最殘酷的方法做到他們認為根本改革的目的。他們不承認他們的見解會有錯誤，他們也不能承認反對他們的人也會有值得考慮的理由，所以他們絕對不能容忍異己，也絕對不能容許自由的思想與言論。所以我很坦白地說，自由主義為了尊重自由與容忍，當然反對暴力革命，與暴力革命必然引起來的暴力專制政治。

　　把胡適的容忍觀念形成、轉折的軌跡釐清了以後，我們就可以很清楚地看出胡適晚年在台灣所說的那句膾炙人口、讓人瞠目結舌的名言：「容忍比自由還更重要」，其實是在國共內戰的背景下形成的。從這個意義下來看，他1959年在《自由中國》半月刊所發表的〈容忍與自由〉，可以說是一個人人拭目以待卻讓人敗興而歸的結局（anticlimactic）。

　　我們現在已經可以很清楚地知道胡適之所以會寫〈容忍與自由〉的背景。我在上一節提到了蔣廷黻1958年10月27日的日記。當時胡適已經回到紐約打包完畢他的書籍、文稿，即將回去台灣終老。蔣廷黻在日記裡說：「跟即將回台灣的胡適有一個長談……我們也同時同意《自由中國》的雷震需要改變其雜誌的基調，從帶有敵意轉為善意的批評。」[280]

　　胡適在11月5日凌晨回到台北。不到兩個月，我們就在雷震的日記裡，見

280　Tsiang Tingfu Diaries, October 27, 1958.

到他開始寫〈容忍與自由〉的記錄。
從雷震日記裡所顯現的蛛絲馬跡來
看，胡適寫〈容忍與自由〉的過程並
不是很順遂的。根據雷震的日記，在
1959年1月2日，雷震去南港跟胡適
拜年的時候，胡適就把他已經開始寫
的〈容忍與自由〉開頭的一段給他看
了[281]。可是一個月過了，稿子卻還是
沒有蹤影。雷震在1月31日的信上
說：「請先生把〈容忍與自由〉和
〈個人主義……〉寫好。我們希望在4
月16日前均登出。這是要先生幫我
們撐撐場面，表示先生力予支持之
意……希望下週內賜下，先生已寫了
一千字，再寫三千字即可以了。」[282]
儘管雷震在2月間，又一再寫信、打

圖17　胡適與雷震，〈容忍與自由〉演講，
1959年11月20日。（胡適紀念館授權使用）

電話催稿，就是讓雷震望眼欲穿，眼看著只有寄望在3月1號那一期刊載了。
只是，雷震又失望了。當然，胡適很忙，他在收到雷震的催稿信以後，回信告
訴雷震：「2月24日，我在史語所有一篇學術講演，故文章又不能交卷了。」[283]
3月7日，雷震又再去信催稿。胡適在9日的日記說：「沒出門，寫〈自由與容
忍〉，沒成。」雷震次晨給胡適打電話催稿的時候，胡適告訴他說他寫到了清
晨四點。一直要到兩天以後，方才完稿。他在11日的日記裡寫著：「寫〈自由
與容忍〉，勉強成文。」[284]為了趕在當月16日那一期出版，雷震在12日的日記

281　雷震，《雷震日記》，1959年1月2日，《雷震全集》，40.4。

282　雷震致胡適，1959年1月31日，高麗鵑編註，《萬山不許一溪奔：胡適雷震來往書信選集》，
　　　頁154-155。

283　胡適致雷震，1959年2月19日，高麗鵑編註，《萬山不許一溪奔：胡適雷震來往書信選集》，
　　　頁163。

284　胡適，《胡適日記全集》，9.409。

裡說：「胡先生的文章交來了，題為〈容忍與自由〉，文長四千字，今晨五時始寫好，今晚七時許始校好。」[285]

〈容忍與自由〉才短短四千字，為什麼這回寫得那麼辛苦、一拖再拖？胡適寫完該文以後，告訴胡頌平說：「短文比論文難寫，足足費了幾個晚上的功夫。」[286]此外，我們也有理由推測他寫的意願並不高。首先，他所想說的，或者能說的，他都已經在〈自由主義〉那篇演講裡說過了，而且說得更為詳盡。可能因為如此，他一度告訴雷震，說他要換寫一篇，叫〈政論家的態度〉[287]。這篇他想寫的〈政論家的態度〉，很可能就是我在上節所分析的〈今日政論家應有的態度〉那篇手稿大綱。

總之，〈容忍與自由〉沒有什麼學理上的闡述。胡適在這篇文章裡的寫作策略是感性的。他寫的方式就像是基督徒在作見證，感性十足。他在留學的初期差點受洗，他說事後回想，「深恨他們用感情的手段來捉人的把戲。」其實，〈容忍與自由〉的寫作策略又何嘗不如是？胡適是一個深得以情感人的三昧的人，這篇文章帶著些許傷感的筆觸，渲染著淡淡的懷舊的情愫，從回憶昔日白髮的老師，以及年少不更事的自己開始，娓娓道來。

〈容忍與自由〉的寫作策略不但是基督徒作見證用的感性「把戲」，它還採用了牧師講道的策略：關鍵詞的重複使用，要不嫌其煩；主題語的重複提示，要像一個樂曲的主旋律一樣，適時適度的回旋，以加深印象。「容忍」這個字眼，從頭到尾，在文章裡一再出現，固不待言。「我年紀越大，越覺得容忍比自由還更重要」這句話，在這篇短短四千字的文章裡就重複出現了三次，每隔幾段就出現一次。同時，講道要真能感人，光訴諸感情是不夠的，還必須曉之以理。所以，胡適在〈容忍與自由〉裡，就讓感性和智性的語言交織，雙管直下。胡適這篇宣道文如果以唱聖詩的方式來宣達，他是以「容忍」為旋律的樂句（phrase），以「我年紀越大，越覺得容忍比自由還更重要」為重複的疊句（refrain），以感性和理性的語言作為兩個聲部（voice），作二部的輪唱。

285　雷震，《雷震日記》，1959年3月12日，《雷震全集》，40.4。

286　胡頌平，《胡適之先生晚年談話錄》，頁12。

287　雷震，《雷震日記》，1959年2月21日，《雷震全集》，40.31。

文章的開頭，胡適先引了被他偷天換日，更動了兩個字的所謂的布爾教授所說的「容忍比自由重要」的話。然後，是感性的聲部：「布爾先生死了十多年了，他這句話我越想越覺得是一句不可磨滅的格言。」

疊句第一次出現：「我年紀越大，越覺得容忍比自由還更重要。」

感性的聲部繼續：把年少不更事的自己拉進來，作一個反面的教材：

> 我十七歲的時候（1908）曾在《競業旬報》上發表幾條〈無鬼叢話〉，其中有一條是痛罵小說《西遊記》和《封神榜》的，我說：
>
> 〈王制〉有之：「假於鬼神時日卜筮以疑眾，殺。」吾獨怪夫數千年來之排治權者，之以濟世明道自期者，乃懵然不之注意，惑世誣民之學說得以大行，遂舉我神州民族投諸極黑暗之世界！……
>
> 這是一個小孩子很不容忍的「衛道」態度。我在那時候已是一個無鬼論者、無神論者，所以發出那種摧除迷信的狂論，要實行〈王制〉（《禮記》的一篇）的「假於鬼神時日卜筮以疑眾，殺」的一條經典！

理性話語的聲部插入：「我在那時候當然沒有夢想到說這話的小孩子在十五年後（1923）會很熱心的給《西遊記》作兩萬字的考證！我在那時候當然更沒有想到那個小孩子在二、三十年後還時時留心搜求可以考證《封神榜》的作者的材料！」接著，他很技巧地讓劇情急轉直下，鋪陳出這個天真，一心想要破除迷信的「小孩子」，可以注意到中國傳統裡怪力亂神的一根針，卻完全沒有看到專制迫害的那根大梁木。他說他當時完全沒有理解到〈王制〉那句話的歷史意義。那一段〈王制〉的全文是這樣的：

> 析言破律，亂名改作，執左道以亂政，殺。作淫聲異服奇技奇器以疑眾，殺。行偽而堅，言偽而辯，學非而博，順非而澤以疑眾，殺。假於鬼神時日卜筮以疑眾，殺。此四誅者，不以聽。

胡適在這裡所要營造的是一個肅殺、恐怖的氣氛。他說：「我在五十年前，完全沒有懂得這一段話的『誅』，正是中國專制政體之下禁止新思想、新

學術、新信仰、新藝術的經典的根據。」他說他當時抱著「破除迷信」的熱心，擁護那「四誅」之中的第四誅，完全不知那第一誅和第四誅的罪名，都可以用來摧殘宗教信仰的自由；第二誅可以用來禁絕藝術創作的自由，也可以用來「殺」許多發明「奇技異器」的科學家；第三誅可以用來摧殘思想的自由，言論的自由，著作出版的自由。他在引申這四誅裡的每一誅的意義的時候，都有意地、強調地重複那「殺」字。

感性話語的聲部再起：「我在五十年前引用〈王制〉第四誅，要『殺』《西遊記》、《封神榜》的作者。那時候我當然沒有想到十年之後我在北京大學教書時就有一些同樣『衛道』的正人君子〔注：指林紓等反對白話文運動的人〕也想引用〈王制〉的第三誅，要『殺』我和我的朋友們。當年我要『殺』人，後來人要『殺』我，動機是一樣的：都只因為動了一點正義的火氣，就都失掉容忍的度量了。」

疊句第二次出現：「我年紀越大，越覺得容忍比自由還更重要。」

感性話語的聲部繼續：表面上看來，胡適是在為年少輕狂的自己向社會謝罪。然而，只見他矛頭俐落地一挑，卻是刺向了共產黨：

> 我到今天還是一個無神論者。我不信有一個有意志的神，我也不信靈魂不朽的說法。但我的無神論與共產黨的無神論有一點根本的不同。我能夠容忍一切信仰有神的宗教，也能夠容忍一切誠心信仰宗教的人。共產黨自己主張無神論，就要消滅一切有神的信仰，要禁絕一切信仰有神的宗教——這就是我五十年前幼稚而又狂妄的不容忍的態度了。

不像要禁絕一切信仰的共產黨，這個「五十年前幼稚而又狂妄的不容忍的」胡適發現這個社會實在是有容忍的心懷的，現在他不但要謝罪，而且還要感恩。那就彷彿說中國社會變成了一個「流奶與蜜」的容忍天堂：

> 我自己總覺得：這個國家，這個社會，這個世界，絕大多數人是信神的。居然能有這雅量，能容忍我的無神論，能容忍我這個不信神也不信靈魂不滅的人，能容忍我在國內和國外自由發表我的無神論的思想。從沒有

人因此用石頭擲我，把我關在監獄裡，或把我捆在柴堆上用火燒死。我在這個世界裡居然享受了四十多年的容忍與自由。我覺得這個國家，這個社會，這個世界對我的容忍度量是可愛的，是可以感激的。

疊句第三次出現：「我年紀越大，越覺得容忍比自由還更重要。」

理性話語的聲部插入：「在宗教自由史上，在思想自由史上，在政治自由史上，我們都可以看見容忍的態度是最難得，最稀有的態度……一切對異端的迫害，一切對『異己』的摧殘，一切宗教自由的禁止，一切思想言論的被壓迫，都由於這一點深信自己是不會錯的心理。因為深信自己是不會錯的，所以不能容忍任何和自己不同的思想信仰了。」胡適接著舉例說明了馬丁路德（Martin Luther）和卡爾文（John Calvin）等新教的領袖，一朝得勢以後，反過來走上不容忍的道路上去。他的結論是：「這是宗教自由史給我們的教訓：容忍是一切自由的根本；沒有容忍『異己』的雅量，就不會承認『異己』的宗教信仰可以享受自由。但因為不容忍的態度是基於『我的信念不會錯』的心理習慣，所以容忍『異己』是最難得，最不容易養成的雅量。」

〈容忍與自由〉的終曲，是感性和理性聲部二重唱：「四十多年前，我們在《新青年》雜誌上開始提倡白話文學的運動。」胡適說他當時從美國寫信給陳獨秀，希望國人能平心靜氣地討論這個問題：「吾輩已張革命之旗，雖不容退縮，然亦決不敢以吾輩所主張為必是而不容他人之匡正也。」陳獨秀的看法則相反，他說：「改良中國文學當以白話為正宗之說，其是非甚明，必不容反對者有討論之餘地；必以吾輩所主張者為絕對之是，而不容他人之匡正也。」胡適說四十年後，他還是忘不了陳獨秀這句話，還是覺得這種「必以吾輩所主張者為絕對之是」的態度是很不容忍的態度。他最後再用以己推人的感性策略、同時又祭上他「實驗主義」者的權威：「我應該用容忍的態度來報答社會對我的容忍。我現在常常想我們還得戒律自己：我們若想別人容忍諒解我們的見解，我們必須先養成能夠容忍諒解別人的見解的度量。至少至少我們應該戒約自己決不可『以吾輩所主張者為絕對之是』。我們受過實驗主義的訓練的人，本來就不承認有『絕對之是』，更不可以『以吾輩所主張者為絕對之是。』」

〈容忍與自由〉在1959年3月中刊出以後，胡適一直要到該年11月20日

才有引申他在這篇短文裡未盡其義的機會。那就是他在《自由中國》十週年的紀念會再以〈容忍與自由〉為題所作的演講。這篇演講很長，胡適在日記裡說他說了四十多分鐘──雷震在日記裡則說是一個鐘頭──的時間，等於是他八個月以前發表的文章的演申，也是他對所有不管是否形諸文字的正面、反面反應的總答覆。他這篇演講稿，用胡適自己在日記裡說的話來說，還特別讓「毛子水大力修改的。」修改的程度如何，除非原來的演講記錄仍在，就不可得知了。

值得注意的是，這篇演講詞在《自由中國》12月1日號刊出，同期刊出的還有毛子水為這期特刊所寫的〈《自由中國》十週年感言〉。照說胡適的演講在前，毛子水的〈感言〉寫在幾天之後，可是這篇毛子水修改後的演講詞居然還引了毛子水的〈感言〉，可見胡適說他的演講詞經過「毛子水大力修改」，並不是虛言。這兩篇文章必須同時閱讀，因為它們是彼此呼應的。毛子水這篇文章裡是替胡適的文章開路，他在說了幾句應景的話以後，就立刻教訓讀者不用功、不讀書。他說穆勒（John Stuart Mill）的《自由論》都已經出版了一百年了，中國人還沒有好好去讀這本人人都應讀的書：

> 思想自由和言論自由對於政治和文化進步的重要，用不著我們再嘮叨了。不過我要在這裡說一句話：一個政治家或政論家，應該把出版一百年的穆勒的《自由論》（*On Liberty*，嚴復譯為《群己權界論》）的第二篇熟讀深思而體會力行起來；不然，便算不得一個好的政治家或政論家。（我還要附帶說一句，一個從事實際政治的人，如果沒有仔細讀過穆勒這本近代的政治經典，在修養上便有一種大缺陷！穆勒這本書，並不是一本政治學的教科書，乃是一本人人應當一讀的「公民學」。嚴復譯的《群己權界論》，出版於清光緒二十九年，到現在已滿五十六年了。可惜當時國人很少喜歡「真學問」的，所以並沒有什麼大影響。設使我們中華民國開創時大多數從事實際政治的人都能具有這種「公民學」的智慧，則我可以斷言我們的政治要比現在好得多──穆勒這本書，到現在似乎還沒有白話文的中譯本；這亦是我們文化界一件憾事！）

　　毛子水說，「我們的時代，應該是比穆勒的時代進步得多了。」但我們不能樂觀，因為共產黨要征服世界，而且已經占據了中國大陸了。語鋒一轉，矛頭轉向了《自由中國》：「依我的看法，十年來我們的政府當局，固未能事事令人滿意——我想，天下恐怕沒有事事令人滿意的政府——但就大體而言，政府當局屬精求治的努力，是值得我們崇敬的……一種正當的倡導輿論的刊物，一方面固然應該督促政府作有益於國家和人民的改革，一方面亦須支持政府良善的計畫以增加政治的效率。尤其在現在這個時候，主持言論的人，要處處『務其大者遠者』，要處處『綜核名實』，較小的事情，似乎可以不必斤斤計較。」刪節號以後的這段話，胡適在他日記裡所附的剪報都畫了線，表示他深表同感。

　　接著，毛子水作了一個大幅度的轉彎，突兀地把美國扯了進來，說現在的世界是處於一個自由與共產對峙的局勢。中華民國既然站在民主這一方，就應該「一心一意的擁護美國的策略，盡可能避免使美國為難。」這句話，胡適也畫線支持。令人玩味的是，國民黨之所以視《自由中國》為眼中釘，非除之不為快的原因之一，用陶希聖的話來說，就是它「專說美國人要說的話。」[288]言論界既然應該「盡可能避免使美國為難」，對自己的政府應如何自處也就不言而喻了：

　　　最後我還有一點小意見。穆勒的《自由論》第二篇的末章曾討論到言論態度的問題。他主張辯論的時候，不必顧慮到遠鄙俗、遠暴慢的禮貌。關於這一點，我的意思不完全和穆勒相同。我以為要使說話有力量，當使說話順耳。《禮記》上說，「情欲信，辭欲巧。」這個「巧」字下得最好……所謂「巧」，當然不是花言巧語，乃是說出來的話令人聽得進……這是我十年來常蓄於心裡的見解，今天謹以貢獻於我們的言論界。[289]

　　有了毛子水替他作開路先鋒，先把「容忍」的概念牛頭不對馬嘴地高高地

288　雷震，《雷震日記》，1959年12月2日，《雷震全集》，40.200。
289　毛子水，〈《自由中國》十週年感言〉，轉引自《胡適日記全集》，9.463-466。

供奉到擺置穆勒的「經典」的供桌上，然後又偷關漏稅地把它走私成為說順耳話的弄臣之術以後，胡適就可以順水推舟，扶搖直下了。他在重複了他八個月前在〈容忍與自由〉裡所說的為什麼需要容忍的要旨以後，就引了毛子水在〈《容忍與自由》書後〉文章裡說的一段話，他說毛子水「在那篇文章中指出：胡適之先生這篇文章的背後有一個哲學的基礎。他引我於民國三十五年〔1946〕在北京大學校長任內作開學典禮演講時所說的話。在那次演說裡，我引用了宋朝的大學問家呂伯恭〔呂祖謙〕先生的兩句話，就是：『善未易明，理未易察。』」胡適說「理未易察」，「不但是我寫〈容忍與自由〉這篇文章的哲學背景，所有一切保障自由的法律和制度，都可以說建立在『理未易察』這句話上面。」

胡適引了毛子水在〈感言〉裡說人人都應該讀穆勒《自由論》的一段話。接著，他就開始摘述穆勒的看法。值得注意的是，他雖然一開始就說：「穆勒在該書中指出，言論自由為一切自由的根本。」但就只說了這一句話，既沒有解釋、也沒有引申，就馬上把話題轉開：

　　同時穆勒又以為，我們大家都得承認我們認為「真理」的，我們認為「是」的，我們認為「最好」的，不一定就是那樣的。這是穆勒在那本書的第二章中最精采的意思。反宗教所提倡的教條，社會上所崇尚的道德，政府所謂對的東西，可能是錯的，是沒有價值的。你要去壓迫和毀滅的東西，可能是真理。假如是真理，你把它毀滅掉，不許它發表，不許它出現，豈不可惜！萬一你要打倒的東西，不是真理，而是錯誤；但在錯誤當中，也許有百分之幾的真理，你把它完全毀滅掉，不許它發表，那幾分真理也一同被毀滅掉了。這不也是可惜的嗎？再有一點：主持政府的人，主持宗教的人，總以為他們的信仰、他們的主張完全是對的；批評他們或反對他們的人是錯的。儘管他們所想的是對的，他們也不應該不允許人家自由發表言論。為什麼呢？因為如果教會或政府所相信的是真理，但不讓人家來討論或批評它。結果這個真理就變成了一種成見，一種教條。久而久之，因為大家都不知到當初立法或倡教的精神和用意所在，這種教條，這種成見，便慢慢趨於腐爛。290

　　胡適在這裡所摘述的穆勒《自由論》第二章的要點，精簡而且正確。穆勒的《自由論》以及他的《自傳》是胡適一生所常常津津樂道的。其實，胡適留美的時候就已經熟讀了。他在康乃爾大學的時候，還寫過了兩篇讀書報告。一篇是〈穆勒生平及其對自由的看法〉（Life of John Stuart Mill and His Opinions on Liberty），另一篇是〈穆勒論正義：其《功利主義》第五章的研究〉（John Stuart Mill on Justice: Being A Study of the Fifth Chapter of His *Utilitarianism*）。可惜前者今天在「胡適檔案」裡已經不存，只有他用打字機打出來的標題頁還在。然而，後者則很幸運地還留存著[291]。胡適這篇留美時期所寫的〈穆勒論正義〉，就有一段話提到穆勒的自由論。他說儘管穆勒討論個人的權利，是在社會的脈絡裡而言的。換句話說，個人有其社會的責任與義務。然而，只要穆勒從先驗的角度來對待個人的權利，個人的權利就是一種「天賦人權」（natural right）。他的證據，就是他在附註裡所徵引的穆勒在《自由論》裡的一段話：「一個人唯一需要為社會著想的地方，就是其所行所為會影響他人的時候。其所行所為只牽涉到他自己的時候，個人的獨立——從其權利的角度看來——是絕對的。」[292]穆勒接下去所說的話，胡適沒徵引，但意思一樣，只是穆勒說得更為堅決：「對其個人而言、對其自我的身心而言，個人是至尊無上的（sovereign）。穆勒這兩句話都是胡適在書上畫線的地方。

　　毛子水則不然。不管他自己是否真讀過。試看他除了說穆勒的書是一本「經典」、沒有讀過「在修養上便有一種大缺陷」以外，《自由論》跟容忍究竟有什麼關係，他完全沒有觸及。反正他料準了沒有多少中國人讀過穆勒的書，反正他可以把穆勒拿來唬人，甚至借刀殺人。胡適跟他不同，胡適可是一個非常清楚穆勒《自由論》及其思想背景的主旨的人。這是胡適晚年不老實、言不由衷（disingenuous）的一大敗筆。

290　胡適，〈容忍與自由——《自由中國》十週年紀念會上講詞〉，轉引自《胡適日記全集》，9.479。

291　「胡適外文檔案」，E59-3。

292　Suh Hu, "John Stuart Mill on Justice: Being A Study of the Fifth Chapter of His *Utilitarianism*,"「胡適外文檔案」，E59-3; Mill, *On Liberty*, Charles Eliot, ed., *The Harvard Classics*, Vol. 25, p. 204；「胡適紀念館：胡適藏書資料庫」，HS-N12F6-025-01。

不像毛子水閉著眼睛說瞎話，說：「我們的時代，應該是比穆勒的時代進步得多了。」其實，穆勒所處的社會已經老早過了必須跟政府爭自由的階段，而進入了跟社會的大多數爭自由的階段。反之，毛子水一面說我們的時代應該比穆勒的時代進步得多了。卻一面還在教人批評政府的時候要講得順耳。

穆勒的《自由論》是1859年出版的。胡適講〈容忍與自由〉的時候，正是該書出版的一百週年。穆勒在〈導論〉裡說，歐洲的政治已經發展到了代議政制的確立，那些還在討論如何限制政府的權限的政治思想家已經是鳳毛麟爪了。他在毛子水所特別標明出來說人人都必讀的第二章一開頭，就開宗明義地說：「我們希望那個時代，那個需要為言論自由是反對貪腐或專制政府的一個保障找理由來作辯護的時代，已經成為過去。」因此，穆勒這本書所討論不是政治的自由，而是社會的自由，是「社會能合法地加諸個人的權力的性質及其限制。」這些，胡適都完全清楚，他瞭解穆勒的《自由論》的主旨是在反對多數的暴力，是在反對隨俗從眾（conformity）的社會壓力，是在為特立獨行的人作辯護。

這也是為什麼胡適在1914年底與韋蓮司逐漸熟稔，為她特立獨行的個性而動容的時候，他所立刻聯想到的就是穆勒在《論自由》裡所說的話。比如說，他說韋蓮司：「其人極能思想，讀書甚多，高潔幾近狂狷，雖生富家而不事服飾；一日自剪其髮，僅留二三寸，其母與姐腹非之而無如何也，其狂如此。余戲謂之曰：『昔約翰彌爾（John Stuart Mill）有言：「今人鮮敢為狂狷之行者，此真今世之隱患也。」（吾所謂狂狷乃英文之 eccentricity）狂乃美德，非病也。』女士謂：『若有意為狂，其狂亦不足取。』余亦謂然。」[293]

胡適在這段日記裡所引的穆勒的話，在第三章第53頁。兩個禮拜以後，他給韋蓮司的信上談到了容忍的問題。他說他有兩面：在處理家庭方面，他用的是東方人容忍的態度，他稱之為「利他的容忍」（altruistic toleration）。用胡適自己在日記裡的翻譯，是「為人的容忍」。他舉他母親為例，說他絕對硬不起心腸來去違背她的意思。在社會政治上，他則採西方人的作法。他說他是一個激進者。激進的意思，是凡事都要究其根源的人。這種西方人的作法，他用

293 胡適，《胡適日記全集》，1.517-518。

易卜生和穆勒來做例子：

　　根據我的瞭解，西方人的態度是這樣的，我們**對自己的責任**，超乎一切。我們必須忠於自己。我們必須自己獨立思考，一定不能去遏制自己的個性和人格。我們有幸能用新的觀點看到真理的人，一定要堅持我們所接受的真理。我們絕對不能妥協，因為我們的理想——真理——是不容許妥協的。

　　這個觀點在易卜生的《娜拉》那本劇本裡表白得最為透徹。如果妳想讀的話，請給我電話，我可以把我的書借給妳。

　　這種態度絕對不是自我中心的。不！**為社會的福祉著想**，最好的方法就是讓個人有最大的自由去把自我發揮到極致。人類的進步，就端賴每一個人都能毅然決然地堅持他所信仰的真與善，不以「現有秩序」為滿足。換句話說，社會之所以能有進步，該歸功的是激進者和叛逆分子。

　　這種觀點，說得最好的，是穆勒在他那篇不朽的傑作《論自由》。如果妳有興趣的話，我可以把我那本借給妳。[294]

　　胡適年輕時候心目中特立獨行的典型人物是易卜生的《國民公敵》裡的司鐸曼醫生。他雖然是易卜生劇裡的人物，但他的特立獨行，使他成為穆勒筆下的多數暴力下的犧牲者。司鐸曼醫生在他所住的城裡的溫泉理療院（spa）的水裡，驗出一種傳染病的微生菌。由於要改建理療院水管所費不貲，改建期間理療院又必須歇業，會嚴重影響當地的經濟，於是全城的人都反對他，不准他發表他的檢驗報告。等他好不容易找到了一個會場來發表他的報告，還被眾人從台上拉了下來，扯破了他的褲子。追打他的人，用石頭丟他，追到了他家，連家裡的玻璃都給砸破了。

　　胡適義憤填膺地總結說：「到了明天，本地政府革了他的官醫；本地商民發了傳單不許人請他看病；他的房東請他趕快搬出屋去；他的女兒在學堂教書，也被校長辭退了。這就是『特立獨行』的好結果！這就是大多數懲罰少數

294　Hu to Edith Clifford Williams, November 2, 1914，《胡適全集》，40.3-5。

『搗亂分子』的辣手段！」胡適在〈非個人主義的新生活〉裡給年輕人的勸告，還是這種特立獨行的奮鬥精神。他說他所主張的「是站在這個社會裡奮鬥的生活；是霸占住這個社會來改造這個社會的新生活。」我們「奮鬥的結果，要使社會的舊勢力不能不讓我們。」[295]當時的胡適說得多麼豪氣干雲啊！

即使到了1935年，步入中年的胡適，司鐸曼醫生還是他的偶像。他在〈個人自由與社會進步──再談「五四」運動〉裡，又提起他在五四時期所提倡的以易卜生的著作為代表的「健全的個人主義」。他說：「這種思想有兩個中心見解：第一是充分發展個人的才能，就是易卜生說的：『你要想有益於社會，最好的法子莫如把你自己這塊材料鑄成器。』第二是要造成自由獨立的人格，像易卜生的《國民公敵》戲劇裡的司鐸曼醫生那樣『貧賤不能移，富貴不能淫，威武不能屈』。」[296]

司鐸曼醫生這樣的人，就是孟子所說的，有浩然之氣的人。他有「自反而縮，雖千萬人，吾往矣！」的氣概。用穆勒在《自由論》第二章第一段裡的話來說：「即使全人類的想法都一樣，就有一個人與眾不同、別持異議，人類並沒有權要這個人封口。而這個人也不能要全人類封口，如果他能有那樣的力量的話。」穆勒這句話，胡適在他1910年所買的《哈佛叢書》所收的《自由論》裡，就特別用紅鋼筆畫了線[297]。

我們有理由相信，雖然胡適在闡述〈容忍與自由〉這個節骨眼上不老實、言不由衷，他還是有節度的，不會讓自己太過背離自己的良心和原則。我們要注意他在總結毛子水對〈容忍與自由〉的補述以後所說的一段話。他說：「毛子水先生說，這是胡適之講『容忍』的哲學背景〔注：指呂祖謙「理未易察」那句話〕。現在我公開的說，毛先生的解釋是很對的。同時我受到穆勒大著《自由論》的影響很大。我頗希望在座對研究有興趣的朋友，把這部大書譯成白話的、加注解的中文本，以饗我們主持政治和主持言論的人士。」

295　胡適，〈非個人主義的新生活〉，《胡適全集》，1.714, 715。

296　胡適，〈個人自由與社會進步──再談「五四」運動〉，《胡適全集》，22.284。

297　Mill, *On Liberty*, Charles Eliot, ed., *The Harvard Classics*, Vol. 25, p. 211；「胡適紀念館：胡適藏書資料庫」，HS-N12F6-025-01。

　　這一段話裡的關鍵轉折詞是「同時」。我們必須注意，他只願意說毛子水說「理未易明」是他「容忍」的哲學背景是解釋得「很對的」。但毛子水「很對」的地方僅只於此，不包括他談穆勒的一部分。我們在前邊提到胡適在摘述穆勒的《自由論》時，只說了一句：「穆勒在該書中指出，言論自由為一切自由的根本。」這是因為他不能引申穆勒這個觀念，因為一引申，就會讓他的「容忍」說的不通原形畢露。「同時」這個連接詞，就是他轉移話題的修辭術。

　　毛子水不說穆勒在《自由論》裡到底說了什麼還好，一說就露出了他自己沒讀通的馬腳。我們記得毛子水在〈感言〉的結尾裡說批評政府的話要說得順耳之前，回馬一槍，洋洋得意地以為他將了穆勒一軍。他說：「最後我還有一點小意見。穆勒的《自由論》第二篇的末章曾討論到言論態度的問題。他主張辯論的時候，不必顧慮到遠鄙俗、遠暴慢的禮貌。關於這一點，我的意思不完全和穆勒相同。」

　　胡適一定很清楚穆勒並沒有說這樣的話。穆勒說得很清楚，他說：「提出看法的態度，即使是提出一個正確的看法的態度如果令人反感，是應該遭到嚴厲的批評的。」但是，穆勒也指出，什麼叫做和緩（temperate）的批評？其標準是很難訂定的。如果檢驗的標準是看那是否引起被批評者的不快，那還用得著辭費嗎？「人的經驗證明了，只要批評有力、擊中要害；只要對手得理不饒人，打得被批評者毫無招架之力；如果對手又是對爭論的問題有強烈的看法的人，則它當然一定會引起被批評者的不快。」穆勒說，其實態度不好，引起不快，受損的反而可能是批評者，因為他不可能贏得同情。但這真的是次要的問題，從穆勒的角度看來，最嚴重的是詭辯、湮埋事實或論證、作偽、或曲解對方的看法[298]。

　　穆勒非常清楚所謂的辯論的態度或語言的問題，其實是一個權力的問題。這也就是說，所謂要和緩、順耳也者，是當權者說的話。他們要少數或異議者要和緩、要有禮貌、不要激烈，但自己卻動輒鎮壓，或運用語言暴力。有關這點，穆勒說得最為透徹：

298　Mill, *On Liberty*, pp. 54-55.

　　至於一般人所謂的激烈的言論，也就是說，謾罵、譏諷、人身攻擊等等。如果雙方都不許使用這些武器的話，則對這些武器的譴責也許還能言之成理。然而，這只是用來鉗制反對時論的人。用來對付弱勢者的時候，這些武器的使用不但不會受到指責，反而可能得到熱切的讚美和正義的火氣。事實上，不管使用這些武器所帶來的傷害是什麼，受害最大的總是比較沒有抵抗力的一方；而用這種模式的論辯來取得不公平的優勢的，總是站在權勢的一方。爭論時最惡毒的一招，是把對手打成一個惡徒或不道德的人，這種誣蔑的手段，最容易讓反時論的人遭殃，因為他們一般人少勢孤。除了他們自己以外，沒有人會有興趣去還給他們公道。這個武器不是攻擊時論的人所能使用的。他們不可能安全地使用這個武器。即使他們能，也不會對他們有什麼好處，只是會造成反彈。299

　　由於穆勒深切地瞭解到社會是一個權力不均等的場域，他知道容忍不是一個抽象的概念，而必須落實到現實的權力架構裡。不像胡適和毛子水說：「要使說話有力量，當使說話順耳」，不像胡適咄咄逼人地責問雷震自己是否真的能對人沒有成見？為什麼慶祝《自由中國》十週年的特刊請了二十幾個人作文章，卻不請代表官方的人寫？為什麼開十週年紀念會「不請平常想反對我們言論的人，想壓迫我們言論的人呢？」

　　穆勒的看法恰恰相反，他認為該去遏止的是強勢的一方，而該對之容忍的是弱勢的一方。社會上的少數、弱勢、異議者既然總是被鉗制、反制的對象，又動輒得咎。攻擊性太強嘛，又怕引起反彈，他們怎麼可能敢激烈呢！穆勒又怎麼可能像毛子水所說的「不必顧慮到遠鄙俗、遠暴慢的禮貌」呢！

　　語言暴力誰最會使用？其寒蟬效應如何？穆勒說得一針見血，他說：「一般說來，與時論對峙的看法，想要得到聽眾，就只有用穩健的語言，如履薄冰一般地避免引起不必要的反感。他們壓根兒都不敢須臾地偏離這個尺度，以免失去他們可能得到的支持。反之，強勢的一方所使用的囂張的謾罵，卻真有嚇阻人們敢去公開說出或聽取相反意見的效果。因此，為了真理與正義，去遏止

299　Mill, *On Liberty*, p. 54.

這強勢的一方使用謾罵的語言，要比去壓抑另一方還要來得重要。」[300]

穆勒在這裡說，我們應該去遏制強勢者濫用語言暴力，因為弱勢者是語言暴力的受害者。這些道理，胡適——或者，更正確地說，年輕的胡適——都非常清楚。最好的證據，就是他在《新青年》上祝賀《新聲》雜誌創刊的那篇文章。他給《新聲》的祝詞是：希望《新聲》能以「出詞荒謬，狂悖絕倫」為豪。這篇短文值得全部徵引：

> 我們對於《新聲》的出世，極表歡迎。我們恭恭敬敬的祝賀《新聲》的成立。
>
> 來信所說「既然想做人，一定不能自在了」。這是我們極贊成的話。北京有一個中學校的學生做了一篇文章，對於孔丘頗不很滿意。他的先生看了大怒，加了一個長批，內中有「出詞荒謬，狂悖絕倫」八個大字的斷語；又說，「有如此之才氣，有如此之筆仗，而不為正軌之文，惜哉惜哉！」這個學生心裡不平，便把這篇文章和他先生的批語一齊送給我看。我看了那篇文章，又看了他那先生的批語，曉得他同他先生是沒有道理可講的，所以只好寫了一封回信，勸他不必失望；我說，「在這種世界，我們正該用『出詞荒謬，狂悖絕倫』八個大字自豪」；末後更希望他「努力不為正軌之文」。《新聲》我們只見了第一期不敢下什麼批評，只好引用那位老先生的批語，略改幾個字，把來奉祝諸君：「諸君有如此才氣，有如此之筆仗，甚望努力勿為正規之文；甚望勿畏『出詞荒謬，狂悖絕倫』的批評，甚望時時以這八大字自豪！」[301]

從穆勒的角度來看，胡適在《自由中國》十週年紀念會上所作的〈容忍與自由〉的演講根本就是詭辯。胡適說因為「善未易明，理未易察」，因為穆勒說我們的信仰、真理可能是錯的，因為所謂的「事實」很難認清，「公公有公公的事實，婆婆有婆婆的事實」，所以我們應該有幾分證據說幾句話，要「容

300　Mill, *On Liberty*, p. 55.

301　胡適，〈歡迎《新聲》〉，《胡適全集》，21.164。

忍」、「克己」、「自我訓練」。胡適在這裡所舉出的每一個要我們容忍、克己的因和果，穆勒都不會接受。

首先，「公公有公公的事實，婆婆有婆婆的事實」是人世間的常情，是萬世不移的。就像胡適摘述穆勒的觀點裡所說的，時論可能是錯的，也可能是對的。但穆勒說還有第三個可能性，那就是對錯摻雜，也就是胡適所說的「公公有公公的事實，婆婆有婆婆的事實」，各自堅持，互不相讓的情況。然而，穆勒說這是正常的，因為人心幾乎總是片面的，能看到多面的是少之又少，但這並不妨礙社會的進步。

穆勒說：「進步照理說應該是層層累積的，但實際上常常都是一些局部的、不完整的真理取代了舊有的局部的、不完整的真理。所改善的主要只是在新的片面真理比舊的能更適合當代的需要。」社會的實際既然如此，時論既然總是片面的，即使它有真理的基礎，則任何意見，不管是公公的，還是婆婆的，不管它含有的真理中所摻雜的錯誤和矛盾有多少，只要它有時論所忽略的部分真理，它就是珍貴的。換句話說，穆勒認為社會上有不同的意見對社會是有益的。讓它們百家爭鳴，才會有真理越辯越明的一天。

如果百家爭鳴就像一個眾聲喧譁的市場一樣，則這個觀念的市場越自由，就越能讓百家自由地去爭鳴；百家越能自由地去爭鳴，真理就越有可能越辯越明。用穆勒在胡適畫了線的話來說：人類的進步

　　端賴人們能經由論辯與經驗來糾謬。然而，單靠經驗不夠，必須還要透過論辯來詮釋經驗。錯誤的想法和作法會漸次在事實和論證之前低頭。只是，事實和論證要能打入人心，必須先要把它們展現在人們的眼前。這是因為事實自己不會說話，必須要透過詮釋才能呈現出它們的意義。因此，人類的判斷的效力和價值完全是建立在這個人類知過能改的特質的基礎上，而且，如果我們能夠信靠這個特質，這個矯枉的管道就必須是暢通的。302

302 Mill, *On Liberty*, Charles Eliot, ed., *The Harvard Classics*, Vol. 25, p. 214；「胡適紀念館：胡適藏書資料庫」，HS-N12F6-025-01。

這麼說來，對穆勒來說，所謂「善未易明，理未易察」根本就是一個假的命題，因為人類社會要從百家爭鳴進步到真理的統一，那會是一個遙不可企及的未來。如果依照胡適的邏輯來說，由於「善未易明，理未易察」，所以我們應該「容忍」，或者，胡適雖然沒有說但是呼之欲出的，應該「展緩判斷」，那不等於像是叫人去坐等黃河變清的一天嗎！事實上，為什麼需要「容忍」和「克己」呢？就像穆勒所說的，要說「容忍」、「克己」，應該去對政府跟強勢的人說，而不是對持異議的弱勢的人說。更重要的是，這個「容忍」的邏輯根本就是似是而非的。從穆勒的角度來看，就正是因為「善未易明，理未易察」，所以我們才更應該投身這個眾聲喧譁的觀念市場裡去磨練。

胡適引殷海光的話，說主持言論的人要作「自我訓練」。胡適是一個一輩子最喜歡談「訓練」的好處的人。不管是作考證，還是練習演說，還是學生作自治活動，他都喜歡用「訓練」這兩個字來說明磨練會給我們帶來的好處。的確，「善未易明，理未易察」。但也正因為如此，那最好的訓練場所，就是在那眾聲喧譁的觀念市場。我們不能因為這個市場裡處處布滿了錯誤、成見、蒙蔽、私心的荊棘與陷阱，就退回書房再做研究。等有了幾分證據，再說幾分話。事實上，沒有什麼書房可以退回去。這個眾聲喧譁的觀念市場就是我們的書房，這個觀念的自由市場就是我們的訓練場所。穆勒有一段話說得再好也不過了。那句話也是胡適在書中畫了線的：「有一個人，雖然他的結論是錯的，但是這個結論是他作了研究和努力，自己作思考而得來的；另外一個人，他的結論是對的，但並不是他自己思考的結晶，前者對真理的貢獻要大於後者。」[303]

胡適在《自由中國》十週年紀念會上所作的演講既然是他對〈容忍與自由〉反響的總答覆，他當然必須面對殷海光的質疑。他說殷海光說：

> 同是容忍，無權無勢的人容易容忍，有權有勢的人容忍很難。所以他好像說，胡適之先生應該多向有權有勢的人說容忍的意思，不要來向我們這班拿筆桿的窮書生來說容忍。我們已經容忍慣了。殷先生這番話，我也仔

303　Mill, *On Liberty*, Charles Eliot, ed., *The Harvard Classics*, Vol. 25, p. 228；「胡適紀念館：胡適藏書資料庫」，HS-N12F6-025-01。

細想過。我今天想提出一個問題來，就是，究竟誰是有權有勢的人？還是有兵力、有政權的人才可以算是有權有勢呢？或者我們這班窮書生、拿筆桿的人也有一點權，也有一點勢呢？[304]

胡適說其實有權有勢的人之所以要反對言論、思想、出版的自由，是因為他們害怕窮書生在白紙上寫的黑字，他說這就是力量。所以他的結論是：

> 我們要承認，我們也是有權有勢的人。因為我們有權有勢，所以才會受到種種我們認為不合理的壓迫，甚至像「圍剿」等。人家為什麼要「圍剿」？還不是對我們力量的一種承認嗎？……不過我們的勢力，不是那種幼稚的勢力，也不是暴力。我們的力量，是憑人類的良知而存在的……所以毛子水先生指出我在〈容忍與自由〉那篇文章裡說的話，不僅是對壓迫言論自由的人說的，也是對我們主持言論的人自己說的。[305]

胡適在這段話裡所用的論述的策略有兩個，一個是論辯式的（rhetorical），它的目的是要激起窮書生的浩然之氣，抒發出他們的想像力，讓他們天馬行空，產生與宇宙同心，與萬物同儕的氣概。「窮書生」這個傳統讀書人常愛用來自況之詞，表面上是自貶，其實是自鳴清高；越看似是自謙自貶，越容易為浩然之氣所衝。說窮書生能拿筆桿用白紙寫黑字，體現人類的良知。說得那窮書生儼然覺得天地有正氣，正氣在其我。窮書生那種孟子所說的「施施然」自得之色，大概只有灰姑娘穿上了她離開舞會所掉下來的那支玻璃鞋以後的快慰所能相比擬。

胡適的另一個策略是類比法：政府有兵、有槍，有權有勢；窮書生則有筆、能寫，會有影響力，也屬於一種力量。所以窮書生也跟政府一樣，有權有

---

304 胡適，〈容忍與自由──《自由中國》十週年紀念會上講詞〉，轉引自《胡適日記全集》，9.481。

305 胡適，〈容忍與自由──《自由中國》十週年紀念會上講詞〉，轉引自《胡適日記全集》，9.482。

勢。論辯式所得的結論可以大快我心，但不一定能與經驗事實相符是毋庸置疑的。而類比法的謬誤也所在多有。留學時讀哲學、博士論文寫先秦名學、深諳邏輯的胡適在這裡是大膽地以身試法。窮書生也有力量（注意：但不一定有權有勢）的說法，胡適不是第一個人。西諺有云：「筆之力勝於劍。」（The pen is mightier than the sword.）然而，這句話就像穆勒所說的，是一種悅耳的歪理。人人爭誦，久而久之，就彷彿像是不言而喻的真理一樣。

穆勒說，真理終究可以戰勝迫害，是一種悅耳的歪理。它是禁不起事實的檢驗的。穆勒說：「歷史上真理因迫害而被湮滅的例子俯拾皆是。即使真理沒有被永遠禁錮，它可以被倒退好幾個世紀。」穆勒對真理可以戰勝迫害的歪理的批評，真是一針見血，完全可以拿來審視胡適說「窮書生也有權有勢」的說法：「說真理就因為是真理，不像謬誤，一定可以戰勝地牢和火刑，是一種為賦新詞強說愁（idle sentimentality）的說辭。人們愛真理的心不見得超過他們對謬誤的愛。只要有足夠的法律懲治，甚至只需要用社會制裁，他們就兩者皆可拋。真理的優勢只有一點：如果一個想法是對的，它可以被一次、兩次、無數次地被湮滅。但就在它一再地被湮滅的世代裡，總會一直有人去重新發現它。那一天終究會到來，它的復出，會衝破迫害。那一天終究會到來，等它氣候已成，任何迫害都莫之能害。」[306]值得注意的是，穆勒這一長段振聾發聵的話，有好些句子也都是胡適在書中畫了線的所在。只是晚年的胡適已經年輕不再、激進——凡事都要究其根源的激進——不再。

306　Mill, *On Liberty*, p. 31.

幕落

　　胡適在雷震案發生以後，說他要「營救」的不是雷震，而是「中華民國」。1960年11月24日，胡適日記裡記他對覆判結果說：「大失望！大失望！」的當天，「中廣公司」記者打電話問他是否要去看雷震。胡適回答說：「這是我個人的行動。但許多記者以為是一個重要新聞，守著看守所的門口等我。我就不去了。我相信他會知道我在想念他！」[1]

　　胡適去不去探視雷震當然是他個人的行動與自由，他人無權干涉。然而，作為雷震的朋友，作為一個讚揚雷震是所謂的「自由中國」有自由的象徵、並且屢次說應該為他建立銅像的「自由主義」大師，只因為有記者守在看守所門口看他去不去，就不去看雷震了，這未免太矜持自己的身分與自命清高的形象了。

　　雷震知不知道胡適是在想念著他不重要。事實上，即使雷震知道胡適雖然不去看他，但是在想念他而心懷感激，這也不重要。因為那所說明的，並不是知雷震者，胡適也！而是雷震比胡適更重情義、更珍視他們之間的友誼，因而不會以胡適不去探監為憾。胡適的問題不只是不重情義與友誼而已。最可怕的是，雷震只是胡適要「營救」那所謂的「自由中國」的目的所用的手段而已。

　　雷震的覆判都還沒宣布，胡適已經把他回台灣以前所義憤填膺要爭取的言論自由以及公平的司法的審判都完全拋諸腦後了。胡頌平在11月22日──雷震案覆判宣布前一天──的記錄說：

1　胡頌平，《胡適之先生年譜長編初稿》，9.3385。

今天先生翻看《自由中國》半月刊第一期〈發刊詞〉，當時的誡條：

一、不作無聊的悲觀；二、不作下流的謾罵；三、不歪曲事實；四、不顧小己的利害。

在第二條的說明中有：我們最大的目的，是要把我們平易而正確的見解，仔仔細細的告訴我們的同胞。先生說：那時我在國外。他們這些話可能是受了我們辦《獨立評論》的影響。如果他們能照這幾點做去，可能不出毛病。要做到平易而正確的見解不容易！[2]

《自由中國》的〈發刊詞〉裡所列出來的誡條有四，而胡適所舉出來強調的居然不是最重要的：「三、不歪曲事實」，以及「四、不顧小己的利害」。這是很值得我們省思的。胡適所凸顯出來的是：二、不作下流的謾罵，彷彿《自由中國》沒有作到這條誡條一般。更重要的是，胡適在舉出「這第二條的說明」，也只凸顯出：「我們最大的目的，是要把我們平易而正確的見解，仔仔細細的告訴我們的同胞。」

事實上，這第二條的說明說得更多，而且說得更堂堂正正：

「政者，正也」。我們在國家和民族生死存亡的關頭，出版這個刊物。我們最大的目的，是要把我們平易而正確的見解，仔仔細細的告訴我們的同胞。我們居心當然要「出於正」，我們在說話上邊亦不可不「出於正」。

第三條誡條不但才是真正是重要的，而且是說得可以讓人擊節讚賞：

三、不歪曲事實。我們如果述說事實以作例證時，無論是歷史上的事實或現在的事實，我們都求十分的正確。我們決不為一時說話的便利而歪曲事實。我們相信：正確的判斷，須基於正確的事實。我們所要向世人傳達的，決不是花言巧語，而是正確的判斷；所以我們萬不可歪曲事實。

2　胡頌平，《胡適之先生年譜長編初稿》，9.3381。

同樣真正重要，而且說得堂堂正正、可以讓人擊節讚賞的是第四條誡條：

四、不顧小己的利害。我們以最誠摯的心腸向世人說話。我們說話的目
的，決不是為一黨一派的利益。我們所要申明的是人道和正義；我們為世
界的永久和平而說話，為同胞的自由和安全而說話。在這個時候，我們有
應當說的話。如果因為有所顧忌而不說，或隱約模稜的說，都犯著「見義
不為」的過失。我們所要仔細辨別的，是我們說話對社會的影響，而不是
對一己的利害。我們說的話如果有幾分好處，如果可以導人為善，則無論
對我們自身有什麼危險，都是值得我們去說的。[3]

這三、四兩條最重要的誡條，胡適不舉出來強調。而是去凸顯出溫溫吞吞
的「平易而正確的見解」。而且還自我陶醉在他三十年前的「當年勇」，說：
「他們這些話可能是受了我們辦《獨立評論》的影響。如果他們能照這幾點做
去，可能不出毛病。要做到平易而正確的見解不容易！」

曾幾何時，雷震的「毛病」變成是因為他沒有「做到平易而正確的見
解」！我們記得胡適在1960年10月16日給《時代》雜誌發行人魯斯（Henry
Luce）的信裡，還義憤填膺地說，所有自由世界裡的報人都「永遠不會寬恕這
種先指控他們的言論冒犯了政府，再羅織他們是共產黨的罪名的作法。」曾幾
何時，胡適跟毛子水變成了一丘之貉！雷震的罪變成了毛子水在詮釋〈容忍與
自由〉裡所指摘的「說話不順耳」──不懂得「巧言令色」──之罪了！

一個月以後，胡適說得更露骨。胡頌平12月21日的記錄：「最近一期的
《時與潮》（52期）上提起反對黨的事情，說先生勸他們暫緩進行，以免與當
局發生正面衝突，那將不合相忍為國的原則。」[4]

曾幾何時，「以免與當局發生衝突」變成了「相忍為國」的理由！事實
上，胡適要的不是「相忍」，而是要組織反對黨的人「獨忍」，以免觸怒當
局。這就是晚年胡適所謂的「容忍比自由重要」的真諦。

3　〈發刊詞〉，《自由中國》，第10卷第6期，1949年11月20日，頁3-4。
4　胡頌平，《胡適之先生年譜長編初稿》，9.3420。

　　胡適都已經退讓到要大家「相忍為國」了，無怪乎他跟蔣介石也恢復了「相忍為國」的關係。1960年12月，胡適虛歲滿七十。這個「七十初度」的慶祝，從蔣介石在12月15日上午送到他親書的「壽」字鏡框開始。當天下午，中央研究院的同人以及績溪同鄉會代表，在中研院的學人館為他舉行祝壽酒會。17日，胡適生日當天，台大校長錢思亮在他家設了壽堂為他祝壽。21日，蔣介石在其官邸為胡適祝壽。

　　1961年1月1日，胡適到總統府參加團拜。1月4日，又在中央研究院舉行團拜。新年新希望，胡適期待著他春天到美國去的計畫。1月26日晚，他在接受《中央日報》記者李青來的電話訪問裡，證實了他出國的計畫。他要在3月22日參加他從前康乃爾大學經濟學教授威爾恪思（W. F. Willcox）老師一百歲的生日會。然後，在4月3日到8日到麻省理工學院參加該校百年校慶的討論會。

　　1月27日，從下午四點開長期發展科學委員會的會，一直開到八點半。處理了不少議案，但胡適在當晚的日記裡，說他「很倦了」[5]。29日又開了一下午的會外加演說。30日上午在中研院開院務會議。他在當天的日記說：「這幾天真倦極了。」[6]當時胡適不自知，但顯然他的心臟負荷不了了。

　　2月25日，錢思亮宴請美國密西根州立大學校長，請胡適當陪客。當晚，胡適從南港出發到南昌街陸軍聯誼社去的時候，心臟病的症狀就已經發作了。他在當天的日記裡記：

　　　　今天上午及中午見客談話頗有吃力的感覺。晚上七點出門赴思亮夫婦的宴會（為與Michigan State Univ.〔密西根州立大學〕合作的事）。上汽車時已覺得呼吸很吃力。初想不去了。因車已開出，就決定到那邊。萬一不舒服，我可以向主人說明，不入座，就到台大醫院去。

　　　　七點半到宴會地點，脫下帽子已覺得帽檐都是汗。我稍坐了一會兒，客人來得多了。我很感覺呼吸吃力，頭上出汗（是日很冷）。我站起來，走向客廳門口，對台大教務長張儀尊先生說：「我有點不舒服，想找個地方

5　《胡適日記全集》，9.729。

6　《胡適日記全集》，9.729。

休息一會兒。等我的車回來了，我要到台大醫院去。」儀尊引我帶到一間小房子坐下。思亮、婉度也出來了。思亮打電話請台大宋瑞樓教授來送我去醫院。

宋先生來得很快，他把我的脈（後來才知道脈搏每分鐘136），就叫人來抬我上汽車。他親自送我到醫院急診處，打了一針。就送我到特一號病房，又讓我得養氣助呼吸。

後來我還有兩三個鐘頭不舒服，以後就好轉了。後來宋瑞樓教授與蔡錫琴主任說，我那夜的病不輕，是一種 "heart failure" and a new infarction（recurrent?）〔「心臟衰竭」以及血管阻塞（再發的？）〕。[7]

後來醫生告訴胡適，說他這次的心臟病有兩個問題：一個是舊的冠狀動脈栓塞症，一個是新的心臟急性衰弱症。胡適這一住院就住了56天，一直到4月22日。由於中央研究院所在地的南港沒有醫院，胡適出院以後，就在福州街台大學人宿舍一間日式的房子裡住了兩個月。因為生病住院，胡適原先計畫好的美國之行當然也就取消了。

6月10日，胡適告訴王志維說他的遺囑早已立好了。他告訴王志維他的遺囑放置的地方。他說房間裡鐵箱裡有一個小皮箱。那小皮箱裡有一個暗處，平時不大看得出來。他的遺囑就放在這個暗處裡[8]。

胡適這份遺囑是1957年6月4日在紐約所立的。我們記得胡適在該年2月中旬因為急性胃潰瘍住院手術，住院住了22天。這次住院顯然讓胡適驚覺生命的脆弱。因此，他就去他從前康乃爾大學同學李格曼（Harold Riegelman）及其合夥人所開的律師事務所訂立了這份遺囑。這份遺囑的證人為：劉鍇、游建文，以及李格曼。

這份遺囑是用英文訂立的。胡頌平的《胡適之先生年譜長編初稿》的〈身後雜記〉裡有中文的翻譯。茲錄下一般讀者可能會比較關注的條款於下：

7　《胡適日記全集》，9.732-733。
8　胡頌平，《胡適之先生年譜長編初稿》，10.3633。

第一條:……我並請求而非指定我的遺體予以火葬,而骨灰的處理則聽由我的諸位執行人依認為適當的方法辦理。

第二條:確信中國北平北京大學有恢復學術自由的一天,我將我在1948年12月不得已離開北平時所留下請該大學圖書館保管的一百零二箱內全部我的書籍和文件交付並遺贈給該大學。

第四條:我把在紐約市我的住所的全部我的手稿和文件以及全部印本的書籍交付並遺贈給台灣台北國立台灣大學,並請求而非指定哈佛大學的楊聯陞教授與台灣大學的毛子水教授兩人中的存在者依他們認為合適的方法安排我的手稿與文件的保管、編輯與出版。

第五條:我把我的財產,無論動產或不動產,無論存在於何處,所有其他部分,餘剩部分,遺留部分,交付並遺贈給我的妻子江冬秀,如果她在我死後尚存。但如她去世在我之前,則給我的兒子胡祖望與胡思杜平分享有。而如兩兒子之中任何一人先我而去世而有子息,他的份額即歸這子息;但如任何一兒先我而去世,而無子息,他的份額即歸我的另一兒。而如他那時已去世,即歸他的子息。[9]

凡是去過胡適墓園的讀者,大概會好奇為什麼胡適是土葬而不是遵照他在遺囑裡所表達的火葬的意願。讀者大概也會注意到,胡適在這份遺囑第一條裡說明了他這個意願是「請求而非指定」。這最後的決定權是在江冬秀。1962年2月26日,胡適過世兩天以後,胡祖望從美國趕回到台北奔喪。在母子見過面、表達相互的哀戚以後,胡祖望問江冬秀是火葬還是棺葬。江冬秀說:「我和適之曾有約定。誰先〔注:應該是「後」〕去世,誰有權辦理先死者的安葬方法。我是主張棺葬的。」[10]

總之,胡適在福州街休養了兩個月以後,在6月25日回南港。由於胡適堅持不要再有特別護士,台大醫院的高天成醫生想出了一個變通的方法。每天早上9點,由中研院的醫生來幫先生把脈一次;每天晚上由院中護士再來把脈一

9　胡頌平,《胡適之先生年譜長編初稿》,〈身後雜記〉,10.3907-3908。

10　胡頌平,《胡適之先生年譜長編初稿》,〈身後雜記〉,10.3915。

次。7月10日，中研院醫生來把脈結果，發現胡適的脈搏每分鐘114跳，間歇六次。於是，當天徐秋皎特別護士就到了胡適的住所，同時也留下來照顧胡適。

胡適的運氣真好，護士徐秋皎來得正是時候。7月11日清晨，胡適就因為急性腸炎失水到昏了過去。一時間，徐秋皎小姐連胡適脈搏都摸不到了。急救了大約兩分鐘以後，胡適方才甦醒過來。這次急性腸炎所引起的失水的狀況，造成血壓過低，醫生擔心影響到心臟。幸好在醫生的調理之下，胡適很快地就復元了。

胡適的身體狀況雖然不好，但腦筋一點都沒影響到。他保守、妥協的政治立場依舊。7月22日，《聯合報》記者于衡來訪問胡適是否參加第二次陽明山會議。胡適在訪問裡，仍然堅持他過去的主張。認為應該仿效美國1787年費城的制憲會議，舉行小型不公開的國是會議[11]。換句話說，到了1961年胡適過世前半年不到，胡適所想望的，仍然是他在1956年所揭櫫的「毀黨救國」的主張。

這時的胡適仍然計畫要到美國去。7月26日，他給張群一封信，要請假一個月。他說他已經暫定好8月30日的飛機赴美。此行的目的有三：一、開中基會9月7日在華盛頓的年會；二、江冬秀決定到台北和他團圓。他需要料理紐約公寓的一切。然後一同回台；三、要請他第一次心臟病病發時候的主治醫師李維醫生（Dr. Robert Levy）幫他詳細檢查一次[12]。

胡適顯然不知道他心臟的問題比他想像中還要嚴重。根據蔣廷黻的說法，胡適的心臟在1957年胃潰瘍住院的時候已經很不好了，只是他自己不知道而已：「到醫院去看胡適。他看起來很好，說話也很有元氣。可是他的護士告訴我，說他心臟的情況不好，可是胡適並不自知。」[13]

胡適在8月2日給趙元任夫婦的信裡，告訴他們說他行程都排好了。他要在8月30日搭乘西北航空公司的飛機飛紐約。9月下旬，跟江冬秀到舊金山看趙元任夫婦。然後再飛台北。可是就在第二天，8月3日，蔡錫琴醫生等人去

11　胡頌平，《胡適之先生年譜長編初稿》，10.3672-3673。

12　胡頌平，《胡適之先生年譜長編初稿》，10.3675。

13　Tsiang Tingfu Diaries, March 1, 1957.

圖18　胡適歡迎江冬秀回台團圓茶會，右一為李濟，1961年10月30日，攝於「蔡元培館」。
（胡適紀念館授權使用）

南港幫胡適檢查身體，做心電圖。他勸胡適最好明年才出國。胡適說不行。他
說：「美國的房子，要我自己去解決的。我的太太一句話也不懂，非我去接她
不行的。」

　　8月19日，胡適到台大醫院檢查。X光很好，可是心電圖沒進步。8月21
日，蔡錫琴醫生來電話，說胡適的心臟有新狀況，請他23日再作一次心電
圖。醫生在當天心電圖檢查以後，告訴胡適不宜遠行。胡適方才決定不去了。
他在24日打電報給江冬秀，請她準備同錢家三少爺在9月回台灣。胡適接著就
在9月3日：「寫成12頁家信給冬秀，指示收拾紐約家中的書物情形。又將其
中抄出7頁，分寄游建文、葉良材、及祖望、淑昭。」[14]

　　1961年8月，東德開始圍繞著西柏林邊境構築圍牆防止東德人民逃亡到西
德。胡適在9月6日接受《英文中國日報》（*China News*）社長鄭南渭的訪問。

14《胡適日記全集》，9.764。

兩人談了兩個鐘頭。胡適在當天的日記裡黏貼了一則沒註明日期的《英文中國日報》的訪問稿，題名為：〈胡適呼籲在世界危機當中要團結〉（Hu Urges Unity in World Crisis）：

> 中央研究院院長胡適博士今天警告說，柏林危機的升高有可能在「擦槍走火」之下造成戰爭。
>
> 這位中國在戰時駐華盛頓的大使說，雖然雙方的領袖在處理這個危機的時候會力求「克制」，雙方每天在柏林這個一觸即發的城市所產生的摩擦，可能導致「危險、不可預期的結果」。
>
> 胡適引以為例的情況，就是最近才發生的，西德的年輕人和美國大兵在一邊，東德的哨兵在另一邊，雙方在把這個緊繃的城市隔成兩半的充滿尖刺的圍牆邊「挑釁」的事件。
>
> 這位世界有名的歷史家認為歷史上許多大戰都是由意外的事件所造成的。他說，他在中日戰爭在1937年開始之際在華北所認得的日本朋友裡，有些到今天仍然認為那因為在華北的衝突而引起的八年苦戰並不是由中日任何一方所引起的。
>
> 根據日本的看法，盧溝橋的第一槍可能是共產黨開的，因為他們要在中日戰爭中「混水摸魚」。
>
> 胡博士極力敦促我國在這個世界危機當中一定要團結一致。他說為了舉國一致，大家可以、而且必須捐棄所有的異見（differences）與蔽障（obstacles）。[15]

新聞報導出錯、作偽是可能的，特別是素質不高的報紙，以及在出版不自由的地方。出錯的原因可以是無心，也可以是有意的作偽。這篇《英文中國日報》的報導錯誤有多少，當然是可以質疑的。比如說，這篇報導裡的最後一句話是不是真是胡適說的？胡適是否真的說了：「他說為了舉國一致，大家可以、而且必須捐棄所有的異見與蔽障」？如果他真的說了這句話，則胡適的倒

---

15 《胡適日記全集》，9.765-766。

退何止百步！

　　然而，這篇報導有兩個連鎖作偽的地方，其始作俑者，就是胡適自己。第一個作偽地方，胡適說：「他在中日戰爭在1937年開始之際在華北所認得的日本朋友裡，有些到今天仍然認為那因為在華北的衝突而引起的八年苦戰並不是由中日任何一方所引起的。」第二個作偽的地方，胡適說：「根據日本的看法，盧溝橋的第一槍可能是共產黨開的，因為他們要在中日戰爭中『混水摸魚』。」

　　為什麼胡適是這兩個作偽的地方的始作俑者呢？因為這兩個作偽的資料是胡適提供的。「在中日戰爭在1937年開始之際在華北所認得的日本朋友裡，有些到今天仍然認為那因為在華北的衝突而引起的八年苦戰並不是由中日任何一方所引起的。」這些所謂的胡適1937年之際在華北所認得的日本朋友云云，其實就只是一個人，他的名字叫做池田純久（いけだ すみひさ；Ikeda Sumihisa）。而且是池田純久在事件過了二十四年以後所說的話。其次，「根據日本的看法，盧溝橋的第一槍可能是共產黨開的，因為他們要在中日戰爭中『混水摸魚』。」這所謂的「日本的看法」，也是胡適把它賴在他沒指名的池田純久身上的。更可怕的作偽的所在是，池田純久根本就沒有說「盧溝橋的第一槍可能是共產黨開的」；那句話是胡適自己加的。胡適這些作偽的資料，是基於池田純久在《英文中國日報》這篇報導發表以前四個半月以前給他的一封信。

　　我們之所以能知道胡適這個作偽，是拜胡頌平在1961年4月25日的記錄裡留下了線索之賜：

　　　　先生談起前幾天在醫院裡突然接到一位日本人叫做池田純久的英文長信。現在想起來了。先生說的很詳。大要是：

　　　　池田純久是一個從未到過中國，也不懂中國語文的日本軍人。在抗戰快要發生的那一年，突被派到天津，做天津駐屯軍的參謀長。他曾偕一位譯員林錫胤來拜訪我。一共來過三次。我都記不起來了。看了他的信之後，我才想起來。他信裡說起，我當時要求日本把東三省退還中國。日本占據了東三省，招了四萬萬人的痛恨。這不是日本之福。我不是反日，我乃真是愛護日本的人。日本的強盛，乃是亞洲的安定力量。有了日本，等於有

了一道擋住海浪的堤壩。堤壩垮了，整個亞洲都失掉保障。並說日本人的做法，等於切腹。切腹的人是跪著用刀自己切腹，把大、小腸捧出來，但還不死。這時早已約好至好的朋友替他「介錯」。「介錯」，就是等到切腹的人把自己大、小腸捧出的時候，再用快刀把切腹者的頭砍下來，他才死去。現在，日本人是做「切腹」工作，作「介錯」的是中國人。

池田純久在這封信裡還說，到現在我還記住先生的話。先生的話一點也不錯。先生確是愛護日本的。可惜我們日本人當時不能接受先生的勸告。不但把東三省丟了，高麗也丟了，台灣也丟了。還丟了琉球、庫頁島以及許多小的群島。這些地方都是花了幾十年的精力、財力開闢出來的。現在只剩了本島了。中國整個大陸也都丟了。這不是日本人的切腹嗎？

池田純久還說，七七盧溝橋事變發生了。他是奉派負責到北平去調查事變的唯一的一個人。但當時調查的結果，不是中國軍隊發動，也不是日本軍發動的。池田純久又說，現在已經過了二十四年了，我可以負責說：「不知誰幹的」這些話了。

先生說到這裡，說：放火的究竟是誰？可能是共產黨，可能是神經病的人，也可能是一、二個愛戰爭的人。戰火發動後，就不可收拾了。[16]

很幸運地，「胡適紀念館」藏有池田純久給胡適這封英文長信。池田純久這封信是1961年4月5日在東京寫的，是由他的秘書打字打好的。胡適是在4月21日收到的，亦即，他在台大醫院住院的最後一天。

胡適口述池田純久這封英文信給胡頌平聽的記錄有幾點值得注意的地方。第一，胡適在1961年已經不記得池田純久在二十四年前曾經去他北平米糧庫胡同4號的住所拜訪過他的事了；第二，胡適對池田純久談到日本對中國的政策是不智的；第三，池田純久告訴胡適他是日方負責調查盧溝橋事變的人。

更值得注意的，是這則記錄裡錯誤的地方。先指出跟胡適無關的錯誤。胡頌平說池田純久偕同譯員林錫胤去拜訪胡適。林錫胤是朴錫胤之誤。朴錫胤是韓國人。胡適在1934年2月15日日記記：

---

16 胡頌平，《胡適之先生年譜長編初稿》，10.3551-3552。

　　朝鮮人朴錫胤來談。他是一個有深心的朝鮮人。早年曾為愛國運動入獄，後來他決心和日本士大夫階級合作。只求朝鮮民族能得實益，不願僅僅圖謀破壞。去年他在 Banff〔注：加拿大的班府〕會中作日本代表團的書記。人頗疑他的為人。我後來明白了他的見解，甚敬重他。

　　他談日本近日新形勢，我很感覺興趣。他說，日本國內有心人都顧慮到日本的前途命運：為英國乎？為西班牙乎？最近半年來，大勢所迫，荒木一系所以不能不讓步，也是這個顧慮所造成的新局面。他說齋藤內閣不久或將總辭職。繼任者必為今朝鮮總監宇垣一成（Ugaki）。廣田必繼續為外相，今之內相後藤文夫當仍入閣。一切政權必屬於宇垣一系。

　　……

　　他說，朝鮮今日之土地已有百分之七十五為日本地主所有！

　　此君似是為宇垣一系的宣傳者。17

　　胡適疑心朴錫胤是宇垣一成那一派的宣傳者，這個推測應該是正確的。因為朴錫胤後來不但做到「滿洲國」外務局調查處長，而且根據池田純久的信，是「滿洲國」駐波蘭的公使。

　　如果胡頌平對池田純久英文信大要的記錄有任何錯誤，除了胡頌平可能聽錯以外，就是胡適的錯誤了。當然，這並不表示池田純久就不會有錯誤。舉個最明顯的例子，池田純久說他認得胡適「二十四年前，亦即1937年，這也就是說，盧溝橋事變發生前幾年。」18 由於盧溝橋事變發生在1937年幾乎可以說是一件家喻戶曉的歷史事件，這就讓人覺得這比較可能是筆誤而不是記憶錯誤。

　　無論如何，池田純久在1935年12月派駐到中國的時候是天津駐屯軍的參謀。後來晉升成為日本滿洲關東軍副參謀長。在這封長信裡，池田純久說他第一次去米糧庫見胡適是在晚秋的一天。這只有可能是在1936年的晚秋。他說他記憶中跟胡適一直談到天將破曉，欲罷不能。他說他後來又去見過胡適三次。因此，如果池田純久沒記錯的話，他其實是去米糧庫拜訪過胡適四次，而

---

17 《胡適日記全集》，7.61-62。

18 Ikeda Sumihisa to Hu Shih，1961年4月5日，「胡適紀念館」，HS-NK05-003-013。

不是胡適所說的三次。無論如何，不管是三次還是四次，重點是胡適已經完全不記得了。如果不是池田純久在二十四年以後寫信給胡適回憶往事，胡適已經完全忘卻了池田純久這個人。換句話說，胡適在那篇《英文中國日報》報導裡，說盧溝橋事變並不是由中日任何一方所挑起的所謂的「1937年之際在華北所認得的日本朋友」也者，是一個他二十四年來早已經忘卻的一個日本人。

池田純久說胡適對他說：

> 日本是亞洲的防波堤。只要日本強，亞洲就能維持和平。日本一崩潰，亞洲就會變成西方帝國主義或共產主義的囊中物。我誠摯地希望日本能擔負起保護亞洲的防波堤的角色。
>
> 然而，日本近年來的行為似乎是狂妄已極。它在征服了滿洲以後，又侵略華北。在國際社會裡，它退出了「國際聯盟」，一意孤行。這種行為非常危險。它終究會被世界上其他國家攻擊到萬劫不復的地步。有人說，那會是日本所應得的懲罰。然而，中國有可能會被拖下水而遭受同樣的命運。我們自然應該盡全力避免那種危險。換句話說，我們應該去救日本的火，不要讓那火焰延燒到中國。因此，我對日本的批評是要滅日本的火。那不但是為了我們自己、為日本，也是為了整個亞洲。
>
> 基於這個理由，我其實是親日的。因此日本人不去思索我真正的目的，就說我是反日運動的領袖，是膚淺的看法。

胡適在池田純久上面這一段話的旁邊寫了他的眉批：「日本切腹，而中國介錯！」

池田純久接著說，胡適的預言成真：

> 博士！你預言得很準，日本被盟國徹底地擊敗。我們不但失去了滿洲——我們非法取得的領土——而且失去了我們費盡心血所建立起來的韓國、台灣，以及庫頁島。
>
> 由於這一切都是日本造成的，這是日本自己的錯怪不了誰。然而，失去了日本這個防波堤的中國，就必須直接面對那驚濤駭浪的大海了。於是共

產黨取得了中國大陸，國民黨避難於台灣。

　　胡適在二十四年前究竟是如何在池田純久面前批評日本的中國政策？池田
純久在信上所寫的版本也大異於胡適口譯給胡頌平聽的版本。池田純久的版本
強調胡適說：日本是保護亞洲、抵抗西方帝國主義以及共產主義的防波堤，是
中國的屏障。其次，池田純久的版本強調胡適說他批評日本，是因為他憂心日
本自己要淪於萬劫不復的命運不算，還可能會把中國一起拖下水。他完全沒有
提到胡適在眉批裡所說的：「日本切腹，而中國介錯！」
　　我們知道胡適在《獨立評論》裡確實有「日本切腹，而中國介錯」的論
點。有關這點，我在本部第一章裡分析過了。然而，胡適在《獨立評論》裡有
這樣的論點，並不意味著他會把這個論點說給日本人聽。重點是，不管胡適與
池田純久在當年談話的內容為何，池田純久只記得胡適說日本是亞洲的防波
堤、中國的屏障；而胡適則只強調他當年在《獨立評論》裡所說的「日本切
腹，而中國介錯！」換句話說，二十四年以後，池田純久和胡適都仍然活在他
們各自的國族中心主義裡。因此，他們在回憶裡就各取所需。池田純久仍然相
信日本當年在大東亞所扮演的特殊的角色──儘管日本當年作得極端到引火自
焚；胡適則仍然緬懷於他當年「日本切腹，而中國介錯」的夢想──儘管日本
雖然是「切了腹」，中國並沒有當成「介錯」的角色。
　　回憶不可靠，因為回憶常是有選擇性的。然而，選擇性的回憶不同於有意
的作偽。池田純久在這封信裡提到了盧溝橋事變的時候是這樣說的：

　　我只希望你瞭解，那嚴厲批判我們，說日本軍方是按照一個既定的計畫
挑起事端的說法是錯誤的。盧溝橋事變不是有意挑起的，至少在我方而言
不是如此，而是意外發生的。我可以向你保證這一點，因為我就是日本軍
方主持調查的負責人。我希望你能夠瞭解這一點，因為你深知我對貴國的
態度。

　　池田純久當然有他自己的推測。然而，他至少承認那只是他的推測
（assumption）。他說：

　　我相信當時在北平的你，也一定聽到了那導致我們兩國不幸而開戰的槍戰的報導。我在一聽到報告以後，就從天津趕到現場。我們跟中國官員一同調查的時候，就一直被雙方同樣的說詞所困擾著：「是他們先開槍，我們才反擊。」根據客觀的分析，我推測是我們雙方軍隊以外的人開的槍。那一定是真的，因為直到今天，我還是想不出其他因素可以讓我來化解這個謎團。無論如何，這不是我在這封信裡所要說的重點。

　　池田純久以當年日方調查團負責人的身分作回憶。他明明是強調盧溝橋事變是意外發生的，不是日本軍方按照一個既定的計畫挑起的事端。當然，他在相信中日雙方在盧溝橋的駐軍都說他們不是先開槍的人以後，確實是推測說，那開槍的人一定是中日軍隊以外的人。然而，他至少承認那只是他找不出理由以後所作的推測。胡適在《英文中國日報》那篇報導裡，前一句話還老老實實地按照池田純久的說法：「在中日戰爭在1937年開始之際在華北所認得的日本朋友裡，有些到今天仍然認為那因為在華北的衝突而引起的八年苦戰並不是由中日任何一方所引起的。」然而，他後一句話就一定要捏造說：「根據日本的看法，盧溝橋的第一槍可能是共產黨開的，因為他們要在中日戰爭中『混水摸魚』。」

　　我們回顧胡頌平4月25日記錄胡適口譯給他聽的池田純久的這段話：

　　　池田純久還說，七七盧溝橋事變發生了。他是奉派負責到北平去調查事變的唯一的一個人。但當時調查的結果，不是中國軍隊發動，也不是日本軍發動的。池田純久又說，現在已經過了二十四年了，我可以負責說：「不知誰幹的」這些話了。

　　　先生說到這裡，說：放火的究竟是誰？可能是共產黨，可能是神經病的人，也可能是一、二個愛戰爭的人。戰火發動後，就不可收拾了。

　　我們對比胡頌平的記錄和《英文中國日報》的報導，就可以發現胡適在《英文中國日報》報導裡作偽的模式，雷同於胡頌平的記錄。不同的是，胡適在胡頌平的記錄裡還不敢說得那麼決斷：「放火的究竟是誰？可能是共產黨，

可能是神經病的人，也可能是一、二個愛戰爭的人。」到了9月6日接受《英文中國日報》訪問的時候，胡適已經敢公然作偽了：「根據日本的看法，盧溝橋的第一槍可能是共產黨開的，因為他們要在中日戰爭中『混水摸魚』。」

　　胡適這個盧溝橋事變是共產黨勾起的陰謀論，而且還是用層累地造成的。像滾雪球一樣，越滾越變成一個牢不可破的共產黨的陰謀。在《英文中國日報》專訪以後的三個半月以後，12月30日，又是在台大醫院同一間特一號病房裡，根據胡頌平的記錄：

> 　　王世杰來。先生談起七七事變時的日本駐屯軍參謀池田，在二十四年之後寫信來說，當時的槍聲究竟是誰先放的，到現在還不知道。在盧溝橋的黑夜裡，可能是共產黨放的。他們不負責任的放了幾槍，把戰事引起了。[19]

　　晚年寫完〈在史達林戰略裡的中國〉的胡適，患有陰謀論偏執狂。他在中國二十世紀前半葉的歷史裡，以及美國1940年代的歷史裡，處處看到共產黨的陰謀。在這種陰謀論偏執狂的幻想症之下，美國政府在第二次世界大戰末期批判蔣介石的政策，一定是受到共產黨及其同路人的影響固不待言，中國二十世紀前半葉的許多歷史的轉折點，就更是共產黨陰謀詭計的結果。胡適這種「反共、反共、多少學者的罪行假汝之名行之」的結果，就是把池田純久在「不知為不知是知也」的態度下，說盧溝橋的第一槍不知道是誰開的這個老實話，作偽捏造成說是共產黨開的。

　　其實，胡適再怎麼反共，即使是不惜作偽的反共，都是無法滿足國民黨內的頑固分子的。9月6日，他在接受《英文中國日報》訪問的當天，也寫了一篇短文懷念已經過世十年了的前青年黨主席曾琦：

> 　　慕韓是一位最可愛的朋友。在三十年前，我對他的議論曾表示一點點懷疑：我嫌他過於頌揚中國傳統文化了，可能替反動思想助威。我對他說：凡是極端國家主義的運動，總都含有守舊的成分，總不免在消極方面排斥

19　胡頌平，《胡適之先生年譜長編初稿》，10.3848。

外來文化，在積極方面擁護或辯護傳統文化。所以我總覺得，凡提倡狹義的國家主義或狹義的民族主義的朋友們，都得特別小心的戒律自己。偶一不小心，就會給頑固分子加添武器了。[20]

11月6日，胡適又接受了「美國國際開發總署」（U.S. Agency for International Development）署長許明德（Harry Schmid）的邀請，為從11月6日到11日在台北出席亞洲「地區科學教育會議」的16名台灣、南韓、寮國、泰國、越南、和美國的代表演講。演講的題目是：〈科學成長所需要的社會改革〉（Social Changes Necessary for the Growth of Science）。

胡適在這篇演講的主旨，就是他從1920年代中期就已經開始一再闡揚的觀點，亦即，那所謂物質的西方文明其實是精神的，而那所謂的精神的東方文明其實才真正是物質的——沒有理想的。胡適這三十幾年前的老話其實已經是家喻戶曉的了：

> 那能夠容忍一千年以上的婦女纏足的殘忍、不人道的制度的文明有什麼精神可言？那能夠容忍數千年的種姓制度的文明有什麼精神可言？那認為生就是苦、不樂生、以貧窮、行乞為榮、以疾病為神明所降的文明有什麼精神價值可言？

胡適呼籲出席這個會議的代表要全心全意地去擁抱西方現代文明。他最終的結論是：「我擔心：在我們真正服膺這種科技文明的哲學以前，科學不會在我們中間生根。我們東方人也永遠不會如魚得水地生活在這個新世界裡。」[21]

胡適那篇懷念曾琦的文章在11月號的《民主潮》發表。那篇短文跟這篇〈科學成長所需要的社會改革〉幾乎是同時出現報端。這些言論立時招來了非議。有立法委員的質詢，也有東海大學教授徐復觀的批判。

這時的胡適可能已經自知他的身體又發警報了。他在演講的次日，就到台

---

20 《胡適日記全集》，9.770。

21 胡適，"Social Changes and Science,"《胡適全集》，39.671-678。

大醫院作體檢。心電圖的結果及脈搏的情形跟該年2月間發病前完全相同。醫生告訴他絕對不許再演講了。醫生的限制還有三點：一、這五天內，每天至少要躺在床上12小時以上；二、吃的東西要淡；三、每天一千步的散步必須停止[22]。

　　11月10日，陳炯明醫生來作心電圖。胡適在11月12日日記記：

　　我聽命睡了五天。昨天才辭去護士，今天才出了「戒備期」。（前天陳醫師來做「心電圖」，說很好；血壓是100/70。）

　　一、心電圖結果及脈搏情形，與二月間發病前完全相同。

　　二、醫生說必須要做到下列各點：

　　　　1）最近五天要完全休息，停止一切活動，不能見客；

　　　　2）這五天內，每天最少要躺在床上十二小時以上；

　　　　3）吃的東西要淡；

　　　　4）要請特別護士；

　　　　5）每天一千步的散步，必須停止。[23]

　　11月17日日記：「這天早晨，我在床上試聽我的脈搏。還是很不規則，很多間歇。兩天來都是如此，不解其故。（去年3月曾有此現象。午前，台大醫院陳炯明醫師來，他也不能說明脈搏何以如此不規則。他不信是Digoxin〔地高辛，心臟病藥〕的關係，但囑我暫停。）[24] 11月20日，陳炯明醫生來做心電圖。大致很好。陳醫生回去以後，胡適自己把脈，又有間歇的現象[25]。

　　有二十幾年心臟病歷史的胡適，這時顯然已經自知情況不妙。11月26日清晨心臟病又發了（胸部很悶，氣喘，咳嗽有血絲）。午刻住進台大特一病房。胡適在1962年1月10日出院當天記了日記：

22　胡頌平，《胡適之先生年譜長編初稿》，10.3806-3807。

23　《胡適日記全集》，9.798-799。

24　《胡適日記全集》，9.804。

25　胡頌平，《胡適之先生年譜長編初稿》，10.3815。

上午十點,離開台大醫院,暫住福州街26號。去年11月26日上午,我因為有某些徵象,頗有心臟衰弱(heart failure)的嫌疑,故被送進台大醫院。(這些徵象,主要的是26日早三點在床上忽覺喘氣,呼吸頗艱難,我自服Digoxin(一種強心劑)一片,尚無效;服第二片後始漸復原,漸入睡。早晨咯出痰中有血。此種現象與去年2月25日下午七點後的情形甚相似。)

此次住院先後共四十五日。主任醫師為陳炯明先生,內科代主任宋瑞樓先生監護之。

特別護士兩人:日間仍為徐秋皎女士,夜間為曹光榮女士。

昨夜過梅月涵病室(與我對門),與他告別,談了幾分鐘。他說,「我大概還得再住一個多月才可以出院。」

他是前年五月底住院的,到如今快二十個月了。去年三月到四月間,我還在床上。他可以起床步行到我床邊,站著與我同照相。那是他最好的時期。現今差多了。我很感傷。26

2月24日,胡適出席主持中央研究院第五次院士會議。胡適一早從福州街出發去南港主持開幕以及選舉新院士的活動。選舉結束、午餐過後,胡適回到他在中央研究院的住宅休息。然後,再出席下午五點的酒會。

胡適到了位於蔡元培館的會場的時候,院士、評議員及應邀參加的來賓已經到了一百多人。五時酒會開始。胡適致詞:

各位朋友:今天是「中央研究院」遷台十二年來,出席人數最多的一次院士會議。令人高興的是海外四位院士也回國參加這次會議。「中央研究院」第一屆院士是在大陸上選出的,當時被提名的150人,選出了81位;現在一部分是過去了。有的淪陷在大陸,只有20多位在自由地區。「中央研究院」在此恢復時,只有19位活著在台灣。

……

26 《胡適日記全集》,9.813。

圖19　胡適與學人宿舍（「蔡元培館」）落成典禮貴賓：胡適（左一）、布倫姆（B. Robert Blum）夫婦（左二、四）、李濟（左三）、亞洲協會駐華代表白安楷夫婦合影於該館前，攝於1960年10月27日。（胡適紀念館授權使用）

圖20　胡適逝世前在「蔡元培館」主持中央研究院第五次院士會議，1962年2月24日。（胡適紀念館授權使用）

　　十幾年來，我們在這個孤島上，可算是離群索居。在知識的困難、物質的困難情形之下，總算做出點東西。這次有四位遠道來的院士出席。他們的回來，使我們感到這些工作，也許還有一點點價值，還值得海外朋友肯光臨，實在是給我們一種很大的 inspiration〔鼓舞〕。希望他們不但這次來，下次還來，下次來時還多請幾個人一同回來。

　　今天因為太太〔注：江冬秀1961年10月18日到台北和胡適團圓〕沒有來，我多說了幾句話。現在要將這個會交給李濟等幾位先生，請他們說說話。

李濟發言記錄：

　　他先說「中央研究院」的任務是擬訂國家學術方針和研究政府交議事件。為國家擬訂學術方針是件任重道遠的事，我們如何交代？接著提起11月間，一些外國人邀請胡先生演講，題目是〈科學成長所需要的社會改革〉。意思是科學在中國生根，應該如何改革。胡先生做了一個簡單的答覆。其中一些小地方，與我自己的看法，也不完全一樣。誰知引出了一些不同的反應。使我們關心科學發展的人，想到科學研究，今天究竟在這裡占了一個什麼地位？是否沒有地位？社會中有若干人應該有機會去想想。交換一下意見，分析一下，科學的分析一下。我感到科學思想在中國生根不成，是最大的問題。經過五十年提倡，今天我們的成績如何？一切科學設備是向外國買來的。學生最後必須出洋去。我們有什麼中文的科學大著作？還比不上日本。我真不敢樂觀，科學不能在這裡生根，就總覺得它是舶來品。我提出這個問題，並沒有答案，只是我四十年來一直有興趣去想的問題。現在提供給大家想想。

在吳大猷代表海外院士發言以後，胡適又發言：

　　我贊成吳大猷先生的話。李濟先生太悲觀了。我們「中央研究院」從來沒說過什麼太空、迎頭趕上的話。「中央研究院」的院士及評議員都分為

數理、生物、人文三組。目的是在建立三個大中心，就是數理研究中心、生物科學中心、人文社會科學中心。不幸的是幾十年的政治變動，八年抗戰，十年戡亂，使我們的好多夢想未能實現。

「中央研究院」幸的把「歷史語言研究所」全部搬來。初來時同人沒有房子住，吃的是稀飯，苦了一些時候。好容易在國外捐到錢，又得到政府的資助，始有今日的規模。

我們現在不要談太空理論，那是達不到的。今天連一個完全的物理學系都沒有，還談什麼太空？

清華大學花了二百萬美金，添購設備。可是依舊沒法聘到中年的物理人才來領導。科學的發展，要從頭做起，從最基本的做起。決不敢憑空的想迎頭趕上。譬如學步，我們要先學爬。再扶著走，到後開步走。這樣也許慢慢的自己可以做輪船、做飛機。那時候也許可以飛上天去。

我去年說了二十五分鐘的話，引起了「圍剿」。不要去管它。那是小事體，小事體。我挨了四十年的罵，從來不生氣，並且歡迎之至。因為這是代表了自由中國的言論自由和思想自由。

先生講到這裡，聲調有點激動，接著說：

海外回國的各位：自由中國的確有言論和思想的自由。各位可以參觀立法院、監察院、省議會。立法院新建了一座會場。在那兒，委員們發表意見，批評政府，充分的表現了自由中國的言論自由。監察院在那個破房子裡，一群老先生、老小姐聚在一起討論批評，非常自由。還有省議會，還有台灣二百多種雜誌，大家也可以看看。從這些雜誌上表示了我們言論的自由。

先生正在大聲疾呼的時候，突然把話煞住。也許感到不適了。急忙接著說：

好了！好了！今天我們就說到這裡。大家再喝點酒，再吃點點心吧！謝謝大家！

　　這時六點半，客人開始離開。胡適站在原來說話的地方，含笑和告辭者握手。他正要轉身和人說話，突然面色蒼白，晃了一晃仰身向後倒下。他的後腦先碰到桌沿，再摔倒在磨石子的地上。站在他附近的凌鴻勛、錢思亮等連忙伸出手來扶他，已來不及了。7點35分，江冬秀從台北趕到的時候，胡適已經老早過去了[27]。

　　胡適過世以後，還有一個流傳甚廣的最後的「胡適神話」，說胡適身後只留下了135美金[28]。胡適一生沒有置產是事實。然而，胡適並不是完全沒有為江冬秀作安排。根據蔣廷黻1962年9月9日的日記：

　　葉良才〔注：中基會會計，1962年被選為董事〕從紐澤西來談中華教育文化基金會事。他告訴我說，保險公司付給了胡夫人大約16,000美金的壽險。胡適的其他資產有大約10,000美金。這26,000美金的總數應該足夠她舒適地在台灣生活。[29]

　　這26,000美金的總數，如果不作點比較說明，沒有什麼詮釋的價值。根據胡頌平1962年2月9日記錄胡適對他說的話，當時台灣最高機關首長的月薪只有新台幣兩千元到六、七百元之間。胡適說：

　　「……（像我八百元，台大校長730元）連同一切補助費，如眷屬補助費每口二十元，以五口為度。如醫藥費，什麼費都在內，最高不過四百元。眷屬每口補助費二十元，只值美金五角；沒有房子的房租津貼每家四十元，值美金一元。這樣全部算起來，最高約兩千元台幣，值美金五十元。低級的只有六七百元，不過美金十五六元……」先生說到這裡，要看

27　胡頌平，《胡適之先生年譜長編初稿》，10.3895-3906。

28　例如：〈智效民：胡適的遺產〉，https://m.sohu.com/n/476354132/，2017年4月24日上網；胡適反對抗戰（戴忠仁的國寶檔案）（YouTube），2017年7月4日，https://www.youtube.com/watch?v=H3WLlCV3YTA，2017年9月18日上網。

29　Tsiang Tingfu Diaries, September 9, 1962.

他自己的薪俸袋。原來先生的底薪八百元，統一薪俸只發七百元。全部也不過台幣兩千多一點。30

胡適在過世以前的月薪，就以兩千台幣作為總數。當時美金與台幣的兌率是1比40，這兩千台幣的月薪，相當於50美金。50×12=600，就是一年有600美金的薪資。換句話說，胡適身後留下來給江冬秀26,000美金的遺產，就連對胡適來說，也是一筆天文數字。

這26,000美金的總數，在今天也不是一個小數目。換算成今天的購買力，大概在有二十五萬美金的幣值。然而，我們不能忘了，這26,000美金的總數裡，有16,000美金是胡適的壽險。有關胡適這個壽險，他在1960年3月2日對胡頌平作了說明：

　　下午，先生談起在「中華教育文化基金會」擔任職務，從來沒有接受報酬的。中基會的人覺得過意不去，於是要把我保險。這樣，一旦有個意外，總有一些保障。我是個有心臟病的人，保險公司沒有接受我的人壽保險。後來中基會改用「分年儲蓄保險」方法，一年兩千元，分兩次繳費。一年一年的儲蓄下去，是照複利計算的。如果滿了十年，連利息算起來有兩萬多元。我去年到此地來了，我叫中基會停止我的分年儲蓄保險，他們沒有答應。今年又給他們說，他們還要照往年照付。在美國，如果年俸有三千元收入的人，到了六十五歲退休後，每年可有一百五十元的退休金好領。這些錢是不夠生活的，當然要靠其他收入補充維持的。他們的範圍很廣，公務員、工人、大學教授都有這個保障。我在普林斯頓教過兩年書，所以我也有這種保險的卡片。31

顧名思義，壽險不能算是胡適的財產。這是因為胡適沒死，江冬秀就拿不到這筆錢。剩下的一萬美金才算是胡適的存款。這一萬美金，換算成今天的購

30　胡頌平，《胡適之先生晚年談話錄》，頁298。
31　胡頌平，《胡適之先生年譜長編初稿‧補編》，頁217。

買力，大概在美金八萬到十萬之間。對當時的台灣人來說，也仍然是一個小的天文數字。然而，我們不能忘了，這是指如果他們是用一萬美金在台灣過活的話。如果當時胡適決定跟江冬秀留在紐約的話，則這筆錢就連兩年都維持不了。胡適在1952年4月6日的日記裡，作了一個他跟江冬秀在紐約的生活預算：

試作預算（每月）

房租	152.09
冬秀	150.00
工人（@ 7.20）	32.00
洗衣	9.00
電氣，煤氣	18.00
電話（電報）	20.00
報紙，文具	7.00
Round Table Club〔「圓桌俱樂部」會費〕	8.00
小計：	396.09
食料（Grocery）	30.00
小計：	426.09
零用	123.90
總計：	550.00

　　根據這個預算，胡適跟江冬秀兩人在紐約克勤克儉的生活費是每個月美金550元。這也就是說，一年就要6,600美金。胡適一萬美金的存款不夠他和江冬秀在紐約兩年的生活費。胡適1956年11月18夜給趙元任夫婦的一封信裡有一句話，就坦白地說明了他如果留在美國，將會面臨無米之炊的窘境：「我老了，已到了『退休』年紀。我有一點小積蓄，在美國只夠吃兩三年。在台北或台中可以夠我坐吃十年而有餘。」[32]更讓胡適擔心的是，由於他和江冬秀不是美國公民，無法享受美國的老年醫療保險。他們夫婦兩人萬一生了病，就將必須自己給付。美國那種天文數字的醫療費用，不是大部分的人所能負擔得起的。

32　胡適致趙元任夫婦，1956年11月18夜，《胡適全集》，26.67。

　　神話之所以成為神話，而且為人所津津樂道，就是因為神話動聽，讓偉人看起來更加崇高、偉大，同時也有一定程度的詮釋力。然而，神話總歸是神話。除非我們寧願活在神話裡，我們還是終究必須走出神話。胡適身後只留下了135美金的傳言，是一個很動聽、感人的神話，因為它完美地體現出胡適積財於社會的人生哲學的理論與實踐。然而，即使胡適身後只留下135美金只是一個神話，即使我戳破了這個神話，它仍然不稍減胡適身後所留下來的有限的資產所反映出來的胡適高超的人格。試問：二十世紀前半葉，有幾個中國人在一生的成就、人緣，以及交遊的廣闊能及於胡適的千分之一、二？然而，有多少人能媲美他自奉儉約、積財於社會的美德？

【舍我其誰：胡適】第四部

國師策士 1932-1962

2018年2月初版 定價：新臺幣950元
2020年7月初版第二刷
有著作權‧翻印必究
Printed in Taiwan.

著　　　者	江　勇　振
叢書主編	沙　淑　芬
校　　　對	吳　淑　芳
封面設計	沈　佳　德

出　版　者	聯經出版事業股份有限公司	副總編輯	陳　逸　華
地　　　址	新北市汐止區大同路一段369號1樓	總經理	陳　芝　宇
叢書主編電話	(0 2) 8 6 9 2 5 5 8 8 轉 5 3 1 0	社　長	羅　國　俊
台北聯經書房	台 北 市 新 生 南 路 三 段 9 4 號	發行人	林　載　爵
電　　　話	(0 2) 2 3 6 2 0 3 0 8		
台中分公司	台 中 市 北 區 崇 德 路 一 段 1 9 8 號		
暨門市電話	(0 4) 2 2 3 1 2 0 2 3		
台中電子信箱	e-mail：linking2@ms42.hinet.net		
郵政劃撥帳戶第	0 1 0 0 5 5 9 - 3 號		
郵撥電話	(0 2) 2 3 6 2 0 3 0 8		
印　刷　者	世 和 印 製 企 業 有 限 公 司		
總　經　銷	聯 合 發 行 股 份 有 限 公 司		
發　行　所	新北市新店區寶橋路235巷6弄6號2樓		
電　　　話	(0 2) 2 9 1 7 8 0 2 2		

行政院新聞局出版事業登記證局版臺業字第0130號

本書如有缺頁，破損，倒裝請寄回台北聯經書房更換。　　ISBN　978-957-08-5072-7 (精裝)
聯經網址：www.linkingbooks.com.tw
電子信箱：linking@udngroup.com

國家圖書館出版品預行編目資料

【舍我其誰：胡適】第四部 **國師策士** 1932-1962/
江勇振著 . 初版 . 新北市 . 聯經 . 2018年2月（民107年）.
864面 . 17×21公分
ISBN　978-957-08-5072-7（精裝）
[2020年7月初版第二刷]

1.胡適　2.台灣傳記

783.3886　　　　　　　　　　　　　　　　106024947